LES EAUX

DE BRIGNOLES

AU POINT DE VUE

DES DROITS DE LA COMMUNE

ET

DES PARTICULIERS

PAR

M. E. LEBRUN

———————◦———————

BRIGNOLES

IMPRIMERIE DE A. VIAN, RUE DU PORTAIL-NEUF, N.

1876

LES EAUX

DE BRIGNOLES

AU POINT DE VUE

DES DROITS DE LA COMMUNE

ET

DES PARTICULIERS

PAR

M. E. LEBRUN

BRIGNOLES

IMPRIMERIE DE A. VIAN, RUE DU PORTAIL-NEUF, N° 3

1875

AVANT-PROPOS

Dans tous les temps et dans tous les lieux, les eaux ont été et sont un sujet permanent d'envie et de jalousie, d'où naissent des différends et des prétentions qui entraînent souvent à des controverses litigieuses, et quelquefois à des dissensions entre les habitants.

Pendant plusieurs siècles, la ville de Brignoles a subi ces effets regrettables des faiblesses de l'humanité, et, malgré l'abondance de ses sources et cours d'eau, elle a payé un large tribut de procès incessants, de troubles et de divisions, à l'ambition qui portait la communauté à devenir maîtresse unique et sans partage des cours d'eau et des moulins, et aux prétentions exhorbitantes des particuliers les plus notables et les plus influents.

N'avons-nous pas été nous-même les témoins des colères suscitées par des récriminations plus ou moins fondées, et par des actes d'une équité contestable ?

Convaincu que la connaissance exacte des droits de chacun peut seule empêcher le retour de prétentions injustifiées, j'ai cru être utile aux habitants de Brignoles en leur présentant un recueil, aussi complet que possible, des titres et documents existants dans les archives communales sur les cours d'eau, sources et fontaines de la ville et son terroir.

Chacun de ces cours d'eau ou sources est le sujet d'un article spécial, dans lequel les documents le concernant sont classés par ordre chronologique, de manière à présenter un récit historique des faits et actes qui ont contribué à établir les droits de la communauté et ceux des particuliers. Les délibérations du Conseil de la ville, et les actes qui peuvent faire titre, ont été reproduits *in extenso,* avec indication du lieu où sont les originaux et du folio du registre où se trouve la délibération citée. Ce livre n'est donc qu'un recueil assez aride, qui ne peut avoir quelque attrait que pour les habitants de Brignoles, presque tous propriétaires ayant intérêt à connaître leurs droits de possession ou de jouissance, qui se retrouveront comme chez eux dans le récit des œuvres de leurs pères et la description des lieux qu'ils parcourent journellement.

Les concessions d'eau, quoique faites ordinairement à des établissements d'utilité générale, se personnifient pour ainsi dire dans les concessionnaires, et ont toujours présenté un côté délicat qui a suscité des récriminations multiples, et qui a été souvent pour l'administration municipale une controverse redoutée, pleine de passions et d'ennuis.

Elles ont été transcrites littéralement et réunies pour former comme un traité spécial, avec chapitres et articles distincts pour chaque nature d'eau et pour chaque fontaine, le tout clôturé par un exposé général.

Les dénominations et l'orthographe ont été conservées telles quelles dans la copie des documents, mais l'appellation vraie et française a été seule employée dans la narration ; ainsi, l'appellation provençale *Saint-Simian* ou *Sumian,* qui a été conservée dans les actes écrits en français, au lieu du nom français *Saint-Siméon;* le mot *Cariamette* employé machinalement et par corruption de langage à la place du nom primitif et significatif *Caramiette,* qui est le diminutif de *Caramie* et qu'on donna au canal apportant aux moulins l'eau de Carami, et, par extension, au portail et quartier contigu. Avec un peu d'attention et de bonne volonté les noms vrais et français pourraient être seuls employés dans la rédaction des actes de la municipalité, et une habitude nouvelle remplacerait bientôt l'ancienne, dès que les inscriptions erronées auraient été changées sur les murailles où elles existent.

Les lacunes produites par la disparition de plusieurs registres des délibérations du Conseil de la ville, ainsi que d'un certain nombre de titres ou pièces détachées, laisseront quelques ombres sur certains points ; il serait heureux que la lecture de ce livre déterminât les personnes qui possèdent des papiers ou parchemins ayant fait partie des archives de la commune à les réintégrer à leur place naturelle. Cet appel s'adresse plus particulièrement aux avoués et hommes d'affaires qui ont reçu de leurs prédécesseurs des dossiers poudreux, dans lesquels on retrouverait certainement des titres, à eux confiés dans le temps pour les besoins de divers procès, et qui y demeurent ignorés depuis longues années. Les recherches, dans ces dossiers où la commune est en nom, ne seraient pas sans attrait, et les moments de loisir ne sauraient être mieux employés.

Le procès sur les eaux de *Saint-Siméon*, que la ville a dû soutenir, de 1832 à 1841, contre les prétentions exhorbitantes de quelques arrosants, n'aurait pu avoir lieu si les titres de la commune avaient été recueillis et produits dès le principe ; une multitude de questions litigieuses n'auraient pas été soulevées, si certains titres et plusieurs volumes des délibérations du Conseil municipal n'avaient pas disparu ; il est permis d'espérer que le récit détaillé des nombreux différends survenus, dans le courant de cinq siècles, entre la ville et des particuliers pourra prévenir bien de difficultés et d'embarras nouveaux, si, toutefois, la généralité des habitants peut et veut en prendre connaissance ; car les usurpations et l'arbitraire se produiront difficilement dans une commune, lorsque chacun aura la connaissance exacte de ses droits et de ses devoirs.

Ce recueil, plus volumineux qu'il ne paraissait devoir l'être, mettra à la portée de toutes les familles de Brignoles des notions exactes, qu'il eût été très-long et difficile de chercher et de trouver dans les registres et les liasses des archives communales où elles sont disséminées ; si, en vulgarisant des traditions locales et des actes administratifs de la communauté, il peut prévenir et éviter des dissentiments, faciliter la réforme des abus existants, et offrir au Conseil municipal le concours permanent des actes de ses devanciers, le vœu et le but du rédacteur seront remplis.

LES EAUX

DE BRIGNOLES

AU POINT DE VUE

Des Droits de la Commune et des Particuliers

RIVIÈRE DE CARAMI

La rivière de Carami, ou Caramie, *Riperia Caramie, Caramia, fluvius Caramius, Karamia, Caramy,* prend sa source à quelques cents mètres de Mazaugues, traverse ce village, les terroirs de Tourves et de Brignoles, passe sous Vins, se réunit à l'Issole entre Cabace et Carcés, et se jette dans Argens au-dessous de cette dernière localité.

La rivière de Caramie, dans toute l'étendue du terroir de Brignoles, appartenait aux Rois, comtes de Provence, seuls seigneurs de cette ville, qui pouvaient disposer des eaux, en faire des donations ou concessions, permettre des dérivations pour usines ou arrosages, et se réservaient ordinairement un *cens* ou redevance annuelle.

Les habitants de Brignoles avaient obtenu du Conseil du Roi des lettres closes leur permettant de pêcher dans la rivière de Caramie; elles furent présentées au Conseil de la ville le 31 août 1423, mais elles n'existent plus dans les archives de la ville.

Les fermiers du domaine réclamaient, parfois, au sujet des impôts dûs pour la Directe universelle du Roi sur Brignoles, qui avait obtenu des premiers comtes de Provence, et quasi comme transaction, le privilége d'être sous la Directe Seigneurie et Domaine inaliénable du Souverain; ces réclamations provoquaient l'ordre de demander à tous les habitants la déclaration de leurs biens; ces déclarations étaient discutées par les agents du fisc, et les Commissaires du Domaine rendaient un jugement qui servait de règle pour la confection des livres terriers et l'assiette de l'impôt. Ces déclarations, réunies et consignées dans le jugement, formaient ce qu'on appelait une *reconnaissance* de la part des communautés et habitants.

Les documents conservés dans nos archives mentionnent la *reconnaissance* faite le 13 septembre 1573, celle du 2 juin 1683 confirmée par le jugement rendu le 6 mars 1688, et reproduite le 13 septembre 1753 à l'occasion d'un nouveau procès intenté par les fermiers du Domaine.

Dans ces reconnaissances, la Communauté donnait l'énumération de tous les biens qu'elle possédait sous la Directe du Roi, ainsi que des titres de ses privilèges ; il y était dit sur la rivière de Caramie :

« La rivière de Caramie appartient au Roi dans toute l'étendue et consistance « de Brignolle et son terroir ; les îles, îlots, créments et délaissements lui appar- « tiennent aussi ;

« Les habitants peuvent pourtant pêcher dans la rivière, à l'exception de deux « pêcheries défensables ;

« La première commence à l'écluse du Martinet de Vachières (advenu plus tard à M. Asse de Toulon, mari de la demoiselle de Vachières, vendu à divers particuliers, et connu aujourd'hui sous le nom de *Bastide des Quatre-Paysans*), « jusques au pont de Notre-Dame dit du Bourg ;

« L'autre pêcherie défensable commence au pont de Caramie dit des Planques, « (aujourd'hui des Augustins) et va finir à l'écluse d'un moulin, qu'il y avait à « Saint-Christol, quartier de Carbonel ;

« La ville a le droit de dériver un canal d'eau de la rivière pour l'usage de deux moulins Bessons et du moulin de Vins, dit du Pont. »

Cette mention du droit de dériver un canal d'eau pour les moulins de la ville, demande la connaissance du titre, ainsi que celle des autres titres qui constituent le droit de toutes les dérivations d'eau, ce qui conduit naturellement à parler des moulins et des arrosages alimentés par ces dérivations.

De tous les actes qui ont disposé des eaux de Caramie, le plus ancien connu est celui du 7 juin 1056, donation de terres, vignes, prés, jardins, moulins, pêcherie, eaux et cours d'eau, etc... faite au monastère de Saint-Victor de Marseille par Baronus, avec l'assentiment de tous ses ascendants qui sont qualifiés seigneurs de la ville de Brignole, *supradicte ville dominorum;* le tout appartenant ou attaché à la chapelle que ce Baronus avait fait reconstruire en l'honneur de Saint Jean-Baptiste, dans le terroir de Brignoles. (1)

---

(1) Ego Baronus, pro salute anime mee sollicitus, ... facio donationem Massiliensi monasterio de rebus que sunt vel in antea creverint ad ecclesiam in honore Sancti Johannis Baptiste constructam, quam ego, pro Dei amore, a fundamento hedificavi, scilicet domibus, campis, vineis, pratis, ortis, molendinis, piscatione ipsius vivarii, arboribus pomiferis et impomiferis, aquis et earum decursus, et de omnibus ab integro rebus vel substantiis, quas hactenus adquisivi vel usque ad diem mortis adquisiturus sum, ut monachi et abbates. . . . . Omni tempore teneant, possideant, et pro me omnipotentem Deum precatores existant. Sunt autem ipse res in comitatu aquensi, in territorio ville que dicitur Bruniola.

Facio autem hanc donationem cum voluntate seniorum meorum omnium, supradicte ville dominorum, qui eamdem ecclesiam Sti Johannis supradicto monasterio jam dederunt ab integro. . . . .

Facta donatio hec anno ab incarnatione Dni Nostri Jesu Christi millesimo LVI, indictione VIII, epacta XX, mense junii die VII.

Ego Baronus hanc donationem scribere rogavi, et testes ut firmarent rogavi, Ricardus, filius ejus donavit et firmavit. (Cart. de St Victor. N° 346.)

— Autre donation de la même année :

Ego Gosfredus de Riannis (comte de Provence) et mulier mea scocia, et Gualdrada socrus mea,

Un siècle plus tard, l'acte du 8 des ides de mai 1167, par lequel Ildephons ou Alphonse Ier, roi d'Aragon, comte de Barcelonne, 12e comte de Provence, fait donation aux Religieuses du monastère de Sainte Perpetue, dit de la Celle, de divers lieux, et entr'autres de l'Église ou Prieuré de Saint-Jean, près Caramie, terroir de Brignole, avec ses terres, droits, usages et albergues, lequel Prieuré avait déjà été donné à ce monastère par Raymond Beranger, père d'Ildephons.

8 Mai 1167.

Ildephons IIe, fils du précédent, confirma ces donations par acte du 3e des kalendes de décembre 1202, en exceptant de toute exaction les églises de Saint-Pierre, de Saint-Sauveur et de Saint-Jean près Caramie, *Sancti Johannis juxta Caramiam;*

Enfin le roi Charles IIe, 16e comte de Provence, confirma ces donations par ses lettres du 4 août 1292 : ces donations paraissent n'être que la confirmation de celles de 1056 et 1060.

Parmi les droits et usages attachés à l'Église ou Prieuré de Saint-Jean, était celui de dériver un canal d'eau pour l'arrosage de ses terres et l'usage de son moulin et paroir. Ce droit fut contesté en 1294 par les dames religieuses de l'ordre de Saint-Dominique du monastère de Sainte-Marie de Nazareth, fondé le 20 juillet 1272, dans la ville d'Aix, par le roi Charles IIe, qui venait de leur faire donation des moulins Barralier, sis dans le bourg d'Entraigues de Brignolle. Ce différend fut clos par une transaction qui, depuis lors, a servi de règle et de loi, et a d'autant plus d'intérêt que la Communauté de Brignolle, ayant acquis ces moulins Barralier, s'empressa de faire dresser un *vidimus* de cette transaction regardée comme fixant les droits de la commune sur l'eau de Caramie, aussi bien que ceux des propriétaires des terres de Saint-Jean; voici la substance de cet acte :

Le Prieuré de St Jean a le droit de dériver un canal d'eau.

« L'an de Notre Seigneur mille deux cent nonante cinq et le vingt quatre août, Philippe étant Roi de France,

« Des difficultés et controverses s'étant élevées entre vénérable frère Beranger Alphant, prieur des sœurs de Ste Marie de Nazareth de la ville d'Aix, et représentant du dit monastère d'une part ;

« Et maître Jacques Pignol, chanoine d'Aix, prieur de l'église de St Jean d'Ar-

1295.
Acte de transaction entre le monastère de Ste Marie de Nazareth, d'Aix, et le monastère de la Celle, représenté par le prieur de St Jean de Caramie.

---

et filii mei Guillelmus et Poncius, et Garsendis nurus mea, pro animabus nostris, donamus Domino Deo et Sancto Victori. . . . medietatem ecclesie Sancti Johannis que est in territorio Bruniole, et omnia que ibi presbiter tenet per nos, in primiciis, in offerendis, in baptisterio, in cimiterio. Donamus etiam sponsalicium ipsius ecclesie et de terra culta quatuor sextariatas, que sunt prope ecclesiam ipsam, in de ipsa terra, quam dedit Gosfredus Guarini jam dicto S^{to} Victori pro filio suo, et de alia via que pergit ad Sanctum Johannem. . . (Cart. n° 342.)

— Par le même acte, des frères, sœurs et parents de ce Geoffroy, donnent leurs parts de la même église et terre.

En 1060, Pontius Coixardus et uxor mea Ermengarda, et filius meus Carbonellus, et nurus mea scocia, facimus donationem de alode nostro quem habemus in comitatu aquense, infra terminum de villa Bruniola, in loco que dicitur Sancti Johannis, hoc est ipsa terra que tenebat Baronus, et mansiones et omnes arbores que sunt in ipsa terra et pischerio. Et habet consortes : de uno latus flumen Caramia, et de alio latus ipsam terram Sancti Victoris, et de uno fronte terram de Garnaldo, et alio fronte terra Teubaldi. (Cart. n° 353.)

Ce Coixardus paraît être le gendre de Gofrid de Rians.

24 Août 1295.

tecelles, agissant à la fois en son nom et au nom de la dite Église, et Hugues Pignol, son frère, tous deux de Brignole, d'autre part ;

« Sur ce que les dits frères Jacques et Hugues voulaient faire valoir (*petere*) leur droit de conduire l'eau de la rivière de Caramie, par un béal, jusqu'à un certain moulin situé au dessous et touchant (*subter et juxtà*) l'église de St Jean du territoire de Brignolle, et aussi à un autre moulin des dits frères situé au lieu appelé vulgairement Dalvengelberta ; affirmants qu'une possession immémoriale de leurs auteurs, continuée par eux, leur donnait le droit de prendre l'eau à la dite rivière Caramie au gué d'Amelius (*ad gatum Amelii*), vers l'église St Benoît, et de conduire l'eau jusqu'à leurs moulins, sans que personne pût les inquiéter.

« Contrairement au dire des frères Pignol, le prieur des sœurs de Ste Marie de Nazareth soutenait au nom du monastère : que les dits Jacques et Hugues Pignol n'avaient et ne devaient nullement avoir le droit de prendre l'eau à Caramie et la détourner en tout ou en partie pour la conduire à leurs moulins ci-dessus désignés ou à tout autre endroit, et qu'ils ne pouvaient conduire cette eau ni par un fossé ni par un béal. — Ajoutant le dit prieur des sœurs de Nazareth que, si autrefois les moulins recevaient l'eau de la rivière à partir du gué d'Amélius, ou de tout autre endroit placé plus haut, ce qu'il ne pouvait affirmer, on avait fait cela clandestinement et à l'insçu de la Grande Cour de Provence, et au préjudice des moulins et autres possessions que la dite Cour avait sur la rivière de Caramie et dans le territoire de Brignole, les quels moulins et autres possessions avaient été donnés au monastère des sœurs de Ste Marie de Nazareth par le Roi Charles IIe.

« Le dit prieur du monastère affirmait en outre que les dits Jacques et Hugues Pignol n'avaient aucun droit aux eaux et ne pouvaient en avoir, parceque ces droits appartenaient à la Grande Cour de Provence, et par suite au monastère des sœurs de Nazareth, en vertu de la donation Royale.

« Enfin les dites parties, voulant éviter les frais et l'issue toujours douteuse d'un procès, transigèrent et convinrent de ce qui suit, sçavoir :

« Que les dits Jacques et Hugues Pignol relèveraient directement de la seigneurie et du domaine du dit prieur stipulant au nom des dites sœurs et recevant pour elles les moulins et possessions que les frères Jacques et Hugues ont au lieu appelé Dalvengelberta ; les quels moulins et possessions confrontent d'une part la rivière de Caramie, d'une autre part le pré de Pierre Eméric, et d'un autre côté la ferrage de St Jean ; et ils reconnaissent tenir et posséder à perpétuité les dits moulin, foulon et possessions sous le domaine direct et la seigneurie du dit monastère, à la cense annuelle de seize deniers couronnés payables à chaque fête de Noël.

Les frères Pignol ont consenti à laisser conduire l'eau aux moulins des sœurs de Nazareth.

« Les dits frères Pignol ont en même temps consenti à laisser conduire l'eau aux moulins du monastère des sœurs de Nazareth sis tout près de la ville de Brignole, et ils ont promis au prieur recevant et stipulant au nom du dit monastère, de tenir fidèlement ces conventions ; avec la condition qu'il serait permis au prieur, ou à tout autre représentant légal du monastère, de prendre l'eau à Caramie pendant l'hivert et toutes les fois qu'elle serait dans la rivière, en quantité suffisante pour faire aller les moulins du monastère et arroser ses propriétés actuelles et toutes celles qui pourraient lui advenir par la suite à quel titre et de qui que ce soit dans le territoire de Brignole :

« Ceci doit être compris de telle façon que le dit prieur du monastère et ses successeurs pourront prendre l'eau comme il est dit ci-dessus, lorsqu'il y aura telle abondance d'eau dans la rivière qu'une part de l'eau suffise pour faire aller une meule dans le moulin de l'église de St Jean, et une autre meule dans l'autre moulin des dits frères Jacques et Hugues Pignol, qui ne pourront conduire l'eau à leur moulin et à leur foulon que par un seul béal,

24 Août 1295.
—
Les frères
Pignol ne pourront prendre
l'eau que par un
seul canal.

« Mais si, pendant l'été ou en tout autre temps de sécheresse, l'eau de la rivière de Caramie ne suffit pas pour faire aller les moulins du monastère et ceux des frères Pignol, alors le prieur des sœurs de Nazareth aura le droit de prendre deux parts de toute l'eau de la rivière pour les moulins et les possessions du couvent, sans que les frères Pignol puissent s'opposer à la chose.

Le monastère de
Nazareth
prendra deux
parts de l'eau de
la rivière.

« La troisième partie de l'eau, qui restera dans la rivière quand une juste division en aura été faite, appartiendra aux frères Pignol qui s'en serviront pour faire aller leurs moulins et pour arroser leurs propriétés adjacentes dans les limites ci-dessus désignées, sans que le monastère ou ses représentants puissent les troubler à cet égard. Cette troisième partie de l'eau, en temps de sécheresse, sera employée dans les confronts ci-dessus désignés, sçavoir : à partir du gué d'Amélius jusqu'au pré de Catelle de Brignole, autrefois habitant d'Artecelles : à la condition que, pour prendre leur tierce partie de l'eau, les frères Pignol ne pourront ni creuser la rivière, ni établir une écluse, ni planter des pieux, ni construire aucun ouvrage par le quel le lit de la rivière, ou sa source, ou son cours reçoive obstacle, ou le cours des deux parties d'eau réservées et accordées au monastère. Ils pourront seulement établir ce qui sera tout à fait indispensable pour pouvoir retirer la part d'eau qui leur revient.

La troisième
partie de l'eau
appartiendra
aux
frères Pignol.

Limitation
du terrain arrosable.

« A ces conditions, le prieur du monastère s'est fortement engagé, au nom des sœurs de Ste Marie de Nazareth, à respecter tous les droits que la présente transaction donne aux frères Pignol et à leurs successeurs.

« Fait à Brignole devant l'église de St Sauveur, en présence de Guy de Tabia, procureur royal, de Jean Bermonth, jurisconsulte, de Pierre Arnaud, prêtre, de frère Raybaud de Salons, de Pierre Pontevés de Beissa, et moi Pierre Bonnet, notaire public, à qui ont été confiés les cartulaires et les protocoles de Hugues de Savoye, notaire de son vivant, par des lettres de Richard de Cambacessa, chevalier, sénéchal de Provence et de Forcalquier ; et moi Pierre Bonnet, j'ai écrit cette charte à la réquisition du prieur des sœurs de Ste Marie de Nazareth de la ville d'Aix, je l'ai rédigée en forme publique, et je l'ai signée de mon seing. »

Il est à remarquer que, antérieurement à la transaction ci-dessus, avant que Charles IIe eût fait donation des moulins Barralier ou Bessons, un canal de dérivation existait sur la rive gauche de Caramie, portant l'eau aux moulins et terres du prieuré de St Jean ;

Observations au
sujet
de l'emplacement des prises
d'eau
sur Caramie.

Que ce canal avait sa prise au gué d'Amélius, vers l'église de St Benoit, dit l'acte de transaction, c'est-à-dire assez haut vers l'ouest, pour que le notaire ait pu supposer qu'elle était rapprochée de l'église de St Benoit, qui était située à peu près en face de l'*Ouvière*;

Tandis que le canal, qui conduisait l'eau aux moulins Bessons ne partait que du *gau de St Jean*, situé à deux ou trois cents mètres au-dessus de l'ancienne bâtisse connue actuellement sous le nom de *Bastide des Quatre-Paysans*, et qui était alors usine à fouler et martinet à cuivre ;

De sorte que l'arrosage du quartier de St Jean était distinct et sans contact avec la prise d'eau des moulins de la ville ; ce n'est que trois siècles plus tard que cette dernière prise a été portée vers celle de St Jean, et que la distribution des eaux a été établie sur le même barrage, comme cela existe encore aujourd'hui.

L'acte de 1295, qui règle les droits des moulins Bessons et du prieuré de St Jean sur l'eau de Caramie, mentionne la donation Royale qui rendait le monastère de Nazareth possesseur des moulins Bessons. Voici la traduction littérale de cet acte, qui constitue le titre de propriété de la ville de Brignole sur les moulins Bessons et dépendances, dont elle fit l'acquisition, à la fin du quinzième siècle :

Acte
de donation
des
moulins Bessons
par le Roi
Charles II*, au
monastère
de Nazareth
d'Aix.

« CHARLES SECOND, par la grâce de Dieu, roi de Jérusalem et de Sicile, duc d'Apulie et prince de Capoue, comte de Provence et de Forcalquier, à tous ceux qui voient et verront le présent privilége, (sçachent tous) que, si notre libéralité s'étend volontiers sur tous nos sujets, elle s'ouvre plus gracieusement encore sur les vénérables maisons de Dieu, car il vaut mieux plaire à Dieu qu'aux hommes, mieux s'occuper des affaires spirituelles que des temporelles.

« C'est pourquoi, poussé par de telles considérations, nous donnons et faisons donation au monastère des sœurs de Ste Marie de Nazareth de la ville d'Aix, nos dévouées, tous les biens sous désignés, situés dans la ville de Brignole et ses dépendances ; les quels biens a possédés tant qu'il a vécu maître Raymond, notre sénéchal et familier, habitant de Brignole, en vertu de la concession que nous lui en avions faite pour sa vie durant ; nous les donnons, nous les livrons, et la cause de notre donation est pour les âmes de nos ayeux d'illustre mémoire et pour la rémission de nos péchés ; nous les concédons à perpétuité avec connaissance assurée et de notre pleine libéralité, et nous transportons par une faveur spéciale au dit monastère tous les droits, action réelle et personnelle, utile et directe soit mixte, que notre Cour a sur eux, et nous investissons, par notre anneau, le révérend frère Bérenger de Tarascon, de l'ordre des Prêcheurs, prieur du dit monastère et au nom du même monastère.

Torre, quartier
de
St Martin.

« Or les biens sus dits sont ceux-ci, sçavoir : la terre ou *condamine* de la dite ville de Brignole appelée Liborg, qui confronte d'une part avec la rivière appelée Caramie, et des deux autres parts avec l'eau du béal des moulins de la porte Barralier, et avec le pré de Bertrand, Gaudefroy, et avec le jardin d'Hugues Rimbaud, et avec la terre de l'église de St Martin, et avec le béal du moulin de Puget.

Les moulins
de la
porte Barralier.

« *Item* les moulins appelés moulins de la porte Barralier, confrontants par deux côtés le jardin d'Esparron, chevalier, et par l'autre côté le chemin public.

La maison
dite le
Vieux Tribunal.

« *Item* la maison qui fut de feu Lombard, confrontant d'une part avec l'église St Sauveur, et avec la chapelle de la bienheureuse Marie, et avec la maison de Bertrand Ralle, et avec la maison de Bertrand Olivier, et avec la maison de Beranger Malimert, et avec la maison de Bertrand de la Bastide, et avec la maison de Dauphine, et avec la maison de maître Pierre Macellier, et avec la rue publique ; cette maison du dit feu Lombard est appelée le Vieux Tribunal. (*Curia Vetus.*)

« En foi de quoi et pour en perpétuer la mémoire, et pour la sûreté du dit monastère, nous avons ordonné que le présent privilége fût muni de notre sceau Royal et pendant.

« Fait et donné à Aix l'an du Seigneur mil deux cent nonante trois, le douzième jour du mois de novembre, septième indiction, et la neuvième année de notre règne. »

Les dames religieuses de Ste Marie de Nazareth furent mises en possession par acte du 27 novembre 1293, et ne tardèrent pas d'aliéner les divers immeubles, qui font l'objet de la donation Royale du 12 du même mois.

La maison, dite le *Tribunal Vieux*, fut vendue à nouveau bail, à raison de douze deniers de cens perpétuel, à Raymond et Isnard Bastide, par acte du 7 avril 1294. Elle est actuellement la propriété de M. Garnier.

Le 13 novembre 1341, la terre appelée *Liborg*, est vendue; d'abord une partie à Pons Esteron de Brignole, à quatre sols six deniers de cens, avec pouvoir de prendre l'eau du moulin pour l'arroser; et, par actes du 25 juillet 1342, et 1er mai 1344, les autres parcelles sont vendues à divers.

Cette terre appartient aujourd'hui à sept ou huit particuliers, dont les principaux sont : MM. Maille, Rougon, Bagarry, Norbert, Guérin, Bérenguier, etc.

Les moulins *Barralier* ne furent aliénés qu'à la fin du quatorzième siècle; ils devinrent la propriété de plusieurs particuliers, qui établirent des paroirs, des moulins, des étables, etc., sur le terrain attenant, pré et jardin attachés aux moulins.

Enfin la ville acquit les divers lots de ces moulins, qui avaient pris le nom de moulins Bessons, et elle les possède encore aujourd'hui après une série d'incidents qui méritent d'être racontés pour l'intérêt de la Communauté et des particuliers ayants droit aux eaux du béal.

En août 1295, acte d'entente avec les frères Pignol, portant que le béal du moulin des dames de Nazareth doit avoir cinq pieds de largeur.

Des lettres du roi Robert, fils de Charles IIe, en date du 20 juin 1335, édictent des peines contre ceux qui usurpaient l'eau du moulin à bled et paroir du monastère de Nazareth, et qui faisaient des œuvres pour empêcher le cours des eaux du dit moulin;

Le 2 juin 1340, acte dit *du béal*, dans lequel il est dit que le béal doit avoir cinq pieds de largeur, et où il est fait défense, avec droit d'empêcher, de planter des arbres au long du béal, ou faire autres choses qui pourraient empêcher le cours des eaux.

Tous les actes sus-mentionnés sont dans les archives du monastère de *Notre-Dame de Nazareth*, déposées dans les archives départementales des Bouches-du-Rhône, dans l'hôtel de la Préfecture, à Marseille.

Le 4 août 1411, le Conseil délibère de faire un moulin neuf dans les bâtiments du moulin commun, et un autre moulin neuf dans le moulin inférieur dit *Besson*, le tout par le fermier à nouveau bail de ces moulins.

Je n'ai pu me rendre compte du titre de la ville sur le moulin Besson, qu'elle n'a acheté qu'en 1499, comme il sera dit plus tard; il est probable que la ville

Les Dames de Nazareth vendent une partie des immeubles donnés par le Roi.

Le béal des moulins doit avoir 5 pieds de largeur.

La ville locataire du paroir du moulin Besson, fait faire des réparations.

1441—1499.

avait placé dans le moulin Besson un fermier à long terme, soit pour la mouture du blé, soit pour parer et teindre les draps et étoffes, et qu'elle s'était engagée à certaines réparations majeures pour le faciliter.

Cette supposition est confirmée par la délibération du 30 décembre 1440, qui, répondant à la demande faite par des tisseurs, Calvin et Thomas, d'être déchargés de la rente du paroir du moulin Besson, décide qu'on consultera la convention faite avec eux, et que le parurier qui régit actuellement ce paroir se chargera de cette rente, et Calvin et Thomas seront libérés.—La ville faisait des conditions avantageuses aux ouvriers qu'elle voulait attirer et fixer à Brignoles; elle fit établir une teinturerie dans les bâtiments du moulin Besson, afin d'y installer des teinturiers d'Aix, qui devaient exercer leur industrie à Brignolles, dans le but de favoriser et entretenir la fabrication des draps et autres étoffes de laine, assez importante alors dans le pays.

La Ville veut faire acte de maître sur les attenances du Paroir. Le propriétaire s'y oppose.

En 1495, le 25 septembre et le 28 octobre, le Conseil délibère de vendre aux enchères diverses parcelles, *casals* et *luègues*, sans utilité, et dépendantes du moulin Besson.

· Le 9 novembre suivant, le Conseil décide de mettre aux enchères l'arrentement pour dix ans du paroir et de la teinturerie *appartenants* à la ville, qui sont très-délabrés, avec obligation pour l'adjudicataire de faire toutes les réparations à ses frais. Mais Jacques de Colonia, qui avait le paroir à nouveau bail, met opposition à cette enchère, à moins qu'on ne lui donne une indemnité de 25 florins.

Délibéré d'acquérir la portion du paroir appartenant a Jacques de Colonia.

Ce conflit est seulement indiqué dans la délibération, et il n'en est plus rien dit dans les délibérations postérieures; mais le 9 avril 1499, le Conseil délibère et ordonne d'acheter de Jacques de Colonia la partie du paroir qu'il possédait; et, le même jour, dans une séance du soir, le Conseil, attendu l'acquisition faite par l'université du paroir de maître Jacques de Colonia, avec tous ses droits et appartenances, députe à Aix pour avoir l'investiture et payer le trezen, au prieur ou à la prieuresse et économe du monastère de Nazareth. (1)

Acquisitio paratorii de inter aquis.

(1) Anno Nativitatis. . . 1499, die nono mensis aprilis, congregato consilio. . . . in Domo Sancti Spiritus, etc, ubi fuerunt presentes. . . . .

Qui quidem domini sindici et consiliarii omnes simul, exceptis dominis Amici et Claverii, alii vero unanimiter et concorditer, nemine discrepante, cum licentia et auctoritate dicti domini Bajuli, pro bono et utilitate Rey publice dicte ville. Ordinârunt emi partem paratorii magistri Jacobi de Colonia cum juribus ejusdem bedalii, et aliorum quorumcumque ad dictum paratorium spectantium, cum jure recipiendi aquam in riperia Caramia, prout ipse hec et emit seu acceptavit à monasterio Beato Marie de Nazareth, aut aliter, ab eodem acquirere meliori et saniori modo quo fieri potuerit.— Cuiquidem ordinationi dicti Amici et Claverii non consentierunt, ymo expresse protestati fuerunt quod per futuram acquisitionem alienam fiendam per dictum de Colonia in nihilo derogatur juribus eisdem contingentibus et diversis partibus acquisitionis tam super dicto paratorio quam aqueductibus, bedalibus et riperia Caramie, de qua protestatione et contra dictione tam ad reservatorum jurium expressatorum quam ad omne dampnum et interesse vitanda expresse faciunt de premissis petitis et requirunt illis fieri instrumentum. — *Folᵛ* 143. *Vᵒ*.

Et dicti domini sindici et consiliarii, contra dictos repugnantes, unanimiter fuerunt protestati de turba et conqueritione predicta, cum debeant oblivisci proprium comodum pro utilitate fienda Rey publice, et magis eligere rem publicam quam propriam, ac de conventione juramenti prestiti de procuranda utilitate dicte universitatis, de qua protestatione etiam petierunt mandamentum, ordinantes prout supra procedi ad ipsarum acquisitionem cum licentia domini Bajuli. — *Folᵒ* 144.

D'où il résulte clairement que, précédemment, le paroir n'appartenait pas à la ville, et qu'elle n'en était que locataire à long terme.

Le 24 avril, le Conseil ordonne de se procurer l'acte d'accapte de de Colonia, ainsi que le privilége royal concédé à ce paroir, et tous autres titres utiles existants là-dessus.

C'est en suite de cette délibération que les syndics firent dresser le *vidimus*, ou titre authentique renfermant l'acte de donation et la transaction, dont la traduction a été donnée ci-devant, et qui est copié littéralement à la fin du volume, pièce justificative n° 1. — Ce *vidimus* est à la date du 26 avril 1499, et l'original sur parchemin est dans les archives de la ville.

Le 13 août, délibéré de payer à M. Jacques de Colonia, tisseur à draps, les cent dix-sept florins, que lui devait l'université de Brignole pour le prix de la moitié de paroir à elle vendue. — *Folo 154. Vo.*

Le 3 mars 1500, délibéré de faire construire un moulin, ou plusieurs moulins s'ils étaient nécessaires, dans le paroir de l'université de Brinhole ;

Nommé des commissaires pour faire établir ces moulins, écluses, béals, et autres choses appartenantes aux dits moulins ; et pour cela, de faire une corvée d'un homme par chaque maison pour être aux ordres de la Commission. — *Folo 181. Vo.*

Faire construire un moulin dans le paroir nouvellement acheté.

Le 5 mai, délibéré de faire réparer les portes et serrures du paroir de la ville commun entre la ville et les nobles et honorables messieurs Raymon Amic et Jean Clavier, et cela en commun. — *Folo 202.*

Le 18 décembre, après avoir ouï et entendu l'offre faite dans le dit Conseil par les nobles et honorables messieurs Raymon Amic et Jean Clavier, soit d'acheter la partie du paroir indivise entre la ville et les dits messieurs Amic et Clavier, ou de vendre leur portion à la ville. — Le Conseil commet à messieurs les syndics, et à Bertrand Botin et Jeannot Lebar, trésorier, de contracter avec les dits messieurs Amic et Clavier, à l'effet d'avoir la dite part leur appartenant et de la leur acheter — avec pouvoir d'agir, faire marché, comme si le Conseil y était présent. — *Folo 229.*

Acheter l'autre moitié du paroir au moyen d'un échange.

Enfin le 31 du même mois de décembre, ordonné d'échanger, soit de permuter avec M. Raymon Amic et le noble homme sieur Jean Clavier leur part du paroir dans le bourg d'Entraigues, avec le pré de la ville, qui est près du moulin commun de la dite ville — et cet échange a été fait le même jour, dont acte passé par Pierre Raysson, notaire. — *Folo 230.*

Cet acte est très-long, il est conservé sur parchemin dans les archives de la ville, et transcrit littéralement à la fin du volume, — pièce justificative n° 2.

Sur la même page, délibération distincte de la précédente, et à laquelle n'assistent pas les deux conseillers intéressés : Raymond Amic et Jean Clavier.

Mandare aquis ad habendum investituram et solvere trezenum.

In quo quidem consilio prenominati domini sindici et consiliarii, omnes simul unanimiter et concorditer, cum licentia et auctoritate dicti domini Bajuli et Capitanei, considerata acquisitione per universitatem facta dicti paratorii magistri Jacobi de Collonia et Juribus ejusdem constantibus, nota per magistrum maximini et me Johannem Aymerici, ordinArunt mandari aquis ad habendum investituram et Laudinum a domino priore seu prioresa et economo monasterii nostre domine de Nazareth, sive abere jus suum. Et quod nobilis Raymundus Pugeti consindicus ad dictas fines et effectus accedat, et trezenum solvat, et alios faciat meliori modo quo poterit ad utilitatem universitatis, et quod magister Johannes de Collonia accedat cum eodem.

1501.

La Communauté de Brignole devenue propriétaire des moulins de la porte Barralier, donnés depuis deux cents ans aux dames de Nazareth par le Roi Charles IIe, avec tous les droits et facultés sur les eaux de Carami concédés à ce monastère par le donateur royal et son fils le roi Robert, ambitionna la possession de tous les moulins situés dans la ville, afin d'avoir le privilége exclusif de la mouture ;

Elle possédait déjà depuis longtemps le moulin dit *Commun*, et plus tard du *Cumin*, à cause de sa proximité de la Tour du Cumin, dont les débris servent actuellement d'aire ;

Il ne lui restait plus à acquérir que le moulin de M. de Vins ; il lui fallut un siècle de procès, de tracasseries et de mauvais procédés, avant d'arriver à cette fin, qu'elle fut obligée de payer par des désastres.

Sommer M. de Vins de cesser la construction de son écluse.

Le 28 août 1501, le Conseil ayant ouï dire que M. de Vins fesait construire une écluse pour son moulin (*l'Écluse du Pigeonnier*), prend pour motif le dommage qui peut en résulter pour le pont, et délibère que les sindics feront commandement de cesser les travaux. — *Fol*^o 281.

20 Mars 1503.

M. de Vins propose à la ville de lui vendre ses moulins.

Le Conseil assemblé le 20 mars 1503, reçoit de noble Honorat Garde, seigneur de Vins, la proposition suivante :

« Quand il plaira à messieurs les sindics et conseillers de l'université de Brinhole d'acheter mes moulins avec les conditions qui suivent, je serai prêt à les lui vendre :

« *Primo*, il sera de pache que les dits sindics et conseillers s'obligent eux et leurs biens, et aussi les biens de l'université, à maintenir la *Resclause* des dits moulins bonne et ferme, afin que mon pré Rond (*aujourd'hui la Burlière*) ne vienne à manquer d'eau ;

« *Item*, il sera de pache que moi et les miens puissent prendre deux jours de la semaine toute l'eau des dits moulins pour arroser le dit pré, et aussi toutes les veilles, fêtes et samedis depuis le soleil couché ;

« *Item*, sera de pache que la dite université s'oblige et me donne bonne assurance, avec garantie, de me faire moudre franc de mouture et les miens, tout le bled qui sera nécessaire pour ma maison et mon ménage de moi et des miens *in perpetuum* ;

« *Item*, je me retiens le casal à côté du dit moulin, qui a coutume d'être une tannerie, pour faire un moulin de *rusca* ou autre engien d'eau, avec cette condition que moi et les miens pourrons jouir de l'eau des moulins pour l'usage des dits engiens qui se feront dans le dit casal, et que l'eau devra avoir sa fuite par les ruisseaux des dits moulins ;

« *Item*, je me retiens une charge de bled de service sur les dits moulins et la majeure seigneurie, et le trezen, lorsqu'il arrivera de le vendre, permuter ou aliéner de quelque manière que ce soit, et le droit de pouvoir le retenir ; et le dit service me sera payé tous les ans à la fête de St Michel ;

« *Item*, il me sera payó pour l'achat trois mille écus du soleil comptant. » — *Fol*^o 378. *V*^o.

Le Conseil délibère et répond :

20 Mars 1503.

—

·Réponse
du Conseil
à M. de Vins.

« Au premier article (capitol) les Messieurs, sindics et conseillers consentent à obliger les biens de l'université à tenir la *resclause* ferme ;

« *Item,* au segond, ils consentiront à ce que le dit Monsieur de Vins prenne l'eau le samedi, une heure avant le soleil couché en suivant jusqu'au dimanche à vêpres, ainsi que les autres fêtes où les moulins ne peuvent moudre, et non plus ;

« *Item,* au troisième, le dit Monsieur de Vins et les siens sera tenu de payer la mouture comme un homme de Brinholle ;

« *Item,* au quatrième, ils consentiront à lui laisser le casal pour faire tanne-rie, comme cela existe, et non un autre engien ;

« *Item,* au cinquième, ils veulent que les ruisseaux appartiennent à la ville, avec les droits qu'y a la dite ville ;

« *Item,* au sixième, ils consentiront à ce que la ville lui fasse une charge de bled tous les ans, et qu'il ait la majeure seigneurie ;

« *Item,* au septième et dernier, la ville lui donnera pour les dits moulins, ôté le dit casal tant seulement, deux mille florins.

« La quelle réponse, telle qu'elle est écrite ci dessus, le Conseil a ordonné de faire au dit Monsieur de Vins par Messieurs les sindics. » — *Fol°* 379.

Cependant la ville faisait de grandes réparations aux moulins Bessons ; dans cette même séance du 20 mars, le Conseil ordonne l'exécution des devis faits pour la construction d'un nouveau moulin, d'une écluse et de canaux plus directs. — *Fol°* 378.

Le 24 mars, il ordonne des corvées pour l'œuvre des moulins, et crée des impôts pour les payer. — *Fol°* 380.

Le 14 août, il ordonne de payer à M. Bosc, six cents florins pour le prix des travaux, à condition qu'il répondra pendant trois ans de la solidité de l'écluse et du bien-être du tout. — *Fol°* 395.

Nota. Cette nouvelle écluse était placée à trois cents mètres environ en amont de l'embouchure de la petite rivière de Val-de-Camps, dite de la Celle ; on voit encore les ruines et les débris dans l'eau ; et les pierres, qui formaient la prise d'eau du canal, sont encor à leur place.

23 Janvier 1504.

—

Nouvelle
proposition de
vendre
ses moulins
à la ville
par M. de Vins.

Les Conseils nouveau et vieux, avec adjonction des nobles et des notables de la ville, au nombre de 47, s'assemblent le 23 janvier 1504, et là,

« Ouïe l'exposition et relation faite par messieurs les sindics à cause des mou-lins de Caramic, que le noble Honorat Garde, seigneur de Vins, consent de vendre à la ville au prix de cinq mille florins avec certaines conditions et pactes, ont ordonné tous ensemble, unanimement, pour mieux connaître l'opinion et volonté du dit Monsieur de Vins, et arriver à un accord amiable sur le prix et paches, d'envoyer chercher le dit Monsieur de Vins dans le présent Conseil ;

« Lequel seigneur de Vins, appelé dans le dit Conseil, a dit :

« Qu'il consent à vendre les dits moulins à la ville, et qu'il les laisse pour qua-tre mille et six cents florins, sçavoir : 500 florins payés comptant, dans six mois cent écus, et après autres six mois autres cent écus, et le restant chaque année mille florins. Il se réserve sur les dits moulins le service d'une charge de bled par an et la majeure seigneurie, et l'eau pour son pré tous les samedis pour son pré Rond, depuis midi en la, et autres veilles et fêtes commandées, et chaque mercredi aussi depuis midi jusqu'à minuit. Il se réserve aussi l'écurie des dits moulins, et que la ville sera tenue d'entretenir l'écluse. — Et, cela dit, il est sorti du Conseil.

« Et, après quelque temps, les dits sieurs sindics, conseillers et autres appelés, tous ensemble, personne ne s'opposant si non Messieurs Hector Bellon et Sauveur Blancard, les quels n'ont pas consenti, avec la permission de M. le Bailli,

« Considérant que les dits moulins sont nécessaires à la ville, et, pour éviter et terminer les différents qui existent déjà entre la ville et le dit Monsieur de Vins,

Délibéré d'acheter les moulins.

« Ont ordonné d'acheter les dits moulins et d'en donner quatre mille florins payables mille florins comptant, et le reste chaque année mille florins ; de prendre l'eau tous les samedis depuis midi en continuant tout le dimanche jusqu'à minuit, et les veilles semblablement et les fêtes commandées, et non d'autres jours. Il lui restera l'étable qui est du côté de la ville tant seulement, et la majeure seigneurie avec le service d'une charge de bled chaque année.

Réduire le prix de mouture.

« Ont commis aux dits sindics de dire et faire réponse en cette manière, et si, par fortune, ces conditions ne sont pas acceptées, ordonnent de mettre la mouture des moulins de la ville à un *pachaou* par sestier tant seulement, pour le bien et l'utilité des pauvres gens. » — *Fol° 417.*

Confirmé d'acheter les moulins, et de sursoir pour décider des moyens de payement.

Le 25 janvier, réunion des Conseils nouveau et vieux, avec les habitants convoqués par la cloche et à son de trompe ; séance tenue dans la salle du sieur Jean Clavier, en nombre de 69 personnes.

« Dans le quel Conseil, en ce qu'il appert par la relation y faite par messieurs les sindics, que Monsieur de Vins consent à vendre les moulins siens de Caramie à la ville, ont ordonné, avec la permission du dit M. le Bailli, acheter les dits moulins en la forme convenue dans la délibération précédente ; mais, tout premièrement et avant qu'il ne se fasse aucun acte, ont ordonné de voir et délibérer comment et de quelle manière on payera, afin de ne pas endetter la ville, et, pour traiter de cela, aviser et délibérer, on a commis au Conseil ordinaire, avec l'adjonction des nobles et honorables hommes, Messieurs : Raymon Amic, juriste, sieur André Puget sieur de Chasteuil, sieur Jean de Chateauneuf, sieur Honorat Garin, M. Jean Caudière, M. Bertrand Botin notaire, M. Jeannet Galle, M. Raulet Montaud, M. Pierre Félip, Raymon Bellon, Bertrand Garin, et Jean Castilhon, les quels auront à examiner, voir et considérer la meilleure forme et manière qui se pourra faire et trouver pour payer les dits moulins sans endetter la ville et sans vexer les pauvres gens. » — *Fol° 418.*

Délibéré d'accepter les propositions de M. de Vins.

Le surlendemain, 27 janvier, le Conseil ordinaire, avec les membres de la Commission nommée le 25, s'assemblent dans la maison de noble Guillem Garin, l'un d'eux, et prennent la décision suivante :

« Les quels sieurs sindics, conseillers et députés, tous ensemble, informés par le sus dit Guillem Garini que M. de Vins a dit qu'il consentira à passer vente de ses moulins de Caramie à la ville au prix de quatre mille florins, et à prendre les dits moulins et les autres moulins communs de la ville, à les prendre et tenir en arrantement pour le temps de sept années , et , dans cet arrantement et temps , se payer du dit prix de quatre mille florins , à condition que la ville mettra qu'on payera un gros et demi par charge de bled , et un gros par charge de bled grossier et *mesclure* , ont ordonné le prévenir et mander tout expressément qu'il vienne avec les pouvoirs de Monsieur de Saint-Marc, son père , et de sa femme , le jour où se fera l'acte, et là on passera l'arrantement avec les paches sur ce faites et à faire. » — *Folo* 418. *Vo*.

27 Janvier 1504.

La proposition de M. de Vins était-elle sincère , ou un piége pour faire augmenter le prix de mouture ?

Réflexions.

M. de Vins était un grand seigneur, il avait des amis puissants et des partisans dans le Conseil de la ville, où il y avait aussi des ennemis qui cherchaient à entretenir l'animosité publique contre lui . Cet épisode du consentement de vendre ses moulins , alors que personne ne les demandait , mais qui flattait l'esprit public, jaloux de la fortune et de la grande influence de ce seigneur, eut une issue qui permet de nombreuses hypothèses ; mais poursuivons.

Le 7 mars , Antoine Lebar, deuxième sindic , engage le Conseil à payer les moulins de M. de Vins au moyen de l'arrentement proposé dans la séance du 27 janvier précédent ;

Conseil vieux et nouveau avec les chefs de famille.

Le Conseil, qui avait chargé les sindics de traiter avec M. de Vins , fait aussitôt convoquer à son de trompe le Conseil vieux et les chefs de maison , qui se réunissent dans la maison de noble Pierre Garin , au nombre de 58.

« Les quels seigneurs, sindics, conseillers vieux et nouveaux ,et autres appelés ci dessus nommés , ouïe et entendue l'exposition présentement faite par le susdit Antoine Lebar, cosindic , sur l'achat des moulins de Monsieur de Vins et de leur arrantement , ainsi que des autres moulins de la ville , et du pacte offert par M. Bertrand Botin , le quel , suivant l'exposition , a offert d'acheter et de payer au nom de l'université de la dite ville les moulins de Caramie qui appartiennent à Monsieur de Vins et à sa femme , et aussi d'acheter et de payer de son propre argent la maison , que possède en la dite ville le sieur Pierre Guiran , à condition que la ville lui baille et laisse les dits moulins de Caramie et les moulins du Commun de la dite ville situés à la Tour du Cumin , pour huit années consécutives et complettes avec imposition de un gros et demi pour chaque charge qui s'y moudront , le quel impôt, durant le dit temps, sera au dit Botin, pour ce que le pacte lui paraît être bon et sain pour l'université. — *Folo* 454 *et* 455.

Offre de Bertrand Botin notaire.

« Considérant que la ville n'a pas d'argent à dépenser, et que chaque habitant payera la mouture avec la quelle les dits moulins de Caramie se payent ; — *(qual hoste pagar moutura.)*

Accepté l'offre de Me Botin.

« Ont ordonné tous ensemble , avec autorisation et permission de M. le Bailli d'accepter et prendre le dit pacte , et commettent au Conseil ordinaire nouveau et aux autres personnes que le dit Conseil nouveau élira , qu'ils aient à conclure avec le dit maître Bertrand Botin , en faisant insérer des conditions bonnes et favorables, en utile faveur et proffit de la dite université et en la meilleure forme et manière qu'ils pourront faire, et de leur donner autorité et toute puissance pour ce faire. » — *Folo* 455. *Vo*.

Donné pouvoir d'aller conclure et acheter les moulins de M. de Vins.

7 Mars 1504.

Et, en exécution de cette ordonnance, les dits sindics et conseillers nouveaux ont retenu en leur compagnie : Jean de Chateauneuf, M⁰ Ant⁰⁰ Maximin, Not⁰, Bertrand Clavier, Louis Clavier, Jeannet Galle, et Jean Lebar, présent toujours le dit Monsieur le Bailli, et ont ordonné que le dit M⁰ Bertrand Botin, et un homme à cheval, sans pouvoir dépasser trois semaines, les quels entendent la chose et sçachent le métier d'icelle, aillent à Aix à l'effet de contracter et faire achat des dits moulins avec Monsieur de Vins et avec sa femme, ainsi que Monsieur de S¹ Marc, son père, et de faire venir ici le dit Monsieur de Vins avec sa femme et son père, ou quelqu'un ayant pouvoir suffisant de leur part pour ce faire avec les pactes et conditions sur cela faites, des quels ils ordonnent de donner copie au dit Maitre Botin pour les montrer, et *juxtà aquelles conclusir.* » *Fol⁰* 456.

M. do Vins est
à Brignoles,
contracter avec
lui.

Le 18 mars, M. de Vins était venu à Brignoles; le sindic était allé lui parler, et il donne au Conseil l'assurance qu'il est toujours disposé à vendre les moulins à la ville aux conditions déjà acceptées ;

Le Conseil ordonne que les sindics, M⁰ Raymon Portanier et M⁰ Bertrand Botin contractent avec M. de Vins aux pactes et conditions déjà formulées. — *Fol⁰* 461.

Délibéré
de faire un
emprunt
pour payer
M. de Vins,
afin
que les moulins
soient
aux mains de
la ville.

Le 21 mars, le Conseil, avec adjonction des notables convoqués, délibère comme il suit :

« Les quels Messieurs sindics, conseillers et appelés, avec l'autorité et permission de Monsieur le Bailli, ont ordonné pour la plus grande utilité de l'université et des particuliers d'icelle, sur le fait de l'achat des moulins de Monsieur de Vins, faire un emprunt de la somme de douze à quatorze cents florins pour faire le premier payement des dits moulins, afin qu'ils soient à la ville dès à présent, et que la ville jouisse des fruits d'iceux, et pour cela faire, ils ont commis au Conseil ordinaire avec partie des convoqués susnommés, de voir après dîner de trouver la dite somme, selon la liste faite pour cela. — *Fol⁰* 462.

Délibéré
de revenir au
projet Botin.

Le 22 mars, les Conseils nouveau et vieux, avec les notables, se réunissent dans la salle de la maison du seigneur Pierre Guiran ;

« Les quels seigneurs, sindics et conseillers vieux et nouveaux, tous ensemble, avec licence et autorité de M. le Bailli,

« Attendu que Monsieur de Vins est toujours de l'opinion de vendre ses moulins à la ville ; comme il ne se trouve meilleur ni plus expédient que celui qu'a présenté M⁰ Bertrand Botin ;

La majorité du
Conseil
décide d'en-
voyer quérir
M. de Vins, et
de passer
l'acte d'achat
de suite
hic et nunc.

« Ont ordonné, en exécution des autres ordonnances déjà faites, prendre les dits pactes, soit celui fait avec le dit Botin, la plus grande et majeure opinion le voulant ainsi et le disant ; et, pour cela faire, et pour arriver à une conclusion, ont ordonné envoyer quérir Monsieur de Vins et le dit M⁰ Botin, et *non reniens,* appeler plusieurs chefs de maison, et tant qu'il s'en trouvera, pour cela mieux voir, et pour cela faire de suite, à présent, sans plus de retard. — *Fol⁰* 463.

« Et incontinent, un peu après, toujours les dits Conseils vieux et nouveau, les quels sont de tous états, réunis en la dite maison, présent le dit M. le Bailli, non distraits par d'autres actes, mais toujours iceux continués d'être appelés et demandés et convoqués, écrits ci dessous, les quels ont été présents, et 1° M° Raymon Amic.... 2° .... etc.....

Suit la nomenclature des personnes présentes, qui remplit la page. *Fol*° 463. *V*°. Puis, les six feuillets suivants sont déchirés et enlevés, de sorte qu'il y a une lacune complète jusqu'au *Fol*° 470.

22 Mars 1504

Le notaire inscrit les noms de tous les venus et arrivants, appelés à l'assemblée.

L'acte commencé n'a-t-il pas pu s'achever ?

La minorité opposante a-t-elle violemment déchiré le registre ?

Nota.

Ce qui est certain, c'est que l'achat des moulins n'eut pas lieu, et que l'arrentement projeté pour payer le prix ne se fit pas non plus, car le 28 mai suivant, la ferme du moulin du Commun fut adjugée aux enchères à Pons Martin, pour un an, au prix de 24 florins. — *Fol*° 478.

Le 29 juillet, le Conseil prend cette délibération :

Décidé de ne pas arrenter les moulins de M. de Vins.

« Comme il a été exposé d'arrenter les moulins de Monsieur de Vins, et comme pourrait venir en plus grand préjudice à la ville qu'en utilité, ont ordonné, à la majeure part des opinions, de ne pas les arrenter. » — *Fol*° 488.

Après avoir suivi les péripéties du projet d'achat des moulins de Caramie, afin de faire ressortir la divergence d'opinion des conseillers et habitants de Brignoles, où le parti de M. de Vins et le parti opposé étaient également passionnés, il convient de reprendre l'historique de la rivière, en suivant l'ordre chronologique des faits.

Ainsi qu'il a déjà été dit, la ville avait obtenu en 1423 le droit pour tous les habitants de pêcher dans la rivière de Caramie ; le Conseil s'occupe aussitôt de réglementer l'exercice de ce droit, et rend annuellement une ordonnance portant défense de pêcher de novembre à la Noël, sous peine d'amendes diverses, qui sont portées, en 1464, jusqu'à 25 livres coronats, et à la confiscation des filets et autres engins de pêche ; il fixe aussi le prix du poisson, qui devra être porté à la place de la Poissonnerie et ne se vendre pas au-dessus de huit deniers la livre. — *Fol*° 331.

Police annuelle sur la pêche dans la rivière de Carami.

Dès que, par l'acquisition des moulins Bessons, elle est devenue propriétaire des canaux et aqueducs avec le droit de dériver l'eau de la rivière, elle veille rigoureusement sur la conservation intégrale de tous ses droits, et cherche incessamment à en tirer tous les avantages possibles.

Le 15 janvier 1504, avant d'avoir payé à messieurs Amic et Clavier le prix de la deuxième moitié du moulin Besson achetée le 31 décembre précédent, le Conseil fait visiter les lieux, afin de choisir le point le plus propice à l'établissement d'une écluse. — *Fol*° 232. *V*°.

La ville veut faire construire une écluse au Gau de St Jean.

Le 25 janvier, les hommes de l'art viennent déclarer que l'écluse devra être placée sur la *Terre Longue*, appartenant à M° Antoine Maximin, notaire ; qu'il y aura lieu de faire de nouveaux ruisseaux et autres œuvres, et qu'il en résultera un accroissement de dépenses à la charge de la ville. — *Fol*° 235. *V*°.

Le 9 février, le Conseil décide que l'écluse sera faite au lieu désigné par les experts, et que le canal, partant de la dite écluse tirera droit à la source de *Loldeguier,* et de là sera dirigé vers le lieu où doit se faire le pont, en suivant la direction la plus utile à la ville. — *Fol°* 246. *V°.*

Les moulins Bessons prenaient l'eau au canal des Paroir et Martinet, appartenants à Mercadier, de sorte qu'ils en manquaient souvent, et des querelles surgissaient chaque jour entre les meuniers de la ville et les propriétaires des usines et arrosage environnant.

Tous les projets d'écluse et de canaux vinrent échouer devant l'opposition calculée de Mercadier, Raymon Amic, de Chateauneuf et consorts ; le Conseil fit des frais énormes pour creuser un canal, acheter le terrain, et construire son écluse ; mais il ne put mettre à effet la dérivation de l'eau.

Cet état d'essais sans résultats dura vingt-cinq ans, pendant lesquels les plans de construction de moulins et paroir dans les bâtiments des moulins Bessons restèrent sans exécution définitive, faute de pouvoir faire arriver l'eau nécessaire.

Ce ne fut qu'en 1527 que la ville put acheter l'écluse, les canaux et l'eau de Mercadier, et la faire arriver à ses moulins au moyen d'un pont aqueduc qu'elle fit construire sur la petite rivière de la Celle.

Pendant ces longues années de démarches infructueuses, la ville eut à supporter les frais énormes de la reconstruction de la paroisse de St Sauveur, le passage continuel des troupes, la peste, l'invasion des impériaux qui prirent Brignoles et la saccagèrent; aussi on fut forcé de mettre des impôts de toutes sortes qui, avec les levées d'hommes, les réquisitions forcées et le pillage, réduisirent les habitants à la plus grande misère.

Le Parlement
vient à Brignoles
à cause
de la peste.

Cependant M. de Vins avait tenté de renouer l'affaire des moulins, et avait proposé d'arrenter ses moulins à la ville (février 1506).

Le Parlement était venu à Brignoles, pour fuir la peste qui sévissait à Aix ; M. Honorat Garde, seigneur de Vins, étant aussi à Brignoles, se présenta dans le Conseil de la ville, le 20 mars 1507, et protestant de sa bonne amitié pour la ville, il proposa comme moyen de pacification et de bonne entente, de contracter avec elle une compagnie ou association, par laquelle ses moulins de Caramie, les moulins Bessons et les moulins du Commun seraient régis uniformément et en commun pendant dix années.

Le Conseil adhérant à ces motifs et à cet expédient, consent à cette association, et autorise messieurs les sindics à passer acte de cette association (21 mars 1507). — *Fol°* 730 à 733.

La ville avait un extrème besoin d'argent, et on arrente de suite les moulins de M. de Vins, et le moulin Commun de la ville, pour un an, en fixant le prix de mouture à trois gros par charge de bled.

Le 11 mars 1508, arrenté à M. de Vins les moulins de la ville pour neuf ans, aux conditions déjà établies.

Le 13 mars, on nomme des experts pour faire l'inventaire de ce qui est contenu dans les moulins ; mais les habitants murmurent contre cet arrentement, et, du consentement de M. de Vins, le Conseil délibère qu'on mettra aux enchères l'arrentement des moulins de la ville et de ceux de M. de Vins, conformément aux accords faits l'an dernier à ce sujet. — *Fol°* 781. *V°.*

1508-1510.

M. de Vins est fermier adjudicataire des moulins de la ville.

Le cahier des charges portait que le bail serait de neuf années à partir du 21 de ce mois ;

« Que le meunier aura la charge de curer et réparer les canaux, vannes, écluses, toitures, etc., et que la ville sera franche de toute réparation ;

« Que, si la ville veut faire un paroir ou autre engien dans le moulin Besson, le jardin et le moulin resteront à la ville sans diminution de rente ;

« Il sera fait un inventaire, d'après le quel le fermier laissera les moulins comme il les aura trouvés, et les pierres (meules) devront être rendues franc de toute réparation. »

Le 15 mars, l'enchère a lieu, et l'adjudication reste à M. Honorat Garde, seigneur de Vins, comme plus fort enchérisseur, à la rente annuelle de cinquante charges de bled, pour les moulins de la ville tant seulement. — *Fol°* 786.

Le 17 avril suivant, le Conseil met aux enchères l'arrentement pour neuf ans du paroir qui se construira, dans le moulin Besson, sur la mise à prix de 200 florins.

La ville arrente un moulin, qu'elle construira.

Cet arrentement est adjugé à 295 florins pour les neuf années. — *Fol°* 800.

Il fallait payer l'impôt du Roi ; la ville obérée ne trouvait pas à emprunter ; pressée par les agents du fisc et ses créanciers, elle cherche des ressources dans l'arrentement de ses moulins, qui tombent entre les mains de M. de Vins venu enfin à bout de ses desseins pour profiter du haut prix de la mouture, et achalander ses moulins au détriment de ceux de la ville.

Mais cela ne pouvait pas tenir longtemps ; dès le mois d'août, des plaintes s'élèvent contre M. de Vins, qui fait saisir les troupeaux des habitants de Brignoles allant dépaître sur son terroir ; la ville intente un procès. — *Fol°* 813. *V°.*

Procès contre M. de Vins.

Le 18 mars 1510, le Conseil, avec les chefs de maison appelés, s'assemble dans la maison de noble Raymon Bellon :

Plaintes contre M. de Vins.

« Plusieurs plaintes sont faites contre le seigneur de Vins qui a enlevé des moutons, pris un laboureur et sa charrue, et commis d'autres actes de violence dans le terroir de Vins et dans celui de Brignole ; le Conseil décide de porter l'affaire devant la Cour Royale de Brignole et de demander justice. D'autant mieux que le dit seigneur de Vins se permet des actes analogues depuis longtemps ; qu'étant à cheval, accompagné de ses serviteurs et d'autres hommes de Vins, il avait pris à un fermier de Brignole, et dans le terroir de la ville, des porcs gras qu'il avait fait tuer et saler. » — *Fol°* 35. *V°.*

Le 26 mars, M. Raynaut Portanier, député à Aix par le Conseil, en rapporte des lettres dominicales pour la ville contre M. Honorat Garde, seigneur de Vins, et contre ses hommes. — *Fol°* 38.

Lettres dominicales contre M. de Vins.

Le 29 *juin suivant*, le Conseil commet à Guilhem Garin d'exiger les cinquante charges de bled, que doit M. de Vins pour le fermage des moulins de la ville, avec pouvoir de faire contraindre le sieur de Vins. — *Fol*º 48.

Pendant que la ville plaide avec M. de Vins, elle continue l'édification de l'Église paroissiale, les boiseries du chœur, la grande fenêtre ronde sur la grand-porte, des arcs-boutants pour soutenir la façade du côté de l'ouest; la guerre oblige à des levées d'hommes très-nombreuses; Monsieur de Carcès est nommé capitaine de Brignoles; cinq cents lances, de 40 hommes et 35 chevaux chacune, sont logées dans la ville, qui est écrasée sous les charges de toute nature qu'elle est forcée de subir; une compagnie de deux cents hommes est requise par le Roi, pour se tenir prête à aller où besoin sera; M. Honorat Garde, seigneur de Vins, est choisi pour capitaine (22 juin 1512). — *Fol*º 189. — Et les plus notables habitants de Brignoles, au nombre de vingt, sont élus pour commander chacun dix hommes.

Le besoin d'argent fait vendre cinq lots des paroirs et attenances achetés de Jacques de Colonia, mais la ville se réserve l'eau affectée à ces locaux. — *Fol*º 166.

Enfin, le 10 *février* 1503, le Conseil nomme une Commission avec pleins pouvoirs pour traiter avec M. de Vins et son fermier, à l'effet que la ville reprenne ses moulins donnés en rente à M. de Vins, et qu'elle arrente en outre les moulins de ce dernier, afin de réduire le prix de mouture, et venir ainsi en aide et soulagement aux pauvres gens. — *Fol*º 248.

Le lendemain, 11 *février*, la Commission rend compte qu'elle a repris les moulins, et que tous les accords ont été écrits par Mº Raynaut de Colonia, notaire. — *Fol*º 248. Vº.

Cette détermination de reprendre les moulins arrentés à M. de Vins, et même de prendre pour la ville la ferme des moulins de ce dernier, détermination immédiatement consentie par M. de Vins, indique qu'une grande irritation se manifestait contre ce dernier, à cause du haut prix de la mouture et de l'âpreté de ses fermiers; mais cette mesure ne changera rien au caractère batailleur et turbulent de M. de Vins, et ne diminuera pas la haine du peuple contre lui.

Le 8 *janvier* 1515, le pont de Caramie est endommagé par suite de l'exhaussement que M. de Vins a fait donner à son écluse neuve, il faut le citer en justice pour le contraindre à des réparations. — *Fol*º 365.

Dans la même séance, vu que plusieurs personnes coupent des arbres le long de la rivière de Caramie, ce qui est cause que la rivière s'élargit et fait des dommages à divers particuliers et à la ville, le Conseil ordonne de faire publier la défense à tous de tailler ou couper aucun arbre gros ou petit long la rivière de Caramie, sous peine de cinquante sols coronats. — *Fol*º 365.

Le 10 *septembre suivant*, le pont de Caramie tombant en ruine, et la ville étant très-obérée, le Conseil ordonne que la réparation sera faite par corvée, et il sera publié que chacun fera sa journée, et ceux qui ont des bêtes de somme les amèneront avec leur harnais, sous peine de 25 sols. — *Fol*º 403.

Le 5 *octobre* 1516, l'arrentement fait à M. de Vins du moulin du Commun était expiré depuis six mois ; la ville ne pouvait obtenir qu'il fit les réparations stipulées dans les accords ; le Conseil décida de le citer en justice pour le contraindre à remplir ses engagements. — *Fol*° 502.

1516-1527.

Contraindre
M. de Vins
à payer la rente
des moulins.

Le 20 *juin* 1520, les Conseils nouveau et vieux avec les notables appelés, ordonnent de mettre en état le moulin du paroir de la ville, et, parce que M. de Vins est obligé à cette réparation suivant les accords contenus dans l'acte fait entre la ville et le dit sieur de Vins, on commet aux sindics MM. Jean Marin et Olivier des Monts, à Poncet de Tressemanes et à Me Nicolas Fauchier, de voir M. de Vins et de l'engager à remplir ses obligations, et, si M. de Vins s'y refuse, on leur donne pouvoir de procéder judiciairement. — *Fol*° 10. V°.

M. de Vins
sera mis
en demeure
de faire
aux moulins
les réparations
auxquelles
il s'est obligé.

Le 9 *octobre* 1522, délibéré d'arrenter aux enchères le paroir et teinturerie de la ville, avec le jardin, pour cinq ans, avec cette condition : que la ville se réserve de faire un moulin dans le bâtiment du dit paroir, et que, dans ce cas, le fermier n'aura aucune diminution à prétendre sur le prix de la rente. — Me Antoine Chantrons demeure adjudicataire à 80 florins par an. — *Fol*° 141.

Arrenter
le paroir
de la ville.

Le 21 *février* 1524, le Conseil commet Jean Possel, Nicolas Fauchier et Bastian Amic, pour traiter avec un entrepreneur qui conduise l'eau de Caramie au paroir de la ville, afin d'y établir deux *mollans;* et de faire entrer dans ces travaux la construction d'un pont ou aqueduc pour faire traverser la rivière de la Celle à l'eau qui doit aller aux dits moulins. — *Fol*° 307. V°.

Conduire l'eau
de Caramie
aux
moulins Bessons

Le 29 *février*, la Commission fait connaître au Conseil qu'elle a traité avec Martin Requist, ouvrier de cette ville, lequel s'oblige de faire arriver l'eau de Caramie au moulin moyennant cinquante florins, en la faisant passer par les lieux désignés. — Le Conseil approuve ce traité et donne le *prix fait* au dit Martin Requist, suivant acte passé par Me Elzéar de St Jeaume, notaire de Brignoles.—*Fol*° 309. V°.

Prix-fait
de la conduite
des eaux.

Messieurs Raymon Amic et Christol de Chateauneuf ont porté plainte sur la prise des canaux que construit la ville ; ils prétendent qu'elle n'a pas le droit de dépasser la teneur de l'acte de vente que le dit Raymon et ses consorts ont fait à la ville de leurs droits sur l'eau.

Oppositions
aux travaux de
la ville.

Le 21 *mars*, le Conseil nomme une Commission chargée de traiter avec les plaignants, en se conformant aux conditions formulées dans l'acte d'achat de l'eau, et de traiter avec Mercadier pour lui acheter son paroir. — De plus, le Conseil ordonne une corvée pour faire les berges, béals et ruisseaux nouveaux, et il charge de la direction maître Jeannet Paul, et Raymon Garnier, conseillers.— *Fol*° 309. V°.

La peste envahit Brignoles; l'armée de Charles-Quint lui succède ; tout est suspendu, et le registre allant de 1526 à 1530 n'existe plus.

1525.

Situation
de la ville
et état des eaux
des moulins.

Il est nécessaire d'esquisser brièvement la situation de la ville, propriétaire des moulins Bessons, ainsi que l'état des lieux contentieux.

Depuis vingt-cinq ans, la ville est devenue propriétaire des moulins Bessons, et a fait constater ses titres et ses droits sur l'eau de Carami par un *vidimus*, ou copie authentique de l'acte de donation Royale aux dames de Nazareth, et de l'acte de transaction fait entre ces dames et les possesseurs du prieuré de St Jean et terres y attachées, pour régler et définir le droit des parties à l'eau de Caramie.

Depuis lors, tous ses efforts pour faire arriver à ses moulins l'eau de la rivière ont été infructueux ; elle a dû laisser ses usines inachevées et en souffrance , n'ayant que l'eau de Val-de-Camps pour les mouvoir, eau insuffisante même au moulin Commun.

C'est que les moulins Bessons n'avaient ni écluse, ni prise sur Carami ; ils dérivaient l'eau du canal du paroir, situé en face de la chapelle de St Jean , appartenant alors à Mercadier, et cette eau était disputée par le propriétaire du Martinet attenant au dit paroir, et par les possesseurs des ferrages environnantes qui arrosaient par la même voie.

Aussi le projet d'établir une écluse au *Gau de St Jean* demeure inexécuté par suite des oppositions faites par ces usagers, appartenants tous aux familles les plus riches et les plus notables de la ville.

Cependant la Communauté avait un intérêt trop majeur pour ne pas essayer de tous les moyens propres à lui procurer l'eau nécessaire ; son association avec M. de Vins, et ses contrats d'arrentement avec lui, n'avaient servi qu'à l'avantage des moulins de M. de Vins, qui avait éludé tous ses engagements.

Ruinée par des désastres successifs et prolongés, peste, guerre, pillage, la ville déploie une énergie et une activité étonnantes ; elle fait face à toutes les exigences ; elle refait son Église paroissiale qu'elle achève après vingt ans de travaux ; elle achète les moulins et y fait de grandes réparations ; elle établit la place Jean-Raynaud ; soutient de nombreux procès pour maintenir ses droits sur Bonne-Garde, et sur les terroirs du Val, de Vins et de Flassans ; enfin elle décide d'acheter le paroir Mercadier.

Le registre des délibérations, de juin 1526 à février 1530 , aurait fait connaître ce que la ville a dû faire pour arriver à ces fins ; ce registre a été perdu , et il ne reste, dans les archives de la commune, aucune pièce relative à ce qui s'est fait alors.

Mais l'acte de vente de l'écluse et béal Mercadier à la ville a été retrouvé dans les minutes de Me Clavier, notaire à Brignoles ; il a été passé par le notaire Éméric Blancard , à la date du 31 mars 1527. (Voir la copie littérale dans la pièce justificative n° 3.)

Acte d'achat
de l'écluse, béal
et faculté
d'eau du paroir
Mercadier.

Par cet acte, Pascal Mercadier vend à l'université de Brignole , représentée par les sindics : Maîtres Raynaut de Colonia, Antoine de Brinhole , notaires royaux , et Nicolas Alban, cardeur ; et par Raymon Borgarel , Pascal Botin , licenciés en droit, Jacques Bellon, Antoine Garin, marchands, Guilleaume Fauchier, cordonnier, Jean Orle, Pierre Torgat, Georges Barralier, charpentiers, Jean Amic , Bertrand Amic, cultivateurs, Étienne Bellon, apothicaire, et maître Jean Rigordi, teinturier, conseillers de la dite université, présents et acceptants, sçavoir : « L'écluse de son paroir sise dans le terroir de la même ville « de Brignole, au lieu vulgairement appelé *al Gau de Sanct Jehan*, touchant « l'écluse du Martinet sur le réal traversier, limitée par ses confronts, ensemble « avec le béal du même paroir depuis la dite écluse jusqu'au dit paroir, et aussi « avec les droits et appartenances des dits béal et écluse d'aller et revenir de « long en long des dits béal et écluse. »

Mercadier se réserve :

1° L'usage de l'écluse et du béal pour faire mouvoir le paroir existant en ce lieu , dit le *Gau de St Jean* , mais seulement là ;

2° Le droit d'arroser son pré contigu aux dits paroir et béal , mais seulement le jour de samedi après vêpres , ainsi que les jours de veilles solennelles ;

3° Dans le cas où il n'arriverait dans le dit béal que l'eau nécessaire à son paroir, la ville n'aura pas le droit de l'ôter soit à lui soit à ses successeurs.

La ville prend à ferme les moulins de M. de Vins.

Le registre n° 15 , qui clôt la lacune déjà signalée de quatre années, commence par la délibération du 6 février 1530 , prise par l'assemblée composée :

1° Du Conseil nouveau , présents Messieurs : Raynaud Portannier, Thomassin Clavier et Jeannet Blancard , sindics; Benoit Reboul , trésorier; Michel Jujardy, notaire et secrétaire du Conseil , Poncet de Tressemanes, Honorat Galle, Pons Masse , Jean Ysoard , Jean Rigort , et Gaspard Roux , conseillers;

2° Du Conseil vieux , présents : Honorat Garde , seigneur de Vins , Laurens Collon , Pierre Allègre, Louis de Capris , Antoine Fornery, Jean Paul , Barnabé de St Martin , et Raymon Boyssières ;

3° Des appelés : Raymon Puget, seigneur de Thoramènes , Reynaut de Colonia.

« Les quels Messieurs sindics et conseillers, tant vieux que nouveaux, et autres appelés de trois états , tous ensemble d'un bon accord , avec licence de Monsieur le Juge et en sa présence, ordonnent ratifier l'arrentement des moulins de Monsieur de Vins fait à la ville , ou soit aux sindics et à quelques particuliers appelés par le dit sieur de Vins , ainsi que cela conste de la note du dit arrentement prise de la main de maître Raynaud de Colonia , notaire , comme ils ont ratifié. En présence de etc., etc..... » — *Fol° 1.*

Impôt sur la farine.

Le lendemain , on met aux enchères l'impôt ou *reve* sur la farine , à raison de deux gros pour la mouture de chaque charge de bled. — La ferme de cet impôt est adjugée à Honorat Garin , à 1450 florins par an. — *Fol° 2.*

Cet impôt sur la farine , qui prit plus tard le nom de *droit du piquet*, fut un des plus lourds pour les populations qui se soulevèrent maintes fois contre sa perception , et qui donna lieu à des scènes de violence au début de la Révolution de 1789.

Arrentement de tous les moulins de la ville.

Le 11 septembre suivant, le Conseil met aux enchères l'arrentement de tous les moulins de la ville :

« Le moulin de Vins , avec 3 meules , un moulin de ruche , un pré et une écurie , sont adjugés à Antoine Cristol , à 52 charges de bled par an ;

« Les moulins Neufs , qui étaient paroir, avec deux moulants , sont adjugés à Jeannet Boyssières , à 26 charges de bled par an ;

« Le moulin du Commun est adjugé à Honorat Gavoty, à 31 charges de bled. »

Défense de prendre l'eau au béal des moulins, avant d'avoir payé la taxe ordonnée.

Le 3 octobre, le Conseil prend la délibération suivante :

« Attendu que le béal du moulin Neuf est en possession de quelques particuliers , qui pourraient en abuser ainsi que d'autres qui, en ayant pris possession, prennent l'eau du dit béal au préjudice des moulins et de la ville ,

« Ont ordonné que personne ne prenne cette eau sans avoir payé à la ville, ou à son trésorier, la somme déjà ordonnée, ainsi qu'on le lit au précédent livre des délibérations à fol°...., sous peine de deux florins. » (1)

Éclaircisse-ments.

Mercadier avait vendu son paroir à Boyssières et autres, qui abusaient du droit d'arrosage réservé pour le pré contigu au béal et paroir ; ces particuliers étaient les plus riches et les plus notables de Brignoles ; leur influence paralysait les efforts du Conseil qui, pour conserver à la ville l'usage légal de l'eau acquise de Mercadier, avait rendu une ordonnance portant que les voisins pourraient arroser en payant une redevance fixée, mais la perte du registre précédent ne permet pas de connaître exactement cette ordonnance. Peut-être aussi cette ordonnance avait-elle été faite pour procurer quelque argent à la ville ; ce serait alors ce que nous appelons une concession moyennant taxe.

Faire des canaux nouveaux pour les moulins Neufs.

Quel que soit le motif de cette taxe, le Conseil entend qu'elle soit payée, mais afin de mettre un terme à toutes les prétentions, il est décidé dans la séance du 16 octobre, qu'on fera des canaux nouveaux pour l'eau des moulins Neufs, et qu'il faut traiter avec M. Espagnet, procureur de Monsieur de la Celle, pour avoir l'autorisation de faire ces canaux sur son terroir. — Fol° 46. V°.

Acte d'achat du droit de faire un béal dans le terroir de la Celle.

En effet, le 27 octobre, les nobles Raymon Puget et Raynaut de Colonia, au nom de l'université de Brignoles, vont à la Celle passer acte d'accapte ou emphitéose perpétuelle, par lequel le prêtre Bouchard, dit Espagnet, procureur de Son Éminence le cardinal d'Assomville, prieur de la Celle, donne à la ville de Brignoles le droit et le terrain nécessaire, pour faire dans le susdit terroir de la Celle, et au-dessus de l'écluse du Martinet, un béal d'une canne de largeur pour conduire l'eau de la rivière de Carami aux moulins de la dite ville, avec le passage pour aller et venir prendre l'eau, et la faculté de curer le dit béal et de rejetter la terre sur les rives, le tout après avoir payé le terrain et les charges de la servitude aux particuliers sur les possessions des quels le béal passera. (Voir la copie littérale de cet acte à la fin du volume, pièce justificative n° 4.)

Cet acte fut ratifié et approuvé par le Conseil le 7 novembre suivant.—Fol° 56.

Faire un béal et une écluse pour le moulin Neuf

Le 14 septembre 1531, après avoir fait faire les études et nivellements nécessaires, le Conseil charge les sindics de donner à prix fait les canaux pour faire venir l'eau de Carami par les terrains que la ville a achetés à cet effet, parce que M. Jeannet Boyssières, possesseur du paroir Mercadier, prétend à la plus grande partie de l'eau qui passe par son ruisseau. — Fol° 150.

Opposition de Jeannet Boyssières.

Le 25 septembre, Jeannet Boyssières fait commandement aux sindics d'avoir à abandonner le canal commencé pour faire arriver l'eau de Carami au moulin Neuf, et en outre d'avoir à faire réparer l'écluse du paroir du dit Boyssières. — Fol° 151.

---

(1) *Item* an ordonat que, per so que lo béal del Molin Nou ven per possession de certans particuliers et porria portar proffit à tals particuliers et altres que, ayent pres del dich béal possessions, en prenont l'ayga del dich béal en préjudici dels molins et de la villa. Que degun non ha puesco ny ause prendre que premierament non ayo pagat à la villa ho al thesaurier la summa ja ordenada coma apareyt à l'autre libre de las ordenansas fach davant aquest à fol°. . . . et aquo sus la peno de florins dos applicado lo tres à mossu lo Bayle, l'autre à la villa et l'autre al denuntiant. — *Fol° 43.*

Le 13 novembre, nouvelle réquisition de Boyssières qui demande que la ville fasse réparer son écluse qui est rompue, offrant de payer le tiers qui lui incombe sur les frais. — *Fol⁰* 154.

Item Boyssières propose de faire arriver l'eau de Carami au-dessus de l'écluse du Martinet par son écluse à lui, moyennant 25 florins. Le Conseil répond qu'il n'entend pas lui laisser faire cela, et il propose de nommer des arbitres pour juger le différend. — *Fol⁰* 155. *V⁰*.

La ville fit achever son béal nouveau, et fit construire une écluse sur Carami au-dessus de celle du Martinet, mais à quelques cents mètres seulement, et le 13 avril 1534, il fut délibéré, en présence de Boyssières acceptant et consentant, de payer au dit Boyssières ce que règleront les auditeurs des comptes, avec cette condition bien entendue qu'il ne pourra pas prendre l'eau par le béal supérieur, dont acte est dressé séance tenante. — *Fol⁰* 404.

Dans l'intervalle, **28** *août* **1532**, le Conseil avait arrenté pour un an à Pierre Amic, et au prix de 48 charges de bon bled, les moulins à bled, le moulin à ruche, le pred et le jardin situés au bourg du moulin Besson, aux conditions suivantes : 1⁰ ... 2⁰ ... 3⁰ ....

« 6⁰ Le fermier ne pourra s'associer avec les autres meuniers, ni faire union avec eux, sous peine de 25 écus d'or payables à la ville.

« 8⁰ Il sera loisible à la ville et à ses habitants de prendre l'eau des dits moulins tous les samedis à vêpres et de la garder jusques aux dimanches à vêpres, et toutes les veilles des fêtes qui sont d'obligation jusqu'au dernier des vêpres.

« 10⁰ La ville sera tenue du rompement de l'écluse, des pierres, des roues et des grosses pièces, et si, par défaut de l'écluse rompue, des pierres, des roues et des grosses pièces, les dits moulins chômaient, il sera *rabatu* sur la rente temps par temps. » — *Fol⁰* 235 à 236. *V⁰*.

« La ville met aussi aux enchères l'arrentement du moulin de Vins, adjugé à 50 charges de bled pour un an. » — *Fol⁰* 237-238.

Le 8 mars 1535, le Conseil ordonne de faire un petit pont *(pontillal)* sur le béal venant de Carami, sous la terre de St Martin. — *Fol⁰* 482. *V⁰*.

Il paraît que l'invasion des troupes de Charles-Quint empêcha la construction de ce pont; car le 12 février 1537, le Conseil ordonne de nouveau l'établissement de ce pont, d'environ six pans de largeur, au même point, parce que les meuniers, pour aller tourner l'eau, font beaucoup de mal aux propriétés qui bordent le béal. — *Fol⁰* 800. *V⁰*.

Ce pont, avec un expassier, coûta sept florins, et on décida que ceux qui voudraient arroser par cet expassier, payeraient la dépense *à prorata*.

Le 18 juin 1537. Attendu que Nicolas le Balaffré, tanneur, demande de faire une *calquiero ambe conduch* au pied du moulin Neuf, et vu que cette conduite préjudicierait à la ville à cause des débris et saletés qui obstrueraient le canal, le Conseil refuse l'autorisation demandée. — *Fol⁰* 831. *V⁰*.

Ce Nicolas Tourneys était un riche tanneur; il avait prêté de l'argent à la ville qui lui devait encore dix écus d'or.

1537-1539.

Le 16 *juillet*, vers la fin de la séance, le Conseil prend la délibération suivante :

« Touchant ce que demande Nicolas Tourneys, ont ordonné qu'il fasse hommage, et qu'il donne un bon matelas de laine, une flançade et un traversin de laine, et dix écus d'or à la ville, pour aider aux taxes de la dite ville ;

Conditions
imposées
à Tourneys,
s'il fait
sa conduite.

« Et, sur la permission et faculté qu'il demande, le Conseil ne peut y consentir en aucune manière, bien plus, il lui en fait défense ; et, si le dit Tourneys fait un aqueduc *(conduch)*, il s'obligera en bonne forme de placer à l'ouverture de cet aqueduc, qui sera suffisamment grand, une bonne grille en fer épais, et lorsque la ville voudra curer le canal du moulin, le dit Tourneys sera tenu de mettre un homme à ses frais pour curer. » — *Fol* 834. *V*°.

Éclaircissements sur cette concession.

Les deux délibérations ci-dessus sont très-ambigues. L'hommage est imposé à Tourneys, parce qu'il était étranger et qu'il avait demandé le droit de citadinage, qui lui est accordé aux conditions ordinaires, sans mentionner sa demande, et en portant à dix écus d'or la somme généralement minime imposée en ces occasions.

Le Conseil avait refusé l'autorisation de faire une tannerie avec *conduite*, il ne pouvait se déjuger à un mois d'intervalle ; mais, tout en articulant un nouveau refus, il indique les charges qu'aura à subir Tourneys, s'il exécute son dessein.

Il y a plus, le registre des délibérations ne parle pas de concession d'eau du béal pour la tannerie que Tourneys veut construire, cependant un écrit sur feuille détachée mentionne une concession d'eau faite à une tannerie touchant le moulin Besson, un passage entre deux ; ce qui désignerait la tannerie Tourneys. (1)

D'ailleurs, nous verrons bientôt que plusieurs tanneries avaient des prises d'eau sur le béal des moulins Bessons.

Payer
une parcelle
de terre
prise pour
le béal.

En 1530, la ville avait acheté le droit d'établir un canal de huit pans de largeur sur le terroir de la Celle ; *le 6 mai 1539*, le Conseil ordonne de payer dix florins pour le dommage fait à une terre de Cassien Olivier, en faisant le canal pour prendre l'eau de Carami, conformément à l'estimation qui en fut faite. — *Fol°* 162.

Rapport
des estimateurs
jurés
de la ville
sur l'indemnité
due
aux héritiers
de
Cassien Olivier,
pour le
terrain pris
par le canal.
—
10 florins,
plus arrosage de
sa terre.

Voici le procès-verbal de cette estimation ou expertise, comme spécimen de la manière loyale de procéder, car la ville paye aujourd'hui un dommage fait avant l'acte de 1530, et consenti par le propriétaire.

« Anno Nativitatis Domini millesimo quingentesimo vicesimo quarto et die prima mensis Martii mihi notario subscripto retulerunt providi viri Anthonius Bruni, Honoratus Feraud, Rostagnus Massa et Petrus Bertho, extimatores moderni et jurati presentis ville Brinonie, se ipsos ad instanciam universitatis presentis ville Brinonie, visum et extimatum accessisse quoddam dampnum per universitatem illatum in quàdam terra heredorum Cassiani Olivarii in qua fuit

(1) Acquise par Jean Roux en 1591, et acquise de Félix Roux par Aude, possesseur actuel.

1531-1546.

la preso de l'aygo novi valati molendinorum universitatis presentis ville a riperia Caramie ad dictum molendinum. Quod quidem valatum transit per terram dictorum heredorum et est latitudinis unius cane. Et ibidem applicati juxta donum et eorum confieri prius habita debita conferentes posuisse dictum dampnum et pretium dicti vallati ad florinos decem, dum modo dicti heredes habeant facultatem et possint ac valeant per dictum vallatum accipere aquam per adacando dictam terram sine aliquo custu diebus quibus dicta universitas instituet et ordonabit, ad id presens et consentiens honesta mulier Isnarda Olivary uxor dicti Cassiani mater et tutrix dictorum heredorum. Sic eorum facientes relationem quam scripsi ego Guillelmus Emeriri, notarius publicus et curie regie premisse ville conscriba, cujus signo signavi. » — *Fol°* 162. *V°.*

Le droit d'arrosage fut donné à presque tous les propriétaires traversés par le béal, comme partie de l'indemnité qui leur était due.

Le 21 novembre 1541, les Conseils nouveau et vieux avec appelés,

« Ouïe la requête faite par plusieurs des appelés sus nommés disants qu'il serait bien d'exiger les sommes d'argent imposées par la ville aux particuliers qui arrosent de l'eau du béal qui a été fait pour le moulin Neuf ;

« Ont conclu et commis à Gaspard Roux, Jean Masse, et noble Jean Clavier, de s'adjoindre deux des estimateurs et de se transporter au long des dits béals, afin de voir et reconnaitre ceux qui prennent proffit en arrosant par le moyen du dit béal, d'en faire un rolle, pour y être pourvu comme le Conseil portera. » — *Fol°* 380. *V°.*

Vérification des prises d'eau sur le béal.

Chaque année, le Conseil rend des ordonnances contre ceux qui prennent l'eau du béal aux jours non juridics ; il prononce des amendes contre les délinquants. — Les moulins sont arrentés aux enchères, et les réparations nécessaires aux moulins, canaux et écluse font l'objet de plusieurs délibérations.

Le 4 février 1545, l'écluse sur Carami a été emportée par une crue d'eau, on donne ordre de sauver les bois de la charpente. — *Fol°* 168. *V°.*

L'Écluse est emportée, la faire réparer.

Le 22 juin, Messieurs les consuls sont chargés de faire réparer cette écluse, et de faire payer le tiers de la dépense à Jeannet Boyssières. — *Fol°* 210. *V°.* — D'où il ressort que l'écluse était encore voisine du Martinet.

Le 11 mai 1546, Ouïe la proposition faite par M. Gaspard de Vins, dont la teneur suit.

Arrosage du Petit-Paradis.

« Sur la proposition faite par Mᵉ Antoine Boyssoni pour et au nom de M. de Vins, conseiller du Roi en son Parlement de Provence, de la quelle la teneur s'en suit de mot à mot :

Proposition de M. Gaspard de Vins.

« Il plaira au Conseil ordinaire de cette ville et appelés, de délibérer et conclure que mon dit sieur, les jours et heures acoutumées et données aux particuliers de Brignole de pouvoir prendre et dériver l'eau du béal de Caramyeta pour arroser leurs possessions, ces mêmes jours et heures, et non en autres jours ni heures, puisse aussi lui ensemble prendre l'eau et dériver l'eau du dit béal près et au dessus des moulins Neufs de Brignole, et faire passer et conduire la

dite eau par le jardin de la dite ville contigu aux dits moulins tant seulement ,
pour arroser la possession de mon dit sieur dite *lou Petit Paradis*, et non à autres services , en payant toutefois l'intérêt et dommage du passage de la dite eau
à l'arbitre et connaissance des prud'hommes jurés experts , et sans pouvoir donner ni inférer aucun trouble *(desturbe)*, empêchement , préjudice , ni intérêt au
susdit moulin et communauté de Brignole, et ce faisant ferez votre devoir envers
sieur de Vins ;

« Ont délibéré les dits messieurs consuls, conseillers et appelés , et conclu
d'un bon accord , personne ne s'opposant , que le dit sieur de Vins , conseiller,
et les siens, pourra prendre la dite eau du béal de Caramyeta pour arroser la dite
possession du Petit Paradis tant seulement et non point à autres fins , au dessus
du moulin Neuf de la ville , cette eau passant par le jardin de la dite ville , à
sçavoir long des murailles des maisons des particuliers joignants le susdit jardin,
en payant l'intérêt et dommage du dit jardin à la ville suivant l'accord qu'il a
fait à cette eau ; ayant accordé prendre et consenti aux jours de samedi et veilles
commandées à vêpres , et , aux dimanches et fêtes des veilles commandées , la
tournera au béal de la ville à vêpres ; et cela sans préjudice des particuliers de
la ville qui ont arrosage par le dit béal ;

« Et le ruisseau , que fera le dit sieur pour passer la dite eau par le dit jardin,
aura deux pans et demi de largeur tant seulement de franc, et autrement avec
les conditions, qualités et offres qu'il a faites dans sa proposition au dit Conseil,
sauf à la ville de Brignole perpétuellement , *casu quo* le dit sieur ou les siens à
l'avenir voulussent prendre ou user de l'eau à d'autres jours et heures que dessus et à autres fins , que, en tel cas, la présente permission sera pour non faite,

et dès à présent il sera permis à la ville « et des aros per adoncos sera licit à la
« villo claure et fondre tal aygage beal et spacier totallament perpetuallament
« au dit sieur et aux sious , de leur auctoritat propro et privado , et porra la
« dicho communauat , en favour dels molins d'icella et aultres y ayant causas
« de la dicha villa et services, arrosar lo dich jardin et prendre l'aygo per lo dich
« beal del dich sieur perpetuellament , et sera lo dich sieur astrent de instituir
« spacier de peyro de talho à la preso de la d° aygo de sorto que l'aygo non se
« perde. » — *Fol°* 50-51.

Dans le Conseil du 20 septembre suivant , Pierre Clavier , procureur pour le
Roi en cette ville , parlant pour et au nom de M. de Vins, dit que , d'après l'autorisation donnée par le Conseil à Monsieur de Vins , de prendre l'eau du béal
pour arroser ses possessions du Petit-Paradis , en faisant passer l'eau par le jardin de la ville moyennant une indemnité à régler par experts ; le dit sieur de Vins

a fait faire cette expertise qui estime l'indemnité à soixante florins , et il offre de
payer incontinent ces 60 florins au trésorier, en demandant quittance notariée
au nom de la ville.

Les Conseillers opinent de diverses manières , cependant la majorité se rallie
à l'opinion de M. Puget, seigneur de Chastueil, qui croit qu'il faut tenir à faire
une quittance notariée. — *Fol°* 96.

Voici le procès-verbal d'expertise présenté par M. de Vins, transcrit à la suite de cette délibération :

1546.

Arrosage
du
Petit-Paradis.

« L'an mil cinq cent quarante six à la Nativité et le quinzième jour du mois de septembre, prudhommes Jehan Ollivier, Estève Maunier, Pierre Boyssières et Jehan Marnier, extimateurs modernes de la présente ville, ont refféré à moi notaire Royal à Brignole, établi commis au greffe, soy être en compagnie de Honorat Blanoard ...... et Jehan Rigord, carraire de la présente ville, pris pour adjoints à la requête de monseigneur de Vins, seigneur du dit lieu et conseiller du Roy notre Sire en sa Court et Parlement du présent pays de Provence, et par commandement à eux fait par vertu de certain appointement au pied de la requête pour la partie du dit seigneur, à Monsieur le Juge de la présente ville présentée.

Procès-verbal
de l'expertise
qui fixe
à 60 florins l'in-
demnité
dûe à la ville
pour le terrain
et servitude
de
passage de l'eau
d'arrosage
du
Petit-Paradis.

« Transportés dans le jardin de la ville aux moulins Neufs mentionné et confronté plus à plein dans la dite requête, et illec appliqués en exécution d'icelle, vu, visité, palpé et regardé dûement toute la tenue et contenance du dit jardin, et en icelui le vallat, que le dit seigneur conseiller a fait faire, icelui tant de long que de large et profond mesuré selon Dieu et leurs consciences avec dûe conférance, avoir connu que le dit vallat à prendre et mesurer du côté de la muraille du dit vallat étant bâtie et édifiée devers ledit jardin à vingt six cannes et demie ou environ de longueur, et de largeur dans le vuide et franc du dit vallat pour le descours de l'eau deux paulmes et demy, et hors du dit vallat comprenant la muraille d'icelui d'une part et d'autre cinq paulmes et demy au plus bas, six paulmes ou environ dans le milieu, et au plus haut à l'entrée du vallat qu'est devers le susdit moulin sept paulmes ou environ, et de profond deux paulmes et demy. Et ce fait, avoir estimé tant l'intérêt de la sujetion du passage d'aller et venir entrer et sortir libéralement dans le dit jardin pour user et jouir de la commodité du dit vallat, que la valeur de la place et l'espace où est édifié icelui vallat avec les diten murailles d'une part et d'autre de la largeur longueur et profondité susdites à la somme de soixante florins, moyennant laquelle les murailles du dit vallat d'un côté et d'autre ainsi qu'elles sont demeureront et seront à l'avenir franches et entières sans aucune sujettion charge ni servitude au dit seigneur de Vins et aux siens, et avoir fait la dite estime et connaissance présents : noble Honorat Galle et sieur Blase Garin et absence de sieur Guillem Maunier, consuls de la présente ville à ce dûement ajournés par Anthoine Marin, sergent Royal du dit Brignole, comme du dit ajournement et commandement dessus dit appert au pied de la requête, à la relation des quels estimateurs je Sille Le Maitre, notaire Royal et commis susdit me suis soussigné. — Fol° 97.

Longueur
et dimensions
du canal
d'arrosage.

« Signé : Le Maitre, commis au greffe, pour les estimateurs adjoints. — Florin 1 gros et demy. »

« *Item,* Ouïe la protestation présentée au Conseil par Messieurs : Jacques Boyssières, François Alcan, Honorat Garin de la dite ville et écrite de la main de M. Guillem Chaine, docteur en droit, tant en leurs noms que en celui de tous ceux qui voudront y adhérer, sur le bail et permission donnée au respectable seigneur de Vins, de prendre l'eau sur les moulins Neufs de la ville et la passer par le jardin de la dite ville pour arroser sa terre du Petit Paradis, écrite ci dessous de mot à mot, et de la quelle la teneur s'en suit. » — Fol° 97. V°.

Le Conseil
reçoit une pro-
testation
contre la
concession faite
à M. de Vins.

1546.

Arrosage
du
Petit-Paradis.
—
Teneur
de
la protestation.

Teneur de la dite protestation :

« Par devant vous autres , Messieurs les consuls et conseillers de la ville de Brignole, en présence de M. le Viguier assemblés en la maison de la ville, y présentons les soussignés et infra écrits particuliers de la présente ville de Brignole , disants être venu à sa notice que , ces jours passés, M. le conseiller de Vins aurait fait un vallat large de deux pans et demi et profond de trois paulmes ou environ , et aygage dans le jardin de la ville à chaux et à sable , et pris l'eau des moulins Neufs de la dite ville , et par dessus les susdits moulins et auprès des .... et puits d'iceux , ce qui va à l'évident dommage et intérêt de la dite ville et particuliers d'icelle et pour tout en tout annihiler les dits moulins tant de bled que de ruche et autres engiens qui se pourraient, d'autant mieux que le dit sieur de Vins est puissant et grand seigneur, et a plusieurs procès contre la ville, tant à cause de la taille que à cause des paturages ; qu'il a d'autres moulins dans la dite ville , et que , par jalousie ou pour faire gagner les siens , il pourrait faire arrêter et empêcher de moudre les dits moulins de la ville , enlever de tout en tout l'eau des dits moulins , et imposer une grande et lourde sujettion tant sur le dit moulin que sur le jardin de la ville , et qu'on ne trouvera d'hors en avant aucun rentier, et qu'on ne l'arrentera pas autant qu'auparavant à cause de la dite sujettion et par crainte du dit seigneur, n'osant et ne voulant pas lui faire déplaisir, et les dits jardin et moulin seraient estimés la moitié moins.

Requête
de supprimer
l'arrosage
et de
faire remettre
les lieux
en leur premier
état.

« Donc pour les dites incommodités et inconvénients , raisons , dommages et intérêts que dessus et autres qui pourraient advenir à la ville tant en commun que en particulier, et parceque la dite cause touche à un chacun de la dite Communauté, et attendu l'évident dommage que dessus , ne consentent aucunement au dit aygage et passage pour le dit jardin et prise d'eau des dits moulins ; ont requis et requièrent vous autres , Messieurs les consuls et conseillers , aux quels appartient la direction , gouvernement et administration des affaires de la ville , de ne vouloir permettre ni souffrir que le dit seigneur de Vins prenne la dite eau par le dit lieu et fossé , et vouloir faire remettre le dit aygage en son premier état. — Fol° 98. V°.

« Et personne autrement n'a protesté en nom que dessus , ni ne proteste contre vous, Messieurs consuls et conseillers *in propria* de tous dommages , intérêts et dépens qui pourraient advenir à la dite Communauté tant en commun que en particulier, et de tout ce que les dits jardin et moulin pourraient valoir de moins et pourraient être moins arrentés à l'avenir, et de mettre en telle sujettion les dits moulin et jardin qui étaient libres.

« De la quelle réquisition et protestation ont demandé leur être accordé acte et mandement pour s'en servir en temps et lieu. » — Fol° 98. V°.

« Signés : Guilleaume Chaine — Honorat Garin — Boyssière, Frances Avignon. »

Convoquer
un Conseil
spécial
pour répondre à
la protestation.

La protestation ci-dessus lue et ouïe par le Conseil; « Vu que l'assemblée qui a donné la dite permission à M. de Vins était composée de plusieurs particuliers appelés en adjonction au Conseil ;

« Ont conclu , avant faire aucune réponse aux dits protestants , convoquer les dits particuliers et tous ceux qui étaient présents lorsqu'on donna la permission en un Conseil, qui sera tenu pour faire la réponse qui sera admise par le Conseil et ceux qui seront appelés. » — *Fol*° 99.

« Ce 10 novembre 1546 est venu à ma notisse la réquisition protestation faite par maitre Chaine et autres adhérents à icelle, je proteste comme il est contenu en icelle, et en foi de ce me suis soussigné — J. PORTANNIER. »

Le 3 octobre suivant, « Ouïe l'exposition faite par M. le consul Galle disant, à cause que M. Jacques Boyssière, noble Honorat Garin, Frances Avinhon et M⁰ Guilleaume Chaine auraient, tant en leur propre nom que de tous ceux qui voudraient dédire et protester contre le Conseil et ceux qui ont donné permission à Monsieur le conseiller seigneur de Vins de prendre l'eau sur les moulins de la ville pour arroser sa terre du Petit Paradis, il serait bon de leur faire réponse;

« Ont conclu, avant faire aucune réponse à ces protestants, d'assembler tous les particuliers qui étaient en la dite Commission, et, ceux-ci présents et assemblés, faire aux dits protestants telle réponse qui sera délibérée par le Conseil et les particuliers appelés;

« Et, par contre, le dit Monsieur le consul Galle et Monsieur de Chastueil ont pris la parole et ont dit qu'on fasse réponse aux dits protestants à présent : que ceux, qui ont donné la dite permission au dit sieur de Vins et conseiller, ont fait leur devoir et ont bien fait à cause que le dit sieur de Vins est de la ville et a la plupart de ses biens en icelle, et, d'autant que les autres particuliers de la ville arrosent leurs propriétés par le dit béal, qu'il est aussi loisible au dit sieur arroser la sienne, et qu'il ne doit être de moindre apparence que les autres, et pour autres raisons qu'ils entendent dire à divers temps et lieu. » — *Fol*° 104.

Les auteurs et adhérents de la protestation intentèrent une action contre les membres de l'assemblée qui avait permis à M. de Vins de prendre l'eau pour son Petit-Paradis; la ville était en émoi à ce sujet; dans sa séance du 31 mai 1547, le Conseil fut de nouveau saisi de cette affaire et délibéra en ces termes :

« Sur ce que certains particuliers de cette ville ont commencé un procès contre certains autres particuliers, consuls et conseillers de l'année dernière, devant M. le Lieutenant Général d'Aix, à cause de la permission qui fut donnée par eux à Monsieur de Vins de faire un ruisseau long des maisons du moulin Neuf de la ville et prendre l'eau au béal du dit moulin, parceque cette permission est dommageable à la ville, et que ces particuliers ont déjà poussé ce procès jusques à avoir fait déclarer à la plus grande partie des hommes et chefs de famille de la ville que la dite permission et ruisseau est grandement préjudiciable à la Communauté de la dite ville, et qu'ils n'y consentent pas; et la plupart des hommes de cette ville voudraient que la maison de la dite Communauté prit la dite cause comme lui appartenant totalement;

« Pour obvier à ce que la Communauté ne souffre aucun dommage, ont commis à Monsieur de Chateauneuf d'aller à Aix pour consulter deux à quatre sçavants avocats d'Aix, afin de décider si la cause doit être prise et poursuivie au nom de la ville, ou non. » — *Fol*° 238.

1546.

Arrosage du Petit-Paradis.

Adhésion de J. Portannier à la protestation.

Le Conseil décide de nouveau de convoquer ceux qui ont donné la permission pour faire la réponse.

Avis contraire de MM. Galle et de Chastueil.

Consulter à Aix si la communauté doit se joindre au procès.

1547.
—
Consultation
de trois avocats
d'Aix.

Le 15 août, le consul M. de Chateauneuf rend compte au Conseil de sa mission à Aix au sujet du procès contre Monsieur de Vins, et présente la consultation suivante :

« *Item*, double de la consultation donnée par trois avocats d'Aix soussignés sur l'action judiciaire que la ville a le droit d'intenter contre M. de Vins;

« Semble aux conseils dessous signés que la Communauté de Brignolle peut et doit prendre la cause contre le sieur de Vins, pour et aux fins de faire casser, annuller la permission et licence, faite au sieur de Vins par le Conseil ordinaire du dit Brignolle de prendre et dévier l'eau du béal des moulins Neufs de la dite ville et la conduire et mener en certaine terre appelée le Petit Paradis du dit sieur de Vins aux jours déclarés et ordonnés dans la délibération du Conseil sur ce faite, pour avoir été donnée et accordée la dite licence, *non quidem per totam universitatem*, ni appelé ceux qui y devaient être appelés, à sçavoir tous chefs de maison *quorum intererat, et consequenter nulliter*. — Et cessant la dite nullité que non cesse pour faire restituer et remettre à son premier état la dite Communauté comme étant icelle Communauté grandement lésée et intéressée;

« À considération de la dite licence et permission, considère que, outre ce que le jardin de la dite Communauté, à cause du passage de la dite eau et du grand béal et fossé que l'on y a fait, est presque tout déformé, demeurerait le dit jardin à tout jamais chargé *servitute dicti acque ductus* et du passage que faudrait faire par le dit jardin en entrant et sortant journellement pour conduire et mener la dite eau aux dites terres dites de Paradis; et outre ce, aux jours que le dit sieur de Vins peut prendre la dite eau, les dits moulins demeureraient totalement de moudre comme auparavant aux dits jours moulaient à tout le moins d'un moulant;

Marche à suivre
dans
ce procès.

« Et, pour parvenir tant à la dite cassation que restitution, faudra avoir lettres de chancellerie concluant à conséquence que la dite Communauté soit réintégrée et mise à l'état et possession qu'était auparavant la dite licence et permission; à ce que la sentance qui interviendra sur l'entérinement des dites lettres soit exécutoire par dessus l'appel pourvu que soit signée par nombre d'avocats requis par l'ordonnance;

« Et serviront les dites lettres, quand aux consuls, conseillers et autres assemblés au dit conseil par le quel la dite licence fut baillée, pour être relevés en tant que besoin serait de ce qu'ils auraient ordonné, et, pour la opinion sur le fait de la d\ licence et permission, pour n'être alors bien avertis et asatenés des dommages et intérêts que la dite Communauté pourra souffrir à occasion de ce que dessus, des quels, dès incontinent qu'en sont été avertis, ils ont révoqué ce qu'ils auraient fait comme préjudiciable à la dite Communauté, *quod et facere potuerunt sine incursu alterius* pour ce, sans que le dit sieur de Vins puisse avoir aucun recours contre eux *cum non abstemperint fundere propria*, ainsi ce qu'ils ont fait, l'ont fait *universitatis nomine a sindicario et consiliario nomine dicti particularis consilii*.

« Signés : G. Chaine — L. Vecteris — P. Ferreri. » — *Fol°* 259.

Délibéré
que la ville se
joindra
au procès
contre
M. de Vins.

Vu la consultation ci-dessus, le Conseil conclut que la ville se joindra au procès des particuliers contre le sieur de Vins, et que les lettres obtenues soient mises à exécution par le dit de Chateauneuf au nom et dépens de la ville. — *Fol°* 260.

Le 28 décembre, sur l'exposé fait par M. Pierre de Chateauneuf, consul, disant que, « ces jours passés, travaillant avec M. Claude Marguleti, commissaire envoyé pour informer le procès entre la ville et le sieur de Vins sur le fossé nouvellement construit par le dit sieur de Vins au jardin de la ville pour prendre l'eau des moulins de la dite ville, il aurait été question de faire un appointement ou compromis pour terminer ce procès ainsi que tous les différents existants entre la ville et le dit sieur de Vins ;

1548-1549.

Traiter avec M. de Vins pour passer un compromis sur tous les procès.

« Le Conseil a conclu et délibéré et commis à Messieurs les consuls N. Pierre de Chateauneuf et Antoine Garin, à Honorat Laurens, à Mᵉ Elzéar de Sᵗ Jacques, pour contracter avec le dit sieur de Vins le dit appointement des dits différents, tant du dit fossé que du terroir de Vins, sur les droits de paturer et de couper du bois que la ville a sur ce terroir de Vins, et sur la délimitation du dit terroir et celui de Brignolle, ensemble sur les impôts dûs par le dit sieur de Vins et tous autres différents ; et, au cas où les dits commissaires ne pourraient appointer avec le dit sieur de Vins et qu'il fallût compromettre, leur donnent pouvoir de compromettre au nom de la ville, de nommer des commissaires pour terminer ces différents dans l'espace d'un mois, avec toute puissance de pouvoir obliger tous les biens de la présente ville. » — *Fol° 297.*

La Commission ne parvint pas à s'entendre avec M. de Vins, dont les intérêts étaient opposés à ceux de la ville ; les procès et les hostilités se perpétuèrent, l'animosité publique ne fit que s'accroître jusqu'à ce qu'elle éclatât en 1583, de façon à amener des calamités désastreuses sur toute la population.

En 1549, la ville demanda que ses procès avec M. de Vins fussent portés devant une autre Cour que celle d'Aix ; la Cour de Grenoble désignée pour cela donna gain de cause à M. de Vins en 1555, et l'arrosage du Petit-Paradis lui fut maintenu.

L'arrosage du Petit-Paradis est maintenu par arrêt de la Cour de Grenoble.

Le 25 février, sur la demande du fermier du moulin Neuf, et conformément à son offre, le Conseil ordonne de faire clorre de murailles le jardin du dit moulin, et d'y disposer les moyens d'arrosage, et le fermier donnera une charge de bled en sus de la rente du moulin.

Le jardin du moulin Neuf sera clos de murs et rendu arrosable

Le 28 mai, attendu qu'il n'y a pas d'ordre dans les arrosages, et qu'il survient beaucoup de rixes entre ceux qui arrosent ; ont conclu d'y mettre police et de nommer des aygaliers. Et commettent ce soin à Messieurs les consuls et au baron Jean Clavier. Chaque particulier payera pour les aygaliers selon qu'il sera réglé par les dits députés, et ceux qui y contreviendront payeront 25 souls.

Régler les arrosages. Aygaliers.

Item, on a renouvelé (*réfresca*) l'amende contre tous ceux qui ôteront l'eau des béals des moulins de la ville hors les jours accoutumés, et qu'il sera publié par Laurens Albin de prévenir de la peine de 25 souls pour chaque fois.

Défense de prendre l'eau des béals hors les jours juridics.

Item, ont conclu que personne ne mette dans les ruisseaux et béals des moulins de la ville, ni lave aucune immondice, sous la peine de 25 souls pour chaque fois, applicable le tiers à M. le Viguier, le tiers à la ville et le tiers au dénonçant. Commettent à Messieurs les consuls de faire faire les publications du tout. — *Fol° 365.*

Défense de laver ou déposer des immondices dans les béals.

N. B. Ces défenses et ces publications étaient renouvelées chaque année.

Le 2 juin, les consuls exposent que, « malgré l'accord consenti par M. le conseiller de Vins le segond jour de la Pentecôte, on avait mis des fascines et paillassons sur l'écluse du moulin du dit M. de Vins, et que cet exhaussement porte un grand préjudice aux moulins de la ville et les empêche de marcher ;

« Attendu que ces ouvrages ont été faits en l'absence de M. de Vins, et que celui-ci pourrait exciper de ce qu'ils ont été faits contre ses ordres et son consentement ;

« Ont conclu d'envoyer un homme à Aix ou Marseille, porter une lettre à M. de Vins afin de l'aviser de ce qui en est, et, d'après la réponse, on agira selon que la raison et la justice porteront. » — *Fol°* 368.

Défense
aux tanneurs de
rien jeter
dans le béal des
moulins.

« *Item*, attendu que Jaume Lions, dans la tannerie de Fauchière en amont des moulins Neufs, jette la tannée *(la roacho)* et plusieurs autres immondices dans les canaux des dits moulins, ce qui occasionne un gonflement d'eau préjudiciable au dit moulin ;

« Ont conclu que M. le Viguier fasse commandement de ne jetter ni écorce ni autre chose, sous bonne et forte peine, et d'y envoyer des extimateurs.— Commettant le tout à Messieurs les consuls. » — *Fol°* 368.

Le 12 janvier 1549, le Conseil députe l'un des consuls à Aix pour consulter sur ce qu'il faut faire afin d'empêcher M. de Vins de relever son écluse, comme il le fait faire pour détériorer les moulins Neufs de la ville, et les empêcher de moudre.

Le 21 juillet, le consul dit « que la ville est en procès avec M. Honorat Garde seigneur de Vins depuis plus de vingt quatre ans, soit sur le béalage, soit sur les droits de paturage et autres dans le terroir de Vins, et autres procès qui sont sur le point de surgir entre la Communauté et le dit sieur de Vins ;

Récuser
la Cour d'Aix
et
porter l'affaire
devant un autre
Parlement.

« Que ce seigneur est puissant, ayant des affinités et attenances nombreuses à Aix et dans le Parlement, et qu'il serait bon d'obtenir du Roi que ces affaires fussent évoquées devant une autre Cour, soit Besançon, Grenoble, Toulouse, ou même Paris ;

« Le Conseil, tout d'une voix, adopte cette proposition, et commet aux consuls de trouver quelqu'un pour présenter les reproches et récusations contre la plus grande partie de Messieurs du Parlement de Provence, et de demander que l'affaire soit portée suivant le bon plaisir du Roi, même à Paris, et que le trésorier fournisse l'argent nécessaire pour ce faire. » — *Fol°* 501.

Faire vérifier
si l'eau
de Caramie peut
venir
aux moulins
Communs.

Le 4 novembre, « les consuls proposent au Conseil de faire niveler par gens experts, pour sçavoir si l'eau de Caramie peut arriver au béal du moulin Commun, ce qui serait un grand bien pour la ville. » — Adopté.

Y faire venir
l'eau
de St-Siméon et
de l'Aumône.

« *Item*, que l'eau de St Siméon et celle des prés de l'Aumône *(Aumorna)* n'étant pas utilisées à l'arrosage, ils proposent de faire venir ces eaux dans le béal des moulins Communs, et que la dite source sera curée, ainsi que les ruisseaux, jusqu'au béal, aux frais de la ville. » — *Fol°* 540.

10 Novembre. Réunion des Conseils nouveau et vieux avec appelés :

« Attendu que la Commission nommée le 4 courant est allée visiter avec gens experts là où on pourrait prendre l'eau de Caramie pour la conduire aux moulins Communs de la ville ;

« Que les experts, après avoir vu, nivellé et mesuré, ont assuré que l'eau peut venir aux dits moulins, et que ce sera un bon travail, proffitable à la ville ;

« Attendu que ces moulins ne peuvent moudre faute d'eau, et vu le grand préjudice qui s'en suit ;

« Ont ordonné unanimement de faire venir l'eau de Caramie aux dits moulins, et, pour ce faire, d'établir des corvées, de louer des hommes, le tout aux frais de la ville. ·

« Commettant cette œuvre aux consuls avec M. Bastian Amic et Honorat Lebar ; et avant de mettre la main à l'œuvre, faire venir Mᵉ Gratien Someyre de Trets, très expert en ces choses, pour mieux visiter et palper la prise de la dite eau, et que le trésorier le payera. » — *Fol*ᵃ 545.

Le 25 avril 1550, « avant passer outre sur le cours de l'eau, soit ruisseaux vieux des moulins Communs, venants depuis Sᵗ Benoît du Plan jusques aux dits moulins, ont conclu qu'il serait bon que, lundi prochain, il se tint un Conseil vieux et nouveau et appelés, pour voir si on doit passer outre ou non. » — *Fol*° 643. *V*°.

Le 28 avril, le Conseil convoqué conformément à la délibération précédente du 25, décide que les canaux vieux, qui viennent depuis la bastide de Bonnet jusques au pont de la Celle, se curent et se réparent, avec murailles, ponts, et autres travaux nécessaires, de façon qu'on puisse passer et circuler pour l'arrosage, et que les crues d'eau n'envasent plus ces canaux ;

Et, pour ce faire, établir des corvées d'un homme par maison, et de les contraindre sous peine de louer un autre homme à leur place et à leurs frais. — *Fol*° 646.

Il est difficile aujourd'hui de se rendre compte du plan de canalisation projetté. Ou voulait faire venir l'eau de Caramie au-dessus des moulins Communs ; mais où comptait-on établir la prise d'eau ?

La délibération du 25 avril parle de ruisseaux vieux venants depuis Sᵗ Benoît du Plan jusques aux dits moulins ;

Celle du 28 avril dit de curer les canaux vieux qui viennent depuis la bastide de Bonnet jusques au pont de la Celle ;

— Dans d'autres écrits, il est parlé de la *font* de Bonnet.

Il semblerait résulter de là qu'il existait d'anciens canaux venants de l'*Ouvière* au pont de la Celle, et que, en curant et réparant ces vieux canaux, on les aurait fait servir à conduire l'eau de Carami (prise à Sᵗ Benoît, c'est-à-dire, vers et en amont du pont de la Roque), au béal venant de la Val-de-Camps à un point rapproché du pont de la Celle. — Mais la sentence du 13 août 1551, donne l'explication de l'importance des travaux entrepris, la quantité de terrains achetés aux particuliers de la Celle, désignés en nature de vignes et autrement, dans le but de dévier l'eau des sources de *Francos* et de l'*Ouvière* sur les moulins Communs, ce qui avait été exécuté; mais cette sentence obligea la ville à tout abandonner;

De plus, les moulins de la ville n'avaient de l'eau de Caramie que par l'écluse dite du Martinet et établie au Gau de St Jean. — L'écluse actuelle ne fut construite que beaucoup plus tard — en 1620.

Prétentions de Clavier et consorts sur les eaux de Caramie.

Le 8 septembre, Thomassin Clavier présente au Conseil une requête disant : « que le décours de l'eau depuis le Martinet à la ville appartient à lui, Clavier, ainsi qu'aux héritiers de feu Honorat Amic et Martel de Lorgues, comme le prouvent les titres présentés au Conseil; et, parceque la ville veut dévier et dérive la dite eau de la dite rivière pour les moulins Communs, au gros préjudice du dit Clavier et consorts, et, pour obvier à procès, il serait bon de faire voir et consulter les actes et contrats, de façon qu'il n'y eût du préjudice pour personne.

« Le Conseil commet à Messieurs les consuls, à Antoine Garin et à Pierre de Castelneuf, de voir les dits actes et de s'entendre avec le dit Clavier, etc., etc., et d'en référer ensuite au Conseil. » — *Fol*° 681. *V*°.

M. de Vins, pour ses moulins de Caramie, et Jacques Boyssière, pour son paroir et Martinet avaient aussi intenté un procès à la Communauté, au sujet de la dérivation des eaux de Caramie sur les moulins Communs.

Le même jour, 8 *septembre*, le Conseil avait décidé de relever le pont-aqueduc que la ville avait établi sur la rivière de la Celle, et qui était tombé, et le faire en bois *(tauros)* en manière de *gorgo*, afin de recevoir les eaux qui viennent de la font de Bonnet, etc., etc.

Reconstruire le pont sur le réal traversier, à chaux et à sable.

Le 20 octobre, le Conseil prend la délibération suivante, plus explicite que la précédente :

« Parceque, il y a peu de jours, il a été conclu par le présent Conseil de faire un pont de bois au lieu où avait été fait et édifié l'autre pont, sous le pont de la Celle, pour conduire les eaux qui viennent de la font de Bonnet et autres descendants des Cabrières (1), et cela jusques au béal du moulin du Commun de la dite ville, afin que les dits moulins usent d'une plus grande quantité d'eau ;

« Et, parceque il y aurait autant de dépense pour faire le dit pont de bois que pour le refaire à chaux et à sable comme auparavant, et que de plus il ne serait pas de grande durée ;

« Le tout considéré, vu que les pierres sont encore sur place et que le pont n'est pas tout fondu, mais seulement d'un côté, et que ce qu'il y a à faire ne coûtera pas plus que de l'établir en planches *(tauros)*, et afin que ce soit une chose perpétuelle ;

« Ont conclu de le redresser et construire de nouveau à chaux et à sable, comme il l'était avant; d'y faire des pas perdus si cela est nécessaire; de le cin-

---

(1) *Les Cabrières:* achetée par M. Rimbaud, cette terre s'est appelée la Gabrielle, et le possesseur actuel, M. de Gasquet, l'a nommée *St-Pré*.

trer, et de ne pas enlever les cintres jusques à ce que cela soit dit et avisé :
Commettant la dite facture à ceux à qui cela avait été autrefois commis, ensemble Peyron Torgat, et que le trésorier paye et fournisse tout ce qui sera nécessaire, comme chaux, charroi du sable, mains de maitres, charpentes, pierres, jusques à perfection du dit pont. » — *Folo* 691. *Vo*.

1550-1551.

« *Item*, sur les plaintes autrefois faites par les meuniers de la ville, tant des moulins Bessons que Communs, disants qu'en été avec la sécheresse, les moulins sont arrêtés faute d'eau parceque les propriétaires long les ruisseaux et béals des moulins ont *occupé* ces béals et les *occupent* pour y avoir planté des arbres depuis le moulin jusqu'à l'écluse du Martinet, de ça et de là, de long en long, et depuis le moulin du Commun jusqu'au pont de la Celle, et du pont de la Celle jusqu'à la Val-de-Camps et au Gau d'Yères, pareillement de ça et de là, et de long en long, en faisant écluses et *tortoyros* de façon qu'il n'est plus possible aux eaux de venir à cause des dites occupations, plantations d'arbres *(rompiduros de vallats, levados et resclausos)*, ce qui vient à grand dommage et intérêt de la ville et de la chose publique ;

Faire enlever
les arbres,
écluses et autres
embarras
placés dans les
canaux
des moulins.

Ont commis à Messieurs les consuls d'y envoyer les estimateurs, les parties appelées, afin de voir ces occupations, plantations d'arbres et écluses faites dans le lit *(maïré)* des dits ruisseaux, et faire enlever par les particuliers ces arbres et écluses et antres embarras, ou les contraindre par voie de justice ou autrement, ainsi qu'il sera avisé ; que les estimateurs fassent commandement contre les occupants, et ce commandement sera mis entre les mains du Conseil afin que, en cas de procès, ce commandement fasse foi. » — *Folo* 692.

Le 12 novembre, le Conseil décida de faire payer aux habitants de la ville le prix qui sera estimé pour les indemniser du passage sur leurs fonds du canal venant de la font de Bonnet et autres fonts descendants des Cabrières ; de payer également les particuliers de la Celle qui sont au même cas, avec la faculté à ceux de la Celle de prendre l'eau du dit béal aux jours que la ville et particuliers d'icelle la prennent, et en la même sorte et manière, et de leur en passer acte. — *Folo* 698.

Payer
les propriétaires
chez qui
passe le canal
des eaux
de Bonnet,
Francos
et Cabrières.

Une deuxième délibération fut prise dans le même sens, le 17 du même mois de novembre ; l'eau de *Francos* y est désignée, conjointement avec celle de Bonnet et autres. — *Folo* 700.

Le 19 mai 1551, réunion des Conseils nouveau et vieux et appelés.

« Le consul expose qu'il y a procès entre la Communauté et les sieurs Thomassin Clavier, veuve Amic et de Chateauneuf, au sujet de l'eau du Martinet, et de celle de la source de Bonnet, que la ville a fait conduire aux moulins Communs ;

Transiger
avec Clavier
et autres,
et leur acheter
leurs droits
sur l'eau du
Martinet
et de Caramie.

« Les susdits prétendent que l'eau leur appartient ; les avocats et Conseils de la ville assurent que la Communauté est dans son droit, et que les prétentions contraires sont sans fondement ; cependant le consul propose de transiger afin d'éviter un procès.

« L'assemblée partageant cet avis, et seulement afin d'éviter un procès, et non pour autre motif, conclut à ce qu'il soit passé acte de transaction portant que la Communauté achète des sus dits les droits, qu'ils prétendent avoir tant sur l'écluse du Martinet que sur l'eau de Caramie, en leur réservant seulement l'usage de la dite eau pour arroser leurs terres du dit Martinet et *non autrement*, au prix de 200 florins payés comptant.

Protestation
de Laurenti qui
dit être
propriétaire de
la source
de Francos ou
de Bonnet.

« Ainsi conclu à l'unanimité hors le consul Honorat Laurenti qui, comme mari et seigneur des biens dotaux de noble Augustine Laugier, sa femme, entendu tout ce que dessus, a dit que les dites parties comptent *nul de Lana Caprina*, et que la fontaine et eau dont est question est propriété de sa femme comme sortant de son fonds; que ses auteurs avaient un paroir au-dessous de la dite fontaine, et qu'il entend le réédifier. — En conséquence il dit qu'il ne consent à rien, qu'il ne veut pas préjudicier à ses droits, qu'il proteste, et en demande acte pour s'en servir en temps et lieu. » — *Fol*° 47.

La ville
est condamnée à
abandonner
les eaux de
Francos,
qui sont remises
à la possession
du prieur
de la Celle.

Le cardinal de Sainte-Croix, prieur et seigneur temporel de la Celle, actionna la Communauté de Brignoles devant la Cour de Parlement d'Aix, laquelle nomma M. de Foresta, commissaire enquêteur. — Venu à Brignoles en juillet 1551, M. de Foresta se porta sur les lieux, requit le témoignage et les documents que les parties lui indiquèrent, et rendit une sentence datée de Tourves du 13 août 1551, par laquelle le prieur de la Celle fut remis en possession des eaux de Francos et autres venants de plus haut, avec défense à la Communauté de Brignoles de les dévier sous peine de deux mille livres.

(Voir la teneur de la sentence à la fin du volume, pièce justificative n° 5.)

Faire venir
au moulin
Commun
l'eau de Caramie
prise
près le paroir
Boyssières.

Dans la séance du Conseil du 20 septembre 1551, le consul expose « qu'il règne une sécheresse telle que le moulin du Commun ne peut marcher qu'au moyen d'éclusées, de sorte qu'il faudra remettre au meunier une partie de la rente; et, puisque les experts, appelés pour étudier les niveaux, ont été d'avis que l'eau de Carami peut venir au dit moulin, et qu'on aurait alors le moyen de faire marcher le moulin nouvellement construit, ce qui serait très avantageux à la ville et à tous les habitants;

« Ont conclu pour arriver à cette fin, de continuer la corvée déjà commencée pour faire les canaux nécessaires à conduire la dite eau, en la prenant auprès du paroir de M. Jeannet Boyssières, et la faisant traverser les vignes des *Consacs* et les ferrages de *Malfauquet*, et en faisant un pont en bois ou en bâtisse avec les berges nécessaires, ainsi qu'il a été indiqué par les maitres experts;

« Commettant cela à Messieurs les consuls, Pierre Clavier, Balthazar d'Ampus, Louis Arnoux, Étienne Marin, Jacques Paul trésorier, et Pierre Boysson. Aussi de faire estimer les terres que l'on prendra, et d'indemniser tous les propriétaires de façon que personne ne se plaigne, et le trésorier payera tout.

Arrosage
des terres joi-
gnants le béal.

« Ont encor conclu et délibéré qu'on laissera un espassier, sur le béal dans le quel l'eau passe actuellement, auprès du paroir de M. Jeannet Boyssières, le quel s'ouvrira et se fermera avec une porte, afin d'arroser les terres joignantes le dit béal, comme elles ont habitué les samedis, et veilles des jours de fête. » — *Fol* 107.

Gaspard Liotard, Balthazard Castillon et Claude Fouleo n'ont pas consenti à cette ordonnance.

Le 18 juin 1552, cette ordonnance est renouvelée, et le 1er août suivant, « sur l'invitation de M. Honorat Laurenti, chargé de faire exécuter les berges *(levados)* et le béal pour l'eau de Carami allant au moulin Commun, on charge M. de Brinhole, consul, de faire l'acte du prix-fait convenu avec les sieurs Arnoux, Louis et Estève de Bisson, qui se sont chargés de cette entreprise moyennant 330 florins. »

Le 3 avril 1554, les consuls disent « avoir fait niveller de nouveau le béal récemment fait pour porter l'eau au moulin Commun, par Aubert Maurin de Quinson, expert, le quel a trouvé que l'eau peut se conduire au dit moulin et qu'il y aurait douze pans de chute franc, et qu'il s'obligerait à ce résultat ;

« Vu que la plus grande dépense est faite, ont ordonné que les dits *vallats* soient achevés, et que le trésorier payera. » — *Fol* 127. 2e *partie*.

Le 24 février 1567, le Conseil avec appelés, dans sa séance d'après midi, « Ont commis à Messieurs les consuls de sommer et requérir ceux qui ont des possessions où sont les vallats que la ville acheta ces ans passés pour fournir l'eau aux moulins du Commun, de rendre à la ville l'argent qui leur fut baillé pour prix des places des dits vallats en les leur remettant, à la charge que, là et quand la ville aura besoin et voudra faire venir la dite eau aux moulins, ils remettront à la dite ville, et chacun pour sa part, les dites places en leur remboursant le prix ; et leur en faire faire acte, autrement protester. » —*Fol* 51. *V*.

Enfin *le 9 juin suivant*, commission aux consuls de remettre les vallats que la ville avait achetés pour faire venir l'eau des fonts de Bonnet à ceux de qui étaient, pourvu qu'ils retournent l'argent qu'ils ont reçu.

En 1568 et 1569, la ville eut quelques difficultés avec les propriétaires voisins du béal du Martinet, au sujet de l'arrosage de leurs terres et des réparations à faire à l'écluse et aux canaux, mais rien de saillant ne survint.

La guerre civile bouleversait le pays ; Brignoles était écrasée par le passage continuel de troupes amies ou ennemies ; des levées d'hommes, des réquisitions de vivres et d'argent avaient épuisé toutes ses ressources.

M. de Vins, toujours en procès avec la ville, ne manquait aucune occasion de la rançonner, de sorte que la haine publique contre lui allait en s'exaltant.

Le registre contenant les délibérations de janvier 1580 à février 1583 manque, de sorte qu'on ignore ce qui se passa à Brignoles pendant ces trois années ; on sait seulement qu'une peste horrible ravagea la Provence pendant cette période ; que la Cour des Comptes vint s'établir à Brignoles ; que Jean de Pontevès, comte de Carcès, mourut le 20 avril 1582, et que les ligueurs Provençaux prirent pour chef son neveu, Hubert Garde, seigneur de Vins, beau-frère du comte de Sault. Hubert de Vins était devenu seigneur de Forcalqueiret par son mariage avec

Mlle de Sault, et il était enfermé dans le château de Rocbaron attendant le moment d'agir. C'est de là qu'il partit en avril 1585, à la tête de 500 cavaliers et 200 arquebusiers, pour entrer en campagne.

L'histoire dit que cet Hubert de Vins, fils d'Honorat Garde dont il a été question maintes fois pour ses démêlés avec Brignoles et l'arrosage du Petit-Paradis, avait une figure imposante, des talents militaires, de grandes ressources dans l'esprit, un sang-froid imperturbable, très-vigilant, fin et courageux, et d'une grande prudence dans le Conseil.

Nous voici au moment où il se vengea des longues querelles de Brignoles avec sa famille, par un implacable usage de ses forces et de sa position.

La maison,
l'écluse
et le moulin de
M. de Vins
sont démolis
par les habitants

Le 25 mai 1583, le Conseil délibère qu'il soit payé à Hugues Fulconis la dépense faite pour le procès-verbal du lieutenant-particulier sur la démolition de la resclause et du rodet du sieur de Vins en l'année 1582;

Et pour l'information qui fut faite quand la resclause et les pierres des moulins du sieur de Vins furent rompues. — *Folo* 42.

C'est donc en 1582 que les habitants de Brignoles, excités contre M. de Vins par ses avanies et ses réquisitions de guerre, démolirent ses moulins et son écluse, ainsi que sa maison, qui était au Petit-Paradis, près la porte des Augustins.

3 mars 1584, le Conseil avait envoyé au Gouverneur un présent de prunes en boîtes, qui lui furent offertes par le consul Gavoty et M. de Verdaches. — Ces messieurs rapportent que ce présent a été accueilli très-gracieusement, et que le Gouverneur leur a témoigné le désir de voir accommoder les divers procès existants entre la Communauté et M. de Vins, et les a engagés à essayer d'arriver à une bonne entente.

Le Conseil donne mission à Messieurs N. Gaspard Puget seigneur de Thoramènes, Barthélemy Rogier seigneur de Siéyès, Jean Danget et Honoré Clavier, de se mettre en rapport avec M. Saletti, chargé des affaires de M. de Vins, et d'en référer au Conseil pour, après, le faire entendre à Son Excellence. — *Folo* 221.

Lettre du Roï
invitant
les consuls
à accommoder
les
procès existants
entre la ville
et M. de Vins.

Le 17 avril, les consuls communiquent au Conseil une lettre du Roi, dont la teneur suit :

« DE PAR LE ROY, COMTE DE PROVENCE,

« Chers bien aimés, nous avons sçu le différent qui est entre vous et le sieur de Vins touchant la satisfaction qu'il demande de la ruyne de sa maison et du bien qu'il avait près notre ville de Brignolle, et, pour ce que nous désirons empêcher autant qu'il nous sera possible les altercations qui pourraient naitre entre nos sujets et qui sont, la pluspart du temps, appuyées sur de vils fondements, Nous vous avons bien voulu faire sçavoir par la présente que vous nous fairez service trez agréable de composer le différend, que vous avez avec le dit sieur de Vins, par la voie de douceur et à l'amiable, sans entrer plus avant en contestations et procès, de quoi Nous vous prions, et disons donner à cela le plus de

contentement qu'il vous sera possible, ainsi que vous entendrez plus amplement par Notre trez cher frère le Grand Prieur de France, au quel vous ajou-
terez sur ce sujet pareille foi qu'à Nous même.

« Donné à Paris le 28e jour de mars 1584, signé Henri.

« Et plus bas De Neufville, et au dessus :

« A Nos chers et bien aimés les consuls de Notre ville de Brignolle. »

« Ont conclu obéir à icelles et, pour ce, faire ainsi qu'il appartiendra et le
Conseil portera. » — *Folo* 234.

Le 30 septembre, le Conseil nomme de nouveau une Commission avec pleins
pouvoirs pour terminer les procès avec M. de Vins ; mais ces tentatives de conciliation échouèrent. M. de Vins menaçait la ville et avait même tenté un coup de
main contre elle. — Il était à Forcalqueiret, où des troupes lui arrivaient continuellement, ce qui obligeait la ville à se tenir sur ses gardes, et à faire des
dépenses énormes pour entretenir une garnison et faire de nouvelles fortifications ; M. de Pontevès est envoyé par le Gouverneur pour aider à la défense de
la ville. Peu après, la garnison est appelée pour aller contre l'ennemi, et la
garde de la ville demeure aux habitants seuls.

Au milieu de ces troubles et des embarras de toutes sortes qui en résultent,
le Conseil s'occupe des moulins et des arrosages.

Le 18 octobre 1584, Conseil avec appelés :

« Et premièrement, comme soit que ces ans passés, étants Messieurs les Droit
de prendre l'eau
et de la faire
passer à travers
les voisins.
commissaires délégués par Sa Majesté à l'administration de la justice de la présente ville de Brignolle, le Conseil et la plupart des manants et habitants de la
ville auraient en paroles donné charge aux consuls pour lors de présenter requête
aux dits sieurs commissaires, et par icelle les requérir de donner permission aux
manants et habitants du dit Brignolle de prendre les eaux de ses voisins pour
arroser les pièces qui se pourraient arroser, et icelles passer par les possessions
des dits voisins, en leur payant les intérêts tels qu'ils seraient liquidés par les
députés et commis par le dit Conseil, ce qui serait été accordé par les dits sieurs
commissaires, et donné arrêt par le quel est permis de ce faire ;

« Et, parceque la dite charge et commission ne fut point écrite à cause de la
hâte que les dits sieurs commissaires avaient, voudraient le dit Conseil et appelés faire icelle rédiger par écrit, et icelle ratiffier attendu le profit grand qui en
revient à tous les manants et habitants ensemble au public ;

« A cette cause les dits Messieurs les consuls, conseillers et appelés, tous
d'un bon accord, ont ratifié, homologué, approuvé et confirmé la dite charge et
commission donnée pour lors aux dits consuls, et, en tant que serait de besoin
de icelui arrêt soutenir, prendre et défendre contre les opposants au dit arrêt, y
faire toutes poursuites à ce requises et nécessaires, pour être le dit arrêt au
profit de la Communauté, et donné sur la volonté même de tout le pays l'ayant
autrefois requis ;

1584-1588.

Tous les trois
mois,
les parcelles
devenues arro-
sables seront
cotées comme
telles
sur le cadastre.

« Et davantage ont conclu que les commis à bailler le dit arrosage feront rap-port à la maison commune de trois en trois mois pour augmenter icelles pièces comme ils auront avisé, et que les commis de l'année passée feront rapport dans trois jours de ce qu'ils ont fait pour augmenter cadastre ainsi que s'appartient. » — *Fol° 291. V°.*

Réparer le béal
de l'écluse
du paroir
Boyssières.

Le Conseil ordonne de faire réparer le béal neuf fait au-dessus du paroir Boyssières. (11 février 1585). — *Fol° 367.*

Acheter le pa-
roir Boyssières.

Le même jour, il décide d'acheter ce paroir, dont l'eau est indispensable aux moulins de la ville qui ne peuvent suffire aux besoins des habitants.— *Fol° 367.*

En 1586, le frère du Roi, le Grand Prieur de France, Henri d'Angoulême, Gouverneur de Provence, meurt.

Le duc d'Éper-
non est
Gouverneur
de Provence.

Le duc d'Épernon est nommé Gouverneur à sa place.

La peste chasse d'Aix la Cour des Comptes, qui vient à Brignoles.

En avril 1587, la peste éclate à Brignoles ; en même temps les huguenots s'avançaient et forcent la ville de prendre des mesures de précaution, en répa-rant et augmentant les fortifications ; on organise la défense de la ville, on éta-blit des vedettes et un service d'espions, etc., etc.

Au commencement de 1588, la peste cesse ; mais les appréhensions de guerre redoublent, et on est toujours sur le qui vive.

La délibération, prise le 18 octobre 1584, sur le droit d'arrosage et celui de faire passer l'eau sur les terres voisines, n'avait pas encore reçu la sanction Royale.

Le 15 juin 1588, le Conseil ordonne l'insertion des pièces suivantes dans le registre des délibérations :

Requête
de
la Communauté
de Brignoles,
afin de pouvoir
arroser
et traverser
les fonds
des voisins.

1° La teneur de la requête présentée à Messieurs les commissaires-députés par Sa Majesté, appointée par eux le 1er avril 1583, avec ordonnance d'exé-cution ;
(Cette requête avait pour but d'obtenir, pour les habitants de Brignoles, le droit de prendre l'eau dans les eaux communes du terroir, et de la faire passer sur le fonds de leurs voisins pour la conduire et arroser leurs terres ;)

Ordonnance
des
commissaires.

2° La teneur de l'ordonnance des dits commissaires faite à Brignoles le 1er avril 1583, par laquelle ceux qui ne sont pas riverains des cours d'eau, pourront prendre et conduire à travers les possessions voisines l'eau pour arro-ser leurs terres ;

3° La requête présentée à Sa Majesté, afin d'obtenir confirmation de l'or-donnance des commissaires, et des lettres d'exécution ;

Lettres patentes
de Henri III°,
Roi de France,
Comte
de Provence.

4° La teneur des lettres patentes du Roi, dont suit la copie :

« HENRY, par la grâce de Dieu, Roi de France et de Pologne, comte de Pro-vence, Forcalquier et terres adjacentes, au sénéchal du dit pays, ou son lieute-nant au siége de Brignolle, salut ;

« Nos chers et bien aimés les manants et habitants de la ville de Brignolle 1588. Nous ont, par leur requête présentée en Notre Conseil d'État, fait remontrer que, par le droit commun accoutumé d'être observé en la dite ville, ils ne sont tenus se donner droit de servitude l'un à l'autre pour le passage et conduite des eaux pour arroser leurs héritages ;

« Au moyen de quoi, connaissant le grand préjudice et dommage que cela leur apportait, ne pouvant faire valoir leurs héritages, la plupart des quels, encore qu'il s'y trouve d'eau à suffisance, demeurent stériles par faute de les arroser ; les suppliants auraient, dès l'an 1583, présenté requête à nos amés et féaux conseillers en Notre Conseil d'État et commissaires par Nous députés au dit pays pour recevoir les plaintes de Nos dits sujets, afin que, renonçants au dit droit commun accoutumé d'être observé par eux, fût permis et loisible de donner cours aux eaux pour arroser leurs fonds et héritages par ceux qui sont joignants, en payant le dommage qu'ils pourront pour ce souffrir, tel qu'il serait liquidé par gents à ce connaissants ;

« Sur quoi, les dits commissaires, après avoir eu sur ce l'avis de Nos officiers au dit Brignolle, aux quels, de leur ordonnance, la dite requête aurait été signi-fiée, par la quelle leur serait apparu icelle requisition être fort commode et fort profitable pour le général de tout le peuple, auraient, par leur ordonnance du premier avril de la dite année 1583, permis aux dits suppliants le passage des dites eaux selon qu'il est contenu par le dit avis ci-attaché, Nous suppliants et requérants les dits habitants, attendu ce que dit est, vouloir confirmer icelle ordonnance avec défenses à toutes personnes d'y contrevenir ;

Nous, de l'avis de Notre dit Conseil, suivant et conformément à celui des dits Décision du Roi. commissaires, avons ordonné et ordonnons qu'il sera, d'ors en avant, permis Permis à ceux dont comme Nous permettons à ceux des dits habitants, qui ont leurs héritages assis les terres sont au long et joignant les dits cours d'eau, de prendre et tirer de l'eau du dit cours contiguës aux cours d'eau telle quantité que sera nécessaire pour arroser et améliorer leur fonds et héri- publique, tage, et icelle eau conduire et faire passer par le fonds et héritage de leurs voi- d'en prendre pour arroser, et sins, en leur payant l'intérêt et dommage qui sera liquidé par gents de ce les conduire connaissants, pourvu que l'amélioration qu'ils fairont en leurs fonds soit plus par les fonds de leurs voisins. grande que le dommage qu'ils fairont au fonds de leur voisin, et aussi qu'ils n'empêchent ceux qui ont les héritages contigus au dit cours d'eau l'usage de la dite eau tant que besoin sera pour la commodité de leur fonds ; — Et vous man-dons trez expressément faire publier les présentes tant par votre auditoire et juridiction que partout ailleurs où besoin sera, et ce contenu garder, observer et entretenir inviolablement de point en point selon sa forme et teneur, sans souffrir qu'il ne soit ni puisse être contrevenu en quelque sorte et manière que ce soit, contraignant à ce faire, souffrir et y obéir tous ceux qu'il appartiendra et qui pour ce seront à contraindre par toutes voies et manière dûes et raison-nables nonobstant oppositions ou appellations quelconques, pour les quelles, et sans préjudice d'icelles, ne voulons être différé, dont, si aucune en y a, Nous avons retenu et réservé à Nous et à Notre Conseil d'État la connaissance, et icelle interdite et deffendue interdisons et défendons à Notre Cour de Parlement et autres Nos juges et aux parties d'en faire poursuite ni se pourvoir ailleurs qu'en Notre Conseil d'État ; les quelles défenses et tous autres exploits néces-saires pour l'exécution des présentes seront faites par Notre huissier ou sergent sur ce requis, sans qu'il soit tenu demander aucune permission, placet, visa ni par... car tel est Notre plaisir, nonobstant aussi quelques ordonnances, défenses et lettres à ce contraires aux quelles Nous avons, pour ce regard seulement, dérogé et dérogeons et à la dérogation de la dérogatoire d'icelle de Notre pleine puissance et autorité royale. — Donné à Paris le 14e jour de mars de l'an de grace mil cinq cent quatre vingt huit, et de Notre règne le quatorzième. — Signé par le Roi, Comte de Provence; en son Conseil: Guichard. » — *Fol*os 92 et 93.

Assemblée des chefs de maison, pour arranger les procès avec M. de Vins.

3 janvier 1589, le Conseil et les principaux chefs de maison de la ville sont convoqués par M. de Vins dans la maison de noble Barthélemy Rogier sieur de Siéyès, où ils se rendent au nombre de 31,

« Lesquels, après avoir entendu les remontrances faites par monseigneur de Vins, même de la bonne volonté qu'il a de composer les différents et procès d'entre lui et la ville et Communauté de Brignolle par voie amiable, et le désir qu'il a d'en sortir en telle façon, et adhérents tous à ce, ont délibéré et conclu de sortir des dits procès par amiable composition et vivre en paix avec le dit seigneur, espérants que, si le vouloir de Dieu est de nous y mettre, la pauvre Communauté de cette ville sera beaucoup soulagée pour être hors de procès, et pour plusieurs bons offices que, de la part du dit seigneur, elle se pourra prévaloir. — Et, pour ce effectuer, ont commis et député N. Raymon Puget sieur de Ramatuelle — Barthélemy Rogier sieur de Siéyès — Honoré Clavier sieur de Néoules — Jean-Baptiste Gavot — Jacques Bellon — Jean Mercadier sieur de Verdaches — Me Jean Fornier — et, en premier lieu Messieurs les consuls et la plupart d'eux,

« Pour traiter, négocier, effectuer et mettre à fin l'appointement de tous les procès et différents que la dite Communauté a contre le dit seigneur de Vins, et en ce faire et disposer tout ainsi qu'il sera nécessaire et qu'ils verront et connaitront être à faire, avec tout pouvoir. » — *Fol*o 181.

Explications.

Pour saisir le sens de cette dernière délibération, et de celle du 28 janvier ci-après, il est nécessaire d'exposer l'historique de ce qui venait de se passer en Provence :

En juillet 1588, le Roi avait rendu un édit qui dégradait tous les réformés de tous les emplois civils et militaires; les catholiques devaient s'engager à ne reconnaître pour monarque légitime, après la mort de Henri III°, qu'un prince catholique, et l'on assurait une prochaine convocation des États-Généraux du Royaume.

M. de la Valette, Gouverneur de Provence, était brouillé avec la Maison de Guise, qui avait imposé cet édit au Roi; se voyant primé par le seigneur de Vins, chef des catholiques de Provence, il embrassa les intérêts de l'union protestante, et fit alliance avec le duc de Lesdiguières qui dirigeait les réformés du Dauphiné.

Dès-lors le Parlement, soutenant M. de Vins, agit en opposition avec M. de la Valette, qui convoqua les États de Provence à Pertuis; c'est à cette assemblée que Brignoles députa, le 18 octobre, ses consuls Fulconis et Lions. — L'assemblée cassa les consuls d'Aix, et nomma à leur place Procureurs nés du pays : le marquis d'Oraison et les premiers consuls de Forcalquier et de Brignoles.

De son côté, le Parlement convoqua en novembre d'autres États-Généraux en la ville de Marseille, et l'assemblée confirma le seigneur de Vins dans sa charge de généralissime.

De là une division qui mit la confusion et l'anarchie dans toutes les villes et dans les familles.

C'est alors que le Roi envoya en Provence le comte de Pont-Carré, pour engager M. de la Valette à se démettre de son Gouvernement, et, en cas de refus, pour le confier au Parlement d'Aix.

La Valette, qui s'était fixé à Brignoles, refusa de donner sa démission, et l'édit du Roi fut présenté au Parlement, lu en audience solennelle et publié.

M. de Vins se rendit maître du château de Pertuis, où était Madame de la Valette ; le Roi destitua M. de la Valette, qui fut abandonné par toutes les villes, de sorte que celui-ci ne possédait plus que Brignoles, dont il avait confié la garde à M. de Pontevès.

Le seigneur de Vins, joyeux de cette occasion de se venger des habitants de Brignoles, vint se loger à Tourves pour tenir la ville en échec. Le dernier jour de l'année 1588, il sortit avec 120 cavaliers et 300 fantassins, et feignit d'aller vers Aix ; au milieu de la nuit, il reçut un renfort de 500 hommes, retourna sur Brignoles par Bras, arriva sous les murs de la ville avant le jour, et le 1er janvier 1589, il fit escalader les remparts tout près les moulins Bessons, et surprit les habitants qui, se levant à demi-nus, essayèrent une résistance inutile ; tous ceux qui se présentèrent dans les rues furent passés au fil de l'épée ; Brignoles fut entièrement saccagée, et demeura au pouvoir des hommes de M. de Vins jusqu'au mois d'août suivant.

C'est le surlendemain, 3 janvier, que M. de Vins convoqua l'assemblée, où il reprocha la conduite des habitants à son égard, et qu'il proposa de vendre à la ville tous les biens qu'il possédait dans son enceinte ou son terroir, moyennant cinquante mille écus, comme moyen d'en finir de tous leurs différends.

Le 7 janvier, M. de Vins repartit pour Aix, en laissant à Brignoles le seigneur de Saint-Marc pour Gouverneur.

Cet épisode m'a semblé devoir figurer ici, puisque cet achat forcé des biens de M. de Vins rendit la ville propriétaire des moulins, écluse, canaux, ainsi que des terres arrosables dites le Petit-Paradis et la Burlière, et de tous les jardins compris entre la Burlière et la ville jusqu'au Vabre.

Le 28 janvier, reunion du Conseil avec appelés au nombre de 37 :

Acheter les biens de M. de Vins, à 50,000 écus.

« Le sieur de Siéyès, au nom de la Commission nommée le 3 de ce mois, dit qu'ils ont traité avec M. de Vins, mais qu'ils n'ont pas pu obtenir d'autres conditions que celles qu'il avait imposées aux assemblés dans la maison du dit sieur de Siéyès le trois de ce mois, sçavoir : vendre ses biens, sis à la dite ville et son terroir, à la dite ville au prix qu'ils valaient avant leurs démolitions, et que, au dernier, en voulait cinquante mille écus, vingt-cinq mille comptant et le reste laissant à la ville à honnête intérêt.

« Ils n'ont rien pu obtenir autre, quoiqu'ils aient employé plusieurs seigneurs gentilshommes, dames et autres, même Monsieur le vicomte de Pourrières, Monsieur le comte de Carcès, Madame la comtesse de Sault, et autres, etc...

« Sur quoi, après avoir été mis le dit fait en délibération, a été délibéré, résolu, conclu et arrêté de sortir des dits procès par voie amiable, et, pour ce faire, acheter les dits biens du sieur de Vins, encore que fut au prix de cinquante mille écus, etc. » — *Fol*os 188 et 189.

Un seul mot encore sur la position de la ville, qui était à la discrétion des soldats de M. de Vins, qui était pillée, saccagée, les habitants maltraités et souvent égorgés, qui ne trouvait pas un écu à emprunter pour payer M. de Vins, afin d'être délivrée de sa troupe composée de bandits.

Enfin, *le 5 mai* 1589, l'acte d'achat put être passé devant Me Barthélemy Maurel, notaire à Aix, et Jean Fornery, notaire de Brignoles. — Et *le 15 août*, le Conseil put délibérer de rendre grâces à Dieu de ce que la ville *est enfin délivrée de la main des gens des troupes du sieur de Vins, miraculeusement et sans que personne y ait pris aucun mal.*

Mais la lutte entre le Parlement joint aux ligueurs et M. de Vins, contre le Gouvernement du Roi, continuait plus forte que jamais. — M. de Vins est tué devant Grasse, le 14 octobre 1589, d'un coup d'arquebuse.

Brignoles demeure fidèle au Roi, presque seule avec le Gouverneur de la Valette. — Les travaux des fortifications, d'entretien de garnison, etc., achèvent de ruiner la ville, qui s'endette d'une manière désastreuse.

M. le duc d'Épernon est nommé Gouverneur de Provence. — Il établit son quartier-général à Brignoles (septembre 1592), où il lève des contributions exhorbitantes, et, par ses rigueurs inexorables, se fait détester de tout le monde. Le 24 décembre 1595, deux sacs de poudre placés sous le plancher de la salle où M. d'Épernon prenait son repas, firent sauter une partie de la maison, en tuant beaucoup de monde ; le duc ne fut que contusionné et eut la moitié de la barbe brûlée.

Le duc d'Épernon quitta Brignoles en mai 1596, après avoir rançonné la ville autant qu'il était possible.

Tannerie
près le moulin
Besson,
achetée par Jean
Roux.

Pendant ces années de désolation, il n'est fait mention, au sujet des eaux, que de la vente aux enchères de la fabrique de tannerie assise auprès des moulins Neufs, et qui fut adjugée à Jean Roux, pour 120 écus, *le 7 décembre* 1591.

Le 19 janvier 1593, « les possesseurs du paroir Boyssières demandent que, ce paroir ayant été brûlé, il soit ôté de leur cotte cadastrale. » — *Fol*o 555.

Le 20 février 1593, « vente aux enchères du pré du Petit-Paradis, divisé en sept parcelles, adjugées à sept particuliers, pour un total de 1313 écus. » — *Fol*os 15 et 16.

Les autres prés, ayant appartenu à M. de Vins, furent aussi vendus aux enchères par la ville, qui avait le plus pressant besoin d'argent.

N. B. On trouvera à la fin du volume, pièce justificative nº 6, comme renseignements de curiosité, la nomenclature des biens de M. de Vins vendus par la ville, avec le prix de chaque lot — ainsi que l'acte de fondation fait par le duc d'Épernon en quittant la ville.

Le 4 octobre 1599, « le Conseil commet à Messieurs Boyssoni, Blanc et Brun, de faire un canal pour faciliter l'arrosage du Petit-Paradis. » — *Fol°* 405.

Le 27 décembre 1599, « le Conseil charge les consuls vieux et nouveaux et M. le Trésorier, de traiter avec Joseph Vinaris sur la facture des moulins et paroir qui soulaient être à Monsieur de Vins, et d'en faire rapport au Conseil pour y délibérer ce qu'il appartiendra. » — *Fol°* 439.

Le 9 février 1601, « sur ce que a été proposé par Mᵉ Antoine Amic, avocat au siége de cette ville de Brignolle, qui prétend prendre l'eau à la rivière de Caramie et la mener en son affar du Plan, ce qui serait faire grand préjudice à la dite Communauté parceque, en temps d'été, l'eau des moulins pourrait faillir, et la dite Communauté serait poursuivie par estime des fermiers des dits moulins dont la rente viendrait en diminution ;

« Ont délibéré que la dite Communauté ne endurera point la dite prise de l'eau, et en défendra la cause par les procureurs et avocats de la dite Communauté aux cours où besoin sera jusques à arrêt définitif. » — *Fol°* 48.

Le 14 mai, « M. le consul Paul a remontré que Mᵉ Antoine Amic, avocat, a obtenu sentance en sa faveur contre la Communauté de cette ville, pour la prise de l'eau au quartier de sa Bastide, que la ville est appelante, requérant au Conseil d'y aviser ;

« Sur quoi a été conclu et délibéré que sera pris avis à Aix sur le dit fait, et si le Conseil le porte, de relever l'appel de la dite sentance, et en faire les poursuites telles qu'y seront nécessaires. » — *Fol°* 81.

Le 1ᵉʳ août 1601, « le Conseil a commis le consul Gassin et le capitaine Marin, pour se transporter avec le maçon nivelleur au bastion de Notre-Dame, pour tâcher de conduire l'eau pour arroser le pred Rond (*Burlière*) et édiffier un moulin d'huile. » — *Fol°* 97.

Le 24 août 1605, « a été commis à Messieurs les consuls de voir de bailler à priffait, à la meilleure commodité qui se pourra, à redresser les mollins qui sont de la Communauté et soullaient être du sieur de Vins, attendu le proffit et utilité que en recevra la dite Communauté et particuliers d'icelle. » — *Fol°* 43.

Item, du même jour. — « Du dit jour et suivant l'ordonnance du Conseil, et après que Jean Sibon, trompette, a dit avoir fait les criées et proclamations par tous les lieux et carrefours de cette ville accoutumés,

« Qui voudrait redresser les moulins de la ville près la Porte Sᵗ Augustin, se trouvassent aujourd'hui à deux heures attendant trois, qui serait délivré à celui qui ferait la condition meilleure ;

« A pache que tels maitres maçons feront le dit bâtiment et le vaudront, comme fourniront tous *latroche*, sçavoir : chaux, sable et pierres qui se trouvent sur le lieu et aux environs du dit bâtiment, qu'ils seront tenus d'employer jusques aux fondements, et, manquant la dite pierre pour l'achèvement du bâtiment, la Communauté lui en fera venir sur le lieu ; et, pour couvrir icelui bâtiment, seront tenus de prendre de chevrons, tuiles et traugs (poutres) au petit bastion qu'est sous la font de Dozon, et ce qui y manquera la Communauté le fournira sur le lieu ;

« Et, criant de l'instant, François Molle a offert faire le dit bâtiment à raison de quarante souls par canne carrade — et Antoine Bouchard, maçon, à trente six souls — le dit Molle à trente cinq — et icelui moulin se fera de la hauteur qui sera avisé, et la largeur à proportion des fondements qui y sont — et criant, ne s'est trouvé personne qui en ait voulu faire autre offre au rabais, offrant donner plége (caution) Michel Arnaud, maçon — et ont marqué : Amic dit Molle, adjudicataire, à 35 souls la canne quarrée, avec Michel Arnaud pour caution. » — *Folo* 48.

Donné à prix-fait la facture des moulins de Vins.

Le 8 janvier 1606, « commis à Messieurs les consuls pour bailler à priffait à Louis Faudon les moulins à bled et à huile et paroir à draps, appartenants à la commune proche la Porte Caramie, et ce à meilleur prix et commodité que sera par eux avisé, et passer les actes à ce requis et nécessaires. » — *Folo* 103.

— L'acte a été passé, dans la huitaine, Rière Thanneron, notaire.

Faire arriver les égoûts de la ville à la Burlière.

22 *septembre* 1608, « commis aux consuls de bailler à prixfait, les ouvrages nécessaires pour faire passer l'égoût du conduit qui vient de la ville, et le faire aller au pred Redon *(La Burlière)* aux fins que ne trouble le fossé du moulin. » — *Folo* 35.

S'opposer aux plantations et usurpations sur le méal de la rivière.

Le 13 février 1612, « M. le consul Bellon se plaint de ce que les propriétaires riverains de Caramie, surtout au long du Pré de Pâques, font des plantations au bord de la rivière, qui serrent le méal, ou courant, et démolissent le dit Pré de Pâques — il demande d'y pourvoir ainsi qu'aux autres usurpations qui se font à la dite rivière et aux béalages ;

« Sur quoi le Conseil a commis Messieurs les consuls pour pourvoir à ce qui sera nécessaire touchant les dites usurpations et plantadis. » — *Folo* 6. *Vo.*

De ce jour à l'année 1618, nombre de délibérations témoignent de la vigilance des consuls et du Conseil pour s'opposer aux usurpations d'eau ou de terrain sur la rivière ou le béal ; on continue contre Me Antoine Amic le procès commencé, qui est porté devant la Cour de Grenoble.

On répare les canaux et prises d'eau près le Martinet ; le pont traversier sur la rivière de la Celle est refait deux fois ; mais les moulins de la ville souffrent, tous les étés, du manque d'eau.

Le paroir Boyssières était devenu la propriété de M. de Vachières ; la ville était en contestations avec lui au sujet de l'écluse de son engin ; on cherchait tous les moyens de sortir d'embarras.

Acheter les eaux du Martinet des Vachières.

Le 19 mai 1618, « le Conseil délibère d'acheter de M. de Vachières, ses droits sur l'eau de Caramie, moyennant cent livres de pension annuelle et perpétuelle, lui réservant l'arrosage de ses terres aux jours juridics. » — *Folo* 220. *Vo.*

Après cet achat, on s'occupe de réparer l'écluse qui avait été emportée ; plusieurs devis, enchères et adjudications ont lieu, et semblent définitives, aucune n'est effectuée.

Le 17 *décembre* 1619 *et le* 10 *février* 1620, les travaux à exécuter sont donnés à un prix déterminé de 490 écus, puis de 2200 livres. — *Fol*os 85 à 137.

Le 24 *février* 1620, une enchère, publiée et affichée à l'avance, dans tous les environs, semble terminer tout nouveau renvoi ; l'écluse est adjugée à Charles Olivier de Barjols, moyennant 595 écus. — *Fol*os 139 à 142.

Mais *le* 6 *juin suivant*, une nouvelle enchère a pour adjudicataire M. André, maçon de Lorgues, au prix de 750 écus. — *Fol*o 190. *V*o.

Ce dernier résultat n'empêche pas de nouvelles enchères qui sont faites le 16, puis le 19 et le 22 du même mois de juin, sans que rien ne s'effectue.

Enfin une dernière enchère, faite le 24 juin, termine cette série de renvois, et le 31 août suivant, les consuls font mettre aux enchères la facture des fossés nécessaires pour faire venir l'eau de la nouvelle écluse.

Le 16 *novembre* 1621, « le trésorier porte dans son compte 60 écus payés à François Amic, Sibon et autres préfachiers de la rescluse, pour entier payement, après mandat acquité du 29 octobre. »

Le 8 *octobre* 1621, « on a fait la vérification de l'écluse, que la Communauté a fait construire au Plan, à l'Iscle de Calvin, conformément aux actes du prix-fait des 24 juillet et 11 septembre dich, notaire Ballardy (1). Les experts trouvent les travaux conformes aux conditions du prix fait, et qu'on doit les agréer et les payer. »

1er *février* 1623, « le Conseil délibère que le moulin de Caramie (ci-devant de Vins) sera transporté au bâtiment du Coin, attendu que le paroir à draps ne peut pas travailler en même temps que le dit moulin, et que la Communauté aura les mêmes rentes avec un seul. »

Le 8 *mai*, « des commissaires sont nommés pour aller voir où devra se faire le canal du moulin du Coin, en remplacement de celui qui passe au pred de M. Bruni. »

Marginal notes (right column):

1619-1623.

Plans, devis, enchères de la nouvelle écluse.

Dernière enchère.

Vérifié la facture de l'écluse du Plan.

Le moulin à blé sera placé au bâtiment du Coin. (Moulin de Vins)

Faire un canal nouveau pour le moulin du Coin. (Canal du Petit-Paradis.)

---

(1) Voici les principales conditions de ces paches ou conventions :

Premièrement — la rescluse de neuf pans d'hauteur au plus haut —

Se fera de trois cannes de talus au devant, et par dernier de six cannes, à deux talus, et la fustera de six en six pans dans œuvre, et sera fustée de bon bois, soit chêne ou pin, et clouée de bons et gros clous —

A chaque côté de rescluse se fera une muraille à chaux et à sable de quatre pans sur le ferme ou sur les paulx, réduite à trois pans à l'égal de terre, pour la conservation de la dite terre. —

La susdite muraille se continuera de douze cannes de longueur du côté du quartier du Prieuré de la Celle (St Jean) et de trois cannes de longueur de l'autre côté de la même épaisseur et hauteur de l'autre. —

Seront tenus de faire deux martellières de pierres de taille accompagné dessus de côté de deux cannes de muraille aux dites deux martellières de telle largeur que le Conseil avisera. —

Seront tenus de crotar (voûter) d'une canne de côté chacune martellière.

1624-1641.

Le 6 mars 1624, « le Conseil délibère d'appeler tous les particuliers aux quels la Communauté a pris des terres pour le béal nouveau du moulin du Coin, afin qu'ils déclarent s'ils veulent prendre en échange le Fossé Vieux. » — *Fol°* 47.

Rectifier le lit de la rivière près l'écluse du Martinet.

10 *août* 1627, « le Conseil a conclu que le méal de la rivière proche la rescluse du Martinet sera changé à son droit fil, et commis Messieurs les consuls à ce faire. » — *Fol°* 174.

Élargir la rivière

8 *novembre*, « commis à Messieurs les consuls de faire continuer à donner le large à la rivière de Caramie, depuis le Gué Cousaine jusques à la rescluse de Monsieur de Chateauneuf. » — *Fol°* 175.

21 *février* 1628, « commis Messieurs les consuls à faire donner le large à la rivière, du côté du Pred de Pâques, et faire couper l'iscle ; et, du taillon de l'iscle en réparer long la rivière. » — *Fol°* 210. *V°.*

Réparer l'écluse pour que l'eau aille aux moulins et au quartier de St Jean.

18 *mars,* « commis Jehan Degrométis pour faire réparer la palissade de Caramie, afin de faire venir l'eau aux moulins de la Communauté et au quartier de St Jehan. » — *Fol°* 221.

Faire aller aux moulins l'eau qui vient de sous le pont de la Celle.

31 *juillet* 1628, « commis M. le consul Ripert, M. Limogal et Jehan Degromettis, à aller bailler les arrosages nécessaires aux particuliers des Consacs, et encore de faire venir l'eau, qui vient de sous le pont de la Celle, aux béaux des moulins de la commune. » — *Fol°* 236.

Réparations à l'écluse.

La ville fait de fréquentes réparations à l'écluse du Plan, notamment le 25 novembre 1629, pour 333 livres — le 27 mai 1633 — le 16 septembre 1634 — le 2 janvier et le 26 février 1635, « pour voir à en faire venir l'eau. » — *Fol°* 31. *V°.*

Le moulin à huile ne peut prendre l'eau que lorsqu'elle ne fait pas besoin aux moulins à blé.

Le 10 *août* 1635, « enchère pour l'arrentement du moulin à huile avec le paroir à draps (moulins de Vins) à condition que le paroir sera conservé toujours comme paroir, et que le moulin à huile ne pourra user de l'eau que lorsque le moulin à bled n'en aura pas besoin, sans pouvoir la prendre à son préjudice — et que lui sera permis de prendre l'eau des béaulx de la ville, sans troubler les moulins. » — *Fol°* 186. *V°.*

La ville ne peut pas payer ses dettes.

Les frais et les contributions de guerre, les procès et les charges énormes, qui ont pesé sur la ville depuis nombre d'années, ont tellement ruiné le pays et forcé les Communautés à emprunter, que 80 Communautés de la Province sont mises en demeure de vendre leurs biens pour payer leurs dettes.

Brignoles devait plus de quatre cent mille livres, dont elle ne pouvait pas payer même les intérêts ; après quatre années de chicanes de toutes sortes, elle est forcée par ordonnances des Commissaires du Parlement de payer ou de céder ses biens à ses créanciers.

La ville est forcée de remettre ses moulins à ses créanciers.

Après quelques délibérations de forme, le Conseil général de la Communauté délibère, le 20 avril 1641, « que les moulins à bled seront baillés en payement aux créanciers d'icelle banaux et à la moûture de vingt un, conformément au jugement donné par Monseigneur de Champagny, intendant, etc. » — *Fol°* 781.

« Que le moulin à rusque sera baillé aux dits créanciers, qui prendront six liards par quintal de ceux qui feront de ruche ;

« Sera baillé aux dits créanciers l'étable et fenière, que la Communauté a contre la cauquière des hoirs de feu Honoré Roux.

« Plus le paroir à draps et moulin à huile ;

« Plus le Déffens de la Maron ;

« Plus le Pré de Pâques pour ne s'en servir que pour yères seulement ;

« Plus le Martinet à battre poudre. »

23 Avril 1641.

Dénombrement des biens baillés par la Communauté à ses créanciers.

Voici le mémoire présenté par la ville, à l'effet de soumettre à estimation les biens qu'elle cédait à ses créanciers. — On y trouve des indications et des clauses, qui peuvent être utiles en temps et lieu :

« Dénombrement des biens que la Communauté de la ville de Brignolle possède, et les quels elle aliène et baille en payement à ses créanciers, francs et immunes de toute cense, services et redevances, et même de toutes charges, impositions et tailles passées et à venir, et sans pouvoir être encadastrés, conformément à l'arrêt de Nosseigneurs du Conseil (10 mars 1640) ; et jugement de Monseigneur l'Intendant, suivant l'estime et évaluation qui sera faite par vous, Messieurs les experts à ce commis :

« 1° Premièrement, le moulin à bled appelé du Commun, hors de la ville du côté de la Celle, où il n'y a qu'une meule et moullant ; y ayant deux puits et sorties des eaux, de sorte qu'on y peut loger deux meules, sans autres dépenses, comme elles y étaient ; consistant le restant dans une belle et grande habitation à deux membres à plein pied, et autant par dessus, avec un jardin joignant, avec la faculté des eaux qui ont accoutumé de dériver dans le dit moulin, venant de la Val de Camps par le méal ordinaire, et des fontaines du dit la Val de Camps, des quelles la dite Communauté a droit et faculté de prendre l'eau et la jetter dans le dit méal, le tout pour le dit moulin tant seulement ;

« 2° Les moulins à bled, appelés les Bessons, dans l'enclos de la ville et à la porte Notre Dame, consistants en trois meules et mollants dans un beau bâtiment avec habitation par dessus à trois membres, et un jardin joignant le dit moulin.

« Un moulin à feuille de ruche tout proche les dits moulins, avec ses bâtiments ;

« Un moulin à poudre joignant le dit jardin des sus dits moulins, se chargeant la Communauté de rembourser les réparations du dit moulin à Daniel Auriol, avec la faculté des eaux venants du moulin sus dit du Commun et autres de la rivière de Carami, pour les dits moulins à bled, feuille et poudre, ainsi qu'ont accoutumé prendre, et par préférance aux dits moulins à bled ;

« 3° Plus un autre moulin à bled, appelé des Augustins, au chemin allant au Val, avec une meule et mollant dans un beau bâtiment et logement par dessus ;

« Un paroir à draps joignant le sus dit moulin avec une belle habitation au dessus, y manquant partie des bois des engins, avec le fonds pour loger le tiroir du dit paroir ;

« Un moulin à huile joignant le susdit paroir à draps moullant avec l'eau, y ayant trois banques capables à détriter toutes les olives de la ville, avec les outils nécessaires, avec la faculté des eaux qui ont accoutumé de servir au dit moulin et engiens, les quelles dérivent des dits moulins Bessons pour le dit moulin et engiens tant seulement, et par préférance au dit moulin.

« La dite Communauté aliène les dits moulins à bled bannaux, et à condition que tous les habitants de la dite ville et des bastides de son terroir seront tenus d'y aller moudre leurs bleds et grains, à peine de confiscation d'iceux et de trois livres d'amende, moitié au proffit du propriétaire, et l'autre moitié au proffit de la dite Communauté, et que, pour le droit de mouture de tous les dits grains et légumes et millet, les dits particuliers seront tenus de payer : le vingt un pour le droit de mouture, le vingt leur demeurant franc, et que les dits particuliers seront tenus et obligés de porter et reporter leurs bleds, grains et farines aux dits moulins à leurs propres dépens, sans que les meuniers soient obligés les aller quérir comme il y était de coutume.

« Et quand au moulin à feuille, la Communauté l'aliène aussi bannal, à condition que le fermier ou acquéreur sera obligé de servir les habitants de la ville et son terroir, et, pour le droit de mouture, ne pourra prendre que six liards pour chaque quintal.

« Et, pour ce qu'est des moulins à poudre, huile et à draps, la dite Communauté les baille non bannaux comme elle les possède, à condition que le fermier ou acquéreur de celui de la poudre sera obligé de vendre et aliéner icelle aux habitants par préférance aux étrangers et au même prix qu'à iceux à peine, en cas de contravention, de trois livres d'amende au proffit de la Communauté.

« La dite Communauté se réserve et retient la faculté générale et particulière des dites eaux, soit au dessus des dits moulins, entre deux, et dessous d'iceux, sans toutefois pouvoir en façon quelconque préjudicier aux dits moulins et engiens dénombrés, ni rendre la pente et entrée des dites eaux dans les dits engiens plus basse, ni la toucher en aucune façon, comme aussi la sortie et fugie.

« Se réserve encor la dite Communauté l'usage des eaux des dits moulins et engiens pour l'arrosage du terroir de la dite ville, les jours juridics suivants, sçavoir : tous les samedis depuis l'heure de midi jusques au dimanche à l'heure de vêpres, et toutes les veilles de fêtes depuis midi jusqu'au lendemain à la dite heure de vêpres, et le mercredi depuis le soleil levant jusqu'au couchant, aux semaines tant seulement aux quelles n'y aura aucune fête commandée.

« Encore la dite Communauté se réserve le survers ou superflu des dites eaux aux jours non juridics et non réservés ci-devant, sçavoir que, quand aux survers, les habitants s'en pourront servir sans encourir aucune peine, pourvu qu'ils ne commettent aucun abus, et pour les eaux superflues qui ne préjudicient aux dits moulins et engiens, ils s'en servent.

« Ceux qui prendront l'eau hors des heures des dites réserves et des dits survers et superflus seront contraints par trois livres, moitié au proffit du fermier et l'autre moitié à la Communauté et à la modération d'icelle, et que le dit fermier ne pourra faire la dite dénonce qu'ayant trouvé le preneur d'eau ou ayant été vu par autres personnes dignes de foi.

« A pache que les propriétaires et acquéreurs seront tenus d'entretenir à chacun des dits moulins des fermiers et meûniers capables, les quels aideront à charger et décharger les bleds et farines aux particuliers, et qu'ils demeureront aux dits moulins sans intervalle à peine de trois livres applicables moitié au dénonçant et l'autre moitié à la Communauté.

« Qu'ils seront tenus d'entretenir les dits cinq meules et mollants bien montés et garnis de pierres convenables et autres outils nécessaires, afin qu'ils puissent travailler tous à la fois, sçavoir : celui du Commun, un des Augustins, et deux des Bessons, et le troisième en cas de nécessité.

« Qu'ils ne pourront tenir aucunes mesures qu'elles ne soient étalonnées en présence des consuls, et marquées de la marque de la Communauté et de la forme qu'ils trouveront bon, et visitées de trois en trois mois ; et ne leur sera permis de mouturer qu'en présence des parties, et sera permis à la Communauté de mettre et établir une personne si bon leur semble, pour prendre la dite mouture en présence des meuniers et la leur expédier.

« Que les dits meuniers seront obligés faire la farine de ceux qui auront premier porté leurs bleds aux moulins, et que les habitants seront préférables aux étrangers, et, en cas de contravention, qu'il leur sera permis d'aller faire farine hors des dits moulins où bon leur semblera, comme aussi lorsque leurs grains auront demeuré 24 heures dans iceux sans pouvoir être convertis en farine, et sans être tenus de payer aucun droit de mouture.

« Que les dits meuniers seront tenus de tenir une caisse pour chacun des dits moulins avec de farine suffisante dans la maison du poids de la Communauté pour pouvoir être donné aux habitants, par le peseur établi par la dite Communauté, ce que leur défaudra de leurs poids, ainsi qu'est de coutume.

« Que les dits meuniers seront tenus d'ammanar les dits moulins de bled ou mescle après les avoir nettoyés, et en cas qu'ils gattent les farines, deux des estimateurs jurés de la ville estimeront le dommage et expédieront billet qui servira de rapport.

« Que les dits propriétaires et acquéreurs seront tenus d'entretenir l'écluse de la rivière de Caramy qui porte l'eau dans les dits moulins, et de tenir nets les fossés et les conduites, afin que l'eau puisse venir aisément et abondamment aux dits moulins, comme elle fait de présent.

« Qu'il sera permis à la Communauté et particuliers de pouvoir prendre de nouveaux arrosages pour arroser des terres et propriétés qui ne sont à présent arrosantes, à la charge qu'ils ne pourront jouir des dites eaux qu'aux sus dits jours juridics, et sous les mêmes peines que dessus.

« Et finalement, qu'il sera permis à la dite Communauté, outre le droit de piquet, qu'elle prend à présent sur tous les grains qui sont convertis en farine d'un sol par panal, de l'augmenter ainsi que bon lui semble.

« Plus la Communauté donne en payement à ses dits créanciers une égorgerie qu'elle possède à la Porte Notre Dame, confrontant cauquière des hoirs de Quenis Roux.

Marginal notes (right column):

1641.
Dénombrement (suite.)

Les meuniers aideront à charger et décharger les grains et farines.

Ils entretiendront les cinq meules et moullants en état.

Ils n'auront que des mesures étalonnées.

Ils feront passer chacun à son tour par premier arrivé.

Ils tiendront de la farine au piquet, pour remplir tous les habitants de leur poids.

Ils ammaneront les moulins.

Les propriétaires seront tenus de l'entretien de l'écluse.

On pourra prendre l'eau pour de nouveaux arrosages aux jours juridics seulement.

La ville pourra augmenter le droit de piquet.

L'Égorgerie.

1641-1642.

Dénombrement
(suite.)

Lamaron.

« Plus un déffens appelé Lamaron, confrontant les terroirs de Garéoult, La Celle et La Roque, consistant en de beaux paturages pour hiverner chèvres et brebis, bois de haute futaye et de chauffage, et quantité de plaines propres à défricher, de l'étendue d'une lieue de diamètre, à condition qu'il deviendra clos et déffensable, avec peine contre les bestiaux que y sera trouvé dépaissant, de trois livres pour troupeau, outre le dommage, et de six livres par dessus le dommage, et action criminelle contre ceux qui seront trouvés coupants du bois, et une livre contre toute grosse bête qui y sera trouvée dépaissant, applicables les dites peines : moitié à l'acquéreur et le reste à la Communauté. Du quel bois et herbage l'acquéreur en pourra disposer à son plaisir et volonté, et pourra les vendre à qui bon lui semblera sans aucune restriction.

« Se réservant la dite Communauté le passage tout le long du dit bois et du terroir de La Celle, La Roque et Gareoud pour le passage des anouges et autres bétails, ainsi que la limite y est déterminée et que besoin est pour le dit estant.

Le
Pré-de-Pâques

« En dernier lieu, la dite Communauté donne en payement, comme dit est, les preds et herbes qu'elle possède au pred dit le Pred de Pasques, commençant depuis le pavé qui est fait allant à St Lazare, et tout contre le chemin du lieu du Val, jusques à la terre et pred de Jacques Bremond; et depuis le pred de damoiselle Anne de Galle, jusques au pont Notre Dame; à la charge que les dits

Le prix du fou-
lage est laissé
à la volonté de
l'acquéreur.

propriétaires ne jouiront du fonds et fruits des dits preds que pour servir d'aires, ainsi que la Communauté faisait dernièrement, tout le restant à la faculté des habitants; et pourront les dits acquéreurs faire payer pour les dites aires ce qu'ils trouveront bon aux particuliers, les quels pourront aller faire aire ailleurs où bon leur semblera. » — *Folos 791-797.*

« Le dit Conseil général a revu et approuvé le dit dénombrement, et que extrait en sera expédié aux sieurs experts pour estimer iceux.

« Signé sur le registre : Ollivier, consul — Issautier, consul — Amicy, consul. » — *Folo 797. Vo.*

Nota. Le Conseil avait décidé de convoquer les créanciers, et de mettre les domaines de la Communauté aux enchères le 2 août 1641. Il n'y eut pas d'offre.

Plusieurs créanciers avaient fait option, les uns sur les moulins, les autres sur les aires, etc, à l'effet de garantir leurs créances. — De sorte que l'aliénation était en suspens, et on penchait à la remplacer par la voie d'option, c'est-à-dire à remettre les biens entre les mains des créanciers pour un certain nombre d'années, pendant lesquelles la Communauté aurait la faculté de les reprendre en payant ses dettes.

Les moulins
sont remis aux
créanciers
de la ville.

Le 8 septembre 1642, le Conseil adopta la voie de l'option, et le 25 janvier 1643, il délibéra de faire prévenir les créanciers qui avaient opté sur les moulins, que ces moulins leur seraient délivrés et remis le 2 février suivant. — *Folo 983. Vo.*

La cession des moulins aux créanciers de la ville était vue avec le plus grand déplaisir; les personnes intéressées dans cette affaire et qui, comme créanciers, trouvaient un avantage ou une perte dans cette possession des moulins, dont l'administration donnait lieu à de fréquentes récriminations, cherchaient occasion de revenir au précédent état ou tenaient à conserver ce gage de leurs créances : il y avait deux partis prononcés qui étaient en lutte continuelle et fomentaient des divisions parmi les habitants.

1642-1659.

Dès 1645, le Conseil fit des démarches pour remettre les moulins sur la Communauté; l'affaire fut portée devant la Cour, et le 1er janvier 1646, il fut délibéré que la Communauté reprendrait les moulins aux formes portées par les articles dressés tant par les députés de la Cour que des créanciers : plusieurs Conseillers protestèrent contre cette délibération. — *Fol*o 1325.

Mais cet arrangement n'eut pas lieu, la ville demeura en litige avec ses créanciers, sans pouvoir réussir à s'entendre avec eux. — En 1655, plusieurs créanciers offrirent de faire cession de ses dettes à la Communauté, moyennant des pensions perpétuelles du quatre pour cent; cette offre fut agréée par délibération du 30 mars 1655. — *Fol*o 874.

La Communauté est remise en possession de ses moulins.

Ce ne fut cependant que deux ans plus tard qu'il fut possible d'opérer une transaction, dont l'acte fut proposé à l'approbation du Conseil dans sa séance du 20 décembre 1657. — *Fol*o 25.

Acte du 21 novembre 1657.

Voilà donc la Communauté remise en possession de ses moulins, qu'elle garda jusqu'en 1718, où elle fut de nouveau obligée de les aliéner pour payer ses dettes.

Dans la même séance *du 20 décembre 1657,* « le Conseil charge les consuls d'affermer les moulins, séparément si c'est possible, et aux enchères. »

Le 28 juillet suivant, « il est donné pouvoir aux consuls de convenir d'experts pour procéder à la réception de l'écluse, que les propriétaires des moulins laissaient en mauvais état, et qu'il s'agissait de faire réparer à leurs frais. » — *Fol*o 149. *V*o.

24 *août* 1659 — Conseil général — *item,* « a été représenté par le dit consul que certains particuliers de cette ville, possédants terres et preds au quartier des Consacs, icelles terres et preds arrosantes des eaux du béal du moulin du Cumin, toutefois avec grande difficulté pour être les dites eaux retenues les jours juridics pour arroser les terres et preds du quartier de la Val de Camps, se trouvent par ce moyen les dits particuliers frustrés de la faculté qu'ils ont d'arroser leurs propriétés les années stériles et particulièrement la présente année que, à manque d'eau, les preds se sont brulés et leurs terres restées de donner à lupins, étants en voie les dits particuliers de se pourvoir contre la Communauté pour demander une diminution de cottes de leurs propriétés pour la difficulté qu'ils ont d'arroser par le manque le plus souvent des dites eaux;

« Pour à quoi obvier, et pour pouvoir arroser plus facilement leurs propriétés ainsi que tous les autres particuliers font, et pour éviter querelles et débats que le plus souvent arrivent parmi eux et leurs voisins, yceux particuliers désireraient, sous le bon plaisir de la Communauté et de son Conseil, qu'il leur fût permis de se servir des eaux qui dérivent de dessous de l'écluse qui porte les eaux dans le béal du moulin du Cumin, qui passent sous le pont de la Celle, se perdent et s'en vont dans la rivière de Caramy, et faire icelles réparations à ses

Arrosage par l'eau qui passe sous le pont de la Celle.

Pétition.

1659-1680.

propres coûts et dépens, et même dédommager les particuliers par où les dites eaux passeront, et encor qu'ils se départiront de la faculté qu'ils ont des eaux du dit béal des moulins, où serait que les eaux qu'ils prétendent se servir viendraient à manquer, ou que la quantité et débord d'icelles vinssent à emporter l'écluse qui conviendra faire ou ruiner les besognes, aux dits cas seront remis à leurs premières facultés. » — *Fol°* 310. *V°.*

Autorisation.

« C'est pourquoi le dit Conseil a délibéré que la dite Communauté donnera adhérence aux dits particuliers de prendre la dite eau qui passe au dessous du pont de la Celle pour l'arrosage de ses terres, et à ces fins, de faire telles réparations pour ce sujet qu'ils aviseront sans que la Communauté lui soit tenue d'aucune chose, et que les dits particuliers seront tenus de payer en leur particulier tous les dommages intérêts qu'ils donneront aux dits preds et terres voisines dans les quelles feront passer le fossé pour porter les dites eaux sans que la Communauté en puisse être jamais en aucune façon recherchée, et, la dite œuvre faite, ne pourront les dits particuliers prendre aucune eau dans le béal du moulin du Cumin, et, où viendrait que la nouvelle œuvre serait emportée ou ruinée, au dit cas leur sera permis de prendre au dit béal d'eau conformément à leur ancienne coutume. » — *Fol°* 311. *V°.*

Réparer l'écluse du Plan.

Le 11 *juillet* 1666, « délibéré de réparer l'écluse du Plan, et de mettre les travaux aux enchères. » — *Fol°* 1174.

Enchère du curage des béals et de la surveillance des arrosages.

Le 30 *décembre*, « on met aux enchères l'entretien et curage des béals des moulins, et de prendre soin de la distribution des eaux en été — adjugé à raison de 210 livres par an pendant trois ans. »

La rivière sera élargie à six cannes.

Le 15 *avril* 1668, « délibéré que la rivière de Caramy sera élargie depuis le pont de Notre Dame de Lorette jusqu'à la rescluse du sieur conseiller Dandré, de six cannes où elle se trouvera avoir moins de largeur, et le Conseil députe pour cet effet les sieurs Perrin, Decollonia, Moutton, Depetra et Pascallis. »

Défense d'arroser de l'eau des béals, hors les jours juridics.

« *Item*, délibéré qu'il sera fait criée par la ville que personne n'ait à divertir les eaux des fossés des moulins pour l'arrosage des terres, hors les jours juridics, à peine de cinq livres. »

Le 30 *mai* 1671, « le curage et entretien des béals, et distribution des eaux en été, est adjugé pour trois ans à 150 livres par an.

Permis à M. Desparra d'établir une voûte sur le canal qui porte l'eau aux moulins Bessons

4 *avril* 1680 — Conseil général — « et en dernier lieu, il a été proposé par le dit sieur consul Paul que M. Desparra, lieutenant-général à la sénéchaussée de cette ville, ayant dessein de faire un pavillon au jardin qu'il possède dans l'enclos d'icelle, quartier de Caramiette, désirerait pour plus de commodité avancer le bâtiment du dit pavillon jusques au bas du jardin que le sieur Moutton, vicaire de cette paroisse, possède au même quartier, séparé de celui du dit sieur lieutenant Desparra par le béal qui porte les eaux dans les moulins Bessons, et d'autant que, pour l'exécution de ce dessein, il serait nécessaire au sieur lieutenant de faire construire une voute à chaux et à sable qui traversât le dit béal, il requiert la Communauté et le Conseil de lui permettre de faire construire

la dite voute , à condition qu'elle n'occupera en nulle manière le dit béal et sera d'une hauteur compétente pour qu'un homme puisse passer dessous avec toute commodité , et sans que la faculté du curage du dit béal , qui compète à la Communauté , en soit nullement diminuée ;

« Sur quoi il a été unanimement délibéré de permettre au dit sieur lieutenant Desparra de faire faire la dite voute , et à ces fins, donné pouvoir aux sieurs consuls de lui passer acte public de la concession à la charge que la Communauté n'en reçoive aucun préjudice. » — *Fol°* 708.*V°.*

28 *avril* 1680, « le consul représente aussi que, le domaine de la rivière de Caramy appartenant à la Communauté, serait bon de l'affermer et en retirer quelques secours, ainsi qu'autrefois s'est proposé et délibéré — requérant le Conseil à en dire son avis ;

« Sur quoi le Conseil a unanimement donné pouvoir aux sieurs consuls d'affermer la dite rivière et d'en faire courir les enchères , à la charge qu'il sera prohibé à tel destinataire de porter le poisson d'icelle pour le vendre hors de la ville , et d'y pouvoir pêcher au temps que le poisson fraye , et que , pour prendre le poisson , tel destinataire sera obligé de prendre des sieurs consuls la grosseur de la maille des rets , et sous les peines , paches et conditions usitées en semblables contrats. » — *Fol°* 717. *V°.*

17 *mars* 1683, « donné pouvoir aux consuls de se pourvoir contre Étienne Goujon pour l'empêcher de prendre l'eau de l'écluse du Plan et lui faire rabattre tous les pieus et autres chaussées , qu'il pourrait avoir fait à la dite rivière ;

« Et que défenses seront faites aux propriétaires des biens du quartier de S¹ Jean de creuser dans le lit de la rivière pour dériver plus grande quantité d'eau au préjudice des moulins, et que sera mis à l'entrée de leur arrosage une pierre de taille ou seuilhet pour éviter toute sorte d'abus. » — *Fol°* 1019. *V°.*

Dans le Conseil général *du* 10 *février* 1686, « a été proposé que Jean Mélan , qui tient le paroir à draps de la Communauté à pension , près la Porte des Augustins , désirerait faire construire une montée pour aller au plus haut du dit paroir , et, comme la dite montée occupera quelqu'espace dans le patecq d'icelui , il désirerait d'en avoir la permission de la Communauté;

« Sur quoi le dit Conseil a délibéré que les dits sieurs consuls permettront en tant que la Communauté le peut , la construction de la dite montée au dit patecq, en manière toutefois que la dérivation des eaux n'en soit incommodée. » — *Fol°* 44. *V°.*

12 *août* 1691, « une partie de la voute du béal des moulins Bessons tout proche l'écluse du Plan, dans le fonds du sieur Bousquet, écuyer , est tombée en ruines , et il est nécessaire de la faire réparer. » — *Fol°* 649.

« Le Conseil délibère de faire réparer et redresser cette voute , et charge les consuls de mettre cette réparation aux enchères. » — *Fol°* 650.

L'office de Maire est créé en 1693. — Les consuls prennent depuis lors la qualification de Maire.

Marginal notes:

1680-1693.

Affermer la pêche dans la rivière de Caramy.

Adjugé le 12 mai suivant pour six ans à 140 fr. par an.

Écluse du Plan. Mettre un seuil en pierre à la prise de l'arrosage de St Jean.

Permis à Jean Mélan de construire un escalier dans le patecq du paroir.

Redresser la voûte du canal près l'écluse du Plan.

Création de l'office de Maire.

1698-1705.

—

Réparation des écluses par la Communauté.

29 *juin* 1698, « on fait ce jour là la première enchère des réparations à exécuter à l'écluse de St Jean et à celle de la Val de Camps.

« *N. B.* — C'est la seule fois que l'écluse du *Plan* est désignée sous le nom de *St Jean;* l'écluse sert à dériver l'eau aux moulins Bessons et à l'arrosage du quartier de St Jean, mais elle fut construite par la ville pour les moulins, elle est à la charge de la ville seule, de sorte que les arrosants de St Jean n'ont que le droit de la faire conserver en bon état par la commune, mais ils ne prétendent pas à la co-propriété.

« — *Le 2 juillet,* deuxième enchère. — *Le 15 juillet,* troisième et dernière enchère, adjugé à André Corporandy pour 260 livres. » — *Folos* 280-281.

Faire la réception des travaux et payer.

Le 31 *août,* « le Maire-Consul représente que, conformément à la délibération du 17 février dernier, il a donné à prix fait, après enchères convenues et délivrance, les réparations de la rescluse de St Jean et de celle de la Celle à André Corporandy et Benoît Blachas de la Celle, au prix de 260 livres. — Le dit ouvrage étant fait, il demande au Conseil de faire faire la recepte du dit ouvrage et de payer.

« Le Conseil approuve le prix fait, et délibère qu'il sera recétté par gens à ce connaissants, et la recepte faite, le payement en sera fait par le trésorier. » — *Folo* 284. *Vo.*

Concession d'un denier d'eau du béal à Jean Roumieu

21 *août* 1701, « Jean Roumieu, compagnon chamoitier, habitant en cette ville, a fait dessein de faire une tannerie dans la maison qui avait appartenu à Michel Bonnefoy, coutelier, près la porte dite de Caramiette, et prie la Communauté de lui permettre de prendre de l'eau au béal pour remplir les cuves, comme il a été permis aux autres tanneurs du même quartier.

« Le Conseil a délibéré qu'il lui sera permis de prendre de l'eau du béal de la rondeur d'un denier sans abus, et que, lorsqu'il construira le tuyau, un de Messieurs les consuls y sera appelé. » — *Folo* 540. *Vo.*

Concession d'eau du béal à Jacques Ailhaud

19 *novembre* 1702, « en huitième et dernier lieu, il a été représenté par M. le Maire, que Jacques Ailhaud a fait construire un moulin à détriter les olives, et demande la permission de prendre de l'eau pour se servir à la chaudière et rafraichir les panniers. — *Folo* 654. *Vo.*

« Sur la huitième proposition, le Conseil a délibéré qu'il sera permis au dit Ailhaud de prendre de l'eau au fossé du moulin pour l'usage du dit moulin à huile et sans qu'icelle puisse divertir à autre usage. — En cas que le dit moulin vint à dépérir, la dite faculté sera nulle et de nul effet. » — *Folo* 654.

Concession d'un denier d'eau du béal à Léon Barban.

21 *juin* 1705, « le Maire expose que le sieur Barban, tanneur de cette ville, ayant acheté la maison qui était autrefois le logis du Lion d'Or, à la rue Notre Dame, pour y faire une tannerie, le quel Barban demande à la Communauté la permission de prendre au fossé des moulins l'eau qui lui sera nécessaire pour la dite tannerie, sans abus. — Requérant le Conseil de délibérer là dessus. » — *Folo* 856.

« Le Conseil a délibéré de permettre au sieur Léon Barban de prendre de l'eau dans le fossé des moulins de la largeur d'un denier pour l'usage de la tannerie qu'il veut faire, à condition que la dite tannerie cessant la faculté cessera aussi, et encore, au cas que la Communauté reçût dans la suite quelque préjudice de la dite permission, soit pour le manque d'eau aux moulins, ou autres, il sera loisible à la dite Communauté de la révoquer sans que le dit Barban, pour raison de ce, puisse prétendre aucun dédommagement. » — Fol° 857.

1713-1718.

Les dettes de la ville augmentent chaque jour ; le Conseil, depuis plus de dix ans, est continuellement occupé des moyens de sortir de cet état ; les impositions de toutes natures sont excessives ; personne ne veut prêter à la ville qui est poursuivie par ses créanciers.

Le chargé des affaires de la ville écrit d'Aix, qu'il faut délibérer sur les moyens de payer les dettes de la Communauté, et d'envoyer incessamment la délibération à Monseigneur l'Intendant, afin qu'elle soit comprise dans l'arrêt du Conseil du Roi, qui doit être rendu à ce sujet.

Situation financière de la ville.

Le 5 novembre 1713, « le Conseil délibère d'aliéner en premier lieu en faveur des créanciers les domaines de la Communauté, et que, pour le restant des dites dettes, il sera fait une imposition sur tous les biens fonciers en forme de despartement, pour être les créanciers payés en tel nombre d'années qu'il plaira à Sa Majesté. » — Fol° 441.

Payer les créanciers de la Communauté avec les biens d'icelle

Le 24 février 1714, « le conseil délibère de nouveau que les créanciers de la Communauté se payeront sur tous ses biens et domaines, et si cela ne suffit pas, il sera fait une imposition sur les propriétés foncières de manière à ce que les créanciers soient payés dans huit années. — Fol° 487.

Le 5 décembre 1717, « M. le Maire expose que M. l'Intendant a nommé des experts pour procéder à l'estimation des moulins et autres domaines de la Communauté, auxquels il a écrit de se porter en cette ville pour procéder au fait de leur commission.

Aliéner les moulins francs de tailles

« Il est nécessaire de sçavoir si la Communauté trouve bon d'aliéner les dits moulins, avec franchise des tailles à ceux qui les acquerront ou fairont option.

« Le Conseil a unanimement délibéré d'aliéner les moulins de la Communauté avec franchise des tailles en faveur de ceux qui y feront leur option, et que les sieurs Maires-Consuls feront incessamment procéder à l'estime d'iceux, et en après ils feront donner les assignations à tous les créanciers de la Communauté, pour venir faire leur option et finir par ce moyen le despartement. »—Fol°s 737-738.

Enfin *le 2 septembre* 1718, « les consuls représentent que, en conséquence de l'assignation donnée aux créanciers de la Communauté pour venir faire leur option, tant sur les domaines d'icelle que sur les cottes des particuliers, au premier du mois courant, on a voulu procéder aux dites options, le jour d'hier, par devant M. le lieutenant Desparra, commissaire délégué par Monseigneur l'Intendant, qui a commencé son verbal.

Les moulins seront mis à la possession des créanciers à dater du 1er septembre.

« En suite de quoi, il se serait élevé diverses contestations avec les créanciers hypothécaires des moulins sur la cotte des dits moulins, etc.....

« Le Conseil, à la pluralité des voix, délibère que les créanciers hypothécaires des moulins, et autres qui opteront sur iceux, entreront en possession des dits moulins dès le jour d'hier. » — *Fol*º 802.

Les moulins sont donc de nouveau entre les mains des créanciers de la ville, qui n'en a repris la possession réelle qu'en 1830.

La Communauté
fera
réparer l'écluse
du Plan
et les ponts
qui sont
à sa charge.

Cependant une partie de l'écluse du Plan avait été emportée par une crue d'eau, et *le* 10 *décembre* 1713, « le Conseil avait délibéré de mettre aux enchères la réparation de l'écluse du Plan, de même que les réparations qu'il y a à faire, tant aux deux ponts de Caramy que autres petits ponts que la Communauté est obligée d'entretenir, et d'acheter des sieurs Puget, Calvin et Bremond du lieu de la Celle, les parties des preds et iscles qu'ils ont attenant la dite écluse, suivant le devis qui en a été fait par les sieurs Minuty et Bruny, et aux prix par eux réglés et convenus. » — *Fol*º 452.

Réflexions
sur la cession
des moulins
aux créanciers
de la ville.

Cette cession fut faite aux mêmes clauses et conditions que celle de 1641, et fut une source de contestations et de procès entre la Communauté et les propriétaires des moulins, soit au sujet des arrosages, soit pour l'usage de l'eau réservé aux habitants, et pour les concessions d'eau aux tanneries; aussi le Conseil revient souvent sur les moyens à prendre pour racheter les moulins.

Inconvénients
de la possession
des moulins
par
les créanciers.

Le 14 *février* 1720, « le 1er Maire-Consul, noble Louis Henri Degantés, représentait au Conseil que, depuis l'aliénation que la Communauté a fait des moulins lors du dernier despartement à divers créanciers qui y ont fait leurs options, on a reconnu qu'il y avait de grands inconvénients au sujet de l'arrosage des terres qui prennent l'eau aux fossés des dits moulins, et des tanneries aux quelles la même eau sert, parcequ'il arrive souvent que les propriétaires des dits moulins ne veulent point que les particuliers prennent l'eau pour les arrosages, ni les tanneurs aux jours qu'elle est destinée pour les dits moulins quoiqu'elle ne soit pas nécessaire pour les faire moudre, les quels inconvénients pourraient même devenir plus grands au cas, comme l'on dit, que les dits moulins tombassent entre les mains d'un seul particulier.

« Ce qu'ayant été représenté à Monseigneur le premier Président et Intendant par le sieur de Paul, 1er consul en l'année dernière, qui lui a remis même un mémoire en le priant de vouloir permettre à la Communauté de reprendre ses domaines, ce que le dit seigneur Intendant promit d'accorder à condition que la

Rembourser
les créanciers
par dixièmes.

Communauté imposerait pour le remboursement des créanciers qui ont opté sur les dits moulins au moins en dixièmes, en manière que l'imposition fût suffisante pour payer annuellement la dixième partie du prix, et, qu'au moyen du payement qu'en serait fait à un ou plusieurs créanciers, la Communauté entrât aux droits d'iceux et devint elle-même propriétaire jusques au concours de la portion du prix qu'elle aurait payé, et continuer de même les années d'après jusqu'à entier payement, et, qu'à ces conditions, il autoriserait la délibération qui serait prise à ce sujet, et, comme la chose est de grande conséquence, etc.... requiert le Conseil d'y délibérer. » — *Fol*º 927.

« Le Conseil a délibéré unanimement de donner requête à Monseigneur le
1er Président et Intendant, etc.... et, pour parvenir à faire ce remboursement,
il a été délibéré de faire une imposition de la vingtième partie des fruits du terroir... la quelle imposition sera suffisante, attendu qu'un particulier a même
fait offre que, moyennant une imposition qui rapportât annuellement cinq mille
livres pendant dix ans, et la jouissance des moulins pendant le dit temps, il se
chargerait de rembourser dès aujourd'hui le prix entier aux propriétaires des
moulins et d'en relever la Communauté, etc... » — *Fol°* 928.

1720.
—
Imposition
du vingtième
des fruits
du terroir pour
payer
les créanciers.

L'Intendant ayant conseillé de mettre la proposition aux enchères, le Conseil
délibère le 9 juin, « de faire une enchère sur la proposition faite. — Quatre
conseillers, propriétaires par option des moulins protestent; l'enchère est faite
le 17 juin, aux conditions relatées dans l'aliénation de 1641. — *Fol°s* 941-945 —
et continuée aux jours suivants. »

Enchères
de la jouissance
des moulins
pendant dix ans
et de 5000 livres
par an,
à condition
de payer
de suite toutes
les dettes
de
la Communauté.

Le 16 juillet, « Le Conseil délibère d'emprunter 195 mille livres pour être
remboursée aux prêteurs par quinzièmes, afin de payer les créanciers de la
Communauté. » — *Fol°* 946.

Le 8 septembre 1720, « des offres auraient été faites de prêter la somme de
cent douze mille livres, pour être remboursée en quinze années sans intérêt sur
la ferme du Piquet — sur cette avance,

« Le Conseil, attendu que la plupart des créanciers de la Communauté ont
accordé d'être remboursés en quinzièmes et en quinze années sans intérêts, et
que le premier payement des dits quinzièmes ne se fera qu'en 1723 parceque la
ferme du Piquet, qui doit servir à ces payements, est consumée jusqu'au
2 février 1723;

« A délibéré, sous le bon plaisir de Monseigneur l'Intendant, d'accepter les
offres faites par les dits créanciers, et s'il y en a qui n'y consentent pas, il sera
emprunté la somme nécessaire pour rembourser ces créanciers qui ne voudront
pas recevoir de la manière ci-dessus;

« Et ici présent, noble Antoine de Paul, écuyer de cette ville, a offert de
prêter la dite somme nécessaire et promis de faire le remboursement aux dits
créanciers, et d'en rapporter quittance en faveur de la Communauté, aux frais
et dépens d'icelle, par tout le présent mois, pour être remboursé lui-même
sans intérêts en quinzièmes et dans quinze années, sur le produit de la ferme du
Piquet, dont le premier payement ne se fera que dans le courant de l'année
1723. — Faire approuver la présente par Monseigneur l'Intendant, et, par ce
moyen, faire cesser les enchères qui se font.... » — *Fol°s* 959-960.

Accepter l'offre
de rembourser
les créanciers
moyennant
payements par
quinzièmes
en quinze ans,
sans intérêt.

Aux folios 986 *et* 987, « sont enregistrées les déclarations faites par les
créanciers de la Communauté en conséquence de la délibération du Conseil du
8 septembre 1720, et l'ordre de Monseigneur l'Intendant — pour être remboursés par quinzièmes en quinze années sans intérêts — suivie de l'autorisation par
l'Intendant de emprunter les seize mille livres offertes par M. de Paul pour rembourser les créanciers non consentants à cet arrangement. »

Déclarations
des créanciers,
ordre
de l'Intendant
pour l'exécution
de
la délibération
précédente.

Tous ces projets ne reçurent pas exécution, et les moulins demeurèrent aux
mains des créanciers de la Communauté.

1737-1744.

Concession
d'un
denier d'eau du
canal
à Martin Amic.

Le 10 *juin* 1737, il fut exposé au Conseil : « que le nommé Martin Amic, marchand tanneur de cette ville, qui a acquis de la dame Suzanne Fenatery, la maison qu'elle possédait à la rue Notre Dame, demande qu'il lui soit départi de l'eau de la rivière proportionnée à la fabrique qu'il entend de faire à la dite maison. — Requérant que le Conseil aye à délibérer. — *Fol*° 298.

« Le Conseil a unanimement délibéré d'accorder à Martin Amic un denier de la superfluité de l'eau du canal des moulins pour la fabrique qu'il veut faire dans la maison qu'il a acquise à la rue Notre Dame, pour en user sans abus, et ne prendre la dite eau qu'après avoir appelé les sieurs consuls et les propriétaires des moulins en la personne de leur sindic. » — *Fol*° 299. *V*°.

Concession
d'un
denier d'eau du
béal
des moulins
à Dominique
Feraud.

28 *janvier* 1744, « le sieur Jean Dominique Feraud, marchand droguiste, demande que la Communauté, à l'exemple de tous les autres particuliers, lui sépare de l'eau qu'il prendra au canal de Caramiette pour la conduire à une fabrique de tannerie, qu'il a fait construire dans un bâtiment qu'il possède sur le chemin de Notre Dame de Lorette.

« Le Conseil a accordé au dit sieur Feraud la permission de prendre un denier d'eau pour sa fabrique, la quelle il prendra dans le canal de Caramiette, pour la faire conduire à ses frais et dépens dans sa fabrique, un des consuls et le sindic des propriétaires appelés ; de l'eau néanmoins superflue et sans préjudicier aux arrosages. » — *Fol*° 617.

Concession
d'eau
à Jean-Baptiste
Barthelemy.

11 *octobre* 1744, « le sieur Jⁿ B^{te} Barthelemy, marchand de soye, demande que le Conseil lui accorde, à l'exemple des autres fabriques de la ville, la faculté de prendre dans le canal, près la porte Cariamette, pendant l'été, c'est-à-dire, depuis le 1er mars jusques au 5 septembre, l'eau qui lui est nécessaire pour faire travailler sa manufacture de soye, et que, lors des pluies des mois de septembre et d'octobre que les eaux des moulins seront plus abondantes, il lui soit encore permis de prendre toute la quantité d'eau qui lui sera nécessaire pour cette manufacture et pour la roue qui fait tourner les engins, attendu que pour lors l'eau du fossé qui vient de la porte de Cariamette, de la quelle il s'est toujours servi et se sert actuellement, lui deviendra inutile, et, à cet effet, il n'usera plus jusques vers la fin de février de chaque année de la martellière dont il fait usage pour sa fabrique. — *Fol*° 663.

Un denier d'eau
du canal
du 1er mars
au 15 septembre

« Le Conseil a unanimement délibéré et permis au sieur Jⁿ B^{te} Barthelemy de prendre un denier d'eau, depuis le 1er mars de chaque année jusques au 15 de septembre, au canal des moulins, de l'eau superflue, pour servir à sa fabrique de soye tant seulement, en considération de l'utilité et de l'avantage que rapportent à la ville les fabriques ; et, depuis le quinze de septembre jusqu'au dit jour premier mars, le Conseil a encore permis au dit sieur Barthelemy de prendre dans le même canal une certaine quantité d'eau, toujours pour sa fabrique de soye tant seulement, à condition qu'à la prise du denier d'eau il soit mis une pierre percée et une bonne virolle de fer pour régler seulement la grandeur d'un denier, et qu'il soit mis aussi une plus grande pierre percée à l'autre prise d'eau ; et les dites permissions ne seront accordées et n'auront lieu que tant que la fabrique durera nonobstant tout laps de temps, et sans pouvoir acquérir prescription au contraire, et à condition aussi que le tout sera fait à la diligence, frais et dépens du dit Barthelemy, etc. . . . . »

Et certaine
quantité d'eau
du 15 septembre
au 1er mars.

« Et , afin de faire cesser les abus qui se sont introduits au préjudice des moulins bannaux et des arrosages , le Conseil a encore unanimement délibéré que Messieurs les consuls et les sieurs sindics des propriétaires des moulins visiteront toutes les prises des eaux que sont à différents particuliers à qui la Communauté a permis d'en prendre dans le canal des moulins, et qu'ils fairont en conséquence réduire leurs prises d'eau en les mettant à une hauteur convenable à ne pouvoir nuire aux moulins , et en obligeant les dits particuliers de mettre à leurs propres frais et dépens à chaque prise d'eau une pierre percée avec une bonne virolle en fer de la largeur d'un denier, et ce dans la quinzaine précisément comptable du jour qu'il leur sera fait sommation à ce sujet, après le quel temps les dits consuls y feront procéder aux frais et dépens des dits particuliers, les quels demeureront privés de leurs facultés en cas de refus. » — Fol° 664.

1744.

Concession
d'eau
Barthelemy.
—
Vérifier
les prises sur le
canal,
et faire mettre
une pierre
avec virole en
fer de la largeur
d'un denier.

23 janvier 1746, « le Maire-Consul a représenté que , par délibération du 11 octobre 1744 , il aurait été accordé un denier des eaux superflues du canal des moulins au sieur Jⁿ Bᵗᵉ Barthelemy depuis le 1ᵉʳ mars de chaque année jusques au 15 septembre , pour le tirage de ses cocons , sur le fondement que l'eau d'un puits dont il se servait n'était pas bonne à cet usage , et une autre eau depuis le dit jour 15 septembre jusques au premier mars aussi pour sa fabrique , la quelle il dit consister au plus à la grandeur d'un œil de bœuf , ainsi que les personnes présentes à cette délibération doivent se le rappeler. — Fol° 739. V°.

Précisé
les prises de la
concession
Barthelemy.

« Cependant , en dictant la dite délibération , on eut la facilité de ne point parler de l'œil de bœuf sur ce que le sieur Barthelemy représenta à la personne qui la dictait que, peut-être, il en faudrait quelque chose de plus ou de moins.— Cette délibération portait aussi que nous consuls avec les propriétaires des moulins serions présents lors de l'emplacement des prises d'eau concédées. — Le sieur Barthelemy ayant fait faire la conduite de ces eaux , et ayant fait emplacer la pierre pour les recevoir en dessous le pont de Cariamette , et fait poser les prises au fond du canal sans nous y appeler, nous l'aurions fait convenir, après bien des raisonnements qu'il serait inutile de répéter, que ces prises ne devaient point être placées dans un lieu caché , et qu'il fallait qu'elles fussent exposées aux yeux du public et des particuliers intéressés , pour qu'ils pussent être persuadés qu'il n'en abusait pas , ce qui le détermina de destiner l'emplacement au dessus le pont de la fabrique des hoirs d'Agnel , et , à l'égard de la position des pierres au fond du canal , nous l'assurâmes que nous n'y sçaurions jamais consentir parce que , ne lui ayant été accordé que de l'eau superflue aux moulins, nous ne pouvions toucher à celle qui leur était nécessaire , et de la quelle la Communauté même ne pouvait disposer après l'aliénation des dits moulins. — Fol° 740.

« Cependant ayant fait continuer son travail , fait construire une serve, et préparé un bar avec une ouverture de cinq pouces et demi de diamètre pour ce nouvel emplacement, qu'il insistait de faire au fond du canal, et nous étant toujours disposés à nous y opposer comme préjudiciable au bien public, aux tanneries inférieures , aux terres arrosables , et comme excédant les pouvoirs que nous avait donnés le Conseil , il aurait pris le parti , après deux actes faits aux

sieurs propriétaires des moulins, de présenter un placet à Monseigneur l'Intendant pour lui demander de le faire jouir de la concession qui lui avait été faite.
Le quel placet ayant été renvoyé à M. Desparra, subdélégué, pour nous en faire
présenter lecture, nous y aurions fait la réponse dont M. le premier consul
requiert qu'il soit fait lecture, parceque les faits y sont détaillés plus au long,
et afin que le Conseil, en ayant pris connaissance de leur conduite, il aye à délibérer ce qu'il trouvera à propos. — *Fol°* 740. *V°.*

La prise sera de
la grandeur
d'un œil de bœuf

« Sur la lecture faite de la réponse donnée par Messieurs les consuls au placet
présenté à Monseigneur l'Intendant par le sieur Barthelemy, le Conseil, après
avoir approuvé la conduite que les sieurs consuls ont tenue en cette affaire, et
les avoir remercié de leurs attentions aux intérêts de la Communauté et du public, les a priés de les continuer pour une affaire si intéressante pour les moulins, les tanneries inférieures, les possédants biens le long du canal et ceux des
biens arrosables, et a délibéré, conformément à la délibération du 11 octobre
1744, de donner au sieur Barthelemy une prise d'eau d'une valeur d'un œil de
bœuf, ainsi que les délibérants avaient accordé, posée au dessus l'eau nécessaire
aux moulins, et à l'instar et au même niveau des autres fabriques ; — qu'à la
pierre de cette prise, qui doit être une pierre de taille d'une épaisseur d'un pan,
avec une bonne virole en fer ; et que, si cette eau n'est pas suffisante pour sa
fabrique, le Conseil délibère à la pluralité de permettre de mettre la même martélière qu'il devait tenir ouverte par la dite délibération du 11 octobre. — La
concession de cette eau doit être dans un lieu qu'on puisse voir, et ouverte seulement dans le temps de la concession, sçavoir depuis le 15 de septembre jusqu'au 1er mars. — Le Conseil a délibéré encore que, à la prise accordée et à
celle d'un denier d'eau, qu'il fera également à l'instar des autres concessions et
L'autre prise
d'un *denier*
sera mise au ni-
veau des
autres prises.
pour le temps qu'elle a été accordée, les sieurs consuls et les sieurs sindics des
propriétaires des moulins seront appelés quand on emplacera les prises, et, dans
le cas que le sieur Barthelemy prétendit quelque chose de plus, le Conseil donne
pouvoir à Messieurs les consuls de consulter ce que la Communauté doit faire
pour s'y opposer ; et cependant, que la prise, que le sieur Barthelemy a mise
sans permission de Messieurs les consuls sous le pont de Caramiette, soit abattue, au moins la prise d'un œil de bœuf, et l'autre d'un denier d'eau qui est au
même lieu, sera mise, ainsi qu'il est dit ci-dessus, au même niveau des autres
concessions, les consuls et les sieurs sindics toujours appelés. » — *Fol°* 741. *V°*
et 742.

Opposition
des
propriétaires
des moulins
contre
la concession
Barthelemy.

6 *mars* 1746, « Messieurs les propriétaires des moulins bannaux de cette
ville ayant déclaré opposition par devant la Cour de Parlement de ce pays, par
requête du 5 du mois dernier, de la délibération du 11 octobre 1744, qui accorde
au sieur J⁰ B⁰ Barthelemy, marchand tanneur de cette ville, de l'eau superflue
du canal des moulins pour le service de sa manufacture de soye, la Communauté fut ajournée par devant la dite Cour par exploit du même jour signifié à
M. Pellegrin, pour lors en la ville d'Aix, aux délais de l'ordonnance, et cependant, elle fut assignée en sa personne au vendredi d'après sur les inhibitions
provisoires, que les dits sieurs propriétaires demandèrent contre le dit sieur
Barthelemy, de dériver l'eau dont s'agit autrement que par dessus l'eau néces-

saire pour les moulins et de la même façon que les autres manufactures la prennent -- sur quoi il répondit qu'il ne prenait copie que pour avertir le Conseil.

« Qu'après cette assignation, et par exploit du 15 du dit mois, les dits sieurs propriétaires des moulins ont fait signifier une déclaration à la Communauté, que le sieur Barthelemy leur a faite pendant procès, de procureur à procureur, portant qu'il ne s'oppose point aux fins provisoires demandées, et un expédient par eux offert en conséquence conforme à la dite délibération — requérant que, lecture faite du tout, le Conseil délibère ce qu'il trouvera bon.

« Le Conseil délibère de faire consulter un avocat sur la conduite à tenir. » — *Fol*° 752.

1746.

Concession
d'eau
Barthelemy.

30 *décembre* 1759, « exposé que feu sieur Jⁿ Bᵗᵉ Barthelemy, dans son vivant marchand de soye, auquel la ville, par sa délibération du 11 octobre 1744, accorda deux deniers d'eau de celle qui serait superflue au canal des moulins, ce fut à condition qu'il baisserait le seuillet de la martellière placée au milieu du fossé qui, de Caramiette va dégorger à la rivière de Caramie, et, qu'en outre, pour le plus grand cours des eaux, il laisserait ouverte la martellière depuis le 15 septembre jusqu'au 1ᵉʳ mars de chaque année. — Le sieur Barthelemy et ses hoirs n'auraient jamais satisfait à la condition, et comme cette négligence est au détriment de la ville par le grand coût du curage du canal qui se remplit de jour en jour par le défaut du cours des eaux empêché par la martellière existante, ils requièrent qu'il soit délibéré. — *Fol*° 1100.

Les conditions
de la concession
ne sont
pas remplies.

« Le Conseil a unanimement délibéré de faire exécuter la délibération du 11 octobre 1744, et, qu'à la diligence de Messieurs les maires-consuls, les hoirs du sieur Jⁿ Bᵗᵉ Barthelemy seront avertis de se conformer à la dite délibération au chef concernant la martellière, et, faute par eux de l'exécuter, le Conseil donne pouvoir aux dits sieurs consuls de faire consulter par l'avocat de la Communauté la route qu'elle aura à tenir, pour, la dite consultation faite et rapportée au premier consul, être délibéré ce qu'il appartiendra. » — *Fol*° 2 *du registre suivant.*

Faire exécuter
la délibération
du
11 octobre 1744.

La concession d'eau, faite à M. Jⁿ Bᵗᵉ Barthelemy le 11 octobre 1744, a déjà donné lieu à plusieurs procès et à des désagréments pour les maires et Conseil de la ville. — Après un *statu quo* de près d'un siècle, cette concession a été le sujet d'un dernier procès, dont le dénouement a été la révocation et annulation de toutes les parties de la concession.

L'historique de ce procès peut avoir son utilité, ne fut-ce qu'à titre de renseignement, et il fournira la preuve que les concessions faites par la ville à condition de révocabilité, conservent ce droit de révocabilité, malgré une possession plus que centenaire.

En 1855, l'Administration municipale voulant assainir le quartier voisin du canal d'égoût dit de Caramiette, proposa au Conseil, dans sa séance du 17 mai 1855, de supprimer ce canal en déviant les eaux d'égoût dans la rivière de Caramy au moyen d'un aqueduc souterrain, qui, du portail de Caramiette viendrait aboutir en ligne droite à la rivière, en passant sous le boulevard des prisons et traversant, du sud au nord, une terre du quartier du Petit-Paradis; cette

Le Conseil
délibère
de supprimer le
canal d'égoût
de Caramiette.

1855-1856.

Concession
d'eau
Barthelemy.

proposition fut agréée et, dans une deuxième séance du 1ᵉʳ novembre 1855 , le Conseil délibéra la suppression de l'égoût pour cause d'utilité publique, et sa délibération fut approuvée par M. le Préfet.

Opppsition
de M. Aubry,
représentant
Barthelemy.

M. Aubry, propriétaire de la manufacture ayant appartenu à M. Jⁿ Bᵗᵉ Barthelemy, forma opposition à l'exécution de ce projet, en invoquant un arrêt du Conseil d'État du 9 juillet 1748, une possession immémoriale antérieure et postérieure à cet arrêt, laquelle s'est continuée jusqu'en juin 1856., « ouvrages apparents pour dévier les eaux afin de faire mouvoir l'ancienne fabrique de soye , et actuellement un moulin à tan établi dans les bâtiments de cette fabrique , etc..... »

Moyens
de défenses de
la commune.

La ville opposa à M. Aubry la délibération du Conseil de la ville de Brignoles du 11 octobre 1744, « accordant à M. Barthelemy de l'eau du canal des moulins, et l'autorisation de dévier les eaux de l'égoût pendant une partie de l'année pour l'usage de sa fabrique de soye et seulement tant que la fabrique durera , nonobstant tout laps de temps et sans pouvoir acquérir prescription; » une autre délibération en date du 23 janvier 1746, qui est relatée *in extenso* ci-devant ; un arrêt du Conseil d'État du 9 juillet 1748 , invoqué aussi par M. Aubry.

Arrêt
du
Conseil d'État
du
9 juillet 1748.

Cet arrêt, déboutant le sieur Barthelemy de ses prétentions , ordonnait que les délibérations de la Communauté de Brignoles des 11 octobre 1744, et 23 janvier 1746 , seraient exécutées, et , en conséquence que les deux prises d'eau accordées gratuitement à Barthelemy par ces délibérations pour sa fabrique sur la superfluité des eaux du canal des moulins à blé seraient : l'une d'un denier d'eau , et l'autre du volume d'un œil de bœuf, suivant les délibérations précitées; qu'en outre , il serait permis au dit Barthelemy, conformément à la délibération du 23 janvier 1746, de fermer la martelière qu'il avait posée dans le fossé de Cariamette et qu'il devait tenir ouverte aux termes de la délibération du 11 octobre 1744 ; enfin, l'arrêt condamnait Barthelemy à 1500 livres de dommages-intérêts envers les propriétaires des moulins.

M. le Maire présenta encore les délibérations du Conseil de la Communauté de Brignoles, en date des 31 août 1609 ; 16 octobre 1680 ; 2, 3, 9 août, et 27 septembre 1766 ; 15 mars 1767 ; 20 novembre 1768, et 5 juin 1785 , desquelles il résulte que la ville a , de tous les temps, entretenu et fait curer le canal de Cariamette ;

2º Un extrait de la délibération du 8 juin 1766 , par laquelle le Conseil délibéra d'inviter tous les particuliers qui engorgeraient le canal de Cariamette à convenir d'experts pour liquider la part les concernant dans le curage du canal, et , à défaut, de les interpeller par acte extra-judiciaire de consentir à la contribution du dit curage, dans lequel acte devait être compris le particulier qui place sa martelière au milieu du canal;

3º L'acte interpellatif du 19 juin 1766 , signifié aux fabricants tanneurs qui déversaient les eaux de leurs fabriques dans le canal de Cariamette, et la réponse des dits fabricants tanneurs, dans laquelle ils soutiennent que la prétention de la Communauté de les faire contribuer au recurage était insolite et sans fondement ; que le conduit dont s'agit était un égoût public destiné à recevoir les immondices d'une partie de la ville , et que le recurage devait être fait aux dépens du public, comme celui des autres égoûts qui sont en divers quartiers, ainsi que cela s'était pratiqué dans tous les temps ;

4° La délibération du 1er novembre 1855, par laquelle le Conseil a voté, à l'unanimité, la suppression de l'égoût de Cariamette pour cause d'utilité publique, et l'arrêté du 19 janvier 1856, par lequel M. le Préfet du Var a approuvé cette dernière délibération.

Sur la production de ces pièces, présentées par les parties à l'appui de leurs prétentions respectives, le Tribunal civil de Brignoles rendit le jugement suivant, à la date du 19 décembre 1856.

Les questions soumises au Tribunal étaient les suivantes :

1° Le canal de Cariamette était-il un égoût public, et les eaux de ce canal étaient-elles des eaux publiques ?

2° Le titre de M. Aubry n'était-il pas une concession gratuite, et toute concession d'eaux publiques n'est-elle pas révocable de sa nature, sans indemnité ?

3° N'est-il pas constant que la Communauté n'a concédé à Barthelemy que la faculté d'user des eaux du canal tant qu'il conserverait sa destination, et qu'elle ne s'est pas engagée à ne point dévier les égoûts de la ville si la salubrité publique réclamait cette déviation ?

4° Aucune concession ne pouvant être étendue au-delà de son objet, Aubry peut-il se prévaloir pour son usine à tan de la concession faite à Barthelemy pour une manufacture de soie ?

5° Le sieur Barthelemy, auteur d'Aubry, ayant reconnu sa qualité de concessionnaire dans la délibération du 8 juin 1766, Aubry, son ayant-droit, peut-il invoquer la prescription ?

6° Les eaux publiques sont-elles prescriptibles ?

7° La possession d'Aubry et de son auteur aurait-elle pu faire acquérir un droit d'aqueduc sur la rue qui sépare le canal de Cariamette de l'usine Aubry, le droit de contraindre la mairie de Brignoles à déverser à perpétuité les égoûts de la ville dans le canal de Cariamette, contrairement au droit de police confié à l'autorité municipale sur les cloaques et égoûts publics ?

8° Aurait-on pu prescrire contre ce droit alors même que le sol du canal n'eût pas été la propriété de la ville ?

9° Enfin, en admettant que Barthelemy eût acquis par prescription le droit d'user des eaux pour une filature de soie, ce droit pourrait-il être étendu à un moulin à tan, contrairement à la maxime *tantum prescriptum quantum possessum?*

10° *Quid* des dépens ?

« Attendu qu'il a été justifié de la manière la plus évidente par tous les documents de la cause que le canal de Cariamette, sur lequel Aubry ou soit Barthelemy son auteur avait établi une prise d'eau, au moyen d'une martelière encore existante, pour l'usage de son usine, était un canal public servant d'écoulement aux eaux pluviales, ménagères et industrielles de la ville de Brignoles pour les conduire de cette partie de la cité à la rivière de Caramy ;

« Attendu que la nature de ce canal ainsi que sa destination à recevoir les égoûts ne sauraient sérieusement être contestées ;

« Qu'en remontant à plusieurs siècles, on trouve dans une série nombreuse de délibérations et d'écrits que la Commune s'était toujours considérée comme propriétaire de ce canal spécialement affecté à recevoir les eaux sales et les immondices de la ville , et n'étant en quelque sorte que la suite et le prolongement du ruisseau de la rue de Cariamette ;

« Que la Commune y avait fait tous les actes de maître pour son entretien , qu'elle l'avait toujours recuré à ses frais ;

« Attendu que ce canal bordait la voie publique jusques à la rivière ;

« Attendu que, si par un canal particulier, les tanneurs dont les fabriques étaient situées dans ce quartier y déversaient les eaux sales et superflues , ainsi que les résidus qui en résultaient, on ne saurait en conclure que le canal eût perdu son caractère et sa destination de canal public et eût cessé de faire partie du domaine public communal ;

« Attendu qu'en 1766 les propriétaires des tanneries, qui déversaient les eaux sales de leurs fabriques dans le canal de Cariamette dont il s'agit, reconnurent de la manière la plus formelle et la plus positive que ce canal appartenait exclusivement à la ville de Brignoles; que c'était une dépendance du domaine public pour l'écoulement des eaux sales et des immondices de la ville, et qu'ils ne devaient en aucune espèce de manière être tenus de contribuer aux frais du curage et d'entretien, parce qu'ils y déversaient à titre de servitude les eaux superflues et sales de leurs fabriques ;

« Attendu que la possession dont se prévaut Aubry, quelque longue qu'elle fût, et en l'admettant comme un fait constant, ne saurait suffire pour prescrire;

« Qu'il est de principe certain qu'on ne peut prescrire contre les choses qui sont hors du commerce et qui font partie du domaine public, national ou communal;

« Attendu que, s'agissant d'un égoût public nécessaire à la salubrité de la population , Aubry n'a pu acquérir par la prescription le droit de prendre les eaux du dit canal, et de contraindre la ville de Brignoles de faire passer lesdites eaux dans le canal de Cariamette ;

« Que les actes de possession qu'il invoque sont de pure tolérance et empreints de précarité ;

« Attendu que la concession , qui a pu être faite à Aubry ou à ses auteurs, et résultant des délibérations de 1744 et 1746, était purement gratuite et , par suite , essentiellement révocable ;

« Attendu qu'il est de principe certain que toute concession d'eaux publiques est révocable de sa nature , et qu'aucune indemnité ne saurait être due en cas de révocation , à moins qu'elle n'ait été formellement stipulée , ou qu'elle eût été faite à titre onéreux ;

« Attendu que la ville de Brignoles, dans un intérêt de salubrité publique , a pu changer le cours d'un égoût dont les exhalaisons malsaines étaient dangereuses

à l'habitation, sans être soumise envers les propriétaires à des dommages-intérêts pour la privation de servitudes, ou plutôt de facultés qu'elle avait laissé
prendre à titre de simple tolérance sur un canal essentiellement public par sa
nature et sa destination ;

1856.
—
Concession
d'eau
Barthelemy.

Procès Aubry..
—
Jugement
du 19 décembre
1856.

« Attendu que le demandeur, ou soit Barthelemy son auteur, avait lui-même
reconnu, dans la protestation insérée dans la délibération du 8 juin 1766, sa qualité de concessionnaire de la servitude sur le canal de Cariamette, pour la privation de laquelle il réclame une indemnité ;

« Qu'il n'a donc pu intervertir son titre ;

« Attendu qu'à tous ces points de vue la demande d'Aubry est non recevable
et mal fondée ;

« Par ces motifs :

« Le Tribunal civil, etc...., faisant droit aux exceptions et défenses de la
Commune de Brignoles, déboute Aubry de sa demande comme non recevable et
mal fondée, et le condamne aux dépens, etc... »

Ce jugement fut signifié à Aubry le 7 avril 1857.

Après avoir reproduit sans interruption toutes les péripéties de la concession
Barthelemy, nous allons revenir à la suite chronologique de la date de cette
concession.

9 *novembre* 1760, « un pont ayant été construit sur Caramy pour remplacer
la *gaffe*, qui était pratiquée pour arriver au chemin de la Roque ; on proposa de
vendre le terrain qui servait de chemin de l'ancienne *gaffe* — d'où on peut
conclure que le pont, dit de la Roque, venait d'être construit. »

19 *juin* 1763, « exposé que le sieur Louis Bremond, qui a fait construire une
fabrique à savon hors la ville et au quartier Notre Dame, demande que la Communauté lui accorde la faculté de prendre l'eau pour l'usage de sa fabrique, de
celle superflue du canal des moulins à Cariamette, ainsi qu'elle est en coutume
d'en accorder pour l'utilité du commerce — requérant que le Conseil délibère.—
*Fol*º 459. Vº.

« Le Conseil a délibéré d'accorder un denier d'eau de la superfluité de celle
du canal des moulins de Cariamette au dit sieur Bremond, et à l'usage de sa
fabrique de savon et tant qu'elle existera et non autrement, et sans préjudicier
toutefois aux droits et priviléges des moulins ; à la charge par le dit sieur Bremond d'appeler les sieurs Maire et consuls et les propriétaires des moulins lorsqu'il placera sa prise, et qu'elle le sera avec toutes les conditions requises, etc...,
et sans que le dit sieur Bremond puisse exercer aucun recours contre la Communauté là où il viendrait à être privé de sa concession par les besoins des moulins,
ni qu'elle lui soit de rien tenue directement ni indirectement — la quelle concession ne pourra également préjudicier à aucun tiers ni aux concessions antérieures. » — *Fol*º 461.

1765.
—
Sur le rachat
des moulins de
la ville.

Dans la séance du 11 *juillet* 1765, « le Maire expose que, par arrêt du Conseil d'État du 26 mars 1716, le Roi ayant ordonné à la Communauté de cette ville que, pour le payement des sommes qu'elle devait, il serait incessamment procédé à la vente des moulins et autres domaines, la dite Communauté aurait, en conséquence, fait procéder à l'appréciation des moulins, et, après les avoir fait exposer aux enchères aux formes portées par le dit arrêt et n'étant comparu aucun offrant ni enchérisseur, les dits moulins auraient été donnés en payement aux créanciers, et ceux-ci auraient fait leurs options sur les dits effets, ainsi qu'il résulte du procès-verbal du 1er septembre 1718, sur la somme de 93,762 liv. 3 s. 6 d., aux quelles les dits moulins furent appréciés par le rapport de recours du 15 mars 1728 ;

« Depuis de cette aliénation, la Communauté n'aurait point perdu de vue la reprise de ses domaines pour l'utilité évidente qu'elle en devait retirer, et la demande sur cet objet ayant été portée devant Monseigneur l'Intendant, la Communauté en aurait été déboutée par ordonnance du 15 septembre 1741 ;

« En 1754, ce projet aurait été repris ; sur la consultation de Messieurs Guibert, Jullien et Siméon, avocats à Aix, donnée le 21 janvier 1755, et portant que la Communauté n'était pas fondée à demander la nullité de l'aliénation, mais seulement le rachat de la bannalité, on n'alla pas plus loin ;

Proposé
de faire deux
moulins
avec l'eau de
Saint-Siméon.

« Toujours à la recherche des moyens d'arriver au rachat, on aurait trouvé que les eaux perdues et superflues de St Siméon suffiraient pour faire mouvoir deux moulins avec deux virants chacun, ce qui serait trez avantageux à la Communauté ; en conséquence il est proposé au Conseil d'y délibérer.

« L'assemblée renvoit cela à un autre Conseil. » — *Fol°* 743 à 745.

Reprendre
la bannalité des
moulins à blé.

Le 14 *du même mois de juillet*, « la proposition de rachat est de nouveau présentée, et le Conseil, reconnaissant l'avantage qu'il y a pour la Communauté à reprendre la bannalité des moulins, et persuadé de la possibilité de faire tourner les deux moulins projétés avec les eaux superflues de St Siméon, délibère de faire la reprise des dits moulins et de la bannalité d'iceux, en conformité des édits, déclarations et arrêts du Conseil de Sa Majesté, etc..... » — *Fol°* 748 à 750.

Le 6 *octobre suivant*, « le Conseil décide de faire un procès aux propriétaires des moulins sur la retenue qu'ils font d'une livre de farine par quintal, etc..... et de suivre la marche donnée par la consultation de trois avocats d'Aix pour arriver à la fin principale du rachat ; et il nomme un agent à Aix, pour suivre le procès. » — *Fol°s* 763-764.

Nota. — Les moyens des deux parties sont longuement exposés dans les deux placets enregistrés sur le registre des délibérations à la date du 10 mars 1766, savoir :

Le placet des sindics des propriétaires des moulins à Monseigneur l'Intendant. — *Fol°s* 842-846.

Et le placet présenté par la Communauté. — *Fol°s* 847-858.

En voici la substance :

1766.

Placet
des
propriétaires
des moulins
bannaux.

« Les sieurs de Fabry — de Gantés — Beaumond — Sermet — Moutton — de Paul — Bellon — Gautier — Minuty — Braquety et autres propriétaires des moulins bannaux à bled de la ville de Brignolle, tous principaux habitants et allivrés, obligés de recourir à Votre justice, ont l'honneur de vous exposer, etc.....

« Par arrêt du Conseil d'État du Roi du 26 mai 1716, rendu pour la vérification des dettes de la Communauté de Brignolle, elle fut obligée de mettre ses moulins aux enchères pour la libération de ses dettes, et, attendu le défaut d'enchérisseurs, ses créanciers furent, en conformité de ce même arrêt, obligés de les prendre sur le pied de l'estimation après neuf mois d'enchères ;

« En 1725, la Communauté, se croyant lézée par cette estimation, se pourvut en révision, et elle bénéficia de 12,730 livres ;

« La Communauté demanda aussi que les propriétaires des moulins fussent contribuables aux tailles de ses anciennes dettes, même aux cent et quelques mille livres dont ils avaient été déchargés par délibération du Conseil du 2 septembre 1718, et dans le Conseil général du 24 octobre 1728, etc.....

« En 1741, la Communauté se pourvut devant Monseigneur l'Intendant en cassation des options. — Elle se fondait sur la lézion et sur un prétendu manque de formalités. — Elle fût déboutée par ordonnance du 15 septembre 1741. — Aujourdhui la Communauté revient sur tout cela, etc..... »

Placet
de
la Communauté
présenté
le 9 mars.

« Les Maires-Consuls de la Communauté de Brignolle ont l'honneur de représenter à Votre Grandeur qu'ils seraient surpris des plaintes, qui lui ont été portées contr'eux par les propriétaires des moulins de cette même ville, s'ils ne connaissaient la cause injuste qui les a produites. — Possesseurs de ces moulins à vil prix et par un titre vicieux, ils ne peuvent voir de sang froid que les suppliants prennent des voies sûres pour rentrer dans la possession d'un domaine dont la reprise, en enrichissant la Communauté, délivrera les citoyens des servitudes les plus dures et des surexactions les plus criantes, sous les quelles ces possesseurs les font gémir, etc., etc.....

« Plusieurs des principaux habitants de cette Communauté en étaient les créanciers ; ils optèrent en 1641 sur les moulins, qu'ils furent obligés de lui désemparer pour extinguer des restitutions aux quelles ils avaient été condamnés par deux arrêts du Parlement ;

« Jaloux d'acquérir les mêmes domaines, ils s'y firent déclarer préférables à tous autres créanciers par l'arrêt de vérification de 1716 ;

« Administrateurs en même temps de la Communauté, ils affectèrent de ne point faire mettre des affiches pour empêcher le concours des offrants ; leur artifice réussit au gré de leurs désirs.

« Non seulement ils optèrent en 1718 sur le pied d'une vile estimation qui en avait été faite, mais, à la faveur d'une délibération prise contre les dispositions du règlement, et à la quelle grand nombre d'entr'eux concoururent, ils parvinrent à se faire affranchir de toute contribution à une somme de plus de cent mille livres, et à se faire décharger des réparations des écluses, etc...

« Les abus qu'ils commettaient dans l'exploitation, et les obstacles qu'ils apportaient à l'établissement des tanneries, pour la fabrication des quelles la Communauté s'était réservé des eaux, excitèrent de nouveaux murmures ; on examina l'aliénation — on crut y trouver des nullités. — La Communauté en demanda la cassation à Monseigneur l'Intendant, qui l'en débouta par une ordonnance du 15 septembre 1744 ;

« Les choses restèrent en cet état jusqu'en 1754, que quelques particuliers désapprouvants l'inaction de la Communauté, il fût dressé un mémoire en son nom dans le quel furent trez légèrement articulées les nullités que l'on avait fait valoir dans la requête en cassation ;

« Ils fournirent une réponse, dans la quelle la vérité ne fût point respectée....... Messieurs Guibert, Jullien et Siméon, jugeants sur ces deux mémoires, pensèrent que la Communauté n'était pas fondée dans sa demande en cassation..... il ne fût plus question de rien pendant plusieurs années, dans le cours des quelles les abus et les malversations ont été portées au plus haut degré.

« Un cri général a réveillé la léthargie dans la quelle se trouvaient les administrateurs qui n'avaient aucun intérêt aux moulins....... Le rachat de la bannalité et la construction de moulins aussi commodes et plus à portée que ceux des propriétaires furent le premier projet qui fût formé ; il fût rapporté dans un Conseil général qui en renvoya la délibération au Conseil subséquent...

« C'est dans celui-ci, qui fût tenu le 14 juin 1765, que la reprise de la bannalité des moulins fût délibérée, etc., etc.....

« On voulut faire consulter. — Les Maires-Consuls se firent remettre les documents de la Communauté concernant les moulins. — Ils apperçurent dans l'aliénation des nullités qui avaient échappé aux administrateurs en 1744 et en 1754, ils les firent consulter par trois avocats au Conseil qui décidèrent qu'elles étaient invincibles.

« Ils voulurent joindre à l'avis qui serait donné celui de trois avocats du Parlement : Messieurs Jullien, Siméon et Fauchier, dont les deux premiers avaient été consultés en 1754, ils en portèrent la même décision après deux conférences, dans les quelles il fût décidé qu'il fallait préférer la reprise des moulins au rachat de la bannalité — ... La seule différence qu'il y eût dans ces consultations, c'est que les avocats au Conseil étaient d'avis que l'appel de l'ordonnance de Monseigneur l'Intendant devait être porté au Parlement, tandis que les avocats du Parlement pensaient qu'il devait être porté au Conseil... etc.....

« Les Maires-Consuls firent part aux propriétaires des moulins des plaintes qui leur furent portées en même temps sur des rétentions énormes de farine, que le défaut de passer au poids rendait faciles et laissait ignorer aux habitants, etc.....

« C'est dans cet état des choses que les propriétaires des moulins vous ont porté des plaintes contre les suppliants.......

« La cause injuste qui a produit ces plaintes est sensible ...... Elle a même échappé aux propriétaires des moulins.....

« Les deux procès, que la Communauté leur a intentés, sont ruineux pour eux, cela est vrai : d'une part ils vont être dépouillés des domaines qui leur rapportent jusqu'au douze pour cent de leurs fonds, et dont la copropriété donne à plusieurs d'entr'eux l'impunité dans la dérivation de leurs eaux pour leurs arrosages ; d'un autre coté , il leur faut restituer à la Communauté une quantité immense de farine qu'ils ont insensiblement surexigée des habitants , etc.....

« Mais plus un procès sera ruineux pour eux , plus il sera avantageux à la Communauté , etc....... »

1767-1769.

Le 6 avril 1766, « le Conseil délibéra que les sindics des moulins seraient prévenus pour communiquer aux Maires-Consuls les comptes de leur administration des moulins ; et que , en cas de refus de leur part , il leur serait tenu un acte. » — *Fol* 866. *V°*.

Le 30 avril, « les propriétaires des moulins présentent un nouveau placet, au quel les Maires-Consuls répondent. — (Voir sur le registre , *Fol*os 877-879.)

Nouveau Placet des sindics des moulins, et Réponse des Maires-Consuls.

« Puis le Conseil délibère de s'en tenir au placet présenté le 9 mars dernier.— *Fol°* 881.

« Il délibère aussi de faire répondre par un avocat à Aix aux dernières écritures communiquées par les propriétaires des moulins. » — *Fol°* 883.

Un placet est présenté à Monseigneur l'Intendant par dix à onze habitants , demandant qu'il soit pris des moyens de pacifier les contestations existantes entre la Communauté et les propriétaires des moulins. — Ce placet est suivi d'une lettre de l'Intendant à M. Desparra , son subdélégué, le priant de voir s'il n'y aurait pas moyen d'éviter des procès longs et dispendieux et de ramener les esprits à une conciliation. — *Fol*os 884-886.

Placet de quelques habitants pour pacifier les contestations des propriétaires des moulins avec la Communauté.

Par jugement du 30 *juin* 1767, la Cour de Parlement donna gain de cause aux sieurs propriétaires des moulins contre la Communauté.

Jugement contre la Communauté.

Le 9 août suivant , « le Conseil délibère de faire consulter à Aix si la Communauté serait fondée de se pourvoir en cassation ou rescision de cet arrêt. »— *Fol°* 1031.

Le 24 juin 1768 , « le Conseil accepte les propositions faites par M. de Fabry, de faire arbitrer les différends entre la Communauté et les propriétaires des moulins , en suite de l'arrêt du 30 juin 1767. » — *Fol°* 1140.

Faire arbitrer les différends de la Communauté avec les propriétaires des moulins.

Le 3 février 1769, une transaction se fit entre la Communauté et les propriétaires des moulins , où il est dit :

Transaction.

« Que les moulins ont été aliénés en 1641 en vertu d'un arrêt du Conseil de Sa Majesté ;

Tableau des cessions et des reprises des moulins.

« Que , par transaction du 21 novembre 1657, les dits moulins à bled , paroir et moulin à rusque , furent rendus à la Communauté à condition de payer aux particuliers , propriétaires des dits moulins , une pension annuelle à raison du denier vingt du prix des dits moulins avec hypothèque spéciale ;

« Que , par arrêt du Conseil du Roi rendu sur la vérification des dettes de la Communauté, il lui fût ordonné en 1716 d'aliéner de nouveau les dits moulins, les quels furent délivrés à divers créanciers de la Communauté, qui y avaient fait option , la quelle délivrance fût faite sous les pactes et conditions , peines

1782- 1784

et charges, mentionnées dans les articles dressés en 1641, lors de la première délivrance;

« Les dits particuliers s'étant mis en possession, il était survenu diverses contestations entre la Communauté et les dits propriétaires au sujet de leur exploitation ;

« Après diverses procédures faites depuis 1765, le présent acte de transaction fût passé à Aix devant Me Boyer notaire, afin de régler tous les points en litige. » — Folos 71-85.

Nota. — Ces points litigieux étaient : la moitié de l'amende prononcée contre ceux qui prennent l'eau des moulins hors les jours juridics; le prix de mouture attaqué comme dépassant les accords faits en 1641 ; fournir l'huile de la lampe qui doit éclairer les moulins ; tenir un cheval et un homme à chaque moulin pour porter le blé et la farine, au Piquet et chez le particulier, etc.....

Les arbitres étaient M. de Beauval, conseiller au Parlement, et M. de Murat, conseiller en la Cour des Comptes, aides et finances.

Concession d'un denier d'eau du canal à Jean-Baptiste Bremond.

2 *février* 1782, « le sieur Jn Bte Bremond, négociant en gros, breveté du Roi, demande qu'il lui soit accordé un denier d'eau de la superfluité de celle du canal des moulins, pour l'usage d'une nouvelle fabrique de tannerie qu'il veut faire construire à la maison qu'il a acquise des hoirs de Lazare Pène, au quartier de Cariamette. — Fol° 295.

« Le Conseil a unanimement délibéré d'accorder un denier d'eau, de la superfluïté du canal des moulins à bled, au dit sieur Bremond pour l'usage d'une fabrique de tannerie, qu'il veut construire à la maison qu'il a acquise des hoirs de Lazare Pène, la quelle prise d'un denier d'eau ne pourra être placée ni dirigée que d'après la vérification qui en sera faite par Messieurs les Maires-Consuls et les sieurs propriétaires des moulins, la quelle concession n'est donnée qu'autant que la fabrique existera. » — Fol° 298.

Écluse de M. Lieutaud au Vabre.

M. Lieutaud avait fait construire une écluse sur Caramy pour arroser sa terre du Vabre ; dans la séance du Conseil général de la Communauté du 16 mai 1784, les Maires-Consuls exposent :

« Que, par exploit du 14 avril dernier fait par Roux, huissier, il leur a été signifié de la part de M. Lieutaud, conseiller avocat du Roi en cette sénéchaussée, une copie de requête présentée à M. le Lieutenant de Sénéchal de ce siége par les sindics des sieurs propriétaires des moulins bannaux à bled de cette ville, en ajournement contre le dit M. Lieutaud, pour se voir condamner à démolir et enlever l'écluse qu'il a fait construire dans le lit de la rivière de Caramy attenant son fonds au quartier du Vabre avec dépens, aux quelles fins le dit sieur Lieutaud a été ajourné par exploit du 31 janvier passé ;

Les propriétaires des moulins demandent que cette écluse soit démolie.

« La même copie renferme une requête du sieur Lieutaud contre les sieurs Maires-Consuls de cette ville, pour venir assister en l'instance introduite contre lui, faire cesser la demande, procurer son relax d'instance avec dépens, et prendre son fait et cause, etc.....

« Par un autre exploit, il leur a été signifié une copie de comparant de la part des sindics des propriétaires des moulins. — Toutes les quelles pièces ils réfèrent au Conseil pour y être délibéré;

« Le Conseil, réduit à moins de vingt membres par la retraite des intéressés, décide de demander à la Cour l'autorisation de délibérer au nombre de quatorze toutes les fois qu'il s'agira des moulins, aux quels beaucoup de conseillers sont intéressés. » — *Fol°* 483.

Même séance du 16 *mai* 1784, « exposé que le sieur Charles Gavoty, marchand tanneur, ayant fait construire un moulin à ruche près le pont de Notre Dame sur la rivière de Caramy ; pour aller à ce moulin il faut traverser le canal de l'égout de Caramiette, qui va se jetter dans la rivière en dessous précisément du dit moulin à ruche.

« Le sieur Gavoty demande qu'il lui soit permis de couvrir le canal tout le long de son moulin, à la charge par lui d'entretenir à perpétuité tout le contenu de la partie du canal qu'il aura couvert, tant dans le fond ou intérieur, que l'extérieur. — *Fol°* 485.

« Le Conseil a unanimement consenti que le sieur Gavoty couvre la partie du canal des égouts de Caramiette tout le long de son moulin..., à la charge par lui d'entretenir et réparer à perpétuité toute la partie du dit canal qu'il couvrira, tant intérieure qu'extérieure, etc... » — *Fol°* 492.

Le 15 *mars* 1785, « le Conseil, à la majorité de 21 voix contre 7, délibère de racheter la bannalité des moulins à farine, donnant pouvoir à Messieurs les Maires-Consuls d'intenter l'action ainsi qu'il appartiendra, après avoir pris avis de deux ou trois avocats pour sçavoir la route que la Communauté doit tenir pour y parvenir ; le tout sous le bon plaisir de Monseigneur le premier Président et Intendant. » — *Fol°* 605.

Le 14 *décembre* 1785, « le Maire expose que, en suite de la délibération du 15 mars dernier, ils ont fait consulter sur le rachat de la bannalité, et ont fait présenter la requête ; les sindics des propriétaires des moulins ont répondu, le 21 novembre, en offrant un expédient par le quel ils accordent les fins de notre requête et se condamnent aux dépens de la contestation. — Cet expédient remplit les intérêts de la Communauté ; il a été présenté à Messieurs les Procureurs du pays qui l'ont approuvé et nous ont marqué que nous devions l'accepter.

« Le Conseil accepte l'expédient, et donne pouvoir aux consuls d'en poursuivre la réception en justice, ainsi que l'exécution.

Le 30 *décembre*, « le Maire-Consul dit que l'expédient a été reçu et accepté à l'audience du 20, et la sentence a été signifiée le 21 ; de sorte que la bannalité a cessé dès ce jour là ; la Communauté a recouvré sa liberté — il convient de la faire profiter de ce bénéfice, soit en demandant le partage et la division des moulins à farine dont elle est copropriétaire, les particuliers propriétaires ayant déclaré, et s'étant fait concéder acte, de ce qu'ils voulaient garder les moulins et leurs dépendances, soit en faisant construire d'autres moulins. — *Fol°* 703.

« Le Conseil délibère de faire consulter sur le chef de la proposition tendant au partage, sçavoir si la Communauté sera fondée à demander le dit partage et division — et, quand à la proposition de construire d'autres moulins à farine, qu'elle sera prise pour annonce. » — *Fol°* 705. *V°.*

1784-1785.

Demander l'autorisation de délibérer au nombre de quatorze, sur les affaires concernants les moulins.

Moulin de M. Gavoty, près le pont de Notre-Dame.

M. Gavoty obligé d'entretenir la partie de l'égout qui passe sous son moulin

Racheter la bannalité des moulins à farine.

Accepté les offres des propriétaires des moulins et poursuivre leur exécution.

La bannalité a cessé.

Proposé de partager les moulins ou d'en construire un nouveau.

1785-1786.

—

Un moulin
à farine
sera construit
à côté du pont
des Augustins.

Les consuls, poursuivant leur projet de construire un moulin à farine, avaient fait étudier l'emplacement et fait faire des plans et devis pour son établissement. Le 2 avril 1786, ils présentèrent ces plans au Conseil, à l'effet d'être délibéré sur la construction d'un moulin sur la rive gauche de Caramy, à côté du pont des Augustins.

Lecture faite du devis du sieur Laustat, le Conseil,

« Considérant que l'écluse, que la Communauté se propose de faire élever pour la construction de son nouveau moulin à farine, n'ayant qu'un exhaussement tout au plus de trois pans, et conséquemment à près de six pans au dessous du niveau de l'écluse du sieur Gavoty, ne pourra procurer aucune innondation, attendu que celle de ce dernier n'en cause aucune ;

« Considérant encore que cette même écluse de M. Gavoty ayant déjà reçu l'approbation de Messieurs les Procureurs du Pays, il n'y a pas à craindre que ces Messieurs désapprouvent celle que la Communauté se propose de faire construire ;

« Considérant encore que l'emplacement du moulin du sieur Gavoty, quoique situé au bord de la rivière, n'a pas été ébranlé par les crues d'eau, et que par la même raison, il n'y a pas à craindre que le nouveau moulin à construire essuye quelque secousse de la part des eaux ;

« Considérant enfin que ce moulin à construire peut être alimenté en y versant toutes les eaux superflues de la ville ;

« A délibéré à la pluralité de vingt cinq voix contre deux, d'adopter le plan et devis de M. Laustat ; en conséquence de faire construire le moulin à farine à l'endroit désigné et expliqué dans le dit devis, à la charge néanmoins par l'entrepreneur de répondre de l'ouvrage pendant trois ans, de se charger de toutes les dépenses quelconques pour les fondations jusques à la profondeur nécessaire, de mettre la dite construction aux enchères, de ne recevoir aux offres que des gens experts et hydrauliques, et donné pouvoir à Messieurs les Maires-Consuls d'emprunter pour cet objet jusques à la concurrence de six mille livres, le tout sous le bon plaisir et l'autorisation de Monseigneur le premier Président et Intendant. » — *Fol°* 736.

Le 5 août 1786, adjugé la construction du moulin à Messieurs Bouisson et Sourd, au prix de 13,750 livres.

Le 20 avril 1786, « les consuls présentent au Conseil la demande faite par les possédants biens de la Burlière, tendant à ce que la Communauté, qui leur a vendu ces terres, les fasse jouir de leur arrosage, qui leur serait contesté par les propriétaires des moulins à farine, avec les quels ils sont en procès ; et à ce que la Communauté prenne fait et cause pour eux, pour les relever et garantir, etc... » — *Fol°* 734.

« Délibéré que les Maires-Consuls fairont des recherches et un mémoire sur cette affaire. » — *Fol°* 736.

Le 18 juin, les réclamations des propriétaires de la Burlière pour leur arrosage sont présentées de nouveau, ainsi que le mémoire dressé conformément à la délibération du 2 avril dernier. — (Il n'est rien dit du contenu de ce mémoire.)

Le 27 *août*, la même question est représentée, et le Conseil délibère « de faire consulter sur la demande des propriétaires de la Burlière, et de suivre la route qui sera tracée dans la consultation, de défendre et de poursuivre jusques à jugement définitif. » — *Fol*° 782. *V*°.

De sorte qu'il n'est fait aucune mention des motifs de plainte des arrosants, ni des considérations exposées dans le mémoire ; le seul résultat est la prise de la cause par la Communauté, qui décide de poursuivre en justice. — La Communauté avait acheté la Burlière de M. de Vins, et l'avait revendue aux enchères en divers lots.

Le même jour, 18 *juin* 1786, « le Maire présenta au Conseil la signification faite par les propriétaires des moulins de faire exécuter la délibération prise par la Communauté le 11 octobre 1744, portant de vérifier les prises d'eau des fabriques des tanneurs aux quels elle en avait concédé, et de faire ranger et réduire celles qui pourraient nuire aux moulins ; et encore aux fins de faire régler et diviser les eaux superflues et réservées à la Communauté, d'avec les eaux nécessaires et attachées aux moulins.

« Le Conseil n'étant pas en nombre n'a pas délibéré. » *Fol*° 746. *V*°.

Le 24 *août*, le Maire dit : « Nous vous avons référé, dans les Conseils généraux des 18 et 24 juin dernier, le comparant à nous signifié à la requête des sieurs propriétaires des moulins à farine le 11 mai dernier, aux fins de faire exécuter la délibération prise par la Communauté le 11 octobre 1744, portant de vérifier les prises d'eau, etc..... sur le quel objet il n'a pu être délibéré attendu l'insuffisance du nombre des délibérants ;

« Du depuis les dits sieurs propriétaires ont changé de système, ils ont présenté une requête incidente le — juillet dernier, en ampliation de pouvoir aux experts chargés de la liquidation de la bannalité, à l'effet de procéder à la séparation du survers et superflu réservés par la Communauté lors de l'aliénation de ses moulins. — Cette requête nous fût signifiée dans un temps où la plupart de nos concitoyens étaient absents, et la crainte d'essuyer un jugement par défaut nous nécessita d'instruire Messieurs les Procureurs du Pays de cette requête et de les prier de vouloir bien indiquer à l'agent de la Communauté à Aix tels sieurs avocats qu'ils jugeraient à propos, pour prescrire à la Communauté la route qu'elle avait à tenir relativement à cette requête. — Nous dressâmes un mémoire à cet effet, au quel nous joignîmes toutes les pièces relatives à cette affaire ; la consultation nous est parvenue, nous mettons le tout sur le bureau, afin que, lecture faite, le Conseil délibère. » — *Fol*° 779.

On ne put prendre délibération dans cette séance, mais *le* 27 *août*, « lecture faite du mémoire à consulter et de la consultation de Messieurs Siméon fils et Pascalis, et de toutes les pièces mentionnées dans la proposition, Messieurs les concessionnaires d'eau ayant vuidé la salle en la personne de Messieurs Barbau père et fils, Barthelemy, Crozet et Garnier, le Conseil a unanimement délibéré de remercier Messieurs les consuls des peines et soins qu'ils se sont donnés pour toutes les affaires qui agitent la Communauté, et donné pouvoir de suivre la route tracée dans la consultation, de défendre sur l'incident et poursuivre jusques à jugement définitif. — Le mandat de la dépense sera expédié. » — *Fol*° 783.

Marginal notes:

1786.
La Communauté
poursuivra
la cause de l'arrosage
de la Burlière.

Signification
de faire vérifier
les prises d'eau
sur le canal.

Demande
de diviser et
séparer
les eaux de survers
et superflues
d'avec les eaux
nécessaires
aux moulins.

Délibéré
de suivre la
consultation sur
la séparation
des eaux.

Le 17 janvier 1787, « le Conseil nomma M. de Fulconis, conseiller à la Cour des Comptes, arbitre sur les différents de la Communauté contre les propriétaires des moulins à farine, sur la valeur de la bannalité, etc... » — *Fol⁰* 820.

Le 26 décembre 1787, « le Conseil a délibéré à la pluralité des voix de charger Messieurs les Maires-Consuls de traiter et de convenir d'experts avec Messieurs les possédants biens du Pré-de-Pâques, à l'effet de leur payer le dommage qui a été causé à leurs possessions relativement à la construction du moulin à farine, comme encore de leur payer le sol qu'occupent les canaux et le dit moulin ; et, voulant fixer une fois pour toutes l'emplacement que doit avoir ce moulin, et obvier à ce que les arbres, qui sont radiqués long du canal de fuite, n'endommagent à l'avenir le dit canal, il a été délibéré de faire l'acquisition du terrain qui existe entre le chemin du Val et la rivière, et ce, depuis le pont des Augustins jusqu'à la propriété de Laurens Augier, travailleur ; le tout sous le bon plaisir de Monseigneur le premier Président et intendant ; et de charger Messieurs les Maires-Consuls de traiter du prix avec Messieurs les possédants biens du dit Pré-de-Pâques, et que mandat sera expédié de la dépense ; à la quelle délibération Messieurs de Paul, Ballardy, frères Maille, Brun, Louis Rossolin, comme propriétaires du dit terrain, n'ont point opiné étant sortis de la salle. » — *Fol⁰* 1.

Le 25 mars 1788, « il est rendu compte au Conseil de l'arbitrage fait d'après les pouvoirs donnés le 17 janvier 1787 ; cet arbitrage est accepté par le Conseil, qui vote d'emprunter 25 mille livres de la Province, afin de payer le rachat de la bannalité des moulins à farine, fixée à trente mille livres. » — *Fol⁰* 34.

Le 15 juin suivant, « deux troupes de paysans envahissent successivement la salle du Conseil en poussant des vociférations, et réclamants l'ouverture immédiate du moulin à farine de la Communauté, vû que les moulins aliénés refusent de moudre leurs grains, et ne leur rendent que de la mauvaise farine. » — *Fol⁰* 75.

Le 21 août, « les consuls exposent que, Messieurs les sindics des propriétaires des moulins à farine leur ont fait signifier, le 16 juillet dernier, un acte extràjudiciaire, par le quel ils les interpellaient de transiger sur tous les articles décidés par les sieurs magistrats arbitres, sauf de rester en l'état jusqu'à nouvelle décision pour ceux sur les quels, disent-ils, ils n'ont pas prononcé ; et d'exprimer dans la transaction que la bannalité ne cesserait qu'après le calibrage des eaux, etc...

« Les consuls ont consulté à Aix Messieurs Breteuil et Siméon, et, n'ayant rien pu obtenir des sindics, ils mettent les pièces sous les yeux du Conseil pour y délibérer.

Le Conseil a unanimement délibéré :

« 1⁰ Que, attendu que la bannalité a été éteinte de droit le 30 décembre 1785, jour de la sentence qui a reçu la Communauté au rachat, le moulin que la Communauté a fait construire, sera ouvert à la diligence de Messieurs les Maires-Consuls pour travailler à son proffit, et que, du jour de l'ouverture, il sera libre à tout particulier d'aller moudre ses grains où bon lui semblera ;

« 2º Que néanmoins, avant d'ouvrir le dit moulin, il sera signifié un acte aux sindics des propriétaires des moulins ci-devant bannaux, pour leur signifier que le moulin de la Communauté sera ouvert le jour que Messieurs les Maires-Consuls désigneront ; qu'à compter de ce jour, la bannalité cessera de fait, et la Communauté commencera à supporter en leur faveur les intérêts au denier vingt de la somme de trente mille livres, à la quelle le prix de la bannalité a été fixé par les seigneurs arbitres, etc......; ··

1788.
—
Signifier
cette decision
aux sindics
des moulins.

« 3º Que, dans le même acte, il leur sera offert le payement des trente mille livres dès aujourd'hui, etc....., et le consentement de la Communauté au calibrage des eaux déterminé par les seigneurs arbitres, là où les sieurs sindics renonceront à la prétention de faire faire ce calibrage avant la cessation de la bannalité ;

Le payement
des 30,000 livres
sera offert.

4º Si l'offre du prix est acceptée, Messieurs les Maires-Consuls emprunteront les sommes nécessaires pour parvenir au remboursement, etc.....;

Emprunter
la somme néces-
saire pour
ce payement

....

« 9º Que Messieurs les Maires-Consuls feront provisoirement percevoir le droit de mouture des grains, qui seront triturés au moulin de la Communauté, dans la maison où se perçoit actuellement le droit de piquet, par le commis établi par la Communauté, pour être le dit droit de mouture déposé à tel grenier qu'ils aviseront. » — *Folº 87.*

Le droit
de mouture sera
perçu
dans la maison
du Piquet.

Le 16 septembre suivant 1788 , « afin de couper court aux tergiversations et aux lenteurs des propriétaires des moulins à bled, le Conseil délibère :

« De poursuivre le déboutement des requêtes des sieurs propriétaires et l'entérinement de celles de la Communauté, pour parvenir à l'entière exécution de la décision des seigneurs magistrats arbitres ;

« De poursuivre le dépôt de la somme de la bannalité offerte. » — *Folº 115.*

Poursuivre
pour l'exécution
de la décision
arbitrale

Item , « Vu la consultation de Messieurs Dubreuil et Siméon, délibéré, en tant qu'elle le jugera convenable pour ses intérêts, d'établir un segond bureau de piquet au moulin que la Communauté a fait construire ;

« En conséquence donne pouvoir à Messieurs les Administrateurs de faire augmenter le bâtiment du dit moulin aux fins d'y pouvoir placer le poids et d'y avoir des places pour les commis, des greniers pour y déposer les droits de mouture, faire une écurie et un grenier à foin ; creuser un puits dans l'enceinte des bâtiments, etc..., et généralement tout ce qu'ils jugeront propre à la plus grande utilité et avantage du dit moulin, etc.........

« Le canal de fuite sera vouté, et un coup perdu de dégorgement creusé à la sortie du moulin. » — *Folº 116.*

Établir
un 2e bureau
de piquet
dans le moulin
Neuf de
la Communauté

Faire les
constructions et
augmentations
nécessaires
au dit moulin.

Le 16 novembre 1788, le Conseil a unanimement délibéré : « de tenir un acte extrajudiciaire au sieur Gavoty, aux fins qu'il ait à donner à son écluse une direction qui ne porte aucun préjudice aux droits de la Communauté, à détruire tous les ouvrages qu'il a faits sur le fonds de la dite Communauté, et remettre les lieux dans leur premier état, etc ..... » — *Folº 139. Vº.*

Signifier
à M. Gavoty de
changer
la direction de
son écluse.

Conseil du 24 mai 1789, le Maire-Consul dit : « Dans la journée du 27 mars dernier, Messieurs les propriétaires des anciens moulins à farine furent forcés, par le fait d'une émeute populaire, de faire l'abandon de leurs engins à la Communauté par acte, qui fût reçu par M⁹ Clavier, notaire de cette ville.

« Les excès qui précédèrent cet abandon ont exigé de la part de ces Messieurs des ménagements, qui n'ont eû d'autre motif que celui de prévenir de nouveaux troubles. — Depuis lors, M. Maquan, ex Maire premier consul et Procureur du Roi, a jugé à propos de mettre en notice, par un dire qui est transcrit au bas du Conseil général du 10 de ce mois, sa surprise sur ce qu'on n'avait pas encor donné à la Communauté une connaissance légale de cet acte ; en conséquence il a requis qu'il en fût donné lecture, et qu'il fût délibéré si les dits sieurs propriétaires des moulins ne doivent pas être interpellés de déclarer par un acte légal, qui doit leur être signifié au nom de la Communauté, s'ils entendent ratifier ou résilier le dit acte, afin qu'elle ne soit pas exposée à de plus grans dommages.

« Requérant que, lecture faite de la dite réquisition, le Conseil délibère.

« Sur la quelle proposition, lecture faite de la réquisition de M. Maquan et de l'acte de transport dont s'agit, le Conseil a unanimement délibéré et donné pouvoir à Messieurs les Maires-Consuls de tenir un acte extrajudiciaire à tous les Messieurs propriétaires des anciens moulins à bled, qui ont souscrit l'acte sus mentionné, à l'effet de les interpeller s'ils entendent que cet acte sorte son plein et entier effet, ou bien si, en se croyant lézés par icelui, ils entendent qu'il doit être de nulle valeur, pour, leur réponse référée incessamment au Conseil, être délibéré ce qu'il appartiendra ; à la quelle délibération M⁹ Clavier n'a point opiné. » — *Fol⁰* 229.

1ᵉʳ juin, « les propriétaires des moulins ayants répondu qu'ils regardaient tous le dit acte forcé, de nulle valeur comme étant l'effet de la violence, et protesté de tous leurs droits, le Conseil donne pouvoir à Messieurs les Maires-Consuls de faire consulter sur la voie que la Communauté a à prendre, et de traiter, en attendant, avec Messieurs les propriétaires de tous les moyens de conciliation et de pacification qui pourront ramener la paix et la concorde, etc.— M⁹ Clavier n'a point opiné. » — *Fol⁰* 234.

21 juin, « délibéré d'accepter l'offre, faite par les propriétaires des moulins bannaux à bled, de rétrocéder à la Communauté les dits anciens moulins, eaux, accéssoires, généralement tout ce qu'elle avait transporté dans le despartement des dettes du 1ᵉʳ septembre 1718, ensemble le privilége de l'ancienne écluse du Martinet, qui a été acquise par les dits sieurs propriétaires *(écluse de M. Billet au chemin de Vins)*, et le tout moyennant la somme de cent quarante cinq mille huit cent cinquante six livres, etc..... » — *Fol⁰ˢ* 243-250.

Le 9 juin 1790, « le Conseil, considérant que la Commune ne pourrait, en l'état, acquérir d'une manière solide les dits moulins, attendu que, parmi le nombre des propriétaires, il en est de pupilles et d'interdits ;

« Considérant que le prix énoncé dans la délibération du 21 juin 1789 (145,856) est évidemment exhorbitant, attendu le produit actuel des susdits moulins et des réparations qu'il y a à y faire ;

« Considérant que l'écluse achetée du sieur Billet est inutile ;

« Qu'il existe encore différents procès entre les propriétaires et d'autres citoyens en raison des droits ou accéssoires des dits moulins ;

« Considérant enfin que la Commune est dans un état de détresse qui ne lui permet pas d'acquérir des effets dont elle peut se passer, tels que les sus dits moulins, puisque celui qu'elle a fait construire lui suffit et forme un objet trez avantageux aux citoyens en établissant un concours qui leur assure une bonne trituration, précieux avantage dont l'achat des autres moulins les priverait ;

« Le Conseil a unanimement délibéré de renoncer à l'achat des moulins et accéssoires, et surtout au prix énoncé dans la délibération du 21 juin de l'année dernière ;

« De révoquer à cet effet, comme il révoque tant la délibération du 21 juin 1789 que celle du 9 août d'après quand à l'article du matériel des dits moulins ; et de poursuivre l'exécution des délibérations précédentes au sujet de l'achat de la bannalité des dits moulins. » — *Folo* 43.

Poursuivre l'achat de la bannalité des moulins.

Le 5 septembre suivant, « M. le Maire exposa au Conseil que l'intérêt de la ville était de posséder tous les moulins ; que des dissentions et des procès continuels avaient existé lorsque M. de Vins possédait un moulin, jusqu'à ce que la Commune le lui eût acheté ; que la même chose était arrivée pendant la durée de la possession des moulins par les créanciers de la Commune ;

Nommé une Commission pour consulter la conduite à tenir au sujet du rachat des moulins.

« Que M. Goujon, curé de la paroisse, avait employé toute son activité à faire disparaitre les derniers sujets de la division existant entre les citoyens au sujet des moulins, et qu'il avait obtenu des propriétaires actuels une réduction dans le prix ; qu'il croyait devoir engager le Conseil à délibérer de nouveau sur ce rachat. — *Folo* 56. *Vo*.

« Le Conseil délibère de consulter sur cette question, et nomme une Commission composée de quatre de ses membres, à l'effet d'étudier les moyens d'en finir, et d'en faire rapport au plutôt. » — *Folo* 60.

28 *octobre* 1790, « M. le Maire expose que l'assemblée des citoyens actifs, tenue dans l'Église des Cordeliers, conformément à la délibération du 19 de ce mois, a délibéré à l'unanimité d'accepter la rétrocession des moulins à farine moyennant le prix total de 116,500 livres ; de maintenir et de réunir en tant que de besoin la bannalité des dits moulins et de ceux que la Commune possède et pourra posséder à l'avenir jusques à révocation expresse. — *Folo* 89.

Accepter la rétrocession des moulins à farine au prix de 116,500 liv.

Maintenir la bannalité.

« Le Conseil a unanimement délibéré d'accepter la rétrocession des moulins à farine aliénés en 1718 et tous ses accéssoires, au prix convenu de cent douze mille livres d'une part, et 4,500 livres de l'autre, composant la somme totale de cent seize mille cinq cents livres ;

« Délibéré de plus de maintenir ou établir en tant que de besoin la bannalité des dits moulins et autres qui appartiennent ou appartiendront à la Commune, etc..... » — *Folo* 90.

1790.

Ordonnance
du Directoire
du département
du Var,
sur l'achat
des moulins.

Extrait des registres des délibérations du Directoire du département du Var :

« Ce jourd'hui 22 octobre 1790, le Directoire du département du Var désirant rétablir le bon ordre dans la ville de Brignole et faire cesser les troubles, que les ennemis du bien public y ont suscités à l'occasion du projet d'achat des moulins à farine de la dite ville, etc.....;

« A ordonné et ordonne qu'il sera tenu le 24 du présent mois à l'heure de midi, une assemblée des citoyens actifs de la dite ville par les Maire et officiers municipaux de Brignole, la quelle assemblée sera présidée par M. Debaux, commissaire qu'il a à cet effet député, présent et requérant M. le Procureur général sindic, avec pouvoir de faire délibérer les citoyens actifs sur l'acquisition des dits moulins et sur tous les autres objets requis et nécessaires, et de rendre toutes ordonnances et jugements que les circonstances exigeront. » — Fol° 94. V°.

Délibération
des
citoyens actifs
de Brignole,
de racheter
les moulins
à 116,500 livres.

Le 25 octobre, à cinq heures du soir, « assemblée des citoyens actifs de Brignole dans l'Église des Cordeliers, sous la présidence de M. Debaux.....

« (Suivent les noms des membres présents, et des deux sindics des propriétaires des moulins : Louis, Ferdinand Braquety, médecin, et Jean, Joseph Maille, avocat).

« Délibéré à l'unanimité des voix moins une, que la Commune acceptera la rétrocession des moulins à farine, ses dépendances, accessoires et généralement tout ce qu'elle avait aliéné en 1718, même le droit sur l'écluse de Billet, moyennant le prix et somme de cent douze mille livres d'un côté, que la Commune gardera entre ses mains tant qu'elle voudra en en supportant l'intérêt annuel au denier vingt, franc et exempt de toutes charges, et de 4,500 livres de l'autre, dues à Messieurs Deysseautier et Braquety, avec l'intérêt porté par les titres, etc... ce qui fait revenir le prix total à la somme de 116,500 livres pour les portions des dits propriétaires, celle de la Commune non comprise; moyennant quoi la Commune recouvrera les vingt quatre mille livres déposées au greffe des consignations pour en disposer comme elle le jugera à propos;

Et de maintenir
et établir
la bannalité
des dits moulins

« Délibéré ensuite de maintenir et établir la bannalité des dits moulins, par forme d'imposition locale, et d'interdire à tous possédants biens et autres de construire des moulins à farine dans la ville et son terroir, et à tous citoyens d'aller moudre leurs grains ailleurs qu'aux moulins dont elle vient de délibérer l'acquisition. » — Fol°s 95 à 100.

Imbert,
représentant
Feraud,
demande
d'agrandir
la prise d'eau
concédée
à Feraud en 1744

2 juin 1791, « lecture faite de la pétition des sieurs Imbert père et fils, fabricants de savon, disant qu'en 1744 la Commune accorda au sieur Feraud, propriétaire de leur fabrique (aujourd'hui maison Aude), lors tannerie, une prise d'eau dans le canal de Cariamette. — Depuis lors cette eau a été partagée moitié, pour la fabrication des exposants, et l'autre moitié fût réservée pour l'usage d'une auberge que le sieur Raynaud a acquise du sieur Bremond, représentant le dit Feraud.

« Cette eau ainsi divisée est insuffisante pour leur fabrique de savon, ils demandent de réagrandir leur prise. — Fol° 212.

Cette demande
est rejetée.

« Le Conseil a délibéré qu'il n'échéait point à avoir égard à cette pétition. » — Fol° 222. V°.

Le 8 *novembre*, « le Conseil délibère que le droit de mouture est supprimé, et il fixe à un sou six deniers pour chaque panal, revenant à quinze sous la charge, la mouture de tous les grains qui seront moulus aux moulins de la ville ;

« Et que les moulins à farine seront affermés aux enchères. » — *Fol*° 301. *V*°.

Supprimé
le droit de mou-
ture, remplacé
par une taxe.
—
Affermer aux
enchères
les moulins
à farine.

25 *mars* 1792, « lecture faite de la loi du 10 août 1791 relative aux dettes contractées par les villes et les communes, et aux besoins qu'elles peuvent avoir ;

« De la lettre de Messieurs du Directoire du District du 5 janvier dernier ;

« Du tableau des dettes générales de la commune dressé en conséquence ;

« De la nouvelle lettre de ces Messieurs en date du 13 courant, et de l'état des biens patrimoniaux de la dite Commune ;

« Le Conseil a unanimement délibéré de conserver les immeubles et effets mentionnés au dit état, qui sont ci-après détaillés, sçavoir :

« 1° Le moulin Besson à farine et moulin à tan y attenant, estimés environ
  à vingt mille livres ;

« 2° Le moulin à farine, dit du Cumin, estimé à six mille livres ;

« 3° Le moulin à farine, dit des Augustins, nouvellement construit, estimé
  à huit mille livres ;

« 4° Etc., etc............ » — *Fol*° 374.

31 *mai*, « la ferme des moulins Besson et de celui du Cumin fût mise aux enchères, le sieur Pierre, Honoré, Hyacinthe Amic, fabricant tanneur, demeura adjudicataire de cette ferme pour quatre ans — à 2026 livres par an,

« Et le moulin à tan, adjugé au citoyen Bona, homme de loi, sous le cautionnement d'Hyacinthe Amic, à 532 liv. par an, encor pour 4 ans ;

« Le citoyen François Roch Mélan, fût adjudicataire de la ferme du moulin des Augustins, pour quatre ans, à 820 liv. par an — sous le cautionnement de son frère Jean Louis, marchand cirier. »

18 *mai* 1792, « le sieur Pierre, Honoré, Hyacinthe Amic, négociant, adjudicataire de la ferme des moulins à farine Besson et du Cumin, a présenté une pétition demandant qu'il soit placé un poids à chaque moulin, pour passer la farine ;

« Que les aygaliers soient tenus de curer les canaux ;

« Que les propriétaires arrosants soient obligés de mettre de bonnes martélières à leurs prises ;

« Que les écluses soient réparées, ainsi que les portes, fenêtres, etc..... — *Fol*° 390. *V*°.

« Délibéré de nommer des experts pour examiner l'état des moulins et accéssoires. »

Le 26 *germinal an III*, « sur une pétition du citoyen Hyacinthe Amic, fermier des moulins Besson et du Cumin, délibéré qu'il sera fait une proclamation pour rappeler les propriétaires arrosants à leur devoir, en tenant leurs prises fermées de manière à ce que l'eau des canaux ne se perde point ; et porte l'amende de trois livres, pour ceux qui se permettront de prendre l'eau les jours qui ne sont pas d'arrosage, à vingt cinq livres. » — *Fol*° 120.

Pétition d'Hya-
cinthe Amic.

L'amende contre
ceux qui
prendront l'eau
hors les jours
juridics,
sera de 25 livres.

An III-an V.

Faire opposition
à l'adjudication
des moulins.

Le 24 prairial an III , « un citoyen de cette commune ayant fait offre par devant le Directoire du District aux moulins Besson et au moulin Neuf, sur le motif que ces moulins ont été déclarés propriété Nationale par un arrêté du département en date du 14 brumaire dernier ;

« Le Conseil a délibéré de rédiger un projet de mémoire à l'effet de réclamer contre le dit arrêté , et de former opposition à l'adjudication sollicitée. » — *Page* 154.

Loi
du 24 août 1793.
—
Actif et passif
de la Commune.

12 *brumaire an V,* « en conformité de la loi du 24 août 1793, vieux style , sur la consolidation de la dette publique , il fût dressé , le 2 pluviôse , an II , des états de l'actif et du passif de la commune , les quels furent envoyés à l'administration du département du Var ;

Demander que
la Commune
soit réintégrée
dans
la possession et
jouissance
des
moulins Besson
et Cumin.

Le 4 brumaire an III, la dite administration du département rendit un arrêté qui déclara propriété Nationale deux moulins à farine et le bâtiment servant de tuerie, appartenants à la Commune, etc....;

« Il résulte de la lecture de cet arrêté que l'actif de la Commune consiste : à un moulin à farine, dit Besson , à trois virants , et un moulin à tan y attenant;

« Un autre moulin à farine , dit du Cumin ;

« Un autre moulin, dit Neuf, situé au Pré-de-Pâques ;

« Un moulin à huile ; une bergerie ; le couvent des ci-devant Cordeliers ; la tuerie , et une rente annuelle de nonante livres (1) ;

« Et le passif, porté en douze articles, s'élève à la somme capitale de 66,710 liv. 17 s. 6 d. ;

« Sur de longs considérants, la Commission municipale délibère : de faire estimer les immeubles appartenants à la Commune, et lui ayant appartenu avant l'arrêté du 4 brumaire an III, qui les a affectés à l'acquitement de ses dettes , en conformité de la loi du 24 août 1793 , etc.....

« A l'effet de présenter un mémoire à l'administration du département tendant à rapporter son arrêté du 4 brumaire an III, et à nous réintégrer dans la propriété et jouissance des moulins Besson ; du moulin Neuf, et de la tuerie , passés sous la main de la Nation ;

« Et de déclarer acquis à la Nation, pour l'acquittement des dettes de la Commune , tels autres effets dont l'évaluation faite par les experts égalera celle du passif, etc..... » — *Pages* 51-52.

---

(1) Cette rente, pension ou cens, était le prix du foulon à drap vendu au cens perpétuel de 90 livres, à Jean Mélan , par les propriétaires des moulins en 1646.

Le moulin à bled , dit de Vins, acheté aux enchères du 20 juin 1792, devant le Directoire du District par François Roch Mélan, qui passa l'acte d'achat le 7 juillet suivant, ne figure plus comme propriété de la Commune.

Le 10 *fructidor an VI*, « les fermiers des moulins s'étant plaints de la difficulté de moudre les grains, l'Administration municipale,

An VI-an XI.

Vérifier
les prises d'eau
sur le canal,
et les réduire
selon
la concession

« Considérant que la difficulté provient de deux causes :

« 1° De l'agrandissement des prises d'eau par les fabricants ;

« 2° De l'engorgement du béal ;

« Délibère de nommer les citoyens : Jean François Toucas, propriétaire — Joseph Gros, cultivateur — et Jean-Baptiste Gassier, tanneur, pour procéder de suite à la vérification de ces prises, afin d'en désigner la situation et la quotité, à l'effet d'ordonner ensuite, d'après leur rapport, le rétablissement conformément aux concessions. » — *Pages* 49-50.

13 *pluviôse an VII*, « le citoyen François Jullien, distillateur d'eau de vie patenté de cette commune, présente une pétition exposant qu'il a construit une fabrique d'eau de vie dans l'écurie du citoyen Barbier, située dans la Lisse intérieure et à la partie dite *le Barri de Signon* ; il est obligé de prendre l'eau dans le ruisseau d'arrosage des terres du Petit Paradis, qui est sale et manque trez souvent. — Il demanderait à prendre l'eau dans le canal des moulins, au dessus des trois moulins, pour la conduire à sa fabrique. — *Page* 81.

Concession
d'un
denier d'eau
du canal
à
François Jullien

« Délibéré de faire droit à cette demande, et d'accorder au pétitionnaire un denier d'eau, dont l'ouverture sera faite au milieu d'une pierre de taille de cinq pans de largeur sur deux d'épaisseur, sous la réserve néanmoins de pouvoir fermer la prise sus mentionnée dans le cas où l'eau serait nécessaire aux moulins pour procurer suffisamment de farine aux habitants de la Commune. » — *Page* 82.

28 *ventôse*, « le Commissaire du Directoire exécutif dit : « Le Gouvernement employe tous les moyens à l'effet de faire disparaître les anciennes coutumes, et généralement tout ce qui peut rappeler la servitude de nos pères ; c'est pour parvenir à ce but que le Directoire exécutif prit un arrêté sous la date du 14 germinal an VI, qui prescrit des mesures pour la stricte exécution du calendrier républicain, etc.....;

Changer
les
noms des jours
d'arrosage,
et les remplacer
par ceux
du calendrier
républicain.

« Il faut donc appliquer cette mesure aux jours d'arrosage des terres en usage dans le pays. —

« L'Administration municipale délibère de charger d'un travail si important, (faire coordonner avec l'ère républicaine les jours de l'ancien calendrier, tels que les samedi, lundi, mercredi, etc..., suivant l'usage du lieu relativement à l'arrosage des terres), les citoyens Hubert Accard et Jean Baptiste Grisolle aîné, qui réunissent tous deux le talent au civisme. » — *Page* 92.

Le 21 *germinal an XI*, « le moulin à farine, dit du Cumin, appartenant à la Commune, est affermé pour trois ans. —

« Adjugé au citoyen Jean François Roumieu, cultivateur, à 605 livres par an. » — *Page* 4 à 8 du 2° cahier.

An XIII à 1808.

4 messidor an XIII, « Considérant que l'écluse du Plan est dans un état de ruine imminente ;

Demander au Grand Chancelier de la Légion-d'Honneur, de faire réparer l'écluse du Plan.

« Que cette écluse dirige les eaux de la rivière aux moulins Bessons appartenants aujourd'hui à la Légion d'Honneur ;

« Que la privation de cette écluse serait pour la ville une calamité, attendu que les autres moulins sont insuffisants pour les besoins de l'habitation ;

« Que la saison pour les arrosages est déjà trez avancée, et qu'il est probable que l'écluse serait totalement emportée par les premières crues d'eau ;

« Délibéré que M. le Maire adresse incéssamment à Son Excellence le Grand Chancelier de la Légion d'Honneur, pour qu'il lui plaise ordonner la prompte réparation de cette écluse. » — *Pages 36-37.*

Demander qu'il soit sursis à la vente des moulins.

13 mai 1808, la vente des moulins Bessons était poursuivie par la régie de l'Enregistrement.

« Le Conseil délibère que M. le Préfet sera supplié d'ordonner qu'il soit sursis à la vente des moulins à farine et à tan, ainsi que du bâtiment servant d'égorgerie, et dont il s'agit, jusqu'à ce qu'il ait été définitivement statué sur la réclamation de la Commune, ou que Sa Majesté impériale et royale ait prescrit un nouveau mode pour la liquidation des dettes de la Commune. » — *Fol° 12.*

Avant-propos sur la période de 1808 à 1830.

Nous avons vu que, par son arrêté du 4 brumaire an III, l'Administration du département du Var déclara propriétés nationales le moulin Besson, avec son moulin à tan; le moulin dit du Cumin, et le bâtiment servant d'égorgerie ;

L'État s'était emparé de ces immeubles sous prétexte de se charger de la liquidation des dettes de la Commune ;

Mais ils furent affectés à la dotation de l'institution de la Légion-d'Honneur, et, plus tard, cédés à la caisse d'amortissement, qui les mit en vente en 1808.

Pendant cette période de quatorze années, la Commune n'eut à s'occuper que de l'exercice de ses droits sur les survers et eaux superflues, pour l'arrosage des terres et l'utilité des fabriques, droits qu'elle s'était réservés en 1641 et en 1718, qui formaient les usages et servitudes anciennes, et qui lui avaient été conservés par l'État.

Baux à ferme des moulins de 1792 à 1808.

Avant d'aborder la période de 1808 à 1830, pendant la quelle les moulins Bessons furent en la possession et jouissance des particuliers acquéreurs, il est utile d'avoir le tableau des baux de fermage faits de 1792 à 1808.

Hyacinthe Amic fermier.

31 *mars* 1792, « adjudication définitive de l'arrentement des moulins à farine Bessons, passée par Messieurs les officiers municipaux en faveur du sieur Antoine Bona, homme de loi, sous le cautionnement du sieur Pierre, Honoré, Hyacinthe Amic, marchand tanneur, pour quatre années, moyennant la ferme de 2026 livres. »

François Gamerre, et Pierre Barthélemy, cultivateurs, fermiers.

28 *germinal an IV (17 avril 1796),* « procès-verbal d'adjudication définitive de l'arrentement des mêmes moulins passé par Messieurs les Administrateurs municipaux, au requis de M. Berlus, receveur de la régie de l'Enregistrement et du Domaine National, en faveur du sieur François Gamerre, sous le caution-

nement du sieur Pierre Barthelemy, cultivateur, pour quatre années, moyennant la rente annuelle de quatorze charges de bled, ou en argent sur le pied de la valeur du prix du bled d'après les mercuriales. »

1808.

4 *germinal an VIII* (25 *mars* 1800), « arrentement pour trois années, des moulins à farine dits les Bessons, appartenant à la Nation, par Messieurs les Administrateurs municipaux en faveur de M. Louis Bagarry, négociant, sous le cautionnement du sieur Baille, père, moyennant la somme de 3100 livres. »

Louis Bagarry, fermier.

Je n'ai pas rencontré l'arrentement de 1804 à 1808.

8 *germinal an XIII* (28 *mars* 1808), « adjudication du bail à ferme du moulin Besson, appartenant à la Légion d'Honneur, par devant M. le Sous-Préfet de Brignoles, pour neuf ans, qui commenceront le 25 germinal de l'an XIV, en faveur du sieur Pierre Barry, tanneur, moyennant la rente annuelle de 1570 liv. »

Pierre Barry, fermier.

L'ordre de vendre les moulins avait mis en émoi toute la ville ; le Conseil municipal, dans sa séance du 13 mai, avait essayé de faire des réclamations qui ne devaient pas être écoutées ; un certain nombre d'habitants, voulant conserver les moulins à la Commune, s'associèrent pour les acheter, et dressèrent la convention suivante :

« Considérant que le Gouvernement, ou soit la caisse d'amortissement son concessionnaire, a mis en vente le bâtiment servant d'égorgerie et les moulins à farine et à tan dits *Besson*, situés dans l'enceinte de cette ville, et que cette vente doit avoir lieu aux enchères publiques par devant M. le Préfet à Draguignan, le 21 du mois courant ;

Acte de souscription du 16 septembre 1808, pour l'acquisition de l'égorgerie, et des moulins Besson.

« Que le bâtiment servant d'égorgerie est un local d'une nécessité indispensable pour la ville, en ce qu'il réunit le triple avantage de l'isolement, d'une faculté d'eau pour y entretenir la propreté, et de la proximité d'un grand canal pour charrier les immondices ;

« Que la Commune n'est pas moins intéressée à conserver la propriété des moulins *Besson*, soit à cause de la surveillance particulière que ces moulins exigent, soit à cause des eaux qui les font mouvoir, et qui servent en même temps à l'irrigation d'une grande partie du territoire ;

« Que, pendant tout le temps que ces moulins ont été possédés par des particuliers, ils ont été une source funeste de divisions dans cette ville ; que cette vérité fût reconnue en 1790 par la ci devant administration du département, puisque, dans l'unique objet de faire cesser ces divisions, elle interposa sa médiation et son autorité pour que ces moulins fussent rétrocédés à la Commune ;

« Qu'il est à craindre que le même malheur arrivât si ces moulins tombaient encore dans les mains de simples particuliers ;

« Que la Commune a vainement réclamé jusqu'aujourd'hui la restitution de ces moulins et de l'égorgerie, avec le rapport de l'arrêté qui les a réunis au Domaine National, et même, en dernier lieu, la surséance de la vente ;

« Que la Commune est, en ce moment, dans l'impossibilité d'acquérir ces immeubles, soit par défaut de fonds, soit parcequ'elle n'y est point autorisée ;

1808.

—

Acte
de souscription
du
16 septembre.

« Que , dans cet état , il est du devoir des bons citoyens de venir au secours de la Commune en acquérant les dits immeubles , sous l'obligation de lui en transmettre la propriété aussitôt qu'elle en aura le moyen et le pouvoir, dans le temps qui sera déterminé ;

« Ont arrêté ce qui suit :

« *Article* 1er. — Une souscription est ouverte pour l'acquisition du bâtiment servant d'égorgerie , et des moulins à farine et à tan dits *Besson ;*

Cette souscription sera annoncée chaque jour, d'ici à dimanche prochain , à son de trompe et cri public ; elle sera fermée dimanche prochain à cinq heures du soir.

« *Art.* 2. — Les souscripteurs seront liés par leur simple signature au bas du présent qui demeurera à cet effet déposé au greffe de la municipalité.

« *Art.* 3. — Le nombre des actions est fixé à trente ; la division des actions , sera faite entre les souscripteurs avec égalité, ou différemment de gré à gré dans l'assemblée qui aura lieu à cet effet à la maison Commune , dimanche prochain à cinq heures du soir, immédiatement après que la souscription sera fermée.

« *Art.* 4. — Les actionnaires nommeront dans la même assemblée deux députés pour se transporter à Draguignan et faire des offres jusques à la somme qu'ils jugeront à propos ; ces députés seront remboursés à leur retour de tous les frais , faux frais et dépenses de toute nature, sans être assujétis à donner aucun détail.

« *Art.* 5. — Dans le cas où l'adjudication sera rapportée , les députés feront une déclaration de command ou de participation en faveur de tous les actionnaires à raison de leurs intérêts respectifs : cette déclaration sera faite à la suite du procès verbal d'adjudication, s'il est possible.

Les Actionnai-
res s'obligeront
à transmettre
les immeubles à
la Commune
dans l'espace de
25 ans.

« Les actionnaires feront ensuite une déclaration par acte public portant soumission de transmettre à la Commune la propriété des objets acquis aussitôt qu'elle y sera autorisée et qu'elle le requerra, mais dans l'espace de vingt cinq années , en étant par elle remboursés du prix d'achat, des frais et loyaux coûts de l'adjudication et des réparations qui pourront avoir été faites pour l'entretien ou l'amélioration des engins et autrement, supposé qu'à cette époque les actionnaires ne soient pas encore couverts du coût de ces réparations par le produit des objets acquis , et ce , d'après les comptes qui seront tenus et rendus annuellement par les sindics des actionnaires sans aucun contredit de la part de la Commune , prélèvement fait des intérêts de leurs fonds ; mais si , dans l'espace des dites vingt cinq années comptables du jour de l'adjudication, la Commune n'a pas usé de cette faculté de rachat, les actionnaires resteront propriétaires incommutables des dits immeubles.

Ils nommeront
deux sindics
pour
les représenter.

« Ils nommeront deux sindics avec tous les pouvoirs requis pour les représenter et agir en leur nom dans tout ce qui regardera leur intérêt commun.

« *Art.* 6. — Le bâtiment servant d'égorgerie et ses dépendances sera mis de suite à la disposition de la Commune à titre de bail , moyennant une rente non excédant l'intérêt au cinq pour cent du prix d'achat et des frais et loyaux coûts relatifs, à la charge par la Commune de supporter les réparations locatives et 1808. foncières et d'en payer les contributions ; ce bail sera renouvelé tant que la Commune trouvera bon, même après l'expiration du terme fixé pour la rétrocession.

« *Art. 7.* — Les moulins seront possédés, régis et affermés par les sindics pour le compte des actionnaires tant qu'ils seront dans leurs mains, sans que la Commune puisse leur demander compte des proffits qu'ils pourraient avoir fait lorsqu'elle en réclamera le délaissement.

« *Art. 8.* — Chacun des actionnaires sera tenu de faire les fonds nécessaires entre les mains des sindics, pour faire face au payement tant du prix d'achat, aux époques fixées par l'adjudication, que des frais, faux frais et réparations ; et, si quelqu'un d'eux était refusant ou délayant, il se trouverait irrévocablement déchu de tout droit de participation après la huitaine de la sommation qui lui serait tenue à cet effet par les sindics ; au quel cas sa portion *accrértrait* à la masse qui en disposerait de la manière qui serait alors convenue.

« Fait à Brignoles, le 16 septembre 1808. »

Deux jours après, les souscripteurs rédigèrent la convention qui suit : Convention entre les souscripteurs-actionnaires du 18 septembre

« En exécution des articles trois et quatre de l'acte de souscription en date du seize du courant pour l'acquisition du bâtiment servant d'égorgerie et des moulins à farine et à tan dit Besson, et la dite souscription étant fermée, les soussignés conviennent que les actions seront réparties également entre tous les actionnaires, et nomment pour leurs députés Messieurs Adrien Mouttet et André, Louis Bremond, deux d'entr'eux, à l'effet de se transporter à Draguignan, et de faire les offres nécessaires pour rapporter l'adjudication des dits immeubles en conformité du dit acte de souscription. Nommé 2 députés, pour aller faire offre aux enchères, MM. A. Mouttet et A. Bremond.

« A Brignoles, le 18 septembre 1808.

« Signés : Sayou — Robert — Barbarroux père — Ébrard ainé — A. Robert — Rimbaud fils — Jean Lion — Laurent Roubaud — Pissin — Mouttet ainé — Nicollet — Gavoty — Fournier — Félix Roux — Lebrun — Victor Roux — Roux frères — Joseph Raynaud — Gautier — Rey, maire — F. Mélan — Mouttet — L. Bagarry — A. Bremond — Boyer ainé — Eissautier ainé — Carrassan — Brun — Fanton — Mercurin cadet — Pierre Barry — Joseph Moutton — Clavier ainé, notaire — Louis Beillon — Barbarroux.

« Vu et légalisé par nous, Maire de la ville de Brignoles, les signatures ci-dessus apposées, pour être tels qu'ils se qualifient.

« A Brignoles, le 18 septembre 1808. — Signé : REY, Maire.

« Enregistré à Brignoles le 2 juin 1823, f° 24. R°. c. 1. Reçu deux francs vingt centimes. » — Signé : MICHEL.

1808.

Adjudication
du 21 septembre
1808.

Les deux députés, en exécution de leur mandat, allèrent à Draguignan, où ils demeurèrent adjudicataires des moulins Besson, suivant le procès verbal ci après :

« L'an mil huit cent huit et le vingt un septembre, à neuf heures du matin, nous Joseph Marie de Savinhac, Conseiller de Préfecture, pour M. le Préfet en tournée, et Gissey, directeur des Domaines, nous sommes rendus dans la salle des ventes à l'effet de recevoir les enchères et procéder à l'adjudication des domaines compris dans l'affiche approuvée par Nous le 18 août dernier, à l'extinction des feux. — Lecture faite de la dite affiche, qui a été publiée dans toutes les communes du département, ainsi que du cahier des charges, il a été annoncé qu'il allait être reçu des enchères sur chacun des articles compris dans la dite affiche, en suivant l'ordre des indications, ce qui a eu lieu ainsi qu'il suit, sçavoir :

« 1er article, etc. ....;

Le moulin
à farine
dit Besson, est
ad ugé
au sieur Adrien
Mouttet,
à 27,100 fr.

« 7me article, un bâtiment, situé dans l'enceinte de Brignoles au bout de la rue Notre Dame, servant de moulin à farine, dit Besson, provenant de la Commune de Brignoles, réuni au Domaine par la loi du 24 août 1793, consistant en un réz de chaussée divisé en deux parties; dans la première qui est vis à vis l'entrée et sous une espèce de hangard ou couvert, il y a une meule servant à moudre le tan ou le ciment, et par dessus un appartement servant à déposer le tan, d'une superficie de 28 mètres quarrés; dans l'autre partie, qui est à droite en entrant, il y a trois meules servant à moudre le blé, ce qui a fait donner au susdit bâtiment la dénomination des *Trois Moulins,* y ayant dans le fond de cette partie une crêche pour un seul cheval : le tout d'une superficie de 63 mètres quarrés; plus un quarré de terre, autrefois jardin ; le tout aux charges, servitudes et obligations, dont les sus dits moulins et eaux se trouvent affectés envers divers particuliers, pour n'en jouir par l'adjudicataire qu'aux mêmes charges, servitudes et obligations qu'en ont joui ou du jouir la Commune de Brignoles et les particuliers ci devant propriétaires des dits moulins, dont l'acquéreur en fera sa propre cause, le tout à son risque, péril et fortune, et sans que dans aucun cas le Gouvernement lui soit de rien tenu, comme faisant une principale condition de la vente de pacte exprès. — Les sus dits objets estimés par le sieur Ebrard de Brignoles le 2 mai 1808, d'un revenu en 1790 de 1500 fr., formant un capital au denier 12 de 18,000 fr.

« Il a été allumé un premier feu, pendant la durée du quel le sieur André, Louis Bremond, marchand de Brignoles, en a offert dix huit mille cent francs; le sieur Bagarre, négociant à Cabasse, en a offert dix huit mille neuf cents francs, etc......; le sieur Adrien Mouttet vingt sept mille francs. — Un quatrième et dernier feu ayant été allumé sans que, pendant sa durée, il ait été fait de nouvelles offres, nous avons adjugé le dit bâtiment servant de moulin à farine ci dessus, au dit sieur Adrien Mouttet, propriétaire à Brignoles, moyennant la sus dite somme de vingt sept mille cent francs, aux charges, clauses et conditions énoncées au cahier des charges, et, avant signer, le dit sieur Mouttet nous a déclaré avoir acheté de compte à demi avec les sieurs Louis, André Bremond, marchand ; Laurent Robert, médecin ; Joseph Eissautier, directeur de la poste aux lettres ; François Mélan, négociant ; Pierre Barry, tanneur ; Victor Roux, tanneur ; Louis Robert, négociant ; Louis César Rey, propriétaire ; Sextius Rim-

Déclaration
d'achat
de compte
à demi avec
33 habitants de
Brignoles.

baud, marchand ; Charles Gavoty, fabricant tanneur; Joseph Pierre Gautier,
notaire ; Jacques Henry Fanton, greffier du tribunal ; Louis Michel, sellier;
Jacques Louis Mouttet ainé; Louis Bagarry, négociant ; Jean Baptiste Pissin,
orfèvre ; Gabriel Lebrun, marchand ; Joseph Laurent Barbarroux, marchand ;
Antoine Fournier, marchand ; Laurent Roubeaud, marchand ; Jean Louis
Tamisier; Toussaint Sayou, juge au tribunal ; Joseph Raynaud, aubergiste ;
Louis Ebrard propriétaire ; Jacques et Etienne Jean-Baptiste Roux frères ;
Jean Baptiste Boyer, chapellier ; Marie Victoire Clavier, notaire ; Félix Carras-
san, propriétaire; Jean Louis Brun, pharmacien ; Louis Beillon, maréchal fer-
rant ; Louis Benoît Barbarroux, juge ; Toussaint Maille, propriétaire ; tous de la
ville de Brignoles, dont le sieur Mouttet se fait fort et a signé.

« Signé : A. MOUTTET pour tous les intéressés — GISSEY et DE SAVINIIAC.

« Enregistré à Draguignan le 26 septembre 1808, etc.— Signé: MALESPINE. »

Le 30 avril 1809, « les actionnaires, propriétaires des moulins Besson, sont
assemblés, et l'un des sindics, au nom de ses collègues, fait connaitre par aperçu
l'état du moulin et des prises d'eau qui existent dans la partie supérieure jusqu'au
jardin Beaumont, et, en attendant de faire un rapport complet à ce sujet qui
comprendra, en même temps, ce qui existe depuis ce dernier point jusqu'à
l'écluse, et du moulin en dessous, c'est à dire sur la fuite des eaux, il a dit que
les renseignements qui leur étaient parvenus les avaient persuadés que les moulins avaient été dénaturés par le fermier par une élévation donnée aux engins, et
que, par la vérification des prises d'eau, il était évident que divers particuliers
avaient empiété sur la propriété attachée à ces moulins.

Les moulins ont été dénaturés, et les prises d'eau agrandies.

« Il a dit aussi à l'assemblée qu'elle pouvait ajourner toute discussion sur cette
partie jusqu'à l'époque prochaine d'un rapport général sur les moulins et ses
dépendances, mais qu'il était infiniment urgent de pourvoir à la réparation de
l'écluse, qui était dans un délabrement complet, afin d'assurer la continuation
des travaux des moulins, et pour ne point s'exposer à des demandes en dommages et intérêts de la part du fermier; qu'il était aussi nécessaire de déterminer
les moyens qui seraient employés à ce sujet.

Il est urgent de réparer l'écluse.

« L'assemblée ayant accueilli favorablement ces observations, a unanimement
délibéré qu'il serait de suite procédé aux réparations nécessaires à l'écluse;
qu'elles seraient faites par économie, et qu'elle autorisait les sindics à adopter
le mode qui leur paraîtrait le plus convenable pour les travaux à faire, avec
pouvoir de faire choix des ouvriers, ainsi que d'un agent pour en surveiller
l'exécution. » — *Page* 5.

Chargé les sindics de faire réparer l'écluse.

« L'écluse du Plan fut réparée, et presque refaite en totalité; on suivit le
système de barrage déjà existant, en faisant deux pentes composées d'une charpente à damier, dont les cases étaient pavées en bonnes pierres liées par du mortier à ciment versé dessus; cette réparation ne fût achevée qu'en 1810, et
coûta 4,138 fr.

« Dans la 3e assemblée des actionnaires, tenue le 13 août 1809, le sieur Barry,
fermier et actionnaire des moulins, représenta qu'il était nécessaire de s'assurer
si le sieur Mélan, propriétaire des moulins à farine, à tan et à huile, situés en
dehors de la porte des Augustins, avait le droit de dénoncer les personnes qui

M. Mélan a-t-il le droit de dénonce.

1808.

Ce droit
appartient-il
aux arrosants de
la Burlière.

Les sindics
s'opposeront à
l'usurpation
du droit
de dénonce.

M. Mélan
se procurera le
cahier des char-
ges de l'enchère
du moulin qu'il
a acheté en juin
1792.

Faire inscrire à
la justice de paix
la capacité de la
prise d'eau au-
dessous de celle
de St Jean.

Accepter la ré-
siliation du bail
à ferme des mou-
lins Bessons of-
ferte
par M. Barry.

Faire arbitrer
sur le droit des
propriétaires
des moulins Bes-
sons, de faire
exhausser
l'écluse du Plan

détournent les eaux du canal des moulins *Bessons*, dans la partie qui leur est supérieure.

« Un autre actionnaire a dit qu'il était sans doute à propos de connaître si les possédants terres arrosables au quartier de la Burlière pouvaient dénoncer aussi les individus qui détournent les eaux dans la partie ci-dessus indiquée, etc.....

« Dans la 4ᵉ assemblée tenue le 8 avril 1810, M. Adrien Mouttet, au nom de la Commission nommée par délibération du 13 août dernier, après avoir rappelé les diverses dispositions de la dite délibération, a dit que M. Mélan et les propriétaires des terres arrosables du quartier de la Burlière prétendent avoir le droit de dénoncer les individus qui se permettraient de dévier les eaux du canal des moulins en dessus des moulins Bessons pendant les jours où l'eau n'est pas destinée à l'arrosage des terres, mais qu'ils ne justifient pas de cette prétention ;

« Sur quoi l'assemblée a unanimement délibéré, après quelques discussions, de donner charge aux sindics :

« 1° De s'opposer à la prétention élevée par M. Mélan, propriétaire du moulin sis hors la porte des Augustins, et par les propriétaires arrosants de la Burlière, de dénoncer ceux qui dévieraient l'eau du canal des moulins, en dessus des moulins Bessons, aux jours où l'eau n'est pas destinée à l'arrosage ; et de citer devant les tribunaux les personnes qui s'arrogeraient ce droit, comme étant attentatoire à la propriété des moulins Bessons ;

« 2° D'accorder à M. Mélan un délai d'un mois, pour se procurer le cahier des charges dressé pour l'enchère du moulin, dont il a été adjudicataire en juin 1792 ;

« 3° De faire constater, par procès verbal inséré dans les registres de la justice de paix, la capacité de la prise d'eau en dessous de celle de St Jean, la quelle a été déterminée et fixée, afin qu'on puisse y recourir en cas de besoin ;

« 4° D'accepter la résiliation de bail proposée par M. Barry, fermier des moulins Bessons, à dater du 15 du présent mois, moyennant l'indemnité déterminée par la loi.

« Enfin, M. Gavoty ayant dit que, dans la réparation de l'écluse faite l'année précédente, on n'avait pas suivi le niveau des pièces de bois qui formaient antérieurement la crête de cette écluse, et qu'il protestait sur cela en sa qualité de propriétaire de l'écluse sise au pont Notre Dame, ayant droit au *survès* de l'écluse du Plan.

« Un membre a observé que M. Gavoty ne prouvait pas son prétendu droit ; que l'écluse des moulins Bessons existait depuis un temps immémorial, et bien antérieur à l'établissement de l'écluse du pont Notre Dame, et qu'il pensait que l'écluse du Plan pouvait être élevée à telle hauteur qu'on jugerait nécessaire pour l'usage des moulins Bessons, sans que M. Gavoty fût en droit de l'empêcher. — M. Gavoty ayant demandé que la question fût soumise à l'arbitrage de personnes dont on conviendrait, l'assemblée a délibéré d'acquiescer à cette proposition. » — *Pages 9 à 12.*

Nota. M. François Mélan était présent et délibérant, et a signé la délibération sur le registre.

1810.

Le 13 mai suivant, l'assemblée des actionnaires prit la délibération suivante :

« 1° Considérant que le moulin à farine acquis par le sieur Mélan avait été dans les mêmes mains que les moulins *Bessons*, puisque, en l'année 1792, il fût aliéné par la Commune pour l'acquitement de ses dettes; qu'il travaille sur les mêmes eaux que les moulins Bessons, mais que, d'après la situation des lieux et le mode de possession des anciens propriétaires qui ne s'en servaient que comme d'un moulin de secours et dans les cas de besoin, ce moulin n'a droit aux eaux qu'autant qu'il ne nuit pas aux moulins Bessons ;

« Que, si le rapport qui en a précédé la vente et le cahier des charges sur lequel elle fût passée ne paraissent pas, il n'est pas moins évident qu'elle fût faite avec les droits et charges y attachés, c'est-à-dire, pour être possédé par l'adjudicataire de la même manière que la Commune et les anciens propriétaires l'avaient possédé, et de telle façon qu'il ne peut jamais nuire au travail des moulins Bessons ;

« Qu'il suffit cependant que le sieur Mélan jouisse des mêmes eaux pour qu'il doive contribuer proportionnellement au payement des réparations de l'écluse servant à les amener; qu'il ne sçaurait être dispensé de cette obligation que par une clause expresse de l'adjudication, clause qui, étant contraire au droit commun, ne peut être admise en supposition. — Qu'il y a conséquemment lieu de demander au sieur Mélan sa portion contributive des réparations faites à la dite écluse, sans qu'il puisse jamais se prévaloir de cette demande pour élever des prétentions contraires aux intérêts des moulins Bessons; que, dans le cas où cette demande serait contestée par le sieur Mélan, il convient de lui proposer la voie de l'arbitrage, et dans le cas contraire celle d'une expertise amiable, et que Messieurs les sindics doivent être investis de tous les pouvoirs nécessaires pour terminer, dans tous les cas, cette affaire. — *Page 14.*

M. Mélan, propriétaire du moulin des Augustins, payera sa part contributive des réparations faites et à faire à l'écluse du Plan

« Délibéré d'autoriser les sindics à demander au sieur François Mélan le payement de sa portion contributive comme propriétaire du moulin des Augustins aux dépenses faites et à faire pour la réparation de l'écluse du Plan, à convenir amiablement d'experts pour déterminer la quotité de cette portion, et, en cas de contestation, lui proposer la voie de l'arbitrage, nommer des arbitres avec tels pouvoirs qu'ils jugeront convenables ;

« 2° Sur la question s'il y a lieu d'agir contre le sieur Mélan à raison des ouvrages nuisibles aux moulins Bessons, qu'il peut avoir fait sur le canal, considérant qu'il ne peut y avoir aucune détermination à prendre jusqu'à ce qu'il ait été vérifié si ledit sieur Mélan a fait ou non des ouvrages nuisibles aux moulins Bessons ;

« Délibéré de vérifier ou faire vérifier par gens de l'art si le dit sieur Mélan a fait ou non des ouvrages nuisibles aux moulins Bessons en reconstruisant son moulin et en établissant de nouveaux engins, et prendre à cet égard tous les renseignements nécessaires pour, cette vérification faite et rapportée à la société, être par elle délibéré ce qu'il appartiendra.

13 mai 1810
(suite).
—

3º Sur la conduite à tenir envers le sieur Pierre Barry, dernier fermier des moulins Bessons , à raison de l'état dans lequel il a du laisser les engins , considérant :

« Que si, d'après son bail, le rapport de l'état et valeur des moulins à l'époque de l'entrée du sieur Barry dans la ferme a du être fait entre lui et la régie des Domaines qui possédait alors ces moulins, et si ce rapport n'existe pas, le dernier des rapports antérieurs doit indubitablement servir de règle parce qu'il est sensé que les parties s'y sont réciproquement rapportées ;

« Que si , par contraire, le rapport a du être fait entre le sieur Barry et le fermier sortant , comme cela se pratique ordinairement dans les fermes publiques, c'est au premier rapport fait entre l'un des fermiers antérieurs et la régie qu'il faut recourir, parceque, dans ce cas, c'est ce rapport qui constitue le capital appartenant à la société, le quel doit lui être restitué par le sieur Barry, quelles que soient les variations qu'il a pu éprouver dans les mains des fermiers qui se sont succédés, vu que les variations ont été étrangères aux propriétaires ;

Faire expertiser
à l'amiable l'es-
timation des en-
gins, etc.,
et ce que doit
M. Barry, etc.

« Que , dans tous les cas, les sindics doivent être autorisés à convenir d'experts avec le sieur Barry pour liquider cet objet. — *Page* 15.

« Délibéré que les sindics conviendront amiablement d'experts avec le sieur Pierre Barry pour procéder au rapport de vérification et estimation des moulins et engins qu'il doit restituer, et établir s'il est créancier ou débiteur de la société comparativement à celui des rapports antérieurs qui doit servir de base.

« 4º Délibéré de faire vérifier et constater par un rapport de gens de l'art l'état actuel des moulins Bessons , les causes qui ont pu ou peuvent contribuer à sa dégradation , les améliorations dont ils sont susceptibles, et la valeur présumée de ces réparations. » — *Page* 16.

Compromis
du
1er octobre 1811,
nommant des
experts pour
fixer la contri-
bution
de M. Mélan aux
réparations de
l'écluse du Plan,
et au curage des
canaux.

En exécution de cette délibération du 13 mai 1810 , un compromis fut fait et signé le 1er octobre 1811, entre Messieurs les sindics des actionnaires et M. J. François, Roch Mélan , nommant pour experts le sieur Millou fils, architecte à Tourves, et Louis Arnoux du Val , avec pouvoir de fixer et déterminer dans quelle proportion le sieur Mélan doit contribuer, comme propriétaire de l'ancien moulin à farine dit de Vins , au montant des réparations déjà faites par les propriétaires des moulins Bessons à l'écluse du Plan , et de celles qui pourront être faites dans la suite, ainsi qu'au curage des dits moulins.

Le 10 du même mois d'octobre , M. Mélan présenta aux experts les observations libellées comme suit :

« Par devant nous Millou fils , architecte, résidant à la commune de Tourves, et Louis Arnoux , machiniste du lieu du Val , est comparu le sieur J. François , Roch Mélan , marchand foulonnier de cette ville de Brignoles , qui nous aurait exposé que, par compromis du 1er octobre 1810 à nous remis le 10 octobre 1811, nous avions à régler le prorata que le dit Mélan doit payer des réparations déjà faites et de celles à faire à l'écluse du Plan à raison du moulin à farine , dit de Vins, dont il est propriétaire, et aliéné par la Commune de Brignolle le 7 juillet 1792 ;

« Qu'il nous observait qu'il était décidé que le moulin à huile ainsi que le foulon à draps, qui sont attenants le dit moulin à farine, sont exempts de contribuer aux réparations de l'écluse ; que le foulon à draps est soumis au tiers du curage du canal de fuite seulement, suivant l'acte du 30 juin 1653 ;

1811.

M. Mélan observe que son moulin à huile et son foulon à draps sont exempts de contribuer aux réparations de l'écluse, etc.

« Que les engins qui se servent des eaux sont :

« 1º Le moulin à farine dit de Vins en question ;

« 2º Les moulins dits Bessons qui ont trois prises pour moulin à farine, et celle du moulin à tan fait quatre ;

« 3º Qu'il existe un moulin à tan, que M. Pierre Barry a fait construire dans le canal de fuite des dits moulins Bessons ; qu'il a l'usage de l'eau, et qu'il ne contribue à la moindre charge ;

« 4º Qu'il existe encor un autre moulin à tan, qui prend les eaux en dessus des dits moulins, dont le dit sieur Barry est encor propriétaire, et qui ne paye encor la moindre charge ;

« 5º Qu'il existe encor un moulin à tan, qui prend les eaux aussi en dessus des dits moulins, dont M. Roux, Toussaint, md tanneur, est propriétaire, et qui ne contribue également à la moindre charge ;

« 6º Qu'il en existe un encore de moulin à tan, qui prend les eaux comme dessus sans contribuer à la moindre charge, dont le sieur Jean Louis Rossolin, md tanneur, est le propriétaire ;

« Voilà neuf engins ou usines qui se servent des eaux venant de l'écluse du Plan, qui doivent contribuer aux réparations de la dite écluse.

« Quant au prorata du curage des canaux, le dit Mélan a curé, depuis qu'il est propriétaire du moulin dit de Vins, depuis *le pas perdu dit de Maurelle* jusques au canal de fuite qui se trouve au bout de la Burlière, sans que cette partie lui fût assignée, ce sera à votre justice, Messieurs les experts, à décider telle partie ou telle autre.

« Les observations que je viens de faire, Messieurs, sont si justes que j'ai lieu d'espérer que vous y aurez tous les égards possibles.

« Fait à Brignolle, le 10 octobre 1811. — Signé : F. Mélan. »

Réponse des sindics des moulins Bessons au comparant de M. Mélan :

« Les sindics soussignés en la qualité qu'ils agissent et en réponse au comparant du sieur Mélan, qui précède et dont Messieurs les experts leur ont donné communication, ont l'honneur de leur observer :

« 1º Qu'aucun titre connu justifie que le moulin à huile et le foulon à drap du sieur Mélan soient exempts de contribuer aux réparations de l'écluse, que le foulon à drap tant seulement soit soumis au tiers du curage du canal de fuite, et que néanmoins, saufs et reservés les droits des propriétaires des moulins Bessons, ils consentent à ce que ces deux engins ne soient point compris dans l'expertise dont ils sont chargés, et que, par conséquent, ils ne soient frappés d'aucun contingent ;

12 octobre 1811.

« 2° Que, quoique les moulins Bessons aient quatre prises pour faire tourner chacune une meule, il est notoire que les eaux sont insuffisantes pour les mettre en mouvement toutes les quatre à la fois; que deux meules peuvent avec grand peine agir ensemble, et que, si l'eau passant par deux prises occasionne une élévation dans le canal inférieur telle que les meules ne peuvent tourner parce que les œuvres nouvelles faites par le sieur Mélan font refluer les eaux, l'inconvénient serait encore plus grand si les eaux étaient à suffisance pour ouvrir les quatre prises à la fois; l'expertise sur ce chef doit porter sur des bases plus justes et plus sûres, qui sont le prix d'achat ou celui du bail;

Les moulins de M. Barry ne peuvent être appelés à contribuer, parce qu'ils n'ont pas droit à l'eau.

« 3° Que le moulin du sieur Pierre Barry, dont la roue est sur le canal des moulins, a été autorisé sous la condition qu'il ne nuirait pas aux trois moulins Bessons; que, d'après cette clause et l'assertion verbale et maintefois répétée du sieur Mélan que le moulin du sieur Barry était préjudiciable aux moulins Bessons, il serait inconvenant d'appeler le dit sieur Barry aux frais de réparations de l'écluse et de curage des canaux, avant d'avoir fait constater si son moulin porte ou non préjudice aux moulins Bessons, parceque ce serait, en quelque sorte, reconnaitre que son moulin doit être maintenu;

« 4° Que le segond moulin du sieur Pierre Barry, et ceux des sieurs Toussaint Roux et Jn Louis Rossolin, sont établis au moyen d'une usurpation des eaux appartenantes aux trois moulins, dont les intéressés peuvent demander la répression, et aux quels il ne convient pas de sanctionner une telle voie de fait en faisant concourir ces trois propriétaires aux réparations de l'écluse et curage des canaux.

Réserves de tous droits contre les œuvres nouvelles de M. Mélan.

« De plus les soussignés renouvellent leurs protestations et réserves de tous droits des actionnaires des moulins Bessons relativement aux œuvres nouvelles faites par le sieur Mélan, telles que changement de prises d'eau, construction d'un moulin à tan sur le canal des moulins, etc.., à l'effet de quoi ils ne demandent pas que ce dernier engin concoure aux frais de réparation de l'écluse et curage des canaux dans l'expertise dont s'agit.

« Brignoles le 12 octobre 1811. —   Signé : Mouttet.

                          Carrassan, sindic.

                          Sayou, sindic. »

Rapport des experts Millou et Arnoux.

Le 18 octobre 1811, Les experts Millou et Arnoux donnèrent leur rapport, qui relate les observations présentées par M. Mélan le 11 de ce mois, ainsi que la réponse faite le lendemain par les sindics, et dit ensuite :

« Considérant que les demandes formées par M. Mélan dans son comparant sont étrangères en partie au motif qui a donné lieu au compromis;

« Considérant encore que celle, relative à l'exemption de toutes charges du moulin à huile et du foulon à drap, est approuvée et consentie provisoirement par Messieurs les sindics;

« Considérant aussique la prétention de M. Mélan, au sujet des quatre prises d'eau des moulins Bessons concernant la répartition de la dépense dont s'agit, est prouvée sans fondement par l'expérience même et les observations de Messieurs les sindics;

1811-1812.

« Considérant d'ailleurs que tous les engins, que M. Mélan voudrait comprendre dans la susdite répartition, ne sçauraient lui porter le moindre préjudice, puisque les siens leur sont inférieurs et que, si quelqu'un doit en souffrir, ce sont les propriétaires des moulins Bessons;

« Les dits experts, après avoir pris toutes les informations convenables, et, dans la recherche des droits des parties, déterminé par divers rapports, soit sur la valeur des moulins Bessons et celui de M. Mélan, soit sur leur revenu respectif, soit sur le nombre et le quarré des prises d'eau utiles, soit enfin sur la quantité de travail que chaque uzine en particulier peut faire, la véritable base qui doit régler la répartition qu'ils ont à fixer, ont décidé et arrêté ce qui suit:

ARTICLE 1er.

Les réparations à l'écluse du Plan, et les frais de curage seront payés: cinq septièmes par le moulin Besson, deux septièmes par le moulin Mélan.

« Les moulins Bessons payeront les cinq septièmes des dépenses faites, et qui pourront l'être dans la suite, à l'écluse du Plan, et celui de M. Mélan les deux septièmes restants;

ARTICLE 2e.

« Le curage des canaux, fait en commun, sera payé par Messieurs les propriétaires des moulins Bessons et M. Mélan dans la même proportion.

« Les frais du présent rapport, liquidés et fixés, rédaction, papier timbré et frais d'enregistrement compris, à la somme de cent quatorze francs vingt centimes.

« Fait et dressé à Brignoles le 18 octobre 1811.

« Signé: MILLOU fils — ARNOUX. »

Prétentions de M. Mélan.

Le rapport ci-dessus fut présenté aux propriétaires des moulins Bessons, dans une assemblée tenue le 9 janvier 1812, par les sindics qui dirent que M. Mélan proposait de soumettre à l'arbitrage et à l'expertise les différends existants entre lui et la société des moulins Bessons au sujet des changements de prise d'eau, et empiétements qu'il a commis sur le canal, et prétendait que les préjudices, dont se plaignent les propriétaires des moulins Bessons, proviennent du rouage établi sur le canal par le sieur Barry, et qu'il était juste d'inviter celui-ci à nommer un expert qui, conjointement avec ceux qui seraient nommés par M. Mélan et les sindics des moulins Bessons, prononceraient sur le fait, etc.......

L'assemblée charge les sindics de présenter une liste triple des arbitres et experts à nommer; d'inviter M. Barry à nommer un expert, etc....... — *Pages* 19 et 20.

M. Mélan refuse d'acquiescer au rapport des experts.

Le 3 mars suivant, « les propriétaires des moulins Bessons s'assemblèrent, et l'un des sindics fit connaître le refus de M. Mélan d'acquiescer au rapport des experts sur le contingent à payer par le moulin Besson et le moulin de Vins pour les réparations de l'écluse et le curage des canaux;

« Que le dit sieur Mélan opposait journellement des troubles nouveaux à l'usage de la vanne du Pas de Maurelle, et que le fermier des moulins Bessons était continuellement à se plaindre de ces voies de fait qui nuisent évidemment à l'exploitation de sa ferme.

« Dans ces entrefaites , il est arrivé une lettre du sieur Mélan aux sindics , de la quelle il a été donné lecture à l'assemblée , et où il renouvelle l'offre de l'arbitrage sur tous les différents existants entre lui et les propriétaires des moulins Bessons , ainsi que sur les prétentions respectives des deux parties ;

« Sur tout quoi , après mûre discussion , l'assemblée a délibéré à l'unanimité :

« 1° D'autoriser les sindics à accepter la voie de l'arbitrage offerte par le sieur Mélan , sous condition qu'il s'obligera provisoirement , et jusqu'à décision des arbitres , à ne point troubler le fermier des moulins Bessons dans l'usage de la vanne du Pas de Maurelle , et que le sieur Barry , propriétaire du moulin à tan établi au dessous des moulins Bessons , et cause indiquée par le sieur Mélan du reflux des eaux nuisibles à ces derniers moulins , consentira à intervenir dans l'arbitrage , à l'effet de quoi les sindics lui feront une invitation ;

« 2° De laisser au choix des sindics la nomination des arbitres et experts qui seront dans le cas d'être nommés si l'arbitrage a lieu ;

« 3° De prescrire aux sindics de rejetter la voie de l'arbitrage , soit que le sieur Mélan refuse de respecter , provisoirement et jusqu'à décision des arbitres , le droit d'usage de la vanne , ou Pas de Maurelle , attachée aux moulins Bessons , soit que le sieur Barry refuse d'acquiescer à l'arbitrage ;

« 4° De donner pouvoir aux sindics , dans le cas où l'arbitrage ne serait point accepté suivant qu'il est dit précédemment , d'intenter une action devant les tribunaux contre le sieur Mélan , à raison des préjudices qu'il fait éprouver aux moulins Bessons des droits attachés à cette propriété , et de faire choix de l'avoué qui devra être chargé de la défense de cette affaire , jusqu'à jugement définitif. » — *Pages* 21 et 22.

En conformité de la délibération qui précède , Messieurs les sindics firent une convention avec Messieurs Barry et Mélan , sous la date du 26 mars 1813 , par la quelle ils nommaient pour arbitres Messieurs Garnier avocat , et Trucy et Clavier , aussi avocats et avoués , tous trois demeurant à Brignoles , à l'effet de décider et juger toutes les contestations mues et à mouvoir entr'elles à raison des divers différends , énumérés dans le compromis.

Messieurs Barry et Mélan élevèrent de nouvelles difficultés qui ajournèrent l'arbitrage; mais le 27 *juin* 1814 , une nouvelle convention à triple original fut dressée , remettant en vigueur le compromis du 26 mars 1813 , et , attendu que M⁰ Clavier , l'un des arbitres , s'était démis , nommant à sa place M⁰ Honoré , Jean Rey , avocat et avoué à Brignoles.

Le 17 *octobre suivant,* ces arbitres rendirent un jugement réglant ce qui devait être fait pour essayer de faire disparaitre le regonflement des eaux dans le canal de fuite des moulins Bessons , en maintenant à ce moulin le droit de lever les vannes du Pas de Maurelle et du Pigeonnier lorsque besoin serait.

« Messieurs Barri et Mélan étaient déboutés de leurs demandes ; cependant M. Mélan y fût autorisé à vouter la partie du canal où était autrefois l'étendage des draps , pourvu qu'il fût tenu lui seul , non seulement du curage du canal dans cette partie, mais encore de l'entretien de la voute et des murailles de soutènement.

Et sur la question de la répartition des frais de curage du canal et des réparations de l'écluse du Plan (question seule d'un intérêt actuel), le jugement porte :

« Sur la troisième et quatrième question, considérant qu'il est de toute justice que tous les propriétaires des engins que les eaux font mouvoir contribuent proportionnellement, et d'après l'utilité et proffit que chacun de leurs engins retire des dites eaux, au payement des réparations de l'écluse et au curage du canal, parceque ces réparations et ce curage proffitent à tous ;

« Considérant, d'après les principes, que les bases prises de répartition pour le payement de ces réparations et de ce curage du 18 octobre 1811, faite uniquement pour les propriétaires des moulins Bessons et le sieur Mélan, ne peuvent plus être adoptées parceque, indépendamment de ceux ci, le sieur Barry doit en payer sa portion proportionnellement à l'avantage qu'il retire des eaux qui font mouvoir son moulin à tan, ainsi qu'il s'y est soumis dans le compromis du 26 mars 1813, il devient nécessaire qu'il soit fait un nouveau rapport de répartition pour le payement de ces réparations et de ce curage entre toutes les parties qui doivent y contribuer d'après les bases ci devant expliquées, à moins que les propriétaires des moulins Bessons et le dit sieur Mélan ne consentent que la portion contributive du sieur Barry, telle qu'elle sera déterminée et fixée par les experts, ne soit prise au marc le franc en déduction de ce que les dits propriétaires des moulins Bessons et le dit sieur Mélan doivent contribuer d'après le dit rapport du 18 octobre 1811 ;

« Soumettons les sieurs Mélan et Barry à contribuer, conjointement avec les propriétaires des moulins Bessons, au payement des réparations de l'écluse et du curage du canal, chacun proportionnellement et d'après l'utilité et proffit qu'ils retirent de leurs engins que les eaux du canal font mouvoir, suivant la fixation qui en sera faite par les trois experts que les parties ont nommés dans leur compromis du 26 mars 1813 ; qu'ils prendront cette utilité et ce proffit pour base de leurs opérations, à moins que les propriétaires des moulins Bessons consentent que la portion contributive du sieur Barry, telle qu'elle sera fixée par les mêmes experts sur les mêmes bases comparativement aux portions contributives des propriétaires des moulins Bessons et du sieur Mélan fixées par le rapport du 18 octobre 1811, soit prise en déduction, et au marc le franc, de leur portion contributive, ce qu'ils seront tenus de déclarer dans les trois jours de la signification du présent jugement, autrement déchus de l'option. »

Messieurs Barry
et Mélan
cherchent à
éluder l'exécu-
tion
du jugement.

Messieurs Barry et Mélan élevèrent des prétentions de toutes sortes afin d'éluder l'exécution de ce jugement ; trois années s'écoulèrent sans qu'il fût possible de s'entendre ; il fallut recourir de nouveau aux arbitres déjà nommés, et leur donner mandat de trancher les difficultés et différends existants.

Par un premier jugement, en date du 24 décembre 1817, les arbitres ordonnèrent que, « avant dire droit, il leur serait fait un rapport par les experts qu'ils nommaient, à l'effet de constater quelle est la cause du regonflement des eaux du canal des moulins Bessons ; de désigner les ouvrages que les sieurs Barry

1817.

et Mélan ont fait au dit canal pour faire mouvoir leurs engins ; indiquer les ouvrages à faire pour que les eaux du dit canal puissent avoir un libre cours et empêcher à l'avenir le regonflement des eaux, pour que les moulins Bessons puissent agir librement et sans obstacle. »

Rapport
des experts.

Les trois experts ainsi nommés, Messieurs André Gianani, conducteur des ponts et chaussées de l'arrondissement de Brignoles, et François Cauvin, et Joseph Caput, machinistes à Cotignac, dressèrent leur rapport à la date du 29 janvier 1818, dont les conclusions sont :

Les rouets du
moulin Besson
ont été relevés
de
25 centimètres.

« 1º Que les moulins Bessons ont été relevés de 25 centimètres, et qu'ils devront être descendus d'autant pour être dans l'état où ils étaient lors de leur construction ; mais que cet abaissement ne peut avoir lieu sans l'entière démolition des ouvrages établis par le sieur Barry pour l'établissement de son moulin à tan ;

M. Barry devra
baisser le seuil
de ses vannes de
20 centimètres.

« 2º Que, cependant, les moulins Bessons, restants dans l'état où ils sont, sauf quelques réparations, pourront bien marcher et faire leur service en obligeant M. Barry à baisser le seuil de ses vannes de 20 centimètres et en décombrant la partie du canal située entre ces deux engins ;

M. Barry devra
établir 3 vannes
dont une
constamment
ouverte.

« 3º Le sieur Barry devra établir devant son engin trois vannes, sçavoir une de 1 mètre 50 en tête du coursier de sa roue ; une segonde de 50 centimètres au milieu du canal, qui ne devra point avoir de filure ni d'enchassement, devant être constamment ouverte sans que, dans aucun cas, le sieur Barry puisse la fermer ; la troisième, qui sera sur l'aile droite du canal, devra avoir 50 centimètres d'ouverture ; le sieur Barry sera tenu de l'ouvrir aussitôt qu'il fermera celle qui est en tête du coursier et pendant les crues d'eau ; dans tous autres cas, la vanne pourra être fermée ;

Le Pas de Maurelle aura 2 m.
de largeur, et sa
vanne 60 c. de
hauteur sur le
seuil actuel.

« 4º Que le Pas de Maurelle devra être porté à la largeur de deux mètres, qui est celle du canal, et la vanne ne devra avoir que soixante centimètres de haut au dessus du seuil actuel de l'écluse ;

Les seuils des
moulins Mélan
seront baissés
de
10 centimètres.

« 5º Enfin, pour la plus grande perfection de l'ouvrage, il faut que le seuillet du moulin à tan et de farine du sieur Mélan soit baissé de dix centimètres, hauteur correspondante au pas perdu des dits moulins. »

9 octobre 1818.

Expertise
de vérification
approuvant
le rapport du 29
juin 1813.

Messieurs Barry et Mélan, peu satisfaits de ce rapport, demandèrent une contre expertise qui fut faite par M. Elzéar Audibert, ancien machiniste, demeurant à Barjols, et M. Jean Baptiste Roquefort, machiniste de Cuers, nommés experts amiables par les parties.

« Ces nouveaux experts, après avoir opéré en présence de M. Mouttet, sindic des actionnaires des moulins, et de Messieurs Barry et Mélan, rédigèrent un rapport daté du 9 octobre 1818, où ils déclarent que, ils ne sçauraient compromettre leurs connaissances sans approuver sans restriction, et dans tout son contenu, le rapport fait par Messieurs Gianani, Cauvin et Caput. »

Trois jours après, 12 *octobre* 1818, fut rendu le jugement suivant :

« Nous, Jean Baptiste Garnier, chevalier de l'ordre Royal de la Légion d'Honneur et Président du Tribunal civil séant à Brignoles ; Honoré , Jean Rey et Joseph , François , Victor Trucy, avocats-avoués près le même tribunal, arbitres soussignés statuants définitivement en suite des pouvoirs à nous conférés sur toutes les fins et conclusions des parties , disons :

« Que , les moulins Bessons restants dans l'état de hauteur où ils se trouvent aujourd'hui, le sieur Barry sera tenu dans la quinzaine précisément de la signification du présent jugement :

M. Barry
baissera le seuil
de ses vannes de
20 centimètres.

« 1° De baisser le seuil de ses vannes de la quantité de vingt centimètres ; d'établir devant son engin trois vannes, sçavoir : une d'un mètre 50 centimètres en tête du coursier de sa roue, la segonde de cinquante centimètres au milieu du canal, qui ne devra point avoir de filure ni d'enchassement, devant rester constamment ouverte sans que, dans aucun cas, il puisse la fermer ; et la troisième, qui sera sur l'aile droite du canal, devra avoir cinquante centimètres d'ouverture, à la charge par le dit sieur Barry de l'ouvrir aussitôt qu'il fermera celle qui sera sur l'aile droite du coursier et pendant les crues d'eau, dans tous les autres cas la dite vanne pourra être fermée — sous peine de cinquante francs d'amende pour chaque contravention, et qui sera encourue par le seul fait de la contravention constatée ;

Il décombrera le
canal entre le
moulin Besson
et son moulin à
tan.

« 2° De décombrer la partie du canal située entre son moulin à tan et les dits moulins Bessons, autrement, et faute par lui de ce faire dans le dit délai, en vertu du présent jugement et sans qu'il en soit besoin d'autre, permis aux sindics des moulins Bessons de faire procéder aux dits ouvrages et réparations aux frais et dépens du dit sieur Barry, au payement des quels il sera contraint sur l'état ou rôle des ouvriers qui y seront employés, soumettons en outre le dit sieur Barry aux réparations à faire aux moulins dits Bessons, pour qu'ils ne soient point gênés dans leur travail, d'après ce qui sera déterminé par le dit sieur Gianani, l'un des trois experts qui ont procédé au rapport du 29 janvier 1818, et que nous commetons à cet effet ; aux quelles réparations il sera procédé par le dit sieur Barry dans la quinzaine du jour de la détermination du dit sieur Gianani, la quelle sera notifiée au dit sieur Barry ; autrement également permis aux dits sindics d'y faire procéder eux-mêmes après le sus dit délai conformément à ce qui sera prescrit par le dit sieur Gianani, aussi aux frais et dépens du dit sieur Barry, au payement des quels il sera contraint de la même manière ; soumet enfin le dit sieur Barry à supporter la moitié des frais d'agrandissement du Pas de Maurelle , ainsi qu'il est prescrit par le rapport du 29 janvier 1818, et tenu d'y faire procéder conjointement avec le sieur Mélan dans le même délai de quinzaine de la signification du présent jugement, autrement permis, après ce délai , aux dits sindics d'y faire procéder eux mêmes aux frais et dépens des dits sieurs Barry et Mélan, dont ils seront contraints de la même manière que ci-devant ;

Il supportera la
moitié des frais
d'agrandisse-
ment du Pas de
Maurelle.

« Ordonnons en outre que le dit sieur Mélan sera tenu de baisser de la hauteur de dix centimètres le seuil de ses moulins à tan et à farine, correspondant au pas perdu des dits moulins, et de faire procéder, conjointement avec le dit sieur Barry, à l'agrandissement du Pas de Maurelle, dont il sera tenu de

M. Mélan
baissera le seuil
de ses moulins à
tan et à farine
de 10 centim.

Il payera
la
moitié des frais
d'agrandisse-
ment du Pas de
Maurelle.

payer la moitié des frais que cet agrandissement occasionnera, et ce aussi dans la quinzaine de la signification du présent jugement; autrement permis, ainsi qu'il est dit ci-dessus, aux dits sieurs sindics de faire procéder, tant à l'abaissement du seuil des dits moulins qu'à l'agrandissement du Pas de Maurelle, aux frais et dépens du dit sieur Mélan, dont il en sera contraint dans la même forme;

« Et attendu que les moulins Bessons existent depuis un temps immémorial et ont des droits acquis tant sur les eaux que sur le béal ou canal qui les dérivent, tandis que les nouvelles œuvres des dits Barry et Mélan, qui font la matière du litige, n'ont pas trente ans d'existance;

Le présent juge-
ment ne déroge
en rien aux
droits acquis
des
moulins Bessons

« Nous déclarons que, en adoptant le mode de conciliation proposé par les experts dans leur rapport du 29 janvier dernier, nous n'avons point entendu déroger aux droits acquis de Messieurs les sindics, ni moins encor les anéantir, dans le cas où le mode de conciliation ci dessus ne pourrait recevoir son exécution dans le sens que l'ont entendu les experts, c'est à dire, sans faire cesser le préjudice et le regonflement des eaux dont se plaignent Messieurs les sindics, entendant que, dans le cas où il serait prouvé d'une manière légale que les réparations et changements proposés ne remplissent pas le but, que l'on a en vue, de faire cesser entièrement ces préjudices, Messieurs les sindics rentrent dans tous leurs droits et puissent demander l'exécution pleine et entière du rapport du 29 janvier dernier;

« Et, de suite, statuant sur la demande en indemnité du sieur Gourdon (1) contre le sieur Barry, l'avons déclaré non recevable dans icelle sans dépens, étant à lui d'agir contre le sieur Barry, ainsi qu'il verra bon être, dans le cas où celui-ci aurait porté obstacle à sa jouissance par de nouvelles œuvres faites depuis la possession du bail, ou par des entreprises nuisibles et relatives au possessoire;

Les sieurs Barry
et Mélan
condamnés aux
dépens.

« Condamnons les sieurs Barry et Mélan aux dépens envers les sindics des moulins, ceux du second rapport de vérification étant à la charge du sieur Barry, ainsi qu'il s'y est obligé.

« Ainsi jugé en présence des parties le 12 octobre 1818. »

M. Barry
n'a pas exécuté
les dispositions
du jugement.

Le 24 mai 1819, « M. Gianani donna une note constatant que M. Mélan avait exécuté ponctuellement le jugement arbitral, et signalant un léger changement dans les œuvres de M. Barry. »

Le 1er juin suivant, les sindics firent part de cela aux actionnaires assemblés, disant que l'exécution des travaux faits par Messieurs Barry et Mélan n'était point conforme aux dispositions prescrites par le jugement arbitral; et ils donnèrent lecture de la note de M. Gianani;

Ils proposèrent ensuite de nommer des experts pour fixer les contingents respectifs des moulins Bessons, de Messieurs Barry et de M. Mélan, aux frais de réparations à l'écluse du Plan, et de curage des canaux;

_____

(1) Gourdon était le fermier des moulins Bessons.

« L'assemblée délibère que Messieurs les sindics sont exprèssément chargés de prendre les moyens de droit pour obliger M. Barry à exécuter littéralement les dispositions du jugement artitral précité ;

« Autorise les sindics à nommer un expert qui, conjointement avec les deux nommés par Messieurs Barry et Mélan, détermineront les contingents à payer par ces derniers à la société des moulins Bessons pour la réparation de l'écluse et du curage des canaux. » — *Page* 31.

1819-1820

Prendre les moyens de droit pour obliger M. Barry à exécuter littéralement le jugement arbitral.

Messieurs Barry et Mélan cherchaient à éluder la décision arbitrale du 12 octobre 1818, comme ils l'avaient fait pour celle du 17 octobre 1814.

M. Barry, voyant qu'il lui serait impossible de conserver le moulin à tan établi entre le moulin Besson et le Petit-Paradis, fit démolir un mur attenant à la prise, sur le canal supérieur au moulin Besson, de l'eau concédée à son auteur Martin Amic, afin de dériver un plus fort volume d'eau dans son jardin, où était un moulin à tan construit par M. Hyacinthe Amic, fils de Martin ;

Le sieur Jean, Pierre Gourdon, fermier des moulins Bessons, fit citer M. Barry et les sindics, par exploit du 24 décembre 1819, « pour se voir condamner à rétablir, dans le délai de trois jours, *le mur qu'il a démoli et qui était supérieur à une prise d'eau qu'il a pour alimenter son moulin à tan supérieur aux moulins Bessons et contigu à son jardin.* Par l'effet de la démolition de ce mur le sieur Barry prend un plus gros volume d'eau qu'il ne faut, et prive de ce volume les moulins Bessons, autrement permis au sieur Gourdon, le délai expiré, de faire faire les ouvrages aux frais et dépens, etc... »

« Et, à l'encontre des dits sieurs Bremond et Carrassan, sindics, pour venir assister dans la présente instance, etc ..; »

A la suite de cette citation, M. Barry proposa de détruire son moulin à tan inférieur aux moulins Bessons, *moyennant qu'on lui concèderait au dessus de ceux-ci une prise d'eau de six pouces quarrés.* »

Les sindics consultèrent M. Millou qui leur donna ses observations écrites et signées, sous la date du 15 janvier 1820, on y lit :

« 1° La question est de sçavoir si la prise d'eau demandée sera nuisible aux moulins Bessons ?

« 2° De quel calibre sera la prise d'eau ? — M. Barry la demande de 6 pouces.

« 3° A quelle profondeur, au dessous de la surface des moyennes eaux du canal, la prise d'eau sera-t-elle établie ? — Sur ce point essentiel M. Barry ne s'explique pas.

« Je trouve qu'une prise de six pouces quarrés, placée même immédiatement au dessous de la hauteur moyenne des eaux du canal, donne un volume assez considérable pour nuire essentiellement aux moulins, particulièrement en été, alors que ceux-ci ne peuvent marcher que par éclusée, etc...

« Les hiverts ne sont pas également pluvieux, l'expérience prouve qu'elles peuvent se maintenir basses de manière à suffire juste aux moulins des propriétaires ; dans ce cas une réduction de leur volume doit nécessairement tourner au préjudice de ces derniers.

1820-1822.

« Quand au niveau où la prise doit être établie, plus il sera bas, plus le volume d'eau sera augmenté par la pression, et, si la prise établie immédiatement au dessous du niveau des eaux est trez préjudiciable aux moulins Bessons, combien plus le serait-elle, dans une situation moins avantageuse.

« En supposant que les propriétaires voulussent consentir à se contenter de l'eau qui resterait au canal après avoir fourni à la prise de M. Barry, mon opinion est qu'ils ne le pourraient qu'en se rendant garants du dommage qu'en recevraient les arrosants du Petit Paradis, qui ont un pertuis sur le canal, leur donnant les eaux qui surmontent le seuil, car ces eaux seraient absorbées amplement par la prise Barry — etc...

Il est sage de rejeter la demande de M. Barry.

« Le plus sage parti, selon moi, est de rejeter la proposition de M. Barry, à moins qu'il ne consente à placer le seuil inférieur de sa nouvelle prise à quatre centimètres au dessus du seuil du pertuis du Petit Paradis, et ce encor avec le consentement des possédants biens de ce quartier. »

Propositions souscrites par M. Barry.

Deux années s'écoulèrent encore en essais infructueux de conciliation ; le 14 septembre 1822, M. Barry présenta aux sociétaires les propositions écrites et signées, dont suit la teneur :

« Pour concilier et terminer d'une manière amiable et convenable, et rapprocher autant que possible les intérêts communs avec ses coassociés les propriétaires des moulins Bessons, le sieur Pierre Barry propose et consent d'abandonner tous ces droits qui résultent de la jouissance de 25 ans, et de détruire tous ouvrages, pour ne point en laisser trace, sur le moulin à tan qu'il avait construit à sa fabrique du Petit Paradis, par autorisation du.................

Il demande qu'on lui continue la prise d'eau pour son moulin supérieur.

« Il demande que la prise qui fait mouvoir son moulin supérieur établi au dessus des moulins Bessons et construit par feu M. Hyacinthe Amic, lui soit continuée — que les deux ou trois petites prises existantes soient réduites à une seule équivalente, qui serait fixée définitivement par une pierre de taille, en présence de Messieurs les sindics ou toute autre Commission. —

Que cette prise, de forme ovale, sur les eaux superflues, serait ouverte seulement en hiver, etc.

« Mais persuadé que Messieurs les associés reconnaitront et compatiront de tous leurs moyens au désagrément de lui voir perdre une usine à la quelle une longue jouissance et un intérêt majeur l'attachait ; il les prie de lui accorder pour ce dernier moulin Amic, une prise de forme ovale sur les eaux superflues, la quelle serait ouverte au dessus des besoins ordinaires des dits moulins Bessons, et seulement pendant les mois d'hivert que la Société déterminerait. — Cette abondance d'eau, hors les temps nécessaires aux arrosages du Petit Paradis et aux éclusées des moulins à farine, l'indemniserait en quelque sorte des pertes du moulin inférieur, au quel il renonce pour jamais. —

« Il espère et il ose se flatter ainsi d'être agréable à la Société ; il réduirait même ses prétentions des droits acquis par la jouissance sous les anciens propriétaires des dits moulins Bessons qui n'étaient pas peu jaloux de leurs droits, s'il pouvait croire que le dit moulin supérieur put agir d'une manière convenable avec un moindre volume d'eau. —

« Il représente aussi qu'il a, sur la foi de pouvoir jouir, acheté le dit moulin de feu M. Amic. —

« Sur le tout, ne voulant point compromettre la Société ni ses intérêts, il se déclare garant et responsable envers elle de toute recherche et querelle de la part des propriétaires inférieurs au dit moulin, tels que le Petit Paradis et autres.

« Signé : PIERRE BARRY. »

1822.

M. Millou, consulté par les sindics sur le mérite de la dernière demande de M. Barry, fit un rapport en date du 15 octobre 1822, dont voici les passages essentiels :

Rapport de M. Millou du 15 octobre 1822.

« Je me suis rendu le 10 courant sur les lieux où, après avoir reçu les documents et instructions nécessaires, et avoir vérifié l'état des prises établies sur le bord de la marre des moulins Bessons par le prédécesseur de M. Barry, j'ai fixé mon opinion sur l'objet dont s'agit ainsi qu'il suit :

« La désignation de l'état des lieux devant néanmoins précéder toute discussion, je déclare que j'ai reconnu d'abord, à l'endroit de la prise d'eau ci dessus, trois ouvertures régulièrement fermées par des tuyaux de poterie d'un diamètre de deux pouces, engagés dans un corps de maçonnerie solidement construit, posés l'un au niveau du plafond de la marre et les deux autres horizontalement vers le milieu de la hauteur ordinaire des eaux ; entre ces deux derniers tuyaux, j'ai trouvé une quatrième ouverture quarrée de la capacité de douze pouces de superficie, une cinquième d'un bon pouce de diamètre pratiquée dans une pierre de taille placée au fond de la marre ; et enfin trois autres ouvertures informes, mais importantes, inférieures au niveau des eaux lorsque la marre est pleine et que les eaux surmontent de six à sept pouces le seuil du pertuis du canal du Petit Paradis. —

État des lieux: huit prises de formes et dimensions différentes, placées à divers niveaux.

« Toutes ces ouvertures aboutissent à une petite marre couverte d'un chassis en pierre de taille, où se trouvent placés deux tuyaux d'un diamètre différent : le premier est de six pouces sept lignes, le second de deux pouces huit lignes, ces tuyaux sont posés un peu au dessous de la hauteur moyenne des eaux. —

Serve, dans laquelle sont deux tuyaux.

« Questions que se pose M. Millou : (la 1re question n'a plus de motif) ;

« 2° Convient-ils aux intérêts de la Société de conserver les prises existantes sur le canal, dont M. Barry est présumé avoir joui *induement* jusqu'à ce jour ?

« (Le moulin inférieur de M. Barry, cause permanente d'un regonflement qui paralyse les moulins Bessons, étant détruit :)

« La destruction de ce moulin supposée ; ceux des propriétaires reprennent les avantages dont ils étaient auparavant en possession, et, dès lors, toutes les eaux, quelqu'abondantes qu'elles puissent être, peuvent être utilisées à faire marcher de front tous les engins. . . . . . .

Toute l'eau peut être utilisée par les moulins Bessons.

« Les moulins Bessons sont construits de manière que chacun a sa prise et son coursier ; en ouvrant toutes les vannes, on conçoit facilement la possibilité de les faire mouvoir tous en même temps, ou de donner passage aux eaux sans encombrement ; telle a été évidemment la première destination qu'on a donné à ces moulins lors de leur établissement ; leur construction atteste l'étendue de leur privilége, que des considérations étrangères et subséquentes ne sçauraient affaiblir. —

1822.

Rapport
de M. Millou
(suite).

« Ce principe incontestable établi, tout ce qui tend à diminuer ou à détruire ce privilège est illicite et ne peut subsister. —

« Cette assertion est tellement vraie que le Préfet d'Azémar, accablé par une foule de réclamations formées par des propriétaires d'anciennes usines, rendit un arrêté portant en substance que les prises d'eau établies sur les rivières et les canaux seraient justifiées par des titres authentiques, ou, à défaut, condamnées si on ne prouvait d'ailleurs leur haute antiquité. —

« Toutes les administrations ont tellement été délicates sur ce point, qu'aucune n'a accordé de prise d'eau pour de nouvelles usines sans la condition de ne point nuire aux anciennes ; à plus forte raison cette condition existe-t-elle s'il n'y a point eu de concession par la quelle seule on puisse connaitre l'étendue du droit cédé. —

« Or, si les moulins Bessons peuvent et ont le droit d'utiliser toutes les eaux, la soustraction d'une partie leur est nuisible à proportion de la perte qu'elle occasionne. —

La concession
demandée
par M. Barry
pourrait
être nuisible
aux
moulins Bessons

« J'aborde la dernière question qui consiste à éclaircir si une concession d'eau faite à M. Barry ne nuirait pas essentiellement aux propriétaires. —

« Je considère d'abord à l'égard des saisons, que moins les eaux sont abondantes plus les besoins sont grands, et réciproquement, moins les besoins sont grands plus les eaux sont abondantes.

« Il suit de ce double rapprochement que les eaux en été ne peuvent être diminuées puisque leur volume ne peut suffire aux moulins des propriétaires et à l'arrosage des terres ; au contraire en hivert, où le travail est moindre, où l'eau cesse d'être utile aux campagnes, et où le canal en amène une grande quantité, on peut sans inconvénient en donner à M. Barry trente six pouces quarrés, ce qui forme une prise de six pouces de largeur et autant de hauteur ; mais, comme il importe à Messieurs les propriétaires de ne pas grever leur usine d'une servitude onéreuse qui en diminuerait le prix, il faut que l'abandon de cette eau ait lieu par voie de pure tolérance, sans droit d'inspection et de direction sur les eaux, et pour en user lorsqu'elles seront dans le canal. —............

« Il est un axiome dont Messieurs les propriétaires ne doivent pas s'écarter :
« Celui qui donne sans nécessité doit conserver sa liberté toute entière, et ne
« peut donner des armes contre lui, par une générosité mal entendue, à celui
« qui reçoit sans avoir droit de prétendre. — »

....

Conclusions
de M. Millou.

Je conclus donc, sur la demande présentée par M. Barry à Messieurs les propriétaires des moulins Bessons, concernant la prise d'eau à établir sur le canal au dessus des dits moulins, que la faculté peut lui en être accordée aux conditions suivantes :

« 1º Que cette prise n'excèdera pas six pouces de hauteur et autant de largeur ;

« 2º Qu'elle sera pratiquée dans une pierre de taille avec rainures dans son parement apparent ;

1822.

« 3° Que cette pierre sera engagée dans un mur de cinquante centimètres d'épaisseur solidement construit avec chaux vive et ciment ;

« 4° Que le seuil de cette prise ne surmontera pas, ni ne sera inférieure au niveau de celui du pertuis du canal du Petit Paradis ;

« 5° Que cette même prise restera fermée depuis le vingt cinq mars jusques au vingt neuf de septembre de chaque année ;

« Que M. Barry usera de cette prise par voie de tolérance simple et pure, sans aucun droit de propriété, ni d'inspection, ni de direction sur les eaux, dont il lui sera seulement permis d'user lorsqu'elles seront dans le canal. »

M. Barry écrivit la réponse suivante au bas de ces propositions :

Réponse
de M. Barry

« Puisque Messieurs les sindics ne veulent pas d'un arrangement provisoire, M. Barry consent à un arrangement définitif, mais il demande de connaitre l'ex-pédient qu'on propose ; il demande que l'on détermine les temps pendant les quels il sera obligé de fermer sa prise ; il demande que cette prise ne puisse pas lui être ravie à volonté.

« Des accords rédigés avec soin peuvent dispenser d'établir une peine pour le cas d'infraction, et la condition imposée à ce sujet serait une source de procès entre le fermier qui prétendrait qu'on doit fermer la prise et le sieur Barry qui croirait cela inutile.

« Il consent à ce que les sindics ne soient tenus à aucune garantie à raison des droits des tiers. »

Il paraît que cet échange de propositions ne produisit pas la conciliation qu'on espérait, car les sindics convoquèrent les propriétaires des moulins Bessons à une assemblée qui eut lieu le 10 novembre 1822.

Après avoir reçu ce rapport, les sindics tentèrent une conciliation avec M. Barry ; n'ayant pu s'entendre de vive voix, ils remirent à M. Barry la note suivante :

« Les dernières propositions de M. Barry ne peuvent être acceptées par Messieurs les sindics, attendu :

« 1° Que, le sieur Barry s'obligeant purement et simplement à l'enlèvement de la roue de son moulin, il s'en suivrait que tous les ouvrages qu'il a faits sur le canal des moulins subsisteraient ;

« 2° Que le sieur Barry obtiendrait sans aucune condition la faculté d'une prise d'eau pour la quelle il n'a aucun titre ;

« 3° Que la convention proposée, étant révocable à la volonté de l'une des parties, ne terminerait rien. »

Messieurs les sindics sont de simples mandataires ; à ce titre, ils ne peuvent écouter d'autres propositions que celles qui furent consenties dans la dernière assemblée des actionnaires, et qu'ils vont rappeler, puisqu'il paraît que M. Barry les a oubliées :

« 1° M. Barry offrira un expédient de condamnation dans le procès existant ; il s'obligera à payer tous les dépens et à enlever dans la quinzaine le moulin à tan qu'il a établi sur le canal des moulins, ainsi que la roue et tous les ouvrages par lui construits dans le dit canal pour l'établissement de son moulin ;

« 2° Il sera fait une convention entre les parties portant que, par pure bienveillance, les actionnaires consentent à laisser jouir M. Barry de la prise d'eau de cinq pouces de diamètre établie sans titre dans le canal au dessus des moulins Bessons pour alimenter le moulin à tan contigu à son jardin, tant que ce moulin sera en activité, et ce, sous la condition que cette prise sera fixée d'une manière invariable au sus dit diamètre et au niveau de............ ; qu'elle sera fermée annuellement pendant le temps des arrosages et lorsque les eaux sont toutes nécessaires pour fournir aux besoins des moulins Bessons ; que les propriétaires des dits moulins ne seront tenus d'aucune garantie envers M. Barry dans le cas de recherche ou contestation à ce sujet de la part des possesseurs des engins inférieurs et des propriétaires des terres arrosantes ayant droit à l'usage des dites eaux, ainsi que de tous autres ; que, dans le cas d'infraction aux sus dites conditions de la part de M. Barry, le consentement donné par les actionnaires à la dite jouissance sera et demeurera révoqué de plein droit ; et que nulle prescription quelconque ne pourra jamais être opposée à cet égard de la part de M. Barry et de ses successeurs à la propriété de son dit moulin à tan.

« Messieurs les sindics observent que, dans l'assemblée, il avait été convenu que le consentement des actionnaires serait purement verbal, mais qu'ils espèrent obtenir l'autorisation de le donner par écrit de la manière ci-devant énoncée, ce qui rassurera d'autant plus le sieur Barry sur son exécution. »

Mais ils ne purent s'entendre, et ils convoquèrent les propriétaires des moulins Bessons qui s'assemblèrent le 10 novembre suivant, 1822.

L'un des sindics exposa : « que la voie de conciliation n'avait pu avoir lieu entre les sindics et M. Barry à raison de l'exécution du jugement qui ordonne la démolition des ouvrages construits dans la partie intérieure du canal des dits moulins, ainsi qu'au sujet des prises d'eau qu'il s'est permis d'ouvrir au même canal et au dessous des dits moulins ; sur quoi l'assemblée,

« Vu le procès verbal de non conciliation en date du 26 octobre dernier,

« Considérant qu'il est d'un intérêt urgent que les ouvrages susmentionnés, et dont la démolition a été ordonnée, soient enlevés au plutôt pour laisser un libre cours aux eaux et faire cesser les réclamations du fermier ; qu'il est également indispensable que les prises d'eau, dont M. Barry jouit pour alimenter sa fabrique de tannerie acquises de feu Hyacinthe Amic, soient réduites au volume fixé par la concession attachée à la dite fabrique,

« A unanimement délibéré, à l'exception de M. Reboul, qui s'est abstenu pour raison de son alliance avec M. Barry, de donner pouvoir à Messieurs les sindics de consulter pour aviser aux moyens de parvenir à l'exécution des deux objets qui font la matière de la présente délibération, pour en faire rapport à l'assemblée et y être délibéré. » — *Page* 38.

Le 16 mars 1823, « les sindics dirent aux propriétaires assemblés : qu'ayant été chargés par délibération du 10 novembre 1822, de faire consulter par deux jurisconsultes sur les deux points de litige entre la Société et M. Barry, il leur avait été suggéré par le Conseil de la Société de ne pas confondre l'affaire , sur la quelle un jugement arbitral avait été rendu , et celle sur la quelle il n'existe que le procès verbal de non conciliation devant le juge de paix. — Ils ont fait donner lecture de la consultation rédigée par Messieurs Champsaur et Bouteille, jurisconsultes à Aix , relative à l'exécution du jugement arbitral , et ils ont demandé que , attendu les soins qu'exigeaient ces deux affaires, il fut nommé un troisième sindic.

— Consultation de Messieurs Champsaur et Bouteille :

Consultation de MM. Champsaur et Bouteuil.

« La question , sur la quelle Messieurs les propriétaires des moulins Bessons
« demandent avis, a pour objet de sçavoir quelle est, dans l'état actuel des cho-
« ses , la conduite qu'ils ont à tenir contre le sieur Pierre Barry à raison des
« ouvrages faits par celui-ci dans le canal de fuite des dits moulins. »

Or, cette question paraît être d'une solution facile , quand on connaît les faits qui donnent lieu à la contestation actuelle :

Faits.

« Le sieur Barry étant fermier des moulins Bessons avait proffité de cette circonstance pour exhausser les rouets de ces moulins ; et , à la faveur de cet exhaussement , il avait placé une grande roue et pratiqué divers ouvrages dans le canal de fuite à trez peu de distance des dits moulins , pour se procurer un moulin à tan dans la fabrique de tannerie qu'il possède à côté du dit canal ;

« Cette roue et ces ouvrages produisaient un reflux des eaux qui nuisait considérablement au jeu des moulins Bessons.— Les propriétaires de ces moulins ne tardèrent pas à s'en plaindre, lorsqu'ils en eûrent fait l'acquisition. — Le sieur Barry rejetta la cause du refoulement des eaux sur le sieur François Mélan, propriétaire d'un moulin à farine inférieur, en supposant qu'elle provenait uniquement de l'exhaussement de la prise d'eau de ce dernier dans le même canal.

« Les propriétaires des moulins Bessons mirent en cause les sieurs Barry et Mélan ; un jugement arbitral , rendu après des vérifications expérimentales , reconnût que , malgré l'exhaussement des rouets des moulins Bessons que le sieur Barry s'était permis abusivement , la roue de son moulin à tan et les ouvrages qu'il avait faits dans le canal produisaient un refoulement des eaux tel que cette roue et ces ouvrages ne pouvaient subsister en l'état sans porter un préjudice intolérable aux moulins Bessons. — Cependant, au lieu d'en ordonner la démolition et l'enlèvement, les arbitres considérant la faveur que mérite l'industrie et croyant , qu'au moyen d'un tempérament indiqué par les experts , il y aurait moyen de conserver la roue et les ouvrages du sieur Barry sans préjudicier aux moulins Bessons, ordonnèrent l'exécution des différentes mesures indiquées par les experts, mais par forme d'essai et sous la réserve expresse de tous les droits et actions des propriétaires des moulins Bessons dans le cas où l'expérience justifierait que ce tempérament ne remplirait pas le but désiré.

« Il est indispensable de lire ce jugement arbitral pour connaître parfaitement ses motifs et son dispositif, attendu que l'on n'en parle ici que de mémoire.

« Le sieur Barry n'exécuta que d'une manière incomplette ce qui lui avait été prescrit par jugement arbitral, le préjudice subsistait en trez grande partie, et si les choses en étaient restées là, il y aurait lieu à examiner s'il conviendrait de le forcer à s'exécuter entièrement ou de demander qu'il fût tenu de démolir et enlever le tout et de procéder à de nouvelles vérifications pour constater la continuation du préjudice.

« Mais il paraît qu'il est inutile de se jetter dans ces discussions ; la raison en est que, parmi les mesures prescrites par le jugement arbitral, la plus importante consistait à l'agrandissement d'un épanchoir, dit le Pas de Maurelle, et au rabaissement de la vanne de cet épanchoir, ce qui avait été ordonné pour faciliter le plus prompt écoulement des eaux et prévenir leur reffoulement aux engins ou rouets des moulins Bessons ; or, voici ce qui est arrivé à cet égard.

« Les propriétaires des terres situées au quartier de la Burlière, ayant le droit de prendre l'eau dans le canal de fuite dont il s'agit pour l'arrosement de leurs terres, et éprouvant une grande déperdition de cette eau par la nouvelle forme de l'épanchoir du Pas de Maurelle, ont demandé son rétablissement dans le premier état, et ils l'ont obtenu définitivement au possessoire sans que le sieur Barry se soit avisé de les attaquer au pétitoire, ni qu'il puisse raisonnablement penser à exercer cette dernière action.

« Or, il suit de là que les mesures prescrites par le jugement arbitral doivent être considérées comme non avenues, et que, sans qu'il soit besoin d'aucune nouvelle vérification, les propriétaires des moulins Bessons sont fondés à s'autoriser de ce même jugement pour demander la démolition et l'enlèvement de la roue et des ouvrages construits illicitement par le sieur Barry dans le canal de fuite. — Cette demande doit faire la matière d'une nouvelle action à porter contre le sieur Barry par devant le tribunal de l'arrondissement quoique fondée sur le jugement arbitral, parceque ce jugement n'en renferme que la justification, sans former un titre coactif.

« Il est encor divers points sur les quels on croit que les propriétaires des moulins Bessons ont des droits à exercer contre le sieur Barry, tels que le rabaissement des murailles qu'il s'est permis d'exhausser pour dérober à la vue la partie du canal dont il s'agit, dans la quelle il avait fait son établissement, et la réduction à son état primitif de la prise d'eau qu'il a sur le canal en amont des moulins Bessons, attendu la multiplication abusive qu'il a faite de cette prise pour se procurer, dans la maison et la fabrique de tannerie par lui acquise du sieur Amic, un volume d'eau assez considérable pour mettre en jeu un autre moulin à tan, au grand détriment des moulins Bessons pour qui les eaux ainsi dérivées sont absolument perdues ; mais on ne peut entrer ici dans les développements que ces divers points, et le dernier surtout qui est trez grave, peuvent exiger pour mettre le conseil des propriétaires à portée de donner une décision solide et satisfaisante. — On laisse, par conséquent, à Messieurs les sindics le soin de donner à leur conseil toutes les instructions nécessaires en fait, sans oublier les propositions qui ont été respectivement faites à cet égard. »

« L'Assemblée, après avoir approuvé ce qui avait été fait par Messieurs les sindics, nomme M. Jean, Pierre Barthelemy, troisième sindic, leur donne pouvoir de remettre la consultation dont s'agit à un avoué pour parvenir à l'exécution du jugement arbitral, et celui de faire consulter par les mêmes jurisconsultes au sujet des prises d'eau dont l'empiétement a été commis par M. Barry ou feu M. Amic, qu'il représente, dans la partie du canal supérieure aux dits moulins, et finalement celui de poursuivre par tous les moyens de droit le rétablissement des lieux. » — *Page 40.*

1823.
—
Délibération
du 16 mars 1823
—
Remettre
la consultation
à un avoué
pour poursuivre.

Faire consulter
sur les prises
d'eau Barry.

Les sindics ayant agi conformément à cette délibération, M. Barry, qui était poussé dans un impasse dont il ne pouvait se sauver, tenta un moyen désespéré pour lasser les propriétaires :

« Par exploit du 31 mai 1823, il fit citer les sindics à comparaitre devant le tribunal civil de Brignoles, pour voir dire au fonds. 1º qu'il sera procédé aux formes de droit à la vente par licitation des moulins à farine dits Bessons et dépendances, et d'un bâtiment destiné à l'égorgerie du bétail, etc....., et ensuite au partage du prix d'iceux entre les sociétaires à proportion des droits de chacun d'eux, etc.....; 2º que, dans la huitaine de la signification du jugement à intervenir, les dits sindics seront tenus de rendre compte devant un membre du tribunal de l'administration qu'ils ont eûe jusqu'à ce jour des dits immeubles; de voir dire et ordonner en outre que les dits sindics seront tenus de déposer rière le greffe du tribunal tous les titres, papiers et documents concernant l'acquisition et l'administration des dits immeubles, afin que le requérant puisse en prendre connaissance et y puiser les renseignements que son intérêt exigera, etc..... »

M. Barry
cite les sindics
devant le tribu-
nal civil,
et demande la
vente des mou-
lins, etc..

Le 15 juin suivant, « dans l'assemblée des actionnaires convoqués à cet effet, les sindics donnèrent lecture de cette citation en observant que c'était ici une nouvelle action indépendante de celle qui était actuellement en instance devant le tribunal, pour la quelle les sindics avaient besoin de nouveaux pouvoirs : que le Conseil ordinaire de la Société leur avait dit que la demande en vente par licitation serait infailliblement rejettée. ... mais qu'ils doivent remettre rière le greffe les titres qui constituent l'achat des moulins Bessons, et la convention passée entre les actionnaires pour faire ladite acquisition. — Le sindic a ajouté qu'il avait fait mettre en règle les titres à produire.....

Délibéré
de repousser les
nouvelles
prétentions de
M. Barry.

« Que M. Barry demande mal à propos la vente du bâtiment servant à l'égorgerie, attendu que cet immeuble n'a jamais appartenu aux actionnaires qui n'en ont jamais payé le prix, ce que M. Barry ne pouvait et ne devait pas ignorer.

« Sur tout quoi l'Assemblée délibérant, donne pouvoir à Messieurs les sindics de faire, au nom des actionnaires, tout ce qu'exigera l'intérêt de la Société pour repousser les nouvelles prétentions du sieur Barry, promettant de le ratifier et avoir pour agréable. » — *Pages 41 à 43.*

L'Égorgerie
n'appartient pas
aux
actionnaires,
qui n'en ont pas
payé le prix.

21 novembre, « il parait que les menaces de M. Barry n'eûrent pas de suite, et que des amis communs le déterminèrent à s'exécuter en enlevant la roue et vannes qu'il avait établies dans le canal de fuite des moulins Bessons, de sorte que, dans la délibération des actionnaires assemblés le 21 novembre

M. Barry
exécute le juge-
ment arbitral.

1824-1825.

1824, il est dit seulement à ce sujet : 2° Messieurs les sindics sont expressément chargés de faire droit aux plaintes du sieur Gourdon, fermier des moulins Bessons, en provoquant et assurant par tous les moyens légaux la stricte exécution du jugement arbitral rendu contre M. Barry ; il leur est aussi donné le pouvoir de faire les poursuites nécessaires pour contraindre M. Barry à rétablir sa prise d'eau, au dessus des moulins Bessons, conformément au titre de concession. — *Page* 44.

Le canal sera
déblayé
à frais communs

« Enfin, M. Reboul, beau-frère de M. Barry, ayant proposé aux actionnaires, réunis le 10 juillet 1825, de faire enlever le gravier et déblayer le canal de fuite par des travailleurs au choix des sindics, et que la dépense serait payée moitié par M. Barry, un quart par le fermier et un quart par les actionnaires, M. Reboul se rendant personnellement garant de l'exécution de sa proposition, l'assemblée accepta, avec reserve de tous ses autres droits, la concession qui est faite à M. Barry ne concernant absolument que la portion des frais qu'elle consent à payer pour le curage et décombrage du canal. »

Délibération sur timbre enregistrée le 16 *juillet.*

Explications
transitoires.

Cette délibération du 10 juillet 1825 est la dernière, où il soit parlé du long procès avec M. Barry, dont il ne restait à régler que la prise d'eau supérieure aux moulins Bessons conformément à la délibération précédente du 21 novembre 1824.

Les délibérations postérieures des actionnaires sont muettes sur ce point, et, les moulins Bessons ayant été acquis par la ville en 1830, ce sera dans les actes administratifs de la Commune que se trouveront les documents relatifs à cette prise d'eau ; nous les mentionnerons à leurs dates.

Nous allons reprendre la narration des faits, que nous avions laissés de côté pour suivre directement les incidents du procès contre Messieurs Barry et Mélan.

Nous avons vu que, en 1808, la régie de l'Enregistrement fit vendre les moulins Bessons et l'Égorgerie, et que, aux enchères ouvertes le 8 septembre de cette année, ils furent adjugés à une Société formée par les habitants de Brignoles.

Le 13 *mai précédent,* « le Conseil municipal avait délibéré de supplier M. le Préfet d'ordonner qu'il fût sursis à cette vente, jusqu'à ce qu'il eût été définitivement statué sur la réclamation de la Commune au sujet de la liquidation de ses dettes. » — *Fol°* 12.

Cette délibération ne produisit aucun effet.

Moulin
des Augustins
(Pré de Pâques).

Déclaré pro-
priété nationale.

Cédé à l'hôpital
St Jean.

Nous avons vu d'autre part qu'en 1786-1787, la Commune avait fait construire un moulin à farine à côté du pont des Augustins au Pré de Pâques ; ce moulin, dit des Augustins, fut déclaré propriété nationale en 1793, et le gouvernement força l'hôpital à l'accepter en payement ou indemnité des frais énormes que cet établissement avait faits pour le service militaire pendant la guerre d'Italie. — Malgré les refus et oppositions de l'administration des hospices, qui trouvait que ce moulin, tout délabré, ne pouvant marcher par suite de l'opposition des usiniers supérieurs à la reconstruction du barrage qui avait été détruit, était une aggravation de charge sans compensation aucune, l'hospice St Jean fut envoyé en possession définitive de ce moulin le 29 décembre 1807, en conformité de la loi du 9 septembre précédent.

L'hospice ne cessa de demander l'autorisation de vendre cet immeuble dont il ne pouvait jouir : elle lui fut enfin accordée, et le moulin des Augustins, vendu aux enchères, fut adjugé le 22 mai 1820 à M. Bagarre de Cabasse, au prix de 9,550 fr.

Vendu à Bagarre de Cabasse.

Après quelques tentatives infructueuses, Messieurs Bagarre, ne pouvant réussir à établir le barrage qui dérivait l'eau à ce moulin, l'abandonnèrent, et il était à l'état de masure, sans toiture, ne conservant que les murailles délabrées, lorsque M. Barthélemy Bagarry en devint acquéreur par acte du 19 mars 1853.

L'usine, qui était le plus puissant obstacle au rétablissement du barrage, ayant été privée de l'eau nécessaire à sa marche, M. Bagarry obtint de M. le Préfet du Var un arrêté, en date du 25 avril 1857, autorisant la reconstruction de ce barrage; le moulin fut alors remis à neuf et il fonctionne depuis cette époque.

Les diverses circonstances du procès de la Commune contre Aubry, représentant Barthélemy, ont déjà été relatées à la suite de la concession faite à ce dernier en 1744. — La suppression du canal de Caramiette votée le 17 mai 1855, et rendue exécutable par le jugement du 19 décembre 1856, confirmé par la Cour d'appel, en annihilant la fabrique d'Aubry, fit disparaître l'obstacle qui avait empêché jusqu'alors le rétablissement du barrage pour le moulin des Augustins, et M. Bagarry put obtenir incontinent l'autorisation de le reconstruire.

Le 14 septembre 1817, dans l'Assemblée des propriétaires des moulins, l'un des sindics expose que « le sieur Brun, chargé de la direction des eaux des fontaines publiques, ayant découvert une source à proximité du moulin dit du Cumin, s'était permis, sans autorisation, d'ouvrir une tranchée à travers la chaussée du canal des moulins Bessons pour le dégorgement provisoire de l'eau de la dite source ; qu'il se proposait d'établir la conduite de cette eau jusqu'au portail de Cariamette, au milieu des diverses parties de chaussées des dits moulins contigues aux propriétés des sieurs Perrotin fils, Joseph Moutton, et de l'hoirie Maille, et de lui faire traverser le canal tout près du petit pont qui sert de communication aux deux rives.

14 septemb. 1817
—
Le fontainier
Brun
fait une breche
à la
berge du canal.

« Le même sindic a observé à l'Assemblée : 1º que le travail fait par le dit Brun sur un point de la chaussée, et celui projeté sur deux autres parties, portent atteinte au droit de propriété des moulins Bessons, dont les chaussées font partie — 2º que si elle autorisait le sieur Brun à conduire l'eau de la dite source ainsi qu'il vient d'être expliqué, il en résulterait nécessairement des préjudices graves pour les propriétaires en ce que les chaussées seraient affaiblies par la tranchée qui serait ouverte au milieu d'elles, les affaissements du terrain seraient trez fréquents, les eaux s'infiltreraient au détriment des moulins et causeraient des dégats aux propriétés inférieures des particuliers.

Atteinte
au droit de pro-
priété du
moulin Besson.

Considérants.

« Après cet exposé et mûre discussion ,

« L'Assemblée considérant :

« Que les chaussées font partie de la propriété des moulins dits Bessons et de Vins , et que les travaux faits et projétés par le sieur Brun portent atteinte à leurs droits ;

« Que l'ouverture d'une tranchée longitudinale au milieu des chaussées nuirait infailliblement à leur solidité , au mouvement des rouets des moulins par la déperdition de l'eau , et qu'elle occasionnerait des dépenses fréquentes pour réparer les parties de terrain éboulées ;

« Qu'il est convenable néanmoins de prouver son désintéressement et son désir de concourir à tout ce qui peut être d'utilité publique par l'emploi des eaux de cette source , en mettant toutefois à couvert les intérêts attachés aux moulins Bessons ;

« Que , s'il est permis au sieur Brun de former sa conduite ainsi qu'il est désigné , cette autorisation étant gratuite dérive aussi du droit de propriété et doit être consentie par tous les actionnaires de la Société des moulins Bessons ;

« Que les hoirs Grisolle , propriétaires du moulin à farine dit de Vins , ont aussi un droit de copropriété sur les canaux et chaussées dont s'agit ;

« A délibéré :

Obliger Brun de remettre la berge dans son premier état.

« 1° Il est enjoint aux sindics d'obliger par toutes les voies de droit le sieur Brun , fontainier , à rétablir dans son premier état la partie de chaussée qu'il s'est permis d'entamer par une trouée , et de s'opposer à toute entreprise nouvelle ;

Permettre à Brun d'établir sa conduite dans la berge , à condition : Qu'il sera tenu de tous les dommages en résultant, et de l'entretien des berges, etc.

« 2° Les sindics sont autorisés à permettre au dit sieur Brun d'établir sa conduite au milieu des chaussées , depuis le moulin du Cumin jusqu'à proximité du portail de Caramiette , aux conditions suivantes :

« 1° Qu'il sera tenu par lui , les siens , ou les personnes aux quelles il vendra l'eau provenant de la dite source , de l'entretien , réparations quelconques de ces parties de chaussées , ainsi que de tous les dommages résultants de l'infiltration des eaux , soit de la dite source , soit du canal , et de leur déversement dans les propriétés inférieures , le tout pour quelque cause que ce soit ;

Qu'il ne pourra exiger que les eaux cessent de couler dans le canal , pour aucun motif

« 2° Que , pour aucun motif tant de construction que de réparation de la conduite à faire , il ne pourra exiger que les eaux cessent de couler dans le canal des moulins;

Qu'il fournira une garantie immobilière pour l'exécution de ces conditions.

« 3° Qu'il fournira un cautionnement en immeubles de la valeur de six mille francs pour garantir l'exécution des conditions qui précèdent , si mieux il n'aime convertir cette garantie par une obligation spéciale attachée à la vente de toute l'eau de la dite source , et qui devra être consentie par celui ou ceux qui l'achèteront ;

« 4° Que la présente délibération ne sera , quant à la permission qui peut être accordée au sieur Brun , valable et exécutoire qu'après avoir été signée par tous les actionnaires ;

« 5° Que la dite permission ne pourra être donnée qu'avec la réserve et la clause, sauf les droits des hoirs Grisolle co-propriétaires des canaux et chaussées des moulins, (1) et autres tiers s'il y en a ;

« 6° Que tous les frais résultants de cette permission pour obligation, cautionnement, garanties, et autres quelconques ne seront point à la charge des actionnaires. — *Pages* 25 et 26. »

14 Septemb. 1817

« Dans l'assemblée tenue le 10 janvier 1819 par les actionnaires des moulins, l'un des sindics représenta qu'il était urgent de s'occuper de la réparation à faire en dessus de l'écluse pour que les eaux de la rivière de Caramy soient détournées de la mauvaise direction qu'elles ont prise, et contenues de manière à arriver en droite ligne sur l'écluse ;

« Qu'il est instant de mettre un frein aux usurpations des eaux du canal, pour que ceux qui les ont commises ne puissent pas opposer la prescription ; qu'il est nécessaire de nommer de nouveaux sindics, etc....

« L'Assemblée délibère que les actionnaires donnent à Messieurs les sindics tous les pouvoirs nécessaires pour parvenir à la réparation qui doit être faite au dessus de l'écluse ; les autorisent de faire choix d'un jurisconsulte pour leur tracer la marche à suivre tant pour faire cette réparation d'une manière légale, que pour obtenir des propriétaires arrosants leurs terres des eaux du canal, soit de la dite écluse, qu'ils contribuent proportionnellement à la dite réparation, si, d'après une consultation du dit jurisconsulte, les dits propriétaires arrosants sont dans le cas d'y contribuer. — *Page* 29. »

10 Janvier 1819.

Réparer le lit de la rivière au-dessus de l'Ecluse.

---

(1) Je crois que le rédacteur de la délibération qui précède a fait erreur en disant que le moulin, dit de Vins, a un droit de copropriété sur les canaux et leurs berges ; parce que la Commune, en achetant, en 1499 et 1501, les moulins Bessons, acquit par le même acte la dérivation d'eau, les écluses et canaux, qui avaient fait partie intégrante des donations de Charles II aux dames de Nazareth ; tandis que le moulin de Vins marchait au moyen d'une dérivation établie vers le milieu du Pré-de-Pâques, inférieure aux moulins Bessons, et connue sous le nom d'Ecluse du Pigeonnier.

Lorsque la ville fut forcée par M. de Vins de lui acheter tous ses biens sis dans le terroir de Brignoles, elle devint propriétaire du moulin de Vins, qu'elle garda jusqu'en 1792 ; elle détruisit l'écluse du Pigeonnier, et, changeant la direction de la fuite des eaux du moulin Besson, qui se jetaient dans Caramy, en ligne presque directe, par le canal dit Pas de Maurelle, elle fit creuser un canal dans les jardins du Petit-Paradis afin de porter au moulin de Vins les eaux de fuite du moulin Besson.

Le moulin de Vins n'a donc aucun droit de copropriété sur les canaux supérieurs, ni même sur celui du Petit-Paradis, qui appartiennent, ainsi que leurs berges, exclusivement à la Commune. — Ce moulin qui, entre les mains de la Commune, pendant trois siècles, n'a été qu'un moulin de secours, sans que ses fermiers eussent le droit de *dénonce* contre les usurpateurs d'eau, droit expressément réservé au fermier du moulin Besson, sans qu'ils pussent faire des éclusées, ou autres œuvres, portant entrave aux moulins Bessons, ce moulin fut vendu en 1792 aux clauses ordinaires, c'est-à-dire pour n'en jouir par l'adjudicataire qu'aux mêmes charges, servitudes et obligations, qu'en a joui ou dû jouir la Commune de Brignoles. — D'où semble résulter que ce moulin n'a droit qu'aux eaux de fuite du moulin Besson, sans que cette jouissance puisse devenir nuisible au dit moulin Besson.

Cette position a été confirmée par le mode d'usage et de jouissance suivi depuis 1792 jusqu'à présent.

Observations sur les droits du moulin de Vins.

4er Mai 1820.
—

Le 1er *mai* 1820 , « sur l'invitation de M. le Maire , les sindics des arrosants des quartiers de St-Jean , de la Burlière, du Petit Paradis et des Consacs , s'assemblèrent dans l'hôtel de ville avec les sindics des propriétaires des moulins Bessons, et Messieurs Gavoty et Grisolle , propriétaires de moulins à tan et à farine ;

Réparation dans le lit de la rivière , au-dessus de l'écluse du Plan.

Répartir les frais de cette réparation.

« L'objet de la réunion était de procéder à la réparation urgente, nécessaire à la partie de la rivière de Caramy en dessus de la grande écluse ; de ne pas suivre le devis dressé par le sieur Millou , comme trop dispendieux : et encore , pour savoir si la dépense qui sera faite à ce sujet doit être supportée par les propriétaires des moulins , usines , fabriques , et ceux des terres arrosables par l'eau du canal de la dite écluse, chacun d'après leurs droits respectifs , et en raison du temps qu'ils usent de la dite eau.

Observations des sindics du Petit-Paradis

« Messieurs Lazare Chateauneuf et Joseph Raynaud, sindics des propriétaires du quartier du Petit Paradis , ont observé qu'ils ne croient point devoir entrer dans cette dépense ; que ce quartier a toujours joui des arrosages sans aucuns frais ; et qu'ils déclarent au nom de leurs commettants ne vouloir participer en rien dans la dépense qui sera faite pour cette réparation, et ont signé :

« CHATEAUNEUF, Jh. REYNAUD. »

Observations des sindics de la Burlière.

« Messieurs Charles Roman , Jean Pierre Arnoux et Laurent Roubaud , sindics des propriétaires , possédants biens au quartier de la Burlière, ont observé que, d'après les accords existants entre leurs auteurs et la Commune de Brignoles, les eaux doivent arriver à leurs terres sans qu'ils soient tenus à aucuns frais. Que cet état des choses est comme de notoriété publique à Brignoles. Le motif en est que la Commune ayant voulu opérer des ouvrages pour amener les eaux de la rivière aux moulins et autres engins de la ville , traita avec les propriétaires de la Burlière et convint avec eux que , au lieu de prendre l'eau à l'écluse du Pigeonnier, établie dans le lit de la rivière vers le milieu du pré de Pâques, la Commune la leur aménerait par des canaux supérieurs faits à ses frais, aux moyens des quels les moulins et autres engins seraient alimentés. D'après ces accords l'écluse du Pigeonnier fut abandonnée et détruite. Dès lors la Commune se trouva seule chargée et obligée de faire arriver aux terres de la Burlière l'eau nécessaire pour les arroser.

« En cet état des choses, quels que soient les ouvrages ou travaux nécessaires pour parvenir à ce résultat, la Commune de Brignoles, ou soit ceux qui la représentent, en sont seuls tenus ; il devient dès lors trez indifférent pour eux que les ouvrages se fassent au dessus de l'écluse, vers la source de la rivière , ou en dessous ; il faut toujours que les terres de la Burlière reçoivent leurs eaux par l'effet des ouvrages à faire, en remplacement de celle qui leur était fournie par l'écluse du Pigeonnier, et ont signé :   ROMAN, P. ARNOUX. »

L'assemblée décide que les travaux doivent être payés par les arrosants et par les usiniers.

« La pluralité des autres membres ont fait de justes observations , et il a été reconnu par eux : que le dommage occasionné par les eaux se trouve en dessus de la grande écluse ; que les propriétaires des moulins, étant tenus des frais pour l'entretien du canal et de l'écluse, il serait injuste et hors des règles de l'équité de leur faire supporter ceux qui , comme dans le cas présent , ont trait à un dommage qui doit être payé en commun ;

Il a été délibéré par eux :

1er Mai 1820.

« Que le devis dressé par M. Millou ne serait pas suivi, et qu'il en serait fait un autre par le sieur Gianany, conducteur des travaux publics, ou tout autre homme de l'art ;

Qu'il sera fait un devis.

« Que les propriétaires des terres arrosables des quartiers de St-Jean et des Consacs entreraient en part pour les frais de cette réparation ;

Les arrosants de St Jean et des Consacs contribueront.

« Que la répartition de cette dépense sera fixée en raison du temps qu'ils usent de la dite eau, et non pas sur le revenu présumé de leurs terres arrosables;

La répartition sera basée sur le temps pendant lequel on use de l'eau.

« Qu'il sera nommé à cet effet des experts ou amis communs, pour procéder à la répartition qui sera faite entr'eux et les propriétaires des moulins, usines et fabriques, d'après le rôle de la dépense qui sera présenté, et toujours d'après les bases ci dessus ;

Des experts seront nommés pour faire la répartition.

« Arrêtent encore que les sindics des dits quartiers se font forts pour leurs commettants pour cet objet seulement, qui ne doit pas être regardé comme obligatoire pour l'avenir ;

« Que leur qualité de sindics ne les obligeant que pour cet article seul de dépense, ils n'entendent se lier d'aucune manière sur d'autres prétentions ou réparations qui peuvent survenir, se réservant, en leur nom et celui de leurs commettants, tous leurs droits respectifs.

« La présente a été clôturée et signée par nous et les Messieurs présents :

« C. Mouton, Maire — Carrassan — A. Amic — Blachas — Rimbaud — Achille Hérand — Bernieu — Victor Lion, sindics.

« Et par : A. Bremond — Fanton — J. Mathieu — pour les moulins.

« Le sieur Auguste Grisolle, en qualité de procureur fondé de Madame Brouillony de Montferrat, sa sœur, observe : que les engins possédés par Madame sa sœur ont la même origine que les terres de la Burlière, puisque le tout appartenait au même propriétaire ;

Observations de M. Grisolle.

Le moulin de Vins a la même origine que les terres de la Burlière.

« Que, si les terres de la Burlière ne sont pas comprises dans la répartition, également le répondant ne doit pas y être compris ;

Si la Burlière n'est pas comprise dans la répartition, le moulin ne doit pas y être compris.

« Qu'il ne croit pas que la réparation dont il s'agit soit à la charge de tous les possédants biens de terres arrosables et engins ;

« Que les propriétaires des moulins Bessons doivent fournir à l'entretien de l'écluse, qu'il s'agirait de savoir si les ouvrages dont on demande la réparation ne sont pas compris dans ceux à la charge des moulins Bessons ;

« Cependant, bien aise de concourir à cette réparation pour cette fois seulement, le sieur Grisolle consent à être compris dans la répartition, pourvû que les possédants biens des terres de la Burlière et du Petit Paradis soient compris dans la même répartition.

Il consent à être compris dans la répartition si les terres de la Burlière et du Petit-Paradis y sont comprises

« Observant en outre que, si par décision des tribunaux les propriétaires du Petit Paradis et de la Burlière sont soumis à la réparation, le répondant considérera le jugement comme exécutoire contre lui.   Signé GRISOLLE. »

1822.

Les observations de M. Grisolle seraient justes si le moulin avait été aliéné par la Communauté avant l'établissement du canal du Petit-Paradis, parce que l'acquéreur aurait alors reçu l'eau par l'écluse du Pigeonnier ; mais l'aliénation n'ayant eu lieu qu'en 1792, ce moulin ne jouissait que de l'eau de fuite du moulin Besson, le quel les prend au-dessus de l'écluse du Plan.

Tandis que la ville ayant vendu dès 1593 et 1597, les terres du Petit-Paradis et de la Burlière, alors que l'eau lui venait de l'écluse du Pigeonnier, c'est-à-dire prise dans la rivière en face du Pré-de-Pâques, ces terres pouvaient revendiquer l'exemption de leur eau, prise en dessous de l'écluse du Plan et leur arrivant malgré ladite écluse, comme indépendante et étrangère à l'eau déviée pour les moulins et prise en-dessus de l'écluse.

Acheter
un terrain d'al-
luvion pour y
faire passer l'eau
de Caramy.

Les sindics des moulins Bessons assemblèrent les actionnaires le 13 janvier 1822, « et leur exposèrent la nécessité de faire l'acquisition d'un terrain situé au dessus de l'écluse du Plan, dans l'ancien lit de la rivière de Caramy, obtenu par alluvion à des particuliers riverains, et indispensable pour les réparations projétées, à l'effet de faire arriver les eaux de Caramy en ligne directe sur l'écluse.

« L'assemblée, reconnaissant la nécessité d'acquérir la propriété de ce terrain, autorisa les sindics à l'acheter pour le compte de la Société. » —Pages 35-37.

Adjudication
des travaux
à faire en amont
de l'ecluse.

Après ces mesures préliminaires, les sindics procédèrent à l'adjudication des travaux, et en firent dresser le procès-verbal qui suit :

« Ce jourd'hui 18 août 1822, à dix heures du matin, nous André Louis Bremond, marchand, et Félix Carrassan, propriétaire, sindics des propriétaires des moulins à farine dits Bessons, situés dans l'enceinte de cette ville de Brignoles ; — en exécution de l'arrêté de M. le Préfet, mis au bas de la pétition que nous lui avons présentée le 5 juin dernier, rendu d'après l'avis de M. le Sous-Préfet, qui nous autorise d'exposer aux enchères publiques et au rabais les ouvrages à faire aux abords de la grande écluse des moulins de cette ville, établie sur la rivière de Carami au quartier du Plan, pour dériver les eaux de la dite rivière sur l'écluse qui, par suite d'alluvions, en ont quitté la direction et causent des dommages trez considérables aux propriétaires riverains ; et ce, en suite des publications et affiches qui ont été faites et placardées dans les endroits les plus apparents de la ville, ainsi qu'aux principales communes de l'arrondissement pour donner à cette enchère la plus grande publicité ; l'heure susdite étant venue, nous sommes rendus à l'hôtel de ville, où étants avons fait publier dans toute la ville par le serviteur trompette, d'autorisation de M. le Maire, pour annoncer que les enchères allaient être ouvertes, que l'adjudication en serait délivrée à la personne qui en ferait les conditions les plus avantageuses et qui réunirait les qualités voulues par l'article 7 du devis et détail estimatif.

« Toutes ces formalités remplies, nous avons donné lecture en présence d'un grand concours de personnes :

« 1° Du devis estimatif des ouvrages à exécuter dressé par le sieur Gianani, conducteur des ponts et chaussées, qui s'élève à la somme de 2351 fr. 75 cent.;

« 2° De l'arrêté de M. le Préfet du 5 juin dernier qui, pour mettre plus de régularité dans l'opération, a bien voulu permettre que l'adjudication eût lieu à l'hôtel de ville, en présence de M. le Maire.

1822.

« Après la lecture de toutes ces pièces, et après avoir annoncé que l'adjudication aurait lieu au rabais d'après le devis estimatif s'élevant à la somme de 2351 fr. 75 cent., avons fait allumer un premier feu, pendant la durée du quel le sieur Etienne Hermitte, cultivateur, a porté son offre à la somme de 2350 fr. le sieur Simon a porté son offre à 2365 fr, etc.......

« Plusieurs offres se succèdent, et Simon descend à 2275 fr. — il demeure adjudicataire, sous le cautionnement de Cordouan, Joseph, qui s'engage, solidairement avec l'adjudicataire à exécuter les ouvrages, etc.......

« Enregistré le 2 septembre 1822, fol°. R° 67, cases 3 et 4, reçu 37 fr. 62 c.

« Signé : MICHEL. »

Le 10 novembre suivant, les actionnaires étant assemblés, le sindic Bremond leur dit « que l'adjudication de la réparation à exécuter en dessus de l'écluse du Plan par un creusement dans le lit abandonné par le cours ordinaire des eaux de Caramy ayant été passée, il a été convenu entre les sindics et l'adjudicataire assisté de sa caution, que l'approche de l'automne, époque des fortes pluies, ne permettant pas de se livrer à ces travaux, pour en assurer la solidité et espérer le succès qu'on se promet, cette réparation était ajournée à l'année prochaine immédiatement après la moisson; que, d'ailleurs, cet ajournement était d'autant plus indispensable qu'il fallait assurer les fonds pour acquiter cette dépense aux termes convenus; que divers propriétaires qui usent des eaux de Caramy déviées par l'écluse du Plan, refusent de contribuer à cette réparation, et que d'autres prétendent pouvoir fixer par eux seuls le contingent qu'ils auront à fournir; il a ensuite réclamé l'attention des sociétaires pour aviser aux moyens à prendre sur le refus et la prétention de ces divers propriétaires.

La réparation est ajournée à l'année prochaine après la moisson.

« L'Assemblée, après mure discussion, a unanimement délibéré d'autoriser Messieurs les sindics à user de la voie de conciliation et, à défaut, de celle des tribunaux, pour obliger les propriétaires des terres et usines, qui usent des eaux de Caramy déviées par l'écluse du Plan, à contribuer à la dépense de la dite réparation, conformément au règlement qui sera fait par des experts nommés d'après le consentement des parties, ou autrement d'office par qui de droit. » — *Page 39.*

Engager et, au besoin, contraindre les propriétaires usagers des eaux dérivées par l'écluse du Plan à contribuer à la dépense de la réparation

Messieurs Ebrard et Gianani furent nommés experts, chargés de dresser un état de répartition des frais faits pour cette réparation, et ils assignèrent le contingent à la charge de chaque intéressé, comme il suit :

Répartition des frais des travaux et accessoires entre les usagers des eaux.

La Burlière, le Petit-Paradis (fabriques et jardins).............	180.65
Le quartier de St Jean...................................	519.71
Les Consacs...	633.73
Jean Mélan.....	70.54
Madame de Montferrat	475.20

Le compte du trésorier des actionnaires des moulins Bessons ne présente d'autre recette que celles des contingents des arrosants des Consacs et de Madame de Montferrat; ce qui indiquerait que les autres quartiers, fabriques et usines n'ont pu être contraints à payer.

1827-1830.
—
Réparé
et comblé la ca-
vité faite sur la
rive droite en
amont de
l'écluse du Plan,
et
contre le canal
des moulins.

Le 24 juin 1827, l'Assemblée des actionnaires des moulins autorisa ses sindics à réparer la brèche, que la rivière avait faite sur sa rive droite, immédiatement au-dessus du canal des moulins et de l'écluse du Plan. — On fit combler la cavité avec des pierres, que François Feraud de la Celle, propriétaire de la terre endommagée transporta et mit en place, moyennant 354 fr. 50.

Le Conseil mu-
nicipal délibère
d'acheter les
moulins Bessons

Le 29 mars 1829, « le Maire proposa au Conseil municipal de racheter les moulins à bled et à tan, dits Bessons, qui avaient appartenu à la Commune, et que des particuliers de la ville avaient acquis en 1808, dans l'intention de les rétrocéder à la Commune.

« M. le Maire expose les diverses alternatives de possession de ces moulins par la ville et par des particuliers; il fait connaître les ressources actuelles de la Commune pour payer cette acquisition, qu'il présente comme trez avantageuse à la ville sous plusieurs points de vue, etc. . . . .

« Le Conseil délibère à l'unanimité, de reconnaître tout l'avantage que la Commune obtiendra en achetant les moulins Bessons; d'accepter la proposition de M. le Maire, et de l'autoriser à remplir toutes les formalités nécessaires pour parvenir à l'acquisition des dits moulins, dont le prix a été évalué, d'après le rapport des experts à la somme de quarante mille francs. — Pour le payement de cette somme, le Conseil autorise M. le Maire à vendre une rente de 906 fr. sur l'État, possédée par la Commune, et de prendre le restant sur les ressources ordinaires du budget communal, aux exercices de 1830, 1831 et 1832. »

Approuvé
l'information de
commodo
et incommodo
et confirmé
la délibération
du
29 mars dernier.

Le 28 mai 1829, « le Conseil, après avoir examiné les pièces du dossier des formalités remplies en vue d'obtenir l'autorisation d'acheter les moulins et principalement l'information de commodo et incommodo faite par M. le Juge de Paix;

« Considérant qu'il est à croire que toutes les formalités prescrites ont été remplies; qu'il est de l'intérêt de la ville d'obtenir le plutôt possible l'ordonnance royale autorisant d'acquérir cet immeuble qui lui avait appartenu;

« Qu'il ne s'est présenté aucune opposition devant M. le Juge de Paix;

« A unanimement délibéré d'approuver l'information de commodo et incommodo prise par M. le Juge de Paix le 26 de ce mois, et de confirmer, en tant que de besoin la délibération prise le 29 mars dernier, etc. . . . . .

« La présente délibération définitive sera envoyée à M. le Préfet, avec tout le dossier de cette affaire, pour être statué ce qu'il appartiendra. »

Les actionnaires
des moulins
Bessons
approuvent les
mesures prises
par le Maire
pour l'achat des
dits moulins.

Le 31 janvier 1830, les actionnaires des moulins Bessons étant assemblés dans une salle de l'hôtel de ville, Messieurs les sindics leur firent part que « M. le Maire de la ville de Brignoles leur avait annoncé l'arrivée de l'autorisation accordée à la ville de Brignoles de faire l'acquisition des moulins Bessons, et leur avait dit en même temps qu'il allait s'occuper immédiatement de faire rentrer l'argent nécessaire pour opérer la consommation de cette affaire. — La nécessité de la mesure et celle de l'exécuter promptement ont été justement appréciées par tous les membres présents, etc. . . . . . »

1830-1832.
—
Sommes mises à
la disposition
de M. le Maire,
pour l'achat
des moulins.

Le 2 mars 1830, « M. le Maire donne connaissance au Conseil municipal de l'ordonnance Royale du 16 décembre 1829, autorisant cette ville d'acquérir les moulins à farine et à tan dits Bessons possédés par divers particuliers, et à vendre au cours de la Bourse de Paris une inscription au 5 pour cent consolidés de 906 fr. de rente, possédée par la Commune.

« Délibéré de mettre, dès aujourd'hui, à la disposition de M. le Maire la somme de 7797 fr. 65 à prendre sur le restant en caisse au 1er janvier 1830, comme faisant partie des fonds libres du dit exercice, pour être employée à l'acquisition des moulins à farine et à tan dits Bessons. »

Le 18 du même mois de mars, « le Conseil délibère, à l'unanimité, d'autoriser M. le Maire de passer au proffit de la Commune l'acte d'achat des moulins Bessons, dont la vente (acquisition) est autorisée par l'ordonnance Royale du 16 décembre 1829, et de faire choix du notaire qui lui plaira. — Et enfin de remplir toutes les formalités qui, en vertu de cette vente, seront jugées nécessaires dans l'intérêt de la Commune et celui de Messieurs les propriétaires des moulins. »

Acte d'achat
des
moulins Bessons
et de l'abattoir
public.

Huit jours après, le 26 mars 1830, « M. le Maire, au nom de la ville, et les actionnaires-propriétaires des moulins Bessons et du local de l'Égorgerie, se rendirent chez Me Clavier, notaire, rue des Cordeliers à Brignoles, où ils passèrent l'acte de cession ou de rétrocession en faveur de la Commune, des moulins Bessons et du local servant à l'Égorgerie et abattoir public.—Cette vente fût faite moyennant le prix et somme de trente huit mille neuf cent quarante deux francs cinquante sept centimes et demi, montant des avances faites par les actionnaires acquéreurs de 1808, compensation calculée de toutes leurs recettes.

« Sur ce prix de 38,942 fr. 57 1/2, M. le Maire donna un mandat de 24,942 fr. 57 1/2 sur le Receveur particulier de la Commune, et les sindics, ayant encaissé ce mandat, firent la répartition de cette somme entre les 35 actionnaires, tous présents personnellement ou par mandataires ;

« Et, quant aux 14,000 fr. restants dus, M. le Maire s'obligea, au nom de la Commune, de les payer dans quatre années, à raison de 3,500 fr. par an, avec intérêts au cinq pour cent l'an, payables à chaque fin d'année, à dater du jour de l'acte.

La Commune était propriétaire des moulins depuis deux ans à peine, que des œuvres furent faites par la veuve de M. Pierre Barry sur la prise d'eau en amont des moulins et sur la conduite allant de cette prise au jardin Barry à travers l'enclos des moulins.

M. le Maire arrêta cette entreprise ; Madame veuve Barry réclama ; le Conseil municipal nomma une Commission pour examiner les lieux et les faits, et le 26 août 1832, M. Amic, membre de cette Commission, présenta son rapport au Conseil assemblé.

1832-1840.

—

Délibération
du Conseil muni-
cipal autorisant
les hoirs Barry
à réparer leur
conduite
sans toucher
aux tuyaux
de prises et de
débouché.

Il résulte de ce rapport et des observations présentées par Madame Barry,
« que son intention n'est point d'agrandir la prise d'eau existante au canal des
moulins pour alimenter la fabrique de tannerie attenante à sa maison, mais seulement de substituer aux tuyaux garnis de tuff une banquette quarrée de même
dimension, pour avoir plus de facilité à nettoyer cette conduite. — Cette nouvelle banquette devant être construite sans toucher ni enlever de place les
tuyaux dits bourneaux, qui ferment l'entrée et la sortie de la dite conduite.

« Le Conseil municipal, après avoir entendu plusieurs de ses membres qui
ont parlé en faveur de la réclamation de Madame veuve Barry, et aussi dans
l'intérêt de la ville pour la conservation des eaux qui alimentent les moulins ;

« Considérant que M. le Maire a usé de ses droits lorsqu'il a mis empêchement aux travaux exécutés par Madame veuve Barry pour réparer la conduite
de ses eaux et remplacer les tuyaux souterrains par une banquette quarrée de la
même dimension ;

« Que, d'après la vérification des lieux et le rapport de la Commission,
composée de Messieurs Amic, Rougier et Archier, il apparaît que les nouvelles
constructions de Madame veuve Barry ne tendent qu'à échanger les tuyaux intérieurs de la conduite des eaux de sa fabrique de tannerie, qui sont remplis de
tuf, en une banquette quarrée de même dimension, sans cependant toucher au
tuyau de tête et de prise d'eau au canal, et à celui qui est le dernier déversant
l'eau dans une cuvette en bâtisse ;

« Considérant que les travaux exécutés pour cet objet n'ont trait en aucune
manière aux droits de la Commune sur les eaux du canal qui sont imprescriptibles ;

« D'après ces motifs, il a été délibéré, à la majorité, de lever dès aujourd'hui
la suspension verbale mise par la Mairie de continuer les travaux commencés
par les hoirs Barry, laissant à ceux-ci le pouvoir de faire ce qu'ils croient avoir
droit ; mais en même temps, le Conseil municipal proteste expressément contre
les hoirs Barry des entreprises illégales qu'on s'est permis en établissant des
prises d'eau sur le canal des moulins Bessons pour dériver les eaux du canal dans
leur propriété en la faisant passer sur le sol communal ; se réservant à cet égard
tous les droits acquis à la Commune propriétaire des moulins, et qui sont imprescriptibles. » — Fol⁰ˢ 43-44.

Concession
de
3 deniers d'eau
du béal
à M. G. Reboul.

La séance du 30 janvier 1840 ouverte, « ouï le rapport de la Commission nommée le 12 du courant sur la pétition de M. Reboul tendante à obtenir une prise
d'eau sur le béal des moulins à farine dits Bessons appartenants à la Commune,

« Le Conseil,

« Considérant qu'il est du devoir d'une sage administration de favoriser l'industrie et le commerce ;

« Que M. Reboul a besoin de trois deniers d'eau pour alimenter sa fabrique
de tannerie, qu'il vient d'être autorisé à établir ;

« Qu'une prise d'eau dans le béal des moulins peut lui être accordée en tant
qu'elle ne préjudiciera aux ayants droit ; mais qu'il convient que cette prise soit
fixée à tel endroit et à telle hauteur qui seront déterminés par des personnes de
l'art ;

« Délibéré par quatorze boules blanches contre une noire que la prise de trois deniers d'eau sera établie par une personne de l'art, et sous la surveillance de l'autorité locale, au niveau des plus basses eaux, sauf les droits des moulins;

« Que ces eaux seront remises dans le béal des moulins, et que cette prise sera fermée, si le service des moulins l'exige. » — *Fol°* 62.

16 Mai 1847.

Dans la séance du 16 *mai* 1847, M. le Maire exposa au Conseil que : « dans le courant de l'hivert, l'autorité municipale avait fait fermer un fossé, qui partait du chemin de Caramiette, longeait la fabrique de Messieurs Robert, et venait aboutir sur la route royale.

« Cette opération a embelli la voie publique et rendu le passage plus commode; mais ce fossé conduisait les eaux d'irrigation à un pré de M. Barry, qu'il est juste d'indemniser.

« Il demande à titre d'indemnité la concession d'un centimètre d'augmentation au diamètre d'une prise d'eau, dont il jouit sur le canal des moulins pour le service de sa fabrique de tannerie près le Petit Paradis; il consent à ce que cette concession soit soumise aux conditions de révocabilité prévues pour le cas où sa fabrique changerait de destination, à la réserve, dans ce cas, de tous ses droits pour le rétablissement du canal d'irrigation supprimé.

« Le Conseil, en ayant délibéré;

« Attendu que la demande de M. Barry est juste, et que les eaux d'irrigation ne peuvent lui être enlevées sans une juste indemnité;

« Autorise M. Barry à porter la prise, qu'il a pour le service de sa fabrique, de cinq centimètres de diamètre à six centimètres, pour être ainsi conservée tant que sa fabrique ne changera pas de destination, déclarant qu'en cas que la fabrique reçoive une autre destination, la dite prise sur le canal des moulins sera fermée, et M. Barry rentrera dans ses droits pour le rétablissement du canal d'irrigation, tel qu'il existait précédemment. » — *Fol°* 37.

Cette concession fut rendue définitive par délibération du 18 mai 1856, que nous transcrivons ici, afin de réunir ce qui a trait à cette prise d'eau.

On fut au cas de prendre un terrain appartenant à M. Barry, pour y établir un aqueduc venant de Caramiette à la rivière en ligne droite du Sud au Nord.

M. Barry présenta la soumission suivante pour l'aliénation de ce terrain :

« Je soussigné : Pierre, Magloire Barry, fabricant tanneur de Brignoles, déclare promettre de vendre à la Commune de Brignoles, pour être définitivement abandonnée à la voie publique, une partie de la propriété que je possède à Brignoles, quartier du Petit-Paradis. — Cette partie sera au couchant de ma propriété, dont elle sera séparée par une ligne droite partant de l'angle nord-ouest de ma fabrique et aboutissant à la rivière de Caramy à quatre vingt centimètres en dehors du mur ouest de l'aqueduc qui est actuellement construit par la Commune — à la charge par la dite Commune de me payer une somme de deux mille francs dans le courant de l'année 1857, avec intérêt au cinq pour cent à partir de l'approbation des présentes; encore sous la condition que la Commune

Accordé à M. Barry un centimètre d'eau en sus des 5 centimètres de prise, qu'il avait déjà sur le canal.

Soumission de M. Barry pour la vente à la Commune d'une parcelle de terre au Petit-Paradis

15 mai 1856.

me maintiendra définitivement la concession de six centimètres d'eau du canal des moulins Bessons à moi faite pour l'usage de ma fabrique par délibération du 16 mai 1847, et celle du 1er novembre 1855, approuvées par l'autorité supérieure ; la quelle eau pourra être employée à l'arrosage de la propriété qui me reste au Petit-Paradis, l'arrosage actuel se trouvant détruit par des travaux de la Commune. — La promesse par moi souscrite le 29 octobre 1855, et la délibération qui l'approuve, demeurant comme non avenue du moment où la présente déclaration aura été acceptée par la Commune et sera régularisée.

« A Brignoles, le 15 mai 1856. —   Signé : P. BARRY aîné. »

18 mai 1856.
La concession
de 6 centimètres
d'eau du canal,
est rendue
définitive
en faveur de
M. Barry.

Le Conseil étant assemblé le 18 du même mois de mai, M. le Maire lui exposa la nécessité d'acquérir certains terrains pour l'établissement de l'aqueduc dit de Caramiette, ainsi que les accords faits avec M. Barry à ce sujet.

Le Conseil délibéra à l'unanimité :

« 1° De rapporter la délibération du 1er novembre 1855 en ce qui concerne seulement l'acquisition d'une servitude sur la propriété Barry ;

« 2° D'approuver en son entier la soumission du 15 mai 1856 souscrite par M. Barry ;

« 3° D'accorder à M. le Maire un nouveau crédit, etc... » — *Fol°* 79. *V°.*

Retrait
de la concession
d'eau faite aux
auteurs de
L. Barthelemy,
actuellement
maison Taurel.

Le 22 juillet 1849, le Conseil délibéra que : « la concession d'eau accordée antérieurement à la maison Taurel est retirée, la fabrique, pour la quelle la dite concession avait été faite, ayant cessé d'exister.

« Le Conseil fera vérifier la prise établie au canal des moulins, et, s'il est reconnu que les tuyaux existent, ils seront brisés et l'eau restituée au canal. » — *Fol°* 99.

Avis favorable,
sous condition,
du projet
de règlement
d'arrosage
des Consacs.

Le 18 août 1850, « le Conseil donne un avis favorable au projet de règlement d'arrosage par les eaux de l'écluse du Plan, fait par M. Roux, en déclarant toutefois que la Commune ne pourra et ne devra être liée par ce projet que lorsque les eaux venants du Val de Camps et de la petite rivière de la Celle seront aussi réglées dans les conditions des eaux qui arrivent de l'écluse du Plan. » — *Fol°* 122. *V°.*

Cette délibération est rapportée ici à sa date, pour suivre l'ordre chronologique, mais tout ce qui concerne l'arrosage par les eaux de Caramy et de Val de Camps fera le sujet d'un travail séparé, afin de le suivre sans interruption.

La suppression du canal d'égoût, dit de Cariamette, devrait avoir sa place ici (1855) ; mais toutes les particularités relatives à cet acte : délibérations, procès, jugements, ont déjà été relatées à la suite de l'historique de la concession à Jean-Baptiste Barthelemy, dont le dernier représentant a été M. Aubry. —
(Voir ces détails, année 1846 *et passim.)*

La suppression du canal de Caramiette ayant entraîné la suppression de la concession Barthelemy, qui alimentait l'usine d'Aubry, cette usine ne fut plus un

obstacle au rétablissement du barrage par le quel l'eau de Caramy était anciennement dérivée au moulin des Augustins, actuellement possédé par la famille
Bagarry, ainsi qu'il a été déjà dit, et ce dernier possesseur put obtenir l'autorisation de reconstruire ce barrage, sans que la Commune songeât à s'y opposer
dans l'intérêt des moulins Bessons.

Lorsque cette autorisation eut été donnée par l'arrêté préfectoral du 25 avril
1857, et que M. Bagarry prit ses dispositions pour construire le barrage, le Maire
surpris fit des démarches pour revenir sur cet arrêté, et il exposa au Conseil
municipal, dans sa séance du 14 mai 1857, la situation faite à la Commune par
cet arrêté, ajoutant : « que cet arrêté a été rendu, sous le rapport de l'établissement du barrage comme sur celui de son entretien, contrairement à ses
prévisions, contrairement même à l'opinion exprimée par M. l'Ingénieur chargé
de l'examen des lieux, d'après les judicieuses observations qu'il avait dû lui
soumettre dans l'intérêt de la Commune et des usines existantes.

*Exposé
du Maire sur les
résultats
du barrage fait
par M. Bagarry,
pour son usine
du pont
des Augustins.*

M. le Maire termine en invitant le Conseil municipal, qui est à même d'apprécier les nombreux inconvénients qui résultent de l'établissement de ce barrage, de joindre ses efforts aux siens afin d'éclairer la religion de M. le Préfet
qui a daigné se porter sur les lieux et accueillir avec sa bienveillance ordinaire
les observations qui lui ont été faites.

Sur quoi le Conseil municipal,

*Délibération
du Conseil mu-
nicipal.*

« Considérant que l'établissement du barrage désigné par l'arrêté de M. le
Préfet, et son élévation, par l'effet de l'absorption totale des eaux de la rivière
de Caramy pendant l'été, occasionneraient un foyer d'infection permanent sur une
étendue bien plus considérable que celle qui a motivé la suppression du canal
d'égoût de Cariamette, pour lequel la Commune s'est imposée extraordinairement en 1856, pour le faire cesser ;

« Considérant que la santé publique, notamment celle des agriculteurs qui
foulent leurs récoltes sur le champ de foire du Pré-de-Pâques touchant dans
toute son étendue ce foyer d'infection, serait gravement compromise par les
émanations délétères, qu'ils auraient à respirer jour et nuit pendant l'été ; qu'il
en serait de même pour la population de la ville ; que l'établissement du Petit-
Séminaire aurait également à en souffrir, indépendamment du préjudice réel
qui en résulterait pour les deux usines qui existent ;

« Délibère, à l'unanimité, de supplier M. le Préfet, qui a vu l'état des lieux,
de prendre en considération les observations ci-dessus, et celles qui lui seront
présentées par M. le Maire, pour qu'il daigne y faire droit en modifiant son arrêté
du 25 avril 1857. »

*Prier
M. le Préfet de
modifier
son arrêté.*

Des essais d'arrangement s'engagèrent entre M. le Maire et M. Bagarry ; il
en résulta une convention qui fut signée le 1er juillet 1857, et présentée à l'approbation du Conseil le 1er novembre suivant, ainsi qu'il va être dit.

Le 1er *novembre* 1857, M. le Maire expose au Conseil municipal que, « par
délibération du 14 mai 1857, le Conseil s'associant aux craintes que l'établissement futur du barrage, que le sieur Bagarry avait été autorisé à construire sur

Barrage Bagarry

*Exposé
de M. le Maire.*

la rivière de Caramy par arrêté du 25 avril dernier, avait délibéré de s'adresser à M. le Préfet afin d'obtenir la modification de cet arrêté, et obliger M. Bagarry à construire son barrage en dessous de l'égoût de Cariamette. »

Lorsque ce dossier était sur le point de partir, M. Bagarry, prenant en considération l'opposition qui existait contre son projet et les observations de M. l'Ingénieur hydraulique, consentit lui-même à la modification de son arrêté et signa le 1er juillet 1857 la convention dont la teneur suit :

« Entre M. Maurin, Maire de la ville de Brignoles et agissant en cette qualité, sauf l'approbation du Conseil municipal et de l'autorité supérieure, d'une part,

« Et M. Joseph-Barthélemy Bagarry, négociant, demeurant à la dite ville, d'autre part,

« Il est convenu ce qui suit :

« M. Bagarry ayant été autorisé par arrêté de M. le Préfet du Var en date du 25 avril 1857 à construire un barrage sur la rivière de Caramy pour l'usage de son usine du pont des Augustins, et reconnaissant que l'empêchement de ce barrage nuirait à la salubrité de la ville en laissant étalées sur une surface de plus de cinq cents mètres de longueur les eaux de l'égoût de Cariamette, s'oblige par ces présentes à construire son barrage à cinquante centimètres en-dessous de cet égoût, et à laisser dans le milieu de ce barrage une vanne mobile de cinq mètres de large en une ou plusieurs parties. Ces modifications de l'arrêté du 25 avril n'apporteront aucun changement à la hauteur des eaux concédée à M. Bagarry.

« Au moyen de cet accord, qui sera soumis à la sanction du Conseil municipal, il ne devra être donné aucune suite aux réclamations qui ont été soumises à M. le Préfet sur son arrêté du 25 avril 1857.

« Fait à double original à Brignoles, le 1er juillet 1857.

« J'approuve l'écriture ci-dessus.

« Signé : MAURIN, Maire — BAGARRY aîné. »

M. le Maire observe que c'est par une omission involontaire que cette pièce n'a pas été soumise à la sanction du Conseil dans la dernière session, néanmoins, quoique M. Bagarry ait établi son barrage, conformément à cette convention, il lui paraît convenable que le Conseil donne son avis, et que la délibération soit soumise à l'approbation de M. le Préfet.

« Le Conseil donne son adhésion aux accords faits par M. le Maire, et prie l'autorité supérieure de modifier l'arrêté du 25 avril 1857, en conformité de ces accords. » — Folo 118. Vo.

Deux ans après, le 7 août 1859, un membre du Conseil municipal appela l'attention du Conseil sur l'état des moulins de la ville, dont le bail expirait le 25 mars 1861.

« Il dit que ces moulins vont mettre la ville dans le cas de se livrer à de grandes réparations, et qu'il y a peu d'espoir, malgré ces réparations, que le prix du bail puisse atteindre le prix du bail courant, attendu l'érection de l'usine Ba-garry et les améliorations apportées aux autres usines qui sont aux abords de la ville ; que cet immeuble est une lourde charge pour la Commune, et qu'il serait bon de l'aliéner, pour le produit en être placé en rentes sur l'État, ce qui assu-rerait un revenu réel et libre de toutes charges.

« Le Conseil, considérant que les moulins de la ville sont dans un état de dégradation qui nécessite d'urgentes réparations ; que le prix du bail existant ne saurait être obtenu pour le bail à venir, alors même que la ville y aura dépensé une somme qui pourrait excéder huit mille francs ; que les motifs qui, en 1830, ont porté le Conseil municipal à racheter ces moulins ne sauraient être invoqués aujourd'hui ;

« Délibère, à l'unanimité, de demander l'autorisation d'aliéner cet immeuble communal, charge M. le Maire de remplir les formalités nécessaires pour parve-nir à cette vente. » — *Fol*º 168. *V*º.

En suite de cette délibération, une enquête de commodo et incommodo fut ouverte à l'hôtel-de-ville du 20 au 28 octobre ; quatorze protestations y furent déposées contre le projet d'aliénation.

Le 10 novembre 1859, M. le Maire communiqua le procès-verbal de cette en-quête au Conseil municipal, qui nomma une Commission de cinq membres pour examiner attentivement cette affaire. — *Fol*º 181.

Le 18 décembre suivant, « la Commission présenta son rapport au Conseil ; M. le Maire donna son opinion motivée contre les dires protestatifs des oppo-sants dans l'enquête ; la Commission examina à son tour ces protestations ; elle entra dans les détails, des considérations, et des calculs très-minutieux et très-longs, et conclut par proposer de ne pas donner suite au projet d'aliénation.

« M. le Maire combat les chiffres du rapport, proteste contre le prétendu mandat donné par la population aux quatorze personnes qui ont protesté dans l'enquête, et dit qu'il a entendu avec peine le passage du rapport, qui semble laisser présumer que la Commission, avant de prendre ses conclusions, s'est préoccupée du renouvellement prochain du Conseil municipal.

« La conclusion du rapport est mise aux voix au scrutin secret, dont le résul-tat est qu'à la majorité, le Conseil déclare ne pas vouloir donner suite au projet d'aliénation des moulins. » — *Fol*ºs 181. *V*º à 188. *V*º.

Le Conseil mu-nicipal aban-donne le projet d'aliéner les moulins Bessons.

Nota. Le rapport et la délibération sont trop longs pour être transcrits en entier, il suffit de les indiquer sommairement ; d'autant mieux que ce projet, qui avait passionné une partie de la population, ayant été abandonné, il n'y aurait intérêt à rechercher les considérations émises que si une demande d'aliénation des moulins se reproduisait.

Les moulins étant conservés à la ville, la Municipalité s'occupa de faire les réparations urgentes : la façade nord fut démolie et reconstruite, deux planchers et la toiture furent refaits à neuf ; un crédit de 3,248 fr. fut voté le 5 février 1860, et un second crédit de 423 fr. le 28 mars suivant.

Le **27** *mai* 1860, le Conseil approuve la cession du bail des moulins Bessons, faite aux frères Richier par Ollivier, adjudicataire en exercice.

Le 8 août suivant, vote d'un crédit de 780 fr. pour réparations à l'écluse du Plan.

Enfin, *le 12 du même mois d'août*, vote d'un crédit de 3,869 fr. pour travaux aux moulins Bessons.

Le **2** *septembre de la même année*, le nouveau Conseil municipal est installé, les Maire et Adjoints précédents demeurant en fonction.

Réparations
faites à l'écluse
du Plan
d'août à décem-
bre 1860.

Dans la session de *novembre*, il est nommé une Commission sur les travaux projétés à l'écluse du Plan.

Le **11** *novembre*, cette Commission donne son avis sur les réparations faites à cette écluse en août et septembre 1860, s'élevant à 926 fr. 28 cent.

Les pluies emportèrent une partie de ces travaux, et ouvrirent une brèche dans le barrage, qui nécessita un barrage en pierres et fascines, à l'effet de conserver provisoirement une eau suffisante aux moulins ; ce fut un surcroît de dépenses de 76 fr. 50 cent.

Le 3 mars 1861, le Maire et les deux Adjoints nommés par décret du 21 février précédent, sont installés ; et un impôt extraordinaire de vingt centimes par franc sur les quatre contributions foncières est voté pour quatre ans, afin de faire face aux déficits des exercices antérieurs et aux dépenses nécessitées par les réparations à l'écluse, aux moulins, etc...

Dans sa séance du 12 *du même mois de mars*, le Conseil municipal reconnaît la nécessité de réparer les moulins Bessons, et l'avantage de les compléter de manière à pouvoir en retirer le rendement le plus fort, et il vote une somme de dix mille francs, comme devant suffire à l'exécution de ces réparations.

Cette somme de dix mille francs fut maintenue dans le chiffre des impôts extraordinaires, votés définitivement le 24 de ce mois de mars, avec l'adjonction des plus forts imposés.

Le 4 juillet 1861, le Maire expose que le but principal de cette séance extraordinaire est de délibérer sur le devis définitif des travaux à faire pour réparer la brèche de l'écluse du Plan. — Cette réparation, reconnue urgente depuis longtemps, n'a pu être mise en voie d'exécution par suite de diverses circonstances majeures ; aujourd'hui, il n'est plus possible de les retarder sous peine de voir les pluies d'automne emporter toute l'écluse, etc...

Lecture est donnée du devis, qui est adopté à l'unanimité.

Ces travaux furent mis aux enchères en août suivant, il n'y fut fait aucune offre, et le 14 de ce même mois d'août, le Conseil décida de les faire exécuter en régie. — Ces travaux furent exécutés du 22 août au 28 novembre 1861, et coûtèrent 1470 fr. 26 cent.; le barrage fut refait en plein sur un tiers environ de sa longueur, du côté de la Celle, là où était la brèche ; on remplaça l'ancien dos d'âne, en charpente et pavés, par une muraille en maçonnerie hydraulique, soutenue par un plan incliné en pierres liées avec du mortier hydraulique.

Ces diverses réparations avaient causé une dépense totale de 2,473 fr. 60 cent. Les deux cinquièmes de cette somme furent demandés à M. de Calvi, propriétaire du moulin, dit de Vins, ayant appartenu à la ville, puis à M. François Mélan, acquéreur-adjudicataire en juin 1792, qui les vendit à M. Grisolle, représenté par sa petite-fille, Madame de Calvi.

1861-1865.
—
Difficultés
pour obtenir du
propriétaire
du moulin dit
de Vins, sa part
contributive
de la dépense
faite à
l'écluse du Plan
1861 à 1865.

Par une erreur de fait très-regrettable, M. de Calvi et son Conseil refusèrent de concourir à la dépense dans la proportion indiquée ; le Conseil municipal dût s'occuper de ce désaccord dans ses séances du 11 mai et 9 août 1863, à l'effet de terminer, conformément aux bases adoptées depuis cinquante ans à ce sujet. — Il fallut poursuivre cette affaire en justice. — L'autorisation d'ester en justice fut demandée le 4 février 1865, et, le 3 mars suivant, un arrêté préfectoral autorisa la Commune, qui ajourna devant le Tribunal civil M. Ducros, devenu acquéreur de M. de Calvi.

M. Ducros, ayant reconnu la justice de la demande de la Commune, souscrivit, le 1er août 1865, l'obligation de payer la somme de 706 fr. 74, qui était réclamée depuis plus de quatre ans par la Commune.

Pendant ces quatre années, *juillet* 1861 — *août* 1865, la Commune avait donné suite au projet de réparer en plein les engins des moulins Bessons. — Le Conseil municipal compléta ces projets par ses délibérations du 10 novembre 1861, 16 février, 14 et 27 avril 1862, et 15 février 1863.

Sans donner des extraits de ces diverses délibérations, il suffira de faire connaître la nature des divers travaux faits aux moulins, avec leur objet et le prix qu'ils ont été payés :

Détail
des principaux
changements
faits
dans le moulin
Besson
1862-1863.

« Trois tournants existaient dans le moulin, mis en mouvement par trois rouets qui recevaient l'eau de trois puits creusés au sud du bâtiment, l'eau n'était pas assez abondante pour faire aller les trois moulins, et c'est à peine si deux tournants pouvaient fonctionner.

« Les rouets ont été remplacés par une grande roue d'environ 3 mètres 50 de diamètre, laquelle fait mouvoir aisément deux tournants, une pompe pour le lavage du blé, et tous les engrenages pour monter le blé au premier étage, et la farine dans les blutoirs supérieurs.

« Pour opérer ce changement de système, il a fallu des travaux de maçonnerie pour approprier les locaux à leurs nouvelles destinations ; consolider les murailles, relever un plancher, créer un logement pour le fermier qui a été placé dans la partie Est, de sorte que tout le mécanisme des moulins est dans le grand corps de bâtisse formant la partie Ouest.

« Cette maçonnerie, y compris le creusement de la cage de la roue, le scellement des pierres pour les vannes ou pour le support des arbres d'engrenage, la création d'un escalier, de cloisons, carrelages, etc., et confection d'un séchoir à neuf, a coûté suivant le détail de réception définitive fait le 15 avril 1863, cinq mille cinq cent vingt-quatre francs quatre-vingt-huit cent., ci.   5,524 fr. 88 c.

« Les deux tournants ont été placés au premier étage, formant rez-de-chaussée du côté du Midi, et une porte, ouverte dans la façade Ouest, donne entrée et sortie pour toutes les opérations de mouture.

« Le sous-sol, où étaient les anciens tournants est occupé par les roues motrices, l'arbre d'engrenage général, et dépôt d'outils.

1862-1863.

Suite du détail
des principaux
changements
faits
dans le moulin
Besson.
1862-1863.

Report....... 5 524 fr. 88 c.

Tout ce qui constitue le mécanisme, roues, engrenages, chaînes, godets, pompe, vannes, coursier, etc., a été fait par M. Hessé, ingénieur-mécanicien à Marseille, moyennant un prix total de... 9.383   00

La partie en charpente pour le beffroi et accessoires : vis d'archimède, blutoirs, caisses à farine, machine à nétoyer le blé, cylindre cribleur, etc., a été faite par M. Adrien Arnoux, mécanicien au Val, au prix total de..................... 3.325   60

M. Thomassin, chaudronnier à Brignoles, a fait diverses fournitures, qui se sont élevées, selon son compte approuvé, à.   129   00

M. Paul, serrurier à Brignoles, a fourni pour...........   41   25

M. Jourdan, menuisier à Brignoles, a fait pour..........   117   00

Enfin M. Souterre, tailleur de pierre, a fourni pour......   200   00

Ce qui constitue un total de dépense de.......... 18.720 fr. 73 c.

Dans la séance du 17 *février* 1863, je crus devoir soumettre à M. le Maire et au Conseil municipal les réflexions suivantes :

« Il est indispensable d'ouvrir aux abords du moulin des bras de décharge suffisants pour recevoir toutes les eaux au moment des grandes pluies; ceux qui existent actuellement sur le bief du moulin devront être agrandis et recevoir des dispositions meilleures.

« Je demande que, avant de rien toucher à l'état actuel des lieux, il soit fait un procès-verbal à l'effet de constater le niveau auquel l'eau s'élevait lorsque les anciens moulins étaient en activité, et cela en présence de tous les concession-naires des eaux du canal, ou autres possesseurs de prises d'eau, dûment appelés, sans que cette opération puisse leur donner aucun droit ni titre.

« Le but de cette opération est de fixer le niveau de pression dont jouissaient les prises, afin d'éviter des récriminations, si on voulait les faire mettre à cette même pression avec le niveau d'eau qu'exigera la nouvelle disposition du moulin.

« Cette opération devra être suivie de la vérification de toutes les prises existantes, afin de constater leur état, leur capacité, et leur niveau rapporté au repère qui sera pris pour base de tous les nivellements; la Commune trouvera là un moyen de fixer les droits de chacun, et de prévenir tous abus ou usurpations.

« La mesure que je propose a été reconnue nécessaire et délibérée plusieurs fois par le Conseil municipal, notamment dans la séance du 12 novembre 1859.

« Le Conseil approuve cette proposition et charge M. le Maire de faire procéder à cette vérification et à ce procès-verbal, etc.

« M. le Maire propose ensuite de nommer une Commission chargée d'assister aux opérations. » — *Fol*° 140.

Cette vérification a été effectuée en août 1863, elle sera produite en même temps que le tableau des concessions.

Le 24 septembre 1865, M. le Maire appela l'attention du Conseil sur la passerelle établie depuis quelques années par divers particuliers sur la rivière de Caramy, entre le boulevard Notre-Dame et le Pré-de-Pâques.

« Les poutres transversales sont gâtées au point de donner des craintes pour la sûreté des personnes qui passent dessus, de sorte qu'il est indispensable d'interdire cette passerelle ou de la faire réparer.

« Toute la population fréquente habituellement ce quartier, et cette passerelle est devenue d'une utilité générale qui ne permet guères de la supprimer. M. l'Ingénieur des ponts et chaussées résidant à Brignoles a eu l'obligeance de dresser un plan et devis sur sa reconstruction, en faisant servir les vieux bois encor en bon état, et la dépense s'élèverait à 438 francs.

« M. le Maire invite le Conseil à délibérer sur ce projet.

« Après avoir examiné ce plan et devis, et considéré l'utilité générale de cette passerelle, ainsi que la grave privation qui résulterait de sa suppression, le Conseil a voté à l'unanimité, la reconstruction de la passerelle en question, et la somme de 450 francs pour qu'elle soit faite avec soin et solidité. » — *Folo 211.*

Le 11 février 1866, le Conseil dût voter un supplément de 357 fr., pour solder la dépense définitive de cette passerelle, qui a ainsi coûté la somme totale de 807 francs. — *Folo 217.*

1865-1866.

—

Reconstruction de la passerelle établie sur la rivière de Caramy à l'extrémité nord du boulevard Notre-Dame. Septembre 1865.

M. Blanc avait adressé au Conseil municipal la demande d'établir une roue pendante dans le canal de fuite du moulin Besson ; une Commission avait été nommée pour examiner cette pétition.

Le 13 mai 1866, la Commission présenta le rapport suivant :

« M. Jean-Baptiste Blanc, locataire de la fabrique de tannerie de M. Reboul aîné, voulant établir une tannerie mécanique, demanda, le 6 novembre dernier, à M. le Préfet du Var l'autorisation de placer une roue pendante dans le canal de fuite du moulin communal dit Besson.

« M. le Préfet ordonna une enquête sur ce projet, et M. le Maire de Brignoles, dans son avis sur cette enquête, revendiqua les droits de la Commune, qui est propriétaire du canal, ainsi que la compétence du Conseil municipal pour accorder ou refuser l'autorisation demandée par M. Blanc.

« *Le 12 janvier 1866,* une visite des lieux fut faite par M. l'Ingénieur ordinaire, accompagné de M. le premier Adjoint de la Commune de Brignoles, du pétitionnaire et autres intéressés.

Le procès-verbal de cette visite mentionne « que M. Blanc reconnaît les « droits de la Commune à la propriété du canal, et dit que le but de la de« mande à M. le Préfet a eu uniquement pour motif de faire constater que « l'établissement de la roue ne porterait préjudice à personne. »

« Le 12 mars dernier, M. l'Ingénieur ordinaire au service hydraulique a fait

Demande d'établir une roue pendante dans le canal de fuite du moulin Besson.

Rapport de la Commission.

Visite de l'ingénieur ordinaire au service hydraulique.

un rapport, visé et adopté par M. l'Ingénieur en chef du Var le 14 du même mois, dans lequel il est dit :

« 1o Les droits de propriété de la Commune de Brignoles sur le canal de fuite « de ses moulins, reposant sur des titres qui nous paraissent incontestables, le « sieur Blanc ne pourra, dans aucun cas, établir sa roue qu'après en avoir « obtenu l'autorisation du Conseil municipal ; elle serait placée à plus de 50 mè- « tres du point où débouche l'égoût de la ville, et à 60 mètres environ en aval « du moulin communal. Ce genre de roue, mu par le courant et ne nécessitant « aucun barrage, ne peut occasionner aucun remou sensible en amont, ni faire « bouler par suite les usines en amont ; il est inutile d'ajouter qu'elle sera sans « influence sur le régime des eaux en aval du point de l'établissement ;

« 2o Nous ferons remarquer, en outre, que le canal est actuellement encom- « bré sur une assez grande longueur à la sortie du moulin communal ; que, si le « sieur Blanc était chargé de le curer suivant la ligne rouge tracée sur le profil « en long ci-joint, et qu'il plaçât le rebord extérieur de la roue à dix centimè- « tres du fond, le niveau de l'eau s'abaisserait sensiblement à la sortie des mou- « lins de la Commune et du sieur Aude, les dépôts diminueraient par suite de « l'augmentation de la pente, et les miasmes, résultant de l'accumulation des « matières organiques sur ce point, diminueraient beaucoup s'ils ne disparais- « saient pas complètement, tandis que la vitesse de la roue pendante se trouve- « rait, de son côté, considérablement augmentée. »

« D'après ces considérations, nous sommes d'avis que chacun aurait intérêt à « ce que le sieur Blanc, après avoir préalablement obtenu l'autorisation du « Conseil municipal, établit sa roue pendante aux conditions suivantes :

« 1° Le canal de fuite du moulin communal serait curé à vieux fonds et à « vieux bords par le sieur Blanc, depuis la sortie des eaux du moulin communal « jusqu'au Pas de Maurelle, suivant la ligne rouge tracée sur le profil joint au « rapport ;

« 2o Cette partie du canal resterait à la charge du sieur Blanc et serait « constamment tenue par lui en bon état ;

« 3o Le rebord extérieur des palettes de la roue pendante resterait à dix cen- « timètres au moins en contre-haut du plafond du canal après l'achèvement du « curage. »

« M. Blanc, ayant reçu communication des conclusions de M. l'Ingénieur, a adressé, à la date du 24 mars dernier, une demande à M. le Maire et au Conseil municipal de Brignoles, à l'effet d'être autorisé à établir une roue pendante conformément au rapport du 12 mars, et sa pétition porte que « l'autorisation « n'est sollicitée qu'à titre précaire et révocable, sous les conditions qui seront « imposées. »

« La Commission, après avoir examiné le dossier, s'est portée sur les lieux, et, après avoir considéré toutes choses, a été unanimement d'avis :

« 1o D'autoriser gratuitement M. Blanc à établir une roue pendante sur le point indiqué dans le rapport, pour faire mouvoir sa tannerie mécanique, en tant que cette roue ne portera aucun préjudice au moulin communal ;

« 2° Que cette autorisation ne devra être que précaire et révocable, sans que M. Blanc puisse réclamer aucune indemnité de la Commune en cas de révocation ;

« 3° Que le curage de la partie du canal, comprise entre les moulins Bessons et le Pas de Maurelle, sera fait chaque année, une fois, à frais communs, par M. Blanc et les fermiers du moulin communal ; mais que, si M. Blanc croyait utile de faire d'autres curages dans le cours de l'année, ces curages seraient entièrement à sa charge et exécutés avec la permission et sous la surveillance de l'Autorité municipale ;

« 4° Enfin, que M. Blanc assumera la responsabilité personnelle des préjudices qui pourraient résulter vis-à-vis de tiers de l'établissement de sa roue pendante, la Commune de Brignoles entendant demeurer étrangère à toutes les réclamations qui seraient faites à ce sujet.

« La Commission a pensé devoir ajouter qu'elle a cru reconnaître que le canal est encombré de vase dans sa partie inférieure au chemin du Petit-Paradis et au Pas de Maurelle ; elle pense que l'intérêt général des usagers exige que le curage en soit fait régulièrement par qui de droit, et même que des repères en pierres taillées soient placés à des distances convenables pour déterminer le niveau normal du plat fond du canal, ainsi que la limite de ses bords.

Le Conseil
délibère d'auto-
riser M. Blanc
aux conditions
de la Commis-
sion, etc.

« Le Conseil, par deux votes successifs, décide à la majorité des voix :

« 1° Que M. Blanc est autorisé à établir sa roue pendante, conformément aux conditions proposées par la Commission, avec cette modification que M. Blanc sera seul tenu du curage, ainsi que l'établit le rapport de l'Ingénieur, dans ses conditions, nos 1 et 2 ;

« 2° Que M. Blanc ne pourra établir sa roue qu'en présence et sous la surveillance de l'Autorité municipale, en lui donnant un délai de douze à dix-huit mois pour mettre son projet à exécution. » — Fol° 227.

« Et, à l'égard du curage de la partie du canal inférieue au Pas de Maurelle, et aux repères indiqués par la Commission, le Conseil donne un avis unanime et favorable à ces travaux, en soumettant, toutefois, l'établissement des repères à un examen ultérieur et à un vote spécial. »

Projet de créer
des magasins
pour les moulins.
Bessons.
13 mai 1869.

M. le Maire avait eu le projet de construire des magasins pour le blé et la farine déposés au moulin Besson, qui en manque complètement.

Il avait chargé M. Mesure, architecte, de dresser un plan et devis estimatif de ces magasins ; ce plan consistait en une maison à deux étages, qui serait bâtie sur le canal de fuite des moulins, dans la partie comprise entre la route nationale et les moulins, auxquels elle aurait été adossée.

Le magasin à blé aurait occupé le rez-de-chaussée, au niveau du rez-de-chaussée du moulin, et les farines auraient été placées à l'étage supérieur, au niveau de l'étage des meules du moulin.

Le 14 novembre 1869, M. le Maire donne la parole au rapporteur de la Commission, qui, dit-il, avait été nommée dans la précédente séance.

M. le Rapporteur dit :

« Que le projet de M. le Maire de créer des magasins pour les moulins de la ville doit être adopté en principe ; mais que ces magasins, établis, d'après le projet, sur la sortie du canal de fuite des moulins, pourraient faire naître des inconvénients pour le recurage de ce canal, et nécessiteraient des travaux très-coûteux pour les garantir des crues d'eau qui se renouvellent assez souvent ; il a paru à la Commission qu'il serait préférable d'établir des magasins sur un terrain, que la Commune pourrait acquérir du sieur Boyer ; cependant, comme ce propriétaire n'a pas paru disposé pour le moment à céder son terrain, que, d'un autre côté, les ressources actuelles de la Commune ne permettraient pas de payer des dépenses aussi importantes ;

La Commission reconnaît l'utilité du projet, et est d'avis d'en ajourner l'exécution jusqu'à ce que la Commune puisse faire cette dépense.

« La Commission a été d'avis, tout en reconnaissant l'utilité du projet, d'en ajourner l'exécution jusques au moment où la Commune pourra subvenir à cette dépense. » — *Fol° 61. V°.*

Pour clôturer ce qui concerne les eaux de Caramy, il convient de réunir en un tableau toutes les concessions d'eau, qui ont été relatées à leurs dates respectives, et de présenter ensuite les prises actuellement existantes, en indiquant leur origine particulière.

Voici les concessions déjà relatées :

1537, 16 *juillet,* à JEAN TOURNEYS, tanneur,   *de l'eau du béal.*

1701, 21 *août,* à JEAN ROUMIEU,   id.   *un denier d'eau du béal.*

1702, 19 *novembre,* à JACQUES AILHAUD, moulin d'huile, *de l'eau du béal.*

1705, 21 *juin,* à LÉON BARBAN, tanneur,   *un denier d'eau du béal.*

1737, 10 *juin,* à MARTIN AMIC,   id.   *id.*   *id.*

1744, 28 *janvier,* à DOMINIQUE FERAUD, tanneur,   *id.*   *id.*

1744, 11 *octobre,* à JEAN-BAPTISTE BARTHELEMY, fabrique de soye, *un denier d'eau, plus un œil de bœuf, eau du béal.*

1763, 19 *juin,* à LOUIS BREMOND, fabrique de savon, *un denier d'eau du béal.*

1782, 2 *février,* à JEAN-BAPTISTE BREMOND, tannerie,   *id.*   *id.*

An VII, 13 *pluviôse,* à FRANÇOIS JULLIEN, fabr. d'eau-de-vie, *id.*   *id.*

1840, 30 *janvier,* à GILBERT REBOUL, tannerie, *trois deniers d'eau du béal.*

1856, 18 *mai,* à PIERRE BARRY,   id.   *six centimètres d'eau du béal.*

Nota.— Il est très-présumable que la Commune a fait nombre d'autres concessions d'eau du canal de ses moulins, lesquelles figuraient dans les registres des délibérations, perdus depuis longtemps.

Prises actuellement existantes sur le canal des moulins :

Rive Gauche

Léon Reboul, 6 centimètres, représentant Pierre Barry, concession du 18 mai 1856.

Alexis Boyer, 12 centimètres, ancien arrosage du jardin Barban, acquis par Boyer.

Rive Droite, en remontant

Gilbert Reboul, 6 centimètres, concession du 30 janvier 1840.

Jacques Aude, 12 — représentant Tourneys, concession du 16 juillet 1537.

Pierre Barry, (représentant Martin Amic, concession d'un denier d'eau, 10 juin 1737).— 3 ouvertures : une quarrée de 17 centimètres, deux circulaires de 7 centimètres.

Joseph Maille, 2 prises de 10 centimètres, au jardin, ancien arrosage.

id. 4 centimètres 1/2, tannerie.

Eugène Gavoty, 4 — 1/2, id.

Audibert, 5 — id.

Pierre Fabre, 4 — 1/2, id.

Gavoty, 4 — 1/2, id. *Le canal de cette prise est obstrué.*

id. 10 centimètres, au jardin. *Cette prise ne consomme pas d'eau.*

Toutes ces prises et concessions figureront de nouveau, à leur place, dans le Tableau général des concessions et prises d'eau, qui fait l'objet principal des délibérations des 12-28 novembre 1858, et du 28 avril 1859, délibérations qui seront reproduites intégralement, avec observations et rectifications nécessaires en regard de chaque article, de façon à présenter le résumé complet de tous les documents trouvés sur les concessions d'eau de la ville.

Pour compléter ce qui concerne les prises d'eau sur le canal des moulins, voici le tableau des prises vérifiées le 31 août 1863, en suite de la délibération du Conseil municipal du 17 février précédent.

(Voir ci-contre, au verso du présent folio.)

Prises d'eau sur le canal du moulin Besson, *vérifiées le* 50 *août* 1863
par M. MESURE, *architecte*, *en suite de la délibération du Conseil
municipal du* 17 *février* 1863.

NOMS ET PRÉNOMS DES PROPRIÉTAIRES.	DIA- MÈTRES.	CHARGE D'EAU.	CHARGE antérieu- re à la répara- tion.	DÉBIT avant l'exhaus- sement.	DÉBIT après l'exhaus- sement.	OBSERVATIONS
	RIVE	DROITE				
	m.	m.	m.	litres.	litres.	
GILBERT REBOUL aîné	0.06	0.25	0.25	4.96	4.96	
JACQUES AUDE......	0.12	0.50	0.25	19.44	24.80	
PIERRE BARRY......	0.20	0.37	0.17	56.42	74 »	—La prise Barry est composée de 3 ou- vertures : une de forme quarrée de 17 cent. de côté, les 2 autres circulaires de 7 centimètres.
JOSEPH MAILLE, jardin.	0.10	0.42	0.30	17 »	23 »	
id. id.	0.10	0.25	0.13	11 »	14 »	
id. fabrique.	0.045	0 25	0.25	2 83	2.83	
EUGÈNE GAVOTY, fabriq.	0.045	0 42	0.42	3.68	3.68	
AUDIBERT, id.	0.05	0.42	0.42	3.68	3.68	
SIMÉON CRESP, id.	0.045	0.65	0.65	5.65	5.65	
GAVOTY, id.	0.045	0.25	0.25	0.68	0.68	—Le canal de cette prise est obstrué.
GAVOTY, jardin.	0.10	0.15	—	—	—	Cette prise ne con- somme pas d'eau.
	RIVE	GAUCHE				
LÉON REBOUL	0.06	0.77	0.52	7.16	8.64	
ALEXIS BOYER......	0.12	0.32	0.07	12.87	27.50	—Le mauvais état de la conduite ne permet la jouissan- ce que de 22 centi- mètres.
LOUIS MARTIN......	0.02	0.04	0.04	0.22	0.22	

Le débit du canal des moulins, qui reçoit les eaux des canaux du Plan et du Val-de-Camps, est de 260 litres d'eau par minute.

Nota. — La prise de LOUIS MARTIN a été supprimée lorsque sa fabrique a été démolie en 1864, pour la route n° 11.

Nota. — D'après ce tableau, les quatorze particuliers y dénommés, prendraient un total de 193 litres 63 centilitres d'eau dans le canal qui, en temps ordinaire, débiterait seulement 260 litres.

De sorte que les moulins Bessons ne recevraient que 66 litres 37 centilitres.

Mais il est à observer que les deux prises du jardin Maille, destinées à l'arrosage ne prennent de l'eau qu'accidentellement, et que la prise d'Alexis Boyer, ancien arrosage du jardin Barban, ne fournit de l'eau qu'à une fontaine et n'absorbe pas plus de 3 à 4 litres d'eau.

Le moulin recevrait donc réellement 61 litres d'eau de plus, soit un total de 127 litres, et les particuliers absorberaient effectivement plus de la moitié de l'eau du canal, ce qui constituerait un abus intolérable, que l'Autorité municipale a le devoir impérieux de faire cesser.

Prises d'eau existantes avant 1850 sur le canal des moulins Bessons. — La vérification en a été faite par ordre des propriétaires des moulins en 1809.

RIVE DROITE

Toussaint Roux (*Aude*) . . . . . . 4 pouces 8 lignes en rond.

Pierre Barry. . . . . Une de un pouce 8 lignes de rond, et l'autre de 2 pouces et demi. (1)

Martin (du Grand Jardin). . . . . 5 expansiers, dont un bouché, pour l'arrosage de son jardin.

Cauvin (*Maille*). . . . . 2 prises, chacune de 3 pouces 1/2

Gavoty . . . . Une de 3 pouces 1/2.

Isnard (*Audibert*). . . . . Une de 3 pouces 1/2.

Isnard (*Fabre Pierre*). . . . . . . Une de 3 pouces 1/2.

Gavoty . . . . Une sous le pont, qui n'a pu être vérifiée.

Jardin Beaumont (*Gavoty*). . . . . Une de 4 pouces.

La prise de l'Égorgerie. . . . . De 4 à 6 pouces.

---

(1) La partie, qui est au-dessus d'une des dites prises, n'étant point en bâtisse, mais seulement en pierres sans mortier, il filtre à travers un volume d'eau assez conséquent.

RIVE GAUCHE

Rossolin et Barthelemy (1).... 5 pouces 8 lignes de largeur sur 4 pouces hauteur.

Jean-Louis Rossolin.⎫........ 8 pouces quarrés.

Chapellainie........ ⎬ (2)..... 7 pouces quarrés.

Jullien ....⎭........ 3 pouces 1/2 de rond.

Barban (*Alexis Boyer*)........ 5 pouces 1/2.

Rossolin François, hoirs (3)... 2 pouces.

Mathieu, Raynaud et Imbert (4). N'a pu être vérifiée.

Simon Bourgues (5).......... Sous le pont, n'a pu être vérifiée.

Nota. — La majeure partie de ces prises, sur la rive gauche, servaient à l'arrosage.

---

(1) Maison Taurel, révoquée.

(2) Arrosages qui se font par le ruisseau du chemin de Caramiette.

(3) Abattoir public.

(4) L'arrosage se prend à côté de la gendarmerie.

(5) Maison démolie.

MOULINS COMMUNS

OU DU CUMIN

Le moulin situé sur le canal venant du Val-de-Camps, tout près de la ville et du côté du Sud, appelé dans ces derniers temps, moulin du Commun ou du Cumin, portait anciennement le nom de moulin de Puget, *molendinum Pugeti*.

Il appartenait à plusieurs habitants de Brignoles, et était soumis à des droits de cens, sous la Directe et Seigneurie des possesseurs et d'autres personnes n'ayant que ces droits, sans propriété réelle sur l'immeuble.

Le monastère de Saint-Victor de Marseille avait droit à la quatrième partie du quart de ce moulin, plus à la moitié des trois autres quarts, suivant la donation d'un nommé Urso, faite dans le onzième siècle. (1)

D'après les termes de cette donation, le père du donateur aurait édifié ce moulin, qui daterait alors de la fin du dixième siècle ou du commencement du onzième.

La famille de Jocis, seigneur de Vins et habitant de Brignoles, acquit successivement ce moulin avec le pré, jardin et le paroir contigu ; il existe encor dans les archives de la ville un acte sur parchemin de 1237, par lequel les deux frères Gaufrid et Guilleaume de Brignole vendent à Pierre Monnier deux portions de la dixième de la majeure Directe et Seigneurie sur le moulin de Puget.

Messieurs de Brignole vendent leur portion de Directe et Seigneurie sur le moulin de Puget à Pierre Monnier.

Par un acte du 19 *octobre* 1290, les petits-fils et héritiers de Monnier vendent à Guilleaume de Jocis, seigneur de Vins, une maison avec moulins, deux patecqs et un jardin, sis au terroir de Brignole, au lieu appelé moulin Puget.

Les hoirs de Monnier vendent le moulin et attenances, ainsi que leurs droits seigneuriaux à Guilleaume de Jocis.

Le 19 décembre suivant, Bertrande, femme de Pierre de Chateauneuf, de Brignole, vend au même de Jocis un paroir et ses attenances, contigu au moulin Puget, franc de tous services.

(1) Urso et filius meus Gadaldus donamus aliquid de hereditate nostra Sancto Victori. . . . . . de alode nostro quod habemus in villa Bruniola, in loco quod dicitur Pugeto, id est molendinum quod fecit pater meus Volbertus, de quartam partem molendini, de tres partes medietatem ; et habet Sanctus Victor quartam partem quartoni que dedit soror mea amica.

(Cart. de St Victor. — N° 356.)

Le 9 janvier 1299, nouvel acte par lequel toute la famille Monnier confirme la vente faite le 19 octobre 1290 à Guillaume de Jocis des moulins de Puget, « du paroir contigu, du jardin attenant, ainsi que de deux parts franches de la dixième partie de la Seigneurie des dits moulins ; en même temps le prieur du monastère de la Celle, Bertrand Colla, chevalier, Bertrand Olivier, aussi cheva- lier, et Guilleaume de Gayleno, tous de Brignole, vendent et cèdent au dit de Jocis leurs droits de seigneurie sur le moulin Puget, ainsi que leurs droits de cens et de redevances, parmi les quelles figure un quartier du plus beau bœuf qui sera dans la boucherie de Brignole le jour de la fête de St Jean Baptiste, et la faculté de moudre gratis le bled nécessaire à l'usage de leurs familles, etc... »

Enfin, le 13 *octobre* 1319, « Jacobe de Jocis et son fils rachètent de Hugoléne veuve Bernard le cens de quatre deniers reforciats et les droits de directe, qu'elle avait sur les moulins Puget. »

L'acte, par lequel la ville acquit ces moulins de la famille de Jocis, ne se trouve plus dans les archives communales ; il y a seulement un acte du 18 *décembre* 1366, « par le quel les nobles : Jean de Brignole, Gaufrid Guillelmy, Bremond Ruphi, Pierre Aymeric, exécuteur du Conseil de la ville de Brignole, et Jean Garnier, sindic, au nom de l'université des hommes de Brignole et avec le pou- voir à eux donné par les Conseillers de la ville, arrentent pour 29 ans à Jean Mostier, le moulin, le pré et jardin, dont la ville *est propriétaire* et qui avaient appartenu précédemment à Hugues de Vins, chevalier, et à Guilleaume de Bri- gnole. — D'où résulte que la ville a acquis le moulin Puget dans l'intervalle de l'année 1320 à 1366, mais ce moulin demeurait encor sous la Directe et Seigneu- rie de plusieurs particuliers. »

Ce ne fut qu'en 1377, par acte du 2 *avril,* que la ville acheta la dernière part de Domaine et Seigneurie, restant encor sur ces moulins en faveur de noble Alexandra de Gayleno, consistant « à la redevance de la moitié d'un quartier de bœuf, et le droit de moudre en franchise dans les moulins de la ville *vendus à la dite ville par noble Jean de Vins*, situés au lieu dit moulin Puget, confrontant le chemin qui va au lieu de la Celle.

« Cette vente de tous les droits de domaine et majeure seigneurie de la dame Alexandra sur les moulins Puget fût faite à noble Gaufrid de Brignole, stipulant au nom de tous et chacun les nobles de la ville de Brignole et pour la quatrième partie, et aux honorables : Pierre Motin et André Mayfredy, exécuteurs de la dite ville, en leurs noms et en celui de tout le populaire de Brignole, et pour trois parties, pour le prix de douze florins d'or, qui furent payés comptant. (1)

---

(1) . . . . Vendidit tradidit et concessit ac titulo pure venditionis tradidit seu quasi ut nobili Gaufrido de Brinonia presenti et suo nomine et omnium singulorum nobilium dicte ville Brinonie stipulanti et recipienti et pro quarta parte, nec non providis viris petro Motini et Andree Mayfredy dicte ville exsecutoribus nominibus ipsorum et omnium singularum personarum popularum dicte ville stipulantibus et pro tribus partibus, jura predicta ac jus et dominium quod ipsa nobilis Alexan- dra habebat et habere poterat seu visuta erat habere ante venditionem presentem in dictis molendinis ratione majoris dominii et signoria ipsorum jurium pretio et nomine pretii florenorum auri duo- decim, etc. . . . .

Nota. Pierre Motin était l'un des deux sindics de la ville en 1377. Quant à Gaufrid de Brignole, il était le représentant des nobles de la ville, soit à cause de son nom qui était des plus anciens, soit qu'il fut premier sindic et représentant les nobles ; aucune indication précise n'existe à cet égard.

Par cette acquisition la ville devint propriétaire des moulins de Puget, affranchis de tous droits de domaine, seigneurie, cens ou redevance quelconque, et les moulins devenus propriété Communale reçurent le nom de *Moulins Communs* ou *du Commun* ; ce ne fut que beaucoup plus tard qu'ils furent appelés aussi *Moulins du Cumin*, du nom de la *Tour du Cumin* dont ils n'étaient séparés que par le chemin.

3 *janvier* 1390, « Mostier, fermier des moulins de la ville, avait commandé six meules à Arles ; le Conseil de la ville, ayant égard à l'indigence de ce fermier, vote de faire apporter ces six meules aux frais de la ville ; et incontinent noble Gaufrid d'Entrecasteaux offre de faire venir ces six meules, dans les quelles on dit y avoir cinquante quatre pierres, moyennant quatre sous pour chaque pierre. » — *Fol*° 83.

Le 8 *novembre* 1405, « Considérant les plaintes nombreuses faites sur les moulins Communs et sur leur béal, qui s'en vont en ruine ;

« Vû que les sindics ne peuvent s'occuper de cela ;

« Le Conseil donne mission à Bertrand Olivary et à Guilleaume Clavier, d'aller sur les lieux avec Antoine Guiraman, voir et s'assurer de ce qu'il y a à faire et de ne faire que ce qui sera juste, et avec diligence. » — *Fol*° 99.

Mauvais état du moulin Commun et du béal.

Le 4 *octobre* 1409, « Le Conseil ordonne que la reve de la mouture des moulins de la ville sera portée aux enchères sur la mise à prix de 4 deniers par sestier de bled à détriter. » — *Fol*° 217.

Mettre aux enchères le fermage de la mouture.

Le 4 *août* 1411, « Les moulins Communs sont affermés à Guilleaume Taxil, et il lui est imposé la condition de construire deux moulins neufs dans les bâtiments du moulin Commun, et de changer le paroir qui est dans le moulin inférieur dit Besson. — Moyennant ces travaux que Taxil a offert de faire dans un an, la ville lui payera 27 florins d'or, valants chacun 17 souls. » — *Fol*° 456.

Le fermier des moulins fera deux moulins neufs, etc.

Le 30 *janvier* 1413, « le Conseil ordonne que le fermier des moulins de la Communauté pourra prendre l'eau de la source de St. Siméon et la conduire aux moulins, parcequ'ils manquent d'eau, et qu'il s'en servira tout le temps que le Conseil trouvera bon. » — *Fol*° 256. V°.

Cette ordonnance fut modifiée le 22 août 1427 ; le meunier n'eut la faculté de prendre l'eau de St-Siméon que pendant la nuit. — *Fol*° 59.

Prendre l'eau de Saint-Siméon pour les moulins Communs.

Le 19 *mars* 1414, « ordonné que personne ne prenne l'eau du béal du moulin Commun, si ce n'est depuis la neuvième heure du samedi pour la remettre le lundi au soleil levant, sous peine de cinq sous pour chaque contravention. » — *Fol*° 305.

Défense de prendre l'eau du béal, hors les samedis

1418-1525.

—

Les habitants
de la Celle n'ont
pas le droit
de prendre l'eau
de la
Val de Camps.

Le 17 août 1418, « ordonné que les sindics iront représenter au Prieur de la Celle de vouloir bien empêcher que les habitants de la Celle prennent l'eau du moulin Commun pour arroser leurs jardins, faute de quoi le Conseil y pourvoiera par les voies de droit. » — *Fol°* 566. (1)

Sonder
les intentions
du Prieur
de la Celle sur
le fait
de prendre l'eau
de
Val de Camps
pour arroser.

26 mars 1427, il paraît que les droits des moulins Communs sur l'eau de Val de Camps n'étaient pas aussi étendus que semble l'exprimer la délibération précédente, car neuf ans plus tard, le 26 mars 1427, « le Conseil de la ville, sur les plaintes du meunier de ce que le Prieur de la Celle dérive l'eau venant du Val de Camps, donne commission aux sindics de sonder le Prieur sur ses intentions à ce sujet, et de référer la réponse au Conseil pour y délibérer. » — *Fol°* 42. *V°*.

Il n'est plus fait mention de cette affaire, et, lorsque le moulin Commun manquait d'eau, le Conseil ordonnait d'y conduire l'eau de St. Siméon, ce qui eut lieu dès le 12 juillet suivant, et plus tard, le 8 août 1444.

La défense de prendre l'eau du béal est renouvelée presque chaque année ; la Ville oblige les riverains à couper tous les arbres qui gênent le cours de l'eau du béal, à tenir leurs rives nettes, et à laisser un passage pour aller et venir tout le long.

Ordonné
de réparer l'é-
cluse voisine du
Pont de la Celle.

Le 29 juillet 1452, « le Conseil ordonne de réparer l'écluse du pont de la Celle, et que ces travaux seront faits au moyen de corvées. » — *Fol°* 345.

Le 26 mai 1463, « le Conseil ordonne que toute personne ayant son arrosage par le béal du moulin Commun fera son expassier, soit prise d'eau, en pierres taillées ; et que ceux qui saigneront, ou rompront le béal, payeront cinq sols pour chaque fois. » — *Fol°* 243.

L'écluse du Pont
de la Celle
est réparée par
la Communauté
de Brignoles.

En 1512, l'écluse du Pont de la Celle était en ruines, le Conseil ordonne de la faire réparer, 6 novembre. — *Fol°* 215.

Le 24 septembre 1520, nouvelle réparation de cette écluse qui s'en va. — *Fol°* 31.

En 1521, on fait encor venir l'eau de St. Siméon aux moulins Communs.

Le 7 octobre 1525, « a fach un grand délubi et a rompu la resclauso del molin del Commun au Pont de la Sello. — Ordonné de restaurer la dite écluse, qui est donnée à prix fait pour 20 florins à Alexandre Barralier. » — *Fol°* 453. *V°*.

La Ville payait un service annuel de 10 sols au Prieur de la Celle, pour cette écluse établie sur le terroir de la Celle.

---

(1) Qui quidem domini ordinârunt, habita consideratione matura, quod domini sindici ambaxiantur ad presentiam domini Prioris Arthecelle, ad quod provideat seu remadium apponere faciat super receptionem aque labentis super ortos dicti loci Arthecelle versus molendinum Communem presentis universitatis, que aqua cotidie tollitur per personnas ortos possidentes in riperia Arthecelle in prejudicium detrictationis ipsius molendini et totius rey publice presentis hujus universitatis, aliter nisi in premissarum remedia velit providere, per hujorum consilium providebitur ut fuerit juris.

En 1531, le Conseil tente divers essais pour amener l'eau de Caramie aux moulins Communs ; cette tentative est renouvelée en 1549 et années suivantes, ainsi que cela a été détaillé dans le chapitre consacré à la rivière de Caramie.

Le 10 *novembre* 1634, « le Conseil chargea le consul de Thouron de faire élargir le canal du moulin et le faire tirer en droite ligne, depuis l'écluse sous le paroir de Jean Estienne (paroir Fabre), jusques au moulin Commun, en dédommageant les intéressés, attendu que les dits fossés ne tirant droit nécessitent fréquemment de grandes dépenses. » — *Fol*° 201. *V*°.

Il ne paraît pas que ce projet ait reçu pleine exécution, du moins pour la rectification en ligne droite ; il se fit cependant des travaux de curage et d'élargissement, qui occupèrent 22 hommes pendant quelque temps.

Le 13 *février* 1661, « il fut délibéré de faire une *martellière de pierre de taille avec son suillet,* joignant l'écluse qui fait venir l'eau au moulin du Cumin, et contre l'embouchure du béal, afin que les eaux puissent y venir ou être levées lorsque le meunier le trouvera à propos. » — *Fol*° 525. *V*°.

Les moulins Communs furent remis aux créanciers de la ville en 1642, comme les moulins Besson et de Vins, et subirent les mêmes vicissitudes, il est inutile d'en reparler.

Ces moulins devinrent propriété nationale et furent vendus aux enchères à Draguignan en 1813.

Les particuliers de Brignoles, qui avaient acheté les moulins Bessons en 1808, crurent de leur intérêt d'acheter aussi les moulins Communs, sauf à les céder avec condition de n'y plus moudre du grain, afin d'empêcher une concurrence préjudiciable. En conséquence, ils donnèrent pouvoir à M. Adrien Mouttet, leur sindic, de se porter à Draguignan, afin d'acheter le moulin, dit du Cumin, et de le revendre à tous autres qu'il trouvera bon : ce pouvoir était daté du 25 mai 1813.

M. Mouttet demeura adjudicataire du moulin du Cumin, et fit une déclaration de *command* en faveur de Messieurs Philémon Gavoty et Isnard, qui firent à leur tour, à la date du 15 septembre 1813, une déclaration par laquelle ils acceptent le *command* passé en leur faveur par M. Mouttet avec obligation de leur part d'employer le moulin dit du Cumin à tout autre usage qu'à celui de moudre des grains.

Ce moulin est actuellement possédé, par un des fils de M. Philémon Gavoty, et sert de moulin à tan ; l'autre partie, moulin à tan et fabrique de chocolat, appartient à M. Léon Reboul.

SOURCE DE SAINT-SIMÉON

La source de Saint-Siméon , *(fons Sancti Siméonis)*, *font de Sanct Syméon*, *Simian* ou *Sumian* , en langue vulgaire, jaillit au Sud de la ville , au pied d'une des collines dites *les Hubacs*, et sur un point assez élevé pour que l'eau vienne alimenter les fontaines de la partie culminante de la ville.

La Communauté de Brignoles dispose des eaux en maîtresse.

Nos archives ne possèdent aucun registre des délibérations du Conseil de la ville antérieur à l'année 1387 ; à cette date, la Ville usait et disposait des eaux de cette source , comme en étant propriétaire absolue ; elle la prenait pour établir des fontaines publiques, elle la concédait à nombre d'habitants pour leur usage personnel, et les délibérations prises à ces fins mentionnent que des fontaines plus anciennes avaient été détruites ; de sorte qu'il est difficile de connaître l'origine de cette possession et les titres de la ville à cet égard.

Dans son ouvrage , intitulé : *Jurisprudence observée en Provence sur les Matières féodales et les Droits Seigneuriaux* (Avignon, 1756), M. de la Touloubre constate que : « les rivières non navigables , ruisseaux et sources, étant aux « terres gastes et incultes , et autres lieux publics, appartiennent aux seigneurs « haut justiciers. »

Brignoles n'ayant pas d'autre seigneur ni de haut justicier que le Roi , les ruisseaux et sources du terroir de la ville appartenaient au Roi, ainsi que ç'a été constaté pour la rivière de Caramie , dans l'étendue de ce terroir.

Le moulin ou paroir, existant anciennement à côté de la source , avait-il été d'abord propriété du Roi ? — C'est probable.

En 1506, ce moulin était possédé par un particulier de Brignoles , et payait trezen à deux monastères, dont l'un , celui des Dames du Suaire d'Arles est qualifié *prieur* de Saint-Siméon. — La chapelle de Saint-Siméon avait donc été érigée en Prieuré, avec des droits sur le moulin, si, toutefois, ce moulin n'avait pas été donné au Prieuré, et aliéné plus tard moyennant cens ou redevance emphytéotique.

La faculté d'eau attachée à ce moulin était le seul obstacle qui empêchât la ville de prendre la totalité des eaux de la source au point où elles naissent ; l'eau prise en-dessous du moulin ne pouvait plus parvenir à la fontaine de la Paroisse, ni à celle de la place du Palais.

En 1405, « la Ville ordonne de faire trois fontaines avec l'eau de St. Siméon.

Le 24 *avril* 1408, le Conseil avec adjonction des notables renouvelle cette ordonnance (1), « et permet aux habitants de prendre de cette eau et de la conduire dans leurs maisons pour leur usage particulier. »

Et le 16 *août suivant*, « le Conseil ordonne que ceux qui prendront l'eau à la conduite des fontaines de la ville payeront dix florins d'or, outre leurs frais, pour servir à payer les travaux et facture des dites fontaines, ou à établir une quatrième fontaine, si cela parait convenable aux Commissaires nommés, dans la rue Basse, vers la maison de noble Bertrand de Comis. (2) »

1405-1408.
—
Faire 3 fontai-
nes publiques.

Permis
aux habitants de
faire des fontai-
nes dans leurs
maisons.

Conditions
imposées aux
prises d'eau
des particuliers.

(1) . . . Pro evidenti utilitate et honore tam domini nostri quam totius reypublice, attento quod fontes extrà muros presentis ville Brinonie sunt inutiles et non possunt munde permanare nec bene aptari ad aquam fluentem ex eisdem munde habere — attento etiam quod alias ordinatum extitit per Consilium presentis ville fieri quod infra ordinatum; ordinaverunt quod de fonte S[ti] Simeonis per conductum bonum et sufficientem subter terram aqua recipiatur et ducatur ad doctrinam et experientiam magistrorum in talibus expertorum infra dictam villam, videlicet in tres partes — primo vide in platea ante ecclesiam Sancti Salvatoris dicte ville Brinonie, que platea est in altiori loco ipsius ville, et ibi fiat fons ad griffonos defluentes cum barquillo petre scisse, ut in talibus fieri consuevit.

Item, in platea macelli dicte ville, versus partem occidentalem, alius fons fiat similis alteri fonty vel minor propter parvitatem platee ipsius, et hoc ad ordinationem electorum infra scriptorum.

Item, et alius fons fiat in platea fori dicte ville ante palatium regium et reginale in eminentiori loco ipsius platee, ad similitudinem alius fontis que facta erit, Deo juvante, in dicta platea Ecclesie, sine tenuo prejudicio aque defluentis ad dictum palatium et ecclesiam ad posatorium dicte ville.

Item, ordinaverunt quod, pro predictis fontibus construendis et aqua conducenda in eis, unum quindecimum seu quinta decima pars omnium fructuum evenentium ab hac die in unum annum continuum et completum, scilicet bladorum, leguminum, fenorum, canaporum, separum, allyorum, racenorum, edulorum, agnorum, porquetorum, vitulorum et pollinorum, equossiorum et assiniorum. . . . . .

Les deux sindics : Gaufrid d'Entrecasteaux et Bermond Drogoul, sont élus pour faire exécuter ces travaux, avec pleins pouvoirs. . . . . .

Et nihilominus ordinaverunt quod licitum sit unicuique, factis primo dictis fontibus seu altero ipsorum, recipere per parvum conductum, expensis vero talis recipere volentis de dicta aqua pro usu domus sue si voluerit, sine tenuo dampno dictorum fontium vel alicujus ipsorum, et hoc fiat de licentia et voluntate dictorum electorum et non aliter. — *Fol°* 160.

(2) Quiquidem domini sindici et consiliarii et alii superius scripti ordinaverunt pro utilitate et commodo foncium qui noviter construuntur in presenti villa Brinonie, sine tamen prejudicio curie regie et reginalis et capitulorum super hujusdem opere ordinatorum per consilium et alios probos viros dicte ville et inde confirmatorum per D[num] Seneschalcum Provincie, sed illis remanentibus in eorum firmitate, quod quicumque volens habere et recipere de aqua habenda ad usum domus sue prout in capitis opere latius declaratur, solvat et solvere teneatur operariis super hoc ordinatis dictorum foncium florenos auri currentes decem concoidendos per ipsos operarios ad utilitatem dictorum foncium vel alicujus fontis, si eis videtur, de proximo construendi in carreiro basso dicte ville, habita prius licentia à domino nostro Rege seu ejus Seneschalco, de quarto fonte construendo, si eis videatur, in carreiro Basso dicte ville versus partes hospitii nobilis Bertrandi de Comis.

Dont acte dressé sur la demande des sindics, témoins : Jean Drogoul, chevalier — maitre Léonard, notaire — et Jean Ruphi. — *Fol°* 168.

1412-1427.

Les fontaines, ou leurs conduites, ayant eu besoin de réparations, le Conseil ordonna le 13 *juillet* 1412, « que ceux qui avaient des fontaines privées eussent à contribuer à prorata, et, en cas de refus de leur part, que leurs bourneaux fussent brisés et mis hors de communication avec les conduites de la ville. (1) »

Le 4 août suivant, les fontaines publiques manquant d'eau, le Conseil ordonne « que les prises des particuliers soient diminuées, notamment celles de Jean Drogoul, de Bermond, son frère, de messire le Prieur (de la Celle), et de Raymon d'Ollières, qui ont abusé en employant des bourneaux trop grands. » — *Fol*o 237.

Le mal existant toujours, il est ordonné « d'établir des soupiraux aux conduites, afin de faciliter le cours de l'eau, et, si cet essai réussit, ordonné de faire une cinquième fontaine dans la rue où est la maison de Raymon d'Ollières. »

Enfin, *le 28 décembre*, « l'eau continuant de manquer, on ordonne de restreindre les prises des fontaines de la Boucherie, de Jean et de Bertrand Drogoul, afin que celles de la place du Marché et de l'Église aient l'eau qui leur revient. » — *Fol*o 251. *V*o.

Ces mesures ne remédièrent pas au mal, et, quelques mois après, *le 11 mai* 1413, « le Conseil ordonna que, toutes les fois que les fontaines cesseraient de couler, les sindics les feront réparer aux frais de la ville, et aussi de ceux qui ont des fontaines dans leurs maisons, dans les proportions fixées par les lettres faites sur cela. » — *Fol*o 268.

Le meunier du moulin Commun prendra l'eau de St-Siméon.

La Ville se regardait si bien maîtresse absolue de l'eau de St-Siméon, qu'elle ordonna, le 30 *janvier* 1413, « que Monnet, meunier de la ville, peut et doit prendre l'eau de St. Siméon et la conduire aux moulins qui en ont besoin, et qu'il peut s'en servir autant que le Conseil le trouvera bon. (2) »

Cependant, quatorze ans plus tard, le moulin de la ville (moulin Commun) ne pouvant plus triturer faute d'eau, le Conseil rendit une ordonnance semblable *le 12 juillet* 1427, mais, *le 22 août suivant*, « sur les plaintes des arrosants, il modifia son ordonnance en ne donnant l'eau au moulin que pendant la nuit, de la sonnerie de l'*Angelus* du soir à celle de l'*Angelus* du matin, et l'ordonnance mentionne que noble Gaufrid d'Entrecasteaux, présent à la séance, et dont la terre sera traversée par l'eau, consent à la chose pour cette fois et sans conséquence. » — *Fol*e 59.

_____

(1) Ordinaverunt quod constringantur omnes habentes fontes privatas ad solvendum eorum ratam de reparatione ipsorum prout pertinet et provenit. Et casu quo renuent et solvere recusent et renuntiare velliut, prout minantur aliqui ipsorum, ordinaverunt ex nunc pro tanto quod canoni rumpantur, separentur à canono fontium principalium seu aliorum fontes tenere volentium. Et super hec sit executor Jacobus Bruni cosindicus, et cum eo intersint si necesse fuerit, nobilis Berengarius de Sancto Amasio et magister Albertus Alberti, notarius dicti consilii, si vult aut opportunum. — *Fol*o 268.

(2) Primo ordinaverunt quod Monnetus, molendinarius universitatis, possit et debeat recipere aquam fontis Sti Simeonis et ipsam ducere ad mollendinos quia dicti mollendini carent aqua, et de ipsa possit se juvare usque ad beneplacitum dicti consilii. — *Fol*o 256. *V*o.

De sorte que les arrosants avaient, dès-lors, un droit d'usage sur les eaux, 1428-1446. et que la ville n'aurait pu les en priver totalement sans s'exposer à des revendications, à moins qu'on aime mieux attribuer la conduite du Conseil au désir de concilier tous les intérêts en partageant l'usage de l'eau entre les arrosants et le moulin.

Les terres voisines de la source avaient certainement une jouissance déjà ancienne de ses eaux pour l'arrosage, car, l'année suivante, *le 3 juin 1428,* « le Conseil ordonne que l'eau de St. Siméon sera tournée en totalité aux moulins les jours de lundi, mardi, jeudi et vendredi, et que les jardins et les prés la recevront les mercredi, samedi et dimanche. » — *Fol°* 95.

L'eau est réservée à l'arrosage 4 jours de la semaine.

Et *le 25 du même mois,* « sur les réclamations des arrosants, le Conseil réforme cette ordonnance, et revient à ce que le meunier prendra l'eau toutes les nuits seulement. » — *Fol°* 98.

En 1444, nouveau manque d'eau aux moulins, nouvelle ordonnance du Conseil « qui autorise le meunier à prendre l'eau de St. Siméon de nuit et de jour, mais sans prononcer de peine contre les contrevenants — 8 août. » — *Fol°* 370. *V°.*

Le 21 août 1446, « le Conseil ordonne que chacun sur son confront ait à curer le béal, ou aqueduc de l'eau de St. Siméon, dans l'intérieur de la ville, et au dehors.jusqu'au *Pas du Roi,* c'est à dire là où l'eau est dirigée vers St. Siméon, *(infra presentem villam et ab extra usque passus regis sive ubi deducitur aqua versus Sanctum Simeonem.* » — *Fol°* 63. *V°.*

Les riverains obligés de curer le canal portant l'eau de St-Siméon.
—
Le Pas du Roi.

D'où il semble résulter : 1° qu'un ruisseau d'eau venait de St-Siméon et traversait la ville, partie à découvert, partie dans un aqueduc souterrain, fait confirmé par la tradition et par de nombreuses citations sur l'aqueduc, ou *pouadour,* qui passait sur la place du Portail-Neuf, à la place de la Poissonnerie, dans la rue des Meuniers, et venait déboucher au portail de Caramie, c'est-à-dire, en face de la montée du St-Esprit ;

Et 2° que l'eau de St-Siméon n'était à la disposition de la ville que depuis ce *Pas du Roi,* où elle était déviée vers *St-Siméon.*

Veut-on indiquer par les deux mots *Saint Siméon,* le moulin ou la chapelle ?

Aucun document n'indique le point où était la chapelle; d'après certains détails épars dans les registres des délibérations, et, notamment du rapport du 7 juillet 1754, il résulte que le moulin était placé à l'Est de la source, près le lavoir public actuel, et la fuite de ses eaux tournait à l'Ouest où elle trouvait une chute très-prononcée.

Moulin et chapelle de St-Siméon.

Si la chapelle était établie à l'Ouest de la source, au-dessus du terrain où la branche Ouest découle actuellement pour l'arrosage, l'eau sortant du moulin se serait dirigée naturellement de ce côté, et le *Pas du Roi* aurait pu être à cette sortie du moulin, de façon que l'eau n'aurait été prise, pour venir à la ville, qu'après avoir servi au moulin de St-Siméon. — Cette hypothèse expliquerait comment la ville aurait pu prendre un volume d'eau assez considérable pour faire aller un ou plusieurs moulins dans l'intérieur de la ville à la rue dite des Meuniers, alors qu'il y avait tant de difficulté à faire arriver de l'eau propre en quantité suffisante pour quelques fontaines.

L'achat par la ville du moulin de St-Siméon, afin de pouvoir faire arriver l'eau au Palais, confirme cet état des lieux et du *Pas du Roi*, qui était propriétaire du moulin.

Si, au contraire, au *Pas du Roi*, l'eau était déviée pour le moulin, la ville n'aurait reçu que l'eau superflue à ce moulin, ou jaillissant sur ce point, et non retenue par la vanne du *Passus Regis;* ce qui n'est pas probable.

Quoi qu'il en soit, il existait un ruisseau, appelé quelquefois béal, partant de la source, ou de ce *Passus Regis*, et portant l'eau dans la ville, où elle était employée soit aux usages domestiques, soit à mouvoir des moulins.

En 1454, « les fontaines sont délabrées et le Conseil ne trouve rien de mieux à faire que de les démolir et de placer dans la maison du St. Esprit les pierres taillées en provenants. »

Le 4 avril 1459, « le Conseil défend, sous peine de dix sols d'amende, de laver des draps, des laines et autres choses dans la source de St. Siméon et dans ses dérivés — *(rivulis*, en langue vulgaire *rayols).*

« Il ordonne en même temps au sindic de faire placer une bonne serrure à la porte de la chapelle de St. Siméon, afin que les lépreux ne puissent pas s'y réfugier. »

Le 17 janvier 1463, « le Conseil accorde une concession d'eau pour la tannerie de Giraud de St. Martin, et il charge le Bailli et le clavaire de régler la manière dont doivent être établies la prise et la fuite de l'eau. » — *Fol°* 223. *V°.*

— D'après un procès-verbal inséré dans le livre rouge, cette tannerie aurait été située vers les constructions qui sont actuellement en-dehors de ce que nous appelons le Portail de la Celle.

Le 20 mars 1506, la Ville devint propriétaire du moulin de St-Siméon, de la manière expliquée par les délibérations suivantes, et d'abord celle du 20 mars 1506, dont voici la teneur :

« Lesquels Messieurs Sindics et Conseillers, tous d'une même union, personne ne contredisant, avec licence et autorité de M. le Lieutenant de Bailly et Juge, que attendu la oblation et offre qu'a faite maître Jeannet Caudière dans le présent Conseil, à la ville et à Messieurs les auditeurs et exécuteurs du testament de feu Guillem Gilly (1), le quel Caudière a dit et s'est présenté qu'il échangera et sera content de faire échange avec Messieurs les auditeurs et exécuteurs du testament de Guillem Gilly, eûe licence et intervenant licence et consentement de Messieurs les Sindics et Conseillers, et en suite de la délibération du dit Conseil, sçavoir : d'un moulin avec une luegue de paroir attenante au dit mou-

_____

(1) Le testament de Guillem Gilly est à la date du 16 juillet 1361.

lin, avec les engiens et outils du dit moulin, pour certaines terres et pré de la
dite Aumône situés dans le terroir de Brinhole vers Peyra Grossa, ainsi l'ont
déclaré consentir — attendue la dite oblation ont ordonné par les sieurs à cela
appelés les honorable maître Jeannet Aymeric et maître Jean Danget, tanneur,
(Sabatier), auditeurs de la dite Aumône, que, pour l'évidente utilité et proffit
de la dite Aumône, l'on échange et se fasse échange et permutation avec maître
Jeannet Caudière des possessions et terres susnommées, avec rétension des cens
et services perpétuels établis sur les dites terres et pré, de cinq florins, payables
à la dite Aumône chaque fête de *Calènes* (Noël), aux quels échanges et permutation des dites terres et pré, moulin et luech de paroir, engiens et outils, avec le
service et cens, pour les susnommés seigneurs Sindics, Conseillers, auditeurs
et exécuteurs, d'une part, avec licence et autorité sus dite au nom de la dite
Aumône, et le sus dit maître Jeannet Caudière, d'autre part, pour lui et les
siens — et ont procédé en la mode et forme consignée en la note prise par moi
Anthoine Fornery, notaire du dit Conseil, sur l'an et le jour sus dit. » —
Fol° 728. *V*°.

D'après cette délibération, il semble que l'acte d'échange, passé le même jour,
20 mars 1506, doit donner le moulin aux auditeurs de l'Aumône de Guillem
Gilly; mais deux délibérations du Conseil, prises les 29 décembre 1511 et le
3 janvier 1512, disent positivement que le moulin fut donné à la ville; voici la
délibération du 3 janvier 1512 :

« Vû que, ces ans passés, il s'est fait un échange entre la ville et Jean Caudière: par le quel le dit Caudière donna le moulin de St. Siméon à la ville, et
celle-ci lui donna les dites terres, (terres de l'Aumône de Guillem Gilly situées
sous Piès Gros, *sota Peyro Grosso*), Jean Caudière ne croyait pas mourir si tôt,
et que cet échange devient onéreux à ses enfants, il est délibéré que la ville
payera les droits de trezen aux Religieuses de Nazareth, et que les fils et héritiers de Caudière seront relevés de tous frais. » — *Fol*° 134. *V*°.

La Ville
reçoit de Jean
Caudière
le moulin de
St-Siméon,
et lui donne en
échange
des terres au
quartier
de Piès Gros.

Dans une quatrième délibération du 5 avril 1512, on lit :

« Payer 12 florins par la main de M° Noffre Caremantran, (c'était le trésorier
de la ville) à N. Jean Lebar, à qui ils sont dus comme procureur des vénérables
Dames Religieuses du Saint Suaire d'Arles, Prieuresses de St. Siméon de la
présente ville de Brignole, pour raison de deux trezens qui leur sont dus, comme
appert de la sentence arbitrale prononcée par les nobles Raymon Amic et Honorat Sabatier, pour un échange fait du moulin de St. Siméon et de quelques terres
de l'Aumône de Guillem Gilly, ainsi qu'il appert de l'ordonnance au précédent
livre fol° 728, et de l'acte pris par Anthoine Fornery, notre, le 20 mars 1506. »
— *Fol*° 169. *V*°.

La chapelle de St-Siméon avait donc été fondée comme Prieuré, ayant des
droits sur le moulin; les Dames du Suaire, comme Prieuresses, et les Dames de
Nazareth, comme donataires du moulin, avaient parts sur l'impôt du trezen.

Voilà la ville propriétaire du moulin de St-Siméon ; comment se fait-il que ce moulin sorte de ses mains sans qu'il en soit fait mention dans aucune délibération ? Et qu'en 1558, c'est-à-dire, 46 ans plus tard, la ville achète de nouveau ce moulin à beaux deniers comptants ? On ne peut expliquer ce silence que par la lacune de 4 années, résultant de la perte du registre contenant les délibérations de 1526 à 1530.

En 1515, la ville était encore sans fontaine autre que celle de la Place Saint-Pierre, et les habitants étaient réduits à aller prendre de l'eau dans un puisard (*poador*), alimenté par un ruisseau venant de la source de St-Siméon.

Aussi, dans l'ordonnance du 7 mai 1515, réglant l'ordre de l'arrosage des jardins de la ville, « l'aygaller est tenu de faire aller quantité d'eau au *poador* pour la conservation et la santé de la ville. » — *Fol*o 386. *V*e.

Ce puisoir qui, d'après ce texte, semble être le seul pour toute la ville, était placé sur la place du Portail-Neuf, devant la maison Braquety, d'après la mention qui en est faite en maints endroits dans les délibérations du Conseil.

Amener l'eau de St-Siméon au Portail-Neuf, pour les fontaines de la ville.

Ce n'est que le 24 *août* 1521, que le Conseil prend une décision pour faire venir l'eau de St-Siméon au Portail-Neuf, afin de la distribuer ensuite dans tous les quartiers de la ville ; voici la traduction de cette délibération écrite en langue vulgaire :

« Les quels seigneurs Sindics et Conseillers tant vieux que nouveaux et les notables appelés, tous ensemble, soit la majeure part, avec la permission et l'autorisation de M. le Bailli, ont ordonné que, attendu que l'on avait baillé à prix fait à un maitre fontainier de conduire et mener une certaine quantité de l'eau de la source de Saint Syméon pour faire des fontaines dans la ville de Brinhole ; et considéré le grand besoin d'eau qu'ont à présent la fontaine du Portail des Frères Mineurs et celle de Douzon, ont ordonné de faire exécuter le prix fait de la source de St. Siméon, et de la faire conduire au coin du jardin que le noble Raymon Puget possède près le Portail Neuf. — Et puis ceux qui en voudront faire des fontaines dans la ville, soit dans la bourgade, la pourront prendre et conduire à leurs frais pour faire les dites fontaines. » — *Fol*o 104.

Plusieurs délibérations ont été prises postérieurement dans le même sens ; mais ce n'est qu'en 1559, après l'achat du moulin, que l'eau de St-Siméon a été amenée au Portail-Neuf dans la serve générale des fontaines.

Cependant, le 5 *mars* 1555, « le Conseil avait délibéré de faire venir l'eau de St. Siméon à la source de St. Pierre ; ce qui n'eût pas de suite. »

Aqueduc de l'eau de St-Siméon au Portail de Caramie.

Le 17 décembre de la même année, « défense de laver des saletés, *excepté les lessives*, dans le béal de St. Siméon, et spécialement au Portail de Caramie *où il est découvert*, sous peine de dix sous. » — *Fol*o 410.

Nota. — Désignation précise d'un ruisseau d'eau (béal) venant de St-Siméon, arrivant au Portail de Caramie dans un aqueduc couvert, et se trouvant *découvert* près ce Portail, c'est-à-dire, sur le terrain formant actuellement un carrefour, au bas de la montée du St-Esprit. — L'aqueduc existe encore de ce point, en remontant dans la rue ou montée des Meuniers, jusqu'à la place de la Poissonnerie, et probablement jusqu'au Portail-Neuf. — Cet aqueduc servait encor en 1856, et recevait les eaux pluviales du quartier de la Poissonnerie, qui allaient déboucher vers le moulin dit de Vins, en longeant la rue des Augustins ; un autre aqueduc fut détruit à cette dernière date, par les travaux faits pour niveler la Grande-Rue, la place Caramy et la petite place, au bas de la montée du St-Esprit, où était une ouverture qui recevait les eaux de Cavaillon, de la Tour Malaute et du St-Esprit.

1523-1525.

Le *9 janvier 1523*, « on fait refaire la fontaine de St Michel, sur la Place de St. Pierre, avec condition qu'elle coulera dans quinze jours. » — *Folo* 168.

Fontaine de la Place St-Pierre.

Le *15 février 1524*, « ordonné de réparer la fontaine qui est entre le *Barri* et les casals sive *maysons* existants au pied du couvent de St. François de la présente ville de Brignolle, parcequ'elle ne peut couler ; et de faire cette réparation pour le mieux, attendu que les conduites sont toutes brisées. » — *Folo* 305.

Fontaine au quartier des Cordeliers.

D'où il ressort qu'une fontaine publique existait entre le mur d'enceinte de la ville et le couvent des Cordeliers, et que les conduites en étaient brisées. — Cette fontaine recevait-elle l'eau par la conduite qui en amenait de St-Siméon au couvent ? ou avait-elle une conduite particulière venant directement de St-Siméon ? L'eau ne pouvait lui venir du Portail-Neuf, puisque le 18 septembre 1525, une nouvelle délibération prescrit d'exécuter le projet de faire venir l'eau de St-Siméon à ce portail, et *interim* de faire réparer la conduite de la fontaine des Frères Mineurs *qui ne peut venir.* — *Folo* 452.

Cette dernière observation : *qui ne peut venir*, indiquerait que la conduite avait une grande longueur, et par conséquent commençait à la source même de St-Siméon.

Il y aurait donc eu deux conduites de St-Siméon aux Cordeliers, l'une pour le couvent et l'autre pour la fontaine, ce qui donnerait l'explication des restes de conduite existant dans les terres entre-deux, notamment dans le jardin où est actuellement la chapelle dite de St-Louis, conduite qui donnait de l'eau, il y a quelque cinquante ans.

Toutes les hypothèses sont permises, en voyant que le Conseil répond à la demande des Pères Augustins, qui voulaient faire une fontaine dans leur couvent : « qu'ils prennent l'eau où ils voudront, pourvû qu'ils ne touchent rien de la source de Douzon ni d'aucune autre chose, *(ny d'aucunque res)*—29 mai 1525. » — *Folo* 430. *Vo.*

Noble François Laurens, propriétaire du moulin de St-Siméon, avait fait construire une muraille en-dessous de ce moulin, de façon que l'eau de fuite et celle de la source étaient déviées. Le *4 novembre 1530*, « le Conseil ordonne de requérir le Bailli et le Juge pour aller, avec les membres du Conseil, voir cette muraille et la faire rompre et abattre, parceque le dit Laurens l'a faite au préjudice de la ville, chose qu'il ne devait pas faire. » — *Folo* 53. *Vo.*

Eau de fuite du moulin de St-Siméon.

1531-1534.
—
Mandement
sur la direction
des eaux
de St-Siméon.

Le 7 août 1531, « le Conseil, ayant découvert un rapport d'estime et état des lieux , *(mandament de extima et conoyssensa)* sur la direction *(lou gouvert)* de la source de St. Siméon , et comment doivent la tenir les possesseurs du moulin ; ordonne de requérir Sʳ Frances Laurens, qui possède aujourd'hui ce moulin , qu'il ait à tenir et mettre la dite source conformément au mandement sus dit , ou qu'il sera poursuivi en justice. » — *Folᵒ* 140.

Faire venir
de l'eau
de St-Siméon
pour
3 ou 4 fontaines.

Le 8 septembre suivant , les Conseils vieux et nouveau sont convoqués avec les notables appelés , et ils ordonnent encore une fois de faire venir de St. Syméon de l'eau pour trois ou quatre fontaines , une au Marché , une à la place de la Bourgade (bourg de Caramie) , l'autre à la place du Portail de St. Pierre , et l'autre à la place de l'Église si c'est possible. — L'eau sera conduite à ces quatre places , et puis les voisins feront les fontaines et leurs bassins à leurs frais — *(et pueys tous vesins fasson las fons et barquils à leurs despens).*

« Le noble Raymon Puget , conseigneur de Chasteuil , refuse son consentement à moins qu'on ne fasse d'abord la fontaine de la place de l'Église , là où elle avait été , et que la dépense soit payée par tête *(capage)* et non proportionnellement à la cotte cadastrale , *(et non à soul et lieura)* sans quoi il proteste.

« François Laurens proteste aussi disant qu'il est impossible d'amener l'eau de St. Siméon à la ville sans la prendre au dessus de son moulin, et qu'il ne consent pas à cela parcequ'il n'y aurait pas d'eau à suffisance.

« François Fulconis proteste également , parceque des fontaines porteraient préjudice aux jardins et autres possessions *de la ferrage de la Cour,* et par tant il s'oppose. » — *Folᵒˢ* 147. *Vᵒ* et 148.

On voit que ce n'est pas d'aujourd'hui que les hommes sont guidés et dominés par l'intérêt personnel. — Des fontaines étaient d'un intérêt général majeur et évident. — Un des plus forts imposés ne consent que si la dépense est réglée par tête et non d'après le revenu ; l'usinier s'oppose à ce que son moulin soit gêné par la prise d'eau des fontaines ; l'arrosant invoque les droits des jardins , ayant fait partie du domaine privé du Roi, seigneur de Brignoles , et par conséquent propriétaire de toutes les eaux publiques du terroir, afin de conserver le facile arrosage de son jardin. — Il en résulte que la ville se passera de fontaines jusqu'en 1558 , où elle achètera le moulin de St-Siméon.

Eau du Lavoir
du Portail
de la
Place St-Pierre.

La fontaine du Portail de St-Pierre recevait l'eau , par Ste-Catherine , au moyen d'un ruisseau venant de St-Siméon (nous avons déjà vu que cette fontaine était un abreuvoir et lavoir). Les propriétaires de jardins de ce quartier retenaient l'eau , la salissaient , et faisaient des difficultés continuelles sur le passage de ce ruisseau à travers leurs propriétés. — *Le 1ᵉʳ juin* 1534, « le Conseil nomme une Commission pour traiter avec ces propriétaires à l'effet de faire un ruisseau , ou conduite , qui amène librement l'eau de St. Siméon pour leur arrosage et pour la fontaine. » — *Folᵒ* 408. *Vᵒ.*

Cette Commission eut des difficultés dans sa mission , et le 5 octobre suivant, le Conseil commit à N. Honorat Lebar et François Laurens , assistés des estimateurs jurés, de faire voir et indiquer les lieux où doit passer l'eau de St-Siméon et autres, conformément à l'ordre inscrit dans le livre rouge, et d'effectuer cette ordonnance (1) ou mandement.

Le 8 mars 1535, « le Conseil charge M. le sindic Fauchier et le trésorier Lange Danget de faire réparer à chaux et à sable les espassiers de l'eau de la source de St. Siméon, tels qu'ils étaient antérieurement, et il ordonne que chacun cure le ruisseau devant son confront, sous peine de 25 sols. » — *Fol° 482. V°*.

Enfin, *le 7 juin suivant*, le Conseil prend la délibération suivante :

Aygaliers chargés d'arroser les ayants droit avec l'eau de St-Siméon.

« Les quels Messieurs Sindics et Conseillers, tous d'un accord, afin d'éviter les questions et débats qui ont lieu tous les jours entre les particuliers de la présente ville touchant les eaux de la source de St. Siméon, et pour mettre ordre aux dites eaux, ont ordonné et placé pour aygalier au quartier de St. Pierre, en ce qui touche l'eau de la source du dit St. Pierre et du bras de la source de St. Siméon qui passe près du pred de maitre François Fulconis, depuis le jour présent jusques à St. Michel prochain, le sieur Antoine Pascal, alias Michelin ; et, du bras qui va vers le Portail Neuf et vers St. François, Georges Fromza, aussi aygalier, avec les gages qu'il est de coutume de donner. — Avec cette peine que aucun particulier de la dite ville n'ose prendre de l'eau de la dite source pour arroser prés ou jardins de nuit ni de jour, sans la permission des dits aygaliers, sous la peine de un florin pour chaque fois qu'ils en prendront, applicable : le tiers à M. le Bailli, le tiers à la ville, et l'autre tiers au dénonçant, et aussi d'être privés de tous les droits et libertés de la ville — comméttant à Messieurs les Sindics de diviser les dites eaux également pour les dits bras *(per las dichas brassieres)* — et requièrent M. le Bailly qu'il aye à donner incontinent aux dits aygaliers de bien et dûement conduire *(gouvernar)* la dite eau, et de n'exiger rien en sûs du dit florin. » — *Fol° 519*.

Cette délibération démontre le droit de la ville sur les eaux de St-Siméon et de St-Pierre, soit pour le partage de l'eau entre les divers quartiers arrosables, soit sur la police des arrosages, à l'occasion des quels les particuliers n'avaient à prétendre aucun droit de main-d'œuvre, sinon l'exercice de l'arrosage de leurs terres, conformément aux règles établies par l'Autorité municipale.

Le 5 mars 1537, « le Conseil ordonne que chacun ait à curer et nétoyer sur ses confronts, le *vallat de Sanct Syméon*, du commencement à la fin jusques au Portail de Caramie, et de faire curer et réparer l'aqueduc *(lou conduch)* de ce ruisseau afin que l'eau ait son cours. » — *Fol° 807*.

Ordre aux riverains de curer le ruisseau et aqueduc, allant de St-Siméon au Portail de Caramie.

(1) Ce *mandement* (déjà cité au 7 août 1531) consiste dans le rapport fait par les experts jurés, y nommés, au notaire Sabbatier, qui le rédige en acte authentique sous leur dictée, à la date du 1er décembre 1489. L'eau de St-Siméon est divisée en deux branches, dont l'une se dirigeant à l'Est et se rattachant à l'eau de la source de St-Pierre, et l'autre portant l'eau vers les jardins de la ville et continuant du côté de St-François, actuellement chemin de la Celle et ferrages à l'Ouest de l'ancien couvent des Cordeliers. — Les experts assignent la part de ruisseau à faire par chaque particulier jouissant de l'eau pour l'arrosage ou pour fabrique de tannerie. — Ce document est très-long et n'offre plus d'intérêt, à cause de l'impossibilité de reconnaître les propriétaires et l'emplacement de leurs propriétés.

1534-1537.

1537-1543.

Il s'en suit que l'eau de St-Siméon venait, par un ruisseau et aqueduc, de la source au Portail de Caramie, c'est-à-dire au bas de la montée du St-Esprit. — J'ignore depuis quand l'eau de la source a été supprimée, ainsi que le ruisseau la conduisant jusqu'à la petite place où était le Portail de Caramie; cet aqueduc, passant à la Poissonnerie et sous la rue des Meuniers a servi d'égoût jusqu'en 1856, époque où sa fuite par la rue des Augustins fut annulée, ainsi que l'aqueduc longeant la Grande-Rue.

Diviser l'eau en trois parties pour l'arrosage.

Le 16 juillet 1537, le Conseil décide de partager l'eau de St-Siméon en trois branches pour l'arrosage, comme cela était anciennement; division existant encor lors du règlement d'arrosage fait en 1646. — Voici les termes de cette délibération : « *Item*, an comes al dich Thésaurier et à Johan Clavier senior, de trobar « de aygaliers per la font de Sanct-Syméon et de Sanct Peyre, et taxar los jar- « dins juxta la taxa anciano et autrament como leur semblara bel et bon, et far « adobar los tres spassiers que son en la d° font como eron per lo temps passa « quals divisien l'ayga en tres pars. » — *Fol° 833. V°.*

Le 21 mars 1541, « défense de laver au-dessus du moulin de St. Siméon, ainsi que au dessus des trois espassiers (rayols) » — *Fol° 312.*

Ces ordonnances de police sont renouvelées de temps en temps, comme celle de curer et nétoyer les ruisseaux portant l'eau de St-Siméon.

Défense aux tanneurs de laver leurs peaux à St-Siméon.

Le 5 mars 1543, « ouïe la plainte de plusieurs particuliers de la ville disants que plusieurs tanneurs vont laver leurs peaux à la source de St. Siméon, et qu'ils requièrent le Conseil d'y mettre ordre, ont conclu requerir M. le Viguier de vouloir accorder une publication avec défense à tout tanneur, de quelque qualité qu'il soit, de laver des peaux à la dite font de St. Siméon sous peine d'un écu, etc.... » — *Fol 24. V°.*

On ne concevrait pas aujourd'hui que des tanneurs allassent laver des peaux à St-Siméon, parce que les tanneries sont toutes dans les quartiers éloignés de cette source; mais en 1543, nombre de tanneries existaient au Portail-Neuf et du côté de St-François, très-rapprochées de St-Siméon, et n'ayant à leur usage que l'eau de cette source.

Rétablir les 3 ruisseaux, et le partage des eaux en 3 parts.

Il paraît que la décision prise par le Conseil le 16 juillet 1537 n'avait pas été exécutée complètement, car *le 11 juin 1543*, « ouïe la proposition faite au dit Conseil par Messieurs les Consuls disant : « Attendu que de toute ancienneté à St. Siméon, au-dessous du moulin, il était accoutumé d'avoir trois ruisseaux, (sollio aver tres rayols) et que la dite source était partagée en trois parts, ce qui à présent est tout détruit, et qu'il leur semble bon et nécessaire de la réparer et remettre en son premier état; ont conclu et commis à M. le consul Borgarel et M. de Thoramènes de faire réparer et remettre la dite source en son premier état, et les donner à prix fait, et que un chacun particulier de la ville ait à faire curer et nétoyer les ruisseaux, chacun sur son confront, dans huit jours sous peine de vingt cinq sols; et, afin que personne ne prétende cause d'ignorance, il soit fait une publication par Laurens Albin, trompette et sergent royal. » — *Fol° 65. V°.*

1548-1550

Niveler l'eau
pour
pouvoir faire
4 fontaines
dans la ville.

En 1548, « on fait venir de Trets un *maitre fontainier* de grande réputation pour niveler les eaux de Caramie, qu'on voulait conduire au moulin Commun, et aussi l'eau de St. Siméon, pour faire quatre fontaines : une au Marché, l'autre à la place de la Parroisse, l'autre à la place du Portail de St. Pierre, et l'autre à la place de Caramie ; niveler encor si la *font sous St. François* pourra se conduire à la place de Jean Raynaud. » — *Fol°* 369.

D'où il appert qu'on n'avait pas encore pu réussir à amener dans la ville de l'eau pure de St-Siméon, pour y faire couler des fontaines publiques, et que l'on ne jouissait que de la fontaine de St-François, prenant l'eau à la conduite du couvent, et de la fontaine de Douzon, celle de la place St-Pierre n'étant que pour abreuvoir et lavage.

Faire venir l'eau
de St-Siméon
et celle
de l'Amorne
au béal
du
moulin Commun

La ville se savait si bien propriétaire des eaux de St-Siméon, sauf les droits et facultés attribués au moulin et à l'arrosage de certaines terres, que *le 4 novembre* 1549, « le Consul proposa, et le Conseil décida que l'eau de St. Siméon et celle des prés de l'Amorne, n'étant pas utilisées à l'arrosage, seraient conduites dans le beal du moulin Commun, et que la source sera curée, ainsi que les ruisseaux, jusqu'au béal, aux frais de la ville. (1) » — *Fol°* 540.

La ville avait également le droit de diriger et réglementer l'arrosage dans tout son terroir, ainsi qu'il résulte de la délibération prise par le Conseil *le* 10 *février* 1550, « où il est décidé de faire des règlements pour les arrosages de la ville, et de nommer des aygaliers (far capitouls sur l'aygage) ; et que les particuliers, qui refuseraient de se soumettre à ces règlements et à leur exécution par les aygaliers, seront poursuivis judiciairement aux frais de la ville, et soumis à une amende d'un écu d'or au soleil. Commis à M. Jean Masse de Rostan, à Honorat Tanaron et à François de Collonia, Conseillers, de faire ces règlements et de choisir les aygaliers. » — *Fol°* 618. *V°.*

Le Conseil conclut ensuite et commet à M. le consul François Beynet, lorsqu'il ira à Aix, de faire lever et apporter, au nom de la ville, des lettres de provision sur les ordonnances faites tant sur les arrosages que sur les aygaliers. — *Fol°* 620.

Le 4 mai suivant, « le Conseil muni des lettres de provision, vû que François de Collonia a trouvé un honnête homme appelé Thomas Gaullan pour être aigallier au quartier de St. Pierre, où un bras de la source de St. Siméon passe à la terre et pré de François Foulco, et aussi pour la source de St. Pierre et dépendances de la dite eau ; avec condition que, pour le temps d'arrosages, ceux qui ont des jardins payeront douze patas par *estarrade*, et les prés trois souls par *soccheirade*, suivant qu'ils sont portés au livre terrier, et un liard pour 25 rayes d'oignon, approuve ces conditions et ordonne leur exécution, avec peine d'un florin contre les récalcitrants, ainsi que contre ceux qui prendraient l'eau. » — *Fol°* 647.

---

(1) L'*Amorne* faisait partie de la succession ou *Aumône* de Guillem Gilly, dont la ville était exécuteur testamentaire et administrateur.

1551.
—
Contribution
sur l'arrosage
par les 2 autres
bras
de St-Siméon.

Le 2 juin, « commis au sieur Estève Bellon et à François Paul, de trouver des aigaliers pour le quartier de St. Siméon et pour les deux *bras* du dit St. Siméon venants vers la ville et vers St. François, parceque l'autre *bras* de l'eau est pourvu . . . . . et faire payer ceux qui ont jardins, prés et *sébières*, à raison de 4 sous la socheirade de pré, deux sous pour les sébières et jardins, et un quart pour les 25 rayes d'oignons. » — *Fol*º 656. *V*º.

Faire venir l'eau
de la source
de St-Siméon,
pour
une fontaine
à la
place St-Pierre.

L'Autorité municipale n'avait jamais cessé de se préoccuper des moyens à prendre pour faire venir l'eau de St-Siméon dans la ville à un niveau suffisant pour y établir des fontaines publiques. — Les premiers essais avaient été infructueux, et les quatre fontaines, édifiées dans les quartiers les plus fréquentés, avaient dû être bientôt abandonnées, faute d'eau suffisante.

Le 28 octobre 1551, « après avoir fait expertiser la possibilité de faire arriver l'eau sur la place St-Pierre, le Consul expose au Conseil « que le Procureur du Roy en la présente ville et plusieurs autres particuliers d'icelle auraient requis être le bon plaisir de la ville vouloir ordonner certaines sommes d'argent *per far venir la font de la plasso de Sanct Peyre courrente despuis la sourso et presse d'aquello jusques à la d*º *plasso, et va commettre à qui bon semblera al dich Conseilh*, attendu que les particuliers du dit quartier ont promis payer la pluspart de ce que coutera la dite fabrication et réparation, qui est contenue dans une note signée par eux;

« Ont conclu, ouïe la dite proposition, et commis à faire réparer la dite fontaine M. le Consul Ballardy, sieur François Beynet, Guillem Amic, Jean Clavier fils de Louis, le trésorier et autres d'entr'eux; de icelle *far venir courrente despuis là ounte la prendran jusques à la plasso de Sanct Peyre*, et, après avoir employé l'argent donné par les dits particuliers du quartier de St. Pierre inscrits dans la note étant rière M. Ballardy, ont ordonné que le trésorier fournisse ce qui sera besoin outre la somme promise par les dits particuliers en la dite note. » *Fol*º 120.

Amener l'eau
dans
une conduite
couverte depuis
la mère source
jusqu'à la place
de St-Pierre.

Le 10 novembre, « le Conseil compléta sa décision du 28 octobre par les dispositions suivantes, qui affirment clairement que la fontaine existante alors sur la place St. Pierre ne pouvait servir que d'abreuvoir, l'eau y arrivant à découvert ainsi qu'il a été déjà remarqué précédemment;

Ouïe la proposition faite par M. le Consul, ont conclu ratiffier la Commission de la fontaine de la place de St. Pierre, de faire réparer bien et convenablement la dite font, et *la far venir cuberto despuys la mairé de là ounté sera dich de la prendre*, et d'employer premièrement l'argent qu'ont offert certains particuliers de donner pour la dite œuvre, et le trésorier payera le reste. » — *Fol*º 124. *V*º.

Faire
une fontaine
au quartier
des Cordeliers.

Quelques jours après, *le 16 novembre*, « le Conseil délibéra de faire une fontaine au quartier de St. François. » (Voir cette délibération à l'article, fontaine des Cordeliers.)

Le même jour : « attendu que la ville a grande nécessité de fontaines, et qu'on ne peut bonnement les faire sans prendre l'eau à la *font de Sanct Simian* et au dessus du moulin du sieur François Laurens, ce que le dit Laurens n'a pas voulu ni ne veut permettre attendu que ce serait nuisible à son dit moulin ;

« Ont conclu et commis à sieur François Beynet, sieur Pierre Clavier et à M. le consul Mᵉ Ballard, de traiter *(contractar)* avec le dit Laurens, s'il veut vendre à la ville la dite fontaine du d. et faculté de faire moulin par icelle, et, s'il consent à faire cela, faire prix et convenir avec lui, et après en faire rapport au Conseil. » — *Folᵒ* 127. *Vᵒ.*

Traiter de l'achat du moulin de St-Siméon et faculté d'eau.

Le 14 décembre 1551, « il fut délibéré de faire une serve au devant du Portail Neuf pour recevoir l'eau de la conduite *que l'on fait pour faire venir la font de la place St. Pierre*, à la quelle serve l'eau se divisera pour en faire aller *une font à la place St. Pierre*, et l'autre à la place du Marché. » — *Folᵒ* 142.

Faire une serve au-devant du Portail-Neuf.

— L'eau ne put pas parvenir à la fontaine du Marché, ou Palais-Royal.

Le 12 juin 1552, « sur une observation faite par M. le Consul disant que, ces jours derniers, il aurait parlementé avec sieur Jean Laurens, le quel ne consentait en aucune sorte à ce que la ville prit de l'eau pour la fontaine de St. Pierre à travers son pré ; mais que, si la ville voulait lui donner permission de changer le chemin qui est entre son pré et sa terre, il vendrait son moulin à la ville à l'estimation de deux hommes, et leur donnerait alors la permission de prendre de l'eau là où bon semblerait à la ville ;

« Ont conclu et commis à M. le consul Meissonnier, à Sʳ Pierre de Chateauneuf et à Sʳ Antoine Garin, de contracter du dit moulin avec le dit Sʳ Laurens à la meilleure forme qui se pourra. » — *Folᵒ* 245. *Vᵒ.*

Traiter des conditions d'achat du moulin de St-Siméon.

Le 3 juillet 1552, « le Conseil commet aux Commissaires, déjà nommés par le Conseil précédent pour faire venir *couverte* la font de la place St. Pierre, de l'extraire suffisamment pour qu'elle coule, et de requérir le sieur Jean Laurens de laisser passer l'eau par son pré en lui payant l'intérêt et dommage si point y en a ; et, en cas de refus, de protester en forme et d'en faire leur rapport au Conseil pour y pourvoir comme de raison ; et que le trésorier de la présente ville fournisse argent pour construire la dite font comme se doit. » — *Folᵒ* 249.

L'eau de St-Siméon est amenée à la place de St-Pierre.

— Les travaux, pour amener l'eau depuis St-Siméon jusques à la place Saint-Pierre furent exécutés les mois suivants, et coûtèrent en tout 266 florins 6 gros.

Jean Clavier, propriétaire du jardin inférieur à la chapelle de Ste-Catherine, saigna la conduite et fit couler un tuyau d'eau dans son jardin.

Le 14 novembre 1552, « le Conseil lui fit faire des remontrances par le Viguier, avec ordre de briser le dit griffon, si Jean Clavier refuse de le faire lui-même. » *Folᵒ* 304.

1558.
—
Acheter l'eau et le moulin de St-Simeon.

Le 4 janvier 1558, M. de Chasteuil, premier consul, expose au Conseil que, « comme la décoration de la présente ville et proffit d'icelle et des particuliers en général seraient que, en lieux commodes de la dite ville, fussent faites et maintenues des fontaines bonnes et propres pour les gens et pour les bêtes, à cause principalement que, journellement, on se trouve sujet d'aller abreuver à la rivière de Caramie, assez loin, à faute de la font de St. Michel étant en la place de St. Pierre, qui défaillit d'eau la plupart du temps ; à quoi ne paraît-on mieux pourvoir que d'avoir la source et racine de la fontaine Saint Syméon de la dite ville, la faculté de la quelle serait et appartiendrait à Sr Jean Laurens de la dite ville à l'occasion de certain moulin qu'il y a joignant un sien pré ; — ont conclu que, pour faire les fontaines nécessaires et autres commodités de la de Communauté, que Messieurs les Consuls, Trésorier, et Messieurs Jacques Lebar avec Me Jacques Paulli, contracteront avec le dit Sr Jean Laurens de la faculté d'eau du dit moulin, les quels feront leur rapport au Conseil du parti que le dit Laurens voudrait à faire à la de Communauté, afin d'y donner l'expédient qu'il appartiendra. » — *Folr* 239.

Passer acte d'achat du moulin de St-Siméon et faculté d'eau.

Le 18 janvier, « ouï le rapport de Messieurs le consul M. de Chasteuil, Sr Pierre Clavier, Conseiller, N. Jacques Bellon, trésorier, Me Jacques Lebar et Me Jacques Paully, commis et députés, disants que, en suivant la Commission, ils auraient parlé et contracté avec noble Jean Laurenty, et avoir fait avec lui qu'il vendra et remettra à la de Communauté son moulin porte fermée, et toute la faculté et dérivation des eaux immédiates de la fontaine de Saint Syméon étant et naissant au dessus de son pré, moyennant la somme de six cents florins payables en trois ans, se reservant l'aigage de son dit pré et terre comme il l'a de présent, et de muer le chemin, qui est entre son dit pré et terre, au bas de sa de terre, et de prendre, des conduits des fonts qu'on fera plus proches de son jardin, un griffon de la de eau de la grosseur d'un pouce —

« Ont conclu de passer le dit acte avec le dit Laurenty aux fins que des dites eaux la do ville puisse faire fontaines nécessaires à la de ville, et pour les dévier au plus proffitable de la de ville qui sera advisé, — et pour ce faire, ont commis et député à passer le dit acte aux dits dessus nommés avec le dit noble Laurenty, et le quel fait sera par le dit Conseil ratifié au premier jour, et accorderont au trésorier de se faire, pour laudisme, approuver par les fermiers du Roy. » — *Folo* 253.

Cet acte fut passé le 22 janvier 1558, rière Me Gaspard Castilhon, notaire à Brignoles. — (Voir la copie littérale à l'article : Concession aux hoirs de Sextius Fournier, représentant Laurenty.)

Ratification de l'acte d'achat du moulin de St-Siméon.

Le lendemain, *23 janvier,* « le Conseil, après avoir entendu la lecture de l'acte d'achapt du moulin et faculté d'eaux de St. Syméon, fait par Messieurs les consuls et autres députés par le Conseil de la de ville, de Sr Jean Laurens, et l'effet du contenu d'icelui acte, et du laudisme qui s'en est suivi, par la lecture que leur en a été faite de mot à mot par moi Gaspard Castilhoni, notre royal et greffier du dit Conseil, en suivant la délibération sur ce faite par le sus dit

Conseil, ont tous ensemble ratiffié et approuvé icelui dit acte d'achapt et laudisme en dûe forme, comme appert acte de la d⁰ ratiffication par moi notaire soussigné.

1558-1568.

« Signé : CASTILHON, notaire. » — *Fol⁰* 253.

Le 13 mars, « le Conseil délibère de faire une serve générale au Portail Neuf, pour recevoir l'eau de St. Siméon, afin de la distribuer de là aux fontaines qui seront faites aux lieux les plus convenables de la ville, etc... » — *Fol⁰* 288. *V⁰.*

Conduire l'eau de St-Siméon au Portail Neuf.

— Cette délibération est très-détaillée ; nombre de commissaires sont nommés pour faire exécuter les travaux ; mais, comme la serve du Portail Neuf ne fut construite qu'en 1611, et que plusieurs délibérations furent prises à ce sujet, il serait fastidieux de les transcrire en entier, il suffira de les mentionner.

Le 6 août, « le Conseil délibère d'arrenter le moulin à bled et à rusque de la ville, situé au quartier de *Sanct Sumian*, au jour de St. Laurent prochain, au public enquant, à la chandelle éteinte.

Arrenté le moulin de St-Siméon.

Le 9 du même mois d'août, « les enchères faites, le moulin est délivré à Claude Ricaud, plus fort enchérisseur, pour un an, à dix huit sous le mois, payables mois par mois. » — *Fol⁰* 363. *V⁰.*

Le 29 mai 1559, « nouvelle délibération de faire venir l'eau de St. Siméon au Portail Neuf, où sera faite une serve pour distribuer l'eau aux quatre fontaines déjà ordonnées. » — *Fol⁰* 483. *V⁰.*

Serve au Portail-Neuf

Le 31 janvier 1561, « le Conseil prend une délibération plus explicite ; il a été reconnu que la conduite, portant l'eau à la fontaine de la place St. Pierre, était trop basse pour que cette eau put monter à la place du Marché ; il est donc décidé qu'il sera pris d'eau à la *maïré* de la font de St. Siméon, qu'elle sera conduite au bout du pré de Jean Laurens, là sera faite une serve dans la quelle il sera départi de l'eau à la fontaine de la place St. Pierre, et à celle de la place du Marché ; que cette dernière eau sera conduite dans des bourneaux jusqu'au Portail Neuf, où une serve sera faite aux frais de la ville, et de là l'eau sera conduite à la place du Marché aux frais des habitants du quartier. » — *Fol⁰* 102. *V⁰.*

Prendre l'eau à la mère-source de St-Siméon.

— Les registres des délibérations du Conseil de la ville présentent une lacune de cinq ans entre le registre n⁰ 20 et le n⁰ 21 — de février 1561 à mai 1566. — Le Roi Charles IX vint à Brignoles le 20 octobre 1564, il y fut fêté d'une manière remarquée par les historiens contemporains.

Le 18 juin 1568, « le moulin de St. Siméon étant en trez mauvais état, les consuls furent chargés de l'arrenter pour neuf ans, avec la condition que le fermier ferait toutes les réparations nécessaires et se rembourserait peu à peu sur le prix du fermage. » — *Fol⁰* 149. *V⁰.*

Arrenté le moulin de St-Siméon.

1569-1583
—
Faire une serve
à la source
même
de St Siméon.

Le 14 mars 1569, « le Conseil commit à Messieurs les consuls et trésorier de faire construire une *serve* à la font de Saint Syméon, là où se prend l'eau qui vient aux fontaines de la ville, afin que personne n'y puisse jetter aucune immondice. Et aussi de voir la font de St. Pierre touchant le chemin de Camps, et la faire arranger *(acoustrir)* de sorte que les eaux s'en vinssent toutes ensemble. » — *Fol° 222.*

— Les termes de cette délibération sembleraient indiquer qu'il y avait plusieurs fontaines dans la ville, et encore, qu'on aurait voulu joindre l'eau de Saint-Siméon à celle de St-Pierre, projet exprimé catégoriquement dans une délibération postérieure.

Aigaliers
pour les eaux de
St-Siméon
et de St-Pierre.

Le 11 juillet suivant, il fut pris une délibération à citer comme acte du pouvoir et des attributions du Conseil de la ville sur les eaux de St-Siméon et de St-Pierre, ainsi que sur les arrosages ; la voici textuellement :

« Et premièrement ont reçu et député pour aygaliers, pour conduire et dévier les eaux là où sera nécessaire, tant de la fontaine de Saint Syméon que de Saint Pierre, et icelles distribuer aux manants et habitants du dit Brignolle qui ont accoutumé en arroser, pour éviter à tous des brouilleries qui pourraient advenir ; c'est à sçavoir : François Ollivier dit Robin, Laurens Sibon, Antoine Rouac, et Jean Draulx — l'un pour le quartier de Saint François, l'autre pour le quartier du Pouadour, l'autre du quartier de la place St. Pierre et ferrage de la cour, et l'autre pour le quartier de la font du chemin de Camps — et auront deux liards pour chacune *sesteyrade,* et deux soulx pour chacune socheirade de pré, la moitié à l'entrée et l'autre à la sortie chacune fois que arroseront. —

« Les quels susdit ont prêté le serment en tel cas requis, etc.... » — *Fol° 249.*

Le moulin de St-Siméon ne rendait rien et devenait onéreux à la ville, on résolut de le vendre. — *Les 9 et 11 octobre 1573,* « le Conseil délibéra l'aliénation, qui fût résolue définitivement avec l'adjonction des notables. » — *Fol° 28 et 32.*

Le 6 novembre, « Antoine Merlin, papetier de Brignolle proposa aux consuls de lui vendre ou bailler à nouveau bail le moulin de St. Siméon, et le Conseil commit aux consuls et à noble Philibert Rogier de contracter avec lui. — *Fol° 34.*

Et le 18 janvier 1574, « le Conseil ratifia l'acte de vente et aliénation du dit moulin à Antoine Legier pour faire un moulin à papier. — L'acte reçu par Me Fornery. » — *Fol° 45.*

— Antoine Merlin est-il la même personne qu'Antoine Legier ? Il est difficile de le savoir. — Il faut croire qu'après avoir traité avec Merlin, on vendit à Legier qui faisait de meilleures conditions.

Faire une serve
générale près de
la source,
pour les fontai-
nes de la ville.

Le 11 juillet 1583, « il fût décidé de faire une serve générale près la source de St. Siméon, à la quelle toutes les fontaines de la ville prendraient l'eau, et les autres serves seraient toutes condamnées. » — *Fol° 54.*

Dans le courant de la même année, la fontaine du Palais fut achevée ; le Conseil biaisant sur la demande faite par M. Jacques Bellon de prendre l'eau de la fontaine du couvent de St-François, lui accorde cinquante florins pour réparer sa conduite ; la fontaine de la place Jean-Raynaud fut faite ; les tanneurs du Pas de Gren sont autorisés à prendre les versures de la fontaine du couvent des Cordeliers.

— Voir les détails aux articles : Fontaine de Jean-Raynaud et Concessions.

Le 18 *octobre* 1585, « le Conseil revient sur le projet d'enfermer la source de St. Siméon et de la couvrir et délibère que, pour tenir la font de St. Syméon plus nette et que personne y puisse jetter aucune immondice, ont conclu faire couvrir de *crotto* (voûte) la dite font durant trois ou quatre cannes et plus, si sera advisé, sur la *maïré* ; et, afin que chacun ait d'eau justement ce que lui faudra, faire un despartiment de pierres de taille et, si sera ainsi advisé, faire une serve commune où chacune des fonts de la ville prendra sa source, et auront chacune d'eau justement ce que connaitra nécessaire : commettant à ce faire faire sieur Antoine Trigace, M. Guillem Robert et Nicolas Garcin, et que le trésorier fournisse l'argent nécessaire pour ce faire. » — *Fol°* 47.

— Cette voûte fut faite en 1587, après une autre délibération.

Le 23 *février* 1587, le Conseil régla la direction des canaux d'écoulement des eaux venant de St-Siméon et des tanneries du quartier de St-François ;

Il fit passer l'eau de St-Siméon par un canal, ou ruisseau existant encore, traversant le chemin de la Celle et aboutissant au béal du Val-de-Camps au-dessus du moulin Commun ;

Les autres versures de St-Siméon et des tanneries furent dirigées au canal de fuite du même moulin Commun, par un ruisseau longeant le chemin conduisant au dit moulin ; c'est ce que nous voyons encore actuellement. — *Fol°* 349.

Le même jour, revenant au projet de voûter l'enceinte de la source de Saint-Siméon, « le Conseil commit à Messieurs les consuls et à Pierre Fornier d'aller visiter la font de St. Siméon et y réduire les eaux qui se perdent d'icelle, si c'est le proffit de la ville, et faire voûter *(crotar)* la dite font tant que dure le mangeador de feu Monsieur Caudière, afin que ne y soient jettés aucuns immondices. » — *Fol°* 349. *V°.*

« Cette voûte fût construite, et Pierre Fornier reçut du trésorier, le 12 août 1593, vingt florins et deux liards, pour avoir fait faire une porte, acheté une serrure, les *palamèles* et *goffets*, plomb et clous pour la dite serve, ou *maïré*. » — *Fol°* 76. *V°.*

Malgré la guerre civile et les calamités de toutes sortes que Brignoles eut à souffrir de 1587 à 1596, le Conseil de la ville put créer quelques édifices publics, pourvoir à l'entretien et aux réparations des canaux des moulins, et construire plusieurs fontaines publiques. — L'établissement des fontaines forme un exposé spécial, joint aux titres des concessions accordées sur les eaux de chacune d'elles.

1596-1607.

—

Amener l'eau
de St-Siméon à
la ville.

Le 23 octobre 1596, « une délibération est prise pour que l'eau de St. Siméon soit amenée à la ville dans des *conduits couverts.* » — *Fol*⁰ 10.

Le 10 juin 1602, « le Conseil commet à **M.** de Verdaches, un de ses membres, de faire exécuter le règlement d'arrosage, par les eaux de St. Siméon, fait par **M.** le Lieutenant de Sénéchal. » — *Fol*⁰ 291. *V*⁰.

Le 15 janvier 1607, « le Conseil prend une dernière délibération sur la conduite des eaux de St. Siméon à la ville : il commet à Messieurs les Consuls de faire faire un grand conduit depuis la souche de la fontaine de St. Siméon jusques à la muraille de la ville, pour, après, faire le despartiment des eaux de toutes les fontaines qui sont dans la ville, et tel, qui prendra à faire tel conduit, sera tenu entretenir toutes les fontaines, tant dehors que dedans la ville, jusques au mois d'août prochain que les bleds seront coupés, et pour lors y travailleront. » — *Fol*⁰ 272. *V*⁰.

Adjudication
des travaux de
la conduite
et des eaux de
St-Siméon.

Le 20 du même mois de janvier, cette entreprise fut mise aux enchères sur la mise à prix de 150 écus.

Le 8 octobre et 8 novembre suivant, « le Conseil décida de faire une serve générale pour donner de l'eau à toutes les fontaines de la ville, et commit à Messieurs les Consuls le soin de la faire exécuter. » — *Fol*⁰ˢ 389 et 397.

« Le devis dressé à cet effet porte : premièrement seront tenus les préfachiers de faire une serve à la prise des eaux de trois cannes à tout quarré, couverte d'une grande pierre cimentée tout à l'entour, et, de la dite serve, conduire l'eau à une autre serve au lieu qui sera avisé, que pourra être vers le pontilhau, de même grandeur et couverte de même.

« Et, de cette serve les conduire au Portal Neuf dans une serve de pierres de taille de une canne à tout carré, et tout le dedans sera de pierres de taille et le dehors aussi du côté de la ville où se fera le despartiment des eaux pour toutes les fontaines ; feront la porte de la serve les côtés battants de pierres de taille ; le bois, pallamèles et loquet, ainsi qui sera nécessaire.

« Et conduiront les eaux par bons bourneaux gros jusques à la serve générale, et seront tenus fournir bourneaux, pierres, mortier, ciment, et tout ce que sera nécessaire, sans que la ville fournisse rien du tout.

« Et maintiendront les dites fontaines en état durant trois ans, sans que la ville leur donne rien du rabillage. » — *Fol*⁰ˢ 401-402.

Le 18 de novembre, ce prix fait fut adjugé, aux enchères, à Honoré Laugier, Pierre Martre et Jean-Baptiste Ruffe, maçons de cette ville, pour 270 écus.

— Il paraît que les travaux furent mal faits ou incomplets, car *le 5 juillet* 1611, une nouvelle délibération dit : « qu'il sera fait une serve générale, aux dépens de la Commune, pour la distribution des eaux des fontaines depuis la source jusques aux murailles de la ville. » — *Fol*⁰ 368. *V*⁰.

Et une dernière délibération dût être prise *le 23 juillet* 1617, « commettant
aux Consuls de faire faire la serve générale des fontaines, passer les actes requis
et nécessaires, et bailler en payement la maison du four, ou partie d'icelui. » —
Fol° 47.

La serve fut faite, et *le 9 septembre* 1621, les experts chargés de vérifier si
l'entrepreneur avait exécuté ses obligations, dans la facture de la serve générale du Portail-Neuf et de la conduite depuis la source de St-Siméon, présentèrent leur rapport approbatif au Conseil de la ville.

— Voici une délibération qui me semble établir la limite du droit d'arroser
avec les eaux des sources de St-Siméon et de St-Pierre.— Les règlements d'heures d'arrosage, seuls existants sur ces eaux, datent à peu près de la même époque,
et les prétentions de nombreux propriétaires sur les eaux de St-Siméon ne sont
appuyées sur aucun titre écrit. — Si on voulait procéder à un règlement d'arrosage, il est certain que des difficultés graves s'opposeraient à admettre au nombre des arrosants, certains propriétaires qui n'arrosent que par suite d'abus et
d'usurpations déguisées, et cet état des choses est peut-être le motif qui a fait
disparaître la trace du règlement fait en 1754, après l'établissement de l'aqueduc
connu sous le nom de la Voûte, par des experts que nomma le Conseil de la
ville dans sa séance du 7 juillet de la même année, de sorte qu'il n'existe que
deux règlements écrits, faits en 1646 et en 1700. Il est difficile de reconnaître
les successeurs de ceux qui figurent sur ces règlements.— Une tradition, plus ou
moins exacte, est la seule autorité, admise par les arrosants, faute de mieux ou
de pire.

Voici cette délibération, à titre de renseignement : 23 *juillet* 1617, « le
Conseil a délibéré que les eygaliers bailleront les eaux des fontaines de St. Siméon et St. Pierre pour arroser les jardins, et, *en cas l'y ait d'eau d'avantage,*
sera permis aux eygaliers d'en arroser *les terres voisines.* » — *Fol°* 48.

Le 17 *juin* 1630, « le Conseil ordonne que le règlement fait par le sieur Lieutenant pour raison des arrosages de St. Siméon sera exécuté, et il commet à
Messieurs les Consuls de pourvoir des eygaliers. » — *Fol°* 375. *V°.*

Il paraîtrait cependant, que ce règlement de 1630 fut d'une exécution difficile,
et que, après quelques années d'expérience, on fut obligé d'en faire un autre,
dont voici le texte :

« Rapport pour les Consuls et pour les possédants bien au quartier de
St. Siméon, terroir de Brignolle, sur la distribution des eaux de la fontaine du
dit quartier.

« Du cinquième juillet mil six cent quarante six, ont fait rapport au greffe du
Sénéchal au siège et ressort de cette ville de Brignolle, Guilleaume Pascalis,
Jacque de Collonia et Jacques Bremond, experts commis par expédient de M. le
Lieutenant du dit siége, du consentement des parties y nommées, retenu au dit
greffe du douzième du courant comme suit et du commandement de iceux fait
par Jaume Seiglin le dit jour, ce, à la requète de Monsieur Mⁱ Jean Chautard,

Conseiller du Roi et Lieutenant particulier, et de Monsieur Me Jacques Jujardy, aussi Conseiller du Roi et Lieutenant particulier siégeant au dit siége, et consentement des possédants biens au quartier de Saint Siméon, arrosants de la fontaine du dit quartier, au nombre de cent. Les dits propriétaires accédants au dit partage et distribution des dites eaux.

« Disent se être transportés aux jour et heure de l'assignation aux dites terres et fontaines, où arrivés ont trouvé l'eau d'icelle être divisée en trois branches ou espassiers, outre et par dessus celui de la terre et jardin de Me Louis Jujardy et Me Clappier, qui est au dessus les trois.

« Et, après avoir bien vu et visité le lieu eû égard au grand nombre de jardins et terres arrosants de la dite fontaine, et que, si la dite eau n'est réduite tout à un canal et seul fossé et non à quatre, il est impossible que les sus dites eaux soient suffisantes pour arroser la moitié des propriétés, tellement qu'ils ont fait le répartiment et règlement de la sus dite eau ainsi qu'il s'en suit :

« Et premièrement que la sus dite eau doit marcher toute par un seul canal, et réduite entièrement à l'espassier vers le couchant, et au pred de M. le Général

Félix, par lui acquis des héritiers de feu Jean Danget et autres, le samedi à huit heures du soir jusques au dimanche à quatre heures du matin ;

« Et de la dite heure jusques à dix heures aussi du matin au pred de M. Bouissonny ;

« Et de la dite heure de dix heures jusques à trois heures après midi, au pred de M. Perrin ;

« Et de la dite heure de trois heures jusqu'à cinq, au pred de M. Roux ;

« Et de cinq heures à huit heures du soir, au pred de M. Moutton près le moulin du Cumin ;

« Le dimanche, à huit heures du soir jusques le lundi à midi, au pred et canébiers de M. le Lieutenant Jujardy ;

« Et de la dite heure de midi jusques à huit heures du soir, aux jardins du dit quartier ;

« Le lundi à huit heures du soir à l'espansier du Portail Neuf et aux preds de Pierre et Pons Blanc, jusques à quatre heures du matin du mardi ;

« Et de la dite heure à la nuit, aux jardins du dit quartier de proche en proche ;

« Le mardi à huit heures du soir à l'espansier du Levant, et au pred de M. le Viguier, jusques à quatre heures du matin du mercredi ;

« Et de la dite heure à la nuit aux canébiers et quatre jardins du dit quartier ;

« Le mercredi à huit heures du soir à l'espansier du couchant, et au pred de M. Étienne Bellon et canébiers jusques à huit heures du matin ;

« Et de la dite heure à huit heures du soir, aux terres et jardins du dit espansier.

« Le jeudi à huit heures du soir, à l'espansier du Portail Neuf et aux preds de M. Jean Auriol, m^{tre} apothicaire, et d'Honoré Boutin et Brenguier jusques à cinq heures du vendredi matin ;

« Et de la dite heure, aux jardins de proche en proche du dit espansier ;

« Le vendredi, à huit heures du soir, à l'espansier du Levant et au pred de M. le Viguier, qu'il a acquis de M. l'Audiencier, jusques à quatre heures du samedi matin ;

« Et de la dite heure jusques à midi, aux terres et jardins du dit espansier ;

« Et de midi à la nuit, au jardin de M. Clappier et terre de M. Jujardy, greffier,

« Sans que la sus dite eau de la sus dite fontaine se puisse divertir à l'arrosage des fayols blancs semés sur le rastouble, à l'exclusion des dites propriétés, attendu qu'il n'y a pas d'eau davantage que pour les dénommés ci dessus; et, en cas qu'il se trouve d'eau de reste après l'entier arrosage des dites propriétés, est permis à l'eigalier d'arroser les dits fayols de l'eau superflue et non nécessaire.

« Ayant taxé les frais du dit eigalier pour trois mois et autres dépenses, quatre souls par chaque sol cadastral de toutes les pièces et propriétés qui se trouvent se servir du dit arrosage et mentionnés au rolle sur ce fait.

« Et en tout ce que dessus disent y avoir procédé selon Dieu et leur conscience après avoir prêté le serment en tel cas requis, en présence de plusieurs particuliers intéréssés en cette eau de la dite fontaine de Saint Siméon,

« Et ont signé : PASCALLIS — DE COLLONIA — BREMOND.

« Pour leurs peines chacun douze livres. »

(Extrait des archives du Tribunal civil de Brignoles, registre des rapports de 1631 à 1691 — d'ordre du Lieutenant de Sénéchal — n° 149 de l'inventaire.)

En lisant le règlement ci-dessus, chacun peut se convaincre de l'impossibilité de l'exécuter actuellement, soit parce qu'il serait très-difficile de reconnaître et de limiter les jardins et terres y désignés, soit par les changements opérés aux lieux environnants la source, aux prises, conduites et aqueducs, soit enfin à cause de la division actuelle de l'eau en deux branches, l'une à l'Est et l'autre au Nord-Ouest de la source.

Un autre règlement a été fait le 4 avril 1700, en exécution du décret du Lieutenant-Général de Brignoles en date du 30 mars 1700 ; il distribue l'eau à soixante parcelles, en proportion de la superficie de chacune d'elles. — Ce règlement est sans utilité actuelle, parce qu'il partage l'eau au moyen de quatre prises ou *espassiers;* une au Levant, l'autre au Couchant, la troisième au Centre dite du Portail-Neuf, et la quatrième, placée au-dessus des trois autres, pour l'arrosage du jardin et de la terre Jujardy, en face du cimetière actuel. —

Cette division de l'eau ne peut avoir d'application comparative avec l'état actuel des lieux ; il est donc inutile de transcrire ici ce règlement, celui de 1646 suffit pour indiquer les difficultés permanentes de l'arrosage avec le faible volume d'eau donné en été par cette source.

Offre de faire une deuxième conduite pour amener plus d'eau à la ville.

Le 20 avril 1645, « un sieur Jean Arnaud, maitre fontainier à Toulon, accompagné d'André Pène, se présenta au greffe de la Communauté et offrit de faire venir un gros bourneau d'eau de St. Siméon à la serve générale, et faire toutes les réparations nécessaires à la conduite existante, moyennant la somme de douze cents livres. » — *Fol*° 1278. *V*°.

Cette offre, écrite et signée sur le registre, n'eut aucune suite.

Nota. — Il n'est plus rien dit de la source de St-Siméon jusqu'en 1661. — Les troubles de la Fronde, et la lutte prolongée du Parlement de Provence contre les Gouverneurs, absorbent l'attention du Conseil de la ville de Brignoles, qui demeura constamment fidèle au Roi.

Louis XIV vint à Notre-Dame-de-Grâces à Cotignac en 1660, passa par Brignoles, et, en retournant, fit son entrée triomphale à Marseille, qui venait d'être réduite par la force des armes.

L'eau de St-Siméon appartient à la Commune.

M. le Lieutenant Jujardy, possesseur du jardin sis au Nord du lavoir public et à l'Est de l'aqueduc actuel, dit la Voûte, ainsi que des terres voisines, s'était approprié l'eau de St-Siméon, au détriment des autres arrosants.

Le 3 juillet 1661, M. Jean Braquetty, tant en son nom que de soixante ou septante particuliers de la ville, présenta au Conseil général de Brignoles, une requête touchant les eaux de St-Siméon, « de la quelle, disent-ils, ils sont en possession d'arroser leurs preds, terres et jardins ; la quelle eau appartient à la Communauté, et, toutefois, elle a été divertie par Monsieur le Lieutenant Jujardy qui s'en veut faire le maitre, privant par ce moyen les dits particuliers de leurs arrosages —

« Contre le quel ils ont formé instance par devant M. le Lieutenant au siége de la ville de Toulon, à la quelle instance ils requièrent que la dite Communauté leur donne adhérence ; et néanmoins ont présenté au dit Conseil l'extrait d'un contrat de l'année 1558, par le quel il appert que le paroir et eaux de St.-Siméon sont à la dite Communauté, et que les auteurs du dit sieur Jujardy n'ont que la simple faculté d'arroser la terre et pred qui est au dessous la dite source, le quel contrat ont remis afin que la d° Communauté conserve son droit —

« En suite de quoi le dit Conseil a donné pouvoir aux dits sieurs Consuls de faire extrait du dit contrat pour l'insérer dans l'inventaire des papiers de la Communauté, et que les sieurs Consuls modernes et vieux se porteront sur les lieux pour, avec l'avis et conseil des sieurs Braquety consul, Raison et Ballard, avocats, donner toutes requêtes et faire tout ce que par leurs dits conseils sera avisé, leur donnant ample pouvoir de ce faire. » — *Fol*° 559.

Nota. — Il s'agit de l'acte d'achat du moulin de St-Siméon et faculté d'eau y attachée.

Le 21 *août* 1678, « le Conseil approuve la réparation faite à St. Siméon, consistant en la muraille pour enfermer la source ; la fenêtre de pierres de taille pour y pouvoir entrer ; et avoir couvert de bards la grande serve qui dérive l'eau aux fontaines de la ville : le tout au prix de 49 livres 10 souls, non compris la porte de bois et ferrement. » — *Fol°* 519.

Nota. — Il est difficile de préciser quelle est la muraille approuvée dans la délibération ci-dessus. — La voûte, ou grande serve, était construite depuis longtemps sur le point où la source jaillit avec le plus d'abondance ; la clôture dont il s'agit aurait-elle été faite à l'Est de cette voûte ou cave ?

Les bards ont-ils été placés sur cette cave, appelée quelquefois grande serve ?

La fenêtre, ou porte, pour entrer dans l'enceinte de la source, est-elle celle qui existe actuellement ?

La rédaction est vague, et les lieux ont subi de grandes réparations qui ont nécessairement changé leur état d'alors.

Le 14 *août* 1683, « le consul Paul représente au Conseil que les eaux qui servent à faire travailler les moulins sont étonnamment défectueuses par les grandes sécheresses qui règnent, en sorte que le moulin appelé du Cumin demeure inutile, et des trois moulins, qui sont à la Porte Notre Dame, il n'y en a qu'un qui puisse faire farine ; en quoi les habitants de la ville souffrent grandement, ne pouvant un seul moulin suffire pour faire la farine nécessaire d'un jour à autre aux habitants.—

« Sur quoi a été délibéré et donné pouvoir aux sieurs Consuls de faire conduire les eaux qui servent à l'arrosage des propriétés du quartier de St. Jean, et celles de la fontaine de S. Siméon dans le béal et fossés des dits moulins pour augmenter les eaux qui les font tourner ; réservé aux particuliers, tant du dit quartier de St. Jean qu'à ceux qui arrosent de la fontaine de S. Siméon, de prendre et retenir les dites eaux les jours juridics, sçavoir : le mercredi et samedi aux heures accoutumées, pour les employer à l'arrosage de leurs jardins et propriétés ; donnant même pouvoir aux dits sieurs Consuls d'établir un homme à chaque quartier pour conduire aux dits moulins les dites eaux, et éviter contention entre les particuliers, aux salaires qu'ils trouveront à propos. » — *Fol°* 1060.

Le 24 *juin* 1696, « le Conseil approuve la réparation qui a été faite, par ordre des Consuls, aux tuyaux qui portaient l'eau de la source St. Siméon à la serve distributive, qui est au quartier du Portail Neuf pour la donner à toutes les fontaines de la ville, attendu qu'il n'y avait aucune des dites fontaines qui donnât de l'eau, parceque partie des dits tuyaux sont rompus et empêchés —

« Et il est donné pouvoir aux dits Consuls de faire continuer et achever la dite réparation le plutôt qu'il se pourra pour l'utilité des habitants, et la dépense sera payée par le sieur trésorier. » — *Fol°* 123.

Marginal notes:

1678-1696.
—
La source de St-Siméon est entourée de murailles, etc.

Faire conduire les eaux de St-Jean et de St-Siméon aux moulins de la ville, en réservant à l'arrosage les jours juridics.

1702-1731.

—

Requête
des arrosants et
des Capucins
contre
le sieur Fanton.

Le 20 août 1702, « le Maire expose au Conseil que les arrosants des eaux de St. Siméon l'ont assigné devant le Lieutenant de cette ville ; (aucune explication n'est donnée sur l'objet de cette assignation.)

« Et que les R. P. Capucins se plaignent que la serve de leur conduite a été dégradée par le sieur Fanton, nouvel acquéreur d'une terre au sus dit quartier de St. Siméon, en faisant des réparations à cette propriété, de sorte qu'il est entré du sable dans leur conduite et ils sont privés d'eau : ils demandent que la Communauté fasse réparer leur conduite, ou qu'elle prenne fait et cause pour eux. » — *Fol*o 636.

« Délibéré de se pourvoir contre le sieur Fanton pour le faire condamner à réparer la fontaine des Capucins, et de faire examiner la requête des particuliers arrosants, et d'agir suivant l'avis du Conseil, soit contre le sieur Fanton et autres. » — *Fol*o 637.

Sur le devis fait
par
Gabriel Canole,
d'un canal
à faire
pour porter les
eaux
de St-Siméon
à la ville.

Le 20 avril 1727, en présence de la déperdition de la majeure partie de l'eau versée dans les conduites qui la portaient à la ville, le Conseil délibère de faire examiner les pertes nombreuses des conduites existantes, et dresser un devis des réparations nécessaires.

Le 25 mai suivant, « le Maire représente que, en conséquence de la délibération prise le 20 avril dernier, ils auraient mandé venir le nommé Gabriel Canole, fontainier de la ville d'Aix, le quel aurait fait rapport de l'état et quantité de l'eau de la source de St. Siméon, et les devis en même temps du canal qui convient être fait pour la conduite et conservation des dites eaux, requérant que, après que lecture aura été faite du dit rapport, le Conseil aye à délibérer sur la réception ou rejet d'icelui.

« Il a été unanimement délibéré de donner pouvoir aux sieurs Consuls de faire faire des proclamations que tous ceux qui voudront acheter de l'eau ayent à venir passer leurs soumissions par devant le greffier, et taxer la quantité de l'eau qu'on voudra acheter, afin que, quand toutes les soumissions auront été passées, on puisse voir si la somme qui reviendra de pareilles ventes pourra arriver au coût et dépenses de la réparation mentionnée au devis, et être pris les délibérations convenables ; et sera le dit devis enregistré pour y avoir recours. » — *Fol*os 592 et 593.

— Le devis Canole n'a pas été transcrit sur le registre, il est donné *in-extenso* ci-après.

Redresser
la muraille de
clôture
de la source de
St-Siméon.

Le 29 mai 1731, « sur la représentation que la muraille, qui sert de cloison à la source de St. Siméon, est tombée environ trois cannes en longueur, ce qui donne occasion aux lavandières d'aller laver leurs lessives tout auprès du réservoir de l'eau qui vient à nos fontaines, ce qui serait en état de gâter l'eau si on n'y apportait un prompt remède en faisant réparer la muraille. — *Fol*o 911. *V*o.

« Le Conseil a unanimement délibéré et donné pouvoir de faire redresser la muraille mentionnée en la proposition le plutôt possible, en tenant controlle des journées, et d'expédier mandat sans qu'il soit nécessaire de faire aucunes enchères, attendu que cette réparation presse. » *Fol*o 913.

« Le sieur Jean Jacques Vincens, tondeur à draps, demandait à M. le 1er Président et Intendant que la Communauté lui vendit, à l'estime d'experts, un terrain qu'il dit inculte et pierreux, possédé par la dite Communauté au quartier de St. Siméon, pour y construire un foulon à draps et y placer une machine pour les ratines.

1748-1750.

—

Refusé
à Jean Jacques
Vincens
d'établir une
fabrique
près la source de
St-Siméon.

Le 6 octobre 1748, « le Conseil nomme une Commission pour aller sur les lieux et faire son rapport sur cette demande. » — Fol° 911.

Le 15 décembre 1748, la Commission nommée le 6 octobre précédent, présente son rapport sur la demande et projet de Vincens.

« Le Conseil, après avoir entendu la lecture du projet fait par Jean Jacques Vincens, du certificat du plan y attaché, et du rapport fait, et les représentations faites, le Conseil tenant, par le sieur Louis Feraud, marchand cirier, et Lazare Moutton, marchand tanneur de cette ville; le premier, que l'établissement et la construction d'un paroir à draps à la tête des arrosages ne pouvait manquer de salir les eaux par l'huile et la crasse des draps, et l'huile et la terre qu'on emploie pour les décrasser, et détruiraient entièrement la fabrique de blanchissage de cire qu'il a en dessous, par l'inconvénient qu'il y aurait qu'il n'aurait plus que de l'eau sale pour fondre la cire; et le sieur Lazare Moutton, qu'ayant une fabrique considérable de tannerie qui se sert de la même eau, l'huile et la terre nuiraient aussi considérablement à sa fabrique, et ont signé : L. FERAUD — Lre MOUTTON.

« Le Conseil a unanimement délibéré de refuser à Jean Jacques Vincens sa demande, tant par rapport aux raisons avancées dans le rapport fait par les sieurs Moutton, Pellegrin, Fauchier et Bremond, que pour le préjudice que cette nouvelle fabrique porterait infailliblement à celles des sieurs Louis Feraud, marchand cirier, et de Lazare Moutton, marchand tanneur;

« Et, en conséquence, il a été délibéré que Messieurs les Consuls répondront au placet présenté à Monseigneur le 1er Président et Intendant en conformité, et y ajouteront même que, y ayant eû autrefois au même endroit une fabrique, la Communauté fût obligée de l'acheter et de réunir les eaux dont elle se servait; comme aussi ils fairont observer que, la conduite des eaux des fontaines de la ville passant et traversant cet endroit, il serait dangereux qu'elles ne communiquassent avec les eaux sales et glaireuses de la fabrique projetée par le dit Vincens, ce qui pourrait causer de l'infection. » — Fol°s 920-921.

Le 26 avril 1750, « M. Degantés, 1er Maire et Consul, dit au Conseil que les eaux de la source de St. Siméon se perdent de manière que ceux qui ont droit d'en arroser en sont privés à cause des concavités que les rats d'eau ont faites, ou autrement; requérant qu'il soit fait rapport du motif qui donne lieu à la perte de ces eaux, et qu'en conséquence il soit procédé aux réparations convenables pour arrêter ces eaux et servir à ceux qui ont droit;

Les eaux
de St-Siméon se
perdent;
faire venir un
homme de l'art
pour examiner
les lieux.

« Le Conseil a unanimement délibéré de prier Messieurs les Maires Consuls de faire venir un homme entendu pour examiner l'endroit rapporté dans la proposition, pour pouvoir ensuite, sur son rapport, réparer les ruines de façon que les eaux ne se perdent plus, etc... » — Fol° 66.

1750-1752.

Le 11 mai suivant, « le Maire expose que, ensuite de la délibération du 26 avril dernier, ils ont prié Messieurs les Consuls de Toulon de permettre que le sieur Jean Ardouin, leur fontainier, vint en cette ville pour visiter la source et la mère de St. Simian, et tâcher d'en ramasser les eaux de façon qu'elles ne se filtrent plus et qu'elles proffitent à la ville et aux particuliers qui ont droit d'en arroser leurs fonds. — Messieurs les Consuls de Toulon leur ayant accordé la demande, le sieur Ardouin se serait rendu ici depuis le cinq, et, après plusieurs visites qu'il a faites sur le lieu, il a dressé deux devis, dont il requiert être fait lecture lui présent, afin de rendre compte au Conseil de son dessein et éclaircir les difficultés que l'on pourrait se faire là desssus.

Exécuter le devis de Jean Ardouin, pour faire un nouveau bassin à la source de St-Siméon.

« Lecture faite des deux devis dréssés par le sieur Jean Ardouin, fontanier de la ville de Toulon, le Conseil a approuvé les deux devis et le payement de quarante huit livres fait au dit sieur Ardouin par mandat sur le trésorier, et, en conséquence, a unanimement délibéré de mettre à exécution le devis sur le nouveau bassin à faire à la source de St. Simian, et de l'exposer à l'enchère pour être adjugé au rabais au plus offrant et dernier enchérisseur, et à l'égard du segond concernant la conduite de l'eau jusqu'à la serve par un canal, le Conseil en a envoyé l'exécution à un temps plus favorable, et néanmoins, sur les représentations qui ont été faites au Conseil que le nommé Joseph Saumier, travailleur, qui possède une terre contigüe à la dite source, a fait des entreprises sur la voute de la source et arraché des pierres à l'entour, ce qui pourrait occasionner le baissement de l'eau de la source ;

Joseph Saumier a fait des excavations. Faire limiter le terrain de la Commune d'avec celui de Saumier, etc.

« Le Conseil a unanimement donné pouvoir à Messieurs les Consuls de faire limiter ce qui appartient à la Commune, et le faire séparer d'avec la terre du dit Saumier, et de l'obliger à remettre le lieu à son premier état ; et, en cas de refus de sa part, de l'y faire contraindre par toutes les voies de droit, en faisant consulter l'avocat de la Commune préalablement, et en suivant ce que la consultation portera sans autre délibération. » — *Folo* 77.

La conduite des eaux de St-Siméon est en très mauvais état.

Divers devis ont été faits.

Le 13 août 1752, « exposé au Conseil que, sur le mauvais état de la conduite des eaux de la source de St. Simian, qui fournit aux fontaines de la ville, il fut fait un devis le 19 mars 1727 par le sieur Gabriel Canole, maitre fontainier de la ville d'Aix, le quel devis ayant été proposé au Conseil général du 25 du même mois fût approuvé, sans pourtant que la réparation eût été faite à cause que la Communauté n'était pas en état de subvenir à cette dépense ; que cette conduite ayant encore plus dépéri, il fût fait un autre devis par le sieur Jean Ardouin, maitre fontainier de la ville de Toulon le 10 mai 1750, qui fût également approuvé au Conseil du lendemain 11 ; mais la dépense, que la Communauté était obligée de faire pour la réparation de l'Église et pour l'achat des charges municipales, en avait retardé l'exécution ; du depuis on a reconnu de plus grands défauts à cette conduite et de nouvelles pertes d'eau à l'origine de la source, ce qui porta le Conseil, sur la notice qui lui fût donnée, de faire faire un troisième devis, ayant à cet effet mandé prendre le dit sieur Canolles qui en a dressé un le 21 juillet dernier, dont lecture sera faite, etc... » — *Folo* 239.

· Lecture faite des devis rapportés dans la proposition , « le Conseil , considérant la nécessité de réunir et faire conduire les eaux de la source de St. Simian , afin de prévenir des maladies populaires et faire couler les fontaines publiques , a unanimement délibéré de suivre le devis fait le 18 juillet dernier par le sieur Gabriel Canolle , et de supplier Monseigneur le premier Président et Intendant de permettre de le faire exposer aux enchères et d'en passer le bail au plus offrant et dernier enchérisseur. » — *Fol°* 242.

1752.

Exécuter
le devis fait
par
Gabriel Canolle.

Comme le devis Canolle a été exécuté , sauf quelques légères modifications , et qu'il s'en est suivi l'état des lieux actuels , il est bon que ce devis soit exactement connu , et le voici dans son intégrité :

« Nous , Gabriel Canolle , maitre hydraulique de la ville d'Aix , en suite des ordres de Messieurs les Maires-Consuls de la ville de Brignolle , et par délibération du....... de la Communauté , nous nous serions porté dans la dite ville pour examiner tous les ouvrages et conduites qui dérivent depuis la mère source, dite St. Simian , jusques à la serve de la distribution de toutes les eaux des fontaines de la ville , et , après avoir visité et parcouru tous les endroits par où les dites conduites passent , nous aurions trouvé qu'elles sont presque totalement crevées depuis les deux prises d'eau au bout du pré de M. Fanton jusques aux murs de la ville , nonobstant les ouvrages journaliers qu'on y fait le long du chemin par où passent les dites conduites , ce qui le rend même impraticable ;

21 juillet 1752.

Devis
de
Gabriel Canolle.

Les conduites
de l'eau
des fontaines
sont crevées.

« Sur quoi nous aurions été requis par Messieurs les Maires et Consuls de dresser un devis estimatif de tous les ouvrages qui pourraient être faits pour que les conduites ne se puissent presque jamais déranger , et qu'elles soient , dans la suite des temps , plus facilement réparées , comme aussi de faire attention au volume d'eau que la Communauté reçoit de la mère source ; s'il est assez suffisant à fournir plus abondamment de l'eau aux fontaines publiques sans diminuer les portions d'eau des maisons religieuses et des arrosages publics , et d'observer encore les eaux perdues des sources inférieures qui innondent totalement le pré de M. Fanton attenant à la mère , ce qui le rend entièrement infructueux , et de l'avantage que la Communauté en retirerait par le recouvrement des eaux perdues qui seraient distribuées en des fabriques et à des particuliers qui en souhaitent.

« Après avoir fait toutes les observations qui conviennent à notre art , nous aurions trouvé bon et trez nécessaire de faire :

« 1° En premier lieu , une serve ou petit reservoir à la tête du pré de M. Fanton , dans la quelle les tuyaux , qui prennent dans la source mère , se rendront , et même quelques sources perdues qui ne sont pas beaucoup éloignées , même celle des Révérends Pères Capucins qui donne un tuyau d'eau forcé , et qui n'en reçoivent qu'une petite partie , attendu que le canal doit être en trez mauvais état ; la Communauté se chargeant de cette eau , leur donnerait la prise tout près le coin du bâtiment de l'avocat Jujardy , ce qui serait avantageux pour les dits Révérends — La quelle sus dite serve faite de six pans longueur , quatre pans largeur dans œuvre et de la hauteur de six pans à compter de la superficie de l'eau de la mère; les murailles d'icelle seront faites de deux pans épaisseur, indui-

Faire une serve
en tête du pré
de M. Fanton.

1752.

Devis Canolle.

tes en dedans de ciment pétri à chaud jusques à un pan et demi de hauteur, et le restant, tant dedans que dehors, sera induit avec du mortier ordinaire ; il sera fait au fond un massif d'un pan épaisseur au ciment pétri à chaud et carrelé de malons d'un pan quarré posés au même ciment, et sera baissé un pan plus profond que le niveau de l'eau ; la voute de la dite serve sera faite à plein cintre, couverte comme les anciennes, observant de laisser les deux ouvertures par où les dites eaux doivent entrer dans les tuyaux en face des acqueducs, et même deux autres, une à chaque côté, si quelque source perdue peut s'y rendre ; il sera fait encore au dit réservoir une fenêtre bordée de pierres taillées, de trois pans largeur et trois pans et demi hauteur, fermée d'une porte de bois de chêne blanc doublée et fermée à clef ; —

Aqueduc
pour
les conduites
des fontaines
dit la Voûte.

« 2° Il sera fait une tranchée, depuis la susdite serve à la tête du pré de M. Fanton par où les conduites qui portent les eaux dans la ville passent, tirant en ligne droite au bâtiment de M. Jujardy attenant au chemin, la quelle tranchée sera creusée, aux endroits où la superficie du terrain a plus de pente, de huit pans de profondeur, sept pans largeur, dans la quelle tranchée il y sera construit un acqueduc en maçonnerie de six pans hauteur, franc l'épaisseur de la voute qui sera faite à plein cintre d'un pan épaisseur avec des pierres plates. — L'épaulement d'icelle sera rempli en maçonnerie de niveau des pierres dessus la voute ; les murailles qui doivent la soutenir seront prises au pied de deux pans épaisseur dans œuvre de chaque coté, et de la hauteur de quatre pans, ensuite le restant de l'élévation seront réduites à un pan épaisseur à chaque coté attenant au terrain jusques au lit de la voute, formant une banquette ou ...., où les tuyaux doivent être placés ; —

« 3° Depuis le bâtiment de M. Jujardy, il sera continué une autre tranchée le long du chemin jusques à la serve du partage des eaux des fontaines de la ville, la quelle tranchée sera creusée de six pans de profondeur et sept pans largeur, pour y faire passer le dit acqueduc dont la voute s'élèvera un pan au dessus du chemin, attendu qu'il se trouve bas ; passera le dit acqueduc et sera appuyé quelques cannes le long des murs de la ville dans le jardin de M. Braquety, traversera les dits murs en face de la maison de M. Grisolle ; le quel acqueduc et murailles seront construits comme l'autre ci dessus ; —

Banquettes
au fond
de l'aqueduc.

« 4° Il sera fait le long du dit acqueduc deux petites murailles ou banquettes en maçonnerie de trois quarts de pan hauteur et épaisseur, une à chaque coté liée même à la muraille du dit acqueduc, les quelles formeront une espèce de canal, et servira d'appui pour marcher dans le dit acqueduc à pied sec ;

Conduites
en poterie

« 5° Il sera fait le long du dit acqueduc, et depuis la prise des eaux de St. Simian et du petit reservoir qui sera placé à la tête du pré de M. Fanton, deux conduites en tuyaux de poterie jusques à la serve où toutes les eaux de la ville sont distribuées, les quels tuyaux seront de cinq pouces au petit bout dans œuvre bien vernissés, placés au dessus de la banquette de chaque coté du dit acqueduc, seront ensuite bien cimentés avec du ciment à froid, et entourés d'une torque de brique pétrie à chaud, qui s'attachera contre les murailles et fermera toutes les jointures jusques à demi tuyau ; —

« 6º Il sera fait un petit réservoir en maçonnerie attenant aux murs de la ville dans la face intérieure, de huit pans longueur pour quatre largeur dans œuvre, pour recevoir les eaux perdues qui se filtreront le long du dit acqueduc; les murailles seront faites de deux pans épaisseur tout au tour, non compris le rempart qui servira, les quelles murailles seront élevées de six pans au dessus de la superficie du terrain; vouté à plein cintre et couvert de pierre froide à deux pentes; il sera fait encor au fond du dit réservoir un massif de deux pans épaisseur en maçonnerie, carrelé par dessus de malons de brique d'un pan quarré posés avec du ciment pétri à chaud, observant que le dit massif soit un pan plus bas que le niveau des eaux qui doivent se rendre dans le dit réservoir par une gouergue d'un pan largeur et trois pans longueur qui sera placée dans l'épaisseur du mur de la ville. — Les murailles intérieures du dit réservoir seront induites de ciment pétri à chaud jusques à un pan au dessus la superficie de l'eau, et le reste avec du mortier commun. — Les murailles intérieures seront induites avec du même mortier; il sera fait encor au dit réservoir une fenêtre bordée de pierres de taille de trois pans et demi hauteur et trois pans largeur, fermée par une porte de bois de chêne blanc doublée et fermée à clef; —

1752.

Devis Canolle.

Réservoir
pour
les eaux perdues

« 7º Il sera fait, depuis le dit réservoir, un canal qui servira de décharge aux eaux qui se filtreront le long du dit acqueduc, comme le restant des prises d'eau que les fontaines de la ville ne pourront contenir; le quel canal sera fait d'un pied et demi largeur, un pied hauteur, les murailles seront faites d'un pan et demi de chaque côté, une calade au fond de demi pan épaisseur, le tout en maçonnerie induite en dedans de brique pétrie à chaud et couvert d'une pierre froide qui prendra sur les bords, et se dégorgera dans l'acqueduc public qui reçoit les eaux pluviales, dit le *pouadou*, en face de la maison de M. Braquety; —

Canal de fuite
des
eaux perdues et
du superflu
des fontaines.

« 8º Il sera fait, dans la longueur des acqueducs, quatre vues ou regards, non compris la première ni la dernière, qui seront placées de distance en distance aux endroits les moins dommageables; les quels regards seront placés par côté du dit acqueduc afin que, étant ouverts, les tuyaux soient à couvert et les terres ne puissent tomber dans l'acqueduc, étants les dits regards de deux pans et demi dans œuvre, en maçonnerie; les murailles d'un pan et demi d'épaisseur, entouré d'un quarré de pierre taillée, élevé au dessus la superficie du terrain d'un pied hauteur, et couvert par une porte bois de chêne fermée à clef; —

Vues ou regards
sur l'aqueduc
ou voûte.

« 9º Il sera fait un canal découvert en maçonnerie tirant la longueur de dix cannes, depuis le lavoir public tout près le bâtiment de M. Jujardy jusques à la brèche de la muraille de l'entrée du canal qui se rend aux moulins, le quel sera fait de quatre pans largeur et de la hauteur que les eaux qui passeront puissent passer au dessus la voûte de l'acqueduc des fontaines de la ville; on placera ensuite à chaque côté une martélière qui servira aux arrosages des terres et prés qui en ont l'usage. —

Canal
pour la fuite de
l'eau
du lavoir public

« La Communauté peut rendre le même volume d'eau pour la fontaine du jardin de M. l'avocat Moutton, et la prendre au canal des fontaines de la ville en face du bâtiment de M. Jujardy; à cet endroit le canal de la ville a plus de pente et donnerait plus d'élévation à sa fontaine. —

Prise d'eau
pour le
jardin Moutton.

« Il serait aussi de l'intérêt de la Communauté, et encor plus de M. Fanton, de faire quelques cannes de canaux à pierre sèche tirant du levant au couchant pour tirer les eaux perdues qui croupissent, et les tirer dans l'acqueduc des fontaines de la ville. —

« L'entrepreneur, qui sera chargé de tous les susdits ouvrages, faira creuser toutes les tranchées, les faira recombler, fournira tous les tuyaux de poterie, etc....., etc....... »

(Suit le devis estimatif, qu'il est inutile de reproduire ici ; il suffira d'indiquer plus tard les prix de l'adjudication.)

Note écrite à la suite du devis :

Ruisseaux
d'arrosage aux
côtés
de la voûte.

« Il faut ajouter ci dessus qu'il est nécessaire, attendu que le chemin par où doit passer l'acqueduc se trouve trop étroit, d'en tirer le fossé d'arrosage du côté du couchant, et le faire passer en delà et à trois pans de distance des murs des propriétaires, depuis le sieur Fanton jusques au coin de celle de M. Paul — et que, pour que l'acqueduc ne soit pas si souvent traversé par les arrosages, le fossé, qui règne le long du chemin dans le pré du sieur Auriol, sera continué le long la muraille du jardin de M. Moutton, en suivant toujours le chemin pour servir jusqu'aux derniers arrosages. —

Massif
à deux pentes
sur la voûte
de
la mère-source.

« Nous étant apperçu que la superficie de la voute de la mère source se trouve cultivée par le propriétaire qui la confronte, ce qui endommage la dite voute et donne des filtrations des eaux pluviales, il nous parait absolument nécessaire de faire un massif en dessus de la dite voute, et même à trois pans plus avant tout autour, de bonne maçonnerie, afin que les eaux pluviales ne puissent endommager la voute et se filtrer dans la source mère, ce qui peut s'éviter en faisant le dit massif en deux pentes qui donnent l'écoulement aux eaux pluviales. —

« Nous réservant pour nos honoraires la somme de cent vingt livres.

« Fait à Brignolle, le 21 juillet 1752.

« Signé : CANOLLE. »

Les ouvrages indiqués dans le devis Canolle avaient été mis aux enchères ; diverses difficultés ou inconvénients étaient signalés par les soumissionnaires ; M. Canolle fut de nouveau appelé, et donna les explications suivantes, en mars 1753 :

La serve
sera placée dans
le chemin,
contre
la muraille
du pré
de M. Fanton.

« Sur les difficultés que Messieurs les Maires-Consuls de la ville de Brignolle nous ont fait envisager au sujet des ouvrages qui doivent être faits dans la propriété de M. Fanton pour la dérivation des eaux, nous trouverions égal et indifférent à la Communauté que la serve, qui doit être faite à la tête du pré de M. Fanton, fut placée dans le chemin attenant à la muraille qui borde le pré, en observant que la voute de la dite serve se trouve enfoncée à un pied de profondeur de la superficie du chemin, pour qu'il soit toujours praticable, et que la porte de la dite serve soit placée dans la muraille en face du pré. —

« A l'égard de la tranchée marquée au deuxième article de notre devis, que nous avons dit être tirée en ligne droite vers le bâtiment de M. l'avocat Jujardy, nous disons qu'il sera plus avantageux à la Communauté que la dite tranchée soit ouverte le long de la muraille qui borde le pré, attendu que la plus grande partie des eaux perdues qui rejaillissent dans le pré paraissent de ce côté, qu'on les couperait toutes par la dite tranchée, et qu'on éviterait par ce moyen les petits canaux que la Communauté serait obligée de faire pour ramasser toutes les sources et les jetter dans la tranchée, si elle tirait en ligne droite.

« Signé : Canolle. »

1753.
—
La tranchée
de l'aqueduc
suivra
la muraille qui
borde le pré
de M. Fanton.

Le 25 mars 1753, le Conseil de la ville prit la délibération suivante :

« Exposé : que le devis fait par le sieur Canolle est aux enchères, elles sont même passées depuis longtemps et il y a deux offrants ; que, cependant, on s'est apperçu que si le devis était exécuté il serait sujet à des inconvénients ; que partie ont été représentés au dit sieur Canolle et qu'il a mis son sentiment par écrit, et partie ont été corrigés par les offrants : requérant que lecture en soit faite. —

Exposé
sur les consé-
quences
de l'exécution
du devis.

« Représentant encore que la tranchée qui doit être ouverte, ou en ligne droite vers le bâtiment du sieur Jujardy, avocat, ou long la muraille qui borde le pré, ramassera toutes les eaux perdues et qui servent actuellement à l'arrosage du pré du sieur André, Joseph Fanton, et qu'il ne pourrait plus arroser entièrement s'il était réduit aux heures d'arrosage qu'il a, quoiqu'il ait ce droit par l'acte de vente de la source de St. Simian du 22 janvier 1558, faite par noble Jean Laurens en faveur de la dite Communauté, sous la réserve par le dit sieur Laurens d'arroser son dit pré possédé aujourd'hui par le dit sieur Fanton, conviendrait de pourvoir à ces inconvénients et de donner au dit sieur Fanton l'eau nécessaire pour l'arrosage de son pré, requérant être délibéré. » — Fol° 319.

Droits
de M. Fanton.

Après que le sieur Fanton, segond Consul, est sorti, et que le Conseil a entendu la lecture de l'explication du devis du sieur Canolle et de l'acte du 22 janvier 1558, il a été délibéré, à pluralité des voix :

« De suivre et faire exécuter le devis fait par le sieur Canolle en 1752 avec la correction qu'il y a fait, et dont le Conseil a entendu la lecture ; la quelle correction sera jointe au devis et mentionnée dans le bail qui sera passé au dernier offrant ;

Exécuter
le devis Canolle
avec
sa correction.

« Ayant encore délibéré que, si après la consommation du prix fait, il ne restait pas au sieur Fanton une eau suffisante pour l'arrosage de son pré, il y serait pourvu et suppléé par le Conseil. » — Fol° 321.

Pourvoir
à l'insuffisance
d'eau
pour l'arrosage
du pré
du sieur Fanton.

Les enchères, ouvertes dès le 11 avril, furent closes et les travaux adjugés le 2 mai 1753, devant M. Desparra, subdélégué de l'Intendant, en faveur de Joachim Rome, sous le cautionnement de Joseph Rome, son père, menuisier de cette ville ; son offre fut, savoir :

Prix des ouvra-
ges faits
à St-Siméon.

« La canne courante des tuyaux de poterie, compris le ciment à feu et les briques : 3 fr. 13 s. — Le devis portait 4 fr.

« Les clapouires , à 1 fr. 5 s. la canne. — Le devis portait 30 s.

« Les murailles de la voute : 16 fr. 18 s. la canne.

« Les six vues ou regards : 142 fr. en tout. — Le devis portait 150 fr.

« Les deux réservoirs ou serves : 120 fr.

« La canne courante du canal servant de décharge aux eaux qui se filtrent le
long de l'acqueduc : 4 fr. — Prix porté sur le devis.

« La canne courante du canal fait le long du chemin , et les deux martélières
en face du bâtiment de Jean Feraud , boulanger, représentant M. Joseph
Jujardy, avocat : 3 fr. 10 s. — Prix porté sur le devis.

« La délivrance lui en fût passée, sous trois jours de réserve, et il fût ordonné
qu'elle tiendrait lieu de contrat. »

Le 13 mai 1753, M. le Lieutenant approuva le tout au bas de l'original des
enchères, le quel est au greffe de la subdélégation.

Le 13 juillet 1754, Marcel Auvet, maçon de Tourves, et Jean-Baptiste Autes-
serre , maçon du Val , experts convenus par la délibération du Conseil du 7 du
dit mois (voir ci-après), firent le rapport de recette, trouvèrent le tout conforme
au devis, et qu'il y avait :

246 cannes 1/2 de voute , acqueduc, commençant à la serve de St. Simian et finissant à celle qui est dans la ville, à 16 fr. 18 s...			4,165 fr.	17 s.
56 cannes de canal acqueduc , à.........	4	» ...	224	»
10 cannes de canal cimenté , à..........	3	10 ...	35	»
6 vues ou regards...................		...	142	»
2 serves ou réservoirs................		...	120	»
494 cannes 1/2 tuyaux de poterie , à.......	3	13 ...	1,804	18 s. 6 d.

6,491 fr. 15 s. 6 d.

Un sac particulier contenait les pièces d'autres dépenses non comprises ci-dessus , montant en tout à 17,717 fr. 11 s. 6 d. jusques en 1757.

Le 27 mai 1753, sur l'observation que la construction des voûtes et conduites
d'eau interceptera l'arrivée des eaux de St-Siméon aux fontaines publiques, ainsi
que celle de l'arrosage ;

Il sera fait pro-
visoirement
une conduite
d'un
gros bourneau ,
plus un ruisseau
sur le
côté Est de
l'aqueduc
à construire ,
pour l'arrosage
de ce quartier.

Le Conseil entend les explications de M. Rome, père, appelé dans l'Assemblée,
et convient avec lui : « qu'il faira une conduite d'un gros tuyau , pour donner
aux fontaines de la ville et aux fabriques l'eau nécessaire ; s'obligeant de plus à
pratiquer un ruisseau , qui commencera au pré des hoirs de Lazare Auriol , traversant le jardin de M. Jean , Augustin Moutton , avocat , et les prés et terres
qui sont de suite , pour donner l'arrosage à ce quartier; à condition : que la
Communauté sera obligée d'indemniser les particuliers du passage de ce ruisseau , au cas qu'il leur fût causé du préjudice ;

1754.

—

« Qu'il lui sera permis de prendre, dans les fonds des particuliers voisins, tout le terrain qui sera jugé nécessaire par Messieurs les Maires-Consuls à l'élargissement du chemin où la voute de la conduite des eaux sera faite, le quel terrain restera à l'usage du public, et les particuliers en seront indemnisés par la Communauté suivant l'estimation qui en sera faite par les experts-jurés, les Consuls et les particuliers intéressés appelés, et ce moyennant trois cents livres, dont il lui sera expédié mandat, etc...... » — *Fol*° 348.

Mention
pour mémoire
des
délibérations
des 12 août
et 30 décembre
1753.

Les prises d'eau de M. Sermet et de M. Fanton, se trouvant sur le passage du nouvel aqueduc, donnèrent lieu à deux délibérations du Conseil en date des 12 août et 30 décembre 1753, délibérations rapportées *in-extenso* dans l'article 7e du chapitre 1er, **Concessions d'eau pure de St-Siméon**; il est inutile d'en faire ici autre chose que la mention.

Le 5 mars 1754, des difficultés sur l'exécution du devis donnèrent lieu aux représentations suivantes, sur les quelles le Conseil délibéra quelques changements :

Proposé
de changer la
place du canal
porté
à l'article 9
du devis.

« En premier lieu : le sieur Bellon de Ste. Marguerite, 1er Consul, a représenté que, suivant le devis du 21 juillet 1752, au sujet de la conduite des eaux de St. Siméon pour les fontaines de la ville, il est porté à l'article 9e, « qu'il « sera fait un canal découvert en maçonnerie tirant la longueur de dix cannes, « depuis le lavoir public tout près le bâtiment de M. Jujardy jusques à la brèche « de la muraille de l'entrée du canal qui se rend aux moulins, le quel sera fait « de quatre pans de largeur et de la hauteur que les eaux qui passeront puis- « sent passer au-dessus la voute de l'acqueduc des fontaines de la ville ; on pla- « cera ensuite à chaque côté une martélière qui servira aux arrosages des terres « et prés qui en ont l'usage ; »

« Que Joseph Rome, entrepreneur de cette conduite, a fait observer que le canal ne peut se faire à l'endroit désigné sans boucher presque le passage, attendu qu'il a été délibéré de faire passer la tranchée par cet endroit (délibération du 15 mars), quoiqu'il fût porté par l'article 2e de ce devis de la faire passer à travers le pré de M. Fanton, en commençant vis à vis le bâtiment du sieur Jujardy; et que, s'étant porté sur le lieu avec ses collègues et fait appeler les Commissaires et le dit sieur Fanton, le dit Rome a proposé de faire le canal en dessus du coin du jardin de M. Jujardy, ce qui parait ne porter aucun préjudice à la Communauté ni aux particuliers, et avantageux au public pour faire un lavoir, par la disposition du terrain, requérant d'être délibéré. » — *Fol*° 414. *V*°.

« En 3e lieu, que pour donner aux hoirs du Lieutenant de Sermet l'eau qui leur est due pour l'arrosage de leur jardin au quartier de Ste. Catherine, et au sieur Fanton pour sa fontaine dans son écurie au même quartier, ils ont fait faire un devis raisonné et estimatif; mais, comme le temps d'arrosage presse, sur la demande qui lui en a été faite par les hoirs du dit M. de Sermet, il a fait commencer les enchères : requérant la lecture de ce devis et qu'il soit délibéré là dessus. » — *Fol*° 415.

1754.
—
Difficultés
sur
l'établissement
des ruisseaux
d'arrosage.

« En 4e lieu , que , sur les plaintes des particuliers arrosables des eaux de St. Siméon , sur ce que les fossés ne sont pas encore en état , il a reconnu sur le lieu , avec ses collègues et les Commissaires qui ont été présents , que de partout il se rencontre des inconvénients , et des plus grands ; si ces fossés sont faits comme il est dit dans le devis , il n'est pas douteux que l'eau ne se filtre dans la tranchée et que les fossés ne se remplissent tous les jours de la terre qui est sur les voutes , les quelles dégarnies de cette terre , la batisse se détruira infailliblement et l'eau des fontaines en sera extrêmement chaude ; si ces fossés sont pris en delà et dans les biens des particuliers , outre qu'il parait expédient de clorre le chemin de murailles pour soutenir la terre du dessus et des côtés des voutes , il faudra encore indemniser les particuliers et clorre leurs terres de la même façon qu'elles étaient : il faudrait pour cela une quantité de batisses en murailles énorme , un transport de terre considérable pour que l'eau des fossés pût se jetter dans les terres des dits particuliers ; et , pour que les hoirs du dit sieur Lieutenant de Sermet eûssent de l'eau du côté du couchant pour arroser leur jardin proche Ste. Catherine , et le sieur Fanton pour sa fontaine , il faudrait élever excessivement si la prise se mettait plus élevée que la voute , sans quoi il serait nécessaire de la traverser. — Ce dernier projet serait non seulement d'une dépense plus considérable , mais encore d'un entretien qui ne le serait pas moins — requérant le Conseil de délibérer là dessus. » — Fol⁰ 416.

Le Conseil ne se trouvant pas en nombre suffisant, la délibération fut renvoyée à une autre séance.

Le 11 du même mois de mars , il fut pris les délibérations suivantes :

Le canal
sera fait au-dessus du jardin
Jujardy,
et il y sera
construit
un lavoir.

« Sur la 1re , le Conseil a unanimement délibéré de changer le canal énoncé dans la proposition , en le faisant passer au dessus du coin du jardin du sieur avocat Jujardy , et de former un lavoir pour la commodité du public : à l'effet de quoi , Rome , entrepreneur , emploiera les pierres qu'il y avait pour servir à laver le linge , et , s'il lui en manque , la Communauté les lui fournira — dont il sera dressé un devis estimatif qui sera exposé aux enchères publiques. » — Fol⁰ 420.

Exécuter
le devis fait
pour
les eaux Sermot
et Fanton.

« Sur la 3° , après que la lecture a été faite du devis énoncé dans la proposition , le Conseil a unanimement délibéré de le faire exécuter , recevoir les offres au rabais et passer le bail au plus offrant et dernier enchérisseur , attendu que les trois enchères ont déjà été publiées. » — Fol⁰ 420. V⁰.

S'en tenir
aux fossés portés
dans le devis.

« Sur la 4e , le Conseil a délibéré à pluralité des voix , qu'attendu la grande dépense que ce dernier projet entrainerait , et que même il ne pourrait s'exécuter assez tôt pour que les particuliers pussent proffiter des arrosages , de s'en tenir aux fossés portés dans le devis , et que , s'il arrive , comme on le suppose , que l'eau des arrosages se filtre dans l'acqueduc des fontaines , on sera toujours en état d'en venir aux fossés de batisse , et à nouveau fait nouveau Conseil. » — Fol⁰ 420. V⁰.

Le 7 juillet 1754, « le Conseil , de concert avec Joseph Rome , nomme Marcel Auvet de Tavernes et Jean-Baptiste Hautesserre du Val pour experts , à l'effet de vérifier , mesurer et recevoir les ouvrages des prix fait de l'acqueduc des eaux de

St. Siméon, des réparations de la fontaine dite de Douzon, de la construction d'un nouveau lavoir à St. Siméon, et de l'acqueduc pour l'arrosage du jardin des hoirs du Lieutenant de Sermet et pour la fontaine, que le sieur André Fanton a dans l'écurie qu'il possède au quartier de Ste. Catherine. » — *Folo 459. Vo.*

1754.

Nota. — Le résultat du rapport des experts, en ce qui concerne St-Siméon, a été donné ci-devant, à la suite du devis Canolle.

Dans la même séance du 7 juillet, « sur la plainte portée par nombre d'arrosants des eaux de St. Simian, de ce que la répartition des eaux, qui avait été faite par le moyen de deux suillets, n'est pas juste, ce qui procède d'une nouveauté qui fût faite depuis trois ou quatre ans sans appeler aucun des intéressés ; que, d'autre part, les fossés d'arrosage perdent parceque l'eau se filtre d'un côté et d'autre, et qu'ils ne sont pas même assez relevés pour que l'eau coule suivant son cours ordinaire jusques aux approches de la ville ; et que, de plus, la pierre posée pour la fontaine de M. Fanton et pour l'arrosage du jardin des hoirs Sermet a une embouchure si considérable qu'elle entraine toute l'eau, etc. . . . . . . ;

Plaintes des arrosants qui demandent les eaux perdues

« Ils demandent que l'eau, qui est au fond de la voute, soit distribuée pour les arrosages des terres de St. Simian, en faisant les ouvrages nécessaires, puisque cette eau n'est autre que celle qui servait à leurs arrosages. »—*Folo 459. Vo.*

« Le Conseil a délibéré, à pluralité des voix, et nommé le sieur Joseph Berlus, bourgeois, Esprit, Joseph Fauchier, marchand orfèvre, et Blaise Fournier, marchand tanneur, pour, de l'avis de Jean Ardouin, maitre fontainier de la ville de Toulon, et, en cas qu'il ne puisse ou ne veuille, de tout autre entendu à leur choix, distribuer les eaux d'arrosage de la source de St. Simian et ranger les suillets comme ils trouveront bon, eû égard à la contenance des terres de chaque quartier arrosable, les quels auront égard aux cadastres anciens et modernes, et à tout ce que de droit ;

Experts nommés pour faire un réglement d'arrosage, etc.

« Et, en ce qui est du surplus de la proposition, circonstances et dépendances, ils fairont rapport de ce qu'ils jugeront à propos devoir être fait pour rendre le travail fait pour la conduite des eaux plus solide et les arrosages plus commodes ;

« Et, en ce qui est de l'arrosage du jardin des hoirs du sieur Sermet, il est donné pouvoir aux Consuls de les interpeller verbalement et par écrit, de justifier de leur concession pour, en conformité d'icelle, leur être attribué l'eau qui leur est due, faute de quoi le Conseil y pourvoiera ;

Faire un acte aux hoirs du Lieutenant Sermet, de montrer leur titre de concession.

« Les charge de communiquer le rapport qui sera dressé aux Consuls pour y délibérer ce qu'il appartiendra, et d'appeler verbalement tous les intéressés ; et, en procédant à leur Commission, les experts examineront et déclareront de quelle manière la Communauté pourra faire usage des eaux perdues » — *Folo 460.*

Voir quel usage la Communauté peut faire des eaux perdues.

« N'approuvant la délibération ci-dessus prise que dans le cas exprès où l'arrosage du bien qu'il possède près la source de St. Siméon lui sera conservé en plein et pour tout ce qu'il en faut au dit bien suivant le titre qu'il en a et que la Communauté n'ignore point. —   « Signé : FANTON. »

M. Fanton réserve l'intégrité de son arrosage.

1754.

Opposition
des arrosants
du côté
de l'Ouest.

Le 16 du même mois de juillet, « à la requête de Jean Baptiste Barthelemy, Martin Amic, Jacques Ebrard et Joseph Giraud, propriétaires de diverses propriétés arrosables de l'eau de St. Siméon et du canal qui va du côté du chemin de la Celle, il fût signifié aux Consuls un exploit interpellatif ou déclaratif, contenant opposition à la délibération prise le 7 du courant, au chef concernant la distribution des eaux qui se fait au moyen de deux suillets, avec déclaration d'être appelants de la dite délibération par devant la Cour, pour la faire casser en ce chef aux dépens de qui il appartiendra. » — *Fol*o 465.

Faire consulter
sur
cette opposition

Le 11 août suivant, « lecture faite de l'exploit ci-dessus, le Conseil, après que les sieurs Amic et Ebrard sont sortis, a unanimement délibéré de faire exécuter la délibération du 7 juillet dernier à l'égard des articles non contestés dans l'exploit du 16 du dit mois, fait à la requête des sieurs Barthelemy, Amic, Ebrard et autres ; et, à l'égard des articles qui sont attaqués et dont il est fait mention dans le susdit exploit, le Conseil a délibéré à pluralité des voix de faire consulter si la Communauté sera fondée à les soutenir, pour, la consultation rapportée au premier Conseil, être délibéré ce qu'il appartiendra. » — *Fol*o 476.

Faire sommer
les opposants de
déclarer
la Communauté
propriétaire
des eaux
des sources de
St-Siméon.

Le 13 octobre, « lecture faite de la consultation signée par Messieurs Audibert et Siméon, avocats au Parlement, le 31 août dernier,

« Le Conseil a unanimement délibéré de faire intimer un acte aux quatre particuliers qui se sont rendus opposants à la délibération du Conseil général du 7 juillet, dans le quel ils seront interpellés de déclarer que les eaux des sources de St. Siméon appartiennent en propre à la Communauté, et qu'elle a le droit d'y faire tous les ouvrages nécessaires pour l'utilité publique ; et, faute par eux de s'expliquer clairement, le Conseil a délibéré de suivre de point en point la consultation rapportée, et de poursuivre jusques à arrêt définitif. » — *Fol*o 498. *V*o.

Alexandre Cresp
fait
une muraille
circulaire
pour
faire rentrer
dans
la source-mère
les eaux
qui se perdaient

« Exposé en second lieu qu'en exécution des précédentes délibérations, les experts nommés, s'étant rendus au quartier de St. Siméon pour procéder à leur commission, ils auraient dit aux Consuls présents que, pour rendre la conduite des eaux plus solide et les arrosages plus commodes, et sçavoir l'usage que la Communauté pourrait faire des eaux perdues, ce qui serait avantageux et pour les fontaines et pour les arrosages ;

« Alexandre Cresp, maitre maçon, un des entrepreneurs de la nouvelle conduite, ayant été appelé et consulté à ce sujet, il aurait offert de conduire cet ouvrage, ne demandant rien s'il ne réussissait pas, et, venant à réussir, il retirerait ce qu'on voudrait lui donner.

« Sur cette proposition, les Consuls auraient permis aux sieurs experts, sous le bon plaisir du Conseil, de faire travailler à cette réparation, l'opération étant préssante attendu la diminution des eaux dans la saison présente et le défaut de pluies, et auraient arrêté entr'eux de donner au dit Alexandre Cresp six livres par jour venant à réussir dans cette entreprise et n'épargnant pas ses peines. — Ayant réussi, les experts auraient dit de lui faire un mandat de trois Louis d'or, ayant travaillé pendant quinze jours. » — *Fol*e 499.

« Sur la deuxième, lecture faite du rapport fait par les sieurs Fournier, Berlus et Fauchier, le Conseil l'a unanimement approuvé, et a délibéré, à pluralité des voix, de faire faire les réparations qui y sont contenues, à journées, sous la direction des dits Fauchier et Berlus, que le Conseil nomme à cet effet, et de demander à Monseigneur le premier Président et Intendant l'approbation du dit rapport et l'exécution de la présente délibération, comme une suite nécessaire et indispensable des réparations de la conduite des eaux déjà faite par permission de Monseigneur l'Intendant, et, de même suite, le Conseil a approuvé les ouvrages qui ont été faits par Alexandre Cresp, maitre maçon, pour faire retourner les eaux dans la source-mère, et donne pouvoir à Messieurs les Consuls d'expédier mandat de trois Louis d'or en faveur du dit Cresp.

« Et, à l'égard de l'article qui concerne l'ouverture des murailles de la ville, le Conseil délibère de faire fermer cette brèche et, qu'à la diligence des dits Consuls, il sera fait une ouverture de la même forme et manière qu'il est expliqué dans le dit rapport.

Nota. — Cette délibération a été approuvée et autorisée par Monseigneur l'Intendant, le 12 décembre de la même année.

Afin de réunir tous les documents sur les travaux exécutés pour conserver toutes les eaux de St-Siméon, les recueillir, les conduire à la ville ou les utiliser pour l'arrosage du quartier, il est bon de donner ici la copie intégrale du rapport des experts nommés le 7 juillet 1754, regrettant de ne pouvoir y joindre le règlement d'arrosage qu'ils avaient mission de faire; il a été impossible de retrouver la trace de ce règlement, soit ici, soit à Aix et Marseille, dans les archives de la Province.

Rapport et devis des sieurs : BERLUS, FAUCHIER *et* FOURNIER, *experts nommés par le Conseil général de Brignoles, dans sa séance du 7 juillet 1754 :*

« Dans le Conseil général de la Communauté de cette ville de Brignolle tenu le 7e juillet dernier, il fût proposé qu'un nombre de particuliers qui arrosent des eaux de la source de St. Simian, ayant porté plainte de ce que la répartition des eaux, qui avait été faite par le moyen de deux seuillets, n'était pas juste, ce qui procédait d'une nouveauté qui avait été faite depuis trois ou quatre ans sans appeler aucun des intéressés;

« Que, d'autre part, les fossés d'arrosage perdaient parceque l'eau se filtrait d'un côté et d'autre, et qu'ils n'étaient pas encore assez relevés pour que l'eau coulât, suivant son cours ordinaire, jusques aux approches de la ville;

« Et que, de plus, la pierre, posée pour la fontaine du sieur Fanton et pour l'arrosage du jardin des hoirs du sieur Lieutenant Sermet, avait une embouchure si considérable qu'elle entrainait toute l'eau, le fermier du jardin des hoirs du dit sieur Sermet ne voulant pas souffrir qu'on bouchât ce trou, étant constant et

1754.

Rapport
des experts
nommés
le 7 juillet 1754.

Demande
des
eaux perdues
pour l'arrosage.

notoire que ce jardin avait plus d'eau qu'il n'en fallait pour l'arroser, puisqu'il en sortait une quantité considérable qui se perdait dans le ruisseau de la place St. Pierre ;

« Et qu'ils demandaient que l'eau qui est au fond de la voûte fût distribuée pour les arrosages des terres de St. Simian en faisant les ouvrages nécessaires, puisque cette eau n'était autre que celle qui servait à leurs arrosages ;

« Sur quoi il aurait été délibéré que, par nous : Joseph Berlus, bourgeois, Esprit, Joseph Fauchier, maître orfèvre, et Blaise Fornier, marchand tanneur, de l'avis de Jean Ardouin, maître fontainier de la ville de Toulon, et, en cas qu'il ne pût ou voulût, de tout autre entendu, à leur choix,

Ils distribueront
l'eau
comme ils
le jugeront bon.

« Les eaux d'arrosage de la source de St. Simian seraient distribuées et les seuillets rangés comme nous trouverions bon, eû égard à la contenance des terres arrosables de chaque quartier, et que nous aurions égard aux cadastres anciens et modernes et en tout ce que de droit,

« Qu'en ce qui était du surplus de la proposition, circonstances et dépendances, nous fairions rapport de ce que nous jugerions à propos devoir être fait pour rendre le travail, fait pour la conduite des eaux, plus solide, et les arrosages plus commodes ;

L'arrosage
du
jardin Sermet
est réservé
à la décision des
Consuls
ou du Conseil.

« Et que, pour ce qui était de l'arrosage du jardin des hoirs du dit Sermet, il était donné pouvoir aux Consuls de les interpeller verbalement et par écrit de justifier de leur concession pour, en conformité d'icelle, leur être attribué l'eau qui leur est due, faute de quoi le Conseil y pourvoierait ;

« Nous aurions été dispensés du serment et de toute formalité de justice, et il aurait été donné pouvoir aux sieurs Maires-Consuls d'expédier mandat sur le Trésorier de la dépense qui serait faite à ce sujet, à la charge de communiquer le rapport, qui serait adressé au Conseil pour y délibérer ce qu'il appartiendrait ; d'appeler verbalement tous les intéressés, et, en procédant à notre commission, d'examiner et déclarer de quelle manière la Communauté pourrait faire usage des eaux perdues. —

Protestation
de M. Fanton.

« Sur cette délibération, le sieur André, Joseph Fanton, présent, aurait protesté qu'il ne l'approuvait que dans le cas exprès où l'arrosage du bien qu'il possède près la dite source lui serait conservé en plein et pour tout ce qu'il en faut au dit bien, suivant le titre qu'il en a et que la Communauté n'ignore pas, et dans celui encore que la pierre, qui porte l'eau à la fontaine de son écurie ainsi qu'au jardin du sieur Sermet, serait également conservée dans l'état qu'elle se trouvait et dans le même large du trou qu'il y avait, protestant en cas contraire de tout ce qu'il pouvait et devait. —

Conseil
du 4 août 1754,
dommages
réclamés
par M. de Paul.

« Dans le Conseil tenu le quatrième août suivant, il y aurait été représenté que la dame de l'enfant de Paul demandait que le Conseil fît estimer, ou par les jurés modernes non suspects ou par experts à l'amiable, le préjudice qu'elle avait souffert dans la terre et pré, que l'hoirie de son mari possède au quartier de St. Simian, à cause des réparations que la Communauté a faites pour la nouvelle conduite des eaux de St. Simian ; à quoi il était d'autant plus nécessaire de travailler, qu'elle se voyait actuellement obligée de faire labourer cette terre ; et il aurait été délibéré que, par nous experts jà commis dans la délibération du 7 juillet dernier, il serait fait rapport, en présence et absence des parties après avoir été verbalement averties, dans le quel rapport nous déclarerions l'état actuel de la terre et pré des hoirs du dit sieur de Paul et des autres particuliers endommagés au quartier de St. Simian, à cause des réparations faites par la Communauté, pour, le dit rapport préparatoire fait et rapporté au Conseil, être délibéré ce que de raison. —

1754.
—
Rapport
des experts
nommés
le 7 juillet 1754.

« Dans un troisième Conseil général tenu le onzième du même mois, il y aurait été représenté que le seizième juillet précédent, il aurait été signifié aux sieurs Maires-Consuls, à la requête du sieur Jean Baptiste Barthelemy, Martin Amic, Jacques Ebrard et Joseph Giraud, propriétaires de diverses propriétés arrosables de l'eau de St. Simian et du canal qui va du côté du chemin de la Celle, un exploit interpellatif ou déclaratif contenant opposition à la délibération prise le 7ᵉ du dit mois de juillet au chef concernant la distribution des eaux qui se fait au moyen de deux seuillets, avec déclaration d'être appelants de la dite délibération devant la Cour en ce chef, aux dépens de qui il appartiendra au cas qu'on voulût passer outre à icelle. —

Conseil
du 11 août 1754.
—
Exploit
de 4 arrosants
contre
la délibération
du 7 juillet.

« Sur la quelle proposition, lecture faite du dit exploit à la requête des dits particuliers, le Conseil aurait unanimement délibéré de faire exécuter la délibération prise le 7ᵉ juillet dernier à l'égard des articles non contestés dans cet exploit, et, à l'égard des articles qui étaient attaqués, il aurait été délibéré à pluralité des voix de faire consulter si la Communauté serait fondée à les soutenir, pour, la consultation rapportée au premier Conseil, être délibéré ce qu'il appartiendra. —

« En exécution des quelles délibérations, nous nous serions portés le douzième août dernier, à la requisition du sieur Fanton, sur le pré qu'il possède au dit quartier, pour reconnaitre le dommage qu'il y aurait souffert, du quel pré nous en aurions trouvé 276 cannes qui ont souffert faute d'arrosage pour le 3ᵉ foin seulement, et qui auraient été foulées par les ouvriers outre et par dessus le terrain qui lui a été pris pour l'emplacement de l'acqueduc et en delà, du côté du levant et du midi. —

12 août 1754.
Visite
des experts chez
M. Fanton.

« Le 26ᵉ du même mois, à la requisition du sieur Dominique de Paul, nous nous serions portés à la terre et pré des hoirs du sieur Jean Baptiste de Paul, son père, au dit quartier, et trouvé que, de la terre il y en avait 672 cannes qui avaient été foulées par les ouvriers et 165 cannes du pré; qu'il y a été fait à la muraille une brèche de quatre pans longueur et deux pans et demi hauteur, une autre de deux cannes longueur et de même hauteur, et une troisième au coin du côté du trou dit de St. Simian, de six pans longueur et de quatre pans hauteur, et qu'il y avait près le dit trou un mûrier mort, etc. . . . . . —

26 août.
Visite
chez M. de Paul.

« Le 10 septembre suivant, nous étant rendus sur les lieux en compagnie des sieurs Bellon et Goujon, premier et second Maires-Consuls, après avoir examiné toutes choses et les ouvrages qu'il conviendrait de faire pour rendre la conduite des eaux plus solide et les arrosages plus commodes, et principalement comment la Communauté pourrait faire usage des eaux perdues, nous aurions pensé que, au préalable, il conviendrait de travailler à faire remonter dans la source-mère

10 septembre.
Visite
de la source et
environs,
avec les Maires-
Consuls.

1754.

Rapport
des experts
nommés
le 7 juillet 1754.

ces eaux perdues, ce qui serait également avantageux, si nous y parvenions, aux fontaines de la ville et aux arrosages ;

« Ce qui ayant été approuvé par les dits sieurs Maires-Consuls, ils nous auraient permis, sous le bon plaisir du Conseil, attendu que cette opération était pressante vû la diminution des eaux dans la saison et le défaut des pluies, d'y faire travailler incéssamment. —

14 septembre.

Fait construire
une muraille
en demi-cercle
pour faire
remonter l'eau
dans
la source-mère.

« Et le quatorzième du même mois, ayant pris les ouvriers nécessaires, nous aurions fait creuser et suivre une eau considérable qui coulait, par une grande ouverture de la muraille du côté du Midi en dessous de la source, dans le pred du sieur Fanton ; et, ayant reconnu que cette eau provenait de diverses petites sources qui rejaillissaient dans l'emplacement du chemin, entre le bassin et la dite muraille, nous aurions fait construire une muraille formant un demi cercle depuis six pans en dessous du coin de la voute de la source-mère jusques à cinq cannes en tirant vers le levant, et dont le milieu du cercle vient aboutir à la muraille qui soutient le chemin ; ayant établi cette muraille d'un pan et demi de hauteur en dessus le niveau de la superficie de l'eau de la source, et de près de trois pans d'épaisseur ; les pierres de la façade intérieure bâties au ciment, et toute cette façade crépie aussi au ciment ;

Fait nétoyer
l'intérieur
de la source.

« Nous aurions en même temps fait nétoyer l'intérieur de la source, ôter des pierres considérables, le bourbier et le limon qui y étaient, y ayant même trouvé une pièce de bois de chêne pourrie, ce qui infectait l'eau, et nous y aurions fait mettre des cailloux de la rivière pour la rendre plus pure et plus nette ;

Fait nétoyer
en-dehors de la
voûte
de la source,
du côté
du levant, jus-
qu'au
fossé d'arrosage,

« Nous aurions également fait nétoyer le bassin intérieur depuis la sortie de la voute jusques au seuillet de pierre du côté du levant, et, pour donner un plus libre écoulement aux eaux, nous aurions aussi fait nétoyer encore depuis le dit seuillet jusques au delà de la muraille qui enferme le fossé d'arrosage du côté du levant ;

« Nous aurions fait enlever toute la terre contenue dans le cercle de la muraille que nous avions fait construire, bien découvrir toutes les petites sources qui y naissent, après quoi, ayant fait boucher le trou que nous avions laissé pour servir de pas perdu, et qui donnait un tuyau de la grosse forme d'eau forcée, nous aurions vu remonter l'eau à un pouce plus haut que celle de l'intérieur de la source-mère, ce que nous aurions facilement remarqué au moyen d'une ouverture que nous avions trouvée à la voute, et qui sert à présent de communication aux deux eaux, et sur la mesure que nous avions fait avant boucher le trou servant de pas perdu de l'eau qui passe sur les deux seuillets du levant et du couchant, et sur la hauteur de celle qui se trouve dans la troisième serve nouvellement construite pour la conduite de l'eau des fontaines de la ville ;

« Nous aurions trouvé, par cette expérience faite en présence desdits sieurs Maires-Consuls, que l'eau avait augmenté d'un pouce sur chaque seuillet et d'un pan dans la dite serve de la ville ;

« Après quoi nous aurions fait remplir tout ce nouveau bassin, que nous avons fait construire, de petites pierres et cailloux jusques à la hauteur de la muraille cimentée , pour en rendre l'eau plus claire, plus fraiche, et lui donner plus de facilité à se communiquer avec la source-mère ; en suite de quoi nous aurions fait couvrir avec de la terre ces cailloux jusques à l'égalité du chemin.—

1754.
—
Rapport
des experts
nommés
le 7 juillet 1754.
—
3 octobre.
Visite
dans l'aqueduc.
Il y naît encor
un peu d'eau.

« Le troisième de ce mois (octobre), cet ouvrage ainsi fini , nous serions descendus dans l'acqueduc en remontant depuis le premier regard jusques à la serve , pour voir s'il y passait au fond la même quantité d'eau que nous y avions remarquée auparavant cette opération , et nous aurions trouvé que , quoiqu'elle fût extrêmement diminuée, il y en naissait encore une quantité qu'il serait essentiel de proffiter ;

« Ayant fait nos observations et mesuré l'endroit d'où elle venait, nous aurions remarqué que c'est du terrain qui se trouve entre le bassin circulaire , que nous avons fait construire , et l'acqueduc. —

L'eau
vient du terrain
entre la mu-
raille circulaire
et l'aqueduc.

« Sur quoi nous disons qu'il serait nécessaire de faire construire une nouvelle muraille de trois pans de largeur et à la hauteur de celle que nous avons fait faire, bâtie au ciment de la même façon , formant un demi cercle, prenant depuis le coin de la muraille du levant de la propriété de Saumier, tirant un cercle et dont le milieu viendrait aboutir à la muraille de l'acqueduc jusques à deux pans en dessous le seuillet du levant; les fondations seraient creusées aussi bas que celles de l'acqueduc , et , si l'on trouvait plus haut, en les creusant, de l'argile , on les jetterait sur l'argile après l'avoir augmentée d'un pan d'autre bonne argile qu'on aurait pétrie ; on ôterait la terre dans cette enceinte et on y substituerait des cailloux jusques à la hauteur d'un pan au dessus de ce que l'eau remonterait , les quels cailloux on recouvrirait d'un pan de terre ;

Faire une se-
conde enceinte
circulaire,
partant de la
muraille, clô-
turant Saumier
à l'Est,
jusques au
seuillet
du levant.

« Si ces nouvelles eaux ramassées ne donnaient pas une nouvelle augmentation à la source-mère , de quoi nous ne doutons cependant pas, on ne pourrait faire une ouverture de communication entre ces deux bassins circulaires dans le mur d'entre deux ; cet ouvrage doit nécessairement retenir les eaux qui tombent encore au fond de l'acqueduc et les petites sources qui naissent sur terre de la muraille qui soutient le chemin et qui découlent dans le ruisseau qui est au dessous le dit chemin. —

« Nous disons que ces eaux qui découlent sur terre étant retenues dans ce nouveau bassin , il convient de faire une muraille , de deux pans épaisseur et de la hauteur qui sera dite ci-après , en delà et à six pans de l'acqueduc dans le pré du sieur Fanton ; d'abattre le dessus de celle qui soutient le chemin pour mettre en renvers tout ce terrain depuis la muraille au midi du chemin jusques à celle ci-dessus à six pans de l'acqueduc, dont la hauteur sera réglée suivant la pente qu'aura ce terrain, et en façon qu'il y ait au moins deux pans de terre au dessus de la voute de l'acqueduc ;

Faire une mu-
raille dans
le pré Fanton,
pour établir
en pente uni-
forme le terrain
depuis
la mère-source
jusqu'à
cette nouvelle
muraille.

« Cette muraille, qui doit encor servir de cloison au pré du sieur Fanton , prendra au coin du ruisseau de l'arrosage du couchant et finira au commencement du nouveau lavoir, après la fuite du quel et à la martellière du couchant, elle sera continuée jusqu'au bout du dit pré à la hauteur du dos d'âne qui y sera fait. —

1754.
—
Rapport
des experts
nommés
le 7 juillet 1754.
—
L'arrosage
de M. Fanton
sera fait
par un nouveau
ruisseau.

Hypothèse
sans effet actif.

Les mines
de Jh. Saumier
sont nuisibles
à la source.

Faire des mu-
railles autour de
la serve-mère.

Les 2 murailles,
à l'Ouest et à
l'Est de la prise
d'eau de l'arro-
sage Ouest,
seront bâties et
relevées.

Réparer et paver
le dessus
de la voûte de la
serve-mère.

Exhausser
de 4 pans les
murailles qui
enferment l'eau
depuis sa sortie
de la source jus-
qu'au seuillet
du levant.

Exhausser
la porte de la
mère-source.

« Du côté extérieur de cette muraille, et tout le long dans le pré du sieur Fanton, il y sera fait un ruisseau d'arrosage pour arroser le dit pré, attendu que ne pouvant plus jouir de l'eau qui tombait au dessous le chemin et que nous avons fait remonter dans la source, il prendra son arrosage dans le fossé du couchant, et il sera fait dans tout cet espace un remplissage en talus, ce qui sera d'une grande commodité au public pour étendre les linges des lescives des particuliers. —

« Dans le cas où, en dessous de ce nouveau bassin circulaire que nous disons de construire, il coulât encor dans ce ruisseau en dessous du chemin quelque peu d'eau, ce que nous n'avons pas lieu de croire, et que la Communauté trouvât qu'il fallût la proffiter, on pourrait faire couvrir ce ruisseau avec des pierres plates avant que de faire ce remplissage et la dériver auprès du lavoir dans le fond de l'acqueduc, ou, si elle était de quelque considération, la conduire par des tuyaux le long et en dehors la muraille de l'acqueduc du côté du levant, pour être dégorgée dans le ruisseau d'arrosage du côté du clos de Jean Feraud, à l'endroit où le niveau le permettrait. —

« Nous disons que les pétards, que Joseph Saumier fait jouer dans la carrière de pierre qu'il a ouvert quarante pas en dessus la source-mère dans sa propriété, pourraient nuire à la source et en écarter les eaux ;

« Que la voute de la serve doit être enfermée en dessus par une muraille d'un pan et demi épaisseur et de cinq pans hauteur par dessus ses fondations, de deux pans du côté du midi et du couchant, et cette muraille, de ces deux côtés, sera à quatre pans de distance des murailles qui enferment la source ;

« Celle, qui est en pierres sèches en dessus le seuillet du couchant, sera bâtie au mortier et viendra aligner avec la partie de celle en bâtisse où est le passage actuel de Saumier qui sera bouché; même élévation de cinq pans sera faite du côté du levant donnant sur le bassin. —

« Tout le dessus de la voute sera nétoyé; on en ôtera les racines d'agriotiers ou autres qu'il y a, on y mettra un pan de terre argileuse qui est sur les lieux, sur quoi l'on faira une calade en mortier : cette calade sera en pente de deux pans, et son penchant donnera du côté du couchant, où l'on aura observé de laisser, en bas de la muraille, des trous de demi pan de largeur distants de deux pans l'un de l'autre pour donner l'écoulement aux eaux pluviales. —

« La muraille du bassin du côté de Saumier et qui soutient son terrain, sera élevée de deux pans jusques à quatre pans en dessous le seuillet du levant, et il sera fait une calade en mortier de trois pans largeur pour conduire les eaux pluviales jusques à quatre pans en delà du seuillet. —

« La muraille du côté du nord, qui enferme le bassin entre la sortie de la source et le seuillet du levant, doit être élevée encore de quatre pans. —

« La fenêtre qui donne dans la source étant trop basse, doit être élevée à la hauteur de la voute autant qu'il sera possible, en y plaçant simplement le lintal de pierre qui s'y trouve, n'étant question que de deux pierres de taille à mettre de chaque côté ; et il y sera fait une bonne porte de chêne double avec ses ferrements et serrure de la façon de celles des serves, la quelle s'ouvrira en dedans.

« Attendu que tout le dessus de la source se trouvera clos de murailles , et qu'il ne restera plus de passage pour aller au seuillet du couchant , il peut être fait une ouverture de quatre pans auprès du coin , entre la muraille au nord de la source et celle au couchant de la propriété Saumier. —

1754.

Rapport
des experts
nommés
le 7 juillet 1754.

« Les deux anciennes serves se trouvant fort détruites doivent être recrépies en dehors et couvertes de bonnes pierres plates jointées. —

Recrépir
et couvrir les 2
anciennes serves

« La muraille en dessous du seuillet du levant, qui enferme l'arrosage du côté du chemin , doit être réparée ; du coin de la dite muraille jusques au petit pont où l'eau se divise pour l'arrosage , il conviendrait d'y faire , du côté du chemin seulement, un lavoir en pierres de taille conformément à celui qu'on a fait , et , de l'autre côté , une muraille d'un pan de hauteur dans la longueur du lavoir, ce qui formera un ruisseau de cinq pans largeur, dans le fond du quel il sera fait une calade ; ce ruisseau traversera le chemin auprès et au dessus du susdit petit pont en biaisant tant soit peu du côté du nord , et , dans sa chute, il y sera mis un seuillet de pierre de taille pour soutenir le niveau de l'eau : dans cette traversée ce ruisseau sera coupé d'un archet de deux pans et demi largeur dans tout le long du chemin. —

Faire un lavoir
à la suite
de la muraille
qui enferme
le seuillet du
levant.

« A la chûte de la dite eau il devra être fait un bassin ou réservoir de cinq pans quarrés hors œuvre , dont les murailles auront un pan et demi épaisseur de la hauteur d'un pan et demi en dessus du terrain, et il y sera fait du côté du nord une rascasse ou arc doubleau pour donner la fuite à l'eau qui tombera dans le bassin ; il y sera mis au fond un massif d'un pan couvert de pierres plattes aussi larges qu'il se pourra posées au ciment et d'une seule s'il s'en trouve , l'intérieur des murailles sera cimenté.

« Le lavoir, qui a été fait , sera continué , sçavoir : du côté du couchant de cinq cannes longueur pour joindre le bassin, et du côté du levant il le sera de douze pans , en observant le même niveau depuis l'embouchure de l'ancien jusques auprès du bassin, afin que l'eau ne se précipite pas avec trop de vitesse. —

Allonger
le lavoir déjà
existant.

« Comme cet ancien lavoir a trop de pente , il doit être posé , sur les deux seuillets des martellières, deux autres seuillets en pierres de taille de la hauteur de six pouces et , si cette réduction de la pente ne donnait pas assez de l'eau dans le lavoir, il serait mis une pierre de taille d'un pan au dessus la pierre servant de martellière du côté du levant, la quelle pierre s'élèverait six pouces au dessus du fond du lavoir qu'elle traverserait. —

Diminuer
la pente de cet
ancien lavoir.

« En dessous les deux contre seuillets des deux martellières, nous disons qu'il doit être fait , sçavoir : à celui du côté du levant, une muraille de chaque côté jusques au coin de Jean Feraud , la quelle sera continuée encore quatre cannes de l'autre côté , ce qui formera un ruisseau dans le fond du quel il sera fait un massif en maçonnerie pendant la longueur de six cannes , ayant une pente de deux pouces par canne , et, en dessus le coin de la muraille de Feraud , il sera fait un pont de dix pans longueur avec un garde-fou d'un pan et demi du côté inférieur ; il sera laissé en dessus un trou dans la muraille pour recueillir les eaux pluviales du terrain supérieur au moyen d'un ruisseau qui y sera établi en calade à quatre pans loin , et tout le long du lavoir du côté du levant. —

Dispositions
à donner
au terrain situé
entre l'issue
de la source au
levant
et le jardin de
Feraud
ci-devant
Jujardy.

1754.
—
Rapport
des experts
nommés
le 7 juillet 1754.

« Les cloaques de ce terrain seront comblées, les vieilles murailles de l'ancien paroir rasées à la hauteur du terrain qui sera mis en pente égale jusques au petit ruisseau en calade que nous y avons établi, et, ne passant plus de l'eau au ruisseau en dessous la muraille qui soutient le chemin jusqu'à la source, ou étant couvert comme nous l'avons dit ci-devant, cette muraille sera rasée aussi pour mettre en talus jusques à celle au delà de l'acqueduc tout ce terrain tirant à la source, ainsi que nous l'avons expliqué, pour servir à l'usage du public; il sera observé de laisser des trous de distance en distance dans la muraille qui sera faite à six pans loin de l'acqueduc du côté du pré du sieur Fanton, dans les endroits où elle se trouvera plus élevée que la pente de ce talus. —

« Le massif de six cannes, que nous avons dit ci-devant devoir être fait au défaut des contre seuillets, nous aurait paru d'autant plus nécessaire que, étant descendus dans l'acqueduc, nous y aurions trouvé que, dans cet endroit, il s'y infiltrait une quantité d'eau considérable qui tombe au fond du dit acqueduc; d'ailleurs ce massif et cette élévation, tant de ce côté du levant que de celui du couchant, serviront utilement à soutenir le niveau de l'eau pour les arrosages. —

Faire
une muraille
avec le ruisseau
d'arrosage
partant du coin
du clos Feraud
ou Jujardy
jusqu'à la rue
de Rhodes.

« Après ce massif il sera construit une muraille tirant en droite ligne au coin de l'ancienne fondation de celle du pré du sieur Auriol, au devant de la quelle il sera établi un ruisseau de deux pans largeur et une rive d'un pan au moins le long de la muraille du clos de Feraud; dans le fond de ce fossé il y sera mis de la terre, sur la quelle un peu d'argile, et en dessus une calade à pente égale pour soutenir l'arrosage et éviter les filtrations. —

« Du coin du pré du sieur Auriol, la muraille sera continuée jusques au coin de celle du jardin de M. Moutton, avocat, tiré en droite ligne autant qu'il se pourra, éloignée de six pans de la muraille de l'acqueduc, en observant qu'aux endroits où la distance de la muraille à celle de l'acqueduc serait moindre de cinq pans, elle serait biaisée ou détournée pour laisser au moins les cinq pans de distance. —

« La muraille du jardin du dit Moutton doit être abattue jusques à la hauteur du cerveau de la voute de l'acqueduc, et il en sera rétabli une autre à l'égalité de celle qui s'y trouve et à trois pans d'icelle, dont deux pans pour le ruisseau et un pan pour une rive qu'on formera du côté de la nouvelle muraille construite. —

« Depuis l'autre côté de la muraille du dit Moutton, et tout le contenu du pré de la demoiselle Bajoli, il sera bâti sur les fondations de l'ancienne muraille qui s'y trouvent à la même hauteur de la voute, et il sera rétabli des fondations à deux pans en delà, de la profondeur, largeur et hauteur des vieilles. —

« Les murailles des propriétés de Jean Barbarroux, étalonneur, et des hoirs du sieur Pons Feraud subsisteront en l'état qu'elles sont, et il leur en sera construit une égale dans leurs propriétés à deux pans de distance de celle-ci. —

« Tout ce ruisseau et les murailles du côté du chemin seront à pente égale dans leur longueur depuis le massif ci-dessus, et il sera mis au fond du ruisseau de l'argile et une calade par dessus. —

« Les deux contre seuillets ainsi posés aux martellières du bout du lavoir, comme nous l'avons dit ci-devant, il sera également fait un massif dans le contenu de la fuite qui a été construite avec une pente de demi pouce par canne; au bout de ce massif on soutiendra une pente égale avec de la terre, un pan d'argile par dessus, et une calade sur l'argile jusques vis à vis le regard qui est auprès du bâtiment du clos du sieur Guigou; il sera fait une muraille de la hauteur d'un pan et demi en dessus le fond du fossé depuis la martellière, et sera ainsi continué jusqu'à l'endroit où sa hauteur sera égale à celle de la voute, et alors elle sera continuée à la même hauteur de la voute : la dite muraille sera alignée depuis le *bout* de deux cannes de vieille muraille, qui subsisteront, en dessous le massif du bout du lavoir, jusques à la fin du pré du sieur Fanton, en laissant néanmoins de la muraille qu'il y a de la longueur de vingt cinq cannes en remontant; cette partie de vieille muraille sera mise à la hauteur ci-dessus réglée. —

1754.

Rapport des experts nommés le 7 juillet 1754.

Établissement du ruisseau d'arrosage sur le côté ouest de la Voûte.

« Pendant tout le long de la propriété de Bernieu et de dix sept cannes du pré des hoirs du sieur de Paul, on élèvera la muraille sur les fondations qui s'y trouvent, et de là, jusques tout le long du restant du pré et de la terre du dit sieur de Paul, la muraille qui s'y trouve subsistera en l'élevant, aux endroits où elle se trouve plus basse ou détruite, à la hauteur de la voute de l'acqueduc. —

Murailles côté ouest de la Voûte, depuis le chemin de traverse à l'entrée de la ville.

« En dela de toutes ces murailles, en remontant jusques au massif en dessous du lavoir, il sera établi un ruisseau de deux pans de largeur avec de la terre, un pan d'argile par dessus, et une calade sur l'argile, comme il a été dit à l'égard de l'autre côté du levant, et ce ruisseau et les murailles du côté du chemin seront pareillement à pente égale dans leur longueur. —

Ruisseau d'arrosage ouest de la Voûte, fait comme celui du côté est.

« Il sera construit des murailles en delà ces deux pans du ruisseau, égales en fondation, longueur et hauteur de celles que les particuliers ont dans leurs propriétés, en laissant, tant à celles-ci qu'à celles de l'autre ruisseau du levant, des ouvertures ou trous pour les arrosages des propriétés de chaque particulier, les quels fairont poser des martellières avec leurs seuillets, s'ils trouvent bon, dans les dites murailles. —

Les anciennes murailles de clôture seront reconstruites en-dehors de ces ruisseaux d'arrosage.

« Il doit être mis sur le cerveau de la voute deux pans de terre dans toute sa longueur et aux côtés, en comblant les anciens fossés à la hauteur des murailles que nous y avons établies, pour former un dos d'âne afin que les eaux pluviales s'écoulent dans les deux fossés de côté et ne puissent se filtrer dans l'acqueduc. —

La Voûte sera couverte de terre formant dos d'âne dans toute sa longueur.

« Nous disons de plus que la brèche, qu'il y a aux murailles de la ville, dite le Trou de St. Simian, doit être bouchée et, si la Communauté trouvait à propos d'y faire une porte ou de laisser simplement une ouverture, cette porte ou ouverture doit être faite de huit pans de largeur du côté de la muraille du bout du jardin du sieur Jacques Braquety ; —

Remplacer le trou de St-Simian par une ouverture de 8 pans de largeur, un peu plus à l'est.

« Qu'en entrant dans la lice intérieure, il doit être ôté de la terre pour n'y en laisser qu'un pan en dessus les pierres plates qui couvrent le fossé d'arrosage des jardins qui sont dans la ville, et, qu'à la prise d'eau pour l'arrosage du jardin Grisolle, on ne laissera qu'un pan d'ouverture sur la prise, en posant une

Ne laisser dans la lice intérieure qu'un pan de terre au-dessus des ruisseaux d'arrosage des jardins.

martellière en dessous, de la largeur du fossé qu'on bouchera avec un espassier ; lorsque le sieur Grisolle voudra arroser, le tuyau du sieur Grisolle sera bouché avec une cheville de bois. —

« Cette terre, qu'on ôtera, sera portée sur la voute de l'acqueduc, et on en prendra encore dans la lisse, le long du jardin du dit sieur Grisolle jusqu'à la porte de St. François, après avoir comblé les ouvertures faites le long le fossé couvert, servant de pas perdu au canal du fond de l'acqueduc. —

« A la prise d'eau pour l'arrosage du jardin et pour la fabrique du sieur Chivalier, il sera mis une double martellière ; on ne laissera qu'une ouverture d'un pan et demi, et le restant du fossé, jusques au coin de la serve, sera couvert de pierres plates avec un peu de terre par dessus. —

« Nous disons encore qu'au coin de la serve de distribution de l'eau pour les fontaines, il y sera changé une pierre de taille qui sera détruite ; que les joints de toutes les pierres de taille des façades extérieures seront repris au mortier, et que la hauteur de la dite serve sera augmentée en pierres de taille dans les trois façades de quatre pans hauteur ; que la porte d'entrée sera élevée à la hauteur de cinq pans et demi en la laissant de la largeur qu'elle se trouve, il y sera fait une porte double de chêne, la ferremente de la vieille servira en l'augmentant d'une serrure ; la voute intérieure sera également élevée de quatre pans, et les pierres plates qui couvrent la serve seront déjointées en y changeant celles qui ne pourront pas servir : au fond et au milieu de la serve, il sera posé, sur quatre supports de taille d'un pan d'épaisseur, une pierre de taille de quatre pans quarrés, d'une épaisseur convenable, et dont le dessus soit à un pan d'élévation sur la superficie de l'eau. —

« Il sera fait une seconde gouargue en pierre de taille conforme à celle qu'il y a pour introduire l'eau dans la serve ; et, aux deux façades intérieures, où sont posées les prises d'eau pour les fontaines, il y sera fait une banquette en pierre de taille posée au niveau de la superficie de l'eau et de la largeur de six pouces, sur la quelle banquette, ou pierre de taille, il y sera creusé des petits carreaux quarrés pour introduire l'eau dans les prises de la largeur et profondeur proportionnées aux fontaines aux quelles l'eau doit être portée. —

« Le 5 octobre 1754, procédé au mesurage du terrain qui a été pris, ou qu'il convient de prendre, chez les voisins pour l'emplacement de l'acqueduc, etc.....

« Trouvé que, dans le pré du sieur Fanton, il a été pris 180 cannes 6 pans de terrain ;

« Qu'il sera pris 8 cannes 6 pans de terrain dans la terre de L. Barnieu, jardinier ;

« Que, dans le pré des hoirs du sieur de Paul, il sera pris 10 cannes 4 pans, et 30 cannes 4 pans de la terre, ce qui fait en tout 40 cannes 8 pans ;

« Que, dans le pré du sieur Auriol, il doit être pris 56 cannes 2 pans ;

« Que, dans le pré du sieur Louis Bremond, il y serait pris 2 cannes 2 pans ;

« La muraille du jardin de M. Moutton étant défaite et reculée, comme nous l'avons dit, il lui sera pris 9 cannes de terrain ;

« Dans le pré de demoiselle Bajoli veuve Roux, il lui sera pris 8 cannes 2 pans de terrain ;

« Dans la terre de Jean Barbarroux, étalonneur, il sera pris 6 cannes, et trois muriers qui doivent être arrachés,

« Et, dans la terre des hoirs du sieur Pons Feraud, il sera pris 3 cannes 3 pans terrain, et 2 muriers à arracher. —

1754.
—
Rapport des experts nommés le 7 juillet 1754.

« A l'égard de ce que la Communauté pourrait faire des eaux perdues qui pourront se filtrer dans le fond de l'acqueduc, comme nous pensons qu'au moyen des opérations et des ouvrages qu'il conviendrait de faire, il n'y tomberait pas ou bien peu d'eau de source, et que celle qui pourrait y venir ne serait qu'une eau de transpiration de celle même des arrosages ou des pluies pendant l'hivert, nous disons d'attendre que les arrosages soient faits pour sçavoir en quoi elle consistera et ce que l'on en pourra faire. —

Eaux perdues.

« Et, en tout ce que dessus, nous disons avoir procédé selon le dû de nos consciences après deux conférences ensemble, avoir fait toutes les observations requises et nécessaires, et avoir eû égard à tout ce que de droit ;

« Nous reservant pour nos vacations et peines, papier, controlle et mise au net du présent rapport et pour l'arpenteur 120 livres 8 sous, sçavoir : pour 14 jours sur les lieux ou sur le tapis, 63 livres ; pour l'assistance d'un de nous au travail pendant 16 jours, 48 livres ; dresse et mise au net, 6 livres ; l'arpenteur, 3 livres ; pour le papier 16 sols, et pour le controlle 12 sols. — Et avons signé à Brignolle ce dixième octobre 1754.

« Signé. FORNIER, expert — BERLUS, expert — FAUCHIER. —

« Controllé à Brignolle le 11 octobre 1754, reçu douze sols. —

« Signé : CORCHET. »

Tout ce qui concerne les eaux dites perdues est placé au chapitre II des **Concessions d'eau de la source de St-Siméon;** il n'en sera pas fait d'autre mention.

Après avoir mentionné les délibérations de la Communauté, les devis et les projets ayant trait aux travaux divers qui nous ont dotés du solide aqueduc voûté servant de chemin et promenade, et qui ont transformé les lieux avoisinant la source de St-Siméon, il semble utile de rendre brièvement compte du précédent état de ces lieux et des changements qu'ils ont subis ; ce sera une courte revue rétrospective d'un intérêt réel pour la Commune et pour les particuliers.

Résumé.

Nous avons vu que les eaux de St-Siméon ont toujours été publiques, et que l'Université ou Communauté de Brignoles en a disposé avec omnipotence et sans contestation, sauf les droits d'usage, ou facultés, d'un moulin qu'elle acheta en en 1558, ce qui lui permit de prendre dans la source-mère l'eau pour les fontaines de la ville.

Les eaux de St-Siméon ont toujours été publiques.

1754.
—
Le moulin est
tombé en ruines
en 1574.

Ce moulin était situé à peu près sur l'emplacement occupé aujourd'hui par le lavoir public, au Nord-Est de la source.

En 1574, ce moulin tombant en ruines fut cédé à Antoine Légier, papetier de Brignoles, à la seule condition qu'il y ferait les réparations nécessaires; mais Légier l'abandonna bientôt, et les ruines furent complètement déblayées en 1754.

La chapelle
fut démolie vers
1590.

Une chapelle dédiée à St-Siméon Stylite existait aussi à côté de la source, elle disparut vers la fin du seizième siècle.

La source
n'était
pas clôturée.

La source était découverte, sans enceinte, et une multitude de filets d'eau s'échappaient de tous côtés et tombaient dans les terres inférieures; ce n'est qu'en 1585 et 1587 qu'une enceinte couverte d'une voûte fut construite pour mettre l'eau à l'abri des saletés, mais une partie des eaux jaillissait encore au-dehors, et cet état dura jusqu'en 1754.

Le chemin
était tel quel.

Le chemin rural actuel existait de temps immémorial; un sentier conduisait aussi à la source en passant à peu près dans la direction de la voûte-aqueduc actuelle, et une ouverture au rempart, dite le Trou de St-Siméon, y donnait accès.

Plusieurs
conduites exis-
taient.

Deux conduites en poterie suivaient les sinuosités de ce sentier et portaient de l'eau pour les fontaines publiques de la ville; d'autres conduites, ou canaux existaient en même temps pour donner de l'eau à la place de St-Pierre et à quelques particuliers voisins.

Les jardins
ne pouvaient
s'arroser
qu'en tournant
toute l'eau dans
un seul canal.

Des jardins et terres, compris entre la ville et la source, arrosaient au moyen de ruisseaux à pentes défectueuses qui exigeaient un grand volume d'eau pour vaincre les contre-pentes; aussi le règlement d'arrosage de 1646, porte qu'il n'est possible d'arroser qu'en faisant passer toute l'eau par un seul et même ruisseau.

Le patecq
de la source
était
tout bouleversé
et inondé.

Le terrain vague, entre la source et les propriétés inférieures, était montueux et accidenté, des cloaques y avaient été creusés, l'eau y faisait irruption : on pourrait dire que c'était livré à l'abandon.

Les eaux jaillis-
sant hors
la source tom-
baient
dans la propriété
Fanton.

· La terre de M. Laurens, vendeur du moulin à la ville, possédée par M. Fanton en 1754, recevait ces eaux perdues qui lui donnaient un arrosage sans mesure, et souvent l'inondaient au point de la rendre infructueuse.

On lavait sur
toute l'étendue
du patecq.

La ville avait établi un lavoir découvert, ou plutôt, avait placé des pierres taillées à l'Est de la source, et à son issue de la clôture en murailles qui existe encore; mais les lessiveuses occupaient tous les environs en se plaçant partout où coulait une eau suffisante.

La voûte-aque-
duc a fait
remonter les
eaux
dans la source.

La construction de la voûte-aqueduc, établie à six pans de profondeur dans les terres, eut le double résultat d'arrêter les nappes d'eau qui s'échappaient inférieurement à la mère-source, et de porter aux fontaines de la ville une eau très-abondante dans des conduites solides et à l'abri de tout affaissement.

On compléta
cet effet
par 2 murailles
circulaires.

Il fallut cependant deux autres murailles de circonvallation pour compléter la restitution de toutes les eaux dans le bassin de la source-mère.

Le terrain vague fut complètement débarrassé, mis à sec, élargi de six pans pris dans la terre de M. Fanton, nivelé en talus, et rendu propre à servir de chemin et d'étendage.

1764-1766.
—
Le patecq
fut approprié.

Les ruisseaux d'arrosage furent établis sur les deux côtés de la voûte, construits en maçonnerie, avec une pente régulière, tels que nous les voyons encore, sauf les défectuosités inévitables après un long siècle d'usage et quelques envahissements de voisins intéressés.

Les ruisseaux
d'arrosage
furent portés
sur les 2 côtés
de la voûte.

Nos pères nous ont donc légué une amélioration radicale, dont nous n'apprécions pas toute l'importance, n'ayant pas connu les défectuosités de l'état antérieur; il est fâcheux que cette œuvre ait laissé place à des abus et des récriminations ou controverses, qui n'auraient pas pu avoir lieu si le règlement d'arrosage ordonné en 1754 nous avait été conservé. Nous y aurions trouvé le tableau exact des terres ayant droit d'arroser avec les eaux de St-Siméon, ainsi que leur superficie cadastrale et leurs confronts, et il eut été facile d'exclure les prétentions exhorbitantes qui se sont produites et qu'il serait difficile de reconnaître après un laps de temps aussi considérable.

Le règlement
d'arrosage fait
en 1754
ne se retrouve
plus.

On s'apperçut bientôt que, malgré tous les ouvrages déjà énumérés, une grande quantité d'eau, dite perdue, coulait dans la rigole au fond de l'aqueduc; on chercha à les utiliser et à les couper pour les faire rentrer dans la source. Ces divers épisodes sont relatés dans le chapitre consacré aux *Eaux perdues*.

Voir le chapitre
sur les
eaux perdues.

En 1764, « un sieur Pierre Bouchard, ci-devant marchand tanneur de la ville, qui avait prétendu avoir des facultés sur les eaux de St. Siméon, et qui avait tenu des actes là dessus à la Communauté, les quels ont été sans suite, avait par voie de fait et de sa seule autorité fait une serve dans le chemin de *St. Simian* qui sépare les terres des sieurs de Paul et Fanton, et par là le dit Bouchard a eû en vûe de s'approprier une portion d'eau sans titre légitime;

Prétentions
de Bouchard sur
les eaux
de St-Siméon.

« Les Consuls firent cet exposé au Conseil, le 4 novembre 1764, pour qu'il y fût délibéré et pris les mesures convenables pour arrêter le dit Bouchard. — *Fol*º 623. *V*º.

« Le Conseil délibéra, unanimement, et donna pouvoir aux sieurs Maires-Consuls de faire détruire la nouvelle œuvre faite par le dit Bouchard, et d'user de toutes les voies qu'ils trouveront bon pour cet effet. » — *Fol*º 626.

Il paraît que Bouchard s'exécuta, et il n'en fut plus parlé.

Le 9 mars 1766, « les Maires-Consuls exposèrent que Messieurs de Paul et Fanton, au nom de nombre d'arrosants, leur avaient adressé un comparant sur ce que les ruisseaux d'arrosage construits aux côtés des voutes sont dégradés, qu'ils perdent l'eau de tous côtés, requérants que la Communauté les fasse réparer.

Les arrosants
demandent que
la Communauté
répare
les ruisseaux
d'arrosage.

« Le Conseil a unanimement délibéré que la Communauté faira réparer les canaux en bâtisse qui donnent les eaux d'arrosage aux terres de St. Siméon qui ont droit de ce, et donné pouvoir à Messieurs les Maires-Consuls d'expédier mandat de la dépense; et a en outre prié Messieurs les Consuls de vérifier ceux

La Communauté
fera réparer
les canaux en
bâtisse,
pour ceux qui
ont des titres
à l'arrosage.

qui n'ont point droit d'arroser des eaux de St. Siméon, afin que la réparation ne se fasse que pour ceux qui ont droit en conformité de leurs titres. » — *Fol°* 836. *V°*.

— A laquelle délibération, le sieur Fanton n'a point assisté et est sorti de la salle.

Cette réparation des canaux fut mise aux enchères et adjugée à 460 francs, le 13 octobre 1772 ; acte en fut passé le même jour chez M. Goujon, notaire.

Les murs d'enceinte de la source sont à la charge de la Communauté.

Le 5 juin 1775, les Consuls disent au Conseil : « qu'ils ont vérifié qu'une partie de la muraille de la source de St. Simian était croulée, et les décombres sont dans le canal, la quelle muraille est sur le compte de la Communauté à cause de la publicité de la source ;

Les 2 branches d'arrosage doivent être égales.

« Qu'ils se sont apperçus aussi qu'on avait touché aux seuillets de distribution des eaux, dont l'un a été baissé, et, comme les branches d'arrosage doivent être égales, il convient que les dits seuillets soient remis dans leur premier état : requérant que sur les articles ci-dessus il soit délibéré. — *Fol°* 720.

Redresser la muraille écroulée.
—
Remettre les branches d'arrosage à leur premier état, après vérification du droit de chacun.

« Le Conseil a unanimement délibéré que la partie de la muraille de St. Simian qui a croulé sera redressée à la diligence des sieurs Maires-Consuls qui y fairont travailler par économie ; que les seuillets de répartition des eaux seront remis à leur premier état après due vérification faite relativement à l'usage que chacun en a. » — *Fol°* 724.

Les canaux d'arrosage sont de nouveau détériorés, et les arrosants adressent une deuxième requête, présentée au Conseil (séance du 9 juillet 1780), dans les termes suivants :

Les arrosants disent que les canaux d'arrosage sont devenus à la charge de la Communauté.

« Les propriétaires arrosables des eaux de St. Siméon exposent dans un comparant que la Communauté ayant fait changer les canaux d'arrosage et les ayant fait mettre en bâtisse pour soutenir les eaux des fontaines, il s'est ensuivi que les dits canaux sont devenus à la charge de la Communauté, et, comme ces canaux sont tous démolis de manière que l'eau se perd et que les dits propriétaires ne peuvent arroser leurs jardins et terres, ils requièrent que les canaux soient mis en état, faute de quoi ils seront forcés de se pourvoir. » — *Fol°* 145. *V°*.

Les Consuls examineront la demande des arrosants.

Le 6 août suivant, « le Conseil, qui n'avait pu rien décider le 9 juillet, n'étant pas en nombre suffisant, délibéra à l'unanimité que Messieurs les Maires-Consuls s'occuperont de l'objet des canaux dont s'agit, pour, sur leur rapport au premier Conseil, être délibéré ce qu'il appartiendra. » — *Fol°* 148.

Les Consuls reconnaissent la charge de la Communauté et proposent de ne conserver qu'un seul canal

Le 24 décembre de la même année, « les Maires-Consuls rapportèrent qu'en exécution du Conseil du 6 août passé, s'étant occupés des moyens qu'il y aurait à prendre pour que les canaux des arrosages qui sont sur la voute de St. Siméon fussent mis dans un état plus propre pour l'arrosage des terres des particuliers et moins onéreux pour la Communauté, il a été remarqué que, au lieu de deux canaux pour arroser, un seul suffirait ; que, de là, les eaux seraient plus ramassées et l'arrosage plus sur, et que, conséquemment, l'entretien serait d'autant diminué en réduisant le tout à un seul canal : requérant que le Conseil délibère. » — *Fol^o* 177.

Le 25 mars 1781, « le Conseil a unanimement délibéré de faire réparer par économie, quand à présent, les canaux d'arrosage de St. Siméon, et donné pouvoir à Messieurs les Maires-Consuls d'expédier mandat de la dépense, sauf d'être délibéré dans un autre Conseil sur une réparation foncière; et de faire placer maintenant deux pierres droites de taille pour contenir les charrettes. » — *Fol^o* 198.

Faire réparer les canaux, et renvoyer la question du canal unique

Placer 2 bornes à l'entrée de la voûte pour arrêter les charrettes.

Le 26 mai 1782, « les Consuls exposèrent au Conseil que le sieur Feraud, maitre fontainier de la ville d'Aix, étant venu à Brignolle et ayant vu la serve de distribution des eaux des fontaines de la ville, leur fit observer que chaque prise d'eau devait être fixée par un tuyau de bronze du calibre proportionnel à la quantité d'eau concédée, et que même il conviendrait que la serve, dans la quelle ces prises d'eau sont placées, fût fermée par des clefs qui restassent déposées au greffe de la ville, de façon qu'on ne puisse les ouvrir qu'en présence des Consuls ; qu'il faudrait qu'à l'entour de la serve chaque particulier, à qui on accorde de l'eau, fit faire à ses dépens une petite serve qui, recevant l'eau du tuyau de bronze, la distribuât de là dans la fontaine, la quelle serve se fermerait à clef que le propriétaire garderait.

Exposé sur les prises d'eau placées dans la serve générale du Portail-Neuf

« La porte, qui ferme l'entrée de la source de St. Siméon, qui est dans la vigne de Saumier, est toute pourrie, ne fermant plus, et en outre l'eau pluviale pénètre dans la source et trouble l'eau, ce qu'il serait nécessaire de prévenir. » — *Fol^o* 312.

« Le Conseil a unanimement délibéré que les prises d'eau, que les particuliers ont dans la serve de distribution, seront fixées par un tuyau de bronze du calibre proportionné à leur concession ;

Délibération.

« Qu'à l'entour de la serve, chaque particulier qui jouit d'une concession sera tenu de faire faire à ses dépens une petite serve, qui recevra l'eau du tuyau de bronze pour la distribuer de là dans leur fontaine, la quelle serve sera fermée à clef qui restera au pouvoir du propriétaire ;

« A encor délibéré que la serve, dans la quelle ces prises d'eau sont placées, sera fermée par des clefs qui seront déposées au greffe de la ville, de manière qu'on ne puisse les ouvrir qu'en présence des sieurs Consuls ;

« Et, finalement le Conseil délibère et donne pouvoir à Messieurs les Maires-Consuls de faire mettre en état la porte qui ferme l'entrée de la source de St. Siméon qui est dans le fonds de Saumier, de même que de faire mettre en état toutes les autres petites portes dont la vétusté ne peut arrêter les eaux pluviales qui entrent dans la source. » — *Fol^o* 317. *V^o*.

Il est difficile de comprendre où était la porte qui est dité dans la vigne de Saumier. La porte unique donnant actuellement entrée dans la source est au Nord, sur la voie publique; existait-il en 1782 une autre porte au couchant? Qu'étaient les autres petites portes laissant entrer l'eau pluviale dans la source? Aucun document ne l'indique, et la tradition est muette sur ce point.

Mettre aux enchères l'entretien des conduites des fontaines pour 6 ans.

Le 25 mai 1783, « le Conseil délibéra de renouveler le bail d'entretien des conduites des fontaines de la ville pour six ans et pour la même somme de cent vingt livres, et d'y ajouter l'entretien des quenouilles et tuyaux des fontaines et le néttoyage des bassins. » — Fol° 421. V°.

Le 6 juin 1784, « les Consuls rappèlent au Conseil que, dans le Conseil du 16 mai précédent, ils avaient proposé de faire réparer la partie de l'acqueduc en bâtisse des eaux de St. Siméon du côté du couchant en dessus du pré du sieur Fanton, à cause que cet acqueduc étant tout crevassé l'eau qui filtrait endommageait la voute;

« Ils ajoutent : nous exposâmes encore que, dans le temps du triturage du moulin à huile de la ville, toutes les eaux de ce quartier étant dérivées dans le canal qui traverse le pré du dit sieur Fanton, la surabondance de ces eaux portait préjudice au propriétaire du pré, et que, pour parer à cet inconvénient, la Communauté devrait faire construire un canal en bâtisse depuis la voute jusques au petit pont où toutes les eaux viennent aboutir; que, par ce moyen, les eaux étant divisées et n'étant plus surabondantes dans le canal du sieur Fanton, il n'en recevra plus de dommage, et la Communauté y trouvera un avantage en ce que, toutes les eaux étant mieux ramassées, le détritage du moulin à huile n'en ira que mieux. La quelle proposition ayant été prise pour annonce, ils la réfèrent de nouveau au Conseil pour y délibérer définitivement. » — Fol° 496.

Réparer le canal côté ouest de la voûte, et faire un nouveau canal en ligne oblique dans le pré de M. Fanton.

« Le Conseil, à la pluralité des voix, a délibéré et donné pouvoir à Messieurs les Maires-Consuls de faire réparer la partie du canal en bâtisse qui est du côté du couchant en dessus du pré de M. Fanton, et de faire faire un nouveau canal en bâtisse depuis la voute jusqu'au petit pont qui se trouve à l'angle du jardin de M. Ballardy, médecin, où toutes les eaux destinées au moulin à huile de la ville viennent aboutir; le tout par économie et conformément à ce qui est énoncé dans la proposition, du montant de la quelle dépense expédieront mandat sur le trésorier : à la quelle délibération Messieurs Barry, Maquan, Mouttet et Cauvet n'ont point opiné, ainsi que M. Ballardy, qui ont tous protesté de leurs droits. » — Fol° 500.

Le 10 octobre de la même année, « sur la plainte de M. de Paul de ce que le canal d'arrosage des voutes est tout dégradé le long de sa propriété et que l'eau lui cause des dommages;

Faire dresser le devis des réparations des canaux d'arrosage de St-Siméon.

« Le Conseil a unanimement délibéré et donné pouvoir à Messieurs les Maires-Consuls de faire dresser un devis estimatif des réparations de tous les canaux d'arrosage de St. Siméon, le quel fait sera exposé aux enchères pour la délivrance en être passée à celui qui faira la condition meilleure ; et que l'entretien de ces canaux sera donné pour six ans. » — *Fol°* 530. *V°.*

Ces travaux furent délivrés à Roubaud et Moutton, maîtres maçons, par contrat du 1er juin 1785., moyennant cinq cents francs.

En 1794, des malveillants s'introduisirent, pendant la nuit, dans la source-mère et coupèrent l'eau tournée aux fontaines de la ville qui demeurèrent à sec.

L'eau des fontaines publiques est enlevée pendant la nuit.

Le 27 frimaire an III, « la Commission municipale délibéra de charger le Bureau d'Administration de prendre des informations sur cette voie de fait, et de délivrer mandat de trente livres au citoyen Paul, fontainier, pour les réparations extraordinaires par lui faites à ce sujet. » — *Page* 29.

Le 13 floréal an III, « l'agent national a exposé que le citoyen Saumier, de cette commune, exploite une carrière de pierres à côté des sources de la Commune, et que l'excavation peut occasionner la déviation de la source et entrainer la privation des eaux à la Commune ;

Excavation faite par Saumier, à côté de la source.

« Sur quoi, le Conseil, considérant l'importance de l'exposé ci-dessus, a nommé les citoyens Grisolle et Ebrard pour prendre des renseignements à cet égard, et en faire rapport au premier Conseil. » — *Page* 124.

Nota. — En 1754, Joseph Saumier avait fait des mines au-dessus de la source ; son fils, quarante ans plus tard, recommence des excavations ; en 1808, nouvelles entreprises ; il est surprenant que la ville n'ait pas acheté le terrain environnant la source jusqu'à cinquante mètres de distance. Cet achat n'impliquerait pas une grosse dépense.

Le 17 messidor de la même année, « la Commission municipale charge le citoyen Paul Brun, fontainier, des clefs des sources et fontaines publiques, du soin de veiller à l'entretien des conduites des eaux, à ce qu'elles ne manquent pas aux fontaines, à ce qu'aucun particulier ne dégrade les conduites ni les fontaines, ni ne détourne les eaux des sources à son usage particulier ; adjugeant pour ses soins et peines au dit citoyen Brun la valeur de deux journées de travail par chaque mois, à commencer du précédent mois de prairial, les quelles deux journées seront évaluées au prix courant. » — *Page* 165.

Paul Brun est chargé des clefs des sources et fontaines de la ville.

Le 11 brumaire an VI, « la Commission municipale, vu le mauvais état des égouts, conduites des fontaines, etc......;

Dresser le rapport et plan figuratif des canaux des fontaines, prises d'eau, serves, etc.

« Délibère de charger le citoyen Benoît, Louis Barry de dresser un rapport de vérification et de situation des différents canaux des fontaines à partir des serves mères, et même des prises d'eau qui, à différentes époques, ont été concédées à des particuliers, avec déclaration de la date des titres ou délibérations qui ont établi ces concessions ; et même de vérification et indice de situation des égouts de la ville, etc.....;

« Il sera en même temps procédé à la levée d'un plan figuré de la ville, en détail autant que possible, et même des environs où se trouvent les sources des différents canaux qui alimentent les fontaines, ainsi que de leurs serves ou reposoirs, et même le cours des canaux intérieurs, ou soit, des égouts de la ville. » — *Page* 6.

Contraindre Jean Saumier de cesser ses excavations et de les combler.

Jean Saumier continuait d'exploiter la carrière, qu'il avait ouverte à quarante mètres au-dessus de la source; le Conseil, ému des suites désastreuses de cette excavation sur les eaux de St-Siméon, délibéra, dans sa séance du 12 *mai* 1800, « que le Maire faira trez expresses inhibitions et défenses à Jean Saumier, cultivateur de cette ville, possesseur de la terre où la source de St. Siméon prend naissance, de continuer à y extraire des pierres, et lui enjoindra de combler la carrière qu'il y a ouverte; à défaut de quoi il sera autorisé à prendre contre le dit Saumier toutes les voies de droit pour l'y contraindre. »

— Saumier a comblé l'excavation, mais, depuis lors, l'eau de la source et des fontaines, est terreuse à chaque grande pluie.

Règlement d'arrosage des quartiers Ste Catherine, Rhodes, et Portail-Neuf.

En cette même année 1808, des difficultés s'étant élevées entre quelques arrosants de l'eau de St-Siméon, les sindics : Jean-Baptiste Robert et Honoré Grisolle, ainsi que les propriétaires arrosants : Antoine Beillon, les hoirs de Jean-Louis Beillon, et ceux de Joseph Martin, jardinier, s'adressèrent au Tribunal civil de Brignoles, pour requérir un règlement d'arrosage, avec répartition des heures entre les jardins ou terres de leur quartier.

Par son jugement du 4 mars 1808, le Tribunal donna à Étienne-Joseph Barthelemy, greffier du Tribunal de Commerce de Brignoles, la mission de procéder au règlement et répartition de l'eau entre les co-intéressés, avec le titre d'expert nommé d'office.

Ce règlement fut clos et signé par M. Barthelemy le 23 avril 1808; il fut enregistré le 25 du même mois, et le Président du Tribunal civil taxa les frais, avec contrainte contre les propriétaires arrosables, à la date du 6 mai suivant. —

Signé : Feraud.

Voici les dispositions essentielles de ce règlement :

Jardins du quartier de Ste-Catherine.

Les jardins qui y sont compris sont au nombre de seize, savoir : deux situés au quartier de Ste Catherine, depuis la rue de l'Hôpital à la place du Portail-Neuf. —

1. Jardin des hoirs d'Antoine Amic, superficie 836 mètres quarrés, confrontant : du levant l'Hôpital, du midi la chapelle Ste Catherine, du couchant et du nord, la rue;

2. Jardin des hoirs de Joseph Martin, superficie 2896 mètres quarrés, confrontant : du levant la lice intérieure, du midi la dite lice et le sieur Perroton, du couchant la rue Ste Catherine, du nord la Chapelle.

1808.
—
Règlement
d'arrosage
(suite).

Jardins entre le
rempart
et le chemin
de Rhodes.

Six jardins compris entre la lice intérieure et le chemin de Rhodes, savoir :

1. Le jardin des hoirs de MATHIEU GASSIER, superficie 248 mètres, confrontant : du couchant le chemin de la Voute, du nord la lice intérieure, du midi le chemin de Rhodes, et du levant Amable Amic ;

2. Le jardin d'AMABLE AMIC, superficie 160 mètres, confrontant : du couchant Mathieu Gassier, du levant Jean-Baptiste Dufort, du nord la lice, du midi le chemin ;

3. Jardin de JEAN-BAPTISTE DUFORT, superficie 460 mètres, confrontant : du couchant Amable Amic, du levant Gambier, du nord et midi les chemins ;

4. Jardin de GAMBIER, superficie 228 mètres, confrontant : du couchant Jean-Baptiste Dufort, du levant Honoré Grisolle, du nord et du midi les chemins ;

5. Jardin d'HONORÉ GRISOLLE, superficie 392 mètres, confrontant : du couchant Gambier, du levant Garcin, du nord et du midi les chemins ;

6. Jardin d'HYPOLITHE GARCIN, superficie 360 mètres, confrontant : du couchant Honoré Grisolle, du levant le rempart, du nord et du midi les chemins.

N. B. — Le rempart, désigné comme confront dans ce dernier article, a été abattu et la maison bâtie sur l'emplacement de ce jardin confronte la voie publique du côté de l'est, du nord et du midi.

Jardins à l'ouest
de la voûte,
adossés
au rempart.

Les deux jardins situés à l'ouest de la Voute, entre la lice intérieure et le chemin, supprimé depuis lors, qui allait de la Voûte au chemin de St-Siméon, et était la continuation du chemin de Rhodes, savoir :

1. Le jardin de JEAN LOUIS et JOSEPH BEILLON, superficie 1208 mètres quarrés, confrontant : du levant le chemin de la Voûte, du midi le petit chemin, du couchant Antoine Beillon, du nord la lice ;

2. Le jardin d'ANTOINE BEILLON, superficie 620 mètres, confrontant : du levant Jean Louis et Joseph Beillon, du midi le petit chemin, du couchant les hoirs de Joseph Beillon, du nord la lice.

Jardins
entre la lice
intérieure
et la rue allant
aux Cordeliers.

Le jardin attenant à la serve générale, et celui qui le confronte à l'ouest :

1. Jardin de JEAN-BAPTISTE ROBERT, superficie 1044 mètres, confrontant : du levant la lice intérieure, du midi la dite lice, du couchant Antoine Mercurin, du nord le chemin ou rue ;

2. Jardin d'ANNE GARNIER veuve PIGNET, superficie 336 mètres, confrontant : du levant Perroton, du midi la lice intérieure, du couchant Victor Lion, du nord le chemin.

Jardins à l'est
de la voûte
et au sud du
chemin
de Rhodes.

Enfin les quatre jardins compris entre la Voûte à l'ouest, la terre touchant le haut du Cours à l'est, le chemin de Rhodes au nord, et divers jardins ou terres au midi, savoir :

1. Le jardin des hoirs BRAQUETY, superficie 1768 mètres, confrontant : du levant le sieur Maille, du midi les hoirs Clappiers, du couchant le chemin de la Voûte, du nord le sentier vicinal. — (Ce sentier a été supprimé et joint au jardin attenant). —

2. La terre et jardin d'EUPHROSINE MARTIN épouse BLANCARD, superficie 2280 mètres, confrontant : du levant les sieurs Arnaud, Légier et Dupui, du midi le sieur Maille, du couchant le sieur Berle, du nord Honoré Grisolle ;

3. Le jardin de JEAN-BAPTISTE BERLE, superficie 5872 mètres, confrontant : du levant Grisolle et Euphrosine Martin épouse Blancard, du midi le chemin vicinal ;

4. Un segond jardin d'HONORÉ GRISOLLE, superficie 1636 mètres, confrontant : du levant Arnaud, du midi Euphrosine Martin épouse Blancard, du couchant Jean-Baptiste Berle, du nord le chemin de Rhodes.

« L'expert dit que ces terres et jardins ont ensemble une superficie totale de vingt mille trois cent quarante quatre mètres (20,344 m.), ou soit, cinq mille quatre vingt six cannes (5,086 cannes), ancienne mesure ;

« Qu'elles ont droit à l'eau pendant trente deux heures par semaine, sçavoir : seize heures le lundi, et seize heures le jeudi, de quatre heures du matin à huit heures du soir ;

« Que, par suite, chaque mètre quarré doit avoir l'eau pendant cinq secondes et une fraction, et chaque canne pendant vingt deux secondes $\frac{1308}{5086}$èmes.

« En conséquence, il fixe le rang et les heures d'arrosage comme il suit :

Ordre et heure
de l'arrosage du
Lundi.

« Pour le *Lundi*, et attendu que, en commençant par le jardin Garcin qui est le plus éloigné du canal, il faut lui donner dix minutes de plus pour le temps nécessaire à l'eau pour venir jusques là :

1. HYPOLITHE GARCIN, de 4 heures du matin à 4 heures 26 minutes 48 secondes toujours du matin ;

2. HONORÉ GRISOLLE, de 4 heures 26 min. 48 s. à 4 heures 45 min. 6 s.

3. SAUVEUR GAMBIER, de 4 heures 45 min. 6 s. à 4 heures 55 min. 45 s.

4. JEAN-BAPTISTE DUFORT, de 4 heures 55 min. 45 s. à 5 heures 17 min 14 s.

5. AMABLE AMIC, de 5 heures 17 min. 14 s. à 5 heures 24 min. 42 s.

6. Hoirs de MATHIEU GASSIER, de 5 heures 24 m. 42 s. à 5 heures 36 m. 17 s.

7. ANNE GASSIER veuve PIGNET, de 5 heures 36 m. 17 s. à 5 heures 51 m. 59 s.

8. JEAN-BAPTISTE ROBERT, de 5 heures 51 min. 59 s. à 6 heures 40 m. 44 s.

9 HONORÉ GRISOLLE, de 6 heures 40 min. 44 s. à 7 heures 57 min. 7 s.

Suite de l'arrosage du Lundi :

1808-1814.
Règlement
d'arrosage
(suite).

10. JEAN-BAPTISTE BERLE, de 7 heures 57 min. 7 s. à midi 31 min. 20 s.

11. EUPHROSINE MARTIN épouse BLANCARD, de midi 31 m. 20 s. à 2 h. 17 m. 48 s.

12. Hoirs BRAQUETY, de 2 heures 17 min. 48 s. à 3 heures 40 min. 21 s.

13. Hoirs d'ANTOINE AMIC, de 3 heures 40 min. 21 s. à 4 heures 19 min. 24 s.

14. Hoirs de JOSEPH MARTIN, de 4 heures 19 m. 24 s. à 6 heures 34 m. 38 s.

15. ANTOINE BEILLON, de 6 heures 34 minutes 38 s. à 7 heures 3 minutes.

16. JEAN-LOUIS et JOSEPH BEILLON, de 7 heures 3 minutes à 8 heures du soir.

Pour l'arrosage du Jeudi, l'ordre est interverti et réglé comme suit :

Ordre et heures
de l'arrosage
du Jeudi.

1. JEAN-LOUIS et JOSEPH BEILLON, de 4 heures du matin à 4 heures 57 m.

2. ANTOINE BEILLON, de 4 heures 57 minutes à 5 heures 26 minutes 15 s.

3. Hoirs de JOSEPH MARTIN, de 5 heures 26 min. 15 s. à 7 heures 42 m. 55 s.

4. Hoirs d'ANTOINE AMIC, de 7 heures 42 min. 55 s. à 8 heures 22 min. 22 s.

5. Hoirs BRAQUETY, de 8 heures 22 min. 22 s. à 9 heures 45 min. 47 s.

6. EUPHROSINE MARTIN épouse BLANCARD, de 9 h. 45 m. 47 s. à 11 h. 33 m. 23 s.

7. JEAN-BAPTISTE BERLE, de 11 heures 33 m. 23 s. à 4 h. 10 m. 28 s. soir.

8. HONORÉ GRISOLLE, de 4 heures 10 min. 28 s. à 5 heures 27 min. 40 s.

9. JEAN-BAPTISTE ROBERT, de 5 heures 27 min. 40 s. à 6 heures 16 m. 56 s.

10. ANNE GARNIER veuve PIGNET, de 6 heures 16 m. 56 s. à 6 h. 32 m. 47 s.

11. Hoirs de MATHIEU GASSIER, de 6 heures 32 m. 47 s. à 6 h. 44 m. 29 s.

12. AMABLE AMIC, de 6 heures 44 minutes 29 s. à 6 heures 52 minutes 2 s.

13. JEAN-BAPTISTE DUFORT, de 6 heures 52 min. 2 s. à 7 heures 13 min. 45 s.

14. GAMBIER, de 7 heures 13 minutes 45 s. à 7 heures 24 minutes 30 s.

15. HONORÉ GRISOLLE, de 7 heures 24 minutes 30 s. à 7 heures 43 minutes.

16. HYPOLITHE GARCIN, de 7 heures 43 minutes à 8 heures du soir.

En 1814, les canaux d'arrosage, bâtis à chacun des côtés de la voûte-aqueduc de St-Siméon, furent restaurés à neuf.

Le 17 février, M. François Brun, fontainier de la ville, reçut de M. le Maire la mission de dresser un devis estimatif des travaux à exécuter, et il fit ce devis ou rapport, d'après lequel le canal de l'est devait être rétabli depuis le lavoir public jusqu'au jardin de Fabry : la banquette reconstruite d'un bout à l'autre, et couverte de pierres plates de la largeur de la banquette.

Devis
de réparations
aux canaux
d'arrosage
des deux côtés
de la voûte.

La banquette du canal du côté de l'ouest refaite de la même manière partout où besoin serait, le tout au mortier gras ; et le fond et les côtés des canaux recrépis au ciment et chaux à trois couches.

Les dégradations du massif des canaux seront faites avec du ciment pétri avec du petit gravier.

Le canal ouest, depuis le coin du jardin de Molinard jusqu'au petit chemin qui allait à la rue où sont les maisons Mélan et Montaud, aura sa banquette entièrement reconstruite, de la manière déjà marquée.

Tous ces travaux estimés à la somme de six cent vingt-cinq francs.

La réparation
des canaux
adjugée à 460 fr.

Le 6 mars suivant , M. le Maire fit procéder aux enchères sur ce devis et cette mise à prix, et François Gassier, maçon, demeura adjudicataire au prix de quatre cent soixante francs , avec le cautionnement de Chabrelly, maçon, de Brignoles.

La Ville
fait construire
dans le patecq
de la source une
serve et une
conduite
de 2 bourneaux
pour dévier
et porter l'eau
aux fontaines
publiques.

Le 5 mai 1818, « le Conseil délibérant sur le budget primitif de 1819, M. le Maire demanda et le Conseil proposa de porter un crédit de 1168 fr. 80 cent. pour dépenses à faire à la source de St. Siméon , pour des réparations urgentes *conformément au plan et devis y joint, et soumis au Conseil.* » — *Fol*° 9. *V*°.

Le plan et le devis ne se retrouvent plus, de sorte que ce n'est que par la tradition verbale que nous connaissons quelles ont été ces réparations. — Cette lacune est d'autant plus regrettable que, la construction de la serve, qui dérive actuellement l'eau pour les fontaines dans les conduites de la voûte, et le commencement de ces conduites , ayant été établies dans le patecq de la source , patecq dont la famille Saumier prétend être propriétaire, il serait très-utile de savoir à quel titre la Commune a fait acte de maître dans ce patecq , en y exécutant des ouvrages mentionnés et spécifiés dans un devis soumis au Conseil municipal en 1818, adjugés aux enchères publiques, le 9 janvier 1820, au prix réduit de 1080 fr., après approbation du Préfet et Sous-Préfet, et cela sans que Saumier ait fait acte d'opposition ou de protestation. — Il semble qu'une fatalité inexplicable a fait disparaître des archives de la Commune toutes les pièces et documents pouvant témoigner des droits de la ville contre les usurpations ou empiètements des particuliers.

Prolonger
la voûte de la
source
de St-Siméon
vers
le lavoir public.

Le 7 mai 1828, M. le Maire s'adressa au Conseil municipal en ces termes :

« J'ai à soumettre à votre délibération de ce jour, une dépense utile et nécessaire, consistant à continuer la voûte qui a été construite pour couvrir les eaux qui découlent de la source de St. Siméon et qui servent à alimenter le lavoir public et l'arrosage des terres situées au quartier de ce nom ;

« Cette construction présente le double avantage d'éviter la chute de la muraille de soutennement des terres confrontants le nord et de garantir la propreté des eaux dans cette partie. —

1828-1832.

« Le Conseil municipal, après avoir entendu le rapport de la Commission qui a été chargée d'examiner les lieux, et les observations de plusieurs membres du Conseil qui ont reconnu tout l'avantage de cette réparation,

« Considérant :

« Que la proposition de M. le Maire est d'une utilité publique ;

« Que la continuation de la voute des eaux de la source de St. Siméon ne peut être qu'avantageuse à la ville sous le rapport de la propreté des eaux pour le lavoir public et pour celui de prévenir la chute des murailles existantes, ainsi que les éboulements des terres ;

« Considérant que les fonds libres de la Commune pourront faire face à cette dépense, qui devra être faite par adjudication aux enchères publiques ;

« ... Le Conseil municipal a unanimement délibéré d'approuver la proposition de M. le Maire, et que la voute de la source de St. Siméon soit continuée dans sa construction ;

« Qu'il sera dressé un devis de cette réparation, qui sera soumis à l'approbation de M. le Préfet, etc..... »

Le 13 mai 1832, « M. le Maire fait donner lecture au Conseil d'une pétition de Messieurs les Sindics et propriétaires arrosants de la source de St. Siméon, tendante à réclamer les eaux d'arrosage nécessaires à leurs propriétés, et dont ils disent être privés depuis que le fontainier fit des ouvrages et réparations à cette source. —

Pétition des arrosants demandant que la ville leur donne le volume d'eau auquel ils ont droit.

« Le Conseil municipal, prenant en considération cette demande qui intéresse toute la ville, délibère de nommer une Commission chargée de faire un rapport sur la question, et cette Commission est composée de Messieurs Gautier, Trucy et Garnier fils. » —Fol° 37.

Nota. — Avant de continuer le récit du différend et du procès entre la ville et les arrosants de St-Siméon (1832-1841), je crois devoir observer que la rédaction incomplète des délibérations du Conseil, l'omission des rapports, et la disparition de plusieurs documents, seront cause de quelques lacunes difficiles à remplir ; je produirai les pièces existantes et à ma disposition.

Le 8 juillet 1832, « la Commission nommée le 13 mai précédent fait son rapport au Conseil qui délibère de consentir à ce qu'il soit désigné un ingénieur hydraulique et deux experts entendus dans cette partie, qui seront chargés de reconnaitre les lieux pour les rétablir dans leur état primitif, s'ils sont dégradés ; cette reconnaissance opérée, donner et laisser à la ville les eaux nécessaires à toutes les fontaines alimentées de cette source qui lui appartient, et accorder aux arrosages celles aux quelles ils ont droit, sans préjudice des droits des tiers et de ceux de la Commune. » — Fol° 41.

Désigner un ingénieur et deux experts chargés d'opérer sur les lieux, pour donner à chacun l'eau qui lui est due.

1832.

Les arrosants, sur la communication qui leur est faite, et du rapport et de la délibération du Conseil, prennent à leur tour une délibération, dont voici le texte, et dont on ne peut critiquer les assertions fondées sur le rapport précité qui n'a pas été conservé :

Assemblée
des
propriétaires.

« L'an 1832, et le 22 du mois de juillet, les propriétaires arrosants des eaux de la source de St. Simian, partie de l'est, se sont réunis dans la maison de M. Bouchard, l'un d'entr'eux, par suite de la convocation qui a été faite par les Sindics, et ont été présents, Messieurs : Mouttet, Perrin, Bremond, Brun, Reboul, Andréoly, Grisolle père et fils, Rougon, Louis Lion, Victor Lion, Maitre pour et au nom de Madame de Fabry, Dupui, Taurel, Beillon Jean-Baptiste, Revaute, Brun de St. Joseph, Pène, Barbarroux, Raynouard, de Clappiers, F. Beillon, Bourgues, formant la grande majorité des propriétaires du dit quartier ;

Les Sindics
disent
que la Commune
a fait
à la source des
travaux
qui ont ôté l'eau
aux arrosants.

« Messieurs les Sindics ont exposé les faits suivants :

« Jusqu'à ce jour les propriétaires arrosants des eaux de la source de St. Simian n'avaient pu obtenir que la Commune fit droit aux réclamations qu'ils font incessamment depuis plusieurs années au sujet des travaux que l'administration fit ou laissa opérer à la source de St. Simian, et par suite des quels les propriétaires ont été privés de la presque totalité des eaux dont ils jouissaient auparavant, et dont ils ont incontestablement le droit de jouir. Las de tant de longueurs, et avant de recourir aux voies judiciaires, comme le voulaient les délibérations précédemment prises par les propriétaires, le quartier de l'ouest et les Sindics du quartier de l'est ont voulu tenter un dernier moyen d'accomodement. Ils ont en conséquence adressé une dernière demande à Messieurs les Maire, Adjoints, et membres du Conseil municipal.

Les Sindics
présentent
ce qui a été dé-
libéré par le
Conseil muni-
cipal.

« Le Conseil, sur cette demande, a nommé une Commission composée de MM. Gautier, ancien notaire, Trucy père, et Garnier fils. Cette Commission a été chargée d'examiner si les plaintes des propriétaires étaient fondées en droit, et quel serait le moyen de les faire cesser. M. Gautier, dans un rapport plein d'impartialité et de justice, a émis devant le Conseil municipal réuni à cet effet l'opinion que, en fait, les arrosages publics étaient en souffrance depuis les travaux opérés à la mère source, et que, en droit, les propriétaires de St. Simian, en possession depuis un temps immémorial de l'usage des eaux, ne pouvaient en être privés ni en totalité ni en partie. — En conséquence il a proposé au Conseil de nommer, d'un commun accord avec les propriétaires, un ou deux experts ou ingénieurs hydrauliques, les quels auraient la mission d'évaluer et de déterminer le volume d'eau nécessaire à la ville pour ses fontaines et pour quelques fontaines de particuliers ayants concession ancienne et incontestable, le surplus devant être abandonné aux propriétaires.

Observations
des Sindics sur
le rapport de
la Commission
et
ses conclusions.

« Les Sindics, convoqués par M. le Maire, ont eû connaissance de ce rapport avant qu'il fût fait au Conseil, et, à quelques principes près, ils n'ont pu qu'en approuver la sagesse, et ils ont pensé que les propriétaires entreraient avec plaisir dans cette voie d'accomodement. Cependant M. le Maire a proposé aux Sindics, si le Conseil approuvait le rapport, de s'engager au nom des propriétaires arrosants à payer la moitié des frais aux quels les opérations des experts à nommer donneraient lieu.

1832.

« M. Mouttet, un des sindics, a fait sentir combien il serait injuste que les propriétaires contribuassent aux frais qu'occasionnera le redressement d'un tort qui est le fait seul de l'Administration, et qui pèse déjà depuis plusieurs années sur les propriétaires.— M. le Maire ayant insisté, et le Conseil paraissant entrer dans ses vues, tout en approuvant les conclusions du rapport, les Sindics ont provoqué la réunion des parties intéressées.

« En conséquence, ils proposent à l'Assemblée les questions suivantes :

« 1º Les propriétaires arrosants veulent-ils consentir à la nomination d'un ou deux experts, ou ingénieurs hydrauliques, qui procèderont au partage des eaux ?

« 2º Quelle sera la nature des pouvoirs à donner à ces experts, et la base de leurs opérations ?

« 3º Les propriétaires payeront-ils une partie des frais occasionnés par l'expertise ?

« L'Assemblée, après en avoir délibéré, et après avoir déclaré remettre de nouveau leurs intérêts entre les mains de Messieurs les Sindics et les charger plus que jamais de les débattre avec les Administrateurs Communaux, a résolu à l'unanimité de donner plus spécialement aux Sindics des pouvoirs sur l'objet qui fait la matière des trois questions proposées.

« Les Sindics auront tout pouvoir à l'effet :

« 1º De consentir, avec les représentants de la Commune, la nomination de deux experts, ou ingénieurs hydrauliques, les quels, en cas de dissentiment, pourront s'en adjoindre un troisième à leur choix, à l'effet de régler les eaux entre les ayants droit, ou à mieux dire, entre la Commune et les propriétaires arrosants ;

« 2º De déterminer la nature des opérations expertales ; mais en ayant soin de convenir d'avance avec la Commune de la base de la quelle ces experts devront partir, c'est-à-dire, du volume d'eau qu'ils auront à attribuer à la ville, tel que le fixent les titres, et notamment le devis du 28 septembre 1617, qui est le fait même de la Commune ; de telle sorte que ces experts n'auraient plus qu'à faire une opération matérielle : et, dans le cas où il serait impossible de s'accorder d'avance sur cette base d'opérations, de ne plus donner aux experts d'autre mission que de procéder à un partage des eaux purement conditionnel, et qui ne deviendrait définitif qu'après avoir été approuvé par les parties intéressées ;

« 3º De promettre, au nom des propriétaires, la moitié des frais aux quels l'expertise pourra donner lieu.

« L'Assemblée s'engage à ratifier tout ce que Messieurs les Sindics fairont dans la limite de ces pouvoirs.

« Ont signé sur l'original dix huit propriétaires, sur vingt deux mentionnés comme présents. »

1833-1834.
—
Les arrosants
demandent
la division et
partage des eaux
de la source.

En exécution de cette délibération, les Sindics des arrosants écrivirent à l'Autorité municipale demandant qu'il fût nommé un ou deux experts hydrauliques qui, conjointement avec les membres de la Commission de la Mairie et Messieurs les Sindics du quartier Est de St-Siméon, procèderaient à la division et au partage des eaux de la source de St-Siméon, selon les droits de chaque partie intéressée.

La lettre demandait encore que la Commune fit les réparations nécessaires aux ruisseaux d'arrosage longeants la promenade des Voûtes, dont les infiltrations dégradaient les propriétés inférieures.

Le 19 mai 1833, cette lettre fut communiquée au Conseil municipal qui adhéra à la première de ces demandes, dans les termes suivants :

« Considérant :

« Que la Commune a intérêt autant que les propriétaires arrosants de conserver les eaux dévolues aussi depuis un temps immémorial aux fontaines de la ville ;

Le Conseil
consent à nom-
mer des experts
pour
le placement
des seuils.

« Que la nomination d'un ou deux experts hydrauliques ne peut que favoriser cette entreprise ;

« Que la confection de ce travail sera utile à tous les intéressés et ayants droit aux eaux de la source mère de St. Siméon.

« D'après ces considérations et les observations de plusieurs membres,

« Le Conseil a été d'avis d'agréer la demande de Messieurs les Sindics des propriétaires arrosants de la source de St. Siméon, et a délibéré qu'il fût nommé un ou deux experts hydrauliques étrangers à la ville, qui seront chargés de toutes les opérations qui seront reconnues utiles et nécessaires à la source de St. Siméon, et principalement pour le placement des seuils, ou seuillets, des prises pour les eaux des fontaines et des arrosages. —

« La réparation des ruisseaux des voutes fût ajournée à un temps plus opportun. » — *Fol° 64.*

M. le Préfet nomma pour expert de la ville M. Dufresne, ingénieur des ponts et chaussées, et les arrosants nommèrent, de leur côté, M. Julien, géomètre.

Le 6 mai 1834, ces deux experts rédigèrent le rapport ci-après :

« Les soussignés Barthélemy Julien, géomètre, nommé expert par Messieurs les Sindics des propriétaires arrosants du quartier de St. Simian, et Jules Dufresne, ingénieur des ponts et chaussées, nommé par M. le Préfet pour représenter la Commune de Brignoles, se sont rendus dans cette ville le 3 mai 1834, pour procéder au règlement des eaux de la source de St. Simian entre la Commune et les fontaines particulières d'une part, et les propriétaires arrosants de l'autre ;

1834.

Rapport
des experts
(suite).

« Les opérations ont commencé le dimanche , 4 du mois de mai : ce jour-là il a été procédé , en présence de M. le Maire de la ville de Brignoles et de Messieurs les Sindics des propriétaires arrosants , à une première visite des lieux.

« Il a été reconnu que la prise d'eau des fontaines de la ville était dans un état tel , qu'il était tout à fait impossible de reconnaitre le mode ancien de la distribution des eaux.

« En conséquence il a fallu renoncer à l'idée de rétablir l'état des choses tel qu'il existait autrefois , circonstance qui eût fait cesser toutes discussions.

« Ce premier fait reconnu, les soussignés ont pensé qu'il n'y avait qu'une seule manière de procéder, qui consistait :

« 1º A jauger directement , et au débouché des fontaines, la quantité d'eau nécessaire pour les alimenter d'une manière convenable ;

« 2º A évaluer, d'après les titres de chacun des propriétaires particuliers , le volume d'eau qui leur revenait ;

« Ces deux opérations faites , à donner à la prise d'eau de la Commune la somme des deux évaluations , le reste serait ensuite partagé entre les arrosants.

« Bien entendu que , si la source venait à varier, le volume de la ville aussi bien que celui des arrosants éprouveraient les variations dues à cette circonstance.

Le lundi 5 mai , en présence de M. le Maire , de Messieurs les Sindics , et de Messieurs les Commissaires nommés par le Conseil municipal le 4 mai , il a été procédé au jaugeage et il a été reconnu que les différentes fontaines, pour couler convenablement le jour de l'opération , ne devaient pas donner moins d'eau que ne l'indique le tableau suivant :

Petite fontaine Caramy..................	67 litres	20 centil.	4
Grande — —	84 »	00 »	5
Fontaine Notre-Dame....................	28 »	00 »	1
— Jean-Raynaud................	84 »	00 »	4
— Cordeliers.....................	60 »	00 »	2
— Palais.......................	39 »	36 »	3
— Prisons......................	8 »	66 »	1
— Palais (2º fontaine, à 1 tuyau)......	20 »	48 »	1
— Serve.....................	20 »	48 »	1
— Poste (rue des Portanniers)........	18 »	66 »	1
— Poissonnerie....................	47 »	32 »	4
— Parroisse.....................	28 »	82 »	2
— Menempenti....................	16 »	47 »	1
— Cavaillon.....................	36 »	56 »	2
— Rue des Meuniers..............	17 »	50 »	1
— Place St. Pierre................	43 »	48 »	4
— Religieuses....................	20 »	74 »	2
TOTAL.....	642 litres	73 centil.	39

D'après ce résultat , la quantité d'eau donnée en une minute est de six cent quarante deux litres soixante treize centilitres.

« L'on doit dire ici que Messieurs les Sindics des propriétaires arrosants ont trouvé que les fontaines devraient couler avec moins d'abondance, en ayant surtout égard au temps de sécheresse. —

« Le lendemain matin, il devait être fait la récapitulation de ce qui revenait aux fontaines particulières, mais les titres n'ayant pas été présentés, il n'a pu en être fait un compte exact, et l'on a évalué approximativement à 84 litres 78 par minute, c'est-à-dire, à onze deniers environ, ce qui était nécessaire à leur alimentation, le nombre de ces fontaines étant environ de seize, non compris celle des Capucins qui ont leur prise à la source mère. —

« La quantité d'eau que l'on devait donner à la ville, en prenant pour base l'état des choses du 4 mai 1834, serait donc de :

Fontaines publiques......................	642 litres 73 centil.
Fontaines particulières..................	84 » 78 »
TOTAL par minute.....	727 litres 51 centil.

« Ce premier fait reconnu, il fallait aller à la source mère et établir un déversoir tel que le volume d'eau fût fourni ; or, d'après les formules connues, il sera donné par un déversoir ayant 60 cent. de largeur et une charge d'eau de 33 millimètres au dessus du bord du déversoir. —

« Dans l'opération on n'a mis qu'une charge de 29 millimètres.

« Dans cet état on supposait que les eaux, qui filtraient par dessous le déversoir et dont il n'était pas possible d'évaluer la quantité, fesaient la différence de 0.029 à 0.033. — L'expert des arrosants n'a pas pensé que cette perte fût aussi considérable, mais, comme il n'était pas possible d'établir un provisoire plus exact, le fond de la fontaine donnant toujours lieu à des fuites, on est cependant convenu de laisser les choses en cet état, et d'examiner l'effet produit sur les fontaines et les canaux d'arrosage. —

« En présence de M. le Maire, de Messieurs les Commissaires du Conseil municipal et des experts, Messieurs les Sindics ont reconnu que les canaux d'arrosage donnaient plus d'eau qu'ils n'en avaient fourni depuis le dérangement des prises, et que, sans retrouver le volume d'autrefois, il serait possible que les arrosages pussent être satisfaits. —

« Ensuite on est venu à l'examen des fontaines de la ville : Messieurs les Commissaires, tout en reconnaissant que plusieurs avaient une quantité d'eau suffisante, ont observé que quelques unes n'étaient pas assez abondantes, entr'autres la grande fontaine de la place Caramy et celle du Portail Neuf ; toutefois ils ont pensé, vu le temps de sécheresse, le mauvais état des conduites, et quoique l'on soit habitué à en avoir davantage, qu'il serait peut-être possible que, dans l'état actuel, on se contentât de cette quantité. —

Pour fixer l'état de choses que nous venons de décrire, si toutefois il satisfaisait les deux parties, ce qu'elles pourront ultérieurement examiner, on devra faire les opérations suivantes :

« 1° D'abord la pierre mobile, qui se trouve à l'ouverture de la prise, sera enlevée ;

« 2° Le fond de la serve attenant à la source sera dragué et recouvert d'une couche de béton de 30 centimètres d'épaisseur, et le déversoir qui devra, par suite de l'enlèvement de la pierre, occuper une position plus élevée, sera scellé irrévocablement en présence des parties intéressées qui seront appelées à juger si, en rétablissant les choses, les nappes d'eau sont conservées telles qu'elles ont été constatées le 6 mai 1834.

« À Brignoles, le 6 mai 1834.

« Signé sur l'original : J. DUFRESNE — JULIEN — »

Ce rapport n'eut aucun effet sur les arrosants qui poussèrent leur action contre la Commune, et la portèrent devant le Tribunal civil de Brignoles.

Le 30 *novembre* 1834, le Conseil municipal nomma une Commission composée de Messieurs Gautier, Garnier fils, et Ebrard, pour instruire l'affaire. — *Fol°* 114.

Le 10 *mai* 1835, cette Commission présenta au Conseil son rapport, qui n'est pas même analysé dans le registre, et dont il ne reste aucune trace.

Malgré les avis réitérés de M⁰ Trucy, avoué de la Commune, l'autorité municipale laissa condamner la ville par défaut, n'ayant pas reçu l'autorisation d'ester en justice.

Le 28 *juin* 1835, M. le Maire dit au Conseil réuni extraordinairement, « que la Commune avait été condamnée par défaut, qu'il convenait de demander, conformément à la loi, l'autorisation de pouvoir plaider, formalité qui n'a été différée que par l'espoir que toutes les parties consentiraient à voir terminer cette affaire à l'amiable et sans avoir recours aux tribunaux. —

« Sur quoi, considérant qu'il résulte du rapport, fait par la Commission chargée d'émettre son avis sur la demande formée contre la Commune au nom des propriétaires arrosants de la source de St. Siméon, que l'objet en litige est de la plus haute importance pour l'habitation ;

« Que la Commune peut invoquer des titres et une longue possession pour prouver son droit de propriété sur les eaux de la dite source St. Siméon ;

« Considérant que la Commune a toujours été considérée comme vraie propriétaire des dites eaux ; qu'elle en a toujours disposé en maitre, soit en construisant de nouvelles fontaines, soit en concédant des prises pour des établissements industriels ; qu'il lui importe de conserver un droit aussi précieux ;

« Considérant qu'on n'a différé de demander l'autorisation de plaider que dans l'espoir de terminer par transaction, mais que les demandeurs, d'abord disposés à donner le temps nécessaire pour faire les vérifications préalables à toute proposition d'arrangement, se montrent actuellement trez disposés de faire statuer sur leurs demandes ; qu'ils ont obtenu, le 3 juin courant, un jugement de défaut joint contre la Commune, et qu'ils paraissent disposés à faire prononcer avant les vacances sur le mérite de leurs réclamations ;

. « Considérant que, d'après le mérite des réclamations élevées par les demandeurs contre la Commune et contre divers particuliers du quartier des Capucins, il est permis de croire que le jugement qui sera rendu ne sera que préparatoire ;

« Que dans cet état, et attendu l'urgence, il parait convenable de faire présenter au plutôt les premiers moyens de défense, sauf de consulter ensuite plus amplement sur le fond, lorsque les vacances seront venues donner le délai que refusent les demandeurs ;

« Le Conseil municipal a unanimement délibéré de charger M. le Maire de réclamer sans retard l'autorisation nécessaire à la Commune pour plaider et pour défendre ses droits contre les prétentions de Messieurs les Sindics des arrosants biens de la source de St. Siméon. » — *Fol*° 130.

Urgence
d'être autorisé à
ester en justice.

Le 19 *novembre* 1835, Me Trucy, avoué de la Commune de Brignoles, écrivit à M. le Maire que le Tribunal avait fixé l'affaire au 17 décembre suivant, et que, si la ville n'avait pas obtenu l'autorisation d'ester en justice, elle serait forcément condamnée par défaut.

Le même jour, M. le Maire écrivit à M. le Sous-Préfet pour lui rappeler la demande d'autorisation déjà réclamée dans les premiers jours de juillet dernier ; cette autorisation fut enfin donnée à la date du 12 décembre 1835.

Jugement
du 10 mars 1836.

En janvier 1836, les plaidoiries furent entendues par le Tribunal. —

Les Sindics des arrosants du côté de l'est, demandeurs, avaient fait assigner : 1° le Maire de la ville de Brignoles ; 2° les Sindics des arrosants du côté de l'ouest ; 3° les représentants du Couvent des Capucins, à raison de la prise d'eau concédée à ce Couvent.

M. Delestang, au nom des arrosants de l'est, « a conclu à ce qu'ils fussent *reconnus*, à l'instar de tous autres ayants droit de prises à la racine de la source de St. Siméon, *co-propriétaires* de cette même source dans la proportion que leur attribuent les titres anciens, la possession et l'état des lieux anciens et nouveaux ; et qu'il soit ordonné, par suite, que la Commune ait à détruire le canal

Conclusions
des demandeurs

qui lui sert de prise à la racine de la dite source, et de remettre, telle qu'elle se trouvait avant les nouvelles œuvres qu'elle a indûement fait opérer il y a quinze ans environ, la prise qu'elle avait à la même source et qui consistait en un bourneau de 65 millimètres (deux tiers de pan) placé au niveau des autres prises ; autrement permis aux demandeurs de faire opérer le rétablissement des lieux à ses frais et dépens, etc.....

« Et subsidiairement pour voir dire et ordonner que, par experts nommés d'office, il sera déterminé et affecté à la Mairie de Brignoles tout le volume d'eau qui lui est strictement nécessaire pour alimenter les fontaines publiques de la ville, ainsi que les fontaines particulières ayant titre valable, etc.....

« Et à l'encontre des sindics des propriétaires arrosants du quartier de l'ouest, ainsi que Messieurs Boyer, Beillon et consorts, pour assister, comme *co-proprié-*

taires de la source de Saint Simian, en l'instance introduite par les demandeurs contre la Mairie de Brignoles, concourir avec ces derniers à faire admettre leur demande, comme aussi voir déterminer, toutes les parties en instance, d'une manière invariable le niveau et la dimension de leurs prises respectives à la source de Saint Simian, d'après les droits et les titres de chacune d'elles, et notamment les sieurs Boyer, Beillon, Fournier, Monin et dame veuve Fabre, pour voir réduire leur prise au volume d'eau qui avait été concédé aux Pères Capucins, là où celle existante leur attribuerait un volume d'eau excédant celui concédé, avec dépens, etc..... »

Me Trucy, avoué de M. le Maire de Brignoles, « conclut à ce que les Sindics des propriétaires arrosants du quartier de l'est (demandeurs) soient déclarés non recevables et mal fondés, etc..., avec dépens ;

« Et subsidiairement à ce que les propriétaires, qui revendiquent une partie des eaux de St Simian pour l'irrigation de leurs terres, soient tenus de justifier qu'elles sont en effet arrosables, les dépens réservés, et sauf d'amplier. »

Me Rougiers, avoué des Sindics des propriétaires arrosants de la source de St-Siméon, au quartier de l'ouest, « a conclu à ce qu'il leur soit concédé acte de ce qu'ils n'entendent pas contester la demande contre la Mairie, sauf les dépens qui sont demandés contre la partie qui succombera ;

« Mais, à l'égard des fins prises contre les Sindics du quartier du couchant, relativement à leur prise fixée invariablement depuis environ 82 ans, il plaira au Tribunal de les débouter comme non recevables et mal fondés, avec dépens. »

Me Veyan, pour Messieurs Louis Boyer, Probace Boyer et consorts, « a conclu à ce qu'il plaise au Tribunal débouter les Sindics des propriétaires arrosants du quartier de l'est du chef de leur demande relatif aux représentants du Couvent des Capucins de la ville de Brignoles, tant comme non recevables que comme mal fondés ;

« Et subsidiairement, là où leur qualité de co-ayants droit aux eaux de la source de St. Siméon nécessiterait leur présence en l'instance, à ce qu'il leur soit concédé acte de ce qu'ils se reservent de réclamer la condamnation aux dépens les concernant de celle des parties qui succombera. —

« En droit :

« 1o Les propriétaires des biens arrosés d'une partie de l'eau de la source de St. Simian sont-ils, conjointement avec la ville de Brignoles, propriétaires de cette source ?

« 2o S'ils ne sont pas co-propriétaires de la source, ont-ils, à titre de servitude, le droit de se servir d'une partie de son eau ?

« 3o A défaut de justification soit d'un droit de co-propriété, soit d'un droit de servitude, les sieurs de Clappiers, Mouttet et Minuty ont-ils été fondés à investir le Tribunal d'une demande tendant à ce que des mesures soient prises

1836.

Jugement
du 10 mars 1836
(suite).

tant pour faire déterminer le volume d'eau dont la ville pourra disposer, que pour fixer et réduire, s'il y a lieu, celui dont jouissent les parties représentées par Me Rougiers et Me Veyan ?

« Après avoir ouï les avocats des parties, le Tribunal civil de Brignoles déclara la cause entendue, et, dans son audience du 10 mars suivant, prononça le jugement dont voici la teneur :

Considérants :

Sur les droits do propriété de la source.

« Attendu que l'eau ne peut pas être considérée comme substance isolée et indépendante du fonds d'où elle jaillit, pour qu'elle soit susceptible d'un droit de propriété ; que, pour qu'elle ne reste pas l'objet d'une simple occupation momentanée, on est forcé de l'envisager comme accessoire du fonds, et que c'est un principe incontestable, admis par l'article 641 du Code civil, qu'elle appartient de droit d'accession à celui dans le terrain du quel elle existe ;

Sur la propriété et possession manifestes de la source par la ville do Brignoles.

« Attendu qu'il est manifeste que la ville de Brignoles est propriétaire du terrain d'où surgit la source connue sous la dénomination de *Saint Simian* ; que son droit de propriété sur ce terrain résulte d'une possession caractérisée par les constructions et inédifications que seule elle y a faites, qui n'en permettent l'accès qu'à elle, puisque seule elle a la clef de la porte par la quelle on peut s'y introduire, et qui existent depuis un temps beaucoup plus long que celui qui est nécessaire pour prescrire ;

« Attendu que cette possession, qui serait suffisante pour suppléer à des titres ou pour contrebalancer et rendre inutiles des titres contraires, il n'est pas nécessaire de s'en prévaloir pour obtenir ce résultat, car les demandeurs n'ont pas produit des titres capables de fonder le droit de co-propriété au quel ils prétendent, tandis que la Commune en a un qui explique et justifie le fait de sa possession ;

Sur ce que les demandeurs n'ont produit aucun titre de propriété.

« Attendu en effet que la prétendue sentance arbitrale du 15 juillet 1492, invoquée en premier lieu par les demandeurs, est un écrit informe dont rien ne garantit l'authenticité, et sur le quel il est impossible d'asseoir une décision judiciaire, et que, s'il était possible d'y ajouter foi, elle n'établirait qu'un simple droit d'usage au proffit du fonds appartenant alors à la dame de Colonhia ;

« Que les cadastres anciens, sur les quels les demandeurs s'étayent en segond lieu, ne prouvent qu'un fait, celui que des terres voisines de la source étaient côtées comme arrosables, mais sont impuissants pour justifier le droit ;

« Que l'acte de vente du 22 janvier 1558 ne sçaurait régler que les rapports de la Commune avec les représentants de son vendeur, et, en supposant que les demandeurs, qui sont étrangers à cet acte, fussent recevables à s'en prévaloir, les inductions qu'ils en tirent, purement négatives, auraient pour but de diminuer les droits du vendeur, mais ne pourraient jamais avoir pour effet de leur en attribuer à eux-mêmes ;

« Enfin les délibérations et les mesures prises par la Commune depuis 1558, et que les demandeurs lui opposent comme une reconnaissance de sa part de leur droit de co-propriété, émanées d'elle spontanément, dont une partie de ses habitants recueillait le fruit , ayant un objet d'utilité publique, sont évidemment susceptibles de toute autre interprétation , et , par cela même , n'opèrent pas la preuve que l'on a voulu en faire résulter ;

« Attendu qu'au contraire la Commune a un titre de propriété dans l'acte de vente précité du 22 janvier 1558 ; que la portée des termes et des clauses de cet acte est rendue évidente par le but que la Commune s'était proposé en fesant l'acquisition de la *source et racine de Saint Simian*, expressions tirées de la délibération du quatre du même mois de janvier, par les reserves que le vendeur y stipule en sa faveur et les permissions qu'il y accorde, et enfin par l'exécution: que l'acte a reçue ; que là réunion de tous ces motifs , d'une saine interprétation du contrat , en manifestant la véritable intention des parties contractantes , démontre que l'une eût celle de vendre , l'autre celle d'acquérir la propriété exclusive de la source ;

« Attendu que le propriétaire d'une source peut en user à sa volonté, sauf les droits de servitude que les propriétaires des fonds inférieurs pourraient avoir acquis par titre ou par prescription :

« Attendu qu'à l'exception des ayants cause du sieur Laurent, vendeur de la Commune , aucun des propriétaires des fonds arrosables des eaux de la source de St. Simian n'a versé au procès un titre capable de lui conférer le droit de s'opposer à ce que la Commune apporte dans l'état ou la direction des eaux un changement qui lui en ôte ou qui en altère l'usage sans son consentement ;

« Que l'on ne peut qualifier ainsi prétendue sentance de 1492 par le motif déjà énoncé que l'écrit qui la réfère est privé de toutes les marques nécessaires pour lui mériter la foi publique ;

« Que l'on ne sçaurait attribuer cet effet à des énonciations contenues dans des devis de travaux en date des 21 juillet 1752 et 27 mai 1754 , par lesquelles la Communauté bien loin de faire une concession d'eau quelconque aux arrosants , repousse avec énergie certaines prétentions de ceux-ci et émet l'avis que les eaux de la source de St. Simian lui appartiennent en propre et qu'elle a droit d'y faire tous les ouvrages nécessaires pour l'utilité publique ;

« Qu'il est donc vrai de dire que de titres , les quels , dans tous les cas , devraient être revêtus pour leur validité des formalités et environnés des conditions exigées par la loi pour les actes susceptibles de transférer un droit de propriété, il n'en existe point ;

« Attendu que , si la prescription est le segond moyen d'empêcher le propriétaire de la source d'en disposer arbitrairement , le simple usage de l'eau ne sçaurait constituer une possession suffisante pour lui servir de base; que même , dans les pays où les servitudes pouvaient s'acquérir par prescription , l'écoulement immémorial de l'eau d'une source , suivi de la possession également immémoriale de faire usage de cette eau pour l'irrigation des terres , n'attribuait aucun droit à leurs propriétaires et n'empêchait pas le propriétaire de la source d'en détourner le cours et de réduire à la stérilité les héritages inférieurs ;

« Qu'à la vérité, dans l'espèce, les demandeurs ne jouissent pas seulement du simple écoulement naturel des eaux de Saint Simian ; qu'il y existe deux ouver-

1836.

Jugement
du 10 mars 1836
(suite).

Considérants :

Sur le titre
possédé
par la Commune
de Brignoles.

Sur les droits
du propriétaire
d'une source.

Sur le défaut
d'un titre
qui
puisse donner
aux arrosants
le droit
d'empêcher la
Commune
de
divertir les eaux
à son gré.

Sur l'absence
absolue
d'un titre légal
conférant
un droit de pro-
priété en faveur
des arrosants.

Sur l'impossibi-
lité d'établir
un motif
de prescription
en faveur
des arrosants.

tures par les quelles les eaux s'échappent pour se diriger en partie du côté de l'est et une autre partie du côté de l'ouest ; mais que l'existence de ces ouvrages ne suffit pas encore pour constituer une servitude au proffit des propriétaires qui s'en servent ; qu'il est indispensable, conformément à la disposition de l'article 642 du Code civil, qui n'a fait que consacrer les anciens principes en cette matière, que les ouvertures, par où s'écoulent les eaux, aient été pratiquées par eux, et que ce n'est que de l'existence de ces ouvrages de leur part sur le terrain appartenant à la Commune, que peut naitre la servitude et par suite la prescription ;

« Attendu que les propriétaires arrosants ne prouvent pas qu'ils ont eux-mêmes fait ces ouvrages et opéré la division des eaux ;

« Qu'au contraire la Commune justifie les avoir fait faire à ses frais et sans leur participation ; que cette circonstance essentielle et en quelque sorte décisive dans la cause résulte des divers devis des grands et dispendieux travaux qu'elle fit effectuer à plusieurs époques ;

Sur l'autorité
compétente
pour régler et
déterminer
le superflu des
eaux.

« Attendu que, si l'intérêt de l'agriculture et l'équité qui protége une jouissance ancienne, garantissent aux demandeurs, pour le besoin de leurs héritages, le superflu des eaux de la source de Saint Simian, ces considérations, toutes puissantes aux yeux d'une Administration juste et éclairée, ne sont pas de nature à autoriser les Tribunaux à ordonner des mesures pour régler et déterminer une chose aussi incertaine et aussi variable que le superflu des eaux destinées aux besoins d'une ville, lorsque surtout on la voit, dans le cours de trois siècles, établir ses prises et conduites d'abord d'une manière, puis les changer à son gré, sans le concours des arrosants, augmenter successivement le nombre des fontaines publiques, qui est de quinze aujourd'hui, et, à mesure que sa population s'accroît, que son industrie se développe, faire sans opposition des concessions particulières et les porter à un nombre plus considérable que celui des fontaines publiques ;

« Qu'il en est de la quantité de ce superflu (que des réparations faites aux conduites rendraient plus abondante) comme du mode de répartition entre les propriétés du côté de l'est de la source et celles du côté de l'ouest, comme aussi des abus que l'on peut se permettre dans l'irrigation des terres ; les règlements, dont tout cela est susceptible, sont matière de police locale, et c'est à l'Autorité compétente que les intéressés doivent s'adresser pour les obtenir ;

« Le Tribunal civil de première instance séant à Brignoles, département du Var, jugeant en matière ordinaire et en premier ressort, sans s'arrêter à la demande des sieurs Mouttet, Minuty et de Clappiers, en la qualité qu'ils agissent, introduite par leur exploit d'ajournement du 31 octobre 1834, dont ils sont démis et déboutés comme mal fondés, met sur les dites fins le Maire de la ville de Brignoles, et par suite François Rougiers et consorts d'une part, Louis Boyer et ses co-intéressés d'autre part, hors de cause ; condamne les demandeurs aux dépens.

« Ainsi jugé et prononcé, etc..... par Messieurs MÉLAN, président, PASCAL et PARROT, juges, en présence de M. DIOULOUFET, substitut du procureur du Roi, le 10 mars 1836. — Enregistré à Brignoles le 24 mars 1836. »

Les Sindics des arrosants de la branche Est appelèrent de ce jugement, et la Cour d'Aix, par arrêt du 18 décembre 1837, décida que les arrosants avaient pu acquérir la prescription sur les eaux de St-Siméon.

1837-1838.

Le jugement est infirmé par la Cour d'appel d'Aix.

Le 7 janvier 1838, « M. le Maire donna au Conseil municipal lecture de la lettre par la quelle Mᵉ Perrin, avocat de la Commune, fesait connaitre l'arrêt de la Cour et ajoutait qu'on pouvait recourir en cassation ;

« Le Conseil décida que la Commune devait consulter à Aix et non à Paris, et que cette consultation serait demandée à Mᵉ Perrin, son avocat à Aix, qui serait prié de s'adjoindre deux jurisconsultes de la même ville. » — *Fol⁰ 218.*

Consulter à Aix sur le recours en cassation.

Le 11 février 1838, le Conseil nomma une Commission chargée d'étudier les moyens à prendre par la Commune pour sauvegarder ses droits sur les eaux de St-Siméon, et même de s'aboucher avec les Sindics des arrosants.

Nommé une Commission pour étudier la position de la ville.

Le 22 mars suivant, sur l'invitation de M. le Maire, M. Gautier, organe de cette Commission, fit son rapport et exposa « les tentatives de conciliation qui avaient été faites, leur peu de succès, les moyens que la ville a de se pourvoir contre l'arrêt de la Cour du 18 décembre 1837, l'urgence qu'il y a pour elle d'y avoir recours, puisque les Sindics, malgré la connaissance qu'ils devaient avoir des dispositions du Conseil manifestées par la délibération du 11 février, avaient cru devoir faire signifier l'arrêt, et que cette signification remonte déjà au 17 du mois dernier ; il a manifesté, en finissant, le vœu de la Commission que, tout en faisant les démarches que la prudence commande, on pût continuer à essayer de ramener les arrosants à la reconnaissance des droits de la ville ; ajoutant que les Sindics, de leur côté, avaient aussi exprimé celui que la conciliation commencée fût poursuivie nonobstant les démarches que la ville peut se croire obligée de faire.

Rapport de la Commission.

Elle conclut à travailler à une conciliation.

« La discussion s'est engagée sur le rapport qui venait d'être fait.....

« M. le Maire a déposé sur le bureau un papier, que les Sindics lui avaient fait remettre, et sur le quel ils ont précisé les bases qui, suivant eux, devraient servir au règlement ordonné par la Cour.

Propositions des Sindics.

« Un membre a parlé comme autorisé par ces Messieurs à interpréter ces propositions d'une manière plus large et dans un sens plus favorable aux intérêts de la ville que les termes dans les quels elles sont conçues semblent le comporter.

Exposé des diverses pensées émises par les membres du Conseil municipal.

« Il a été dit que le Conseil, fidèle aux traditions de ses prédécesseurs regarderait toujours comme une mesure de bonne et sage administration l'abandon purement volontaire qui avait été fait d'une certaine quantité d'eau de la source de Saint Simian aux propriétaires des terres inférieures ; qu'il fallait, mais seulement parceque la chose était convenable, révoquer les concessions faites pour un objet qui aurait cessé d'exister ; réduire, s'il y avait lieu, le volume d'eau dont jouissent les concessionnaires légitimes, porter un remède efficace à tous les autres abus qui pourraient être signalés ;

« Que l'on n'avait pas attendu que la Cour eût rendu son arrêt pour entrer dans cette voie, et que déjà, par délibération du 27 août 1837, il avait été nommé à cette fin une Commission dont un des Sindics des arrosants du côté de l'est et leur avoué étaient membres.

« Il a été observé également que jamais les arrosants n'ont eû assez d'eau au gré de leur désir, et que de tout temps on a été dans le cas d'entendre leurs plaintes; qu'ils ont autrefois reconnu l'insuffisance de l'eau qui leur était affectée, par les précautions qu'ils s'étaient imposées entr'eux en se prohibant, par exemple, de faire des haricots sur le chaume, qu'ils ne s'abstiennent plus d'un pareil mode de jouissance; que, bien loin de là, ils arrosent aujourd'hui des terres qui, suivant les cadastres anciens et la tradition, n'étaient pas arrosables; qu'enfin, ce qui prouve qu'il y a eû au moins beaucoup d'exagération dans leurs plaintes, c'est le silence des arrosants par la prise du côté de l'ouest, tandis que, si les ouvrages faits en 1815 avaient eû l'effet qu'on leur attribue, les deux prises auraient dû proportionnellement éprouver la diminution qui en serait résultée, et les plaintes seraient unanimes.

« Enfin il a été ajouté que c'est précisément parceque le Conseil municipal avait la ferme résolution de porter, sur une partie aussi intéressante de ses attributions que celle de l'usage de l'eau d'une source qui est la propriété dont la ville est le plus jalouse, une investigation sévère, qu'il devait regarder comme un de ses plus rigoureux devoirs de chercher à conserver intact ce précieux héritage, et de s'efforcer à réparer l'atteinte portée aux droits de la ville par l'arrêt qui vient d'être rendu. —

« Sur quoi, considérant :

Les biens
des Communes
sont :
les uns proscrip-
tibles,
et les autres non
proscriptibles.

« Que les biens des communes sont de deux sortes; qu'elles possèdent les uns comme les simples particuliers possèdent les leurs, en les affermant et en en retirant le produit; qu'elles possèdent les autres par l'usage qu'en font les habitants, aux besoins des quels ces biens sont destinés; qu'il est de principe que cette seconde espèce de biens Communaux est imprescriptible;

Les arrosants
ont pu proscrire
une portion
de l'eau.

« Que l'arrêt de la Cour décide : 1° que les arrosants ont pu acquérir la propriété d'une partie des ruisseaux latéraux qui bordent la promenade publique dite la Voute et en sont une dépendance nécessaire, au moyen du prétendu établissement de martelières qui aurait été par eux opéré; 2° qu'au moyen de ces ouvrages, qui auraient ainsi démembré la propriété Communale, les arrosants ont pu prescrire une portion de l'eau;

Les faits
s'opposent à
sanctionner
cette prescrip-
tion,
et peuvent mo-
tiver un recours
en cassation.

« Que, cependant, ces canaux, que la ville fit construire avec soin à chaux et à ciment, qu'elle fit élever à la hauteur de la promenade pour son ornement, doivent comme elle être classés dans cette catégorie de biens communaux qui ne peuvent pas être acquis par prescription;

« Qu'il y a lieu de ranger dans cette classe la source elle-même, puisqu'elle est destinée aux besoins de la ville, et que l'arrêt le reconnait. Si elle est consacrée à l'usage de tous, si elle fût acquise dans cette intention, si telle est sa destination, de simples individus peuvent bien en user temporairement avec la tolérance de la ville, mais comment quelques-uns ont-ils pu acquérir sur une quantité quelconque et indéterminée de cette eau des droits irrévocables?

« Considérant que, si sous ce point de vue ainsi présenté sommairement, l'arrêt peut donner ouverture à un recours en cassation, il n'est pas oiseux de se demander si un second moyen ne pourrait pas être tiré de ce que la Cour a admis que les ouvrages, dont parle l'article 642 du Code civil, sont capables de faire courir la prescription, même lorsqu'ils n'ont pas été pratiqués dans le fonds où nait la source; qu'il semble que c'est de ceux-ci seulement dont le propriétaire de la source a à s'enquérir; qu'il lui importe peu qu'on saigne un ruisseau plus ou moins éloigné de la source, dans le quel il reste le maître de faire couler la quantité d'eau qu'il lui plait, et quand il lui plait; que ce ne doit pas être des saignées ainsi pratiquées qui présentent le caractère d'ouvrages interruptifs du cours naturel de l'eau;

« Considérant toutefois que la confiance du Conseil municipal dans les lumières et la justice de la Cour Royale d'Aix est trop grande pour qu'il ne soumette pas de pareils moyens, aux jurisconsultes qui devront être consultés, avec répugnance et hésitation; qu'il lui serait infiniment plus agréable de faire un second appel à elle-même, si la ville y était recevable, en prenant la voie extraordinaire de la requête civile;

Il serait plus
convenable
de recourir à
la requête civile

« Considérant que la loi (art. 481 du C. de P. C.) place à cet égard les communes dans une position plus favorable que les simples citoyens en général, et leur permet de se pourvoir si elles n'ont pas été défendues valablement;

Motifs divers
promettant
l'acceptation de
la requête civile

« Considérant qu'il est unanimement enseigné qu'il n'y a pas valable défense quand les moyens décisifs, quand les principales défenses de fait et de droit ont été omis, que c'est ce qui avait été inséré dans un projet d'article pour l'ordonnance de 1667, qui, quoique l'ordonnance ne le retrace pas en entier, a toujours été regardé comme une explication pour guider les juges;

« Considérant qu'un moyen des appelans, le seul que la Cour ait reconnu décisif, puisque c'est le seul qui motive son arrêt, consistait à prétendre avoir fait, dans les canaux de l'est et de l'ouest appartenants à la ville, des ouvertures et martellières; que, dès-lors, la principale défense de la ville consistait à repousser cette allégation tout à fait contraire à la vérité; que cependant il parait que l'habile avocat, au quel la ville avait confié le soin de ses intérêts, et qui, à cette occasion, lui a donné des preuves de dévouement et de zèle, dont le Conseil le prie ici de recevoir l'expression de sa vive reconnaissance, n'a pas pu soutenir la fausseté de ces faits par suite du défaut de renseignements dans le quel l'a laissé une Mairie démissionnaire et non encore reconstituée;

Les arrosants
n'ont pas
fait les prises
dans les
canaux latéraux
de la voûte.

« Considérant que les assertions des arrosants étaient inexactes et qu'ils ne peuvent pas en disconvenir aujourd'hui en présence de leurs concitoyens; que d'abord du côté de l'ouest l'eau, que la ville met à la disposition des propriétaires, coule dans un simple fossé appartenant aux riverains; qu'assurément leurs Sindics, qui étaient intimés en appel, n'auraient pas contredit ce point de fait dont le simple aspect des lieux garantit d'ailleurs la vérité, de sorte que l'on

Les ouvertures
et martelières,
sur les canaux
latéraux
de la voûte, ont
été faites
par la ville.

ne peut pas dire que les ouvertures et martelières pratiquées par les arrosants de ce côté, le soient sur un fonds communal ;

« Que, par la prise du côté de l'est, l'eau commence par servir à un lavoir public, elle fuit ensuite dans des canaux qui appartiennent à la ville, et qu'elle même a fait construire à chaque côté de la promenade publique, cela est vrai ;

« Mais ce qui ne l'est pas, c'est que les ouvertures et martellières soient l'ouvrage des arrosants, et la ville est à même d'administrer la preuve écrite qu'elle a tout fait faire à ses frais ;

« Que cette preuve résulte : 1o du devis sur la conduite des eaux de St. Simian fait par le sieur Gabriel Canolle d'Aix le 21 juillet 1752 ; 2o du rapport estimatif des ouvrages faits par la ville, au nombre des quels se trouvent les martélières que l'on voit dans les canaux latéraux des voutes, et même celles qui se trouvent sur les lices, le dit rapport en date du 31 mars 1757 ; 3o que même l'arrosage du jardin du sieur Sermet, qui se trouve dans l'intérieur de la ville, donnant lieu à quelques difficultés qui n'avaient pas été prévues dans le devis général du 21 juillet 1752, la ville prit, le 30 décembre 1753, une délibération spéciale portant que deux nouvelles prises seraient faites dans les canaux : un devis particulier fût fait le 4 mars 1754, et les travaux furent vérifiés et approuvés par un rapport du 17 juillet de la même année ;

« Qu'il est donc certain que la double allégation, que les Sindics des arrosants du côté de l'est ne s'étaient pas permise en première instance où elle eût été trop facilement détruite, et que la Cour a admise comme certaine par l'impuissance où l'avocat de la ville a été de la contredire, est une double fausseté ;

« Considérant qu'il est évident, par la lecture attentive de l'arrêt, que le défaut des défenses sur ces points de fait essentiels et décisifs a donné lieu à ce qui a été jugé, et qu'il aurait été jugé autrement si les défenses avaient été fournies ; qu'il y a donc juste motif de croire que la requête civile contre la seconde disposition de l'arrêt du 18 décembre dernier, et par suite contre le règlement ordonné, sera reçue ;

Délibéré
de se pourvoir
contre l'arrêt
du 18 décembre.

« Le Conseil municipal a délibéré unanimement, moins une seule voix, de se pourvoir contre l'arrêt précité, soit par le recours en cassation, soit par la voie extraordinaire de la requête civile, suivant l'avis des trois avocats, exerçants depuis dix ans, qui seront consultés à la diligence de M. le Maire, le quel est prié et chargé de remplir immédiatement toutes les formalités nécessaires pour que la ville échappe au danger d'une déchéance qui serait si préjudiciable à ses droits. » — Folos 1 à 3.

La rédaction de cette délibération du 22 mars 1838 en fesait réellement une sorte de mémoire à l'adresse de la Cour d'Aix, et le Maire de Brignoles s'empressa de remplir les formalités de procédure nécessaires pour présenter en temps utile son pourvoi contre l'arrêt du 18 décembre ;

Les arrosants, de leur côté, comprirent que leur cause changerait bientôt de face ; on chercha à s'entendre, et un projet de règlement, ou mieux de transaction, fut présenté au Conseil municipal dans sa séance du 9 décembre 1838.

« Le Conseil, après en avoir pris connaissance, ainsi que des amendements proposés par la Commission chargée de l'examiner,

1838.
—
Délibération
du 9 décembre.

« Considérant que, quoiqu'il y ait juste motif d'espérer de la religion mieux éclairée de la Cour Royale d'Aix la rétractation de son arrêt du 18 décembre 1837, par le quel, en accueillant une partie des prétentions des propriétaires arrosants de la source de St. Simian par la prise du côté de l'est, elle a porté une grave atteinte aux droits de la ville, une Administration municipale essentiellement modérée et paternelle ne sçaurait repousser ces propositions qui, si elles n'ont pas pour effet de la faire rentrer dans le plein exercice de ses anciens droits, tendent pourtant à lui en garantir un usage raisonnable et suffisant;

Il convient que la ville accepte la voie de transaction.

« Considérant que telle est la conséquence du projet de transaction qui est en délibération, puisqu'il reconnait que du droit de propriété de la source St. Simian dans le quel la ville fût maintenue par l'arrêt précité, il dérive la faculté d'établir de nouvelles fontaines publiques, non seulement pour l'accroissement des besoins de l'habitation, mais encore pour l'ornement et l'embellissement de la cité, et celle dont elle a constamment joui de faire des concessions particulières pour causes légitimes;

Le projet de transaction reconnaît la ville propriétaire de la source, et, par suite, les droits qui dérivent de cette qualité.

« Considérant que ces droits et facultés une fois établis et reconnus, la ville a peu d'intérêt à refuser de reconnaitre aux arrosants, aux quels elle n'a jamais eû l'intention de retirer la jouissance du surplus de ces eaux, un droit acquis à ce même surplus;

La Ville n'a pas intérêt à refuser le surplus des eaux aux arrosants.

« Considérant que l'engagement qu'elle contracte de réprimer les abus, que le temps peut avoir amené dans l'usage de certaines concessions particulières, n'est que l'équivalent d'un droit que son propre intérêt et de hautes considérations de convenance et de justice lui commanderaient de remplir;

La répression des abus est un devoir de justice.

« Considérant que les mêmes motifs la détermineraient à faire à la conduite, qui est sous la promenade publique dite la Voute, les réparations que son état peut réclamer, mais qu'il n'en sçaurait être de même des conduites souterraines qui circulent dans l'intérieur de la ville et distribuent à chaque fontaine l'eau qui lui est destinée;

La réparation des conduites est d'intérêt communal.

« Qu'à tort, exagérant les prétendues dégradations de ces conduites et les pertes d'eau que l'on a voulu en faire résulter, les arrosants font demander que les experts, chargés d'apprécier la réparation à la quelle il devra être procédé, soient autorisés d'apprécier, d'après les documents qu'ils jugeront à propos de consulter, la quantité d'eau nécessaire à la ville en ayant égard aux déperditions de conduites convenablement réparées et entretenues;

Les arrosants demandent à tort l'expertise des eaux nécessaires à la ville.

« Que cette prétention est contraire à la lettre et à l'esprit de l'arrêt du 18 décembre 1737 qui consacre l'état présent; qu'elle tend à attribuer aux experts des pouvoirs discrétionnaires et vagues, voisins de l'arbitraire; que son exécution pourrait avoir pour résultat de diminuer considérablement le volume d'eau de chaque fontaine;

1838.

—

Délibération
du 9 décembre
(suite).

—

Il faut
que les fontaines
coulent
comme elles
le font
actuellement.

« Que cependant il faut que ces fontaines coulent de la même manière que la sagesse de nos pères l'a établi , ainsi que la génération présente les a toujours vu couler, car..

....; c'est-à-dire de dériver de la source mère dans le conduit principal de la ville toute la quantité d'eau qui, d'après l'expérience , sera jugée nécessaire pour alimenter les tuyaux existants; quand aux réparations des conduites , au fur et à mesure qu'il sera nécessaire d'en faire, il n'y a pas lieu de les prendre en considération, attendu que la ville sera seule intéressée à y pourvoir, et qu'au besoin chaque citoyen aurait le droit de les requérir ;

La Ville
ne peut être
étrangère
à la division des
eaux entre
les arrosants
de l'est
et
ceux de l'ouest.

« Considérant que la ville ne sçaurait rester étrangère à la division du superflu de ses eaux entre les arrosants par la prise du côté de l'est et ceux du côté de l'ouest , soit parceque c'est elle qui jadis fit faire la réparation actuellement existante, soit parceque les ouvrages que cette division exigera devront être exécutés dans un lieu qui lui appartient, qui est entouré de murs, que seule elle dispose de son accès, qu'il lui importe que nul n'y pénètre sans sa permission ;

« Considérant enfin qu'il est temps de prendre une détermination qui amène un terme prochain à l'incertitude fâcheuse et nuisible qui nait de la situation présente des choses ;

« Le Conseil approuve le projet de transaction dont la teneur suit :

PROJET D'ACCORDS.

La Ville,
propriétaire de
la source,
prendra l'eau
nécessaire
aux fontaines
publiques, etc.

« Art. 1er. — La ville, reconnue propriétaire de la source de St. Siméon , prendra le volume d'eau nécessaire pour alimenter les fontaines publiques actuellement existantes et toutes les fontaines particulières ayant titre valable; elle prendra par suite la portion d'eau qu'elle avait affecté à la conservation des rouages du moulin à huile qu'elle possédait sur le chemin de la Celle, et dont les acquéreurs ont continué de jouir, indépendamment de la faculté de dériver toutes les eaux qui s'échappent par la prise dite de l'est , pour mettre ce moulin en mouvement, sans qu'elles puissent être diverties pour une autre destination.

Les fontaines
des particuliers,
sans titre,
ou titre défec-
tueux,
seront suppri-
mées.

« Art. 2e. — Les fontaines particulières sans titre , avec titre nul ou susceptible d'être révoqué , seront supprimées à la diligence de la Mairie; celles qui , ayant droit d'être conservées , seront susceptibles de réduction , seront réduites au volume d'eau déterminé par le titre : le tout sauf les droits que des tiers pourront avoir acquis par prescription ou autrement.

Trois experts
détermineront
le volume d'eau
nécessaire
aux fontaines
publiques

« Art. 3e. — Trois experts, hommes de l'art, convenus entre les parties ou nommés d'office par la Cour Royale, vérifieront et détermineront par voie d'expérience suffisante le volume d'eau que la ville doit prendre à la source mère pour alimenter convenablement , mais sans charge surabondante, toutes les fontaines publiques telles qu'elles existent actuellement.

« Ce volume d'eau sera augmenté de la quantité nécessaire, soit pour alimenter les fontaines particulières qui seront maintenues suivant l'article 2, soit pour la conservation des rouages du moulin à huile du chemin de la Celle suivant la délibération prise à cet égard par le Conseil municipal lors de la construction de ce moulin, et à défaut, suivant l'appréciation qui en sera faite par les experts.

« Après avoir ainsi déterminé le volume d'eau à prendre par la ville pour ses besoins présents et pour ceux de ses ayants droit, sans égard aux prétendues déperditions des conduites, excepté celle qui est sous la voute, (si son état est réellement mauvais, au quel cas la ville s'engage à y faire faire de suite tous les changements et réparations qui seront jugées opportunes), les experts indiqueront également, s'il est possible, de quelle manière cette prise pourrait être augmentée sans qu'il fût besoin de la démolir et de la reconstruire dans les cas prévues par les articles 5 et 6.

L'eau, qui sera attribuée aux représentants du Couvent des Capucins, ne sera toutefois pas comprise dans la prise de la ville, attendu qu'elle est dérivée par une prise à eux propre.

L'eau
des Capucins
n'est
pas comprise
dans les prises
de la ville.

« Art. 4e. — Toute l'eau qui excède les besoins de la ville et des ayants droit, déterminés comme il est dit ci-dessus, sera attribuée aux arrosants; leurs prises seront établies sous la surveillance de l'Autorité municipale, de manière qu'elles ne puissent jamais porter préjudice à celle de la ville, ni au lavoir public, et aux autres ouvrages qui ont été faits autour de ce lavoir.

L'eau superflue
aux besoins
de la ville sera
attribuée
aux arrosants.

« Art. 5e. — Sur cette quantité d'eau, actuellement superflue, attribuée aux arrosants, la ville pourra prendre l'eau qui serait nécessaire pour de nouvelles fontaines publiques qu'elle jugerait convenable d'établir, soit en considération de l'accroissement de ses besoins publics, soit à titre de simple ornement considéré comme besoin, sans profusion ni abus.

La Ville
pourra prendre
de l'eau
pour de nou-
velles fontaines.

« Art. 6o. — La ville pourra disposer d'une partie de ces mêmes eaux, attribuées aux arrosants, à titre de concession pour des établissements publics et même privés, aux quels le Pouvoir municipal reconnaitrait le caractère d'un intérêt général, les Sindics des arrosants préalablement entendus, et sauf l'approbation de l'Autorité administrative supérieure.

La Ville
pourra concéder
de l'eau
aux particuliers.

« Art. 7e. — Dans les deux cas prévus par les articles 5 et 6, la ville emploiera tout premièrement les eaux qui seraient retirées à des concessionnaires, dont la jouissance, maintenant conservée, serait alors dans le cas d'être révoquée.

« Art. 8e. — A la faveur des articles qui précèdent et qui sont corrélatifs, la ville se désiste de l'instance en requête civile qu'elle avait introduite envers l'arrêt du 18 décembre 1837, et de son pourvoi en cassation du même arrêt, que, surabondamment et pour aller à toutes fins, elle avait formé. Les dépens demeureront compensés, bien entendu que les sommes consignées tant à l'égard du fisc qu'à l'égard du corps des arrosants seront restituées, et, si elles ne l'étaient ni en totalité ni en partie, elles seraient supportées par moitié entre la ville et les arrosants, comme le seront les frais de toute nature aux quels donnera lieu l'exécution des présents accords.

Moyennant
l'adhésion des
arrosants
aux présentes
conditions,
la ville se désiste
de l'instance
introduite
en requête civile
etc...

1838.
—
Délibération
du 9 décembre
(suite).

« L'approbation du Conseil est donnée aux conditions ci-dessus transcrites, sous la réserve expresse de tous les droits, moyens et exceptions de la ville, aux quels il n'entend ni renoncer ni préjudicier aucunement au cas où les propriétaires arrosants, tant du côté de l'Est que du côté de celui de l'Ouest, refuseraient d'adhérer purement et simplement aux susdites conditions.

« Le Conseil charge M. le Maire de faire remettre une expédition de la présente délibération à leurs Sindics, avec invitation de souscrire au bas d'icelle leur acceptation dans le délai de quinzaine, et déclaration que, en cas de silence ou de refus, il sera donné suite à l'instance renouée devant la Cour par la requête civile qui lui a été présentée dans le délai de droit. » — *Fol*os 32-34.

Diverses
objections des
arrosants
sont repoussées
par
le Conseil municipal.

Les arrosants, loin d'adhérer purement et simplement à ce projet de transaction, présentèrent des observations qui n'ont pas été conservées et qui firent l'objet d'une délibération du Conseil municipal qui, dans sa séance du 6 janvier 1839, maintint la rédaction des articles 3 et 6 attaqués par les arrosants, et consentit à ce que la ville supportât seule les frais du pourvoi en cassation qu'elle avait intenté contre l'arrêt du 18 décembre 1837.

Le 28 février suivant, de nouvelles objections des Sindics des arrosants contre le projet de transaction furent présentées au Conseil municipal, qui reçut en même temps communication d'une lettre de Me Mandaroux Vertamy, avocat, annonçant que la section des requêtes avait admis le pourvoi en cassation formé par la Commune contre l'arrêt de la Cour Royale d'Aix dans l'affaire des eaux de St-Siméon.

Un membre du Conseil prit la parole, « pour se plaindre du mauvais vouloir des arrosants, et des difficultés que rencontre le projet de transaction proposé par la Commune; il demande en conséquence qu'il ne soit plus question de ce projet, et que le procès contre les arrosants suive son cours.

« Sur quoi le Conseil, après en avoir délibéré,

« Attendu que la question des eaux est de la plus haute importance pour la Commune; qu'il est du devoir du Conseil d'épuiser toutes les voies qui lui sont ouvertes avant de consentir un sacrifice dont la ville pourrait un jour se plaindre;

« Que l'admission du pourvoi en cassation donne l'espoir de voir casser l'arrêt de la Cour Royale d'Aix;

« Considérant d'un autre côté que les arrosants n'ont point encore accepté le projet de transaction qui leur a été présenté depuis plus de trois mois;

« Que ce projet contenait en faveur des arrosants toutes les concessions que pouvait faire le Conseil sans abdiquer totalement les intérêts de la Commune;

« Qu'il y a lieu de penser que les difficultés sans cesse renaissantes, qui sont présentées par les arrosants, rendraient cette transaction interminable;

Délibéré
de
retirer le projet
de transaction
et
de donner suite
au pourvoi
en cassation.

« Est d'avis, à la majorité de douze voix contre six, de retirer le projet de transaction proposé, et de donner suite à la requête civile et au pourvoi en cassation. » — *Fol*o 40.

Les arrosants se plaignirent de ce que les canaux établis sur les deux côtés de la voûte-aqueduc de St-Siméon étaient dégradés et laissaient perdre l'eau, et ils adressèrent une demande à la Municipalité, afin que de promptes réparations fissent cesser cet état préjudiciable à leurs intérêts.

Le Conseil, dans sa séance du 28 avril 1839, autorisa M. le Maire de faire dresser un devis de ces réparations.

Le 15 septembre suivant, communication fut donnée au Conseil de deux délibérations des propriétaires arrosants de la source de St-Siméon, une en date du 16 juin et l'autre du 31 juillet 1839, par lesquelles ils manifestaient le désir de terminer à l'amiable le procès pendant devant la Cour de cassation, et par lesquelles ils consentent et approuvent le projet de transaction proposé par le Conseil le 9 décembre 1838.

On fit remarquer que les arrosants avaient agi contre leurs intérêts en voulant modifier le projet de transaction, et qu'ils étaient forcés de le reconnaître par l'effet de la délibération du 28 février 1839, où le Conseil municipal avait annulé ce projet et décidé de poursuivre l'instance en Cour de cassation.

Malgré cette insinuation tendant à ne pas revenir sur la délibération prise le 28 février, le Conseil, bien aise de voir terminer un procès long et dispendieux, « délibéra qu'il acquiesçait au désir manifesté par les arrosants de l'eau de St. Siméon, et de passer la transaction sus relatée, telle qu'elle se trouve transcrite à la séance du Conseil du 9 décembre 1838;

« Il autorisa M. le Maire à convoquer les arrosants à la Mairie à l'effet d'approuver dans tout son contenu le projet d'accord sus relaté, et de signer au registre. » — *Fol*⁰ 57.

Le 20 octobre suivant, « Les arrosants de l'eau de St. Siméon, se réunirent à l'Hôtel de Ville devant M. le Maire; furent présents, Messieurs : Mouttet, Adrien, propriétaire, — Delestang, Guillaume, avoué, — Minuty Jean Baptiste Barthelemy, propriétaire, — Dupont, Joseph, agriculteur, — Lion, Victor, propriétaire, — Delphine Blancard, veuve d'Augustin Sabatier, — Revaute, Honoré, propriétaire, — Augier, Charles, agriculteur, — Perrimond Jean Baptiste, cultivateur, — Bremond, André, Louis, propriétaire, — Rougon, Laurent, docteur en chirurgie, — Grisolle, Augustin, François, jardinier, — Taurel, Laurent, propriétaire, — Raynouard, Jean Baptiste, jardinier, — Andréoly, Anselme, cafetier, — Serenne, Joseph, Honoré, jardinier, — de Clappiers, Louis, Ildephonse, propriétaire, — Dupui, Louis, Joseph, négociant, — Bouchard, Frédéric, huissier, — Beilon, Jean, Louis, jardinier, — Beilon, Joseph, jardinier, — Brun, Jean Baptiste, charretier, — Michel, Joseph, prêtre, — Bourgue, Louis, charretier, — Barbier, Louis, potier à terre, — Barbier, César, à feu Amand, potier à terre, — Magdeleine Flayosc, épicière, représentant Jean, Louis Taurel, — Eysseautier, Jean, François, pharmacien, se faisant fort pour Sébastien Deblieu, curé à la Seyne, — Bernieu, Marie, demoiselle, — Broquier, cultivateur rue St. Christophe, — Barbarroux, Jean Louis, cultivateur, — Legier,

Marginal notes (right column):

1839.

Dresser un devis des réparations nécessaires aux canaux latéraux de la voûte de St-Siméon.

Les arrosants proposent de signer le projet de transaction.

Le Maire est autorisé à convoquer les arrosants pour approuver le projet de transaction.

Assemblée des arrosants qui approuvent le projet de transaction.

1839-1841.

Joseph, valet d'écurie, — Louis Maitre, fondé de pouvoir d'Alphonse de Fabry, employé aux douanes à Belley, — lesquels, après avoir entendu la lecture en entier des susdits projets de transactions, etc....., déclarent par le présent l'approuver et l'accepter, etc..... » — *Fol° 57. V°.*

Le 17 novembre suivant, « le Conseil municipal approuve le procès verbal de l'Assemblée des arrosants, tenue le 20 octobre d^er, dans la quelle ils ont accepté le projet de transaction délibéré le 9 décembre 1838. » — *Fol° 58.*

M. le Maire
est autorisé à
passer l'acte
de transaction.

Et le 27 septembre 1840, « il autorise M. le Maire à passer acte public de cette transaction, conformément à l'arrêté préfectoral du 17 du même mois. » — *Fol° 85.*

Acte
de transaction,
décembre 1841.

Cet acte fut fait par Mc Marie, Honoré, Louis Clavier, notaire à Brignoles, et signé aux dates des 12, 13, 14, 15, 18 et 21 décembre 1841. — M. le Maire de la ville, et tous les signataires de la séance du 20 octobre 1839 figurent comme parties dans cet acte, qui est la copie littérale du projet déjà reproduit *in-extenso* à la date du 9 décembre 1838 ; cependant il semble utile de relater ici le préambule de cet acte donnant l'historique sommaire du procès, dans les termes suivants :

Exposé
préliminaire,
(ou préambule)
de l'acte
de transaction
du 21 décembre
1841.

Historique
du procès
(1834-1841).

« La ville de Brignoles est propriétaire d'une source appelée Saint Simian qui alimente les fontaines publiques et plusieurs fontaines particulières par une prise dont les dimensions, au lieu d'être faites d'une manière invariable, ont subi divers changements à des époques succéssives.

« Le superflu des eaux qui s'échappent de la source mère sert, de temps immémorial, à l'irrigation des terres voisines : ce superflu se divise en deux branches, l'une coule dans la direction de l'Est, dans un lavoir public, et se jette ensuite à droite et à gauche dans deux canaux qui longent la promenade publique dite la Voute, sous la quelle se trouve l'acqueduc qui amène les eaux aux fontaines de la ville.

« L'autre branche coule dans la direction de l'Ouest et sert immédiatement à l'arrosage.

« Il y a environ vingt ans que des travaux furent faits à la source mère et que la prise de la ville fût changée par suite de ces réparations ; les arrosants de l'Est crurent voir dans ce fait de l'Autorité municipale la cause de la diminution qu'ils remarquèrent les années d'après dans le volume d'eau qui était destiné à leur arrosage et, par exploit du 31 octobre 1834, ils ajournèrent M. le Maire de Brignoles devant le Tribunal de première instance de la dite ville, aux fins de venir entendre dire et ordonner : 1° qu'ils étaient, à l'instar de tous autres ayant droit de prise à la source de St. Simian, co-propriétaires de la même source dans la proportion que leur attribuaient les titres, la possession et l'état des lieux ancien et actuel ; 2° que, dans le délai fixé par le jugement, la Commune serait obligée de rétablir sa prise telle qu'elle existait auparavant, et ce, avec dommages intérêts pour le préjudice résultant de la diminution du volume d'eau leur afférent ; ils concluent en outre, et par fins subsidiaires, à ce que, par experts nommés d'office, il fut déterminé et affecté à la Mairie de Brignoles toute la quantité d'eau

1841.

Exposé
préliminaire ou
préambule
(suite).
—
Historique
du procès
(1834-1841).

qui lui serait strictement nécessaire pour alimenter les fontaines publiques ainsi que les fontaines particulières ayant titre valable, au moyen de quoi, sa prise, une fois établie, le serait invariablement et de telle manière qu'en recevant toujours le même volume d'eau, la Mairie ne pût, à l'avenir, comme elle le pratiquait depuis les nouvelles œuvres, l'augmenter ou diminuer à sa volonté.

« Ils assignèrent également les Sindics des propriétaires arrosants du quartier de l'Ouest, ainsi que divers propriétaires du faubourg des Capucins qui jouissent d'une partie des eaux de la source de St. Simian par une prise particulière, pour assister, comme co-propriétaires de la source de St. Simian, en l'instance, et voir déterminer d'une manière invariable le niveau et la dimension des prises respectives de tous les ayant-droit.

« Aucune de ces prétentions ne fût accueillie, et, par jugement du 19 mars 1836, le Tribunal de Brignoles reconnaissant que la Commune de Brignoles était propriétaire de la source de St. Simian; qu'elle avait toujours pu en disposer comme elle l'avait jugé convenable, et faire à sa prise tous les changements nécessités par les besoins publics, débouta les Sindics de leur action sur tous les chefs.

« Les arrosants interpellèrent appel de ce jugement devant la Cour Royale d'Aix qui, par arrêt du 18 décembre 1837, déclara que la ville de Brignoles, propriétaire de la source de St. Simian, avait le droit d'y prendre toute la quantité d'eau nécessaire pour alimenter ses fontaines publiques ainsi que les fontaines particulières ayants titre valable, mais que le surplus des eaux devait continuer à être délaissé aux arrosants, sans qu'il fût permis à la ville de diminuer ce superflu par aucune concession particulière faite au préjudice de leurs droits; le même arrêt ordonna que faute par les parties de s'entendre sur le règlement d'eau à faire entr'elles d'après les bases ci-dessus posées, il y serait pourvu d'autorité de la Cour.

« La ville de Brignoles, alarmée de cet arrêt et jalouse de conserver intact son droit de propriété, se pourvût en même temps devant la Cour de cassation et devant la Cour Royale d'Aix elle-même par la voie de la requête civile, pour obtenir la rétractation de cette décision.

« Ces deux pourvois ne furent émis que sur une consultation rédigée par MM. Bouteuil, Perrin et Cresp, jurisconsultes du barreau d'Aix.

« Néanmoins, tout en prenant les mesures nécessaires pour empêcher les droits de la Commune de périmer, le Conseil municipal pensa qu'il ne devait point négliger les voies de conciliation et qu'une transaction, qui garantirait les droits de la ville et assurerait en même temps aux arrosants ce qu'il y avait de légitime dans leurs prétentions, serait une conclusion préférable à toute autre dans une affaire de cette nature.

« Pour arriver à ce résultat, un projet d'accord fût rédigé de suite et définitivement arrêté par le Conseil dans sa séance du 9 décembre 1838.

« Ce projet communiqué aux arrosants souleva d'abord quelques objections de leur part, mais il fût enfin adopté par eux dans toute sa teneur, et confirmé par le Conseil municipal le 15 septembre 1839.

Exposé
préliminaire ou
préambule
(suite).
—
Historique
du procès
(1834-1841).

« Il fût ensuite soumis à l'approbation du Préfet, qui le fit examiner par trois jurisconsultes, et enfin ce magistrat, sur l'avis de ces jurisconsultes et celui du Conseil de Préfecture, prit un arrêté le 17 septembre 1840, par le quel il autorisa la Commune de Brignoles à se retirer devant un notaire pour rédiger un acte public sur le susdit projet de transaction ; à ces causes, sont comparus devant le notaire soussigné, etc....... »

Nous venons de voir que M. le Préfet, avant d'autoriser la rédaction de la transaction en acte public, le soumit à l'examen de trois avocats ; je n'hésite pas à transcrire cette consultation sans reculer devant les redites, mon seul but étant de faciliter à la Municipalité et aux habitants de Brignoles les recherches de leurs droits et devoirs, en ce qui concerne la possession et jouissance des eaux nombreuses, dont leur terroir est favorisé.

Avis sur la transaction proposée, etc.....

Consultation
demandée
par M. le Préfet.

« La ville de Brignoles soutenait un procès contre divers possédants biens dans son territoire au sujet de la propriété et du mode de répartition des eaux d'une source dite de Saint Simian qui alimente les fontaines publiques et sert en même temps à l'irrigation des propriétés situées à l'Est et à l'Ouest de cette même source.

Exposé
du procès.

« Ce procès, intenté par les Syndics des propriétaires arrosants de l'Est, avait pour objet de la part de ceux-ci de se faire déclarer co-propriétaires des eaux de la source, de réduire la Commune au titre de simple usagère de ces mêmes eaux, de faire ordonner en conséquence qu'il ne lui en serait attribué que le volume strictement nécessaire à ses besoins, sans que ce volume pût être augmenté au gré de la Commune.

« Le Tribunal de première instance de Brignoles débouta les Syndics de leur action sur tous les chefs.

« Appel ayant été interjété de cette sentence, la Cour Royale d'Aix, devant la quelle la cause fût portée, adjugea, comme les premiers juges, à la ville de Brignoles la propriété des eaux de la source de St. Simian et le droit de prendre à cette source toute la quantité d'eau nécessaire pour alimenter ses fontaines publiques, ainsi que les fontaines particulières ayants titre valable. Mais elle décida encore que les arrosants de l'Est et de l'Ouest, ayant pratiqué depuis plus de trente ans, sur les canaux appartenants à la ville, des martelières ou des ouvrages apparents destinés à amener dans leurs fonds le superflu des eaux de la source qui coulait dans ces canaux, avaient acquis un droit définitif à la possession de ce superflu.

Causes qui firent
succomber
la ville en appel.

« Cette dernière partie de la décision de la Cour était fondée sur deux points de fait qui manquent d'exactitude : au moment où la cause fût plaidée, l'Autorité municipale, désorganisée par la démission de ses membres, n'était pas encore reconstituée ; le défenseur de la Commune manqua de renseignements et d'instructions qui le missent en mesure de repousser les allégations de ses adversaires.

1840.
—
Consultation
demandée
par M. le Préfet
(suite).

« La voie de la requête-civile restait donc ouverte à la Commune pour obtenir la rétractation de-l'arrêt du 18 décembre 1837, puisqu'elle n'avait pas été valablement défendue. Le Conseil municipal fût d'avis qu'on y eût recours et une consultation de trois jurisconsultes du barreau d'Aix démontre combien ce recours était fondé.

« Les choses étant en cet état, des propositions d'arrangement eurent lieu ; un projet de transaction fût rédigé ; le Conseil municipal y donna son approbation, et il a été ensuite accepté et approuvé par tous les propriétaires arrosants de la source de St. Simian.

« Nous soussignés nommés, par arrêté du Préfet du Var en date du 24 juin dernier, pour donner notre avis sur la transaction dont s'agit :

Considérants.

« Vu le jugement rendu le 10 mars 1836 par le Tribunal de première instance de Brignoles ;

« Vu l'arrêt du 17 décembre 1837 qui réforme en partie le dit jugement ;

« Vu la consultation faite au sujet des voies à prendre contre cet arrêt, rédigée par Messieurs Bouteuil, Perrin et Cresp, jurisconsultes du barreau d'Aix ;

« Vu la délibération du 9 décembre 1838, par la quelle le Conseil municipal de Brignoles approuve le projet de transaction soumis à notre appréciation, et celle du 15 septembre 1839, par la quelle il déclare persister dans l'adoption de ce projet ;

« Vu l'acceptation de ce projet souscrite par tous les propriétaires arrosants et par M. le Maire de Brignoles le 20 octobre 1839 ;

« Estimons qu'il y a lieu d'autoriser la transaction proposée.

Point principal
du procès.

« Le point essentiel du procès que la Commune soutenait contre les propriétaires arrosants consistait à sçavoir à qui appartenait la propriété des eaux de la source de St. Simian ; c'était l'objet principal des conclusions des adversaires de la ville, et, pour l'une et l'autre partie, la question présentait un intérêt majeur — si les propriétaires arrosants avaient obtenu gain de cause, la Commune se trouvait dans une position pénible : obligée de disputer l'eau destinée à alimenter ses fontaines publiques à des propriétaires jaloux de leurs droits, elle eût été gênée dans tous les travaux d'utilité publique qu'elle aurait entrepris ; elle eût vu sans cesse naitre des contestations, des procès qu'il est toujours du devoir d'une Administration municipale d'éviter.

Effets
de la transaction.

« La transaction proposée détruit d'avance et d'une manière définitive cette cause de discordes : l'article 1er pose d'abord en principe la propriété de la Commune sur les eaux de la source de St. Simian ; les articles 5 et 6 en tirent la conséquence immédiate, sçavoir : le droit de disposer à son gré, non seulement pour de nouvelles fontaines, que l'accroissement de la population ou l'ornement de la cité rendraient nécessaires, mais encore pour des concessions en faveur d'établissements publics ou même privés aux quels le pouvoir municipal reconnaitrait le caractère d'intérêt général. Cette dernière stipulation est une sage réserve en faveur des industries utiles au pays et qui pourraient dans la suite venir accroitre son bien être et son importance.

« L'arrêt de la Cour Royale d'Aix, tout en reconnaissant la propriété de la Commune, décide que les propriétaires arrosants ont acquis, par la construction d'ouvrages apparents dont l'existence remonte à plus de trente ans, le droit de prendre le superflu des eaux de la source; il consacrait une servitude au préjudice de la Commune.

« Cette disposition, qui repose sur une erreur de faits dont il a déjà été question, devait tomber devant un examen plus attentif.

« L'article 4 de la transaction attribue aussi aux arrosants le droit de prendre le superflu des eaux, mais c'est à titre de pure bienveillance, c'est une concession volontaire que la Commune fait à ses administrés. Aussi, bien loin que les prises d'eau soient maintenues, comme elles l'étaient par l'arrêt de la Cour, à titre de servitudes, il est dit dans ce même article 4 que les prises seront établies sous la surveillance de l'Autorité municipale, de manière qu'elles ne puissent jamais porter préjudice à celle de la ville ni au lavoir public, et aux autres ouvrages qui ont été faits autour de ce lavoir.

« Du moment qu'il était reconnu que la propriété des eaux de la source appartient à la Commune et que les arrosants n'ont pas un droit de servitude sur le superflu des eaux, la ville de Brignoles devait naturellement favoriser autant que possible des arrosants qui jouissent en vertu d'un usage des plus anciens : de là les articles 2, 4, 7, de la transaction.

« En résumé, la transaction proposée concilie heureusement les droits et l'intérêt sainement entendus de la ville de Brignoles avec l'intérêt de l'agriculture et des nombreux propriétaires qui usent, pour l'arrosage de leurs champs, des eaux de la source de St. Simian.

« Il est donc convenable de l'autoriser.

« Délibéré à Draguignan, le 28 juillet 1844.

« Signé sur l'original : EMMANUEL POULE, avocat — CAUVIN — T. FAISSOLLE. »

Nota. — Il doit y avoir erreur sur la date de cette consultation, puisque l'arrêté préfectoral qui le vise est du 17 septembre 1840, et l'acte passé en suite de cet arrêté est daté de décembre 1841. — La consultation a nécessairement été faite en 1840.

Dans les deux années occupées par les incidents du projet de transaction, le Conseil fut appelé à prendre deux délibérations au sujet de réparations aux canaux latéraux de la voûte de St-Siméon :

« La première du 18 mars 1840, sur l'exposé de l'état de dégradation du ruisseau, dans la partie longeant la propriété de M. de Clappiers,

La Commune
doit réparer les
canaux
d'arrosage
latéraux
de la voûte.

« Attendu que ce ruisseau doit être entretenu par la Commune et qu'il a besoin d'être réparé ;

« Considérant que ce ruisseau, en l'état, innonde la propriété de M. de Clappiers, prive les arrosants d'une partie des eaux qui leur sont dévolues ;

1840-1850.

« Décide à l'unanimité que le ruisseau dont s'agit sera réparé, et vote en conséquence les fonds nécessaires pour cette réparation qui comprend une longueur de 250 mètres à raison de un franc le mètre. » — *Folo* 67.

Réparer
les canaux Est
sur
une longueur
de 370 mètres.

Le 10 mai suivant, « Vû que la réparation votée le 18 mars pour une longueur de 250 mètres est insuffisante, et qu'il est nécessaire de faire les mêmes travaux sur une nouvelle longueur de 120 mètres ;

« Le Conseil délibère qu'il y a lieu de faire cette nouvelle réparation. » — *Folo* 71.

La deuxième délibération, 9 mai 1841, porte : « Vû la pétition de M. Bremond,

« Ouï le rapport favorable de la Commission des pétitions,

Réparer
la partie con-
frontant
M. Bremond
(ouest).

« Le Conseil délibère qu'il y a lieu de faire au canal qui borde la propriété de M. Bremond, sur les Voutes, les réparations demandées ;

« En conséquence, il charge M. le Maire de faire dresser un rapport sur l'état des lieux, accompagné du devis estimatif des travaux à faire pour les remettre en bon état.

Le 6 juin suivant, « sur le rapport et devis dressé par M. Chabrely, maçon, portant le chiffre des réparations à faire à la somme de 369 francs,

« Le Conseil vote ce crédit, et décide que la réparation sera faite par économie, afin de mettre de suite un terme aux dégradations qui résultent du mauvais état des canaux. » — *Folo* 104.

La délibération du 18 mars 1840 présente cette singularité ; que c'est un des Sindics des arrosants du côté Est, qui avaient présenté à la Cour d'Aix les ouvrages exécutés par eux sur les canaux comme un titre de possession, qui demande à la Commune de réparer un des dits canaux.

Dix ans s'écoulent sans que l'Autorité municipale ait à s'occuper des eaux de St-Siméon ; mais en 1850, les arrosants par la branche Est trouvent l'occasion de soulever de nouvelles réclamations.

Voie de fait
sur
la prise d'eau
de l'ouest.

Un arrosant de l'Ouest, trouvant que le volume d'eau sortant de cette prise était insuffisant, se porta à une voie de fait regrettable et enleva les dalles qui couvraient le canal d'arrosage dans le patecq de la source, enleva la grille en fer bâtie devant la prise, et démolit une partie de la banquette sur laquelle reposait la grille.

Les arrosants de l'Est, par l'intermédiaire du fontainier, portèrent plainte ; un procès-verbal de constatation fut dressé officieusement par le 1er Adjoint et le fontainier, sous la date du 5 août 1850, et le 19 du même mois d'août, les arrosants de l'Est adressèrent au Conseil municipal une plainte avec demande de faire rétablir les lieux en leur état précédent.

1850.

—

Séance
du 10 novembre.

—

Rapport
de
la Commission
sur la pétition
des arrosants
du côté Est.

Cette pétition , renvoyée à l'examen d'une Commission , donna lieu à un rapport dans lequel sont énumérés tous leurs griefs , et qui se retrouvera intégralement dans le procès-verbal de la séance du Conseil municipal du 10 novembre 1850 , dont voici la copie :

« Au midi de la ville de Brignoles , au pied d'un coteau , jaillit la source de St. Simian ; ses eaux , encaissées dans un vaste réservoir , s'échappent par trois issues : la première est attribuée au service des fontaines publiques et privées de la ville , les deux autres , dont l'une à l'Est , l'autre à l'Ouest , fournissent leurs eaux à l'irrigation des terres.

« La Commune est propriétaire de la source , d'anciens titres le prouvent et un arrêt récent de la Cour Royale suivi d'une transaction le consacre de nouveau.

« Les propriétaires des terres arrosées par la prise de l'Est se plaignent de ce que les eaux manquent aux besoins de leurs propriétés par l'effet de la disposition des lieux , et surtout par suite de voies de fait pratiquées sur la prise de l'Ouest dénaturant le niveau établi , et qui auraient dérangé la distribution des eaux au préjudice des pétitionnaires, du lavoir public et de la prise des fontaines.

« L'inspection des lieux prouve suffisamment que la distribution des eaux n'est pas équitable : la prise de l'Est large de plus d'un mètre , placée dans une position élevée , coulant sur une longueur considérable avec une pente à peu près insensible , ou pour mieux dire de niveau , reçoit une quantité d'eau peu considérable et insuffisante à l'irrigation des terres.

« En sortant du réservoir commun , les eaux traversent le lavoir public ; les eaux sont si peu abondantes dans ce moment, que le lavoir public n'est qu'un cloaque infect où les eaux se renouvelant trop lentement semblent privées de mouvement et présentent à la vue un mélange de savon et de boue.

« La prise de l'Ouest est de beaucoup inférieure ; son ouverture , qui n'est que de trente centimètres environ, verse des eaux abondantes dans un fossé d'une pente bien prononcée et fournit avec profusion au service de deux lavoirs et de l'irrigation des terres.

« Les souvenirs des personnes avancées en âge et des témoignages plus récents attestent que , dans le temps, la prise de l'Est a donné beaucoup plus d'eau ; il y a même probabilité que l'état des lieux a été changé , car dans le canal de l'Ouest, sous la muraille du chemin public , il existe des traces d'une grille en fer et d'une maçonnerie dont la destination a dû être de modérer la pente et de régler le niveau des eaux , de manière à ce qu'elles fussent réparties plus équitablement (†).

---

(1) Il y a certainement de l'exagération dans cet exposé de l'état des lieux : Les arrosants par la branche Est n'ont jamais cessé de faire des plaintes et des réclamations sur l'insuffisance d'eau, et aucune des mesures prises jusqu'à ce jour n'a pu les satisfaire; les arrosants par la branche Ouest se plaignent, de leur côté, de ne pouvoir arroser faute d'eau, disant que le côté Est en reçoit plus que le leur; la voie de fait, qui donna lieu à la pétition dont s'agit, était une démonstration de cette dernière opinion.

« Pour le moment, la Commission des pétitions a constaté avec regret que l'état des lieux est réellement défectueux ; que, le maintenir, serait conserver une injustice, puisque le lavoir public ne peut plus servir à sa destination et que les terres de l'Est ne peuvent plus être arrosées, tandis que la prise de l'Ouest attire une surabondance d'eau telle, qu'au temps des arrosages, quelques propriétaires vendent des eaux. (1)

« Jamais la différence entre les deux prises n'avait été aussi considérable, néanmoins la pénurie des eaux d'irrigation pour le côté Est a donné lieu entre la ville et les propriétaires à un procès qui a suivi tous les degrés de juridiction, et qui s'est terminé, après un arrêt de Cour Royale, à une transaction en date des 13, 14, 15, 16, 18, 21 décembre 1841.

« Les jugements et arrêts intervenus dans cette instance, et même la transaction, reconnaissent à la Commune la propriété des eaux de la source de St. Simian ; ils accordent seulement aux propriétaires le droit à l'usage pour l'irrigation, de toutes les eaux qui excèdent les besoins des fontaines publiques et privées ayant un titre valable.

« La Commission, n'ayant aucun titre pour le rétablissement des lieux tels qu'ils devraient être pour une juste répartition des eaux, est d'avis que le seul moyen de résoudre la difficulté est de remplir les conditions exprimées dans l'article 4 de la transaction des 13, 14, 15, 16, 18 décembre 1841, à la quelle tous les propriétaires intéressés ont concouru.

« Cet article de la transaction est ainsi conçu : « Toute l'eau, qui excède les « besoins de la ville et des ayants droits déterminés comme il est dit ci-dessus, « sera attribuée aux arrosants ; leurs prises seront établies sous la surveillance « de l'Autorité municipale de manière qu'elles ne puissent jamais porter préju- « dice à celle de la ville, ni au lavoir public et aux autres ouvrages qui ont été « faits autour de ce lavoir. »

En 1850, l'Autorité municipale a fait exécuter quelques changements à la prise Ouest, afin d'obtenir un partage égal entre les deux branches ; il paraît que cet essai n'a pas été heureux, puisque les mêmes plaintes ont continué de s'élever des deux côtés.

En fait, la différence de niveau entre les deux prises est si faible, qu'il suffit d'un entassement de linge dans le lavoir indûment établi à l'extrémité nord du patecq de la source, contre et au-dessus du chemin, pour que l'eau reflue d'une manière très-sensible dans le lavoir public qui est alimenté par la prise Est.

Tant que la ville ne sera pas propriétaire des terres contiguës à l'enceinte de la mère-source et de ses dérivés, jusqu'à dix ou vingt mètres de distance, des abus clandestins apporteront journellement le trouble dans l'usage des eaux.

D'ailleurs, le règlement d'arrosage de 1646 démontre que, à cette époque, les terres ayants droit d'arroser des eaux de St-Siméon étaient bien moins étendues que celles qui prétendent actuellement au même droit, et cependant, l'insuffisance d'eau est déjà formellement constatée.

(1) Cette vente de leur eau, par ceux qui ont semé du blé à ceux qui ont fait du jardinage, prouverait au contraire une insuffisance qui forcerait ces derniers à acheter l'eau, inutile cette année-là à leurs voisins, afin de ne pas laisser périr leurs légumes.

1850-1851.

« Le Conseil ,

« Attendu que l'état primitif de distribution des eaux de la source de St. Simian est dénaturé d'une manière préjudiciable aux intérêts d'un grand nombre de propriétaires ;

« Que la Commune est intéressée directement dans cette affaire , et comme propriétaire de la source et parceque le lavoir public ne peut plus remplir les services que la population a le droit d'en attendre ;

« Attendu que l'Autorité municipale doit ses soins à tout ce qui tient au service public ;

« Attendu que l'intérêt de la Commune et la justice commandent de faire cesser un abus nuisible à ces services publics et à une partie de la population ;

Délibéré
de
charger le Maire
d'établir
une répartition
équitable
des eaux.

« A délibéré de charger M. le Maire d'employer tous les moyens à sa disposition pour établir une répartition des eaux de la source de St. Simian d'une manière plus équitable et plus conforme aux droits de tous les intéressés , et , au besoin , de provoquer l'exécution la plus prompte des mesures indiquées dans l'article 4 de la transaction des 13 , 14 , 15 , 16 , 18 et 21 décembre 1841. » — *Fol*° 130.

Avis favorable du Sous-Préfet , daté du 11 décembre 1850 , et vu et approuvé par le Préfet , à Draguignan, le 11 janvier 1851.

Le Maire
convoque tous
les arrosants.

En exécution de cette délibération, M. le Maire convoqua tous les arrosants des eaux de St. Siméon , à l'effet de s'entendre sur une nouvelle distribution de l'eau.

Les arrosants
de l'ouest
refusent de se
rendre à
cette invitation.

Les arrosants par la prise Ouest refusèrent de se rendre à cette convocation par leur lettre du 14 mars 1851, ainsi conçue :

« Vous nous convoquez pour revenir sur la distribution des eaux ou versures de la source de St. Simien ;

« Nous avons l'honneur de vous observer que les dites eaux sont réglées et distribuées entre les deux quartiers depuis un temps immémorial au moyen de deux prises établies en pierres de taille , l'une du côté du levant , et l'autre du côté du couchant.

« Depuis cette époque , cette distribution a été religieusement respectée et exécutée : nous avons appris que le Conseil municipal, à qui la même question fût soumise, rejetta la demande.

« Dans cet état , nous croyons que notre présence à la Mairie est inutile.

« Nous avons l'honneur de vous saluer trez respectueusement.

« Signé : Lion , Victor — Augustin Grisolle — Boyer — Bonnaud , neveu , pour lui et pour son oncle Charles — H^te Bremond — Blancard — Augustin Broquier — Louis Bremond. »

1851-1856.
—
Assemblée
des arrosants
de l'Est
à la Mairie.

Le 16 du même mois de mars , « M. le Maire présida l'Assemblée composée des arrosants, qui se rendirent à la Mairie, selon son invitation, sçavoir, Messieurs : Rougon, médecin — Delestang, avoué — de Clappiers, propriétaire — Reboul, Léon — Blacas, vétérinaire — Sérène, jardinier — Revaute boucher — Bouchard, huissier — Escoffier, avocat — Mouttet, Frédéric — Bourgues, Louis — Varrachan, Henri — Auguste Grisolle, représentant M. Deblieu — Tardivel, Hypolithe — Barbier, César — Jaubert, Clair — Lion, Louis — Magdeleine Flayosc, — et Joseph Beillon.

« M. le Maire leur exposa qu'il les avait convoqués pour se concerter avec eux, dans les limites de leurs droits, pour l'exécution de la délibération du Conseil municipal en date du 10 novembre 1850, relative à la distribution des eaux de la source de St. Simian.

« Il leur donne lecture de la dite délibération, de la pétition des propriétaires du quartier de l'Est, et de la transaction intervenue entre la Commune et les propriétaires, les 12, 13, 14, 15, 16, 18 et 21 décembre 1844 *(lisez 41);* il leur a communiqué en outre une lettre en date du 14 mars courant, par la quelle les propriétaires du quartier de l'Ouest, au nombre de neuf, déclarent qu'ils ne se présenteront point à cette réunion, parceque, la distribution étant faite trez anciennement, et les lieux n'ayant pas été changés, il n'y a rien à faire qu'à maintenir l'état présent.

« Les propriétaires du quartier de l'Est présents, voyants l'impossibilité de régler ce qui est en question d'une manière officieuse, ont prié M. le Maire de les constituer en Assemblée du quartier, et de constater par un procès verbal la désignation qu'ils veulent faire de sindics, qui devront poursuivre l'exécution de la transaction des 12, 13, 14, 15, 16, 18 et 21 décembre 1841, par tous les moyens légaux, et même par les voies judiciaires.

Ils nomment
3 Sindics
chargés
de poursuivre
l'exécution
de la transaction
de 1841.

« Immédiatement un scrutin a été ouvert, où chacun des propriétaires présents a déposé son vote par un bulletin écrit ; les votants étaient au nombre de vingt un ; le dépouillement a donné pour résultat la nomination de Messieurs Escoffier, avocat, Delestang, avoué, et de Clappiers, propriétaire.

« Nous Maire de Brignoles, avons rédigé le présent pour constater et donner acte aux propriétaires présents du choix qu'ils viennent de faire de Sindics, qu'ils ont chargés de veiller aux intérêts communs relativement à l'irrigation des terres, par les eaux de la source de St. Simian, prise de l'Est, et aux quels ils donnent pouvoir de poursuivre leurs droits, même par les voies judiciaires.

« Fait et signé à la Mairie les an et jour que dessus. — Les sieurs Varrachan, Raynouard et Beillon Joseph illétrés.

« Signé sur l'original : Bouchard — Sérène — A. Blacas — Louis Bourgue — Delestang — Brun, Casimir — L. P. Escoffier — L. de Clappiers — L. Reboul — Fᶜ Mouttet — Jaubert, Clair — Garnier, Maire. »

1862-1863.

—

M. le Maire
fait un barrage
sur le seuil
de
la prise Ouest.

Cette délibération demeura sans exécution ; cependant, en 1856, M. le Maire fit faire un barrage en briques sur le seuil de la prise Ouest, afin d'égaliser le volume d'eau sortant par les deux prises. — Cette œuvre fut exécutée par le fontainier de la ville, M. Dominique Brun, mais les arrosants continuèrent de se plaindre, chaque quartier trouvant que l'autre recevait plus d'eau que lui.

Le canal
de l'Ouest est
découvert
depuis dix ans,
on peut arriver
à portée
de la prise des
fontaines
de la ville.

Le 9 novembre 1862, un membre du Conseil municipal crût devoir appeler l'attention de M. le Maire et du Conseil sur l'état des abords de la source de St-Siméon : « Il exposa que le ruisseau, qui reçoit les eaux d'arrosage de la branche Ouest, a sa prise à un mètre de celle des fontaines publiques, et que les dalles qui couvraient ce canal ont été enlevées et brisées depuis une dixaine d'années, de façon qu'on peut entrer dans le canal et pénétrer jusqu'à la source mère, à portée de la prise des fontaines publiques ;

Un lavoir
construit dans
le patecq
de la source
occasionne
le
reflux des eaux
savonneuses
jusques dans la
serve
des fontaines.

« Qu'un lavoir, construit depuis une vingtaine d'années sur ce canal, à six mètres de la prise des fontaines publiques, occasionne quelques fois le reflux des eaux savonneuses jusques dans la serve des dites fontaines, et que, d'ailleurs, ce lavoir paraît avoir été construit sans autorisation écrite qui fixe les conditions de cet établissement ; de sorte qu'une existence trentenaire pourrait amener un droit de servitude sur les eaux de la ville.

« M. le Maire propose de nommer une Commission chargée d'examiner les lieux et d'en faire un rapport à la prochaine réunion du Conseil ; cette Commission est nommée au scrutin. » — Fol° 131.

Le patecq,
dans lequel le
lavoir
a été bâti,
doit être
propriété com-
munale.

Le 17 février suivant, « la Commission dit qu'elle est allée examiner la source de St. Siméon et le lavoir de Mme Saumier veuve Bonniot ; elle pense que le patecq, à l'extrémité du quel le lavoir a été bâti, est propriété communale.

« Elle a remarqué dans ce lavoir les crochets qui servent à retenir l'eau au moyen d'un sac ou autre gros drap, mais elle n'a pu, dans cette saison, être témoin du reflux dont se plaignent les arrosants et autres personnes ;

Le canal devrait
être recou-
vert de dalles.

« Elle croit qu'il conviendrait que M. le Maire fit demander à Mme veuve Bonniot ses titres à l'établissement du lavoir sur le fonds communal, et que le canal qui traverse le patecq doit être couvert de dalles, comme il l'était précédemment.

« Le Conseil renvoit sa délibération à la session prochaine, et prie M. le Maire de faire constater l'état des lieux par un homme de l'art. » — Fol° 140.

Pétition
des habitants
voisins
de la source,
demandant
que le patecq
soit rouvert
pour
aller y puiser
de l'eau
selon l'usage
immémorial.

Le 9 août de la même année 1863, fut présentée au Conseil municipal une pétition des habitants du quartier de St-Siméon, datée du 15 juillet précédent, « se plaignant de ce que la veuve Bonniot née Saumier a fermé le patecq communal, dans le quel est établie la serve des fontaines publiques de la ville, et dans le quel ils puisaient l'eau pour leurs besoins journaliers, et qu'elle jette des immondices dans le canal du lavoir public, de sorte qu'ils sont obligés de venir chercher de l'eau propre et potable aux fontaines de la ville, ce qui leur occasionne un déplacement trez préjudiciable ;

« Ils demandent que M. le Maire fasse enlever la porte placée par la veuve
Bonniot pour fermer le patecq, afin de rétablir le libre usage des eaux communales, comme cela a existé de tout temps.

« Cette pétition est renvoyée à la Commission nommée le 9 novembre précédent, pour examiner les droits de la Commune sur le patecq en question. » —
Fol° 153.

Le 16 du même mois d'août, la Commission présenta le rapport suivant :

« La source de St. Siméon est de la plus haute importance pour Brignoles, La Ville est
dont elle alimente toutes les fontaines, et dont elle arrose une étendue considé-   unique proprié-
rable de terres et jardins ; aussi la Commune, après avoir été mise en possession   taire et usagère
de cette source par lettres Royales, ne manqua pas d'acheter, il y a plus de trois   de la source.
siècles, un moulin qui jouissait de certaines facultés et usages sur ses eaux, afin
d'en devenir unique propriétaire et usagère.

« A différentes époques, plus ou moins anciennes, elle a fait des travaux
trez considérables pour réunir toutes les eaux ; elle a enfermé la mère source
sous une voute en maçonnerie et fait clorre toutes les dépendances, afin de
mettre l'eau à l'abri de tout empiettement et de toute atteinte malveillante.

« Le terrain contigu à la source mère appartient à la famille Saumier dans la   La terre
partie sud, mais, au nord, il se compose d'un grand patecq ouvert livré au pu-   contiguë à la
                                                                                   mère-source
blic, dont personne ne conteste la propriété à la Commune, et d'un petit patecq   appartient
clos de murs, attenant au précédent, dont la propriété est aujourd'hui revendi-   à la
                                                                                   famille Saumier
quée par Madame veuve Bonniot née Saumier, qui possède la terre patrimoniale
limitée au nord par la source et la voie publique.

« Ce petit patecq n'a guères que trois mètres de largeur sur huit mètres de   Le petit patecq
longueur, et ce petit espace, qui figure sur le for cadastral de la Commune, est   clos de murs
                                                                                   est occupé par
occupé par une serve en maçonnerie où est la prise d'eau des fontaines de la ville,   la serve
et par un canal encaissé dans de petites murailles et couvert de dalles, condui-   des fontaines
                                                                                   de la ville
sant l'eau d'arrosage de la partie Ouest du quartier : cette serve, ce canal, ainsi   et le canal de
que les murs d'enceinte existent depuis plus de trente ans.   l'arrosage Ouest

« Sur l'extrémité nord de ce patecq, là où il touche la voie publique, la veuve   Saumier
Bonniot a établi, depuis environ dix sept ans, un lavoir qu'elle loue à son prof-   a construit un
                                                                                   lavoir
fit personnel ; elle a abattu l'extrémité du mur d'enceinte et construit une petite   à l'extrémité du
muraille en travers du patecq, afin de clorre et d'isoler son lavoir ; la tolérance   petit patecq.
débonnaire des autorités municipales l'a enhardie, et aujourd'hui elle répond   Il prétend
aux plaintes élevées contre son lavoir par la prétention d'être la propriétaire du   que ce patecq
                                                                                   lui appartient.
patecq entier, de façon que le canal et la serve seraient dans son fonds.

« La Commission est allée visiter les lieux avec la plus grande attention, elle   Ce petit patecq
a consulté les archives communales et les personnes les plus âgées du quartier,   est et doit être
                                                                                   un accessoire
et il en est résulté pour elle la conviction que ce petit patecq est et doit être un   de la source.
accessoire de la source, et qu'il est propriété communale comme le grand patecq   Il est propriété
                                                                                   communale.
ouvert, sur le quel la Commune a fait, depuis plus de cent ans, des barrages en
maçonnerie dont la crête parait au niveau du sol.

1863.

L'aspect
des
lieux indique ce
patecq comme
accessoire
indispensable
de la source.

« A l'aspect des lieux, le simple bon sens donne ce petit patecq à la Commune comme accessoire indispensable de la source, dont il reçoit les eaux soit pour l'arrosage soit pour les fontaines publiques; et il faudrait faire violence à toutes les descriptions des lieux établies dans l'acte d'achat de la source comme dans les rapports et devis des travaux exécutés par la Commune depuis des siècles, pour attribuer ce patecq à la famille Saumier, qui entrerait alors sur les conduites souterraines des fontaines publiques, sur le canal d'arrosage qui sort de la mère source sur ce point depuis un temps immémorial, et cela sans pouvoir cultiver ni utiliser ces quelques mètres de terrain.

Ce patecq
est et doit être
propriété
communale.

« En considérant toutes choses, et en présence de l'intérêt majeur qui fait à la Commune une nécessité d'être la propriétaire de ce petit patecq, qui n'est réellement qu'une partie plus précieuse du grand patecq ouvert, la Commission n'hésite pas à conclure que ce patecq est et doit être propriété communale à quelque prix que ce soit, et que la Commune doit soutenir son droit devant les Tribunaux, si la veuve Bonniot persiste dans ses prétentions.

« Après avoir ouï ce rapport, examiné le plan des lieux, discuté les droits de la Commune et ceux de la veuve Bonniot; considéré la nécessité pour la Commune d'être la propriétaire de ce petit coin de terre, afin de pouvoir garder et protéger l'accès de l'eau des fontaines publiques contre les malveillants ;

Délibéré d'ester
en justice
pour soutenir
les droits de la
ville
sur le patecq.

« Le Conseil, votant au scrutin secret sur les conclusions de la Commission, les adopte par onze boules blanches contre quatre noires, et prie M. le Préfet d'autoriser la Commune à ester en justice, si besoin est, pour faire établir devant les Tribunaux compétents qu'elle est propriétaire du patecq contesté. » — *Fol°* 160.

Arrêté
préfectoral au-
torisant
d'ester en justice

Par arrêté du 28 septembre 1863, le Conseil de Préfecture du Var, autorisa la Commune de Brignoles à ester en justice aux fins de la délibération du Conseil municipal de Brignoles, en date du 16 août précédent.

Rapport et plan
des lieux
dressés
par l'Architecte
choisi
par M. le Maire.

En exécution de la mission à lui donnée par M. le Maire, conformément à la délibération du Conseil municipal en date du 17 février 1863, M. Gustave Mesure, architecte, fit un rapport daté du 4 avril 1863, accompagné d'un plan de la parcelle communale n° 628, section G, dite source de St-Simian.

Ce plan comprend la mère-source, le grand patecq ouvert et le petit patecq clos, ainsi que la voie publique contiguë et le commencement du canal conduisant les eaux au lavoir public, à l'Est de la source.

Ce rapport constate la démolition de la muraille nord-ouest du patecq, afin d'établir le lavoir Saumier, et la construction d'un mur en travers du patecq, afin de séparer et clore la partie prise pour le lavoir.

Par le calcul de la superficie de la parcelle n° 628, qui est portée sur la Commune dans le cadastre fait en 1838, le rapport constate encor que cette parcelle, qui figure sur le cadastre pour 54 mètres, n'en aurait plus aujourd'hui que 47, et que le lavoir Saumier mesure juste 7 mètres; de sorte qu'il devient évident que le sol, sur lequel le lavoir a été établi, a été pris sur le fonds communal, qui mesurerait encor 54 mètres en y comprenant ce lavoir.

M. le Maire, avant d'engager une action judiciaire, crut devoir tenter une conciliation avec la famille Saumier ; des propositions furent échangées, une Commission fut chargée de s'entendre avec Madame Bonniot, et *le 7 août* 1864, « elle exposa au Conseil municipal qu'elle était parvenue, après beaucoup de difficultés, à conclure une transaction par la quelle le patecq en litige sera reconnu propriété communale, et Madame veuve Bonniot conservera la jouissance du lavoir existant pendant toute sa vie, et, à sa mort, la Commune entrera de droit et sans autre formalité, dans l'entière jouissance et possession de tout le patecq, y compris la partie sur la quelle une portion du lavoir est établie, la quelle sera remise en son premier état par la reconstruction du mur de clôture abattu pour faire le lavoir.

« Cette transaction sera présentée au Conseil dimanche prochain, avec la signature du procureur fondé de Madame veuve Bonniot qui ne sait écrire. » — *Fol*° 181. *V*°.

Le dimanche 14 *août*, « la Commission déclare qu'elle n'a pu trouver un moment de convenance réciproque avec Madame Bonniot, pour faire rédiger un acte de procuration par le quel elle autorisera de signer en son nom la délibération, dans la quelle le Conseil formulera d'une manière précise les conditions déjà convenues, ainsi qu'il a été expliqué dans la précédente séance du 7 de ce mois ; de sorte qu'il y a lieu de renvoyer encor de quelques jours la solution définitive de cette affaire. » — *Fol*° 183.

Le fait réel est que, lorsqu'il s'agit de rédiger la transaction convenue, Madame Bonniot, poussée par des conseillers inconnus, voulut y introduire des conditions qui changeaient complètement son esprit et sa portée.

Dans la séance du 4 *septembre* 1864, « la Commission exposa que, pour faciliter et simplifier les formes d'une transaction, il avait été convenu que Madame Bonniot, qui ne sait pas écrire, ferait une procuration notariée donnant pouvoir à son mandataire de signer en son nom la délibération à prendre par le Conseil municipal, dans la quelle il serait spécifié que Madame Bonniot reconnaît la Commune comme unique propriétaire de tout le patecq contesté ; que la Commune, de son côté, laisserait à Madame Bonniot, sa vie durant, la jouissance du lavoir qu'elle a établi en partie sur l'extrémité nord du dit patecq, et de la manière dont elle en jouit actuellement ; mais que, au décès de Madame Bonniot, la Commune prendrait possession de la totalité du patecq en enlevant le lavoir construit au-dessus, pour en jouir pleinement, sans que les héritiers de Madame Bonniot pussent élever aucune prétention de propriété ni de jouissance.

« Lorsqu'il s'est agi de dresser cette procuration, Madame Bonniot a voulu absolument que le notaire y insérât la condition expresse que, après le décès de la constituante, la Commune ne pourra interdire à ses héritiers d'établir à leurs risques et périls un autre lavoir sur leur propre terrain, ni les empêcher de puiser de l'eau pour leur usage dans le canal qui traverse le patecq.

16

« Ces réserves n'ayant pas été prévues , la Commission met sous les yeux du Conseil la procuration susdite , faite par M⁰ Maurin , notaire à Brignoles , le 3 septembre courant et enregistrée le même jour, afin qu'il puisse être délibéré sur cet incident.

Délibération du Conseil.

« Plusieurs membres du Conseil prennent successivement la parole et discutent la valeur et les conséquences de ces réserves ; il en résulte la conviction générale que leur adoption par le Conseil constituerait en faveur des prétentions de Madame Bonniot un titre réel dont elles sont actuellement dépourvues , et grèverait le sol communal d'une servitude qu'il ne doit pas ; que rien, d'ailleurs ne saurait justifier une pareille atteinte aux droits de la Commune sur la source de St. Siméon et sur les patecqs qui en sont les accessoires nécessaires ; droits , dont l'intégrité est essentielle à la conservation des eaux publiques.

Décidé d'engager une action judiciaire contre la veuve Bonniot.

« M. le Maire observe que , si le Conseil est suffisamment éclairé, il y a lieu de voter sur la question posée en ces termes :

« Faut-il engager contre Madame Bonniot une action judiciaire , conformément aux conclusions de la délibération du 16 août 1863 , approuvée par M. le Préfet , le 28 septembre suivant ?

« Le Conseil, votant au scrutin secret , adopte cette conclusion à la majorité de quatorze suffrages contre trois. » — *Fol*⁰ 185.

La veuve Bonniot cède sa terre à ses noveux Saumier

Quatre jours après cette délibération , Madame Bonniot céda sa terre à ses deux neveux , Messieurs Joseph et Augustin Saumier ; et ces derniers présentèrent à M. le Maire les propositions déclaratives suivantes :

Propositions déclaratives des deux frères Saumier.

« Dans le but d'éviter un procès avec la Commune de Brignoles , les soussignés étant aux droits de Marie Saumier veuve Bonniot , leur tante , par un acte de donation du 8 septembre 1864 , notaire Maurin ,

« Déclarons renoncer au droit que nous avons de temps immémorial de puiser de l'eau au patecq de la source de St. Siméon , à condition :

« 1⁰ Que nous conserverons le droit de puiser de l'eau dans le lavoir actuellement existant sur notre fonds ;

« 2⁰ Que ce lavoir existera comme public jusqu'au décès de la veuve Bonniot ;

« 3⁰ Et qu'après ce décès le lavoir existera encore comme lavoir privé à l'usage de notre immeuble. Nous faisons d'ailleurs réserve expresse de tous nos droits sans exception dans le cas où la déclaration ci-dessus ne serait pas acceptée par la Commune de Brignoles.

« Brignoles , le 13 novembre 1864.

« Signé sur l'original : Saumier Joseph — Saumier Augustin. »

Il n'est donné aucune suite à cette affaire.

Ces propositions furent communiquées au Conseil municipal , qui déclara à M. le Maire qu'il ne fallait plus différer d'engager une action judiciaire contre les possesseurs du lavoir Saumier.

L'Autorité municipale répondit par une inertie persistante aux demandes réitérées de plusieurs membres du Conseil municipal, qui crurent de leur devoir
d'insister pour que cette affaire fût déférée aux Tribunaux, et les choses ont
demeuré en cet état.

Il y a eu peut-être aggravation dans la position de la Commune, en ce que,
des réparations ayant été nécessaires aux murailles de clôture de la source,
M. le Maire les fit faire aux frères Saumier, qui ont eu soin de ne pas toucher
au mur entourant le patecq contesté; de sorte qu'il semble que la Commune
s'est crue obligée de borner la réparation aux murailles qui n'étaient pas en
litige, tandis qu'il n'y a eu que complète inattention de la part du Maire, qu'il
serait injuste de soupçonner de tolérance coupable.

Neuf ans plus tard, *le* 10 *août* 1873, une nouvelle pétition fut présentée au
Conseil municipal, dans laquelle quinze propriétaires prétendaient avoir le droit
de pénétrer jusqu'au seuil de la source de St-Siméon, et se plaignaient de ne
pouvoir plus arriver à la prise de l'eau de leur arrosage, comme ils l'avaient
toujours fait, afin de vérifier l'état de cette prise et d'y puiser de l'eau potable
pour leur usage.

Ils demandaient que le lavoir, construit par Madame Saumier veuve Bonniot
sur le canal d'arrosage, fût détruit, et que les lieux fussent rétablis dans leur
précédent état, laissant le patecq communal ouvert, afin que chacun puisse y
pénétrer, ou qu'une clef de la porte de ce patecq fût donnée à chacun d'eux.

Cette pétition fut renvoyée à l'examen d'une Commission, qui fit le rapport
suivant, dans la séance du 2 novembre 1873 :

Rapport
sur la pétition
au sujet
du patecq de la
source
de St-Siméon.

« La Commission pense que les pétitionnaires sont fondés à demander que la
Commune prenne les moyens de leur assurer l'intégralité du volume d'eau attribué à leur arrosage, mais elle ne saurait admettre leur prétention d'avoir accès
jusqu'à la source. Un droit pareil aurait des inconvénients majeurs et très graves, en ce qu'il permettrait au public de pénétrer jusqu'à la portée de la prise
des eaux destinées aux fontaines publiques, et d'opérer sur ces eaux des abus
plus dangereux que ceux dont on se plaint.

« En fait : le patecq dont il s'agit a été constamment ouvert au public jusqu'en 1863, ce qui n'a pas empêché que des plaintes nombreuses, et pour ainsi
dire périodiques, n'aient été présentées à l'Autorité municipale sur les obstacles,
que les arrosants de l'Ouest disaient avoir été placés sur le seuil de leur prise,
afin de dévier l'eau du côté de l'Est.

« La source, propriété de la Commune, est enfermée dans une enceinte voûtée, construite par la ville depuis des siècles, et un patecq clos de murs est attenant à cette enceinte du côté du nord ; ce patecq, de 54 mètres de superficie, ne
forme qu'une même parcelle cadastrale avec l'enceinte voûtée, portée sur le for
de la Commune sous le n° 628 de la section G du plan : il est occupé par une
serve, où sont les prises des fontaines publiques, et par le canal portant l'eau
d'arrosage du quartier Ouest ; les conduites des fontaines traversent ce patecq
en-dessous du canal.

1873.

—

Rapport
sur la pétition
au sujet
du patecq de la
source
de St-Siméon.

« Cette serve et ces conduites ont été construites en 1820, d'après un plan et devis soumis, le 5 mai 1818, au Conseil municipal, qui vota un crédit de 1168 fr. 80 cent.; et, après des enchères publiques, faites le 9 janvier 1820 avec approbation du Sous-Préfet et du Préfet, l'adjudication des travaux fut délivrée au prix de 1080 fr.

« Ce petit patecq a toujours été regardé comme propriété communale.

« En 1845 ou 1846, la famille Saumier, qui est propriétaire du terrain contigu à la source et au patecq du côté du sud et de l'ouest, fit construire un lavoir, dont une partie sur l'extrémité nord de ce patecq; aucun document écrit ne constate l'autorisation de la Mairie, qui paraîtrait n'avoir que toléré passivement l'établissement de ce lavoir.

« Des plaintes ne tardèrent pas à s'élever contre cette construction, où on ne peut laver qu'au moyen d'un remous, que les lessiveuses produisent en plaçant du linge ou autres choses devant la fuite, ce qui fait refluer l'eau dans la source-mère, dans les conduites des fontaines, et jusqu'au lavoir public établi à 60 mètres de distance sur la branche de l'arrosage Est, au détriment de la branche Ouest.

« En 1863, Madame Saumier veuve Bonniot, propriétaire du terrain contigu à ce patecq et possesseur du lavoir, fit bâtir une porte sur l'ouverture qui existait à la muraille de clôture ouest du patecq; les propriétaires du quartier pétitionnèrent contre cet acte qui les empêchait d'aller puiser de l'eau dans ce patecq, comme ils l'avaient fait jusqu'alors, et demandèrent que la porte fut enlevée et les lieux remis en leur état précédent; la famille Saumier prétendit alors être propriétaire du patecq.

« Le Conseil municipal, dans sa séance du 16 août 1863, ouï le rapport de la Commission chargée d'élucider les questions soulevées par la pétition, trouva que la possession du patecq était d'un intérêt d'ordre public; qu'il y avait nécessité pour la Commune d'en être propriétaire, afin de pouvoir garder et protéger l'accès de l'eau des fontaines publiques contre les malveillants, et il décida que ce patecq était et devait être propriété communale à quelque prix que ce fût, et que la ville devait soutenir son droit devant les Tribunaux, si la veuve Bonniot persistait dans ses prétentions, et prier M. le Préfet d'autoriser la Commune à ester en justice, si besoin était.

« Cette autorisation fut accordée par arrêté préfectoral du 28 septembre 1863.

« M. le Maire crut devoir tenter une conciliation avec la famille Saumier, qui fit traîner l'affaire en longueur, et qui présenta des conditions inacceptables, de sorte que, le 4 septembre 1864, le Conseil municipal fut au cas de délibérer qu'il fallait décidément engager contre Madame Bonniot une action judiciaire, conformément aux conclusions de sa délibération du 16 août 1863.

« Quatre jours après cette délibération, par acte du 8 septembre 1864, notaire Maurin, Madame Bonniot céda sa terre à ses neveux, qui firent de nouvelles propositions captieuses, que le Conseil rejetta en déclarant à M. le Maire qu'il ne fallait plus différer d'actionner les possesseurs du lavoir Saumier.

« M. le Maire n'ayant tenu aucun compte de cette délibération, les choses en sont restées là.

« La pétition actuelle ramène nécessairement les mêmes questions, et la Commission, après avoir de nouveau visité les lieux et consulté tous les documents en son pouvoir, convaincue ;

« Que le patecq est propriété communale et un accessoire indispensable de la source de St-Siméon qui est, sans conteste, propriété de la ville ;

« Que la santé publique et l'intérêt général exigent que la ville ait le pouvoir de mettre à l'abri des malveillants les eaux de cette source qui alimente toutes ses fontaines ;

« Que, pour atteindre ce but, il est nécessaire que le patecq soit clos et couvert, de façon que nul ne puisse y pénétrer sans la permission de l'Autorité municipale et accompagné d'un agent autorisé ;

« Que ce nouvel état des lieux ôtera tout motif aux prétentions de surveillance formulées par les arrosants, qui n'ont d'ailleurs plus à y aller puiser de l'eau depuis qu'une fontaine publique a été construite pour eux au haut de la voute ;

« Conclut à ce que la propriété de ce patecq soit revendiquée sans délai, afin d'interrompre la prescription trentenaire qui pourrait être invoquée plus tard, et que l'autorisation d'ester en justice, si besoin est, soit demandée à M. le Préfet.

« Le Conseil municipal,

« Après avoir examiné le plan des lieux déposé sur le bureau, reçu toutes les explications et éclaircissements désirés, et mûrement délibéré ;

« Adoptant les motifs et les conclusions de la Commission, et considérant en outre que la ville, ayant elle-même établi dans ce patecq la prise et le cours de l'eau de l'arrosage Ouest, lorsqu'elle fit construire la voute-aqueduc des eaux des fontaines en 1754, a le devoir de protéger cette prise et de la mettre à l'abri de tout trouble ou empiètement ;

« Vote, à l'unanimité, la revendication immédiate du patecq, ainsi que la démolition du lavoir et bâtisses construites sur ce patecq par la famille Saumier, et charge M. le Maire de remplir les formalités nécessaires pour arriver au plutôt à ces fins, même par les voies judiciaires. »

8 *février* 1874, « M. le Maire expose que, conformément à la délibération prise par le Conseil municipal le 2 novembre dernier, il a réclamé aux frères Saumier l'abandon du patecq de la source de St-Siméon, sur lequel ils ont construit un lavoir.

« Après plusieurs conférences, dans lesquelles ont été discutés les droits et intérêts de la Commune et ceux de la famille Saumier ; afin d'éviter les frais et les ennuis d'un procès, il a été dressé une déclaration, par laquelle les frères Saumier reconnaissent que le patecq en litige est la propriété exclusive de la Commune, en réservant toutefois la jouissance du lavoir à leur tante, Madame

[Notes marginales :]
1873-1874. — Rapport sur la pétition au sujet du patecq de la source de St-Siméon.

Revendiquer immédiatement le patecq de St-Siméon, etc.

Approuvé la reconnaissance de la propriété du patecq de St-Siméon à la Commune par les frères Saumier.

veuve Bonniot, et, lors du décès de cette dernière, ledit lavoir sera démoli et son emplacement rendu à la Commune; cette transaction atteint le but développé dans la délibération du 2 novembre dernier, et M. le Maire propose de l'approuver.

« Lecture est faite de cette reconnaissance.

« Après quelques explications et éclaircissements donnés sur les termes de cet acte, le Conseil, d'un avis unanime, a voté son acceptation, et prie M. le Maire de le faire enregistrer de suite, afin de lui donner une date authentique et en assurer la conservation. »

L'eau
de l'arrosage Est
de la voûte
est dérivée dans
la ville.

En 1865, « M. le Maire fit faire un petit aqueduc couvert, pour prendre l'eau du canal d'arrosage, près le rempart de la ville, côté Est de la voûte, et la conduire à côté et en-dessous de la fontaine du *Pouadour,* afin de pouvoir la dériver abondamment dans les rues St-Joseph, Poissonnerie, Palais-Vieux, etc.; la dépense totale, d'après la note dressée le 10 octobre 1865, s'éleva à 114 francs 25 centimes. »

SOURCE DE SAINT-PIERRE

La source de St-Pierre, *fons Sancti Petri*, *la font de Sanct Peyre*, peut être considérée comme un bras de celle de St-Siméon et provenant des mêmes réservoirs ou nappes d'eau.

Elle est publique et appartient à la ville; elle jaillit dans le quartier de St-Pierre, très-près de l'enceinte de la ville, touchant le vieux chemin de Camps. Son nom est d'autant mieux appliqué, que son cours se dirige directement vers l'ancienne Église paroissiale de Brignoles, et qu'elle traverse et arrose une partie des terres qui dépendaient de cette Église dédiée à St-Pierre, dont le quartier a conservé le nom.

La source est publique et propriété communale.

Ces terres, avec les redevances ou cens y attachées, avaient été données ainsi que les dîmes appartenantes à l'Église, par les souverains ou les seigneurs de leur famille, à l'abbaye de St-Victor qui avait reçu, par la suite, le jus patronnat de cette paroisse, et même sa juridiction, un de ses abbés se qualifiant dans un acte de 1307 : *nos abbas, ut prelatus dicte Ecclesie, remittimus*, etc.....

L'Église de St-Pierre et une partie des terres du quartier sont données à Saint-Victor.

L'Église de St-Pierre fut seule Église paroissiale de Brignoles jusqu'en 1056, où une Église qui avait été édifiée au centre de la ville sous le vocable de la B. Vierge Marie, devint aussi paroissiale, de sorte que celle de St-Pierre fut peu à peu abandonnée et tomba en ruines dans le 17ᵉ siècle.

L'Église Saint-Pierre est seule Église paroissiale de Brignoles.

En 1012, « l'Évêque Ingilran donna à St. Victor tout ce qu'il possédait dans la ville de Brignoles et son terroir. » — (*Cart.* n° 339.)

La même année, Giraldus, fils de l'Évêque Ingilran, fait donation à St. Victor : « de substantia mea sive alode, ut media pars ducatur, sive portetur ad « Sanctum Victorem cum garnimento meo ; alia vero medietas dividatur inter « Sanctum Petrum et opera Sancte Marie de Bruniola. » — (*Cart.* n° 340.)

Donation de Giraldus, fils d'Ingilran, pour l'édification de l'Église de Sainte-Marie de Brignoles.

En 1025, Poncius, fils de Raynald, et sa femme Catholena, donnent à St-Victor : « omnem partem quamcumque habemus in Ecclesia Sancti Petri « de villa Bruniola scilicet in Ecclesia et in decimo et in omnibus rebus ad eam- « dem Ecclesiam pertinentibus, sicut et omnes heredes supra dicte ville supra « dicto monasterio dederunt. » — (*Cart.* n° 338.)

En 1042 (1), les co-héritiers de Geusfredus donnent à St-Victor la portion leur revenant de l'Église paroissiale de St-Pierre, *que est in villa Brugnola vel in ejus terminio.*

Poncius de Garda fait aussi donation de la même Église, du cimetière et terres voisines ; plusieurs autres donations, faites au même temps par d'autres membres de cette famille, confèrent à St-Victor l'entière possession de l'Église de St-Pierre et de ses attenances.

L'Eglise
en l'honneur de
la B. Vierge
Mère de Dieu
est rebâtie.

Enfin, en 1056, et *le* 27 *janvier :* « Quidam Dei famulus, Poncius nomine,
« et Ermengarda uxor ejus, cum filiis Poncio et Carbonello, ad honorem Dei
« réedificaverunt Ecclesiam in comitatu aquensi, in territorio ville Bruniole,
« quam in honorem Beate Genitricis Dei Maria consecrari deposcunt. — Cui,
« secumdum moram, dotem imponunt videlicet de vinea, etc.......

Le même jour,
Wilelmus,
évêque de Tou-
lon, fait la
dédicace
de cette Eglise.

« Unde Domnus Wilelmus, Telonensis Episcopus, Jussio Domni Poncii,
« aquensis antistitis, cum ejus sedis canonicis monitus, anno Incarnati Verbi
« millesimo LVI, inditione VIII, sub die VI kalendas februarii, hanc studuit
« dedicare Ecclesiam. » — *(Cart.* n° 337.)

Nota. — Tous les donateurs, nommés dans ces divers actes, étaient de la famille des comtes de Provence : Guillaume IIIe et Geoffroy, ou Geusfredus, son frère et successeur.

L'Évêque Ingilran était le mari de Adalgus, fille de Guilleaume IIe.

Poncius (acte de 1025) était gendre de Guilleaume IIIe, et les *héritiers* de la ville étaient les enfants du comte, beaux-frères ou belles-sœurs de Pons.

(1) La donation de 1042 mérite d'être transcrite à cause des noms et qualités des personnes qui la font :

« Nos heredes omnes ac possessores, scilicet ego Geusfredus (comte de Provence) et uxor mea nomine Scocia filii que nostri omnes Ugo et Guillelmus et Guido et Gosfredus Pontius ; et ego Guillelmus et uxor mea dicta Prodecta ; ego eciam, Geusfredus et uxor mea Arsen, et ego Galdrada femina (belle-mère du comte Geoffroy), per quam scilicet, id est, ex me et per me, omnibus istis, Geusfredo scilicet et uxori sue, filie mee, Scocia nomine, advenit pars Ecclesie Sancti Petri que est in villa que vocatur Brugnola vel in ejus terminio ; et ego Guibertus, gener istius Galdrada, et uxor mea, nomine Guandalberga, et filii mei ; et ego Pontius Raynaldus, et frater meus Petrus ; et ego Dodo, et uxor mea et filii nostri ; et ego Guillelmus (*) filius vice comitis Guillelmi, et uxor mea et filii nostri ; et ego Adalgus (**) femina, et filii mei Guillelmus, Amelius, Rainaldus, Geraldus, simul etiam et nepotes filiorum meorum, Ripertus, Petrus, donamus. .... Ecclesiam supra dictam, videlicet Sancti Petri, principis apostolorum, cum omnibus que ibidem habemus nos omnes supradicti ; ut apertius igitur ac p'enius dicamus, predictam ecclesiam Sancti Petri, que est fundata hac constructa in comitatu aquensi, in villa, ut dictum est, Bruniola vel in ejus terminio, et omnia que ipsa habet Ecclesia et que eidem Ecclesie pertinent nunc et in aliquo tempore data erunt, consentiente ac donante pariter Pontio, qui per me Dodone abebat eamdem partem quam dono. . . . .

« Facta carta doni hujus anno millesimo XLII Domini Nostri Jesu Christi secundum carnem indicione X, regnante Heienrico rege. »

(*) Guillelmus Juvenis, filius Guillelmi II, vice comitis Massilie.

(**) Vidua Ingilranni, Episcopi Cavellicensis.

Les personnages figurant dans l'acte de 1042 étaient tous de la famille régnante, le comte Geoffroy en tête, et représentaient l'hoirie du comte Guilleaume décédé en 1033.

Le Pontius de 1056, Archevêque d'Aix, était fils d'Ingilran et, par sa mère, neveu du Souverain, ainsi que son frère Wilelmus, Évêque de Toulon ; ils achevèrent de bâtir l'Église, devenue aujourd'hui paroisse de Brignoles, et qui fut alors dédiée par l'Évêque de Toulon à la B. Vierge Marie, ainsi que le dit l'acte du 27 janvier 1056 : ces deux frères firent donation à St-Victor de la terre de la Gayolle, comme faisant partie de leurs domaines alodiaux.

On comprend, dès-lors, que les membres de la famille régnante se qualifient héritiers de la ville de Brignoles, qu'ils tenaient de leur auteur commun le prince décédé, car cette première race des Comtes de Provence était propriétaire de tout le terroir et on la désigna sous le nom de race des Comtes propriétaires, dite des Bozons ; aussi la ville était sous le Domaine et Seigneurie des Comtes, qui possédaient à peu près tout son terroir.

La plus ancienne délibération du Conseil de la ville, qui fasse mention de la source de St-Pierre, est du 6 février 1429 ; « elle porte la défense de laver *melphas* sive *tripas* dans cette source ou dans son ruisseau, sous peine de 12 deniers. » — *Fol*° 131.

Le 1er *mars* 1574, « le Conseil commet le Trésorier et le Conseiller Jean Masse de Jean, pour faire réparer la font du chemin de Camps appelée la font de St. Pierre ; faire creuser et curer la *mère* sive la source de l'eau ; faire faire une muraille vers le chemin, à chaux et sable pour garder que la dite font ne se remplisse de terre et immondices, et autrement faire comme de mieux par eux sera avisé » — *Fol*° 69.

Le 9 *juillet* 1600, « a été conclu que l'eau de la font de St. Pierre sera conduite au lieu destiné pour le Couvent des Capucins aux dépens de la ville, et, à ces fins sera baillé à prix fait, commettant à ces fins Messieurs les Consuls. » — *Fol*° 115. V°.

Le 23 *du même mois de juillet*, « délibéré que le Trésorier de la ville payera aux fabriciens des Capucins, pour faire venir la fontaine du Couvent des dits Capucins, la somme de cent écus.

Le 10 *juin* 1602, « le Conseil députe pour eigallier, Jean Castilhon dit *Meie*, pour la fontaine de St. Pierre et arrosage des jardins qui s'arrosent de la dite fontaine, le quel sera payé par les propriétaires des dits jardins à raison de deux liards pour cesteyrade, à charge que personne ne détournera l'eau au dit eigallier à peine de un écu. » — *Fol*° 288. V°.

Le 10 *avril* 1645, « Le Conseil général de la Communauté délibère que la fontaine de St. Pierre, qu'est de la ville, sera nétoyée et creusée, afin que l'eau ne sèche pas, et, à ces fins, commis Messieurs les Consuls à le donner à priffait. »

1645.

—

Faire venir
un grand bour-
neau à la
serve générale.

« Sera pris à la source pour faire venir un grand bourneau à la serve générale, afin qu'elle serve pour la déverser dans icelle, et commis Messieurs les
Consuls à ce faire et le bailler à priffait. » — *Fol*° 1276.

Ce dernier paragraphe, porté sur le registre des délibérations immédiatement
après le précédent, semble en être la suite ; cependant il est improbable qu'il
y s'agisse de la source de St-Pierre, dont on-n'a jamais eu la pensée d'amener
l'eau dans *la serve générale*.

Les délibérations du Conseil de la ville ne font plus guères mention de la
source de St-Pierre ; les registres donnés à la Commune par M. Goujon contiennent la copie ci-après d'un règlement d'arrosage par les eaux de cette source :

Pour la branche allant vers la ville, c'est-à-dire du côté du couchant.

Sieur François Devachères, pour son pré proche la source, aura l'eau le
dimanche, à 9 heures du soir et la tiendra jusques à 4 heures du lundi matin,
et ne pourra tenir que six espanciers — 7 *heures*.

— En 1778, le possesseur était M. Lieutaud, avocat du Roi.

La terre de la cure de cette paroisse aura l'eau le lundi à 4 heures du matin,
et la tiendra jusqu'à six — soit pendant 2 *heures*.

Raynaud Portannier aura l'eau pour arroser son pré *(l'Aire dite du Nègre)*, à
6 heures du matin jusques à 8 — qui font 2 *heures*.

(1778). Les possesseurs actuels sont les hoirs de Joseph Abert, muletier, aujourd'hui Pierre Roux, cardeur, son beau-fils.

M. Antoine Bruny, bourgeois, pour son jardin, prendra l'eau à 8 heures du
matin jusques à 9 heures — qu'est *une heure*.

(1778). Le possesseur est Louis Broquier, dit Bloque, acheteur du sieur Ferdinand Bruny, fils du dit sieur Antoine — après Broquier Joseph Dupui, teinturier.

M. le curé Paul aura l'eau, pour son jardin, de 9 heures du matin jusques à
onze — qu'est 2 *heures*.

(1778). Le possesseur actuel est Antoine Martin, jardinier, enfant de feu autre Antoine, au quel M. Pierre de Fabry vendit ce jardin, comme représentant
de l'hoirie du dit sieur Paul.

M. Jean Crozet aura l'eau, pour son jardin, à onze heures du matin jusques
à une heure après midi — qu'est 2 *heures*.

(1778). Crozet est représenté par Alexis Grisolle, jardinier, acquéreur du dit
jardin des hoirs du sieur François Ballardy, qui avait réuni le jardin du dit Crozet.

M. François Ballardy, pour son jardin, aura l'eau à une heure après midi
jusques à 3 — qu'est 2 *heures*.

(1778). Ballardy est aujourd'hui Alexis Grisolle, acquéreur du sus dit jardin.

M. Jean Joseph Dorsin , avocat d'Aix , sieur de Mireval, aura l'eau à 3 heures après midi jusques à 8 — qui sont 5 *heures*.

22 Mars 1669;
—
Règlement
d'arrosage
(suite).

(1778). Les possesseurs sont Louis Bernieu , jardinier, acquéreur des hoirs de Honoré Raynaud , et demoiselle Geneviève Villecroze , héritière de Pierre Guillermy, qui s'était colloqué sur le dit Raynaud.

M. François de Vachères , pour sa terre , pré et aire , aura l'eau à 8 heures du soir jusques à onze heures du matin du mardi — qui font 15 *heures*.

Le possesseur était noble Jérome de Vachères , son petit fils , qui a fait héritière la dame de Garnier Fontblanche , son épouse, dont l'héritier a vendu aux Bernieu , frères à Joseph Requier, trompette.

Pierre Feraud , pour sa terre , aura l'eau à onze heures avant midi jusques à une heure après midi — qui sont 2 *heures*.

Mardi.

(1778). Le possesseur actuel est un autre Pierre Feraud, son parent, commis au bureau des lettres.

La veuve d'Antoine Cayreti aura l'eau , pour son jardin , à une heure après midi jusques à 2 heures — c'est-à-dire 1 *heure*.

(1778). Le possesseur de ce jardin, qui était sur le chemin du Luc, est M. André , Joseph Fanton , changeur pour le Roi.

Melchior et Pierre Feraud , pour leurs jardins , auront l'eau à 2 heures après midi jusques à 4 — qui font 2 *heures*.

(1778). Les jardins des dits Feraud furent vendus à M. Honoré Monier, avocat, et confondus en son pré sur le chemin du Luc, aujourd'hui possédé par M. Bellon , écuyer, sieur de Ste. Margueritte , dont le père avait acheté le susdit pré de M. de Castellanne , héritier de M. Balthazard Monier, prêtre.

Gaspard Isseautier, pour son jardin , aura l'eau à 4 heures après midi jusqu'à ·6 — qu'est 2 *heures*.

(1778). M. André , Joseph Fanton représente Isseautier.

M. Honoré Monier, avocat , pour son pré , aura l'eau à 6 heures après midi et la tiendra jusques à minuit — qu'est 6 *heures*.

(1778). M. Bellon Ste. Margueritte est possesseur de ce pré , à lui vendu par M. de Castellanne.

Louis Agarrat prendra l'eau à minuit pour son pré , jusques à 6 heures du matin — qui font 6 *heures*.

Mercredi.

(1778). Agarrat est représenté par M. Fanton , changeur pour le Roi.

Jacques Bouïs de Besse et Marc Alleman , prendront l'eau pour leurs jardins à 6 heures du matin jusques à 8 — qu'est 1 *heure chacun*.

(1778). Jacques Bouïs est représenté par Rose Moutton , femme séparée de biens de Louis Foussenqui — et Marc Alleman , par Madame de Garnier Fontblanche , héritière quand à ce de noble Jérome de Vachères.

Jean Baptiste Gassin, chirurgien, pour son jardin, aura l'eau à 8 heures du matin jusques à 9 — c'est-à-dire 1 *heure*.

(1778). Sont Joseph Chabert, garçon chapellier, et Anne Chabert, sa sœur, femme de Jean Baptiste Boutin.

Pierre Degrometis, pour son jardin, prendra l'eau à 9 heures du matin et la tiendra jusques à 1 heure après midi — ce qui fera 4 *heures*.

(1778). Louis Bernieu, jardinier a acquis ce jardin du sieur Louis Maille, héritier de la demoiselle Degrometis, sa tante.

André Bouisson, et Joseph Bourgue, pour leurs jardins, auront l'eau à une heure après midi jusques à 3 — qui font 1 *heure chacun* — en tout 2 *heures*.

Jean Boutin et Thomas Martin, pour leurs jardins, aujourd'hui réunis en un seul, à 3 heures après midi jusques à 5 — qui font 2 *heures*.

(1778). Le possesseur actuel est M. Louis Goujon, notaire, beau père de la demoiselle Marie Anne Calenes, fille et héritière de dame Victoire Rochas.

Le dit sieur Jean, Joseph Dorsin, avocat, sieur de Miraval, pour son jardin, prendra l'eau à 5 heures après midi jusques à 9 — qu'est 4 *heures*.

(1778). Les possesseurs sont Louis Bernieu, jardinier, et Geneviève Villecrose, représentant Honoré Raynaud.

M. François de Vachères, pour son pré proche la source, aura l'eau à 9 heures du soir jusques à 4 heures du matin — qu'est 7 *heures*.

(1778). C'est encor demoiselle Agnès de Colonia.

Le sieur Portanier prendra l'eau pour son pré à 4 heures du matin jusques à 7 — qu'est 3 *heures*.

La terre de la Vicairie prendra l'eau à 7 heures du matin jusques à 10 — qu'est 3 *heures*.

Le dit sieur Bruny, pour son jardin, la prendra à 10 heures du matin jusques à midi — qu'est 2 *heures*.

Le dit sieur Lazare Paul pour son jardin, la prendra à midi jusques à 2 heures et demi — qu'est 2 *heures* 1/2.

Le dit sieur Jean Crozet la prendra à 2 heures 1/2 après midi jusques à 4 — qui font 1 *heure* 1/2.

Le sieur Ballardy la prendra à 4 heures après midi jusques à 7 — ce qui fera 3 *heures*.

Le sieur Dorsin de Miraval prendra l'eau à 7 heures après midi jusques à 7 heures du matin — ce qui fera 12 *heures*.

Le dit sieur de Vachères, pour sa terre, pré et aire, la prendra à 7 heures du matin du vendredi jusques à 6 heures du samedi — ce qui fera 23 *heures*.

Le dit Degrometis prendra l'eau à 6 heures du matin jusques à 8 — ce qui fait 2 *heures*.

Le sieur Jean Baptiste Gassin la prendra à 8 heures jusques à 9 — ce qui fait 1 *heure*.

Les dits Bouisson et Bourgues à 9 heures jusqu'à 11 — ce qui fait 1 *heure chacun* — en tout 2 *heures*.

Les dits Boutin et Martin la prendront à 11 heures avant midi du matin jusques à 1 heure après midi — ce qui fait 1 *heure chacun* — en tout 2 *heures*.

Les dits Bouïs et Alleman auront l'eau à 1 heure après midi jusques à 3 — c'est-à-dire 1 *heure chacun* — en tout 2 *heures*.

Le dit Pierre Feraud la prendra à 3 heures après midi jusques à 4 — qu'est 1 *heure*.

Le dit Gaspard Isseautier la prendra à 4 heures jusques à 6 — qu'est 2 *heures*.

Le dit Aguarrat la prendra à 6 heures après midi jusques à minuit — qu'est 6 *heures*.

Le dit sieur Monier prendra l'eau à minuit et la gardera jusques à 6 heures avant midi — qu'est 6 *heures*.

Les dits Melchior et Pierre Feraud, et la veuve de Cairety, la prendront à 6 heures avant midi jusques à 8 — ce qui fait 2 *heures*.

Le dit sieur de Vachères, pour sa terre, pré et aire, la prendra à 8 heures du matin jusques à 4 après midi — ce qui fait 8 *heures*.

Le dit sieur Antoine Bruny la prendra à 4 heures après midi et la tiendra jusques à 5 — ce qui fait 1 *heure*.

Le sieur Dorsin Miraval la prendra à 5 heures après midi jusques à 7 — ce qui fait 2 *heures*.

Représentant Honoré Raynaud dit le Gros, acheteur de M. Dorsin.

Les dits Bouïs et Alleman la prendront à 7 heures jusques à 8 — ce qui fait 1 *heure*.

Pierre Feraud la prendra à 8 heures après midi jusques à 9 — 1 *heure*.

Copié en 1769, *Fol*º 747-751 — Reg. J. J. nº 15 — de M. Goujon. — (Annotation sur le dit Registre.)

1831.

—

Procès
entre M. Henri
Deblieu
et les arrosants
de l'eau
do St-Pierre.

Plus d'un siècle s'écoule sans que l'Autorité municipale ait eu à s'occuper de la source de St-Pierre, excepté pour quelques réparations d'entretien à la muraille de clôture et pour la propreté du patecq.— En 1831, une action, engagée entre les arrosants des eaux de la source et M. Henri Deblieu, propriétaire de la terre contiguë à la source et au ruisseau d'arrosage, oblige la Commune à intervenir pour sauvegarder ses droits d'usage et de propriété.

Après avoir renvoyé l'examen de l'affaire à une Commission, et laissé courir des délais réitérés, le Conseil municipal, dans sa séance du 14 février 1833, « délibérant sur l'intimation, faite au Maire par les Sindics des arrosants dans un exploit du 9 janvier précédent, d'avoir à intervenir dans le procès, décida de consulter deux jurisconsultes, dont le choix fût laissé à M. le Préfet du Var. » — *Folo* 55.

— Cette consultation a été égarée.

Le 19 mai suivant, « Vu l'exploit du 30 octobre 1832, par le quel le sieur Deblieu demande à être maintenu et sauvegardé dans la possession, propriété et jouissance d'une source d'eau qui existe dans la propriété qu'il possède au terroir de Brignoles, quartier de St. Pierre ;

« Vu l'exploit, par le quel les propriétaires arrosants ont sommé la Commune d'intervenir dans l'instance à l'effet d'y garantir leurs droits ;

« Vu la délibération antérieure du Conseil sur cette matière et la consultation de Messieurs Cauvin et Ollivier, avocats à Draguignan, du 30 avril dernier ;

« Attendu que la demande du sieur Deblieu tend à se faire déclarer propriétaire d'un terrain et, par suite, d'une source qui sont la propriété de la Commune, et de dépouiller les habitants de la jouissance qu'ils ont eûe de tout temps d'user de ce terrain et source comme des propriétés publiques ;

« Attendu que la consultation établit que la Commune peut se promettre le succès si elle se détermine à intervenir dans la dite instance ;

« Attendu que le devoir de la Commune est de maintenir autant qu'il est possible les facultés des habitants sur les propriétés communales et de les en faire jouir sans trouble ;

La Commune
interviendra
dans le procès.

« Attendu que la reconnaissance de sa propriété sur le terrain contesté aura pour résultat de maintenir les habitants dans leurs usages et sauvegarder les droits contestés aux propriétaires arrosants, et dont ils avaient joui sans trouble jusqu'au moment des œuvres du sieur Deblieu ;

« Que la Commune n'est tenue à leur égard à aucune garantie ; qu'il n'y a pas de sa part le fait et cause des arrosants, mais qu'une intervention pure et simple dans l'intérêt de ses droits de propriété et effet ;

« Vu les loix du 14 décembre 1789 et du 8 pluviôse an VIII ;

« Le Conseil a décidé, à la majorité des suffrages et au scrutin, qu'il y avait lieu d'intervenir dans l'instance pendante entre le sieur Deblieu et les propriétaires arrosants des eaux de la source de St. Pierre, dont le dit sieur Deblieu se prétend propriétaire, ainsi que sur la source qui y prend naissance ;

« En conséquence, il prie M. le Maire, en soumettant la présente délibération à l'approbation de M. le Préfet du département, sur l'avis et par l'intermédiaire de M. le Sous-Préfet de l'arrondissement, de présenter au Conseil de Préfecture une demande au nom de la Commune à l'effet d'être autorisé d'intervenir dans la dite instance. » — *Fol*[o] 61. *V*[o].

1833.
—
Demander
l'autorisation
d'ester
en justice.

L'autorisation d'ester en justice fut accordée à la Commune, qui intervint dans le procès, et, le 19 décembre 1833, fut rendu le jugement suivant, qui explique exactement les prétentions des parties, ainsi que leur position respective :

Jugement
du 19 décembre.

« En la cause du sieur Henri Deblieu, de Messieurs L. Bernieu, Jean Baptiste St Benoît, et Pierre Ducros, Sindics des propriétaires arrosants par le *Valat des Cougourdes* — et encore de M. le Maire de la Commune de Brignoles ;

« Attendu que l'intervention de la Commune est régulière en la forme, qu'elle est recevable dans son action, puisqu'il s'agit d'un terrain dont elle prétend avoir la propriété, et qu'elle a intérêt à ce qu'un tiers ne se fasse pas déclarer lui-même propriétaire ;

L'intervention
de la Commune
est recevable.

« Attendu que Deblieu revendique la propriété de la petite source de St. Pierre dont la possession annale a été adjugée aux Sindics du *Valat des Cougourdes* par jugement du 7 mai 1831 confirmé, sur l'appel, par autre jugement du 22 décembre suivant ; qu'il fait résulter son droit sur le terrain, de son titre d'acquisition, du cadastre, et de la reconnaissance formelle qu'en ont faite les Sindics dans la délibération qui a autorisé leur action possessoire ;

M. Deblieu
revendique la
propriété
de
la petite source
de St-Pierre.

« Attendu que les Sindics ont reconnu qu'ils n'avaient aucun droit sur le terrain dont il s'agit ; qu'ils ont reconnu également que la source était l'accessoire du lieu où elle naît ; que, ne pouvant se défendre sur l'action de Deblieu, ils ont prétendu que le lieu où naît la source est la propriété de la Commune de Brignoles, et qu'ils ont actionné la dite Commune pour venir faire déclarer que le dit terrain lui appartient ;

« Attendu que, sur cette action, la Commune de Brignoles a été autorisée par son Conseil municipal et par le Conseil de Préfecture, non point à prendre fait et cause des Sindics, aux quels elle ne doit point de garantie, mais à faire maintenir et sauvegarder les droits des habitants sur le terrain et sur la source ;

La Commune
prétend
être propriétaire
du terrain
et de la source.

« Attendu que la Commune est effectivement intervenue et a conclu au rejet de la demande de Deblieu contre les Sindics ; qu'elle a fondé ses prétentions sur ce qu'elle était elle-même propriétaire du terrain et de la source ; qu'elle a fait résulter ses droits d'énonciations cadastrales, de quelques expressions renfermées dans un règlement d'arrosage, et de ce que le terrain dont s'agit, joignant la grande source de St. Pierre était par cela seul une dépendance de cette source à la quelle il sert de patecq ;

« Attendu que l'action de la Commune, introduite de cette manière et sur de pareils motifs, est une véritable demande en revendication du terrain en litige ; qu'elle a beau dire qu'elle ne demande que le déboutement des fins de Deblieu ;

qu'elle ne peut prendre ces conclusions qu'en fesant admettre préalablement son droit de propriété, qu'elle ne peut soutenir valablement que, Deblieu étant demandeur à son encontre, c'est à lui à justifier de son droit; qu'en effet Deblieu s'est porté demandeur contre les Sindics, qui auraient reconnu son droit de propriété; que si, sur sa demande, la Commune intervient et élève pour son compte la question de propriété, c'est à elle à prouver qu'elle est propriétaire;

« Attendu que la Commune sent tellement qu'elle ne peut arriver à faire admettre ses conclusions qu'en se fesant déclarer propriétaire, qu'elle demande à prouver par témoins cette propriété;

Le terrain
joignant
une source
n'est pas
nécessairement
son patecq.

« Attendu qu'il est inexact de dire que le terrain joignant une source est nécessairement son patecq; que les titres invoqués par la Commune ne sont pas suffisants pour la faire reconnaitre propriétaire; que, à la vérité, ceux de Deblieu ne sont pas plus explicites; mais que ce dernier, originairement demandeur, est devenu défendeur sur l'action de la Commune, et, par conséquent, n'a rien à prouver;

« Attendu que, par ses fins subsidiaires, la Commune demande à prouver que, pendant trente ans, elle a possédé le terrain en litige, et que les faits par elle articulés sont pertinents et admissibles;

« Le tribunal de 1re instance... de Brignoles..., jugeant en matière ordinaire en 1er ressort, reçoit la Commune de Brignoles partie jointe et intervenante au procès existant entre Deblieu et les Sindics du *Valat des Cougourdes*,

et, statuant sur les fins et conclusions des parties, ordonne avant dire droit que la Commune de Brignoles prouvera par toute sorte et manière de preuve devant M. Pascal, juge à ce commis:

« 1° Que le terrain, sur le quel naît la petite source dont s'agit, était plus bas que la propriété du sieur Deblieu, et nullement de niveau avec elle, puisque on pouvait laver des deux côtés, tant du ruisseau du *mitan* que du *Valat des Cougourdes*, ce qu'on ne peut plus faire aujourd'hui que le sieur Deblieu, par ses nouvelles œuvres, faites depuis deux ou trois ans, a relevé ce terrain;

« 2° Que la petite source, que le sieur Deblieu veut s'approprier, était découverte et apparente même avant la vente faite par le sieur Lieutaud au sieur J. Deblieu, à qui pourtant, d'après l'acte, elle n'a point été vendue;

« 3° Que de tous les temps la Commune a possédé le terrain litigieux comme une dépendance de la grande source de St. Pierre; que les habitants ont usé de ce terrain comme d'un lieu public et communal; que les lesciveuses y ont déposé constamment leur linge et y ont séjourné sans réclamations;

« 4° Que ce terrain n'a jamais été cultivé par le sieur Deblieu, puisqu'il a toujours été à l'usage du public;

« Que, vers l'année 1823, les propriétaires co-usagers des eaux du *Valat des Cougourdes* ont fait sur ce terrain un ouvrage en bâtisse qui a doublé l'épaisseur du mur de la grande source du côté du nord, et que le sieur Deblieu, bien loin de s'opposer à ce travail, a lui-même contribué à la dépense qu'il a occasionnée, sauf à Deblieu la preuve contraire; pour, les dites preuves rapportées, ou faute de les rapporter, et les parties de nouveau ouïes, être statué ainsi qu'il appartiendra. — Enregistré le 4 janvier 1834, fol° 57, cases 4 et 5. »

Il paraît qu'aucune suite ne fut donnée à ce jugement, du moins il ne reste aucune trace écrite, et les choses continuèrent d'aller comme auparavant.

Vers 1840, de nouvelles difficultés s'élevèrent entre les arrosants, qui se réunirent en majorité, se portèrent sur les lieux et y prirent des accords verbaux sur la distribution des trois prises d'eau, sur la manière dont les riverains et arrosants devaient user de leurs eaux, et sur la direction à donner à l'eau jaillissant à quelques mètres au-dessous du bassin de la source du côté de l'Ouest. Mais rien ne fut écrit, il ne reste de cette convention qu'une tradition orale plus ou moins fidèle, et n'ayant aucune autorité.

Plus tard, nouvelles difficultés et controverses, aucune solution écrite ; mais la muraille qui entoure la source fut réparée sur trois côtés par les arrosants, la muraille nord, sur laquelle sont établies les prises d'eau, demeura telle quelle ; rien n'indique que la Commune ait été consultée, ou ait participé à ces réparations, qui ont été faites sur son fonds, et qu'elle n'aurait pas dû laisser opérer sans délibération écrite du Conseil municipal et hors de la surveillance du Maire ; d'autant mieux que l'exhaussement de la muraille, sur les deux côtés de la source, empêche les habitants d'user de leur droit d'abreuvage et de puisage.

En dernier lieu, les trois prises existantes :

Dont l'une, à l'angle nord-ouest du bassin de la source, donne l'eau au ruisseau dit des *Cougourdes*, se dirigeant vers la ville ;

L'autre, au milieu du bassin, alimente le ruisseau, dit du *Mitan*, qui va directement à l'angle sud-est de l'ancien jardin des Capucins ;

Et la troisième, vers l'angle nord-est, donnant de l'eau pour arroser une partie de la terre contiguë, et se jettant ensuite dans le *Valat du Mitan*.

Ces trois prises ont été munies de seuils en fer, dont le niveau présente de légères différences avec celui des anciens seuils en pierre, d'où résultent des récriminations plus ou moins fondées.

La terre de M. Deblieu a été morcelée et vendue ; l'acquéreur de la partie située entre le *Valat du Mitan* et celui des *Cougourdes* a établi une noria à 50 ou 60 mètres de la source, et, depuis lors, un petit ruisseau d'eau en découle, lorsque la noria ne fonctionne pas, et se jette directement dans le *Valat du Mitan*, dont une source, jaillissant à 40 mètres de la source communale, augmente encor le volume qui, par ces deux adjonctions, devient 7 ou 8 fois plus important que celui du *Valat des Cougourdes*.

Quelques arrosants prétendent que la convention verbale, mentionnée ci-dessus, obligeait le propriétaire de la terre, sise à l'Est de la source, à fermer sa prise lorsqu'il n'arroserait pas, de manière que les deux autres prises pussent jouir de son eau ; le fait est que cette prise est constamment ouverte. Il est difficile de constater l'exactitude de ces assertions, mais il est certain que, en été, le *Valat des Cougourdes* reçoit une eau insuffisante pour arroser *à fil*, sans éclusées, le plus petit jardin, même lorsque les norias ne fonctionnent pas. Car, outre la noria déjà mentionnée, il en a été établi une, beaucoup plus puissante, au nord-ouest de la source, et une troisième au sud, au pied du coteau ; et, lorsqu'elles fonctionnent, la source ne fournit qu'un volume d'eau insignifiant.

Un règlement, pour les heures d'arrosage du ruisseau du couchant de la source de St-Pierre *(Valat des Cougourdes)*, a été copié dans le registre des arrêtés de la Commune ; il est suivi de l'indication suivante : « Le présent règlement a été approuvé par les Sindics soussignés , à Brignoles , le 1er janvier 1870.

« Signés : NOZÉRAN, BOURGOGNE et BLACHAS Paul. »

Au verso du même feuillet , on lit : « Règlement des eaux du grand ruisseau de la source de St-Pierre. — Après la désignation des jours et heures d'arrosage par ce ruisseau , est encor copiée la mention : Le présent règlement a été approuvé par les Sindics soussignés :

« BOURGOGNE, BRUN cadet et BLACHAS. »

Ces deux règlements ont été faits amiablement , tous les arrosants consultés , dit-on , afin de remplacer les anciens règlements , sur les quels les nouveaux propriétaires ne pouvaient plus reconnaître leurs prédécesseurs disparus et oubliés depuis longtemps. — Aucune autorité administrative ni judiciaire n'a été appelée pour revêtir ces règlements d'une sanction légale, et Messieurs les Sindics les ont fait copier sur un registre municipal, afin de les conserver à la portée de tous les intéressés.

SOURCE DU VABRE

La source, dite du *Vabre*, a été dénommée maintes fois source du *Tuvé* et de la *Conqueste*.

Le nom du *Tuvé* se trouve dans une délibération du Conseil de la ville, du 6 mars 1586, où est portée la plainte de Madame de Vachères contre les personnes qui vont de la *font du Tuvé*, vers le Portail de St-Augustin, et prennent passage par sa terre, sise sous la *font Douzon*.

Le nom de *Conqueste* est employé dans l'acte de transaction du 27 août 1658, qui est reproduit dans le cours de cet article; il est encor usité en 1810. *(Voir l'article intitulé :* **Source de la Conquette**.)

Mais, comme ces deux dénominations sont tombées en désuétude, et ont été généralement remplacées par celle de *Vabre*, il est convenable d'user de cette dernière appellation.

D'après un acte de donation, faite en 1050, au monastère de St-Victor, par Wilelm Aynardus et sa femme Aimerus, et leur fils Bertram, d'une pièce de terre dans le terroir de Brignoles, au quartier du *Vabre, in territorio de villa Bruniola, in loco que dicitur Vabre*, ce *lieu* aurait été limité par le ruisseau de Tombarel, la rivière Caramie, et le chemin public qui va à St-Christophe.

Quoi qu'il en soit, la source du Vabre appartenait à M. de Vins, et était enclavée dans les terres que ce seigneur possédait à Brignoles, et que la ville fut obligée de lui acheter, ainsi qu'il a déjà été dit au sujet du moulin de Vins ou de Caramie.

Forcé de subir les conditions exigées par M. de Vins, le Conseil cherche à emprunter, ordonne un emprunt forcé sur tous les habitants de la ville, et envoie à Aix, à Marseille et ailleurs, pour se procurer l'argent nécessaire.

Enfin, il réussit à trouver treize mille écus, et, par acte passé à Aix, le 5 mai 1589, devant Me Barthélemy Maurel, notaire Royal d'Aix, et Me Jean Fornery, notaire de Brignoles :

« Il fût stipulé entre Messire Hubert de Vins, seigneur du dit lieu, baron de Forcalqueiret, d'une part, et Pierre Dallamanon, Consul de la ville de Brignolle,

5 Mai 1589.

Acte d'achat des biens de M. de Vins.

Cet acte est copié sur le 3e Reg. Goujon, fol° 153. J J. n° 14.

9 Mai 1589.

Raymond Puget sieur de Ramatuelle, Barthélemy Rogier sieur de Siéyes, Honoré Clavier sieur de Néoules, Barthélemy Paul, Maitres Bertrand Meissonnier, Antoine Ballardy, notaires, Jacques Amic et Poncet de Brignolle, tous de la dite ville, tant en leurs propres et privés noms, que au nom et comme procureurs de la Communauté, manants et habitants de la dite ville de Brignolle, d'autre part ;

« Que M. de Vins cède, remet et transporte à la Communauté de Brignolle tous les biens que le dit sieur de Vins possède dans le terroir de la dite ville, consistants en maisons, fours, jeu de paume, preds, jardins, moulins, terres, vignes, toutes les censes et arrérages d'icelles, etc.....;

« Renonce à toute demande relativement à la démolition de sa maison, fours, moulins et écuries, fontaines, écluses, canal, infraction de sauvegarde, coupements d'arbres et autres.......;

« Renonce aux procès intentés à raison de ce........ moyennant le prix de cinquante mille écus (cent cinquante mille livres), dont treize mille écus furent payés comptant, et les trente sept mille écus restants seront dus par la ville, etc.......;

« Dans cette vente était compris un grand tennement de terres, au terroir de cette ville de Brignolle, tant du côté appelé le Vabre, que du Petit Paradis, dans le quel tennement il y avait maison de trez grande considération, et dans icelle une fontaine, etc...... »

L'Acte du 5 Mai est approuvé et ratifié par le Conseil, etc...

Cet acte de transaction et acquisition fut ratifié et approuvé le 9 mai par le Conseil général de la ville avec les chefs de maison appelés, « qui relèvent les Consuls et Députés de tous les actes d'obligation qu'ils ont fait à cette occasion, et ordonnent que acte de ratification sera passé, publié et signifié à chacun des manants et habitants de Brignolle, pour recevoir leur sanction, etc...... » — Fol^{os} 62 à 66.

« Les biens vendus à la ville par M. de Vins comprenaient les terres situées entre la ville et la rivière de Carami, désignées sous les noms de *Petit Paradis, Pré Rond* (aujourd'hui *la Burlière* et *Vabre*), s'étendant de la porte des Augustins au chemin du Luc jusques au canal de fuite des moulins, qui avaient aussi appartenu à M. de Vins ; de sorte que la source, dite du Vabre, était enclavée dans ces terres et fesait partie de la vente.

« M. de Vins avait fait venir l'eau de cette source à une fontaine placée devant sa maison sise au Petit Paradis près la porte de la ville ; le 12 juin 1597, le Conseil permit aux habitants du quartier des Augustins de faire venir la fontaine de la Porte à leur rue, là où ils aviseront, et à leurs frais. » — Fol^o 361.

10 juin 1602.

La fontaine de M. de Vins sera placée dans la ville.

Il paraît que les habitants n'usèrent pas de cette permission, car *le 10 juin* 1602, « le Conseil conclut et arrêta que la fontaine qu'est à la Porte des Augustins sera mise et conduite dedans la ville, et à ces fins sera fait mandat au Trésorier de payer ce que montera et coutera la dite facture et mains de maistier. » — Fol^o 288.

Dès *le 15 juillet suivant,* « le Conseil délibère que sera fait, aux dépens de la ville, un petit bourneau pour donner d'eau aux Frères des Augustins pour un griffon, et sera pris de la fontaine qu'est nouvellement faite au dessous des dits Augustins. » — *Fol° 296. V°.*

15 juillet 1602.

Concession
d'un
griffon d'eau
au Couvent
des Augustins.

La possession par la ville de la source et de la fontaine ne reçut aucun trouble jusques en 1655, « que Louis Agarrat, Pierre Degromettis et autres, qui avaient acheté les parcelles de terre voisines de la source du Vabre, firent des œuvres qui détournèrent l'eau, et forcèrent la Communauté à leur intenter un procès, ainsi que cela fût décidé par le Conseil de la ville le 9 septembre 1655. » — *Fol° 940.*

9 septemb. 1655.

Délibéré
de se pourvoir
contre
Agarrat
et Degrometis.

Degromettis reconnut ne pouvoir soutenir la nouvelle œuvre par lui faite, et, par l'entremise d'amis communs, il fut convenu de passer la transaction qui suit : « Constitués noble Jean de Bellon sieur de Ste. Margueritte, Jean Auriol maitre apothicaire, et moi notaire, Consuls de la dite Communauté d'une part ; et le dit Pierre Degrometis d'autre, les quels de leur gré, franches volontés mutuelles et réciproques stipulations, intervenant et suivant le pouvoir à eux donné par délibération du Conseil général du 28 du courant, ont du dit procès circonstances et dépendances transigé et convenu que le dit Degrometis sera tenu, ainsi qu'il a promis, de faire faire une muraille dans le fossé qu'il a creusé dans son jardin le plus bas qu'il se pourra du côté de la pièce de Louis Agarrat bien cimentée, et conduire l'eau du dit fossé jusques au bout d'icelui et au dessous de la muraille de son jardin et dans sa pièce, et là construire un petit reservoir dans le quel toutes les eaux venants du dit fossé se rendront, et d'icelui donner suffisamment d'eau au conduit de la fontaine, pour y être portée aux frais et dépens de la Communauté, et le restant demeurera pour l'usage et service de la pièce du dit Degrometis ; et, où à l'avenir serait nécessaire faire quelques réparations à la dite muraille et reservoir pour la conservation d'iceux, au dit cas, telles réparations ou dépenses seront faites à communs frais, et moyennant ce que dessus, ils ont respectivement renoncé au dit procès liti et causœ, et en outre les parties d'avoir agréable le contenu le présent acte, et n'y contrevenir à peine de tous dépens dommages et intérêts, sous l'obligation des biens du dit Degrometis, et les dits sieurs Consuls de ceux de la Communauté, suivant leur pouvoir aux submissions de Provence, avec renonciation et serment, requerants acte fait et publié au dit Brignolle et à la maison du dit sieur de Bellon à 3 heures après midi— présents M* Louis Raisson, avocat en la Cour, et François Gassin clerc de Belgentier, témoins requis et signés, Bellon, Auriol, Degrometis, Raisson, Gassin et Berenguier, notaire.

31 janvier 1658.

Acte
de transaction
entre Pierre
Degrometis
et
la Communauté.

Notaire
Berenguier.

Degrometis
eut pour héritier
Louis Maille,
aujourd'hui
Mélan et autres.

« L'an 1658 et le dernier du mois de janvier. »

Louis Agarrat ayant fait de nouvelles œuvres, on fit une deuxième transaction dont la teneur suit :

« Au nom de Dieu soit-il, amen. L'an 1658 et le 27° jour du présent mois d'août, régnant le trez chrétien prince Louis XIV de ce nom, par la grace de Dieu Roi de France et de Navarre, Comte de Provence, Forcalquier et terres adjacentes, avec félicité et longue vie — sçachent tous présents et à venir que

27 août 1658.

Acte
de transaction
entre
la Communauté
et Pierre
Degrometis et
Louis Agarrat.

Garnier, notaire

procès soit été mû et intenté par devant M. le Lieutenant de Sénéchal au siège et ressort de cette ville de Brignolle entre les Consuls et Communauté de la dite ville, demandeurs en requête de statut de querelle sur la nouvelle œuvre faite par Louis Agarrat, marchand de la dite ville, dans son pré qu'il possède au terroir d'icelle et quartier de la Conqueste, et grand fossé fait dans icelle pour recueillir les eaux et sources de la fontaine du quartier des Augustins rejaillissant du dit fossé et jardin de Pierre Degrometis, qui est au dessus du pré du dit Agarrat, et du côté du couchant ; par moyen de quoi la dite fontaine était venue à sec, ensemble celle du Couvent des Révérends Pères Augustins, qu'ils ont accoutumé prendre dans le canal de la grande fontaine qui est au bout de la rue du dit quartier des Augustins ; et pour cet effet la dite Communauté aurait fait assigner le dit Agarrat sur le dit lieu contentieux à ce jourd'hui à une heure après midi ensuite du décret du dit sieur Lieutenant, pour rétablir le dit trouble ; où étant allé le dit sieur Lieutenant, toutes les parties, avocats et procureurs d'icelles l'accompagnèrent, M. le Procureur du Roi pour l'intérêt du public, les jurés de la dite ville accordés du consentement des parties, après avoir vu le dit lieu, ouï l'exposition de l'avocat et procureur de la Communauté et les déffenses du dit Agarrat, attendu que Pierre Degrometis, possesseur du dit jardin et propriété du dessous, devait être appelé pour son intérêt, il serait été trouvé à propos de terminer le dit procès et différent de l'aveu tant du dit Agarrat que Degrometis, ainsi qu'il sera dit ci-après : — A cette cause, furent présents et constitués en leurs personnes par devant moi notaire royal et témoins, Gaspard Bruni, bourgeois, et moi notaire, Consuls modernes du dit Brignolle d'une part, et le dit Louis Agarrat et Pierre Degrometis d'autre, les quels, de leur gré pour eux et les leurs, mutuelles et réciproques stipulations intervenant, ont transigé, convenu et accordé, à sçavoir : que les dits Agarrat et Degrometis seront tenus et obligés de donner d'eau à suffisance pour les dites fontaines, tant pour celle qui rejaillit au bout de la rue des Augustins, que pour celle qui est dans le Couvent des dits Pères Augustins, et à cet effet ils ne pourront divertir ni l'un ni l'autre la susdite eau, ni autres qui sont dans leurs propriétés, au préjudice des dites fontaines, pour quelque prétexte que ce soit, à peine de tous dépens, dommages et intérêts, et sans que icelles puissent être augmentées de plus grand nombre de tuyaux, ni plus grands que ceux qui y sont de présent — et, à cet effet, fairont conduire les dites eaux à la serve et reservoir qu'a été destiné par la transaction passée entre la dite Communauté et le dit Pierre Degrometis, rière Me Berenguier, notaire, le dernier janvier passé, et ce à leurs propres couts et dépens par moitié chacun, et ce dans le mois, autrement permis à la Communauté de le faire à leurs dépens ou serait qu'il fût trouvé un lieu plus propre pour faire la dite serve, ce qui sera connu par Balthazard Demons et Antoine Bruni, écuyer de la dite ville, et pour le surplus du contenu de la dite transaction et paches y énoncées, les dits sieurs Consuls protestent n'y vouloir déroger ni préjudicier par la présente, et le surplus de l'eau, qui se trouvera après l'utile des fontaines, tel surplus sera et appartiendra aux dits Degrometis et Aguarrat par moitié chacun, et à ces fins, pour l'arrosage de leurs propriétés, en jouiront alternativement chacun une année, sans pouvoir se donner trouble l'un à l'autre à peine de tous les dépens, dommages et intérêts, que pour raison de ce pourraient souffrir et endurer, et pour les frais du dit accédit seront supportés entre les dits Aguarrat et Degrometis, moitié pour chacun, et moyennant ce, les dites parties ont renoncé et renoncent au dit procès liti et causœ, au surplus promettent les dites parties contractantes avoir agréable tout le contenu au présent acte et n'y contrevenir sous l'obligation de tous leurs biens présents et à venir aux cours des submissions et autres de Provence, avec dûe renonciation et serment — requérants acte fait et publié au dit Brignolle dans la maison du dit sieur Lieutenant en sa présence, et de Messieurs Me François Guiol, procureur du Roi au dit siège, de Me Honoré Toucas, notaire Royal de la dite ville, témoins requis et signés avec les parties.

« GARNIER, notaire. »

La ville n'eut plus d'occasion de s'occuper des eaux de cette source, jusques en 1810, où M. Victor Roux, fabricant tanneur, dont la maison et fabrique étaient tout près de la porte de Vitry, demanda d'entretenir à perpétuité la conduite de la fontaine des Augustins, depuis la source jusqu'à la serve placée à côté de la dite porte de Vitry, moyennant la concession d'un demi denier d'eau à prendre dans cette serve pour l'usage de sa fabrique.

Cette pétition fut présentée, le 2 septembre 1810, au Conseil, « qui délibéra, à la majorité, d'accorder aux pétitionnaires un denier d'eau à prendre à la serve qui est à côté de la porte Vitry pour l'usage de sa fabrication de peaux en couleur. Moyennant cette concession, ils seront tenus de réparer à leurs frais et dépens, et d'entretenir à perpétuité la conduite qui donne l'eau à la fontaine dite des Augustins et à celle des ci-devant Pères Augustins, depuis la source jusqu'à la serve — et, dans le cas où cette concession serait convertie à un autre objet que pour celui au quel il est destiné dans la présente délibération, elle cesserait de plein droit et reconnue comme non concédé; M. le Maire, le cas arrivant, est autorisé à faire fermer la prise d'eau, sans que les pétitionnaires puissent prétendre aucune indemnité.

Concession
d'un
denier d'eau, à
Victor Roux.
—
Réformée
par
la délibération
du 16 décembre
suivant.

Sur le refus du Préfet d'autoriser la délibération précédente, accordant un denier d'eau à M. Victor Roux, et demoiselle Anne Blachas, sa belle-sœur, refus motivé sur les réclamations des dames Brun et Mélan, demandant à M. le Préfet de refuser son autorisation à la délibération du 2 septembre précédent, « en leur concédant acte de leur opposition, ou, en cas contraire, les autoriser à mettre en cause M. le Maire de Brignoles aux fins de voir dire et ordonner qu'elles seront maintenues et sauvegardées dans la possession et jouissance des eaux dont il s'agit, avec inhibitions et défenses au dit M. le Maire de la Commune de Brignoles d'accorder au dit Roux ou à tout autre aucune partie des dites eaux, et d'augmenter en aucun temps et sous aucun prétexte le nombre ou le volume des tuyaux de la fontaine dite des Augustins.

16 décemb. 1810
—
Concession
de 6 lignes d'eau
a Victor Roux,
et Dlle Blachas,
sa belle-sœur.

« Lecture faite, etc... ainsi que de la lettre écrite le 23 novembre par M. le Sous-Préfet à M. le Maire, contenant un projet de conciliation ou d'arrangement indiqués par M. le Préfet;

16 Décemb. 1810
—
Considérants :

. Le Préfet
a refusé d'auto-
riser la conces-
sion du 2 sep-
tembre, parce
qu'elle blesse
les droits
de M⁻⁻ Brun
et Mélan.

« Considérant qu'il résulte, et de l'avis donné par M. le Sous-Préfet, et du projet d'arrangement indiqué par M. le Préfet, que la délibération du Conseil, en date du 2 septembre dernier, ne peut être autorisée comme blessant les droits acquis aux dames Brun et Mélan par une transaction du 27 août 1658 ;

« Que l'avis conciliateur donné par M. le Sous-Préfet, consistant à borner la concession demandée à deux tiers de denier, en réduisant d'autant les tuyaux de la fontaine des Augustins, n'est point accepté par le sieur Victor Roux et la demoiselle Blachas, comme étant insuffisant à leurs besoins, et ne peut conséquemment être pris pour base ;

« Que le projet judicieux indiqué par M. le Préfet ne peut non plus être suivi parce qu'il suppose que la conduite à réparer se trouve placée avant la serve-mère, où la prise d'eau de la Commune et celles des dames Brun et Mélan sont établies, tandis qu'en fait cette conduite est inférieure ;

Pour concilier
tous les intérêts
accorder
le tiers de l'eau
de la fontaine
publique.

« Que dans cet état, le seul moyen propre à concilier d'une part la faveur que mérite la demande du sieur Roux et de la demoiselle Blachas et l'intérêt que la Commune trouve à l'accorder pour s'épargner la réparation et l'entretien de la conduite, et d'autre part le respect dû au titre des dames Brun et Mélan, consiste à accorder au sieur Roux et à la demoiselle Blachas le tiers de l'eau que les deux tuyaux de la fontaine publique de la rue des Augustins doivent recevoir,

L'eau
des deux tuyaux
de la fontaine
publique
est de 18 lignes.

« Que ces tuyaux, ayant chacun un diamètre de neuf lignes, et recevant ainsi dix huit lignes d'eau, suivant la vérification qui en a été faite par toutes les parties intéressées, la concession doit être fixée à six lignes ;

« Que ce retranchement d'eau à la fontaine publique sera d'autant moins sensible que, dans l'état de dégradation où se trouve depuis longtemps la conduite, cette fontaine en reçoit un bien moindre volume, qui suffit néanmoins aux besoins et à la commodité des habitants de ce quartier de la ville ;

« Que les dames Brun et Mélan ne peuvent pas se plaindre de cette concession, puisque, portant en entier sur la partie de l'eau dévolue à la Commune, leurs droits n'en souffriront en aucune manière ;

« Que déjà ce projet a obtenu l'assentiment verbal, tant du dit sieur Roux et de la demoiselle Blachas, que des dites dames Brun et Mélan ;

L'eau
du Couvent des
Augustins
est de 7 lignes.

« Considérant enfin qu'il est dans l'intérêt de la Commune et des dites dames Brun et Mélan que la prise d'eau de la dame Jullien, épouse Lieutaud, propriétaire de la fontaine du ci-devant Couvent des Augustins, soit vérifiée et réduite, s'il y a lieu, au titre de la concession faite à ces Religieux, qui est d'un petit griffon de sept lignes ;

Délibération
réglant
la concession et
ses conditions.

« Le Conseil a unanimement délibéré ce qui suit :

« Art. 1er. — Il est accordé au sieur Victor Roux, en la qualité qu'il agit, et à la demoiselle Blachas sa belle-sœur, un tiers de l'eau, que les deux tuyaux de la fontaine publique de la rue des Augustins doivent recevoir, lequel tiers est fixé à six lignes.

« Art. 2. — Il sera établi à cet effet une serve de distribution à l'ouverture, ou regard de la conduite de la dite fontaine, qui se trouve à côté de la porte de Vitry.

« Dans cette serve seront établies au même niveau, et suivant les règles de l'art, deux prises d'eau, dont l'une de six lignes sera pour le dit sieur Roux et la demoiselle Blachas, qui conduiront cette portion d'eau à leur fabrique voisine, ainsi qu'ils aviseront, et l'autre de dix neuf lignes, pour alimenter la fontaine publique et celle de la dame Lieutaud.

« Art. 3. — Il sera établi au cerveau de cette fontaine publique une autre distribution de ces dix neuf lignes d'eau suivant les règles de l'art, à l'effet de départir sept lignes à la dame Lieutaud, et de laisser couler les douze lignes restantes à la dite fontaine publique.

« Art. 4. — En indemnité de la concession ci-dessus faite au sieur Victor Roux et à la demoiselle Blachas, ceux-ci seront obligés de réparer et entretenir perpétuellement à leurs frais la conduite des dites eaux à partir de la serve-mère, où se trouve la prise de la Commune jusques à la serve de distribution qui sera faite à côté de la dite porte de Vitry.

« Ils seront de plus tenus de toutes les dépenses, que l'établissement et l'entretien de la dite serve de distribution pourront occasionner, et les bourneaux seront du même calibre que ceux qui existent actuellement.

« Art. 5. — Toutes les parties intéressées auront une clef tant de la serve-mère que de la dite serve de distribution, et cette dépense sera encore à la charge du dit sieur Roux et de la demoiselle Blachas.

« Art. 6. — Les dames Brun et Mélan, en la qualité qu'elles agissent, ainsi que le sieur Roux et la demoiselle Blachas seront appelés pour donner leur adhésion à la présente délibération, qui sera soumise à l'approbation de M. le Préfet du département par l'intermédiaire de M. le Sous-Préfet de cet arrondissement.

Signés sur le Registre les membres du Conseil municipal, ainsi que les dames veuve ROSTAN BRUN, MÉLAN née FLAYOSC, et VICTOR ROUX, ainsi qu'ANNE BLACHAS. — Fol° 3 à Fol° 5, du 6e cahier.

« Enregistrée à Brignoles, le 30 octobre 1811, fol° 74. V°. Case 4. »

Les parties intéressées voulant mettre à exécution la délibération du 16 décembre 1810, et prévenir des contestations ultérieures, firent dresser l'état des lieux par des experts, qui présentèrent le rapport suivant :

Rapport de vérification portant désignation de la manière dont les eaux de la source, qui naît dans la propriété des dames BRUN et MÉLAN de Brignoles, sont et doivent être distribuées entr'elles et la Commune d'après leurs droits respectifs.

« La fontaine de la rue des Augustins à Brignoles reçoit l'eau d'une source qui est placée à l'extrémité supérieure des deux propriétés qui appartiennent aux dames Brun et Mélan, cette eau doit être calibrée au puisard de Vitry, afin que la Commune jouisse du volume qui lui appartient, néanmoins, comme la pesanteur de l'eau renfermée dans les tuyaux depuis le point où sa distribution aura lieu jusqu'à la source produirait, dans le cas où la conduite serait reconstruite, augmentée dans sa dimension et diminuée dans la hauteur de sa prise, un effet préjudiciable à l'intérêt des dames Brun et Mélan, et que d'ailleurs la Commune n'a pas l'intention de les léser, il a été convenu entr'eux que des experts constateraient l'état actuel de la dite conduite par un rapport, pour y avoir égard et s'y conformer au besoin.

« Nous Ebrard, expert de la Commune, et Balthasard Millou, expert des dames Brun et Mélan, due notification nous ayant été donnée de notre nomination, et ayant reçu des parties toutes instructions et renseignements préalables, nous sommes rendus le huit du courant sur les lieux, accompagnés du fontainier de la ville qui nous a ouvert les deux puisards où se trouve l'eau de la source.

« L'effet des eaux nous a fait connaitre que ces puisards ont communication entr'eux, l'eau contenue s'élève et surmonte les seuils des puisards d'où elle s'écoule, ceci est produit par le mauvais état de la conduite actuelle et le sera après sa reconstruction par l'orifice du tuyau qui règlera l'eau de la Commune; son volume naturel trouvant là un obstacle qui arrêtera une partie de son cours, la conduite se remplira et le refoulement s'opèrera jusqu'à ce que l'eau rencontre une issue pour s'échapper, ce sera cette surabondance d'eau ou versure, dont les dames Brun et Mélan continueront à jouir comme elles en jouissent aujourd'hui par droit de propriété.

« Il est incontestable cependant que si la prise de la conduite à la source était réduite dans sa hauteur, et que les tuyaux d'une nouvelle conduite qu'on pourrait construire, eussent un plus grand diamètre, la quantité d'eau que celle-ci renfermerait de plus réunie à la hauteur d'eau qu'on gagnerait au-dessus de sa prise, occasionneraient par leur poids une accélération dans son mouvement qui nuirait aux versures.

« Ce que nous experts susdits ayant considéré, avons procédé aux opérations qui doivent irrévocablement déterminer dans le cas de réparation ou reconstruction, les dimentions à donner aux tuyaux de conduite et la hauteur de la prise d'eau d'après un point de repère fixe et invariable, le tout d'après l'état présent de la dite prise et des tuyaux existants.

« L'orifice horizontal du premier tuyau de la conduite formant la prise d'eau, se trouve inférieur au lit supérieur ou surface du seuil de la porte du puisard, de *trois cent trois millimètres.*

« Le diamètre au petit bout du vide des tuyaux de la conduite est de quatre vingt un millimètres, ou trois pouces.

« Considérant ensuite les conséquences qu'entrainerait inévitablement une prise d'eau établie dans la partie de la conduite comprise entre le puisard où la Commune aura son eau réglée et la source, les experts reconnaissent qu'aucune concession ne peut être faite par la dite Commune, qu'entre le dit puisard et la fontaine des Augustins, ou soit au puisard même, par une division qui n'augmente pas la quantité d'eau qu'elle possède.

« Fait et dressé à Brignoles, par les soussignés, le 19 avril 1811.

« Signés : Millou fils, Ébrard aîné, et Rey, maire.

« Enregistré à Brignoles, le 19 août 1811, *Folo* 80, no 8. »

19 Avril 1811.

Dans la séance du Conseil municipal du 26 *juin* 1836, « M. le Maire expose que les eaux de la fontaine de la rue des Augustins avaient perdu leur pureté ordinaire ; qu'il y avait des réclamations à ce sujet de la part des habitants de ce quartier, et qu'il était urgent de prendre des mesures pour remédier à cet inconvénient.

26 Juin 1836.

« Sur quoi considérant : que les eaux ont été gâtées par l'introduction dans le canal d'une eau corrompue et mélangée de marc d'olive, dont le sieur Favot s'est servi pour arroser son jardin ;

L'eau
a été corrompue
par l'arrosage
du jardin
de M. Favot.

« Que les dames Mélan et de Valette ont droit à une partie des eaux de cette source ;

« Que la portion des eaux dévolue à la Commune est distribuée à la porte de Vitry, et que la partie accordée à la fabrique de tannerie, qui avait appartenu à Victor Roux, n'est pas au niveau de celle de la Commune ;.

La prise
de Victor Roux
est à un niveau
inférieur à celle
de la ville.

« Que cette différence, effet d'un changement apporté sans le concours de la ville à la distribution primitive, a pour résultat d'attribuer à cette fabrique un volume d'eau plus considérable que celui qui lui fût accordé ;

« Le Conseil a délibéré :

« 1o Le canal souterrain existant dans le jardin de M. Favot sera découvert, et la conduite en bâtisse sèche, dans laquelle coule l'eau qui se rend au premier puisard du côté de l'Est, sera remplacée par une conduite en tuyaux de poterie ;

Délibération :

Le canal
existant dans le
jardin Favot
sera remplacé
par une conduite
en poterie.

« 2o L'eau, qui se rend dans le segond puisard par le canal venant de la maison Favot, sera provisoirement interceptée au moyen d'une saignée pratiquée dans le canal même, pour empêcher le mélange de cette eau avec celle provenant du premier ;

L'eau venant de
chez Favot
sera interceptée

« 3o La prise de la fabrique du sieur Victor Roux, dans la serve de distribution de la porte de Vitry, sera rétablie à la hauteur de celle de la ville ;

La prise
de Victor Roux
sera mise
au niveau de
celle de la ville.

« 4o Il est accordé à M. le Maire sur les fonds libres... un crédit de 230 fr. pour faire face aux dépenses.

« Le Conseil municipal proteste formellement contre les abus que le sieur Favot s'est permis dans l'exercice de la faculté d'arrosage de son jardin, et il reserve à la ville tous ses droits à une juste indemnité pour le préjudice qui en est résulté pour elle ;

« Le Conseil se reserve encore de se concerter ultérieurement avec les dames de Valette et Mélan, pour prendre avec elles un arrangement définitif si le détournement provisoire de l'eau du canal venant du côté de la maison Favot portait atteinte soit à leurs droits soit à ceux de la ville. » — *Folo* 164. *Vo* et 164.

Une pétition des dames Mélan et de Valette, engagea le Conseil à nommer une Commission qui fit le rapport suivant dans la séance du 3 mai 1846 .

« Les réclamations relatives à la fontaine des Augustins ont rapport à la qualité des eaux, et à l'état des lieux où jaillit la source et où se fait la distribution des eaux.

« Sur la qualité des eaux ; il a été reconnu, dans les dépôts ramassés dans les conduites qu'elles sont chargées, outre les sels minéraux propres à la source, de matières végétales et animales provenants d'infiltrations, soit du temps des irrigations, soit en tout autre temps.— Le terrain est un tuf trez perméable, les matières étrangères peuvent provenir des fumiers répandus sur les terres, des ordures jettées dans le canal qui longe le Couvent et la maison de M. Ducros, et enfin des dépôts de marc d'olives de la recence de M. Ducros établie à peu de distance de la source ; cette dernière cause est peut être la principale pour les matières végétales, qui sont en plus grande quantité que les matières animales.

« La nature du sol rend difficile, si non impossible, de préserver la source de ces infiltrations ; M. Ducros parait disposé à placer les dépôts de marc dans des reservoirs cimentés, et à faire cimenter la fosse dans la quelle se meut la grande roue de son usine ; cette précaution diminuerait sans doute la quantité des matières végétales que les eaux entrainent, au reste il ne parait pas que ces corps étrangers aient rien de dangereux pour la santé publique.

« Relativement à l'état des lieux ; les réclamations arrivent de la part des habitants, et de la part de MM. Mélan et de Gasquet de Valetle, propriétaires ayants des droits sur les eaux.

« Une transaction, passée en 1658, règle les droits des parties ; elle accorde aux propriétaires, représentés aujourd'hui par MM. Mélan et de Gasquet de Valette, toutes les eaux excédants la quantité nécessaire pour le Couvent des R. P. Augustins, et la fontaine publique à l'extrémité de la rue des Augustins.

« En 1811, une délibération du Conseil concéda à M. Victor Roux, fabricant tanneur, pour sa fabrique de tannerie, un tuyau d'eau du diamètre de quatorze millimètres (six lignes); un arrêté du Préfet du département du 29 août 1811, approuve cette concession. — A cette occasion, M. Roux fût chargé d'entretenir à perpétuité la conduite des eaux depuis la source jusqu'à la porte Vitry.— Pour la mise à exécution de ces conditions, des experts furent nommés, à l'effet de constater l'état des lieux par un rapport, et de régler d'une manière invariable la distribution des eaux aux parties intéressées.

Tous les travaux
faits en 1811
sont en ruines.

Propositions
de MM. Mélan
et de Valette.

Tous les travaux faits à cette époque sont dans un état complet de dégradation, ou pour mieux dire de ruine. Messieurs Mélan et de Gasquet de Valette, dans la pétition qu'ils présentent au Conseil, réclament le rétablissement des lieux dans un état conforme au rapport fait en 1811 par Messieurs Millou et Ébrard, ou bien, ils offrent à la ville de lui livrer, à la source, la quantité de trente lignes, ou soixante neuf millimètres d'eau, dont la ville disposerait à sa volonté, au lieu de cinquante huit millimètres, qu'ils prétendent être dus.

« La réclamation de Messieurs Mélan et de Valette est juste, il est urgent de réparer les lieux, soit que les travaux aient été ruinés par l'action du temps, soit que la main de l'homme y ait contribué, pour faire les réparations et respecter les droits des parties — il existe des titres et le rapport de Messieurs Millou et Ébrard ; cette dernière pièce pourrait être prise en considération, sauf à faire les changements que commanderait la difficulté de le concilier avec les droits établis, et en tenant compte de la concession faite à M. Roux, et s'assurant que la conduite mise à sa charge est en bon état de service.

« Le Conseil,

« Ouï le rapport, dont le résumé précède ;

« Vû la pétition de Messieurs Mélan et de Gasquet de Valette ;

« Attendu qu'il est urgent de faire cesser, ou de diminuer le plus possible, la présence de corps étrangers dans les eaux d'une fontaine publique ;

« Attendu que, quoique la Commune soit propriétaire des eaux qui alimentent la fontaine des Augustins, elle doit reconnaitre et respecter des droits résultants de titres anciens ; que le seul moyen d'arriver à ce résultat est de constituer les lieux, de manière à faire une distribution des eaux conforme aux droits des parties ;

« Attendu que M. Victor Roux, ou ses ayants droits, sont tenus à l'entretien à perpétuité de la conduite depuis la source jusqu'à la porte Vitry ;

« Sans s'arrêter à la proposition de Messieurs Mélan et de Valette, de donner la quantité de trente lignes d'eau, ou soit 69 millimètres d'eau, qui serait prise à la source ; après avoir délibéré ;

« Charge M. le Maire de veiller à ce que M. Ducros, propriétaire d'une recence, exécute la promesse verbale qu'il a faite de placer ses dépôts de marc d'olive dans un bassin cimenté, et passe aussi un enduit imperméable autour de la fosse dans la quelle se meut la roue, qui met son usine en mouvement ;

M. Ducros
fera cimenter
le bassin
où se rend le
marc d'olive.

« Le charge également de donner des ordres pour que, par des experts hydrauliques les travaux à faire à la source et à la conduite soient déterminés d'une manière conforme aux droits résultants pour chacune des parties intéressées, des titres qui les relatent, en ayant égard à la concession d'un tuyau de quatorze millimètres de diamètre en faveur de M. Roux ; et enfin, de veiller à ce que la conduite, mise à la charge de ce dernier, soit mise et entretenue en bon état à ses frais. » — *Fol° 11. V° et Fol° 12.*

Faire
déterminer les
travaux à faire à
la source et
à la conduite.

Dans la révision générale des concessions d'eau, faite en 1858 par l'Autorité municipale, M. le Maire expose au Conseil municipal réuni le 12 novembre 1858 : « 18° — M. Roux, Toussaint a six lignes d'eau de la source qui alimente la fontaine des Augustins, et qui furent accordées à son père et à sa tante par les deux délibérations du 2 septembre et du 16 décembre 1810, dont la première porte que c'est pour l'usage de sa fabrication des peaux en couleur, et que, dans le cas où cette concession serait convertie à un autre objet que celui au quel elle est destinée, elle cesserait de plein droit et reconnue comme non concédée, M. le Maire, le cas arrivant, autorisé à faire fermer la prise d'eau, sans que les pétitionnaires puissent prétendre à aucune indemnité, attendu qu'ils sont obligés de réparer à leurs frais et dépens et d'entretenir la conduite qui donne l'eau à la fontaine des Augustins. —

« Sur cet exposé, le Conseil prit la délibération suivante :

« Attendu que la délibération du 2 septembre 1810, en concédant les eaux de la source des Augustins au sieur Roux, il a été formellement stipulé que la concession cesserait dans le cas où elle serait convertie en un autre objet que celui de la fabrication des peaux en couleur ; que cette fabrication n'existe plus, et que les eaux ne servent plus à la maison Roux que pour l'usage de sa maison ;

« Que la délibération du 16 décembre de la même année n'est que la suite et la conséquence de celle du 2 septembre ; que, d'ailleurs le sieur Roux se prétend propriétaire incommutable de cette partie des eaux communales, qu'il ne remplit point les obligations d'entretien qui lui sont imposées par son titre, et que, durant l'été dernier, malgré que la source débitât encor un volume de deux centimètres d'eau, durant près de trois mois. il n'en a point coulé une goutte à la fontaine des Augustins, ce qui est constaté par le fontainier de la ville ;

« Considérant qu'il importe à la Commune de faire cesser les abus dont ces concessions sont l'objet *(d'autres concessions sont englobées dans ces conclusions)* ;

« Le Conseil, à l'unanimité, les révoque purement et simplement, néanmoins dit que les concessionnaires pourront continuer d'user du volume d'eau qui leur a été primitivement accordé, sans être plus tenus d'aucun entretien, mais à condition qu'ils se soumettront au règlement à intervenir, et à payer la redevance qui sera imposée par le tarif, soit pour les eaux pures, soit pour les versures.

« Dans la séance du 28 *avril* 1859, « M. le Maire donne connaissance au Conseil d'une pétition, adressée le 28 février 1859, par le sieur Toussaint Roux et le sieur Guillen, son gendre, relativement à la concession faite sur la fontaine et sur la source des Augustins ;

« M. le Maire observe qu'il n'y a pas lieu de s'arrêter à cette pétition, attendu que le sieur Guillen, tant pour lui que pour son beau-père, a adhéré par écrit sur le registre à ce destiné à la délibération du 12 novembre 1858 ;

« Sur quoi, le Conseil délibère qu'il n'y a pas lieu de s'occuper de cette pétition. »

Une pétition avait été présentée le 5 mai 1861, par M. Roux au Conseil municipal, qui avait nommé une Commission pour l'examiner ; dans la séance du 14 *novembre* 1861, M. Niel, rapporteur de la Commission, donne lecture de cette pétition, « qui fait l'historique des réclamations, des transactions, et délibérations intervenues depuis plus de cinquante ans sur la question, et demande que la délibération du Conseil municipal, en date du 12 novembre 1858, soit réformée en ce qui le concerne.

« Il établit que la délibération du Conseil, en date du 16 décembre 1810, a mis fin à tout litige en accordant un tuyau d'eau à M. Roux, et que cette eau ayant été concédée à *titre onéreux*, elle rentre dans la catégorie reconnue *non imposable* par l'Administration municipale qui a établi la taxe.

« En conséquence, la Commission est d'avis qu'il est juste d'accorder au péti-14 Novemb. 1861
tionnaire le bénéfice et la position établie par la délibération du 16 décembre
1810.

« Le Conseil municipal prend connaissance des délibérations du 2 septembre
et du 16 décembre 1810, ainsi que de celle du 12 novembre 1858 ; et, après
avoir examiné divers documents propres à l'éclairer, et discuté sur leur mérite et
leur portée :

« Attendu : qu'il résulte des délibérations du Conseil municipal du 2 septem-Délibération.
bre et 16 décembre 1810, que la famille Roux avait à exiger de la Commune
des dommages-intérêts pour dégâts reconnus, et occasionnés par les eaux de la
fontaine des Augustins ;

« Que la concession, accordée définitivement par la délibération du 16 décembre 1810, est une sorte de transaction pour terminer les difficultés existantes
entre la Commune et la famille Roux, ainsi que l'indiquent les considérants de
cette délibération ;

« Vû que cette concession a été faite au titre onéreux stipulé dans le quatrième paragraphe du dispositif de cette délibération ainsi conçu : « En indem-
« nité de la concession ci-dessus faite au sieur Victor Roux et à la demoiselle
« Blachas, ceux-ci seront obligés de réparer et entretenir *perpétuellement* à
« leurs frais la conduite des dites eaux à partir de la serve mère, où se trouve
« la prise de la Commune, jusqu'à la serve de distribution qui sera faite à côté
« de la porte Vitry ; ils seront de plus tenus de toutes les dépenses que l'établis-
« sement et entretien de la dite serve de distribution pourront occasionner, et
« les bourneaux seront du même calibre que ceux qui existent actuellement. »

« Vû que tous ces travaux ont été exécutés par la famille Roux, qui n'a pas
cessé d'entretenir la conduite en état convenable, ainsi que le constate un rapport du 4 août 1854 dressé par quatre experts, dont trois nommés par M. le
Maire, et un par M. Roux ;

« Considérant que le motif, sur le quel est basée la délibération du 12 novembre 1858, *que M. Roux ne remplit pas les obligations d'entretien qui lui sont
imposées par son titre,* n'est point justifié ; et que, le fût-il, la conséquence aurait dû être la mise en demeure d'exécuter ces obligations, la suppression de la
concession ne pouvant avoir lieu que sur le refus de Roux ;

« Que la concession, faite le 16 décembre 1810 aux conditions onéreuses de
faire une serve, de réparer une conduite et de l'entretenir perpétuellement, ne
peut être révoquée qu'en suite de l'inexécution volontaire et constatée des conditions imposées ;

« Que M. Roux n'a jamais refusé de remplir ses obligations, et qu'il a
constamment offert à l'Autorité municipale de faire les travaux qui seraient indiqués et reconnus nécessaires ;

« Le Conseil municipal, à l'unanimité, admet les conclusions de la Commis-La concession
Roux
est replacée,
telle que le
faisait
la délibération
de 1810.
sion, et délibère que la concession d'eau, faite à M. Roux par délibération du
16 décembre 1810, sera replacée au même titre et conditions fixées dans cette
délibération, à dater du 1er janvier prochain.

14 Novemb. 1861.
—
Proposition
de nommer une
Commission.

« Un membre du Conseil observe que la discussion, à la quelle a donné lieu la pétition de M. Roux, l'engage à proposer au Conseil de nommer une Commission de trois de ses membres, avec mission d'examiner l'état de la mère source et des conduites amenants l'eau à la fontaine des Augustins, ainsi que la position de la Commune vis-à-vis les propriétaires riverains de la source, et ses droits sur les eaux.

(Ce rapport
a disparu.)

« Le Conseil municipal reconnaît d'autant mieux l'utilité de cette proposition, qu'il a sous les yeux un rapport, en date du 7 novembre 1846, fait par Messieurs Jourdan, ingénieur des ponts et chaussées, et Giraud, ingénieur civil, à la requête de M. le Maire et de M. Mélan, qui constate que : « par suite de « divers travaux fraichement exécutés par le fontainier de la ville, et en raison « des dégradations qui ont pu se manifester à des époques antérieures, l'état « des lieux, tel qu'il est décrit dans un rapport en date du 19 avril 1811, signé « Millou et Ebrard, rapport qui a servi de base à la transaction en vigueur jus- « qu'à ce jour, est entièrement dénaturé. »

Nommé
une Commission
pour examiner
les droits
de la ville
sur la source
du Vabre.

« En conséquence, il nomme, à la majorité du scrutin, Messieurs Blachas, Delestang et Paget, membres de la Commission chargée d'examiner les droits de la ville sur la source quartier du Vabre, ainsi que l'état des lieux et des conduites. » — Fol^{os} 100-101.

3 août 1862.
—
Rapport
de
la Commission
nommée
le 14 novembre
dernier.

Dans la séance du Conseil municipal du 3 août 1862, M. le Maire invite la Commission nommée le 14 novembre 1861, pour examiner les droits de la ville sur la source du quartier du Vabre, à présenter son rapport.

L'un des Commissaires expose : « que la source du Vabre avait anciennement donné lieu à des différents, qui se terminèrent par deux transactions, dont l'une passée le 31 janvier 1658 devant Berenguier, notaire à Brignoles, entre la Commune et Pierre Degrometis, aujourd'hui représenté par M. Mélan, au sujet d'œuvres faites par Degrometis dans une terre dont il était devenu propriétaire,

Transaction
du
31 janvier 1658.

et dans la quelle la Commune avait précédemment fait construire un reservoir et une conduite donnant l'eau à la fontaine des Augustins ; dit que Degrometis « sera tenu de faire une muraille dans le fossé qu'il a creusé dans son jardin le « plus bas qu'il se pourra, bien cimentée, et conduire l'eau du dit fossé jusques « au bout d'icelui et au-dessous de la muraille de son jardin, et à construire un « petit reservoir dans le quel toutes les eaux venants du dit fossé se rendront, « et d'icelui donner suffisamment d'eau aux conduites de la fontaine pour y être « portée aux frais de la Commune..... et le restant demeurera pour l'usage et « le service de la pièce du dit Degrometis. »

Transaction
du
27 août 1658.

« La deuxième transaction fût passée le 27 août 1658, devant Me Louis Garnier, notaire à Brignoles, entre la Commune, Degrometis et Agarrat ; ce dernier était propriétaire d'une terre contigüe à celle de Degrometis et à l'Est, il avait fait un fossé qui recueillait les eaux venants du jardin et fossé de Degrometis, qui était supérieur, et du côté du couchant, de sorte que les fontaines des Augustins étaient à sec.

« La Commune fit assigner Agarrat devant le Lieutenant, et on finit par faire cette transaction portant que les dits Agarrat et Degrometis « seront tenus eux

3 Août 1862.

« et leurs successeurs , de donner de l'eau à suffisance pour les dites fontaines ,
« tant pour celle qui rejaillit au bout de la rue des Augustins que pour celle qui
« est dans le Couvent des dits Pères ; et , à cet effet , ils ne pourront divertir ni
« l'un ni l'autre , la susdite eau ni autres qui sont dans leurs propriétés , au pré-
« judice des dites fontaines pour quelque prétexte que ce soit , sous peine de
« tous dépens , dommages et intérêts , et sans que icelles puissent être augmen-
« tées de plus grand nombre de tuyaux , ni plus grands que ceux qui y sont de
« présent , et à cet effet , feront conduire les eaux à la serve et reservoir qu'a à
« ce destinés la transaction passée entre la Communauté et le dit Pierre Degro-
« metis rière Berenguier , notaire , le dernier janvier passé.

« Et le surplus de l'eau qui se trouvera après l'utile de ces fontaines , sera et
« appartiendra aux dits Degrometis et Agarrat par moitié chacun , et à ces fins
« pour l'arrosage de leurs propriétés , en jouiront alternativement chacun une
« année. »

Concession du 16 décembre 1819.

Le 16 décembre 1810, « Le Conseil municipal concéda un tuyau de son eau à
M. Victor Roux , il y fut réglé la manière dont cette eau serait prise , on y établit les droits de la Commune conformément aux transactions de 1658 , et la délibération fût signée sur le registre par Mesdames Flayosc veuve Mélan et Roustan
veuve Brun , représentants et successeurs de Degrometis et Agarrat ; peu après ,
le 19 avril 1811 , un rapport , fait par des experts nommés par la Commune et
les dames Mélan et Brun , décrivit les lieux et détermina le niveau et la dimension de la prise d'eau des fontaines ainsi que de la conduite.

Visite des lieux.

« La Commission s'est portée sur les lieux avec M. Mélan , successeur de
Degromety ; il a été reconnu que la serve de la Commune , dans laquelle la
fontaine des Augustins prend son eau , n'est alimentée que par un petit canal
latéral venant du côté de l'Est , et qu'elle n'en reçoit point du côté de l'Ouest ,
quoique ce côté ait fourni jusqu'à ces derniers temps la majeure partie de
l'eau.

« Des fouilles , faites dans cette partie Ouest sur l'indication des Commissaires , ont découvert un canal ancien allant de l'Ouest à l'Est et longeant la
façade nord de la maison Coquillat. Ce canal est sec dans la partie qui avoisine
la serve de la Commune , mais l'eau coule dans sa partie Ouest , et se jette dans
une serve que M. Mélan a fait construire en 1853 sur le passage de ce canal ,
entre la serve de la Commune et le point où il y a de l'eau , de sorte qu'il a paru
évident que l'eau qui était recueillie dans ce canal pour être conduite dans la
serve de la Commune , conformément à la transaction de 1658 , tombe dans la
serve Mélan où elle est complettement absorbée.

Attendre les propositions annoncées par M. Mélan.

« La Commune a donc le droit d'exiger que cette eau , du côté Ouest , soit
amenée dans la serve , ainsi que toutes les eaux qui peuvent se trouver à l'entour et dans tous les sens ; mais M. Mélan ayant exprimé l'intention de faire une
demande ou proposition , la Commission pense qu'il y a lieu de renvoyer cette
affaire à la prochaine séance. » — *Folos* 121-122.

9 Novemb. 1862.

—

Délibéré
de découvrir
le canal
allant vers
le jardin Blacas.

M. le Maire prie la Commission chargée de suivre les difficultés existantes à l'occasion des eaux de la source du Vabre, de faire connaître la situation de cette affaire.

M. le Rapporteur de la Commission dit que, « avant de donner une solution, la Commission a pensé qu'il était indispensable de faire découvrir le canal qui longe la maison Coquillat afin de reconnaitre : 1° si ce canal pénètre jusques dans le jardin de M. Blacas; 2° si l'eau continue de couler dans ce canal après les fouilles qui viennent d'être faites dans ce jardin Blacas.

« Le Conseil, d'un avis unanime, adopte cette conclusion, et prie M. le Maire de faire faire ces recherches dans le plus bref délai. » — Fol° 130.

En terminant, il est nécessaire de noter que, le 6 *avril* 1638, « le Conseil délibère de faire réparer la fontaine *venant du Curnier,* qui vient se rendre à la rue des Augustins. » — *Fol°* 487. *V°.*

D'où il semble résulter que l'eau de la fontaine des Augustins venait d'une source appelée alors du *Curnier :* il est vrai que la serve de la source du Vabre est dans le quartier du *Curnier,* qui comprenait tout le terrain à l'Est de la ville sous la route du Luc; mais cette dénomination ne se trouve appliquée à l'eau des Augustins que dans la délibération d'avril 1638, et ne saurait contredire l'appellation de *Vabre,* adoptée depuis très-longtemps.

Concessions
sur les versures
de la fontaine
de la rue
des Augustins.

Nous avons déjà mentionné (*p.* 260) que, le 10 juin 1662, le Conseil de la ville décida de transporter dans la ville la fontaine qui était à la *Porte des Augustins;* c'était la fontaine de M. de Vins, dont la maison était bâtie sur le sol occupé actuellement par les bâtiments et jardins de la famille Lafouge, touchant l'École Communale.

En 1674, cette fontaine fut changée, la conduite réparée, et tout a demeuré en cet état jusqu'à ces derniers temps.

Les deux concessions d'eau pure, faites sur la source du Vabre, ont été également relatées à leurs dates, savoir :

Celle faite au Convent des Augustins, le 15 juillet 1602 ;

Celle accordée à M. Victor Roux, le 16 décembre 1810.

Il reste à faire connaître les concessions des versures de la fontaine publique.

5 mai 1785.

—

M. Archier
demande le sur-
vers
renvoyé
à plus tard.

Dans sa séance du 5 *mai* 1785, « le Maire expose au Conseil municipal que le sieur Lazare, Benoît Archier s'est adressé aux Consuls pour avoir l'eau du sur-vers de la fontaine qui découle au bout de la rue des Augustins, en tant qu'elle ne sera pas affectée aux arrosages; il la demande pour l'usage de sa fabrique de tannerie, qui est située hors l'enceinte de la ville. » — Fol° 621. V°.

« Décidé de surseoir au délibéré sur la demande du sieur Archier jusqu'après l'édification d'un moulin à farine de la Communauté. » — Fol° 623.

Le même Lazare, Benoît Archier demande encor le survers de la fontaine des Augustins pour sa fabrique de tannerie.

Dans sa séance du 26 *octobre* 1788, « le Conseil délibère de laisser les choses en l'état, et, en cas que quelqu'un voulût faire usage de l'eau portée par la proposition, de la mettre aux enchères pour être délivrée à celui qui en offrira le plus, et faira la condition de la Communauté meilleure. » — *Fol°* 130.

Délibération du 9 *mars* 1841 :

« Vû la pétition de M. Archier, propriétaire, en date du 15 mars dernier, tendant à obtenir du Conseil municipal la concession de la versure de la moitié des eaux de la fontaine des Augustins, pour alimenter la fabrique de tannerie construite dans sa maison ;

« Attendu que la demande de M. Archier mérite faveur comme ayant pour objet un établissement industriel ;

« Attendu que la fontaine des Augustins est alimentée assez abondamment pour que les habitants du quartier n'éprouvent pas un grave préjudice de la concession demandée par M. Archier ;

« Ouï le rapport favorable de la Commission des pétitions ;

« Le Conseil a délibéré qu'il serait concédé à M. Benoît Archier, pour l'usage de la fabrique de tannerie établie dans sa maison, la moitié des eaux de la fontaine des Augustins à prendre dans le bassin où les eaux de cette fontaine sont reçues en tombant des tuyaux ; à cet effet, l'autorise à établir dans ce bassin l'ouverture nécessaire pour recevoir cette quantité d'eau, et la diriger dans la conduite qui devra l'amener dans sa fabrique. Avec reserve que cette concession sera essentiellement révocable dans le cas où un service public, ou d'utilité publique reconnue, exigerait ces eaux, ou dans le cas de changement de destination de la fabrique et d'emploi des eaux à un autre usage ; le Conseil n'accordant cette concession qu'en considération de la protection qu'il doit à l'industrie ; et encore dans le cas où il y aurait abus dans l'exercice de la concession par l'absorption d'une quantité d'eau plus grande que celle qui est concédée. » — *Fol°* 98.

Délibération du 22 *juillet* 1849 :

« Par sa pétition du 11 mars 1849, M. Menc, teinturier, demande la concession de un centimètre d'eau du survers de la fontaine des Augustins ;

« La Commission conclut, et le Conseil, conformément à ces conclusions, est d'avis d'accorder à M. Menc la concession demandée, sous les conditions suivantes :

« 1° La prise ne portera aucun préjudice aux habitants, et elle devra être faite à la hauteur du bassin ;

« 2° M. Menc sera tenu de remettre les eaux sortants de sa fabrique dans le canal existant, et de payer à la Commune l'indemnité convenable ;

« 3° La concession cessera son effet si l'établissement de M. Menc changeait de destination, ou si les besoins de la Commune l'exigeaient, ces sortes de concession étants d'ailleurs toujours révocables. » — *Fol°* 98.

14 Mai 1857.

A Benoît Archier
la moitié
des versures
pour le moulin
à huile,
du 25 novembre
au 1er mars.

Délibération du 14 *mai* 1857 :

« M. Benoît Archier a présenté une pétition aux fins que la moitié des versures de la fontaine des Augustins, qui avait été concédée en 1841 à la fabrique de tannerie appartenant à sa mère, touchant sa maison d'habitation, avec la clause que la dite concession serait révocable dans le cas de changement de destination de la fabrique et d'emploi à autre usage, lui soit concédée pour l'usage de son moulin à huile, attendu que Madame Piffard, sa sœur, à qui est obvenue la dite fabrique de tannerie, l'a vendue à deux agriculteurs pour en faire leurs habitations.

« La Commission, reconnaissant la vérité des faits exposés par M. Archier, est d'avis que la moitié des versures des eaux de la fontaine des Augustins lui soit concédée pour l'usage de son moulin à huile, mais à la condition que ces eaux ne seront prises par M. Archier que pendant le temps d'ouverture de son moulin d'huile, c'est-à-dire, du 25 novembre de chaque année au 1er mars de l'année suivante, et révocable conformément aux règles générales.

« Le Conseil, à l'unanimité, accorde cette concession, suivant l'avis de la Commission. » — *Fol°* 110. *V°*.

SOURCE DE LA CONQUETTE

OU DE LA CONQUESTE

La Communauté de Brignoles possédait une source, appelée de la *Conquette*, et d'autres fois de la *Conqueste*, dont l'entretien était à la charge de la ville, et qui servait pour arroser et comme abreuvoir.

Dans une délibération du 23 mai 1412, le Conseil de la ville ordonne de réparer les sources de la *Conquette* et de *Douleur* (1).

Le 7 février 1429, « le Conseil ordonne que le Sindic loue un homme pour ourer le ruisseau partant de la source St. Pierre et passant devant le pré de Nicolas Blancard et devant le jardin qui appartenait à Jean Berard, et qui vient aboutir à la source de la *Conquette* — *(et venit usque ad fontem dictam de la Conquetta)*. » — *Folo* 131.

Plus tard, *le 29 juin 1510*, « le Conseil commet à M. Gombert Boyssières de faire réparer le *bassin de l'abreuvoir* de la *Conquette*. » — *Folo* 48. *Vo*.

Enfin, *le 15 mai 1554*, « le Conseil commet au Consul Maunier, à Gombaud Guillem, et à Antoine Fouque de faire rabiller la fontaine de la *Conquette*, à cette fin qu'elle ne vienne de tout en ruine, et pour ce faire le Trésorier fournira argent. » — *Folo* 133, 2e partie.

Voilà donc une source ayant un bassin d'abreuvage, située à un point où venait aboutir un ruisseau partant de la source de St-Pierre, et qui avait une utilité assez générale pour que le Conseil de la ville crut devoir la réparer et l'entretenir.

(1) **Ordinaverunt quod reparentur fontes de Conqueta et de Dolore, et quod Urbanus Belloni, thesaurarius dicte ville debeat solvere illos qui dictam reparationem facient.** — *Folo* 488. *Vo*.

1658.

La tradition orale n'a laissé aucun souvenir de cette source, qui paraît n'être autre que celle dite du *Vabre*, car celle-ci naît précisément au lieu où aboutit le ruisseau venant de la source de St-Pierre, presque en face du Couvent actuel des Dames de Sainte-Ursule, au nord et derrière la maison appartenant à Messieurs Coquillat ; elle alimente la fontaine des Augustins, ainsi qu'on le voit dans l'article précédent, et ce quartier est appelé *quartier de la Conqueste*, dans la transaction du 27 août 1658, rapportée ci-devant, où il est dit en parlant des œuvres d'Agarrat, « que c'est dans son pré, qu'il possède au quartier de la « *Conqueste*, et grand fossé fait dans icelle pour recueillir les eaux et sources de « la fontaine du quartier des Augustins rejaillissant du dit fossé et jardin de « Pierre Degrometis, etc... »

Ce jardin de Degrometis est précisément celui sur lequel a été bâtie la maison de Coquillat.

L'avenue de cette source était libre alors, et on y avait construit un bassin d'abreuvage, à l'usage des voisins.

SOURCE DE DOUZON

———•◊•———

Les délibérations les plus anciennes du Conseil de la ville témoignent de l'importance qu'il attachait à la source de Douzon pour l'alimentation publique ; il semblerait même qu'il n'existait alors que cette source et la fontaine des Frères Mineurs pour les besoins de toute la ville.

Le 28 mai 1403, « le Conseil ordonne de réparer les sources de Dozon et des Frères Mineurs pour la commodité de l'université, de manière qu'elles soient à l'abri de toutes saletés, et, s'il est utile, de les rapprocher de la ville. (1) »

Le 13 août 1423, « ordonné de nouvelles réparations, attendu qu'un maitre fontainier s'est présenté pour les faire ; et le 5 novembre suivant, ordonné de payer 12 florins pour la réparation, et de plus que la source soit pavée tout autour, qu'on y fasse un bassin et qu'on y place des barres de fer, sur les quelles on puisse poser les sceaux et autres vases nécessaires. (2)

Je serais porté à croire que les réparations, faites en 1423, ont consisté à faire découler une fontaine à côté de la source, qui venait d'être clôturée et couverte d'une voûte, comme nous la voyons aujourd'hui.

Car le 22 avril 1432, le Conseil s'occupe d'une demande d'autorisation de construire un engin dans le local qui est sur la source de Douzon (3) ; et, d'au-

---

(1) Ordinaverunt, attento quod fontes Dozoni et Fratrum Minorum dirupte et inhoueste maneant et sint, et commiserunt dictis Dᵐⁿⁱˢ Sindicis ut dictas fontes ad utilitatem et commoditatem dicte universitatis, prout melius videbitur fore faciendum, aptare teneantur sumptibus dicte universitatis taliter quod ipse fontes sint et maneant purgate emundate seu aliter, et si necesse fuerit, ipsas propinquare versus villam. — Folᵛ 24.

(2) Super quibus ponentur broqui et alia ut erit necessarium. — Folᵛ 28.

(3) Ulterius ordinaverunt quod Dⁿⁱ Sindici habeant inspicere locum super fontem Dozoni petitum per magistrum Nicolaum Asselle, super constructionem cujusdam ingenii qui in eodem loco construere volebat, an possit bene facere vel ne propter detrimentum fontis. — Folᵛ 13.

tre part, des fontaines ayant été faites, en 1412, au Palais et à la Paroisse avec l'eau de St-Siméon, il est à croire que les habitants des bas quartiers avaient demandé une fontaine à Douzon.

La dénomination latine de *fons*, appliquée indifféremment pour désigner une source ou une fontaine, laisse un doute sur la véritable désignation, toutes les fois que la nature des réparations n'est pas expliquée.

Les notaires, rédacteurs des délibérations du Conseil, emploient généralement les mots de *fons Dozoni*, pour désigner la source ou la fontaine de Douzon ; ils écrivent quelquefois *fons de Dolori*, ou *Doloris*; et, plus tard, lorsque la langue vulgaire remplace la latine, le nom de *font de Dolor* est généralement adopté, et la généralité des habitants appelle encore aujourd'hui cette fontaine, la *fouant de Doulour*. — Est-ce par corruption du nom de Dozon ?

Le 26 septembre 1432, « le Conseil ordonne que les Sindics donneront à loyer pour 29 ans la place faite sur la source de Douzon, avec la condition expresse qu'il ne sera posé sur cette place rien autre que des décombres *(safras)*. » — Cette délibération est la réponse à la pétition présentée le 22 avril précédent.

L'eau
de St-Siméon
vient à la
source Douzon
par
un méal antique

Le 10 février 1455, « le Conseil décide de poursuivre l'affaire intentée au sujet de l'acqueduc de l'eau venant de St. Siméon et coulant par un méal antique à la source de Douzon. (1) »

La source
Douzon est ali-
mentée par
l'eau
de St-Siméon.

Les faits cités dans cette délibération me paraissent mériter une attention particulière :

1° L'eau, prise à la source de St. Siméon, était amenée à celle de Douzon par un canal souterrain, déjà *antique* en 1455 ;

2° M. Honorat Brugier s'étant permis d'obstruer ce canal, l'eau avait reflué et coulait sur la rue allant au moulin de Caramie ;

D'où on peut conclure que la source de Douzon n'était pas alimentée seulement par des infiltrations provenant des terrains supérieurs, mais encore et surtout par l'eau de la source de St-Siméon, amenée par les générations précédentes au moyen d'aqueducs.

Cette conclusion est corroborée par la délibération du 16 *février* 1459, « qui ordonne de réparer la font de Dozon *qui ne coule plus*, et que cette réparation soit faite avec soin et confiée au Sindic Bertrand Bellon, à Honorat Brugier, à Glaude de Colonherio et à M° Pierre Bruni, notaire. » — *Fol*° 367.

_____

(1) Item fuit ordinatum quod Sindici predicti persequant causam per eos intentatam, super aqueductum aque procedentis a fonte S^ti Syméonis et labentis per meatum antiquum apud fontem Dozoni et apud prata del Tuve, contra Honoratum Brugeri partem adversam facientem in hac causa, et meatum antiquum descendentem apud dicta prata claudentem et deffendentem taliter quod aqua labit per iter publicum quod itur ad Molendinum Caramie, propter quod iter ipsum destruitur in prejudicium rey publice et notorium detrimentum. — *Fol*° 122.

Car cette délibération, prise quatre ans après les poursuites ordonnées contre Honorat Brugier, a évidemment pour but de remettre en état l'aqueduc obstrué, afin de ramener à la source l'eau qui lui faisait défaut : aussi le Conseil confie cette réparation à une Commission dans laquelle elle fait entrer le même Honorat Brugier, auteur du dommage.

Elle est encore confirmée par la délibération du 30 *décembre* 1489, portant : « Ulterius fuit Commissum Dominis Sindicis et extimatoribus presentis ville « quathenus cognoscant quo transire et labere debeat aqua que provenit ex « fonte Beate Catherine videlicet ad fontem Dozoni. » — *Fol°* 51. *V°*.

Et par celle du 25 *janvier* 1490, « ordonnant le payement des réparations faites à la fontaine Douzon, au ruisseau d'icelle, aux conduites et au curage de la source, *removendi faciendo terram fontis.* » — *Fol°* 55.

Enfin le moulin de *Caramie* étant celui de M. de Vins, situé hors la porte des Augustins (ainsi qu'il est dénommé dans la délibération du 23 janvier 1504, à propos du projet d'achat de ce moulin par la Communauté), la rue qui y conduisait était celle appelée aujourd'hui rue Douzon, et antérieurement rue de Vitry ; de sorte que l'aqueduc portant l'eau de St-Siméon à Douzon devait descendre par Ste-Catherine, traverser dans sa longueur la place St-Pierre, et arriver à la source Douzon par la descente des anciennes Religieuses, ou à peu de distance, les lieux n'étant pas bâtis et distribués comme ils le sont actuellement.

Ces indications sont confirmées par la délibération du 26 *août* 1535, portant : « Attendu qu'on a vu ces jours passés Louis Rigort, qui a détruit et comblé un *oyde* qui vient de la place St. Pierre pour conduire l'eau sous la font de Douleur, *(fins sobta la font de Dolor)* — vû que la dite concavation et emportement de pierres peut apporter un grand dommage à la dite source ; commis aux Sindics qu'ils mandent aux extimateurs d'aller voir et vérifier ce qui en est, et évaluer le dommage. » — *Fol°* 537.

Le 19 *février* 1537, « le Conseil commet à Eiréys Baylon et à Pierre Trigat de bien faire réparer la font de Dozon, et en bon point que l'on puisse prendre de l'eau bien à son aise. » — *Fol°* 804. *V°*.

Réparer la font de Dozon.

Le 21 *février* 1541, « entendu la requête faite par Honorat Garsin, député par le Conseil pour faire réparer la fontaine de Douzon, disant qu'il serait trez nécessaire pour cette réparation d'acheter un morceau (certain canton) du jardin de Me Antoine de St. Martin, barbier, le Conseil charge les Consuls et autres d'aller voir les lieux, et d'acheter ce qui sera nécessaire. » — *Fol°* 304. *V°*.

Acheter une pointe du jardin touchant la source.

Le 29 *novembre* 1543, « le Conseil commet à Messieurs les Consuls de faire faire une voute, ou cave, sur la font de Douzon, et de l'aligner avec la muraille des jardins de Louis Amic et de Me Honorat Advinhon. » — *Fol°* 151. *V°*.

Faire une voûte sur la font de Douzon.

Il paraît que, dans ces diverses réparations, on avait fait une petite fontaine à côté de la source et coulant par un tuyau, car, le 9 *mai* 1558, « il fût délibéré de faire baisser la fontaine, » ce qui ne peut s'entendre que d'une fontaine coulant au moyen d'une conduite.

1652.

Porter
la fontaine de
Douzon
à la rue de Vitry

Mais ce n'est qu'en 1652, et le 21 *octobre*, « que le Conseil délibère que la fontaine Douzon sera portée à la rue de Vitry et mise à l'enchère, etc... » — *Fol°* 529.

En effet le surlendemain, 23 *octobre*, « Etienne Arnaud, fontainier, vient au greffe de la Communauté faire offre d'exécuter les travaux pour nonante livres. » — *Fol°* 532.

Et *le 3 novembre suivant*, « Blazy Amic offre de faire la fontaine pour 87 livres, en suivant la forme du dessein qui est à quatre masques — ce qui lui est délivré.

« On met ensuite aux enchères la place vieille de la dite fontaine, qui est adjugée à Simon Mayères à trente livres. » — *Fol°* 533.

Acte
du prix-fait
pour
la construction
de la fontaine
à la rue de Vitry

Le 4 novembre 1652, est passé l'acte suivant qui complète la délibération du 21 octobre, et contient le titre de concession d'un tuyau d'eau de la grosseur du petit doigt :

« L'an mil six cent cinquante deux et le quatre novembre, constitué Me Jn Bte Guerin, avocat en la Cour, et sieur Jean François Boutin, bourgeois, Consuls modernes de cette ville de Brignolle, les quels au nom de la Communauté du dit Brignolle, et suivant le pouvoir à eux donné par délibération du Conseil d'icelle du 21 octobre 1652, ont baillé à prix fait à Blaise Amic, maitre maçon de la dite ville, présent et acceptant, sçavoir : à changer le méal et canal de la fontaine de Douzon et icelle faire passer par de canals souterrains dans le jardin de Jean Moutton d'Honoré, bourgeois de la même ville, ici présent et consentant sous les conditions ci-après reservées, icelle fontaine faire couler à l'entrée et coin du

Le jardin
d'Heriès Bruni
fut acquis
par Moutton,
9 avril 1655,
notaire Ollivier.

Il était arrosable
de l'eau
de la fontaine
de la place
de St-Pierre.

jardin du dit Moutton à la rue Vitry, joignant le jardin de Me Heriez Bruni, et à icelle fontaine le dit Amic faira quatre griffons de fer avec quatre muflos ou têtes, un barquieu de quatorze pans de long et trois pans de largeur au long de la dite fontaine, ferrer et ramponer à la forme qui se doit, et sera permis au dit préfachier de se servir des bards qui sont à la dite fontaine de Douzon pour faire le dit barquieu, et les pierres qui seront au passage du canal s'en servira pour faire le dit travail, les quels griffons et barquieu seront de l'hauteur que le niveau de l'eau le permetra, et la dite eau *le dit préfachier conduira par un canal de maçonnerie cimenté par dessus tout au long de la muraille, afin que l'eau s'en retorne au canal ancien des arrosages des propriétés qui arrosent de la dite eau*, et en cas que toute la dite eau de la dite fontaine ne puisse passer dans les bourneaux, sera laissé un survers à cette fin que l'eau ne puisse crever le bourneau, la dite Communauté sera tenue relever le préfachier tant du passage que dommages et intérêts qu'il pourra faire en passant le dit canal pour faire couler la dite fontaine de la rue de Vitry, et à ces fins le dit préfachier sera tenu fournir bourneaux et tous les autres matériaux, fer et griffons qui sera nécessaire à la perfection de la dite fontaine, et ce moyennant le prix et sommé de huitante sept livres, au quel prix lui a été délivré comme ayant fait la condition meilleure, payables un tiers présentement, l'autre tiers en travaillant, et l'autre tiers à l'œuvre achevée, et sera tenu de la dite œuvre deux ans, le dit *Moutton a permis* le passage du canal de la dite fontaine long la muraille entre son jardin et celui du dit Me Bruni, moyennant que lui sera permis faire un petit griffon et robinet de la grosseur du petit doigt, et retournera dans le même canal de l'arrosage, et encore Me Moutton prendra son arrosage ancien comme il avait de coutume, et d'autant qu'il faut rompre l'arrosage vieux, le dit préfachier lui en faira un nouveau, et moyennant ce le dit Moutton se charge de la servitude de l'arrosage qui passera pour aller arroser la pièce de M. Marin, Jacques Giraud et autres, et que la Communauté sera tenue après les deux années entretenir la fontaine et ruisseau, et, pour l'observation du présent acte, les sieurs Consuls ont obligé les biens de la Communauté, et les autres parties tous et chacun ses biens présents et à venir aux cours informa requerant acte, fait et publié à Brignolle à la maison du sieur Consul Guerin avant midy en présence de François Feraud, maitre apothicaire, et Louis Maille, marchand de la dite ville, témoins requis et signés, GUERIN Consul, BOUTTIN Consul, BLAISE AMIC, J. MOUTTON, F. FERAUD, L. MAILLE, et BALLARDY notaire à l'original. »

Le 24 août 1668, « le Conseil permit aux voisins de la fontaine dite de Douzon, de faire couler un petit tuyau de la dite fontaine à l'endroit où elle avait été anciennement et proche de la source, afin qu'on la puisse puiser plus fraiche pour leur commodité, aux frais néanmoins, risques, périls et fortune des dits voisins, suivant leur offre. » — *Fol°* 1407.

Le 25 mars 1753, « le Maire-Consul expose que, par acte du 4 novembre 1652, reçu par feu Me Ballardi, notaire, la Communauté ayant trouvé bon de faire changer le méal et canal de la fontaine de Douzon, et la faire couler par des canaux souterrains à la rue de Vitry, il fût convenu dans le susdit acte que Jean Moutton, représenté aujourd'hui par le sieur Jean Louis Jaubert, 3e Maire-Consul, souffrirait dans son jardin le passage du canal pour recevoir les survers qui va arroser les terres du quartier de la fontaine de Marin, moyennant quoi la Communauté lui permit de faire un petit griffon ou robinet de la grosseur du petit doigt, qui retournerait dans le même canal de l'arrosage, ce qui fût ainsi fait et exécuté.

« Cependant le dit sieur Jaubert, qui a commencé une manufacture ou tirage de soye dans le bâtiment du dit jardin, souhaiterait que le Conseil lui permit d'aller prendre ce griffon et robinet de la grosseur du petit doigt à la source mère, qui est dans une crotte appartenante à la Communauté, et attenante au bâtiment de la chapelle Ste. Anne, pour conduire l'eau à sa fabrique, moyennant quoi il se soumet à entretenir à ses frais et dépens et à perpétuité le canal qui porte l'eau de survers aux terres de la font de Marin, en tout ce qui est contenu dans son jardin, et d'en relever la Communauté. » — *Fol°* 318.

« Lecture faite de l'acte du 4 novembre 1652, le Conseil, à l'exception du sieur Jaubert, Consul, qui est sorti, a délibéré à pluralité des voix de laisser les choses en l'état qu'elles sont, et de refuser au sieur Jaubert sa demande. » — *Fol°* 320.

1652.
—
Concession d'un griffon d'eau à Jean Moutton.

Le ruisseau traversait le jardin du couchant à levant, portait l'eau aux terres de Marin, en tête du quartier du Vabre, aujourd'hui jardins de l'hôtel de Saint-Louis, et autres à l'Est de l'autre côté du chemin.

Permis de faire couler un tuyau d'eau près la source.

Refusé à Jean-Louis Jaubert le griffon d'eau qu'il demandait.

1674-1682.

Historique
des œuvres de
M. Guillermy.

Après avoir donné les délibérations et actes qui établissent l'état de la source et de la fontaine de Douzon, la concession d'eau, les charges et les droits de la Communauté et des arrosants sur les lieux et sur les eaux, il reste à donner l'historique de l'établissement d'une chapelle sur cette même source, ainsi que les contestations et procès qui en furent la suite. Puis, après avoir donné la description de l'état des lieux à la fin du dernier siècle, il y aura à rapporter les faits et procès, qui ont fatigué la Commune de 1834 jusqu'à ce jour.

Permis
à M. Guillermy
de bâtir
une chapelle sur
la source
de Douzon.

Délibération du 27 *décembre* 1674 :

« A été encor représenté par le dit sieur Consul que Messire Pierre Guillermy, prêtre, aurait acheté de Joseph Roubert le jardin joignant la fontaine dite de Douzon, sur la quelle il désirerait de faire bâtir une chapelle — requérant le Conseil d'y prononcer —

« Le dit Conseil a délibéré qu'attendu que cette chapelle servira à la décoration de la ville et commodité des habitants, donne pouvoir au dit Messire Guillermy de faire construire la dite chapelle au dessus de la dite fontaine et sans que cela puisse porter aucun préjudice à la conduite et dérivage des eaux, laissant le dit Messire Guillermus une porte libre aux particuliers et habitants qui ont droit de se servir des dites eaux, de la quelle les Consuls ou autres Administrateurs auront la clef, et sans que le dit Messire Guillermy à l'avenir puisse alléguer aucune prescription ou possession, au contraire. » — *Fol*° 147. *V*°.

Acte
de fondation de
la chapelle.

Cette fondation
a été
homologuée
par Monseigneur
l'Archevêque
d'Aix,
le 19 avril 1687.

Par acte du 3 avril 1682, notaire Légier, « Messire Pierre Guillermy, prêtre, fait fondation d'une chapellainie sous le titre de la Purification de la Sainte Vierge, et de St. Pierre, apôtre ; pour édifier une chapelle, afin que les Dames de cette Congrégation puissent y faire leurs exercices ; et il promet aux Dames de la Congrégation de la Purification de Notre Dame, en cette ville, ci présentes et acceptantes : damoiselle Magdeleine de Duranty, supérieure de la dite Congrégation, damoiselles Marguerite de Sermet, Magdeleine Minute, Ursule de Paul, officières, présentes et acceptantes, de faire bâtir et édifier la dite chapelle sous les titres susdits, dans l'enclos de cette ville, joignant le jardin qu'il possède au quartier de la fontaine de Douzon, pour la fondation de la quelle chapelle a donné et assigné la somme de mille livres, la quelle il promet de placer en capital sur une Communauté ou personne solvable, etc..... »

Délibération du 7 *mai* 1682 :

Permis de bâtir
sur la ruelle
allant
de la source aux
jardins Moutton
et Sarrazin.

« De plus a été représenté par le dit sieur Consul que, par délibération du Conseil général du 27 décembre 1674, il fût donné permission à Messire Pierre Guillermy de faire construire et bâtir une chapelle au-dessus du patecq de la source de la font de Douzon appartenant à la Communauté ; mais que, avant de construire icelle, comme les Dames de la Congrégation de cette ville présupposent d'aller faire leurs prières et s'assembler dans la dite chapelle, le dit Messire Guillermy désirerait, en construisant icelle, d'occuper entièrement la petite ruelle tirant de la dite source jusqu'au bout des jardins de Jean Moutton et François Sarrazin, et désirerait pour ce faire en avoir la permission de la Communauté.

« Ce qu'entendu par le Conseil, il a unanimement délibéré, en tant que faire il se peuvent et non autrement, il est permis au dit Messire Guillermy, en faisant construire la dite chapelle, d'occuper et bâtir la dite ruelle, sans préjudice toutefois de l'intérêt du Roi et des tiers, ni leur être garants d'aucune chose, de quoi le dit Conseil en proteste, donnant icelui pouvoir aux dits sieurs Consuls ·de leur en passer le contrat de concession. » — *Fol^o 934. V^o*.

Délibération du 24 *juin* 1696 :

« Le Consul expose : qu'il y a environ vingt ans que la Communauté, par une délibération, donna permission à feu Messire Pierre Guillermy, vivant Prieur de Vins, de faire bâtir une chapelle sur la source de la fontaine Douzon et sur le patecq et large de la Communauté destinés pour la commodité des habitants lorsqu'ils allaient y puiser les eaux de la sortie de la source, où il y avait des canons et vuide destinés à ce sujet. — Il lui fût encore permis de boucher la ruelle, qui était le long du jardin de feu Jean Moutton, qui aboutissait aux lisses de la ville, à la charge qu'il laisserait un vuide nécessaire pour faire passer les eaux pluviales qui viennent de la place St. Pierre. — En conséquence de quoi le dit Messire Guillermy ayant fait bâtir la dite chapelle, il a non seulement occupé tout le large destiné pour la commodité des habitants, mais encore presque toute la ruelle, et il a fait une voute au dessus du dit large et chemin qui aboutit à la dite source, aux murailles de la quelle il y avait eû de tout temps une porte pour entrer dans la dite source et y faire les ouvrages nécessaires pour l'utilité publique, et afin que la dite eau de la dite source ne fût point salie — et, comme le dit Messire Guillermy et ses successeurs jouissent non seulement du dehors de la dite chapelle où est la crotte, pour y tenir du bois et autres choses, où il entre par une porte de communication qu'il a faite du côté de son jardin, mais encore il a ôté la dite porte pour faire dans la dite source tout ce qu'il trouve à propos, soit pour y épuiser les eaux pour la seule commodité, mais encore pour y laver et jetter des saletés en sorte que, comme la dite Communauté, auparavant l'ouvrage du dit M^o Guillermy, a fait rejaillir la dite eau et conduit à une fontaine qu'elle fit faire à la rue de Vitry, il y a eû divers habitants qui ont fait des plaintes que la dite eau vient sale de la source à la dite fontaine, ce qui pourrait porter dans la suite un préjudice considérable aux habitants dont la plupart vont épuiser des eaux à la dite fontaine de la rue Vitry, et principalement dans la saison présente des chaleurs, à cause que la dite eau est la plus fraiche de la ville. — Bien d'avantage, ils ont été informés que fût environ deux ans que la Communauté ayant eû des plaintes des saletés qu'on jettait dans la dite source de la maison du dit Guillermy, les Consuls d'alors firent bâtir à chaux et sable la dite porte ou ouverture qui est à la dite source, et cela n'ayant pas plutôt été fait qu'il fût d'abord démoli et laissé ouvert, comme il est de présent pour la seule commodité de la maison des hoirs du dit Messire Guillermy, puisque personne ne peut y aller qu'eux. En sorte que le sieur Lombardy a cru devoir représenter au Conseil ce que dessus pour prévenir les inconvénients qui pourraient arriver aux habitants si les choses restaient en l'état présent, requérant le Conseil d'y délibérer. » — *Fol^o 122*.

« Sur quoi a été unanimement délibéré et donné pouvoir aux sieurs Consuls de faire boucher aux hoirs de Messire Guillermy la porte de communication de son jardin pour entrer dans la dite voute, faire tirer et sortir tout ce que les dits hoirs y ont mis dedans, en façon que les dits hoirs ni aucun des leurs y puissent entrer pour quelque cause ou prétexte que ce soit -- et, afin qu'à l'avenir la dite eau ne puisse être salie ni incommodée, il lui est encor donné pouvoir de faire faire une porte pour entrer dans la dite crotte lorsque la dite Communauté voudra réparer la dite source, ou pour les autres utilités de la Communauté et du public, et, en cas de refus ou empêchement des dits hoirs, les poursuivre ainsi et par devant qui s'appartiendra, pour empêcher qu'iceux ne puissent se servir de la dite crotte ni y entrer dedans. » — *Fol*o 122. *V*o.

Il paraît que les hoirs Guillermy firent opposition à l'exécution de la délibération précédente du 24 juin 1696, car *le 29 juillet suivant,* « le Conseil nomma une Commission pour examiner et consulter à ce sujet, voir ce qu'il y aura à faire pour mettre un terme à ces abus, et empêcher les hoirs Guillermy de s'approprier la voute, etc..... » — *Fol*o 129,

L'affaire en resta là, et ce n'est que soixante ans plus tard, que, *le 6 janvier* 1757, le Conseil général de la Communauté s'occupa de nouveau de cette usurpation, ainsi qu'il suit :   ·   *Fol*os 742 à 744.

« Le Consul expose que, dans un Conseil général tenu le 27 décembre 1674, on représenta que Messire Pierre Guillermy, prêtre, désirait de faire bâtir une chapelle sur la fontaine dite de Douzon, et le Conseil, attendu que cette chapelle servirait à la décoration de la ville et pour la commodité des habitants, permit au dit Messire Guillermy de la faire construire, sans que cela pût porter aucun préjudice à la conduite et à la dérivation des eaux, laissant une porte libre aux particuliers et aux habitants qui ont droit de se servir des dites eaux, de la quelle porte les Consuls auraient la clef, et sans que le dit Messire Guillermy pût à l'avenir prétendre aucune possession ni prescription, au contraire.

« En conséquence de cette permission, il fit bâtir la chapelle et, par acte du 3 avril 1682, il la remit à des demoiselles de la ville pour s'y assembler, et il s'obligea de la doter de mille livres, qu'il promit de placer sur une Communauté ou personne solvable, sans pouvoir être exigée ni divertie, et les intérêts devaient servir pour un prêtre qui serait obligé d'y dire une messe toutes les fêtes de la Sainte Vierge, et, tous les lundis d'après, une grande messe en rémission de ses péchés et de ses père et mère, s'en reservant le juspatronnage.

« Tout cela fût exécuté, et la chapelle fût entretenue par les Demoiselles qui s'y assemblaient, comme elles font encore aujourd'hui, en entretenant la chapelle de tous les ornements nécessaires, et le service fût rempli en conformité de la fondation — mais, depuis quelques années, il a été discontinué faute de placement du fonds des mille livres destinées par le fondateur, en sorte que son intention n'a plus son exécution.

« Bien plus, les héritiers, au lieu de laisser fermée l'entrée de la voûte de la source comme elle doit l'être, et les Consuls en avoir la clef, ils se seraient permis de l'ouvrir et d'y reposer du bois et autres choses, ce qui donna lieu au prêtre, qu'on appela aux dépens des Demoiselles pour la messe de la veille et du jour de la Présentation, de refuser de la dire parceque le dessus de l'autel où est la voûte de la source se trouvait ouverte ; sur quoi les Consuls en exercice s'étant portés sur le lieu, et ayant trouvé la porte ouverte, ils en auraient demandé la clef à la demoiselle Reboul, veuve du sieur Pierre Guillermy, la quelle, après avoir fait sortir tout ce qu'elle y avait fait mettre, la leur envoya par la demoiselle Villecroze, sa nièce, et elle est actuellement en son pouvoir.

1757-1758.
—
Consulter
un avocat d'Aix
sur la conduite
que doit tenir
la Communauté.

« Mais, comme on pourrait de nouveau enfoncer la porte et faire usage de la voute qui est à la Communauté ; que d'ailleurs, s'il est de l'intérêt de la ville que le service porté dans la fondation se fasse, et que le fonds en soit placé ou sur une Communauté ou sur une personne solvable, conformément à la fondation, ils requièrent être délibéré.

« Le Conseil a unanimement délibéré de faire consulter par un avocat à Aix, la route que la Communauté doit tenir sur toutes les raisons contenues dans la proposition, et d'expédier mandat sur le Trésorier des frais de la consultation, comme aussi des pièces dont il faudra prendre extrait pour le soutien des droits de la Communauté. » — Fol° 765.

En exécution de cette délibération, M° Pascal, avocat à Aix, fut saisi de la question, et fit une consultation ou mémoire, qui est copiée sur le 4e registre de M. Goujon, classé dans les archives de la Commune à la série J. J. n° 15, Fol° 709. V° à Fol° 713 — et qui est datée du 19 juillet 1757.

« Cette consultation conclut à ce que les Maires-Consuls doivent faire assigner les hoirs Guillermy au siège de la ville de Brignolle, aux fins d'être condamnés à fermer la porte, en faire faire une au besoin, remettre la clef aux Consuls, etc..., plus d'effectuer le placement de mille livres porté dans l'acte de fondation, et de payer tous les arrérages...... »

Le 16 octobre 1757, « le Conseil délibéra d'intenter procès contre la demoiselle Reboul, suivant les fins de la consultation prise à ce sujet. » — Fol° 921.

Intenter procès
à la
veuve Guillermy

Le 3 octobre 1758, fut rendue la sentence qui suit :

Sentence
du Lieutenant
du Sénéchal
contre les hoirs
Guillermy.

« En la cause des sieurs Maires-Consuls et Communauté de cette ville de Brignolle, demandeurs en demande libellée et exploit d'ajournement du 7 avril 1758, d'une part,

« Et

« Les hoirs de Messire Pierre Guillermy, représentés par demoiselle Margueritte Reboul, veuve et héritière du sieur Pierre Guillermy, bourgeois de cette même ville, défendeurs d'autre,

« Vû, etc.....,

« Nous Lieutenant particulier criminel eû Conseil, faisant droit à la demande libellée des Consuls et Communauté de cette ville du 7 avril dernier, icelle entérinant, avons condamné les hoirs du sieur Pierre Guillermy à faire enlever de la voute dont il s'agit tout ce qui peut s'y trouver et à rétablir dans la quinzaine précisément la porte fermante à clef, et si elle ne subsiste plus, d'en faire mettre une nouvelle avec sa serrure, de façon qu'elle ferme à clef, la quelle sera remise aux dits Consuls dans le même délai de quinzaine, passé la quelle, dès maintenant comme pour lors, avons permis aux dits Consuls de faire enlever tout ce qui se trouvera sous la dite voute, et de la faire clorre par une porte à la quelle ils fairont mettre une serrure dont ils garderont la clef, le tout aux frais et dépens des dits hoirs, sous dû controlle ; pour raison des quels avons laxé contraire, leur faisant inhibitions et défenses, et à tous autres qu'il appartiendra, d'ouvrir la dite porte soit par une double clef ou autrement, et de s'introduire dans la dite voute de quelle manière que ce soit à l'insçu des dits Consuls, à peine de dix livres d'amande et d'en être informé, les condamnant en outre aux dépens de l'instance.

« Jugé à Brignolle dans le palais et chambre du Conseil, le 3e octobre 1758, signé TANERON, Lieutenant particulier criminel, et DEISSAUTIER, Conseiller — à l'original. »

Cette sentence fut signifiée à la demoiselle Reboul, qui en déclara appel, le 5 octobre 1758.

Le 14 juin 1761, « le Conseil, saisi d'une proposition de transiger avec les hoirs Guillermy qui avaient porté la cause en appel à Aix, délibéra à l'unanimité donner pouvoir aux Consuls de terminer ce procès à telles conditions et pactes qu'ils trouveront à propos, et de passer actes et accords sans qu'il fût besoin d'autre délibération.

Acte
de transaction
entre
la Communauté
et les
hoirs Guillermy.

2 novembre 1761. — En suite de cette délibération, il fut passé l'acte suivant de transaction :

« Par devant nous notaire Royal et les témoins soussignés, furent présents Messieurs Charles Joseph de Bellon de Ste. Margueritte, écuyer et chevalier de l'ordre Royal et militaire de St. Louis, André Joseph Fanton, changeur pour le Roi, et François Archier, marchand tanneur, procédants en qualité de Maires et Consuls modernes de la Communauté de cette ville de Brignolle, et en conséquence du pouvoir à eux donné par la délibération du Conseil général du 14 juin dernier dûement controllé d'une part, et demoiselle Geneviève Villecroze, héritière universelle de feu demoiselle Magdeleine Reboul, seule nièce et héritière de Pierre Guillermy, et celui-ci aussi héritier de Messire Pierre Guillermy, prêtre, son oncle, de cette dite ville, de l'autre — les quels de leur gré, mutuelles stipulations, juremenant transigeant sur tout ce que dessus circonstances et dépendances, ont par le présent acte convenu et demeuré d'accord :

« 1° — Premièrement que la dite demoiselle Villecroze se départira comme elle fait de l'appel déclaré par la demoiselle Reboul, consentira comme elle consent que la sentence de M. le Lieutenant de Sénéchal en ce siége du 3 octobre 1758, etc. . . . . . .

« 2° — En second lieu , que , pour tous dépens faits en première instance et en appel , la demoiselle Villecroze payera à la dite Communauté la somme de 276 fr., etc........

« 3° — En troisième lieu , que , pour éviter toute contestation à l'avenir, la Communauté ne pourra plus entrer par la porte d'entrée qui est sur la rue pour aller visiter quand bon lui semblera tant toute la voute que la source sur les quelles la dite demoiselle Villecroze n'a aucun droit de propriété ni de jouissance, le tout ayant toujours appartenu à la Communauté , mais qu'elle pratiquera une nouvelle entrée en faisant abattre une muraille qui sépare la chapelle Sainte-Anne d'avec le jardin du sieur Jean Louis Jaubert sur la rue publique donnant au midi, ce qui était autrefois une rue , en y faisant mettre à ses dépens une porte fermante pour, de là , se rendre à la porte d'entrée de la dite voute , à la quelle entrée la dite Communauté faira encore à ses dépens une autre porte pour fermer la dite voute, et empêcher que personne n'y puisse plus entrer que de l'ordre de Messieurs les Maires-Consuls.

« 4° — Et en quatrième et dernier lieu, que la dite Communauté faira, toujours à ses dépens les murs de cloison pour séparer le jardin et patecq de la demoiselle Villecroze , d'avec le passage qui servira pour aboutir à la dite voute, la quelle cloison sera de la hauteur d'environ douze pans , à la charge néanmoins que cette cloison sera entretenue en bon état par la demoiselle Villecroze, ses succésseurs et ayant cause, à perpétuité, sans pouvoir jamais opposer prescription ni autre raison contraire , à quoi elle a renoncé pour toujours — et, au moyen de ce , les parties se sont mutuellement désistées et se désistent du susdit procès avec promesse de ne plus se rechercher, etc........

Murailles
de clôture à faire
par la ville.

« Acte fait et publié au dit Brignolle dans le bureau de nous notaire , en présence de M. César Roubaud , père , huissier, et Joseph Requier, valet de ville de cette dite ville , témoins requis et signés avec les dits sieurs Maires-Consuls et la demoiselle Villecroze , etc........

« Lecture faite l'acte a été signé le 2 novembre 1764, signés : BELLON — FANTON — ARCHIER, Maires-Consuls , — VILLECROZE — ROUBAUD — REQUIER , témoins , — et GOUJON , notaire. » — Fol^{os} 185 V° et 186.

Délibération du 15 novembre 1761 :

« Les Maires-Consuls exposent que, en suite de la délibération du 15 juin dernier, et du pouvoir à eux donné de terminer le procès que la ville avait contre les hoirs de Guillermy au sujet de la source-mère de la fontaine de Douzon et de la voute, à la meilleure condition qu'ils trouveraient bon , ils se seraient assemblés pour concerter les moyens de pacification et assurer à la ville la source et la voute qu'elle réclamait ; et sur les propositions respectives des parties, il aurait été arrêté. » Suit l'énumération des conditions posées dans la transaction.— Après quoi le Consul ajoute : « Tous les quels moyens ayant été respectivement acquiescés, et les ayant proposés à M. de Moricaud , procureur du pays, dans son passage par cette ville, qui prenait part à cette affaire, qui les aurait approuvés attendu que l'intérèt de la ville était entièrement rempli pour la sûreté de sa source; ils auraient passé l'acte de transaction le 2 de ce mois, relative au rapport ci-dessus, dans la quelle les 276 livres des dépens sont cédées à prendre sur Louis Daumas, traiteur, locataire de la maison des dits hoirs de Guillermy, et à exiger sur le prix de son arrentement à l'échéance des quartiers de la rente. Requérant que, lecture faite du sus dit acte de transaction, le Conseil délibère.

—Lecture faite de l'acte de transaction du 2 de ce mois au sujet du procès terminé entre la Communauté et les hoirs de Guillermy, le Conseil l'a unanimement approuvé, et délibéré qu'il sera procédé à son exécution pour les ouvrages qui restent à faire, et donné pouvoir d'expédier mandat de la dépense qui sera faite par économie. » — *Fol*° 190.

La porte et la cloison ont été faites le mois de décembre 1761.

Rien d'intéressant n'a été fait depuis lors jusqu'en 1834; nous allons donc donner l'état descriptif de la source, voûte, etc., à cette époque, avant d'aborder les bouleversements opérés depuis trente ans, dont le résultat a été la perte à peu près complète de l'eau de Douzon. Heureux si la lecture de ces documents pouvait rendre plus prudents et plus fermes les Conseillers municipaux, qui auront à délibérer sur des demandes de concession, dont il a été abusé de tout temps contre les intérêts et les droits de propriété de la Commune.

Cette source est située sous la rue de la porte appelée du Curnier, et vis-à-vis la porte d'entrée de la chapelle dite de Sainte-Anne; elle est entourée de murailles en pierres de taille et voûte de même.

Les égoûts de la souillarde des Dames du Couvent Sainte-Ursule, qui viennent à la rue du côté du Portail du Curnier, se filtrent dans cette voûte, et en se mêlant avec l'eau, elle se corrompt par le moyen de la paille que les voisins font pourrir sur la rue.

Note de 1759. — « Ces égoûts passent aujourd'hui devant l'Église du Couvent, et vont se jetter au canal d'arrosage.

« L'entrée de cette source se trouve dans la partie voutée qui est en dessous de la chapelle Sainte-Anne; elle se trouve fermée par un couvert de bois chêne, avec sa serrure et clef.

« La prise et la conduite, qui sont en tuyaux de poterie, se trouvent du même côté de la porte ou couvert.

« L'eau traverse le terrain ou espèce de cour des hoirs de Pierre Guillermy, entre dans le jardin d'icelui et le traverse obliquement en tirant vers le couchant — elle entre ensuite dans le jardin du sieur Jean Louis Jaubert, mari de la demoiselle Barles, dont le père avait acquis des hoirs d'Honoré Moutton, et elle le traverse diamétralement jusques au pied de la fontaine qui va couler à la rue de Vitry.

« La conduite en a été faite de nouveau en juin et juillet 1758, en conséquence de la délibération du Conseil du 4 juin 1758. (1)

« On a abandonné l'ancienne conduite ; la nouvelle se trouve aujourd'hui en dessus du côté du couchant dans les parties de la voûte, court le jardin de Guillermy, et en dessous du côté du nord, c'est à dire dans le jardin du dit sieur Jaubert.

« Ce changement de conduite a paru d'autant plus nécessaire, que l'ancienne, se trouvant au dessous du conduit qui commence devant le Portalet de la Place St. Pierre et qui va se dégorger dans le jardin de Guillermy où le conduit finit, et de là l'eau va se jeter dans un autre jardin des hoirs du sieur Louis Joseph Chaix, joignant le logis de Louis Bayle à l'enseigne St. Louis, en traversant les nouvelles murailles de la ville, et l'eau se communiquant avec celle de la source, elle se corrompait, au lieu que aujourd'hui la nouvelle conduite, se trouvant au dessus du susdit conduit, l'eau conserve toute sa pureté. » — Regᵉ Goujon nᵒ 4. — J. J. nᵒ 15. — Folᵒ 726.

Il a été fait mention plusieurs fois d'un droit d'arrosage par les eaux de Douzon, réunies à celles de l'égoût souterrain de la Place de St. Pierre.

Voici le règlement d'arrosage, qui fut fait le 31 mai 1703 :

Règlement
d'arrosage
des eaux
de Douzon

« Sçavoir faisons nous Jacques Grisolle et Jean Lebrun, estimateurs modernes et jurés de cette ville de Brignolle, que suivant le commandement à nous fait le 25 du présent mois de mai par Vincens, huissier, à la requête de Pierre Feraud, cordier de la dite ville, aux fins de procéder au régalement des eaux de la fontaine de Douzon, dite de Marin, en conformité de la sentance du sieur Lieutenant de la même ville, du 30 avril 1703, dont l'exécution a été renvoyée au sieur juge du dit Brignolle, ainsi qu'appert de son décret du 23 du présent mois, suivant ce que les particuliers dénommés en la dite requête doivent jouir des eaux de la dite fontaine, et contribuer à proportion d'icelles contenances aux frais faits au sujet de l'avance et exécution de la présente Commission, nous nous serions acheminés, le 26 du même mois de mai et à la même heure donnée en assignation, sur les dits biens, et

« 1ᵒ En premier lieu, sur ceux qui appartiennent aux hoirs de Claude Chaix, qui sont : un petit jardin cotté 29 s. 2 d. confrontant, de levant autre jardin de M. Bayle, de midi les murailles de la ville, de couchant autre jardin des hoirs de François Bérard, et de septentrion le chemin royal ;

Jardin
de
Chaix-Blachas

« Et encore autre terre appartenant aux dits hoirs de Chaix ou à la demoiselle de Limogad, sa veuve, la dite terre est de la contenance de douze panaux en

Terre dudit
Chaix-Blachas.

(1) Voici la délibération du 4 juin 1758 :

« Le Conseil, après avoir ouï le rapport de Messieurs les Maires-Consuls sur les inconvénients qui empêchent le découlement de la fontaine de Douzon, leur a unanimement donné pouvoir de faire construire non seulement la muraille cimentée, dont la dite fontaine a besoin pour son découlement, mais encore de faire toutes les réparations nécessaires pour la mettre en état et à l'abri de tout inconvénient pour l'usage et la commodité publique. » — Folᵒ 962. Vᵉ.

1703.
—
Règlement
d'arrosage
du 31 mai 1703.

Jardin
de Berard.

Terre
de Feraud.

Jardin
du dit Feraud.

Pré d'Honoré
Raynaud.
M. Serrin.

Jardin
du dit Raynaud,
aujourd'hui
Rossolin.

De Chaix
— 24 heures —
Dimanche.

Berard
— 1 heure —
Lundi.

Feraud
— 24 heures —
Mardi.

Raynaud
— 7 heures —
Mardi.

Hoirs de Chaix
— 24 heures —
Mercredi.

Berard
— 1 heure —
Mercredi.

Feraud
— 24 heures —
Mercredi.

Raynaud
— 7 heures —
Jeudi.

Hoirs de Chaix
— 24 heures —
Vendredi.

Berard
— 1 heure —
Samedi.

semence, confrontant de levant les hoirs de Degrometis, de midi terre d'Honoré Raynaud, de couchant le chemin royal, et de septentrion Pierre Feraud;

« Et de suite, aurions vu le jardin des hoirs de François Berard, cotté 29 s. 2 d. confrontant, de levant jardin des hoirs du dit Chaix, de midi les murailles de la ville, de couchant Honoré Raynaud, et de septentrion le chemin royal;

« Après quoi, nous aurions vu la terre de Pierre Feraud, qui est de la contenance de douze panaux en semence, confrontant de levant le dit Degrometis, de midi terre des dits hoirs de Chaix, de couchant le chemin royal, et de septentrion le béal des moulins;

« Ensemble un petit jardin, confrontant la porte de Caramy et les murailles de la ville, appartenant au dit Feraud; et en dernier lieu, une demi journée de pré appartenant à Honoré Raynaud, confrontant les deux portes et les chemins royaux;

« Ensemble le petit jardin confrontant les murailles de la ville, de la contenance de cinq picotins blé en semence;

« Sur les quels biens, procédant au régalement des eaux de la dite fontaine à proportion de chacune des dites contenances;

« Disons que : les dits hoirs de Chaix doivent en user pour son susdit jardin, et pour la contenance de douze panaux, à commencer dès le dimanche après midi jusques à semblable heure du lundi — 24 *heures.*

« Les hoirs de Berard la prendront pour son jardin depuis le dit midi jusques à une heure — 1 *heure.*

« Pierre Feraud, pour sa dite terre et jardin, depuis lundi après une heure, jusques au mardi de la même heure — 24 *heures.*

« Honoré Raynaud pour son pré et jardin, après une heure du mardi jusques à 8 heures du soir — 7 *heures.*

« Les hoirs de Chaix, après les huit heures du soir du même mardi jusques à semblable heure du mercredi — 24 *heures.*

« Les hoirs de Berard, après les huit heures du soir du mercredi jusques à neuf heures — 1 *heure.*

« Pierre Feraud, après les neuf heures du soir du mercredi jusques à semblable heure du jeudi — 24 *heures.*

« Honoré Raynaud, après les 9 heures du soir du jeudi jusques à quatre heures du vendredi — 7 *heures.*

Les hoirs de Chaix, après les quatre heures de matin du vendredi jusqu'à semblable heure du samedi — 24 *heures.*

« Les hoirs de Berard, après les quatre heures du samedi matin jusques à cinq heures du même matin — 1 *heure.*

« Pierre Feraud, après les cinq heures du samedi matin jusques à semblable heure du dimanche — 24 *heures*.

1703.

Feraud
— 24 heures —
Samedi.

Raynaud
— 7 heures —
Dimanche.

« Et le dit Raynaud, après les cinq heures du dimanche matin jusques à midi, et ainsi continuant durant toutes les heures de suite — 7 *heures*.

« Et procédant au régalement des frais faits au sujet de la levée de la dite Commission, etc........

« La minute de ce rapport était au pouvoir de Jean Feraud, tanneur, à feu Louis, et celui-ci à feu Pierre. — M⁰ Goujon l'a enregistré le 11 mai 1746, sur la représentation que Jean Antoine, son fils, a fait. »

4⁰ Reg⁰ de M⁰ Goujon — J. J. n° 15. — *Fol⁰* 605. *V⁰* à *Fol⁰* 607. *V⁰*.

Pendant plus de soixante-et-dix ans, la source et la fontaine de Douzon ne furent l'objet d'aucune réclamation sérieuse, et le Conseil de la ville n'avait pas eu à s'en occuper, lorsqu'en 1834, une plainte lui fut adressée par les habitants du quartier sur la disparition presque totale des eaux. Une Commission fut nommée pour examiner les lieux et la cause de cet état des choses, et dans la séance du 30 juillet 1834, M. Amic, au nom de cette Commission, présenta le rapport suivant, qui donne tous les renseignements désirables :

« La fontaine dite de Douleur est celle des fontaines de la ville, dont la conservation est peut-être la plus nécessaire à cause de son éloignement des autres fontaines, et de la population du quartier et rues qui l'avoisinent ; ses eaux ont baissé de manière à faire craindre qu'elles doivent cesser de couler au premier jour. La première idée a été de mettre sur le compte de la sécheresse une diminution des eaux commune à toutes les sources en général, mais un peu de réflexion a fait penser qu'elle pouvait avoir toute autre cause.

Rapport
de
la Commission,
sur l'état
de la
source Douzon
et
ses dépendances

Fol⁰ 104. *V⁰*,

« Les eaux, avant d'arriver à la fontaine, sont ramassées dans un réservoir souterrain placé sous la Grande-Rue à la profondeur environ de deux mètres, à peu près au centre de la rue, entre les maisons des sieurs Audibert, bâtier, et Jourdan. Ce réservoir est alimenté par plusieurs conduits souterrains d'une construction très ancienne ; il paraît qu'ils sont d'une étendue assez considérable pour ramasser toutes les eaux qui naissent dans la Grande-Rue (Route Royale), depuis le bassin jusqu'à la Porte du Luc.

« Les frères Bagarry, fabricants d'eau de vie, ayant acheté depuis peu de temps les eaux qui naissaient dans la maison du sieur Méritan, la dernière de la rue en sortant de la ville à gauche, ont opéré des travaux considérables dans la cave de cette maison, soit pour ramasser les eaux, soit pour les conduire, et on soupçonne qu'ils sont parvenus à détourner une partie des eaux qui doivent arriver à la fontaine de Douleur.

« La Commission informée de ces faits, a jugé convenable de se transporter dans la maison Méritan : descendue à la cave, elle a trouvé deux fosses ou cuves quarrées construites en maçonnerie au dessous du niveau du sol de la cave, remplies d'eau, d'où part la conduite qui les dirige chez Messieurs Bagarry. — Au mur de façade se trouve une brèche de soixante centimètres environ de lar-

1834.
—
Rapport
de
la Commission.

geur sur un mètre de hauteur, paraissant faite depuis peu de temps. — Au delà, en s'avançant sous la Route Royale hors la maison, est un boyau d'un mètre de long au midi terminé par un mur de construction récente qui s'étend en outre le long du mur de façade, de la largeur d'un mètre et demi à peu près. — C'est dans ce lieu, et sous la Route Royale, que naissent les eaux ramassées ensuite dans les cuves dont il a été parlé. — En venant au couchant, on a remarqué une brèche pareille, ayant eû évidemment le but de laisser un passage aux eaux, aussi fermée en pierres sèches et couverte extérieurement d'un enduit tout frais en mortier ou terre ; sous ce mur paraissent et arrivent pareillement des eaux. — La Commission n'a pu s'assurer s'il naissait des eaux dans les cuves sus indiquées.

Expériences
faites
par
la Commission.

« Pour s'assurer, si, en effet, les eaux qui arrivaient des travaux faits par les frères Bagarry sous la Route Royale, avaient quelque communication avec la fontaine de Douleur, Messieurs les Commissaires ont fait établir au lieu, où une brèche existe à la muraille de la maison Méritan, un barrage en terre glaise assez fort pour retenir les eaux, et ils ont remarqué que la fontaine de Douleur a commencé de couler avec plus d'abondance. — Ayant ensuite tenté de faire vuider le réservoir placé sous la Grande-Rue, ils ont été forcés d'y renoncer à une certaine profondeur par l'abondance des eaux qui y arrivaient de la direction de la Porte du Luc par un conduit de forme grossière, d'une construction ancienne. — Dans le moment où les eaux furent arrivées au niveau le plus bas, les puits du voisinage baissèrent considérablement, et les eaux des frères Bagarry diminuèrent aussi beaucoup.

Fol° 105. V°.

Les travaux
des
frères Bagarry,
sont la cause
de la disparition
des eaux.

« Dès lors on ne dut plus avoir de doute sur les causes de la diminution des eaux de la fontaine de Douleur, on ne pouvait plus l'attribuer qu'aux travaux des frères Bagarry.

« Cette conviction est confirmée par un fait ancien, connu dans le quartier, c'est que des précédents propriétaires de la maison Méritan ayant construit un lavoir dans leur cave, les eaux arrivèrent un jour à la fontaine chargées de savon ; le lavoir fût détruit sur la réclamation du voisinage. — De ce dernier fait, résulterait encor la preuve que les eaux sont, depuis ce lieu, réunies dans des conduites faites à main d'hommes, et qu'elles n'arrivent pas dans le bassin, purement par infiltration.

Les frères
Bagarry
ont pris l'eau
sous
la voie publique

« Il ne faut pas perdre de vue que les frères Bagarry, pour obtenir la quantité d'eau qu'ils conduisent chez eux, n'ont pas arrêté leurs travaux à la cave de la maison Méritan ; ils en ont percé souterrainement le mur extérieur, et ont poussé leurs fouilles sous la voie publique.

Fol° 106.

« Ainsi quand bien même la jouissance ancienne de la Commune, et des conduites de construction humaine ne justifieraient ses droits sur les eaux usurpées par les frères Bagarry, ces derniers ne pourraient point s'en prétendre propriétaires, puisqu'ils auraient opéré des travaux hors leur propriété.

« Il est vrai que les frères Bagarry excipent d'une prétendue autorisation de l'Administration des Ponts et Chaussées pour établir une conduite sur la voie publique. Ce titre ne pourrait justifier les travaux des frères Bagarry, puisqu'ils ont fait toute autre chose qu'une conduite ; puisqu'ils ont abusé de cette autorisation pour opérer des travaux préjudiciables aux habitants de Brignoles ; puisque, pour l'obtenir, ils ont sans doute donné un motif supposé, n'ayant jamais eu à leur disposition des eaux qui dussent traverser la grande route.

« La Commission pense que le rétablissement des lieux dans leur premier état, ou soit, la reconstruction faite avec soin des murs ébréchés dans la cave Méritan, en faisant cesser l'usurpation des frères Bagarry, rendrait à la fontaine de Douleur les eaux qui y sont nécessaires.

« Les travaux des Messieurs Bagarry ayant été construits sous une Route Royale, sans titre, dans le but manifeste de s'approprier des eaux appartenants à la Commune, la Commission est d'avis que, en s'adressant à la justice de M. le Préfet, la Commune pourrait obtenir de l'autorité de ce magistrat la réparation d'une usurpation aussi manifeste.

Délibéré de soutenir les droits de la Commune devant les Tribunaux compétents.

Fol° 100. V°.

« Le Conseil municipal, ouï le rapport ci-dessus, dont il approuve le contenu, sans renoncer aux moyens ordinaires que la Commune peut avoir de prouver ses droits sur les eaux dont il s'agit, qu'elle se réserve de faire valoir, au besoin, devant tout tribunal compétent ;

« Attendu que les travaux des frères Bagarry ont été faits sous la Route Royale ; qu'ils ne peuvent avoir aucun droit sur les eaux qui y naissent ; qu'à M. le Préfet appartient le droit d'empêcher les empiètements sur le domaine de l'État ;

« A délibéré d'adresser ce rapport à M. le Préfet, avec prière de faire cesser l'injuste usurpation des frères Bagarry, en ordonnant que les travaux construits sous la voie publique devant la maison Méritan seront détruits, et les lieux remis dans leur premier état, de manière à ne laisser aucun passage aux eaux, de leurs cours anciens à la cave de Méritan.

Délibération concédant aux frères Bagarry, la moitié de l'eau qu'ils recueilleront devant la maison Méritan.

Fol° 177.

28 *août* 1836. — Après deux années passées en conférences sans résultat, le Conseil municipal est saisi aujourd'hui d'une pétition de Messieurs Bagarry frères qui proposent : qu'on les autorise à faire, sous la direction d'un homme de l'art choisi par le Conseil ; et dont les honoraires seront payés par eux, un réservoir souterrain au-devant de la maison Méritan, ou à tout autre endroit convenu avec M. le Maire, et tous autres ouvrages qui seront indiqués pour ramasser toutes les eaux qui naissent dans le quartier, sous les conditions :

« 1º D'en élever le niveau autant que faire se pourra pour faire couler les tuyaux de la fontaine publique à une plus grande hauteur que celle qu'ils ont actuellement ;

« 2º Que le partage des eaux ramassées dans le réservoir y sera faite par égales portions entre la ville et les pétitionnaires ;

« 3º En cas que la moitié dévolue à la ville fût insuffisante pour faire couler trois tuyaux de la dimension de ceux qui sont en ce moment placés à la fontaine publique, et toutes les fois que cette insuffisance se réalisera, les pétitionnaires y pourvoieront sur la moitié qui leur est attribuée, de manière que les trois tuyaux ne cessent jamais de couler ;

« 4° Que toutes les dépenses à faire pour les ouvrages projétés, ainsi que toutes celles aux quelles pourra donner lieu tout entretien, seront à perpétuité à la charge des dits Bagarry ou de leurs représentants, et la ville, moyennant la concession qu'elle fait d'une partie des eaux, jouira sans frais de la portion qu'elle se réserve —

« Sur quoi, considérant que les œuvres des dits sieurs Bagarry, par eux faites en 1834, donnent lieu à des difficultés, qu'il convient d'autant plus à l'Administration municipale de prévenir, que ces Messieurs ont des droits à sa sollicitude par le développement qu'ils donnent à leur industrie ;

« Que, de plus, l'eau de la fontaine de Douleur a diminué d'une manière sensible ;

« Que les tuyaux sont placés trop bas, et que l'usage en est extrêmement incommode ;

« Qu'il en résute que les abords du bassin sont habituellement.humides et sales ;

« Que la demande des sieurs Bagarry tend à mettre un terme à tous ces inconvénients et garantit aux habitants du quartier un volume d'eau suffisant à leurs besoins ;

« Que la ville y gagne en outre d'être exonérée d'une charge, tant pour le moment présent que pour l'avenir ;

« Le Conseil a unanimement délibéré de faire aux sieurs Bagarry la concession du volume d'eau qu'ils ont demandé sous les conditions ci-devant énoncées; et, pour que ce soit chose stable et irrévocable, charge M. le Maire de faire apposer leur approuvé en toutes lettres, et leur signature au bas de la présente délibération, après qu'ils en auront pris lecture ; nomme M. Giannany, conducteur des ponts et chaussées pour diriger les travaux à faire, et le prie d'accepter cette commission comme un témoignage de confiance qu'il lui donne.

« La présente délibération sera soumise à l'approbation de M. le Préfet, etc...

« Nous soussignés, ayant pris connaissance de la délibération ci-dessus nous concernant, déclarons l'approuver et nous soumettre à toutes les conditions qu'elle renferme.

« A Brignolle, le 29 août 1836.

« Signé sur le registre : BAGARRY frères — L. BOYER aîné — ARCHIER — JULLIEN — Pierre DUCROS — PERRIN — MÉLAN. » — *Fol°* 178.

Les frères Bagarry firent des fouilles en tous sens, ouvrirent une galerie, qu'ils poussèrent jusque vers l'angle nord-est de l'ancien couvent des Ursulines ; ils firent aussi une galerie souterraine, montant de la Grande-Rue à la Place St-Pierre par la petite rue à l'ouest du couvent, et bouleversèrent tout le terrain avoisinant la voûte de Douzon, dans laquelle ils pratiquèrent une ouverture où ils placèrent un tuyau en poterie, afin d'y verser les eaux de leurs fouilles St-Pierre. — L'effet de ces travaux fut de mettre à sec la fontaine de Douzon ; les habitants se plaignent, et

Le 4 août 1839, « le Conseil municipal faisant droit à ces plaintes, déclara qu'il serait accordé aux frères Bagarry, pour tout délai, jusqu'au 29 septembre prochain pour faire couler la dite fontaine de la manière qu'ils se sont engagés, et, qu'à défaut, la Commune avisera aux moyens de les contraindre à remplir leurs obligations — et il chargea M. le Maire de donner communication de cette délibération aux frères Bagarry. » — *Fol*º 54.

1836-1840
—
Sommer
les
frères Bagarry
de faire couler
la fontaine
Douzon.

Il paraît que, au lieu d'exécuter leurs engagements, les frères Bagarry répondirent à la demande du Conseil par un moyen dilatoire, en proposant à la Commune d'effectuer le partage des eaux, conformément aux accords du 28 août 1836 ;

Car le 10 mai 1840, le Conseil prend la délibération suivante :

Renvoyer
au mois d'août
le partage
des eaux.

« Attendu que le moment n'est pas opportun pour partager des eaux, surtout celles qui ont été découvertes depuis peu de temps, dont le volume est toujours variable ; qu'il est toujours convenable de faire les opérations de cette nature au temps des basses eaux.

« Attendu que les eaux, découvertes par les frères Bagarry près la rue des Religieuses, conviennent peu aux habitants du voisinage qui se plaignent de leur mauvaise qualité et de leur manque de propreté ;

Fol° 83.

« Attendu que, quand même ces plaintes ne seraient pas fondées, elles ne devraient pas être écartées sans égard ; qu'il est possible que ces eaux, passant dans un canal creusé en terre sans être couvertes, soient salies par les éboulements, et même souillées par les infiltrations des eaux qui coulent dans les rues ;

« Attendu qu'il convient d'attendre encor quelque temps pour s'assurer du volume des eaux et du mérite des plaintes des habitants, d'autant mieux qu'une conduite fermée détruira probablement les causes de ces plaintes ;

« Attendu que les Messieurs Bagarry ont offert de se charger seuls de ces eaux, en laissant à la ville, pour la remplir de la portion d'eau qui lui revient, celles qui naissent dans la cave de la maison Méritan, à l'extrémité de la Grande-Rue, et celles de l'ancienne source de la fontaine Douzon ; qu'il est nécessaire, pour apprécier le mérite de cette offre de pouvoir comparer ces eaux avec celles découvertes par les frères Bagarry ;

« Attendu qu'en l'état, il convient que ces eaux soient placées dans une conduite couverte, à l'abri des pertes et des infiltrations extérieures, avec la condition que cette conduite sera faite sous la surveillance de l'autorité, et établie de manière que sa prise ne puisse jamais attirer à elle les eaux de la fontaine Douzon ;

« Attendu qu'il n'y a aucun inconvénient à ce que ces eaux passent à travers la voûte où naissent les eaux des fontaines de MM. Piffard et Nottet, pourvû que Messieurs Bagarry soient autorisés par ces Messieurs, aux quels il a promis en retour de garantir le volume d'eau dont ils ont joui jusqu'à ce jour ;

Eaux Piffard
et Nottet.

« Le Conseil, ouï sur cet objet le rapport de M. Garnier au nom de la Commission, a délibéré qu'il y avait lieu de renvoyer au mois d'août le partage des eaux découvertes par Messieurs Bagarry, suivant la délibération du 28 août 1836 et l'engagement souscrit par eux ; les autorisant cependant, en tant que de besoin, à faire une conduite pour les eaux qu'ils ont découvertes avec la condition expresse que cette conduite se fera sous la surveillance de M. le Maire, et partira d'un niveau qui ne pourra être inférieur à celui du réservoir où les eaux de la fontaine Douzon prennent leur source. »

Délibération du 16 août 1840 :

Sur une pétition des habitants de la Grande-Rue relative aux eaux de la fontaine Douzon, autrement dite des Douleurs, dont le but est de demander au Conseil municipal :

« 1º Le partage entre la Commune et Messieurs Bagarry frères des eaux que ceux-ci ont découvertes sur le sol de la ville ;

« 2º Que, dans ce partage, les eaux, qui coulent dans la cave de la maison Méritan, et celles de l'ancien réservoir de la fontaine, soient attribuées en entier à la ville, en complétant la quantité qui lui revient sur les autres eaux découvertes par Messieurs Bagarry ;

« 3° Que les eaux de la cave Méritan et les eaux de la fontaine coulent séparément et ne soient mêlées ni dans les conduites, ni à la fontaine, avec les autres eaux ;

« 4º Que, dans le cas où les eaux attribuées à la ville excèderaient les besoins de la fontaine, l'excédent soit attribué à indemniser les propriétaires aux quels les fouilles de Messieurs Bagarry auraient enlevé leurs eaux ;

« Le Conseil, vû les délibérations des 28 août 1836 et 10 mai 1840 ;

« Attendu que les pétitionnaires sont fondés dans leurs réclamations ; qu'il est juste de faire cesser l'état précaire et variable dans le quel sont les eaux de la fontaine Douzon ;

« Attendu que les eaux sont trez basses, circonstance favorable pour le cubage et la distribution des eaux ;

« Attendu que tout tend à prouver que les eaux, qui naissent dans la cave de la maison Méritan, sont les mêmes que celles qui coulaient jadis à la fontaine Douzon, puisque cette fontaine a été privée d'eau quand on a fait des fouilles dans la cave Méritan ; que ces eaux sont de bonne qualité et préférables à celles que Messieurs Bagarry ont découvertes dans les fouilles devant la maison de M. Arnoux ;

« Attendu que l'intérêt public commande de donner aux fontaines publiques des eaux de bonne qualité ; qu'il serait facile d'établir que les eaux de la cave Méritan sont prises sur la voie publique ; qu'il résulte même de la demande des frères Bagarry, consignée dans la délibération du 28 août 1836, que ces eaux doivent être comprises dans le partage ; que le Conseil peut donc exiger que ces eaux soient destinées à l'alimentation de la fontaine Douzon ;

1840.
Fol° 83. V°.

« Que , pour cela , la Commune n'en conserverait pas moins le droit d'exiger le surplus des eaux qui peuvent lui revenir, conformément aux conditions de la délibération du 28 août 1836 ;

« Attendu que Messieurs Bagarry, dans leur demande, promettaient et se sont engagés à tous les frais de construction et d'entretien occasionnés par la nouvelle direction donnée aux conduites , pour le présent et pour l'avenir ;

« Attendu , quand à ce qui concerne les indemnités à accorder aux propriétaires dont les eaux peuvent avoir été détournées, que la Commune n'a point reçu de réclamations , et que c'est alors seulement qu'il y aura lieu à s'occuper de cette question ;

« A délibéré de faire procéder de suite au cubage des eaux qui jaillissent :

« 1° Dans l'ancien réservoir de la fontaine Douzon ;

« 2° Dans la cave de la maison Méritan ;

« 3° Dans la mine construite par les frères Bagarry, à partir de devant la maison de M. Arnoux en remontant vers la place St. Pierre ;

« De diriger sur la fontaine Douzon , en premier lieu les eaux de la maison Méritan , et celles de l'ancien réservoir de la fontaine , par une conduite particulière ;

« Si ces eaux ne suffisent pas pour y alimenter trois des tuyaux existants, de prendre le surplus nécessaire aux autres eaux , fallut-il pour cela les absorber toutes, et, dans le cas où un excédent considérable existerait , c'est à dire , où , en sus de trois tuyaux à la fontaine et de trois tuyaux à Messieurs Bagarry, il y aurait encor de l'eau, faire un partage égal en quantité , en assurant toujours et dans tous les cas à la fontaine publique , pour couler d'une manière séparée , les eaux de la cave de la maison Méritan et celles de l'ancien réservoir de la fontaine situé dans la maison Rossolin ;

« Faire tous ces travaux de manière à assurer définitivement le service de la fontaine Douzon , sous la direction d'un homme de l'art et aux frais de Messieurs Bagarry. »

Cette délibération ne put pas recevoir son exécution , parce que les frères Bagarry élevèrent des prétentions sur la possession exclusive des eaux Méritan ; la Commission nommée pour suivre cette affaire , présenta son rapport dans la séance du 7 octobre suivant , elle exposait :

Rapport
de
la Commission.

« Que les eaux , prises dans le bassin de la source Douzon à treize centimètres au dessous du niveau qu'elles avaient habituellement, fournissent un volume d'eau de six deniers , et que probablement , en baissant encor le niveau, on en obtiendrait une plus grande abondance, qui assurerait le service de la fontaine , pourvu qu'on fit à la conduite et au réservoir quelques travaux pour assurer ces résultats.

Fol° 86.

Délibération
du Conseil.

« Le Conseil, attendu que le service de la fontaine Douzon est en souffrance , etc.......

1840.

—

Délibération
du Conseil.

« Attendu que six deniers d'eau seraient suffisants pour les besoins des habitants du quartier ; qu'il suffirait, pour les assurer à la fontaine Douzon, de baisser
la prise et de disposer la conduite pour les amener à la fontaine actuelle , qu'il y
aurait même peu d'inconvénient à déplacer cette fontaine ;

« Attendu que les difficultés d'un arrangement amiable avec Messieurs Bagarry
frères naissent de la prétention qu'ils ont de mettre en dehors du partage les
eaux de la cave Méritan , et de faire entrer dans ce partage les eaux qui coulent
du réservoir de la fontaine Douzon , propriété exclusive de la Commune ;

« Attendu que des moyens de transaction peuvent être proposés , avec réserve
des droits respectifs , sans compromettre les droits de la Commune ;

« Attendu que les eaux qui naissent dans les fouilles pratiquées par Messieurs
Bagarry sont d'un prix considérable par l'importance de leur volume ;

« Protestant des droits de la Commune rappelés et établis , soit dans ses précédentes délibérations sur cette affaire , soit par titres plus anciens , soit par
l'usage et la possession, qu'il entend réserver dans leur intégrité ; dans l'intention de mettre un terme aux débats qui existent avec Messieurs Bagarry, et ,
surtout , de rendre à la fontaine la quantité d'eau nécessaire aux besoins du
quartier ;

Partager
les eaux de la
galerie
Saint-Pierre.

« A délibéré qu'il serait opéré un partage exact , et par quantités égales , des
eaux qui naissent dans les fouilles pratiquées par Messieurs Bagarry, à partir de
devant la maison de M. Arnoux , rue Ste. Ursule , en remontant vers la place
St. Pierre , entre la Commune et Messieurs Bagarry ;

« Que ces eaux seront prises et maintenues au niveau qu'elles ont aujourd'hui,
sans qu'aucune des parties ait le droit de toucher à l'état des lieux , qui sera
constaté par procès-verbal dressé par un homme de l'art , reconnu et approuvé
par les parties ;

Une conduite
en poterie
recevra les eaux
devant Arnoux
jusqu'à
la rue Vitry.

Faire une serve
de distribution.

« Que, au point où les fouilles ont commencé, les eaux seront reçues dans une
conduite en poterie qui les amènera, en la traversant, à l'extrémité extérieure
et au couchant de la voûte où naissent les eaux de Messieurs Piffard et Nottet ;

« Que là sera construit un bassin pour la recevoir, et où le partage en sera fait
par deux ouvertures au même niveau , disposées de manière à recevoir toujours
chacune une quantité d'eau égale , quel que soit le volume que la source fournisse ;

« Que tous ces travaux seront faits sous la direction et surveillance de l'Autorité municipale, aux frais de Messieurs Bagarry ;

MM. Bagarry
donneront ,
sur leur portion,
l'eau revenant
à MM. Piffard
et Nottet.

« Que ces Messieurs seront tenus , sur la portion d'eau leur revenant , d'en
donner à Messieurs Piffard et Nottet la quantité nécessaire pour alimenter leur
fontaine, en dédommagement du passage qu'ils accordent à la conduite sous
leur voûte ;

Les galeries, etc.
seront fermées
à clef,
et les clefs
déposées
à la Mairie.

« Que , tous ces travaux terminés et les eaux mises à la disposition de la
Commune et de Messieurs Bagarry pour en disposer chacun à sa convenance ,
ces réservoirs et les mines supérieures seront fermées , et que les clefs seront
déposées à la Mairie pour, en cas de besoin, n'être remises à Messieurs Bagarry,

ou à leurs représentants, que pour des travaux consentis et approuvés par l'Autorité municipale ; que ces travaux et les réparations à faire à l'avenir et toujours, sont et seront à la charge de Messieurs Bagarry et de leurs successibles ; que, moyennant le partage ci-dessus, le Conseil consentirait à laisser les eaux de la cave Méritan à la disposition de Messieurs Bagarry ;

1840-1841.
—

« Et, de même suite, pour assurer au plutôt le service de la fontaine Douzon, le Conseil autorise M. le Maire à commencer immédiatement les travaux nécessaires pour utiliser les eaux qui existent dans l'ancien bassin de la fontaine Douzon ; et même à prendre les eaux à un niveau inférieur pour en augmenter le volume ; pour cela, à refaire la conduite, déplacer la fontaine, enfin faire tous les travaux reconnus capables d'assurer le service de cette fontaine ; s'entendre avec les tiers intéressés pour le passage des conduites et le lieu de naissance des eaux, et met à sa disposition tous les fonds nécessaires. » — Folo 86.

Autorisé
le Maire à faire
les travaux
pour
conduire l'eau
Douzon
à la fontaine.

Délibération du 3 janvier 1841 :

Demander
l'autorisation
de plaider
contre
MM. Bagarry.

M. le Maire fait l'historique de tout ce qui a eu lieu entre la Commune et Messieurs Bagarry au sujet des eaux de Douzon et des diverses fouilles ; il termine en disant que, « au lieu d'accueillir les propositions du Conseil, qui font l'objet de la délibération du 7 octobre précédent, ces Messieurs ont, le 14 décembre dernier, adressé à M. le Préfet une demande à l'effet d'être autorisés à intenter une action contre la Commune de Brignoles, afin de faire prononcer le partage des eaux par la voie des tribunaux.

« Le Conseil, attendu que toutes les voies d'arrangement à l'amiable ont été épuisées, que les Messieurs Bagarry ont pris eux-mêmes l'initiative des voies judiciaires, qu'il est juste et nécessaire de se défendre, a délibéré, à l'unanimité, de demander au Conseil de Préfecture l'autorisation de plaider, à l'effet de se défendre sur la demande que Messieurs Bagarry se proposent d'intenter contre la Commune. » — Folo 94. Vo.

A la suite de ces mutuelles menaces de procès, les Messieurs Bagarry, au lieu d'intenter une action contre la Commune, firent les propositions suivantes, qui furent présentées au Conseil municipal dans sa séance du 11 *juillet* 1841 :

1re Proposition
de
MM. Bagarry.
—
Folo 106.

« 1re *Proposition.* — Les eaux qui naissent dans la cave de la maison Méritan, seront réunies au bassin de la fontaine Douzon, et partage égal en sera fait entre la Commune et Messieurs Bagarry ;

« Si la moitié obvenant à la ville n'était pas suffisante pour alimenter la fontaine, Messieurs Bagarry fourniraient le surplus sur leur part, et on leur donnerait sur les eaux trouvées une portion équivalente ;

« Les eaux trouvées dans les fouilles ouvertes devant la maison Arnoux seront aussi partagées par portions égales, et les indemnités accordées à des tiers seront données par moitié ;

« Tous les travaux à faire pour l'exécution de ces engagements, pour l'entretien des conduites, généralement tous les travaux pour amener les eaux de la ville à leur destination, seront faits par les Messieurs Bagarry et à jamais entretenus par eux.

« 2ᵉ *Proposition.* — Les eaux qui naissent dans la cave de la maison Méritan appartiendront exclusivement à Messieurs Bagarry ;

« Les eaux du bassin de la fontaine Douzon appartiendront à la ville, qui aura la faculté de baisser la hauteur de sa prise tant que la hauteur actuelle des tuyaux de la fontaine pourra le leur permettre, étant convenu que ces tuyaux resteront toujours à la hauteur actuelle ;

« Il sera interdit à Messieurs Bagarry de baisser le niveau des eaux qu'ils ont découvertes dans les fouilles creusées devant la maison Arnoux ;

« Les eaux de ces fouilles seront partagées par portions égales entre la Commune et les Messieurs Bagarry, prélèvement fait de la portion attribuée à Messieurs Piffard et Nottet, sans que Messieurs Bagarry participent aux indemnités ou concessions que la Commune croirait devoir faire à d'autres particuliers.

« Le Conseil, après en avoir délibéré, attendu les difficultés graves et les nombreux inconvénients, qui pourraient résulter pour les propriétaires des maisons et pour la Route Royale des tranchées profondes ouvertes dans la Grande Rue, ne s'est point arrêté sur la première proposition ;

« Il a admis la seconde avec les modifications suivantes, et en protestant toujours des droits de la Commune, et n'entendant déroger aux conditions sous lesquelles les frères Bagarry ont été autorisés à faire des fouilles qu'autant qu'un accord amiable interviendrait, dans le quel des concessions réciproques mettraient les droits de la ville à couvert :

« Les eaux qui naissent dans la cave de la maison Méritan appartiendront aux Messieurs Bagarry, qui en useront à l'avenir comme de leur propriété exclusive ; ils s'obligent néanmoins à laisser les lieux dans l'état où ils se trouvent, s'interdisant de faire des fouilles ou de baisser le niveau des eaux de cette cave ;

« Les eaux réunies dans le bassin de la fontaine Douzon resteront la propriété de la ville. Si ces eaux ne fournissaient pas une quantité suffisante pour alimenter trois tuyaux de la fontaine existante, ou soit trois deniers, et en sûs le volume au quel M. Fabre a droit conformément à son titre et aux conditions qui y sont exprimées, la Commune serait fondée à baisser la prise établie au mur du nord qui contient les eaux dans le bassin de la source, jusqu'à ce qu'elle obtienne le volume ci-dessus indiqué, sans que jamais elle puisse baisser le fond du dit réservoir ;

Les eaux
des fouilles
partagées,
après avoir
prélevé l'eau
pour
MM. Piffard
et Nottet.

« Quand aux eaux qui naissent dans les fouilles faites par Messieurs Bagarry, elles seront partagées entre la Commune et ces Messieurs par portions égales, prélèvement fait de la quantité qui doit être attribuée à Messieurs Piffard et Nottet, sans que les Messieurs Bagarry aient à participer en aucune manière aux indemnités ou concessions que la ville croirait devoir faire à d'autres propriétaires ;

« Avant tout, l'état de ces fouilles sera constaté par un procès-verbal qui en déterminera la profondeur, et les eaux conduites à un réservoir commun où le partage des eaux sera fait à un niveau convenu, pour être dirigées de là à leur destination. Les fouilles et le réservoir seront fermés chacun par une porte solidement construite, et les clefs déposées à la Mairie. Tous ces travaux seront faits sous la surveillance et la direction de M. le Maire, aux frais de Messieurs Bagarry, qui s'obligent pour l'avenir à l'entretien de ces travaux. » — *Fol⁰* 109.

1841-1842.

Quoique ces conditions, présentées par le Conseil, fussent tout à l'avantage de Messieurs Bagarry, puisqu'elles leur offraient la propriété des eaux Méritan, qui n'étaient autres que celles de Douzon interceptées sous la voie publique, et que la Commune ne conservait que la propriété de la source Douzon, avec une restriction gênante et illusoire vu le niveau de ces eaux comparé à celui de la fontaine, ces Messieurs, au lieu de les accepter avec empressement, élevèrent des prétentions nouvelles qui témoignaient un parti pris de lasser la municipalité ; de sorte que le Conseil fut obligé de délibérer le 15 août 1841, de,

« Attendu l'insuccès des nouvelles tentatives faites pour terminer à l'amiable les difficultés existantes avec Messieurs Bagarry ;

« Demander l'autorisation de procéder contre Messieurs Bagarry à l'effet de parvenir, même par les voies judiciaires, au partage des eaux dont ces Messieurs jouissent indûement. » — *Fol⁰* 109. *V⁰.*

Poursuivre
le
partage des eaux
avec
MM. Bagarry.

Un procès fut entamé, et aboutit au jugement suivant :

31 Mai 1842.

Jugement
du Tribunal civil
de Brignoles.

» Entre M. le Maire de la ville de Brignoles, y domicilié et demeurant, agissant au nom et dans l'intérêt de la dite ville, dûement autorisé quand à ce, demandeur par exploit d'ajournement du 16 mars 1842, comparaissant par M⁰ Bienvenu Trucy, licencié en droit, avoué, d'une part,

« Et les sieurs Barthélemy et Sauveur Bagarry frères, négociants, domiciliés et demeurants à Brignoles, agissant dans un intérêt commun, défendeurs, comparaissants par M⁰ Veyan, licencié en droit, avoué, d'autre part,

« L'audience publique ouverte et la cause appelée,

Conclusions
de la Commune.

« M⁰ Trucy, pour M. le Maire de Brignoles, a conclu à ce que, sans s'arrêter aux exceptions et défenses des frères Bagarry, dont ils seront démis et déboutés, faisant droit aux fins de l'exploit d'ajournement de M. le Maire de Brignoles, en date du 16 mars 1842, il plaise au Tribunal de dire et ordonner qu'il sera procédé au partage des eaux découvertes par les frères Bagarry dans l'enceinte de cette ville de Brignoles aux quartiers des Religieuses et du Portail du Luc, dans lequel partage ne seront point comprises les eaux de l'ancien bassin de la fontaine Douzon, qui ont servi jusqu'à ce jour à alimenter cette même fontaine, ni même celles de la cave Méritan si, par suite des opérations qui seront faites par des experts convenus ou nommés d'office, il était reconnu que ces eaux sont les mêmes qui se rendent à la fontaine Douzon et contribuent au service de cette fontaine, aux quels experts il sera pareillement donné mission de rechercher et constater s'il n'existe pas sous la Route Royale, à partir du réservoir de la fontaine Douzon jusqu'au Portail du Luc, un canal ou même des traces d'un canal à main d'homme, destiné à conduire dans le bassin Douzon les eaux que, par leurs travaux, les frères Bagarry ont attirées dans la cave Méritan, les quelles eaux de la cave Méritan entreront dans le partage si le résultat de l'opération des experts démontre qu'elles n'aident point au service de la dite fontaine ; qu'après le cubage des eaux le partage en sera fait de manière à assurer, pour le service de la dite fontaine, un volume suffisant pour faire couler en tout temps trois tuyaux de la dimension de ceux qui y sont placés ; ordonner en même temps que toutes les eaux découvertes par les frères Bagarry seront examinées avec soin par des gens de l'art à l'effet de s'assurer si leur qualité n'est pas inférieure à celles de la fontaine Douzon, pour les quelles, dans ce cas, il serait fait , aux frais des frères Bagarry, une conduite séparée, dont l'entretien serait à perpétuité à leur charge ainsi que tous les autres travaux qui seront jugés nécessaires pour la conservation des eaux ; ordonner enfin que, dans le cas où les eaux de la cave Méritan seraient reconnues ne pas faire partie de celles qui alimentent la fontaine Douzon, les experts chargés des diverses opérations à faire, auront également mission de vérifier et constater si le niveau des eaux de la cave Méritan et des autres eaux découvertes ne pourrait pas être élevé de manière à faire couler les tuyaux de la fontaine Douzon à une hauteur plus forte que celle qu'ils ont actuellement, et déterminer dans ce cas la hauteur du niveau lui-même ; condamner les frères Bagarry aux dépens.

« Me Veyan. pour les frères Bagarry, a conclu à ce qu'il plaise au Tribunal, statuant sur les fins de l'exploit d'ajournement du 16 mars 1842 et y ayant tel égard que de raison, dire que la ville de Brignoles est sans droit à la propriété ou à la co-propriété des eaux qui naissent dans la cave Méritan et qu'elles appartiennent exclusivement à Messieurs Bagarry frères ; ordonner le partage, conformément aux droits respectifs des parties, des eaux ramassées dans le réservoir souterrain creusé par Messieurs Bagarry frères devant la maison Arnoux ; dire qu'il sera procédé à ce partage par trois experts convenus ou nommés d'office ; ordonner que les experts vérifieront si l'abaissement de l'acqueduc souterrain appartenant à Madame veuve Guigou a eû ou peut avoir pour effet de diminuer le volume des eaux ramassées dans le bassin précité ; fixeront en cas d'affirmative la quantité d'eau dérivée ou qui pourra l'être, et l'attribueront en moins dans le partage à intervenir au lot de la Commune, si mieux elle n'aime faire cesser immédiatement les effets de cette dérivation ; dire en outre, que la Commune ne pourra faire ni autoriser aucun creusement ou ouvrage qui pourrait avoir pour résultat de dévier une partie quelconque des eaux à partager, et que, pour en faciliter la vérification, l'état actuel, la profondeur et le niveau des prises, soit des sources Douzon, soit du bassin souterrain creusé au-dessous de la traverse des Religieuses, seront constatés par des repères invariables ; ordonner enfin que les dépens de l'instance en partage seront supportés par chaque partie dans la proportion de ses droits.

« Par délibération du Conseil municipal de la ville de Brignoles, en date du 28 août 1836, approuvée par M. le Préfet du Var le 17 septembre suivant, et sur la demande qu'ils en avaient faite au Conseil municipal, les frères Bagarry furent autorisés à faire, sous la direction d'un homme de l'art choisi par le Conseil et dont les honoraires devaient être payés par les frères Bagarry, un réservoir souterrain au devant de la maison Méritan sise en l'enceinte de cette ville, à l'extrémité de la Grande-Rue, ou à tout autre endroit convenu avec M. le Maire, et tous autres ouvrages qui seraient indiqués pour ramasser toutes

31 Mai 1842.

Jugement
du Tribunal civil
de Brignoles.

les eaux qui naissent dans ce quartier de la ville, sous les conditions : 1° d'en élever le niveau autant que faire se pourra pour faire couler les tuyaux de la fontaine publique à une plus grande hauteur que celle qu'ils ont actuellement ; 2° que le partage des eaux ramassées dans le réservoir sera fait par égales portions entre la Commune et les frères Bagarry ; 3° au cas que la moitié dévolue à la ville fût insuffisante pour faire couler trois tuyaux de la dimension de ceux qui sont en ce moment placés à la fontaine publique *et, toutes les fois que cette insuffisance se réalisera, les frères Bagarry y pourvoieront sur la moitié qui leur est attribuée, de manière que les trois tuyaux ne cessent jamais de couler ; 4° que toutes les dépenses à faire pour les ouvrages projetés, ainsi que toutes celles aux quelles pourra donner lieu leur entretien, seront à perpétuité à la charge des sieurs Bagarry ou de leurs représentants, et la ville, moyennant la concession qu'elle fait d'une partie des eaux, jouira sans frais de la portion qu'elle se réserve.*

« Par suite de ces accords, des fouilles ont été faites sur divers points par les frères Bagarry, mais des difficultés se sont élevées pour opérer le partage des eaux.

« M. le Maire de Brignoles, après avoir obtenu du Conseil de Préfecture l'autorisation nécessaire pour demander le partage des eaux, a fait ajourner à cet effet les frères Bagarry aux fins ci-dessus.

Questions.

« 1° Quelles sont les eaux qui doivent être comprises dans le partage ?

« 2° Comment ce partage doit-il être opéré ?

« 3° Y a-t-il lieu de faire pour la Commune une conduite différente et séparée pour amener les eaux à la fontaine Douzon ?

« 4° La demande des frères Bagarry tendant à obtenir une indemnité à raison des travaux faits par la dame Guigou est-elle recevable ?

« 5° Que faut-il statuer sur la prohibition que les frères Bagarry veulent faire imposer contre la Commune à l'effet qu'elle ne puisse désormais faire ou autoriser aucun ouvrage dont le résultat aurait pour effet de dévier une partie des eaux à partager ?

« Brignoles, le 10 juin 1842, signé Trucy sur les qualités signifiées par exploit du 13 du même mois à Me Veyan, avoué adverse, sans opposition.

« Ouï les avoués des parties dans leurs conclusions et plaidoiries à l'audience du 12 mai courant, et M. Madon, substitut du Procureur du Roi, dans ses conclusions verbales et motivées, à celle du 17 du même mois ;

« Après délibéré en la Chambre du Conseil,

Considérants.

« Attendu que trois espèces d'eau sont à distinguer dans le procès existant entre la Commune de Brignoles et les frères Bagarry : celles qui alimentent actuellement la fontaine Douzon venant directement de son réservoir établi devant la maison Audibert, celles qui naissent dans la cave de la maison Méritan, et celles provenant des fouilles faites par les frères Bagarry sous diverses rues ;

31 Mai 1842.

Jugement
du Tribunal civil
de Brignoles.

Considérants.

« Attendu, quand aux premières, que la propriété n'en est pas contestée à la Commune ;

« Attendu que celles de la deuxième espèce ont été cédées aux frères Bagarry par le propriétaire du fonds où elles naissent et sur le quel aucun ouvrage apparent n'a été fait pour les détourner au proffit de la Commune ; que la délibération du 28 août 1836 contenant transaction sur les réclamations élevées par la Commune contre les frères Bagarry ne contient aucune réserve relativement à ces eaux aux quelles elle a renoncé au bénéfice du partage de celles qui naissent dans les lieux publics désignés dans cette délibération ; qu'elle est donc non recevable à en revendiquer la propriété et à faire vérifier si elles se rendaient au réservoir de la fontaine Douzon avant que les frères Bagarry les eussent conduites à leur établissement ;

« Attendu que les eaux de la troisième espèce se composent de toutes celles trouvées par les frères Bagarry sous les diverses rues où ils ont fait des fouilles ; *que leur intention d'y comprendre celles trouvées devant la maison Méritan en poussant leurs travaux jusques au-delà des fondations de la dite maison est suffisamment expliquée par leur offre d'établir le réservoir devant la même maison ;* qu'aux termes de la transaction, toutes les eaux doivent être partagées par égales portions, sauf retranchement jusqu'à dûe concurrence sur la portion des frères Bagarry dans le cas où, entre le réservoir de la fontaine Douzon et la portion de la Commune, il n'y aurait pas de quoi faire couler trois tuyaux de la dite fontaine ;

« Attendu qu'il a été allégué que les eaux, provenant des dernières fouilles faites par les frères Bagarry, ne sont pas de même qualité que celles trouvées devant la maison Méritan ; que, s'il en était ainsi, le partage ne pourrait être parfaitement égal qu'en donnant à chaque partie sa portion de chaque espèce d'eau ; que c'est dans cette supposition que la Commune demande une conduite particulière pour sa portion des eaux de qualité inférieure, ce à quoi les frères Bagarry ont consenti à l'audience ;

« Attendu que si, en autorisant les frères Bagarry à faire sous les rues de la ville des fouilles couteuses pour chercher des eaux dont ils ne doivent avoir qu'une moitié, la Commune s'est engagée tacitement à ne faire ni permettre dans son fonds des ouvrages ayants pour résultat d'attirer les eaux trouvées par ces derniers, cette obligation ne peut lui imposer aucune responsabilité relativement aux ouvrages faits par la veuve Guigou qui n'a fait que recouvrer les eaux qui avaient été détournées par les frères Bagarry en outrepassant dans leurs fouilles l'autorisation à eux donnée par la Commune qui n'avait pas entendu qu'elles fussent poussées jusques sous la place St. Pierre ;

« Attendu que pour prévenir toute contestation et assurer les droits de toutes les parties, il convient de constater l'état des lieux de manière qu'aucun changement ne puisse y être fait que de leur commun consentement ;

Dispositif.

« Le Tribunal civil de première instance de l'arrondissement de Brignoles, département du Var, ayant tel égard qu'il appartient aux conclusions respectives des parties, déclare que les eaux qui alimentent la fontaine Douzon, et qui proviennent du réservoir établi sous la Grande-Rue au-devant de la maison Audi-

bert, sont la propriété de la Commune, et celles qui naissent dans la cave de la
maison Méritan, la propriété des frères Bagarry ; ordonne le partage par égales
portions entre la Commune de Brignoles et les frères Bagarry des eaux trouvées
par ces derniers au moyen des fouilles faites par eux sous la Grande-Rue, la
rue ou traverse des Religieuses et la place St. Pierre, pour, les eaux trouvées à
la Grande-Rue au-devant de la maison Méritan, être imputées sur la portion
des frères Bagarry en prélevant en faveur de la Commune une égale quantité de
celles provenant des autres fouilles, le tout dans le cas où ces diverses eaux seront reconnues de même qualité, et en cas contraire, ordonne que chaque espèce
d'eau sera partagée par égales portions, au quel cas les frères Bagarry conduiront au réservoir de la fontaine Douzon la partie obvenant à la Commune des
eaux trouvées devant la maison Méritan, et, en cas d'insuffisance des diverses
eaux obvenues au lot de la Commune et de celles provenant du réservoir de la
fontaine Douzon pour faire couler trois des tuyaux de la dite fontaine, il sera
pris sur la portion des frères Bagarry quantité d'eau suffisante pour compléter
les dits tuyaux ; — commet pour le dit partage les sieurs Maitre, ancien directeur de l'École Normale, Giraud, agent-voyer de cet arrondissement, domiciliés
à Brignoles, et Souriguière, percepteur, domicilié à St.-Maximin, les quels procèderont à la vérification de l'état actuel des lieux et constateront par des repères
invariables la hauteur des eaux et des prises qui seront établies pour l'exécution
du partage, de même que pour la hauteur des eaux et des prises du réservoir de
la fontaine Douzon, à la charge par les dits experts de prêter serment devant
M. Arnaud, juge, à ce commis ; — ordonne que les eaux qui obviendront à la
Commune de Brignoles seront conduites par les frères Bagarry à la fontaine
Douzon et au réservoir de la dite fontaine, s'il y a lieu, au moyen de tuyaux en
terre de l'entretien des quels ils demeureront chargés à perpétuité, — déclare
les frères Bagarry non recevables dans leur demande en indemnité à raison des
travaux faits par la dame Guigou dans le fonds de la Commune pour recouvrer
les eaux qui lui avaient été ravies au moyen des fouilles faites par ces derniers ; —
ordonne enfin que les frais du partage seront supportés par les parties de compte
à demi.

« Ainsi jugé et prononcé, etc... le mardi, 31 mai 1842. »

Messieurs Bagarry appelèrent de ce jugement qui fut confirmé par arrêt de la
Cour d'Aix du 27 juin 1843.

Les experts nommés par le jugement du 31 mai 1842 n'ayant pu opérer, le
Tribunal, par jugement du 11 juillet 1843, en nomma trois autres qui firent le
rapport suivant :

« Ce jourd'huy, 5 septembre 1843, nous soussignés, Gianani, conducteur des
ponts et chaussées, demeurant et domicilié à Brignoles, Fabre, ancien géomètre, domicilié et demeurant à St.-Maximin, et Giraud, agent-voyer, demeurant
et domicilié à Brignoles, experts nommés par le Tribunal civil de Brignoles par
jugement en date du 11 juillet 1843, pour le partage de diverses eaux entre la
Commune de Brignoles et les frères Bagarry, après avoir prêté serment devant
M. Arnaud, juge au Tribunal civil de Brignoles, le 1er août 1843, avons, à sept

31 Mai 1842.

Jugement
du Tribunal civil
de Brignoles.

Dispositif.

Les eaux Douzon
sont
la propriété de
la Commune.

Les eaux
de
la cave Méritan
appartiennent
à MM. Bagarry.

Les eaux trou-
vées seront
partagées par
égales portions.

La Commune
recevra
la quantité d'eau
nécessaire
pour 3 tuyaux
de la fontaine.

Experts nommés
pour
le partage, etc.

Rapport
des experts.

heures du matin, commencé nos opérations en nous conformant au dispositif du jugement du Tribunal civil, en date du 31 mai 1842, confirmé par la Cour Royale le 27 juin 1843, et dont la teneur suit : — ....

(Copie du dispositif ci-contre.)

« Dès le principe nous avons jugé inutile de nous adjoindre le sieur Brun, fontainier de cette ville de Brignoles, pour nous aider dans les opérations matérielles que nous avions prévu devoir être ordonnées ;

« Nous avons ensuite reconnu qu'il était nécessaire de déterminer le rapport existant entre les volumes d'eau fournies par les diverses sources énoncées dans le jugement du Tribunal civil pour être partagées entre la Commune de Brignoles et les frères Bagarry ;

5 Septembre.

« A cet effet, nous avons recherché quelle était la quantité d'eau qui naissait d'une part dans le fonds de la cave Méritan, cette eau étant la propriété des frères Bagarry, et d'autre part dans le fonds communal, c'est à dire sous la Grande-Rue, celle-ci devant être comprise dans le partage par portions égales ;

Aucune eau
ne naît
dans
la cave Méritan.

« Nous avons donc fait faire un barrage en argile séparant les deux fonds précités, et, après avoir fait mettre à sec toute la partie de la source qui était censée naître dans le fonds de la cave Méritan, *nous avons reconnu qu'aucune eau ne naissait dans cette partie de la cave.*

Toute l'eau
Méritan
doit être par-
tagée.

« Ainsi toute l'eau, à prendre dans cette source, naissant dans le fonds communal, nous avons estimé que, toute aussi, elle devait entrer dans le partage par portions égales ordonné par le Tribunal civil.

« Ceci reconnu, nous avons trouvé, par des expériences plusieurs fois répétées avec succès, que la source des fouilles faites devant la maison Méritan fournissait un double décalitre dans 159 secondes, tandis que la source des eaux provenants des fouilles faites au-dessous de la rue ou traverse des Religieuses et de la place St. Pierre fournissait un demi hectolitre dans 39 secondes.

« Ainsi les deux sources fournissent dans le rapport de 75 à 769. — Ce rapport a servi ensuite à corroborer les expériences aux quelles nous nous sommes livrés plus tard dans le but de déterminer les volumes d'eau échues aux ayants droit, d'après une unité de mesure en usage dans le pays, et dont il est parlé ci-dessous.

Saigner le bassin
Douzon
à 15 centimètres
plus bas.

« Ces expériences nous ont conduit à une autre opération qui consistait à sçavoir si, dans un temps donné, une saignée pratiquée dans le bassin de la fontaine Douzon à zéro mètre, 15 centimètres plus bas que la prise actuelle de ce bassin, l'écoulement qui en résulterait n'influerait en rien sur le volume des eaux de la source Méritan, ou de celles des Religieuses et de la place St. Pierre.

« En conséquence, nous avons ordonné au sieur Brun de faire ouvrir une tranchée dans la cave Douzon pour servir à l'écoulement des eaux du bassin de cette cave, où une saignée a été pratiquée comme il a été dit ci-dessus ; mais, attendu l'heure avancée (7 heures du soir), nous avons terminé les opérations de cette journée, et nous sommes ajournés au lendemain 6 septembre, à six heures du matin.

« A l'heure dite, nous nous sommes transportés dans la cave Douzon, où les travaux avaient été exécutés dès cinq heures du matin, et nous avons constaté que l'écoulement de ces eaux avait lieu de manière à fournir un volume dont nous avons pris note, et dont il sera parlé ci-dessous ;

5 Septembre
16 octobre 1843.

—

Rapport
des experts.

« Ensuite nous avons cherché à reconnaitre si les eaux des fouilles Méritan et de celles des Religieuses et de la Place St. Pierre étaient de même qualité ; en conséquence nous avons procédé à diverses expériences chimiques qui ont fourni les résultats suivants :

« Traitées par le bi-carbonate de soude, les deux eaux n'ont donné, ni l'une ni l'autre, aucun précipité calcaire ;

Analyse
des eaux.

« Traitées par l'acide gallique, elles n'ont donné aucun dépôt floconeux, ni couleur pourpre indiquant la présence soit de matières gélatineuses, soit de parcelles de fer en dissolution ;

« Traitées par le sirop de violette, elles ont pris chacune une couleur verte de même intensité, ce qui dénote chez toutes deux, la présence d'une légère dissolution alcaline ;

« Traitées par l'acide sulfurique, il ne s'est formé aucun sel ni sulfate de chaux, soit dans l'une soit dans l'autre ;

« Traitées par l'argent, elles n'ont donné aucun indice de la présence d'hydrogène sulfuré ;

« Mises en contact avec le savon, elles l'ont dissous complettement, ce qui prouve qu'elles sont également potagères et propres à cuire les légumes ;

« Comparées par leur pesanteur spécifique, elles ont donné le même résultat ;

« Nous les avons d'ailleurs dégustées et nous avons trouvé qu'elles n'avaient aucun mauvais goût, aucune mauvaise odeur.

« De ces expériences répétées et faites avec soin, nous avons conclu que les eaux étaient de même qualité.

Les eaux
sont
de même qualité

« A midi, c'est à dire après un écoulement constant de sept heures de durée, nous avons de nouveau mesuré le volume d'eau fourni par la source des Religieuses et de la place St. Pierre ; le résultat a été le même que celui obtenu la veille, sçavoir : qu'un demi hectolitre a été rempli en 39 secondes, d'où nous avons conclu que, s'il existe un contact quelconque entre les eaux de Douzon et celles des fouilles des Religieuses, l'influence d'une saignée pratiquée dans le bassin de Douzon ne sçaurait se faire sentir instantanément ou après sept heures d'écoulement. — Le sieur Bagarry, présent à cette expérience, a objecté que cette influence, pour n'être pas sensible au bout de plusieurs jours d'écoulement, n'en existait pas moins, et que, si l'on pratiquait à toujours cette saignée, toutes les eaux de ses fouilles finiraient par se rendre dans le bassin Douzon. — Néanmoins, et toujours dans le but de déterminer, s'il était possible, quels pourraient être les torts causés aux fouilles des Religieuses par un écoulement de plus grande durée, nous avons laissé la saignée telle qu'elle avait été pratiquée le matin.

5 Septembre
16 Octobre 1843.
—
Rapport
des experts.

Calibrage
des eaux.

Eaux Méritan
1 denier 1|2.

Eaux St-Pierre
11 deniers.

Partage.

Pour la Ville,
sur les eaux
de Saint-Pierre,
6 deniers 1|4.

Pour les frères
Bagarry
Eaux Méritan
1 denier 1|2,
Eaux St-Pierre
4 deniers 3|4.
Total.. 6 d. 1|4.

7 Septembre.
Le calibrage
des eaux
est du même
volume que
précédemment,
malgré
la saignée faite
au
bassin Douzon.

« Les eaux ayant été reconnues de même qualité, nous nous sommes mis en mesure de procéder à leur partage par portions égales ;

« A cet effet, nous avons calibré les eaux des deux sources séparément, et nous avons pris pour unité de mesure une ouverture circulaire de zéro mètre deux centimètres de diamètre, la quelle correspond à celle qui était autrefois en usage dans le pays sous le nom de *denier*. — Cette ouverture a été supposée divisée en cent parties, et le résultat du calibrage a été le suivant :

« Les eaux de la source Méritan (naissant toutes dans le fonds communal) ont fourni un et cinquante de ces mêmes parties ;

« Les eaux des fouilles de la traverse des Religieuses et de la place St. Pierre ont fourni onze de ces mêmes parties ;

« En conséquence toutes les eaux à partager formaient ensemble un volume exprimé par douze et cinquante de ces parties................ 12 50

« Ces expériences, plusieurs fois répétées devant les parties intéressées, ont toujours fourni le même résultat.

« Procédant ensuite au partage, nous avons trouvé :

« 1° Pour la ville, et sur les fouilles des Religieuses et de la place St. Pierre... 5 50

« 2° Pour la ville, imputant sur la portion des frères Bagarry, moitié des eaux de la fouille devant la maison Méritan.......... 0 75

« Total à prendre sur les eaux des fouilles des Religieuses et de la place St. Pierre, en faveur de la ville.... .... 6 25

« 3° Pour les frères Bagarry, toutes les eaux trouvées dans leurs fouilles au-devant de la maison Méritan................ 1 50

« 4° Pour les mêmes, leur portion des fouilles des Religieuses et de la place St. Pierre, diminuée de la moitié des eaux Méritan. 4 75

« Total égal au produit de la Commune.................. 6 25

« Les choses ainsi déterminées, nous nous sommes rendus au bureau de l'un de nous, afin de rechercher quel serait le mode à employer pour le partage matériel des eaux ; nous avons arrêté la forme et la dimension de la cuvette de partage, et en avons ordonné l'exécution ; puis, vû l'heure avancée, sept heures du soir, nous avons ajourné nos opérations au lendemain sept septembre, à six heures du matin.

« Nous avons, dès le lendemain à l'heure désignée, continué nos opérations : un premier point a été constaté, sçavoir : qu'en calibrant de nouveau les eaux des fouilles, nous avons obtenu la même quantité que la veille, et ce, nonobstant l'écoulement produit par la saignée de la fontaine Douzon. — L'influence de cette saignée ne peut donc pas être sensible après vingt-quatre heures d'écoulement ; si cette assertion ne détruit pas les objections présentées par les frères Bagarry, nous avons toujours jugé utile de la consigner ici.

« En ce moment sont intervenus Messieurs de Clappiers, Clavier et Garnier, constitués en Commission déléguée par le Conseil municipal de la ville de Brignoles, et Messieurs Piffard, maître d'hôtel, Nottet, capitaine en retraite, et les frères Bagarry, les quels sont tombés d'accord sur ce point : que le jugement portant partage des eaux *trouvées* par les frères Bagarry, ne devait en aucune manière priver les tiers de leurs droits acquis avant les fouilles, et qu'il était juste que les sieurs Piffard et Nottet rentrassent en possession des eaux dont ils ont joui jusqu'à ce jour.

5 Septembre-
16 Octobre 1843.
—
Rapport
des experts.

« Ces eaux, évaluées amiablement par toutes les parties intéressées, ont été estimées d'un volume égal au dixième de celui trouvé dans les fouilles pratiquées dans la traverse des Religieuses et sous la place St. Pierre (1 d. 1/4).

Eaux Piffard
et Nottet.

« Nous soussignés avons donc laissé aux parties le soin de régler leurs prises sur les bases établies précédemment, et avons continué le partage entre la ville de Brignoles et les frères Bagarry, dans les mêmes proportions que celles sus-énoncées.

« Nous avons fait placer sur le côté Sud de la fontaine Douzon et dans le mur de clôture du jardin de Monsieur Fabre, une cuvette en plomb de quarante cen-timètres de longueur sur trente de largeur, séparés intérieurement dans le sens de la longueur par deux plaques en fer, dont la première, côté du Sud, est éta-blie de manière à tranquilliser les eaux venants de la principale conduite ; la deuxième, placée à huit centimètres au couchant de la première, est percée de deux orifices de forme rectangulaire : le premier de ces orifices, placé au Midi, destiné à fournir les eaux aux frères Bagarry, a une largeur de 475 millimètres, et le second, placé au Nord par rapport au centre de la cuvette, destiné à fournir les eaux obvenues à la Commune, a une largeur de 625 millimètres. — Ces chiffres, qui expriment les proportions sus-énoncées, dans les quelles les eaux des fouilles devaient être partagées et dont la source est de onze parties, ainsi qu'il a été dit plus haut, sont gravés en dessus des dites ouvertures pour qu'on n'en ignore. — La hauteur des orifices est indéterminée et peut au besoin suffire à tout accroissement qui peut survenir dans le volume des eaux.

Partage effectif
des eaux.

Serve
de distribution

« Entre ces deux orifices se trouve une troisième plaque qui divise la lon-gueur de la caisse en deux parties, de telle sorte qu'au moyen d'un cadre en fer muni de deux portes fermant chacune avec serrure et scellé dans le mur, chaque propriétaire a la faculté d'examiner en tout temps l'eau qui lui obvient, sans pouvoir en aucune manière voir ni toucher les eaux de son voisin.

« En outre, au devant de l'orifice du sieur Bagarry, il a été placé une herse au moyen de la quelle on puisse dériver plus ou moins d'eau dans la prise de la Commune, afin qu'en tout temps et au moment du *minimum*, trois tuyaux de la dite fontaine puissent couler, ainsi que le porte le dispositif du jugement.

« Les ordres étant donnés pour le placement de cette cuvette, et, après avoir vérifié les pentes qui existent entre les diverses prises de départ et d'arrivée des sources Méritan et des Religieuses, nous avons procédé à l'inspection des gale-ries souterraines dans les quelles sont posées les conduites des eaux. Cette visite avait pour but de nous éclairer sur le mode à suivre pour la pose des repères qui sont indiqués dans le jugement du Tribunal civil. — Tandis que nous exami-nions l'état des fouilles devant la maison Méritan, est intervenu M. Bagarry qui nous a observé que, selon lui, il naissait de l'eau, non point à l'endroit même

Prétentions
de M. Bagarry
sur
l'eau Méritan.

5 Septembre
16 Octobre 1843.

Rapport
des experts.

Réfutation
de la prétention
Bagarry.

où nous avions désséché, mais bien sous le mur de la cave, à l'extrémité Ouest de ces fouilles, et qu'il y avait lieu en conséquence de l'indemniser de la perte qu'il prétendait supporter par le fait du partage de toutes les eaux en portions égales.

« Nous avons scrupuleusement examiné cette nouvelle réclamation des frères Bagarry, et nous nous sommes convaincus de ces faits :

« Que dans le cas même où il naitrait de l'eau sous ce mur, la Commune était en droit d'en réclamer la mitoyenneté, et de jouir par conséquent de la moitié de ces eaux ; qu'en outre, l'apparence d'une naissance d'eau n'était que fictive, et que ce qui passait pour une source n'était que l'effet produit par la repercussion des eaux naissantes dans le fonds communal et se jettants sur le mur de la cave par suite d'une fouille récemment faite par les frères Bagarry dans le gravier qui fait le fond de ce terrain, fouille entreprise probablement dans le but de faire croire à la possibilité d'une naissance d'eau qui n'existe pas — nous avons en conséquence rejetté la réclamation des frères Bagarry ;

« Nous avons ensuite continué notre vérification des galeries, et n'avons eu à remarquer rien de particulier ; nous avons cru cependant devoir déclarer que si dans les fouilles pratiquées sous la traverse des Religieuses et sous la place St. Pierre, on pouvait s'assurer que quelques filets d'eau semblent se perdre, d'un autre côté, l'eau qui nait arrive aussi par filets assez petits, en sorte que il y aurait autant d'inconvénients que d'avantages à modifier leur état actuel.

« Cette vérification achevée à sept heures du soir, nous nous sommes ajournés à six heures du lendemain matin pour la continuation des opérations.

8 Septembre

« Le lendemain huit septembre, nous avons repris notre travail relatif à la fixation des repères.

Fixation
des repères.

Le seuil
de la porte de la
maison Fabre
est pris pour
point de compa-
raison comme
repère unique.

« Et d'abord, nous avons reconnu que la question la plus importante était de rapporter la tête de ces repères, que nous avons fait confectionner en pierres de taille, à un point fixe pris en dehors de tous les travaux qui pourraient ultérieurement s'exécuter dans les diverses fouilles ; ce point a donc été pris sur le seuil (côté Ouest) de la porte d'entrée de la maison de M. Fabre, marchand de bois, où soit maison de la Poste aux lettres.

« La fixation des prises a ensuite eu lieu. Chaque repère est une pierre de taille ayant vingt centimètres quarrés en tête et trente centimètres de queue : sur la tête est gravé le millésime **1843**.

Le repère
de
la cave Méritan
à 2m.432
plus bas que le
repère unique.

« Le repère placé dans la cave Méritan, à compter de sa tête, est à dix neuf centimètres au dessus du bord inférieur de la prise établie à cette source, et celle-ci est à deux mètres six cent vingt-deux millimètres au dessous du seuil précité.

Le repère
des Religieuses
à 2m.545
au-dessous, id.

« Le repère planté en tête de la conduite des Religieuses, au devant de la maison Jourdan, est sur le même niveau que le bord inférieur de la prise placée en cet endroit : cette prise est à deux mètres cinq cent quarante cinq millimètres au dessous du seuil pris pour repère unique. La distance, de ce repère au seuil de la maison Fabre, est de dix sept mètres quarante quatre centimètres.

« Le bord inférieur de l'ancienne prise des eaux du bassin Douzon est à deux mètres six cent quinze millimètres au-dessous du même seuil : le repère planté près de ce bassin est lui-même à cinquante neuf centimètres au-dessus du bord inférieur de cette même prise.

« Quand au niveau des eaux dans chaque source, sa hauteur est variable par rapport au repère autant que peut l'être l'accroissement ou l'abaissement des eaux suivant la saison ; cependant, M. de Clappiers ayant demandé que l'état actuel des choses fût, sous ce rapport, constaté dans la présente rédaction, nous avons trouvé que le repère de la fontaine Méritan était à quatorze centimètres au-dessus du niveau actuel des eaux ; que le repère de la source des Religieuses était à treize centimètres au-dessous du niveau des eaux ; que le repère de la fontaine de Douzon était à cinquante huit centimètres au-dessus du niveau des eaux.

« Cette opération terminée, nous nous sommes assurés du placement de la cuvette de distribution dans la position exacte que nous lui avons assignée, et nous nous sommes rendus au bureau de l'un de nous soussignés, où nous avons posé les bases du présent rapport, que nous avons rédigé définitivement en commun, et signé ce jourd'hui le 16 du mois d'octobre 1843.

« Signés : GIANNANI, FABRÉ, GIRAUD.

« Enregistré à Brignoles, le 28 octobre 1843.

Note de M. L. Just, ingénieur civil, datée du 3 août 1858 :

« D'après le rapport des experts, le repère de la cave Méritan est à $2^m.432$ au-dessous du seuil de la porte Fabre ;

« Il résulte du nivellement que nous avons fait hier, 2 août 1858, que ce même repère est à $2^m.398$ au-dessous du seuil précité.

« Il s'en suivrait donc que le dit repère aurait été abaissé de $0^m.166$. »

En 1846, l'École communale ayant demandé de l'eau, le Conseil municipal délibéra, dans sa séance du 1er février, « qu'il serait pourvu aux moyens de construire une fontaine avec les eaux des fouilles de la rue Douzon pour le service de l'École primaire, lorsqu'on fera les travaux de rectification du jardin pour l'enlèvement de la remise et du cloaque de Messieurs Ebrard et Bremond. » — *Fol°* 9.

Mais lorsqu'il s'agit d'exécuter cette délibération, on reconnut l'impossibilité d'user de ces eaux ; une Commission fût nommée pour rechercher les causes qui empêchaient l'eau de Douzon de recevoir cette nouvelle destination, et *le 7 août 1858*, M. le Maire exposa au Conseil les faits suivants : (*M. Jean Lion, adjoint, président en l'absence du Maire*) « il a été reconnu que le sieur Bourgues, propriétaire de la maison située sur la cave de la source Douzon, avait pratiqué diverses ouvertures pour arriver dans cette cave ; que l'acqueduc qui donnait issue à ses eaux, avait été construit depuis peu d'années avec une contre-pente qui devait nécessairement les faire refluer vers la source.

Marginal notes:

5 Septembre
16 Octobre 1843.

Rapport
des experts.

Le repère
de Douzon
à $2^m.025$
au-dessous, id.

Niveau
des eaux :

Méritan
14 centimèt. sous
son repère.
Des Religieuses
0.13 au-dessus
de son repère.
Douzon
0.58 sous son
repère.

Note
sur le repère
Méritan.

1846.
—
Faire
une fontaine
à l'Ecole
communale avec
l'eau
des fouilles.

7 Août 1858.
—
Exposé du Maire
sur la
source Douzon.

7 Août 1858.
—
État
de la conduite
dans la
cave Douzon,
et dans les fonds
des
sieurs Berthon
et Fabre.

« Cet acqueduc a été démoli, par les ordres de M. le Maire, dans toute la traversée de la cave qui est sous la maison Audibert, aujourd'hui possédée par le sieur Bourgues, il a été suivi, au sortir de cette cave, sous la remise du sieur Berthon, et là on a reconnu que la contre-pente existait encore; mais qu'il était impossible, sans de grands travaux, de pousser plus loin les recherches, attendu que sur l'acqueduc, qui était autrefois à une profondeur moyenne de moins d'un mètre, il avait été établi des remblais qui ont plus de trois mètres d'élévation; qu'en outre, au-delà de cette remise, et arrivé dans le terrain de M. Fabre, l'acqueduc se trouvait placé sous un four et autres constructions établies depuis peu d'années au-dessus du dit acqueduc; il paraît donc évident à M. le Maire qu'il devient impossible à la Commune d'exercer ses droits de servitude sur les fonds des sieurs Berthon et Fabre qui, contrairement à l'article 701 du Code Napoléon, avaient élevé des constructions qui en empêchent l'exercice.

« Depuis 1759, la Commune n'avait fait faire aucuns travaux dans la source Douzon, et néanmoins les tuyaux, de la partie de conduite démolie par ordre du Maire, sont de fabrication nouvelle et joints entr'eux avec du ciment romain nouvellement en usage. — Ces travaux ont donc été faits à l'insçu de l'Administration, et par quelqu'un ayant intérêt à ce que cette source ne fût plus utilisée. — De cet état des lieux, et des renseignements pris, il est résulté pour M. le Maire la conviction que l'acqueduc a été refait par M. Bagarry, au quel malheureusement on a eû la faiblesse de donner l'autorisation de faire des fouilles sous la voie publique dans le but d'y trouver des eaux. — M. Bagarry a nié sa participation aux travaux neufs de la source Douzon; lui seul néanmoins avait un intérêt direct à ces travaux, et on devait soupçonner que, si d'une part il avait cherché à exhausser le niveau de cette source, il avait dû abaisser le niveau des eaux qui lui ont été attribuées dans la cave Méritan, au-dessous de l'hôtel des Colonies, qui n'est guères qu'à vingt mètres de la source Douzon.

« M. le Maire rappelle les accords faits avec M. Bagarry, et contenus dans la délibération du Conseil du 28 août 1836. — (Page 295.)

« M. le Maire raconte encore les difficultés élevées en 1842 par les frères Bagarry, le jugement du 30 mai 1842, l'arrêt confirmatif du 27 juin 1843, le rapport des experts du 16 octobre suivant — il attribue aux travaux faits depuis lors par les frères Bagarry la détérioration des eaux qui sont devenues insalubres. En cet état des choses, M. le Maire a provoqué la nomination d'une Commission, qui a été composée de Messieurs Lieutaud, Mélan et Piffard, pour aviser au parti qu'il convenait de prendre; cette Commission a visité les lieux assistée de M. Just, ingénieur, la parole est donnée à son Rapporteur.

« La Commission avait reçu la mission :

« 1° De signifier au sieur Bourgues, acquéreur de la maison Audibert, le quel représentait la demoiselle Villecroze, que la cave qui est au-dessous de sa maison, et dans la quelle nait la source Douzon, appartenait à la Commune conformément à la transaction du 2 novembre 1761, notaire Goujon, et qu'il doit en conséquence fermer l'ouverture qu'il a pratiquée pour descendre dans la dite cave, ainsi que celle qu'il a ouverte dans son magasin;

7 Août 1858

« 2° De visiter la dite source de Douzon à l'effet d'examiner les lieux, et de trouver le moyen le plus économique et le plus sûr pour utiliser les eaux qu'elle renferme ;

« 3° De descendre dans les souterrains de la maison Méritan, aujourd'hui hôtel des Colonies, à l'effet de vérifier si le sieur Bagarry s'est conformé au rapport des experts en date du 16 octobre 1843, et s'il n'a pas abaissé le repère dont la hauteur est déterminée dans le dit rapport ;

« Enfin de descendre aussi dans les souterrains qui commencent au-devant de l'ancien Couvent des Religieuses et qui se prolongent sous la place St. Pierre jusques au devant de la maison Cambon ;.

« En conséquence de cette mission, nous nous sommes transportés le deux du mois courant, chez M. Bourgues, au quel nous avons signifié qu'il doit fermer toute communication entre sa maison et la cave, ce qu'il a promis de faire de suite ;

« Etant ensuite descendus dans la dite cave, nous y avons trouvé la source toujours dans le même état, et ses eaux stagnantes faute d'écoulement, les anciennes conduites qui existent ne pouvant plus servir. — M. Just, ingénieur de la ville, qui nous assistait dans nos opérations, après avoir examiné les lieux et s'être rendu compte des difficultés que l'on rencontrerait si l'on suivait l'ancienne direction de la conduite, a proposé de faire sortir la nouvelle sur la route impériale par une galerie de un mètre soixante centimètres de hauteur sur 0^m.80 de largeur.

Les eaux Douzon sont stagnantes faute d'écoulement.

Refaire la conduite, et la faire passer sous la Grande-Rue

« De là nous avons passé à la remise de l'hôtel des Colonies où, après avoir fait ouvrir la trappe du souterrain, l'un de nous y est descendu avec M. Just qui, après avoir mesuré attentivement, a trouvé que le repère qui, d'après le rapport de 1843, devait être à 2^m.432 au-dessous du seuil de la porte de M. Fabre, est à présent à 2^m.598 au-dessous du seuil précité, d'où il résulte qu'il a été abaissé de 0^m.166 millimètres.

Le repère de la cave Méritan a été baissé de 0^{m}166 millim.

« Nous sommes ensuite descendus dans les galeries, qui sont vis-à-vis l'ancien Couvent des Religieuses, dont l'entrée se trouve devant la maison Arnoux; nous avons reconnu qu'elles ont 49 mètres de longueur environ; nous y avons trouvé cinq trous formés par l'infiltration des eaux sales qui ont corrompu la source depuis quelques années : ces trous sont presqu'à niveau des banquettes sur les quelles on marche et qui forment le bord du canal. — Après avoir parcouru environ 40 mètres, nous avons trouvé un éboulement de terre qui forme obstacle à la marche des eaux ; puis, à quelques mètres plus loin, encore un éboulement plus fort que le premier; le sieur Bagarry, qui est survenu à l'instant, a promis de faire déblayer le canal, ainsi qu'il y est obligé.

La galerie des Religieuses et place Saint-Pierre est obstruée et salie.

« Pour tout ce qui précède, la Commission approuve le projet de M. Just, qui tend à faire sortir les eaux de la fontaine Douzon sur la route impériale, et elle laisse au Conseil municipal le soin de prendre une détermination sur les autres faits qui sont relatés dans le présent rapport.

7 Août 1858.

Contraindre
Fabre
et Berthon
à remettre les
lieux
en leur état
précédent.

« Après cette lecture, M. le Président conclut : en ce qui concerne les sieurs Fabre et Berthon , à ce que ces derniers soient contraints par toutes les voies de droit à remettre les lieux où passe l'acqueduc de la source Douzon dans l'état où ils étaient précédemment en enlevant tous les remblais et constructions superposées indument sur l'acqueduc de la Commune, si mieux ils n'aiment supporter tous les frais d'établissement d'un acqueduc vouté, qui serait construit depuis la source jusques à la rue Douzon , en longeant la Grande-Rue , d'après le devis qui serait dressé par l'ingénieur Just, au moyen de quoi ils seraient degrévés de toute servitude , sauf celle du passage pour arriver dans le caveau de la source , qui serait conservé dans les mains du sieur..........

Bagarry relèvera
le repère
et les eaux
de
la cave Méritan.

« Et en ce qui concerne le sieur Bagarry, à ce que celui-ci soit tenu :

« 1° De replacer dans la hauteur primitive le repère et les eaux de la cave Méritan ;

Il fournira
les eaux qu'il
doit à la ville.

« 2° De fournir à la ville des eaux propres et salubres et du volume déterminé par le jugement du 31 mai 1842 ;

« 3° De faire à cet effet tous les travaux qui seront indiqués par l'ingénieur de la ville ;

« Sur quoi ,

Bourgues
fermera de suite
les ouvertures
donnant
dans
la cave Douzon.

Actionner
au besoin.

« Le Conseil, à l'unanimité, adoptant les conclusions de M. le Président, charge M. le Maire de les exécuter en mettant les sieurs Fabre , Berthon et Bagarry en demeure de s'y conformer chacun en ce qui le concerne ; de veiller à ce que le sieur Bourgues ferme de suite les ouvertures qui , de sa maison , communiquent à la cave qui est la propriété de la Commune ; et, en cas de refus ou de retard , de les actionner en justice les uns et les autres pour les faire condamner à l'exécution des travaux reconnus nécessaires à l'exercice des droits de la Commune, etc..... Fol⁰ˢ 136. V° à 139.

En suite de la délibération qui précède , M. Just fit un devis estimatif et détaillé des travaux à faire pour l'acqueduc souterrain, qui porterait la conduite de l'eau Douzon à la rue de Vitry, dite aujourd'hui Douzon , en passant sous la Grande-Rue ; ce devis, portant la date du 30 août 1858, s'élève à la somme totale de 1332 fr. 46 cent.

On ne put s'entendre avec Messieurs Bagarry ; le Maire les cita, par exploit d'ajournement du 22 avril 1859, devant le Tribunal civil de Brignoles , qui rendit le jugement suivant en date du 16 juin 1859 :

« Après avoir établi en fait l'autorisation, avec ses conditions, donnée par le Conseil municipal le 28 août 1836 à Messieurs Bagarry, de faire des fouilles , etc...., et que, les fouilles faites, le partage des eaux fût opéré suivant le rapport d'experts du 16 octobre 1843 , le jugement dit que, c'est en cet état des choses, que la Commune de Brignoles a fait ajourner Messieurs Bagarry — la cause ayant été extraite du rôle et fixée pour conclure ,

« Me Veyan a conclu, pour la Commune, à ce que le Tribunal, faisant droit aux fins de l'ajournement du 22 avril 1859, dit que c'est à tort et sans droit :

1859.
—
Jugement
du 16 Juin.
—
Conclusions
de la ville.

« 1° Que Bagarry a abaissé de 0^m.166 millimètres le repère et le niveau des eaux du réservoir souterrain situé sous la Grande-Rue au-devant de la maison Méritan, appartenant aujourd'hui aux hoirs de M. Bon Vincent, aubergiste, le quel réservoir confronte : du nord l'hôtel des Colonies, et du midi le sol de la rue ;

« 2° Qu'il ne fournit pas à la ville de Brignoles le volume d'eau propre et salubre qu'il est tenu de lui fournir ;

« Ordonnât en conséquence, que, dans la quinzaine de la signification du jugement à intervenir, Bagarry sera tenu :

« 1° De rétablir le repère et le niveau des eaux du réservoir Méritan, tels qu'ils sont déterminés par le rapport des experts du 16 octobre 1843, enregistré ;

« 2° De faire tous ouvrages qui seront indiqués par un homme de l'art, pour que la ville de Brignoles jouisse du volume d'eau propre et salubre qu'il est tenu de lui fournir — si non, et ce délai passé, autorisât M. le Maire de Brignoles, à faire opérer ces travaux aux frais de Bagarry, les quels frais seront remboursés sur la seule représentation de la quittance des ouvriers, sans autre titre exécutoire que le jugement à intervenir, et condamnât Bagarry à tels dommages-intérêts que de droit, et aux dépens.

« Me Niel, pour Bagarry, a conclu : à ce qu'il plût au Tribunal concéder acte à Bagarry de toutes les déclarations qu'il a faites dans les motifs de ses conclusions, et au bénéfice de ces déclarations, faisant droit à ses exceptions et défenses ;

Conclusions
de Bagarry.

« Débouter la ville de Brignoles des fins de son ajournement et de ses conclusions, comme non recevable et mal fondée, avec dépens, sous toutes réserves de droit ;

« Et subsidiairement, là où le Tribunal croirait devoir, sans rien préjuger, nommer un expert pour vérifier la dite eau de la fontaine Douzon,

« Il a conclu à ce qu'il lui plût lui donner mission de vérifier si la conduite de Bagarry n'est pas en bon état ; si les eaux qui alimentent la fontaine Douzon ne proviennent pas d'une foule de sources naissant dans les rues énumérées dans les motifs des présentes conclusions, et quelle peut être la cause de l'insalubrité de ces eaux, dans le cas où l'expert les déclarerait sales et insalubres, dépens réservés, sauf d'ampler.

« Sur la barre :

Conclusions
des parties sur
la barre.

« Me Veyan a conclu : à ce qu'il plût au Tribunal, avant dire droit au fond, commettre des experts à l'effet de rechercher et constater :

« 1° Si le repère, dit de la cave Méritan, n'a pas été abaissé de 166 millimètres, ainsi que la Commune le soutient ;

« Si la source de la place de St. Pierre fournit à la ville de Brignoles la quantité d'eau propre et salubre qui lui a été attribuée par le partage intervenu suivant le rapport des experts du 16 octobre 1843 ;

« 3° Si, au niveau des banquettes qui forment les bords du canal, il n'existe pas cinq trous formés par l'infiltration des eaux sales, et deux éboulements qui obstruent le canal, les dépens en ce cas réservés.

« Me Niel a conclu : à ce qu'il plût au Tribunal, dans le cas où un expert serait nommé, lui donner encore pour mission de vérifier si, par suite de la faute ou négligence de la ville de Brignoles, une partie des eaux de la source de Douzon ne s'échappe pas du bassin mal entretenu de la dite source, et n'arrive pas aux tuyaux de la fontaine Douzon, dépens réservés.

Dispositif.

« Attendu, qu'avant de prononcer sur le fond du procès, il est indispensable qu'une expertise soit ordonnée pour éclairer la religion du Tribunal sur certains points de faits, à propos des quels les parties sont en désaccord ; que cette expertise est demandée de part et d'autre dans des conclusions subsidiaires,

« Par ces motifs,

« Le Tribunal civil de première instance de l'arrondissement de Brignoles, département du Var, jugeant en matière ordinaire et en premier ressort, avant dire droit au fond sur les fins principales des parties, ayant tel égard que de raison à leurs fins subsidiaires,

Nommé des experts pour vérifier les lieux et les eaux

« Commet Messieurs Michel, pharmacien à Toulon, rue du Canon, Orengo, conducteur des ponts et chaussées, et Grambois, ingénieur civil, ancien agentvoyer, ces deux derniers demeurants à Brignoles, experts, les quels, après avoir prêté serment devant M. le Président du Tribunal, ou tout autre magistrat qui le remplacera, à cet effet commis, se rendront sur les lieux contentieux à l'effet de rechercher et constater :

« 1° Si le repère dit de la cave Méritan a été abaissé, et en ce cas, de combien de millimètres ;

« 2° Si la source de la place St. Pierre et du quartier des Religieuses fournit à la ville de Brignoles la quantité d'eau qui lui a été attribuée par le partage intervenu suivant le rapport des experts du 16 octobre 1843 ;

« Si ces eaux, réunies à la source Douzon, suffisent pour alimenter les trois tuyaux de la fontaine de ce nom, en déterminant dans quelles proportions les deux sources alimentent ces trois tuyaux ;

« 4° Si ces eaux sont sales et insalubres, au quel cas ils en indiqueront la cause ;

« 5° Si, au niveau des banquettes qui forment le bord du canal, il existe cinq trous plus ou moins formés par l'infiltration des eaux sales, et des éboulements qui obstruent le dit canal ;

« 6° Si, par suite de la faute ou de la négligence de la ville de Brignoles, une partie des eaux de la source Douzon ne s'échappe pas du bassin mal entretenu de la dite source ;

« 7º De déterminer le calibrage des trois anciens tuyaux, qui existaient en 1843 à l'ancienne fontaine, et qui existent encore en partie;

« 8º De faire enfin toutes les opérations qu'ils croiront utiles, et qui leur seront indiquées par les parties, comme aussi de prendre au besoin tous renseignements nécessaires;

« Dit qu'ils procèderont à leurs opérations vers le milieu du mois d'octobre 1859, et, qu'en cas de refus ou d'empêchement, il sera pourvu au remplacement par M. le Président, ou celui des juges qui en fera fonction, sur une simple requête qui lui sera présentée à cet effet;

« Les dits experts dresseront rapport de leurs opérations, qui sera déposé au greffe du Tribunal pour, sur le vû d'icelui, et les parties plus amplement ouïes, être statué ce qu'il appartiendra.

« Dépens réservés et joints au fond.

« Ainsi jugé, etc........ »

Les pluies et l'abondance d'eau dans les galeries ne permirent pas aux experts d'opérer à l'époque fixée par le jugement; ils durent renvoyer en mars, puis en juin. — L'un des experts ayant quitté Brignoles, il fallut le remplacer, de sorte que les opérations, au lieu de se faire en octobre 1859, ne commencèrent qu'en novembre 1859, et les eaux mirent encore obstacle à la continuation de ces opérations;

Les observations précédentes sont écrites dans la partie préliminaire du rapport des experts, qui continue comme suit :

« L'affaire en était là, et les experts attendaient le moment propice pour rentrer dans le souterrain et terminer les opérations, quand les parties ont demandé la remise du rapport en répondant seulement aux deux questions suivantes :

« 4º Si les eaux sont sales et insalubres, au quel cas ils en indiqueront la cause ;

« 5º Si, au niveau des banquettes qui forment les bords du canal, il existe cinq trous plus ou moins formés par l'infiltration des eaux sales. »

Les questions ainsi réduites ont permis aux experts de terminer leur rapport et de le déposer.

« Les eaux qui alimentent la fontaine Douzon prennent leur source sous la place St. Pierre et sous le quartier des Religieuses; elles coulent dans un canal souterrain ayant à peu près la direction du Sud au Nord, ou soit celle de la rue Sainte Anne. — On pénètre dans cette partie du souterrain par un regard situé dans la dite rue Ste. Anne, qui est ordinairement fermé par une dalle en pierre de taille reposant sur un quarré en maçonnerie.

Description
de la galerie
St-Pierre
et Religieuses.

Entré
de la galerie.

« En entrant dans le souterrain, on est surpris par une odeur d'hydrogène sulfuré, qui est l'odeur des œufs couvés, et que l'on désigne plus particulièrement par l'odeur d'œufs pourris; les parois de la voûte, sur une certaine longueur, sont tapissés d'une boue verdâtre, et le lit du canal a un aspect blanchâtre.

« Les eaux qui coulent dans le canal ont une nuance opaline jusqu'à un point dont il sera parlé, et où les eaux deviennent claires et limpides.

« Sur le bord Ouest du canal se trouvent diverses ouvertures plus ou moins grandes, d'où suinte un liquide verdâtre d'une odeur sulphydrique trez prononcée, et ce liquide entraine avec lui une boue verdâtre, noire ou blanche, suivant qu'elle est plus ou moins exposée à l'air.

« Les divers points où se font les infiltrations sont situés : le premier à 32 mètres 40 centimètres du regard dont il a été parlé et en remontant le souterrain vers la place St. Pierre ; le deuxième est à cinq mètres du premier ; le troisième est à 3 mètres 20 centimètres du deuxième ; le quatrième est à cinq mètres du troisième ; le cinquième est à six mètres du quatrième ; ce dernier point étant à 51 mètres 60 centimètres du dit regard.

« A partir de ce dernier point, toujours en remontant le souterrain vers la place St. Pierre, les eaux deviennent pures, claires et limpides ; c'est donc entre ce point et le regard que se trouvent les causes qui rendent les eaux sales et insalubres ; et c'est évidemment aux suintements et aux infiltrations qui viennent d'être signalées, aux quelles on doit les attribuer. — Nous devons ajouter que les points indiqués correspondent tous, soit aux abords, soit au-dessous de la fabrique de savon.

« 1° Eau puisée à 55 mètres de l'ouverture du souterrain et au-dessus des infiltrations :

« Elle est limpide, incolore, sans odeur ni saveur particulière, ne laissant aucune impression par le toucher ;

« Le papier de Tournesol plongé dans cette eau ne subit aucune altération ;

« Sa densité est de 1.0004 — son degré hydrosimétrique est de 36 d.

« Sa composition pour un litre est de :

Acide carbonique............................	0 litre	030
Carbonate de chaux...........................	0 —	103
Sulfate de chaux..............................	0 —	084
Sel de magnésie..............................	0 —	475
Chlorure de sodium, etc......................	0 —	032
Carbonate de soude, de potasse..............	0 —	094
Sulfate de soude.............................	0 —	143
Silice et alumine............................	0 —	133
Matières organiques.........................	traces.	

« 2° Analyse de l'eau recueillie à quelques mètres de l'ouverture du souterrain, et par conséquent au-dessous des infiltrations.

« Cette eau est opaline, elle a une odeur sulphydrique, une saveur douceâtre, désagréable, onctueuse au toucher et légèrement alcaline.

20 Juin 1861.

Rapport
des experts.

« Sa densité est de 1.0007. — Son degré hydrotimétrique est de 38 d. — Sa composition pour un litre est de :

Acide carbonique......................................	0 litre	040
Carbonate de chaux...............................	0 gr.	092
Sulfate de chaux....................................	0 —	112
Sels de magnésie....................................	0 —	162
Sulfate de fer...	0 —	008
Carbonate de soude , etc.........................	0 —	119
Sulfate de soude....................................	0 —	073
Chlorure de sodium...............................	0 —	161
Oléate et margarate de soude.....	0 —	131
Matière gluante en suspension, semblable à la glairine ou barégine, qu'on rencontre dans les eaux hydro-sulfureuses	0 —	020
Silice et alumine....................................	0 —	167
Sulfure de sodium	traces.	

Liquide
d'une rigole
d'infiltration.

« 3° Analyse du liquide recueilli à l'aide d'une éponge sur les bords du canal, dans une rigole formée par l'infiltration.

« Ce liquide est verdâtre , d'une odeur sulphydrique trez prononcée, saveur sulfureuse et salée en même temps , trez onctueux au toucher et trez alcalin.

« Sa densité est de 1.0014.

« Il contient par litre :

Gaz sulphydrique libre (ou 104.946 en centimètres cubes)	0 —	162
Soufre en combinaison avec le gaz...........................	0 —	203
Alcolé libre , ou carbonate de soude........................	1 —	100
Chlorure de sodium...	3 —	385
Sulfure de colcium et de sodium.....................	0 —	640
Sels de chaux....	1 —	902
Sulfate de fer...	0 —	212
Oléate et margarate de soude................................	0 —	987

« Au fond de la bouteille se trouvait un dépôt noirâtre composé de sable et de sulfure de fer.

« L'eau de la fontaine qui coule en face de la remise de M. Piffard , alimentée par la même source , donne à l'analyse les mêmes résultats , à quelques centièmes près , avec l'eau prise dans le souterrain à quelques mètres de son ouverture.

Eau
de la fontaine
Douzon.

« M. le Maire nous ayant manifesté le désir de connaitre la composition de l'eau de la source Douzon, nous l'avons examinée.

Eau
de la source
Douzon.

« Cette eau est trez limpide , incolore , et n'a ni saveur ni odeur.

« Sa densité est de 1.0001. — Sa composition chimique est à peu près la même que celle de l'eau recueillie dans le souterrain de la source St Pierre , avant l'infiltration.

« Son degré hydrométrique est le même; le carbonate de chaux et les sels de magnésie y sont en moins grande quantité.

20 Juin 1861.

Rapport
des experts.

Résumé
sur la qualité
des eaux.

« En résumé, l'eau de la source St. Pierre, prise à 55 mètres de l'ouverture du souterrain, est une eau naturelle et potable.

« A quelques mètres plus bas, cette eau change d'aspect et de nature; sa densité augmente ainsi que ses principes constituants. L'analyse nous démontre en sûs la présence d'un alcali libre, un sel de fer, du sel marin, des acides gras en combinaison avec la soude, de la barégine, du sulfure de sodium.

« D'où vient ce changement?

« L'explication nous est donnée par l'analyse du liquide recueilli sur les bords du canal, et qui provient des infiltrations dont nous avons parlé.

« Ce liquide est, à quelques modifications près produites par la circulation, exactement semblable à celui qui est rejeté par les savonniers. Comme il vient se mêler à l'eau du canal, le changement, qu'éprouve celle-ci à partir des suintements, est donc dû à ces mêmes infiltrations.

« Comme complément de nos expériences : un litre d'eau de la fontaine en face de M. Piffard, évaporée au dixième, a le goût et l'odeur franche du savon dissous dans l'eau ordinaire.

« A en juger par l'état des lieux, ces infiltrations ne sont pas toujours régulières; dans certains moments, elles doivent être plus abondantes que le jour où nous avons recueilli le liquide; partant, les substances, constatées accidentellement dans cette source, doivent s'y trouver en plus grande quantité.

« Nous concluons que l'eau de la source St. Pierre, qui vient couler devant la remise de M. Piffard, est salie par une savonnière, et par ce fait, n'est plus potable et devient insalubre; que la même source, avant d'avoir reçu les infiltrations, est potable; que l'eau de la source Douzon est de bonne qualité, et supérieure à celle des Religieuses ou St. Pierre.

« Le 7 juin 1861, il a été permis aux experts de procéder au calibrage de la source, tant en amont qu'en aval des infiltrations; voici le résultat de ces opérations :

« 1° Calibrage des eaux au-dessus de toutes infiltrations. — Le calibrage des eaux qui naissent au-dessus des points où se font les infiltrations, a donné un débit de 42 litres d'eau à la minute, ou soit six deniers;

« 2° Calibrage des eaux au-dessous des infiltrations. — Le calibrage des eaux qui naissent dans l'intervalle ou au-dessous des points où ont lieu les infiltrations, a donné un débit de 14 litres à la minute, ou soit deux deniers, et pour l'ensemble des eaux réunies, un débit de 56 litres à la minute, ou soit huit deniers d'eau.

« Il s'en suit de cet état de chose, qu'il serait trez facile de conserver les trois quarts des eaux de la source qui alimentent la fontaine Douzon; il suffirait pour cela faire, de saisir les eaux, qui sont supérieures aux infiltrations, dans une conduite en poterie établie sur la banquette Est du canal actuel, et de creuser le canal de manière à en tenir les eaux sales au-dessous du niveau de la conduite. Ce moyen, que nous indiquons serait, d'après nous, le moins dispendieux et le plus sûr.

« Brignoles, le 20 juin 1861. — Signés : MICHEL — ORENGO — DANIEL. »

8 Octobre 1861

Jugement
du Tribunal civil
de Brignoles.

Le rapport des experts fut levé et signifié à l'avoué de M. Bagarry ; et ce dernier fut ajourné devant le Tribunal de Brignoles, qui rendit le jugement suivant, à la date du 8 octobre 1861.

« Après avoir rappelé les faits déjà connus, il est dit :

Mᵉ Veyan, pour la Commune de Brignoles, a conclu : « à ce que le Tribunal, statuant sur le chef de l'ajournement du 22 avril 1859, relatif à la salubrité des eaux que M. Bagarry doit fournir à la ville de Brignoles,

« Dise que c'est à tort et sans droit que M. Bagarry ne fournit pas à la ville l'eau propre et salubre pour alimenter la fontaine publique de la rue Douzon ;

« Ordonne que, dans la quinzaine du jugement à intervenir, M. Bagarry sera tenu de faire, sous la direction et la surveillance d'un homme de l'art, tous les ouvrages indiqués dans le rapport d'experts du 20 juin 1861, pour que l'eau propre et salubre, que débite la source St. Pierre, alimente la dite fontaine, si non, et ce délai passé, autorise M. le Maire de Brignoles à faire opérer ces travaux aux frais de M. Bagarry, etc....... »

Mᵉ Niel, pour M. Bagarry a conclu : « à ce qu'il plaise au Tribunal, faisant droit aux exceptions et défenses de Bagarry, débouter la Commune de Brignoles des fins de son ajournement et de ses conclusions, comme non recevables, et, au besoin, comme mal fondées, la condamner aux dépens, sous toutes réserves de droit ;

« En droit :

« Que faut-il statuer sur les conclusions des parties ?

« En l'état du rapport des experts qui signale la savonnière de la place St. Pierre comme étant la cause, par les infiltrations, de l'insalubrité des eaux, le Tribunal doit-il ordonner d'office que le propriétaire de cette savonnière sera appelé en l'instance ?

« Brignoles, ce 3 décembre 1861. — Signé : VEYAN, avoué. »

« Sur les qualités qui ont été signifiées le 7 du même mois à Mᵉ Niel, avoué adverse, le quel y a formé opposition, qualités maintenues.

« Brignoles, ce 11 décembre 1861.

« Le Président, signé : C. DIOULOUFET. »

« Après avoir ouï les avoués des parties dans leurs conclusions, et Mᵉˢ Roman et Barbe, avocats, dans leurs plaidoiries ;

« Ouï M. Devisme, procureur impérial dans ses conclusions orales ;

« Attendu que les experts commis constatent, dans leur rapport du 20 juin dernier, enregistré, que l'eau de la source St. Pierre qui alimente la fontaine communale de la rue Douzon, est salie par des infiltrations provenants d'une savonnière, et que par ce fait, elle n'est ni potable ni salubre ;

« Attendu qu'en l'état de cette constatation, il y a lieu, pour la complette solution du litige existant entre la Commune de Brignoles et Bagarry, d'ordonner d'office la mise en cause du propriétaire de la savonnière ;

« Par ces motifs ,

« Le Tribunal civil de 1ʳᵉ instance de Brignoles. jugeant en matière ordinaire et en 1ᵉʳ ressort :

« Avant dire droit au fond sur la demande de la Commune de Brignoles contre Bagarry, tous droits et moyens demeurants réservés ,

« Ordonne d'office qu'à la requette de la partie la plus diligente , le propriétaire de la savonnière de la place St. Pierre sera mis en cause pour qu'il soit jugé contradictoirement avec lui , si c'est par le fait des infiltrations provenants de cette savonnière que l'eau de la source St. Pierre est salie et rendue insalubre ; et pour, les parties plus amplement ouïes , être ensuite statué ce que de droit — les dépens réservés.

« Ainsi fait et jugé et prononcé , etc., le vendredi , 8 octobre 1861.

« Enregistré le 21 novembre 1861. »

En février 1862, le Conseil municipal nomma une Commission pour élucider la position de la Commune dans le procès engagé entr'elle et M. Bagarry au sujet des eaux Douzon ; cette Commission s'aboucha avec la famille Dupui , propriétaire de la savonnerie de la place St. Pierre , et avec M. Bagarry, afin d'essayer de terminer les difficultés à l'amiable. — Ses efforts furent infructueux , — et , dans la séance du 5 *novembre* 1865, elle présenta au Conseil le rapport suivant , qui rend un compte exact de toutes les phases des difficultés survenues à l'occasion des fouilles opérées par Messieurs Bagarry :

« Depuis l'année 1834 , où des travaux , faits dans la cave de la maison Méritan par Messieurs Bagarry, eûrent pour effet de diminuer sensiblement le volume des eaux de la source Douzon , notre Commune n'a pas cessé d'être en. litige au sujet de ces eaux.

« Le Conseil municipal , après deux ans de contestations , accueillit en 1836 une pétition des frères Bagarry et leur permit de faire des fouilles sous la Grande-Rue , à condition qu'ils fourniraient à la fontaine publique dite de Douzon une quantité d'eau suffisante à faire couler abondamment les trois tuyaux de cette fontaine comme par le passé.

« Cette condition n'ayant pas été remplie au gré de la Commune, Messieurs Bagarry furent actionnés en partage des eaux trouvées par eux dans leurs fouilles ; un jugement, rendu par le Tribunal civil de Brignoles le 21 mai 1842, déclara les eaux Douzon propriété de la Commune , et celles qui naissent dans la cave Méritan propriété des frères Bagarry ; ordonna le partage par égales portions entre la Commune et les frères Bagarry des eaux trouvées par ces derniers au moyen de leurs fouilles sous la Grande-Rue , la traverse des Religieuses et la place St. Pierre , et commit trois experts pour opérer ce partage : ce jugement fût confirmé par arrêt de la Cour Royale d'Aix , le 27 juin 1843.

« D'après ce partage , toutes les eaux , évaluées à douze deniers et demi, furent reconnues de même bonté et qualité, et la portion des frères Bagarry fût composée des eaux trouvées dans la cave Méritan , donnant un denier et demi,

1865.

et de quatre deniers trois quarts sur les eaux des fouilles St. Pierre ; et la Commune reçut sa moitié au moyen de six deniers un quart sur les eaux de ces dernières fouilles.

« Diverses œuvres, faites postérieurement par Messieurs Bagarry, obligèrent le Conseil municipal à délibérer le 7 août 1858, de les actionner pour les faire condamner à rétablir le repère et les eaux Méritan au niveau fixé par les experts, à fournir à la ville le volume d'eau pure qu'ils étaient tenus de lui fournir, etc...

« Par un jugement prononcé le 16 juin 1859, le Tribunal nomma des experts chargés de vérifier le niveau des repères, constater la nature des œuvres de M. Bagarry, et rechercher la cause de l'insalubrité des eaux.

« Les experts ne s'occupèrent que de la qualité des eaux, et leur rapport concluait que l'eau des fouilles St. Pierre est salie par une savonnière. Ce rapport fût déposé au greffe du Tribunal le 22 juin 1861, et un second jugement fût rendu le 8 novembre suivant, par lequel le Tribunal, avant dire droit au fond, ordonne la mise en cause du propriétaire de la savonnière à la requête de la partie la plus diligente.

« Dès le 9 février 1862, le Conseil municipal s'occupa de cette affaire et nomma une Commission chargée de s'entendre avec M. Bagarry et le propriétaire de la savonnière, afin de terminer à l'amiable et éviter un nouveau procès.

« De nombreuses tentatives ont été faites pour arriver à ces fins, et un projet de transaction fût même rédigé l'an passé d'accord avec les co-propriétaires des eaux salies, mais aucune proposition n'a été acceptée par la famille Dupui, qui n'a pas cru pouvoir entrer en arrangement sans recevoir la garantie de n'être plus jamais recherchée par qui que ce soit au sujet de la savonnière.

« C'est dans cet état des choses qu'un ajournement a été donné, le 9 juillet dernier, par Messieurs Paul, Veyan et Piffard à la mineure Dupui, propriétaire de la savonnerie, aux fins de faire ordonner qu'elle suspende les opérations de la fabrique de savon jusqu'à ce qu'elle ait fait effectuer les travaux nécessaires pour garantir à l'avenir, et pour toujours, les eaux des requérants de toutes infiltrations provenant de cette fabrique, et condamner la dite dame Dupui à des dommages intérêts.

« Cet ajournement a été signifié à la Commune de Brignoles le 4 août suivant, pour qu'elle n'en ignore, avec invitation de se joindre au procès comme communiste des eaux salies ;

« Il s'agit donc de décider quelle conduite doit tenir la Commune dans cette nouvelle position qui lui est faite ;

« La ville a un intérêt évident et majeur à avoir de l'eau pure et salubre, et à rentrer dans les frais qu'elle a avancés lors du procès de 1859 à 1861, et elle ne peut faire autrement que de prendre part à cette nouvelle instance ;

« La Commission s'est donc posée la question : s'il convient d'intervenir en déclarant qu'elle se joint aux demandeurs? ou, s'il faut attendre que le Tribunal ordonne la mise en cause de la Commune ?

« La Commune, étant propriétaire de la majeure partie des eaux qui ont motivé l'ajournement de Messieurs Paul, Veyan et Piffard, a évidemment un intérêt actuel à intervenir dans l'instance sans attendre d'y être appelée par le Tribunal, et d'éviter ainsi des frais inutiles, et c'est la conduite à la quelle conclud la Commission ;

Délibéré d'intervenir dans l'instance introduite par MM Paul, Veyan et Piffard

« Le Conseil municipal, après avoir délibéré,

« Considérant qu'il importe de conserver bonnes et pures des eaux abondantes qui alimentent une fontaine publique, et dont le surplus pourrait être aliéné avec avantage par la Commune ;

« A émis l'avis unanime qu'il y a lieu d'intervenir purement et simplement dans l'instance introduite contre la mineure Dupui par Messieurs Paul, Veyan et Piffard devant le Tribunal civil de Brignoles par ajournement du 9 juillet dernier, et de prendre à l'encontre de la défenderesse les mêmes fins que celles prises dans le dit exploit, et, au besoin, toutes autres fins ampliatives au fond, et en dommages intérêts s'il y a lieu ;

« Et, par conséquent de demander à l'autorité compétente que la Commune de Brignoles soit autorisée à ester en justice, etc. » — Fol° 211. V° à 212. V°.

Rapport de la Commission.

Le 13 février 1866, la Commission exposa au Conseil municipal : « qu'elle s'était réunie, sous la présidence de M. le Maire, et les frères Dupui qui avaient été appelés : il fût convenu verbalement dans une de ces réunions qu'un sondage serait opéré sur la place St Pierre, sur un terrain supérieur à la fabrique de savon, dans l'espoir d'y trouver des eaux saines à l'abri des influences malfaisantes de cette fabrique.

« Les frères Dupui, présents à cette réunion et désireux de terminer cette affaire, consentirent à payer tous les frais que nécessiterait ce sondage.

Un puits a été ouvert sur la place St-Pierre.

« Cette expérience a été faite, un puits a été ouvert sur la place St. Pierre, et mis en communication avec la galerie ouverte par Messieurs Bagarry ; il a donné, à la profondeur de huit mètres trente centimètres, un volume important d'eau saine et potable jusqu'à ce jour.

« Cette eau, ainsi trouvée sur le fond communal, appartient à la Commune, sauf les droits de M. Bagarry ou de ses ayants droit, déterminés par le rapport du 16 octobre 1843, et qui sont de quatre deniers trois quarts.

« Il y a lieu d'espérer que les eaux trouvées seront plus que suffisantes pour satisfaire à tous les besoins, et notamment à l'alimentation de la fontaine Douzon.

« En présence de cet heureux résultat, la Commune pourrait sans inconvénient, et pourra arriver sans frais à fournir à la fontaine Douzon des eaux pures et salubres.

« La Commission pense qu'il conviendrait de proposer aux frères Dupui, responsables de l'insalubrité des eaux qui se trouvent dans la galerie Bagarry :

1866.
—
Propositions
à faire
aux frères Dupui

« 1° De faire tous les travaux nécessaires pour la consolidation du puits, qui a déjà été creusé à leurs frais sur la place St. Pierre, à l'aide d'un mur en maçonnerie, de l'isoler de la galerie Bagarry, et de le fermer par un soupirail ;

« 2° De conduire toutes les eaux trouvées au réservoir de distribution de la fontaine Douzon, de la manière la plus sûre pour les préserver de toute atteinte des émanations de la fabrique de savon, les eaux devant être rendues pures et saines, le tout aux risques et périls des frères Dupui ;

« 3° Toutes les eaux, ainsi conduites à la serve Douzon, seraient divisées de la manière suivante :

« Quatre deniers affectés à la Commune pour l'alimentation de la fontaine Douzon ;

« Quatre deniers trois quarts attribués à M. Bagarry, ou à ses ayants droit qui sont : Messieurs Paul, Veyan, Piffard, et Madame Nottet, suivant leurs droits respectifs ; tout le surplus des dites eaux appartiendrait à la Commune ;

« 4° En considération des dépenses considérables faites par les frères Dupui pour des travaux qui ont eu pour résultat de trouver un volume d'eau plus considérable que celui qui existait autrefois, après que les besoins de la Commune et de M. Bagarry, ou ses ayants, droit, seraient satisfaits comme il est dit ci-dessus, et suivant un calibrage opéré au moment du bas étiage, et pour le cas seulement où il y aurait un excédent, il serait mis en réserve deux deniers d'eau destinés à donner satisfaction à de nouvelles réclamations, s'il s'en élevait pour cause reconnue et constatée d'insalubrité des eaux des réclamants occasionnée par les émanations de la fabrique de savon des frères Dupui ; cette attribution ne pourrait être faite que sous la surveillance et avec le concours de l'Autorité municipale, cette attribution serait comme non avenue si la cause qui l'avait faite consentir venait à cesser. Tout le surplus des dites eaux appartenant à la Commune comme il a été dit ci-dessus ;

« 5° Si les travaux mis à la charge des frères Dupui n'avaient pas pour résultat de garantir les eaux dont s'agit des émanations de leur fabrique, les présents accords seraient considérés comme non avenus.

« — M. le Maire invite le Conseil à examiner avec attention la solution proposée ;

« Le Conseil, après avoir délibéré ;

Le Conseil
adopte
les propositions
de la
Commission.

« Considérant que la solution proposée est avantageuse à la Commune, et qu'elle permet d'arriver, le plutôt possible et sans frais, au but que se propose le Conseil, d'alimenter la fontaine Douzon avec des eaux saines et pures ;

« Adopte à l'unanimité la solution proposée par M. Garnier, et prie M. le Maire de vouloir bien donner communication de la présente délibération, tant aux frères Dupui qu'aux autres intéressés ; et, pour le cas où ces propositions seraient acceptées, invite M. le Maire à prendre les mesures nécessaires pour que les travaux mis à la charge des frères Dupui soient exécutés dans le plus bref délai possible. » — *Fol°* 217. *V°* à 218. *V°*.

Approuvé par arrêté du Préfet du Var du 22 mars 1866.

En suite de ces propositions, il y eut échange d'observations entre la Commune et la famille Dupui, et on s'accorda sur les travaux à faire ; travaux dont le détail se trouve dans les deux pièces suivantes :

Délibération du Conseil du 5 mai 1867.

« M. le Maire appelle l'attention du Conseil sur la question relative aux eaux de la fontaine Douzon..... qui a enfin abouti à une solution satisfaisante.

« Le Conseil n'a pas oublié que le Tribunal avait ordonné la mise en cause des frères Dupui..... Ceux-ci voulant éviter un procès et réparer, autant qu'il était en leur pouvoir, le préjudice qu'ils pourraient avoir porté à la Commune et autres intéressés, avaient fait diverses propositions qui furent examinées par une Commission nommée à cet effet ;

« Il fût reconnu que les eaux n'étaient atteintes que par les infiltrations de la savonnerie, et, les fouilles faites au-dessus ayant amené la découverte d'une quantité d'eau assez considérable naissant au-dessus du point infecté, on pensa de la conduire à la serve de la Commune ;

Les frères Dupui ont fait les travaux convenus.

« Il fût convenu que les frères Dupui feraient exécuter à leurs frais, et conformément au devis accepté par les parties intéressées : 1° un puits destiné à recueillir les eaux dont s'agit ; 2° une conduite en poterie, placée dans une galerie en lentille devant passer dans la rue Douzon, destinée à garantir les eaux de toutes émanations et infiltrations provenants de la savonnerie, et les conduire à la serve communale de la rue Douzon, où elles seraient ensuite divisées conformément aux droits, tant de la Commune que de Madame Nottet, M. Piffard, M. Bagarry et ses représentants.......

« Ces travaux ont été exécutés ; ils ont été vérifiés par M. Lanty, ingénieur de l'arrondissement, après avoir prescrit certaines modifications qui ont été aussi exécutées conformément à ses instructions, et il a déclaré que ces travaux étaient parfaitement conformes aux règles de l'art et qu'ils remplissaient le but que toutes les parties s'étaient proposé.

Ils sont déchargés de la responsabilité sur l'insalubrité des eaux.

« M. le Maire propose donc au Conseil de décider que les frères Dupui ayant loyalement exécuté à leurs frais tous les travaux qui avaient été amiablement convenus, etc....., et qui leur ont coûté 3,300 fr., il y a lieu de décharger les frères Dupui de la responsabilité que la Commune pouvait faire peser sur eux touchant l'insalubrité des anciennes eaux dites des fouilles Bagarry.

« Le Conseil adopte à l'unanimité la proposition faite par M. le Maire. » — *Fol°* 5. *V°* et *Fol°* 6.

Le rapport de M. Lanty, sur les travaux faits par Messieurs Dupui, qui est mentionné dans la délibération précédente, a été dressé sous la date du sept septembre 1866 — il est accompagné de quatre plans représentants les galeries, conduites, etc., faits ou à faire, ainsi qu'un modèle de serve de distribution. Ce rapport contient des détails techniques d'un intérêt momentané, et des indications qui peuvent être utiles à l'avenir. Nous ne donnons que ces dernières :

7 Septemb. 1866.
—
Rapport
de M. Lanty.

TRAVAUX NEUFS

« Un puits a été creusé sur la place St. Pierre au-dessus de l'endroit où les eaux commencent à être altérées. — Ce puits a une profondeur de 8 mètres 50. — Un escalier permet d'y descendre. — Les eaux arrivent en ce point par une galerie qui, au moyen de trois ramifications, réunit plusieurs sources. — Une cuvette creusée dans le sol contient les eaux qui, à 3 mètres 20 en aval du puits, entrent dans une conduite en poterie. — Cette conduite est placée dans une galerie jusqu'au regard de la rue Douzon ; à partir de ce point, elle est recouverte de terre.

Puits creusé
sur la
place St-Pierre.

« Pour nous rendre compte de l'établissement de cette conduite, nous avons fait faire deux nivellements trez exacts . . . .

« Les eaux, naissant dans les ramifications creusées aux côtés du puits, vont jusqu'à 3 mètres 20 en aval de l'axe du puits en descendant dans une cuvette creusée dans le terrain avec une pente de 0 mètre 0116 par mètre. Ces conditions sont bonnes.

État et position
des
conduites.

« Il suffirait, pour completter ce bon état des choses, de régulariser la cuvette qui est assez dégradée, et d'établir en avant de l'entrée de la conduite, un petit réservoir cimenté de 0 mètre 40 en tous sens, dans le quel se ramasseraient les matières terreuses entraînées par les eaux. — On éviterait ainsi les dépôts qui pourront plus tard encombrer les tuyaux.

« Le dessus du premier tuyau est à la cote 11 mètres 38,

« Le tuyau établi à 13 mètres 80 de là, sous le trottoir de la maison Guigou, est à la cote 11 mètres 12 ; la pente est donc dans cette partie de 0 mètre 018 par mètre.

« Mais de ce point au regard Douzon, dont la cote est 11 mètres 43, nous avons trouvé une contrepente qui s'élève à 0.01 mètre sur 26 mètres 60.

« Cette contrepente a pour effet de faire refluer vers l'entrée la plus grande partie des eaux entrées dans la conduite.

« D'après le nivellement, la hauteur de la tranche d'eau dans le dernier tuyau découvert, sous le regard Douzon ne doit être que de 0.05 quand l'eau entre à l'origine à plein tuyau : c'est du reste ce qui a été observé directement en perçant le tuyau et y introduisant un mètre.

« A partir du regard Douzon jusqu'à la serve de distribution, les eaux sont conduites par des tuyaux en poterie enterrés. — Nous n'avons pu vérifier la disposition de cette conduite qui n'était pas découverte. — Nous sçavons seulement qu'elle présente de brusques changements de pente , ce qui est mauvais pour une conduite d'eau. — La pente prise entre les deux extrémités est de 0 mètre 016.

« — Propositions de divers travaux à faire pour régulariser la pente de la con-duite . . . .

« Il restait à examiner la quantité d'eau que peut fournir cette fouille. — Le calibrage , que nous avons fait au moment des plus basses eaux , le 10 août , a donné un peu en amont du puits de la place St. Pierre : deux deniers, ou 14 litres à la minute ; mais il faut ajouter à cela que le calibrage , fait le lendemain de ce jour à la serve Douzon , a donné 20 litres à la minute.

« Ce fait semble étrange ; une déperdition d'eau considérable est faite par suite de la contrepente , et cependant il y a plus d'eau en bas de la conduite qu'en amont du puits. — Ce fait s'explique par les infiltrations provenants de la galerie Bagarry, la quelle traverse la galerie nouvelle un peu en aval du puits St. Pierre.

« Un mur a été établi pour empêcher la communication des eaux de la galerie nouvelle avec la galerie ancienne de peur de l'infection des eaux. Mais les eaux s'infiltrent par-dessus ce mur, et la nouvelle galerie reçoit une partie des eaux anciennes. Comme ces eaux sont soutirées dans la partie non infectée de la ga-lerie Bagarry, il s'en suit que ces circonstances inattendues sont trez avanta-geuses , et qu'il y a lieu de compter, quand la contrepente sera supprimée , non seulement sur les deux deniers trouvés par les dernières fouilles, mais encor sur un ou plusieurs deniers d'eau pure provenant de l'ancienne galerie. — Un calibrage exécuté le 4 septembre , a donné quatre deniers à l'entrée de la con-duite en poterie ; ce volume d'eau doit être celui sur le quel on peut compter, aux plus basses eaux , pour la galerie nouvelle.

« Malgré cela, il faut reconnaitre que la quantité d'eau trouvée, s'éleva-t-elle, en basses eaux , à 4 ou 5 deniers, est fort insuffisante aux besoins nombreux qu'il faut satisfaire ; c'est afin de l'augmenter, que nous avons étudié les sources environnantes qui sont actuellement disponibles.

« Parmi les sources aux quelles nous avons songé , ... etc.

« La première est formée de toutes les eaux qui naissent dans la galerie Ba-garry entre le point où ses eaux sont infectées par la savonnerie et la galerie nou-velle, c'est-à-dire sur six mètres environ. — C'est de là que provient une partie notable de ces eaux aux quelles on a dû renoncer. — En suivant la pente, elles passent sur les matières apportées par les eaux de résidu de la savonnerie , et se corrompent ; il serait trez important de les isoler des eaux inférieures et de les amener par une conduite en poterie à la serve Douzon.

« Leur volume atteint trois deniers environ en basses eaux.

« Pour proffiter de ces eaux, il suffirait d'établir au-dessus de la savonnerie , c'est-à-dire , à 52 mètres environ du regard de la galerie Bagarry, situé dans la rue Ste. Ursule , une cloison étanche composée de deux murs réunis par de l'argile battue ; les eaux naissant en amont de ce mur seraient reçues dans une cuvette creusée dans le sol, qui les mènerait à une conduite en poterie traversant le mur — et qui continuerait son chemin dans la galerie Bagarry.

« On pourrait placer cette conduite en poterie contre le paroi Est de la galerie; il serait bon d'enfermer les eaux salies dans une conduite aussi en poterie.

« Arrivées à la route impériale, les deux conduites se sépareraient : la conduite des eaux pures irait se réunir à celle qui emmènera les eaux du réservoir Douzon, et les eaux sales iraient, comme elles le font maintenant, se jetter dans le caniveau de la rue Douzon, vis-à-vis la remise Piffard. — ....

« Ce travail présente l'avantage de supprimer, en réparant l'ancienne conduite, les infiltrations qui inondent les caves de l'hôtel Piffard et du café du Globe. — Ces infiltrations doivent provenir en partie d'un remou occasionné par l'établissement de la conduite actuelle des eaux Bagarry, qui est à son origine en contre-haut de 0.15 sur la cuvette qui lui amène les eaux.

« Le volume minimum des eaux de la place St. Pierre sera ainsi de sept deniers, à partager entre la Commune et les intéressés. — L'expertise de 1843 indique onze deniers pour volume de ces eaux, mais le calibrage a été fait le 16 octobre, époque à laquelle les eaux sont plus abondantes qu'en août et commencement de septembre.

« Il est regrettable de voir un volume important de trez bonnes eaux réunies dans le réservoir Douzon, se perdre sans proffit pour personne.

« Ces eaux qui, par jugement du Tribunal de Brignoles, sont la propriété exclusive de la Commune, peuvent être évaluées à trois deniers aux plus basses eaux. — Par suite de l'oubli dans le quel on a laissé ce réservoir, des avaries graves se sont produites, et des manœuvres, que l'on ne peut qualifier que de frauduleuses, ont rejeté une partie de ses eaux dans les conduites environnantes.

« Il importe donc, pour proffiter d'un volume d'eau qui est précieux dans les circonstances actuelles, de rétablir le bassin Douzon dans son état primitif. — Pour cela il faut réparer la voûte qui menace de s'effondrer, et daller le fond du bassin comme il était auparavant; les sources sont latérales, par suite le dallage ne fait perdre aucun filet d'eau arrivant au bassin, et empêche au contraire les eaux de descendre par des trous, actuellement existants, et de s'infiltrer dans le sous-sol.

« Il faut de plus rétablir la prise ancienne. — Quand à la conduite, elle est actuellement obstruée. — Il y a donc lieu de la diriger sur la fontaine Douzon, soit directement par les maisons Berton et Fabre, soit en suivant la route impériale. — Un projet a été présenté par M. Just, ingénieur civil à Brignoles, pour la construction d'un aqueduc ayant cette dernière direction. — Nous pensons que cette solution est préférable à la première puisqu'elle évite des fouilles faites à travers des lieux habités; elle permet de plus de recevoir, en un point qu'un nivellement ultérieur indiquera, les eaux propres provenants de la galerie Bagarry. »

Le rapport de M. Lanty, fait en 1866, établit que la fontaine publique, dite de Douzon, n'est alimentée que par l'eau des dernières fouilles faites sur la place St-Pierre par M. Dupui, et passant par la conduite établie dans la rue Douzon : cette eau ne représentant guères qu'un volume de deux deniers ;

Il est dit ensuite que la source Douzon, propriété de la Commune, a été abandonnée, quoiqu'elle fournisse un volume d'eau de trois deniers au minimum ;

Enfin que la Commune aurait intérêt à prendre les moyens d'utiliser cette eau.

Cet état est aujourd'hui le même qu'en 1866. — Je crois devoir présenter quelques réflexions là-dessus.

Les concessions
et autorisations
consenties
par le Conseil,
sont la cause de
la perte
de la source
Douzon.

Et d'abord, si la fontaine publique est réduite à un volume d'eau insuffisant dans les temps de sécheresse, et si la source Douzon semble perdue pour la ville, on ne doit s'en prendre qu'à la légèreté ou à la faiblesse des Conseils municipaux et des Autorités municipales qui ont autorisé ou toléré : des constructions qui ont rendu les abords de la source impraticables, des fouilles qui ont dévié les sources alimentaires du bassin Douzon, et l'établissement d'une fabrique de savon, par laquelle toutes les eaux du voisinage ont été ou seront rendues insalubres.

Les Conseillers municipaux ne sauraient trop se tenir en garde contre les envahisseurs des propriétés de la ville ou des droits communaux, qu'ils se présentent comme pétitionnaires de concessions, ou qu'ils agissent en usurpateurs. Les eaux publiques ont de tout temps excité la convoitise, et les concessions les mieux motivées ont presque toujours dégénéré en abus, qui deviennent irrémédiables par le laps des temps.

État
de la source
et des conduites

Cependant la source Douzon mérite toujours la sollicitude de l'Autorité communale ; ses eaux, qui étaient devenues insalubres à la suite des fouilles Bagarry par l'infiltration des eaux venant de la place St-Pierre, ont recouvré leur pureté primitive à mesure que le terrain remué s'est raffermi, que l'eau descendant des Religieuses n'a plus été assez abondante pour refluer au-dessus de la conduite en poterie qui traverse la Grande-Rue, et que le bourneau en poterie, placé par M. Bagarry dans le mur Ouest du bassin, a été bouché avec du ciment.

Membre de la Commission nommée par le Conseil municipal pour s'entendre avec M. Bagarry, j'avais fait, avec l'autorisation de M. le Maire, et sur les indications de M. Bagarry lui-même, quelques expériences qui ont été oubliées, mais que je crois utile de consigner ici.

1° La Commission avait visité la source Douzon le 25 août 1862, et avait noté :
« que le bassin est encombré par des pierres et par les dalles qui en plafon-
« naient autrefois le fond, et qui ont été arrachées depuis longtemps, ainsi que
« par de la terre ou des débris tombés peu à peu, ou produits par les travaux
« exécutés à diverses reprises depuis 1836 ;

« La voûte de ce bassin a souffert, elle présente une ouverture provenant de
« la chute d'un certain nombre de pierres ; cette ouverture ne paraît pas consti-
« tuer un péril, ni inspirer des craintes sur la solidité de la voûte ; mais elle

« peut augmenter par l'effet de l'ebranlement journalier produit par les charret-
« tes qui passent au-dessus, et il serait bon qu'un homme compétent examinât
« s'il y a lieu à une réparation prochaine.

« L'eau est très-belle et très-bonne ; sa surface est à sept centimètres au-
« dessous du bord inférieur de la prise la plus élevée ; les conduites sont détrui-
« tes dans tout le parcours de la cave, soit, depuis les prises du bassin jusques
« au-delà du petit pateq qui précède la dite cave. »

Expérience
sur le volume
d'eau,
que la ville peut
utiliser.

2° Le 4 mai 1864, le bassin a été percé à 70 centimètres environ en-dessous
du niveau du repère, et il coulait environ quatre deniers d'eau qui se jettait dans
un canal d'égoût, vers l'angle Nord-Ouest de la cave ; en août suivant, ni l'eau
Douzon ni l'eau Méritan n'avaient varié, et l'eau, qui coulait de Douzon, semblait plus abondante qu'au 4 mai précédent.

En août et septembre 1865, au plus bas étiage, par une saison très-sèche,
l'eau, coulant depuis le 4 mai 1864, a été calibrée, et, pendant dix jours de
suite, le calibre resté en place n'a donné que deux bons deniers d'eau, par deux
ouvertures de neuf lignes de diamètre.

M. Lanty évalue à trois deniers le minimum du volume d'eau de cette source ;
cette évaluation se rapproche beaucoup du résultat du calibrage de 1865.

Si la Commune voulait un jour utiliser cette eau, elle aurait à suivre les indications de M. Lanty et de M. Just.

Enfin pour compléter cette étude sur la source de Douzon, j'ai cru devoir
transcrire ici, à titre de renseignement précis, et pour la satisfaction de ceux qui
pourront plus tard avoir intérêt, ou la curiosité de le connaître, l'état exact et
la description détaillée de la propriété communale appelée source de Douzon.

Le 2 septembre 1862, M. Lebrun, accompagné de M. Dominique Brun, fontainier de la ville, est allé prendre une note précise des lieux, et il a trouvé que :

Pateq
où est l'entrée
de la cave.
—
Direction
de
l'Ouest à l'Est.

« Pour arriver à la cave qui précède le bassin de la source Douzon, il faut
passer dans la maison de M. Fabre (partie réservée par Mme Fabre), et entrer,
par une porte dont la clef doit être déposée à la Commune, dans un pateq (1)
de 75 centimètres de largeur et de 2 mètres 40 cent. de longueur depuis la susdite porte jusqu'à la muraille de l'auberge Berthon ; ce pateq, de forme irrégu-
lière, s'élargit au fond, à l'Est, contre Berthon, et là se trouve la porte de la
cave, dans la muraille Sud du pateq. — On descend plusieurs marches pour
arriver de la maison Fabre à la porte de la cave.

(1) Ce pateq est le reste du *passage* mentionné dans le 4° paragraphe de la transaction du 2 novembre 1761 ; je le nomme *pateq*, parce qu'il est complètement enfermé dans des bâtisses, que la
ville a laissé construire à diverses époques, de façon que, actuellement, il faut traverser la maison
Fabre, bâtie sur l'ancienne ruelle réservée à la Commune comme *passage*, et qui avait son entrée
sur la Grande-Rue, à l'Ouest de la chapelle ou maison Guillermy.

Description
des lieux.

« Dans ce patecq sont deux tuyaux de descente : l'un , en fer-blanc , tombe perpendiculairement long les maisons Fabre et Bourgues dans l'angle Sud-Ouest du patecq ; l'autre , en poterie , vient horizontalement , de dessus le toit de la remise Berthon , contre la muraille Nord du patecq , et se jette dans l'égoût public vers l'angle Nord-Ouest du patecq : ce dernier tuyau est de construction récente.

Cave.

« La cave a intérieurement 8 mètres 15 cent. du Nord au Sud , et 3 m. 75 de largeur d'Est à Ouest , avec 2 m. 20 d'élévation au milieu , soit à la partie la plus haute de la voûte.

« Cette cave est voûtée à plein-ceintre en maçonnerie ordinaire , et la voûte part de 30 centimètres environ au-dessus du sol.

Ouverture faite
à la voûte
par
les successeurs
de Guillermy.

« Cette voûte, au centre de la cave , est percée d'une ouverture quarrée , de 60 centimètres de côté, fermée par un chassis en bois sur le quel on a étendu une couche de plâtre gris de 2 à 3 centimètres d'épaisseur.

« La cave est tant soit peu plus étroite dans sa partie Nord , dont la muraille est demi sphérique , ainsi que la maison bâtie par-dessus ; cette forme inusitée s'explique par le fait connu d'une chapelle construite sur cette cave , suivant l'autorisation donnée par le Conseil de la ville le 27 décembre 1674.

Escalier fait
par Bourgues.

« Un escalier pratiqué par Bourgues , propriétaire de la maison superposée , occupe une superficie de 1 m. 30 de saillie dans la cave sur un mètre de largeur.

Sur l'ordre du
Maire ,
Bourgues a dé-
moli l'escalier
et bâti
l'ouverture.

« Le sol de la cave est bouleversé et couvert d'une quantité de pierres et de débris des bourneaux des conduites détruites.

« En traversant cette cave du Nord au Sud , on arrive au bassin dans le quel est l'eau de la source Douzon.

Porte
du bassin.

« La porte ou ouverture , qui donne accès au bassin , a 90 centimètres de largeur, elle est en pierres de taille, avec rainures et gonds qui indiquent l'existence d'une porte en bois ou en fer : aujourd'hui l'ouverture est libre.

« Une pierre de taille , marquée du millésime 1843 , est bâtie contre le côté Ouest de cette ouverture et dans l'intérieur du bassin, c'est le repère placé en 1843.

« La muraille , qui sépare la cave du bassin , a 68 centimètres d'épaisseur, elle supporte la façade Sud de la maison Bourgues , de sorte que le bassin est en entier sous la voie publique.

« Le bassin a 3 m. 13 de l'Est à l'Ouest, et 1 m. 81 du Nord au Sud ; sa hauteur, du plafond à la voûte , est de 1 m. 65 , au centre.

« Ce bassin et sa voûte sont totalement construits en pierres équarries de 20 à 30 centimètres de face ; la voûte s'appuye sur les murs Est et Ouest, de sorte que les murailles de Nord et de Sud sont indépendantes.

« Le bassin avance vers l'Ouest à 80 centimètres environ plus loin que la cave ; la voûte de la cave et celle du bassin sont établies dans le même sens ; mais celle du bassin est toute en pierres équarries et sans crépissage.

« Nous avons mesuré trente centimètres d'eau dans le bassin , et 35 centimètres de la surface de l'eau à la tête du repère.

« La face intérieure du bord inférieur du bourneau , formant la prise la plus relevée , était à sept centimètres au-dessus de la surface de l'eau.

« La face intérieure du bord inférieur du bourneau , formant la prise la plus basse est à 29 centimètres au-dessous du précédent , de sorte que ce bord inférieur se trouvait à 22 centimètres au-dessous de la surface de l'eau.

« Ces deux prises , placées dans la muraille Nord sous l'entrée du bassin, sont superposées; la prise inférieure est connue sous le nom d'*ancienne prise*, et elle alimentait la fontaine publique jusqu'à ces derniers temps; la prise supérieure a été établie par M. Bagarry clandestinement, et à l'insçu de l'Autorité municipale qui n'en a connu l'existence que lors du procès en partage des eaux , époque où M. Bagarry nia d'en être l'auteur; il a avoué plus tard que cette prise était son œuvre , ainsi que la conduite attenante bâtie au ciment romain , tandis que l'ancienne est au ciment rouge et au mastic, comme le prouvent les tronçons gissants dans la cave.

« M. Bagarry a également placé un bourneau de *prise* dans la muraille Ouest du bassin , le quel est à 83 centimètres de la muraille Nord , et son bord inférieur était , le 2 septembre, à 5 centimètres au-dessus de l'eau.

« Cette prise était destinée à conduire l'eau sous la Grande-Rue, dans la voûte de Messieurs Piffard et Nottet , et , de là , à la serve de distribution établie rue de Vitry, actuellement Douzon (1), dans la muraille du jardin de M. Fabre.

(1) Cette rue n'a reçu le nom de *rue Douzon*, qu'en 1850, lorsque la Municipalité ordonna d'écrire le nom des rues et des places publiques dans des cadres établis à l'entrée et à l'issue de chacune d'elles. — Le peintre chargé de ces inscriptions demandait le nom des rues aux habitants , qui l'ont induit en erreur sur plusieurs points , et notamment sur le vrai nom de la rue, dite depuis lors de Douzon.

Cette rue avait reçu le nom de Vitry depuis sa création , ainsi qu'il va être dit :

M. le marquis Nicolas de l'hospital Vitry, premier Maréchal de France , fut envoyé en Provence en octobre 1631 ; il vint passer quelques jours à Brignoles en décembre suivant.

Nommé Gouverneur de Provence en avril 1632 , il assembla les États du Pays à Brignoles le 16 octobre et le 2 décembre de la même année.

Les mécontents de la ville profitèrent de l'occasion pour adresser des plaintes au Gouverneur contre des cabales et dissentions existants, selon eux , au sujet du Conseil de la ville.
En janvier 1633, le Maréchal , Gouverneur, rend une ordonnance nommant par provision les trois Consuls , et une autre ordonnance nommant les Conseillers, malgré les réclamations du Conseil et au mépris des usages et priviléges. — De là des haines et dissentions parmi les habitants divisés en deux partis.

Quelques habitants de la place St. Pierre voulurent rectifier le chemin sinueux qui', de la place St. Pierre , descendait vers le Portail des Augustins. — Le Conseil de la ville , élu selon les anciens usages pour l'année 1634 , ne voulut pas accorder l'autorisation, et les pétitionnaires portèrent plainte au Maréchal de Vitry qui leur concéda une ordonnance portant permission de faire leur alignement.— Cette ordonnance fût signifiée aux Consuls, ainsi que le marque la pièce suivante :

« Par devant nous , Gaspard de Collonia , écuyer — Louis Thannaron et Barthelemy Goujon , Consuls de cette ville de Brignolle, les habitants de la place St. Pierre et cartier d'icelle, que , par

2 Septemb. 1862.
—
Description
des lieux.
—
Brèche
de la voûte.

« Plusieurs pierres de la voûte se sont détachées et ont laissé une brêche de 20 à 30 centimètres de largeur sur une longueur d'un mètre de l'Est à l'Ouest. La distance de l'eau du bassin au fond Nord du patecq est de 12 mètres ; là , au fond du patecq, doit se trouver l'ancienne conduite qui portait l'eau à l'ancienne fontaine , à travers le jardin Fabre, et qui serait peut-être en état de servir. »

(Voir à la fin du Volume le Post-Scriptum *sur* Douzon.)

ordonnance de Monseigneur le Gouverneur en cette Province, il a été ordonné que la porte des Augustins demeurerait en état pour l'usage et commodité des habitants du dit cartier, et, pour l'ornement et décoration de la dite ville, permet faire une rue à droite ligne de la dite porte à la place de St. Pierre, en dédommageant les intéressés aux dépens des habitants du dit quartier, et, à cet effet, ils auraient abattu à droite ligne les murailles tirants à la dite porte , ne restant que d'aligner et désigner la contenance de la dite terre, ce que nous requerons faire pour l'utilité commune et embellissement de la dite ville, ainsi que mon dit Seigneur, en son départ, nous a commandé, offrant satisfaire aux intéressés les dommages et intérêts de la dite rue ; à ces fins nous porter sur les lieux pour en faire l'alignement.— Signé : Vachières — Braquety — Ollivier pour sa part sans approbation de la démolition jà faite. — Paul, pour sa part sans approbation de la démolition jà faite. — Ollivary — Ollivier pour sa part tant seulement. — Rousse.

« Et nous Consuls, attendu que par l'ordonnance de Monseigneur le Gouverneur ne nous est donné aucune permission pour le faire mentionné au présent comparant, déclarons n'en faire, que les parties se pourvoyent comme il appartiendra, sans que la Communauté puisse être tenue d'aucuns frais, dommages, intérêts , et que le présent comparant sera enregistré rière moi greffier. — Fait ce dixième juin 1634, signé : Decollonia, Consul — Thannaron, Consul — Goujon, Consul.

Fol° 168.

« Les requérants , appuyés par le Gouverneur, effectuèrent l'alignement en rebâtissant les murailles des jardins, et obtinrent une nouvelle ordonnance les autorisants à passer outre. — Le Maréchal fit, en même temps construire une petite porte, dans le mur d'enceinte de la ville, et en face de la nouvelle rue ; cette porte reçut le nom de St. Nicolas, prénom du Maréchal, et la rue fut appelée de Vitry, pour plaire au Gouverneur et faire pièce aux Consuls et autres opposants.

« Cette petite porte existait encor en 1815, et était désignée par le nom de *Portalette de Vitry.* Le 24 juin, même mois, 1634, le Conseil mis en demeure de se soumettre , délibéra que les ordonnances, faites par Monseigneur le Gouverneur tant pour faire la porte St. Nicolas que rue Vitry, seront enregistrées selon leur forme et teneur, et commis Messieurs les Consuls à le faire. » — *Fol°* 173. V°.

En octobre 1634, « M. de St. Chaumont fût nommé Gouverneur de Provence à la place du Maréchal de Vitry. — Mais celui-ci fût remis Gouverneur en 1635. — Le marquis de Vitry, qui s'était fait un parti dans Brignoles, y vint passer l'été de 1638, et fût installé , aux frais de la ville, à l'hôtel de la Fleur de Lys.

SOURCE & FONTAINE DU BÉAL

DES MOULINS DE VINS

Une petite fontaine a été établie, de temps immémorial, au bord du canal de fuite des moulins de M. de Vins, actuellement possédés par les familles Mélan et Ducros, et à quarante mètres environ de ces moulins ; le public jouit de cette eau, qu'on va puiser au moyen d'un petit escalier descendant jusqu'à l'eau du canal.

En 1774, Joseph Feraud, alors propriétaire de la maison et terre attenant le canal (actuellement possédée par M. Rousse, marchand de fer), crut pouvoir détruire l'escalier, afin de se débarrasser du public.

Le 18 octobre 1744, M. Pellegrin dit au Conseil municipal assemblé :

Œuvres
de
Joseph Feraud
sur la fontaine.

« Que Joseph Feraud, cordier de cette ville, a fait une nouvelle œuvre dans le chemin qui est entre sa terre et le Béal des Moulins, sur le chemin allant à Vins, en ce qu'il a ruiné et rendu impraticable le dit chemin pour ceux qui vont prendre de l'eau à une fontaine qui réjaillit au bord du dit chemin, quoique trez nécessaire aux voisins et à toute la ville dans le temps de la moisson et des foulures ; et, comme cet endroit est public, et que le dit Feraud veut se l'approprier, il requiert être délibéré sur ce qu'il y aura à faire là dessus ;

« Sur quoi, le Conseil a unanimement délibéré de faire examiner par l'avocat de la Communauté de cette ville sur les moyens qu'il y aura à prendre contre l'entreprise et nouvelle œuvre du dit Joseph Feraud, et d'agir en conséquence de la consultation qui sera faite, sans qu'il soit besoin d'aucune autre délibération. » — *Fol°* 667.

Délibération du 29 décembre 1754.

29 décemb. 1754.

Exposé
de
la délibération
du
18 octobre 1744.

En cinquième lieu, les Maires-Consuls exposent que, « le 18 octobre 1744, il fût représenté au Conseil général que Joseph Feraud, cordier de cette ville, avait ruiné et rendu impraticable le chemin qui mène à une fontaine qui rejaillit au bord du chemin, et qui se jette dans le Béal des Moulins, la quelle fontaine est trez nécessaire aux voisins et à toute la ville dans le temps de la moisson et des foulures; et qu'il fût délibéré de faire examiner par l'avocat de la Communauté, en cette ville, les moyens qu'il y aurait à prendre contre l'entreprise et nouvelle œuvre du dit Feraud, et d'agir en conséquence;

« Qu'ils ne sçavent pas ce qui fût fait en exécution de cette délibération, mais que, depuis peu, le dit Feraud a détruit les degrés qu'il y avait pour aller puiser l'eau à cette fontaine, et en a fait d'autres de l'autre côté, qui rendent la descente presqu'impraticable; et de plus, qu'il leur fût porté plainte, le 26 du courant, que cette fontaine ne rejaillissait plus, ayant été bouchée dans la nuit précédente, ce qui aurait obligé un d'eux de se porter sur le lieu, et, dans l'intervalle, les voisins ayant passé une longue canne dans le tuyau, à force de la pousser, il en serait sorti des tas de boue, et l'eau aurait repris son cours ordinaire, sans avoir pu découvrir l'auteur de ce méfait — requérant d'être délibéré. » — *Fol*° 528.

« Sur la cinquième, le Conseil a unanimement délibéré de faire consulter par l'avocat de la Communauté sur le contenu de la proposition, et, en cas qu'elle soit fondée, de présenter requête à Monseigneur l'Intendant aux fins d'avoir permission de se pourvoir contre le dit Feraud, pour le contraindre à remettre les degrés de la fontaine dont s'agit dans leur premier état, sans pouvoir innover ni même troubler personne pour l'usage de cette fontaine. » — *Fol*° 531. *V*°.

Délibération du 8 juin 1755.

En quatrième lieu, les Maires-Consuls exposent que, « en suite de la délibération du 29 décembre 1754, ils ont fait consulter Me Moutton, avocat de la Communauté, sur les entreprises de Joseph Feraud, cordier, à l'égard des degrés de la fontaine qui rejaillit au bord de la chaussée de la fuite des eaux, tant du moulin de la Porte des Augustins que du paroir à drap de Joseph Mélan, de la quelle fontaine le public a droit de jouir;

« Que l'avis du dit Moutton, du 17 février suivant, ayant été de se pourvoir contre le dit Feraud, ils ont fait présenter requête à Monseigneur l'Intendant le 5 mars d'après, en conformité de la même délibération, pour avoir permission d'intenter le procès;

« Que Monseigneur l'Intendant ayant ordonné que la requête serait montrée à Messieurs les Procureurs du Pays, ceux-ci donnèrent leur avis le 6, et le 8 du même mois, Monseigneur l'Intendant permit de faire le procès au dit Feraud; requérant que, lecture faite de toutes les pièces, le Conseil délibère. » — *Fol*° 583. *V*°.

« Sur la quatrième, lecture faite de la consultation donnée par Me Moutton, avocat ordinaire de la Communauté, du 17 février dernier; de la requête présentée à Monseigneur l'Intendant et premier Président; de son ordonnance au bas portant permission d'intenter procès contre Joseph Feraud, maitre cordier, du 8 mars dernier;

« Le Conseil a délibéré, à pluralité des voix , de se pourvoir en justice contre   31 Août 1755.
le dit Feraud, et prendre les fins prises dans la dernière consultation. » —
*Fol*º 589. *V*º.

« Les Maires-Consuls firent dresser une requête contre Joseph Feraud , qui
fût cité devant le Lieutenant de la Sénéchaussée ; Feraud n'attendit pas le jugement et écrivit au bas de l'exploit d'assignation , qu'il consentait aux fins de la
requête. »

Le 31 *août* 1755, « Les Maires-Consuls rendirent compte de cette affaire au   Abandonné
Conseil, et , lecture faite de la requête par Messieurs les Maires-Consuls contre   la poursuite
Joseph Feraud , cordier, et de la réponse faite au bas ;   contre Feraud,
                                                                                     qui a consenti
« Le Conseil a unanimement délibéré d'abandonner la demande faite au dit   à reconnaître
                                                                                      les droits
Feraud , au moyen de la réponse qu'il a faite, qui remplit l'intérêt de la Com-   de
munauté , et rend la fontaine dont s'agit publique. » — *Fol*º 616.   la Communauté.

Source de la rue de l'Hôpital-Vieux

——✠——

Acte d'échange
entre la ville
et M. d'Esparra,
de la source
de
l'Hôpital-Vieux.

M. Desparra proposa à la ville de lui céder une source, qu'il possédait dans la rue de l'Hôpital-Vieux, moyennant un denier d'eau de St-Siméon, qui lui serait donné en échange.

« Le Conseil de la ville accepta cette proposition dans sa séance du 15 mars 1767. (Cette délibération est relatée *in-extenso*, à l'article de la Concession d'Eau à M. Arnaud *(voir chapitre Ier, article 8.)*

Et le lendemain, l'acte en fut passé dans la forme qui suit :

« L'an mil sept cent soixante sept et le seizième jour du mois de mars après midi, par devant nous notaire Royal et les témoins soussignés furent présents Messieurs Charles Hyacinthe Desparra, Ecuyer, Conseiller du Roi, Lieutenant Général honoraire en la Sénéchaussée de cette ville de Brignoles, d'une part, — et Jacques Honoré Braquety, Louis Feraud, et Louis Demollins, tous les trois Maires-Consuls, Lieutenants Généraux de police de la dite ville, d'autre, —

« Les quels ont dit que M. Desparra ayant proposé à la Communauté de lui céder et transporter la source d'eau avec toutes les annexes et dépendances, qu'il possède dans l'enceinte de cette dite ville au quartier de l'Hôpital-Vieux, et qui est dans une cave de la dite rue, la quelle cave est aujourd'hui possédée par Pierre Maille, travailleur de la dite ville, qui l'a acquise du dit sieur Lieutenant, suivant le contrat du 27 décembre 1766, reçu par nous notaire, qui contient la réserve de la dite source, facultés et autres charges, moyennant quoi la dite Communauté promettrait et consentirait que le dit sieur Desparra prit un denier d'eau dans la serve de la fontaine qui découle au quartier du Portail-Neuf et au coin du jardin de messire Jean Baptiste Auban, prêtre ; la quelle eau serait conduite à son jardin qui est voisin, pour s'en servir selon ses besoins. — Ce projet aurait été proposé dans le Conseil général du jour d'hier contrôlé ce jourd'hui, et il aurait été délibéré d'accepter la proposition du dit sieur Lieutenant comme trez avantageuse à la ville ; à l'effet de quoi, les dits sieurs Maires-Consuls furent autorisés de passer les actes sur ce nécessaires ; et, désirant les parties mettre la délibération en exécution, elles ont par le présent acte, convenu et accordé que le dit sieur Lieutenant Général transportera ainsi qu'il transporte à la Communauté, les dits sieurs Maires-Consuls présents acceptants et stipulants, la source d'eau qu'il possède, avec toutes ses annexes et dépendances, au dit quartier de l'Hôpital Vieux, pour en jouir par la Communauté et habitants à titre perpétuel et incommutable, avec les mêmes facultés et appartenances réservées par le dit sieur Lieutenant et charges contre le dit Maille, et les mêmes qui sont spécifiées dans le contrat du dit jour 27 décembre 1766, dont lecture a été faite et dont l'exécution sera au gré des dits sieurs Consuls et Communauté, pour jouir et user de la dite source ainsi et de la manière que le dit sieur Lieutenant était en droit de faire, avoir et jouir; et est la dite source soumise à la directe du Roi à la charge de six deniers de cense à l'échéance du 25 d'août de chaque année par rapport et à cause de la faculté de conduire la dite eau au pavillon qui appartenait autrefois au dit sieur Lieutenant, la conduite de la quelle eau traversait les rues — et, en contre échange, les dits sieurs Maires-Consuls, autorisés comme dessus, remettent et transportent au dit sieur Lieutenant Général le volume d'un denier d'eau qui sera pris dans la cerve de la fontaine du Portal Neuf, la quelle eau sera conduite, aux frais et dépens du dit sieur Lieutenant Général, dans son jardin qu'il possède tout proche, pour en jouir par lui, les siens, et représentants au même titre d'incommutabilité et perpétuel, et en disposer à son gré, plaisir et volonté; avec cette condition néanmoins que les versures de la dite eau, à la sortie du jardin du dit sieur Lieutenant appartiendront et seront réservées à la dite Communauté en conformité de la susdite délibération, sans que le dit sieur Desparra ni les siens en puissent disposer en quelque sorte et manière que ce soit au préjudice de la réserve, sans qu'il puisse même être opposé aucune prescription ni laps de temps; promettant les parties de se faire respectivement et paisiblement jouir, et de s'être tenus de toute éviction, et déclarent en outre que les objets échangés sont tout au plus de la valeur de cinquante livres; et, pour l'observation du contenu au présent acte, les dits sieurs Maires-Consuls ont obligé tous les biens, rentes et revenus de la Communauté, et le dit sieur Lieutenant Général, les siens propres présents et à venir, qu'ils ont soumis à toutes cours, ont juré et requis acte, fait et publié au dit Brignoles, dans l'hôtel du dit sieur Lieutenant Général, au quartier du Palais, en présence de Jean Joseph Broquier, notre clerc de cette ville et de Blaise Tourtou, du lieu de Flassans, témoins requis et signés avec les parties; contrôlé et insinué en cette ville le 18 mars 1767, reçu 1 fr. 12 s. 6 d. par le sieur Taneron, commis à l'original, signé : Goujon, notaire. »

16 Mars 1767.
—

La Ville donne un denier d'eau de St-Siméon contre la source de l'Hôpital-Vieux.

Cet acte fut approuvé par délibération du Conseil du 21 avril 1767. Fol° 997.

Délibération du 17 août 1769.

Les Maires-Consuls exposent « qu'ils ont fait travailler à rétablir la conduite de l'eau que la Communauté a acquise par échange de M. Desparra, et que cette eau coule actuellement dans le jardin, qui était aussi de M. Desparra; et, comme il importe de la tourner au profit et utilité du public, les Maires-Consuls demandent si le Conseil approuverait de la faire couler au devant du jardin du sieur Désidéri, et de faire servir les pierres de la fontaine qu'on reconstruit à la place de Jean Raynaud, pour en former un lavoir qui serait d'une grande commodité pour le public. » — *Fol°* 147.

(Ce jardin Désidéri avait appartenu à M. de Castellane, et il est possédé actuellement par Mlle Maitre.)

17 Août 1769.
Faire une fontaine sur la Placette de la rue Entraigues.

« Le Conseil a unanimement délibéré de faire découler une fontaine, de l'eau que la Communauté a achetée de M. Desparra, au coin du jardin de M. Désidéri; d'y faire un bassin des pierres de l'ancienne fontaine de la place de Jean Raynaud, avec un lavoir propre pour le public; au quel on y joindra le survers de la fontaine des Grands Degrés; à tous les quels ouvrages il sera pourvu par économie à la diligence des sieurs Maires-Consuls, sans qu'il soit besoin de faire aucun devis ni remplir aucune formalité, attendu la minimité de la réparation; et donné pouvoir aux sieurs Maires-Consuls d'expédier mandat du montant de tous les dits ouvrages. » — *Folo* 149.

Le 21 janvier 1770, « le Conseil délibère d'achever cette fontaine qui était déjà commencée, en retrécissant le lavoir, afin de ne pas gêner la circulation. »

Le 15 décembre 1776, « le Conseil délibère de faire réparer la conduite de la fontaine du Bourg d'Entraigues, et de délivrer les ouvrages pour la somme de nonante quatre livres, aux quelles ils sont appréciés dans le devis donné. » — *Folo* 819. *V*°.

Délibération du 28 *juin* 1778.

« Exposé que Antoine Aude, revendeur de la ville, ayant en vûe de faire une fabrique d'eau de vie dans la maison qu'il possède dans l'enceinte de cette ville, quartier de Notre Dame, et vis à vis le lavoir public qui tient à la muraille du jardin de la demoiselle veuve Lambert; il demande que la ville lui accorde, à l'exemple de tant d'autres, les eaux du survers du susdit lavoir, qui découlent à pure perte dans la rue, et qu'il emploiera à l'usage de sa fabrique d'eau de vie qui sera d'une utilité évidente à la ville, sous l'offre de faire le tout à ses frais et dépens. — *Folo* 26. *V*°.

« Le Conseil a unanimement délibéré d'accorder au sieur Antoine Aude le survers du lavoir de la fontaine qui découle au quartier du Bourg d'Entraigues, appuyée sur la muraille du jardin de la demoiselle Lambert, qui sera uniquement destinée à l'usage de la fabrique d'eau de vie proposée; avec la condition expresse et non autrement, que le dit Aude ne pourra dériver cette eau à sa fabrique qu'après que sa fabrique sera en état de travailler, et que tous les ustenciles seront sur place, en suite de la vérification qui sera faite par Messieurs les Maires-Consuls, qui dresseront procès-verbal, au requis du dit Aude, de l'état de sa fabrique, au bas du quel il sera consenti que le dit Aude peut dériver son eau; et avec la condition encore que cette faculté d'eau sera personnelle au dit Aude et à ses héritiers, c'est à dire que, si le dit Aude vient à vendre et transporter sa fabrique, cette faculté ne fera point partie de la vente, et que l'acquéreur sera obligé de la demander de nouveau à la Communauté; à la charge par le dit Aude de faire tous les frais de cette conduite et de l'entretenir, et que la faculté d'eau n'aura lieu qu'autant que la fabrique d'eau de vie sera existante et travaillera, sauf à la Communauté de prendre cette eau si elle lui était nécessaire pour les besoins publics, sans que le dit Aude puisse alléguer ni possession ni prescription, et sauf et réservé encore à la Communauté, que si cette eau de survers était susceptible de division, d'en distribuer à qui elle trouvera bon. » — *Folo* 30. *V*°.

Dans la séance du Conseil du 7 *mai* 1780 , le Maire expose que , « en exécution du Conseil du 17 août 1769, la Communauté a fait découler une fontaine de
l'eau achetée de M. Desparra, qui a été adossée au coin du jardin de M. Désidéri
avec un bassin, le tout pour l'utilité publique.

« La maison et jardin de M. Désidéri ayant été acquis par le feu sieur Joseph
Lambert, fabricant de savon, il aurait fait construire dans ce jardin une fabrique
de savon.

« La demoiselle Mélan , sa veuve et héritière , expose dans un comparant qui
a été présenté, que la muraille de ce jardin se trouvant des mieux situées pour
y établir des maisons et boutiques, elle en est empêchée par cette fontaine et
bassin qui occupent une grande partie de la muraille de façade du dit jardin, et
désirant jouir du bénéfice de cette situation, elle requiert qu'il soit pris le plus
promptement possible des mesures pour qu'elle puisse jouir et disposer de la
place qui lui appartient. — *Fol*o 126.

« Lecture faite du comparant de la demoiselle Mélan veuve Lambert , le
Conseil , à la pluralité des voix , délibère de faire enlever le lavoir qui est attenant à la muraille du jardin, et de transporter la fontaine à l'endroit qui sera
désigné par Messieurs les Maires-Consuls , le tout aux frais et dépens de la demoiselle Lambert-Mélan, et que les pierres utiles seront laissées à la Communauté, et portées aux endroits désignés par Messieurs les Consuls , toujours aux
mêmes dépens que dessus. » — *Fol*o 128. *V*o.

Le lavoir fut enlevé , mais la fontaine fut conservée ; l'eau n'arriva plus à cette
fontaine , qui fut délaissée et demeura inutile.

Le 10 *mai* 1808, le Conseil fut saisi d'une pétition de Messieurs Lebrun et
Rimbaud , demandant la concession des deux tiers de l'eau, qu'ils pourraient
amener de la source à cette fontaine.

10 *mai* 1808.

Les deux tiers
des eaux
sont concédés
à MM. Lebrun
et Rimbaud.

« Le Conseil délibère à l'unanimité de concéder aux pétitionnaires les deux
tiers des eaux qu'ils amèneront au cerveau de la fontaine susdite , provenant de
la source sise dans une maison de la rue de l'Hôpital-Vieux ; les autorise de faire
à la dite source toutes fouilles nécessaires pour ramasser les eaux ; enlever toutes les terres et décombres qui peuvent encombrer cette source et s'opposer au
libre écoulement des eaux ; faire en un mot , soit à la source, soit à la conduite,
tous les ouvrages qu'ils jugeront nécessaires pour amener les eaux à la fontaine,
sous la condition :

« 1o Que la dite fontaine sera refaite à neuf et relevée de un mètre vingt cinq
centimètres au moins ;

« 2o Que les eaux seront divisées par tiers entre la Commune et les pétitionnaires ;

« 3o Que la division se fera au cerveau de la dite fontaine, et les deux tiers
seront divisés par les exposants, un tiers pour chacun d'eux dans leur propriété
respective ;

« 4o Il sera placé à la source-mère , et aux deux ouvertures qui y seront pratiquées , deux portes doubles à trois clefs, ainsi qu'au cerveau de la fontaine ,

dont une sera déposée au secrétariat de la Commune, et les deux autres une à chacun des pétitionnaires ;

« 5° Toutes les réparations, et jusqu'à ce que la fontaine coule, seront à la charge des exposants ;

« 6° Néanmoins, à l'avenir, l'entretien de la conduite, depuis la source jusques à la fontaine seulement, sera à la charge de la Commune et des exposants à raison d'un tiers pour chacun. » — *Fol° 9 du 4° cahier du Reg°.*

5 Mai 1809.

MM Lebrun et Rimbaud renoncent à la concession des deux tiers de l'eau.

Dans la séance du 5 *mai* 1809, « M. le Maire donne lecture au Conseil de la pétition de Messieurs Jean, Thomas, Gabriel Lebrun et Sextius Rimbaud, marchands de cette ville, tendante à se départir des deux tiers des eaux de la source existant dans une maison, rue de l'Hôpital-Vieux, que le Conseil leur avait accordé par sa délibération du 10 mai 1808, approuvée par M. le Préfet du département le 27 août suivant, par les motifs exposés dans la pétition ;

« Sur quoi, le Conseil,

« Considérant qu'il est parvenu à la connaissance des exposants que cette délibération avait excité quelques regrets sur le motif que le tiers des eaux restant à la Commune ne serait pas suffisant pour alimenter la fontaine publique à laquelle il est destiné, et que la Commune aurait pu retirer un plus grand avantage de la totalité de ces eaux ;

« Considérant encore que, par la vérification qui fût faite cet été dernier, il fût reconnu que les eaux de cette source baissaient extraordinairement pendant tout l'été, et seraient peu susceptibles de la division projettée surtout pour l'intérêt public ;

« Considérant enfin que les exposants, bien aises de donner un témoignage de leur amour pour le bien public, déclarent au Conseil municipal qu'ils se départent de la concession ci-dessus énoncée, avec renonciation absolue à tous leurs droits de la susdite délibération, et qu'elle soit regardée comme non avenue ;

Le Conseil accepte cette renonciation.

« A unanimement délibéré d'accueillir favorablement l'offre des pétitionnaires, n'ayant d'autres fins que celles du bien public ; en conséquence la délibération du Conseil municipal du 10 mai 1808, ci-dessus relatée, sera regardée comme non avenue et de nul effet, à la charge par les exposants de payer les droits d'enregistrement et autres débours, s'il y en a, que cette délibération pourra occasionner. » — *Fol° 2 du 5° cahier du Registre.*

Cette source a été délaissée, et personne n'a plus pensé à l'utiliser.

CONCESSIONS SUR LES EAUX

DE SAINT-SIMÉON

A la suite de l'historique des eaux de la ville, sur lesquelles il a pu être accordé des *Concessions,* il convient de placer le recueil de ces concessions, avant de parler des arrosages et des sources qui sont dans le terroir de Brignoles.

Par le mot Concession, on entend une permission ou privilége dont le maître d'une chose se départ en faveur de quelqu'un. — Lorsqu'une Commune, propriétaire d'une source ou cours d'eau, accorde une concession sur cette eau, elle cède temporairement, et pour un usage déterminé, la jouissance d'une portion d'eau ; mais elle conserve son titre et ses droits de propriétaire ; c'est une sorte de location, dont le prix, la durée et les conditions sont énoncés dans le procès-verbal de concession, mais qui est toujours révocable et ne prescrit pas.

La concession dite à titre onéreux peut, dans certains cas, équivaloir à une vente, alors un acte authentique devrait en être dressé comme exécution ou sanction de la délibération prise par le Conseil municipal.

Lorsqu'une Municipalité néglige la rédaction de ses actes de concession, ou qu'elle laisse s'établir des abus, en ne pas exigeant la stricte exécution des conditions imposées, elle s'expose à des difficultés et à des procès désagréables. — Nous en rencontrerons plusieurs exemples.

CHAPITRE Ier. — Concessions d'Eau pure

Article 1er. — *Eau du Couvent des Cordeliers.*

La concession la plus ancienne est certainement celle faite au Couvent des Frères Mineurs ou de St-François, autrement dit des Cordeliers. — Les documents conservés dans les archives de la ville font mention de la fontaine des Frères Mineurs, dès l'année 1403, à l'occasion d'une réparation à y faire ; mais rien n'indique la date de cette concession, qui paraît antérieure au XIVe siècle.

ARTICLE 1er. — *Eau du Couvent des Cordeliers.*

L'eau était portée à ce Couvent par une conduite particulière venant directement de la source de St-Siméon ; cette conduite fut détruite par la Commune,
dès qu'elle eût acheté de M. de Beaumont, en 1791, le Couvent et dépendances.
Les deux concessions suivantes dérivent ou se rattachent à cette première :

Hoirs Rougon,
Laurent, méde-
cin.

« 1° Par acte du 28 *juillet* 1688, les Cordeliers cédèrent un robinet d'eau
aux Pénitents Gris, dont la chapelle était dans la rue de St. François ; cette sous
concession fût annulée de fait par la destruction de la prise et de la conduite du
Couvent des Cordeliers en 1791.

Fol° 179
du Registre.

Mais le 11 *septembre* 1836, M. Rougon, médecin, ayant demandé la portion d'eau concédée aux Pénitents Gris, dont il était devenu acquéreur, le
Conseil prit la délibération suivante.

Représentant
les
Pénitents Gris.
—
Un denier d'eau

Le 18 *septembre* 1836, « M. le Maire rappelle au Conseil la demande de
M. Rougon, médecin, pour l'eau acquise de M. Bremond, potier à terre, et
dépendante de l'ancienne chapelle des Pénitents Gris, qui fût vendûe dans le
temps comme Domaine National.

« M. Arnaud, Conseiller, organe de la Commission nommée dans l'assemblée
précédente, a fait son rapport sur cette demande, du quel il résulte que la portion ou volume d'eau concédé dans le temps par les Pères du Couvent des Cordeliers à la chapelle des Pénitents Gris, était une dépendance inhérente à cette
chapelle, et que le Gouvernement, en la vendant comme Domaine National,
avait entendu suivre la règle générale et la céder à celui qui en deviendrait l'adjudicataire, avec toutes ses charges, droits et facultés.

« L'avis de la Commission est de reconnaitre que le volume d'eau, dévolu
dans le temps à la dite chapelle des Pénitents Gris, était une faculté y attachée,
et par conséquent une de ses dépendances ;

« Sur quoi, considérant que la Communauté de Brignoles, à une époque déjà
fort reculée et qu'il serait oiseux de chercher à connaitre, avait fait au Couvent
des Cordeliers, établi dans son enceinte, une concession d'eau, dont aucun document n'atteste le volume, et qui provenait de la source de St. Simian ;

« Considérant que, par transaction du 28 juillet 1688, notaire Rolland, les
Cordeliers cédèrent à la confrairie des Pénitents Gris la faculté de saigner leur
conduite et de dériver une partie de leur eau, et de la faire couler dans le petit
jardin attenant à leur chapelle au moyen d'un robinet ;

« Considérant qu'en 1790, le couvent des Cordeliers, la chapelle des Pénitents Gris, et leurs dépendances, furent mis sous le sequestre national, et que
ces établissements furent aliénés, chacun avec la faculté d'eau qui y était
attachée ;

« Considérant que le principe de l'inviolabilité des ventes nationales mettait
les acquéreurs de ces immeubles, ou leurs ayants droit, à l'abri de toutes recherches et leur garantissait la jouissance de l'eau qui leur avait été vendue ;

ARTICLE 1er. — *Eau du Couvent des Cordeliers.*

18 septemb. 1836
—
Hoirs Rougon
Laurent,

Représentant
les
Pénitents Gris.
—
Un denier d'eau

« Considérant de plus que la Commune, bien loin de contester et de méconnaitre le droit, que la Nation s'appropriait de disposer d'une manière définitive et irrévocable d'une eau qu'elle avait concédée, probablement, à titre gratuit, en faveur d'une Maison Religieuse qui était supprimée, l'approuva au contraire, et le ratifia en se mettant à la place de l'adjudicataire du Couvent des Cordeliers, en achetant l'eau concédée à ceux-ci comme une dépendance de leur ancienne habitation, en consentant à la réserve d'un tuyau, que l'adjudicataire stipulait son proffit dans l'acte du 12 septembre 1791 ;

« Considérant qu'il résulte même de la délibération prise par le Conseil général de la Commune au sujet de l'acquisition de ce Couvent, que son intention fût de se soumettre aux servitudes que les Cordeliers s'étaient imposées dans le mode de jouissance de leur eau, et par suite de respecter la transaction du 28 juillet 1688 ;

« Considérant que, quoique depuis plus de trente ans la Commune ait supprimé la fontaine du Couvent des Cordeliers, et ait fait faire à la source même des ouvrages pour retenir l'eau qui alimentait cette fontaine, il est toutefois constant qu'il y a un espace de temps bien moindre que le possesseur actuel de la chapelle des Pénitents Gris est privé de jouir de la faculté que ses auteurs avaient acquise avec la chapelle par l'acte d'adjudication du 13 mai 1793 ;

« Considérant qu'il suit de ces faits et de ces titres que la Commune ne pourrait pas se dispenser d'amener au lieu où cet immeuble est situé une quantité quelconque d'eau, ce qui la constituerait dans une dépense considérable à cause du mauvais état actuel de la conduite et sans aucun avantage pour elle ;

« Considérant que dès lors il y a utilité d'accepter la proposition, que fait M. le médecin Rougon, cessionnaire de la faculté d'eau aliénée avec la chapelle des Pénitents Gris, la quelle consiste à prendre dans la grande serve de distribution, qui est au quartier du Portail-Neuf, un tuyau d'eau de la dimension d'un denier, qu'il fera couler dans une conduite qu'il fera faire et qu'il entretiendra à ses frais à perpétuité ; que cet arrangement prévient une contestation dans la quelle la ville aurait succombé, et l'affranchit ainsi d'une obligation extrêmement onéreuse ;

« Le Conseil municipal a unanimement délibéré, pour prévenir toutes contestations nouvelles et faire cesser toute autre prétention de la part de M. Bremond ou ses ayants cause à l'égard de la chapelle des Pénitents Gris dont il est possesseur, d'accorder à M. Rougon, médecin, un denier d'eau qui sera pris dans la grande serve de distribution au Portail-Neuf, pour la dite eau concédée être dirigée au local qu'il plaira à M. Rougon, et par une conduite construite à ses frais, et dont l'entretien perpétuel sera à sa charge. — Cette prise d'eau sera faite de manière à ne point nuire à celles existantes dans la serve de distribution. »

(Voir les délibérations des 12 novembre et 28 novembre 1838.)

17 Juillet 1791.
—
Hoirs Lebrun
Edouard,
—
Représentant
M. de Beaumont
—
Fol⁰ 240. V⁰.
—
Un denier d'eau

Vente
du Couvent des
Cordeliers.

Fol⁰ 241.

Article 1ᵉʳ. — *Eau du Couvent des Cordeliers.*

2⁰ M. de Beaumont avait acheté de la Nation le Couvent des Cordeliers et ses dépendances ; il proposa à la Commune de les lui céder, et le Conseil municipal prit à ce sujet les délibérations suivantes :

Délibération du 17 juillet 1791. — « En exécution de l'autorisation donnée par le Directoire du Département à la Commune pour l'acquisition des ci-devant Couvents des Trinitaires et Cordeliers du 27 avril dernier, et, en conformité de la délibération du Conseil général du 29 mai suivant, qui nous donne pouvoir de s'arranger pour l'achat du Couvent des Cordeliers avec M. Beaumont, adjudicataire, de convenir avec lui de gré à gré sur le prix des locaux nécessaires à la ville, nous avons traité avec le dit sieur Beaumont qui, d'après la promesse par lui faite lors de son adjudication, cède à la Commune tout le dit Couvent des dits Cordeliers, jardins et accessoires, sous la réserve de la moitié du jardin qui consiste depuis le coin du Couvent qui forme l'angle Sud-Ouest, où il sera tiré une muraille en droite ligne aboutissant au rempart pour former la séparation, jusques à sa maison ; la quelle partie réservée a été évaluée par des experts convenus, qui ont eû égard au exhaussement du prix sur la chaleur des enchères, à 1442 livres.

« Parmi les accessoires de ce Couvent, il y a les eaux de la fontaine qui découlent dans le jardin intérieur ; le survès des eaux qui sortent du bassin de cette fontaine appartient aux tanneurs du quartier du *Pas de Gren,* après toutefois que ces eaux ne sont plus nécessaires pour l'arrosage du jardin extérieur : toutes ces eaux de cette fontaine sont cédées à la Commune sous les servitudes ci-dessus et ordinaires.

« Outre ces eaux ci-dessus, il se trouve au bas de la quenouille de cette fontaine une prise de deux griffons, qui va actuellement découler dans la cuisine et réfectoire du dit Couvent. — Cette prise d'eau est entièrement libre, frappée d'aucune servitude par le survès. — Le dit sieur Beaumont se réserve ce tuyau d'eau moyennant le prix qui en sera fixé par experts choisis entre la Commune et lui, et, au lieu que ce tuyau d'eau est dirigé actuellement dans la dite cuisine par une conduite en bornelage, il la dirigera directement dans son jardin réservé en traversant la place des Cordeliers par une autre conduite en bornelage, qu'il faira à ses seuls frais et dépens.— La Commune aura encore en propriété le terrain nécessaire pour le droit de jet et stillicide tout le long du bâtiment visant vers le couchant, le quel terrain consiste en dix pans largeur hors d'œuvre depuis la dite Place des Cordeliers en tirant en droite ligne jusques au premier coin ci-dessous du dit Couvent visant au Sud-Ouest, où la largeur ne sera plus que de quatre pans attendu la situation du local ; la muraille de séparation sera faite aux frais de la Commune.

« M. Beaumont se réserve en outre la faculté de faire couper, jusques à cinq pans en angle saillant, la partie de la dite Place des Cordeliers qui touche sa dite maison, pour lui donner une entrée plus libre à la maison qu'il se propose de construire, attendu qu'il veut aligner sa façade avec celle des maisons inférieures. — Ce coupement, s'il a lieu, bien loin de rendre la Place défectueuse, la

ARTICLE 1ᵉʳ. — *Eau du Couvent des Cordeliers.*

31 Juillet 1791.

Hoirs Lebrun
Edouard,

Représentant
M. de Beaumont

rendra au contraire plus régulière, parcequ'elle se trouve actuellement plus large dans cette partie, et le coupement, ainsi que la reconstruction du mur de soutennement, seront faits aux seuls frais et dépens de M. Beaumont, qui demande encor que la Commune s'oblige à ne jamais bâtir sur la dite Place des Cordeliers, et, par réciprocité, il s'oblige lui-même de ne jamais bâtir dans la partie du jardin réservé, de manière à géner la vue de la dite Place des Cordeliers.

« Pour ce qui est de l'arrosage qui est affecté au jardin extérieur, qui s'arrose des eaux perdues de St. Siméon qui découlent près la porte de la ville dite des Cordeliers : ces eaux d'arrosage seront en commun entre la Commune et le dit Beaumont, de manière qu'on en jouira un jour chacun alternativement. — Le réservoir qui reçoit ces eaux sera à l'usage commun et entretenu de même. — Le dit sieur Beaumont aura le droit de venir dériver les eaux en passant par la porte du jardin qui est destiné pour la Commune tout près de celle de la ville cidessus, et la conduira par le canal ordinaire, qui traverse le dit jardin de la Commune, pour l'introduire dans le jardin à lui réservé et dans son propre fonds — requérant le Conseil de délibérer. »

Fol° 242.

Délibération du 31 juillet 1791. — D'après la délibération précédente du 17 juillet, des commissaires avaient été nommés pour aller sur les lieux et s'entendre avec M. Beaumont ; ils firent les accords suivants :

« 1° M. Beaumont cède et transporte à la Commune tout le Couvent, jardin intérieur et extérieur, eaux et accessoires, sous le même prix de son adjudication, clauses, conditions, facultés et servitudes ordinaires et y attachées, sous la réserve, pour ce qui regarde le jardin extérieur, de la partie depuis l'angle extérieur du dit Couvent du Sud-Ouest, où il sera tiré une muraille en ligne droite aboutissant au rempart pour former la séparation, la quelle muraille sera faite et entretenue à frais communs, de manière que cette partie du jardin jusques à sa maison lui appartiendra. Cette partie a été évaluée par les experts communs à la somme de quatorze cent quarante deux livres qu'il payera à la Commune ;

Accords entre
la Commune
et
M. de Beaumont

Fol° 247.

« 2° Le dit sieur Beaumont se réserve le droit de couper quatre à cinq pans, tout au plus, à l'angle saillant du couchant au nord, là où pour la maison qu'il va bâtir il abandonnerait une partie de son emplacement pour aligner avec les maisons de la demoiselle Berlus et dame Rolland, etc.;

« 3° Il y a dans le jardin intérieur du Couvent une fontaine à quatre tuyaux, et, dans la cuisine un tuyau de la même eau. — Le survès de l'eau de la fontaine est, dit-on, vendu aux tanneurs lorsqu'elle n'est pas nécessaire pour l'arrosage des dits jardins intérieur et extérieur. — La Commune en achetant, se soumettrait à laisser sortir le survès de cette fontaine par l'endroit accoutumé lorsqu'il ne lui serait pas nécessaire pour l'arrosage du petit jardin intérieur. — Il se réserve, sous le prix qui en sera fixé par experts, l'eau qui découle dans la cuisine pour en jouir comme en jouissaient les ci-devant P. P. Cordeliers, et la serve, où se trouve la séparation des eaux, étant dans la quenouille de la fon-

Eau
de la fontaine

ARTICLE 1ᵉʳ. — *Eau du Couvent des Cordeliers.*

taine du jardin intérieur, le dit sieur Beaumont fera conduire cette eau dans l'endroit où il voudra, en faisant passer la conduite dans le petit jardin et ensuite dans la place extérieure à ses seuls frais et dépens ; permis néanmoins à la Commune de faire construire une serve au sommet de la dite place, pour y faire la division des eaux, et avant que le dit sieur Beaumont fasse sa conduite ; et la conduite supérieure des eaux, depuis la division d'icelles jusques à la source de St. Simian, serait entretenue à frais communs entre la Commune et le dit Beaumont à *prorata*, et proportionnellement aux eaux calibrées, et chacun entretiendra sa conduite particulière depuis la dite serve ;

« 4º La Commune aura en propriété le terrain nécessaire pour le droit de jet, etc.....;

« 5º Quand à l'arrosage des jardins extérieurs, les experts, qui ont apprécié cette réserve du sieur Beaumont, ont estimé que les eaux d'arrosage de ce jardin qui viennent de St. Simian seront communes entre la Municipalité et le dit sieur Beaumont : ces eaux d'arrosage viennent se dégorger dans un réservoir qui est à la tête du jardin de la Commune, le quel réservoir sera à l'usage commun avec le dit sieur Beaumont, et entretenu de même. — Chacun jouira des eaux un jour alternativement, et le dit sieur Beaumont aura le droit d'entrer dans le jardin de la Commune par la porte qui touche celle de la ville dite des Cordeliers, où se trouve le dit réservoir, pour dériver l'eau dans le canal ordinaire de l'arrosage. — Cette eau d'arrosage ne consiste qu'à celles de St. Simian et à ce destinées, et quand aux eaux dites perdues, qui sortent par-dessus la porte de la ville et dans la lice intérieure, le sieur Beaumont, ainsi que la Commune et autres, n'en jouiront qu'autant qu'elles passeront par là, attendu que la Commune n'entend pas s'en dépouiller, et qu'elle entend en disposer ainsi que le cas échoiera et qu'elle trouvera bon ; et, dans ce cas, le jardin de la Commune demeurerait frappé de la servitude de conduire l'eau de l'arrosage tout le long du dit jardin pour l'arrosage de celui réservé au sieur Beaumont. — La Commune peut se procurer un moyen pour éviter cette servitude sans qu'il lui en coûte rien, au contraire elle se décharge de l'entretien d'un canal. — Ce moyen serait de céder au sieur Beaumont le survès de l'eau qui sort du moulin à huile de la Commune et qui dégorge long le chemin qui de celui du moulin du Cumin aboutit aux Consacs. — Le canal de cette eau appartenant à la Commune, qui est obligée de l'entretenir de temps à autre pour ne pas porter préjudice au bien des ci-devant Cordeliers appartenant actuellement au dit sieur Beaumont, ce dernier jouit même dans ce moment de l'eau de ce survès pour l'arrosage de ses ferrages, et est le seul qui peut en jouir parceque, après lui, l'eau se jette dans le canal des moulins, de manière que la Commune, en cédant ce survès, ne se prive de rien, et demeurera au contraire dispensée de l'entretien du canal ; et alors le dit sieur Beaumont renonce à l'eau d'arrosage ci-dessus de son jardin extérieur, à la charge néanmoins par lui de recevoir les égoûts de l'arrosage du jardin extérieur de la Commune, et dans la partie que la Commune fera aboutir son eau superflue de son arrosage, sans que le dit sieur Beaumont puisse la refuser, ni pouvoir entrer dans le jardin de la Commune pour quoi que ce soit.

ARTICLE 1er. — *Eau du Couvent des Cordeliers.*

31 Juillet 1791.

—

Hoirs Lebrun
Edouard,

Représentant
M. de Beaumont

Fol° 249.

Ces arrangements paraissent convenables et de nature qu'il ne parait pas qu'il puisse jamais s'élever la moindre contestation entre la Commune et le dit sieur Beaumont ; de tout quoi nous donnons connaissance au présent Conseil pour y délibérer définitivement.

« Le Conseil a unanimement adopté les accords pris et convenus entre Messieurs les officiers municipaux, commissaires, et M. Beaumont sur l'achat du Couvent des ci-devant Pères Cordeliers, eaux, jardins et accessoires, et, en conséquence donne pouvoir à Messieurs les officiers municipaux de passer l'acte d'achat aux conditions énoncées dans la proposition, à la charge néanmoins que la Commune ne se privera de la faculté de bâtir sur la place qui est au-devant du dit Couvent qu'en tant que le sieur Beaumont renoncera pour lui et les siens de bâtir dans le jardin à lui réservé, et qui se trouve au couchant de la dite place ; et, dans le cas qu'il ne veuille pas renoncer à ce droit, la Commune restera également libre de son côté — à la charge encore, pour ce qui concerne le survès de l'eau de la fontaine qui découle dans le jardin intérieur, que lorsque cette eau ou survès sortira du petit jardin intérieur pour entrer dans celui extérieur réservé au dit sieur Beaumont, ce survès sera reçu par ce dernier aux clauses, charges et servitudes y attachées quelles qu'elles soient, sans que la Commune lui soit de rien tenue à ce sujet.

« Et, quand à l'arrosage des jardins extérieurs, dont il devrait en compéter la moitié au sieur Beaumont, le Conseil adopte le dernier moyen énoncé dans la proposition, c'est à dire, de donner, en échange de cette moitié d'eau d'arrosage, au sieur Beaumont le survès quel qu'il soit de l'eau de fuite du moulin à huile de la Commune, à condition que le dit sieur Beaumont sera chargé de l'entretien du canal de ce survès depuis l'endroit où les eaux se jettent dans le dit chemin, à l'endroit même de la sortie du dit moulin à huile jusques dans le canal des moulins.

Délibération du 3 septembre 1809. — Pétition de M. Lebrun demandant l'exécution de l'acte du 12 septembre 1791, etc.....

« Considérant que, par l'acte du 12 septembre 1791, notaire Goujon, le sieur Jean, Charles, Gaspard Beaumont vendit à la Commune le ci-devant Couvent des Cordeliers, jardin intérieur et extérieur, eaux et accessoires, dont il était adjudicataire, et se réserva en terme exprès *un tuyau* d'eau qui est la même quantité que celle qui découle actuellement dans la cuisine du dit Couvent, la quelle quantité d'eau réservée a été calibrée par gens experts en présence de Messieurs les officiers municipaux et du sieur Beaumont, et a été vérifiée être la septième partie de la totalité des eaux du dit Couvent des Cordeliers, pour la jouissance du quel tuyau d'eau la Commune fera construire une serve au sommet de la Place des Cordeliers, dans la quelle serve la division des eaux se fera, etc.....

« Que, dans le même acte, il est dit que la Commune ferait travailler incessamment à cette serve ; que l'eau réservée au sieur Beaumont serait libre et fran-

ARTICLE 1er. — *Eau du Couvent des Cordeliers.*

che de toute servitude ; qu'à partir de la dite serve, il pourrait la conduire à ses frais où bon lui semblerait, et que la conduite, depuis la source de St. Simian jusqu'à la serve, serait à la charge commune et proportionnelle de la Commune et du sieur Beaumont, en sorte que la Commune y contribuerait pour les six septièmes et le sieur Beaumont pour le septième restant ;

« Que, par un autre acte du 5 août dernier, notaire Gautier, le sieur Lebrun a acquis ce tuyeau d'eau du dit sieur Beaumont, qui l'a subrogé à tous ses droits, facultés et charges résultants de l'acte du 12 septembre 1791 ;

« Qu'à ces titres le sieur Lebrun est propriétaire légitime du tuyeau d'eau dont il réclame la jouissance ;

« Que le calibre de ce tuyeau n'étant point déterminé par l'acte du 12 sep-tembre 1791, il deviendrait nécessaire d'en renvoyer la fixation à des experts respectivement convenus, qui auraient pouvoir d'entendre témoins à l'effet de connaitre le volume de toutes les eaux qui coulaient au Couvent des Cordeliers à l'époque de cet acte ; mais que cette opération devant entrainer des frais que l'intérêt respectif commande d'éviter, et le sieur Lebrun, qui a été appelé dans cet objet à la séance, ayant consenti à ce que sa prise d'eau fût fixée à un denier, il convient à la Commune d'adhérer à cette même fixation ;

« Qu'à l'égard du lieu où la prise doit être établie, le Conseil est doublement intéressé à accepter l'offre contenue dans la pétition, etc.....

« Le Conseil a unanimement délibéré d'autoriser le sieur Lebrun à prendre le tuyeau d'eau, dont il est devenu propriétaire et dont le calibre est fixé à un denier, à la conduite de la fontaine dite *Menpenti*, et en avant de la dite fontaine, où il sera établi à cet effet, sous la surveillance de M. le Maire, une serve de distribution, à la charge par le sieur Lebrun de contribuer à perpétuité et pour la moitié à l'entretien de la conduite de la dite fontaine, depuis la dite serve jusqu'à celle qui se trouve à la fontaine de la Parroisse — et, dans le cas où il serait impossible d'établir la prise du dit sieur Lebrun à la conduite qui vient d'être désignée, le sieur Lebrun sera autorisé à l'établir de la même manière que dessus à la conduite de la petite fontaine de la Place Caramie, vis à vis la fabrique à savon du sieur Rimbaud, à la charge de contribuer proportionnellement à l'entretien de cette conduite depuis sa prise jusques à la fontaine de la Place Jean Raynaud, pour, dans ces cas, le dit sieur Lebrun diriger et conduire son eau à tel endroit que bon lui semblera, et en disposer ainsi qu'il verra être bon. »

(Voir la délibération du 12 novembre 1858, etc.)

ARTICLE 2.

Achapt de certaine faculté d'Eau et Source de Sainct Siméon avec un Moulin, pour la Communauté de cette ville de Brignolle,

CONTRE

22 Janvier 1558.

Hoirs Fournier
Sextius,

Représentant
Laurenty.

Un pouce d'eau.

« Noble Jehan Laurenty, bourgeois du dit Brignolle.

« Au nom de Dieu soit-il , amen. — L'an à la Nativité de Notre Seigneur Jésus Christ mil cinq cent cinquante huit et le vingt deux jour du mois de janvier, régnant trez chrétien prince Henri segond de ce nom , par la grace de Dieu Roi de France , Comte de Provence Forcalquier et lieux adjacents, sçachent tous qu'il appartiendra que par devant moi notaire Royal soussigné et témoins sous nommés , établi en sa personne noble Jehan Laurens bourgeois de la présente ville de Brignolle diocèse d'Aix , le quel de son gré et franche volonté pour lui et tous ses succésseurs a vendu cédé remis et désemparé et par la teneur du présent public instrument vend cède remet et désempare totalement à la Communauté de la dite ville de Brignolle présants acceptants et stipulants au nom d'icelle noble Antoine Puget sieur de Chasteuil Consul, sieur prieur Clavier, noble Jacques Bellon , trésorier, ensemble Messieurs Jacques Lebar, prêtre et Jacques Paully, commis et députés à ce par le Conseil de la dite Communauté , sçavoir est : le moulin porte fermée qu'il a assis au quartier de St. Siméon terroir de la dite ville avec touts ustensiles étants dedans le dit moulin tout d'haut en bas et de bas en haut , et tous et chacun les droits , facultés et déviation des eaux qu'il a ou peut avoir en la fontaine du dit St. Siméon assise dessus son pred , confrontant le dit moulin le chemin vicinal allant à la chapelle du dit S. Siméon le pred du dit vendeur et autres confronts plus vrais si point en y a , tout le dit moulin, faculté et dérivation d'eaux avec ses entrées, sorties, usages, passages, droits et appartenances d'iceulx, francs de toutes censes et services, soumis toutefois sous la Directe du Roi Notre Sire par autorité et commandement fait par Nosseigneurs les Maitres Rationnaux de la Chambre des Comptes du dit Sire séant à Aix , sans préjudice du procès sur ce pendant entre la dite Communauté et Nosseigneurs les gens du Roi en la dite chambre , et ce au prix et moyennant la somme de six cents florins monnoye courante en ce dit pays de Provence payables par la dite Communauté en trois années, sçavoir est : deux cents florins à St. Michel prochain venant, et la demeurant chacune année au dit terme de St. Michel florins deux cents jusques à ce que tout le dit prix de six cents florins soit entièrement payé, avec pache que durant les dits temps et terme de trois ans sera permis au dit vendeur année par année escontrer sa taille et autres jusques à la concurrente somme des dits deux cents florins par an — et outre les dits prix et somme sera la dite Communauté tenue , comme les dits susnommés au nom d'icelle l'ont promis , faire avoir et tenir au dit vendeur, la permission de qui s'appartiendra de pouvoir muer et changer le chemin étant entre le dit pred et terre du dit Laurens dessous le dit pred au fin bout des dites terres d'icelui Laurens de même largeur qu'est le dit chemin de présent ; et là et quand la dite Communauté ne lui peut faire avoir la dite permission de droit ne autrement, sera le dit contrat et contenu en icelui pour non fait.

23

2 Janvier 1558.
—
Hoirs Fournier
Sextius,

Représentant
Laurenty.
—
Un pouce d'eau.

ARTICLE 2.

« *Item*, a été de pache que le dit noble Laurenty sera tenu comme faire le promet permettre à la dite Communauté en cas icelle veuille faire aucunes fontaines ou autres dérivations des dites eaux, et pour mieux extraire l'eau de la dite font, de passer et faire fossés ou pieds d'ancre dans son dit pred et terre au plus près et moins dommageable du dit pred en payant la dite Communauté l'intérêt au dit noble Laurens que pour raison de ce il pourrait souffrir.

« *Item*, que le dit noble Laurens s'est reservé et reserve d'arroser son dit pred et terre comme il fesait auparavant le présent contrat — s'est aussi reservé et reserve icelui Laurens de boucher la porte du dit moullin de la rusque regardant son dit pred là et quand bon lui semblera aux dépens de la dite Communauté.

« *Item*, qu'il sera permis au dit Laurens faire clorre sa dite terre et pred de muraille ou autrement pourvû qu'il laisse le fossé étant au milieu des dites deux terres où est de présent et de la largeur qui est de présent et les tenants toujours nets à ses dépens.

« *Item*, que lorsque la dite Communauté faira faire les conduits des fons que doit faire sera permis au dit Laurens prendre des dits conduits au plus près de son jardin un griffon d'eau de la grosseur d'un pouce pour la conduire à son dit jardin au dernier de sa maison à ses dépens et à l'échappée que fera l'eau du dit jardin sera conduite où bon semblera à la dite Communauté et aux dépens d'icelle, donnant, cédant et transportant le dit vendeur à la dite Communauté présents les dessus nommés et au nom d'icelle acceptants et stipulants tout le dit moullin et faculté d'eaux droits et appartenances d'icelles ensemble toute la plus value de ceulx combien que excédât la moitié du juste prix avec chacunes et toutes les actions qu'il y a ou peut avoir réelles actuelles et corporelles des quelles la constitue et juresse et maitresse pour en jouir et user et faire comme un chacun peut de sa cause et vostre propre lui donnant puissance de au dit nom en prendre possession réelle, actuelle et corporelle incontinent que bon lui semblera sans autorité de justice et cependant qu'ils ne soient en possession s'est le dit vendeur constitué tenir le dit moullin et faculté d'eaux en nom de précaire au proffit de la dite Communauté s'en dépouillant et désinvestissant se retenant les fruits d'iceux pour ce jourdhui tant seulement et icelui jour passé a volu les fruits être consolidés à la propriété, promettant néanmoins icelui lui faire avoir et tenir et de lui être tenu de toute éviction universelle et particulière envers tous et contre tous, promettants les dites parties et chacune d'icelles en ses noms avec dùes stipulations le présent acte de vendition et toutes choses y contenues avoir agréables tenir fermes et valables sans jamais y contrevenir sur la restriction et remboursement de tous les coûts frais misere dépens dommages et intérêts qui seront soufferts et soutenus par l'une des dites parties au défaut de l'autre moyénnant l'obligation et hypothèque trez expresse de tous et chacun les biens de la dite Communauté et du dit noble Laurens et droits quelconques présents et à venir qu'ils ont pour ce soumis respectivement aux cours de submissions et autres temporelles de ce pays de Provence, établies ou à établir et à chacune

ARTICLE 2.

d'icelles ou ailleurs où besoin sera, renonçant à toutes choses de droit ou de fait à ce contraires comme l'ont juré par leurs serments corporellement prêtés, dont et de tout ce que dessus chacune des dites parties a requis acte et instrument leur être fait et expédié par moi dit notaire, fait et publié au dit Brignolle dans la maison de Me Anthoine Sabatery, bourgeois, en la présence de Nicolas Bouisson, cardeur à laine, et de Thomas Gar, argentier du dit Brignolle, témoins à ce requis et appelés par moi Gaspard Castilhon notaire susdit. — En foi de vérité, signé CASTILHON à l'original. »

Nota. Cet acte d'achat a été ratifié et approuvé par la délibération du Conseil de la ville, du 23 janvier 1538.

(L'original dans les Archives de la ville.)

ARTICLE 3.

Délibération du 2 octobre 1639 — « Le Conseil a délibéré que sera permis aux Dames Religieuses de Ste. Claire de prendre d'eau à la serve générale pour la conduire dans son monastère à ses frais et dépens et là y faire un petit griffon pour la nécessité de leur maison et l'entretenir à ses dépens. » — *Folo 615. Vo du Registre.*

La Commune, par acte du 15 octobre 1635, notaire Ballardy, avait acheté la maison de Messieurs du Puget, place Jean-Raynaud, au prix de 3900 livres, et, par le même acte l'avait revendue aux Religieuses de Ste Claire.— Ces Dames ayant quitté Brignoles sans payer, la Commune les actionna ; mais elle fut obligée de reprendre la maison, et elle la revendit aux enchères publiques, conformément à la délibération suivante :

Délibération du 21 janvier 1652. — « Le Conseil, attendu le desir que Monseigneur l'Évêque Duchaine a d'habiter en cette ville, et à cette fin a fait offre à la maison que la Communauté a, que soullait être de M. de Barbentane, que la dite maison sera mise à l'enchère après la tenue du Conseil et délivrée à ceux qui feront la condition meilleure demain, et commis Messieurs les Consuls à passer l'acte au dernier enchérisseur. » — *Folo 435. Vo.*

« — Le dit jour, mise à l'enchère sur l'offre de 1200 écus faite par Monseigneur Duchaine.

« — Sur une protestation de Maunier, du 22 janvier, l'enchère n'est pas close.

« — Le 26 *janvier*, Mercadier, au nom du dit Seigneur de Senèz, offre 4000 livres, argent comptant. — Cette offre est signifiée à Maunier, qui déclare n'y plus prétendre. » — *Folo 437.*

Le 27 janvier 1652, « acte de vente de la dite maison à Messire Louis Duchaîne, Évêque de Sénez, par les Consuls au nom de la Communauté, avec *ses entrées issues aigages* et *passages*, etc »

23 Janvier 1538

Hoirs Fournier Sextius,

Représentant Laurenty.

Un pouce d'eau.

2 Octobre 1639

Bremond, veuve Amic.

Représentant Moutton et l'Évêque de Sénez

Un griffon d'eau

1723.

—

Bremond,
veuve Amic.

Représentant
Moutton
et l'Evêque de
Sénez.

ARTICLE 3.

Par acte du 11 *janvier* 1698, notaire Martinet à Aubagne, « M. de Beausset Duchaine de Roquefort, neveu et héritier de l'Évêque de Sénez, vendit cette même maison et jardin avec leurs entrées, issues, aygages, fontaines, droits et appartenances, à M. Jean-Baptiste Moutton, pour y établir un blanchissage de cire, etc..... »

Délibération du 29 janvier 1723. — « A été représenté par le dit sieur Louis de Clappiers que le sieur Louis Moutton, propriétaire de la maison qui avait autrefois appartenu à M. l'Évêque de Senèz, lui a fait connaitre qu'il serait bien aise de rétablir la fontaine qui découlait dans la dite maison de l'eau de la source de St. Simian, dont la conduite se prenait et existe encore à la serve, et que ce qui le porte à faire ce rétablissement est principalement une fabrique pour le blanchissage de la cire qu'il a fait faire dans la dite maison, que cependant, quoiqu'il ne croie pas qu'on puisse lui contester le rétablissement de la dite fontaine comme ne faisant qu'en cela user de son droit, il est pourtant bien aise de ne le faire que de concert avec la Communauté pour éviter toutes contestations — requérant à cet effet le Conseil de délibérer. » — *Fol⁰* 233.

« Sans entrer dans la discussion du droit du sieur Moutton pour le rétablissement de la fontaine de sa maison, le Conseil a délibéré que Messieurs Jean Baptiste Heraud et Ferdinand Bruni verront de concert avec M. Moutton s'il sera plus convenable que le dit sieur Moutton prenne l'eau pour le rétablissement de la dite fontaine, ou à la serve, comme elle se prenait autrefois, ou à un des tuyeaux qui donnent l'eau à la fontaine de la place Jean Raynaùd, et régler la quantité d'eau qu'il pourra prendre, pour être le tout rapporté au Conseil. » — *Fol⁰* 235.

Délibération du 21 *février* 1723. — « Représenté qu'ensuite de la délibération du 29 janvier dernier, les sieurs Bruni et Heraud ayant examiné s'il serait plus avantageux à la Communauté que le sieur Moutton prit de l'eau pour la fontaine de sa maison à la fontaine de la place Jean Raynaud, ou s'il la prendrait à la serve et la conduire par son ancien canal, ils ont trouvé qu'il serait plus avantageux pour la Communauté qu'il la fit couler dans son ancien canal. » — *Fol⁰* 246.

— « Attendu le rapport des sieurs Bruni et Héraud, a délibéré que le sieur Moutton prendrait l'eau dont s'agit à la serve et la ferait passer dans son ancien canal sans préjudicier aux droits de la Communauté. » — *Fol⁰* 248.

(Voir la délibération du 12 *novembre* 1858, etc.)

ARTICLE 4.

1792.
- -
Maille Joseph,
Représentant
le Couvent de la
Sainte Trinité.
—
Un denier
et quart d'eau.

Délibération du 16 *octobre* 1672. — « Au quel Conseil il a été proposé par M. le Consul Clappiers que les Révérends Pères de la Ste. Trinité n'ont point d'eau dans leur Couvent pour leurs nécessités ordinaires, et la Communauté les doit assister puisqu'elle les a reçus, et mêmement de l'eau que peut leur être distribuée sans diminution des fontaines ni des arrosages, puisqu'il y a des eaux qui se perdent des quelles ils pourraient proffiter. » — *Folo* 1911.

« Le quel Conseil a unanimement délibéré qu'il sera donné de l'eau aux dits Pères de la Ste. Trinité pour leur usage et nécessité tant seulement, qui sera prise des eaux qui se perdent ou qui sont usurpées.

— *Le* 7 *juillet* 1792, « le citoyen Louis, Benoît Barbarroux, homme de loi, acheta du Directoire du District le Couvent des Trinitaires.

Délibération du 4 *novembre* 1792. — « Le citoyen Barbarroux, homme de loi, a présenté une pétition : qu'ayant acquis du District le ci devant Couvent des Trinitaires de cette ville, il a acquis également l'eau nécessaire à leur usage, en conformité de la concession du 16 octobre 1672, ainsi qu'il est expliqué dans le rapport d'estimation du 23 mai dernier — et d'autant que cette concession d'eau n'a jamais été déterminée d'une manière définitive, le dit citoyen Barbarroux demande qu'il soit nommé des commissaires qui se concilient avec lui pour fixer cette concession relativement à l'arrosage que le jardin aliéné exige.

— « Nommé les citoyens Bastide et Imbert, commissaires à cet effet. » — *Folo* 451.

Délibération du 18 *novembre* 1792. — « Ouï le rapport des citoyens Bastide et Imbert; délibéré d'accorder au citoyen Louis, Benoît Barbarroux, homme de loi, un denier et quart d'eau à l'usage du jardin qu'il a acquis, et qui appartenait aux ci devant Trinitaires; la quelle eau sera prise à la serve générale des fontaines située près le Portail Neuf, et la conduite sera faite et entretenue à perpétuité par le dit citoyen Barbarroux. » — *Folo* 459, *Vo*.

— Par acte du 8 *février* 1793, notaire Goujon, « le sieur Barbarroux vendit à M. Jean Joseph Maille le jardin des ci devant Trinitaires, avec les eaux attachées au dit jardin. »

(Voir la délibération du 12 *novembre* 1858, etc.)*

ARTICLE 5.

Délibération du 19 octobre 1732. — « En 3ᵉ lieu, que Monseigneur l'Archevêque, qui est actuellement en visite, leur a fait connaître qu'il souhaiterait fort que la Communauté mit la main à l'œuvre pendant sa visite pour fournir une maison claustrale, et que même son intention serait qu'elle unit la maison des hoirs de M. Louis Crozet, avocat, avec celle que le sieur Vicaire habite et qui appartient à Mᵉ Charles Moutton, avocat, de quoi il aurait déjà été dressé devis, traité du prix, et fait les estimations et supputations nécessaires, requérant de délibérer. — *Folᵒ* 77.

« Sur quoi le Conseil, pour donner à Monseigneur l'Archevêque tous les témoignages de respect et de considération qu'on a pour Sa Grandeur, a unanimement délibéré de se conformer à l'idée de Sa Grandeur, et à cet effet, a donné pouvoir aux sieurs Consuls de passer l'acte d'achat de la maison des hoirs du sieur Crozet à la meilleure condition et conformément aux anciens traités faits tant avec les dits hoirs qu'avec Mᵉ Charles Moutton qui, cy présent, a offert d'abandonner par contrat public à la Communauté sa maison où le dit sieur Vicaire habite, avec cette condition qu'elle sera chargée des rentes qu'elle fait, sçavoir : 28 livres en argent pour fondation de deux messes chaque semaine, et deux cartins d'huile pour chaque année pour la lampe du maître autel ;

« Et attendu que les sieurs Consuls ont représenté que, par l'estimation qui a été faite de la dite maison par les maitres maçons commis par les dits sieurs Consuls, elle excède de beaucoup le fonds des charges ci dessus ; et que, d'autre part, le dit Mᵉ Moutton leur aurait fait connaître qu'il serait redevable à la Communauté si le Conseil voulait bien lui accorder de prendre un denier d'eau de la source de St. Simian à ses dépens et sans préjudicier aux fontaines publiques, le dit Conseil, en reconnaissance de l'abandon généreux que le dit Mᵉ Moutton offre de faire de la dite maison, lui a aussi permis de prendre le dit denier d'eau pour le dériver à ses frais et dépens dans son jardin, ou bâtiment appelé le Pavillon et non ailleurs, et pour lui et sa famille tant seulement — et, à cet effet, le dit Conseil a donné pouvoir aux dits sieurs Consuls de passer les actes nécessaires, les chargeant encore de supplier Monseigneur l'Archevêque de vouloir bien s'intéresser à l'abonnement du droit d'amortissement que les diacres pourront devoir, etc.....

« Sur quoi le sieur Jean Baptiste Danget a demandé acte de l'opposition qu'il forme à la délibération ci dessus, attendu qu'il ne convient pas à la Communauté de se charger des fondations dont cette maison est tenue, et qu'il faudrait payer la valeur de cette maison par imposition personnelle ou cappage ou autres, suivant les arrêts rendus en pareil cas par la Cour du Parlement. » — *Folᵒ* 78.

Délibération du 14 décembre 1732. — « En 6ᵉ lieu, qu'ensuite de la délibération du 19 octobre dernier, ils ont acquis par acte du 12 du courant, reçu par Mᵉ Goujon, notaire, les deux maisons des hoirs de Mᵉ Louis Crozet, avocat, et de Mᵉ Charles Moutton, aussi avocat, près de la Parroisse, l'une au prix de 2500 livres, et l'autre moyennant les deux services dont elle est chargée, reve-

ARTICLE 5.

nant, compris le denier d'eau accordé à Me Moutton et apprécié à 100 francs, neuf cents livres en tout — et, qu'ayant, le 2 courant, reçu une lettre de Messieurs les sous-fermiers des domaines de cette Province pour la grace de la moitié du droit d'amortissement, qui aurait monté 680 fr., ils ont fait payer 340 fr. pour la moitié, plus 68 fr. pour les 2 sous par livre, 48 fr. pour droit d'insinuation des quittances, 45 fr. 12 s. pour le contrôle et centième denier de la vente des hoirs Crozet, et 18 fr. de celle de Me Moutton, et 5 s. pour le papier des deux extraits, en tout 519 fr. 17 s. » — *Fol^o 88. V^o.*

« Sur la 6e, lecture faite des deux actes du 12 courant, le Conseil les a unanimement approuvés de point en point, ensemble les payements faits pour le droit d'amortissement, insinuation, contrôle, etc... » — *Fol^o 90.*

ARTICLE 6.

1749-1782

Barry Magloire,

Représentant
Guilleaume
Vincens.

Un denier d'eau
et survers.

Délibération du 26 mai 1749. — « En 3e lieu, que le sieur Guilleaume Vincens, qui a fait nouvellement une fabrique de savon, demande que le Conseil lui accorde un denier d'eau, qu'il offre de faire conduire à ses propres frais et dépens, en la prenant à la Place de Caramy, après avoir obtenu la permission de la conduire de l'autorité de qui de droit. » — *Fol^o 957.*

« Sur la 3e, il a été délibéré à la pluralité des voix, pour marquer l'envie que les membres de la Communauté ont de favoriser les fabriques, de permettre au sieur Vincens de prendre deux deniers d'eau à l'endroit que Messieurs les Consuls indiqueront, sans que cette prise puisse préjudicier à aucune fontaine de la ville, à la quelle il y aura une virolle de fer mise dans une pierre, des quels deux deniers d'eau, l'un sera destiné à une fontaine, que le sieur Vincens fera faire auprès de la Porte Notre Dame à l'endroit que Messieurs les Consuls indiqueront, et l'autre denier d'eau sera conduit à la fabrique de savon que le dit sieur Vincens a fait construire en delà la Porte de Notre Dame, à condition que le sieur Vincens sera chargé de faire la conduite de ces deux deniers d'eau et de l'entretien à ses dépens; encore qu'il faira à ses dépens la fontaine d'auprès la Porte de Notre Dame d'un denier d'eau dont il aura le survers — la quelle concession est faite au sieur Vincens pour l'usage de sa fabrique de savon tant qu'elle subsistera ou qu'il y en aura une d'une autre espèce qui aye besoin d'eau. Le sieur Vincens sera chargé, tant qu'il jouira du denier d'eau pour sa fabrique et du survers de la dite fontaine à faire, d'entretenir la conduite et la dite fontaine à ses dépens, lequel sera encor obligé d'appeler Messieurs les Consuls quand il voudra prendre sa prise d'eau, les quels auront la bonté de mander prendre des instructions à Aix pour sçavoir ce que c'est que la quantité d'un denier d'eau, afin qu'on s'y conforme. » — *Fol^o 958.*

Délibération du 26 mai 1782. — « En 12e lieu, qu'en plaçant la colonne, que l'on a fait faire à la fontaine vieille de la Place Caramy, on a changé le tuyau qui donnait l'eau à la fontaine de la Porte Notre Dame et à celle de la fabrique de savon des hoirs du sieur Vincens, marchand tanneur.

1782.

Barry Magloire,

Représentant
Guilleaume
Vincens.
—
Un denier d'eau
et survers.

ARTICLE 6.

« L'un des hoirs du sieur Vincens s'adressa au sieur Ballardy, premier Maire-Consul , pour demander que la prise d'eau, telle qu'elle avait été concédée à son père, fût de nouveau placée. — Le sieur Ballardy lui ayant demandé la virolle de fer qui devait fixer cette prise d'eau , le sieur Vincens répondit qu'il ne l'avait pas, et que vraisemblablement elle avait été égarée.   Le sieur Ballardy s'étant instruit de la quantité d'eau concédée , qui consistait en deux deniers , fût prier le sieur Minuty, avocat en la Cour, de tracer un cercle pour régler le tuyau capable de donner deux deniers d'eau , en se conformant pour cela au rapport du sieur Candier, géomètre juré de la ville d'Aix , qui est déposé dans nos archives : ce que le sieur Minuty eût la bonté de faire , et le tuyau , fait suivant ces principes, fût placé au fond de la cuvette de la dite fontaine , à l'ouverture du canal qui donne l'eau à la fontaine de la Porte Notre Dame et à celle de la fabrique de savon des hoirs Vincens. — Comme les deux fontaines ne coulaient pas , les hoirs du sieur Vincens prétendirent que la prise d'eau n'était pas suffisante, se fondant sur une décision du sieur Foussenque , maitre fontainier d'Aix ; ils ont demandé que leur prise d'eau fût réglée à raison de six lignes de diamètre par denier.

« Le sieur Ballardy, ayant fait part aux sieurs ses collègues de la prétention des hoirs du sieur Vincens, prirent connaissance de la délibération qui accorde l'eau au feu sieur Vincens ; ils s'assurèrent par eux mêmes si l'eau passait dans le tuyau de la fontaine Notre Dame , ce que ayant vérifié , ils reconnurent que la conduite de cette fontaine était ruinée. — En conséquence , pour faire cesser les plaintes que leur portaient les personnes de ce quartier à cause du manque d'eau , ils firent, tant en leur nom qu'en celui de la Communauté, une somma-tion aux hoirs Vincens de réparer incontinent et sans délai la conduite de la fontaine de la Porte de Notre Dame , en outre de remettre les clefs, que les dits hoirs ont , des portes qui sont posées au haut des fontaines de la Place Caramy et de celle de la Porte de Notre Dame , parceque leur titre ne leur donne pas ce privilége , et encore ils se reservèrent de rapporter au Conseil la clause de la révocation de cette concession insérée dans la délibération , au cas que la fabri-que de savon ne travaillât plus , ou qu'elle ne fût convertie en une autre fabrique à la quelle cette eau fût nécessaire.

« Les hoirs du sieur Vincens ont fait réparer la conduite , elle était rompue en certains endroits, en d'autres les bourneaux étaient mal luttés, on trouva même des bourneaux de mauvaise qualité, mols, friables, laissants transsuder l'eau. — Ces dégradations réparées , la fontaine de la Porte de Notre Dame a coulé.

« Après ces faits, le sieur Feraud , maitre fontainier de la ville d'Aix , étant venu ici, ils lui firent part de la contestation que les hoirs Vincens élevaient contre la Communauté sur la prise d'eau qui avait été placée et réglée suivant le rapport du sieur Candier.

« Le sieur Feraud en ayant fait lecture , il nous dit que le sentiment du sieur Candier n'était plus suivi , parcequ'il donnait lieu à des procès ; l'eau pouvant être plus ou moins forcée , le diamètre qu'il fixait au denier d'eau pouvait être trop grand ou trop petit selon les différents cas ; qu'il était plus aisé de fixer le

ARTICLE 6.

denier à six lignes de diamètre, de régler la prise sur ce principe, et de la placer de façon qu'elle paraisse seulement recouverte d'eau. — Ce qu'il eût la bonté d'expliquer et de montrer à M. Brun, fontainier de cette ville.

« En suite de quoi ils estiment que, dès que le sieur Feraud, maître fontainier d'Aix, sera revenu dans cette ville, ce qui sera dans peu de temps, il conviendrait de lui faire placer cette prise d'eau, à raison de deux deniers de six lignes de diamètre, en présence de telle personne qu'on trouvera bon de commettre, et des hoirs du sieur Vincens ; qu'il sera dressé procès verbal pour constater le calibre de la prise d'eau, de son élévation dans la cuvette, signé des Consuls, des hoirs Vincens, et du maître fontainier qui l'aura placée ; dont copie du procès verbal sera donnée aux hoirs Vincens.

« Et, comme les hoirs du sieur Vincens n'ont pas remis les clefs dont mention a été faite ci dessus, et que d'ailleurs la fabrique de savon, depuis plusieurs années, ne fait pas usage de l'eau, ils estiment qu'il faut poursuivre en justice les dits hoirs, à l'effet de leur faire rendre les clefs des portes des fontaines de la Place Caramy et de la Porte de Notre Dame, et de les priver de l'eau qui va à la fabrique de savon, jusqu'à ce qu'elle y soit nécessaire pour faire du savon, ou y fabriquer telle autre matière pour la quelle l'eau est nécessaire.

« Requérant, avant de délibérer sur le tout, de faire lecture de la délibération qui concède l'eau au sieur Vincens et de la sommation qui a été faite aux hoirs. » — Folᵒ 309. Vᵒ à 312.

« Lecture faite de l'acte interpellatif tenu aux hoirs du sieur Guilleaume Vincens le 16 de ce mois, le Conseil a unanimement délibéré que la prise d'eau des hoirs du sieur Vincens sera réglée d'une manière invariable par l'entremise du sieur Feraud, maître fontainier de la ville d'Aix, qui opèrera suivant les règles de l'art — que les hoirs seront interpellés de remettre dans les mains des sieurs Maires-Consuls les clefs de la prise de chaque fontaine, faute de quoi ils y seront contraints par toutes les voies de droit ; et leur déclarer que, si dans quatre mois d'ici, la dite fabrique de savon ne travaille pas ou qu'elle ne soit pas convertie en une autre fabrique où l'eau soit nécessaire, dès maintenant comme pour lors ils seront déchus de leur concession, sauf de la reprendre là où la fabrique à savon serait rétablie. »

Délibération du 24 juillet 1808.

« Pétition de M. Rimbaud, qui expose qu'il est co-propriétaire du sixième de l'eau de la fontaine Notre-Dame, dont le surplus appartient sçavoir : deux sixièmes au sieur Pierre Barry, marchand tanneur, et trois sixièmes à la ville — que cette eau part de la petite fontaine de la Place Caramy; qu'elle est dirigée à celle Notre-Dame par une conduite qui est à la charge du sieur Barry; qu'elle est divisée à cette dernière fontaine de la manière ci devant indiquée, et que son intérêt exigeant de prendre sa portion plus haut pour la conduire à la maison qu'il possède à la rue Notre-Dame, et à la fabrique de savon qu'il possède à côté de cette maison, il demande d'être autorisé à faire exécuter à ses frais la divi-

M. Rimbaud
est autorisé
à prendre un
tiers
du denier d'eau
de Barry
à la fontaine
de
la Place Caramy

1808-1840.
—
Barry Magloire;

Représentant
Guillaume
Vincens.
—
Un denier d'eau
et survers.

ARTICLE 6.

sion dè la dite eau au cerveau de la petite fontaine de la Place Caramy, et à pratiquer une conduite, dans la dite rue Notre-Dame, depuis cette fontaine jusques à sa maison et à sa fabrique à savoir par lui acquise des hoirs Lambert;

« Considérant que le sieur Rimbaud est véritablement propriétaire à titre onéreux du sixième de l'eau de la fontaine Notre-Dame ;

« Que la Commune n'a ni intérêt ni motif pour s'opposer à ce que le pétitionnaire prenne cette portion d'eau à la petite fontaine de la Place Caramy plutôt qu'à celle de Notre-Dame ;

« Que néanmoins il serait peut-être difficile d'exécuter avec précision la division demandée par le pétitionnaire au cerveau de la petite fontaine de la Place Caramy ; que, surtout, il y aurait à craindre des abus en l'établissant à cet endroit, et qu'il doit être indifférent au pétitionnaire que cette même division, ou distribution, soit faite au pied de cette fontaine et au commencement de la conduite de la fontaine Notre-Dame ;

« Le Conseil a unanimement délibéré d'autoriser le sieur Rimbaud :

« 1º A faire exécuter à ses frais la division de l'eau dont il s'agit au pied de la petite fontaine de la Place Caramy, et toutefois hors du bassin de cette fontaine, sans toucher aucunement à la première division qui existe à son cerveau ;

« 2º De pratiquer une nouvelle conduite dans la rue Notre-Dame, jusques à sa maison et à la fabrique par lui acquise des hoirs Lambert.

« Il a été de plus délibéré que ces ouvrages seraient faits en présence de deux commissaires nommés à cet effet par M. le Maire, etc... » — Folº 13 du 4e cahier du Registre.

Délibération du 12 janvier 1840.

Autorisé
M. Rimbaud
à prendre
son eau
à la conduite
publique
devant
sa maison.

« M. le Maire fait donner lecture d'une pétition de M. Rimbaud, par laquelle il est exposé qu'il est concessionnaire de partie des eaux de la source St. Simian ; qu'il a sa prise à la petite fontaine de la Place Caramy, et demande à être autorisé à l'établir sur la conduite de cette fontaine, au devant de sa maison rue Entraigues.

« Le Conseil, considérant que cette demande parait devoir être accueillie, en ce que le changement de prise ne nuira à rien, et que d'un autre côté les eaux de la dite fontaine ne seront pas si souvent arrêtées par les réparations réitérées, qu'il est obligé de faire à sa conduite ;

« Délibère, à la majorité de treize boules blanches contre trois noires, d'accorder les fins de la demande de M. Rimbaud, sous la condition expresse qu'il établira, sous la surveillance d'un homme de l'art et à ses frais, une serve contre le mur de sa petite remise, ou à tout autre endroit qui lui sera désigné par M. le Maire, au même niveau que celle qui existe aujourd'hui dans la quenouille de la petite fontaine de la Place Caramy, et que le volume d'eau qui lui est dû sera fixé d'après ses titres.

ARTICLE 6.

1858.
—
Barry Magloire,.

Représentant
Guilleaume
Vincens.
—
Deux· tiers de·
denier
d'eau pure ,
un denier
versures.

« La dite serve ou cuvette sera établie à double compartiment , dont l'un , où arriveront les eaux pour y être calibrées , et d'où elles découleront dans la partie destinée à M. Rimbaud , pour la quelle il sera facultatif à M. Rimbaud d'avoir une clef , la quelle partie n'aura aucune communication avec l'autre. » — *Fol° 61.*

Délibération du 12 novembre 1858.

« § 1ᵉʳ, n° 16. — M. Barry, Magloire, a deux tiers de deniers d'eau pure , et les versures d'un denier et deux tiers de la fontaine Notre-Dame, en vertu de la concession faite au sieur Vincens pour sa fabrique de savon , par délibération du 26 mai 1749 , la quelle lui impose l'obligation de faire la fontaine de la rue Notre-Dame ainsi que la conduite , et le charge de l'entretien. — Cette concession étant accordée pour l'usage de la fabrique de savon du sieur Vincens tant qu'elle subsistera.

« § 1ᵉʳ, n° 17. — M. Jaubert , Jacques , hoirs , a un tiers du denier d'eau accordé au sieur Vincens par la même délibération qu'à M. Barry, et aux mêmes conditions — Cette concession fut confirmée en faveur de M. Rimbaud , par délibération du 24 juillet 1808, pour la fabrique de savon que le sieur Rimbaud avait acquis des hoirs Lambert. — La prise fût transportée à la fontaine de la Place Caramy, et , plus tard, le 12 janvier 1840, M. Rimbaud, maire, fût autorisé à prendre ces mêmes eaux au passage de la conduite de la ville devant sa maison.

— « Sur les concessions Barry, les hoirs Jaubert et Roux , comprises sous les nᵒˢ 16 , 17 et 18 du § 1ᵉʳ ;

« Considérant que celles du sieur Barry et des hoirs Jaubert émanent du même titre, dont l'auteur primitif est le sieur Guilleaume Vincens , fabricant de savon ;

« Considérant que ce titre contient la clause de révocabilité expresse dans le cas où la fabrique de savon cesserait d'exister ; que cette fabrique n'existe plus en effet depuis de bien longues années ; que , malgré que le titre de concession n'accorde qu'un denier d'eau pure et les versures de deux deniers, et que les hoirs Jaubert n'auraient droit qu'à un tiers de denier d'eau pure , ils ont néanmoins actuellement plus d'un denier ; que M. Barry, de son côté, prétend avoir droit à la moitié des eaux pures amenées à la fontaine de Notre-Dame quel que soit le volume que la Commune ait été obligée d'y amener pour les besoins du quartier ; qu'il prétend en outre que la Commune ne peut disposer des versures de cette fontaine , malgré qu'il n'ait plus droit, par la désemparation faite aux hoirs Jaubert, qu'à un denier et deux tiers de ces versures ;

« Considérant qu'il importe à la Commune de faire cesser les abus dont ces concessions sont l'objet ;

« Le Conseil, à l'unanimité, les révoque purement et simplement, néanmoins dit que les concessionnaires pourront continuer d'user du volume d'eau

1859.

—

Barry Magloire
et Maitre,
successeur de
Jaubert
et Rimbaud,

Représentants
Guilleaume
Vincens

—

Barry
2/3 de denier,
Maitre
1/3 de denier
eau pure.

Barry un denier
vorsures

ARTICLE 6.

qui leur a primitivement été accordé, sans être plus tenus d'aucune charge d'entretien, mais à condition qu'ils se soumettront au règlement à intervenir, et à payer la redevance qui sera imposée par le tarif, soit pour les eaux pures soit pour les versures. »

Délibération du 7 août 1859.

« M. le Maire soumet au Conseil un mémoire présenté le 23 juillet 1859, à M. le Préfet du Var, par le sieur Barry, Magloire, à raison des concessions d'eau résultant d'une délibération du 26 mai 1748, qui aurait été soumise au tarif adopté le 12 novembre 1858.

« Il donne aussi connaissance du mémoire rédigé par Messieurs Veyan, Barbe et Roman, avocats de cette ville, consultés par la Commune, du quel mémoire il résulte que M. Barry serait fondé à conserver ces concessions, à la seule condition d'entretenir l'acqueduc et la fontaine de la rue Notre-Dame, ainsi que l'y oblige la délibération du 26 mai 1749. (1)

---

(1) Consultation de Messieurs Veyan, Barbe et Roman.

Vu une délibération municipale de Brignoles du 26 mai 1749, portant que « pour marquer l'envie
« que les membres de la Communauté ont de favoriser les fabriques, il sera permis au sieur Guil-
« leaume Vincent de prendre deux deniers d'eau à l'endroit que Messieurs les Consuls leur indique-
« ront, sans que cette prise puisse préjudicier à aucune fontaine de la ville, à la quelle prise il y aura
« une virole en fer mise dans une pierre; des quels deux deniers d'eau l'un sera destiné à une fon-
« taine que le dit sieur Vincent fera faire auprès de la Porte de Notre-Dame, à l'endroit que Mes-
« sieurs les Consuls lui indiqueront, et l'autre denier d'eau sera conduit à la fabrique de savon que
« le dit sieur Vincent a fait construire au-delà de la Porte Notre-Dame, à condition qu'il faira la
« conduite de ces deux deniers d'eau et de l'entretenir à ses dépens et de faire encore à ses dépens
« la fontaine d'auprès la dite Porte Notre-Dame d'un denier d'eau dont le survers lui appartiendra;
« *cette concession ayant été accordée au dit sieur Vincent pour l'usage de sa fabrique de*
« *savon tant qu'elle subsistera ou qu'il y en aura une autre d'une autre espèce qui aye besoin*
« *d'eau,* étant obligé pendant tout le temps qu'il jouira du dit denier d'eau pour sa fabrique et du
« survers de la fontaine, d'entretenir la conduite et la dite fontaine à ses dépens et aussi d'appeler
« les Consuls quand il voudra prendre la prise d'eau pour la conduite, chargeant les dits Consuls de
« se faire instruire de ce que c'est que la quantité d'un denier d'eau, etc. . . . . . »

Vu la délibération du Conseil municipal de cette ville, en date du 12 novembre 1858, portant révocation de la dite concession à l'encontre de Magloire Barry comme étant aux droits du dit Guilleaume
Vincent;

Vu le mémoire du 23 juillet 1859, du sieur Pierre Barry, fabricant tanneur à Brignoles, à M. le
Préfet du Var, tendant à ce que M. le Préfet veuille bien autoriser la Commune de Brignoles à ester
en justice pour répondre à l'action que le sieur Pierre Barry, comme étant aux droits de Magloire
Barry et par là de Guilleaume Vincent, se propose d'introduire devant les Tribunaux compétents
pour en obtenir la restitution des eaux dont l'aurait indûment privé la délibération susvisée du 13 novembre 1858;

Les soussignés appelés à donner leur avis sur le sens et la portée de ce passage de l'acte de concession susvisé du 26 mai 1749 : « Cette concession ayant été accordée au dit sieur Vincent pour
« l'usage de sa fabrique de savon tant qu'elle subsistera ou qu'il y en aura une autre d'une autre
« espèce qui aye besoin d'eau, » se livrent aux considérations suivantes qui motivent leur sentiment
unanime.

ARTICLE 6.

1859.

Barry Magloire
et Maitre,
successeur de
Jaubert
et Rimbaud,

Représentants
Guilleaume
Vincens.

Barry
2/3 de denier,
Maitre
1/3 de denier
eau pure.

Barry un denier
versures

« M. le Maire fait observer que, dans la délibération du 12 novembre 1858, il a été donné pour motif au changement proposé à la concession de M. Barry, l'abus que celui-ci ou ses auteurs avaient fait de leurs concessions en prétendant qu'ils avaient droit à toutes les versures de la fontaine, quelle que fût la quantité d'eau qu'il plût à la Commune d'attribuer à cette fontaine, se fondant sur ce que une plus grande quantité d'eau mise dans l'acqueduc les obligeait à de plus grands frais d'entretien ;

D'abord il faut constater que ces expressions : « *Une autre d'un autre espèce qui aye besoin d'eau,* » attentivement examinées peuvent présenter deux sens distincts et différents.

Elles peuvent signifier toute autre fabrique qui s'exploite au moyen de l'eau, qui marche par l'eau, comme une fabrique de savon, voilà un premier sens de ces paroles;

Elles pouvaient aussi signifier une autre fabrique qui, sans le secours des eaux concédées, n'aurait pas d'ailleurs d'autres eaux à son service pour fonctionner ; voilà le second sens.

Or quel est celui qu'il convient d'adopter ?

Il faut nécessairement adopter celui qui était dans l'intention des parties, c'est-à-dire le plus naturel.

Pour nous le sens le plus naturel, le sens vrai dans l'intention des parties, le sens par conséquent qu'il convient d'adopter, c'est le premier, c'est celui qui consiste à dire que ces expressions : « *une autre d'une autre espèce qui aye besoin d'eau,* » signifient une autre fabrique qui, comme une fabrique de savon ou une tannerie, fonctionne au moyen de l'eau.

Nous sommes confirmés dans cette opinion par la considération que si la fabrique de savon subsistait encore et que, cependant, en-dehors des eaux concédées, elle eût d'autres eaux pour fonctionner, il ne viendrait certainement dans l'esprit de personne de contester au possesseur de la fabrique de savon le droit aux eaux concédées. — Il doit en être de même pour le possesseur de l'usine à eau, de la tannerie qui a remplacé la fabrique de savon.

Nous sommes encor confirmés dans cette opinion par cette autre considération que cette concession d'eaux a été faite moyennant des charges trez onéreuses, notamment moyennant des travaux permanents dans l'intérêt de la ville, moyennant l'érection d'une fontaine publique et l'établissement des canaux destinés à y amener les eaux. — Or on ne sçaurait admettre que si le lendemain de l'exécution de ces travaux par Vincent, la fabrique de savon ou l'usine à eau la remplaçant, avait eu d'autres eaux que celles concédées, Vincent se fût trouvé déchu des eaux concédés, bien qu'elles eussent été par lui achetées au moyen d'une somme considérable employée dans l'intérêt du public. — C'est pourtant la conséquence qu'il faudrait nécessairement subir dans le système contraire à l'interprétation que nous adoptons.

D'ailleurs l'admission du second sens, de celui qui consisterait à entendre par les paroles dont il s'agit, tant qu'il y aura une autre fabrique qui pour marcher aura besoin de ces eaux concédés, qui ne pourra pas marcher avec d'autres eaux que ces eaux concédés, qui n'aura pas à son service d'autres eaux que celles-ci, l'adoption, disons-nous, de ce second sens pourrait amener des conséquences que l'on ne doit pas gratuitement supposer dans les prévisions des parties, parcequ'elles sont contraires à ce principe d'équité et de droit, à sçavoir : *Res inter alios acta nobis neque nocere neque prodese debet.* — Or qui ne voit que si Vincent ou son successeur vient à acquérir par titre ou par prescription des eaux en-dehors des eaux concédés, et que ces eaux soient suffisantes au service de sa fabrique, il devrait, d'après le second sens donné, être déchu de son droit aux eaux concédés. Telle certainement ne sçaurait être la portée des termes que nous avons à interpréter.

Nous résumant donc en quelques mots, nous dirons que notre avis est que le passage dont il s'agit doit être entendu en ce sens que la concession doit être maintenue à Vincent ou à ses successeurs tant qu'il subsistera soit la fabrique à savon primitive, soit une autre usine à eau, quelles que soient et puissent être d'ailleurs les autres eaux que Vincent ou ses successeurs aient acquises par titre ou par prescription. — Brignoles, le 6 août 1859. — Signé : H^{te} BARBE — VEYAN, avoué — ROMAN, avocat.

Barry Magloire
et Maitre,
successeur de
Jaubert
et Rimbaud,

Représentants
Guilleaume
Vincens.

—

Barry
2/3 de denier,
Maitre
1/3 de denier
eau pure.

—

Barry un denier
versures.

ARTICLE 6.

« Que, des explications qu'il a eûes avec M. Barry, il résulte que celui-ci renoncerait à ses prétentions, et qu'il consent à ce que les eaux soient désormais calibrées d'une manière régulière, soit à la prise de la Place Caramy, soit à la distribution et au bassin de la rue Notre-Dame, afin qu'il ne jouisse que de la quantité d'eau qui lui est attribuée par la délibération du 26 mai 1749, déduction faite du tiers des eaux pures cédées par ses auteurs à M. Rimbaud aujourd'hui représenté par les hoirs Jaubert;

« Sur quoi, le Conseil,

« Vu le mémoire en autorisation de plaider présenté par M. Barry et l'avis des avocats de la Commune;

« Considérant que M. Barry propose de s'en tenir à la délibération du 26 mai 1749, et ne s'oppose point à ce qu'il ne lui soit attribué que les eaux concédées par cette délibération, déduction faite de celles concédées à M. Rimbaud, consentant à ce que la Commune puisse introduire dans l'acqueduc de la rue Notre-Dame toutes les eaux nécessaires aux besoins de ce quartier, et qu'elle puisse disposer des versures qui excèderont la quantité attribuée au dit Barry par la délibération du 26 mai 1749;

« Considérant qu'il doit en être de même pour les eaux cédées par M. Barry à M. Rimbaud, puisqu'elles émanent du même titre;

« Le Conseil, à l'unanimité, déclare réformer la délibération du 12 novembre 1858 en ce qu'elle a trait aux concessions Barry et Jaubert, représentant M. Rimbaud;

« Dit que les eaux de ces deux concessions seront calibrées partout où besoin sera, conformément à la délibération du 26 mai 1749, pour qu'il n'en soit pas attribué une plus grande quantité que celle voulue par cette délibération, quel que soit le volume d'eau qu'il plaira à la Commune d'introduire dans l'acqueduc Notre-Dame pour les besoins du quartier, sans que le sieur Barry puisse s'y opposer;

« Dit que M. Barry sera invité à adhérer à la présente délibération, dont l'approbation sera demandée à M. le Préfet.

« Signés au Registre les membres présents. »

« Vu la délibération ci-dessus, attendu qu'il résulte de la consultation énoncée dans la délibération du 7 août 1859, que le sieur Barry, Pierre, est fondé dans sa demande, et que le Conseil municipal reconnaît les droits du pétitionnaire; le Sous-Préfet de Brignoles par intérim est d'avis qu'il y a lieu d'approuver la délibération susvisée.

« Brignoles, le 4 octobre 1859. — Signé : MAURIN. »

« Vu et approuvé, Draguignan, le 6 octobre 1859.

« *Le Préfet du Var,* signé : MERCIER-LACOMBE. »

ARTICLE 6.

Nota. — La délibération du 12 novembre 1858 dit : « considérant que ce titre contient la clause de révocabilité expresse dans le cas où la fabrique de savon cesserait d'exister ; *que cette fabrique n'existe plus en effet depuis de bien longues années ;* etc..... par suite le Conseil révoque la concession. »

Le 7 août 1859, « le Conseil, oubliant ce considérant essentiel ; visant l'avis des avocats de la Commune, qui concluent à ce que l'eau doit être maintenue à Vincens et ses successeurs *tant qu'il subsistera une fabrique à eau,* avis conforme à la délibération du 12 novembre 1858, le Conseil réforme cette dernière délibération pour ordonner que les eaux concédées en 1749 seront calibrées, etc... et il ne décide rien sur le fond de la question ; de sorte que le résultat réel de toutes ces délibérations est de laisser la concession Guilleaume Vincens sous la condition de révocabilité posée dans la délibération primitive du 26 mai 1749. »

ARTICLE 7.

En 1753, M. Fanton était propriétaire de la terre contigue à la source de St-Siméon, et qui avait appartenu à M. Jean Laurens, lequel vendit, le 22 janvier 1558, le moulin de St-Siméon, avec la faculté d'eau y attachée, à la Communauté de Brignoles.

Délibération du 12 *août* 1753.

12 Août 1753.

Chieusse
de Combaud,

Représentant
Fanton.

Un denier d'eau

M. Fanton, Maire-Consul, expose que « Joachin Rome étant chargé de la conduite des eaux de la source de St. Simian dans la ville, faisant ouvrir la tranchée nécessaire, aurait découvert l'acqueduc qui donne l'arrosage au jardin des hoirs du sieur Lieutenant Sermet et de l'eau à l'écurie de lui Fanton, qui serpente et traverse pendant deux fois et suit le milieu de la dite tranchée, ce qui l'empêche de continuer son entreprise ; c'est pourquoi il a été mandé venir au Conseil pour lui exposer encor mieux le cas afin qu'il soit délibéré de quelle manière il doit en user, pour qu'il soit incessamment en état de continuer le travail et ne soit pas obligé de congédier les ouvriers qu'il a pour un ouvrage si pressant et si intéressant. — *Fol*⁰ 356.

« Le Conseil, après avoir entendu Joseph Rome, père de Joachim, entrepreneur de la conduite des eaux de la source de St. Simian, a unanimement délibéré de changer la prise d'eau pour le jardin des hoirs du sieur Lieutenant Sermet et de celle qui sert à l'écurie du sieur Fanton, Maire et Consul, et, au lieu qu'elle se prenait du côté du couchant, elle sera prise du côté du levant, de la même façon et au même niveau, et que le conduit qui porte cette eau sera détruit dans les endroits qui gènent extraordinairement la conduite des eaux de la dite source de St. Simian pour les fontaines de la ville, de façon qu'elle ne pourrait se faire sans ce changement. — En sorte que ce conduit sera placé à côté de la conduite publique et du côté du levant ; et, parceque ce changement n'est point compris dans le devis ni dans le bail passé à Rome, le Conseil a encore délibéré que la Communauté en supportera la dépense, etc..... » — *Fol*⁰ 358.

1753-1764.
—
Chieusse
de Combaud,
—
Représentant
Fanton.
—
Un denier d'eau

ARTICLE 7.

Délibération du 30 décembre 1753.

« Exposé que les entrepreneurs de la conduite des eaux de St. Simian , ayant coupé la conduite de l'eau servant à la fontaine de l'écurie de M. Fanton en face de la chapelle de Ste. Catherine , et à l'arrosage du jardin de feu le Lieutenant Sermet ; et le devis de M. Canolle portant que , pour que l'acqueduc ne fût pas aussi souvent traversé par les arrosages , le fossé , qui règne le long du chemin dans le pré du sieur Lazare Auriol , serait continué le long de la muraille du jardin de Mᵉ Jean , Augustin Moutton , avocat , en suivant toujours le chemin pour servir jusqu'aux derniers arrosages , il se trouverait par cet arrangement que le sieur Fanton et les hoirs de M. Sermet ne pourraient jouir de la faculté de leur eau lorsque les propriétaires des biens situés du côté du levant arroseraient par le moyen de ce nouveau fossé , attendu que la prise d'eau du sieur Fanton et des hoirs Sermet , qui se trouvait emplacée à quelques cannes en-dessus le coin du jardin de Mᵉ Moutton , avocat , dans l'ancien et seul fossé d'arrosage qu'il y avait , deviendrait inutile quand on dériverait l'eau dans l'autre nouveau fossé du côté du levant (lisez couchant). — Pour remédier à cet inconvénient , il faudrait mettre deux prises d'eau égales , l'une dans le fossé du levant qui suivrait la conduite qui sera rétablie , et l'autre dans celui du couchant qui traverserait l'acqueduc et viendrait se jetter en-deçà du chemin dans la conduite , afin que , soit que l'eau fût dans un fossé ou dans l'autre , ces deux particuliers puissent toujours avoir l'eau comme ils l'avaient auparavant. » — *Folᵒ* 383.

— XIᵒ. — Le sieur Fanton étant sorti de la salle , « le Conseil a unanimement délibéré de faire mettre deux prises d'eau égales, dont une dans le fossé du côté du levant , qui suivra la conduite qui sera rétablie , et l'autre dans le fossé du côté du couchant , qui traversera l'acqueduc et viendra se jetter en deçà du chemin dans la dite conduite , de façon que , soit que l'eau se trouve dans un fossé ou dans l'autre , le sieur Fanton et les hoirs du sieur Lieutenant Sermet puissent avoir l'eau comme ils l'avaient eûe auparavant. » — *Folᵒ* 386.

Délibération du 14 avril 1764.

Permis au sieur
Fanton
de prendre
un denier d'eau
à la serve
des Pénitents-
Blancs ,
en remplace-
ment de
la portion d'eau
qu'il prenait
à la conduite
de St-Siméon.

Dans la séance du 19 février dernier, il avait été exposé : « que le sieur Fanton , changeur pour le Roi , qui jouit d'une faculté d'eau de celles de St. Simian , et dont la prise est fixée par les délibérations du Conseil général des 12 août et 30 décembre 1753 , serait venu exposer que cette eau , qui découle dans son écurie , a cessé d'y couler depuis les derniers et nouveaux ouvrages faits à la voute de St. Simian..... — Nous ayant fait accéder sur les lieux pour nous assurer de l'état des choses , il aurait proposé deux moyens pour le faire jouir de l'eau ; le premier serait de faire remettre cet acqueduc dans son premier état , et le deuxième , en cas que le rétablissement fût pernicieux à la ville , serait qu'il lui fût accordé un denier d'eau qui découlerait dans son écurie , et qu'il prendrait à la serve de distribution des eaux de la place St. Pierre , à la charge par lui de faire les frais de la conduite et transport de l'eau , requérant que le Conseil délibère. — *Folᵒ* 530 . *Vᵒ.*

ARTICLE 7.

« Le Conseil a unanimement délibéré et permis au dit sieur Fanton de prendre un denier d'eau à la serve de distribution des eaux de la place St. Pierre, ou de celle des frères Pénitents Blancs, à l'indication des sieurs Maires-Consuls, à la charge par lui de faire les frais de la conduite et du transport de l'eau dans son écurie; qui servira de remplacement à la portion d'eau qu'il prenait à la conduite de St. Simian — à la quelle délibération le dit sieur Fanton n'a point assisté, étant sorti de la salle lors de la proposition. » — *Folᵒ 542. Vᵒ*.

Le 31 décembre 1787, « acte passé devant Mᵉ Goujon, notaire, par le quel M. Jacques, Henri Fanton, fils et héritier par inventaire du sieur André Joseph Fanton, vend à M. Jean Baptiste, François Deisseautier, comme plus offrant et dernier enchérisseur, aux enchères faites devant M. le Lieutenant de Sénéchal de cette ville, et délivrance définitive du 22 du même présent mois de décembre, un denier d'eau attaché aux écuries de la dite hoirie bénéficiaire et conduite d'icelle depuis la prise jusques à l'écurie de la dite hoirie.

(Voir les délibérations des 12 novembre 1858 et 28 avril 1859.)

ARTICLE 8.

Délibération du 12 octobre 1766.

« M. Desparra, ancien Lieutenant-Général en la Sénéchaussée de cette ville, ayant acquis la maison et jardin arrosable de feu Étienne Bremond, au quartier du Portail-Neuf, il aurait représenté aux sieurs Consuls que ce jardin prenait autrefois son arrosage par une conduite souterraine qui allait aboutir hors la porte de St. Siméon. — Mais que cet arrosage est devenu inutile depuis que la Communauté a fait faire les nouveaux ouvrages à la source de St. Simian, d'où il suit que, ce jardin ne pouvant plus s'arroser, le dit sieur Desparra serait fondé à demander une indemnité à la Communauté : il propose un moyen aisé pour rendre cet arrosage certain, qui serait d'ajouter quelques lignes de plus à la fontaine qui découle au coin du jardin de Messire Auban, prêtre, au moyen de quoi le survers serait plus considérable et servirait à arroser le jardin du sieur Desparra ;

« Le Conseil délibère qu'il sera accédé sur les lieux pour s'instruire de l'affaire et délibérer plus tard. » — *Folᵒ 949.*

Délibération du 15 mars 1767.

« M. Desparra propose à la ville de lui donner la source d'eau qui découle dans une cave située dans la rue de l'Hôpital-Vieux avec toutes les facultés annexées, la quelle eau pourra être employée et découlera aux fontaines de la Place Caramy et de la rue Notre Dame, et dès lors on lèvera ou on diminuera le volume qui était affecté à ces fontaines dans la serve de distribution des eaux, et, au moyen de ce transport, M. Desparra demande que la Communauté lui

Arnaud
et Jaubert,

Représentants
Desparra.

—

Un denier d'eau

ARTICLE 8.

donne en échange le volume d'un denier d'eau qui sera pris à la serve de la fontaine qui découle au Portal Neuf, au coin du jardin de Messire Auban, prêtre, et qu'il conduira dans son jardin qui est voisin ; dans le quel échange la Communauté y trouvera un avantage majeur, soit eu ce qu'elle aura de la facilité pour faire découler une fontaine au quartier de Robinet, ou dans les quartiers voisins, selon l'exigence des cas — requérant que le Conseil délibère. — *Fol*º 987.

« Le Conseil a unanimement délibéré d'accepter la proposition de M. Desparra, et de faire échange avec lui de sa source qui est au quartier de l'Hôpital-Vieux avec toutes ses annexes et facultés, et de lui donner un volume d'un denier d'eau qui sera prise dans la serve de la fontaine qui découle au Portal Neuf au coin du jardin de Messire Auban, prêtre, la quelle eau sera conduite dans le jardin voisin du dit sieur Desparra et à ses frais et dépens, sous la reserve que se fait la Communauté des versures de la dite eau à la sortie du jardin, sans que le dit Desparra ni les siens en puissent disposer au préjudice de la Communauté ; et pour l'exécution de la présente délibération, Messieurs les Consuls passeront avec M. Desparra tous les actes sur ce nécessaires qui seront payés à frais communs. » — *Fol*º 989. *V*º.

Nota. — L'acte fut passé le 16 mars 1767, notaire Goujon, et approuvé par le Conseil, le 21 avril suivant.

Par acte du 21 *décembre* 1810, notaire Gautier, « Madame Blancard, veuve Desparra, vendit la moitié de son denier d'eau à M. Jean Baptiste Robert, médecin. — Cet acte porte que les eaux vendues seront divisées dans une serve qui sera construite à l'endroit où se trouve la prise.

Délibération du 12 novembre 1858. —   Exposé :

« 2º M. Arnaud, Antoine et les dames Jaubert ont droit à un denier d'eau, comme représentant M. Desparra, qui fit l'échange avec la Commune de Brignoles contre une source située rue de l'Hôpital-Vieux, en vertu d'une délibération du 15 mars 1767, et d'un acte du 16 du même mois, notaire Goujon.

Délibération :

« Après cet exposé et les explications spéciales à chaque concession données par M. le Maire, le Conseil considérant que les concessions faites aux sieurs : Fournier, Arnaud, Robert, Boyer Charles et Blacas, Lebrun, de Fabry, Lion Jean, Raynaud Ferdinand, Barry, Magloire, comprises sous les nᵒˢ 1 à 8 du § 1ᵉʳ, ont été faites directement par la Commune et à titre onéreux, à l'unanimité, confirme ces concessions sans les soumettre à aucune redevance.

Nota. — Il semble que M. Desparra doit être considéré comme le seul concessionnaire vis-à-vis la Commune, qui est étrangère à la vente faite à M. Robert par la veuve de M. Desparra. Cette vente est un renseignement nécessaire, qui doit être consigné dans l'exposé des concessions, mais ne confère pas à l'acquéreur le titre de concessionnaire.

ARTICLE 8.

Cette note n'a pour but que de prévoir le cas où l'acquéreur d'une eau, dont la division est faite dans une serve particulière, croirait pouvoir exciper du titre de concessionnaire à lui donné dans la rédaction d'une séance du Conseil municipal, sans que le Conseil ait pris une délibération expresse qui sanctionne ce traité, pour adresser des réclamations à la ville dans le cas d'un différend entre lui et le vendeur.

ARTICLE 9.

Délibération du 8 avril 1827.

8 Avril 1827.
—
Garnier-La Salle

Représentant
Brunet-La Salle

Un demi denier
d'eau.

« Pétition de M. Brunet de la Salle demandant qu'il lui soit accordé un demi denier d'eau propre et potable en échange des versures de la fontaine de la Parroisse qui sont appropriées à la maison qu'il a acquise (de M. Aupban) située au même quartier. Plusieurs titres sont produits par le pétitionnaire se rapportants à la concession et possession des versures des eaux de la dite fontaine de la Parroisse.

« Le Conseil municipal, après avoir entendu la lecture de cette pétition, de la lettre de M. le Sous-Préfet, et l'examen des titres et documents présentés ;

« Considérant : que la demande de M. Brunet de la Salle n'est point onéreuse à la Commune ; qu'elle ne peut être considérée à titre gratuit, puisque la maison dont il est propriétaire a des droits acquis aux versures des eaux de la fontaine de la Parroisse ;

« Que l'abandon ou échange de ces versures avec un demi denier d'eau potable sera proffitable à ce quartier qui pourrait être privé de voir couler l'eau devant les maisons et dans la rue ; que la salubrité publique ne peut que gagner à une pareille concession ;

« Que cet échange, qui sera révocable par la Commune toutes les fois qu'elle jugera que les eaux lui sont nécessaires, présente encore l'avantage de prévenir les discussions qui avaient existé entre les anciens propriétaires de cette maison et les habitants du quartier de la Parroisse et qui pourraient se renouveler ;

« D'après ces motifs et avoir entendu plusieurs membres, le Conseil municipal composé de vingt deux membres, Messieurs Mouttet, Bremond et Perrin s'étant abstenus comme étant possesseurs de terres et propriétés situées au quartier de St. Simian et intéressés aux arrosages de la source de ce nom, a délibéré, à la majorité, de concéder à M. Brunet de la Salle un demi denier d'eau bonne et potable en échange des versures de la fontaine de la Parroisse ; cette concession sera révocable lorsque, et toutes les fois, que les eaux deviendront nécessaires pour l'utilité publique. — Ce demi denier d'eau étant destiné à la maison appartenant à M. Brunet de la Salle, les frais pour l'y conduire seront tous à sa charge, et elle sera prise dans la conduite près l'ormeau de la Place de la Parroisse, à l'endroit qui sera désigné par M. le Maire et le Conseil municipal. » — *Folᵒ* 26.

— Cette délibération, bâtonnée sur le Registre ordinaire, a été transcrite *in-extenso* au Registre sur papier timbré, avec l'approbation de M. le Préfet du Var, en date du 4 mai suivant.

ARTICLE 9.

Délibération du 12 novembre 1858.

Garnier-La Salle

Représentant
Brunet
de La Salle.
—
Un demi denier
d'eau.

« 19° Madame Garnier née La Salle a un demi denier d'eau pris à la fontaine de la Parroisse en vertu de la délibération du 8 avril 1827, qui lui accorde cette eau en échange des versures de la même fontaine, qui sont appropriées à la dite maison.

« Quand aux concessions de Combaud — Moutton et La Salle-Garnier, comprises sous les nᵒˢ 14, 15 et 19 du § 1ᵉʳ, attendu que ces concessions ont été faites à titre gratuit; que rien n'indique que ceux qui en usent, ou leurs auteurs, n'aient jamais rien payé à la Commune pour les obtenir; que par conséquent elles sont essentiellement révocables de leur nature;

« Le Conseil les révoque purement et simplement dès aujourd'hui, laissant néanmoins aux concessionnaires la faculté d'user des dites eaux comme par le passé, en se soumettant à payer à la Commune la redevance qui sera fixée par le tarif à intervenir, et en se soumettant à tous les règlements émanés de l'Administration.

Délibération du 28 avril 1859.

« 3° M. Garnier, au nom de Madame La Salle, son épouse, concessionnaire d'un demi denier d'eau à la fontaine de la Parroisse, suivant délibération du 8 avril 1827, relatée au nᵒ 19 de la délibération du 12 novembre, a produit un arrêt de la Cour des Comptes du 16 octobre 1636, du quel il résulte que M. Degantés, son auteur, obtint après enquête, à titre de bail et moyennant finances le droit de se servir des versures de cette fontaine, les quelles versures sont les mêmes que celles qui ont été échangées avec Mademoiselle de La Salle par délibération du 8 avril 1827.

« En conséquence des divers titres produits par ces quatre concessionnaires, M. le Maire propose au Conseil de confirmer ces diverses concessions et de les exonérer de toutes rétributions comme ayant été faites à titre onéreux.

« Délibéré, à l'unanimité, de considérer ces concessions comme faites à titre onéreux, et les décharger de toute rétribution, sauf toutefois l'établissement et la vérification des prises conformément au règlement du 12 novembre 1858.

Comme complément, et à titre de renseignement, sur les concessions faites à la maison, possédée aujourd'hui par M. Garnier-La Salle, les délibérations relatives à la concession d'eau faite à Messieurs Auphant, propriétaires précédents, quoique cette concession n'ait pas été exécutée, ont semblé devoir être reproduites et consignées à la suite.

ARTICLE 9.

Délibération du 8 décembre 1816.

Lecture de la pétition de Messieurs Auphant frères, directeurs d'un Pensionnat et acquéreurs de la maison Degantés, au quartier de la Parroisse, tendant :

1° A obtenir une telle quantité d'eau potable que le Conseil municipal jugera à propos de leur accorder en échange des versures de la fontaine de la Parroisse, auxquelles ils ont droit, et cela pour le temps seulement que la dite maison demeurera consacrée à l'enseignement public ;

2° A ce qu'il leur soit permis d'agrandir une fenêtre, etc.....;

Maison Auphant
aujourd'hui
Garnier-La Salle
—
2 lignes d'eau
non forcée.

Nota.
Cette concession n'a jamais reçu son exécution.

« Considérant que les sieurs Auphant ayant le droit de dériver dans leur maison les versures dont s'agit et pouvant en user, ce serait une privation pour le quartier, dont la rue serait moins propre et, par conséquent, moins salubre ;

« Que l'établissement des sieurs Auphant étant déjà assez important et pouvant le devenir d'avantage dans la suite, doit être avantageux à la Commune et mérite dès lors que le Conseil municipal fasse quelque sacrifice en sa faveur ;

« Qu'il n'est pas possible de distraire de la fontaine de la Parroisse le plus petit volume d'eau, attendu que la conduite de cette fontaine est d'un diamètre qui suffit à peine pour alimenter les deux tuyaux qui coulent à la rue et les trois prises particulières aux quelles elle doit fournir ;

« Qu'en l'état, il a été reconnu qu'il n'y avait pas d'autre moyen de donner de l'eau aux Messieurs Auphant qu'en la prenant dans la conduite du jet d'eau de la Place Caramy, et dans la partie la plus élevée de cette conduite, qui se trouve à peu de distance du mur de l'Église Parroissiale ; mais que cette conduite se trouvant dans le point le plus haut de la ville, et forçant déjà les tuyaux de la conduite par le volume et le poids des eaux de régonfle, il y aurait les plus graves inconvénients à craindre si on l'élevait d'avantage ;

« Délibéré

« D'accorder aux sieurs Auphant deux lignes d'eau non forcées à prendre par eux et à leurs frais dans la conduite du jet d'eau de la Place Caramy et dans la partie la plus élevée de cette conduite ; qu'à cet effet il sera construit dans cette partie une serve qui recevra les eaux venant de la source, et dans la quelle seront établies les deux distributions, l'une pour le jet d'eau et l'autre pour les deux lignes accordées aux sieurs Auphant, dont la prise sera établie au niveau de l'eau par une pierre taillée, dans la quelle la dite prise en cuivre sera plombée et mastiquée, avec la condition expresse que la susdite serve sera non apparente, mais recouverte de terre et pavée par dessus ; qu'aucun tuyau de la conduite actuelle ne pourra être relevé sous quelque prétexte que ce soit, à l'effet d'obvier aux inconvénients qui résulteraient nécessairement d'un plus grand regonfle, et sans que les sieurs Auphant puissent réclamer d'aucun droit contre la Commune dans le cas où, par quelqu'évènement ou quelque sécheresse, les eaux venants à baisser, ils n'auraient point momentanément l'eau qui leur est accordée ;

ARTICLE 9.

« La dite concession est faite pour tout le temps que la maison des dits sieurs Auphant sera consacrée à l'enseignement public ; en renonçant par eux pendant le dit temps aux versures aux quelles ils ont droit ; et, le cas arrivant où la destination de la dite maison serait changée, dès lors la Mairie ferait boucher la prise de l'eau ci-dessus concédée, et les sieurs Auphant rentreraient dans le droit de jouissance des dites versures ;

« Nomme Commissaires pour l'exécution et la surveillance de cette concession les sieurs Lebrun, Jean, Thomas, Gabriel, et Brun, Jean Louis, membres du Conseil municipal, en présence des quels toutes les opérations seront commencées et terminées, sans que les sieurs Auphant puissent faire aucune œuvre sinon en leur présence et celle de M. le Maire.

Délibération du 16 février 1817.

« M. le Maire a dit que, par arrêté du 28 janvier dernier, M. le Préfet a accordé aux sieurs Auphant frères, chefs d'institution établis dans cette ville, une prise d'eau d'un diamètre de six lignes forcées, à prendre dans la conduite du jet d'eau de la Place Caramie, pour faire couler une fontaine dans la cuisine de leur maison pendant tout le temps qu'elle sera destinée à l'enseignement public, et ce en échange des eaux versures de la fontaine de la Parroisse dont ils sont concessionnaires, et en pratiquant à cet effet les ouvrages indiqués dans cet arrêté — mais que, sur les différentes représentations qui lui ont été faites à ce sujet pendant son dernier voyage en cette ville, M. le Préfet a témoigné le désir d'entendre les observations que le Conseil municipal croira devoir lui faire sur les dispositions de son arrêté, et a permis verbalement qu'il fût réuni à ce sujet, comme il résulte de la lettre de M. le Sous-Préfet en date du 14 de ce mois, de la quelle M. le Maire a fait donner lecture, ainsi que de l'arrêté précité, de celui du 7 janvier précédent, et d'un rapport du sieur Brun, fontainier, en date du 15 janvier — après quoi la matière ayant été discutée, il a été pris la délibération suivante :

« Considérant que, dans leur première pétition, les sieurs Auphant n'avaient demandé un volume d'eau quelconque d'eau potable en échange des versures de la fontaine de la Parroisse que pour la faire couler à la fontaine existant sur la terrasse de leur maison, en donnant pour motif l'utilité de cet échange pour les habitants du quartier de la Parroisse et la crainte que leurs élèves ne fussent portés à boire de ces eaux versures au préjudice de leur santé ;

« Que ces deux motifs étaient illusoires parceq'il est reconnu que les versures de la fontaine de la Parroisse seraient plus onéreuses que proffitables aux sieurs Auphant, et, qu'à l'exemple de M. de Gantés, leur prédécesseur, ils n'en feraient pas usage, soit à cause de la mauvaise qualité de ces eaux et de leur non utilité, soit par le défaut de vidange ;

« Que, d'ailleurs, les habitants du quartier de la Parroisse avaient déclaré hautement renoncer aux eaux versures de la fontaine de ce quartier ;

ARTICLE 9.

« Que néanmoins, et sans considérer si la maison d'éducation des sieurs Auphant n'est qu'un établissement de pure spéculation pour eux, qu'il serait facile de remplacer, ainsi que des membres respectables du Conseil l'ont assuré, le Conseil municipal, voulant traiter favorablement les sieurs Auphant, avait arrêté d'accéder à leur demande au point que, ayant été reconnu qu'il ne pouvait leur être donné aucun volume d'eau à la fontaine de la Parroisse comme ils le demandaient, il fût délibéré de leur en assigner deux lignes non forcées à prendre dans la conduite du jet d'eau de la Place Caramie, suivant la délibération du 8 octobre 1816 ;

« Que, si la concession n'a pas été plus considérable, c'est, d'une part, que l'un des membres du Conseil déclara, au nom des sieurs Auphant, qu'ils se contenteraient d'un volume d'eau quelconque, *ne fût ce que d'une plume ;* d'autre part que, s'agissant d'un objet de pur agrément pour eux, ce volume était en effet suffisant, et qu'enfin le Conseil dut craindre que la conduite du jet d'eau de la Place Caramie ne put pas comporter la distraction d'un volume d'eau plus considérable ;

« Que les sieurs Auphant témoignèrent en effet à divers membres du Conseil qu'ils étaient satisfaits de cette concession ; qu'ils y adhérèrent même formellement, puisque, avant que la délibération fût rédigée, ils avaient commencé de faire découvrir la conduite et ils allaient faire travailler à la leur, ce qui ne fût arrêté que par le refus des Commissaires délégués du Conseil à ce que leur prise fût établie d'une manière autre que celle qui avait été adoptée par le Conseil ;

« Que, dans cet état, il y a lieu d'être surpris de ce que les sieurs Auphant se sont permis de réclamer contre cette délibération ;

« Que, s'ils ont porté leurs prétentions plus loin, c'est parce qu'ils ont eû l'ambition de faire couler de l'eau dans leur cuisine ;

« Que, si cette prétention avait été manifestée au Conseil, il aurait, avec justice, refusé toute concession, parceque dans le fait il y a d'autant moins de nécessité à ce que les sieurs Auphant ayent de l'eau dans leur cuisine, que l'eau de la fontaine publique de la Parroisse coule à deux pas et en face de leur maison, et que sous ce rapport il n'y a pas plus de raison d'accorder de l'eau potable aux sieurs Auphant qu'à tout autre habitant, qui voudrait se procurer cette commodité ;

« Que M. le Préfet a témoigné donner son assentiment aux observations verbales qui lui ont été faites à ce sujet ;

« Que le rapport du sieur Brun, fontainier, ne doit être considéré que comme un acte de complaisance d'autant plus déplacé qu'il est émané d'un homme salarié par la Commune ;

« Que ce rapport ne mérite aucune considération, soit parcequ'il a été fait sans entendre les observations de l'Administration locale, et par un homme intéressé à se procurer de l'ouvrage, soit parceque ce même homme, qui a été

1817.

Auphant frères.

N'a pas reçu d'exécution.

appelé deux fois au Conseil municipal pour lui donner les renseignements néces-saires lorsque cette affaire y a été mise en délibération, s'est rendu indigne de la confiance par les variations de tout genre qu'il s'est permises à cet égard ;

« Que, d'une part, la conduite du jet d'eau de la Place Caramie ne peut comporter la distraction d'un volume d'eau de six lignes, parcequ'il est constant et notoire que ce jet d'eau, qui est le principal ornement de la ville, jaillit trez faiblement en été, et que toutes les fontaines de la ville se ressentent des moin-dres sécheresses au point d'exciter des réclamations journalières de la part des habitants ;

« Que, d'autre part, la conduite du jet d'eau ne peut être exhaussée sans nuire à sa solidité et rendre son entretien plus coûteux en augmentant le refou-lement des eaux et leur pesanteur ;

« Qu'il est non moins étrange que le sieur Brun ait proposé de relever le ter-rain dans la partie qu'il désigne pour l'emplacement de la serve de distribution, puisque la conduite du jet d'eau n'est, dans cette partie, recouverte que de quelques pouces de terre, et que le passage en est déjà trop désagréable pour qu'il soit permis de le dégrader par une plus grande élévation ;

« Qu'il a d'ailleurs été reconnu que cette élévation est inutile pour faire couler l'eau à la fontaine de la terrasse des sieurs Auphant, qu'elle n'est indiquée que pour la faire couler dans la cuisine de ces derniers, et que, sous ce rapport, toute élévation est intolérable;

« Que c'est évidemment par une méprise, ou une surprise faite à la religion de M. le Préfet, que son arrêté du 8 janvier dernier va plus loin encore que le rapport du dit sieur Brun, en accordant six lignes d'*eau forcée* aux sieurs Auphant ;

« Que, si cette disposition agravante pouvait être maintenue, la prise d'eau des sieurs Auphant attirerait une plus grande quantité d'eau que celle qui ali-mente actuellement le jet d'eau de la Place Caramie, et il faudrait surcharger la conduite d'un volume d'eau plus considérable, au détriment des autres fontaines de la ville ;

« Que, pour adopter dans cette affaire un tempérament d'équité, suivant l'intention manifestée par M. le Préfet, on peut accorder aux sieurs Auphant quatre lignes d'eau *non forcée* à prendre dans la conduite du jet d'eau et dans la partie la plus élevée de cette conduite, sous les précautions et conditions énon-cées dans la délibération du 8 janvier dernier ;

« Que ce volume d'eau sera d'ailleurs plus que suffisant pour l'agrément et l'intérêt des sieurs Auphant ;

« Que, de plus, il ne faut jamais perdre de vue qu'il s'agit ici d'une conces-sion gratuite, tandis que les versures, dont les sieurs Auphant font valoir l'aban-don, auraient été plutôt une charge pour eux qu'un avantage, et que les habitants du quartier qui en jouit ont offert d'y renoncer ;

ARTICLE 9.

« Qu'il faut observer encore que les eaux de nos fontaines sont une propriété particulière de la Commune, et dont les Administrateurs doivent être d'autant plus avares que l'excédent de la source de St. Simian, qui les alimente, est affecté par titres, sçavoir : en été, à l'arrosement de terres précieuses, et, en hivert, au jeu d'un moulin à huile ;

« Que si la partie des eaux de cette source affectée aux fontaines publiques offrait une surabondance disponible, la Commune pourrait en retirer un prix trez avantageux ;

« Considérant enfin que les principes de modération et de justice qui ont dirigé le Conseil dans cette affaire prouvent évidemment que, en proposant de porter à quatre lignes *non forcées* la concession, dont il a bien voulu gratifier les sieurs Auphant, il accorde à ceux-ci tout ce qu'il peut leur accorder, et qu'au surplus, il serait affligeant pour lui qu'un acte de pure faveur de sa part fût porté plus loin et put tourner au plus grand préjudice de la Commune ;

« Il a été unanimement délibéré que M. le Préfet sera supplié de révoquer son arrêté du 28 janvier dernier, et d'autoriser la délibération du Conseil municipal, en date du 8 décembre précédent, en portant à quatre lignes d'eau *non forcée* la concession faite par cette délibération aux sieurs Auphant sous les conditions y énoncées.

« La présente délibération sera transmise à M. le Préfet, etc..... »

— Approuvée par arrêté de M. le Préfet, en date du 10 avril 1817.

ARTICLE 10.

Cet établissement, achevé en 1547, reçut de la ville une concession d'eau en 1555.

Le 25 février 1599, « le Conseil délibère que Messieurs les Consuls feront venir l'arrosage pour le jardin de l'hôpital, au plus utile et moindre damn. » — *Fol°* 340. *V°*.

Délibération du 6 septembre 1772.

« Que l'hôpital général St. Jean de cette ville, qui jouit d'une faculté d'eau pour l'usage du dit hôpital, qui est prise à la serve générale de distribution, demande que la prise soit rapprochée en la prenant à la serve de Ste. Catherine, au moyen de quoi l'entretien de la conduite sera moins dispendieux à l'hôpital, et la ville n'en sera pas plus pour cela lézée. — *Fol°* 470.

« Le Conseil a unanimement consenti que la prise d'eau destinée pour l'hôpital St. Jean sera prise à la serve Ste. Catherine, tout autant que ce changement ne portera du préjudice aux intéressés à cette serve, et sans que la Communauté entre pour rien en la dépense qui sera faite. » — *Fol°* 471.

ARTICLE 11.

Délibération du 11 janvier 1641.

« Le Conseil approuve le payement de quatre écus à Jean Arnaud, fontainier, pour deux serves faites près Ste. Catherine pour donner d'eau aux Pénitents, et l'autre au dernier des Pénitents Gris. — Pour la Place Caramie l'y a mandat du 8 janvier 1641. » — *Fol° 743. V°.*

Nota. — Cette délibération n'est transcrite que comme indication, à l'effet de constater qu'en 1641 les Pénitents Blancs avaient de l'eau ; car les mots *pour donner d'eau aux Pénitents* n'expriment pas une concession d'eau ; c'est plutôt une gratification faite aux Pénitents-Blancs et aux Pénitents-Gris par la ville, qui aura payé la dépense de la facture des deux serves.

La chapelle de Sainte-Catherine jouit de l'eau de Saint-Siméon depuis un temps immémorial : les Pénitents-Blancs en étaient possesseurs dans le treizième siècle, et probablement dès le douzième. Le Roi Robert, à son retour de Naples après le décès de son père, Charles II° (1312 à 1316), y fonda une chapellainie avec un service perpétuel pour le repos de son âme et de celle de ses prédécesseurs ; d'où semble résulter que cette chapelle était devenue Domaine Royal lorsque les confréries des Pénitents furent abolies comme des foyers de conspirations.

Dans la *Reconnaissance*, faite le 15 juillet 1331, des biens appartenants au Roi dans la ville et le terroir de Brignolle, on lit : ..... *Item.* « Capella dicata « Beate Catherine, que olim fuit fratrum saccheriorum, cum ortibus et domibus « et aliis pertinentibus ad ornatum altaris, ut dicta cedula continet, et ex dona- « tione aplicata, sicut habet eadem. »

Les termes de cet article de la *reconnaissance* sont explicites sur la possession, déjà très-ancienne en 1331, de la chapelle par les Pénitents : *fratrum saccheriorum.*

Les frères Pénitents s'y assemblèrent de nouveau peu après la fondation Royale, qui fut négligée après la mort du Roi Robert et s'élimina peu à peu ; et ils revendiquèrent la propriété de cette chapelle, dont ils furent remis officiellement en possession par l'arrêt du 27 juin 1556, rendu par la Cour de Parlement d'Aix sur leur requête appuyée par une délibération du Conseil de la ville de Brignolle du 25 mai 1551.

(Voir les délibérations des 12 novembre et 28 avril 1859.)

ARTICLE 12.

Délibération du 16 octobre 1671.

« A encore été délibéré que M. le Vicaire pourra prendre à ses dépens un griffon d'eau de la fontaine proche l'Église Parrochiale, pour le porter dans la maison claustrale pour le service des Prêtres servants à la dite Église, et tant que la dite maison demeurera pour habitation d'iceux et non autrement; et à cette considération le fontainier donnera autant d'eau d'avantage à la dite fontaine que pourra porter le dit griffon. » — *Fol°* 1911.

Presbytère
ou
Maison Curiale.

Un griffon d'eau

ARTICLE 13.

Délibération du 24 septembre 1754.

24 septemb. 1747

« Messieurs les Recteurs de l'hôpital général de la Charité de cette ville demandent depuis longtemps que la Communauté lui accorde un demi denier d'eau, qu'ils s'obligent de faire porter à la maison de la dite Charité aux frais et dépens d'icelle, à prendre de la serve générale qui est au Portail-Neuf, pour l'usage et commodité des pauvres de la dite maison. — *Fol°* 828. *V°*.

Hospice
de la Charité.

Un demi denier
d'eau.

« Le Conseil a unanimement délibéré d'accorder à la maison de l'hôpital général de la Charité le demi denier d'eau que les dits sieurs Recteurs demandent pour l'usage de leurs pauvres, la quelle eau sera prise à la serve générale qui est au Portail-Neuf et conduite à la maison de la Charité aux frais et dépens d'icelle; et, en cas qu'il parût plus facile de prendre cette eau dans une moindre distance, le Conseil a permis aux dits sieurs Recteurs de la prendre dans tel endroit qu'ils trouveront bon, pourvû, néanmoins, qu'il ne soit porté préjudice à personne, de quoi les dits sieurs Recteurs demeureront chargés. » — *Fol°* 830.

Nota. — Lors de la réunion de l'hospice de la Charité à l'hôpital St-Jean, en 1846, l'Administration des hospices remit la fontaine de la Charité à la ville, qui en disposa au profit du quartier, en y établissant une fontaine publique.

ARTICLE 14.

Délibération du 19 février 1837.

Palais de Justice
Prisons,
Gendarmerie.

—

Deux deniers
d'eau.

M. le Maire donne lecture de la lettre de M. le Sous-Préfet, en date du 18 de ce mois, qui l'autorise de convoquer le Conseil municipal afin qu'il prenne connaissance des obligations imposées à la ville par le Conseil général du département : 1° de fournir la quantité d'eau nécessaire aux Prisons, au Palais de Justice et à la Caserne de Gendarmerie, dont la construction doit être faite ; 2° de concourir pour un dixième à la dépense, etc.....

« Le Conseil municipal, vu la lettre écrite à M. le Maire et les plans et devis qui y sont joints ;

« Attendu que les eaux sont indispensables aux établissements dont il est question ; que le Conseil municipal a toujours considéré l'obligation de les fournir comme un devoir pour la ville ;

« Attendu que la ville de Brignoles, bien que propriétaire de la source d'où partent les belles eaux qui alimentent ses fontaines, ne peut pas disposer arbitrairement de ces eaux, parce que toutes ont une destination dont il serait difficile de les détourner sans violer des droits établis, parceque de tout temps les eaux surabondantes ont été accordées pour l'irrigation des terres, et que les propriétaires arrosants prétendent à la co-propriété des eaux. — Un procès trez important pour la Commune est pendant par devant la Cour Royale, et que disposer d'une certaine quantité de ces eaux serait un préjudice à ces propriétaires, dont la Commune doit respecter les droits, etc... ;

« Attendu qu'aucune des pièces communiquées au Conseil municipal n'indique le volume d'eau qui sera exigé ; que, dans cette ignorance, de l'étendue de son obligation, le Conseil municipal croira l'avoir suffisamment remplie si, suivant l'appréciation qu'il pourra en faire, il accorde une quantité d'eau dont il puisse disposer et qui lui paraisse devoir suffire aux besoins présumés des établissements à construire ;

« Attendu que la quantité d'un tuyau de trente deux millimètres, (deux deniers) donnée sur les eaux de la ville lui parait remplir ces deux conditions ;

« Attendu que l'établissement actuel des Prisons possède une fontaine alimentée par les eaux de la ville ; que l'établissement changeant de destination et la Commune fournissant les eaux pour les nouvelles prisons, il est juste que la Commune rentre dans la propriété de ces eaux ;

« Le Conseil a unanimement délibéré que la ville de Brignoles fournira la quantité de un tuyau de trente deux millimètres (deux deniers) d'eau pour les Prisons, Palais de Justice et Gendarmerie qui seront construits dans cette ville ; que cette quantité d'eau ci-devant désignée sera prise sur les eaux de la ville et versée dans les conduites des dits établissements de suite après leur construction ; que cette concession sera sans effet dans le cas de non construction, et sera annulée dans le cas de changement de destination des dits établissements. » — Fol° 190.

ARTICLE 15.

Délibération du 27 août 1837.

« M. le Maire donne lecture de la demande des Religieuses Ursulines, nouvellement établies dans cette ville, tendant à ce que la ville fît à leur maison la concession d'une certaine quantité d'eau de la source de St. Simian. — Il a rappelé que, dans une réunion précédente, le Conseil avait nommé une Commission pour examiner cette demande, et il a invité cette Commission à faire son rapport.

Couvent
des Ursulines.

Un denier d'eau

« M. de Clappiers, organe de cette Commission, a fait valoir la convenance qu'il y avait pour la Commune de concéder l'eau demandée; il a proposé un mode de distribution le plus capable de concilier les intérêts généraux et particuliers; il a ajouté que beaucoup d'abus s'étaient glissés dans la jouissance des concessions précédemment faites, et il a invité le Conseil à s'occuper des moyens de les réprimer et d'en prévenir le retour;

« Sur quoi, considérant que la Commune peut et doit utiliser le superflu de ses eaux pour des établissements dont elle retirera quelqu'avantage, et que celui des Dames Religieuses Ursulines, qui se vouent à l'éducation des filles, est de ce nombre;

« Considérant que, dans cette répartition, le Petit-Séminaire reçoit une quantité d'eau plus grande que celle qui lui est nécessaire; qu'il y a d'ailleurs inconvénient à ce que la répartition soit faite dans l'enceinte de ses murs; qu'il est préférable de l'établir dans un lieu public, où elle sera sous la surveillance plus facile de l'Autorité, et en quelque sorte sous celle de chaque habitant;

Au Petit-Séminaire.

Un denier d'eau

« Considérant que déjà le Conseil a été appelé à reconnaître et à constater l'opportunité et la justice d'une fontaine près le Portail du Luc, et qu'il est temps de mettre cette mesure à exécution;

Fontaine publique
des anciennes
Religieuses.

Un denier 1/2.

« Considérant enfin que les Communes ne sçauraient apporter trop d'attention sur un objet aussi intéressant que celui de la jouissance de leurs eaux, et qu'il est affligeant pour celles de Brignoles en particulier, propriétaire d'une source abondante qui est sa principale richesse, de ne pouvoir pas en tirer toute l'utilité dont elle est susceptible par l'effet d'une insouciance et d'une faiblesse qui maintiendraient des concessions toujours essentiellement révocables, faites pour des causes qui ont cessé d'exister, au préjudice des nouveaux besoins, soit de l'industrie soit de l'agriculture;

Fontaine publique
au
Portail-du-Luc.

Un denier 1/2.

« Par ces motifs, le Conseil municipal délibère que, dans la serve générale de distribution des eaux de la ville, il serait donné à la conduite actuelle de la fontaine des anciennes Religieuses et du Petit-Séminaire *cinq deniers d'eau*, à sçavoir : *un denier* pour les Dames Ursulines; *un denier* pour le Petit-Séminaire; *un denier et demi* pour la fontaine existante des anciennes Religieuses, et *un denier et demi* pour la fontaine à établir au Portail du Luc, demandée dans le temps au Conseil par les habitants de ce quartier;

« Que ces eaux seraient amenées par une conduite commune jusqu'aux bâtiments du Petit-Séminaire, et une serve de distribution faite en-dehors de ces

ARTICLE 15.

bâtiments et sur les lisses de la ville ; qu'à partir de ce lieu de distribution, les conduites des quatre fontaines seraient entretenues par chaque ayant droit en particulier, et que la conduite commune, à partir de cette serve de distribution jusqu'à la serve générale, sera entretenue à frais communs, c'est à dire par cinquième à raison du volume d'eau pris par chaque ayant droit, et que, dès à présent, elle sera réparée partout où besoin sera ;

« Le Conseil municipal, prenant en outre en considération une proposition faite par la Commission, a décidé que toutes les concessions d'eau, obtenues par les particuliers ou les établissements publics, seraient examinées, révisées et réduites à la quotité déterminée par le titre, de telle sorte que les abus deviennent impossibles désormais. — Le Conseil a chargé de ce soin une Commission de trois membres, qui a été nommée au scrutin secret qui a donné la pluralité des voix à Messieurs Delestang — de Clappiers et Garnier, qui ont accepté cette mission. » — *Fol*° 209.

ARTICLE 16.

Délibération du 1er février 1846. —   *Pour Mémoire.* —

« Vu la lettre du 20 novembre 1845, adressée au Conseil par le frère Sulpice, directeur de l'École primaire communale ;

« Attendu que, par des délibérations précédentes, le Conseil a pris des mesures pour l'agrandissement et la rectification du jardin attenant à l'école ; que l'établissement d'une fontaine pour son service sera une chose d'une utilité incontestable ; que cette construction pourra être faite en même temps que les constructions des murs et les autres travaux déjà prévus ;

« Attendu que le surabondant des eaux de la ville provenant des fouilles de Messieurs Bagarry pourra être utilisé en faveur de l'École ;

« Le Conseil a délibéré qu'il serait pourvu aux moyens de construire une fontaine avec les eaux des fouilles de la rue Douzon pour le service de l'École primaire, lorsqu'on fera les travaux de rectification du jardin pour l'enlèvement de la remise et du cloaque de Messieurs Ebrard et Bremond.

Délibération du 16 octobre 1851.

« Lecture d'un rapport donnant les diverses phases subies par le projet d'une fontaine dans l'École primaire, puis ajouté : dans la séance de ce jour, le même rapporteur, au nom de la Commission, a proposé au Conseil d'abandonner le premier projet consistant à prendre les eaux dans la source de Douzon pour alimenter la fontaine dont il s'agit, et de placer cette fontaine contre le mur d'enceinte du jardin de l'École, ainsi qu'il en avait été question primitivement, pour les motifs : 1° qu'un propriétaire de cette ville a des droits sur cette source, et qu'il a mis des conditions que la Commune ne pouvait accepter ;

ARTICLE 16.

16 octobre 1851.

« 2° Que la fontaine, édifiée contre le mur d'enceinte du jardin de l'École, ne serait pas assez rapprochée des salles des classes ;

« 3° Que le surcroît des dépenses du projet proposé est peu de chose, et que par là la Commune n'est plus exposée à des contestations avec les frères Bagarry ;

« Propose en conséquence d'annuler les plan ancien et devis, et que la fontaine soit alimentée par les eaux de la fontaine du Portail du Luc.

« Le Conseil approuve les plan et devis de la fontaine à édifier au milieu du jardin de l'École communale ; annule le crédit de 800 fr. qui avait été voté par prévision, et met à la disposition du Maire un crédit de 975 fr 40 c. nécessaires pour faire cette construction. » — *Fol°* 161.

ARTICLE 17.

Délibération du 9 mai 1852.

9 Mai 1852.

Nouveau Séminaire.
—
Quatre centimètres d'eau.

« Il est donné lecture de la lettre de Monseigneur l'Évêque de Fréjus, exposant que la concession d'eau, dont jouit maintenant le Petit-Séminaire, est insuffisante pour le nouvel établissement qui va se construire, soit à cause de la longueur du parcours et de la sinuosité de la conduite, soit à cause des besoins plus nombreux d'une maison d'éducation construite dans des proportions plus considérables, et demandant que la prise d'eau actuelle soit portée à quatre centimètres ;

« La Commission municipale, considérant qu'il est utile à la ville de favoriser autant que possible le nouvel établissement du Petit-Séminaire, pour lequel elle s'est déjà imposée de grands sacrifices pour participer à sa construction ;

« Qu'en accueillant favorablement la demande de Monseigneur l'Évêque, elle donne une nouvelle preuve de l'intérêt qu'elle porte à un établissement, dont les avantages doivent proffiter à toute la Communauté ;

« Délibère à l'unanimité de porter à quatre centimètres la prise d'eau actuelle du Petit-Séminaire, aux conditions ordinaires stipulées pour de pareilles concessions, sous la réserve d'utiliser les versures, s'il y a lieu, au-dehors, et après tous les besoins de l'établissement. » — *Fol°* 161. V°.

ARTICLE 18.

A la suite de la délibération du 7 août 1859, on a porté sur le Registre l'inscription ou nomenclature de tous les concessionnaires, et, sous le titre : *Établissements Publics, n° 8*, on lit :

Salle d'Asile.

SALLE D'ASILE, *délibération du 5 septembre 1857*, un centimètre.

Un centimètre
d'eau.

Or, voici la *délibération du 5 septembre 1857*.

« M. le Maire expose que les travaux de la Salle d'Asile adjugés au sieur Reboul sont sur le point d'être terminés, mais que, dans le devis de ces travaux, il n'a pas été compris divers articles, dont la fourniture est néanmoins indispensable..... qu'il s'agit de faire des bancs, des stalles, deux lits de camp, trois barrières en fer, *de faire construire une fontaine*, de faire tapisser l'appartement destiné aux Directrices, d'établir un poële, etc.....

« Le Conseil, à l'unanimité, ouvre à M. le Maire un crédit de la somme de 800 fr. pour être par lui employé à l'installation définitive de la Salle d'Asile par voie d'économie. » — *Fol° 116. V°*.

ARTICLE 19.

15 mai 1860.

Délibération du 15 mai 1860.

Les Carmélites.

Deux centimètres d'eau.

« M. le Maire expose que les Dames Carmélites de Toulon se proposent d'établir un monastère à Brignoles dans les hauts quartiers de la ville, et elles sollicitent du Conseil une concession d'eau qui serait prise à la distribution du Portail-Neuf ;

N'a pas eu d'exécution.

« Le Conseil considérant qu'il est de l'intérêt de la ville de voir s'y former un nouvel établissement, est d'avis, à l'unanimité moins une voix, de concéder gratuitement au futur monastère des Carmélites de Brignoles une prise d'eau de deux centimètres de diamètre, à prendre à la distribution du Portail-Neuf, à la charge par le dit monastère de supporter tous les frais de la dite prise, et sous la condition expresse que les eaux concédées feront retour à la Commune dès le moment que le monastère changera de destination, et dans le cas où l'Administration jugerait les eaux indispensables aux besoins de la population. » — *Fol° 10*.

ARTICLE 20.

Délibération du 10 août 1862.

« Messieurs Nozéran demandent un tuyau d'eau, à prendre à la conduite qui passe devant la maison, qu'ils font construire sur le Chemin du Luc, et dans laquelle ils comptent établir un Pensionnat.

Nozéran frères.

Un centimètre
d'eau.

« La Commission observe que la transaction, passée le 21 décembre 1844 entre la Commune et les arrosants de St-Simian, porte que la Commune pourra accorder des concessions d'eau aux particuliers lorsqu'il y aura un motif d'utilité publique, les Sindics des arrosants préalablement entendus.

« La Commission a été partagée sur la question : Le Pensionnat de Messieurs Nozéran doit-il être regardé comme établissement d'utilité publique ? La majorité a pensé qu'un Pensionnat privé, susceptible d'être transporté ailleurs, suivant l'intérêt ou la pensée de son chef, Pensionnat à créer, et dont il est difficile de présumer l'importance future, ne saurait être mis au rang d'établissement d'utilité publique.

« Les fontaines ont été multipliées depuis quelques années, de façon à ce qu'il y aurait peut-être imprudence à augmenter le nombre des prises d'eau sans motif très fondé ; la maison Nozéran est d'ailleurs très-rapprochée d'une fontaine publique, la Commission croit qu'il n'y a pas lieu d'accéder à la demande de Messieurs Nozéran.

« Un membre observe que la première chose à faire par le Conseil est de déclarer si le Pensionnat de Messieurs Nozéran doit être considéré comme établissement d'utilité générale, ce caractère lui paraissant suffisant pour remplir la condition imposée par la transaction.

« Le Conseil consulté par M. le Maire décide, à la majorité, que cet établissement est d'intérêt général.

« On remarque qu'il faudrait avoir entendu les Sindics des arrosants, avant de passer au vote sur le fonds.

« Il est répondu que cette prescription ne saurait empêcher le Conseil de prendre une décision, quel que pût être le dire des Sindics, qui peuvent dès-lors être entendus plus tard.

« De l'avis du Conseil, M. le Maire propose d'accorder un tuyau d'eau à Messieurs Nozéran.

« Le Conseil, à la majorité, accorde à Messieurs Nozéran un centimètre d'eau à prendre au point qui sera désigné par M. le Maire, pour la conduire dans une serve, qu'ils feront construire contre leur maison au Chemin du Luc, dans laquelle serve sera établie une prise fixe et invariable qui réglera l'eau concédée. Tous les travaux nécessaires seront faits sous la surveillance et la direction de l'Autorité municipale et aux frais de Messieurs Nozéran.

ARTICLE 20.

Nozéran frères.

**Un centimètre
d'eau.**

« Cette concession, non cessible ni transmissible, cessera du moment que l'établissement changera de nature, et sera toujours révocable lorsque l'Autorité municipale le jugera utile dans l'intérêt public, sans que Messieurs Nozéran puissent réclamer aucune indemnité.

« Elle ne sera pas soumise à la taxe ordinaire des concessions d'eau, puisqu'elle est faite dans un but d'intérêt général ; et Messieurs Nozéran payeront seulement une part des frais d'entretien des conduites, dont le chiffre sera réglé par le Maire. » — *Fol*os 124 à 125.

— Approbation de M. le Préfet du Var, du 3 septembre 1862.

ARTICLE 21.

Délibération du 14 septembre 1864.

**Maison
du
Bon-Pasteur.**

Pensionnat.

Cinq millimètres d'eau.

« Sur la pétition de Madame sœur Sainte-Thérèse, supérieure du Pensionnat des Religieuses du Bon-Pasteur, établi à Brignoles depuis huit ans, qui demande la concession gratuite d'un demi denier d'eau à prendre dans la serve de la fontaine existante contre la muraille sud-ouest de l'Église paroissiale ;

« Considérant que l'École paroissiale du Bon-Pasteur mérite d'être rangée au nombre des établissements d'utilité générale, soit à cause du grand nombre de jeunes filles qui y sont élevées, soit pour le bien qui en revient à leurs familles ;

« Qu'il est de toute justice d'accorder à cette maison une concession qui a été accordée à d'autres établissements moins importants ; qu'il y a d'ailleurs haute convenance à ce que les jeunes élèves ne soient pas obligées de sortir pour aller boire à la fontaine publique ;

« Que les Religieuses du Bon-Pasteur, ayant acheté la maison qu'elles occupaient comme locataires, doivent être considérées comme définitivement fixées à Brignoles, où elles formeront désormais une Communauté permanente ;

« Le Conseil, à l'unanimité, accorde à la maison d'École des Dames du Bon-Pasteur, sise sur la Place de la Paroisse, une prise d'eau de cinq millimètres, qui sera faite, sous la surveillance de M. le Maire, dans la serve de la fontaine dite de la Paroisse, de manière à ne diminuer en rien le volume d'eau auquel ont droit les propriétaires des autres prises existantes dans cette même serve.

« Cette concession est faite à titre gratuit ; elle n'est ni cessible ni transmissible ; elle cessera de droit si le Pensionnat, en faveur duquel elle est accordée, cessait d'exister, et elle demeurera toujours révocable, sans que les concessionnaires puissent demander aucune indemnité à la Commune, quelle qu'ait été la durée de leur jouissance. — Les frais de la prise et de la conduite seront à la charge exclusive des concessionnaires. » — *Fol*o 185.

ARTICLE 22.

Délibération du 20 août 1867.

« Lettre de M. le Capitaine de Gendarmerie demandant au Conseil de vouloir bien concéder l'eau nécessaire à l'alimentation de la brigade à pied de la gendarmerie, installée dans la nouvelle caserne, située sur la Route Impériale, n° 7.

Caserne
de
la Gendarmerie
à pied.

« Le Conseil, considérant que la Caserne de Gendarmerie est un établissement d'utilité publique ;

« Considérant, toutefois, qu'il y a lieu de ménager autant que possible les eaux de la source de St-Simian ;

« Le Conseil, à l'unanimité, accueille la pétition de M. le Capitaine de Gendarmerie, et prie M. le Maire, en affectant à la Caserne de Gendarmerie à pied l'eau nécessaire à son alimentation, de tenir compte, autant qu'il le pourra, des ménagements que nécessite la source de St-Simian. — La concession dont s'agit étant d'ailleurs expressément révocable. » — *Folᵒ* 16.

ARTICLE 23.

Délibération du 12 novembre 1858.

« 11° Messieurs les divers habitants du quartier des Capucins ont une prise à la source de St-Simian, dont le volume n'est pas connu. Cette faculté d'eau résulte d'une délibération du 9 juillet 1600. — Elle a été adjugée avec le Couvent.

Couvent
des Capucins
ou
ses acquéreurs.

« Quand aux concessions : Maille, Joseph — Rougon, Laurent — Jullien aîné — et les habitants du quartier des Capucins, comprises sous les nᵒˢ 9, 10, 11 et 13 du § 1ᵉʳ ; considérant qu'elles ont été faites à titre gratuit et par conséquent révocable ; mais attendu qu'elles ont été vendues nationalement — le Conseil, avant de se prononcer, exprime le désir que M. le Maire rapporte à leur sujet une consultation signée par des avocats du barreau d'Aix.

Délibération du 9 juillet 1600, citée ci-dessus —

« A été conclu que l'eau de la fontaine de St. Pierre sera conduite au lieu destiné pour le Couvent des Capucins aux dépens de la ville, et, à ces fins, sera baillé à prix fait, committant à ces fins Messieurs les Consuls. » — *Folᵒ* 115 *Vᵒ du Registre des Délibérations*

Le 23 juillet 1600, « a été conclu et délibéré que le trésorier payera aux Fabriciens des Capucins pour faire venir la fontaine du Couvent des dits Capucins la somme de cent écus. »

Délibération du 16 août 1609.

« Commis à Messieurs les Consuls trouver personne de l'état pour faire rabiller la fontaine des Fraires Capouchins que vient de Sainct Syméon pour la faute qu'ils en ont. » — *Folᵒ* 145.

ARTICLE 23.

Les Capucins.

Observations. — On vient de voir que la [délibération du 9 juillet 1600, invoquée comme titre primitif de concession dans la délibération du 12 novembre 1858, donne aux Capucins de l'eau de la source de St-Pierre, et non de celle de Saint-Siméon ; cependant une délibération postérieure du 16 août 1609, dit que la fontaine des Capucins vient de Saint-Siméon.

Or, comme les archives communales ne contiennent aucune explication à ce sujet, et ne donnent aucune autre délibération sur la concession d'eau accordée aux Capucins, il faut s'en référer à la tradition orale qui prétend que la concession d'eau de St-Pierre, faite en 1600, a été échangée ou remplacée par une concession postérieure de l'eau de St-Siméon.

Il est à présumer que cette mutation a été faite en 1603 ou 1604, et qu'elle était écrite dans le Registre contenant les délibérations du Conseil, du 15 juillet 1602 au 3 février 1605, lequel a disparu depuis longtemps.

Quoi qu'il en soit, il est positif que le Couvent des Capucins jouissait d'une eau venant directement de St-Siméon, lorsqu'il fut vendu nationalement, et par suite, que cette eau est devenue la propriété des acquéreurs.

Il est fâcheux que l'Administration municipale n'ait pas fait pour l'eau affectée aux Capucins, ce qui a été fait pour les eaux concédées aux Cordeliers et aux Trinitaires ; le volume d'eau attaché à ces deux derniers Couvents a été réglé et fixé par les délibérations des 4 et 18 novembre 1792 pour les Trinitaires, et par celle du 3 septembre 1809 pour les Cordeliers.

La Ville aurait le droit et le devoir de poursuivre la fixation du volume d'eau qui découlait à la fontaine du Couvent des Capucins au moment de la vente, car les acquéreurs de ce Couvent ne peuvent prétendre qu'à la quantité d'eau existante lors de leur achat.

La conduite de cette eau a été refaite en plein dans ces derniers temps, postérieurement à la vente du Couvent — vers 1840-1842, — M. Boyer aîné étant premier adjoint, une conduite en bourneaux de 4 pouces fut faite dans la moitié du parcours : du Couvent à la source de St-Pierre ; puis on continua ce changement jusqu'auprès de la voûte, et, en troisième reprise, la nouvelle conduite fut poussée jusqu'à la mère-source de St-Siméon, où un tuyau en plomb fut, dit-on, substitué au bourneau en poterie, dit sifflet, qui constituait la prise primitive. — Cette conduite ne fut pas faite solidement, car elle a été refaite de nouveau après 1860, avec de gros bourneaux.

Dans le chemin entre la source de St-Pierre et la Voûte, l'ancienne conduite est au milieu du chemin, et la nouvelle a été établie sur le côté Nord, près le ruisseau.

De ces travaux il est résulté que le volume d'eau arrivant aux Capucins est dix ou vingt fois plus considérable que celui dont jouissait le Couvent avant 1789 ; les vieillards, qui avaient vu l'ancien état des lieux, disaient tous que les Pères Capucins n'avaient que deux petits tuyaux d'eau.

ARTICLE 23.

Aujourd'hui l'eau est divisée entre six particuliers qui jouissent chacun d'un plus fort volume d'eau que celui de tout l'ancien Couvent. — M. Blachas en a un quart — M. Rossolin un quart — Messieurs Beilon, Bourgogne, Demangeot et Siméon Martin, chacun un huitième.

Les Capucins

CHAPITRE II. — Eaux dites Perdues.

Les eaux dites perdues étant une dérivation de l'eau pure de St-Siméon, il semble convenable de les classer ici, avant de nous occuper des versures des fontaines, qui méritent de faire une catégorie distincte, et inférieure aux éaux pures.

Nombre de délibérations avaient été prises par le Conseil de la ville, à l'effet d'établir un aqueduc ou conduite, pour amener au Portail-Neuf l'eau de la source de St-Siméon.

Le 13 août 1752, « le Conseil, considérant la nécesssité de réunir et faire conduire les eaux de la source de St. Simian afin de prévenir des maladies populaires et faire couler les fontaines publiques, a unanimement délibéré de suivre le devis fait le 18 juillet dernier, par le sieur Canolle, et de supplier Monseigneur le premier Président et Intendant de permettre de le faire exposer aux enchères et d'en passer le bail au plus offrant et dernier enchérisseur. » — *Folº 242.*

13 Août 1752.

Exécuter le devis de Gabriel Canolle pour conduire les eaux de St-Siméon à la serve du Portail-Neuf

Extrait du devis de Gabriel Canolle, maître hydraulique de la ville d'Aix, en ce qui a trait aux eaux perdues.

NOTA. Le 25 mai 1727, le Conseil avait délibéré de faire l'aqueduc proposé par le même Canolle dans son rapport du 19 mars précédent, rapport mentionné dans l'exposé du Maire dans la séance actuelle du 13 août 1752.

(Le devis entier est donné dans l'historique de la source, au 21 juillet 1752.)

« Nous aurions trouvé que les conduites sont presque totalement crevées depuis les deux prises d'eau au bout du pré de M. Fanton jusques aux murs de la ville..... Requis encore d'observer les eaux perdues des sources inférieures qui inondent totalement le pré de M. Fanton attenant à la mère source....... et de l'avantage que la Communauté en retirerait par le recouvrement des eaux perdues qui seraient distribuées à des fabriques et des particuliers qui en souhaitent, nous aurions trouvé bon et trez nécessaire de faire :

« 1° Une serve à la tête du pré de M. Fanton, dans la quelle se rendront les tuyeaux qui prennent dans la source mère, et même quelques sources perdues qui ne sont pas beaucoup éloignées, même celle des R. P. Capucins, qui donne un tuyeau forcé et qui n'en reçoivent qu'une petite partie attendu que le canal doit être en trez mauvais état. — La Communauté, se chargeant de cette eau, leur donnerait la prise tout près le coin du bâtiment de M. l'avocat Jujardy, ce qui serait avantageux pour les Révérends. — ....

« 6° Il sera fait un petit réservoir en maçonnerie attenant aux murs de la ville dans la face intérieure, de 8 pans longueur par 4 largeur dans œuvre, pour recevoir les eaux perdues qui se filtrent le long de l'acqueduc. — Les murailles seront faites de deux pans d'épaisseur tout au tour, non compris le rempart qui servira, etc...... au fond du reservoir sera fait un massif..... observant que le dit massif soit un peu plus bas que le niveau des eaux qui doivent se rendre dans le dit réservoir par une gouargue d'un pan largeur et trois pans longueur, qui sera placée dans l'épaisseur du mur de la ville ;

« 7° Il sera fait depuis le dit reservoir un canal qui servira de décharge aux eaux qui se filtrent le long du dit acqueduc, comme le restant des prises d'eau que les fontaines de la ville ne pourront contenir, le quel canal sera fait d'un pied et demi largeur, un pied hauteur..... et se dégorgera dans l'acqueduc public qui reçoit les eaux pluviales, dit le *Pouadou,* en face de la maison de M⁰ Braquety. ».

— Divers changements furent apportés à ce devis par délibérations du Conseil pendant l'année 1753, afin d'obvier aux inconvénients qui surgissaient à mesure que les travaux s'exécutaient.

Le 13 octobre 1754, « les Maires-Consuls exposent au Conseil le projet présenté par les experts, précédemment nommés, pour faire remonter dans la serve-mère les eaux perdues.— Le Conseil approuve le rapport des experts et délibère de faire faire les réparations qui y sont contenues..... » — *Fol°* 499.

Voici des extraits du rapport présenté par les experts :

« Le 10 septembre 1754, nous étant rendus sur les lieux en compagnie des sieurs Bellon et Goujon, premier et segond Maires-Consuls, après avoir examiné toutes choses et les ouvrages qu'il conviendrait faire pour rendre la conduite des eaux plus solide et les arrosages plus commodes, et principalement comme la Communauté pourrait faire usage des eaux perdues, nous aurions pensé que, par un préalable, il conviendrait de travailler à faire remonter dans la source-mère ces eaux perdues, ce qui serait également avantageux, si nous y parvenions, aux fontaines de la ville et aux arrosages ; ce qui ayant été approuvé par les dits sieurs Maires-Consuls, ils nous auraient permis, sous le bon plaisir du Conseil, attendu que cette opération était pressante vû la diminution des eaux dans la saison et le défaut des pluies, d'y faire travailler incessamment.

1754-1756.

« Et le 14ᵉ du même mois, ayant pris les ouvriers nécessaires, nous aurions fait creuser et suivre une eau considérable, qui coulait par une grande ouverture de la muraille du côté du midi, en dessous la source, dans le pré du sieur Fanton ; et ayant reconnu que cette eau provenait de diverses petites sources qui rejaillissaient dans l'emplacement du chemin entre le bassin et la dite muraille, nous aurions fait construire une muraille formant un demi cercle, depuis six pans en dessous du coin de la voute de la source-mère, jusques à cinq cannes en tirant vers le levant, et dont le milieu du cercle vient aboutir à la muraille qui soutient le chemin, ayant établi cette muraille d'un pan et demi de hauteur en dessus le niveau de la superficie de l'eau de la source, et de près de trois pans d'épaisseur ; les pierres de la façade intérieure bâties au ciment, et toute cette façade crépie aussi au ciment ; nous aurions en même temps fait nettoyer l'intérieur de la source, ôter des pierres considérables, le limon et bourbier qui y étaient, y ayant même trouvé une pièce de bois de chêne pourrie, ce qui infectait l'eau, et nous y aurions fait mettre des cailloux de la rivière pour la rendre plus pure, etc....... »

Les eaux qui se perdaient sont recueillies et ramenées dans la source-mère

— Les experts ayant reconnu que ces ouvrages n'avaient pas ramassé toutes les eaux perdues, émettent l'avis de faire un deuxième barrage demi-circulaire partant du bout *Est* de la propriété Saumier, et venant aboutir au pré de M. Fanton, vers l'angle qui tourne au Nord — ce qui serait entre le lavoir public actuel et le demi-cercle de murailles existant au Nord de la mère-source.

— Il paraîtrait que ces divers ouvrages ont atteint le but, et que les eaux ont été enfermées de manière à servir toutes à l'usage public ; mais il est resté des pertes ou infiltrations dans la voûte où sont les conduites des fontaines de la ville, et ce sont ces eaux, découlant au fond de l'aqueduc, qui sont désignées actuellement, et depuis lors, sous le nom d'*Eaux perdues*.

Délibération du 26 septembre 1756.

Les eaux perdues, découlant près la porte St-François, seront vendues par lots d'un denier chacun.

« Les Consuls ayant voulu faire examiner et mesurer l'eau qui, du fond de l'acqueduc de la source de St. Simian vient se dégorger près de la porte de St. François en suivant dans la lisse intérieure le long des murailles de la ville, on aurait reconnu que, bien qu'il n'ait pas plu depuis longtemps, il y découle huit pouces d'eau, qui composent seize deniers ; et, comme cette eau qui se ramasse dans le fond du dit acqueduc par des petits filets qui se montrent dans la longueur ou autrement, et qui n'ont pu rentrer dans la source-mère à cause de leur éloignement, comme l'on a pu faire des autres sources considérables qu'on y a fait rentrer ; la Communauté n'en pouvant faire usage pour ses fontaines, et plusieurs personnes ou fabricants demandants d'en acheter, ils ont cru devoir en faire une proposition pour que le Conseil délibère ce qu'il trouvera à propos. — *Fol⁰ 719. Vᵒ.*

1757-1762.

« Le Conseil a unanimement délibéré de mettre en vente cette eau, qui sera divisée en seizièmes, des quels pourtant la même personne pourra en acheter plus d'une portion suivant ses besoins, et donné pouvoir à Messieurs les Maires-Consuls de recevoir les soumissions par écrit des particuliers qui voudront en acheter sous les conditions qui seront arrêtées par les dits sieurs Maires-Consuls, pour, le tout rapporté au premier Conseil, être délibéré ce qu'il appartiendra — à la quelle proposition le sieur Fanton n'a pas opiné. » — *Fol⁰* 728.

Délibération du 16 octobre 1757.

Ordre du jour sur une demande faite par les tanneurs des eaux perdues.

« En 9ᵉ lieu, que les marchands tanneurs et fabricants en savon de la ville avaient présenté un placet à Monseigneur le premier Président, dans le quel ils ont exposé que leur commerce souffre sans une eau abondante et continuelle, et encor plus depuis que celle dont ils usaient leur avait été enlevée par un autre tanneur, qui avait fait valoir une ancienne concession, et, dans ces circonstances, ils demandent que la Communauté leur donne des eaux perdues qui découlent du fond du canal de la nouvelle conduite de St. Simian, qui ne peut servir aux fontaines de la ville, et que, pour cet effet, il leur soit permis de prendre chacun un pouce d'eau pour l'usage de leurs fabriques — le quel placet ayant été renvoyé à M. Desparra, subdélégué, il l'aurait remis aux sieurs Consuls pour y répondre, du quel ils donnent connaissance au Conseil pour qu'il soit délibéré en conséquence. — *Fol⁰* 919. *V⁰*.

« Le Conseil a délibéré, à pluralité de voix, et donné pouvoir aux sieurs Maires-Consuls de répondre au placet présenté de la manière qu'ils trouveront bon. » — *Fol⁰* 922.

Délibération du 13 juin 1762.

Les prises pratiquées sur le canal des eaux perdues seront détruites.

« Il a été reconnu que les sieurs Laurent Abert, fabricant en savon, et Lazare Moutton, marchand tanneur, avaient fait des entreprises au canal des eaux superflues des eaux de St. Simian qui découlent vers la porte des Cordeliers, l'un et l'autre ayant formé des prises d'eau qu'ils conduisent dans leur jardin et fabrique sans licence du Conseil et de leur propre autorité; requérant que le Conseil délibère. — *Fol⁰* 287.

« A unanimement délibéré et donné pouvoir aux sieurs Maires-Consuls de faire détruire du dit Abert la prise d'eau, qu'il a pratiquée dans le canal des eaux superflues de St. Simian, et de faire remettre le lieu dans son premier état, les dits sieurs appelés — et les a priés de veiller à ce que le sieur Lazare Moutton, qui est sorti de la salle, ne fasse aucun acte de maitre dans la prise qu'il a pratiquée de l'eau du même canal; et, à la pluralité des voix, prie Messieurs les Maires-Consuls d'examiner si ces eaux pourraient remonter le canal pour l'arrosage des terres qui ont droit. » — *Fol⁰* 291. *V⁰* et 292.

M. Ardouin fera un rapport sur l'origine des eaux perdues.

Le 22 août suivant, « les Consuls exposent au Conseil : qu'il aurait résulté de l'examen fait à ce sujet, qu'en ouvrant un canal qui irait se terminer au deuxième mûrier de la propriété du sieur Barthelemy toutes ces eaux superflues pourraient servir à arroser les terres arrosables du côté du couchant, et que, en pratiquant ce canal qui ramasserait toutes les eaux superflues, les propriétaires arrosables recouvreraient par ce moyen l'eau qui leur manquait depuis les nouvelles réparations faites à la source St. Simian, suivant la répartition qui en serait faite. — *Fol°* 302. *V°.*

« Requérant que le Conseil délibère.

« Le Conseil a unanimement délibéré que, par le sieur Ardouin, maitre hydraulique de la ville de Toulon, il sera fait rapport déclaratif si les eaux, qui découlent dans le fond du canal des eaux superflues de la source de St. Simian, dérivent de la source-mère, et la quantité; ou si ce sont des eaux des arrosages qui se filtrent dans le même canal, et des sources qui prennent naissance dans ce même canal — ayant de plus délibéré que le dit maitre hydraulique procèdera toujours en présence de Messieurs les Maires-Consuls et de Messieurs de Gantés et de Bellon, chevaliers de St. Louis, que le Conseil a nommés à cet effet, et qu'il a priés de vouloir bien accepter, pour, le rapport fait et publié au premier Conseil, être délibéré ce qu'il appartiendra. » — *Fol°* 312. *V°.*

26 *septembre* 1762.

« Messieurs les Maires-Consuls, M. Braquety portant la parole, ont dit que, en suite de la délibération du Conseil général du 22 août passé, ayant fait venir le sieur Jean Ardouin, maitre hydraulique de la ville de Toulon, pour faire le rapport déclaratif si les eaux, qui découlent dans le fond du canal de celles superflues de la source de St. Simian, dérivent de la source-mère; la quantité; ou si ce sont des eaux des arrosages d'alentour qui se filtrent dans le dit canal; et faire toutes les observations dont il serait requis; — *Fol°* 321. *V°.*

Rapport
de M. Ardouin.
—
Fol° 322.

« Le dit Ardouin aurait procédé à l'objet de sa Commission en présence des sieurs Maires-Consuls et de Messieurs de Gantés et de Bellon, chevaliers de St. Louis, priés par la dernière délibération de vouloir bien y assister; et, par le rapport fait et remis le 14 de ce mois, il résulte :

« 1° Qu'il n'y a aucun doute à se former que tous les rameaux d'eau qui se joignent dans la rigole de la voute ne dérivent de la source-mère ;

« 2° Que le volume d'eau occasionné par la perte de la dite source, consiste en vingt cinq tuyeaux d'un pouce de diamètre ;

« 3° Que les eaux, qui peuvent se joindre avec les autres perdues dans cette rigole, consistent en six ou sept tuyeaux, et ne sont d'autres que celles qui se perdent des conduites qui portent les eaux au reservoir de partage des fontaines de la ville ;

« 4° Que tout ce volume d'eau perdu pourrait être porté dans le dit reservoir de partage, pour la distribuer dans le cas de besoin, au moyen d'une conduite qui serait placée vis à vis le bâtiment d'Henri Feraud ;

« 5° Qu'il serait dangereux de pratiquer des ouvrages pour faire remonter ces eaux perdues à la source-mère, à l'effet d'éviter une nouvelle conduite, attendu que toutes les épreuves déjà faites pour les fins de cet objet ayant toujours été

1762-1763.

infructueuses, on risquerait d'en augmenter la perte, comme il arrive assez souvent dans les opérations de cette espèce, et qu'il convenait de ne rien innover à cet égard ;

« 6° Qu'il serait utile de placer des marches dans la rigole de la voute, afin d'éviter l'agrandissement des ouvertures que la rapidité avec la quelle l'eau découle pourrait occasionner ;

« 7° Qu'il peut être fait à côté de la nouvelle conduite qui devra porter les eaux au dit reservoir de partage, une martellière servant de coup perdu du côté du pré du sieur Fanton, qui servira tant pour y faire passer les eaux surabondantes que pour mettre la conduite à sec lorsqu'il faudra la réparer, et en faire tel usage que la Communauté avisera ;

« Que si, dans la suite, la perte de l'eau de la source devenait plus considérable, et que celle, qui entrerait dans la voute, fut suffisante pour pourvoir les fontaines de la ville, dans ce cas la Communauté pourrait pratiquer une nouvelle conduite du côté de M. Fanton pour porter l'eau au dit reservoir de partage, et alors les deux prises, qui fournissent l'eau aux deux conduites qui existent, pourraient être supprimées, et, par ce moyen, les arrosages ne seraient jamais privés de leurs eaux ;

« A tout quoi le dit Ardouin aurait ajouté l'appréciation des ouvrages liquidés à 1312 fr. — Requérant que, lecture faite, le Conseil délibère. — *Folo* 323.

Les réparations indiquées par M. Ardouin seront exécutées

« Lecture faite du rapport du sieur Ardouin et du devis estimatif des réparations pour la sûreté des eaux, le Conseil a unanimement délibéré de le faire exécuter suivant sa forme et teneur, et de faire travailler aux ouvrages spécifiés dans le devis, par économie, sous la direction du dit Ardouin, en rapportant toutefois la permission de Monseigneur le premier Président et Intendant. » — *Folo* 339. *Vo.*

Le 28 novembre 1762, « le Conseil donne pouvoir aux sieurs Maires-Consuls de traiter avec Jean Ardouin pour la perfection des ouvrages de la source de St. Simian, etc..... » — *Folo* 369.

Délibération du 18 décembre 1763.

Dresser un projet d'aliénation des eaux perdues.

N'a pas eu de suite.

« Dans la séance du 4 décembre, il avait été exposé que des fabricants de la ville qui, depuis longtemps, manquent d'eau dans leurs fabriques et qui en demandent à la Communauté, ont offert d'acheter les eaux superflues qui découlent à la porte des Cordeliers, et de celle de la source de St. Simian, de tout quoi ils font part au Conseil pour y être délibéré. » — *Folo* 497. *Vo.*

« Le Conseil a unanimement délibéré que, par l'avocat de la Communauté, il sera dressé un projet qui contiendra les clauses et conditions de l'aliénation des eaux superflues de St. Simian, pour, le projet fait et rapporté au premier Conseil, être délibéré ce qu'il appartiendra. » — *Folo* 506.

Délibération du 15 juillet 1770.

« Le Conseil séant, il a été requis que les eaux perdues de la source de
St. Siméon, qui passent dans le nouvel acqueduc qui a été fait, et qui dégor-
gent à la porte des R. P Cordeliers, traversaient la rue des Cordeliers et allaient
se jetter au canal des égoûts publics qui est à Cariamette, au moyen de quoi
les particuliers, qui sont dans les rues par où ces eaux passaient, arrosaient des
dites eaux ; aujourd'hui ces eaux sont toutes diverties et il n'en passe presque
plus dans les rues ; c'est pourquoi on demande qu'il soit pris par le Conseil telles
mesures qu'il appartiendra, pour que ces eaux découlent ainsi qu'elles découlaient avant qu'elles fussent diverties ;

*Les eaux per-
dues servaient
à arroser
les jardins de
la rue
des Cordeliers
jusqu'à
Caramiette.*

« Le Conseil, à pluralité de voix, a délibéré que les eaux seront remises
dans leur premier état de découlement. » — *Fol⁰ 316.*

Le *23 mai 1774*, « le Conseil délibère que les eaux, pour la nouvelle fontaine de la Place Caramy, seront prises de celles des eaux perdues de St. Simian. » — *Fol⁰ 638. V⁰.*

*Prendre les eaux
perdues
pour la nouvelle
fontaine
de
la Place Caramy,*

— N'a pas été exécuté.

Délibération du 11 septembre 1774.

« Le Maire-Consul expose que le sieur Chastel, qui travaille ici aux ornements de la nouvelle fontaine de la Place Caramy, ayant demandé un des fontainiers de la ville d'Aix pour fixer le volume d'eau et monter les tuyeaux en
plomb, le sieur Aubert, agent de la Communauté, nous aurait mandé le sieur
Foussenqui, lequel étant venu et ayant examiné notre source-mère, et vu le
devis de Paul Brun, fontainier, qui porte d'employer les eaux perdues pour le
découlement de cette nouvelle fontaine, le dit sieur Foussenqui nous aurait fait
deux observations frappantes :

*D'où provien-
nent les
eaux perdues*

« La première, que ces eaux perdues ne le sont que faute d'attention, c'est-
à-dire que parceque la martellière, qui a été construite pour faire réentrer les
eaux dans le canal des fontaines de la ville, n'est pas fermée au point qu'elle
doit être ;

« La deuxième, que ces eaux viennent de la perte de la conduite en bournelage des R. P. Capucins, et que, en conséquence, ayant mieux fermé la martelière, et levé toute l'eau des Capucins, il fût vérifié que le tout était presqu'à
sec, et qu'il ne découlait dans le canal perdu que les infiltrations des arrosages,
au moyen de quoi ces eaux perdues sont insuffisantes pour le volume d'eau nécessaire au découlement de la fontaine. » — *Fol⁰ 664.*

— En suite de ces observations, il fut proposé de prendre l'eau dans la serve
de distribution, dans laquelle toutes les eaux perdues vont se rendre.

*Elles se rendent
dans la serve
de distribution
des fontaines
publiques.*

— Le Conseil ne put délibérer faute d'un nombre suffisant de membres présents ; mais ce projet fut accepté, par délibération du 25 septembre, comme le
plus solide et le plus utile.

**Séparer,
dans la serve de
distribution,
les eaux perdues
de celles
qui viennent
dans
les conduites.**

Délibération du 19 janvier 1777.

« Exposé : qu'il a été délibéré dans le Conseil du 23 mai 1774, d'affecter pour le découlement de la fontaine de la Place Caramy les eaux perdues de St. Simian qui ont été conduites par de nouveaux ouvrages dans la serve de distribution des fontaines de la ville ; mais il n'a pas été prévu que ces eaux, qui ne sont pas conduites dans les tuyaux comme les autres dans la dite serve de distribution, charrient, et sont plus chaudes pendant l'été, et, par le mélange qui se fait avec les autres, le vice se communique ; d'où il s'en suit que les eaux des fontaines ne sont plus si pures qu'elles étaient, plus chaudes pendant l'été, et que, lors des pluies, elles sont troubles pendant quelque temps, suivant la remarque qui en a été faite ; et d'autant que la santé est intéressée par les inconvénients qui résultent de ce mélange d'eau, il y a un moyen d'y obvier, qui est de placer un tuyau de plomb dans la serve de distribution, qui recevrait les eaux perdues destinées pour la nouvelle fontaine de la Place Caramy, et seraient portées par la conduite ordinaire à la dite fontaine de Caramy. — Fol° 831.

« Le Conseil a unanimement délibéré et donné pouvoir à Messieurs les Maires-Consuls de faire faire tous les ouvrages qui seront par eux jugés nécessaires pour éviter le mélange des eaux perdues de St. Simian destinées pour la fontaine de la Place Caramy avec les autres, à l'effet de quoi il sera par eux expédié mandat de la dépense, qui sera faite par économie. » — Fol° 834. V°.

CHAPITRE II. — Concessions des Eaux dites Perdues, pures.

ARTICLE 1er.

Délibération du 8 juin 1777.

**Joindre
les eaux perdues
aux
eaux d'arrosage
pour le
moulin à huile.**

« Exposé par M. le Maire-Consul, au sujet de ce qui reste à faire au moulin d'huile du Chemin de la Celle : ....

« Il a été remarqué encore que, pour donner une plus grande abondance d'eau, et dans la crainte que la branche des eaux d'arrosage destinée pour le moulin fût insuffisante, il conviendrait d'y joindre celles perdues qui découlent dans la voute de St. Simian, ce qui serait trez aisé au moyen d'un petit ouvrage pour la dérivation de ces eaux, et les joindre à celles des arrosages ce qui donnerait un volume sur et suffisant à l'usage de ce moulin, etc.... — Fol° 848. V°.

« Le Conseil a unanimement approuvé toutes les additions et ouvrages faits au moulin à huile, et délibéré de faire agrandir les fenêtres, ... de joindre les eaux perdues de la voute de St. Simian à la branche d'arrosage destinée au dit moulin, et prié Mess..... de s'occuper d'un plan de police, etc..... » — Fol° 853.

ARTICLE 2.

Délibération du 28 juin 1778.

« Qu'en exécution du Conseil général du 8 septembre 1776, qui donne pouvoir indéfini de faire faire au dit moulin à huile tous les ouvrages et additions nécessaires pour procurer une trituration bonne et solide, il leur a paru qu'il y manquait deux choses essentielles :

Moulin à huile, eau pure pour les chaudrons,

Représenté par Auguste Requin, successeur de Jean Lion.

« La 1re, qu'il est de toute nécessité de faire découler une eau particulière et pure au lieu de celle qui y découlait, la quelle étant mêlée avec les eaux publiques était trez souvent sale ou savonneuse, de manière qu'elle gâtait les huiles. Or, pour obvier à cet inconvénient, ils ont fait faire une conduite expresse avec tous les accessoires, dont l'eau découlera toute pure dans les chaudrons. La délivrance de tout quoi a été passée à Paul Brun, fontainier, pour la somme de 650 fr., et l'eau de cette conduite sera dérivée pendant l'été sur les rouages, qui les garantira de l'ardeur du soleil. — *Fol*° 24.

« Le Conseil a approuvé le prix fait de la nouvelle conduite sur l'eau pure qui découlera dans les chaudrons donné à Paul Brun, fontainier,— et donné pouvoir à Messieurs les Consuls de faire faire un devis estimatif des réparations qu'il y a à faire au canal qui conduit les eaux aux rouages, etc..... » — *Fol*° 29.

— Il serait urgent de fixer le volume d'eau pure concédé.

ARTICLE 3.

Délibération du 22 septembre 1782.

« Bernieu, jardinier, réclamait le payement du terrain qui lui avait été pris pour la serve et conduite de l'eau de St. Simian au moulin d'huile ; quelqu'un proposa au Maire de changer cette conduite à ses frais, moyennant que la Communauté lui accorde un griffon d'eau, etc..... — *Fol*° 348.

L. Feraud, ciergier, et Barry, procureur.

Un denier à chacun.

« Le Conseil a unanimement accepté l'offre faite par Messieurs Feraud, segond Maire-Consul, et Barry, procureur au siège, dans le Conseil scéant, de changer à leurs frais et dépens la conduite qui porte l'eau aux chaudrons du moulin à huile de la ville, moyennant que le Conseil accorde à un chacun un denier d'eau qui découlera dans leurs fonds au moyen d'un griffon, à condition qu'en cas que ce denier d'eau soit nécessaire pour le moulin à huile, l'usage du denier d'eau cessera, de même que s'il était nécessaire pour faire tourner ou entretenir les roues du dit moulin — et tous les frais de changement de conduite seront à la seule et propre charge des dits Feraud et Barry, qui seront tenus d'appeler Messieurs les Consuls dans tous les ouvrages qu'ils fairont — à la quelle délibération les dits sieurs Feraud et Barry, et Feraud, avocat en la Cour, n'ont pas opiné. » — *Fol*° 352.

Boyer Charles, et Hygin Blachas,

Représentants Feraud et Barry

Un denier chacun.

ARTICLE 3.

Délibération du 28 décembre 1783.

Lieu fixé
pour établir
la serve
de distribution
des eaux
concédées à
Feraud et Barry

« Que, dans le Conseil du 22 septembre 1782, la Communauté a accordé aux sieurs Louis Feraud, marchand ciergier, et Barry, procureur au siège, un denier d'eau à chacun, qui coulerait dans leurs fonds au moyen d'un griffon, à condition qu'ils feraient refaire à neuf, et à leurs frais et dépens, la conduite du moulin à huile, qui doit être la même que celle de l'eau à eux accordée, et qu'ils seraient tenus d'appeler Messieurs les Consuls dans tous les ouvrages qu'ils feraient.

« En exécution de cette délibération, la conduite a été refaite par les dits sieurs Feraud et Barry, mais, lorsqu'il a été question d'établir la serve de distribution, il a été reconnu qu'ils ne pouvaient faire usage de leur concession qu'au moyen d'un regonfle qui aurait lieu jusques au petit pont qui est situé à côté de l'angle du jardin de M. Ballardy, docteur en médecine, et dans le chemin qui sépare le pré du sieur Fanton de la propriété de Louis Bernieu; si ce regonfle eût du porter jusques dans la voute, la Communauté aurait été dans la nécessité de retirer la concession, parceque la conduite du moulin à huile aurait été exposée à des ruptures journalières; mais, dès qu'il ne portera que jusqu'au pont sus dit, la conduite se trouvant bâtie dans tout ce trajet, il ne fera que la surcharger et donner lieu à un peu plus d'entretien dans toute la partie qui éprouvera le regonfle, et la Communauté ne sera point lézée si elle soumet les sieurs Feraud et Barry à une portion de l'entretien de la conduite depuis la serve de distribution jusqu'au petit pont ci dessus mentionné, attendu le regonfle qu'ils occasionneront dans cette partie de la conduite. — *Fol⁰* 458.

« Le Conseil a unanimement délibéré de fixer la serve de distribution de l'eau dont s'agit de manière que le regonfle ne passa pas outre le petit pont mentionné dans la proposition, l'entretien de la quelle serve tant seulement, sera sur le compte des dits sieurs Feraud et Barry, se reservant la Communauté la police tant de la conduite que de la dite serve, et sans préjudice des autres clauses et conditions énoncées dans la délibération du 22 septembre 1782, à la quelle délibération les dits sieurs Feraud et Barry n'ont pas opiné. » — *Fol⁰* 461. V⁰.

ARTICLE 4.

Arrosage
par les eaux
perdues
qui découlent
près la porte
des Cordeliers.

Le 17 juillet 1791, « le Conseil, dans les accords faits avec M. de Beaumont sur l'achat du couvent des Cordeliers, reconnait que les eaux perdues, qui découlent près de la porte de la ville, sont affectées à l'arrosage des jardins du dit Couvent, et il en règle l'usage entre le vendeur et elle. »

Les possesseurs de ces jardins ont souvent réclamé, depuis, leurs droits d'arrosage par ces eaux.

(Voir ces accords, page 349.)

20 brum. An XII

Article 5.

Délibération du 20 brumaire an XII.

« Pétition de Fidèle, Marie Bremond, potier à terre, pour que le volume d'eau de trois quart d'un denier, dont sa fabrication jouit depuis longtemps, soit porté à un denier à l'effet d'établir une fabrique de distillation d'eau de vie.

« Considérant que la demande du pétitionnaire est susceptible de grands inconvénients en ce que les eaux se trouvant détériorées par l'effet de la distillation, pourraient être préjudiciables aux fabriques de tannerie situées au-dessous de celle où le pétitionnaire se propose d'établir la sienne ;

« Que ces tanneries ayant toujours joui des eaux perdues qui coulent le long du rempart près la porte de la ville, quartier des Cordeliers, et qui sont les mêmes que celles que demande le pétitionnaire, leurs propriétaires ne manqueraient pas de réclamer ;

« Que pour favoriser le pétitionnaire on ne peut porter préjudice aux premiers possédants droits ;

« Estime qu'il n'y a pas lieu à délibérer. » — *Pages* 21-22.

(Voir la délibération du 12 novembre 1858.)

Bremond, Fidèle, Marie, est reconnu jouir de 3[4 de denier d'eau

Ordre du jour sur sa demande d'augmenter ce volume.

Article 6.

Délibération du 4 décembre 1808.

« Pétition de M. Robert, médecin, demandant un denier d'eau non forcée du canal situé près la porte des Cordeliers, pour établir un atelier de chimie dans le local qu'il possède dans l'enceinte de la ville, rue des Cordeliers.

« Considérant........ que la concession faite au sieur Chassary pour sa fabrique d'eau de vie n'a été que temporaire ; que le travail de cette fabrique a cessé depuis longtemps et ne reprendra probablement pas avant l'expiration des six années de son bail ;

« Que, d'ailleurs, le volume d'eau réclamé par le concessionnaire est trop peu considérable pour empêcher au besoin le travail de cette fabrique ; et qu'enfin les intérêts de la Commune peuvent à cet égard être facilement conservés en reservant les droits du sieurs Chassary et même ceux de touts autres qui pourraient en avoir de légitimes sur les eaux dont il s'agit, supposé qu'il en existe ;

« Le Conseil a unanimement délibéré d'accorder au pétitionnaire un denier d'eau non forcé à prendre dans le canal qui longe les remparts de la ville à côté et au dessus de la porte des Cordeliers ; la quelle concession est faite pour servir à l'attelier de chimie que le pétitionnaire se propose de construire dans le local qu'il possède à la rue des Cordeliers, et à tout autre atelier qu'il pourrait y substituer par la suite, sous la reserve toutefois des droits des tiers, s'il y a lieu, et même de ceux de la Commune dans le cas où l'eau concédée cesserait de servir à un établissement utile. » — *Fol° 15. V° du 4° cahier du Registre.*

4 décemb. 1808.

Robert, médecin.

Un denier d'eau

N'a pas reçu d'exécution.

ARTICLE 6.

Délibération du 2 septembre 1832.

Demande
des tanneurs
sur les eaux
de
l'ancien Couvent
des Cordeliers,
et sur les
eaux perdues.

« Il résulte du rapport de M. Mélan sur la demande des fabricants tanneurs du quartier de Caramiette, qui ont réclamé les versures des eaux de l'ancienne fontaine de la Place des Cordeliers, et autres eaux perdues dans le même quartier :

« Que l'eau, affectée à l'ancienne fontaine du Couvent des Cordeliers, a été déversée de l'une des serves de la mère-source dans la conduite des eaux de la ville ;

Fol° 47.

« Que les eaux perdues le long du rempart des Cordeliers ont été profitées par plusieurs propriétaires industriels, qui y ont des droits d'après les prises qui sont établies vis-à-vis la fabrique de tuiles de M. Bremond ;

« Enfin il a été reconnu que l'eau de la cave des Cordeliers, qui alimente les fabriques de tannerie, doit être recherchée par les fabricants tanneurs qui y ont droit, et non aux frais de la Commune ;

« Le Conseil, appelé à délibérer sur cette demande, qui se rattache en grande partie à celle des eaux de la source de St. Simian, pour laquelle il a été déjà nommé une Commission ;

« Considérant qu'il est de toute justice de maintenir les droits de chacun et aussi ceux de la Commune, qui a toujours été propriétaire immédiate des eaux de la source de St. Simian, qui fournit aux fontaines de la ville et aux arrosages de ce quartier ;

« Il a été décidé d'approuver le rapport de la Commission, qui est de faire vérifier la source de la cave des Cordeliers, pour reconnaître si les eaux se perdent, sans cependant que la Commune soit tenue de les recouvrer au profit de Messieurs les fabricants tanneurs ;

« Délibéré encore que la Commune, tout en reconnaissant les droits de Messieurs les tanneurs sur les eaux dites perdues, et même les versures de l'ancienne fontaine des Cordeliers, elle ne peut rétablir ce dernier objet détruit par suite de l'évènement de la Révolution ;

Vérifier les
prises
des
eaux perdues.

« Quand aux eaux perdues, M. le Maire, assisté de Messieurs les membres de la Commission, fera procéder par un homme de l'art à la vérification des prises des eaux perdues sur la lice intérieure du rempart vis-à-vis la fabrique de tuiles du sieur Bremond, pour reconnaître et fixer les droits de chaque propriétaire, pour le surplus des eaux dites perdues être dirigé, comme anciennement, aux fabriques de tannerie du quartier du Pas de Gren. — Le tout sous la réserve des droits de la Commune qui sont imprescriptibles. » — *Fol° 47. V°.*

ARTICLE 6.

Délibération du 29 *mars* 1840.

La séance ouverte, M. Garnier, au nom de la Commission nommée dans la séance du 12 janvier dernier, fait le rapport suivant :

Rapport sur les eaux perdues

« Les eaux de la ville, à partir de la source de St. Simian, sont reçues dans des conduites en poterie, qui passent sous une voûte formant une chaussée, dite *les Voûtes*, de la source à la ville.

Fol° 68.

« Dans ce trajet, les conduites éprouvent quelques pertes; n'y ayant pas de coup perdu pour empêcher que les conduites reçoivent un volume d'eau trop considérable, pour obvier aux inconvénients qui pouvaient en résulter, on a été forcé d'ouvrir des trous aux tuyeaux pour laisser échapper la surabondance d'eau qui aurait pu leur nuire lorsque les pluies amènent une grande augmentation à la source. — Un canal en maçonnerie construit avec soin au fond de la voûte reçoit ces eaux; arrivé à l'extrémité de la voûte, il prend sous la terre une direction vers le couchant, et débouche à la porte des Cordeliers. Ce sont ces eaux résultants des pertes produites par le mauvais état des conduites, et du trop plein de ces mêmes conduites, qui prennent le nom d'eaux perdues.

« La quantité de ces eaux est trez variable, elle dépend des changements qu'éprouve la source par l'effet des recherches et des pluies, et du bon ou mauvais état des conduites.

« Le canal qui les reçoit est un travail utile et nécessaire; il pourrait cependant arriver qu'il ne reçut pas une seule goutte d'eau : il faudrait pour cela que les conduites fussent dans l'état de réparation le meilleur possible, et que, par des travaux bien entendus, on s'assurât le moyen d'empêcher que les conduites pussent recevoir un volume d'eau trop considérable. Ces travaux entrent dans les soins d'une bonne administration, ils sont même devenus une obligation par l'engagement pris dans la transaction du 9 décembre 1838, approuvée par les arrosants le 20 octobre 1839. Leur résultat serait de diminuer au moins le volume des eaux perdues d'une manière trez proffitable, puisqu'elles seraient recueillies à leur sortie de la source.

Origine des eaux dites perdues.

« Dans le trajet que ce canal parcourt depuis sa sortie de la voûte jusqu'au point où il débouche sur la voie publique, plusieurs propriétaires du voisinage ont établi des prises au moyen des quelles ils conduisent les eaux dans leurs maisons, ou dans des fabriques où ils les utilisent.

« Ont-ils des titres? Quelle est la nature de leurs droits? Aucun d'eux ne produit de titres, ils fondent tous leurs droits sur une longue jouissance. — Eussent-ils des titres, eussent-ils des droits bien fondés, la Commune ne pourrait jamais leur garantir le volume d'eau dont ils jouissent; leurs droits seraient toujours bornés aux eaux qui arriveraient aux lieux où leurs prises sont établies, ils ne pourraient jamais empêcher la Commune de réparer les conduites et d'arrêter les pertes.

ARTICLE 6.

Origine
des eaux dites
perdues

« L'origine seule de ces eaux indique qu'elles ne sont ni sûres ni permanentes ; elles peuvent, dans certains moments, être abondantes, dans d'autres temps ne pas suffire aux prises, d'autres fois même être nulles, leur jouissance n'en est donc pas continue et ne peut, sous ce rapport, être le fondement d'une prescription.

« Les prises sont adaptées à un canal souterrain, elles n'ont rien d'apparent, les conduites sont couvertes dans toute leur étendue, elles ont pu, les unes et les autres, être construites à l'insçu de l'autorité et même du public ; leur clandestinité est encor un obstacle à l'établissement d'une prescription en faveur des propriétaires.

« Le restant de ces eaux débouche à la porte des Cordeliers, traverse l'ancien jardin des Cordeliers possédé aujourd'hui par M. Gavoty, et est reçu par les tanneries sises au pas de Gren : les tanneurs élèvent aussi quelques prétentions sur la jouissance de ces eaux.

« Leurs réclamations reposent sur une transaction en date du 1er mai 1765, intervenue entr'eux et les Pères Cordeliers ; cette transaction a pour objet de régler leurs droits respectifs sur les eaux qui naissent dans la cave du Couvent, (dont les tanneurs jouissent actuellement). Il y est question des versures de la fontaine des Cordeliers, dont les eaux sont devenues la propriété de la Commune et ont reçu une autre destination ; l'opinion de la Commission est qu'ils ne pourraient même pas exiger ces versures, mais que ce titre est tout à fait étranger aux eaux perdues.

Les eaux
perdues sont
propriété
communale.

« Ainsi tous ceux qui usent de ces eaux sont sans titres ; ils n'en ont usé que par l'effet de la tolérance et de l'ignorance où l'on était des entreprises faites sur le canal ; leur jouissance n'a jamais porté que sur un volume d'eau variable ; elle n'a pas pu être permanente ; la ville n'a pas pu perdre le droit d'arrêter les eaux perdues, soit en réparant les conduites, soit en réglant leur prise de manière à ce qu'elles ne reçoivent jamais plus que le volume d'eau qu'elles peuvent conduire sans danger d'être brisées.

« D'autre part, ces eaux sont utilisées pour des fabriques ou des établissements utiles, des tanneries, poteries, distillerie, petite auberge ; la jouissance de ces divers propriétaires n'a jamais été onéreuse à la ville ; il n'y a aucun inconvénient à ce qu'ils continuent à jouir tout le temps que les eaux auront la même direction. Mais, comme une longue possession, malgré son irrégularité, pourrait un jour, si non donner des titres, au moins servir de prétexte à des prétentions exagérées, il est convenable, en attendant que des réparations aient arrêté le cours des eaux et pendant le temps que les propriétaires continuent à en jouir, de régulariser ces jouissances par une autorisation du Conseil municipal, qui déterminera le volume de l'eau concédée et fera, dans l'intérêt de la Commune, toutes les réserves de nature à lui conserver l'intégrité de ses droits.

1840-1847

ARTICLE 6.

« Le Conseil, adoptant les motifs et considérations consignées dans ce rapport, a délibéré :

« Qu'il ne reconnait à personne le droit d'établir des prises d'eau sur le canal dit des eaux perdues, dans quelque partie de son cours que ce soit ; qu'il se réserve la faculté de disposer seul de ces eaux, comme de toutes les autres propriétés communales ; qu'il sera fait sommation à tout propriétaire ayant une prise sur le dit canal de la fermer, ou de produire les titres en vertu des quels elle a été ouverte, et ce, dans le délai de quinzaine, et que, ce délai expiré, la dite prise sera fermée aux frais de qui de droit.

Personne n'a le droit d'établir des prises sur le canal des eaux perdues.

« Le Conseil s'est réservé d'en concéder la jouissance pour fabriques, ou tous établissements ayants un but d'utilité publique, avec réserve de tous les droits de la Commune pour arrêter les eaux, les détourner dans les fontaines publiques, en disposer comme elle l'entendra. »

Le Conseil se réserve de disposer seul de ces eaux.

ARTICLE 7.

Délibération du 1er août 1847.

« La Commission des pétitions rend compte d'une demande de M. Alphonse Vian en autorisation d'appuyer sur le mur d'enceinte de la ville les constructions qu'il a le projet de faire dans le jardin acquis par lui de Jean, Louis Beilon, au quartier du Portail-Neuf, et de creuser dans ce jardin un puisard, au quel il amènera les eaux du canal dit des eaux perdues : les constructions, que M. Vian se propose d'élever, sont destinées à une fabrique de cire.

Vian, Alphonse.

Puisard à pompe.

« Le Conseil, attendu que les établissements d'industrie méritent protection et encouragement ; mais que, en même temps, il convient de veiller aux intérêts de la Commune et à la conservation de ses droits ;

« Attendu que le canal des eaux perdues est alimenté par les pertes ou le trop plein des conduites des fontaines publiques ; qu'une réparation ou une reconstruction des conduites pourrait faire rentrer ces eaux dans le service des fontaines ; qu'il n'est peut-être pas impossible de leur donner une destination d'utilité publique ;

« A délibéré qu'il y a lieu d'autoriser M. Vian à appuyer ses constructions sur l'ancien rempart, et à établir à la proximité de ce mur un puisard communiquant avec le canal dit des eaux perdues par une conduite, avec réserve de tous les droits de la Commune pour la propriété de l'ancien rempart, qui est réservée pour le cas où quelque service public en exigerait l'exercice ; et quand au puisard, avec interdiction à M. Vian de s'en servir autrement que par une pompe ou tout autre moyen de prendre les eaux, sans pouvoir les conduire ailleurs qu'à sa fabrique, la Commune conservant le droit de disposer des eaux, dites eaux perdues, comme elle l'entendra, soit en les rétablissant dans les conduites des fontaines, soit en les utilisant pour un service public. » — *Fol*os 40. V° et 41.

ARTICLE 8.

Délibération du 12 novembre 1858.

Exposé de M. le Maire , § 2ᵉ. — *Eaux perdues ,* etc. :

« 1º M. Montaud a un denier d'eau des eaux perdues , sans titre ;

« 2º M. Jullien , Alphonse a douze lignes des mêmes eaux , sans titre ;

« 3º Messieurs Christian et Bremond, un denier des mêmes eaux, sans titre ;

« 4º M. Boyer , Étienne, a un denier des mêmes eaux , sans titre ;

« 5º M. Lion , Victor (hoirs) et M. Brunet de la Salle (hoirs), un volume d'un denier des mêmes eaux, sans titre ;

« 6º M. Vian , Alphonse , un puisard à pompe débitant un denier d'eau, suivant délibération du 1ᵉʳ août 1847. »

(*Nota.* — La suite de ce paragraphe a trait à d'autres eaux.)

Sur les concessions ou prises d'eau mentionnées au § 2ᵉ :

« Considérant que les unes , d'après leurs titres , sont essentiellement révocables, et que les autres , existants sans titre , ne sont que des usurpations des eaux communales; mais attendu que toutes ont une destination utile ;

« Le Conseil, à l'unanimité , dit qu'elles seront conservées tant que leur destination actuelle subsistera , à charge par les concessionnaires de se conformer aux règlement et tarif à intervenir. »

Nota. — Les observations , auxquelles donneraient lieu les prises d'eau mentionnées ci-dessus , seront faites sur le tableau général de la délibération du 12 novembre 1858.

ARTICLE 9.

Délibération du 6 novembre 1864, 2ᵉ partie, Folᵒ 188 du Registre.

La concession Etienne Boyer est révoquée.

La pétition de Mˡˡᵉ Mathieu, rejetée.

« Mademoiselle Marie Mathieu expose que M. Marbec , de qui elle a acheté un jardin sis au quartier de la Ferrage des Cordeliers , avait reçu de M. Étienne Boyer la sous-concession de l'eau dont ce dernier jouissait sur les eaux dites perdues ; que cette sous-concession n'ayant pas été faite régulièrement , il est à craindre que l'Administration municipale ne la désapprouve et que son jardin ne demeure privé d'eau.

« En conséquence , Mademoiselle Mathieu demande la concession d'une prise d'eau de deux centimètres sur les versures de la fontaine qui coule au Portail des Cordeliers.

1864.

ARTICLE 9.

« La Commission a reconnu que M. Étienne Boyer, représenté aujourd'hui par M. Louis Bremond, avait été désigné comme jouissant d'une prise de deux centimètres sur les eaux perdues, sans autre titre que la possession, et porté à ce titre sous le paragraphe 2e des concessions relatées dans la délibération du 12 novembre 1858, où on lit : « Considérant que les concessions ou prises d'eau « mentionnées au § 2e sont, les unes essentiellement révocables d'après leurs « titres, et que les autres existants sans titre ne sont que des usurpations des « eaux communales ; mais attendu que toutes ont une destination utile, le « Conseil, à l'unanimité, dit qu'elles seront conservées tant que leur destina- « tion actuelle subsistera, à charge par les concessionnaires de se conformer aux « règlement et tarif à intervenir. »

Ce règlement, voté dans la même séance, porte à son article 4e :

« Aucun concessionnaire à titre gratuit ne pourra céder ses droits à la conces- « sion, soit en totalité soit en partie; il devra verser ses eaux superflues direc- « tement sur la voie publique et dans l'endroit qui lui sera indiqué par l'Autorité, « la Commune ayant seule le droit de disposer, même des eaux superflues, par « sous-concessions au profit de toute personne qui, pouvant les utiliser, en « ferait la demande moyennant redevance. »

« Il est évident que cet article 4e du règlement, dont l'observation est la condi- tion de la reconnaissance et du maintien de la prise de M. Boyer, a été violé par la cession de cette eau à M. Louis Bremond, ainsi que par la sous-concession à M. Marbec ;

« Et l'approbation, donnée annuellement au tableau des taxes par le Conseil municipal, ne peut être regardée comme la validation de ces accords privés, parceque le Conseil a toujours voté de confiance et sans examen ce tableau dressé par M. le Maire.

« La Commission pense que, pour éviter les abus et les embarras qui résul- tent de la transmission des concessions d'eau sans autorisation préalable, il con- vient d'appliquer le règlement dans tous les cas qui peuvent se présenter, et elle est d'avis que la concession de deux centimètres d'eau, faite à M. Étienne Boyer par délibération du 12 novembre 1858, soit révoquée à dater du premier janvier prochain.

« Quand à la concession sur le survers de la fontaine du Portail des Corde- liers demandée par Mademoiselle Mathieu, la Commission a recueilli les obser- vations suivantes :

« L'eau de cette fontaine est toute des eaux perdues ;

« Or, les eaux dites perdues, ainsi que l'explique la délibération du 29 mars 1840, résultent des pertes produites par le mauvais état des conduites qui por- tent l'eau de la source de St-Siméon à la serve du Portail-Neuf ; la quantité de ces eaux est très-variable et pourrait devenir nulle si les conduites étaient bien réparées ; d'où il suit que leur jouissance ne saurait être que précaire, et ne peut

ARTICLE 9.

faire l'objet d'une concession déterminée ; tous ceux qui ont usé de ces eaux sans concession régulière, au moyen de prises établies clandestinement, n'en ont usé que par l'effet de l'ignorance où l'on était de leurs entreprises, ou par tolérance, et leurs usurpations ne peuvent avoir porté atteinte ni au droit de la ville d'arrêter ces eaux perdues, ni à la priorité de possession des fabriques de tannerie et des jardins qui en jouissent.

« Le 20 brumaire an XIII, le sieur Fidèle Bremond, potier à terre, demanda de porter à un denier le volume d'eau, dont sa fabrication jouissait déjà, à l'effet d'établir une fabrique de distillation d'eau-de-vie ;

« Le Conseil, considérant que la demande du pétitionnaire est susceptible de grands inconvénients en ce que les eaux, se trouvant détériorées par l'effet de la distillation, pourraient être préjudiciables aux fabriques de tanneries situées au-dessous de celle où le pétitionnaire se propose d'établir la sienne ;

« Que ces tanneries ayant toujours joui des eaux perdues qui coulent le long
« du rempart, près la porte de la ville, quartier des Cordeliers, et qui sont les
« mêmes que celles que demande le pétitionnaire, leurs propriétaires ne man-
« queraient pas de réclamer ; que, pour favoriser le pétitionnaire, on ne peut
« porter préjudice aux premiers possédant droit ;

« Estime qu'il n'y a pas lieu à délibérer. »

Dans la délibération du 2 septembre 1832, le Conseil reconnaît encore la préférence due aux tanneurs sur la jouissance des eaux perdues, de sorte qu'on ne pourrait accorder une concession sur ces eaux sans s'exposer aux réclamations des tanneurs et des propriétaires des jardins ayant l'usage de ces eaux.

« D'autre part la terre de Mademoiselle Mathieu faisait partie de la ferrage possédée par M. de Beaumont, et son arrosage a été fixé dans l'acte de vente, passé en 1791, entre la Commune et M. de Beaumont, où il est dit que la Commune donne à M. de Beaumont le survers quel qu'il soit de l'eau de fuite du moulin à huile de la Commune, pour l'arrosage de sa ferrage et jardin, en échange de la moitié d'eau *des Eaux perdues,* dont il arrosait précédemment, et à laquelle il renonce expressement.

« D'après ces considérations, la Commission a pensé qu'il serait imprudent d'accorder de l'eau du survers des fontaines pour l'agrément d'un jardin, parce que ce précédent serait invoqué par une multitude de personnes placées dans la même position que Mademoiselle Mathieu ; qu'il est juste et de bonne administration de réserver ces eaux pour aider l'industrie, et que, dans le cas actuel, la jouissance des eaux demandées est due par préférence de priorité aux tanneries et jardins qui ont l'habitude d'en user.

« Le Conseil consulté, après avoir délibéré, adopte les conclusions et les motifs du rapport, et, d'un avis unanime, révoque la concession de M. Étienne Boyer, à dater du premier janvier prochain, et rejette la demande de Mademoiselle Mathieu. »

ARTICLE 10.

Délibération du 5 février 1865.

« Pétition de M. Louis, Charles, Auguste Bremond, négociant, demeurant à Brignoles, qui demande d'être maintenu dans la concession d'eau, faite par la délibération du 12 novembre 1858, à M. Étienne Boyer, qu'il représente comme acquéreur de son jardin.

« Sur quoi, considérant que la concession faite à M. Étienne Boyer est essentiellement précaire et révocable, comme toutes les concessions à titre gratuit, et que la taxe ou redevance annuelle ne peut, en aucun cas, être considérée comme le prix de l'eau concédée et ne donne aucun droit réel aux concessionnaires ;

« Que la Commune s'est toujours réservée, dans la délibération précitée du 12 novembre 1858, le droit de disposer seule des concessions et sous-concessions, et défend aux concessionnaires de céder leurs droits même partiellement ;

« Que la vente du jardin où coule l'eau concédée à M. Étienne Boyer à titre gratuit, ne peut donner à l'acquéreur ni titre ni droit sur cette eau, dont la Commune demeure toujours l'unique propriétaire ;

« Mais attendu que M. Louis Bremond a agi de bonne foi ; qu'il a payé la taxe annuelle ; qu'il remplit aujourd'hui, par sa pétition, les conditions exigées par le règlement sur les eaux de la ville ;

« Le Conseil, d'un avis unanime, confirme en faveur du pétitionnaire la concession de deux centimètres d'eau pris sur les eaux dites perdues, en réservant à la Commune ses droits imprescriptibles sur la propriété des eaux publiques et la révocabilité des concessions gratuites, ainsi qu'il est exprimé toutes les fois qu'une concession est accordée. » — *Folo* 191. *Vo*.

Les concessions sur les eaux pures de St-Siméon étant toutes mentionnées, il reste à exposer les concessions des *survers*, ou versures, prises dans les bassins des fontaines publiques ou privées, ou en découlant. Nous commencerons par les sous-concessions des eaux dites perdues, parce qu'elles sont peu nombreuses, et feront suite immédiate au présent chapitre : elles formeront le chapitre IIIe sur les eaux de la source St-Siméon.

CHAPITRE III. — Sous-concessions sur les Eaux dites Perdues.

ARTICLE 1er.

Délibération du 16 mai 1858.

Gassier, Louis-Antoine.

Eaux sortant des fabriques de MM. Christian et Montaud.

« Exposé que le sieur Gassier, Louis-Antoine, demande l'autorisation d'utiliser les eaux sortant des fabriques du sieur Christian et de M. Montaud, pour l'arrosage d'une terre qu'il possède au quartier de St-Martin ; que la Commission s'est assurée que ces eaux, provenant des deux concessions, ne sont utilisées par personne au sortir des deux fabriques, et qu'elles vont naturellement se jetter dans le canal de fuite du Moulin du Cumin ; que , dès-lors , il n'y a point d'inconvénient à accorder au sieur Gassier l'autorisation qu'il sollicite, à charge par lui de prendre les dites eaux au bord du chemin vicinal de la Celle, et de les conduire par un aqueduc couvert en tête de sa propriété, où il établira un lavoir et un canal de fuite qui ramènera le superflu de ces eaux dans le canal où elles s'écoulent actuellement au nord du Moulin Cumin, sans pouvoir les diriger ailleurs.

« Le Conseil municipal adopte les conclusions de la Commission des pétitions, donne au sieur Gassier l'autorisation d'utiliser les eaux perdues des fabriques Christian et Montaud, en se conformant aux prescriptions ci-dessus, sans que le dit Gassier puisse jamais se plaindre du retrait des concessions Christian et Montaud, ni qu'il puisse s'opposer à la révocation de la présente. » — Fol. 132. V°.

— Cette sous-concession est portée sous le n° 7, du § 2e de la délibération du 12 novembre 1858, mentionnée dans l'article précédent.

ARTICLE 2.

Délibération du 6 mai 1860.

Jauffret, Jean-Louis-Marius.

Eau sortant de la fabrique de Michelfelder,

« Pétition de Jauffret Jean-Louis-Marius, demandant la sous-concession des deux centimètres d'eau concédés aux fabriques du sieur Michelfelder, en se soumettant au payement de la cotisation établie par le tarif.

« Le Conseil, considérant que la demande du sieur Jauffret ne présente aucun inconvénient, est d'avis, à l'unanimité, de lui accorder la sous-concession des eaux du sieur Michelfelder, en se conformant aux règlement et tarif dûement approuvés. » — Fol° 7. V°.

Nota. — Le sieur Michelfelder n'est autre que le sieur Christian, dont l'eau a déjà été sous-concédée à Gassier, par la délibération précédente du 16 mai 1858.

CHAPITRE IV.— Concessions sur les versures des Fontaines.

ARTICLE Ier. — *Concessions sur les versures de la fontaine de l'ancien Couvent des Cordeliers.*

Délibération du 15 juillet 1583.

« Sur ce que Jacques Bellon se plaint de ce que la ville, en faisant faire les fossés de la fortification d'icelle, aurait levé l'eau de sa caulquière sise au Bourg .d'Entraigues, pour raison de quoi il aurait enduré, comme endure, grands intérêts. — Pour ce motif aurait requis Messieurs du Conseil lui vouloir bailler l'eau pour la commodité de sa dite caulquière, autrement proteste de ce pour· ouyr comme son conseil portera, et de tous dommages, intérêts et dépens —. pour aux quels obvier, le dit Bellon a dit qu'il aurait obtenu promission des Frères du Couvent de St. François de prendre l'eau de leur fontaine pour la com-modité de sa dite caulquière, et que il demande que la y faire venir, ce qu'il vou-drait faire si plaisait à Messieurs du Conseil entrer à une partie de la dépense ;

« Ont conclu que, pour prévoir à la plainte du dit Bellon, sera payé par le Trésorier au dit Bellon, tant à aider pour faire venir la dite eau à la dite caul-quière que pour tous dommages et intérêts, la somme de cinquante florins, que le dit Bellon là présent accorde. » — *Fol^o* 58.

Jacques Bellon.

Délibération du 17 août 1583.

« Et premièrement ont permis à Anthoine Billet de Honoré, Toussaint de Thoron, et autres, qui avaient accoutumé prendre de l'eau de la font du Cou-vent de St. François pour la nécessité de leurs cauquières et arrosage de leurs jardins, respectivement pour s'en servir, pourvû que ce soit à leurs dépens des dits Billet, de Thoron et autres, aux quels sera fait main forte par la ville. » — *Fol^o* 67.

Anthoine Billet, Toussaint de Thoron, et autres.

Délibération du 13 mai 1821.

« Pétition des fabricants tanneurs, fabriques du Pas de Green, réclamants le rétablissement de la fontaine de la place des ci-devant Couvent des Cordeliers, dont les survers, d'après leur dire, appartenaient à leurs fabriques ; plus les versures des eaux provenants du canal le long du rempart, vis-à-vis la fabrique de poterie du sieur Bremond.

« Pétition des sieurs Jean Lion et Robert, acquéreurs de la ci-devant Église des Cordeliers, en obtention d'une plus forte quantité d'eau pour leur fabrica-tion de distillation, à prendre dans le même endroit que dessus.

Les fabricants tanneurs du Pas de Green

Jean Lion et Robert.

ARTICLE 1ᵉʳ. — *Fontaine de l'ancien Couvent des Cordeliers* (suite).

« Pétition du sieur Jullien, fils, distillateur, réclamant la portion d'eau qui avait été accordée dans le temps à M. le médecin Robert, et dans le même local.

« Sur quoi, considérant que les revenus de la Commune ne lui permettent pas de rétablir la fontaine de la place des Cordeliers, qui a cessé d'exister par suite de la dégradation et de la démolition d'une partie du ci-devant Couvent, et que les autres parties ont changé de destination ;

« Que, lorsque cette fontaine était établie, elle servait à l'usage des Pères du dit Couvent qui était clos et fermé ; qu'aujourd'hui elle ne deviendrait qu'une fontaine d'agrément par la proximité de celle existante au dit quartier et assez suffisante pour fournir aux besoins journaliers de ses habitants ;

« Que la demande des sieurs Jean Lion et Robert mérite quelques réflexions tirées d'abord de leur acquisition de l'Église des Cordeliers et de l'usage qu'ils ont continué d'avoir des dites eaux, remises pour fabrication au sieur Chassary en l'année

« Que, de leurs prétentions et de celles autres propriétaires ayants l'usage des dites eaux pour arrosage de terres et fabrications de tanneries et autres, il naît une question de droit qu'il n'appartient qu'aux tribunaux de décider ;

« Que la demande du sieur Jullien ne peut être accueillie par le Conseil par suite des prétentions sus-énoncées ; qu'il est dans son intérêt d'attendre que les droits de chacun ayent été débatus et reconnus ;

« D'après ces motifs, il a été délibéré de renvoyer ces trois pétitions par devant les Tribunaux compétents, sauf et réservé à la Commune tous ses droits, privilèges et actions sur les eaux qui lui appartiennent, et aux quels elle n'entend nullement déroger.

« La présente sera adressée à M. le Préfet, etc..... » .

Délibération du 29 août 1824.

« Pétition des tanneurs, quartier du Bourg d'Entraigues, demandant la reconstruction de la fontaine existante anciennement sur la place ou jardin du ci-devant Couvent des R. P. Cordeliers.

Sur les versures
de la fontaine
du ci-devant
Couvent des Cor-
deliers.

« Considérant qu'il résulte de la transaction, passée devant Mᵉ Clavier, notaire à Brignoles, sous la date du 1ᵉʳ mai 1765, une concession d'eau de la fontaine du ci-devant monastère des Cordeliers, concession faite par les Pères Cordeliers aux sieurs : Bremond — Sayou — Rossolin — Archier, alors possesseurs des fabriques de tannerie, moyennant une somme de neuf cents livres ;

« Considérant que les P. Cordeliers de Brignolle étaient incontestablement érigés en monastère dans la classe des *gens de main morte :* que toute aliénation était formellement et sévèrement interdite par les canons et les loix, notamment par l'édit de 1606, aux corps religieux et monastères, qui n'étaient consi-

ARTICLE 1er. — *Fontaine de l'ancien Couvent des Cordeliers* (suite).

dérés que comme simples administrateurs et usufruitiers des biens attachés à leur établissement ; que la concession faite par la transaction ci dessus citée est une véritable aliénation à titre onéreux, que cette aliénation ne sçaurait rentrer dans les exceptions prononcées par les canons et les loix motivées sur la nécessité et l'utilité, seuls cas où les aliénations étaient permises aux monastères et autres corps pieux, toutefois après avoir rempli les formalités prescrites par les canons et les loix, et notamment par l'art° 8 de l'édit de 1691, sous peine de nullité ; qu'en admettant même que les Cordeliers de Brignolle eussent aliéné par l'une des deux causes rappelées, il ne conste nullement, et il n'est nullement fait mention dans le titre présenté, de l'accomplissement d'une des formalités exigées ; que dès lors cette aliénation est nulle de plein droit.

« Considérant au surplus que la concession faite par les Cordeliers de Brignolle ne l'a été que d'après une concession faite aux mêmes à titre gratuit par la Commune de Brignolle, concession qui se trouve également entachée de nullité par le défaut d'accomplissement des formalités voulues par les articles 14 et suivant de l'édit d'août 1749, appelé vulgairement *main morte*, concession qui ne pouvait raisonnablement être faite que pour le monastère et son utilité, et pour le temps seulement de son existance ; que ce monastère ayant cessé d'exister depuis 1790 par l'effet de sa suppression l'objet de la concession qui avait été faite a du nécessairement faire retour à la Commune, et, par l'effet de ce retour, la Commune de Brignolle est rentrée dans la plénitude de ses droits, sans égard aux concessions illégalement faites par ces Religieux pendant tout le temps de leur jouissance ;

« Considérant enfin que le silence des pétitionnaires, ou soit de leurs auteurs, pendant une interruption de jouissance avouée de 33 ans, des eaux qui leur avaient été concédées par la transaction de 1765, est une preuve qu'ils n'avaient pas grande confiance dans leur titre, et qu'ils avaient sans doute reconnu la tache dont il était virtuellement infecté ;

« Par toutes ces considérations, le Conseil municipal de la ville de Brignoles est unanimement d'avis qu'il n'y a pas lieu à délibérer sur la demande des pétitionnaires, propriétaires des fabriques de tannerie du Bourg d'Entraigues, sauf à eux à faire valoir leurs prétentions, s'ils les croient fondées, devant les Tribunaux compétents, sous la réserve de tous les droits de la Commune, qu'elle fera valoir dans ce cas, ainsi qu'il appartiendra. »

Nota. — J'ai cru devoir transcrire l'acte du 1er mai 1765, afin que le lecteur puisse juger de la valeur des prétentions des pétitionnaires, et de leurs droits sur les eaux de la ville.

1765.
—

Transaction
entre les Pères
Cordeliers
et les fabricants
tanneurs
du Pas de Green

Survers
de la fontaine
du Couvent.

Eaux de la cave
du Couvent,
dites
des sept prises.

Versures
de la fontaine
du Couvent.

ARTICLE 1er. — *Eau du Couvent des Cordeliers.*

« L'an mil sept cent soixante cinq et le premier mai après midi, par devant nous notaire et témoins soussignés, ont été présents le Révérend Père Lazerme, gardien et économe et le R. P. Serrin, religieux conventuel des Cordeliers de cette ville de Brignolle, composants la Communauté des dits Religieux, et le R. P Maitre Joseph, François Arnaud, provisionnel et commissaire général de l'ordre des dits Cordeliers, autorisant le présent acte ; et sieur : Jn Bte Bremond, tant en son propre que comme héritier de feu Louis Bremond, son père, — sieur Antoine Bremond, fils à feu Antoine, sieur Toussaint Sayou, en qualité de procureur fondé de la demoiselle Cal sa nièce, représentants les héritiers du sieur Louis Sayou ; sieur Louis Rossolin, représentant de feu Jn Bte Rossolin son père, sieur Jn Bte Rossolin, et sieur Jean Archier, tous marchands tanneurs de cette dite ville, en qualité de possesseurs de tanneries situées au quartier Bourg d'Entraigues, les quels de leur gré, réciproque stipulation intervenant, ont convenu et accordé que, pour finir le procès pendant par devant Nosseigneurs du Parlement de ce pays entre les dits Révérends Pères Cordeliers et les possédants des dites tanneries, les dits R. P. Cordeliers se despartiront comme iceux se despartent en faveur des susnommés, et encore en faveur du sieur Antoine Rossolin, aussi présent, stipulant et acceptant, du droit qu'ils ont de se servir des eaux de leurs caves qui se dérivent au-dessous de la muraille servant de rempart à la ville et de cloison à leur jardin pour l'arrosage de leurs terres et pré qui sont près de la dite muraille, en faveur des dits sieurs pendant tous les jours ouvriers tant seulement, se reservant expressement le droit d'en user pour l'arrosage de leurs terres et pré tous les dimanches et fêtes de l'année, se soumettants les jours ouvriers de la laisser passer dans le canal qui est tout le long de la dite muraille pour servir à l'usage des tanneries et jardins du Bourg d'Entraigues, le quel canal les dits sieurs tanneurs pourront faire réparer à leurs dépens comme ils trouveront à propos, en observant de faire construire une martellière double à la tête du dit canal pour dériver l'eau plus commodément soit dans le canal soit dans la terre et pré du dit Couvent pour leurs arrosages aux jours ci dessus reservés ; les dits sieurs tanneurs s'obligent d'avertir les dits sieurs Religieux toutes les fois qu'ils auront à faire quelque réparation au canal, et, pour ces réparations, ils prendront le temps où le pré sera fauché pour occasionner moins de dommage, bien entendu qu'ils fairont enlever tous les débris afin que rien ne puisse porter préjudice au dit pré. — Au surplus les dits Révérends Pères n'entendent point céder l'usage des versures de leur fontaine et du reservoir qui se trouvent dans leur jardin, se reservant expressément le droit d'en user tant qu'elles seront nécessaires pour l'arrosage de leurs jardin, terre et pré, et même de construire de nouveaux reservoirs pour la commodité des dits arrosages, sans que les dits sieurs tanneurs les puissent inquiéter ni troubler. — Les dits Révérends Pères s'obligent de laisser couler les dites versures dans le sus dit canal lorsqu'elles ne seront plus nécessaires pour l'arrosage de leurs jardin, terre et pré, et, moyennant ce que dessus, les parties se départent réciproquement du sus dit procès, circonstances et dépendances sans pouvoir revenir sur le fait d'icelui directement ou indirectement, et s'entrequittent. —

ARTICLE 1er. — *Eau du Couvent des Cordeliers.*

Ce département du dit procès et de droit d'arrosage et toutes les facultés accordées aux dits tanneurs, a été fait par les dits Révérends Pères moyennant la somme de neuf cents livres que le dit R. P. gardien et économe a reçue tout présentement des dits sieurs tanneurs, sçavoir : deux septièmes du dit sieur Jn Bte Bremond comme possesseur de deux tanneries ; un septième du dit sieur Toussaint Sayou, payant à la décharge des hoirs du sieur Louis Sayou son père ; un septième du sieur Louis Rossolin pour la tannerie de feu sieur Jn Bte Rossolin son père ; un septième du sieur Antoine Rossolin ; et un septième du sieur Antoine Bremond ; la moitié d'un septième de sieur Jn Bte Rossolin, et une autre moitié de septième du sieur Jean Archier, la quelle somme le dit R. P. Gardien a reçue en écus et monnoye de cours réelle numération et expédition faite au vû de nous notaire et témoins, et comme content et quitte les dits sieurs tanneurs, les quels ont convenu entr'eux que chacun entrera à jouissance de l'eau pour la partie qu'il a payée de la sus dite somme, la quelle sera répartie par deux personnes qu'iceux choisiront après l'avoir toute ramassée dans une serve qui sera construite à l'endroit le plus commode pour les dites parties, sans qu'elle puisse être ouverte par aucun d'eux qu'après avoir averti les autres, et chaque prise sera formée dans icelle de façon qu'aucun n'aye au delà de sa juste portion, et les dépenses qu'il faudra faire pour raison de ce seront supportées chacun pour la quantité d'eau qu'il aura, et, au moyen de ce, se départent réciproquement de tout droit et prétention qu'ils peuvent avoir sur les dites eaux au delà de la portion que chacun a droit d'en prendre, s'entrequittent réciproquement, je dis eû égard à ce qu'il a payé des dites neuf cents livres, et de plus s'entrequittent réciproquement de tout procès et expressément de celui pendant par devant la Cour sur l'appel émis de la sentence du Sénéchal au siége de cette ville, et s'entrequittent de tous dépens jà payés et non jà payés, et pour l'observation, les parties obligent tous leurs biens présents et à venir qu'elles soumettent à toutes Cours ; et les dits R. P. Cordeliers les biens, rentes et revenus de leur Communauté, qu'ils soumettent également à toutes Cours. — Fait et publié à Brignolle et dans le Couvent des R. P. Cordeliers, et à la chambre du Révérend Serrin, en présence du sieur Pierre, Joseph, Jn Bte Maquan, fils du sieur Pierre, ci devant notaire Royal de cette ville, et de sieur Jn Bte Icard, fils à sieur Jean Baptiste, bourgeois du lieu de Signes, témoins requis et signés avec les parties, et, avant signer, a été convenu que les reservoirs, que les R. P. Cordeliers se sont reservés de faire, ne pourront être construits que dans leurs jardins et non dans leur ferrage et pré.

« Signé : F. Lazerme, gardien et économe — F. Serrin — F. Arnaud, provisionnel et commissaire général — Jn Bte Bremond — Jn Bte Rossolin — Jean Archier — Sayou — A. Rossolin — Rossolin — Bremond — Maquan — Icard — Clavier, notaire.

« Enregistré à Brignolle le 8 mai 1765 — six livres dix sols, signé Berlier pour Thaneron. »

ARTICLE 1er. — *Eau du Couvent des Cordeliers.*

Délibération du 29 mars 1835.

Ajourné
la pétition des
tanneurs
du Pas de Green
sur les eaux
de l'ancienne
fontaine
du Couvent des
Cordeliers.

« Pétition des fabricants tanneurs, propriétaires des fabriques situées au quartier du Pas de Green, qui réclament les eaux des versures de l'ancienne fontaine des Cordeliers et celles dites perdues, qui alimentaient autrefois les dites fabriques, moins utilisées aujourd'hui par le manque de ces eaux.

« Lecture est aussi donnée des anciens titres de concession présentés par Messieurs les fabricants ou propriétaires de ces tanneries, des deux délibérations prises précédemment sur cet objet, et notamment de celle du 13 mai 1821, approuvée par M. le Préfet le 5 décembre même année.

« Le Conseil municipal, sans rien préjuger sur cette demande qui a été reproduite différentes fois, a été d'avis d'ajourner sa décision jusqu'à l'époque où il aura été prononcé sur le procès en litige des arrosants biens de la source de St. Simian, et qu'il aura été définitivement arrêté la quantité des eaux dévolues aux fontaines publiques et privées de la ville, et celles affectées aux arrosages des terres qui y ont droit. » — *Fol° 123.*

ARTICLE 2. — *Fontaine de la rue des Cordeliers.*

Délibération du 16 novembre 1551.

Sur l'établisse-
ment
d'une fontaine
au quartier
de St-François

« Ouÿ le dire de frère Honoré Arnaud, custode, et frère Jean Clavier, père gardien du Couvent de St. François de la présente ville de Brignolle, disant que, pour obvier à la sujettion où est leur Couvent, en ce qu'ils sont obligés, pour ne pas déplaire aux particuliers de la dite ville et Messieurs du quartier de St. François, de tenir la porte de leur cloître ouverte afin d'entrer et sortir pour aller quérir de l'eau dans leur Couvent contrairement à l'ordre et déffense à eux faites par leur ministre, ils auraient autrefois accordé aux particuliers du dit quartier de leur accorder de prendre de leur eau pour en faire une fontaine au dit quartier — et, parcequ'il serait venu à leur connaissance que certains particuliers, ayant charge et commission de Messieurs du Conseil de faire venir une fontaine à la Place de St. Pierre, voudraient prendre à la conduite de la fontaine de leur Couvent partie de la dite eau pour la conduire au quartier et Place de St. Pierre, ce qui serait bonnement à vouloir les priver totalement de leur eau à leur grand dommage et intérêt; ils auraient requis le dit Conseil de ne vouloir permettre leur être fait aucun trouble en l'eau de la dite fontaine par les dits Commissaires pour la mener et conduire au dit quartier de St. Pierre; et que, si la ville a besoin d'eau pour servir au quartier de St. François, et pour obvier à la sujettion du dit Couvent et aux scandalles qui pourraient s'en suivre, ils auraient offert de donner une partie de leur font pour en faire une fontaine au quartier de St. François, ainsi qu'ils l'avaient offert autrefois;

1592-1763.

ARTICLE 2. — *Fontaine de la rue des Cordeliers.*

Établissement
de
cette fontaine.

« Ont conclu accepter l'offre faite par les dits frères de faire une fontaine au dit quartier de St. François au lieu là où il sera avisé le plus commode par M. le Consul Laurenti, noble Antoine Puget sieur de Chasteuil, sieur Mathieu Meissonnier, Louis Arnoux et Antoine Bruni, aux quels ils ont commis de ce faire, et ils prendront l'eau dans la serve de la font du dit Couvent qui est dans le cimetière, et pour ce faire, les dits Commissaires feront un rolle afin de faire payer les particuliers du dit quartier, comme il a été fait pour les particuliers du quartier de St. Pierre, et d'employer l'argent qui sera exigé des dits particuliers — ont conclu que le Trésorier paye ce que cela coûtera en sûs, à l'équipollent de celle de la Place de St. Pierre. » — *Fol* 127.

Il paraît que cette délibération ne fut pas mise à exécution, et *le 20 juillet* 1592, le Conseil de la ville eut à délibérer sur une pétition à lui adressée par les habitants de ce quartier, et il le fit en ces termes :

« Et, en prévoyant sur la requisition sur ce faite par noble Balthasard Boysson et Me Bertrand Meyssonnier, en leurs noms et des autres voisins de la Placette sous Saint François, où anciennement sollait avoir une font, ont conclud et permis aux dits Boysson et Meissonnier et autres voisins de la dite Placette de faire une font à y celle Placette, et, pour ce, prendre un griffont de la font de la Place de Jean Raynaud, quel prendront à la serve d'ycelle près du Portal de St. François, les quels voisins de la dite Placette feront l'avance de la dépense que pour ce faudra faire, et après, la ville la leur ordonnera et fera mettre en calculation. » *Fol* 497. *V°.*

Délibération du 9 octobre 1763.

A Jean Archier.

Un denier d'eau

« Exposé par les Consuls : qu'il leur a été présenté divers mémoires par le sieur Jean Archier, marchand tanneur ; Laurens Abert et Cie, marchands fabricants de savon, et Lazare Moutton, marchand tanneur ; des quels il résulte : que le dit sieur Archier possède une fabrique de tannerie au quartier de la rue des Cordeliers, pour la quelle il s'est servi des eaux qui passaient par la dite rue ;

Révoquée
par
la délibération
du 9 mai 1847.

« Il arrive aujourd'hui que ces eaux ont manqué de découler avec la même abondance depuis la dernière réparation faite pour faire rentrer dans la voute les eaux superflues de la source de St. Simian, et que, d'autre part, les eaux qui restent sont gâtées par les immondices de la fabrique à savon du sieur Abert, et du moulin à huile de la dame Minuty, qui sont supérieures à la fabrique du dit sieur Archier ; et de là il s'en suit que les eaux, qu'il reçoit dans sa fabrique, sont si sales que les marchandises sont gâtées, et, dans cet état, il demande que le Conseil lui accorde la faculté de prendre le survers de la fontaine qui découle à la dite rue des Cordeliers, qu'il fera conduire à sa fabrique, sans que cette concession puisse nuire ni préjudicier aux droits de ceux qui ont droit d'arroser des eaux de la dite fontaine, qu'ils conserveront en entier, et que,

Fol 488

ARTICLE 2. — *Fontaine de la rue des Cordeliers.*

à cet effet, il sera permis aux propriétaires des dites eaux de boucher la prise qui sera faite pour le sieur Archier, ou d'ouvrir le bas du bassin de la fontaine lorsqu'ils voudront arroser.

« Lecture faite du mémoire du sieur Archier, le Conseil, à pluralité des voix, délibère de lui accorder un denier d'eau pour sa fabrique de tannerie spéciale- ment, la quelle venant à cesser la concession sera dès maintenant comme pour lors éteinte, et dont la prise du dit denier d'eau sera placée au bassin de la fon- taine qui découle vis à vis la maison de M° Rolland à l'indication de Messieurs les Consuls, et avec cette condition que la dite prise d'eau ne pourra nuire ni préjudicier aux droits des propriétaires qui arrosent du survers de la dite fon- taine, les quels propriétaires sus dits auront la faculté de boucher la dite prise d'eau toutes les fois et quantes qu'ils voudront arroser leurs jardins qui ont droit de ce, et sauf néanmoins l'opposition des tiers, et sans que la Communauté soit de rien tenue au dit sieur Archier pour le regard de la dite concession et accés- soires. » *Fol° 491.*

Délibération du 9 mai 1779.

Rolland,
Charles-Tous-
saint.
—
Révoquée
par
la délibération
du 9 mai 1847.

Fol· 70. V°.

« Le sieur Charles, Toussaint Rolland expose au Conseil qu'il a l'intention de faire rétablir la fabrique d'eau de vie, qu'il avait fait construire au derrière de la maison de son père, quartier des Cordeliers, qu'il fût forcé d'abandonner par le défaut d'une eau pure et propre pour cet objet, attendu qu'il se servait de celle qui est destinée pour l'arrosage des jardins de ce quartier, qui, pour l'or- dinaire, est sale des immondices et notamment de celle du moulin à huile supé- rieur du sieur Minuty ; et d'autant que les fabriques d'eau de vie sont d'une utilité évidente pour la ville par la grande consommation des vins, que d'ailleurs la Communauté s'est empressée de les favoriser ; il demande qu'il lui soit permis de prendre l'eau nécessaire pour cette fabrique au reservoir de la fontaine qui découle devant sa maison, au moyen d'une conduite souterraine qui sera prati- quée à ses frais et dépens, la quelle eau tiendra aussi lieu de celle pour l'arro- sage de son jardin, qu'il prenait au ruisseau de la rue.

« Le Conseil a unanimement accordé au sieur Toussaint Rolland l'eau pour sa fabrique d'eau de vie, qui sera prise dans le reservoir de la fontaine qui dé- coule devant sa maison au moyen d'une conduite qui sera pratiquée à ses frais et dépens, à tout quoi les sieurs Maires-Consuls seront appelés ; la quelle eau tiendra lieu d'arrosage de celle qu'il prenait au ruisseau pour son jardin, et le tout sans préjudicier aux droits et facultés de ceux qui arrosent de l'eau de cette fontaine, et notamment à la prise accordée au sieur Jean Archier. » — *Fol° 74. V°.*

1791-1806.

ARTICLE 2. — *Fontaine de la rue des Cordeliers.*

Le 21 novembre 1791, « Joseph, Barthelemy Bourgue, muletier, fabricant d'eau de vie, demande une partie des eaux du réservoir de la fontaine de la Place des Cordeliers, pour servir à la fabrication de son commerce, s'obligeant de fermer la conduite, etc.... » — *Folo* 318.

Bourgue, Joseph
Barthélemy.

Un demi denier
d'eau.

Le 4 décembre 1791, « lecture faite de la pétition du dit Bourgues, du rapport de MM. les Commissaires et des observations et requisitions de Messieurs Archier frères ; — le Conseil, ouï le procureur de la Commune, a unanimement consenti et permis au dit Bourgue de dériver demi denier d'eau du bassin de la fontaine des Cordeliers pour l'usage de sa fabrique d'eau de vie, à condition que cette eau rentrera au ruisseau de la rue qui est au devant de sa fabrique, et qu'il y sera placé un griffon pour être fermé lorsque la fabrique ne travaillera pas ; — que la prise d'eau sera de niveau à celles déjà existantes dans le bassin, et que, lorsqu'il la faira établir, il sera tenu d'appeler Messieurs les Officiers Municipaux, n'accordant au dit Bourgue cette eau que tant que sa fabrique subsistera. Le tout sans préjudicier aux droits de la Commune, etc..... » — *Folo* 325.

Supprimée
par délibération
du 28 novembre
1847.

Délibération du 7 mai 1806.

« Pétition du sieur Antoine Archier, fabricant tanneur de cette ville, ayant pour objet d'obtenir un demi denier d'eau non forcé à prendre au cerveau de la fontaine des Cordeliers, attendu que, depuis l'établissement de la fabrique d'eau de vie qui existe aux ci-devant Cordeliers, sa fabrique ne peut travailler soit par la chaleur des eaux qui y découlent, soit encor par les eaux vineuses ;

Archier,
Antoine.

Un demi denier
d'eau.

« Sur quoi, considérant qu'il est de toute justice de favoriser une fabrique qui travaille depuis 1763, et qui a employé quantité d'ouvriers ;

La délibération
du
9 mai 1847,
donne cette eau
à
Alex. Bremond.

« Que la demande du pétitionnaire n'a rien qui puisse blesser les intérêts de la Commune ni priver les habitants qui avoisinent cette fontaine de l'eau nécessaire à leur usage, d'après le rapport qu'en a fait la Commission qui a été nommée à cet effet et prise dans son sein ;

« Que les conditions proposées par le pétitionnaire concilient l'intérêt public avec l'intérêt privé ;

« Le Conseil a unanimement délibéré que le sieur Antoine Archier, fabricant tanneur, est autorisé à prendre temporairement, et tant que la fabrique d'eau de vie établie aux ci-devant Cordeliers travaillera, un demi denier d'eau non forcé au cerveau de la fontaine des Cordeliers, pour alimenter sa fabrique, à la charge : 1o de disposer la prise déjà existante dans le bassin de la fontaine de manière que ce bassin soit toujours rempli pour servir à l'abreuvage des bestiaux, qu'il y ait même des versures qui découlent dans le lavoir attenant, et servent en même temps à rafraichir le quartier en été ; 2o d'ôter les pierres qui servent de porte cruches pour les remplacer en fer ; 3o de payer tous les frais de ces ouvriers sans que la Commune soit tenue d'aucun débours : 4o de ne

ARTICLE 2. — *Fontaine de la rue des Cordeliers.*

pouvoir y procéder qu'en la présence et l'approbation du Commissaire de police et des sieurs Hubert Acard, prêtre, et Louis, Laurent Robert, docteur en médecine, que le Conseil commet à cet effet; 5° que M. le Maire sera dans tous les temps, soit en cas de pénurie soit en cas de plainte, autorisé à faire fermer la prise actuellement concédée aux frais et dépens de l'exposant, sans que celui-ci puisse, dans aucune circonstance et pour aucun motif, prétendre s'y opposer. » — *Fol°* 1.

Délibération du 6 juillet 1806.

Refusé l'eau
à Jean-Baptiste
Grisolle.

« Pétition de M. Jⁿ B^{to} Grisolle, père, propriétaire de cette ville, tendante à obtenir un denier d'eau à prendre au cerveau de la fontaine dite des Cordeliers, attendu que les eaux chaudes et vineuses de la fabrique d'eau de vie établie dans l'Église des ci-devant Cordeliers, et celles du sieur Molinard cadet, l'empêchent d'arroser le jardin qu'il possède auprès de sa maison d'habitation, rue des Cordeliers; si mieux aime le Conseil engager les sieurs Chassary et Molinard cadet à conduire leurs eaux chaudes et vineuses par un acqueduc jusqu'au dessous de la maison de M. Grisolle, et qui viendrait aboutir à la Place Jean Raynaud où se trouve la réunion de plusieurs ruisseaux; et que, si cette mesure était adoptée, elle concilierait les intérêts des possédants jardins, au nombre des quels se trouve l'exposant, et des fabricants tanneurs qui ont droit à prendre l'eau du survès de la fontaine des Cordeliers ou du ruisseau attenant — alors la concession accordée au sieur Antoine Archier, tanneur, par délibération du Conseil le 7 mai dernier, demeurerait annulée;

« Sur quoi, considérant, etc .. etc... le Conseil délibère de ne point accorder le denier d'eau demandé dans la pétition, et d'obliger les sieurs Chassary et Molinard à conduire jusqu'à la Place Jean Raynaud leurs eaux chaudes, etc.... comme le demande M. Grisolle. » — *Pages* 7 et 8.

Délibération du 9 mai 1847.

Bremond,
Alexandre.

—

25 millimètres.

« Après avoir entendu le rapport de la Commission des pétitions;

« Considérant que M. Bremond est propriétaire d'une fabrique de tannerie qui manque d'eau pour être convenablement exploitée;

« Considérant que sa demande tendant à obtenir l'autorisation de prendre une partie du survers de la fontaine des Cordeliers précédemment accordée à la maison Archier pour besoin d'usine, et que le pétitionnaire pourra utiliser au moyen de quelques travaux d'acqueduc à faire dans le fond de Me Trucy, paraît juste et mérite d'être accueillie;

« Considérant toutefois que M. Jaubert avait déjà fait quelques travaux que M. Bremond pourra utiliser pour la conduite de ces mêmes eaux;

1847.

ARTICLE 2. — *Fontaine de la rue des Cordeliers.*

« Le Conseil, à l'unanimité, accorde à M. Alexandre Bremond l'autorisation de prendre, avec une ouverture de 25 millimètres, une partie du survers des eaux de la fontaine des Cordeliers formant l'ancienne concession faite à l'usine qui se trouvait dans la maison Archier, la quelle demeure révoquée, l'ouverture sera placée à dix centimètres.

Bremond, Alexandre.
—
25 millimètres.

« Le pétitionnaire est tenu de faire et d'achever dans six mois à partir de ce jour les travaux nécessités par la présente concession, la quelle sera considérée comme non avenue si les travaux ne sont pas faits dans ce délai.

Fol° 31 V°.

« La présente concession faite à titre gratuit est essentiellement révocable, elle le sera là où l'usine changerait de destination, et pourra l'être pour tous les cas d'utilité ou de convenance communale.

Délibération du 9 mai 1847 (suite).

« Sur le rapport de la Commission des pétitions,

« Considérant que l'usine, existante jadis dans la maison possédée par M. Rey, et pour l'exploitation de la quelle concession d'eau avait été faite, n'existe plus aujourd'hui ;

Jaubert et Boyer
—
Trois centimè-
tres d'eau

« Considérant d'autre part que deux fabriques de tannerie, l'une possédée par M. Jaubert et l'autre par les sieurs Boyer frères, n'ont pas des eaux suffisantes à leurs besoins et qu'il est juste de leur fournir des moyens convenables d'exploitation ;

« Le Conseil accorde aux fabriques de M. Jaubert et des sieurs Boyer frères l'autorisation de prendre par moitié et égales parts............ du survers de la fontaine des Cordeliers, formant l'ancienne concession faite à l'usine qui se trouvait dans la maison Rey, la quelle demeure révoquée.

« Les pétitionnaires sont tenus de faire achever dans six mois, à partir de ce jour, les travaux nécessités par leurs concessions, les quelles seront considérées comme non avenues si les travaux ne sont pas faits dans ce délai.

« Les présentes concessions à titre gratuit sont essentiellement révocables, elles le seront là où l'usine changerait de destination, et pourront l'être pour tous les cas d'utilité ou de convenance communale. » — *Fol° 32.*

Délibération du 28 novembre 1847.

« Délibéré qu'à la diligence de M. le Maire, la prise d'eau établie par M. Bourgues sera supprimée, et les eaux de la dite prise laissées à leur cours naturel dans la rue des Cordeliers. »

La prise
de Bourgues,
Joseph-Bar-
thélemy,
est supprimée.
Fol° 48.

1862-1864.

ARTICLE 2. — *Fontaine de la rue des Cordeliers.*

Délibération du 9 février 1862.

Rejet
de la nouvelle
demande
de Mme veuve
Bourgues.

« Madame veuve Bourgues a demandé la reconcession d'eau, qu'elle avait sur le survers de la fontaine des Cordeliers.—Elle avait abandonné cette concession lorsqu'une taxe fût établie sur toutes les concessions de même nature ; aujourd'hui elle fonde sa demande nouvelle sur l'obligation où elle est de laisser son auberge à la merci des voyageurs pour aller chercher de l'eau à la fontaine publique ;

« Considérant que les concessions d'eau ne doivent être accordées qu'en vue de l'intérêt public qui peut résulter de leur destination ;

« Que Madame veuve Bourgues, ne demandant l'eau que pour l'usage domestique de son auberge, ne présente qu'un intérêt tout personnel ;

« Qu'il convient de réserver les eaux libres pour le cas où une industrie les réclamerait dans un but dont l'intérêt public proffiterait ;

« Le Conseil municipal, d'un avis unanime, rejette la demande de Madame veuve Bourgues. » — *Fol°* 104.

Délibération du 6 novembre 1864.

Confirmée
la concession
faite à Jaubert,
représenté
par Vert

—

Un centimètre
d'eau.

Fol° 187 *du Reg.*

« M. Hypolithe Vert se plaint de ce que l'eau concédée à la fabrique de tannerie, qu'il a acquise de M. Jaubert, a été interceptée par M. Rossolin, et que les eaux, dites des sept prises, venant d'une source située sous le Théâtre, ont été également interceptées, de façon que sa tannerie est complettement privée d'eau ;

« Il demande que ces eaux lui soient rendues, ou qu'elles soient remplacées par une concession sur le survers de la fontaine de Jean-Raynaud ou sur celle des eaux perdues.

« Le 9 mai 1779, le Conseil avait accordé à M. Rolland une concession d'eau du survers de la fontaine des Cordeliers pour une fabrique d'eau de vie établie dans sa maison située à côté de cette fontaine et possédée aujourd'hui par M. Rossolin ;

« Le 9 mai 1847, le Conseil révoqua cette concession et accorda son eau, moitié à la tannerie de M. Jaubert, et moitié à celle de Messieurs Boyer frères ;

« Messieurs Boyer et Jaubert trouvèrent avantageux de se servir de la conduite déjà faite par M. Rolland, et s'entendirent avec M. Rey, représentant alors M. Rolland, pour faire passer l'eau à travers sa maison et son jardin ;

« Si M. Rossolin ne veut plus tolérer ce passage, c'est à M. Vert et non au Conseil à aviser, puisque Messieurs Jaubert et Boyer ont obtenu une concession d'eau à prendre dans le bassin de la fontaine des Cordeliers, sauf à eux à établir leur conduite où ils le jugeraient plus convenable.

Article 2. — *Fontaine de la rue des Cordeliers.*

« Mais il s'est fait une erreur grave dans l'inscription de ces concessions sur le Registre spécial, ainsi que sur les listes des taxes dressées chaque année depuis 1859 : on a porté M. Camille Rey, comme concessionnaire direct de trois centimètres d'eau, et Messieurs Jaubert et Boyer comme sous-concessionnaires de M. Rey, tout en citant la délibération du 9 mai 1847 qui révoque la concession Rey pour la donner à Messieurs Jaubert et Boyer ; cette erreur a pu faire croire à M. Rossolin qu'il était concessionnaire, et qu'il avait le droit d'enlever l'eau à M. Vert, qui ne figure pas sur le tableau des taxes ;

Vert, Hypolithe

Un centimètre d'eau.

« Ajoutons que Messieurs Boyer frères ont renoncé à leur moitié de concession, et que la prise a été réduite à un centimètre depuis plusieurs années, et que M. Rey est seul taxé sur le tableau.

« La Commission a pensé qu'il serait juste de maintenir à M. Vert le centimètre d'eau accordé à sa fabrique de tannerie, avec liberté, s'il ne peut s'entendre avec M. Rossolin, de la faire passer par une voie indépendante de la maison du dit M. Rossolin, qui a cessé d'être concessionnaire depuis 1847.

« Quand aux usurpations que M. Vert dit avoir été commises sur les eaux *des sept prises*, la Commission croit que le Conseil municipal doit demeurer étranger aux débats qui peuvent surgir entre les usagers de ces eaux, et suivre les errements de la délibération du 29 août 1824, où il est passé à l'ordre du jour sur une pétition qui faisait des réclamations sur le même sujet, et laisse les tanneurs jouir de ces eaux en réservant à la Commune de faire valoir tous ses droits en cas de besoin, parce que la Commune ne saurait reconnaître la vente qui en fut faite par les R. P. Cordeliers par acte du 1er mai 1765, vente nulle de plein droit à cause de l'incapacité des vendeurs qui n'étaient qu'usufruitiers, et aux quels l'édit de 1606 interdisait toute aliénation.

Eau des Sept Prises

Le Conseil s'abstient sur la réclamation de cette eau, en réservant tous les droits de la Commune.

« Le Conseil appelé à délibérer sur cette pétition, adopte à l'unanimité, les conclusions de la Commission et accorde de nouveau à M. Vert un centimètre d'eau du survers de la fontaine des Cordeliers, qu'il prendra dans le bassin de la dite fontaine sans opérer aucun changement à la prise existante, pour la conduire à sa fabrique de la manière qu'il jugera convenable, après avoir cependant essayé de s'entendre avec M. Rossolin, dont la concession ancienne demeure révoquée.

« Cette concession cessera de plein droit dès que la fabrique de tannerie pour la quelle elle est destinée cessera de travailler ; elle sera toujours révocable, et ne pourra être cédée ni transmise à quelque titre que ce soit, sans l'autorisation du Conseil municipal. »

*Délibération du 14 mai 1865. — Fol*os 197. *V*o et 198.

« M. le Maire rappelle que M. Vert, Hyppolithe, avait adressé une pétition demandant une concession d'eau pour sa fabrique de tannerie, il invite la Commission nommée à ce sujet à faire son rapport.

Rossolin et Vert

Un centimètre d'eau à chacun d'eux.

14 Mai 1865.

ARTICLE 2. — *Fontaine de la rue des Cordeliers.*

Rossolin et Vert

Un centimètre
d'eau
à chacun d'eux.

« La Commission expose que M. Vert a acheté de M. Jaubert une fabrique de tannerie située au quartier d'Entraigues, et dans la rue appelée *Pas de Green ;* M. Jaubert avait obtenu pour cette fabrique la concession de deux centimètres d'eau anciennement accordée à M. Rolland pour une distillerie qui n'existe plus, et la délibération du 9 mai 1847 révoque la concession Rolland en la transportant moitié à M. Jaubert et moitié à Messieurs Boyer frères pour leur tannerie voisine.

« Messieurs Boyer et Jaubert, afin d'éviter les frais de conduite, s'entendirent avec M. Rey, acquéreur de la maison Rolland et firent passer l'eau à travers cette maison et jardin, en donnant à M. Rey l'usage de cette eau de passage, qu'ils reprenaient à sa sortie du jardin à quelques pas de leurs tanneries ;

« En 1859, lorsqu'une taxe fut établie sur les concesssions à titre gratuit, M. Jaubert, ainsi que M. Boyer, dirent à M. le Maire que leurs fabriques ne travaillaient pas en ce moment, et ils demandèrent à être exonérés de cette taxe.

« M. Rey, qui n'était pas concessionnaire, mais avait seulement l'usage des eaux, comme indemnité de la servitude consentie envers Messieurs Jaubert et Boyer, seuls concessionnaires, fut porté sur l'état des taxes de concessions, et paya seul cette taxe quoique l'eau continuât d'avoir son issue par la conduite Jaubert et Boyer.

« M. Rossolin, ayant acheté la maison Rey, y trouva l'eau, en paya la taxe, et se crut en droit d'enlever les conduites Jaubert et Boyer, et d'y substituer une conduite nouvelle conduisant l'eau à sa fabrique de tannerie : cette opération fut exécutée au vû et sçû de Messieurs Vert et Roubaud, acquéreurs de Messieurs Jaubert et Boyer, et ces Messieurs ne firent aucun acte d'opposition.

« M. Vert, se voyant plus tard hors d'état de travailler, faute d'eau, adressa au Conseil municipal une pétition tendant à être réintégré dans sa concession ou à recevoir toute autre concession, afin de pouvoir utiliser sa fabrique.

« M. Rossolin adressa des observations écrites pour justifier sa possession et l'enlèvement de la conduite Vert et Roubaud, et c'est sur ces observations que la question fut renvoyée à un nouvel examen qui a fait connaître la situation, qui vient d'être exposée.

« La Commission croit devoir ajouter que Messieurs les tanneurs de ce quartier possèdent de l'eau provenant d'une source, qui naît dans le jardin de M. Gavoty contre la façade Sud du Théâtre, connue sous le nom d'eau *des sept prises.* Cette source, lorsque la Commission l'a visitée, donnait un assez fort volume d'eau aux tanneurs; mais cette eau n'arrivait pas à destination, probablement en suite du mauvais état du canal souterrain établi dans la traversée du jardin Gavoty.

14 Mai 1865.

ARTICLE 2. — *Fontaine de la rue des Cordeliers.*

« Ces mêmes tanneries ont aussi la jouissance très-ancienne des eaux dites perdues qui descendent vers la rue des Cordeliers, et qu'ils ont l'habitude de diriger dans la conduite *des sept prises*, en la faisant passer à travers la Place du Théâtre et le jardin de M. Barbarroux, médecin.

Rossolin et Vert
—
Un centimètre
d'eau
à chacun d'eux.

« Il est certain qu'on pourrait opposer à Messieurs les tanneurs leur négligence à faire les réparations nécessaires, et leur refuser toute concession, puisqu'ils ont le moyen d'avoir l'eau nécessaire sans recourir aux survers des fontaines publiques.

« En l'état, M. Rossolin jouit de deux centimètres d'eau sur les versures de la fontaine de la Place Jean-Raynaud; d'un centimètre sur la fontaine des Cordeliers, c'est l'eau contestée par M. Vert; et il a de plus sa part d'eau *des sept prises;*

« M. Vert a aussi sa part d'eau *des sept prises;* mais, en considérant que M. Rossolin et les autres tanneurs de ce quartier ont obtenu des concessions sur les versures, quoiqu'ils eussent leurs droits sur *les sept prises*, et que la fabrique de M. Vert n'a pas d'eau par suite de l'état de la conduite des eaux du Théâtre;

« La Commission croit convenable d'accorder à M. Vert un centimètre d'eau des versures de la fontaine des Cordeliers, en conservant à M. Rossolin le centimètre dont il jouit, de façon à partager entr'eux les deux centimètres qui formaient l'ancienne concession Rolland.

« Le Conseil adopte, à l'unanimité, les conclusions de la Commission, en soumettant les concessionnaires à régulariser leurs prises et à faire les conduites nécessaires dans le délai de six mois, sous peine de déchéance; le tout sous la surveillance de l'Autorité municipale, et en se soumettant aux règlements, à la taxe, et aux autres conditions inhérentes aux concessions gratuites. »

ARTICLE 3. — *Fontaine de la Place Jean-Raynaud.*

Au bas de la rue que nous appelons *Montée de l'Hôpital-Vieux*, la dernière maison à droite appartenait à un notable habitant de Brignoles nommé Jean Raynaud (Johannes Raynaudus).

En 1390, il fit ouvrir le rempart de la ville et y construisit une porte avec pont levis, à laquelle on donna son nom : ce fut une quatrième porte pour la commodité des habitants de l'intérieur de la ville, qui n'en avait que trois au commencement de cette même année 1390, savoir; la Porte des Frères Mineurs désignée alors sous le nom de *Portalis Barralerii* (1), la Porte de St. Pierre (ces

1399.
—
Portail
de
Jean-Raynaud.

(1) Les moulins que nous appelons *Bessons* portaient aussi le nom de Barralier (Molendina Barralerii); il n'existe aucun document sur le personnage dont ce quartier portait le nom.

ARTICLE 3. — *Fontaine de la Place Jean-Raynaud.*

deux portes existent encore), et la Porte de Caramie, au bas de la montée du St. Esprit.

L'exiguité de l'enceinte fortifiée amena la construction de maisons et fabriques de tannerie qui formèrent peu à peu le Bourg d'Entraigues ; *(Burgus de inter aquis.)*

Le 24 février 1501, « le Conseil ordonne d'abattre et d'enlever la muraille qui est devant le Portail de Jehan Raynaut, de façon à découvrir la vûe de ce portail, et de construire un pont devant ce même portail, afin de laisser passer l'eau venant de la fontaine des Frères Mineurs, et que tous ceux, qui possèdent des maisons ou emplacements *(luegos)* long de ce ruisseau, auront le soin de le faire paver et de l'entretenir propre, sous peine de dix sols d'amende. » — *Fol⁰ 314. V⁰.*

Place
du
Jean-Raynaud.

En 1515, les voisins du portail de Jean-Raynaud, pour la commodité et l'embellissement du quartier, voulurent faire une place devant ce portail, et ils s'adressèrent au Conseil de la ville, qui prit la délibération suivante, le 4 juin 1515 :

« Vû que trois particuliers de cette ville, voulants acheter le jardin de Jean Billet, devant le portail de Jehan Raynaut, pour y faire une place et en icelle une fontaine, ont requis Messieurs les Sindics et Conseillers de les aider de quelque chose pour ce faire ;

« Le Conseil ordonne de donner, pour aider à l'achat de la dite place, vingt florins, à condition que ces particuliers seront tenus de mettre tout le jardin en *place* et faire une fontaine en icelle. » — *Fol° 390. V⁰.*

Il paraît qu'on en demeura là sans rien faire, car *le 22 avril 1532,* « le Conseil ordonne que le Trésorier paye, au nom de la ville, la *luègue* qui était jardin de Billet, devant la maison du Poids de la Ville (1), à condition que les particuliers de Jehan Raynaud achèteront les autres *luegues* pour y faire une place. » — *Fol⁰ 206. V⁰.*

Établissoment
de la fontaine.

Ces divers terains furent achetés, la place fut faite et reçut le nom de Place du Portail de Jean-Raynaud, et par abréviation, Place de Jean-Raynaud ; ce ne fut que 47 ans plus tard, *le 27 janvier 1579,* « que le Conseil de la ville permit aux habitants du quartier de Jean Raynaud de faire une fontaine sur la place de ce nom, mais à leurs dépens ; et il commit à capitaine Honoré Amic et à M. Honoré Bonety, de faire faire cette fontaine. — *Fol⁰ 342. V⁰.*

(1) Cette maison du *Poids de la Ville* est celle où était encore le *Poids de la Farine* en 1792.

ARTICLE 3. — *Fontaine de la Place Jean-Raynaud.*

Et, *le 25 juillet* 1583, le Conseil décide que le Trésorier remboursera aux particuliers du quartier les sommes fournies par eux pour la facture de la fontaine de la place de Jean Raynaud.

Suit la liste de quarante noms, avec le chiffre de la somme fournie par chacun, et qui s'élève à la somme totale de 524 florins. — Les frais de l'établissement de la conduite sont compris dans ce chiffre. — *Fol*° 63. *V*°.

D'après ces deux délibérations, la fontaine de la Place Jean-Raynaud a été faite entre l'année 1579 et l'année 1583.

Délibération du 26 janvier 1587.   *Fol*° 312. *V*°.

« Sur ce que Étienne Maunier demande qu'il lui soit permis de prendre de l'eau qui tombe de la font de la Place Jean Raynaud pour sa caulquière — ont conclu lui répondre que, pour cause des jardins qui arrosent de la dite font, la ville y aurait intérêt. »

Refusé les versures à cause de l'usage des jardins.

Nota. — La crainte de causer des embarras et des frais à la ville, semble indiquer que les particuliers, qui avaient fait les avances des frais de la fontaine, avaient stipulé le droit d'arroser leurs jardins avec les versures.

Délibération du 18 juin 1598.   *Fol*° 133.

« Le Conseil a commis deux des arpentiers pour régler les eaux des jardins qui s'arrosent de la Place Jean Raynaud, appelés ceux qu'y appartiendra, sans préjudice de ceux qui s'en pourraient servir — nommé Maitres Rayssony et Bruni qui en fairont rapport. »

Régler l'arrosage par l'eau de la Place Jean-Raynaud,

Délibération du 18 juin 1769.   *Fol*° 124. *V*°.

« Sur le rapport de M. le Maire, 1er Consul, qui dit que la fontaine de la Place Jean Raynaud est toute délabrée et ne peut plus servir, le Conseil adopte le plan et devis d'une nouvelle fontaine, quenouille et bassin, et délibère de la mettre aux enchères. »

Faire une fontaine nouvelle.

Délibération du 31 juin 1782.

« Exposé par le Maire, que le sieur Charles Bremond s'est adressé à nous pour avoir l'eau qui se verse de la fontaine de la Place de Jean Raynaud, en tant qu'elle ne sera pas utile aux arrosages; il la demande pour la fabrication des peaux : requérant que le Conseil délibère. — *Fol*° 331. *V*°.

Gavoty,

représentant Bremond, Charles

« Le Conseil a unanimement consenti que le sieur Charles Bremond prenne un denier d'eau du survers de la fontaine de Jean Raynaud pour l'usage de sa fabrique de tannerie rue Cariamette, sans que la Communauté lui soit de rien tenue, et sauf à la Communauté de lui lever le denier d'eau le cas échéant. » — *Fol*° 353.

Un denier d'eau

ARTICLE 3. — *Fontaine de la Place Jean-Raynaud.*

Le 31 *juillet* 1791, « Louis Bourgue, distillateur d'eau de vie, qui a sa fabrique dans la rue Entraigues, a présenté une pétition demandant la permission de prendre de l'eau dans le bassin de la fontaine de la Place de Jean Raynaud, pour la conduire à ses frais et dépens dans sa dite fabrique, à condition qu'il dérivera encore cette eau dans le ruisseau de la dite rue. — *Fol*° 250.

« Renvoyé à l'examen d'une Commission, qui fera son rapport. »— *Fol*° 252.

Délibération du 7 août 1791.

« Lecture faite de la pétition du sieur Bourgue et du rapport de Messieurs les Commissaires mentionnés dans la proposition, le Conseil a unanimement consenti et permis au dit Bourgue de dériver un denier d'eau du bassin de la fontaine de Jean Raynaud pour l'usage de sa fabrique d'eau de vie, à condition que cette eau rentrera dans le ruisseau de la rue qui est au devant de la dite fabrique, comme encore que, lorsqu'il faira établir sa prise, il sera tenu d'appeler Messieurs les Officiers municipaux, le tout sans préjudicier aux droits que peuvent avoir les concessionnaires précédents sur cette eau, et sous la reserve de tous les droits de la Commune sur cette même eau accordée, là où elle pourrait en avoir le moindre besoin, le tout aux risques, péril, et fortune du dit Bourgue, qui ne pourra jamais alléguer ni prescription ni possession dans quelque temps que ce soit, et quelque laps dès celui qu'il y ait, ni encore pouvoir prétendre aucune indemnité si la Commune réclamait cette eau dans la suite. » — *Fol*° 259.

Délibération du 18 *mai* 1792.   *Fol*° 392.

« Sur la pétition d'Honoré Martin, délibéré que les prises d'eau des sieurs Gavoty et Bourgues seront remises à fleur d'eau dans l'état de leur concession, sauf, si dans cet état, elles causent préjudice à ceux qui ont droit d'arrosage des eaux, être délibéré ce qu'il appartiendra. »

Délibération du 15 *mars* 1793.   *Fol*°ˢ 534 et 536.

« Sur le rapport des Commissaires nommés, dans un Conseil précédent du 28 février, pour vérifier si la concession d'eau que Michel Frechin, distillateur d'eau de vie, a réclamée des versures de la fontaine de Jean Raynaud peut être accordée sans préjudice des droits des tiers ; il résulte de leurs opérations que le citoyen Bourgue, au quel il a été concédé une concession d'eau, dans le Conseil du 7 août 1791, des versures de la dite fontaine de Jean Raynaud, consent à départir au dit Frechin la moitié de son eau aux conditions suivantes :

« Que le dit Frechin l'indemniserait de la moitié des frais de la conduite qu'il a fait faire depuis la fontaine de Jean Raynaud jusqu'à sa maison, sur le prix du rolle qui en serait donné par le fontainier ; qu'il supportera en entier la dépense de la serve de l'eau qui sera répartie, et que, la fabrication d'eau de vie du dit

Article 3. — *Fontaine de la Place Jean-Raynaud.*

Frechin venant à cesser, toute l'eau appartiendra au dit Bourgue ; que l'eau sera rejetée dans le ruisseau de la rue, etc.....

« Le Conseil approuve l'arrangement fait entre Bourgue et Frechin, à condition que celui-ci ne jouira que sous les clauses et conditions de la concession qui a été faite au dit Bourgue dans le Conseil du 7 août 1791. »

Délibération du 22 juin 1806.   *Pages 5 et 6 du 4e cahier.*

« Pétition du sieur Gilbert Reboul, droguiste, confiseur et liquoriste de Toulon, tendante à ce que, bien aise de se fixer en cette ville et y exercer son état, il lui soit permis d'user, dans une maison qu'il vient d'acquérir, de la concession d'eau qui avait été précédemment accordée à Joseph Bourgue (1), son voisin, en se servant des mêmes acqueducs et prise dans la fontaine de Jean Raynaud, ou soit, de la partager avec son dit voisin, dans le mur mitoyen qui les sépare, dans le cas où ce dernier reprendrait sa fabrication d'eau de vie, sauf à s'entendre avec lui pour tous les frais à cet égard.

Gilbert Reboul.

Eau de Frechin.

« Considérant que l'intérêt de la Commune exige de favoriser le pétitionnaire dans l'établissement qu'il se propose de former ; d'autant mieux que cet établissement fixe en cette ville un citoyen utile sans nuire aucunement à Joseph Bourgue, son voisin, qui, par le volume d'eau de la concession dont s'agit, peut reprendre et faire valoir sa fabrication ;

« Considérant que l'offre faite par le pétitionnaire doit remplir les intentions du Conseil et rassurer en même temps le susdit Bourgue ;

« Considérant en outre que anciennement cette eau était partagée au même endroit entre Frechin et Bourgue, tous les deux distilateurs ; que le pétitionnaire représente Frechin, ou soit le sieur Gautier, avocat, alors propriétaire du local acquis par le sieur Reboul ; qu'en ce cas tout prouve que le partage de l'eau dont s'agit ne peut, non seulement nuire à aucun d'eux, mais encore leur rendre les frais d'entretien moins onéreux, même de l'aveu du dit Bourgue ici présent ;

« Considérant néanmoins que, pour éviter tout abus, il est de bonne administration de faire constater l'état actuel de la prise d'eau pour qu'elle ne puisse être altérée dans aucun temps ni pour aucun motif sans autorisation expresse ;

« A unanimement délibéré :

« 1° De faire droit à la demande du sieur Reboul en lui accordant l'eau de la concession précédemment accordée au sieur Joseph Bourgues (1), ou soit, en la partageant avec ce dernier dans le cas qu'il reprit sa fabrication, soit enfin en s'entendant avec lui pour les frais en résultants ;

(1) La délibération du 7 août 1791 accorde l'eau à *Louis* Bourgue, père du *Joseph* Bourgues, dont il s'agit aujourd'hui.

ARTICLE 3. — *Fontaine de la Place Jean-Raynaud.*

« 2° De le subordonner aux conditions portées dans la délibération du Conseil du 7 août 1791, qui accordait cette concession au susdit Bourgues ;

« 3° Que l'établissement projété par le sieur Reboul aura lieu dans l'espace de six mois, et que, dans le cas contraire, ou soit que ce dernier emploie ce local à toute autre chose qu'à une fabrication, la présente serait comme non advenue et la prise fermée à ses frais ;

« 4° Qu'à la diligence du Commissaire de police, il sera dressé procès verbal de l'état de la prise d'eau pour qu'elle ne puisse être altérée, pour le dit verbal, dressé en présence du sieur Reboul, être déposé aux archives de la Mairie et annexé à la présente. »

Délibération du 31 août 1806.   *Pages 12 et 13 du 4° cahier.*

M. Gilb⸱ Reboul est autorisé à prendre son eau dans le bassin de la fontaine de Jean-Raynaud.

« Pétition du sieur Gilbert Reboul qui, ne pouvant s'arranger avec Bourgues, demande la permission de prendre dans le bassin de la fontaine de Jean Raynaud l'eau à lui concédée le 22 juin dernier.

« Après mûre discussion, le Conseil a unanimement délibéré :

« 1° D'autoriser le sieur Reboul à construire à ses frais la prise dont s'agit, de manière qu'elle présente en cas de besoin les moyens d'une répartition égale avec le dit Bourgue ;

« 2° De soumettre le sieur Reboul à tous les règlements de police ;

« 3° De nommer deux Commissaires en la personne des sieurs Jean Baptiste-Amic et Joseph Roux, membres du Conseil, dont la surveillance leur est confiée ;

« 4° Que les hoirs Bourgue seront avertis huit jours à l'avance par une lettre officielle de M. le Maire, à l'effet d'être présents au travail, passé le quel délai de huit jours, il sera passé outre ;

« 5° De soumettre la présente à l'approbation de M. le Préfet. »

Délibération du 3 juillet 1842.   *Fol° 127. V°,*

Rossolin, Louis-Jean-Baptiste-Barnabé.

—

Deux centimètres d'eau.

« Vû la pétition de M. Louis, Jean Baptiste, Barnabé Rossolin, fabricant tanneur, qui demande un tuyau d'eau des versures de la fontaine de la Place Jean-Raynaud, pour l'usage de sa fabrique de tannerie ;

« Attendu que la fabrique de tannerie de M. Rossolin manque de l'eau nécessaire pour son travail ; que c'est un établissement d'une assez grande importance pour mériter d'être encouragé ;

1842-1858.

ARTICLE 3. — *Fontaine de la Place Jean-Raynaud.*

« Attendu que la fontaine de la Place de Jean Raynaud donne de l'eau en trez grande abondance ; qu'on peut distraire sur ses versures la quantité demandée sans nuire aux habitants du quartier ; que des concessions semblables ont existé sans inconvénient ;

« Le Conseil a délibéré d'accorder à M. Rossolin un tuyau d'eau de la valeur de deux centimètres de diamètre à prendre dans le bassin de la fontaine de la Place Jean-Raynaud, qu'il sera autorisé à conduire dans ses fabriques de tannerie, à la charge par lui de faire tous les travaux à ses frais, et de se conformer aux ordres de M. le Maire pour leur exécution ; avec réserve de révocation de cette concession si ces eaux devenaient nécessaires pour un service public, si les fabriques de M. Rossolin cessaient de travailler, ou si on leur donnait une autre destination, ou si M. Rossolin acquérait d'autres eaux suffisantes pour l'exploitation de son industrie. »

Délibération du 7 août 1858.   *Fol° 139.*

« M. le Président expose que M. Hypolithe, Laurent Roubaud, par sa pétition du 20 juillet 1858, demande une concession d'eau pour la fabrique de tannerie qu'il possède en cette ville, quartier du Pas de Gren, et qu'il vient d'augmenter considérablement ; que l'eau demandée par le sieur Roubaud pourrait lui être accordée sans inconvénient sur les versures de la fontaine Jean-Raynaud, où il existe déjà une prise qui mène les eaux à la fabrique de M. Rossolin, contiguë à celle du sieur Roubaud ; qu'en augmentant le volume de cette prise, il serait facilement pourvu aux besoins des deux fabriques qui se diviseraient les eaux sans établir d'autres acqueducs sous la voie publique, M. Roubaud demeurant chargé de pourvoir à tous les frais sans le concours de M. Rossolin, propriétaire de l'acqueduc actuel ;

« Le Conseil, après avoir entendu M. le Rapporteur de la Commission des pétitions, sur la demande du sieur Roubaud,

« Considérant l'usage de la concession demandée, délibère à l'unanimité de concéder au sieur Roubaud un centimètre et demi d'eau à prendre aux versures du bassin de la fontaine de la Place Jean-Raynaud, à charge par lui de s'entendre avec M. Rossolin sur la division des dites eaux, et sur les travaux à exécuter ; à la condition encore que cette concession gratuite sera révocable dans le cas où les eaux concédées ne recevraient plus leurs destinations actuelles, ou qu'elles seraient destinées par l'Administration municipale à tous autres usages publics. »

Roubaud,
Hypolithe-Laurent.
—
Un centimètre
et demi d'eau.

ARTICLE 4. — *Petite Fontaine de la Place Caramy.*

Établissement de cette fontaine.

Cette fontaine a été établie en 1595, suivant la délibération du Conseil de la ville du 10 avril de cette année, disant :

« Sur la remontrance faite au Conseil par M. François Minut, avocat, et autres du quartier de la Place de Caramy, à ce que lui soit permis faire construire à la dite place une fontaine, à cause qu'ils sont frustrés de jouir de la font de Dozon et autres incommodités que le malheur du temps leur arrive ;

« A été conclu et délibéré qu'il est permis à ceux du quartier de la dite place d'y faire construire la dite fontaine au lieu où sera avisé, et ce aux qualités que les autres fontaines de St. Pierre, de la Place du Palais et Jean Raynaud ont été construites. » — *Fol°* 405. *V°.*

Cette permission était donc à la condition que les demandeurs payeraient les frais de la construction de la fontaine et de la conduite, sauf à être remboursés plus tard par la Commune.

Délibération du 22 décembre 1737.

Martin Amic, remplacé par Aubry.

« Exposé que Martin Amic, tanneur de cette ville, au quel il fût permis par délibération du 10 juin dernier, de prendre pour un denier d'eau dans le canal des Moulins pour la tannerie qu'il veut faire à la maison qu'il a achetée de la dame de Fenateri de la Ferrière, est venu leur représenter qu'il lui serait trop dispendieux de conduire cette eau, et il prie le Conseil de lui permettre de prendre dans le bassin de la fontaine de la Place Carami les superfluités de l'eau de la dite fontaine pour les conduire à la dite maison sans nuire ni préjudicier à personne ; requérant le Conseil de délibérer. — *Fol°* 319.

« Le Conseil a unanimement permis à Martin Amic, tanneur de cette ville, de prendre pour sa tannerie, hors du bassin de la fontaine de la Place de Caramy, les superfluités de l'eau de la dite fontaine et de les conduire à ses frais et dépens, sans pouvoir nuire ni préjudicier à l'intérêt d'aucun particulier. » — *Fol°* 319. *V°.*

Nota. — M. Hyacinthe Amic, fils de Martin Amic, s'établit en se mariant dans les cours et maisons possédées aujourd'hui par Messieurs Donnaud et Lebrun ; plus tard, M. Martre le remplaça et jouit de l'eau concédée à M. Martin Amic, laquelle a coulé dans la cour appartenant à M. Lebrun, qui l'avait acquise de M. Jacques Martre, jusqu'à la mort de ce dernier, époque où M. Lebrun renonça à cette eau et ferma la prise.

Délibération du 8 mai 1838.   *Fol°* 226.

« On donne lecture d'une lettre de M. Aubry, négociant, en date du 9 de ce mois, rappelant la pétition, qu'il avait adressée en 1836 pour obtenir une portion des versures de la petite fontaine de la Place Caramy.

1838.

Aubry, Jacques.

Un denier d'eau

ARTICLE 4. — *Petite Fontaine de la Place Caramy.*

« Cette pétition est de nouveau reproduite, il est nommé une Commission pour en faire rapport; cette Commission est composée de Messieurs Roux, Constan et Ébrard, aîné. »

Délibération du 8 juillet 1838.   *Fol° 17.*

« Le Conseil s'occupe de la demande de M. Aubry, négociant, relative à une partie des versures de la petite fontaine de la Place Caramy, celle qui avait été concédée dans le temps à la fabrique de tannerie du sieur Martre, pour la dite eau être affectée au même emploi par M. Aubry dans sa fabrique à la rue Notre-Dame ;

« M. Roux, organe de la Commission nommée pour cet objet, fait son rapport sur cette demande ; la Commission conclut, dans l'intérêt du commerce et de l'industrie, d'accorder un denier d'eau à prendre dans le bassin de la petite fontaine de la Place Caramy, avec le chargement seulement d'une ligne d'eau de superficie, et avec les autres conditions qui seront imposées par le Conseil pour la sauvegarde des intérêts et droits de la Ville.

« Un Conseiller observe que l'eau de cette fontaine fournit au lavoir public qui y est joint, et qu'il y aurait peut-être inconvénient d'en diminuer le volume ; que l'on pourrait, en accédant à la demande du pétitionnaire, donner un peu plus d'eau à cette fontaine en diminuant celle qui alimente la fontaine de la rue Notre-Dame, dont un robinet coule en-dehors de son bassin : cette observation est accueillie par le Conseil, ainsi que les propositions de la Commission ;

« Sur quoi, considérant que l'eau demandée avait été accordée dans le temps pour la fabrique de la maison Martre ; qu'il y a convenance et avantage à favoriser tous les genres d'établissements industriels, avec cette reserve des droits de la Commune de reprendre ces mêmes eaux en cas d'insuffisance, d'utilité générale, et surtout lorsque l'industrie, pour la quelle on l'aura cédée, cessera d'exister ;

« Considérant que le sieur Aubry offre de faire tous les frais pour rendre l'eau à sa fabrique, sans nuire aux droits des tiers ;

« Le Conseil délibère au scrutin secret, par onze voix contre deux, d'accorder au sieur Aubry cette concession consistant à un denier d'eau à prendre dans le bassin de la petite fontaine de la Place Caramy avec chargement seulement d'une ligne ;

« Que l'eau, qui est de surplus à la fontaine de la rue Notre-Dame, sera déversée dans la conduite de celle de la Place Caramy ;

« La concession ci-dessus est faite aux conditions :

« 1° Que tous les frais, pour rendre l'eau à sa fabrique, sont à la charge du sieur Aubry ; qu'il sera tenu de la recevoir par un robinet à clef qui sera fermé lorsque la fabrication chaumera ;

1838.

ARTICLE 4. — *Petite Fontaine de la Place Caramy.*

« 2° Que sa prise, au bassin de la fontaine, pourra être fermée toutes les fois que les eaux seront d'utilité publique pour la salubrité ou la propreté des rues ;

« 3° Que le sieur Aubry se soumettra à payer à la Commune l'indemnité qui pourra être fixée par la suite, et qu'il y aura de plein droit révocation de cette concession du moment que la fabrique ou l'industrie, pour la quelle la cession en est faite, n'existera plus. »

1773.

ARTICLE 5. — *Grande Fontaine de la Place Caramy.*

Établissement de la fontaine.

Fol° 520. V°.

Il avait été proposé plusieurs fois de faire une nouvelle fontaine sur la Place Carami, pour servir d'embellissement ; cette proposition fut de nouveau présentée au Conseil, dans sa séance du 22 décembre 1771, où il fut délibéré de la prendre pour annonce. — Les Consuls avaient fait faire un plan, qui fut soumis au Conseil *le* 23 *mai* 1773, « le Conseil, après avoir vu le plan de réfection de la fontaine de la Place Caramy, qui a été mis sur le bureau, l'a approuvé à la pluralité des voix et, à la même pluralité, il a été délibéré que le devis qui sera fait sera exposé aux enchères, pour la délivrance être passée à celui qui faira la condition la meilleure, et avec la condition que la dépense n'excèdera deux mille quatre cents livres, soit qu'il faille changer la conduite, soit que celle qui existe serve, et que la dite fontaine sera placée à l'indication de Messieurs les Consuls. »

Adjudication des travaux.

Fol° 537.

Le 23 *août* 1773, « les enchères eûrent lieu, et l'adjudicataire fût M. Antoine Mille, tailleur de pierres de Tourves, le quel avait fait le plan et le devis, moyennant deux mille trois cents francs, y compris le prix des dits plan et devis. » —

— Après rapport de commodo et incommodo par les experts-jurés, requête fut adressée au bureau des finances qui, par son arrêt du 6 mai 1774, autorisa d'exécuter la délibération du 23 mai 1773.

Délibération du 23 *mai* 1774.   *Fol° 638. V°.*

Il sera fait une nouvelle conduite.

Fol° 638. V°.

« Le Conseil, à la pluralité des voix, a délibéré qu'il sera fait une nouvelle conduite pour le découlement de la nouvelle fontaine de la Place Caramy, pour raison de quoi Messieurs les Maires-Consuls s'adresseront à des personnes expertes pour en dresser le devis, le quel fait sera exposé aux enchères pour être délivré à celui qui en faira la condition meilleure ; et que les eaux de cette nouvelle fontaine seront prises de celles perdues de St. Simian ; ajoutant encore, à la même pluralité, que l'ancienne fontaine de cette place subsistera, attendu la faculté que les habitants y ont. »

ARTICLE 5. — *Grande Fontaine de la Place Caramy.*

Le 10 juillet , « le Conseil vota l'acceptation du devis fait par Paul Brun , fontainier ; mais il y eût nombre de protestations contre ce devis et contre l'emploi des eaux perdues. »

Délibération du 11 septembre 1774.

« Exposé par le Maire-Consul que le sieur Chastel, qui travaille ici aux ornements de la nouvelle fontaine de la Place de Caramy, ayant demandé un des fontainiers de la ville d'Aix pour fixer le volume d'eau et monter les tuyaux en plomb , le sieur Aubert, agent de la Communauté, nous aurait mandé le sieur Foussenqui, lequel étant venu et ayant examiné notre source-mère, et vu le devis de Paul Brun , fontainier, qui porte d'employer les eaux perdues pour le découlement de cette nouvelle fontaine , le dit sieur Foussenqui nous aurait fait deux observations frappantes :

*Autre devis
de la conduite
et prise d'eau.*

Fol 664*

« La première , que les eaux perdues ne le sont que faute d'attention, c'est-à-dire , que parce que la martélière, qui a été construite pour faire réentrer les eaux dans le canal des fontaines de la ville , n'est pas fermée au point qu'elle doit être ;

« La deuxième , que ces eaux viennent de la perte de la conduite en bournelage des R. P. Capucins, et , qu'en conséquence, ayant mieux fermé la martélière , et levé toute l'eau des Capucins , il fût vérifié que le tout était presque à sec, et qu'il ne découlait dans le canal perdu que les infiltrations des arrosages , au moyen de quoi ces eaux perdues sont insuffisantes pour le volume d'eau nécessaire au découlement de la fontaine.

« Et , d'autant que nous fûmes touchés des observations du sieur Foussenqui, ensuite des expériences qui furent faites en notre présence , nous lui dimes de dresser un devis de la conduite de cette fontaine.

« En conséquence de quoi, ayant opéré sur ce qui serait le plus utile , il a pensé par son devis du 5 de ce mois, de prendre l'eau dans la serve de distribution dans laquelle toutes les eaux perdues vont se rendre , au moyen de quoi la conduite sera moins longue , la pente en sera plus aisée et avec moins de profondeur, ce qui est un écueil à éviter pour la solidité des maisons.

« Requérant que, lecture faite du devis estimatif de la conduite , contenant aussi les observations du sieur Foussenqui , le Conseil délibère. »

— Il ne fut pas délibéré faute d'un nombre suffisant de membres présents.

Délibération du 25 septembre 1774.

« Lecture faite du devis du cinq de ce mois, le Conseil, à la pluralité des voix, délibère de l'accepter comme le plus solide et le plus utile ;

« En conséquence de quoi , il sera exposé aux enchères publiques pour être la délivrance passée à celui qui faira la condition meilleure. »

Fol 671. V*.*

ARTICLE 5. — *Grande Fontaine de la Place Caramy.*

Adjudication
finale.

Le 24 octobre suivant, « l'adjudication de cette conduite fût délivrée à Paul Brun, fontainier, au prix de neuf cent cinquante livres. »

Délibération du 12 février 1775.   *Fol° 715.*

Les versures
de la fontaine
des 4 Dauphins
seront mises
aux enchères,
et en attendant,
découleront
dans la rue des
Augustins.

« M. Barbarroux, lieutenant particulier au siége, demande quatorze lignes d'eau du survers de la fontaine des Quatre Dauphins, nouvellement construite sur la Place Caramy, s'engageant à faire à ses frais la conduite pour l'écoulement de toutes les versures et les conduire à travers son jardin dans le ruisseau d'arrosage du Petit Paradis; l'excédent des 14 lignes demandées demeurera à la Communauté qui en disposera comme elle le trouvera bon, etc.....

« M. Gabriel Lebrun demande, de son côté, six lignes d'eau du même survers, et aux mêmes conditions pour la totalité des versures.

« Le Conseil, sans prendre aucune détermination, a délibéré que les versures seront exposées aux enchères sous les conditions que les sieurs Maires-Consuls trouveront bon, pour les offres être rapportées dans un Conseil et être délibéré ce qu'il appartiendra, et que, en attendant, les versures de la dite fontaine découleront dans la rue des Augustins.

Délibération du 30 pluviôse, an XI.   *Page 98.*

Jullien François
et
Bremond André.

La moitié
des versures.

« Demande d'une concession d'eau des versures de la grande fontaine de la Place Caramy, par les citoyens François Jullien, distillateur d'eau de vie, et par André, Louis Bremond, marchand de cette ville, pour une fabrique de sel de saturne;

« Considérant qu'il importe de favoriser toutes les branches de commerce;
. . . .

« Que les versures de la grande fontaine de la Place Caramy n'ont d'autre utilité que de rafraîchir et laver la rue des Augustins;

« Que la moitié de ces versures suffira pour cette destination; que l'autre moitié pourra suffir également aux pétitionnaires en la divisant entr'eux par égales portions;

« Unanimement délibéré d'accorder aux dits citoyens Bremond et Jullien la moitié des versures de la dite fontaine, et de la diriger par une seule conduite à leur bâtiment respectif, pour employer les dites eaux à l'usage des dites fabriques, ou autre objet semblable, sous la reserve de révoquer la dite concession dans le cas où les dites eaux ne seraient plus employées pour une fabrication. »

Délibération du 28 septembre 1828.

Accordé
à Jullien la por-
tion
de Bremond.

« Pétition de M. François Jullien, fabricant d'eau de vie de cette ville, qui demande à conserver dans sa distillerie rue des Augustins, la moitié des versures de la portion d'eau du réservoir de la fontaine du jet d'eau Place Caramy, qui

ARTICLE 5. — *Grande Fontaine de la Place Caramy.*

lui avait été concédée en commun avec le sieur André Bremond , marchand de cette ville, cette portion d'eau étant destinée dans le principe à une fabrique de sel de saturne, que le sieur Bremond a vendue au sieur Jullien.

« Le Conseil municipal , après avoir entendu la lecture de la pétition du sieur Jullien, revêtue de l'avis de M. le Sous-Préfet , et le renvoi de M. le Préfet au Conseil municipal pour en délibérer ; de l'acte de vente de la fabrique de sel de saturne par le sieur Bremond en faveur du sieur Jullien , en date du 4 octobre 1823 , notaire Gautier ; enfin de la délibération du Conseil du 30 pluviôse an XI (19 février 1803), portant concession , à titre gratuit et de retour, en faveur des sieurs Bremond et Jullien de la moitié des versures de la grande fontaine de la Place Caramy ;

« Considérant que la demande du sieur Jullien tend à conserver une portion des versures accordées pour la fabrique de sel de saturne, pour être affectée à sa distillerie d'eau de vie ; que cette destination est analogue au vœu du Conseil pour favoriser l'industrie commerciale ;

« Que celle exercée par M. Jullien est des plus conséquentes de la ville , et que sa distillerie peut comporter la portion des versures par lui réclamée ;

« Considérant que sa demande se trouve corroborée par la délibération du Conseil du 19 février 1803 et par l'acte d'acquisition de la fabrique du sieur Bremond , du 4 octobre 1823 ;

« Que ces deux titres sont plus que suffisants pour faire ressortir la justice de sa demande et l'intention du Conseil municipal pour favoriser le commerce et l'industrie ;

« Considérant enfin que la Commune doit conserver ses droits sur les eaux ou versures concédées par elle , lorsque ces versures ne sont plus utilisées pour l'industrie commerciale, et même lorsqu'elles ont servi à l'objet pour lequel elles ont été demandées ;

« D'après ces motifs et considérations , le Conseil municipal a unanimement délibéré de faire droit à la pétition du sieur Jullien, François, fabricant d'eau de vie , qui est autorisé de faire usage des eaux des versures qui avaient été accordées au sieur André Bremond pour sa fabrique de sel de saturne, aux conditions exprimées dans la délibération du 19 février 1803 , et sous la reserve expresse en faveur de la Commune de disposer de la portion de ces versures , lorsque le sieur Jullien en aura fait l'usage au quel elles sont par lui destinées. »

Délibération du 30 août 1829.

« Pétition de M. Jean, François, Jacques, Philippe Jullien , aîné , fabricant d'eau de vie , qui demande à être autorisé de saigner le tuyau conduisant l'eau à la fontaine du jet d'eau de la Place Caramy, et de placer un robinet fermé à vis au niveau du bassin à côté de la quenouille, le dit robinet devant servir, les jours seulement où il règnera de gros vents , à détourner les eaux dans le grand

M. Jullien est autorisé à placer dans le bassin de la fontaine un robinet pour déverser l'eau dans ce bassin les jours de vent

ARTICLE 5. — *Grande Fontaine de la Place Caramy.*

bassin, dont une partie des versures est dévolue à la fabrique d'eau de vie du sieur Jullien. — Ce dernier s'engage de faire cette construction à ses frais, de ne point léser les intérêts de la ville, et de ne point dégrader la fontaine où elle sera pratiquée.

» M. le Maire a invité le Conseil municipal à délibérer sur cette demande, en observant toutefois que, dans la supposition qu'elle soit agréée, elle cessera de plein droit si la fabrique du sieur Jullien cesse de travailler, et encore que la clef à vis, qui sera nécessaire pour arrêter et détourner les eaux les jours où le vent règnera, sera déposée au greffe de la Mairie.

(Suivent de nombreux considérants sans importance.)

« Le Conseil a unanimement délibéré de faire droit à la demande du sieur François Jullien aîné, qui est autorisé à placer un robinet dans le bassin de la grande fontaine du jet d'eau pour servir seulement à déverser dans le dit bassin, pendant les jours de vent, les eaux affectées à cette fontaine, dont une partie continuera de couler hors la fontaine. — Le robinet sera fermé par une clef à vis qui restera déposée à la Mairie. — Les ouvrages pour cette nouvelle construction seront tous aux frais du sieur Jullien, qui n'aura aucun droit envers la Commune dans le cas de révocation de la dite faculté, ou de la cessation de sa fabrique de distillerie.

« Il sera tenu de prévenir l'Autorité locale lorsqu'il commencera les ouvrages, et de suivre toutes les observations qui pourront lui être faites par M. le Maire dans l'intérêt de la ville et de son industrie.

« Cette faculté, qui n'aura son effet que les jours venteux, ne sera considérée que comme précaire, et libre à la Commune de la révoquer dans le cas d'abus. Cette dernière se reservant en tant que de besoin tous les droits qui lui sont acquis dans toutes les concessions d'eau accordées pour favoriser le commerce et l'industrie.

Délibération du 22 novembre 1829.

« Pétition de la dame Heraud veuve Michel, qui demande qu'il lui soit accordé la portion des versures des eaux de la grande fontaine du jet d'eau concédées au sieur Jullien, distillateur, par délibération du 28 septembre 1828, sous la reserve par la Commune d'en disposer après les avoir utilisées pour sa fabrication d'eau de vie.

« Le Conseil municipal, après avoir ouï plusieurs de ses membres qui ont parlé en faveur de cette nouvelle concession, considérant : que les mêmes motifs pour favoriser le commerce et l'industrie, qui l'ont porté jusqu'à aujourd'hui d'adhérer à de pareilles concessions, existent en faveur de la pétitionnaire ;

« Qu'en accueillant sa demande, il convient cependant de conserver les droits acquis de la Commune sur les eaux des fontaines, et d'éviter des contestations ultérieures ;

ARTICLE 5. — *Grande Fontaine de la Place Caramy.*

« D'après ces motifs, il a été unanimement délibéré d'accorder à la dite dame Heraud veuve Michel, l'objet de sa demande, et de lui accorder les versures de la portion des eaux qui ont été cédées à M. Jullien par délibération du 28 septembre 1828, approuvée par M. le Préfet le 15 novembre suivant.

« Cette concession est faite à condition que la dame Heraud veuve Michel destinera cette portion d'eau à la fabrique de tannerie qu'elle a l'intention de construire dans le local lui appartenant et dépendant de l'ancien Couvent des Augustins ; qu'elle s'entendra avec le sieur Jullien pour cette nouvelle dérivation qui sera à ses frais ; que la Commune se réserve expressément le droit de révoquer la dite concession dès l'instant que cette fabrique de tannerie cessera de travailler, et encore dans le cas où elle pourra en disposer en tout ou en partie pour cause de salubrité ou de service public. »

Délibération du 9 décembre 1838.   *Fol° 34.*

« Pétition de M. Jullien cadet, fabricant d'eau de vie, qui demande qu'il lui soit accordé une portion des versures des eaux de la grande ou de la petite fontaine de la Place Caramy, pour être dirigée dans la fabrique de distilerie, qu'il a l'intention de construire dans la maison qu'il a acquise du sieur Chateauneuf, et sise sur la Place Caramy.

Jacques Jullien, cadet
.
Un denier d'eau
Demeurée
sans exécution.

« Diverses considérations sur la faveur que mérite l'industrie, etc.....

« Considérant qu'il a été reconnu que l'eau dévolue à la petite fontaine de la Place Caramy est à peine suffisante pour fournir à la prise accordée à M. Aubry et à alimenter le lavoir public, dont les eaux déversent dans des ruisseaux publics utiles à la salubrité publique ;

« Que celle de la grande fontaine du jet d'eau étant plus abondante, permet d'accueillir favorablement la demande de M. Jullien cadet ;

« Le Conseil a unanimement délibéré d'accorder au sieur Jacques Jullien cadet, fabricant d'eau de vie, un denier d'eau des versures, à prendre dans le bassin de la grande fontaine du jet d'eau de la Place Caramy à l'endroit qui lui sera indiqué par la Mairie, pour cette eau être conduite à ses frais dans la maison qu'il a acquise de M. Chateauneuf, et à la quelle il veut établir une fabrique de distilerie, et sous la condition qu'il se soumetra de payer à la Commune l'indemnité qui pourra être fixée par la suite. — Cette concession sera révoquée de plein droit du moment que la fabrique de distillerie de M. Jullien n'existera plus ou cessera d'être en activité. »

ARTICLE 6. — *Fontaine de la rue Notre-Dame.*

Barry,

Représentant
Guilleaume
Vincens.

Nous avons déjà dit, en rapportant la délibération du 26 mai 1749, que cette fontaine a été établie en exécution de cette délibération, et que le survers en avait été concédé, par la même délibération à M. Guilleaume Vincens pour sa fabrique de savon.   (Voir : *Chapitre Ier, article 6, page 359.*)

Bagarry,
François.
—
Un demi denier
d'eau.

Délibération du 14 août 1853.   *Fol° 205.*

« Pétition de M. François Bagarry, fabricant tanneur, tendant à obtenir une concession d'eau pour alimenter la fabrique qu'il possède rue Notre-Dame.

« Cette fabrique avait autrefois des eaux lui venant des Moulins de la Ville par le canal d'arrosage du Petit-Paradis ; ce canal ne recevant les eaux qu'à de longs intervalles, il en résulte une perte considérable pour M. Bagarry.

« La Commission, sur la proposition qui lui en a été faite par M. le Maire, est d'avis qu'il soit concédé au sieur Bagarry, pour l'usage de sa fabrique, un demi denier d'eau à prendre dans le bassin de la fontaine de la rue Notre-Dame, dont les eaux retombent immédiatement dans le canal des Moulins sans utilité pour la ville.

« Le Conseil adopte à l'unanimité les conclusions de la Commission ; en conséquence, M. le Maire est autorisé à concéder au sieur Bagarry l'autorisation toujours révocable de prendre un demi denier d'eau dans le bassin de la fontaine de la rue Notre-Dame, à la hauteur de la concession qui existe déjà dans le même bassin, à charge par le dit sieur Bagarry d'exécuter à ses frais tous les travaux nécessaires, etc..., et sans que le dit Bagarry en cas de retrait de la concession, puisse jamais rien réclamer de la Commune.

Confirmé
le demi denier
d'eau
des versures
à François
Bagarry.

Délibération du 21 mai 1854.   *Fol° 19.*

« M. le Maire expose que, par délibération du 14 août 1853, il fût accordé à M. François Bagarry un demi denier d'eau des versures de la fontaine de la rue Notre-Dame pour l'usage de sa fabrique de tannerie, mais que les difficultés suivantes se sont présentées :

« La conduite de cette fontaine ne devant recevoir, en vertu d'une délibération du Conseil en date du 26 mai 1749, que deux deniers d'eau, dont l'un destiné à l'usage d'une fabrique de savon construite à la Porte Notre-Dame par M. Guilleaume Vincent, représenté aujourd'hui par M. Barry, fabricant tanneur, l'autre pour la fontaine, mais dont la versure irait à la même fabrique, la concession accordée à M. Bagarry devenait impossible ;

« D'un autre côté, les besoins des habitants du quartier réclament également une quantité d'eau suffisante pour établir un lavoir.

« Après s'être concerté avec Messieurs Barry et Bagarry, parties intéressées, bien aise d'ailleurs de concilier les intérêts des commerçants avec ceux de l'habitation ;

1854.

Article 6. — *Fontaine de la rue Notre-Dame.*

« M. le Maire propose de faire arriver à cette fontaine *trois deniers et demi d'eau* au lieu de deux deniers; un demi denier des versures sera destiné à M. Bagarry, et le denier restant pour le lavoir à l'usage de l'habitation.

« De plus, M. Bagarry sera soumis à faire tous les travaux pour la division des eaux et à l'entretien de la conduite pour un tiers, les deux autres restant à la charge de M. Barry, conformément aux délibérations précitées.

« Le Conseil municipal adoptant les propositions de M. le Maire, délibère à l'unanimité, de faire arriver à la fontaine de la rue Notre-Dame la quantité d'eau ci-dessus et aux conditions y mentionnées, sans que néanmoins la présente délibération puisse donner à la concession de M. Barry le titre de concession définitive, ou à titre onéreux, ainsi qu'il prétend l'avoir, tous les droits de la Commune demeurant réservés.

« Le Conseil déclare en outre que, quelles que soient les conditions imposées à M. Bagarry, sa concession sera toujours essentiellement révocable. »

Article 7. — *Fontaine de la Place du nouveau Palais de Justice.*

Cette fontaine a été établie en suite de la délibération du Conseil municipal, du 17 mars 1844, autorisant M. le Maire à prendre dans les conduites de la ville l'eau nécessaire pour un jet d'eau à construire sur la Place du nouveau Palais de Justice.   *Fol⁰ 154. V⁰.*

Délibération du 4 août 1844.   *Fol⁰ 165. V⁰.*

1844.

Raynaud, Ferdinand.

La moitié des versures.

« Sur la pétition de M. Raynaud d'obtenir les versures du jet d'eau construit nouvellement sur la Place du Palais de Justice, la Commission, nommée pour l'examen de cette demande, a proposé ce qui suit :

« 1° M. Raynaud prendra la moitié des versures du jet d'eau construit sur la Place du Palais, en tant que cette moitié produira vingt millimètres d'eau, si non jusqu'à concurrence de cette quantité, pour alimenter une fontaine qu'il construira sur sa propriété, à ses frais, dans un lieu voisin de la voie publique; cette fontaine aura une auge assez grande pour que trois chevaux puissent y être abreuvés en même temps. — Cette fontaine et le sol sur le quel elle sera établie, ainsi que l'espace qui la séparera de la voie publique, de l'étendue de cinq mètres de large sur quatre de profondeur, deviendront propriétés communales et seront mises à la disposition du public, pour l'abreuvage des chevaux et pour y puiser de l'eau ;

« 2° L'eau qui coulera de cette fontaine sera reçue par M. Raynaud, après que les besoins publics seront satisfaits, il pourra en disposer. — L'entretien de la fontaine sera à sa charge; dans le cas où la Commune détruirait le jet d'eau, ou

ARTICLE 7. — *Fontaine de la Place du nouveau Palais de Justice.*

ferait tel changement qui rendit impossible de conduire les eaux à la fontaine dont il s'agit, M. Raynaud serait remboursé des dépenses que cette construction lui aurait occasionnées ;

« Le Conseil, attendu que la construction d'un abreuvoir public dans le voisinage de la grande route, dans un quartier où se trouvent la poste aux chevaux, des auberges et des charretiers, peut être d'une grande utilité ; que la proposition de la Commission, en assurant cette construction, établit et garantit les droits de la ville ;

« A délibéré que la proposition de la Commission est admise ; charge M. le Maire de son exécution, après qu'elle aura reçu l'approbation voulue, et que M. Raynaud aura déclaré et signé qu'il se soumet aux conditions ci-dessus déterminées.　　　　　　　　　　Signé par M. RAYNAUD *sur le Registre.* »

Délibération du 2 mars 1845.　　　　　　　*Fol° 173.*

Robert frères.
—
La moitié des versures.
—
N'a pas eu d'exécution.

« Ouï le rapport de la Commission des pétitions ;

« Vû la demande de Messieurs Robert frères tendant à obtenir l'autorisation de conduire à la fabrique de tannerie, qu'ils construisent, les eaux restées libres des versures du jet d'eau établi devant le Palais de Justice ;

« Attendu que la fabrication de la tannerie ne peut se faire sans un cours d'eau permanent ; que cette industrie mérite protection comme élément de la prospérité du pays ;

« Attendu que Messieurs Robert se soumettent d'avance à tous les frais, charges et conditions aux quelles cette concession pourra être soumise ;

« Attendu qu'il est juste de soumettre les concessionnaires à la rétribution déterminée par la délibération du 17 mars 1844 ;

« Attendu que la concession est demandée pour l'objet spécial d'être appliquée à la fabrication de tannerie ; que dès lors elle doit cesser du moment où la fabrique recevrait une autre destination ;

« Attendu............. Attendu............... ..

« Attendu que la quantité d'eau attribuée au jet d'eau n'est déterminée par aucun règlement, ce qui la rend variable ; qu'il est sage d'en déterminer le volume ;

« Le Conseil, en ayant délibéré, ordonne que la quantité d'eau attribuée au jet d'eau, placé sur la Place du Palais de Justice, sera réglée définitivement à quatre vingt millimètres ; que les conduites seront réglées de manière à ne recevoir que ce volume d'eau ; que les versures seront partagées par portions égales dans le bassin, et conduites : la moitié à la fontaine construite par M. Raynaud, suivant la délibération du 4 août 1844, et l'autre moitié à la fabrique de Messieurs Robert frères, pour en user au service de leur fabrication ; avec réserve

1850

ARTICLE 7. — *Fontaine de la Place du nouveau Palais de Justice.*

pour la ville de pouvoir faire au jet d'eau tel changement qu'elle voudra, même de le déplacer ou supprimer, sans être tenue de rien envers les Messieurs Robert; et encore que la concession cessera de plein droit dès le moment où elle cesserait d'être appliquée à la fabrication de la tannerie, à la charge de payer annuellement la somme de cinquante francs, conformément à ce qui est déterminé par la délibération du 17 mars 1844.

Par délibération du 30 juin 1850.   *Fol⁰ 120. V⁰ du Registre.*

« Le Conseil, sur la lettre de M. le Sous-Préfet, en date du 29 juin, présent mois, accorde une concession temporaire et intermittente du survers de la fontaine du jet d'eau du Palais de Justice, pour nétoyer les canaux de dégorgement des latrines de la maison d'arrêt. »

Concession intermittente pour nétoyer les canaux de dégorgement de la Maison d'Arrêt.

ARTICLE 8. — *Fontaine de la Place de la Sous-Préfecture* (ancien Palais).

Cette fontaine fut faite, une première fois, en 1405, ainsi qu'une fontaine sur la Place de la Paroisse, et une troisième près de la Boucherie. (1)

Le 16 août 1408, le Conseil ordonne que ceux qui voudront de l'eau de ces trois fontaines et en recevoir dans leurs maisons pour leurs usages domestiques, outre qu'ils feront les frais de leurs conduites depuis la conduite principale jusqu'à leurs maisons, payeront encore dix florins d'or, qui serviront aux frais de ces fontaines et même de toute autre qu'il paraîtrait convenable d'établir, comme il était dit de le faire dans la Rue Basse. (2)

16 Août 1408.

Premier établissement de cette fontaine.

(1) Pro utilitate rei publice ordinaverunt quod fontes fiant infrà dictam villam de aqua fontis Sancti Syméonis, unam videlicet in platea ante Ecclesiam Sancti Salvatoris, aliam vero in platea ante palatium et aliam vero apud Massellum. — Délibération du 8 juin 1405. — *Fol⁰ 92. V⁰ du Registre.*

(2) Consilium novum et alii de veteri et diversi alii, congregati in Ecclesia Sancti Salvatoris, coram nobili viro marquesio de Sparello bajulo et capitaneo, etc. . . . . . .

Qui quidem Domini Sindici et Consiliarii et alii supra scripti ordinaverunt pro utilitate et commodo foncium qui noviter construuntur in presenti villa Brinonie, sine tamen prejudicio curie regie et reginalis et capitulorum super hujusdem opere ordinatorum per consilium et alios probos viros dicte ville, et inde confirmatorum per Dominum Seneschalcum Provincie, sed illis remanentibus in eorum firmitate : quod, quicumque volens habere et recipere de aqua conducti principalis dictorum foncium, ultra expensas quas faciet pro dicta aqua habenda ad usum domus sue prout in capitis opere latius declaratur, solvat et solvere teneatur operariis super hoc ordinatis dictorum foncium florenos auri currentes decem concoidendos per ipsos operarios ad utilitatem dictorum foncium, vel alicujus fontis si eis videatur in Carreiro Basso dicte ville, habita prius licentia à Domino Nostro Rege seu ejus Seneschalco de quarto fonte construendo, si eis videatur, in Carreiro Basso dicte ville versus partes hospitii nobilis Bertrandi de Comis. — *Fol⁰ 168.*

ARTICLE 8. — *Fontaine de la Place de la Sous-Préfecture* (ancien Palais).

Un certain nombre de riches particuliers usèrent de cette faculté et firent des fontaines dans leurs maisons ; mais les fontaines publiques ne coulèrent plus ; on fit beaucoup de dépenses pour réparer les conduites ; on envoya chercher à Aix des maîtres fontainiers, qui demandèrent cent florins pour leur salaire.

Avant de rien terminer, le Conseil, n'ayant pas assez d'argent, vota, le 25 mars 1417, qu'il leur serait compté de suite 56 florins, et qu'on aurait recours pour le reste au chevalier Drogoul, qui avait offert d'avancer l'argent nécessaire.

Le 9 du même mois de mars, le Conseil avait député le Bailli Léon Hubaqui, pour s'entendre avec ce Drogoul, qui était propriétaire du château des Pènes et de St-Jullien, et était allé résider à Aix, parce qu'il avait été nommé Conseiller du Roi, Maître rationnal, Chevalier, etc.... On lira, je pense avec plaisir, cette lettre qui est un spécimen du style de l'époque :

« Au vaillant chevalier Monseigneur Jean Drogoul, seigneur des Pènes et de St-Julien, Conseiller du Roi et de la Reine, et Maître rationnal de la Province, notre puissant bienfaiteur,

« Vaillant seigneur Chevalier, heureux de la recommandation que vous en avez faite, noble Léon Hubaqui, bailli et capitaine de la Curie Royale et Reginale de Brignole, se dirige personnellement vers votre vaillance.

« Daignez accorder la même foi qu'à nous-mêmes à tout ce qui sera expliqué par sa bouche de notre part à votre noblesse, car nous ajouterons la même foi à ce qu'il aura à nous rapporter en réponse de votre vaillance.

« Seigneur et vaillant Chevalier, nous n'avons, pour le moment, rien autre à écrire ; mais s'il vous plaisait que nous fissions quelque chose, écrivez confidemment et nous apporterons toutes nos forces à le faire.

« Que le Christ tout puissant daigne conserver votre vaillance pendant longues années.

« Écrit à Brignole le neuvième jour du mois de mars par les Sindics et Conseillers de l'Université de Brignole,

« Tout quoi, moi Antoine Martin, notaire de la Cour Royale et secrétaire du dit Conseil, j'ai écrit et signé de ma main : *Martin*, qui ai été présent où toutes ces choses. » (1)

---

(1) Strenuo militi Domino Johanni Drogoli , Domino de Penis et Sancti Juliani, Regis et Regine Consiliario, Magistro que rationali Provincie, eorum domino benefactore,

Strenue domine miles, felix recomendacione premissa nobilis vir Leo Hubaqui, bajulus et capitaneus Curie Regie et Reginalis Brinonie, versus vestram strenuitatem personaliter se dirigit — cuy dignemini in omnibus per ipsum vestre nobilitati nostra ex parte ore hejus explicandis fidem credulam adhibere tamquam nobis — quoniam in referendis nobis per ipsum a dicta strenuitate super

ARTICLE 8. — *Fontaine de la Place de la Sous-Préfecture* (ancien Palais).

Ce Drogoul possédait une maison à Brignoles, où demeurait un de ses frères ; il avait de l'eau dans sa maison et avait demandé qu'on réparât les conduites, promettant d'avancer les fonds nécessaires. — Cette affaire traîna en longueur, sans qu'on pût s'entendre sur la manière de réparer les conduites, et enfin, après un an d'oubli, le Conseil, dans sa séance du 10 août 1418, députe un de ses membres à Aix pour y traiter plusieurs affaires, et entr'autres, pour demander conseil, savoir si on peut démolir les fontaines faites jadis, sans en avoir la licence de la Reine ou de ses ministres.

Et de fait, les fontaines furent détruites sans bruit, puisque, le 3 janvier 1419, le Conseil vend la *conque* en pierre taillée de la fontaine *sans eau* de la Boucherie à un Gaufrid, au prix de 8 florins — *quadam conqua lapidea fontis aride macelli*. La fontaine est démolie.

La ville resta sans fontaines autres que celle de la Place St-Pierre, alimentée de l'eau de St-Siméon par une conduite particulière ; celle de Douzon, et la fontaine du Couvent des Frères mineurs, qui toleraient que les voisins vinssent y prendre de l'eau.

Le 31 janvier 1561, le Conseil prit la délibération suivante :   *Fol° 102. V°.*

« Premièrement, ouï le dire de M. le Consul Honorat Guérin, disant qu'il, en compagnie des sieurs Jean Laurens et Jean Danget, autrefois commis pour faire venir la fontaine du Marché, les quels, en exécution de la dite Commission, ils auraient essayé de prendre l'eau de la dite fontaine par la conduite de la fontaine Saint Pierres, et pour ce faire y auraient fait plusieurs exploits nonobstant les quels n'auraient rien avancé, pour ce que la conduite de la dite font Saint Pierres serait trop bas, de manière que l'eau ne pourrait venir ni monter à la dite font du Marché, comme chacun peut le voir à l'œil, et pour ce auraient remontré que serait bon y pourvoir, à ce que la dépense jà faite tant par les particuliers du dit quartier que par la ville ne devienne inutile. La fontaine est rétablie.

« Sur quoi les gens du Conseil ont conclu que sera pris d'eau à la *mairé* de la fontaine Saint Syméon, et de là, conduite par conduites en bourneaux jusques au bout du pré du dit Jean Laurens, ou autre lieu que sera avisé plus commode ; là on fera une serve à la quelle sera despartie et baillée eau à la fontaine Saint

has respondendis stabimus penitus et sibi ipsi fides credula adherebitur | strenue domine miles, alia per nunc scribenda non occurrunt | sed si que eidem placuerint nos facturos rescribat confidenter qui in omnibus nos opponemus viribus in deffensis.

Cristus omnipotens dictam strenuitatem conservare dignetur per tempora longa | scripserunt Brinonie die nona mensis marcii, Sindici et Consiliarii universitatis Brinonie.

Que omnia ego Antonius Martini, notarius Curie Regine et dicti Consilii scriba, predicta scripsi et manu mea signavi, *Martini* quia in eis presens fui.

Article 8. — *Fontaine de la Place de la Sous-Préfecture* (ancien Palais).

Pierre et à la dite font du Marché, et de là sera conduite la dite eau de la font du Marché par bourneaux ou conduits jusques au Pourtal Neuf où sera faite une autre serve, le tout aux dépens de la ville suivant autres précédentes ordonnances sur ce faites, et que le trésorier fournira l'argent que y sera nécessaire; pour être l'eau de la dite fontaine conduite depuis le dit Portail jusques à la dite Place du Marché, aux dépens des particuliers du quartier du dit Marché — et, parce que, en voulant prendre l'eau de la font du dit Marché, le conduit de la font du dit St. Pierre serait été aussi de manière que porte grand intérêt à la dite fontaine Saint Pierre, ont conclu aussi que sera rabillé et mis à son premier état, et que le trésorier pour faire le dit rabillement fournira argent — commettant tout ce que dessus aux dits Consul Guerin, Jean Laurens et Jean Danget jà commis, ou deux d'eux. »

Cette fontaine fut établie contre l'angle nord-ouest du Palais Royal, où elle a demeuré jusqu'à ces dernières années.

Le 9 mai 1852, « le Conseil délibéra que le lavoir, existant entre la chapelle de la Congrégation et la porte de l'Hôtel de la Sous-Préfecture, sera transporté dans l'autre partie de la Place, vis-à-vis le Mont-de-Piété, à côté de la fontaine qui est à l'angle de l'Hôtel de la Sous-Préfecture. — Toutefois, comme l'eau qui coule de ce lavoir sert à l'irrigation des rues du Palais et de St-François, une simple fontaine sera établie au lieu de ce lavoir. » — *Fol°* 162.

Cette dernière fontaine, remplaçant le lavoir, fut supprimée ou ne fut pas faite.

En 1867, M. le Maire, sans consulter le Conseil, fit enlever la fontaine, sise à l'angle Nord-Ouest du Palais, et la remplaça par une autre fontaine à deux tuyaux, avec lavoir attenant, qu'il fit construire dans la partie Est de la Place, entre la rue du Palais et la rue St-Joseph, où elle est actuellement.

Délibération du 9 octobre 1763.

Abert, Laurens.
—
Un denier d'eau

« Le sieur Abert expose (dans son mémoire) qu'il possède depuis trente années une fabrique à savon qui est d'une conséquence infinie pour le public; qui n'a travaillé jusques aujourd'hui que de l'eau d'un puits qui est dans la dite fabrique, et dont l'eau manque trez souvent, ce qui les oblige d'aller puiser les eaux à la fontaine voisine. — Depuis longtemps, le dit sieur Abert demandait de l'eau à la Communauté, comme un secours utile à sa fabrique qui a été accordé à tant d'autres fabriques, et une nouvelle circonstance l'oblige de recourir au Conseil pour l'effet de l'eau qu'il demande, et ce serait en ce qu'il lui fût permis de prendre un denier d'eau à l'endroit le plus favorable pour sa fabrique, et le moins préjudiciable à la Communauté. — *Fol°* 489.

« Lecture faite du mémoire du sieur Abert, le Conseil a unanimement délibéré de lui accorder un denier d'eau qui sera pris du survers de la fontaine qui

ARTICLE 8. — *Fontaine de la Place de la Sous-Préfecture* (ancien Palais).

découle à la Place du Palais, et ce, aux mêmes termes, pactes et conditions que celles qui sont spécifiées dans la concession du sieur Archier. » — *Fol*⁰ 491. *V*⁰.

Cette fabrique de savon était dans la maison, appartenant actuellement à Madame Molinard, sise rue impasse du Collége, avec façade sur la descente des Cordeliers.

Délibération du 27 mai 1781.

« Exposé que Jean Brun, dit Arnaud, distilateur d'eau de vie de cette ville, expose dans un mémoire que la Communauté lui permette de prendre le survers de l'eau de la fontaine du Palais, pour s'en servir à la fabrique de distilation d'eau de vie, qu'il va faire à sa maison — c'est une faveur que, de tout temps, la Communauté a accordée à toutes les fabriques, et notamment en dernier lieu à Antoine Aude, etc... — et, comme M. Minuty a la faculté d'user des eaux de ce même survers pour son moulin à huile, le dit Brun s'oblige de s'arranger avec lui de manière à ne lui porter aucun préjudice, et l'on est même déjà d'accord sur les précautions et mesures à prendre là dessus. — *Fol*⁰ 205. *V*⁰.

« Le Conseil, à la pluralité des voix, a accordé à Jean Brun, dit Arnaud, le survers de la fontaine du Palais pour l'usage de la fabrique d'eau de vie, qu'il a dessein de construire, en rapportant par lui le consentement de tous les intéressés au dit survers, dont il ne pourra faire usage qu'après que sa fabrique d'eau de vie sera mise en état de travailler, et, en cas de cessation de distilation d'eau de vie, le dit survers rentrera dans son premier état. » — *Fol*⁰ 208. *V*⁰.

Marginal: Jean Brun, dit Arnaud.

Délibération du 14 mai 1857.   *Fol*⁰ 111.

Nota. — « Le Conseil venait d'accorder à M. Benoît Archier la moitié des versures de la fontaine des Augustins pour son moulin à huile, à condition qu'il ne les prendrait que du 25 novembre jusques au 1er mars.

« M. le Maire observe au Conseil qu'il conviendrait de soumettre aux mêmes conditions les versures des eaux de la fontaine de la Place de la Sous-Préfecture concédées à M. Toussaint Gautier pour l'usage de son moulin à huile, attenant à sa maison d'habitation.

« Le Conseil approuve, à l'unanimité, la proposition de M. le Maire, et délibère que M. Gautier continuera de prendre *la valeur* des eaux de la fontaine de la Place de la Sous-Préfecture, pour l'usage de son moulin à huile, mais à la condition que ces eaux ne seront prises que pendant le temps d'ouverture du dit moulin, du 25 novembre de chaque année au 1er mars de l'année suivante. »

Nota. — Le moulin de M. Gautier appartenait à son oncle, M François Minuty, avocat, qui avait reçu concession du survers, ainsi qu'il est mentionné dans la délibération du 27 mai 1781, ci-dessus.—Les Registres des délibérations ne portent pas la délibération qui a accordé cette concession.

Marginal: Gautier, Toussaint.

ARTICLE 9. — *Fontaine de la Paroisse.*

Établissement
de
cette fontaine.

Ainsi qu'il a été dit dans l'article précédent , une fontaine avait été construite sur la Place de la Paroisse , en 1405.

Le 7 juillet 1454, « le Conseil délibéra de démolir cette fontaine qui menaçait ruine , et de placer les pierres , dont elle était faite , en un lieu sûr , où elles puissent être retrouvées plus tard et servir à sa reconstruction. » — *Fol° 54 du Registre.*

Le 12 juin 1597, « sur la requête faite au Conseil par sire François Mounier, tant en son nom que des autres du quartier de la Place de l'Église , en ce que à la dite Place lui soit faite une fontaine, a été conclu et délibéré que la dite fontaine sera édifiée à la dite Place , de la façon que les autres ont été édifiées. » — *Fol° 360. V°.*

Il paraît que cette délibération ne fut pas exécutée , car quatre ans après , *le 15 avril 1601,* une nouvelle délibération dit : « a été conclu que sera dressé une fontaine à la Place de l'Église aux dépens des voisins qui fairont les avances, sauf qu'ils en seront remboursés sur la première imposition à venir, et sans qu'on puisse toucher aux tailles jà imposées. » — *Fol° 79.*

— Cette fontaine a définitivement été placée contre la façade de l'Église Paroissiale , à l'angle sud-ouest tournant vers les Grands-Escaliers , où elle est encor aujourd'hui.

Nota. — Les concessions d'eau pure, faites sur la serve de cette fontaine , sont déjà portées au chapitre Ier, articles 9, 12 et 21.

ARTICLE 10. — *Fontaine de la Place Saint-Pierre.*

1523.

Établissement
de
cette fontaine.

Cette fontaine est la plus ancienne des fontaines publiques de la ville ; elle existait avec une conduite particulière lui amenant l'eau de la source de Saint-Siméon , lorsque, en 1405, on décida d'établir des fontaines dans les quartiers du Palais , de la Paroisse et de la Boucherie. — *Fol° 52. V°.*

Établissement
de la Place
Saint-Pierre
et d'un lavoir
avec abreuvoir.

Le 20 octobre 1500, » Messieurs Pons Laugier, Raymon Bellon, Me Raynaut de Colonha , notaire , Antoine Blancard , et Me Trophyme Eyran , demandent au Conseil de la ville la permission de faire une place au Portail de St. Pierre.

« Cette permission leur est accordée à condition qu'ils auront l'autorisation des Maîtres Rationaux ; on leur donnera les pierres qui sont sur le lieu et le long du ruisseau ; ils repareront la chapelle qui est dans le revellin (ravin) au bout de la place et dans le bas ; ils feront bâtir une muraille dans la direction de l'escalier qui est long le ruisseau devant le portail, allant vers le jardin de Me Bertrand Folco ; ils fairont une fontaine avec lavoir et abreuvoir pour les bestiaux vers la dite muraille neuve, et ils donneront une fuite et conduite à l'eau à leurs frais et dépens, etc... » — *Fol° 218.*

ARTICLE 10. — *Fontaine de la Place Saint-Pierre.*

Le 13 novembre suivant, « le Conseil donne à prix fait à Jean Chauderat et Antoine Blancart de cette ville de faire une place au portail de St. Pierre, et de faire devant ce portail un abreuvoir pour les bêtes et un lavoir à draps. » — *Fol⁰* 222.

Le 4 mai 1510, « le Conseil nomma une Commission pour faire faire une fontaine au portail de St. Pierre, et *le 28 janvier* 1511, il ordonna de payer trente florins pour la facture de la fontaine du *Revellin* du portail de St. Pierre.—Cette fontaine du Revellin était l'abreuvoir placé à côté de la porte, existante encore sous le nom de *Notre Dame la Noire*, destiné à suppléer à la fontaine déjà établie sur la place, mais où l'eau manquait souvent. »

Le 28 juillet 1511, « le Conseil nomma des Commissaires chargés de faire venir l'eau de St. Siméon à la fontaine de la Place St. Pierre. » (1)

Il paraît que cette mission ne fut pas remplie comme il fallait, puisque *le 9 janvier 1523*, « le Conseil ordonna de refaire la fontaine, dite de St. Michel sur la Place St. Pierre, obligeant l'entrepreneur de la faire couler pendant cinq ans à ses frais et dépens. » (2)

Le 6 mai 1526, « une Commission est nommée pour faire réparer et couler la fontaine du Portail de St. Pierre, avec ordre de punir de cinquante sols ceux qui ôteraient l'eau qui va à cette fontaine à partir des trois rayols. » — *Fol⁰* 502.

Le 28 octobre 1551, et *le 10 novembre suivant*, « le Conseil décida de nouveau de faire venir l'eau de St. Siméon à la Place St. Pierre et d'y reconstruire une fontaine aux frais des voisins, qui avaient offert de payer ces réparations, mais ce ne fût que vers septembre de l'année 1552, que l'eau pût être amenée à cette fontaine.

Enfin, *le 11 novembre 1552*, « comme on s'était plaint que Jean Clavier avait pris l'eau de la fontaine de la Place Saint-Pierre, et, par un conduit couvert, la fesait couler dans son jardin avec un griffon; (ce jardin était sous la chapelle Ste. Catherine, et avait appartenu à cette chapellainie) ;

(1) Item hosi au comes à Mess. lo Sindique Peyre Monnier, al noble Jehan Lebar, à Mestre Anthoni Fornier, et à Anthoni Blancart, que fasson venir l'aygo de Sanct Siméon despuy la mayre jusques al poador et à la font de la Plasso de Sanct Peyre cuberta per condus al despens de la villa et haylar à prefach — et far una lista de croada (corvée) per secors de la dicha obra, et tal lista facha la agou monstrar al present Conselh. — *Fol⁰* 108. V⁰.

(2) Item an comes a redrissar la font de Sanct Michaël ques en plassa de Sanct Peyre a Mestre Steve Maurel, fustier, et aquella far rayar continualmant et tenir drecha a sos despens durant l'espassi de sinc ans prochans venens—et laya far rayar dayssi XV jors prochans et per sa pena et travalh durant lo dich temps ordonou ly donar tota sa talha que si coligira a font et lieura per cazernet durant lo dich temps — et per aquo far lo dich Maurel es obligat et lo dich Conselh ossi com'a esta nota per mi Maximin en presentia dels N. Johan Lebar et Frances Saurin — *Fol⁰* 168.

ARTICLE 10. — *Fontaine de la Place Saint-Pierre.*

« Le Consul , chargé de vérifier le fait et de briser la conduite si le cas était, rend compte de sa mission : il a trouvé l'eau coulant par un griffon dans le jardin , et Jean Clavier s'est opposé à ce que la conduite fut détruite.

« Le Conseil conclut : pour éviter une cause de conséquence que les autres particuliers ne voulussent prendre l'eau *couverte* pour arroser leurs jardins, que le présent Conseil aille, en compagnie de Monsieur le Viguier, pour en faire remontrance au dit Clavier, qu'il ne doit pas prendre l'eau couverte , et, en cas qu'il ne veuille pas briser le dit griffon et conduite, de la faire rompre. » — *Fol*° 304.

— Il paraît que M. de Siéyès , qui avait fait bâtir la maison , située au fond sud de la Place St-Pierre , maison possédée actuellement par la famille Rougon, avait aussi intercepté l'eau de la fontaine ; il y eut de la peine pour remettre la Communauté dans l'intégrité de ses droits sur cette eau.

La fontaine a été refaite depuis lors , mais elle a été conservée à peu près à la même place.

Le 26 septembre 1779, « M. Deisseautier proposa au Conseil de faire, sur la Place St. Pierre , une fontaine de même forme et dimension que celle de la Place Jean Raynaud , le tout à ses frais , moyennant don d'un denier forcé d'eau de St. Siméon. — Le Conseil refusa. » — *Fol*° 88. *V*°.

Délibération du 10 juillet 1836.   *Fol*° 169.

Avril et Conza.
—
Chacun demi
denier d'eau.

« Pétitions des sieurs Avril , passementier, et Conza , maçon , demandants une portion des versures de la fontaine de la Place St. Pierre , pour être dirigée à leurs maisons respectives.

« Considérant que les pétitionnaires possèdent des établissements utiles ; qu'il est d'une bonne administration de favoriser le commerce et l'industrie autant que d'autres intérêts peuvent le permettre ;

« Le Conseil est d'avis d'accorder aux sieurs Avril et Conza , propriétaires : le premier d'une passementerie , le segond d'une fabrique de teinture , situées l'une et l'autre dans cette ville à la rue Douzon , la jouissance pour chacun d'un huitième des versures de la fontaine de la Place St. Pierre ;

« A cet effet , une prise sera établie dans le reservoir de cette fontaine à un point inférieur d'une ligne du niveau de l'eau, dont la dimention sera fixée au quart de celle des quatre tuyaux de la fontaine.

« Cette concession est faite sous les conditions :

« 1° Que tous les frais , aux quels les ouvrages à faire donneront lieu, seront à la charge des dits Avril et Conza ;

« 2° Que , dans l'exercice de la faculté qui leur est accordée , ils ne porteront point atteinte aux droits que des tiers pourraient avoir acquis aux versures dont il s'agit ;

« 3° Que la présente concession , purement gratuite , sera révocable de plein droit six mois après la cessation de l'industrie en faveur de la quelle elle est faite. »

1839-1841.

ARTICLE 10. — *Fontaine de la Place Saint-Pierre.*

Délibération du 15 septembre 1839.   Fol° 56.

« M. le Maire fait donner lecture d'un procès-verbal dressé par M. le Commissaire de Police, le 9 du courant, constatant que les sieurs Menc et Avril, qui avaient obtenu, il y a quelques années, un demi denier chacun des versures de la fontaine de la Place St. Pierre, ont altéré les prises de leur concession afin d'augmenter le volume d'eau qui arrive chez eux.

Révoqué la concession ci-dessus Avril et Conza.

« Il est donné lecture en même temps d'une pétition de divers habitants de la Place St. Pierre, qui se plaignent que les œuvres des dits Avril et Menc les empêchent de jouir du lavoir de cette fontaine; ainsi que de deux lettres, l'une du sieur Avril, l'autre du sieur Menc, contenants leurs explications sur le procès-verbal qui a été dressé contr'eux.

« Sur quoi, le Conseil considérant que les concessions, qu'il avait faites aux sieurs Avril et Menc, étant purement gratuites, il a toujours le droit de les révoquer;

« Que l'altération des prises, en portant atteinte à l'intérêt public, rend les concessionnaires coupables d'un délit qui doit les priver de la faveur dont ils avaient usé jusqu'à ce jour;

« Décide que les concessions faites aux sieurs Avril et Menc dans la séance du 10 juillet 1836 sont révoquées; (1)

« La présente résolution prise au scrutin secret et séparément:

« Pour le sieur Avril à la majorité de onze boules blanches contre trois noires, et pour le sieur Menc à la majorité de neuf boules blanches contre cinq noires. »

Délibération du 6 juin 1841.   Fol° 104.V°.

« Vû la pétition du sieur Avril, Joseph, passementier à Brignoles, demandant qu'il lui soit concédé la moitié des eaux des versures de la fontaine de la Place St. Pierre, prise dans le bassin où tombe l'eau des tuyaux, pour établir un moulin à soye dans sa maison, rue Douzon.

Avril, Joseph.

La moitié des versures.

« Attendu que la demande du sieur Avril mérite faveur ayant pour objet un établissement industriel;

« Attendu que la fontaine de la Place St. Pierre est alimentée abondamment pour que les habitants du quartier n'éprouvent pas un grave préjudice de la concession demandée;

Annulée par la délibération du 3 juillet 1842.

« Ouï le rapport favorable de la Commission des pétitions;

(1) M. Menc avait succédé à M. Conza, dans sa teinturerie.

ARTICLE 10. — *Fontaine de la Place Saint-Pierre.*

« Le Conseil a délibéré , à la majorité de neuf boules blanches contre quatre noires , qu'il serait concédé à M. Avril , passementier, domicilié en cette ville , pour l'usage d'un moulin à soye , qu'il se propose d'établir dans sa maison , enceinte de Brignoles , rue Douzon , la moitié des eaux des versures de la fontaine de la Place St. Pierre, à prendre dans le bassin où les eaux tombent des tuyaux ; à cet effet l'autorise à établir dans le dit bassin l'ouverture nécessaire pour recevoir la moitié des eaux des versures de la dite fontaine et les diriger dans la conduite qu'il faira pour la conduire dans sa maison ; le tout sans préjudice des droits des tiers , avec réserve que cette concession sera essentiellement révocable dans le cas où un service public ou d'utilité publique reconnus exigerait ces eaux , ou dans le cas de changement de destination de la dite fabrique et d'emploi des eaux à un autre usage , etc... »

Délibération du 20 février 1842.   *Fol*º 118.

Conza

Un demi denier d'eau.

« Vû la pétition de M. Conza , maçon en cette ville , demandant qu'il lui soit accordé des eaux du survers de la fontaine de la Place St. Pierre pour une fabrique de teinturier qu'il a dans sa maison rue Douzon ;

« Ouï le rapport de la Commission des pétitions ;

« Le Conseil concède à M. Conza un demi denier d'eau des survers de la fontaine de la Place St. Pierre , sous la condition que cette prise sera ouverte dans le bassin de la dite fontaine. »

Délibération du 3 juillet 1842.   *Fol*º 127. *V*º,

Avril, passementier.

Un centimètre d'eau

« Vû la pétition de M. Avril , passementier, et la délibération du 6 juin 1841,

« Le Conseil a délibéré d'autoriser M. Avril, passementier, à prendre dans le bassin de la fontaine de la Place St. Pierre , un centimètre de diamètre d'eau qu'il conduira dans sa maison ou son jardin , pour le lavage des soyes , à la charge par lui de rendre les eaux de manière que l'irrigation des propriétés inférieures n'en soit pas privée ; de faire les conduites à ses frais ; de se conformer à ce que M. le Maire ordonnera pour la direction des travaux, avec réserve de révocation de cette concession aussitôt que les eaux ne seront plus nécessaires au lavage des soyes , au quel M. Avril demande de les appliquer. »

Délibération du 13 *juin* 1848.   *Fol*º 72.

Dupui , frères.

Un centimètre d'eau

« Vû la pétition présentée le 6 juin mois courant au Conseil municipal par les citoyens Dupui frères , fabricants de savon en cette ville , dans le but d'obtenir un centimètre d'eau à prendre dans le bassin de la fontaine de la Place St. Pierre, pour alimenter leur fabrique située sur la dite Place ;

« Considérant que la surversure des eaux de la fontaine de la Place St. Pierre est plus que suffisante pour les besoins du lavoir public qui avoisine cette fontaine et pour la propreté de la Place ;

1848.

Article 10. — *Fontaine de la Place Saint-Pierre.*

« Considérant que les frères Dupui ne peuvent se procurer l'eau qui leur est nécessaire qu'à force de bras, et qu'il est juste de leur faciliter les moyens d'exploitation, alors surtout qu'on peut le faire sans nuire à l'agriculture, puisque ces mêmes eaux sont rendues sur la voie publique et dans ce même ruisseau qui les a jusqu'à présent conduites dans les champs ;

« Considérant enfin qu'il est toujours d'une bonne Administration d'encourager l'industrie ;

« Le Conseil accorde à la fabrique des citoyens Dupui frères l'autorisation de prendre du survers de la fontaine de la Place St. Pierre un centimètre d'eau, à la charge par eux de faire exécuter, dans six mois à partir de ce jour, les travaux nécessités par cette concession, la quelle sera considérée comme non avenue si les travaux ne sont pas faits dans ce délai ;

« La présente concession étant faite à titre gratuit est essentiellement révocable, elle le sera là où l'usine changerait de destination, et pourra l'être pour tous les cas d'utilité ou de convenance communale. »

Article 11. — *Fontaine de la Poissonnerie.*

Les archives ne font aucune mention de l'établissement de la fontaine de la Poissonnerie.

1689.

Le 6 *février* 1689, « le Conseil délibéra de faire faire des petits bassins à côté des fontaines, pour y laver sans salir l'eau des grands bassins destinés à l'abreuvage, *et particulièrement à la fontaine de la Poissonnerie où il n'y en a aucun.* » — *Fol°* 426.

Établissement de la fontaine.

— D'où il ressort qu'une fontaine existait alors à la Poissonnerie, fontaine sans aucun bassin.

On peut présumer que cette petite fontaine avait été faite pour les besoins du quartier, et peut-être aussi à l'occasion de la création d'une halle pour la vente du poisson.

C'est en 1573, que la ville acheta une maison pour servir de *Pescarié*, et il est dit que cette maison était sise à la rue de la *Pescarié*, ce qui atteste que cette rue était assignée depuis quelque temps pour la vente du poisson.

Il serait donc assez naturel de fixer la création de cette fontaine à cette époque de 1573, à moins qu'on ne voulût la faire remonter à 1561, lorsque la ville fit faire des conduites pour amener l'eau de St-Siméon à la serve du Portail-Neuf, afin de pouvoir faire des fontaines publiques dans les quartiers les plus populeux.

ARTICLE 11. — *Fontaine de la Poissonnerie.*

Le 14 juin 1761, « le Conseil délibéra de refaire la conduite de la fontaine de la Poissonnerie, et de faire réparer cette fontaine ; réparation qui fût adjugée à 245 fr., et qui coûta en réalité 363 fr. 17 s. » — *Fol° 149.*

Le 16 janvier 1774, « sur la proposition faite par Messieurs les Maires-Consuls que la fontaine de la Poissonnerie est toute détraquée et qu'il conviendrait de l'ôter du milieu de la rue, où elle embarrasse le passage. — *Fol° 596.*

« Le Conseil a unanimement délibéré de faire réparer la fontaine de la Poissonnerie, et qu'elle sera reculée et emplacée dans le lieu qui sera indiqué par Messieurs les Consuls ; il sera fait un devis estimatif qui sera exposé aux enchères. » — *Fol° 602. V°.*

Elle fut adjugée, le 18 mars 1774, à Pierre Pons, maçon, au prix de 215 fr. Cette fontaine était à quatre tuyaux, et placée à 50 centimètres sud-ouest de l'angle de la maison faisant face à la partie nord de la halle au poisson et tournant sur la rue allant vers la Paroisse.— L'eau, versure du bassin, tombait dans l'ouverture grillée de l'aqueduc souterrain, qui recevait les eaux du quartier et allait déboucher à l'extrémité de la rue Cavaillon, pour traverser les maisons donnant sur la Place Caramy et suivre dans la Grande-Rue jusqu'à la ruelle de Raynouard.

En 1856, deux maisons furent démolies sur la rue tortueuse allant de la Poissonnerie à la rue Collet-Redon ; l'aqueduc fut supprimé, et la fontaine, réduite à deux tuyaux, fut reconstruite contre la façade nord de la halle, où elle est actuellement.

Barbier, Honoré

N'existe plus.

Le 24 pluviôse an XII, « délibéré d'accorder à Honnoré Barbier les versures d'eau de la fontaine de la Poissonnerie pour servir à l'usage d'une fabrique d'eau de vie, à la charge par lui de remettre les versures dans le même acqueduc où elles se jettent actuellement et de se conformer de plus au contenu du dit rapport. » — *Page 10 du 3° cahier.*

— Ce rapport a trait à la forme de la conduite à faire par le pétitionnaire pour amener l'eau à sa fabrique.

ARTICLE 12. — *Fontaine du Pouadou ou Portail-Neuf.*

Délibération du 14 juin 1761.

Établissement de la fontaine.

Le survers à Laurens Chivallier.

Exposé : « que Laurent Chivalier, marchand tanneur de cette ville, qui possède une fabrique de tannerie au quartier du Portail Neuf, pour l'usage de la quelle il jouissait autrefois des eaux superflues des arrosages de St. Simian dont il est privé aujourd'hui au moyen de la nouvelle conduite des eaux de cette source, dont la superfluité se trouve toute ramassée dans le canal pratiqué au

1761-1764.

ARTICLE 12. — *Fontaine du Pouadou ou Portail-Neuf.*

fond de la conduite, demande qu'il soit construit une fontaine à la Place du Portail Neuf, l'eau de la quelle sera prise dans la serve de distribution, et le survers sera proffité par le sieur Chivalier pour l'usage unique de sa fabrique; sous l'offre de faire à ses seuls frais et dépens la fontaine, conduite et accessoires, et de l'entretenir à perpétuité; et que, en outre, cette fontaine cessera de couler par préciput aux autres, et la concession du survers demeurera éteinte là où cette eau serait nécessaire aux autres fontaines de la ville; et, comme la fontaine proposée sera d'une ressource au public par sa situation, et que d'ailleurs les fabriques, qui sont d'une utilité à la ville, méritent l'assistance des Communautés pour le concours du commerce, et notamment celle du sieur Chivalier qui, par un événement imprévu, se trouve tout d'un coup privée d'une eau sur la foi de la quelle sa fabrique avait été construite. — Ils en font part au Conseil pour y être délibéré. — *Fol*⁰ 142.

« Le Conseil a unanimement délibéré de faire construire une fontaine à la Place du Portal Neuf, dont l'eau sera prise dans la serve mère de distribution et lui sera assigné dix lignes d'eau; la quelle fontaine sera placée à l'indication des sieurs Maires-Consuls, et le survers sera uniquement destiné à l'usage de la fabrique du sieur Chivalier.

« Les frais de la quelle fontaine, conduite et accéssoires seront faits en entier par le sieur Chivalier, qui sera en outre tenu de l'entretenir à perpétuité; et, arrivant le cas que l'eau de la dite fontaine soit nécessaire aux autres fontaines de la ville, soit publiques soit particulières, la dite fontaine cessera de découler, et la concession du survers sera et demeurera dès maintenant comme pour lors éteinte, sans que pour raison de ce le dit sieur Chivalier puisse demander une indemnité de quelque nature qu'elle procède, et demeurera en outre la dite concession anéantie là où la dite fabrique viendrait à ne plus exister. » — *Fol*⁰ 148.

Délibération du 7 octobre 1764.   *Fol*⁰ 610.

« Sur une plainte et requête de Bremond, potier à terre au Portail Neuf, lecture faite de la requête du dit Bremond du 11 août passé, le Conseil a unanimement délibéré de transporter la fontaine, qui découle au coin de la fabrique du dit Bremond, au coin du jardin de Messire Auban, prêtre, aux frais et dépens des hoirs de Laurens Chivallier qui jouissent du survers, suivant la délibération du 14 juin 1764, à la charge par eux de rendre le dit sieur Bremond indemne suivant les fins prises dans la requête, ainsi qu'il sera parmi eux réglé.

Transporter la fontaine au coin du jardin de M. Auban.

« Et, quand au conduit détruit, et par où découlaient les eaux d'arrosage du jardin du dit Bremond, le Conseil a unanimement délibéré qu'il sera remis dans son premier état et pour l'usage du dit Bremond aux frais de la Communauté, attendu que la ville avait détruit le dit conduit lors de la réparation faite aux eaux de St. Simian, ainsi qu'il a été dit dans le Conseil, sauf néanmoins aux dits sieurs Maires de prendre de plus amples indications sur le conduit dont s'agit. »

1783.

ARTICLE 12. — *Fontaine du Pouadou ou Portail-Neuf.*

Délibération du 25 mai 1783.   *Fol° 413.*

Jardin Pellegrin
actuellement
de Fabry.

Arrosage
par los versuros
la nuit.

Exposé : « 7° que M. Pellegrin de cette ville, avocat en la Cour, a remis un mémoire à l'Administration, dans le quel il expose qu'il possède un jardin arrosable au derrière de sa maison, qu'il a réuni à celui de feu Messire Auban, prêtre, au quartier du Portail Neuf;

« Ces deux jardins s'arrosaient anciennement des eaux de St. Simian par un acqueduc exprès, et, comme ces eaux qui découlaient dans cet acqueduc filtraient dans les conduites des fontaines de la Place St. Pierre, de la Poissonnerie, de la Paroisse et autres, les quelles eaux souvent bourbeuses se mêlant avec celles des fontaines les corrompaient.

« Pour prévenir à cet inconvénient, la Communauté fit détruire cet acqueduc, on assigna à l'arrosage des dits jardins les eaux des versures de la fontaine qui découle au coin du jardin de feu Messire Auban, ce qui a été fait en exécution des Conseils des 14 juin 1764 et 7 octobre 1764; et, quoique dans les dits Conseils il soit dit que les versures de cette fontaine sont uniquement destinées pour l'usage de la fabrique de tannerie de l'hoirie de feu Chevallier, ces versures furent néanmoins réparties, de l'avis et concours de l'Administration d'alors, ainsi qu'il est expliqué dans une convention entre le sieur Chevallier, le dit M. Pellegrin et Jn Bto Perroton, à cause de sa fabrique de poterie; des quelles eaux il en compette, sçavoir : à la dite fabrique du dit Chevallier depuis quatre heures du matin jusqu'à celle de six du soir; et, depuis celle de six jusques à celle de quatre du matin, les versures sont affectées aux jardins de M. Pellegrin et de Messire Auban, ainsi qu'il a toujours été pratiqué. — C'est par un acte de justice que l'on a destiné ces versures aux susdits jardins en remplacement des eaux qui coulaient dans cet ancien acqueduc que l'Administration d'alors fit démolir.

« Le dit M. Pellegrin, qui désirerait avoir un titre public pour cet arrosage, demande que le Conseil lui légitime son droit par une délibération, requérant en conséquence que le Conseil délibère. — *Fol° 413.*

Concédé
à Pellegrin pour
l'arrosage
do son jardin,
les versures
pendant la nuit.

« Le Conseil a unanimement délibéré que, en conformité des arrangements pris entre le dit M. P. Pellegrin et feu sieur Chevallier sur la répartition des versures de la fontaine du Portail Neuf, des quelles il en compette à M. Pellegrin depuis six heures du soir jusqu'à celle de quatre du lendemain matin de chaque jour de la semaine, le dit M. Pellegrin jouira des dites versures sur le pied du dit acccord, sans que la Communauté soit de rien tenue, ni sans dérogation aux délibérations de 1761 et de 1764.

« M. Maille a déclaré protester pour le rétablissement du canal qui donnait l'eau au jardin de l'hoirie de son épouse. » — *Fol° 420. V°.*

ARTICLE 12. — *Fontaine du Pouadou ou Portail-Neuf.*

Délibération du 9 mai 1824.

Jean Lion.

Sous-versures
des jardins Pel-
legrin, Fournier
et Gérard.

« Lecture de la pétition du sieur Jean Lion, négociant de cette ville, qui demande d'être autorisé à diriger l'eau qui découle du jardin des hoirs Clappiers, aujourd'hui possédé par M. Gérard, avocat, dans sa fabrique de distillerie et filature de cocons de vers à soye, située dans l'Église des ci-devant Cordeliers, sous l'obligation expresse de ne point détourner la dite eau de son cours habituel, et de la rendre dans le ruisseau d'arrosage de la rue des Cordeliers dans la direction la plus élevée visant à la façade du nord, où se trouve la porte d'entrée de sa fabrique de distillerie et filature.

« Le Conseil, après avoir entendu plusieurs membres qui ont présenté des observations justes et judicieuses sur les concessions des eaux qui ont été consenties par le passé, de celles qui peuvent être accordées par le présent;

« Considérant qu'il est dans son intention de favoriser l'industrie qui procure du travail à la classe indigente; que la fabrication du sieur Jean Lion se trouve dans cette catégorie;

« Considérant qu'il convient cependant de conserver les droits des tiers et éviter des contestations entre les parties qui ont droit au superflu de ces eaux, qui ont eu constamment leur fuite dans le ruisseau de la rue des Cordeliers;

« Que la déclaration du sieur Jean Lion de ne pas les dévier de cette fuite, à laquelle il s'engage de les rendre après qu'elles auront passé dans sa fabrique, est assez suffisante pour la conservation des droits des tiers;

« Considérant enfin que l'autorisation dont il s'agit n'est applicable qu'à l'eau qui découle du dit jardin des hoirs Clappiers et provenant du réservoir y établi, et de ceux existants dans les jardins supérieurs; qu'elle ne touche point directement la mère-source des eaux de la ville, quartier de St. Simian, et la distribution d'icelles au quartier du Portail Neuf;

« D'après ces considérations, il a été délibéré d'autoriser le sieur Jean Lion, négociant, de dériver l'eau provenant du jardin des hoirs Clappiers, aujourd'hui possédé par M. Gérard, avocat, dans sa fabrique située dans la ci-devant Église des Cordeliers, aux conditions : qu'il la rendra en ligne directe du bâtiment dans le ruisseau d'arrosage de la rue des Cordeliers; que cette eau ne pourra pas être conservée dans aucun réservoir pour être gâtée au point de porter préjudice à l'arrosage des jardins attenants aux maisons inférieures qui y ont droit, et sous la réserve expresse des droits des tiers.

« La présente sera transmise à M. le Préfet, etc..... »

1831.

ARTICLE 12. — *Fontaine du Pouadou ou Portail-Neuf.*

Délibération du 26 août 1831.

Louis-Laurent
Rougon,
médecin.

Sous-versures
de Perroton,
représentant
Chivallier.

« Pétition de M. Rougon , docteur en médecine , qui demande à être autorisé de conduire et dériver dans le jardin qu'il a acquis des hoirs Martin , quartier de Ste. Catherine , les versures des eaux de la fontaine du Portail-Neuf, qui coulent déjà dans la cour des maisons des sieurs Gascq, traiteur, et Perroton , propriétaire.

« M. le Maire observe que cette concession n'est demandée que pour favoriser l'industrie commerciale , ainsi que le porte la demande du pétitionnaire , sur la quelle le Conseil est appelé à délibérer.

« Le Conseil municipal considérant qu'il est naturel et juste de donner aux eaux une destination utile ; que les versures de la petite fontaine du Portail Neuf s'arrêtent et croupissent dans un jardin appartenant à M. Perroton ; que le sieur Rougon , propriétaire d'un jardin voisin et inférieur, peut s'en servir soit pour fertiliser sa propriété, soit pour favoriser l'établissement d'une fabrique ; que l'intérêt public , que le Conseil doit principalement avoir en vûe, ne s'oppose point à la concession de ces versures ; qu'au contraire il ne peut que se trouver dans l'avantage particulier que le pétitionnaire doit en recueillir.

« Le Conseil municipal a été unanimement d'avis de concéder au sieur Louis, Laurent Rougon, la jouissance des versures de la petite fontaine du Portail Neuf, qui arrivent dans la cour et jardin du sieur Perroton , au moyen d'une conduite souterraine , sauf à lui à s'entendre avec ce dernier pour les travaux à faire à l'effet d'amener ces eaux dans sa propriété , et sous la réserve expresse, néanmoins, des droits des tiers, aux quels la Commune n'entend point préjudicier. »

ARTICLE 13. — *Fontaine de la Place Cavaillon.*

1762.

Établissement
de la fontaine
1766.

Le 26 septembre 1762 , « le Maire expose au Conseil qu'il résulte du rapport du sieur Ardoin du 14 de ce mois, que la ville peut se procurer une grande quantité d'eau dans le reservoir de distribution des fontaines au moyen des ouvrages qui peuvent aisément se pratiquer, et que la Communauté devrait segonder le désir des habitants du quartier de Cavaillon , qui demandent depuis longtemps une fontaine , la quelle serait trez utile attendu l'éloignement dans le quel se trouve ce quartier des autres fontaines , dont les accidents imprévus exigent la proximité — requérant que le Conseil délibère. — *Fol° 323.*

« Le Conseil a unanimement délibéré de faire découler une fontaine dans le quartier de Cavaillon sur le pied du devis qui sera dressé, après que les ouvrages , qu'il y a à faire à la source de St. Simian , auront été faits, et tout autant que les dits ouvrages, compris ceux de la nouvelle fontaine, n'excèderont la somme de treize cents livres ; et là où cette dépense excèdera la dite somme , il ne sera procédé aux ouvrages de la dite fontaine de Cavaillon que l'année prochaine. » — *Fol° 340.*

ARTICLE 13. — *Fontaine de la Place Cavaillon.*

Le 27 mai 1765, « le Conseil approuve l'adjudication de la réfection de toutes les conduites de la ville passée à Brun à 3057 fr. et délibère que la fontaine, délibérée pour Cavaillon en 1762, sera faite.

« En exécution de cette délibération, des plans et devis sont dressés par les agents-voyers, approuvés et autorisés par l'Intendant de la Province, et la fontaine est construite en 1766.

Le 20 février 1842, « ouï le rapport de M. Delestang sur la pétition des habitants de la rue Cavaillon, demandants que la prise d'eau soit changée et qu'une conduite soit faite de la serve de Ste. Catherine, qui se joindrait à celle de Cavaillon au-devant de la maison de M. Dupui ;

Prendre l'eau à la fontaine de la Place St-Pierre.

« Le Conseil est d'avis qu'il soit fait une prise particulière pour chaque fontaine dans la serve même de la fontaine de la Place St. Pierre, il autorise M. le Maire à faire exécuter ce travail de la manière la plus convenable, et il vote les fonds sur ce nécessaires. » — *Fol° 118. V°.*

— Cette fontaine, placée vers l'angle nord-est du pâté des maisons qui occupait le sol de la place actuelle, fut transportée, en 1850 ou 1851, à l'endroit où elle est aujourd'hui, en même temps que les anciennes maisons furent démolies et l'emplacement déblayé et approprié à sa nouvelle destination.

Délibération du 5 juin 1775.   *Fol° 724. V°.*

« Le sieur Brun, marchand quincaillier, demande qu'il lui soit accordé un griffon d'eau du survers de la fontaine qui découle à Cavaillon, pour la conduire dans son écurie qui est au quartier de la Tour Malaute, où il a dessein d'établir une fabrique d'eau de vie, à la charge par lui de faire tous les frais de la conduite et répondre de tous les événements.

Brun, quincaillier.
—
Un denier d'eau

« Le Conseil a unanimement accordé au sieur Brun, marchand quincaillier, un denier d'eau du survers de la fontaine qui découle au quartier de Cavaillon, pour être la dite eau conduite dans son écurie au quartier de la Tour Malaute, où il a dessein de construire une fabrique d'eau de vie, et avec la condition que la dite eau sera spécialement destinée pour la dite fabrique d'eau de vie, faute de quoi la dite concession sera comme non avenue, dans quelque temps que ce soit, sans pouvoir opposer ni possession ni prescription, avec la condition encore que le dit sieur Brun fera tous les frais de la conduite, qu'il répondra de tous les événements, et que le dit sieur Brun sera sans recours contre la Communauté en cas que la fontaine de Cavaillon fût transportée ailleurs, ou que la Communauté ne trouva pas bon de la faire découler, et que la dite eau pour la dite fabrique sera prise telle qu'elle sera, claire ou sale. «

ARTICLE 13. — *Fontaine de la Place Cavaillon.*

Délibération du 1er juillet 1781.

Révoqué la concession faite à Joseph Brun, le 5 juin 1775.

« Lecture faite de l'acte interpellatif tenu par les habitants de Cavaillon, et faute par le sieur Joseph Brun d'avoir rempli la condition portée dans la délibération du 5 juin 1775, qui lui accorde un denier d'eau pour l'usage d'une fabrique d'eau de vie.......

« Le Conseil, à la pluralité des voix, a révoqué la concession, et prié Messieurs les Maires-Consuls de faire faire tous les ouvrages nécessaires, tant à la prise qu'à la conduite, s'il le faut, pour que le dit sieur Brun ne puisse exciper dans aucun temps que ce soit d'aucune concession d'eau, à moins que le sieur Brun ne vienne à faire sa fabrique d'eau de vie ; dans ce cas il pourra user de sa concession, tout autant que la Communauté n'aurait pas disposé de ces eaux envers tous autres. » — *Folo* 220

Délibération du 2 octobre 1791.

Veuve Boyer et Jean-Joseph Colle.

La moitié des versures, et supercedé à cette délibération.

« La demoiselle Boyer et le sieur Jean Joseph Colle, fabricants de chapeaux, demandent qu'il leur soit accordé de l'eau du survès de la fontaine de Cavaillon pour alimenter leurs fabriques situées dans la rue des Barri Vieux, requérant le Conseil de délibérer, — *Folo* 282. *Vo.*

« Lecture faite des pétitions de demoiselle Boyer et du sieur Jean Joseph Colle, etc.....

« Le Conseil, à la pluralité des voix, a délibéré d'accorder à la demoiselle veuve Boyer et Colle, chapeliers, la moitié du survès de la fontaine de Cavaillon pour s'en servir réciproquement, ainsi qu'ils trouveront bon parmi eux aux conditions suivantes :

« 1o Que ce survès sera partagé dans le bassin de la dite fontaine de façon qu'il y en ait toujours la moitié qui découle dans le quartier de la rue du dit Cavaillon ;

« 2o Que la dite veuve Boyer et Colle ne pourront rien prétendre contre la Commune dans le cas que le sieur Brun, à qui ce survès avait été concédé par une délibération, vint à faire revivre sa concession en remplissant les conditions imposées ;

« 3o Que la dite veuve Boyer et Colle mettront un griffon dans leurs fabriques afin que l'eau reflue et coule en entier dans la dite rue de Cavaillon pour la commodité des habitants, lorsque cette eau ne leur sera pas nécessaire pour leur fabrique ;

« 4o Que la Commune pourra prendre l'eau de ce survès toutes les fois qu'elle le jugera nécessaire à son usage, sans qu'elle soit obligée d'en cotter aucun motif, et que, dans aucun cas, elle pourra être tenue de rembourser à la dite veuve Boyer et Colle les dépenses qu'ils auraient faites pour la conduite de l'eau dans leurs fabriques, ni aucune indemnité de quelqu'espèce que ce puisse être ;

1791.

Article 13. — *Fontaine de la Place Cavaillon.*

« Et finalement que, les fabriques cessants de travailler, la présente concession cessera également sans qu'on puisse opposer aucune prescription. » — *Folº* 285.

— « Avant de signer, seraient comparus au présent Conseil un grand nombre des habitants du quartier de Cavaillon, qui ont représenté que la concession qui vient d'être délibérée en faveur de la veuve Boyer et Colle, chapeliers, leur serait nuisible et endommagerait leurs maisons et leurs caves, que doit traverser la conduite de ce survès;

« Le Conseil, prenant en considération la réclamation des dits habitants, a unanimement déterminé de supercéder à la dite concession jusques à ce que le Conseil général prenne des informations sur les préjudices, etc....., pour être délibéré définitivement lorsqu'il appartiendra. » — *Folº* 287.

Délibération du 24 pluviôse an XII.

« Délibéré d'accorder à Jean Joseph Colle et Boyer veuve, un diamètre d'eau de deux lignes (ancienne mesure), à prendre au cerveau de la fontaine de Cavaillon, pour servir à l'usage de leurs fabrications, sous la condition expresse que les dits s'obligent de l'entretien de cette fontaine et de son acqueduc jusqu'à celle de la Place St. Pierre; et sous la reserve que si les dits Colle et Boyer convertissaient les eaux à tout autre objet que pour les fabrications de chapeaux, la concession est regardée comme non advenue du moment qu'il serait reconnu que les eaux ont été déviées pour tout autre motif pour les quels elles leur ont été concédées. » — *Pages 9 et 10.*

Veuve Boyer et Jean-Joseph Colle.
—
Deux lignes d'eau.

Article 14. — *Fontaine dite des Grands-Escaliers.*

Délibération du 28 janvier 1769.

« Les Maires-Consuls exposent que Pierre Maille, travailleur, l'un des habitants de la rue des Grands Degrés, est venu leur représenter qu'il y avait un moyen aisé de faire découler une fontaine à la dite rue, qui serait bien utile aux habitants de ce quartier qui la désirent depuis longtemps;

« Que pour cela on prendra un tuyau d'eau à la serve de la fontaine de la Parroisse; la conduite sera placée à côté de la descente des Grands Degrés, et découlera au coin de la maison du dit Maille, qui offre de faire la dépense sans que la Communauté y entre pour rien, à condition qu'on lui accordera la faculté de se servir de l'eau du survers pour l'usage d'une fabrique d'eau de vie qu'il a envie de construire, le quel survers rentrera ensuite dans la rue; requérant que le Conseil délibère. — *Folº* 57.

« Le Conseil a unanimement délibéré de faire découler une fontaine pour l'utilité publique à la rue des Grands Degrés et au coin de la maison de Pierre Maille,

Établissement de la fontaine, et concession du survers à Pierre Maille.

ARTICLE 14. — *Fontaine dite des Grands-Escaliers.*

dont l'eau sera prise dans la serve de la fontaine de la Parroisse , et a unanimement accepté l'offre du dit Maille de faire la conduite à ses propres frais et
dépens et accéssoires ; moyennant quoi le Conseil lui accorde le survers de la dite
fontaine pour l'usage de sa fabrique d'eau de vie, le quel survers rentrera ensuite dans la rue ; à la charge néanmoins par le dit Maille, et non autrement ,
d'être tenu de tous les dommages et intérêts que la conduite de la dite fontaine
pourrait occasionner ; faute de quoi, et dans quelque temps que ce soit , le dit
Maille sera déchu de la faculté du dit survers , et permis aux dits sieurs Maires-
Consuls d'anéantir la dite fontaine tout comme si elle n'avait jamais existé ; sous
la reserve encore qu'en cas que cette eau fût nécessaire à la ville pour quelque
besoin plus urgent , elle sera prise tout comme si elle n'avait jamais été donnée,
sans que le dit Maille puisse prétendre aucun dédommagement ni remboursement des frais de conduite et autres ; le tout unanimement à l'exception du sieur
Jⁿ Bᵗᵒ Bremond , ajoutant que l'eau qu'on donnera ne consistera qu'au volume
d'un denier, et que le dit Maille sera obligé de faire une conduite souterraine à
ses dépens pour la fuite du survers, à l'indication de Messieurs les Maires-
Consuls. » — *Folᵒ 58. Vᵒ.*

En 1853, cette fontaine, qui était à côté et contre l'arceau sous le quel on
passe pour monter les Grands-Escaliers , fut transportée à vingt mètres plus
loin , dans la même rue , dite des Limousins.

Délibération du 25 mars 1781.   *Folᵒ 197.*

A'ude, Antoine.

« 6ᵒ Que dans le Conseil du 28 juin 1778, *Folᵒ* 30 , il a été accordé à Antoine
Aude , fabricant , le survers du lavoir de la fontaine du Bourg d'Entraigues pour
l'usage d'une fabrique d'eau de vie qu'il a faite ; la quelle fontaine découlait ,
partie de la source acquise de M. Desparra , et partie du survers de la fontaine
qui est au bout des Grands Degrés.

« Dans le Conseil du 7 mai 1780 , il a été délibéré de démolir le lavoir de la
fontaine d'Entraigues , et de là le survers accordé au dit Aude est devenu inutile,
et, comme le dit Aude s'est constitué en dépenses pour la construction d'une
fabrique d'eau de vie qui est utile au public, il demande qu'il lui soit accordé le
survers de la fontaine des Grands Degrés tout autant que Pierre Maille , travailleur, au quel le survers a été accordé dans le Conseil du 28 janvier 1769 , n'en
usera pas pour l'objet qui lui a été concédé , etc.....

« Sur la sixième proposition , le Conseil, à la pluralité des voix, a consenti que
Aude prenne le survers de la fontaine des Grands Degrés pour l'usage de sa fabrique d'eau de vie, là où Pierre Maille, auquel ce survers a été accordé dans la
délibération de 1769, n'en usera point pour sa fabrique d'eau de vie ; et , venant
à en user pour cette destination , le dit Aude n'aura que les versures de la fabrique du dit Maille — le tout sans dérogation aux droits de la Communauté , ainsi
qu'il a été expliqué dans le Conseil du dit jour 28 janvier 1769. »

ARTICLE 15. — *Fontaine de la rue des Portanier.*

Délibération du 28 octobre 1713.   *Fol⁰ 438.*

« Il a été proposé par le dit sieur Maire qu'il serait nécessaire pour l'utilité publique de faire couler une fontaine au quartier des Quatre Cantons et vis à vis de la maison de Messieurs de Lamanon et au coin de la muraille du Pont de la dame Jeanne de Brignole veuve du sieur Minuty, avocat du Roi ; et pour raison de ce l'eau, pour servir à la dite fontaine pourra être prise au réservoir ou *servy* de la Communauté, lui ayant été fait par la dite dame de faire la dépense tant de la dite fontaine que de la conduite de l'eau et entretien d'icelle.

Établissement de la fontaine.

« Sur la dite proposition, le Conseil a délibéré de faire la dite fontaine à un tuyeau seulement de la grosseur du petit doigt, qui découlera en la dite rue pour servir au public, et le survers d'icelle à l'usage commun, à condition néanmoins que la dite dame de Minuty se chargera de faire toute la dépense requise et nécessaire pour la construction, entretien de la dite fontaine et survès, sans en pouvoir prétendre aucun remboursement de la part de la Communauté, non plus que des frais qu'elle pourra faire pour avoir la permission de Messieurs les Trésoriers généraux de France. »

Cette fontaine fut-elle construite à l'angle de l'arceau désigné dans la délibération du 28 octobre 1713 ?

Il n'est plus fait mention de cette fontaine, que nous avons toujours vue vers l'angle de la rue St-Joseph, où elle est aujourd'hui.

ARTICLE 16. — *Fontaine du Portail du Luc.*

Délibération du 26 novembre 1837.   *Fol⁰ 214.*

« Le Conseil municipal a unanimement délibéré la construction d'une nouvelle fontaine hors la Porte du Luc, et la démolition du Portail de ce nom ; de se conformer aux plan et devis dressés par M. Giannani, conducteur des ponts et chaussées ; de prier M. le Maire de l'exécution et de la surveillance de ces travaux qui seront mis en adjudication ; enfin de mettre à sa disposition sur les fonds libres de cet exercice la somme de 1019 fr. portés dans le devis, et remplir toutes les formalités pour obtenir l'autorisation nécessaire.

Établissement de la fontaine.

Délibération du 25 février 1838.

« Le Conseil s'est ensuite occupé des diverses pétitions tendantes à obtenir des concessions sur les versures des eaux de la fontaine qui doit être construite à la Porte du Luc ;

« Il a été observé à cet égard que la Commune, en l'état de ses finances, devait saisir avec empressement toutes les occasions d'augmenter ses revenus, et

1838.

ARTICLE 16. — *Fontaine du Portail du Luc.*

Admis
en principe la
justice
de soumettre
les concessions
d'eau
à une taxe.

qu'il devient juste de soumettre tous les concessionnaires à lui payer une indemnité. Mais comment cette indemnité serait-elle fixée ?

« Ferait-on rétrograder, rétroagir cette disposition, et y soumettrait-on les concessions faites antérieurement sans aucunes conditions ?

« Le Conseil a pensé qu'il ne pouvait résoudre légèrement ces graves questions, et, tout en admettant le principe de l'indemnité, il a renvoyé à un autre moment la solution des diverses questions que cette proposition fait naitre.

Astorcq,
vétérinaire.
—
Un denier d'eau

« Sous cette reserve, passant aux pétitions dont s'agit, et d'abord sur celle de M. Astorq, artiste vétérinaire,

« Considérant que M. Astorcq jouissait depuis plusieurs années des versures de la fontaine du Séminaire ;

« Que, dans le moment, il s'est trouvé totalement privé soit par la diminution des eaux de cette fontaine, soit par l'usage que le Séminaire fait intérieurement de ce survers ;

« Que le public est intéressé à la conservation d'un établissement de la nature de celui de M. Astorcq ;

« Que cet établissement ne peut exister sans un bassin propre à faire prendre aux bestiaux des bains nécessaires dans certaines maladies ;

« Que M. Astorcq, du reste, offre de céder à la Commune en toute propriété et sans condition la conduite qu'il avait fait construire dans le temps pour conduire les eaux du Séminaire chez lui, et que cette conduite pourra servir à la Commune pour la nouvelle fontaine de la Porte du Luc ;

« Le Conseil est d'avis d'accorder à M. Astorcq un denier d'eau des versures de la fontaine de la Porte du Luc ; ce denier sera pris dans le lavoir, à l'endroit qui sera déterminé par M. le Maire ;

« En retour de cette concession, M. Astorcq abandonne en toute propriété la conduite qu'il avait fait construire à partir du Séminaire jusqu'à l'emplacement de la nouvelle fontaine, et, malgré cet abandon, la concession sera révoquée de plein droit si l'établissement de M. Astorcq vient à changer de destination sans qu'il puisse, même dans ce cas, demander à la Commune une indemnité pour la conduite qu'il lui a abandonnée. » — *Fol*⁰ 227.

Siméon Martin,
chapelier.
—
Un tuyau
de plume d'eau.

« Sur la pétition de M. Siméon Martin, chapelier de cette ville,

« Considérant qu'il convient de faciliter autant que possible tous les établissements industriels ;

« Que M. Martin, étant privé d'eau, ne peut donner à sa fabrication de chapeaux toute l'extension dont elle est susceptible ;

ARTICLE 16. — *Fontaine du Portail du Luc.*

« Attendu que l'eau savonneuse du lavoir ne pourrait servir à l'usage au quel il la destine, et que sa demande porte sur l'eau du bassin de la fontaine, mais qu'il n'offre jusqu'à présent aucune indemnité à la Commune pour l'avantage qu'il réclame ;

« Le Conseil a délibéré d'accorder à M. Siméon Martin un tuyeau d'une plume d'eau seulement à prendre dans le bassin de la fontaine de la Porte du Luc, à l'endroit qui lui sera indiqué, sous la condition qu'il se soumettra à payer à la Commune l'indemnité qui pourra être fixée par la suite, et que cette concession sera révoquée de plein droit du moment que la fabrique de chapeaux, qui se trouve actuellement au local de M. Martin, n'existera plus. » — *Fol*° 228.

Délibération du 6 juin 1841.   *Fol*° 104.

« Vû la pétition de M. Héran par la quelle il a demandé qu'il lui soit accordé un denier d'eau des versures de la fontaine de la Porte du Luc pour alimenter une fabrique de tannerie qu'il se propose d'établir dans sa maison sise à Brignoles, hors la Porte des Augustins ;

« Après avoir entendu le rapport de la Commission des pétitions favorable à la demande ;

« Attendu que la demande de M. Héran mérite d'être accueillie favorablement comme ayant pour objet un établissement industriel ;

« Attendu que la fontaine dite de la Porte du Luc est alimentée assez abondamment pour que les habitants du quartier n'éprouvent pas un grave préjudice de la concession demandée par M. Héran ;

« Le Conseil a délibéré, à la majorité de dix boules blanches contre quatre noires, qu'il serait concédé à M. Achille Héran, pour l'usage de la fabrique de tannerie qu'il se propose d'établir dans sa dite maison, un denier d'eau des versures de la fontaine dite de la Porte du Luc, à prendre dans le bassin où les eaux de la dite fontaine sont reçues en tombant des tuyeaux ; à cet effet, l'autorise à établir dans ce bassin l'ouverture nécessaire pour recevoir la quantité d'un denier d'eau, et la diriger dans la conduite qu'il fera pour la conduire dans sa fabrique ; et, dans le cas où l'eau de la dite fontaine viendrait à diminuer, il devrait rester un denier d'eau pour le lavoir ; avec reserve que cette concession sera essentiellement révocable dans le cas où un service public ou d'utilité publique reconnus exigerait ces eaux, ou dans le cas de changement de destination de la dite fabrique et d'emploi des eaux à un autre usage, le Conseil n'accordant cette concession qu'en considération de la protection qu'il doit à l'industrie, et encore dans ce cas où il y aurait abus dans l'exercice de cette concession par l'absorption d'une quantité plus grande que celle qui est concédée. »

[marginalia : Héran Achille. — Un denier d'eau]

ARTICLE 17. — *Fontaine de la Grande-Rue.*

Établissement
de la fontaine.

Le 11 août 1844, « le Conseil délibéra qu'une fontaine sera construite dans la Grande-Rue ; elle sera adossée à la maison Abert ; elle se composera d'une borne pouvant donner l'eau à un mètre vingt cinq centimètres de hauteur, et d'une cuvette de quatre-vingt-cinq centimètres de largeur. — Les eaux pour l'alimenter seront prises à la source de St. Simian ; elles passeront dans la conduite de la fontaine de Cavaillon ; dans le cerveau de cette fontaine sera établie une prise qui ira aboutir à la nouvelle fontaine et qui y conduira vingt millimètres d'eau. » — *Fol°* 166. *V°.*

La fontaine
est portée
rue Raynouard.

En 1865, lors de l'élargissement de la rue Raynouard, sur laquelle la maison Abert a sa façade ouest, la fontaine fut portée à une trentaine de mètres plus bas dans cette rue Raynouard, où elle est encore.

Délibération du 12 août 1866.   *Fol°* 231.

Concession
des versures
à veuve Imbert.

Sur la pétition de Madame veuve Imbert, M. Garnier, rapporteur, dit que « la Commission a visité les lieux et s'est abouchée avec les pétitionnaires ; elle a reconnu que le survers demandé par Madame veuve Imbert serait utile à son auberge, en lui donnant la facilité d'abreuver sans sortir ; que la fontaine publique y gagnerait d'être débarrassée de cet abreuvage qui gêne souvent et contrarie le puisage, dont les habitants du quartier usent à chaque instant ; que cette concession ne portera aucun préjudice au public, en soumettant Madame Imbert à rendre l'eau sur la voie publique immédiatement au-dessous de la fontaine publique.

« En conséquence, la Commission est unanimement d'avis d'accorder cette concession, à la condition déjà exprimée ; qu'elle sera révocable sans que le concessionnaire puisse réclamer aucune indemnité ni possession, quelle qu'ait été la durée de sa jouissance ; que tous les frais de conduite et d'entretien seront à la charge de Madame Imbert, qui payera la rétribution ordinaire.

« Le Conseil adopte, à l'unanimité, les conclusions de la Commission, et accorde à Madame veuve Imbert la concession des versures de la fontaine de la rue Raynouard aux conditions énoncées ci-dessus, et de plus, qu'elles ne pourront être vendues, ni cédées, ni transmises, sans une nouvelle délibération du Conseil municipal. »

ARTICLE 18. — *Fontaine de la rue Tour-Malaute.*

Cette fontaine a été faite en 1853 par l'Autorité municipale et sans délibération du Conseil ; l'eau est prise dans la serve de la fontaine de Cavaillon et vient par la même conduite que celle de la fontaine de la rue Raynouard, dont la prise est pratiquée dans la serve de la fontaine de la Place Cavaillon.

Établissement de la fontaine.

ARTICLE 19. — *Fontaine et lavoir, au quartier des Augustins.*

Le 7 février 1858, « le Conseil autorise M. le Maire à établir deux nouvelles fontaines, qui seront placées aux endroits les plus convenables, au quartier des Augustins, en y employant les eaux de l'ancienne fontaine Douzon restées sans emploi depuis longues années. » — *Folo* 122. *Vo.*

Établissement de la fontaine.

En suite de cette délibération, M. le Maire fit construire une fontaine, avec lavoir à côté, contre la muraille du jardin de l'École communale, à trente mètres au-dessus de la fontaine déjà existante au bout de la rue des Augustins.

On essaya d'y faire arriver l'eau de Douzon, mais on dut y renoncer, et cette fontaine est alimentée par l'eau de la source de St-Siméon, prise dans une serve établie vers la rencontre des rues Douzon et Vitry.

ARTICLE 20. — *Fontaine du Boulevard Saint-Louis.*

En exécution de la délibération du 7 février 1858 sus-relatée, M. le Maire fit faire une deuxième fontaine, qui fut établie sur le boulevard St-Louis au point où vient aboutir la continuation de la rue Raynouard.

Établissement de la fontaine.

Cette fontaine a aussi un lavoir attenant, et est également alimentée par les eaux de St-Siméon.

ARTICLE 21. — *Fontaine de la Salle d'Asile.*

Cette fontaine, comprise dans le chapitre Ier, comme concession d'eau pure à un établissement public, revient encore au chapitre IV, par suite de la concession de ses versures.

Établissement de cette fontaine

Ainsi qu'il a déjà été dit à l'article 18 du chapitre Ier, cette fontaine fut construite dans la cour de la Salle d'Asile, en suite de la délibération du Conseil municipal du 5 septembre 1857 et 7 août 1859.

ARTICLE 21. — *Fontaine de la Salle d'Asile.*

Le survers
est refusé
à M. Barbignat.

Le 12 août 1866, « sur une pétition de M. Barbignat demandant le survers de cette fontaine, la Commission des pétitions déclare que ce survers est déjà pris par M. Moutton, qui en jouit depuis plusieurs années sans avoir demandé ni obtenu de concession, mais seulement par tolérance de l'Autorité municipale.

« M. Moutton a fait un lavoir chez lui, et son locataire use de l'eau pour son commerce de bière. — La Salle d'Asile n'a pas de lavoir, et il en résulte des inconvénients pour le lavage et la propreté des petits enfants, qu'on est obligé souvent de désbabiller dans le lieu même de leur réunion.

« La Commission pense qu'il y aurait utilité générale à employer l'eau prise par M Moutton pour un lavoir dans le local de la Salle d'Asile.

« Le Conseil, adoptant les observations de la Commission, reconnaît qu'il n'est pas convenable que les Sœurs chargées de l'Asile soient obligées à aller laver chez M. Moutton le linge sali par les enfants ; que la propreté et la salubrité du local exigent qu'une grille soit placée de façon à empêcher les immondices balayées par les voisins d'entrer dans la cour de l'Asile, qui n'est soumis à recevoir que les eaux pluviales et l'égoût des *Éviers ;* que le survers demandé par M. Barbignat ne peut lui être accordé en l'état actuel des choses, et, d'après ces considérations, le Conseil, d'un avis unanime, a prié M. le Maire de prévenir M. Moutton de ces dispositions, et que le survers de la fontaine de la Salle d'Asile sera employé à un lavoir qui sera construit pour cet Établissement. » — *Fol*o 231.

Délibération du 4 novembre 1866.   *Fol*o 234. *V*o.

Moutton, Louis

Versures
du lavoir.

« M. le Maire rappelle au Conseil que, dans une précédente séance, il avait accordé au sieur Moutton, Louis, propriétaire, le survers des eaux d'un lavoir que ce dernier ferait construire à ses frais dans son jardin pour l'usage spécial de la Salle d'Asile.

« M. le Maire propose au Conseil de préciser et de déterminer les obligations, sous lesquelles serait faite cette concession, et il propose les conditions suivantes :

« 1o M. Moutton fera construire, dans la partie midi de son jardin, un lavoir pouvant contenir deux personnes et ayant une dimension de deux mètres carrés; ce lavoir sera entouré de murs ayant une élévation de trois mètres environ ; il ne pourra avoir aucune communication avec les bâtiments ou jardin de M. Moutton ; une porte avec serrure sera établie dans le mur qui sépare la cour de l'Asile de ce lavoir, la clef de cette porte sera exclusivement entre les mains de Madame la Supérieure de cet établissement ;

« 2o M. Moutton ne pourra, sous un prétexte quelconque, s'introduire dans ce lavoir, qui sera à l'usage spécial de la Salle d'Asile ; toutes les dépenses que la construction de ce lavoir nécessitera, seront à la charge du sieur Moutton ;

1866.

ARTICLE 21. — *Fontaine de la Salle d'Asile.*

« 3° Dans le cas où les bâtiments de l'Asile changeraient de destination, ou seraient employés à tous autres usages, le sieur Moutton rentrerait en possession du terrain sur lequel sera établi le lavoir, et, dans ce cas, la Commune reprendrait tous ses droits sur l'eau qui lui est concédée gratuitement moyennant les obligations ci-dessus, mais sans que le sieur Moutton puisse réclamer une indemnité quelconque, sous quelque prétexte que ce soit.

« Le Conseil, à l'unanimité, adoptant la proposition de M. le Maire, concède au sieur Moutton le survers des eaux du lavoir, qu'il fera construire de la manière ci-dessus indiquée, et en se conformant strictement aux obligations qui lui sont imposées, cette concession n'étant faite qu'après que les besoins de la Salle d'Asile seront entièrement satisfaits avec les eaux dont s'agit, et sans que le sieur Moutton puisse élever aucune prétention à cet égard. » — *Fol*° 235.

ARTICLE 22. — *Fontaine du Petit-Séminaire, sis à la Place Saint-Pierre.*

Le Conseil municipal vota des fonds pour l'achat des bâtiments destinés à l'Établissement d'un Petit-Séminaire, et on autorisa verbalement une prise d'eau pour ses besoins.

Le 27 août 1837, « le Conseil municipal régularisa cette position et accorda au Petit-Séminaire un denier d'eau, qui serait pris à la serve générale de distribution, moyennant une prise et une conduite commune aux fontaines des Religieuses Ursulines, du Portail du Luc, et des anciennes Ursulines. »

1837.

Le 9 mai 1852, « il fut délibéré de porter à quatre centimètres la prise de cette concession, qui était dévolue au nouveau Séminaire, de sorte que la fontaine de l'ancien Séminaire fut supprimée, et n'existe plus. »

Aussi n'est-elle mentionnée de nouveau qu'à cause de deux concessions, qui avaient été accordées sur ses versures, et qui ont été supprimées par suite de ce changement.

Délibération du 17 juillet 1825.

17 Juillet 1825.

Jean-Baptiste Brun.

« Pétition du sieur Jean Baptiste Brun, distilateur, demandant de prendre les versures de la fontaine existante dans la maison du Petit-Séminaire, Place St. Pierre, pour être conduite à la fabrique de distillerie, qu'il est dans l'intention de construire dans sa maison d'habitation sise au faubourg du Portail du Luc, à la charge par lui d'être tenu de la conduite en tuyaux de terre, qui porte les eaux à la dite fontaine du Petit-Séminaire, et par conséquent de celle qu'il construira à neuf pour diriger les versures de la maison du Séminaire à sa fabrique de distillerie.

ARTICLE 22. — *Fontaine du Petit-Séminaire, sis à la Place Saint-Pierre.*

« Considérant que la demande du sieur Brun tend à favoriser l'industrie, et que sous ce rapport elle doit être appréciée par l'Autorité locale, qu'il convient cependant de prévenir les inconvénients et les abus qui se sont souvent glissés dans ces sortes de concessions; qu'il est prouvé par l'expérience que les eaux accordées antérieurement pour des fabrications de plusieurs espèces n'ont jamais fait retour à la Commune, malgré que ces fabrications aient cessé d'exister;

« Que si l'industrie et le commerce méritent protection, les droits de la ville, qui sont incontestables, ne doivent pas être méconnus;

« Considérant qu'en accordant cette concession, il est dans les principes de l'équité et le devoir de l'Autorité locale, de conserver les droits de la Commune et ceux des tiers;

« D'après ces motifs,

« Le Conseil municipal, après avoir entendu les observations de plusieurs membres, a délibéré, à la majorité, de concéder au sieur Brun, distillateur, les eaux des versures de la fontaine de la maison du Petit-Séminaire situé Place St. Pierre, pour les dites eaux les diriger à ses frais à sa maison d'habitation, faubourg du Portail du Luc, dans la quelle il se propose d'établir une fabrique de distillerie.

« Cette concession est faite par la Commune au sieur Brun, sous les conditions suivantes :

« 1° Que le dit Brun sera chargé à lui seul de l'entretien de la conduite qui mène les eaux à la dite fontaine du Petit-Séminaire, et, par conséquent, de celle qu'il construira à neuf pour dériver les eaux des versures à sa fabrique;

« 2° Que, s'il advient que cette fabrique cesse de travailler, les eaux accordées feront de plein droit retour à la Commune, sans être tenue d'aucuns dommages ou intérêts envers le dit sieur Brun;

« 3° Que, si cette fabrique de distillerie était convertie en toute autre fabrication, le dit sieur Brun sera tenu d'en faire sa déclaration à la Mairie, et de renouveler sa demande pour être maintenu dans la jouissance des dites eaux;

« 4° Cette concession est encore faite sous la garantie des droits de la Commune et sous la reserve expresse de ceux des tiers, aux quels la Commune n'entend point préjudicier, ne voulant que favoriser le commerce et l'industrie toujours avantageux à l'habitation. »

ARTICLE 22. — *Fontaine du Petit-Séminaire, sis à la Place Saint-Pierre.*

Délibération du 14 décembre 1828.

« Pétition du sieur Astorcq, artiste vétérinaire, qui demande à ce qu'il lui soit cédé par la ville les versures des eaux de la fontaine du Petit-Séminaire qui avaient été concédées le 17 juillet 1825 au sieur Jean Baptiste Brun, distilateur.

Astorcq, vétérinaire.

« Il a été donné lecture au Conseil de cette pétition, d'après la quelle le sieur Astorcq réclame cette eau pour être dirigée dans son atelier et laboratoire, qu'il a établi sur son terrain hors la Porte du Luc.

« Le Conseil municipal, après avoir entendu les observations de plusieurs de ses membres, qui ont parlé en faveur de l'agriculture et de l'industrie,

« Considérant que la demande du sieur Astorcq, artiste vétérinaire, tend à favoriser son établissement avantageux à la ville et à l'agriculture; qu'il exerce sa profession d'artiste vétérinaire avec distinction, et qu'il est connu dans tout le département pour être instruit dans cet art;

« Considérant que la concession de l'eau des versures qu'il réclame ne peut lui être refusée, puisqu'elle avait été accordée au sieur Brun pour une distillerie; que ce dernier ayant quitté la ville, sa maison a changé de destination;

« Qu'il convient en tout état de choses d'éviter des contestations, de prévenir les abus et de conserver à la ville tous ses droits dans de pareilles concessions;

« D'après ces motifs et considérations, le Conseil municipal a délibéré, à la majorité, de faire droit à la demande du sieur Astorcq, artiste vétérinaire, de lui concéder les versures des eaux de la fontaine du Petit-Séminaire, et les mêmes qui avaient été remises au sieur Brun pour, les dites eaux être employées par le sieur Astorcq à son atelier et laboratoire, qu'il a construit dans sa propriété située hors la Porte du Luc.

« Cette concession est faite et consentie par la Commune sous les reserves et conditions suivantes :

« 1° Que le dit sieur Astorcq sera chargé à lui seul de l'entretien de la conduite des eaux de la fontaine du Petit-Séminaire, et par conséquent de celle qu'il construira à neuf pour les amener à son laboratoire;

« 2° Que ces versures feront retour à la Commune du jour même qu'elles ne seront plus nécessaires à l'établissement formé par le sieur Astorcq; que ce retour sera de plein droit si elles sont reconnues nécessaires pour un service public ou pour cause de salubrité;

« 3° Cette concession est faite sous la reserve de tous les droits que le sieur Brun ou ses ayants cause pourraient avoir en vertu de celle faite le 17 juillet 1825, et encore sous celle de tout autre tiers, aux quels droits la Commune n'entend nullement préjudicier;

1828.

—.

ARTICLE 22. — *Fontaine du Petit-Séminaire, sis à la Place Saint-Pierre.*

« 4° Enfin le volume d'eau de ces versures, qui ne peut être apprécié aujourd'hui, le sera par les soins de M. le Maire ou par l'Autorité supérieure pour éviter les réclamations qui pourraient survenir entre l'Etablissement du Petit-Séminaire, qui mérite aussi la protection de l'Autorité, et le sieur Astorcq. Ce dernier, qui a signé la présente, déclare que la valeur en principal de la dite concession peut être évaluée à la somme de 125 fr. pour servir de base au droit d'enregistrement. »

ARTICLE 23. — *Fontaine de la Place du Mûrier.*

1824-1827.

—

Cette fontaine a été établie par les ordres de M. le baron Perrimond, lorsqu'il était Maire, de 1824 à 1827. — Elle prend son eau à la serve bâtie au haut de la montée du St-Esprit ; elle est susceptible d'être d'une grande utilité pour les habitants de ce quartier, au moyen d'un lavoir qui serait construit à côté, sur la petite place où il n'y a aucune circulation.

Elle jouit d'une abondance d'eau excessive.

4 Mai 1620.

ARTICLE 24. — *Fontaine de Sainte-Ursule.*

Concession
d'eau
au Couvent de
Ste-Ursule.

Le 4 mai 1620, « sur la réquisition faite par Anthoine Clavier, Danget et autres, au nom des Sœurs de Ste. Ursule de cette ville, pour avoir un peu d'eau pour son Monastère, le Conseil a permis et permet aux dites Sœurs de prendre de l'eau à Saint Siméon de la grosseur du petit doigt, et tant que plaira à la Communauté, et sans que icelle Communauté lui soit de rien tenue en cas que la lui ôtât. — N. Jehan Figuanières, et Louis Delphin Saurin, et Poncet Feraud, ont protesté de la dite délibération, et que son opinion n'est point pour de lui en bailler sans que au préalable elles ne transigent avec la dite Communauté, et que à leur monastère les filles de la ville soient préférées aux étrangères. » — *Fol°* 166.

Le 10 du même mois de mai, « le Conseil a révoqué et révoque la délibération faite par le Conseil ordinaire portant que on permettrait aux Sœurs de Ste. Ursulle de prendre d'eau à la serve générale faite au Portail Neuf pour une fontaine pour la conduire dans sa maison, et ordonne qu'elles n'auront point d'eau sans que, au préalable, elles ne transigent avec la Communauté pour que les filles de la ville soient préférées aux étrangères pour être logées dans leur maison ou Monastère au prix que les ont prises ces années passées. » — *Fol°* 183. *V°.*

— Il paraît que la transaction fut faite, et que l'eau fut conduite au Couvent des Ursulines, puisque, lors de la vente nationale qui en fut faite, l'eau fut employée à alimenter une fontaine publique, qui fut placée dans la rue ouverte

Article 24. — *Fontaine de Sainte-Ursule.*

entre les bâtiments de l'ancien Couvent et les parties de son jardin, vendues à divers particuliers.

Cette fontaine fut adossée au mur de clôture du jardin du Séminaire ; la prise d'eau fut de nouveau réglée par la délibération du 27 août 1837, déjà mentionnée.

En 1858, cette fontaine, qui avait deux tuyaux, fut transportée en face du côté de l'ancien Couvent, et réduite à un tuyau d'eau, telle qu'elle est actuellement.

Article 25. — *Fontaine de la rue Traverse Sainte-Catherine.*

La concession d'un demi denier d'eau à l'hospice de la Charité a déjà été mentionnée au chapitre Ier, article 13 ; il y était noté qu'en 1846, l'Administration des Hospices ayant rendu cette eau à la ville, il en avait été fait une fontaine publique.

Cette dernière fontaine a été établie sur le terrain qu'occupaient les anciens bâtiments de l'hospice, et est adossée contre la première maison, du côté nord-ouest de la rue ouverte en 1852, allant de l'ancienne Charité à la rue Sainte-Catherine.

Établissement de la fontaine

Le 21 mars 1790, « le Conseil Général de la Communauté concéda le survers de la fontaine de la Charité à Jacques Aubert, pour la conduire à sa maison, rue de la Poissonnerie, pour une fabrique d'eau de vie, sans pouvoir jamais, ni sous aucun prétexte, entrer dans la maison de la Charité, ni réclamer l'eau quand elle y serait retenue ;

Jacques Aubert.

N'a pas eu de suite.

« A condition encore qu'il fera la conduite à ses frais, dépens et risques ; qu'il n'en pourra user que pour sa fabrication avec un griffon, afin que celle qui ne lui sera pas nécessaire continue à passer dans la rue des Janins (1), et que, toutes les fois que la Communauté trouvera à propos de disposer des dites eaux, la présente concession sera et demeurera révoquée de plein droit, sans qu'elle soit tenue à aucune indemnité. » — *Fol*o 23. *V*o.

_____

(1) La rue des *Janins* est appelée actuellement de la *Trinité*.

ARTICLE 26. — *Fontaine de la rue des Boucheries.*

Le 13 août 1583, « on permit de prendre l'eau des bourneaux qui sollaient aller au Palais, pour la conduire à la Place de la Boucherie, pour y faire une fontaine. »

La fontaine existante a été construite en 18.. aux frais des habitants du quartier, qui en avaient fait la demande et la proposition à M. le Maire.

Elle a été placée dans la partie qui présente un élargissement provenant de la démolition de trois maisons ordonnée par délibération du Conseil de la ville, en date du 7 janvier 1706. Cette rue était alors la continuation de la rue St-Christophe; elle va de cette dernière rue à celle dite de la Trinité, qui a porté le nom de rue des Janins jusqu'à 1793.

Ce bout de rue a reçu le nom de rue des Boucheries, par le fait du peintre chargé d'écrire les noms des rues vers 1851.

ARTICLE 27. — *Fontaine de la Place du Portail-Neuf.*

En 1857, M. le Maire fit démolir la petite fontaine, qu'on avait laissé subsister sur la Place de l'ancien Palais, et qui était adossée à la façade de cet édifice, à côté de la porte de la Chapelle de St-Louis, en face de la rue de la Paroisse; et il attribua l'eau de ce lavoir à une borne-fontaine qu'il fit construire plus haut sur la Place du Portail-Neuf, à une vingtaine de mètres plus bas que la fontaine du Pouadou.

Cette fontaine nouvelle est placée en face de la rue de la Tour-Vieille, ci-devant rue de la Charité.

ARTICLE 28. — *Fontaine de la Porte de Caramielle.*

Les habitants du quartier ayant demandé à M. le Maire qu'une fontaine fût établie sur le carrefour formé à l'aboutissant de la rue de Caramiette, des lices du Pas de Gren et de Notre-Dame, ainsi que de la route départementale nouvellement ouverte pour aller à Forcalqueiret par le Val-de-Camps, sur le terrain provenant de la démolition de la maison Blachas, acquise par la Commune, et ayant offert de payer les frais de construction, cette fontaine fut construite en 1860, et, peu après, les souscripteurs furent remboursés; de sorte que la Commune supporta tous les frais. — L'eau est prise, en face de la fontaine, à la conduite qui porte l'eau aux fontaines du Palais, des Prisons et de la Gendarmerie; elle est réglée au moyen d'un robinet à *deux eaux* placé dans le corps même de la fontaine.

ARTICLE 29. — *Fontaine de la Place de Robinet.*

Lorsque , en 1853, la fontaine dite des Grands-Degrés fut transportée un peu plus loin , dans la rue des Limousins , les versures de cette fontaine furent affectées à un lavoir qu'on construisit sur la Place ou Cour de Robinet. — Les habitants du quartier réclamèrent pour avoir un tuyau de bonne eau, et il fut départi un petit tuyau d'eau , pris dans la serve de la fontaine des Grands-Degrés , qui vint couler dans une cuvette bâtie contre le lavoir — c'est ce qui existe actuellement.

ARTICLE 30. — *Fontaine du Plan du Sauve.*

En même temps que la petite fontaine , restant du lavoir de la Place de l'ancien Palais , était enlevée , et qu'une fontaine était construite sur la petite Place du Portail-Neuf , une fontaine fut établie au carrefour formé par la rencontre de la rue Plan du Sauve avec la traverse descendant de la rue des Limousins , et le tronçon de rue aboutissant à la montée de l'Hôpital-Vieux.

C'est donc en 1857, que cette fontaine a été faite avec un petit lavoir attenant.

ARTICLE 31. — *Fontaine du Chemin du Luc.*

Un certain nombre de maisons ayant été bâties sur le terrain de l'ancien jardin des Capucins , entre la ville et le faubourg de ce nom , les nouveaux habitants demandèrent qu'une fontaine publique fût établie à leur portée. — Satisfaction fut donnée à cette demande par la construction de la fontaine à un tuyau , qui fut faite en 1854 , adossée contre la muraille de clôture des jardins Bourgogne et Lion , sur le côté sud de la route d'Italie , où elle est encore aujourd'hui.

ARTICLE 32. — *Fontaine du Portail de la Celle.*

Les eaux dites perdues venaient couler dans la rigole qui traverse la rue St-François sur le point où était l'ancien portail de la ville , et ne servaient qu'à l'arrosage et à quelques lessiveuses , qui venaient laver dans cette rigole. — L'Autorité municipale fit construire un lavoir qui subsista quelques années , et qui fut remplacé , en 1857, par la grande borne-fontaine existante , d'où coule un énorme tuyau d'eau tombant dans une cuvette , dont les versures suivent l'ancienne rigole restaurée.

ARTICLE 33. — *Fontaine du Pré-de-Pâques.*

Quelque temps après l'acquisition du Pré-de-Pâques par la Commune, il fut jugé utile de donner aux personnes qui foulent, chaque année, leurs gerbes sur ce pré, le moyen d'abreuver leurs chevaux, et aussi d'avoir de l'eau potable à leur portée. M. le Maire fit construire une fontaine à un tuyau à quelques pas du pont des Augustins, et l'eau y fut amenée au moyen d'une saignée à la conduite du Petit-Séminaire — vers 1858.

Le 17 février 1863, « le Conseil municipal eut à délibérer sur la demande que M. Ourse avait faite de la concession des versures de cette fontaine.

« La Commission des pétitions présente son rapport et conclut à accorder ces versures à M. Ourse, pour les conduire à son jardin, quartier de la Burlière; la Commission pense que cette versure est actuellement sans emploi; que M. Ourse a l'intention de la faire servir à un atelier de carrosserie qu'il pourra établir plus tard dans son jardin, et qu'il n'y a aucun inconvénient à la lui accorder, à condition cependant que l'Autorité municipale pourra retirer cette concession lorsqu'elle le jugera convenable, même arbitrairement, sans donner de motif et sans que M. Ourse puisse réclamer aucune indemnité.

« Plusieurs membres observent que les concessions d'eau sont rarement retirées, même lorsque la Commune rentre dans le droit de les reprendre; qu'il serait imprudent d'accorder cette versure à M. Ourse, qui ne la demande que pour en user lorsqu'il sera décidé d'établir un atelier de carrosserie dans son jardin, parce que la Commune s'interdirait la faculté de faire cette concession pour un établissement sérieux qui pourrait la réclamer.

« Le Conseil consulté, rejette la demande de M. Ourse, par dix boules noires contre cinq blanches. » — *Fol° 139. V°.*

ARTICLE 34. — *Fontaine de Saint-Siméon, près la Source.*

Les habitants voisins de la source de St-Siméon adressèrent au Conseil municipal une pétition, dans laquelle ils se plaignaient que la veuve Bonniot, née Saumier, avait fermé le patecq communal, dans lequel est établie la serve des fontaines de la ville, ce qui les privait d'aller y puiser de l'eau, selon une habitude séculaire, et qu'elle jette des immondices dans le canal du lavoir, de sorte qu'ils sont obligés d'aller chercher de l'eau propre et potable aux fontaines de la ville; ils demandaient que M. le Maire fit enlever la porte placée par la veuve Bonniot, afin de rétablir le libre usage des eaux communales, comme cela a existé de tout temps.

Le Conseil municipal s'occupa de cette pétition dans les séances des 9 et 16 août 1863 et 14 septembre 1864.

Article 34. — *Fontaine de Saint-Siméon, près la Source.*

Il décida que ce patecq est et doit être propriété communale à quelque prix que ce soit, et que la Commune doit soutenir devant les Tribunaux son droit de propriété, si la veuve Bonniot persiste dans ses prétentions.

La famille Bonniot, encouragée par quelques personnes hostiles à la décision du Conseil, fit semblant de vouloir transiger ; elle proposa diverses conditions, qu'elle retirait lorsqu'on allait s'accorder ; M. le Maire, sommé par le Conseil de poursuivre cette affaire, opposa une passivité qui fit gagner du temps, et, vers la fin de 1864, il fit établir à l'extrémité de la voûte, presque en face du lavoir public, une petite borne-fontaine donnant un petit tuyau d'eau pris par une saignée aux conduites de la ville.

Le 14 mai 1865, « M. Vian demanda les versures de la fontaine qui venait d'être construite sur *les Voûtes*, pour la conduire dans son jardin, où il se proposait d'établir un laboratoire de produits chimiques ; — Les versures demandées par M. Vian, pharmacien.

« La Commission des pétitions émit l'avis d'accorder cette concession, mais seulement alors que le laboratoire serait établi ;

« Les arrosants avaient fait des réclamations sur la facilité avec laquelle de nombreuses fontaines avaient été nouvellement créées, et notamment sur la fontaine en question ; des observations furent présentées à ce sujet, et le Conseil suspendit sa délibération sur la pétition Vian, afin de recevoir les documents nécessaires pour éclairer la question. » — *Fol*° 199.

Le 17 mai 1868, « M. le Rapporteur de la Commission des pétitions expose que le sieur Mesure demande la concession, moyennant taxe, du survers de la petite borne-fontaine établie au haut des Voûtes ; que la majorité de la Commission a été d'avis d'accorder au sieur Mesure cette concession. — Le survers est concédé à Mesure.

« La Commission ayant été partagée d'avis, le Conseil municipal a voté au scrutin secret, et le résultat du vote a été que le Conseil, à la majorité de dix voix contre quatre, accorde au sieur Mesure la concession du survers de la borne-fontaine qui est au bout des Voûtes, moyennant taxe, et avec la condition de révocation, à la volonté de la Commune. » — *Fol*° 32. *V*°.

Nota. — Pour conduire l'eau de ce survers à sa propriété, M. Mesure fit faire une conduite en poterie sur la Voûte des conduites des fontaines de la ville, et sur le côté ouest de cette Voûte ; il fit détruire la borne-fontaine existante, en fit construire une autre plus grande, et fit établir une conduite allant de cette fontaine jusqu'à la mère-source, afin d'en amener l'eau en remplacement de la prise précédente, qui était pratiquée à quelques pas de la dite fontaine dans un des bourneaux des eaux de la ville. — Ces travaux, exécutés en août et septembre 1868, excitèrent les murmures et la réprobation de tous les habitants, soit contre la hardiesse de M. Mesure, soit contre la tolérance coupable du Maire. — Aussi une pétition fut faite contre ces abus, à la date du 23 mai 1869.

1870.

ARTICLE 34. — *Fontaine de Saint-Siméon, près la Source.*

Pétition
des arrosants
de
St-Siméon.

Le 15 mai 1870, la Commission, nommée pour étudier la question, présenta au Conseil municipal le rapport suivant :   *Fol*os 76. *V*o à 77. *V*o.

« La pétition des divers arrosants de St. Simian soulève des questions excessivement importantes, puisqu'il s'agit de l'exécution de la transaction des 12, 13, 14, 15, 16, 17 et 22 décembre 1841, et du règlement définitif des droits de la Commune et de tous les arrosants par les eaux de St. Simian.

« Cette première question, qui nécessiterait, d'après les pétitionnaires, la nomination d'experts, et ensuite des réparations importantes aux conduites de la ville, n'a pu être résolue par la Commission qui n'a été définitivement constituée que dans la séance du 12 courant ; et le peu de temps qui s'est écoulé, n'a pu nous permettre de prendre sur ce point une décision qui pourrait engager les intérêts de la Commune.

« Une seconde question est soulevée par les pétitionnaires, elle est relative à la concession du survers de la borne-fontaine établie sur les Voûtes, suivant la délibération du Conseil municipal du 17 mai 1868.

Remettre
la concession
Mesure
telle qu'elle a
été faite
en 1868.

« Il est à remarquer que la concession, faite à M. Mesure en 1868, ne s'appliquait qu'au survers d'une borne-fontaine, dont la prise existait à la conduite des eaux des fontaines publiques et donnait un débit excessivement modique. — Le peu d'importance de ces eaux, qui se perdaient en partie sur les Voûtes, décida le Conseil à accorder cette versure à M. Mesure qui, n'ayant aucune industrie à alimenter, et ne se trouvant dans aucune des exceptions prévues dans la transaction des 12, 13... 21 décembre 1841, n'aurait pu obtenir cette concession, d'ailleurs essentiellement révocable.

« Actuellement la borne-fontaine ayant été remplacée par une fontaine beaucoup plus élevée et donnant un débit plus considérable, le concessionnaire ne se trouve plus régi par la délibération de 1868.

« A un autre point de vue, la prise de la borne-fontaine, existant sur la conduite des eaux des fontaines publiques, semblait ne priver que les fontaines elles-mêmes de l'eau qui leur était nécessaire ; tandis que la nouvelle fontaine, ayant sa prise à la source elle-même (1), prive en réalité les arrosants du volume d'eau qu'elle débite.

« La Commission n'a pas à exprimer son avis sur les prétentions des arrosants, et doit reserver à cet égard tous les droits de la Commune.

---

(1) La prise exécutée par M. Mesure n'est pas dans le bassin de la source elle-même, ou soit à la source-mère, mais dans la muraille circulaire construite en septembre 1754, sur l'avis des experts nommés par le Conseil, à l'effet de faire remonter dans cette source-mère les eaux qui se perdaient dans les terrains inférieurs. — Cette prise n'en est que plus contraire aux intérêts de la Commune et des arrosants.

ARTICLE 34. — *Fontaine de Saint-Siméon, près la Source.*

« Elle a pensé toutefois que M. Mesure, vis-à-vis duquel le Conseil fut très-bienveillant en lui accordant le survers d'une borne-fontaine, quoi qu'il soit d'usage, en matière de concessions d'eau, de n'en accorder que pour les besoins de l'industrie et lorsque la nécessité en est démontrée, ne peut continuer à jouir que de ce qui fut concédé en 1868.

« La Commission pense donc que le Conseil, sans revenir sur la délibération du 17 mai 1868, doit demander qu'elle soit strictement exécutée, et que la concession ne dépasse pas ce qui fut accordé à cette époque.

« L'existence de la prise actuellement placée à la source pouvant donner lieu à des réclamations de la part des arrosants qui, fondées ou non, peuvent être évitées, la Commission a encore pensé qu'il fallait faire disparaître cette prise, pour en revenir à celle qui existait en 1868, au moment où la concession fut accordée.

« Elle propose donc au Conseil de décider que, tout en maintenant la concession révocable, faite le 17 mai 1868 à M. Mesure, du survers de la borne-fontaine des Voûtes, il invite M. le Maire :

« 1° A faire détruire la conduite et la prise existante à la source St. Simian pour l'alimentation de la fontaine des Voûtes;

« 2° A établir la prise de cette fontaine à la conduite de la ville, telle qu'elle existait en 1868, et à prendre des mesures pour que le volume d'eau concédé en 1868, ne soit pas dépassé.

« M. le Maire s'associant aux conclusions de la Commission ; le Conseil, à l'unanimité, adopte ces conclusions. »

ARTICLE 35. — *Fontaine de la Montée du Saint-Esprit.*

Un robinet, se fermant au moyen d'une clef, fut placé contre le bassin de la serve établie au haut de la montée du St-Esprit, dans le but de donner en été, et par intervalles, de l'eau pour laver cette montée ; le robinet demeura peu à peu ouvert plus longtemps, puis on le laissa couler à peu près continuellement. Mais, comme l'eau, en tombant sur le pavé, éclaboussait les passants, M. le Maire fit construire un petit récipient en briques, vers 1868, et depuis lors cela est devenu comme une fontaine publique permanente.

ARTICLE 36. — *Fontaine de la rue Limousin.*

Cette fontaine, placée contre la muraille de clôture du jardin de la maison Garnier-La Salle, est alimentée par le survers de l'eau concédée à cette maison en 1827; elle est utile à ce quartier pour la propreté de la rue et pour l'abreuvage et autres usages des habitants. — Elle a été construite par les habitants du quartier conjointement avec M. de La Salle.

Article 37. — *Tuyau d'eau dans la rue Robinet.*

Un tuyau d'eau, survers de la fontaine de la Place Jean-Raynaud, découle dans la rue allant de cette Place à celle de Robinet; ce n'est pas une fontaine, l'eau ne coule qu'à la hauteur du trottoir et tombe immédiatement dans le ruisseau latéral de la rue.

Ce tuyau a été placé contre la deuxième maison à gauche, en venant de Jean-Raynaud.

Exposé Général des Concessions d'Eau.

Après avoir transcrit en détail, et par ordre chronologique, le titre intégral de chaque concession d'eau, il est convenable d'en présenter un exposé général, en donnant la copie littérale des délibérations des 12 et 28 novembre 1858, 28 avril et 7 août 1859, dans lesquelles le Maire et le Conseil municipal ont cherché à rétablir avec impartialité le droit de chaque concessionnaire. Quelques observations indispensables rectifieront les erreurs qui se sont glissées dans les recherches et les appréciations exposées dans ces quatre délibérations, sur lesquelles on pourrait vouloir asseoir le titre définitif de toutes les concessions. Chacun reconnaîtra l'importance de la reproduction intégrale de ces quatre délibérations.

12 Novemb. 1858

Copie de la Délibération.

Exposé de M. le Maire.

« Par votre délibération du 17 août dernier, vous avez concédé à M. Roubaud l'autorisation de prendre une partie des versures de la fontaine de la Place de Jean-Raynaud pour l'usage de sa fabrique de tannerie;

Fol° 143 du Reg.

« Cette délibération, soumise à l'approbation de M. le Préfet, nous a été renvoyée avec une lettre de laquelle il résulte que ce magistrat n'approuvera désormais aucune concession d'eau, jusqu'à ce que le Conseil ait fait un tarif qui soumette tous les concessionnaires à une redevance au profit de la caisse communale.

« Cette décision nous a imposé une tâche difficile, puisqu'il résulte des archives de la Commune que depuis cinquante ans, toutes les Administrations ont reculé devant elle, et il me souvient qu'il y a plus de douze ans, une Commission du Conseil municipal fut nommée pour examiner les titres des concessionnaires d'eau, mais, lorsqu'il s'agit d'entendre le rapport de cette Commission dont j'avais l'honneur de faire partie, la plupart des membres du Conseil désertèrent la salle des réunions.

12 Novemb. 1858

Copie de la Délibération.

« Ce n'est point d'aujourd'hui que nous avons eu à étudier cette question si grave en apparence, et, dès le moment où nous avons été appelé à l'honneur d'administrer la Commune, nous avons dû nous en préoccuper, et, si nous avons attendu en quelque sorte l'invitation de vous la soumettre, c'est que nous savions que nous allions soulever des réclamations qui seraient d'autant plus violentes qu'elles seraient moins fondées en droit et en équité. Mais fort de notre conscience qui nous fera toujours un devoir sacré d'être juste, fort, surtout, du concours éclairé que vous nous avez toujours donné dans l'intérêt de la population, nous venons aujourd'hui sans hésitation vous proposer la cessation des abus contre lesquels les habitants réclament depuis de si longues années.

Suite de l'exposé de M. le Maire.

« Dans ce but, nous examinerons ensemble les titres de ceux qui usent des eaux de la ville, nous vous dirons notre opinion sur la valeur de ces titres, et vous nous rendrez cette justice que cette opinion n'a été formée que sur l'équité, parce que, pour la former, nous avons eu soin de mettre en oubli les noms des concessionnaires pour ne nous occuper que de la question de droit et du titre lui-même.

« L'examen que nous ferons des documents, que je vous soumettrai, vous laissera comme à nous cette pénible impression que, de tout temps, les intérêts de la Commune ont été sacrifiés à des considérations personnelles. Mais ce temps est passé, car le Conseil municipal d'aujourd'hui a l'entière conscience de ses devoirs.

« Sans entrer ici dans le développement des questions de droit qui découlent de cette affaire, vous me permettrez de poser un principe : *que toute concession qui n'a point été faite à titre onéreux, quelle que soit son ancienneté, quelle que soit la bonne foi de ceux qui ont acquis ultérieurement d'autres personnes que la Commune, est essentiellement et toujours révocable, parce que les eaux publiques sont imprescriptibles de leur nature, et que, après des siècles, c'est toujours un titre primitif qu'il faut remonter.*

Toute concession, non à titre onéreux, est révocable.

« Ce principe posé conformément au droit et à la jurisprudence, vous ne serez point étonnés que je vous désigne comme révocables des concessions qui ont été successivement transmises à titre onéreux par d'autres que la Commune, des concessions adjugées publiquement par des créanciers qui expropriaient leurs débiteurs.

« Ne croyez pas, néanmoins, que je vienne vous demander la révocation pure et simple de toutes les concessions existantes ; notre préoccupation a toujours été celle de trouver un moyen terme pour arriver à la conservation des droits de la Commune sans dépouiller ceux qui, pour la plupart, ont pour eux une possession de bonne foi.

« C'est ainsi que nous vous proposerons de reconnaître certaines concessions véritablement faites à titre onéreux, comme devant être maintenues exemptes de toutes charges.

12 Novemb. 1858

Suite de l'exposé
de
M. le Maire.

Fol° 144 du Reg.

Copie de la Délibération.

« Toutefois, deux concessions faites à titre onéreux mais avec clause de révocabilité, m'ont paru devoir être modifiées, c'est-à-dire, conservées en les exonérant de leurs charges primitives, mais en les soumettant à supporter les charges d'entretien que leur imposent leurs titres, et, dans le cas où ils refuseraient d'accepter ces conditions, ils auraient peu de chances de faire reconnaître leurs droits par les Tribunaux.

« Quant à toutes les autres concessions, tout en reconnaissant la révocabilité dont elles sont entachées comme faites à titre gratuit, nous vous proposerons leur maintien moyennant redevance.

« Nous vous proposerons ensuite un règlement, tant pour les concessions existantes que pour celles à venir, et un tarif des droits auxquels les concessions gratuites devront être soumises, suivant la nature et la quantité des eaux concédées. »

Après cet exposé, M. le Maire donne connaissance au Conseil des divers titres des concessions, de la manière suivante :

EXAMEN DES TITRES.

§ 1er.

1° M. Fournier, Sextius, a droit à un pouce d'eau, comme représentant M. Laurenty, qui vendit la source de St-Simian à la Commune de Brignoles, par acte du 22 janvier 1558, notaire Castilhon.

2° M. Arnaud, Antoine, et les dames Jaubert ont droit à un denier d'eau, comme représentant M Desparra, qui fit échange avec la Commune de Brignoles contre une source située rue de l'Hôpital-Vieux, en vertu d'une délibération du 15 mars 1767 et d'un acte du 16 du même mois, notaire Goujon.

3° Messieurs Boyer, Charles, et Blachas, Hygin, ont droit chacun à un denier d'eau, en vertu d'une délibération du 22 septembre 1782, comme représentants Messieurs Feraud et Barry qui, moyennant cette concession, furent chargés de faire à leurs frais la conduite du moulin à huile de la Commune.

OBSERVATIONS.

M. Desparra est seul concessionnaire de la Commune, et a seul le droit d'avoir une prise dans la serve générale.

La vente d'un demi denier d'eau à M. Robert par la veuve Desparra porte que la division entr'eux se fera dans une serve qui sera construite ad hoc.

12 Novemb. 1858
—
Suite de l'exposé
de
M. le Maire.

Fol° 144 du Reg.

Copie de la Délibération.

§ 1er.

4° **M. Lebrun, Édouard**, a droit à un denier d'eau, comme représentant M. Beaumont, à qui il fut donné à-compte du prix de l'ancien Couvent des Cordeliers, suivant acte du 12 septembre 1791, notaire Goujon.

5° **M. de Fabry**, représentant M. Moutton, a droit à un denier d'eau, comme faisant partie du prix d'une maison vendue à la Commune par acte du 12 décembre 1732., notaire Goujon.

6° **M. Lion, Jean**, a droit à un volume d'eau pour l'usage d'un moulin à huile qui lui a été vendu par la Commune, suivant l'adjudication passée devant M. le Préfet du Var, le 9 juin 1813. — Ce volume n'est pas déterminé.

7° **M. Raynaud, Ferdinand**, a droit à une partie des versures de la fontaine de la Place du Palais, comme ayant cédé l'emplacement d'une nouvelle fontaine, et construit cette fontaine suivant délibération du 4 août 1844, deux centimètres.

8° **M. Barry, Magloire**, a droit à une prise de six centimètres d'eau sur le canal des moulins, par suite de la vente faite à la Commune en vertu des délibérations du 1er novembre 1855 et 18 mai 1856.

9° **M. Maille, Joseph**, a droit à un denier d'eau, comme représentant l'ancien Couvent des Trinitaires, aux quels cette concession avait été faite par délibération du 16 octobre 1672. — Ce Couvent fut adjugé par le District le 17 juillet 1792.

OBSERVATIONS.
—

Ce denier d'eau n'a été concédé qu'au Pavillon touchant la voûte, et *non ailleurs*, et à M. Moutton et à sa famille *tant seulement*.

Cette eau, étant définitivement acquise au propriétaire du moulin, le volume devrait en être fixé.

Cette concession a été fixée à un denier et quart par délibération du 18 novembre 1792.

Copie de la Délibération.

§ 1er.

10° M. Rougon, Laurent, a droit à un denier d'eau, comme représentant les Pénitents-Gris, dont la chapelle fut adjugée par le District le 7 juillet 1792.

11° Messieurs les divers habitants du quartier des Capucins ont une prise à la source de St. Simian, dont le volume n'est pas connu. — Cette faculté d'eau résulte d'une délibération du 9 juillet 1600. — Elle a été adjugée avec le Couvent.

12° La chapelle des Pénitents-Blancs, aujourd'hui édifice communal suivant acte du 15 mai 1793, notaire Goujon, a un denier d'eau d'après une concession qui paraît avoir été faite trez anciennement à la confrairie des Pénitents-Blancs.

13° M. Jullien aîné, comme adjudicataire du Couvent des Augustins, suivant acte du District du 28 avril 1791, a droit à six lignes d'eau de la fontaine des Augustins, suivant délibération du 15 juillet 1602.

OBSERVATIONS.

L'adjudication est du 13 mai 1793, en faveur de Louis-Vincent Bremond, *marchand*, et de Philippe Maquan, de Brignoles.

Les Pénitents-Gris ne tenaient pas leur eau de la Commune, mais seulement des P. Cordeliers qui, étant eux-mêmes simples concessionnaires gratuits, n'avaient pas le droit de céder leur eau, ou partie, sans l'assentiment formel de la Commune. Or, celle-ci, en achetant le Couvent des Cordeliers en juillet 1791, rentra en possession des eaux attribuées à ce Couvent, et elle en disposa, supprima la conduite, etc..., sans rien réserver aux Pénitents-Gris ; de sorte que la chapelle n'avait plus d'eau lorsqu'elle fut vendue en 1793.

La délibération du 9 juillet 1600 donnait aux Capucins de l'eau de St-Pierre. La prise existante à la source-mère de St-Siméon devrait être vérifiée et calibrée, afin de fixer le volume d'eau, auquel ont droit les acquéreurs du Couvent.

L'acte du 15 mai 1793 cède la propriété de la chapelle à des citoyens de Brignoles, mais non à la Commune, qui n'a jamais possédé cet édifice.

12 Novemb. 1858

Suite de l'exposé
de
M. le Maire.

Copie de la Délibération.

§ 1er.

14° M. Chieusses de Combaud a un denier d'eau, comme représentant M. Fanton, au quel cette eau fût concédée sans rétribution par délibération du 14 avril 1764, pour servir de remplacement à la portion d'eau qu'il prenait autrefois à la conduite de St. Simian.

15° Les hoirs de M. François Moutton, représentant le Couvent de Sainte Claire acquis de M. d'Arbaud, suivant acte, notaire Martinet à Aubagne, du 16 janvier 1698, ont dix lignes d'eau accordées au dit Couvent par délibération du 2 octobre 1639.

16° M. Barry, Magloire, a deux tiers de denier d'eau pure, et les versures d'un denier et deux tiers de la fontaine Notre-Dame, en vertu de la concession faite au sieur Vincent pour sa fabrique de savon par délibération du 26 mai 1749, la quelle lui impose l'obligation de faire la fontaine de la rue Notre Dame ainsi que la conduite, et le charge de l'entretien. Cette concession étant accordée pour l'usage de la fabrique de savon du sieur Vincent tant qu'elle subsistera.

17° M. Jaubert, Jacques (hoirs), a un tiers de denier d'eau accordé au sieur Vincent par la même délibération qu'à M. Barry et aux mêmes conditions. Cette concession fût confirmée en faveur de M. Rimbaud, auteur des hoirs Jaubert, par délibération du 24 juillet 1808, pour la fabrique de savon que le sieur Rimbaud avait acquise des hoirs Lambert. — La prise fût transportée à la fontaine de la Place Caramy, et plus tard, le 12 janvier 1840, M. Rimbaud, Maire, fût autorisé à prendre ces mêmes eaux au passage de la conduite de la ville devant sa maison.

OBSERVATIONS.

Cette concession n'était pas gratuite, mais en remplacement de l'eau appartenant à M. Fanton.

Le vendeur était M. de Beausset Duchaine de Roquefort, neveu et héritier de l'Évêque de Sénez, qui avait acheté de la Commune.

La concession est faite au sieur Vincent pour l'usage de sa fabrique de savon *tant qu'elle subsistera, ou qu'il y en aura une d'une autre espèce qui aye besoin d'eau.*

Il n'a pas été fait de concession d'eau à M. Rimbaud; mais le Conseil a reconnu M. Rimbaud *propriétaire à titre onéreux du sixième de l'eau de la fontaine de la rue Notre-Dame*, sans expliquer que M. Rimbaud avait acheté l'eau de M. Barry, et non de la Commune. — (Voir le premier considérant de la délibération du 24 juillet 1808.)

Copie de la Délibération.

§ 1er.

18° M. Roux, Toussaint, a six lignes d'eau de la source qui alimente la fontaine des Augustins, et qui furent accordées à son père et à sa tante par les deux délibérations du 2 septembre et 13 décembre 1810, dont la première porte que c'est pour l'usage de sa fabrication de peaux en couleur, et que, dans le cas où cette concession serait convertie à un autre objet que celui au quel elle est destinée, elle cesserait de plein droit et reconnue comme non concédée, M. le Maire, le cas arrivant, autorisé à faire fermer la prise d'eau, sans que les pétitionnaires puissent prétendre à aucune indemnité, attendu qu'ils sont obligés de réparer à leurs frais et dépens et d'entretenir la conduite qui donne l'eau à la fontaine des Augustins.

19° Madame Garnier née La Salle a un demi denier d'eau pris à la fontaine de la Parroisse en vertu de la délibération du 8 avril 1827, qui lui accorde cette eau en échange des versures de la même fontaine qui sont appropriées à la dite maison.

§ 2me.

Eaux Perdues. — Versures des Fontaines.— Eaux du Canal des Moulins.

——

1° M. Montaud a un denier d'eau, des eaux perdues, sans titre.

2° M. Jullien, Alphonse, douze lignes des mêmes eaux, sans titre.

3° Messieurs Christian et Bremond, un denier des mêmes eaux, sans titre.

OBSERVATIONS.

——

Le 20 brumaire an XIII, délibération du Conseil, donnée ci-devant chapitre II, *des Concessions*, article 5 — Bremond, Fidèle.

12 Novemb. 1858

—

Suite de l'exposé
de
M. le Maire.

Fol° 146 du Reg.

Copie de la Délibération.

§ 2me.

4° M. Boyer, Étienne, a un denier des mêmes eaux, sans titre.

5° M. Lion, Victor (hoirs), et Brunet de la Celle (hoirs), un volume d'un denier des mêmes eaux, sans titre.

6° M. Vian, Alphonse, un puisard à pompe débitant un denier d'eau, suivant délibération du 1er août 1847.

7° M. Gassier, Louis, a les versures des eaux Montaud et Christian, par délibération du 16 mai 1858.

8° M. Gasc, Victor, un centimètre d'eau, comme représentant Laurent Chivalier, des versures de la fontaine du Portail Neuf, par délibération du 14 juin 1761.

9° M. de Fabry, un centimètre d'eau des versures de la même fontaine, sans titre.

10° Les hoirs Minuty et Dlle Laurent, trois centimètres et demi des versures de Messieurs de Fabry et Fournier, sans titre.

11° M. Gautier, Toussaint, les versures de la fontaine de la Place de la Sous-Préfecture, pour son moulin à huile, sans titre.

12° M. Rey, représentant Toussaint Rolland, les versures de la fontaine des Cordeliers (deux deniers), pour une fabrique d'eau de vie, par délibération du 9 mai 1779.

13° Messieurs Jaubert, Clair et Roubaud, Laurent, chacun un denier, pour leur fabrique de tannerie, des eaux passant par la maison Rey, par la délibération du 9 mai 1847.

OBSERVATIONS.

—

Voir la délibération du 28 avril 1859.

La délibération du 27 mai 1781 vise une concession précédente, et la délibération du 14 mai 1857, confirme cette concession.

Cette concession a été révoquée le 9 mai 1847, et accordée par moitié à Messieurs Jaubert et Boyer.

M. Roubaud représente Boyer; mais la délibération du 9 mai 1847, en accordant à Jaubert et Boyer deux deniers d'eau du survers de la fontaine des Cordeliers, se tait sur l'emplacement des conduites à faire, et ne parle pas de la faire passer par la maison Rey.

Copie de la Délibération.

§ 2me.

OBSERVATIONS.

14° M. Trucy, pour sa maison, deux cent cinquante millimètres d'eau des versures de la fontaine des Cordeliers, par délibération du 9 mai 1847.

Erreur de chiffre. — La concession de 25 millimètres versures, a été faite à M. Bremond, Alexandre, par la délibération du 9 mai 1847, et la concession Trucy, ou soit Archier, a été révoquée.

15° M. Bremond, Alexandre, pour sa tannerie, deux cent cinquante millimètres (lisez 25 millimètres) des eaux de la fontaine des Cordeliers passant par la maison Trucy, par délibération du 9 mai 1847.

M. Bremond n'est pas indiqué devoir faire passer son eau par la maison Trucy.

16° M. Rossolin, pour sa tannerie, deux centimètres d'eau, suivant délibération du 3 juillet 1842, à la fontaine de Jean-Raynaud.

17° M. Roubaud, Laurent, deux centimètres d'eau de la fontaine de Jean-Raynaud, pour sa tannerie, suivant délibération du 7 août 1858, non encor approuvée.

18° M. Jullien, Alphonse, un centimètre d'eau de la même fontaine, pour une ancienne fabrique d'eau de vie, sans titre.

Une concession d'un denier d'eau fut faite à Louis Bourgues, distillateur, le 31 juillet 1791. — Le 15 mars 1793, le Conseil approuva le partage de cette eau entre Bourgues et Frechin, aussi distillateur. Jullien possède la maison de Bourgues, et continue de jouir de son demi denier d'eau.

19° M. Aubry, Jacques, pour sa tannerie, un denier d'eau de la Place Caramy, petite fontaine, suivant délibération du 8 mai 1838.

20° M. Jullien aîné, un volume indéterminé des eaux de la grande fontaine de la Place Caramy, pour sa fabrique d'eau de vie, suivant délibération du 28 septembre 1828, et 9 décembre 1838.

La délibération du 28 septembre 1828, vise celle du 30 pluviôse an XI, et accorde à M. Jullien *la moitié* des versures.

12 Novemb. 1858
—
Suite de l'exposé
de
M. le Maire.

Copie de la Délibération.

§ 2me.

OBSERVATIONS.

21° M. Michel aîné, pour sa fabrique de tannerie, les eaux de la grande fontaine de la Place Caramy déjà concédées à M. Jullien, suivant délibération du 22 novembre 1829.

22° M. Martin, Siméon, pour sa fabrique de chapeaux, un tuyau de plume d'eau de la fontaine du Portail du Luc, suivant délibération du 25 février 1838.

23° M. Héran, Achille, pour sa tannerie, un denier d'eau de la fontaine du Portail du Luc, suivant délibération du 6 juin 1841.

24° Messieurs Dupui frères, pour leur fabrique de savon, un centimètre d'eau de la fontaine de la Place St. Pierre, suivant délibération du 16 mai 1848.

25° M. Avril, Joseph, pour le lavage des *soyes*, un centimètre d'eau de la fontaine de la Place St. Pierre, suivant délibération du 3 juillet 1842.

26° M. Bagarry, François, pour sa tannerie, deux centimètres d'eau de la fontaine de la rue Notre-Dame, suivant délibération du 21 mai 1854.

La délibération du 21 mai 1854, ne peut être transcrite ici ; mais elle mérite de ne pas être oubliée.

27° M. Archier (hoirs), pour son moulin à huile, la moitié des versures de la fontaine des Augustins, suivant délibération du 9 mars 1841.

Cette concession est faite pour une fabrique de tannerie. — Le 14 mai 1857, cette eau fut concédée au même Benoît Archier, pour son moulin à huile, du 25 novembre au 1er mars.

28° M. Menc, teinturier, un centimètre d'eau de la fontaine des Augustins, suivant délibération du 22 juillet 1849.

29° Madame veuve Vincenty, ou les hoirs Chabert, la moitié des versures de la fontaine du presbytère, sans titre.

Fol⁰ 146 du Reg.

Concessions
des eaux
du Canal des
Moulins.

Copie de la Délibération.

§ 2ᵐᵉ.

30° Les hoirs de Jacques Jaubert, l'autre moitié des versures de la fontaine du presbytère, sans titre.

31° M. Gilbert Reboul, pour sa fabrique de tannerie, trois deniers d'eau, suivant délibération du 30 janvier 1840.

32° M. Jacques Aude, tanneur, cinq pouces d'eau, sans titre.

33° M. Barry, Magloire, six pouces d'eau, sans titre.

34° M. Cher, Josias, un pouce d'eau, sans titre.

35° M. Gavoty, un pouce d'eau, sans titre.

36° M. Cauvin, Nicolas, deux pouces d'eau, sans titre.

37° M. Cresp, un pouce d'eau, sans titre.

38° M. Martin, Louis, un pouce d'eau, sans titre.

39° M. Maille, Joseph, pour son jardin, un pouce d'eau, sans titre.

40° M. Boyer, Alexis, pour son jardin, un pouce d'eau, sans titre.

OBSERVATIONS.

—

Aude représente Tourneys, concessionnaire d'un volume d'eau indéterminé, 16 juillet 1537. — En 1598, Jean Roux possédait cette tannerie.

Barry représente Martin Amic, concessionnaire d'un denier d'eau, 10 juin 1737.

Représente Jacques Ailhaud, concession du 19 novembre 1702.

Représente Jean-Baptiste Bremond, concession du 2 février 1782.

Cette tannerie appartenait à Messieurs Jean-Louis Rossolin et Mariès ; ce Rossolin, propriétaire d'une autre tannerie servant actuellement d'abattoir, et du jardin occupé par le Tribunal, Prisons, etc... jouissait de 8 pouces d'eau. — Je regarde comme certain qu'une concession a été faite pour chaque tannerie, car la ville n'aurait pas toléré une usurpation, et les propriétaires des moulins l'auraient dénoncée.

Représente Jean Roumieu, concession du 21 août 1704.

La tannerie a été démolie, et la prise supprimée.

Le jardin Maille avait deux prises de 10 centimètres et 4 espansiers pour l'arrosage, mais aucune prise d'un pouce.

Boyer a une prise de 5 pouces qui servait à l'arrosage du jardin Barban ; cette prise n'a pas été enlevée lorsqu'on a changé l'arrosage, et Boyer en profite.

Copie de la Délibération.

Confirmé les concessions Fournier, Arnaud, Robert, Boyer, Blachas, Lebrun, de Fabry, Jean Lion, Raynaud et Barry.

Après cet examen et les explications, spéciales à chaque concession, données par M. le Maire,

« Le Conseil considérant :

« Que les concessions faites aux sieurs Fournier; Arnaud, Robert, Boyer, Charles et Blachas, Lebrun, de Fabry, Lion Jean, Raynaud Ferdinand, Barry Magloire, comprises sous les numéros 1 à 8 du § 1er, ont été faites directement par la Commune et à titre onéreux, à l'unanimité, confirme ces concessions sans les soumettre à aucune redevance.

« *Nota.* — Robert n'a pas de concession directe « ni indirecte faite par la Commune, il est acqué-« reur de Mme Desparra, et ne doit pas figurer « parmi les concessionnaires. »

Eau de la Chapelle des Pénitents-Blancs.

« Considérant que la concession, faite à la Chapelle des Pénitents-Blancs, aujourd'hui édifice communal, n° 12 du § 1er, est inutile à cet édifice, ainsi que le reconnaissent les membres de cette confrairie;

« Délibéré, à l'unanimité, que la prise en sera supprimée. »

Concessions : Maille Joseph, Rougon Laurent, Jullien et Capucins, représentants les anciens Couvents vendus nationalement.

« Quand aux concessions Maille Joseph, Rougon Laurent, Jullien ainé, et les habitants du quartier des Capucins, comprises sous les nos 9, 10, 11 et 13 du § 1er,

« Considérant qu'elles ont été faites à titre gratuit, et par conséquent révocable, mais attendu qu'elles ont été vendues nationalement,

« Le Conseil, avant de se prononcer, exprime le désir que M. le Maire rapporte à leur sujet une consultation signée par des avocats du barreau d'Aix. »

OBSERVATIONS.

L'inexactitude de ce considérant est complète. (Voir la délibération du 28 avril 1859, sur la pétition Delestang.)

Voir le résultat au 28 novembre 1858.

Copie de la Délibération.

Concessions : De Combaud, Moutton et Garnier La Salle.

OBSERVATIONS.

« Quand aux concessions de Combaud, Moutton et La Salle-Garnier, comprises sous les nᵒˢ 14, 15 et 19 du § 1ᵉʳ,

« Attendu que ces concessions ont été faites à titre gratuit ; que rien n'indique que ceux qui en usent, ou leurs auteurs, n'aient jamais rien payé à la Commune pour les obtenir ; que, par conséquent, elles sont essentiellement révocables de leur nature ;

« Le Conseil les révoque purement et simplement dès aujourd'hui, laissant néanmoins aux concessionnaires la faculté d'user des dites eaux comme par le passé, en se soumettant à payer à la Commune la redevance qui sera fixée par le tarif à intervenir, et en se soumettant à tous les règlements émanés de l'administration. »

Le 28 avril 1859, le Conseil reconnaît les titres de ces trois concessionnaires.

Concessions Barry (hoirs Jaubert et Roux).

« Sur les concessions Barry, les hoirs Jaubert et Roux, comprises sous les nᵒˢ 16, 17 et 18 du § 1ᵉʳ, considérant que celles des sieurs Barry et des hoirs Jaubert émanent du même titre, dont l'auteur primitif est le sieur Guilleaume Vincent, fabricant de savon,

« Considérant que ce titre contient la clause de révocabilité expresse dans le cas où la fabrique de savon cesserait d'exister ; que cette fabrique n'existe plus en effet depuis de bien longues années ; que, malgré que le titre de concession n'accorde qu'un denier d'eau pure et les versures de deux deniers ; que les hoirs Jaubert n'auraient droit qu'à un tiers de denier d'eau pure, et qu'ils ont actuellement plus d'un denier ; que M. Barry, de son côté, prétend avoir droit à la moitié des eaux pures amenées à la fontaine de Notre-Dame, quel que soit le volume que la Commune ait été obligée d'y amener pour les besoins du quartier ; qu'il prétend en outre que la Commune ne peut disposer des versures de cette fontaine malgré qu'il n'ait plus droit, par la désemparation faite aux hoirs Jaubert, qu'à un denier et deux tiers de ces versures ;

Copie de la Délibération.

Concessions Barry (hoirs Jaubert et Roux).

OBSERVATIONS.

« Attendu que, dans la délibération du 2 septembre 1810, en concédant les eaux de la source des Augustins au sieur Roux, il a été formellement stipulé que la concession cesserait dans le cas où elle serait convertie en un autre objet que celui de la fabrication des peaux en couleur ; que cette fabrication n'existe plus, et que les eaux ne servent plus à la maison Roux que pour l'usage de sa maison ; que la délibération du 16 décembre de la même année n'est que la suite et la conséquence de celle du 2 septembre ; que, d'ailleurs, le sieur Roux se prétend propriétaire incommutable de cette partie des eaux communales, qu'il ne remplit point les obligations d'entretien qui lui sont imposées par son titre, et que, durant l'été dernier, malgré que la source débitât encore un volume de deux centimètres d'eau, durant près de trois mois, il n'en a pas coulé une goutte à la fontaine des Augustins, ce qui est constaté par le fontainier de la ville ;

Le 7 août 1859, le Conseil réforme la présente délibération en ce qu'elle a trait aux concessions Barry et Jaubert.

« Considérant qu'il importe à la Commune de faire cesser les abus dont ces concessions sont l'objet ;

« Le Conseil, à l'unanimité, les révoque purement et simplement, néanmoins dit que les concessionnaires pourront continuer d'user du volume d'eau qui leur a été primitivement accordé, sans être plus tenus d'aucune charge d'entretien, mais à condition qu'ils se soumettront au règlement à intervenir, et à payer la redevance qui sera imposée par le tarif, soit pour les eaux pures soit pour les versures. »

Fol° 148 du Reg.

Eaux perdues. — Versures des fontaines. — Eau du Canal des Moulins.

« Sur les concessions ou prises d'eau mentionnées au § 2°,

« Considérant que les unes, d'après leurs titres, sont essentiellement révocables, et que les autres, existants sans titre, ne sont que des usurpations des eaux communales ; mais attendu que toutes ont une destination utile ;

« Le Conseil, à l'unanimité, dit qu'elles seront conservées tant que leur destination actuelle subsistera, à charge par les concessionnaires de se conformer aux règlements et tarifs à intervenir. »

Règlement et Tarif.

Le Conseil, à l'unanimité, adopte, sur la proposition de M. le Maire, le *Règlement* et le *Tarif* dont la teneur suit :

Art. 1er. — Dans l'intérêt de l'agriculture, qui use de temps immémorial des eaux superflues de la source de St-Siméon, et dans la prévision des besoins de la ville, la Commune s'interdit de faire désormais, sous quelque prétexte que ce soit, aucune concession d'eau pure même à titre onéreux.

Art. 2. — Toutes les concessions existantes et confirmées par la présente délibération seront réduites à leur volume primitif et réglées par les soins de l'Autorité, les parties présentes ou dûement appelées.

Art. 3. — Les prises de toutes les concessions existantes ou futures, quelle que soit leur nature, seront déterminées par une virole en fer détrempé, qui sera fournie et placée aux frais des concessionnaires sous la surveillance du Maire ou de l'Ingénieur par lui commis.

Art. 4. — Aucun concessionnaire à titre gratuit ne pourra céder ses droits à la concession, soit en totalité ou en partie; il devra verser ses eaux superflues directement sur la voie publique et dans l'endroit qui lui sera indiqué par l'Autorité, la Commune ayant seule le droit de disposer même des eaux superflues par concession au profit de toute personne qui, pouvant les utiliser, en ferait la demande moyennant redevance.

Art. 5. — Lorsqu'une nouvelle concession des versures sera accordée pour une direction déjà suivie par d'autres concessions, dans l'intérêt de la voie publique le premier concessionnaire désigné par le Conseil devra laisser introduire dans son acqueduc l'eau de la nouvelle concession, sans pouvoir réclamer d'autre indemnité que le tiers de la valeur de son acqueduc depuis la prise commune jusqu'à la distribution, qui sera établie le plus près possible du but de sa concession et dans le lieu désigné par M. le Maire.

Les frais de changement de la prise ancienne, ceux de la distribution à établir et tous les frais de raccordement, seront à la charge du dernier concessionnaire, les frais d'entretien ultérieur de l'acqueduc commun seront à la charge des concessionnaires dans la proportion des eaux attribuées par leurs concessions respectives.

Art. 6. — Toute concession existante au premier janvier de chaque année devra redevance imposée par le tarif pour l'année entière, encore que la concession vienne à cesser pour quelle cause que ce soit et quel temps de l'année que ce soit; chaque année, du 15 décembre au premier janvier, il sera procédé à la vérification des prises existantes, et il en sera dressé un état indiquant le volume d'eau de chacune d'elles, ainsi que la redevance à laquelle les concessionnaires seront soumis. Cet état sera approuvé par le Conseil et rendu exécutoire par M. le Préfet.

Règlement et Tarif.

12 Novemb. 1858

Art. 7. — En aucun cas les concessionnaires ne pourront réclamer de remise par défaut de jouissance occasionnée par la diminution naturelle des eaux, les irrigations légalement établies ou par les travaux communaux, alors que, dans ce dernier cas, cette jouissance ne sera pas interrompue plus de deux mois consécutifs.

Art. 8. — Les concessionnaires, quel que soit leur titre, seront responsables de toutes dégradations de la voie publique provenant de leurs acqueducs, et si, pour cause de nivellement, leurs acqueducs devaient subir des changements, ils n'auront aucune indemnité à réclamer à raison des travaux qu'ils seraient obligés de faire dans leur intérêt.

Art. 9. — Dans le cas où la cause qui a déterminé la concession viendrait à cesser ou à changer, dans le cas où tout concessionnaire ne paierait point dans les trois premiers mois de l'année la redevance à la quelle il sera soumis, et où il refuserait de se conformer exactement et en tout point au présent règlement et à ceux qui pourraient intervenir, la concession lui sera retirée par M. le Maire, sa prise sera fermée d'office, sauf son recours au Conseil municipal. *Fol° 149 du Reg.*

Art. 10. — Aucun concessionnaire n'aura droit à avoir en mains les clefs des serves de distribution d'où peuvent provenir les eaux qui lui sont concédées, la possession d'une clef de la part du concessionnaire entraînera de droit le retrait de sa concession; il en sera de même pour tout changement fait sans autorisation aux prises dont l'accès est libre, telles que celles des bassins des fontaines et du canal des moulins.

Art. 11. — Les concessions anciennes, déterminées par les dénominations de *griffon, denier, lignes* et *pouces*, seront désormais indiquées d'après la dénomination métrique le plus en rapport avec le volume du *débit* des anciennes dénominations.

Art. 12. — Le débit d'une prise étant en rapport avec la surface de son orifice et la charge d'eau existante au-dessus du centre de l'orifice ou du cercle, toutes les prises seront établies avec une charge uniforme de cinq millimètres.

Art. 13. — Toute prise au-dessus de trois centimètres de diamètre sera établie par des subdivisions de un, deux et trois centimètres de diamètre placées au même niveau, il n'y aura pas de concession au-dessous d'un centimètre.

Art. 14. — Les usagers de toutes les concessions existantes seront tenus de se soumettre par écrit au présent règlement dans la huitaine de la communication amiable qui leur en sera donnée; faute par eux de ce faire, et ce délai passé, M. le Maire devra faire fermer les prises, et ils devront se pourvoir devant le Conseil pour obtenir une nouvelle concession, s'il y a lieu.

Tarif.

1º Les eaux pures seront imposées annuellement à raison de vingt-cinq francs pour une prise de un centimètre de diamètre ;

Soixante francs pour une prise de deux centimètres de diamètre ;

Cent cinquante francs pour une prise de trois centimètres de diamètre. —

2º Les eaux perdues, les versures, les eaux du canal des moulins seront imposées, aussi annuellement, à raison de :

Douze francs pour une prise de un centimètre ;

Trente francs pour une prise de deux centimètres ;

Soixante-quinze francs pour une prise de trois centimètres ;

Les sous-concessions des versures seront imposées à raison de la moitié de la concession première.

Séance extraordinaire du Conseil municipal du 28 Novembre 1858, convoqué en vertu de l'autorisation de M. le Sous-Préfet de cet Arrondissement du 26 du même mois.

Consultation sur l'effet des ventes nationales.

M. le Maire, après avoir déclaré la séance ouverte, s'exprime ainsi :

« Messieurs ,

« Dans la délibération du 12 de ce mois, vous avez témoigné le désir d'avoir une consultation du barreau d'Aix avant de vous prononcer sur diverses concessions d'eau faites autrefois par la Commune à des établissements religieux qui, depuis, ont été vendus nationalement ; dans ce but, je me suis adressé à M. Rigaud , qui lui-même a réclamé le concours de M. Perrin, doyen des avocats , et celui de M. de Fresquet, professeur à l'École de Droit.

Exposé de M. le Maire.

« Je tiens en mains cette consultation, pour laquelle j'avais posé la question de la manière suivante :

« Bien en avant la Révolution de 89, la Communauté de Brignoles avait
« concédé des eaux à divers établissements religieux qui, plus tard, ont été
« vendus aux enchères par la Nation ; ces concessions étant gratuites et essen-
« tiellement révocables, la Nation a-t-elle pu changer leur nature et transmettre
« aux acquéreurs des biens nationaux plus de droit que les établissements saisis
« avaient eux-mêmes ?

« En d'autres termes, ces concessions seront-elles devenues irrévocables par
« le fait de la saisie et de la vente opérée par la Nation ? »

28 Novemb. 1858.

Exposé
de
M. le Maire.

Délibération du 28 Novembre 1858.

« Cette question toute simple a été traitée sous deux points de vue différents, le rédacteur de la consultation ayant cru devoir manifester son opinion sur la révocabilité de toutes espèces de concessions, et, c'est après une longue dissertation sur la révocabilité, qu'il répond à la question résultant des ventes nationales ; nous n'avons plus à nous occuper de la révocabilité qui a été admise en faveur de la Commune, dans l'affaire Aubry, par le Tribunal de Brignoles et la Cour impériale, et, en 1843, par la Cour de Cassation elle-même contre les arrosants des eaux de St-Simian, le tout contrairement à la doctrine professée par M. Perrin ; de telle sorte que, malgré cette consultation, nous n'hésitons pas à maintenir le principe de révocabilité que nous avons posé dans la délibération précédente.

« La seule question dont nous ayions à nous occuper est donc celle relative aux ventes nationales.

« Sous ce rapport, nous nous félicitons d'avoir eu à rapporter une consultation, parce que, n'ayant jamais eu occasion d'étudier les lois révolutionnaires, nous aurions pu commettre à notre insçu une erreur de droit. Aussi n'hésitons-nous pas à adopter les conclusions de la consultation, de laquelle il résulte clairement qu'il n'y a pas possibilité de revenir sur les concessions d'eau comprises dans les ventes nationales à cause des dispositions de l'article 374 de la Constitution du 5 fructidor an III, et de celle de l'article 94 de la Constitution du 22 frimaire an VIII, lesquelles, d'après tous les auteurs, ont consacré le principe de la vente irrévocable des biens d'autrui.

« La publicité donnée aux ventes nationales en vertu de ces deux Constitutions donnait aux tiers la faculté de réclamer leurs droits antérieurs à la vente, si ces droits pouvaient être compromis dans l'espèce.

« Si nous en jugeons par l'adjudication du Couvent des Augustins, dont nous avons l'expédition sous les yeux, la municipalité de Brignoles y était représentée par deux Officiers municipaux ; s'ils n'y ont pas assisté, ils ont été mis en demeure de le faire, et alors il ne reste plus à la Commune de Brignoles qu'à regretter la négligence de ses représentants et à considérer comme définitives les concessions de Messieurs Maille, Rougon et les habitants du quartier des Capucins.

« Le Conseil, après avoir entendu la lecture de la consultation par lui demandée, laquelle demeurera déposée aux archives communales, sans adopter les principes posés contre la révocabilité des anciennes concessions faites à titre gratuit, reconnaît que, par le fait de la vente nationale, les concessions, dont jouissent Messieurs Maille, Rougon, et les habitants du quartier des Capucins, sont devenues inattaquables, et, à l'unanimité, les déclare exemptes de toute redevance.

Le Conseil
délibère
de reconnaître
comme
irrévocables les
concessions
Maille, Rougon,
et habitants
des Capucins.

« Délibéré, en outre, que les documents fournis par M. le Maire sur les concessions d'eau, et par lui recherchées avec tant de soin, seront transcrits sur

Fol 151 du Reg.

28 Novemb. 1858
—
Exposé
de
M. le Maire.

Délibération du 28 Novembre 1858.

un registre qui fera partie des archives communales, et dans lequel seront annotées successivement toutes les concessions à venir, ainsi que les mutations dont elles seront susceptibles.

« Vu et approuvé à Draguignan, le 29 janvier 1859.

« Signé : *Le Préfet*, MERCIER-LACOMBE. »

Délibération du 28 Avril 1859.

Fol° 156 du Reg.   M. le Maire s'exprime de la manière suivante .

« Messieurs,

« Les délibérations des 12 et 28 novembre 1858, approuvées par M. le Préfet, le 29 janvier dernier, relatives aux concessions d'eau, ont donné lieu, ainsi que nous nous y attendions, à de nombreuses réclamations.

« Les unes mal fondées, ont été rejetées par nous, et ensuite par décision de M. le Préfet, laquelle nous a été notifiée par M. le Sous-Préfet de Brignoles le 19 mars; les autres, fondées en titres jusqu'alors restés ignorés de l'Administration municipale et même des parties, ont nécessité de notre part une décision provisoire, dont je viens aujourd'hui vous demander la sanction ; de ce nombre sont :

De Fabry,
survers
de la fontaine
du Pouadou,

Fol° 157 du Reg.

« 1° La réclamation de M. de Fabry, au sujet d'une partie des versures de la fontaine du Portail-Neuf, dans la possession desquelles il paraît devoir être maintenu gratuitement en vertu d'une délibération du Conseil du 25 mai 1783. — Il résulte de cette délibération, que M. de Fabry arrosait son jardin au moyen d'un aqueduc qui a été supprimé par la ville pour l'établissement de ses conduites, et que, en compensation de cette suppression, il lui a été attribué durant la nuit, les versures de la fontaine du Portail-Neuf.

De Combaud,
un denier d'eau
de St-Siméon.

« 2° Aux titres déjà mentionnés dans la délibération du 12 novembre 1858, sur le n° 14, M. de Combaud a joint un devis du 2 octobre 1754, des travaux faits par la Commune à la source de St-Simian, duquel il résulte que M. Fanton était propriétaire de la terre qui se trouve au-dessous de cette source ; que, dans cette terre, des eaux avaient été recueillies et conduites depuis longtemps à la maison du sieur Fanton.

« Lors de l'établissement de l'aqueduc de la ville, la conduite du sieur Fanton fut supprimée, et que c'est en échange des eaux qui lui étaient propres que la délibération du 14 avril 1764 lui octroya un denier d'eau à prendre sur les eaux de la ville.

Délibération du 28 Avril 1859.

« 3° M. Garnier, au nom de Madame La Salle, son épouse, concessionnaire d'un demi denier d'eau à la fontaine de la Paroisse, suivant délibération du 8 avril 1827, relatée au n° 19 de la délibération du 12 novembre 1858, a produit un arrêt de la Cour des Comptes du 16 octobre 1636, du quel il résulte que M. Degantés, son auteur, obtint après enquête, à titre de bail et moyennant finances, le droit de se servir des versures de cette fontaine, les quelles versures sont les mêmes que celles qui ont été échangées avec Madame de La Salle par délibération du 8 avril 1827.

« 4° Les hoirs de M. François Moutton, représentants l'Évêque de Sénez, suivant les titres relatifs au paragraphe 15 de la délibération du 12 novembre 1858, ont prouvé que l'Évêque de Sénez avait acquis le Couvent de Ste-Claire, non des Dames de Ste-Claire, mais bien de la Commune elle-même, ce qui résulterait d'une délibération du 21 janvier 1652, qui autorise les Consuls à passer l'adjudication de ce Couvent au prix offert par M. l'Évêque de Sénez.

« En conséquence des divers titres produits par ces quatre concessionnaires, M. le Maire propose au Conseil de confirmer ces diverses concessions, et de les exonérer de toutes rétributions, comme ayant été faites à titre onéreux.

« Délibéré, à l'unanimité, de considérer ces concessions comme faites à titre onéreux, et les décharger de toute rétribution, sauf toutefois l'établissement et la vérification des prises, conformément au règlement du 12 novembre 1858. »

Copie de la Délibération.

Concessions d'eau du Canal des Moulins.

M. le Maire expose que les concessions des eaux du Canal des Moulins, comprises sous les n°s 32, 33, 34, 35, 36, 37 et 38, de la délibération du 12 novembre 1858, au profit des sieurs Aude, Barry, Cher, Gavoty, Cauvin, Cresp et Martin, lui paraissent devoir aussi être gratuites, comme ayant périmé par prescription, alors que le moulin et le canal étaient une propriété particulière.

En effet, il résulte de nouvelles recherches faites dans les archives de la Commune, que les moulins de la ville, établis vers le treizième siècle, ont été plusieurs fois vendus et rachetés par la

OBSERVATIONS.

Pour qu'il y eut prescription, il faudrait que les prises d'eau fussent une usurpation, sans titre de concession.

Rien n'indique l'époque où furent établis les moulins Bessons. — Ils appartenaient au Roi qui en fit donation au Monastère de Nazareth d'Aix, par acte Royal du 12 novembre 1293.

32

Copie de la Délibération.

Concessions d'eau du Canal des Moulins.

Communauté, et que ce serait durant la possession particulière que des servitudes auraient été établies au profit des personnes ci-dessus nommées.

Sans recourir à une date plus ancienne, les moulins de la Commune furent réunis au domaine public, par la loi du 24 août 1793 ; ils furent possédés par la caisse d'amortissement depuis cette époque jusques au 21 septembre 1808, et adjugés ce jour-là, *avec les servitudes dont les eaux se trouvaient affectées envers divers particuliers*, à une compagnie formée des principaux habitants de la ville, les quels les ont revendus à la Commune, comme ils les avaient achetés, par acte du 26 mars 1830, notaire Clavier, à Brignoles.

De ces deux titres, il résulte clairement que, lorsque la ville a acheté les moulins pour la dernière fois, les servitudes des prises d'eau existaient, et qu'une condition de la vente lui fait une obligation de les respecter.

Fol° 158 du Reg.   En conséquence, M. le Maire propose au Conseil de reconnaître les prises d'eau existantes sur le canal des Moulins, au profit de Messieurs Aude, Barry, Cher, Gavoty, Cauvin, Cresp et Martin.

Le Conseil reconnaissant la réalité des titres ci-devant énoncés, délibère, à l'unanimité, que les prises dessus mentionnées ne pourront être grevées d'aucune rétribution.

Toutefois, il charge M. le Maire de faire procéder à la vérification et à la constatation de l'état actuel de ces prises, concurremment avec les parties intéressées, et par un homme de l'art qu'il aura la faculté de choisir.

OBSERVATIONS.

La Communauté ne les acheta qu'en 1499 et 1501, et elle les garda jusqu'en 1641, où elle les remit à ses créanciers ; mais elle se réserva les eaux pour l'arrosage des terres aux jours juridics, et en outre le *surplus* ou *superflu des eaux* pour l'usage des habitants. — De sorte que les créanciers propriétaires n'avaient droit qu'aux eaux nécessaires aux moulins ; la Communauté avait seule le droit de disposer du *surplus*, en faveur des habitants. La Municipalité s'est montrée constamment jalouse d'exercer ce droit ; elle seule a concédé des prises aux tanneurs, et elle a soutenu des procès contre les propriétaires des moulins, qui cherchaient à faire supprimer ces concessions.

D'ailleurs, les dates des concessions prouvent évidemment l'exercice constant de ce droit par la Commune pendant les deux siècles où les moulins étaient aliénés, et alors que la nation s'en fut emparée, ainsi que le démontre la concession faite à Jullien le 13 pluviôse an VII.

Cette délibération devient infirmée par la non existence des motifs sur lesquels elle est fondée.

Cette opération a été faite en 1863, par M. Mesure, architecte, sur l'ordre de M. le Maire.

28 Avril 1859

Copie de la Délibération.

Pétition de M. Delestang, sur l'eau des Pénitents-Blancs.

M. le Maire donne ensuite connaissance au Conseil d'une lettre qui lui a été écrite par M. Delestang le 17 février 1859, relativement à la suppression de la fontaine de la Chapelle des Pénitents-Blancs, ordonnée par délibération du 12 novembre 1858, des versures de laquelle fontaine M. Delestang se prétend en possession.

Il résulte de cette lettre, que M. Delestang propose de lui donner en échange de ces versures un centimètre d'eau pure, dont il payerait la redevance portée par le tarif.

A l'appui de ses prétentions, M. Delestang fait valoir ce motif : que la Chapelle des Pénitents-Blancs a été adjugée nationalement au profit de divers particuliers, et qu'alors il aurait pu en prendre les versures.

A cela il doit lui être répondu que les acquéreurs ont fait le même jour une déclaration par laquelle ils disent avoir acquis pour compte de la confrérie des Pénitents, laquelle se trouve représentée, sinon par la Commune, du moins par la fabrique, cet édifice n'ayant jamais cessé d'être consacré au culte.

Mais, pour ne point entamer un procès avec M. Delestang, M. le Maire propose d'accepter l'offre de celui-ci, et de lui concéder un centimètre d'eau pure,

OBSERVATIONS.
—

Lorsque M. Delestang a fait sa pétition, il ignorait la nature de son droit aux versures de la fontaine des Pénitents-Blancs.

Par acte du 5 janvier 1609, le propriétaire du jardin qui reçoit ces versures (actuellement M. Delestang), vendit aux Pénitents un passage dans son jardin, long la Chapelle au nord, avec la condition : « que les Pénitents ne pourront pas empêcher l'eau qui découle « d'un trou sortant de la dite Chapelle, « mais que le vendeur continuera d'en « jouir ainsi que de coutume, et que, si « les Pénitents donnaient quelqu'empê- « chement à la conduite de la dite eau, « ils seraient tenus de la remettre en « état à leurs dépens, etc... » (Voir cet acte, *Pièce Justificative*, n° 7.) Le Conseil municipal ignorait aussi l'existence de ce titre, et n'avait pas de donnée positive sur le sort de la Chapelle et de l'eau ; il est donc nécessaire d'en donner un exposé précis :

Le 13 *mai* 1793, le Directoire du District fit vendre plusieurs immeubles saisis par la nation, parmi lesquels, au rang de n° 8, l'Église, la sacristie, tribune, petit appartement attenant, et faculté d'eau, dépendant des ci-devant Pénitents-Blancs de Brignoles.

Les citoyens Joseph Paul Mélan et André Taurel, négociants de cette ville, demeurèrent adjudicataires au prix de 830 livres.

Le surlendemain, ces deux Messieurs passèrent l'acte suivant :

« Déclaration à double original, dont « un chez M. Goujon, notaire, et l'au- « tre pour les parties :

« Par la présente faite à double, les « soussignés André Taurel et Joseph, « Paul Mélan, de cette commune de « Brignolle, déclarent à qui il appar- « tiendra qu'ils n'ont fait que prêter « leur nom pour l'acquisition, qu'ils ont « faite le 13 mai de cette année 1793, « d'une Église, sacristie, tribune et ap- « partement, et faculté d'eau dépendants « des ci devant Pénitents Blancs de cette « ville de Brignolle, quoique l'adjudica-

28 Avril 1859.

Copie de la Délibération.

Pétition de M. Delestang, sur l'eau des Pénitents-Blancs.

dont il payera la redevance au prix du tarif, et qui serait prise par lui sur la limite de son jardin et de la Chapelle des Pénitents-Blancs, du côté de la rue de Ste-Catherine, où une petite fontaine pourrait être établie pour l'usage du quartier.

« Le Conseil, adoptant les considérations formulées par M. le Maire, délibère, à l'unanimité, d'accepter la proposition de M. Delestang et de lui concéder un centimètre d'eau moyennant le prix du tarif, à prendre à la fontaine qui sera établie à l'angle nord-ouest de la Chapelle des Pénitents.

OBSERVATIONS.

—

« tion leur ait été passée personnelle-
« ment par l'administration du District
« de Brignolle ; déclarants en outre n'a-
« voir acheté et payé les susdits effets
« que au nom et des deniers des citoyens
« de cette commune entre les mains des
« quels se trouvera la présente déclara-
« tion et de plusieurs autres, à l'effet de
« s'en servir pour l'œuvre de la miséri-
« corde de la sépulture des morts, com-
« me pour les assemblées religieuses et
« civiles autorisées par la loi, et à la
« charge d'en payer les impositions. —
« Fait à Brignolle le 15 mai 1793.

Signé : TAUREL, MÉLAN — GOUJON, notaire.

Dans ses séances du 4 nivôse et 25 pluviôse an IX, le Conseil municipal, sur la demande d'un de ses membres, chercha à forcer Messieurs Mélan et Taurel à céder la Chapelle, la Commune entendant se réserver la faculté d'eau ; les deux acquéreurs refusèrent et déclarèrent en plein Conseil que ce n'était pas avec l'argent de la généralité des habitants qu'ils avaient payé la Chapelle, mais bien avec celui d'une *partie* (mot employé dans la délibération, quoique Messieurs Mélan et Taurel, zélés pénitents, eussent dit : *au nom de leur confrairie,* qui était chargée par sa fondation de l'œuvre de la sépulture, appelée aussi Miséricorde).

Une action fut intentée contre Mélan et Taurel ; puis une transaction fut proposée par le Sous-Préfet, d'après laquelle la Chapelle aurait été cédée à l'hospice de la Miséricorde ; cette transaction fut approuvée par le Conseil municipal qui autorisa le Maire à en passer acte. — Mais il ne fut rien effectué ; Messieurs Mélan et Taurel tinrent bon, et les Pénitents demeurèrent possesseurs comme ils l'étaient précédemment, jusqu'à nos jours.

L'eau, par l'effet de la vente nationale, demeure attachée à la propriété de la Chapelle, et la Commune n'y a pas plus de droit qu'elle n'en a sur les eaux des anciens Couvents des Augustins, des Capucins, des Trinitaires, etc...

Au reste, les délibérations des 13 novembre 1858 et 28 avril 1859 n'ont pas été exécutées.

Copie de la Délibération.

« M. le Maire donne encor connaissance au Conseil de diverses lettres et d'une pétition de M. Reboul, fabricant tanneur, concessionnaire d'une prise d'eau sur le Canal des Moulins ;

Les concessions d'eau du canal seront tarifées à un tiers de moins que celles des versures des fontaines.

« Le Conseil, considérant que la délibération du 30 janvier 1840, qui accorde des eaux au sieur Reboul, ne peut mettre aucun obstacle à l'établissement du tarif sur cette concession ;

« Mais reconnaissant, ainsi que le fait observer M. le Maire, que les eaux du Canal des Moulins sont souvent troubles et d'une qualité beaucoup inférieure aux versures des fontaines ;

« Délibère, à l'unanimité, qu'il n'y a pas lieu de s'arrêter aux exceptions que fait valoir M. Reboul pour être exonéré de la redevance portée au tarif, et arrête que les concessions des eaux du Canal des Moulins seront désormais tarifées à un tiers de moins que les eaux des versures des fontaines.

« Enfin M. le Maire donne connaissance d'une pétition adressée le 28 février 1859 par le sieur Toussaint Roux et le sieur Guillen, son gendre, relativement à la concession faite sur la fontaine et sur la source des Augustins.

« M. le Maire observe qu'il n'y a pas lieu de s'arrêter à cette pétition, attendu que le sieur Guillen, tant pour lui que pour son beau-père, a adhéré par écrit sur le registre à ce destiné à la délibération du 12 novembre 1858.

« Sur quoi, le Conseil délibère qu'il n'y a pas lieu de s'occuper de cette pétition.

« Vu et approuvé à Draguignan, le 29 juillet 1859.

« *Le Préfet,* Signé : Mercier-Lacombe. »

La séance du 7 août 1859 est consacrée à la concession Barry, sur l'eau de la fontaine de la rue Notre-Dame.

Cette délibération est citée littéralement au chapitre Ier, *des Concessions d'Eau pure de Saint-Siméon,* article 6, on y trouvera l'exposé complet de cette affaire depuis le 26 mai 1749 jusqu'à ce jour.

Nota. — Les délibérations des 12 et 28 novembre 1858, 28 avril et 7 août 1859, ont été transcrites dans le registre *ad hoc,* prescrit par le dernier article de la délibération du 28 novembre 1858 ; et, à leur suite, les noms de tous les concessionnaires d'eau ont été inscrits, avec désignation de la rétribution à laquelle ils sont soumis conformément au tarif.

Cette nomenclature paraît n'avoir été établie que pour recevoir les signatures d'adhésion des concessionnaires, et elle n'a pas été complétée postérieurement ; il serait inutile de la reproduire, les observations sur chaque concession ayant déjà été écrites dans une colonne en regard.

Je me borne donc à présenter le tableau ou nomenclature, des concessions d'eau, *actuellement existantes*, avec les noms des concessionnaires reconnus par les titres déjà transcrits, en suivant la division par : 1° *Eaux pures de St-Siméon ;* 2° *Versures des Fontaines de la même Eau ;* 3° *Eaux de Douzon ;* 4° *du Vabre, et* 5° *du Canal des Moulins.*

CHAPITRE Ier. — EAUX PURES DE SAINT-SIMÉON.

1° Rougon, Laurent (hoirs). — *Un denier d'eau.* — Délibération du 18 septembre 1836.

2° Lebrun, Édouard (hoirs), représentant Beaumont. — *Un denier d'eau.* — Délibérations des 17-31 juillet 1791, de l'acte du 12 septembre 1791, et de la délibération du 3 septembre 1809.

3° Fournier, Sextius (hoirs), représentant Laurenty. — *Un pouce d'eau.* — Acte du 22 janvier 1558 et délibération du 23 janvier 1558.

4° Bremond, veuve Amic, représentant Duchaine, Évêque. — *Un griffon d'eau.* — Délibération du 2 octobre 1639, acte du 27 janvier 1652, autre acte du 11 janvier 1698, — délibérations des 29 janvier et 21 février 1723.

5° Maille, Joseph, représentant les Trinitaires.— *Un denier et quart d'eau.* — Délibérations du 16 octobre 1672 et des 4 et 18 novembre 1792.

6° De Fabry (hoirs), représentants Moutton, Charles. — *Un denier d'eau.* — Délibération du 19 octobre 1732, acte du 12 décembre 1732 et délibération du 14 décembre 1732.

7° Barry, Magloire, représentant Guilleaume Vincens.— *Un denier d'eau pure et le survers de la fontaine.* — Délibérations du 26 mai 1749 et 26 mai 1782.— (Réduit à *deux tiers de denier et le survers,* par suite de la vente qu'il a faite d'*un tiers de denier* à M. Rimbaud, représenté par les hoirs Maitre).

8° Maitre, Louis (hoirs), représentants Rimbaud. — *Un tiers de denier d'eau pure.*— Délibérations du 24 juillet 1808, 12 janvier 1840 et 7 août 1859.

9° Chieusse de Combaud, représentant Fanton. — *Un denier d'eau.*— Délibérations des 12 août et 30 décembre 1753, 14 avril 1764, acte du 31 décembre 1787.

10° Arnaud (hoirs), représentants Desparra. — *Un denier d'eau.* — Délibérations du 12 octobre 1766 et 15 mars 1767, — acte du 16 mars 1767, — délibération du 21 avril 1767.

11° Garnier, Augustin, représentant Brunet de La Salle. — *Demi denier d'eau pure.* — Délibération du 8 avril 1827.

· CHAPITRE Ier. — EAUX PURES DE SAINT-SIMÉON.

12° Les acquéreurs du Couvent des Capucins. — *Volume non déterminé.* — Prise particulière à la source-mère. — (Titre perdu ; concession indiquée dans la délibération du 16 août 1609.)

13° Hôpital St-Jean. — *Volume non déterminé.* — Délibérations du 25 février 1599 et 6 septembre 1772.

14° Chapelle de Ste-Catherine ou des Pénitents-Blancs. — *Volume non déterminé.* — Titre de concession inconnu. — Jouissance mentionnée dans la délibération du 11 janvier 1641. — Propriété acquise à la Chapelle par la vente nationale du 13 mai 1793.

15° Presbytère ou Maison Curiale. — *Un griffon d'eau.* — Délibération du 16 octobre 1671.

16° Palais de Justice, Prisons et Gendarmerie à cheval.— *Deux deniers d'eau.* — Délibération du 19 février 1837.

17° Couvent des Dames Ursulines. — *Un denier d'eau.* — Délibération du 27 août 1837.

18° École Primaire Communale. — *Volume non déterminé.* — Délibération du 16 octobre 1851.

19° Séminaire. — *Quatre centimètres d'eau.* — Délibération du 9 mai 1851.

20° Salle d'Asile.— Sans titre de concession.— Dans la nomenclature des concessionnaires d'eau écrite dans le registre spécial déjà cité, la Salle d'Asile est désignée comme concessionnaire d'*un centimètre d'eau*, mais il n'a été pris aucune délibération de concession.

21° Pensionnat de Nozéran frères. — *Un centimètre d'eau.* — Délibération du 10 août 1862.

22° Pensionnat des Dames du Bon-Pasteur. *Cinq millimètres d'eau.* — Délibération du 14 septembre 1864.

23° Caserne de la Gendarmerie à pied. — *Volume non déterminé.* — Délibération du 20 août 1867.

24° La Sous-Préfecture. — Jouit d'*un volume d'eau non déterminé* et sans titre de concession.

N. B. L'Édifice étant départemental, la Commune a intérêt à régulariser cette jouissance *de faveur,* par une délibération qui fixe le volume d'eau avec condition de révocabilité.

Jusqu'en 1844, où le Tribunal de 1re instance et les Prisons furent transférés dans les bâtiments construits *ad hoc* au quartier Notre-Dame, l'ancien Palais Royal fut affecté à ces deux établissements, et un tuyau d'eau coulait dans la partie occupée par les prisons. Depuis le changement de destination, un Maire complaisant a fait augmenter le volume d'eau pour être agréable au Sous-Préfet d'alors, ce qui rend encor plus nécessaire l'intervention du Conseil municipal.

CHAPITRE Iᵉʳ. — EAUX PURES DE SAINT-SIMÉON.— EAUX DITES PERDUES.

25⁰ Auguste Requin, représentant le Moulin à huile.— *Volume non déterminé.* — Délibération du 28 juin 1778.

26⁰ Mélan, son épouse Boyer, représentant Feraud. — *Un denier d'eau.* — Délibérations du 22 septembre 1782 et 28 décembre 1783.

27⁰ Blachas, Hygin, représentant Barry. — *Un denier d'eau.* — Délibérations du 22 septembre 1782 et 28 décembre 1783.

28⁰ Montaud (hoirs). — *Un denier.*

29⁰ Jullien, Alphonse. — *Douze lignes.*

30⁰ Christian et Bremond. — *Un denier.*

31⁰ Boyer, Étienne. — *Un denier.*

32⁰ Lion, Victor (hoirs) et

33⁰ Brunet de La Salle (hoirs) } *Un denier.*

Ces cinq prises d'eau sont portées, dans la délibération du 12 novembre 1858, comme étant sans titre et usurpations. Et elles y sont conservées telles quelles, tant que leur destination actuelle subsistera. — Elles sont donc devenues de vrais concessions à titre gratuit et révocables.

34⁰ Vian, Alphonse. — Volume aspiré par une pompe (et qualifié d'*un denier* dans la délibération du 12 novembre 1858), délibération du 1ᵉʳ août 1847.

35ᵉ Bremond, Louis, représentant Boyer, Étienne, déjà nommé ci-dessus. — *Deux centimètres d'eau.* — Délibération du 5 février 1865.

CHAPITRE II. — VERSURES DES FONTAINES. — EAU DE SAINT-SIMÉON.

Versures des eaux perdues.

Gassier, Louis-Antoine. — *Eaux sortant des fabriques Christian et Montaud.* — Délibération du 16 mai 1858.

Jauffret, Jean-Louis-Marius. — *Eau sortant de la fabrique de Michelfelder.* — Délibération du 6 mai 1860.

Fontaine de la rue des Cordeliers.

Bremond, Alexandre. — *Vingt-cinq millimètres d'eau.* — Délibération du 9 mai 1847.

Vert, Hypolithe. — *Un centimètre d'eau.*

Rossolin. — *Un centimètre d'eau.*

} Délibérations du 9 mai 1847, 6 novembre 1864, et 14 mai 1865.

Fontaine de Jean-Raynaud.

Roubaud, Laurent, représentant Boyer. — *Un denier d'eau.* — Délibération du 9 mai 1847.

Gavoty, Eugène, représentant Charles Bremond. — *Un denier d'eau.* — Délibération du 31 juin 1782.

CHAPITRE II. — VERSURES DES FONTAINES. — EAU DE SAINT-SIMÉON.

Jullien, Alphonse, représentant Bourgue. — *Demi denier*. — Délibérations du 7 août 1791, 15 mars 1793 et 22 juin 1806.

Fontaine
de
Jean-Raynaud

Rossolin, Louis-Jean-Baptiste-Barnabé. — *Deux centimètres d'eau*. — Délibération du 3 juillet 1842.

Roubaud, Hypolithe-Laurent. — *Un centimètre et demi d'eau*. — Délibération du 7 août 1858.

Aubry, Jacques. — *Un denier d'eau*. — Délibération du 8 juillet 1838.

Petite fontaine
de
la Place Caramy

Jullien, Lazare, fils de François. — *La moitié des versures*. — Délibérations du 30 pluviôse an XI, 28 septembre 1828 et 30 août 1829.

Grande fontaine
de
la Place Caramy

Barry, Magloire, représentant Guilleaume Vincens. — *La totalité des versures*. — Délibération du 26 mai 1749.

Fontaine
de la
rue Notre-Dame

Bagarry, François (hoirs). — *Demi denier de l'eau du lavoir*. — Délibérations du 14 août 1853 et 21 mai 1854.

Raynaud, Ferdinand (hoirs). — *La moitié des versures*. — Délibération du 4 août 1844.

Fontaine
de la Place du
Nouveau Palais
de Justice.

Maison d'Arrêt. — *Concession intermittente*. — Délibération du 30 juin 1850.

Gautier, Toussaint. — *Concession intermittente*, pour le moulin à huile. — Délibération du 14 mai 1857.

Fontaine
de la Place de la
Sous-Préfecture
(ancien Palais).

Avril, passementier, représenté par Gradelet, médecin. — *Un centimètre d'eau*. — Délibération du 3 juillet 1842.

Fontaine
de la Place de
St-Pierre.

Dupui, frères, fabrique de savon. — *Un centimètre d'eau*. — Délibération du 13 juin 1848.

Gasc, Victor, représentant Laurent Chivallier. — *Dix lignes d'eau*. — Délibération du 14 juin 1760.

Fontaine
du Ponadou ou
Portail-Neuf.

Jardin de De Fabry, représentant Pellegrin. — *Dix lignes d'eau pendant la nuit*. — Délibération du 25 mai 1783.

Rougon, Louis-Laurent, médecin (hoirs). — *Sous-versures de Gasc*. — Délibération du 26 août 1831.

CHAPITRE II. — Versures des Fontaines. — Eau de Saint-Siméon.

Fontaine du Portail-du-Luc.

Martin, Siméon, pour sa fabrique de chapeaux.— *Un tuyeau de plume d'eau.* — Délibération du 25 février 1838.

Héran, Achille, pour sa fabrique de tannerie. — *Un denier d'eau.* — Délibération du 6 juin 1841.

Fontaine de la rue Raynouard, (Grande-Rue).

Veuve Imbert. — *Toutes les versures.* — Délibération du 12 août 1866.

Fontaine de la Salle d'Asile.

Moutton, Louis. — *Concession* du 4 novembre 1866.

Fontaine de St-Siméon, près de la source.

Mesure. — *Concession des versures.* — Délibérations du 17 mai 1868 et 15 mai 1870.

CHAPITRE III. — Eau pure de Douzon.

Douzon.

Fabre, Fortuné (hoirs), représentant Joseph Moutton. — *Concession d'un griffon d'eau* (10 lignes). — Acte du 4 novembre 1652.

Nota. — En suite des fouilles faites par les frères Bagarry en 1836 et années suivantes, des travaux faits en 1866 pour avoir de l'eau pure, et de la conduite établie dans la rue dite de Douzon pour amener l'eau de la Place St-Pierre à la fontaine publique de la même rue, l'eau de la source Douzon a été abandonnée et la concession au jardin Fabre a été annulée de fait. — Nulle autre concession n'existe sur les eaux de Douzon.

CHAPITRE IV. — Eau du Vabre.

Eau pure.

1. Jullien, Lazare, représentant le Couvent des Augustins. — *Un griffon d'eau pure.* — Délibération du 15 juillet 1602.

2. Roux, Victor (hoirs). — *Six lignes d'eau pure.* — Délibérations des 2 septembre et 16 décembre 1810, 12 novembre 1858 et 14 novembre 1861.

Versures de la fontaine des Augustins.

3. Menc, teinturier (hoirs). — *Un centimètre d'eau du survers de la fontaine.*— Délibération du 22 juillet 1849.

4. Archier, Benoît (hoirs). — *La moitié des versures de la fontaine.* — Délibération du 14 mai 1857.

N. B. — Les familles Brun et Mélan, représentant Agarrat et Degrométis, ont droit au surplus des eaux de la source, non utiles aux fontaines, conformément à l'acte de transaction du 27 août 1658, et délibération du 3 août 1862.

CHAPITRE V. — Eau du Canal des Moulins.

1. Reboul, Gilbert, tanneur. — *Trois deniers d'eau* (six centimètres) — Délibération du 30 janvier 1840.

Rive droite, en remontant.

2. Aude, Jacques, tanneur, représentant Tourneys.— *Concession d'un volume indéterminé.* — Délibération du 16 juillet 1537. — *La prise est de 12 centimètres.*

3. Barry, Magloire, représentant Martin Amic. — *Un denier d'eau.* — Délibération du 10 juin 1737.

4. Maille, Joseph, successeur de Cher, Josias, représentant Jacques Ailhaud.— *Un denier d'eau.* — Délibération du 19 novembre 1702.

5. Gavoty, Eugène, tanneur, représentant Jean-Baptiste Bremond. — *Un denier d'eau.* — Délibération du 2 février 1782.

6. Audibert, successeur de Cauvin, Nicolas. — *Prise de cinq centimètres* (sans titre connu). — Voir les observations faites là-dessus, délibération du 12 novembre 1858.

7. Fabre, Pierre, successeur de Cresp, Siméon, représentant Jean Roumieu. — *Un denier d'eau.* — Délibération du 21 août 1701.

8. Reboul, Léon, représentant Barry, Magloire. — *Six centimètres d'eau.* — Délibération du 18 mai 1856.

Rive gauche.

9. Boyer, Alexis, représentant Barban. — Jouissant, sans titre, de la prise pour l'arrosage du jardin Barban (arrosage supprimé). — *La prise est de cinq pouces* (12 centimètres).

ARROSAGE par L'EAU de CARAMY

ET DU VAL-DE-CAMPS.

Exposé Général.

En traitant des diverses sources qui coulent dans le terroir de Brignoles, il a été dit sur chacune d'elles comment nos devanciers ont réglé l'usage de leurs eaux, soit pour les besoins publics, soit pour l'arrosage des terres voisines; de sorte qu'il ne reste à voir que ce qui a trait à l'arrosage par les eaux de Caramie et de la Val-de-Camps.

Depuis un temps immémorial tous les cours d'eau publique paraissent avoir été régis, en Provence, par des coutumes presque uniformes, d'après lesquelles les usines, mises en mouvement par ces cours d'eau, en avaient l'usage exclusif hors certains jours de la semaine appelés *juridics*, pendant lesquels l'eau était totalement dévolue à l'arrosage des terres.

Cette coutume avait acquis force de loi, et les actes ou documents, dressés pour constater les droits des communes ou des particuliers, soit à l'occasion d'une contestation, soit pour une transmission de propriété, établissent cette division, à peu près identique, sur la jouissance des eaux par les usines et par les terres arrosables.

Lorsque la Communauté de Brignoles acheta de divers particuliers le moulin de Puget, devenu Moulin Commun (1360), les terres voisines du canal qui y amène l'eau du Val-de-Camps, jouissaient de cette faculté d'arroser les jours juridics, et avaient des prises d'eau établies sur ce canal; la ville, devenue propriétaire du moulin, du canal et de l'écluse, exerça constamment un droit de police pour réprimer les usurpations des riverains, en prononçant des peines contre ceux qui prenaient l'eau hors les jours juridics, en réglant la dimension et la forme des prises d'eau, et en punissant ceux qui obstruaient le canal ou l'endommageaient; mais elle ne s'éleva jamais contre l'exercice de l'arrosage aux jours juridics, cet arrosage étant une servitude déjà existante et consacrée par la coutume à défaut de titres.

Usages établis
lorsque
la ville acheta
le
Moulin Commun

Exposé sur le Val-de-Camps.

Ce cours d'eau ou rivière, dit du *Val-de-Camps*, et quelquefois de *la Celle*, est formé par diverses sources, dont les plus considérables sont : celle de *Saint-Martin-d'Argentil*, celle de *Camps*, celles de *Mendry*, de *Landrieu* et du *Tuvé;* chacune d'elles sera le sujet d'un article spécial, mais je pense être agréable aux lecteurs en plaçant ici une brève digression sur cette vallée et sur le terroir de la Celle, ainsi que sur leurs anciens possesseurs.

Toute cette étendue de terres appartenait aux Souverains, comtes de Provence ou aux princes de leurs familles, excepté la terre du prieuré de Saint-Martin-d'Argentil, qu'une tradition douteuse dit avoir été du domaine de l'ordre du Temple.

Dès le commencement du onzième siècle, Geoffroy, petit-fils de Bozon, et plus tard comte de Provence, fait donation à l'abbaye de St-Victor des terres comprises entre la route actuelle de Camps à Forcalqueiret, la rivière et les collines de Bonne Garde, jusqu'à l'ancien chemin de Brignoles à Hyères. (1)

Trois ans après, le même Geoffroy donne à la même abbaye une terre « in « loco que dicitur *Cammis*, et habet consortes de uno fronte fontem *Moxeto* que « decurrit ad paludem, de alio latus terra Sancti Victoris, et de alio latus « *Paluda*. » (*Cart.* n° 401.).

En 1030, autre donation d'une terre touchant à l'Est, l'Église de Ste-Marie (A); à l'Ouest, la terre de St-Victor qui fut Épiscopale (B); au Midi, « usque in pa-« ludem, » et du Nord, « sicut aqua devergit. » (*Cart.* n° 366.)

En 1060, trois donations rendent St-Victor possesseur de toute la partie de la vallée de Camps, au Sud de la rivière, comprise entre St-Martin et le chemin public qui traverse la Présidente, vers la source de *Landrieu*.

1er *avril* 1017. — Ego Josfredus, una cum uxor mea Scocia nomine, et domna Gualdrada (sa belle-mère), facimus donationem. . . . . De alode nostro que habemus in Comitatu Aquense, intra terminos de villa que vocatur Bruniola, id est Ecclesia que fundata est in honore Dei et Sancte Marie (A), in valle que vocatur Chames, cum campis cultis et incultis, pratis, pascuis, silvis, garriciis, aquis aquarum ve decursibus — habent igitur hec omnia consortes : de uno latere, id est de oriente, via que est terminum Sti Martini usque ad Petram Stantem; de alio latere, id est contra meridiem, sicut ascendit terminus de vale Guarilde usque in via publica Sancto Medardo; de tertio latere, id est contra occidentem, sicut via discurrit publica usque in rivo quo dicitur Chamis. — (*Cart.* n° 359). Facta donatio ista anno Incarnationis Dominice millesimo XVII, kalendis aprilis, regnante Jesu Christo Domino Nostro.

La roche appelée *Petra Stans (lou Roucas Drecht),* a été enlevée dernièrement lors de la rectification de la route de Forcalqueiret.

(A) Cette Église de Ste-Marie avait été donnée en 558, par le Roi Childebert, à Germain, évêque de Paris, avec toutes ses attenances et dépendances, s'étendant, dit la Charte, du terroir de Brignoles jusqu'à la source de Camps : *à termino Brunologensi usque ad fontem Campinam.*

(B) Cette terre est dite Épiscopale, parce qu'elle avait appartenu à l'Évêque Ingilram.

Exposé sur le Val-de-Camps.

Les lieux désignés sous le nom de *Paluds*, où venait couler la source *Moixet*, sont probablement ceux appelés actuellement les *Fanguets*, au midi de Camps, et la source *Moixet* pourrait très-bien être celle de *Camps*.

Les noms donnés à Camps et à sa vallée sont successivement : *Chamis, Chames, Camis*, et *Vallis camporum*, ou même *Camps*, dans un acte de 1060.

Exposé sur le terroir de la Celle.

Le lieu de la Celle, ainsi que les terres formant son terroir, ont été l'objet de donations successives faites à l'abbaye de St-Victor, qui y établit un monastère de Cassianites, vers 1050, et cent ans plus tard, un Monastère de Bénédictines, connues sous le nom de Dames de la Celle, d'où elles furent transférées à Aix, en 1665, par l'abbé de St-Victor, dont elles dépendaient.

Une donation 1011 semble être la plus ancienne et la plus caractéristique ; elle comprend l'Église de Ste-Perpétue, centre de l'habitation, sise dans le vallon appelé *Avolennazo* (1) avec les terres bornées : à l'Est, par la rivière de Camps; au Midi, par le ravin montant de la dite rivière jusqu'au faîte du *Mont Pennicus* (aujourd'hui *Vallon des Oulettes*) ; au Nord, par le chemin public allant de la même rivière jusqu'à la source de *Francos ;* à l'Ouest, par cette source de *Francos*, montant jusqu'au sommet du dit *Mont Pennicus*. (2)

(1) Le vallon dit d'*Avolennazo*, dans cette charte, appelé ailleurs *Avolenlaz, Avolenza, Cavolensa Vallis*, est évidemment le vallon de *Candelon*, appellation actuelle dérivant de ces anciens noms — les *Monts Pennicii* se prolongeant jusqu'à St-Jullien, y ont conservé cet ancien nom : *Menpenti*.

(2) Divina inspirante clemencia, ego Guigo, una cum uxore mea Gualdrada nomine (leur gendre fut Geoffroi, 6° Comte de Provence), de salute animarum nostrarum solliciti. , . . . facimus donationem omnipotenti Domino et Sancto Victori, suo martyri, ejus que monasterio haud procul Massilia fundato, et abbatibus ac Monachis inibi perpetim militantibus, de alode nostro quem habemus in comitatu aquense, intra terminos de villa que vocatur Bruniola, id est Ecclesiam, que fundata est in honore Dei Sancte que Perpetue, in valle que vocatur Avolennazo, cum campis cultis et incultis, vineis, pratis, pascuis, silvis, garriclis, aquis aquarum ve decursibus. — Habent autem hec omnia consortes : de uno latere, id est de oriente, rivum qui vocatur Chamis ; de alio latere, id est contra meridiem, sicut ascendit de ipso rivo Chamis alius rivus siccus et pertingit usque in cacumine montis qui vocatur Pennicus, sicut aqua versat; de tertio latere, id est de aquilone, sicut via discurrit publica et ferit de rivo Chamis usque in fontem Crosam ; de quarto vero latere, id est contra occidentem, de ipsa fonte Crosa usque in cacumine montis supradicti Pennicii. . . . .

Facta donatio ista anno Incarnationis Domini, millesimo XI, indictione VIII, regnante Rodulfo, rege Allamanorum seu Provincie. — (*Cart.* n° 334.)

Cette donation fut confirmée la même année par Ingilram, Évêque de Cavaillon, et par sa femme Adagulda.

En 1016, nouvelle charte de Nevelong, sa femme Theucenia, et leurs enfants : Raynald, Wilelm et Leufroid, faisant et confirmant la donation de Ste-Perpétue avec les mêmes confronts.

Exposé sur le terroir de la Celle.

En 1034, Geoffroy, comte de Provence, et son cousin Bertram, comte de Forcalquier, donnent à St-Victor le quart de la *Gayolle* (1), et en 1056, les fils de Geoffroy font donation des terres comprises entre *Francos* et le ravin venant de *Gardin* et qui va se jetter dans Caramy, en face des *Majouraux* (2).

De sorte que tout le terroir actuel de la Commune de la Celle appartenait à St-Victor, dès le milieu du onzième siècle.

Sans multiplier les citations des nombreux actes des donations faites à Saint-Victor, il suffira de mentionner la reconnaissance des biens de cette abbaye faite en 1060, où figuraient déjà de nombreuses terres situées à l'Est de la ville de Brignoles, entre Tombarel et la rivière, et, à l'Ouest, l'Église de St-Jean et autres terres jusqu'aux Jonquiers, Ste-Perpétue, etc.

---

(1) Ego Josfredus et ego Bertramus, comites ac principes totius Provincie, et filii Heldeberti, facimus donationem omnipotenti Deo et Sancto martyri Victori ejus que monasterio, totam quartam partem de ipsa villa quam vocant Gaisollam, cum omni integritati. . . . Est autem predicta donatio in comitatu aquense, disterminat autem cum villa quam vocant Turrives ; de alia parte cum villa quam nominant Bruniola. — (*Cart.* n° 333.)

(2) Wilelmus et frater meus Poncius (fils de Geoffroy), cum uxoribus et filiis ac filiabus nostris, donamus Domino Deo et Sancto Victori etc..., aliquid de alode nostro in comitatu aquensi, in territorio de villa que nominant Bruniola, in loco quem nominant Gaizola, et habet consortes : de oriente terram Sancti Victoris (A) ; ad meridiem verticem ipsius montis qui superaminat ; et ad occidentem rivum quem vocant Siccum (B) ; et ex alia fronte Karamiam — ipsa terra cum arboribus pomiferis et infructuosis, et cum Ecclesia Sancti Benedicti que infra est, et cum terris cultis et ncultis, garriciis vel petribus — facta carta ista feria III, V° kalendas julii (27 juin), anno ab Incarnatione Domini millesimo LXVI — (*Cart.* n° 357.)

La Chapelle de St-Benoît était en face de l'Ouvière, au quartier appelé *Sanct Beynel* (par corruption *Bignet*).

(A) Cette terre de St-Victor peut être celle donnée par Guigne en 1011, s'arrêtant à la source de *Francos*, comme celle donnée par Pons de Guarde, appelée *Paludita*, et qui serait ce qu'on a appelé plus tard *les Cabrières*.

(B) Ce *Rivus Siccus* est-il le ravin venant de Gardin, entre la Chautarde et l'Escarelle, actuellement Valescure (de *Vallis Obscura* ou de *Valles Obscuro*), traversant la route départementale, et se joignant au ruisseau qui passe à l'ouest de l'Escarelle, près la route de là Roquebrussanne ?

M. le chanoine Magloire Giraud, dans sa NOTICE SUR LES COURS D'EAU DU DÉPARTEMENT DU VAR, (1871), a écrit : « *Siccus, Rivus*, petit ruisseau qui coule sur le territoire de la Celle-lès-Brignoles, « et se jette dans la rivière de Caramie, en face du hameau des Majuraux, canton de Brignoles— « *Sicus* 1066. (*Cart.* de St-Victor, n° 357.) Rivum quem vocant sicum — rivus siccus de Molleras, « XI° siècle. (*Cart.* de St-Victor. n° 358.) »

Ce n° 358 est ainsi conçu : « Rostagnus et fratres ejus Lambertus et Archimbertus, et uxor sua « scocia , facimus donationem. . . . . , et habet ipsa terra terminos, ipsam terram Sancti Victoris, « de uno fronte *Rivo Sicco de Molleras*, de alio fronte viam que descendit de Monte Pennicii »

Si le *Rivus Siccus* du n° 357 est le même que le *Rivus Siccus de Molleras*, mentionné dans le n° 358, la donation du n° 357 comprendrait la terre de l'Escarelle, qui est située entre ce *Rivus Siccus de Molleras*, à l'Ouest, et le ravin de *Valescure ;* il semble que le *Rivus de Molleras* doit être le ruisseau dit de St-Jullien, venant du pied de la Loube et longeant le flanc de *Menpenti* (*Mons Pennicus*). d'où il traverse les terres de St-Jullien et de la Gayole pour se jeter dans Caramie, en face des parcelles de terre, qui ont appartenu, jusqu'à présent, à la famille de Berrin, dit *lou Majurau*.

Exposé sur le terroir de la Celle.

Une reconnaissance du 4 juillet 1079, dans la décrétale du pape Grégoire VII, énumère dans la vallée de Brignoles, Ste-Marie, Ste-Perpétue, St-Pierre avec les Églises environnantes, savoir : St-Jean, Ste-Marie de Camps et St-Benoît de la Gayolle.

La suite de la narration nous ramène à la source de *Saint-Martin-d'Argentil.*

Source de Saint-Martin-d'Argentil.

La source qui naît dans les terres de l'ancien Prieuré de St-Martin-d'Argentil, terroir de Camps, est le point de départ du ruisseau connu sous le nom de rivière de la Val-de-Camps, lequel arrose une partie des terres de Brignoles, fait mouvoir des usines et moulins, et est presque absorbé dans le canal du Moulin Commun, ancienne propriété de la ville et transformé aujourd'hui en moulins à tan et usine pour la fabrication du chocolat.

Les habitants de Brignoles avaient le droit de dépaître dans le terroir de Camps, sans excepter les possessions Ecclésiastiques, et un sieur Giraud ayant été troublé à cet égard, le Conseil général de la ville ordonna, *le 15 octobre 1446,* « de réclamer auprès du Sénéchal contre les officiers de la Curie qui inquiétaient ce Giraud contrairement aux privilèges de la ville. » — *Fol° 69. V°.*

Le 17 juin 1499, « le vénérable Messire Honorat de Pierrefeu, Prieur du Prieuré de St. Martin d'Argentil, vint à Brignolle à l'effet de limiter les terres de son Prieuré avec celles du terroir de Brignolle, jusqu'au valon de St. Pierre et au quartier appelé vulgairement *de la Culasse,* et cela à l'amiable :

« Le Conseil nomma Jacques Caudière, Berard Feraud, Boniface Fornery et Barthélemy Borey, pour aller sur les lieux, avec les personnes intéressées, opérer cette délimitation, etc... » *Fol° 88. V°.*

Faire
un abreuvoir à
St-Martin
d'Argentil.

Le 14 février de l'an 1500, « le Conseil de la ville de Brignolle donna commission à plusieurs de ses membres d'aller sur les terres de St. Martin d'Argentil, *(Territorio Sancti Martini de Argentillio),* avec deux laboureurs de Camps, pour limiter les terres de Brignolle et les encadastrer sur le livre terrier de cette ville, et aussi afin de faire construire un abreuvoir pour les brebis et autres animaux. » — *Fol° 179.*

C'est là un indice que les habitants de Brignoles avaient un droit de puisage et d'abreuvage sur cette source.

Source de Saint-Martin-d'Argentil.

Plaider contre
M. Braquety,
qui prétend être
propriétaire
des eaux
de Saint-Martin

Le 31 décembre 1741, le Consul Grisolle dit au Conseil général de la Communauté : « que, par la délibération prise dans le Conseil général du 24 septembre précédent, la procédure tenue sur le procès intenté à la Communauté par le sieur Nicolas Braquety, bourgeois de cette ville, au sujet du curage des fossés du moulin, aujourd'hui approuvé et délibéré de poursuivre cette affaire jusques à jugement définitif ; il s'agit aujourd'hui de donner connaissance au Conseil d'un nouveau procès, qu'il a fait à la Communauté par la requête présentée à M. le Juge de cette ville le 2 octobre suivant, au sujet de la propriété des eaux qui passent dans le terroir de Camps, et qui servent aux moulins de cette ville ; ayant, en suite de cette requête, fait consulter M. Bellon fils, le 25 du dit mois, et fait préparer la déffense ; requérant que le Conseil entende la lecture de cette requête, de la consultation et de toutes les pièces de ce procès, afin qu'il soit sur le tout délibéré ce qui sera jugé convenable. — *Folo* 480. *Vo*.

« Lecture faite de la requête, consultation, et pièces du procès, contre le sieur Nicolas Braquety, mentionné en la proposition, le Conseil a unanimement approuvé les procédures tenues, et donné pouvoir de les continuer jusqu'à sentance définitive. » — *Folo* 483. *Vo*.

Ne pas prendre
part au procès
entre
la Communauté
de Camps
et les
sieurs Braquety.

Il paraît que ce procès n'eut pas de suites, et que M. Braquety renonça à sa prétention ; mais vingt ans plus tard, un procès s'éleva entre les hoirs de M. Nicolas Braquety et la Communauté de Camps, qui assigna la Communauté de Brignoles pour prendre part au procès ; par suite, dans la séance du Conseil général de la ville, du 4 octobre 1761, les Consuls exposèrent : « que les sieurs Maires et Consuls de Camps leur ayant intimé par exploit du jour d'hier, les contestations qu'ils ont avec les sieurs Jacques, Honoré et Henri Braquety frères de cette ville, possesseurs de la bastide de St. Martin, au sujet des nouveaux ouvrages faits par ceux-ci dans le canal d'arrosage de la source de St. Martin, et de la communion d'eau que les dits sieurs Braquety contestent à la Communauté de Camps, et que celle-ci prétend au contraire que cette communion a de tout temps subsisté entre les deux Communautés ; ils interpellent les dits sieurs Maires-Consuls de cette ville de déclarer, le plutôt qu'il leur sera possible, s'ils entendent que la communion des eaux, de tout temps observée, soit continuée, ou s'ils veulent qu'elle soit dissolue, pour, au dit cas, les particuliers de Camps user des eaux lorsqu'elles seront dans leur terroir ; requérant que le Conseil délibère. — *Folo* 179. *Vo*.

« Lecture faite de l'acte interpellatif des sieurs Maires-Consuls de Camps, le Conseil a unanimement délibéré de ne prendre aucune part aux contestations élevées entre les sieurs Braquety et la Communauté de Camps, et de s'en tenir pour ce regard aux usages, titres, et possessions de la ville, et qu'il n'échoit de faire aucune réponse aux susdits actes, attendu que la Communauté n'est point troublée.

« A la quelle délibération, le sieur Jacques, Honoré Braquety n'a point assisté, ayant vuidé la salle avant les opinions. » — *Folo* 181. *Vo*.

Source de Saint-Martin-d'Argentil.

Le 29 mai 1763, il fut exposé au Conseil : « que la Communauté de Camps, qui se trouve en procès avec les hoirs du sieur Nicolas Braquety de cette ville par appel à la Cour, au sujet de la publicité et communion des eaux des sources des Féaux et St. Martin que les dits hoirs contestaient, elle aurait présenté requête à Nosseigneurs de la Souveraine Cour de Parlement, et fait assigner la Communauté de cette ville par exploit du 7 de ce mois, aux fins de venir voir dire, ordonner et déclarer :

Requête des Consuls de Camps.

1° La publicité et communion des eaux en question, et, en conséquence, voir ordonner contr'eux l'exécution du règlement *pro modo possessionum* des fonds cottés comme arrosables des dites eaux des deux Communautés de Camps et de Brignolle ;

2° Que là où la dite publicité et communion ne serait pas déclarée, et qu'il serait permis aux sieurs Braquety de resserrer le canal dans la partie qui arrose leurs fonds, et d'arroser des fonds cottés comme non arrosables, ou de refuser le passage aux habitants de Camps qui vont dériver les eaux ; les mêmes facultés seraient accordées à la Communauté de Camps vis à vis la Communauté et les possesseurs des moulins, papéteries et autres engins de la ville, si mieux ils n'aiment déclarer au bas de l'exploit qu'ils consentent à la publicité et communion des dites eaux ; et, en cas contraire, qu'ils consentent à ce que les mêmes facultés, qui pourraient être permises aux dits sieurs Braquety vis à vis la Communauté de Camps, soient permises à la dite Communauté vis à vis d'eux, au quel cas ils seraient dispensés de présenter. — *Fol°* 445.

Déclaration des sieurs Braquety.

« D'après cette requête, les dits hoirs du dit sieur Braquety auraient, par un acte intimé le 28 de ce mois, exposé que, quoique cette communion des eaux, qui fait la principale matière du procès, soit contraire aux priviléges de la ville, ils veulent bien, pour l'intérêt de ses concitoyens, consentir à la publicité et communion des dites eaux, qu'ils n'ont jamais disputée à Brignolle ; la quelle communion est et sera avantageuse, à l'effet que les possédants biens inférieurs au terroir de Camps puissent jouir des dites eaux qui arrosent une partie précieuse du terroir ; et cependant, nonobstant cette communion, la Communauté de Camps, contre la quelle les dits hoirs requièrent un règlement général des dites eaux et qu'il leur soit permis en même temps de pouvoir arroser des dites eaux les autres terres du domaine de leur bastide, qui sont susceptibles d'être arrosées, c'est à dire, celles qui sont, non seulement cottées arrosables au cadastre, mais qui pourraient s'arroser commodément des dites eaux, s'oppose à cette faculté qui est non seulement établie par le droit commun, mais encore par l'article 18 de la délibération du 20 mars 1641 contenant l'aliénation des moulins, qui porte qu'il sera permis à la Communauté et particuliers de prendre de nouveaux arrosages quoique leurs terres ne soient point cottées arrosables ; n'ayant d'autre vûe la Communauté de Camps, selon l'exposé des dits hoirs, que de faire répartir les eaux qui se jettent dans le canal des dits moulins entr'eux et les possédants biens jusques au village de Camps ; et, d'autant que

Source de Saint-Martin-d'Argentil.

cette affaire regarde plus la Communauté de la dite ville que les dits hoirs, selon le même exposé, ils ont cru devoir en donner connaissance aux dits sieurs Consuls et Communauté, comme la mère commune des habitants, afin qu'étant appelée au procès, elle puisse se défendre — requérant que, lecture faite des dites requête et actes, le Conseil délibère. — *Fol*os 446 et 447.

« Lecture faite de la requête de la Communauté de Camps du 5 de ce mois, et de l'acte expositif des hoirs du sieur Nicolas Braquety du 28 du dit, le Conseil a unanimement délibéré et consenti que les eaux des sources dont s'agit des deux terroirs sont communes et publiques en conformité des maximes sur ce établies, loix et privilèges, usages et règlements, sauf dérogation d'iceux; et qu'en conséquence de la susdite communion consentie, les dits sieurs Maires-Consuls de Camps seront interpellés de déclarer au bas d'un acte, qui leur sera tenu, qu'ils dispensent la Communauté de présenter sur l'assignation donnée par devant la Cour; et, à pluralité des voix, a délibéré d'ajouter dans le dit acte qu'ils seront interpellés de déclarer par une réponse précise qu'ils consentent à ce que, dans le partage des eaux dont est question, qui sera fait, et qui est requis au procès, toutes les terres des deux terroirs qui sont susceptibles d'être arrosées des dites eaux soient comprises dans le règlement susdit, sans distinction des terres cottées arrosables aux deux cadastres ou non cottées telles, pour, sur la réponse faite et rapportée au Conseil, être délibéré ce qu'il appartiendra; à la quelle délibération le sieur Henri Braquety n'a point assisté. » — *Fol*o 451.

(en marge : Le Conseil consent à la publicité et Communauté des eaux, etc.)

Voici l'arrêt, que la Cour de Parlement de Provence rendit le 25 juin 1763 sur ce différend :

(en marge : 25 juin 1763. — Arrêt du Parlement.)

« Ouï le rapport de notre amé et féal Conseiller en notre dit Parlement de ce pays de Provence, Messire Joseph de Boutassy, chevalier, marquis de Chateaulara, seigneur de Rousset et de Fuveau, commissaire en cette partie subrogé par décret de notre dite Cour du 26 mai 1763, tout considéré :

« Sçavoir faisons que notre dite Cour, par son arrêt du jour et date des présentes, faisant droit sur toutes les fins et conclusions des parties, a mis et met l'appellation principale des dits hoirs de Braquety, et ce dont est appel, au néant, et, par nouveau jugement, ayant égard quand à ce à la demande formée par les Consuls et Communauté du lieu de Camps dans les contredits du 18 août 1760, a ordonné et ordonne que, par experts convenus, autrement pris et nommés d'office, il sera procédé à un règlement, *pro modo jugerum*, de distribution des eaux des sources dont s'agit, fors et excepté celles qui naissent dans les propres fonds des dits hoirs de Braquety, pour être la dite distribution faite entre les particuliers possédants biens tant au terroir du dit Camps qu'à celui de Brignolle susceptibles d'être arrosés des dites eaux, les jours aux quels elles ne sont pas destinées à l'usage des moulins, aux quels jours a permis et permet aux dits hoirs de Braquety de dériver les eaux ci dessus exceptées, et d'en disposer à leur gré pour l'usage de leurs fonds, et le

(en marge : L'appel des hoirs Braquety est mis à néant.)

(en marge : Ordonné de procéder à un règlement de distribution des eaux, tant au terroir de Camps qu'à celui de Brignolle)

Source de Saint-Martin-d'Argentil.

surplus, s'il y en a, sera par eux jetté dans le lit du ruisseau dont s'agit, et entrera dans le règlement *pro modo jugerum* ci dessus ordonné, les dépens de ce chef jusques au 28 mai dernier, jour de la communication du premier expédient et mémoire imprimé des dits hoirs de Braquety, exclusivement, entre les parties compensés ; condamne les dits Consuls et Communauté de Camps à tous ceux faits du depuis ; et, de même suite, a mis et met le surplus de l'appellation principale des dits hoirs de Braquety, ensemble celle *in quantum contra* des Consuls et Communauté de Camps, au néant; ordonne que ce dont est appel tiendra et sortira son plein et entier effet; condamne les dits Consuls et Communauté de Camps à l'amende de leur appel *in quantum contra* modérée à douze livres, et les parties aux dépens des susdites qualités chacun les concernant jusques au dit jour 28 mai inclusivement; condamne néanmoins les dits Consuls et Communauté de Camps à tous ceux faits depuis, ensemble à ceux du présent arrêt, à toutes les quelles susdites qualités la Cour a déclaré avoir vaqué 21 entrées, et, en cet

L'exécution de l'arrêt est renvoyée au Lieutenant de Brignolle.

état, a renvoyé et renvoit les parties et matière au Lieutenant de Brignolle, juge de l'exécution de la sentence arbitrale dont s'agit, pour faire exécuter le surplus de la dite sentence aux chefs ci dessus confirmés et le présent arrêt, suivant leur forme et teneur; et, quand à la requête d'assistance en cause des Consuls et Communauté de Camps contre les Consuls et Communauté de Brignolle, du 5 mai dernier, ordonne qu'il sera poursuivi sur la dite requête en conformité du règlement de la Cour; pour ce est-il, etc.....

« Données à Aix, en notre Parlement, le 25 juin, l'an de grace 1763, et de notre règne le 48me. »

Depuis cet arrêt, rien n'a été poursuivi ni demandé sur le règlement des eaux *pro modo jugerum* ordonné.

Source de Mendric ou Mendry.

Cette source, située dans le Val-de-Camps, au pied de la montagne sud comme la source de Landrieu, est plus rapprochée de Camps, mais cependant dans le terroir de Brignoles ; elle appartient également à la ville de Brignoles. Ses eaux sont moins abondantes que celles de Landrieu, et servent à l'arrosage des terres voisines pendant les jours juridics, allant se jetter dans la rivière dite de Val-de-Camps pour l'usage des moulins et usines pendant le reste de l'année. Le public y a droit de puisage et d'abreuvage.

En 1502, des voisins tentèrent de s'approprier cette source; une Commission

1er Août 1502.

Source de Mendric ou de Mendry.

fut nommée pour visiter les lieux, et elle fit son rapport au Conseil de la Communauté dans sa séance du 1er août, où il est dit :

Faire enlever les barrages, etc. faits par des voisins.

« Sur le rapport d'une Commission, qui est allée visiter les ouvrages faits par quelques particuliers sur la source de Mendric ; attendu que c'est au détriment de la ville et au préjudice du Moulin Commun, le Conseil ordonne de faire démolir ces ouvrages, et rétablir les lieux dans leur premier état ;

« En exécution de cette ordonnance, le Sindic Monnier et Me Anne Brun sont chargés d'aller sur les lieux, afin qu'on se précautionne contre les pluies d'orage qui pourraient encombrer la source, et de faire enlever la *resclause* qui a été faite, et faire estimer les dommages intérêts dus à la ville et au Moulin Commun pour la privation de l'eau. » — *Fol*° 338.

Il paraît qu'on convint de limiter le patecq de la source, afin de maintenir intacte la propriété de la ville, car *le 15 du même mois d'août*, « le Conseil commit à Raymon Amic et à André Puget d'aller à la source de Mendric, et de surveiller ceux qui doivent opérer le bornage de la dite source. » — *Fol*° 340.

Faire opérer le bornage de la source.

Le 28 septembre 1534, le Conseil délibère : « attendu que sieur Rostang Masse et certains autres se sont emparés de l'abreuvage de la source de Mendric, au grand préjudice et intérêt des troupeaux et particuliers de la présente ville de Brignolle, ont ordonné d'aller abattre la muraille qu'ils ont faite à l'entour (à sa zonade). » — *Fol*° 428.

Abattre la muraille qu'on a construite autour de l'abreuvoir de Mendric.

Le sieur Lautier de Camps fit de nouveaux empiètements en 1782, auxquels l'Autorité communale de Brignoles opposa les moyens suivants :

Procès-verbal sur des usurpations de terrain par Lautier.

« Du dixième jour du mois de septembre 1782, sçavoir faisons nous Toussaint Ballardy, docteur en médecine, Maire premier Consul, Lieutenant Général de police de cette ville de Brignolle, qu'étant venu en notre notice que des particuliers possédants biens et attenants la source dite de Mendry, située dans le terroir de cette ville quartier de la Val de Camps, et appartenante à la Communauté de cette ville, avaient occupé du terrain de la dite source pour augmenter d'autant leur propriété, nous nous serions portés ce jourd'hui, sur les sept heures du matin, en compagnie de Me Jean Baptiste Jujardy fils, greffier de la Communauté, et, en passant par le lieu de Camps, nous aurions mené avec nous un indicateur ou sapiteur, et, nous étant tous rendus à la dite source de Mendry, vu et examiné la dite source et sol en jonquier autour d'icelle, nous aurions vérifié d'après mur examen et de l'avis même du sapiteur mené avec nous, et autres personnes qui s'y sont trouvées par hasard, que Joseph Lautier, ménager du dit lieu de Camps, qui possède une propriété arrosable de l'eau de la dite source et qui la confronte du côté du septentrion, a usurpé et a pris dans le fonds de la source un espace de terrain de quatre pas de large sur seize de long, et a enlevé la muraille en pierres sèches qui entourait la source et séparait sa propriété d'avec icelle, ce qui dénature tout à fait le lieu, et dans peu de temps

Source de Mendric ou Mendry.

on ne pourrait plus reconnaitre la véritable propriété tant de la Communauté que du dit Lautier qui, par ce moyen, deviendrait paisible possesseur d'une terre usurpée à la Communauté; et, d'autant que cette usurpation et voye de fait porte grand préjudice au public qui vient abreuver ses bestiaux à la dite source dont l'avenue est beaucoup resserrée par l'entreprise du dit Lautier, nous avons dressé le présent procès verbal pour être référé au premier Conseil de la Communauté, et être avisé ce qu'il appartiendra, et avons signé au dit Brignolle le dit jour, mois et an que dessus.   Signé BALLARDY m. c. »

Ordonner
à Lautier de
remettre
les lieux en leur
premier état.

Le Conseil de la ville étant assemblé *le 22 septembre,* « le Maire, premier Consul, lui présenta le procès verbal du 10 du même mois, constatant l'usurpation de terrain faite par Lautier sur la source de Mendric, transcrit ci-dessus, en requérant qu'il fût pris une délibération là dessus ;

« Le Conseil délibéra que les lieux seraient remis en leur premier état par Lautier, et il chargea le Maire de faire exécuter cette délibération, et de poursuivre Lautier s'il refusait de s'exécuter. » — *Fol*º 353.

En exécution de la précédente délibération, le Maire fit appeler Lautier pour aller sur les lieux opérer les travaux nécessaires, et il en dressa le procès verbal suivant :

Procès-verbal
de
l'état des lieux,
et bornage
de la source
de Mendry.

« Du vingt deuxième octobre mil sept cent quatre vingt deux, sçavoir faisons nous, Toussaint Ballardy, docteur en médecine, Maire premier Consul, Lieutenant Général de police de cette ville de Brignolle, qu'ayant référé au Conseil général du 22 du mois dernier notre rapport, dressé le 10 du dit mois, sur l'usurpation d'un terrain à la source de Mendry faite par Joseph Lautier, ménager du lieu de Camps, le dit Conseil aurait, d'après l'offre verbale du dit Lautier de terminer les choses à l'amiable, délibéré que nous nous porterions de nouveau sur les lieux, pour faire rendre au dit Lautier le sol par lui usurpé, et remettre le tout dans son premier état ; de tout quoi il serait dressé encor rapport, qui serait consenti et signé par le dit Lautier.

En exécution de quoi nous étant rendu ce jourd'hui sur les huit heures du matin à la dite source de Mendry, dans le terroir de cette ville, quartier de la Val de Camps, appartenante à la Communauté, en compagnie de Mᵉ Jean Baptiste Jujardy, greffier de la Communauté, nous y aurions été joints par le dit Lautier, au quel avions fait donner assignation, et aurions fait appeler Jean Bonniffay, travailleur du dit Camps, que nous avons pris d'un mutuel accord pour mesurer le sol du patecq de la dite source, fixer et planter les termes nécessaires ; et, après avoir fait creuser en divers endroits pour découvrir les véritables bornes, tant du patecq de la dite source appartenant à la Communauté, que de la propriété du dit Lautier attenante du côté du septentrion, nous aurions fait planter au bout de l'ancienne muraille en batisse de la dite propriété de Lautier, qui aboutit au patecq de la dite source, la quelle muraille se trouve au couchant de la dite propriété de Lautier, un terme à neuf cannes et

Source de Mendric ou Mendry.

demi de distance d'un autre, que nous avons aussi fait planter du côté du levant
de la dite propriété de Lautier, et en droite ligne l'un de l'autre ; et afin que
ces termes ne puissent plus, dans la suite, être ni reculés ni avancés, nous
aurions ordonné au dit Bonifay de graver une croix sur un rocher ferme au côté
opposé du patecq de la dite source et vers le midi, tout à fait vis à vis le terme
planté au levant de la dite propriété de Lautier, qui servira de borne et mesure
invariable pour la largeur du dit patecq, la quelle largeur ayant été mesurée par
le dit Bonifay, elle s'est trouvée être de dix huit cannes.

« Ayant fait faire pareille opération vis à vis le terme du côté du couchant,
aurions également fait graver une croix sur un autre rocher ferme au midi du dit
patecq de la dite source et vis à vis le terme du couchant, et, en ayant fait mesurer la distance et largeur, elle s'est trouvée être de quinze cannes ; et, de même
suite, avons enjoint au dit Joseph Lautier de remettre et rétablir incessamment
la muraille de cloison qui séparait sa propriété d'avec le patecq depuis un terme
à l'autre ; lui avons fait inhibition et défenses de ne rien pratiquer, ni planter
aucun arbre, aux deux extrémités de la susdite propriété, qui puisse empêcher
et gêner les gens et bêtes d'aller à la dite source ; et de tout ce que dessus avons
dressé le présent rapport, que nous avons signé avec le dit Lautier qui a été
condamné aux dépens sur ce faits, et a consenti à tout ce qui est ci-dessus détaillé. Les dits jour, mois et an que dessus et sur le lieu contentieux.

« Signé : BALLARDY, m. c. — Joseph LAUTIER »

Le même jour, 22 *octobre*, les Consuls exposèrent au Conseil que, « en exécution du Conseil du 22 septembre passé, au chef concernant les usurpations
que Joseph Lautier, ménager du lieu de Camps, fesait au patecq de la source
publique de Mendry, dans le terroir de cette ville, le sieur Ballardy, l'un de
nous, s'est porté sur le lieu, le 22 octobre dernier, pour se concilier avec le dit
Lautier sur le patecq de cette fontaine, en conséquence de quoi il y a été planté
des bornes et limites nécessaires, qui fixent le terrain dépendant de cette fontaine
et séparent celui des voisins, ainsi qu'il est expliqué dans le procès verbal d'aujourd'hui 22 octobre. » — *Folo* 376.

22 Octobre 1782.

Approuvé
la délimitation
du patecq
de Mendry.

« Sur la 7e, lecture faite du procès verbal qui constate les limites du patecq
de la fontaine publique de Mendry, le Conseil l'a unanimement approuvé, et
qu'il sera retenu dans les archives de la ville pour y avoir recours en cas de besoin. » — *Folo* 378. *Vo*.

Trois autres petites sources servent également à l'arrosage des terres du quartier, elles sont désignées par les noms de source des *Feaux*, source des *Fanguets*
et source de *Blay ;* leurs eaux sont absorbées en été par ces arrosages, et elles ne
versent quelques eaux dans le ruisseau du Val-de-Camps, qu'après les pluies
d'automne.

Sources
des Feaux,
des Fanguets
et de Blay.

Source de Landrieu.

Cette source, vulgairement appelée source de la *Présidente*, est une propriété communale de la ville de Brignoles, mais ses eaux sont soumises à des servitudes pour l'arrosage privilégié de quelques terres et pour le service de quelques moulins appartenant à divers particuliers, de sorte que le public n'a réellement que le droit de puisage et d'abreuvage, et n'use pour l'arrosage, hors les jours juridics, que du superflu des eaux qui n'ont pas été absorbées par les terres de la Présidente et consorts. Cet état des choses ressortira de l'exposé des contestations, jugements et transactions, qui ont eu lieu au sujet des eaux de cette source.

Requête
de Bellon frères,
prétendants
etre
propriétaires
de la source
et qu'elle naît
dans leur fonds.

Cette source n'est pas mentionnée dans les archives de la Commune avant le 29 juin 1551, jour où le Conseil fut saisi de la requête présentée aux Consuls par M. Raymon Bellon, à laquelle se joignit M. Honorat Garin — Les Consuls demandèrent le double pour y délibérer, et le sieur Viguier leur concéda l'acte requis pour s'en servir comme de raison.

Teneur de la requête :

« Raymon et Jacques Bellon frères, de la présente ville de Brignolle, disent qu'il serait venu à leur connaissance que l'aygalier de la dite ville aurait demandé, sur grandes peines, à Pierre Cogorde, leur fermier de certaine métairie aux dits Bellon appartenante, assise à la Val de Camps joignant le chemin royal et la bastide de noble Honorat Garin et autres; et ce, pour cause que le dit Cogorde arrosait certain jardin et propriétés de icelle métairie. — Le quel Cogorde se serait opposé au nom des dits Bellon, et à dire son opinion et icelle formuler par devant vous, Messieurs les Consuls, et la présenter au premier Conseil.

« Les dits Bellon disent pour son oppinion que, à tort et sans cause, la dite peine a été demandée au dit Cogorde leur fermier, causant que l'eau, de la quelle le dit fermier arrosait le dit jardin et propriétés, vient ici et sort originairement de certaine leur fontaine appelée de Landrieu, assise et située dans le fonds propre des dits Bellon, d'un bon pré dessous la mère ; au moyen de quoi, issue la dite eau du propre fonds et passant par les propriétés des dits Bellon, ainsi est permis en user et arroser libéralement et quand le cas occurira ses dites propriétés, et puisse faire autres que bon leur semblera en user. Les quels Bellon, tant par leur moyen que pour ses auteurs des quels ils ont cause, sont en possession et saisine depuis tant de temps qu'il n'est mémoire d'homme, au contraire jusques au présent, de en user et arroser ses dites propriétés, et que la dite ville ni autre particulier d'icelle ne ont aucun droit vouloir empêcher les dits Bellon comme dessus est dit.

» Pour quoi concluent vouloir casser la dite dénonciation et peine faites au dit fermier, et ne empêcher que les dits Bellon puissent user de la dite eau de la

Source de Landrieu.

dite fontaine comme sienne et de son propre fonds issue, aux fins de arroser les propriétés de icelle métairie quand le cas obcourira, et, à faute d'être faite, déclarent s'en retirer par devant qui appartiendra, concluant aux dépens. — Signé Raymon Bellon.

« Mᵉ Honorat Garin, notaire, se joignant à la oppinion ci-dessus mentionnée entière pour les dits Bellon, requérant comme en icelle est contenu, demande acte de la présentation d'icelle. — Signé GARIN. » — *Fol°* 73.

(La requête est écrite en langue vulgaire, et a été traduite littéralement.)

— Le Conseil ne prit aucune délibération.

Après soixante ans passés sans que la ville ait eu à s'occuper de la source de Landrieu, une nouvelle plainte est présentée par un descendant des Bellon au Conseil général de la Communauté, le 30 août 1612, où il est dit :

« Gaspard Bellon, écuyer en cette ville, remontre qu'il a été assigné en statut de querelles, à la requête de M. François de Raphellis, procureur du Roi en ce siége, en son particulier, sur la possession et jouissance que lui Bellon a sur la fontaine de Landrieu; et que le dit Raphellis ne demande l'adjonction de la Communauté au dit procès que par haine et parceque, depuis longues années, il y a inimitié entr'eux, comme chacun le sçait.

« M. Bellon demande au Conseil qu'on consulte les archives pour voir si la Communauté a aucun droit sur la dite fontaine, si on trouve quelque chose, il offre de remettre l'affaire à l'avis d'avocats ou arbitres, tels que la Communauté voudra. — *Fol°* 80.

« Le Conseil conclud que le dit Procureur du Roi sera mandé appeler pour entendre la lecture de la dite remontrance et protestation, et y contredire ce que bon lui semblera.

« M. de Raphellis se présente de suite au Conseil et dit que, depuis le mois de mai passé, les fermiers de son paroir à papier lui firent entendre que le dit Bellon prenait de son autorité ordinairement, et aux autres jours que ceux qu'on appelle juridics, l'eau de la fontaine qu'on appelle de Landrieu, pour la remettre dans son pred et terre qu'il a proche de la dite fontaine, qu'il serait cause que le dit paroir ne pourrait faire la moitié de la besogne que, avec la dite fontaine jointe aux autres eaux, fesait; ce qui aurait donné cause et sujet au dit M. Raphellis, après avoir fait entendre à l'amiable au dit Bellon par un parent ne détenir la dite eau, de donner requête à M. le Lieutenant ou plus ancien, afin d'être ressaisi en la possession en la quelle il est depuis plus de cent ans de jouir de la dite eau......................

« Que la Communauté de Brignolle a droit également de jouir de cette eau fors aux jours juridics, et que, pour lui comme pour elle, soit délibéré ne pas laisser occuper l'eau et s'en pourvoir par devant qui il appartient, et que la Commu-

Source de Landrieu.

nauté a plus d'intérêt que lui à cause que ses engins et moulins à bled ne peuvent moudre sans icelle eau ; il somme le Conseil de ne pas permettre que telle fontaine soit occupée, autrement il proteste etc. . . . . ; que cette affaire ne doit pas être compromise, mais voir si l'eau appartient à la Communauté, et qu'il faut nécessairement porter l'affaire devant qui s'appartient etc. . . . .

Commission pour examiner l'affaire, et présenter son rapport.

« Le Conseil nomme des Députés ou Commissaires pour aller examiner les lieux, et voir quel est l'intérêt de la Communauté, pour du tout en faire rapport. » — *Fol° 81.*

3 Septemb. 1612

Rapport des Députés du Conseil précédent.

Le 3 septembre 1612, les Députés nommés le 30 août précédent présentent au Conseil leur rapport, dont lecture est faite, ainsi que le porte le registre des délibérations, dans les termes suivants :

Lecture du rapport qu'ont fait M. le Consul Monnier, Me Jehan Auriol, et François Portannier, sur leur visite à la font de Landrieu à la Val-de-Camps, et de l'avis et consultation faite ensuite par M. Jujardy et Me Clappiers, avocats, en exécution de la précédente délibération.

« Rapport :

« Du 1er septembre 1612, ont fait rapport Me Balthazard Monnier, Consul, Me Jehan Auriol, Consul vieux, M* François Portannier, Conseiller de la maison Commune de cette ville de Brignolle, pris avec eux et adjoint Me Jean Baptiste Puget, en suivant la commission et pouvoirs à eux donnés par délibération du Conseil du 30 août dernier ; se sont les dits tous ensemble transportés au lieu appelé la Val de Camps et à la fontaine dite de Landriou, et là arrivés, après avoir le tout vu et visité, ont trouvé que la dite fontaine de Landriou sort au chemin allant du dit Brignolle au lieu de Gareoult, où y a un fossé qui va droit de la dite fontaine au paroir, que ci devant y était à draps, des hoirs de feu Jacques Bellon, bourgeois quand vivait du dit Brignolle, possédé par Me Gaspard Bellon un des hoirs, et certains engiens de plusieurs tant anciens que autres à qui appartient la dite fontaine, et comme a été usé d'icelle par le passé et jusques à présent, en ont dit et attesté comme l'aspect du lieu le montre ; que icelle

La source sort du chemin Royal, et sert à former la rivière de la Val-de-Camps

fontaine sort du chemin Royal, et que tant icelle que toutes les autres fontaines du dit aval, qui tombent, forment la de rivière venant du dit aval, comme fait celle de Landriou ; vont et passent en premier lieu au dit paroir jadis à drap du dit N. Bellon, et après aux paroirs à draps et papier de feu Honoré Monnier, possédés à présent par Me François Raphellis, Procureur du Roi au siége, son beaufils, et des dits paroirs, se vont rendre aux paroir à draps et moulin à bled de Christol et Honoré Amici, et, des engiens d'iceux Amici, se vont telles eaux rendre au moulin à bled, dit du Commun, de la Communauté du dit Brignolle,

Elle est dévolue aux moulins et paroirs.

et, du dit mollin, à tous les autres mollins et engiens appartenants à la dite Communauté, sans les quelles eaux tous les dits engiens, même ceux du dit Procureur du Roi, des dits Amici et de la Communauté ne peuvent travailler

Source de Landrieu.

Les arrosants
n'ont droit
de la prendre
que les
jours juridics.

que la moitié de la besogne qu'ils feraient ; sans que soit permis à aucuns de détourner icelles eaux, et même celles de la dite fontaine de Landriou, que aux jours juridics qui sont : les samedis commençant à midi, et les dimanches finissant à la dite heure, et encore les fêtes de toute l'année qui ont veille, commençant et finissant comme dessus est dit ; étant la dite Communauté et propriétaires des dits engiens en cette possession de jouir des dites eaux, et même de la dite fontaine de Landriou, comme dessus est dit, sans que jamais ait été permis à aucuns de les détourner pour l'arrosage de ses preds, jardins et autres propriétés, que aux jours juridics ci dessus mentionnés, ayant appris par la bouche du dit N. Gaspard Bellon, qui a été toujours présent et assistant avec eux, que toutes les terres bladales qu'il possède au dit aval sont encadastrées non arrosants — et à ce procédé selon Dieu, et en considérant bien entr'eux dûe confiance, ensemble pris l'avis et opinion du dit Puget, adjoint, ont signé en confirmation de ce à l'original. — *Folos* 85 à 87.

« Suit l'avis des avocats, qui répètent ce qui est dit dans le rapport, et concluent à ce que la Communauté doit se pourvoir devant les Tribunaux contre ceux qui prendront l'eau hors les jours juridics. » — *Folo* 88.

Le Conseil
approuve
que
la Communauté
se joigne
au procès.

Le 23 septembre, « le Conseil approuve l'adjonction faite par Messieurs les Consuls au procès et statut de querelle intenté par M. le Procureur du Roi contre N. Gaspard Bellon, pour le trouble et détention de l'eau de la font de Landriou à la Val de Camps, par devant M. le Conseiller Segmanne, Commissaire de la Cour, qui a accédé sur les lieux, en tout conformément au rapport et avis de deux avocats ci dessus requis pour l'intérêt que la Communauté y endure. » — *Folo* 96.

Les parties convinrent de nommer des arbitres, et passèrent un compromis à cet effet ; la sentence arbitrale, qui fut rendue le 28 mars 1613, fut présentée au Conseil de la ville le 15 avril suivant, de la manière ci-après :

« Plus, a été fait lecture au Conseil de la sentence arbitrale donnée entre M. Raphellis, Procureur du Roi, Christol et Honoré Amic, et la Communauté de cette ville, contre N. Gaspard Bellon, pour le fait et l'eau de la fontaine de Landriou, le 18 mars, du acquiescement par les parties, et délibéré que sera enregistré au présent registre, pour y avoir recours. — *Folo* 188.

« Teneur de la dite sentence arbitrale :

« En la cause arbitrale entre François Raphellis, Procureur du Roi au siége de la ville de Brignolle, demandeur en requête du 23 août 1612, tendant au premier chef possessoire et de statut de querelle, et les Consuls de la Communauté de la dite ville, Christophe et Honoré Amic joints en instance, et les dits Messieurs Raphellis et Amic demandants en autre requête présentée à la Cour, du 13e septembre au dit an, à mêmes fins, d'une part, et Gaspard Bellon, écuyer

Source de Landrieu.

de la dite ville, défendeur aux dites requêtes par premier chef possessoire, d'autre ;

« Vu l'acte de compromis passé, nous arbitres arbitrateurs et amiables compositeurs, jugeant de droit et de fait selon les pouvoirs à nous donnés, disons que, ayant égard aux dites requêtes quand à ce, les dits Raphellis, Consuls et Amic, demandeurs, doivent être rétablis en la possession et saizine consistante de prendre et dévier l'eau de la fontaine de Landrieu pour l'usage de

Les moulins
prendront l'eau,
fors les
jours juridics. leurs moulins et autres engins, avec inhibition et défense au dit Bellon de les troubler et empêcher en la conduite et dérivation des dites eaux fors les jours juridics tant seulement ; et, avant faire droit au plein possessoire et pétitoire compromis, disons que les parties doivent être appointées..................
de huitaine en huitaine feront preuves et enquêtes............. par devant le Commissaire que à ce sera député, par le quel sera faite descente sur les lieux, et y faire procès verbal et description, et faire faire rapport par les experts que les parties conviendront, autrement pris d'office, et pour le tout et rapporté avec le dire des parties, en être fait droit ainsi qu'il appartiendra par raison, tous dépens, dommages et intérêts du procès reservés, et les dépens du présent compromis compensés, et que les parties approuvent notre lods et sentance arbitrale suivant la forme et la teneur du compromis, sauf à nous l'explication du dit lods et jugement dans l'an, signé à l'original : DE FABREGUE, arbitre — J. MARTELLI, arbitre — P. DECORMIS, arbitre. — L'an mil six cent treize et le vingt huitième mars. » — Fol° 189.

Il paraît que de nouvelles difficultés ne tardèrent pas à s'élever entre M. Bellon et l'un de ses voisins, et un verbal fut dressé, le 11 janvier 1618, par M. le Lieutenant de Sénéchal, avec sentence rendue au bas, entre M. de Guerin et M. Gaspard Bellon :

Procès-verbal
du Lieutenant
de Sénéchal. « Sçavoir faisons nous Pierre Desparra, Conseiller du Roi et Lieutenant de Sénéchal au siége et ressort de cette ville de Brignolle, qu'étant nous, ce jour-d'hui onze janvier mil six cent dix et huit, dans notre maison d'habitation, sur

Préambule. l'heure de onze du matin serait comparu M. Jujardy, Procureur, et au nom de M. Alexandre Guerin, sieur du Castellet, Conseiller du Roi en sa Cour de Parlement de Provence, le quel au dit nom, nous aurait remontré avoir le dit sieur donné requête sur le premier chef de statut de querelle contre Gaspard Bellon, écuyer de la dite ville, pour raison de la nouvelle œuvre par lui faite tant à des lieux publics que siens propres, portant telles œuvres préjudice tant au dit sieur Conseiller que autres possédants biens et engiens à eau au lieu de la Val de Camps et autres lieux, aux quels la fontaine dite de Landrieu sert soit pour arrosages et engiens, et, en vertu du décret par nous fait au pied de la dite requête, avoir fait assigner le dit Bellon par devant nous au lieu contentieux à ce jour-d'hui heure de midi, requérant nous y vouloir transporter attendu que l'heure est proche.

Source de Landrieu.

11 Janvier 1618
—
Procès-verbal
du Lieutenant
de Sénéchal.

« Et nous, dit Lieutenant, suivant la dite requisition, nous sommes transportés, en compagnie du dit M. Jujardy et Madelon Guerin, aussi écuyer,
M. Durand, avocat, et de notre greffier, au quartier dit de la Val de Camps,
terroir de cette dite ville, et tout proche la dite fontaine dite de Landrieu, lieu
contentieux, où étant, le dit M. Jujardy, assisté de M. Durand, avocat, et par
sa bouche, nous a remontré en présence du dit Bellon, trouvé au dit lieu :

Dire
du demandeur.

« Le dit sieur Conseiller et tous autres possédants biens au dit quartier, et
encore ceux qui possèdent engiens qui se servent de l'eau venant de la dite fontaine de Landrieu, même la Communauté de cette ville, être en possession antique et récente depuis tant de temps qu'il n'y a mémoire d'homme au contraire,
et même depuis an et jour, jouir des eaux de la dite fontaine et icelles dériver,
sçavoir : pour l'arrosage des propriétés les jours qui sont pour ce destinés, et
et quand aux dits engiens le restant des dits jours, comme étant ce une fontaine
publique, et la quelle prend la naissance dans le chemin Royal qui va de cette
ville au lieu de Garéoult.

La source
est publique
et sert
aux arrosages et
aux usines.

« Le sieur Gaspard Bellon, de son autorité privée, et depuis an et jour, a fait
trois œuvres nouvelles, qui arrêtent et empêchent le cours de l'eau, de sorte que
personne ne peut plus s'en servir ni pour arroser ni pour les moulins ou engiens........

Gaspard Bellon
a fait
trois œuvres
nouvelles.

« La première œuvre nouvelle a été faite dans le propre fonds de la Communauté, le droit de la quelle est permis aux particuliers soutenir lors même que
les administrateurs le négligent, ... cette première œuvre est une levée bâtie
de pierre et terre, que le dit Bellon a fait cinq cannes proche la pierre plus haute
de la dite fontaine, et joignant autre petite source qui y est proche, par le moyen
de la quelle levée, qui a cinq cannes et demi de longueur et cinq pans de largeur, les eaux des dites sources sont tellement serrées, même celle de la plus
basse, que icelles eaux se perdent peu à peu et réentrent dans les concavités
prenant au dit méal, etc.......

« De même le dit sieur Conseiller a pu intenter un statut de querelle pour
autre deuxième œuvre nouvelle faite par le dit Bellon par moyen d'un fossé qu'il
a fait faire pour conduire icelle eau en ses terres... fossé se trouvant dans le
fonds de la Communauté..... le quel servait pour reposer le bétail lorsqu'il
vient boire à la dite fontaine, et même le dit Bellon a fait planter de muriers
l'autre partie du patecq et jonquière sur une longueur de 35 cannes et 12 cannes
de largeur.

« La troisième nouvelle œuvre du dit Bellon est le bouchement d'un grand
fossé qui passait au travers d'une sienne propriété, le quel fossé commençait au
dit chemin d'Hyères, au défaut de l'autre fossé qu'est à travers de la dite jonquière demi occupée par icelui Bellon, et s'allait rendre dans la rivière qui vient
du lieu de Camps, par le moyen de la quelle, et même des eaux de la dite fontaine de Landrieu qui y tombent, toutes les propriétés de la vallée de Camps
s'arrosent et les engiens publics en travaillent.

Source de Landrieu.

« Les eaux n'ayant plus leur issue versent dans le chemin et les terres du dit Conseiller et les ravagent, etc.......

« M. Bellon répond que les réparations qu'il a faites ne portent aucun trouble ni incommodité au dit sieur Conseiller ;

« Que la levée est faite dans le propre fonds de lui Bellon, à distance compétente des deux sources, de sorte que les eaux ne croupissent pas, ayant leur pente et décours ouvert ; qu'elles se conservent mieux dans le nouveau fossé au lieu de se perdre, de sorte qu'il y a avantage pour ceux qui usent de la dite eau ;

« Sur la prétendue usurpation du patecq, le dit Bellon a fait planter des muriers dans son propre fonds sans léser personne, au contraire il en résulte une commodité évidente pour l'abreuvage du bétail qui aura moyen de se reposer et garantir de l'injure du temps sous la faveur de ces arbres, qui ne donnent point d'empêchement au chemin, etc.......

« Quand aux dommages supposés produits par le bouchement du fossé, ils n'ont aucune réalité, le fossé nouveau étant capable de recevoir toute l'eau. — Le demandeur présuppose aussi que le fossé bouché servait à recevoir les eaux pluviales, mais ces eaux ont leur chemin ailleurs ayant pris leur méal le long du chemin d'Hyères, ainsi que le justifie la vûe du lieu, etc....... etc.... .....

Suit la réplique de l'avocat de M. Guerin, d'aucun intérêt actuel, et enfin les considérants et le dispositif de la sentence, dont voici la copie littérale :

« En la cause de Monsieur Me Alexandre Guerin, sieur du Castellet, Conseiller du Roi en sa Cour de Parlement de ce pays, demandeur en requête sur le premier chef d'statut de querelle d'une part,

Et

« Gaspard Bellon, écuyer de cette ville de Brignolle, défendeur en la dite requête d'autre ;

« Vû la requête présentée par le dit sieur Conseiller de Guerin tendante aux fins de nous faire accéder sur le lieu contentieux, appeler experts et sapiteurs pour, la preuve faite sur ces moyens possessoires, le remettre en la possession qu'était auparavant le trouble à lui inféré par le dit Bellon, répondue : sera par nous fait descente sur le lieu contentieux à jeudi prochain à l'heure de douze, laxant ajournement contre partie et témoins le 8 janvier 1618, l'exploit d'assignation du 9 du dit mois, extrait de la délibération du Conseil de la maison commune de cette ville de Brignolle, par la quelle est dit que les Consuls se transporteront à la font de Landrieu appartenante à la Communauté, située à la Val de Camps, pour voir si Gaspard Bellon, écuyer de cette ville, a fait planter quelques muriers au patecq de la dite fontaine et fait rompre quelques jonquières servant au dit patecq, et fait passer l'eau de la dite fontaine par autre fossé que l'ancien, du 11 décembre 1617 acte d'achat de possession à la Val de Camps,

Source de Landrieu.

acquise par feu Raymond, Louis, Jacques, et Pierre Bellon de Pons de Tressemane sieur de Chastueil, par le quel le dit Bellon prétend faire voir que la dite fond de Landrieu nait dans son fonds, signé par extrait Marrot. — Extrait du livre terrier de cette ville de Brignolle, tant vieux que nouveau, contenant description des biens tant du dit Conseiller Guerin que du sieur Bellon, situés auprès de la dite fontaine, notre procès verbal fait sur l'accédit contenant les dires et repliques des susdites parties et déclarations du dit Bellon, qu'il a fait la dite levée dans la source de la fontaine, le nouveau fossé et bouché le vieux d'an et jour, et ce que mis a été et fourni rière nous, tout considéré,

« Nous Lieutenant faisant droit sur la requête du dit sieur Conseiller demandeur, avons dit et déclaré y avoir lieu d'statut de querelle au premier chef par moyen de la levée faite par le dit Bellon dans la source de la fontaine de Landrieu pour divertir l'eau de son ancien méal, et la conduire par le nouveau canal qu'il a fait, et, en tollissant le trouble donné par icelui Bellon, avons ressaisi et rétabli le dit sieur Conseiller Guerin en l'antique et récente possession qu'il était de jouir de l'eau de la dite fontaine de Landrieu par le vieux et ancien méal qui a été fermé par le dit Bellon, et, par ce moyen, l'avons condamné et condamnons à abattre la levée qu'il a faite dans la source de la dite fontaine et à recouvrir l'ancien fossé pour donner cours à l'eau de la dite fontaine en son ancien méal, et à remettre le patecq de l'entour de la dite fontaine ainsi qu'il était auparavant de sa nouvelle œuvre, lui faisant inhibitions et défenses de troubler, molester, ni inquiéter à l'avenir le dit sieur Conseiller en son ancienne et récente possession à peine de mille livres, condamnant encore le dit Bellon aux dommages intérêts que le dit sieur demandeur peut avoir souffert en ses propriétés par moyen de la dite nouvelle œuvre suivant la connaissance qu'en sera faite par experts, que les parties conviendront au greffe dans trois jours, autrement qu'ils seront pris d'office et aux dépens de l'accédit, le taux à nous reservé, sauf aux parties, pour le second chef du dit statut de querelle et plein possessoire, se pourvoir et le poursuivre ainsi qu'il appartiendra. —

Dispositif,

M. Bellon
condamné à démolir la levée,
rétablir
l'ancien fossé,
et remettre
le patecq
de la source
en son
précédent état

« Signé DESPARRA, Lieutenant, à l'original. »

« Du quinzième juin 1618, la dite sentance a été lue et publiée par moi greffier soussigné à Gaspard Bellon, écuyer de cette ville, parlant à sa personne, le quel, après avoir entendu la lecture d'icelle, n'a rien dit, et à Me Jujardy, Procureur du dit sieur Conseiller, qui a acquiescé et a requis acte.

« Signé BRAQUETY, à l'original. »

Je n'ai pu trouver aucune indication sur la nature des querelles qui motivèrent un deuxième procès-verbal du 31 janvier 1619. — Rien ne se retrouve de cette affaire.

Un arrêt fut rendu en 1639 (copié ci-après), qui semblait avoir mis fin à toute contestation; mais après vingt ans de paix, la Commune fut obligée d'intervenir

Source de Landrieu.

et le Conseil général fut saisi de la question suivante, dans sa séance du 15 septembre 1658 :

Nouvelles
œuvres de Monseigneur
l'Evêque de
Sénèz,
successeur
de Bellon.

« Les Consuls ont encore représenté qu'ayant eû notice que le dit Seigneur Évêque de Sénèz avait fait faire une nouvelle œuvre dans la fontaine dite de Landrieu, appartenant à la Communauté, et que, par moyen d'icelles, le cours ordinaire de ses eaux, qui servent au public pour l'abreuvage et aux moulins de la Communauté, était diverti, s'y seraient portés et auraient vu qu'on aurait fait une muraille et construit une serve dans la dite fontaine, qu'on fermait à clef, et que, par moyen d'icelle, on dérivait la plus grande partie de ses eaux à une fontaine, que le dit Seigneur Évêque de Sénèz a fait faire à sa bastide de la Val de Camps, ce qu'ils ont voulu faire sçavoir au Conseil pour y délibérer.

Faire
des
représentations
au dit Seigneur
Eveque,
et, au besoin, le
poursuivre.

« Sur quoi le Conseil a délibéré que, le dit Seigneur Évêque de Sénèz étant en cette ville, les sieurs Consuls lui fairont sçavoir toutes les raisons que la dite Communauté a de s'opposer à la dite œuvre nouvelle et le notable intérêt qu'il y serait, et lui fairont voir tous les lettres, documents, sentence arbitrale et jugements en faveur de la Communauté, qui justifient la propriété qu'elle a sur la dite fontaine, la quelle ne peut lui être aucunement disputée, afin que, en suite de ce, le dit Seigneur fasse démolir la dite nouvelle œuvre et remettre la dite fontaine en son premier état; que si, après les preuves, raisons et titres de la Communauté, le dit Seigneur Évêque refuse de ce faire, ce que toutefois on ne croit pas, la dite Communauté se pourvoiera pour raison de ce par toutes sortes de voies dûes et raisonnables; et, à cet effet, commet Messieurs les Consuls pour ce faire après l'avoir fait sçavoir au dit Seigneur Évêque. » — Fol⁰ 162.

Les Consuls ayant agi conformément à la délibération précédente, on finit par transiger, et l'acte suivant fut passé :

Transaction
entre
la Communauté
et Monseigneur
l'Evêque de
Sénez.

« Au nom de Dieu soit-il. L'an mil six cent cinquante neuf et le vingt unième jour du mois d'avril, comme soit que Messire Louis Duchaine, Conseiller du Roi en ses Conseils, Évêque Seigneur de Sénèz, ayant acquis, puis trois ou quatre années, des hoirs de feu Gaspard Bellon, vivant écuyer de cette ville de Brignolle, une bastide et tout son affart situé au terroir de la dite ville, quartier de la Val de Camps, il aurait, puis environ sept ou huit mois, fait construire une serve ou reservoir couvert, et fermé d'une porte à clef, en la fontaine de Landriou, qui sort dans le chemin Royal allant de cette ville de Brignolle en la ville d'Yères, au pied de la montagne dite de la Meoû;

« Présuposants au moyen de ce les Consuls et Communauté de cette ville de Brignolle que le dit Seigneur divertissait, par ce moyen, les dites eaux de leur ancien cours et méal pour les conduire en une fontaine qu'il a fait construire au devant sa dite bastide; pour raison de quoi les dits Consuls prétendaient se pourvoir, par statut de querelle au premier chef, pour faire démolir la dite serve et faire remettre les eaux de la dite source dans leur ancien canal en force des

Source de Landrieu.

jugements par elle et autres particuliers obtenus contre du dit feu Bellon, tant par devant Monsieur le Lieutenant au siége de cette même ville le dernier janvier mil six cent dix neuf sur une requête de statut de querelle relative à une sentance arbitrale de l'année 1615 reçue par M⁰ Maurel, notaire de la ville d'Aix, que par arrêt d'expédient du mois d'août 1639 ; par les quels les œuvres faites par le dit Bellon en la dite source et patecq de la fontaine ont été condamnées et démolies, et la dite Communauté et particuliers intervenants maintenus en la possession et jouissance des eaux de la dite source, avec inhibitions au dit Bellon de les divertir ;

Jugement du 31 janvier 1619.

Arrêt du 19 octobre 1639, copié ci-après, page 530.

« Ce qu'ayant fait connaitre au dit Seigneur Évêque de Sénèz, il serait été pris assignation et fait descente sur le lieu pour terminer à l'amiable le diférent qui pouvait donner sujet au dit statut de querelle ; là où, de la part des Consuls et Communauté, ayant exhibé et fait voir les susdits jugements, et que la construction de la dite serve était une contravention formelle à iceux et à la maintenue et possession de la Communauté, le dit Seigneur Évêque, qui n'avait jamais eû connaissance des jugements rendus provisoirement sur la possessoire des dites eaux, aurait offert de démolir cette nouvelle œuvre, sans préjudice de faire voir au principal qu'il était propriétaire des dites eaux tant qu'elles se trouveraient sur son fonds, et présupposait encore avoir bâti la dite serve et reservoir dans son propre fonds, et de faire renaitre la question au principal du pétitoire reservé par les susdits jugements, sur quoi s'espérait grand procès entre les dites parties, pour au quel obvier, au traité et de l'avis de leur Conseil réciproque, auraient délibéré d'en sortir par voie de la présente transaction ;

21 Avril 1659.

Transaction entre la Communauté et Monseigneur l'Evêque de Sénèz.

Offre et prétentions de Mᵍʳ l'Evêque de Sénèz,

« A cette cause, constitués en leurs personnes par devant nous notaire et témoins, le dit Messire Louis Duchaine, Conseiller du Roi en ses Conseils, Évêque et Seigneur de Sénèz d'une part, et les sieurs Honoré Desparra, écuyer, M⁰ Gaspard Minuty, notaire Royal et Procureur au siége, et Jean Fauchier, marchand orfèvre, Consuls modernes de la dite ville, les quels, en suite du pouvoir à eux donné par délibération du Conseil général du jour d'hier, de leurs grés, mutuelles et réciproques stipulations, intervenants ont, du sus dit procès à mouvoir, différents et prétentions transigé, accordé et convenu que, attendu que la dite serve se trouve à présent démolie, et que, conformément aux offres du dit Seigneur Évêque qui a des inclinations particulières pour le général et pour les particuliers de la ville, qu'à la source de la dite fontaine sera mis une grande pierre bâtie, qui sera couverte, en la quelle sera fait un trou et ouverture de la largeur d'un œil de bœuf, par le quel le dit sieur Évêque de Sénèz prendra l'eau de la dite source, pour icelle conduire à la fontaine qu'il a faite au devant de la dite bastide, à la chute de la quelle il sera obligé de faire un fossé pour porter les dites eaux dans le grand et ancien canal où le reste de l'eau de la dite fontaine découle, sans qu'il la puisse retenir par aucuns usages ni arrosages des dites terres, preds et jardins, fors aux jours juridics, conformément aux susdits jugements, et à l'instard des autres particuliers, et pour tout le sur-

L'Évêque de Sénèz prendra de l'eau, à la source, de la grosseur d'un œil de bœuf.

Cette eau, en sortant de la fontaine, sera rendue dans le canal où coule le reste de l'eau de la source.

34

Source de Landrieu.

plus de l'eau de la dite source, a été convenu et accordé qu'elle ne pourra être divertie de l'ancien et ordinaire méal, ni faire aucune œuvre pour la retenir et rehausser, fors celles qui sont à présent en état, et troubler la possession de la dite Communauté et particuliers, et, au moyen de ce, les dites parties ont renoncé au susdit procès qui pouvait naitre, et promis d'avoir agréable le présent acte de transaction et n'y contrevenir sous l'obligation, sçavoir : le dit Seigneur Évêque de Sénèz de tous ses biens, et les dits Consuls les biens, rentes et revenus de la dite Communauté, à toutes Cours de submissions et autres de Provence, avec dûe renonciation et serment, requérant acte, fait et publié au dit Brignolle, dans la maison du dit Seigneur Évêque, en présence de Me Louis Raisson et Simon Bellon, avocats en la Cour de la dite ville, témoins requis et signés avec les parties. — Louis DUCHAINE, Évêque de Sénèz— DESPABRA, Consul — MINUTY, Consul — FAUCHIER, Consul — RAISSON — BELLON et CROZET, notaire — ainsi signés à l'original. »

« L'an mil six cent trente neuf et le vingt deuxième jour du mois d'août, personnellement établis par devant moi notaire et témoins, Antoine Bouissony, écuyer, Jacques Puget, bourgeois, Consuls de la Communauté de la présente ville de Brignolle, Pierre et Jean Fabre, paruriers, Honoré Barthélemy et André Légier, papetiers, et Gaspard Bellon, écuyer de la même ville ;

« Les quels, de leurs grès, ont fait et constitué leurs procureurs, sçavoir : les dits sieurs Consuls, Fabre et Légier, Me Honoré Jujardy, et le dit Bellon, Me Gaillard, procureurs en la Souveraine Cour de Parlement de ce Pays de Provence, absents comme présents, pour et au nom des dits constituants signer l'expédient qui sera ci-après inséré, et le faire autoriser par devant la Cour selon sa forme et teneur, et la teneur du quel s'en suit :

« Entre les Consuls et Communauté de cette ville de Brignolle, Pierre et Jean Fabre, paruriers à draps ayants droits de cause de Christophe et Honoré Amic, Honoré Barthélemy, et André Légier, ayant droit et cause de feu Me François Raphellis, vivant substitut du procureur général du Roi en la Cour, au siége de la dite ville, demandeurs en exécution de sentance arbitrale du 28 mars 1613, d'une part ;

« Et Gaspard Bellon, écuyer de la dite ville, défendeur, de l'autre ;

Arrêt de la Cour
du
19 octobre 1639.

M. Bellon
formera le fossé
qu'il a fait, et
les eaux
ne sortiront
du patecq
que par l'ancien
fossé.

« Appointé est du consentement des parties, ouï sur ce le Procureur Général du Roi, que la Cour a ordonné et ordonne que le nouveau fossé, fait par le dit Bellon, puis quelques jours à l'embouchure du patecq de la fontaine de Landrieu, sera fermé et comblé par icelui à la dite embouchure tant seulement, en façon que les eaux ne puissent sortir que par le seul fossé et méal ancien, qui sera conduit en droite ligne jusques à la métairie du dit Bellon, et dans le béal de la rivière venant de Laval de Camps, dans le quel ancien fossé et méal sera permis au dit Bellon de faire des martellières pour, d'icelles, pouvoir dériver l'eau et la

Source de Landrieu.

porter dans des fossés pour l'arrosage de ses propriétés, aux jours juridics tant seulement, avec défenses à icelui de troubler les demandeurs aux autres jours non juridics en leur possession ancienne et récente de prendre et dériver l'eau de la susdite fontaine de Landrieu pour l'usage de leurs paroirs, engiens et moulins, conformément à la dite sentance arbitrale ;

Il n'arrosera
que les
jours juridics.

« Et, quand au dit patecq de la dite fontaine, largeur et qualité d'icelui, il sera vu par experts s'il a été satisfait par le dit Bellon à l'ordonnance du Lieutenant du dit Brignolle, faite au bas de son procès verbal du dernier janvier et neuf mars 1619, fait en exécution de la sentance du 15e juin 1618, ce que le dit Bellon soutient avoir fait, et les dits Consuls, au contraire ;

« Ordonne la dite Cour que le dit patecq sera nétoyé et érasé, à présent et à l'avenir quand besoin sera, en façon que la dite eau ne puisse point être forcée, ains puisse avoir son cours libre et naturel dans le dit ancien méal, sauf au dit Bellon de poursuivre sur le pétitoire par devant la Cour, et aux demandeurs leurs défenses au contraire. — Fait au greffe civil du Parlement de Provence séant à Aix, le 19 octobre 1639. — Signés BOUISSONI, Consul — PUGET, Consul — Pierre FABRE — Jean FABRE — Honoré LÉGIER — Barthélemy LÉGIER — André LÉGIER et BELLON.

« Promettant les parties constituantes avoir agréable ce que par les dits Mes Jujardy et Gaillard, leurs procureurs constitués, sera fait de ce que dessus et qui en dépend, les relever de la charge de cette procuration sous l'obligation de leurs biens, et les dits sieurs Consuls, des biens de la Communauté, aux Cours des submissions et autres de Provence, avec renonciation et serment, requérants acte, fait et publié au dit Brignolle, boutique de moi notaire Royal, à huit heures du matin, présents Me Paul PERRIN, avocat en la Cour, et Louis LIEUTAUD, menuisier de Brignolle, témoins requis et signés avec les parties à l'original, et moi Pierre BERENGUIER, notaire royal soussigné. »

Acquiescement
des parties.

En 1742, M. Bouffiers, successeur de M. Bellon, éleva de nouveau des prétentions à la propriété de la source de Landrieu ; le premier Consul en donna connaissance au Conseil général de la Communauté le 23 décembre 1742, où il fut délibéré de faire consulter sur les intérêts de la Communauté.

On adressa, à cet effet, à Me Bourgarel, avocat à Aix, un mémoire qui résume les diverses phases des contestations anciennes ; ce mémoire et la consultation donnée par Me Bourgarel ont leur place marquée dans notre travail, les voici donc en leur entier :

Janvier 1743.

Mémoire
donné à l'avocat
consultant.

Exposé
de la question.

« Il y a procès entre Me Jean, Augustin Moutton de cette ville de Brignolle, avocat en la Cour, et sieur Laurens Bouffier, bourgeois de cette même ville, dans le quel il s'agit d'un règlement des eaux de la source de Landrieu, au terroir de cette ville quartier de la Val de Camps, pour les jours juridics, qui sont les jours destinés pour les arrosages que le dit Me Moutton demande,

Source de Landrieu.

· Mémoire donné à l'avocat consultant

ce que le dit sieur Bouffier lui conteste ; et comme, dans le procès, le dit sieur Bouffier a avancé que cette source nait dans son fonds, et qu'il est vérifié au contraire par les pièces produites que le fonds, dans le quel cette source naît, appartient à la Communauté de même que le patecq d'alentour ; le dit Me Moutton, qui ne pouvait dissimuler à la Communauté les défenses du dit sieur Bouffier se trouvant premier Consul, en aurait donné connaissance au Conseil tenu le 23 décembre 1742, afin qu'il eût à délibérer ce qu'il trouverait bon, et le Conseil, ayant délibéré de faire consulter si la Communauté aurait intérêt dans ce procès, il est question d'examiner les titres de la Communauté.

Rapport du 1er Septemb. 1612.

« Il conste par un rapport du 1er septembre 1612, fait par des experts commis par le Conseil, du consentement du sieur Gaspard Bellon qui possédait pour lors la bastide du sieur Bouffier et qui était en procès avec Me Raphellis, procureur du Roi au siège, et Christophe et Honoré Amic frères qui possédaient des moulins et autres engiens, et qui procédèrent en présence du dit sieur Bellon, que cette fontaine sort au chemin de cette ville allant à Garéoud ;

« Que, s'étant enquis de plusieurs, tant anciens que autres, à qui cette fontaine appartenait, et comme il en aurait été usé pour le passé jusques alors, tous leur auraient dit que cette fontaine sortait au chemin Royal et que l'eau appartenait à la Communauté, et autres propriétaires des engins, tous les jours de la semaine excepté les jours juridics, et que de tout temps il en avait été usé de même.

Verbal d'option du 13 Sept. 1612.

« Il conste par un verbal de description, dressé par un Commissaire de la Cour le 13 du dit mois et an, la Communauté en qualité, que cette fontaine sort au travers du chemin ;

Sentence du 18 Mars 1613.

« Il conste d'une sentence arbitrale du 28 mars 1613, la Communauté en qualité, qu'elle fût rétablie dans sa possession et saisine récente de prendre et dériver l'eau de cette source pour ses moulins et autres engiens tous les jours de la semaine excepté aux jours juridics, et, sur le pétitoire, il est ordonné des enquêtes et des rapports ;

Sentence du 15 Juin 1618

« Il conste par une sentence de M. le Lieutenant du 15 juin 1618, rendue au bas du verbal dressé le 11 janvier d'auparavant à la requête de Me de Guerin, Conseiller en Parlement, qu'il fût ordonné que le sieur Bellon abattrait les nouvelles œuvres faites au tour de cette source, et remettrait le patecq d'alentour ainsi qu'il était auparavent sauf de poursuivre sur le pétitoire ;

Verbal du 31 Janvier 1619.

« Il conste d'un dire du dit sieur Bellon, dans le verbal dressé le 31 janvier 1619, la Communauté en qualité, qu'il accorda qu'il fût mis des bornes et limites, tant pour la distance qui serait nécessaire au patecq que pour la conduite de l'eau au méal commun, à connaissance d'experts ; et que, par sentence au bas du 10 juin d'après, M. le Lieutenant fit abattre et démolir par un rentier les nouvelles œuvres, fit couper les muriers plantés à l'entour des sources et chemin, ordonna que les choses seraient remises au même état qu'au paravent, et que le sieur Bellon remettrait au public le patecq de cette fontaine, tout ainsi

Source de Landrieu.

qu'il était anciennement, le quel serait borné et limité par experts communs ou pris d'office, les quels prendraient des sapiteurs pour s'informer de l'état et étendue qu'avait le patecq, le sieur Bellon ayant déclaré d'acquiescer à cette sentance sur la lecture qui lui en fût faite ;

« Il conste enfin par un arrêt d'expédient du 19 octobre 1639, la Communauté en qualité, que le sieur Bellon fût condamné à abattre une nouvelle œuvre faite aux sources, que la Communauté fût maintenue dans la même possession excepté aux jours juridics, et il fût ordonné quand au dit patecq, qu'il serait revu par experts pour déclarer s'il avait été satisfait aux sentances de M. le Lieutenant, et que ce patecq serait nétoyé et creusé pour lors et à l'avenir quand besoin serait, sauf au sieur Bellon à poursuivre sur le pétitoire, du quel M. l'Évêque de Sénèz s'est départi par la transaction passée avec la Communauté le 21 avril 1659 ;

« Le laps du temps étant même suffisant pour opérer la prescription sur le pied de ces pièces, il n'est pas douteux que les eaux de cette fontaine ne soient à la Communauté de même que le patecq d'alentour, et qu'elle ne sorte d'un fonds public.

« Quand à l'usage des eaux, le sieur Bouffier ne conteste pas que la Communauté ne doive en jouir tous les jours non juridics, il a produit lui même l'arrêt de 1639 ; mais à l'égard de l'endroit d'où ces eaux sortent et le patecq d'alentour, il soutient que le tout lui appartient, et c'est ce qui intéresse la Communauté, et le Conseil aura la bonté d'examiner si elle doit intervenir en cette instance pour requérir, dans le cours d'icelle, qu'en conformité des jugements rendus et acquiescés, la source et le patecq d'alentour seront déclarés appartenir à la Communauté, avec inhibitions et défenses au sieur Bouffier, et à tous autres qu'il appartiendra, de se l'approprier à peine d'amende et d'en être informé, et, afin de prévenir toute contestation à l'avenir, demande que, par experts convenus ou pris d'office, il sera planté des termes relevés, sur les quels les armes de la ville seront appliquées partout où besoin sera, dont il sera fait rapport ; ou bien si la Communauté doit ignorer les défenses du dit sieur Bouffier nonobstant qu'elles aient été communiquées à Me Moutton, qui est le premier Consul et qui les a mises en notice à la Communauté dans un Conseil, sans qu'elle puisse souffrir aucun préjudice à ce sujet ;

« Et, dans le cas où le Conseil trouverait à propos que la Communauté s'opposât aux prétentions du sieur Bouffier, s'il ne conviendrait pas mieux de faire, au préalable, un acte interpellatif et protestatif au dit sieur Bouffier, afin qu'il déclarât par une réponse précise et signée qu'il reconnait le droit de la Communauté et qu'il consent qu'il soit nommé des experts pour faire le susdit rapport. »

Source de Landrieu.

Cette consultation est très-longue et portée *in-extenso* dans le registre de M⁰ Goujon J. J. n⁰ 15, *Fol*ᵒˢ 547 et 549. — En voici le résumé :

« La Communauté est sensiblement intéressée dans le procès, parceque M⁰ Bouffier pourrait bien s'acquérir un titre de propriété des dites eaux, si, une fois, il était jugé contradictoirement entre le dit Bouffier et M⁰ Moutton que ces eaux sont naissantes dans le fonds du dit sieur Bouffier ;

La Communauté
doit intervenir
pour se
faire maintenir
dans
la propriété
de la source.

« Et, quoique la Communauté pût ensuite user de la voie de la tierce opposition contre les jugements qui interviendraient, son véritable intérêt consiste à se faire maintenir dans la propriété du fonds d'où ces eaux naissent, en vertu des divers jugements qu'elle a obtenus et qui sont énoncés dans le mémoire ;

« Les eaux dont s'agit doivent être réputées publiques : 1⁰ parcequ'elles coulent ordinairement en tout temps ; 2⁰ parceque, par leur cours naturel, elles peuvent servir à un usage public ; 3⁰ parceque d'ailleurs elles ne naissent pas dans le fonds d'un particulier, mais bien dans celui de la Communauté, c'est à dire, dans le *patis* ou *patecq* qui est sur le grand chemin, et dont la propriété ne peut être contestée à la Communauté, ainsi que le sieur Bouffier paraît en être convaincu par la communication qu'il a faite lui même de l'arrêt d'expédient du 19 octobre 1639, par le quel son auteur, M. Bellon, fût condamné à abattre une nouvelle œuvre faite dans le fonds où cette eau jaillit, et la Communauté maintenue dans sa possession.

« Si ces eaux sont donc publiques et par la nature du fonds de leur naissance, et par le lieu propre, et par l'usage dans leur cours naturel, il s'en suit que la Communauté sera toujours bien fondée à s'opposer à tout ce qui pourrait l'exproprier directement ou indirectement de ces eaux, et par là, d'intervenir dans une instance où une des parties veut faire déclarer que le fonds où ces eaux naissent lui appartient ;

« Et, dans une telle instance, la Communauté a un double intérêt : le premier, de se faire maintenir dans la propriété du fonds où les eaux naissent, intérêt direct et immédiat ; le second, pour être moins direct, n'en est pas moins sensible : il consiste en ce qu'elle doit empêcher que le propriétaire le plus voisin, s'arrogeant la propriété du fonds où les eaux naissent, n'usurpe sur les particuliers inférieurs une espèce de propriété des eaux quand à son usage, c'est à dire, qu'il ne veuille disposer des eaux comme naissantes dans son fonds, à l'effet de ne laisser aux inférieurs que les versures, ou tout ce qui serait superflu à l'arrosage de ses propres fonds, ou à l'usage des engiens qu'il pourrait faire construire dans ses dits fonds.

« Ces considérations déterminent le soussigné à penser que les défenses du sieur Bouffier, dans le procès qu'il a contre M⁰ Moutton, pouvant tendre directement ou indirectement à exproprier la Communauté du fonds où ces eaux naissent, elle a un double intérêt à intervenir dans cette instance pour se faire maintenir dans la propriété du dit fonds, etc..., etc... »

Source de Landrieu.

Dans le procès actuel entre M. Moutton et M. Boufflers, le Lieutenant de Sénéchal avait rendu une sentence, le 4 décembre 1742, « où il est ordonné que les parties poursuivront sur le fond et principal ainsi que s'appartient, et, faisant droit en la demande en maintenue provisoire de M. Moutton, et à sa requête incidente, avons ordonné que notre sentence du 15 juin 1618 sera exécutée suivant sa forme et teneur, ce faisant avons fait inhibitions et défenses à M. Boufflers de le troubler en son ancienne et récente possession des eaux de la source de Landrieu pour raison des propriétés qui avaient appartenu au sieur de Guerin, suivant la répartition qui en sera faite par experts convenus ou pris d'office, les quels assigneront à chacune des parties les heures qui leur competteront aux jours juridics, etc..... »

Explications complémentaires sur ces derniers procès.

Sur l'appel de M. Boufflers, la Cour rendit un arrêt, à la date du 23 décembre 1743, confirmant *unà voce* la sentence du 4 décembre 1742, avec dépens.

M. Boufflers mourut le 18 août 1745, et sa terre de la Val de Camps advint à sa sœur Rose Boufflier, épouse de M. Romegat sieur du Bourguet.

Le procès fut donc terminé par l'arrêt du 23 décembre 1743, mais les prescriptions ordonnées dans la sentence du 4 décembre 1742 ne reçurent pas leur exécution.

Dans le Conseil général de la Communauté tenu le 16 mars 1755, les sieurs Maires-Consuls, le sieur Minuty portant la parole, ont dit que, « dans le Conseil général tenu le 19 janvier dernier, noble François, Sauveur, Desparra, écuyer, fit une requisition tendante à faire délibérer que la source appelée de Landrieu, qui appartient à la Communauté comme naissante dans l'ancien chemin qui mène à Garéoud, fût entourée d'une muraille afin de prévenir les inconvénients qui pourraient arriver, et que, là dessus ils ordonnèrent que cette réquisition serait par eux rapportée au premier Conseil, afin de pouvoir délibérer en connaissance de cause ; que, dans l'intervalle, ils se sont instruits du droit de propriété que la Communauté a sur cette source, et auraient trouvé dans un sac que l'archivaire leur a présenté, entr'autres pièces, l'extrait d'un verbal dressé sur le lieu le dernier janvier 1619 par M. le Lieutenant de Sénéchal en ce siége, avec sa sentence au bas rendue entre M. de Guerin, Conseiller au Parlement, et le sieur Gaspard Bellon, écuyer de cette ville et la Communauté ; (1)

*16 Mars 1755.
—
Conseil Général de la Communauté.*

Réquisition de M. Desparra.

« Par la quelle sentence il est dit que l'écluse ou œuvres, faites par le dit sieur Bellon dedans et proche les sources de la fontaine dite de Landrieu, seraient abattues et démolies, les mûriers plantés à l'entour coupés, les anciens fossés néttoyés, et le patecq remis au public ; le quel patecq serait borné et limité par

---

(1) Je n'ai pu trouver copie de ce verbal.

16 Mars 1755.

Source de Landrieu.

experts convenus dans trois jours, autrement nommés d'office, si non permis à la Communauté de le faire faire aux dépens du dit sieur Bellon. — Requérant la lecture de cette pièce, pour y être ensuite délibéré. — *Fol°* 567.

Délibéré
de faire faire
le rapport
ordonné

« Le Conseil, après avoir entendu la lecture du procès-verbal du dernier janvier 1619, dressé par M. le Lieutenant de Sénéchal de cette ville avec sa sentance au bas, le Conseil a délibéré, à pluralité de voix, de convenir d'experts avec le sieur du Bourguet, propriétaire des terres qui avaient appartenu au sieur Gaspard Bellon, pour procéder à l'amiable au rapport ordonné par la sentance de M. le Lieutenant au bas du procès-verbal du dernier janvier 1619. » — *Fol°* 573.

25 Avril 1755.

En exécution de cette délibération, le compromis suivant fut passé :

Acte
de compromis
et nomination
d'experts char-
gés de dresser
le rapport.

« L'an 1755 et le 25e jour du mois d'avril après midi, par devant nous notaire Royal et les témoins soussignés furent présents : Messieurs Joseph Minuty, Louis Moutton, et Louis Sayou, Maires-Consuls de la Communauté de cette ville de Brignolle, d'une part, et noble Jean Baptiste Romegat, écuyer et seigneur du Bourguet de cette ville, d'autre, les quels, de leur gré, ont par le présent acte, et en conséquence de la délibération du Conseil général du 16 mars dernier, et suivant le pouvoir donné aux dits sieurs Maires-Consuls, convenu et demeuré d'accord que Maitres Jean, Honoré Gautier, et Joseph, Balthazard d'Astros, notaires Royaux des lieux de Cabasse et Tourves, experts amiablement convenus et qui prêteront le serment requis devant M. le Lieutenant Général de Sénéchal en ce siége, il sera fait rapport à frais communs, dans deux mois précisément, des bornes et limites que doit avoir la source appelée de Landrieu, située au chemin qui, de cette ville, mène au lieu de Garéoud, la quelle appartient à la Communauté, et du patecq qu'elle doit avoir pour l'abreuvage des bestiaux et l'usage du public, le tout suivant les jugements sur ce rendus avec le feu sieur Gaspard Bellon, écuyer, que le dit sieur du Bourguet représente comme possesseur de sa bastide au quartier de la Val de Camps, et notamment suivant la sentance rendue le 31 janvier 1619 par M. le Lieutenant de Sénéchal en cette Sénéchaussée au bas de son verbal d'accédit fait à la requête tant de la Communauté que de feu M. le Conseiller de Guerin, afin qu'à l'avenir il n'y ait plus aucune contestation là dessus; donnant pouvoir aux dits sieurs experts d'entendre témoins et sapiteurs de part et d'autre pour le fait dont s'agit, avec promesse d'acquiescer à leur rapport sous les peines de droit, et sous l'obligation de la part des dits sieurs Maires-Consuls, des biens présents et à venir de la Communauté, et de la part du dit sieur du Bourguet, des siens propres, qu'ils ont soumis à toutes Cours, ont juré et requis, acte fait et publié au dit Brignolle, dans notre bureau, en présence de Louis Roumieu, fils de Me Jean Baptiste, notaire Royal du lieu du Val, et Antoine Aude, fils de Joseph, cordier de cette ville, témoins requis et signés avec les parties. — Me TANERON à l'original. »

7 Mai 1755

Source de Landrieu.

« Par le Conseil de la Communauté de cette ville de Brignolle du seize mars dernier, il fût délibéré à la pluralité des voix de convenir d'experts avec noble Jean Baptiste Romegat, écuyer de la dite ville seigneur du Bourguet, propriétaire des terres qui avaient appartenu au sieur Gaspard Bellon, pour procéder à l'amiable au rapport ordonné par la sentence de M. le Lieutenant en ce siége au bas du procès verbal du dernier janvier 1619 ; et par acte de compromis du 25 avril dernier, reçu par Me Goujon, notaire de cette ville, les sieurs Maires-Consuls du dit Brignolle et le dit sieur du Bourguet auraient amiablement convenu et demeuré d'accord que, par nous Jean Honoré Gautier, et Balthasard Joseph Dastros, notaires royaux des lieux de Cabasse et de Tourves, il serait fait rapport à frais communs, dans deux mois précisément des bornes et limites que doit avoir la source appelée de Landrieu, située au chemin qui mène de cette ville au lieu de Gareoud, et du patecq qu'elle doit avoir pour l'abreuvage des bestiaux et l'usage du public, le tout suivant les jugements sur ce rendus avec le dit feu Gaspard Bellon, que le dit sieur du Bourguet représente comme possesseur de sa bastide en ce terroir, quartier de la Val de Camps, et notamment suivant la dite sentence du 31 janvier 1619, afin qu'à l'avenir il n'y eût plus aucune contestation là dessus, nous donnant pouvoir, par le dit acte de compromis, d'entendre témoins et sapiteurs de part et d'autre pour le fait dont s'agit, avec promesse d'acquiescer à notre rapport sous les peines de droit, ensuite du quel acte de compromis, les dits sieurs Maires-Consuls auraient présenté requête à M. le Lieutenant Général de Sénéchal en ce siége aux fins d'ordonner que le dit sieur du Bourguet serait assigné par devant le dit Lieutenant dans le Palais et Chambre du Conseil le cinquième mai, jour de lundi, sur les huit heures du matin, pour nous voir prêter le serment et de suite nous voir procéder au fait de notre Commission, et même assignation contre nous pour prêter le dit serment et de suite procéder et faire notre rapport, ce qui leur fût accordé par le décret mis au bas de la dite requête le 29 avril, et par exploit du premier du courant, fait par Roux huissier à la requête des dits sieurs Maires-Consuls et Communauté, la dite assignation nous aurait été donnée parlant à nous Dastros ; en conséquence de la quelle, nous étant rendus l'un et l'autre en cette ville, nous aurions pris retraite, nous Gautier dans la maison de Me Antoine Maquan, notaire Royal et Procureur au dit siége, et nous dit Dastros dans celle de Maitre Louis Jujardy, avocat en la Cour. — Nous aurions le dit jour cinquième mai, environ vers les neuf heures du matin, prêté le dit serment entre les mains du dit sieur Lieutenant en absence des parties, et, sur les deux heures de relevé, il nous fût remis de la part de la Communauté l'extrait du procès verbal du dit jour 31 janvier 1619 et l'extrait du dit acte de compromis, et, de la part du dit sieur du Bourguet, l'extrait du procès verbal du 11 janvier 1618, et un extrait d'arrêt d'expédient du 19 octobre 1639 ;

« Et nous nous serions rendus sur les lieux contentieux en compagnie des sieurs Joseph Minuty et Louis Sayou, Maires-Consuls de la dite Communauté et du dit sieur du Bourguet, où étant arrivés nous aurions pris lecture des dites

Rapport des experts Gautier et d'Astros

1er jour,
Lecture des pièces, indication des confronts du patecq.

Source de Landrieu.

Rapport
des experrs
Gautier
et d'Astros.

pièces, vu, parcouru et examiné le terrain qu'il y a autour de la dite source de Landriou., que nous aurions trouvé en pradelas et jonquière, qui confronte du levant et du midi terres du sieur du Bourguet, du couchant terre de Maitre Moutton, avocat, et de septentrion le dit chemin de Garéoud ;

« Après quoi nous aurions requis les dits sieurs Maires-Consuls et le dit sieur du Bourguet de nous donner leurs raisons et éclaircissements sur notre Commission, et encore de nous produire des témoins et sapiteurs, des quels nous pussions en tirer, les uns et les autres nous auraient répondu qu'ils nous requéraient de planter les bornes et limites portées par le dit. acte de compromis, qu'ils nous en laissaient les maitres, et qu'ils n'avaient ni témoins ni sapiteurs à nous produire, et, attendu l'heure tarde, nous nous retirâmes au dit Brignolle et nous assignâmes les parties au lendemain, sur les sept heures du matin, sur le lieu contentieux pour la continuation de notre Commission.

2ᵐᵉ jour,
Planté
cinq termes.

« Et le dit jour advenu, environ vers les sept heures du matin, nous nous serions encore rendu sur le lieu contentieux en compagnie du dit sieur du Bourguet et en absence des sieurs Maires-Consuls, et, après y avoir fait nos observations, nous aurions, en présence du dit sieur du Bourguet, fait planter ou marquer cinq termes qui prennent tout le patecq, pour l'abreuvage des bestiaux et l'usage du public ; dans le terrain que les dits termes prennent, la dite source se trouve.

« Le premier des quels termes a été planté sur le couchant du dit patecq, entre la terre inférieure du dit sieur du Bourguet et le dit chemin de Garéoud ; de ce terme, tirant au midi, à la distance de quatorze cannes en droite ligne le chemin compris, nous avons fait marquer un autre terme sur un rocher ferme d'environ deux pans de hauteur, tout proche un plus grand rocher, le patecq étant au levant, et la terre du dit Maitre Moutton au couchant ; de ce segond terme, tirant du couchant au levant, aussi en droite ligne et suivant le pied de la montagne, nous aurions fait marquer un autre troisième terme sur un rocher ferme, à la distance du segond de vingt trois cannes, et d'une canne au dessus du fossé de la dite source, où il en naît une autre petite, les terres du dit sieur du Bourguet restant au midi ; de ce troisième terme, nous en avons fait marquer un quatrième, aussi en droite ligne et tirant encore du couchant au levant, sur un autre rocher ferme à la distance de douze cannes, les terres du dit sieur du Bourguet restant aussi au midi ; et, de ce quatrième terme, tirant du midi au septentrion, nous en avons fait marquer un cinquième, qui est le dernier, à la distance de dix huit cannes, sur un rocher ferme en de là du dit chemin de Gareoud et aussi en droite ligne, ayant compris le dit chemin entre les deux termes pour avoir occasion de le marquer sur le dit rocher, et rendre par là la chose plus solide, les terres du dit sieur du Bourguet restants au levant ; — nous

Désignation
du patecq
à l'usage
du public.

disons que, de ce cinquième et dernier terme au premier que nous avons fait planter, il y a trente sept cannes en droite ligne, ce qui forme l'ouverture du dit patecq du côté du chemin de Gareoud, et que le terrain qui se trouve circonscrit

Source de Landrieu.

entre les dits termes, forme le patecq de la dite source pour l'abreuvage des bestiaux et l'usage du public ;

Rapport
des experts
Gautier
et d'Astros.

« Et, de tout ce que dessus, nous avons dressé le présent rapport, au quel nous avons procédé selon Dieu et le dû de nos consciences et connaissances, et eû deux conférences entre nous, nous reservant pour nos peines et vacations trente cinq livres, dont vingt livres pour nous Gautier pour quatre jours, étant arrivé ici le quatre, et quinze livres pour nous d'Astros pour trois jours n'étant arrivé que le cinquième au matin ; douze sols pour le controlle de ce rapport ; quatre sols pour le papier d'icelui, et douze sols que nous avons donnés au paysan qui a planté le premier terme et qui les a tous marqués d'une croix : en tout trente six livres huit sols, ayant rendu aux parties les pièces à nous remises.

« Le quel rapport nous avons dressé et signé à Brignolle le septième mai 1755, et remis icelui rière le greffe de l'écritoire. — Signés : GAUTIER — DASTROS — experts. — Controllé à Brignolle par TANERON, reçu douze sols.

« Scellé à Brignolle, le 14 mai 1755, reçu sept sols. »

« L'an 1755 et le 14e mai, à la requête des sieurs Maires-Consuls et Communauté de cette ville de Brignolle, nous huissier au siége de cette ville de Brignolle, y domicilié, soussigné,

Exploit
de signification
portant au bas
l'acquiescement
de
M. du Bourguet.

« Avons intimé et signifié le dit rapport et tout son contenu à noble Jean Baptiste, Nicolas Romegat sieur du Bourguet, de cette ville de Brignolle, afin qu'il ne l'ignore, lui déclarant qu'au premier Conseil ils en fairont part aux assistants, et l'interpellant de déclarer s'il y acquiesce ou s'il veut en recourir, afin que, sur sa réponse, on puisse délibérer, et donné copie, tant du dit rapport que du présent exploit, dans son domicile parlant à sa personne, et avons signé la copie en marge. — Le quel a dit qu'il acquiesce et a signé ROMEGAT DU BOURGUET. — Signé ROUX.

« Controlé le 16 mai 1755, reçu neuf sols. »

En 8me lieu, exposé que, « suivant la délibération du Conseil du 16 mars dernier, ils ont convenu avec noble Jean Baptiste Nicolas Romegat, écuyer de cette ville, seigneur du Bourguet, des personnes de Me Jean Honoré Gautier, notaire à Cabasse, et Joseph Balthazard Dastros, autre notaire à Tourves, pour procéder à frais communs ; — les quels auraient fait rapport le 7 mai suivant, qui limite le patecq de la fontaine de Landrieu, la quelle appartient à la Communauté ; le quel rapport ayant été signifié au dit sieur Romegat le 14 du même mois, il aurait répondu au bas d'icelui vouloir y acquiescer.

8 Juin 1755.

Délibération
du Conseil.

« La Communauté ayant fait l'avance de 65 fr. 17 s. 6 d. pour parvenir au rapport, dont il compette 32 fr. 18 s. 9 d. au sieur du Bourguet — requérant que lecture soit faite du rapport, et que le Conseil délibère sur l'approbation d'icelui. » — Folo 584. Vo.

Source de Landrieu.

Approuvé
le rapport de
Gautier
et d'Astros.

« Sur la huitième, le Conseil, après avoir entendu la lecture du rapport fait par Messieurs Jean Honoré Gautier et Balthazard Dastros, notaires royaux des lieux de Cabasse et de Tourves, qui limite le patecq de la fontaine de Landrieu appartenant à la Communauté, l'a unanimement approuvé, et donné pouvoir aux dits sieurs Maires-Consuls de répéter du dit sieur du Bourguet 32 fr. 18 s. 9 d., moitié des frais du dit rapport. » — *Fol*° 590. *V*°.

Ce procès, ainsi terminé à l'amiable, les choses en sont demeurées en l'état jusqu'à ce jour, tout au moins en ce qui concerne les droits de la Commune et les intérêts du public.

En 1866, le syndicat d'arrosage voulut faire comprendre la source de Landrieu dans les eaux soumises à sa règlementation ; les propriétaires usagers de cette source, présentèrent des protestations motivées à M. le Préfet du Var, qui répondit au syndicat, que la règlementation de cette source échappait à sa compétence.

Il ne fut pas donné suite à ce projet.

Source du Tuvé

La source, vulgairement appelée *Font d'ou Tuvé*, naît et coule dans le terroir de Brignoles, aux confins de celui de la Celle ; elle jaillit à quelques mètres au-dessus de la route de Brignoles à Forcalqueiret, dans la propriété des hoirs Gassier, qui y ont fait construire deux bassins, afin de pouvoir arroser plus facilement le terrain contigu.

Un pateq, clos en partie de petites murailles, se trouve en-dessous entre les bassins de Gassier et la route : chacun peut y puiser de l'eau et y abreuver.

L'eau superflue traverse la route dans un canal souterrain et, de là, est conduite, par un petit aqueduc à ciel-ouvert, jusqu'au canal qui porte l'eau de Landrieu à l'usine dite actuellement *le Paradou*, et qui était précédemment papéterie de Messieurs Légier frères.

Cette usine a le droit de recevoir cette eau, hors les jours d'arrosage pendant les quels elle sert à irriguer trois ou quatre parcelles de terre possédées par autant de particuliers, entre les quels existe un règlement de jours et heures, qui est suivi conformément à la tradition : peut-être existe-t-il un règlement écrit.

Source du Tuvé.

Outre ce ruisseau d'eau, dont le volume médiocre va s'ajouter à celui des eaux générales de la rivière du Val-de-Camps, il existe deux sources situées entre la route et la rivière, une de chaque côté de l'aqueduc, qui appartiennent exclusivement au propriétaire du paroir (aujourd'hui M. Ortigue aîné), quoique leurs eaux paraissent y avoir été amenées par des canaux souterrains faits à main d'homme.

C'est ce qui résulte de l'article 6 du cahier des charges dressé pour la vente aux enchères des biens de feu Jean-Baptiste-Honoré Légier, qui eut lieu en 1811 ; cet article est ainsi conçu :

« Les deux sources qui se trouvent à côté du ruisseau conduisant les eaux de « la fontaine du Tuvé à la fabrique, l'une au levant l'autre au couchant, demeu- « reront exclusivement affectées à la dite fabrique, avec faculté à l'adjudicataire « de cette fabrique de faire les ouvrages nécessaires pour la conservation et la « dérivation des dites sources. »

Cette disposition a été corroborée plus tard, par un jugement rendu le 24 juin 1831, par le Tribunal civil de Brignoles, à la suite d'une action judiciaire intentée à l'occasion des fouilles faites en 1829, par Joseph Légier, alors propriétaire de la terre dans laquelle sont ces sources.

Louis Légier, propriétaire du paroir et des sources, ayant déclaré se contenter de la défense qu'aucune fouille ou nouvelles œuvres ne vînt nuire à ses droits, le Tribunal prit acte de cette déclaration et débouta Joseph Légier, devenu demandeur, et le condamna aux dépens.

Arrosage par l'Eau de Caramy

EXPOSÉ GÉNÉRAL.

L'arrosage par le canal amenant l'eau de Caramie aux Moulins Bessons présente une origine et un caractère tout différents.

Lorsque ces moulins furent achetés par la Communauté en 1499 et 1501, ils ne prenaient pas l'eau de Caramie dans le lit de la rivière au moyen d'un barrage fait pour eux ; mais seulement dans le canal du paroir à draps et du martinet situés en face de la Chapelle de Saint-Jean, au lieu appelé alors Gau de St-Jean, et actuellement les Quatre-Paysans.

Les propriétaires de ces paroirs, canal et écluse, avaient le droit de préférence sur cette eau, ce qui était un sujet continuel de contestations et de procès,

EXPOSÉ GÉNÉRAL.

et les Moulins Bessons ne pouvaient marcher qu'à l'aide de l'eau du Val-de-Camps, sortant du Moulin Commun, beaucoup plus abondante que celle venant de Caramie.

Le Moulin Besson ne devait l'arrosage qu'aux acquéreurs des terres des Dames de Nazareth.

Au point de vue spécial de l'arrosage, il semble que le canal des Moulins Bessons, depuis le *Gau de St-Jean* jusqu'à la ville, n'était tenu qu'envers ceux de ses riverains, qui avaient reçu un droit réel d'arrosage en achetant leurs terres.

Je fonde cette opinion sur ce que l'acte royal du 12 novembre 1293 fait donation au Monastère de Nazareth, non-seulement des moulins de la porte Barralier (les Bessons), mais aussi d'une terre très-considérable, confrontant : « *d'un côté avec la rivière* appelée Caramie, de deux autres côtés avec l'eau du béal des moulins de la porte Barralier, et avec le pré de Bertrand Gaufrid, et avec le jardin d'Hugues Rimbaud, et avec la terre de l'Église de St. Martin, et avec le béal du moulin de Puget. »

Cette terre, appelée *Condamine*, était-elle arrosable? On peut le supposer ; mais rien ne l'indique.

En admettant, chose à peu près certaine d'après l'aspect des lieux, que le béal fut alors où il est encor actuellement, cette terre aurait été limitée à l'est et au midi par le béal, depuis la ville jusqu'à la rivière de la Celle, et à l'ouest et au nord par la rivière de Caramie, depuis la rivière de la Celle jusqu'au pont de Notre-Dame, et puis par le chemin public jusqu'à la ville ;

Et comme le Roi avait cédé, *par une faveur spéciale* (1) au Monastère de Nazareth *tous droits, action réelle et personnelle, utile et directe ou mixte, que la couronne avait sur tous ces biens,* les Dames de Nazareth possédèrent en toute franchise, et devinrent maîtresses absolues du sol, de l'eau et du canal; il n'exista d'autres arrosages que ceux qu'elles voulurent conserver ou concéder.

Or ces Dames aliénèrent une grande partie de ces biens dès 1340, et les actes des 13 novembre 1341, 25 juillet 1342 et 1er mai 1344, par lesquels elles cédèrent à divers particuliers la majeure partie de la terre *Condamine*, à bail perpétuel, moyennant *cens annuels*, accordant presque tous à l'acquéreur *le pouvoir de prendre l'eau du moulin pour arroser ;* de sorte que la plupart des terres contiguës au canal, de la ville à la rivière de la Celle, auraient acquis le droit d'arrosage tel qu'il pouvait être en 1340 avec le faible volume d'eau arrivant du béal du martinet, eau souvent retenue par les propriétaires de cet engin qui avaient le privilége d'arroser à leur gré.

---

(1) Tradimus, et ex causa donationis. . . *concedimus in perpetuum* ex certa scientia ac de libertate mera et gratia speciali transferentes in dictum monasterium omne jus actionem realem et personalem utilem et directam seu mixtam quod et quam curia nostra habet in illis.

Dans le rapport d'une Commission nommée par le Parlement, 2 octobre 1681, pour rechercher la fondation de ce monastère, et présenter l'état des biens et donations à lui faites, il est dit que le Roi avait fait ces donations *du 12 novembre 1293, en récompense* de 200 onces d'or que sa Cour Royale devait au dit monastère.

1344.

EXPOSÉ GÉNÉRAL.

D'autre part, nous avons vu que la Ville, après avoir acquis de divers particuliers les Moulins Bessons avec tous les droits et priviléges ayant appartenu aux Dames de Nazareth, ne pouvant les faire mouvoir à cause de l'insuffisance de l'eau venant de Caramie, agit en maîtresse absolue du canal et de l'eau de la rivière.

La Ville,
représentant
les Dames
de Nazareth, est
propriétaire
et maîtresse des
eaux,
comme du canal
et des moulins.

Elle n'hésita pas à éliminer le canal ancien pour le remplacer par un canal prenant l'eau dans la rivière à un point plus éloigné et supérieur à l'ancien barrage du *Gau de St-Jean*, et à diriger cette eau vers le pont de la Celle pour la jeter dans le béal du Moulin Commun, de manière que le Moulin Besson n'aurait reçu que par ce béal, et à la sortie du Moulin Commun, l'eau réunie du Val-de-Camps et de Caramie.

Il est évident que ce système de canalisation anéantissait l'arrosage de la *Condamine*, qui, privée de l'ancien béal, n'aurait pu prendre l'eau qu'au canal du Moulin Commun, c'est-à-dire à l'est, contre la terre de St-Martin.

Dans les délibérations, prises par le Conseil de la ville au sujet du creusement et de la direction du nouveau canal, ainsi que de l'achat des terres sur lesquelles on le faisait passer, il n'est aucunement parlé du sort des anciens arrosants; la ville ne se préoccupe que de faire arriver à ses moulins la plus grande quantité d'eau possible, et même, afin d'alléger ses dépenses, elle accorde l'arrosage en payement des terres qu'elle achète pour le nouveau canal.

Il est vrai que ces projets sont abandonnés malgré les grandes dépenses déjà faites, les nouveaux canaux sont comblés, la ville achète successivement le paroir et le martinet, ainsi que l'écluse *du Gau de St-Jean;* elle établit une écluse beaucoup plus haut (l'écluse du Plan), et, par un canal qu'elle fait creuser dans le terroir de la Celle, elle amène au Moulin Besson toute la partie de l'eau de Caramie attribuée au Monastère de Nazareth dans la transaction du 34 août 1295.

Mais il semblerait qu'elle fait peu de cas du droit que nous venons de reconnaître aux propriétaires de la *Condamine,* car elle s'empresse d'accorder la faculté de prendre l'eau du canal à tous les habitants de Brignoles, possédant des terres susceptibles de la recevoir, à condition que ces terres seront immédiatement encadastrées comme arrosables, et qu'elles seront imposées comme telles. Le double but de la ville était donc de favoriser tous les habitants, et d'en retirer une augmentation de revenus. (1)

La Ville concède
la faculté
d'arroser par
l'eau du canal
des moulins,
moyennant taxe
ou redevance.

---

(1) L'Assemblée des trois États fixait, chaque année, la somme donnée au Roi, ainsi que celle votée pour l'administration de la Province, pour l'entretien des troupes, etc. . .

Cet impôt général était réparti sur tout le pays, et il était payé moyennant un tant par feu; de sorte que Brignoles, composée de 46 feux, n'avait à prélever pour le Roi ou la Province, sur ses revenus, que la quotité fixée pour ses 46 feux, le surplus lui restait pour ses dépenses locales.

Dès-lors un accroissement de valeur cadastrale tournait à son profit particulier.

EXPOSÉ GÉNÉRAL.

La Ville obtient
pour
les habitants de
Brignoles
le droit de faire
passer l'eau
à travers les
terres voisines
de
leurs héritages.

Elle fit plus : par délibération du 18 octobre 1584, elle demanda que les habitants de Brignoles fussent autorisés à faire passer l'eau à travers les terres voisines pour la faire arriver à leurs héritages, et le Roi Henri IIIe accorda cette autorisation par lettres patentes du 14 mars 1588.

La Ville ne laisse
prendre
des arrosages
qu'après
payement de la
somme fixée
pour
cette concession

La Ville était si convaincue de son droit absolu sur l'eau de Caramie, que dès 1530, avant d'avoir fait l'écluse du Plan, mais après avoir acheté l'écluse et le béal Mercadier, elle ordonne, à la date du 3 octobre, que personne ne prendra l'eau du béal avant d'avoir payé au Trésorier de la ville la somme fixée par les ordonnances précédentes, sous peine de deux florins par contravention, et elle motive cette défense sur ce que ceux qui usent de cette eau pourraient prétendre plus tard à un droit de possession à leur profit, et au préjudice des moulins de la ville. (1)

Le 21 novembre 1541, « le Conseil commet à trois de ses membres d'aller, en s'adjoignant deux experts, voir et reconnaitre ceux qui prennent l'eau du béal à leur proffit, afin d'en faire un rolle et de les taxer comme le Conseil le décidera. » (2)

La Ville
règlemente les
arrosages.

Enfin, *le 10 février* 1550, « le Conseil ordonne de faire des règlements pour les arrosages de la ville *(far capitouls sur l'aygage)*, et de nommer des aygaliers, et que les particuliers, qui refuseraient de se soumettre à ces règlements et à leur exécution par les aygaliers, seront poursuivis judiciairement aux frais de la ville et soumis à une amende d'un écu d'or au soleil.

« Commis à Me Jean Masse de Rostan, Honorat Tanaron et François de Collonia, de faire ces règlements et de choisir les aygaliers. » — *Fol*[o] 618. *V*[o].

---

(1) Item au ordonat que, per so que lo béal del molin nou ven par possession de certans particuliers et porria portar proffit à tals particuliers et altres que ayent pres del dich béal possessions en prenant l'ayga del dich béal en préjudici dels molins et de la villa, que degun nou la puesco ny ause prendre que premierament non ayo pagat à la villa ho al Thésaurier la summa jà ordenado coma apareyt à l'autre libre de las ordenansas fach devant aquest à fol[o] . . . . ., et aquo sus la peno de florins dos applicado. . . etc. . . . , — *Fol*[o] 43.

Le registre précédent étant perdu, on ne peut connaitre les motifs de la première ordonnance, ni les conditions de la permission d'arroser. — Etait-ce une redevance annuelle, ou un prix de concession à titre onéreux ? Je pencherais pour cette dernière forme, d'après la délibération suivante :

(2) Item, ausido la requesta fach per plusiors appellas dessus nommas disent la villa aver à recebre plusiors soumos d'argent de plusiors particulliers prenants proffit et ayguants per rason dal béal qual si fest dels mollins nous so que serie fort bon de si exhigir — an conclus et comes à Gaspard Roux, Johan Masso et noble Johan Clavier plus joyne, appellats amb ellos dos das extimadors, de se transportar lou long dals dichs béals per aqui veser et palpar aquellos que prenon proffit et ayguon par rason dal dich béal et aquo en far un rolle per y estre provesit como leur conseill portara. — *Fol*[o] 380. *V*[o].

EXPOSÉ GÉNÉRAL.

Item, « ont conclu et commis à Monsieur le Consul François Beynet, lorsqu'il ira à Aix, de faire lever et apporter au nom de la ville des lettres de provision sur les ordonnances faites tant sur les arrosages et aygaliers, que sur ceux qui ôtent l'eau des moulins de la ville les jours prohibés. » — *Fol°* 620.

La Ville reçoit la sanction légale de ses réglementations

Une multitude de délibérations ou ordonnances, qu'il serait fastidieux et superflu de rapporter, démontrent que la ville exerçait une autorité souveraine sur les prises d'eau, sur les eaux du canal, sur le curage, l'entretien de l'écluse, du canal et de ses bords, ainsi qu'il a été exposé avec plus de détails au sujet de la rivière et des moulins; elles établissent également son droit d'accorder et de retirer l'arrosage et d'employer l'eau selon sa convenance.

Il suffira d'en citer deux qui paraissent concluantes :

Le 6 *octobre* 1608, « le Conseil décide que sera mis aux enchères le fossé nouveau qui vient du ruisseau de la Val de Camps, et sera délivré à qui en faira la condition meilleure, à pache que les particuliers qui prendront *de nouveau* l'arrosage fourniront et payeront la moitié de ce que se montera la dépense pour creuser le dit vallat, et pour l'autre moitié, que la Communauté payera. — *Fol°* 41. *V°.*

La Ville n'accorde l'eau du canal venant de la Val-de-Camps, qu'à ceux qui payeront la moitié du coût du nouveau canal.

« Et, en effet, *le* 9 *novembre suivant*, on met aux enchères de changer le fossé du Moulin Commun, qui devra avoir une canne de largeur et cinq pans de profondeur; cinq personnes de la ville d'Arles viennent soumissionner et demeurent adjudicataires au prix de huit souls pour canne courante. » — *Fol°* 58. *V°.*

De sorte que la ville, *pour sa commodité,* ainsi qu'il est dit dans la délibération du 6 novembre, *fol°* 48, fait changer la direction du béal apportant l'eau du Val-de-Camps au Moulin Commun, et annonce qu'elle n'accordera d'y prendre l'eau pour arrosage qu'à condition que les propriétaires qui en voudront payeront la moitié des frais, etc...

Voilà un acte de maître, s'il en fut jamais; changer un béal de place, et dire aux riverains, arrosants depuis longtemps par le canal : vous n'arroserez de nouveau que si vous payez la moitié de ce que coûtera le nouveau canal !

Le 31 *juillet* 1628, « quelques années après la construction de l'écluse du Plan, le Conseil commet M. le Consul Rippert, M. Limogal et Jehan Degromettis, à aller bailler les arrosages nécessaires aux particuliers des Consacs, et encor de faire venir l'eau, qui vient de sous le pont de la Celle, aux béaux des moulins de la Communauté. » — *Fol°* 236.

La Ville règle la distribution de l'eau de Caramie aux arrosants des Consacs.

Quelle que soit la signification attribuée au mot *bailler*, il en résultera que la ville fit elle-même aux propriétaires des Consacs la distribution de la part qu'elle

EXPOSÉ GÉNÉRAL.

accordait à chacun d'eux, de l'eau qu'elle venait de dévier de Caramie par le moyen de l'écluse et du canal récemment faits ; c'est comme un partage de son bien fait par le père de famille à ses enfants ; peut-être y eût-il distribution ou règlement écrit.

De tout ce qui précède, joint aux nombreux actes administratifs par lesquels la ville a exercé ses droits de propriété et d'entière possession des eaux dérivées pour les moulins, ainsi que des écluses et canaux y attachés, et notamment des conditions formulées, lors de l'aliénation de tous les biens de la Communauté en 1641, où, au sujet de la cession des moulins, la ville se réserve expressément *toute* l'eau *non nécessaire* aux dits moulins, depuis la prise (écluse du Plan) jusqu'au débouché dans la rivière, vers le Vabre, et de plus, *se réserve* l'usage de l'eau pour l'arrosage pendant les jours juridics, je n'hésite pas à conclure que :

Conclusion :
La Ville fut et demeure propriétaire des canaux, des écluses et des eaux appartenant aux moulins.

1° La Communauté, par ses titres d'acquisition des moulins, est aussi devenue propriétaire des canaux, des écluses et des eaux affectées ou concédées aux dits moulins ;

2° Elle ne s'est jamais départie de l'intégralité de ses droits de propriétaire, et elle s'est constamment opposée à toute usurpation ;

3° L'arrosage des terres est une concession de sa part. (Cette concession doit-elle être considérée comme faite à titre onéreux, ou devenue un titre réel par une possession patente et incontestée plus que séculaire ?)

4° Les aliénations successives de ses moulins et les concessions pour l'arrosage et pour les fabriques de tannerie ou autres, n'ont pas altéré les droits de la ville sur l'eau, ni sur les écluses et les canaux, ni son droit de police et de règlementation sur les prises d'eau, les éclusées et toutes autres œuvres pouvant apporter un changement quelconque à l'état des lieux ou au mode de jouissance.

Cet exposé sommaire m'a paru un préliminaire indispensable pour constater la position faite à la ville de Brignoles par ses acquisitions successives des moulins de Puget, de ceux de la porte Barralier et de ceux de M. de Vins, ainsi que par l'établissement de l'écluse du Plan et du canal nouveau, au moyen desquels un volume d'eau beaucoup plus considérable est venu complètement changer la force motrice des moulins et permettre d'étendre et de multiplier les arrosages ; de sorte qu'on peut dire que la ville, par l'élimination des paroir et martinet *du Gau St-Jean* et sa prise d'eau sur la rivière, a tellement transformé l'état des choses, qu'il ne reste plus rien de ce qui existait lorsqu'elle acheta les Moulins Bessons, et qu'elle s'est créé une propriété totalement distincte et indépendante de la précédente, ne conservant de la donation Royale que les droits et priviléges cédés au Monastère de Nazareth sur l'eau de Caramy.

1846-1850.

Arrosage par l'Eau du Canal du Plan

La ville avait ordonné des règlements d'arrosage pour les eaux de St-Siméon, de St-Pierre, des Pourraques et autres sources situées dans le terroir de Brignoles ; je n'ai rencontré aucune trace d'un règlement analogue pour les eaux de Caramie ou du Val-de-Camps ; cependant les propriétaires arrosants des Consacs ont suivi jusqu'à ces derniers temps, un système de division par quartiers avec des syndics pour chaque quartier, et il serait surprenant que l'arrosage se fût fait pendant des siècles sans un règlement écrit, assignant à chacun ses jours et heures d'arrosage.

Quoi qu'il en soit, les propriétaires des Consacs ont arrosé leurs terres pendant plus de deux cents ans sans qu'il reste trace d'aucune réclamation sur l'insuffisance d'eau, ni d'aucune demande de règlementation.

En 1846, « quelques propriétaires, dont les terres situées près de la ville, c'est-à-dire dans la partie la plus éloignée de l'écluse, ne recevaient pas assez d'eau en suite des abus commis par des arrosants supérieurs, provoquèrent un règlement qui leur assurât la jouissance de l'eau à laquelle ils croyaient avoir droit.

Des propriétaires des Consacs demandent au Préfet la règlementation de leurs arrosages.

Après avoir vainement essayé une entente entre tous les arrosants convoqués et réunis dans ce but à l'Hôtel-de-Ville, les Syndics des particuliers intéressés adressèrent à M. le Préfet des pétitions datées du 16 août 1846, à l'effet d'arriver à un règlement d'arrosage.

Les Syndics chargèrent M. Roux, conducteur des ponts et chaussées, résidant à Brignoles, de dresser un projet de règlement d'arrosage par les eaux du Canal du Plan ; ce projet, clôturé sous la date du 23 octobre 1847, fut approuvé par Messieurs les Syndics le 14 février 1848.

M. Roux dresse un projet de Règlement.

23 octobre 1847.

Il est à présumer que la Révolution politique du 24 de ce même mois de février suspendit l'exécution de ce projet, car ce ne fut que *le 19 mai 1850,* « que le Conseil municipal, auquel ce règlement avait été présenté, nomma une Commission composée de cinq de ses membres, chargée de dresser un cahier des charges pour le bail du moulin, et de procéder à la vérification du règlement des eaux pour l'usage des propriétaires du Plan. — *Folo 119. Vo.*

Le 18 août suivant, cette Commission fit son rapport au Conseil, qui prit la délibération suivante :

Le Conseil municipal approuve ce projet de Règlement, en réservant tous les droits de la Commune.

« Vu la délibération du Conseil municipal de cette Commune, prise le 19 mai 1850, qui nomme Messieurs Marbec, Niel, Reboul, Roubaud et Martre, membres de la Commission chargée d'examiner le projet de règlement fait par M. Roux, conducteur des ponts et chaussées, des eaux du quartier du Plan, dans l'intérêt des propriétaires co-arrosants de ce quartier ;

« Vu le plan des lieux , qui se rattache à cette affaire , dressé par le même ingénieur ;

« Le Rapporteur de la Commission entendu dans le développement des réflexions mûries par la dite Commission dans le silence du cabinet ;

« Considérant que la Commune de Brignoles peut avoir intérêt, comme propriétaire des Moulins Bessons , au règlement des eaux proposé ;

« Que cet intérêt serait actuel et patent si , en procédant à ce règlement , on procédait aussi à celui des eaux qui arrivent de la Val-de-Camps et de la petite rivière de la Commune de la Celle qui , en venant se joindre à celles de l'écluse du Plan , donneraient réellement une facilité et un avantage pour la mise en mouvement des moulins appartenants à la Commune, en ce sens que la surveillance des eaux qui les alimentent serait beaucoup plus efficace , si l'on pouvait surtout convertir les heures de veilles en heures des jours ordinaires de l'année , ainsi qu'il en a été question ;

« Le Conseil municipal donne un avis favorable au projet de règlement des eaux venant de l'écluse dite du Plan , en déclarant toutefois que la Commune ne pourra et ne devra être liée par ce projet que lorsque les eaux venant de la Val-de-Camps et de la petite rivière de la Celle seront aussi réglées dans les conditions des eaux qui arrivent de l'écluse dite du Plan. » — *Folo 122. Vo.*

Enquête
sur le projet de
Reglement
des
eaux du Plan
et de la
Val-de-Camps,
présenté
par l'Ingénieur
en chef
du département
du Var.

Le 15 avril 1853, M. le Préfet du Var rendit un arrêté ordonnant une enquête de vingt jours, du 1er au 20 mai 1853, sur le rapport de M. l'Ingénieur chargé du service hydraulique , au sujet des pétitions présentées par divers propriétaires des communes de Brignoles et de la Celle , dans le but d'obtenir *la règlementation des eaux de l'écluse du Plan, de la Celle et du Val-de-Camps,* et sur le *projet de règlement* présenté par l'Ingénieur en chef des ponts et chaussées du département.

Les archives du Syndicat sont veuves de ce rapport, de ce règlement et du registre de l'enquête ; de sorte qu'il n'est pas possible d'indiquer, même approximativement , en quoi consistait ce deuxième projet de règlement.

Arrêté du Préfet
ordonnant
un 2e Règlement
portant
sur le curage de
la rivière, etc.

Le 7 octobre 1853, sur la demande de M. le Maire de Brignoles , M. le Préfet du Var rendit un deuxième arrêté portant « règlement pour le curage de la « rivière de Caramy, dans toute l'étendue des territoires des communes de Bri- « gnoles et de la Celle , et l'organisation des propriétaires intéressés en associa- « tion syndicale pour l'exécution de ce règlement. »

Ce règlement est imprimé, avec des lacunes en blanc pour y écrire les dates et quelques dispositions particulières ; il est précédé de considérants écrits qui visent le rapport de l'Ingénieur hydraulique , en date du 29 avril 1853 , et le projet de règlement dressé par M. l'Ingénieur en chef le 2 mai 1853 : rapport et règlement postérieurs à l'enquête ordonnée le 15 avril 1853.

Cinq mois après, un troisième arrêté du Préfet, à la date du 10 mars 1854, visant dans ses considérants ou préambule :

1854.
—
3ᵉ Règlement
par
arrêté du Préfet,
des eaux de
Val-de-Camps,
la Celle
et du
Canal du Plan.

La pétition déjà citée des Syndics et autres arrosants, du 16 août 1846 ;

Les pièces des enquêtes ouvertes dans les communes de Brignoles, Camps et la Celle ;

Le projet de règlement dressé par M. Roux, le 23 octobre 1847 ;

La délibération du Conseil municipal de Brignoles du 18 août 1850 ;

Le projet de règlement dressé par M. Gaduel, le 1ᵉʳ mars 1853 ;

Portait, sous cette date du 10 mars 1854, le même règlement imprimé, déjà porté dans l'arrêté du 7 octobre 1853, mais avec quelques modifications majeures.

Son titre est : *Règlement des Eaux des Ruisseaux de Val-de-Camps, de la Celle et du Canal du Plan,* tandis que le titre du règlement de 1853 était : *Règlement pour le Curage de la Rivière de Caramy,* etc..., sans mentionner celles *de Val-de-Camps et de la Celle;*

En 1853, l'article 3 était tel que le porte l'imprimé, disant : *le Directeur est choisi parmi les notables habitants non intéressés;*

En 1854, cette ligne est biffée et remplacée par les mots écrits entre lignes : *le Maire de Brignoles est de droit Directeur de l'Association;*

Dans l'article 9, indiquant la mission du Syndicat, il a été ajouté *de préparer les Règlements d'arrosage ou de provoquer la modification des Règlements existants.*

Ces trois modifications changent complètement la nature et le but de ces règlements; en 1853, il ne s'agissait que du curage et entretien de la rivière de Caramy et de ses dérivés, et en 1854 c'est le règlement des eaux, non-seulement de Caramy dérivées dans le Canal du Plan, mais encore de toutes celles du Val-de-Camps; le Directeur n'est plus choisi, mais le Maire est Directeur de droit; enfin il est donné à ce Syndicat la mission de préparer de nouveaux règlements d'arrosages et de provoquer la modification des règlements existants : aussi l'ancien mode d'arrosage a été complètement changé et remplacé par un système, dont l'expérience de quinze années n'a pas encore prouvé la supériorité, ainsi que nous allons le voir.

Le 18 du même mois de mars, un arrêté du Préfet nomme les membres du Syndicat, dont les premières occupations sont de régler les honoraires de M. Roux pour ses travaux de 1847, et de confier à M. Just, exerçant la profession d'Ingénieur civil, la mission de faire un projet de Règlement d'arrosage.

Ce Règlement, signé par M. Just à la date du 24 décembre 1856, comprend les terres arrosées par l'eau du Canal du Plan, depuis l'écluse du même nom jusques et y compris la Burlière.

Le Syndicat approuva ce Règlement par sa délibération du 7 janvier 1857, en observant que la nature du sol exige le litre d'eau par seconde donné à l'arrosage dans ce projet , et demandant au Préfet d'approuver ce Règlement et d'ordonner la suppression des jours juridics et de les remplacer par 46 heures d'eau par semaine du samedi au lundi , et cela pour l'arrosage par les eaux du Canal du Plan , ainsi que par celles du Val-de-Camps.

5ᵉ Règlement d'arrosage.

Une enquête sur ce Règlement fut ordonnée par un arrêté préfectoral du 16 janvier 1857 ; il n'a rien été conservé de cette enquête , pas même l'arrêté; mais il paraît que ce Règlement fut annulé, et M. Just en présenta un autre sous la date du 28 août 1857, lequel fut approuvé par M. le Préfet le 20 mars 1858.

Le 30 *janvier* 1858, un arrêté ordonnait une enquête , dont il ne reste pas de trace.

Le Syndicat soutient que 3/4 de litre d'eau ne suffisent pas.

Le 21 *février,* le Syndicat, contrairement à l'avis de l'Ingénieur en chef du département (16 janvier 1858) prétendant qu'un débit continu de 3/4 de litre d'eau par seconde et par hectare suffit largement à l'arrosage , observe que le débit de la rivière de Caramy, en amont de l'écluse, est de 278 litres ; que les terrains situés sur la rive droite du Canal du Plan sont arrosés par l'eau du Val-de-Camps , de sorte que la rive gauche est seule arrosée par l'eau de Caramy ; que la culture maraîchère de ces terres, demande un arrosage plus abondant, etc... ; et il conclut à demander au Préfet l'ordre d'exécuter le projet tel qu'il a été présenté.

M. Came persiste à maintenir 3/4 de litre, comme suffisant

Le 28 *février,* M. Came, ingénieur en chef du département , répond à cette délibération par une lettre où il défend et soutient son opinion sur la suffisance de trois quarts de litre d'eau , disant que les motifs invoqués par le Syndicat ne sont que de la routine ; que le Conseil général des Ponts et Chaussées a fixé ce maximum de 3/4 de litre en ayant sous les yeux tous les résultats obtenus dans chaque contrée de la France , et qu'il maintient son opposition comme affaire de principe.

Enquête.

Enfin une enquête est ordonnée le 20 mars 1858 : il n'en a rien été conservé comme des précédentes.

Pendant toute l'année 1858 , le Syndicat est occupé à approuver les projets de réparations et redressements du Canal du Plan , et autres travaux présentés par M. Just , pour mettre à exécution son Règlement d'arrosage.

Le Syndicat décide de remplacer les jours juridics par 46 heures d'eau par semaine.

Le 4 *février* 1859, le Syndicat, sur la proposition de son Directeur, délibère de remplacer les anciens jours juridics par 46 heures d'eau chaque semaine , du samedi au lundi, ce changement étant indispensable au fonctionnement du nouveau Règlement ; de soumettre ce changement à l'avis du Conseil municipal, et de demander au Préfet l'autorisation de rendre de suite ce changement applicable et commun aux deux sections d'arrosage.

Le 6 *février,* cette délibération du Syndicat est soumise au Conseil municipal qui, « considérant que le changement demandé par le Syndicat est indispensable à l'exécution du Règlement sollicité depuis longues années par la majorité de la population ; que ce changement, loin de nuire aux usines, leur sera profitable, parce qu'il y aura impossibilité de leur usurper les eaux dans le temps non consacré à l'irrigation ;

« Approuvant à l'unanimité la délibération du Syndicat ;

« Délibère que dorénavant les eaux du Canal du Plan, de la Val-de-Camps et de la rivière de la Celle, seront consacrées à l'irrigation du premier avril au 30 septembre, tous les samedis et dimanches de chaque semaine, durant quarante-six heures, au moyen de quoi tous les anciens usages seront supprimés dès le premier avril prochain, même pour la section des eaux de la Val-de-Camps et de la Celle, non encore règlementées. » — *Fol*° 155. *V*°.

Le Conseil municipal supprime tous les anciens usages, et fixe le temps d'arrosage pour les eaux de Caramy et du Val-de-Camps.

Le Préfet approuva cette délibération le 26 mars suivant.

Le 30 mars, un arrêté du Préfet nomme François Berthon, garde-rivière.

François Berthon, garde-rivière

Le 4 avril, le Syndicat vote l'acquisition de diverses parcelles de terre, afin d'établir des rigoles nécessaires pour parer au refluement des eaux occasionné par les seuils posés dans le Canal du Plan, et qui endommagerait les terres voisines.

Le 4 juillet, le Syndicat reçoit communication de divers inconvénients, que l'expérience a fait reconnaître dans le nouveau mode d'arrosage, et il délibère qu'il sera procédé immédiatement aux améliorations et changements nécessaires au succès de l'arrosage : il rejette ensuite la demande des arrosants de la Burlière qui réclamaient l'eau à eux dévolue par l'ancien mode d'arrosage.

Le Syndicat admet divers changements dans le Règlement d'arrosage, et rejette une demande des arrosants de la Burlière.

Le 3 octobre, le Syndicat délibère de faire démolir les seuils établis dans le canal, du n° 4 au n° 11, afin de parer à la perte de l'eau et aux dommages produits par l'infiltration dans les terres voisines.

Le Syndicat fait démolir huit des seuils établis dans le canal.

Cette délibération est soumise à une enquête par un arrêté du Préfet, qu'une lettre du Sous-Préfet du 19 novembre adresse au Maire. — Cet arrêté a disparu ainsi que les pièces de l'enquête.

Enquête.

Le 31 octobre, le Syndicat approuve le procès-verbal de réception définitive des travaux faits au Canal du Plan, s'élevant à 786 fr. 13 ; il ouvre un crédit de cette somme, ainsi que de 500 fr. pour honoraires d'avocat et avoué.

Le 14 novembre, il est présenté au Syndicat l'exposé des nombreux défauts reconnus dans le Règlement d'arrosage récemment mis en pratique, délibéré : « de remplacer les seuils, en pierre, qui ont été enlevés, par des seuils mobiles en bois ; de faire une nouvelle répartition du temps d'arrosage, en ne commençant que le 15 avril pour finir le 15 septembre ;

Remplacer les seuils enlevés par des seuils mobiles, et changer les temps de l'arrosage.

« D'attribuer toute l'eau, aux premières heures, aux terrains de MM. Blachas, qui occasionnent un reflux sur l'écluse ;

Arrosage de MM. Blachas.

1859-1860.

« Et d'inviter M. Just à faire les changements ci-dessus, et à travailler incontinent au Règlement des eaux de la deuxième section, c'est-à-dire du Val-de-Camps et de la Celle. »

6° Règlement
d'arrosage.

Le 31 *janvier* 1860, le projet d'un nouveau Règlement d'arrosage par les eaux du Canal du Plan (sixième projet), ainsi qu'un rapport sur ce Règlement, sont présentés par M. Just au Syndicat, qui les approuve le 12 février, et les recommande à l'approbation du Préfet.

Règlement
d'arrosage
du
Val-de-Camps.
—
17 février 1860.

Le 20 *février*, le Syndicat approuve le projet de Règlement d'arrosage de la deuxième section, Val-de-Camps et rivière de la Celle, présenté par M. Just sous la date du 17 du même mois.

Le 2 *mars*, lettre du Sous-Préfet adressant au Maire l'arrêté préfectoral, qui soumet ce dernier Règlement à une enquête ; une affiche visant cet arrêté lui donne la date du 28 février, mais il n'y a pas de registre d'enquête.

Rapport
de l'Ingénieur
hydraulique
sur ce
dit Règlement.

Le 12 *avril*, rapport de l'Ingénieur hydraulique sur le projet de Règlement des eaux du Val-de-Camps : il conclut à l'adoption, malgré de nombreuses observations, et il mentionne l'intention du Syndicat de revendiquer la source de la Présidente (Landrieu), comme soumise à sa juridiction, et d'intenter, au besoin, un procès aux usagers actuels de cette source.

Rapport
de l'Ingénieur
hydraulique
sur les
modifications
projétées
par le Syndicat
sur l'arrosage
du Plan.

18 *du même mois d'avril* 1860, rapport du même Ingénieur, sur les modifications, que le Syndicat veut apporter au Règlement d'arrosage du Canal du Plan ; il observe que :

« Le débit de ce canal n'est pas de 180 litres au moins, ainsi qu'on le croyait, il est descendu, l'an dernier, à 147 litres 1/4 environ ;

« Les arrosants n'ayant, d'après le Règlement, que 46 heures d'eau par semaine, pendant la moitié de l'année, pour une surface de 65 hectares 44 ares 90 centiares, ils sont sujets à ne pas recevoir l'équivalent du débit continu de trois quarts de litre par seconde et par hectare ;

« Afin de leur procurer cette quantité assurée, le Syndicat demande que le nombre d'heures soit porté à 56 par semaine ; mais, comme ils n'ont droit à la jouissance des eaux que pendant 1288 heures par année, le Syndicat propose de réduire la durée des arrosages entre la mi-avril et la mi-septembre ;

Conclusions
du Rapport.

« L'Ingénieur conclut : comme les arrosages peuvent être nécessaires plus tard, il conviendrait que le Syndicat achetât aux usiniers 112 heures d'eau ; il propose aussi de donner 2 heures 42 minutes d'eau aux arrosants de Cybelle qui font refluer l'eau sur l'écluse, sauf à eux à baisser leurs terrains, s'ils veulent profiter de toutes leurs eaux. »

Le 27 avril, le Syndicat vote une répartition d'impôt de 34 fr. par hectare, afin de payer les 2,244 fr. montant des travaux exécutés pour la première rectification du Règlement ; il approuve aussi le devis estimatif des travaux à exécuter au Canal du Plan pour modifier les prises, et il vote à cet effet un crédit de 1750 fr. 50 cent.

Il approuve ensuite le compte de gestion du 16 mars précédent, dont les recettes s'élèvent à 10,403 fr. 37 cent., et les dépenses à 12,362 fr. 78 cent. — Enfin il vote le budget de l'année courante 1860, dont les recettes sont portées à 2,702 fr. 55 cent., et les dépenses à 2,258 fr. 81 cent.

Le 11 février 1861, le Syndicat délibère de faire dresser d'urgence par M. Just le devis des travaux à opérer pour exécuter le Règlement du 17 février 1860 (section du Val-de-Camps) ;

Il approuve l'état des honoraires dressé par M. Just le 3 janvier dernier, et il ouvre au Directeur un crédit de 860 fr. 69 cent. pour le payer.

— Approuvé par le Préfet, le 20 du même mois de février

8 *juillet* 1861, arrêté du Préfet nommant M. Blachas, Directeur du Syndicat.

5 *novembre,* les propriétaires, qui arrosaient avec l'eau qui passe sous le pont de la Celle, adressent à M. le Préfet la demande d'être maintenus dans la jouissance de cet arrosage, qui leur a été accordé par le Conseil municipal le 24 août 1659, en échange de leurs droits sur l'eau du canal du Moulin Commun ; ils ont un règlement consenti par tous les intéressés réunis sous la présidence du juge de paix le 1er juin 1818 ; cette eau se perdrait sans utilité, etc...; ils prient donc M. le Préfet de réformer l'arrêté préfectoral du 23 août 1860, en ce qui touche son approbation de l'article 8 du Règlement, qui proposait de supprimer leur arrosage.

— Cette demande fut trouvée juste par le Syndicat, qui l'approuva par sa délibération du 23 novembre suivant, et les pétitionnaires ont continué d'arroser par l'eau passant sous le pont de la Celle.

Le 20 novembre 1861, les propriétaires des terres arrosables du quartier des *Prés-Longs,* firent tenir au Syndicat une déclaration portant opposition au projet de règlementation de leur arrosage, se réservant de recourir aux Tribunaux pour obtenir l'application de l'article 645 du Code Napoléon ; la section du Val-de-Camps n'ayant pas été règlementée, cette opposition n'a pas eu matière à s'exercer.

Le 2 mai 1863, M. G. Mesure présente un rapport sur les modifications à introduire dans le Règlement d'arrosage ; il y énumère plusieurs vices dans le nombre et l'emplacement des barrages établis en travers du Canal du Plan pour distribuer l'arrosage aux terres voisines ; il relève les difficultés de répartir équitablement et intégralement l'eau du canal avec le Règlement adopté ; et il

---

Marginal notes (right column):

1860-1863.
—
Exécuter la modification des prises du Canal du Plan.

Le Syndicat fait dresser d'urgence le devis des travaux nécessaires pour l'arrosage du Val-de-Camps.

M. Blachas est nommé Directeur du Syndicat.

Pétition des arrosants par l'eau qui passe sous le pont de la Celle.

Opposition des propriétaires des Prés-Longs au Règlement d'arrosage du Val-de-Camps.

Rapport de G. Mesure sur les modifications à faire dans le Règlement d'arrosage du Plan.

propose plusieurs changements dans les heures, le nombre des prises, et le mode d'arrosage, qu'il voudrait diviser en deux sections avec deux Règlements distincts : le premier pour tous les quartiers dont les prises sont supérieures aux Moulins Bessons, et le second pour la Burlière, dont la prise serait ouverte pendant la marche du moulin de Vins, comme cela se faisait depuis des siècles jusqu'à 1860.

Ce rapport, approuvé par le Syndicat le 9 de ce mois de mai, fut adressé le même jour à l'approbation du Préfet.

Le 2 septembre suivant, M. le Préfet ordonna une enquête de vingt jours, du 10 au 30 septembre, sur les modifications proposées par le Syndicat sur le Règlement des eaux d'arrosage.

Sur le registre de cette première enquête dix personnes ont écrit leurs observations : quatre arrosants, dont deux se plaignent que l'eau n'est pas suffisante ; le troisième adhère purement aux modifications, et l'autre réclame le rétablissement de l'arrosage spécial de la Burlière, afin que le quartier de Cybelle bénéficie de l'augmentation d'eau qui en résultera pour l'arrosage du Plan ;

Trois usiniers demandent la concordance obligatoire des jours et heures d'arrosage dans les sections du Plan et du Val-de-Camps ;

Le Directeur du premier Syndicat et un des Syndics démissionnaires combattent les modifications proposées et soutiennent que le Règlement existant satisfait à tous les besoins ;

Le Directeur actuel du Syndicat relève les défauts essentiels du Règlement, et affirme que le système d'arrosage simultané, base de ce Règlement, est d'une exécution matériellement impossible, l'arrosage successif et progressif, précédemment pratiqué lui paraît préférable ;

L'avis du Maire
réclame
le maintien
des droits
de la Commune
contre
leur usurpation
par le
Syndicat, etc...

Enfin M. le Maire de Brignoles clôt le registre et, dans son avis, établit les droits de la Commune d'après ses titres de propriété et son mode de jouissance jusqu'à présent ; il démontre que les œuvres du Syndicat ont été une violation manifeste de ces droits, et il demande que le Syndicat n'ait plus à toucher, sous aucun prétexte, au canal ni à l'écluse, propriétés privées de la Commune, et que l'arrosage soit remis aux anciens jours juridics, seul moyen de conserver aux moulins toute l'eau qui leur est due.

Pour complément d'instruction, nous citerons un rapport en date du 20 octobre 1863, où M. l'Ingénieur attaché au service hydraulique, après avoir formulé ses observations sur chaque modification proposée, émet l'avis :

« D'approuver les neuf modifications portant sur les heures d'arrosage et sur des changements dans les prises d'eau ;

« De ne consentir à la suppression des arrosages pendant le mois d'avril, qu'après avoir obtenu le consentement des usiniers intéressés ;

« De rejeter le changement proposé dans l'arrosage de la Burlière, parce que le propriétaire du moulin de Calvi refuse d'y consentir ;

« Et il ajoute qu'il est nécessaire, dans l'intérêt des usiniers, de faire concorder les arrosages de Camps avec ceux de Brignoles. »

Le 23 *octobre*, l'Ingénieur en chef approuve les conclusions de l'Ingénieur hydraulique, en rejetant la suppression des arrosages en avril « où, dit-il, ils sont de première nécessité, cette modification changeant d'ailleurs la base sur laquelle repose la quantité d'eau d'arrosage. »

1863-1865.

L'Ingénieur
en chef rejette
la suppression
de l'arrosage
d'avril

Sur ces deux rapports, M. le Préfet, par un arrêté en date du 7 décembre 1863, ordonna une deuxième enquête, du 15 au 30 de ce mois.

2ᵉ Enquête.

Dans le registre de cette enquête ne figurent que les *dire* de l'ancien et du nouveau Directeur du Syndicat et l'avis du Maire de Brignoles :

L'ancien Directeur, comme chargé des intérêts de M. de Calvi, persiste dans son opposition au rétablissement de l'ancien arrosage de la Burlière, et à celui des jours juridics ; il ajoute que les arrêtés de M. le Préfet ordonnent l'exécution du Règlement d'arrosage du Val-de-Camps aussi bien que celui du Canal du Plan ; que cette exécution établirait la concordance demandée dans les jours d'arrosage, et que l'ancien Syndicat aurait effectué cet arrosage si on lui en avait donné le temps.

Le nouveau Directeur réplique que personne n'a connu la clause stipulée avec M. de Calvi au sujet de l'arrosage de la Burlière, et il demande l'exhibition du titre ou de la convention intervenue là-dessus. — Quant à l'exécution du Règlement dans la Val-de-Camps, la source de Landrieu n'ayant pas été comprise dans ce Règlement, et la Commune de Camps se refusant à tout règlement, cette exécution n'est pas possible, et de plus le Syndicat n'a pas le droit de s'immiscer dans un Règlement étranger à la Commune de Brignoles.

L'avis de M. le Maire est que les propriétaires de la Burlière doivent avoir le moyen d'arroser convenablement leurs terres, et que l'exécution du Règlement dans la 2ᵉ et 3ᵉ section n'est pas praticable dans l'état actuel des choses.

Le 27 *novembre* 1865, l'Ingénieur hydraulique écrivit la lettre suivante au Directeur du Syndicat :

« Je renvoie aujourd'hui au Syndicat du Plan, par la voie officielle de M. l'Ingénieur en chef et de M. le Préfet, le dossier relatif aux arrosages de Camps, pour qu'il prenne une délibération à ce sujet.

« Comme nous avons déjà pu le voir, lorsque j'ai causé avec vous de cette affaire, lors de mon passage à Brignoles, les arrosants de Camps, M. Jaubert compris, aussi bien que MM. Gassier et Nicolet, usagers des eaux de la Présidente, tiennent essentiellement, et avec raison, selon moi, à conserver deux arrosages par semaine. Il me paraîtrait, par suite, bien difficile d'arriver à faire concorder les arrosages de Camps et de Brignoles, à moins que les usiniers de cette dernière Commune, s'ils veulent jouir de toutes leurs eaux, y compris celle de la Présidente, ne consentissent à modifier un peu le Règlement adopté en 1861, en divisant en deux périodes les 112 heures pendant lesquelles ils jouissent de l'eau chaque semaine. Consultez-les à ce sujet et montrez aussi ma lettre à M. Mesure, si vous le jugez convenable.

« Veuillez agréer, etc... Signé : HOSLIN. »

1866
—
Avis du Syndicat
sur l'arrosage
du
Val-de-Camps.

Dans le courant de décembre, M. le Préfet adressa au Syndicat les dossiers relatifs au Règlement d'office des eaux de la Val-de-Camps, et le 15 février 1866 le Syndicat répondit par une délibération motivée : sur la valeur des sources qui forment le ruisseau du Val-de-Camps, sur les conséquences de la résistance du propriétaire de la source de St-Martin et des usiniers de Camps, et sur la nécessité de refaire les derniers Règlements de l'eau du Plan, si on adoptait l'arrosage deux fois par semaine, et concluant par le triple avis :

« 1° Qu'il y a lieu de laisser de côté la règlementation des sources des Faoux, des Fanguets, de Mendric et de Blaï;

« 2° Que l'Administration use de son pouvoir et prenne les mesures nécessaires pour amener le propriétaire de la source de St-Martin et les usiniers de Camps à accepter la modification de l'ancien Règlement;

« 3° Que l'Administration communique au Syndicat ses dispositions à l'égard des modifications à introduire dans la 1re et la 2e section, laquelle comprendrait les terrains et les sources depuis la fin du territoire de Camps jusqu'à la bifurcation avec le canal de la 1re section dite du Plan.

« *Le même jour, 15 février,* le Syndicat,

Le Syndicat
demande
au Préfet d'or-
donner d'office
la
règlementation
des eaux
de la Présidente

« Vu sa délibération du 11 avril 1865, décidant à l'unanimité qu'il y a lieu de prier M. le Préfet de prendre un arrêté d'office pour la règlementation de la source de la Présidente, sur les bases de la transaction du 21 avril 1659, afin d'utiliser les eaux comme de droit ; (1)

« Vu le rapport de M. l'Ingénieur hydraulique en date du 6 janvier 1866; (ce rapport n'est pas dans les archives du Syndicat.)

« Considérant..... qu'avant de s'occuper des propositions de Messieurs les Ingénieurs, il faut que l'arrosage de la Présidente soit compris dans le Règlement de la 2e section, etc..., etc...;

« Délibère à l'unanimité que, avant d'aller droit au fond et donner une opi-
« nion sur les propositions de Messieurs les Ingénieurs, il y a lieu à ce que M. le
« Préfet ordonne par arrêté que la source et les usagers de la Présidente feront
« partie du Règlement de la 2e section. »

M. le Préfet
répond
au Syndicat
que la
règlementation
qu'il demande
échappe à
sa compétence,
et qu'il l'invite
à agir, comme il
l'entendra,
pour arriver
à ses fins.

Le 31 mai suivant, M. le Préfet écrivit à M. le Sous-Préfet :

« J'ai l'honneur de vous renvoyer, accompagnés des nombreux rapports de Messieurs les Ingénieurs, les dossiers relatifs au projet de règlementation des eaux de la Val-de-Camps et de la source de la Présidente dans les communes de Camps et de Brignoles.

---

(1) Cette délibération du 11 avril a été écrite sur le registre avec des formes calligraphiques remarquablement différentes de l'écriture ordinaire du secrétaire du Syndicat, et elle est précédée d'une délibération, en date du 23 janvier 1865 (de la même encre et écriture singulière), demandant la règlementation de la prise du Canal de St-Jean, afin d'augmenter le volume d'eau du Canal du Plan, qui est insuffisant à l'arrosage. Cette dernière délibération n'a été signée par personne, et elle n'est ni bâtonnée ni annulée. — Est-ce un oubli des membres du Syndicat ?

« Ainsi que le font observer Messieurs les Ingénieurs, une nouvelle règlementation devant amener la modification des anciens Règlements et usages
locaux, l'affaire échappe à ma compétence.

« Je ne puis, dès-lors, que vous prier, Monsieur le Sous-Préfet, de vouloir
bien transmettre les deux dossiers ci-inclus au Syndicat, en l'invitant à prendre
les mesures nécessaires pour, s'il le croit utile, arriver à un Règlement d'administration publique, d'après les bases établies dans sa délibération du 15 février
1866.

          « Recevez, etc.....

                    « *Le Préfet du Var,* signé : Montois. »

Le 24 juin 1866, le Syndicat répond à cette lettre :

Réponse
du Syndicat
à M. le Préfet.

« Vu l'instruction à laquelle a été soumise la règlementation d'office des eaux
de Camps (3e section de l'association Syndicale), et celle à laquelle a été soumise
la règlementation d'office de la source de la Présidente, origine principale des
eaux des canaux de la section de la Val-de-Camps (2e section de l'association
Syndicale) ;

« Attendu qu'il résulte des rapports de Messieurs les Ingénieurs l'incontestable
utilité de ces Règlements ;

« Attendu qu'il résulte de la décision préfectorale du 31 mai 1866, que ces
règlementations devant modifier les anciens Règlements et les usages locaux,
Monsieur le Préfet est incompétent pour statuer définitivement sur ces questions ;

« Attendu que M. le Préfet invite le Syndicat, s'il le croit utile, à prendre
les mesures nécessaires pour obtenir un Règlement d'administration publique ;

« Attendu que cette décision annule le Règlement d'administration publique
rendu par M. le Préfet le 10 mars 1854, pour les ruisseaux de la Val-de-Camps,
de la Celle et de Brignoles, et l'arrêté préfectoral du 23 avril 1860, approbatif
du Règlement d'arrosage de la Val-de-Camps, modifiant les anciens Règlements
et les usages locaux ;

« Attendu qu'en présence des difficultés que soulève la modification des anciens Règlements et des usages locaux, le Syndicat, aujourd'hui non compétent,
doit laisser aux intéressés le soin de prendre en assemblée générale les mesures
propres pour atteindre ce but ;

« Attendu d'ailleurs que le Syndicat suffit à peine pour l'administration du
Canal du Plan ;

« Le Syndicat prie M. le Préfet d'inviter Messieurs les Maires de Brignoles,
la Celle et Camps, d'appliquer la loi du 31 juin 1865, pour provoquer une assemblée générale des intéressés aux canaux de Camps et de la Val-de-Camps dans le
but d'établir un Syndicat unique, dont la mission spéciale sera de préparer un
Règlement d'administration publique, modifiant les anciens Règlements et usages
locaux, réclamé par le plus grand nombre d'intéressés. »

Le 2 août 1867, M. le Préfet du Var,

« Vu les arrêtés préfectoraux en date des 18 mars 1854, 18 octobre 1860, 12 mars et 8 juillet 1861, portant nomination des membres de la Commission chargée d'administrer l'Association syndicale des intéressés au Règlement des eaux des ruisseaux de Val-de-Camps, de la Celle et du Canal du Plan à Brignoles ;

« Vu les propositions de M. le Sous-Préfet de Brignoles, pour le renouvellement des membres de la dite Commission,

Nomination d'un nouveau Syndicat.

« Vu les avis de Messieurs les Ingénieurs, en date des 29-30 juillet 1867 ;

« Vu l'arrêté règlementaire du 10 mars 1854 ;

« Arrête :

« Art. 1er. — Les personnes ci-après désignées sont nommées membres de la Commission chargée d'administrer l'Association syndicale des intéressés au Règlement des eaux des ruisseaux de Val-de-Camps, de la Celle et du Canal du Plan à Brignoles, savoir :

MM. Blachas, Louis, adjoint à la mairie, Directeur.

Gassier, Louis, propriétaire, Syndic titulaire.

Aude, Jacques,   id.   id.

Ducros, Charles, usinier,   id.

Beillon, Alphonse, propriétaire,   id.

MM. Brun, Victorin, propriétaire, Syndic suppléant.

Simon, Louis aîné,   id.   id.

« Art. 2 — M. le Sous-Préfet de Brignoles est chargé de l'exécution du présent arrêté.

« Draguignan, le 2 août 1867.

« Signé : Montois. »

Acheter une rigole pour l'arrosage d'Emilien Lion, à Cybelle.

A la date du 16 *février* 1868. le registre des délibérations du Syndicat porte une délibération votant l'acquisition d'une rigole sur la limite des parcelles appartenants à Gassier, Louis et à Simon, Hypolithe, au quartier de Cybelle, à l'effet de donner à M. Émilien Lion l'arrosage, qu'il avait par une autre rigole à détruire. — Cette délibération n'est pas signée.

Établir un Syndicat particulier pour chaque prise.

Enfin *le 20 mars* 1870, le Syndicat émet le vœu qu'il soit créé un Syndicat particulier pour chaque prise, dont la mission consistera à tenir les rigoles de distribution en bon état; d'établir des martellières sur ces rigoles pour que chaque arrosant puisse recevoir l'eau de la prise sans déperdition.

Le Syndicat décide qu'à l'avenir les dépenses faites pour chaque prise seront payées par les arrosants de ces prises, etc.....

— Cette délibération est approuvée par le Préfet, à la date du 14 juillet 1870.

Après cet exposé rapide et très-sommaire des principaux actes , par lesquels on est parvenu à effectuer la règlementation des sections du Plan et du Val-de-Camps, ainsi que les ouvrages nécessaires à l'exécution du Règlement d'arrosage de la première section , il est indispensable de donner quelques éclaircissements sur le système général de cette règlementation , sur son but et ses résultats pratiques.

Les terres arrosées par les eaux de Caramy étaient divisées en trois sections distinctes et indépendantes l'une de l'autre , ayant chacune sa prise particulière , ses jours d'arrosage , son Règlement et ses Syndics :

1° *Les Consacs ,* ou soit les terres situées en amont de la ville jusqu'à l'écluse du Plan, et s'arrosant par des prises établies sur le canal du même nom ;

2° *Le Petit-Paradis ,* usant de l'eau concédée à M. de Vins en 1546, et ayant sa prise sur la marre des Moulins Bessons ;

3° *La Burlière ,* jouissant d'une eau continue , comme il sera expliqué dans un article spécial , et ayant sa prise dans la marre des moulins dits de Vins ou des Augustins.

1ʳᵉ Section. — LES CONSACS.

Nous avons vu que, depuis l'établissement de l'écluse du Plan et la concession de l'eau dérivée pour les Moulins Bessons faite par la ville en faveur de l'arrosage de cette partie de son terroir, les propriétaires des Consacs ont arrosé, sans Règlement écrit connu , jusqu'en 1859, en suivant des usages séculaires.

L'eau n'appartenait à l'arrosage que pendant les jours dits juridics ; la désignation de ces jours juridics avait donné lieu à plusieurs controverses litigieuses. Je crois utile de transcrire ici comment ils furent définitivement fixés pour être portés et désignés dans les conditions , ou cahiers des charges des baux à ferme des moulins à farine appartenant à la Communauté de Brignoles.

Dans sa séance du 8 novembre 1791, le Conseil général de la ville nomma quatre Commissaires chargés de dresser un règlement de police sur les moulins à farine. Cette Commission présenta son rapport et règlement, qui fut discuté et approuvé par le Conseil général du 22 janvier 1792, autorisé par le Directoire du département le 29 février d'après , et servit de règle pour le bail passé aux enchères le 31 mars de la même année 1792.

Les jours juridics y désignés sont les suivants :

— Tous les samedis , depuis l'heure de midi jusques au lendemain dimanche, à deux heures après midi.

— Toutes les veilles des fêtes , depuis la dite heure de midi jusques au lendemain à la dite heure de deux heures après midi.

LES CONSACS.

— Les jours des fêtes ci-après désignées, qui n'ont point de veille, depuis le soleil levant jusques au soleil couchant.

— Et les mercredis, depuis le soleil levant jusques au soleil couchant, aux semaines seulement où il n'y a point de fêtes commandées.

Lesquels jours de samedi et de mercredi de chaque semaine commencent au 25 mars inclusivement jusqu'à la fin septembre.

Les Fêtes qui ont veille sont :

JUIN..........	24.	St Jean-Baptiste.
	29.	St Pierre et St Paul.
JUILLET..... ...	22.	Ste Magdeleine.
	25	St Jacques et St Christophe.
AOUT..........	10.	St Laurent.
	15.	L'Assomption de Notre-Dame.
	19.	St Louis, Évêque, patron de la ville.
	24.	St Barthélemy.
	25.	St Louis, Roi de France.
SEPTEMBRE.....	8.	La Nativité de la Ste Vierge.
	21.	St Mathieu.

Et les Fêtes qui n'ont point de veille sont :

MAI..........	1.	St Jacques et St Philippe.
	3.	L'Invention de la Ste Croix.

L'Ascension de Notre-Seigneur.

Les trois Fêtes de la Pentecôte.

La Fête-Dieu.

Pendant tout lequel temps les moulins chômeront.

Les Consacs.

Le samedi, à midi, les propriétaires les plus rapprochés de l'écluse plaçaient dans le canal une ou plusieurs planches à eux appartenant, et arrosaient par leurs prises respectives ; dès qu'ils avaient fini d'arroser, les propriétaires immédiatement inférieurs en faisaient autant, et ainsi des uns aux autres se transmettaient successivement l'eau.

Ancien procédé
des arrosants.

Il faut remarquer que ces planches produisaient tout juste le remoux nécessaire pour faire arriver l'eau sur les terres arrosées, et qu'elles en laissaient échapper une grande partie, dont profitaient les arrosants inférieurs, de sorte que chacun pouvait arroser, hors les cas exceptionnels où, par négligence ou malveillance, des barrages étaient placés ou laissés pendant la nuit, dont le résultat était de submerger la terre ou le chemin et de priver les derniers arrosants de l'eau qu'ils attendaient, ce qui occasionnait des querelles et même des rixes. — Ces méfaits sont malheureusement inévitables, et ils se sont produits plus d'une fois depuis 1860, malgré la surveillance établie par les règlements.

Le Règlement, fait par M. Roux en 1847, conservait les jours juridics et fixait les heures d'arrosage pour chaque propriété d'après sa superficie, en indiquant sa prise sur le canal ou sur une rigole de distribution.

Règlement
dressé
par M. Roux.

Le Syndicat, nommé par M. le Préfet le 18 mars 1854, proposa, le 2 juin suivant, d'adopter ce Règlement, mais à condition que M. Roux se chargerait à forfait de l'exécution des travaux à faire, qu'il en garantirait la solidité, et qu'il garantirait encore à chaque intéressé l'eau qui lui était attribuée par le Règlement.

Ces conditions insolites et exhorbitantes ne pouvaient être acceptées par M. Roux ; il déclina la responsabilité personnelle qu'on voulait lui imposer, et le 10 décembre 1854, sur la proposition de son Directeur, le Syndicat décida de proposer à M. Just de faire un Règlement d'arrosage, et chargea son Directeur de s'entendre avec lui à ce sujet.

Nous avons déjà vu que, après plusieurs projets de Règlement présentés, celui du 28 août 1857 fut définitivement adopté et mis à exécution.

Règlement
du 28 août 1857.

Ce Règlement comprend toutes les terres arrosées par l'eau de Caramy, depuis l'écluse du Plan jusques et y compris la Burlière. — Les jours juridics sont supprimés et remplacés par 46 heures d'eau chaque semaine, du samedi matin au lundi, du 1er avril au 30 septembre, et l'arrosage doit s'effectuer *simultanément* sur toute la longueur du canal pendant ces 46 heures.

Rien de plus simple en apparence que ce Règlement, composé de deux articles; les voici :

« Art. 1er. — Les arrosages auront lieu, la première année, du 1er avril au 30 septembre inclusivement.

« Leur durée, par semaine, sera de 46 heures consécutives.

LES CONSACS.

« Ils commenceront, la première année, à 4 heures du matin ; la deuxième, 4 heures plus tard, et ainsi de suite, jusqu'à la septième année, où ils recommenceront le 1er avril, à 4 heures du matin. De cette manière, les heures de jour et de nuit seront réparties aussi également que possible entre les arrosants.

« Art. 2. — Le nombre des prises existantes sera réduit à quinze.

Suit le tableau de l'emplacement fixé pour ces 15 prises, et celui du nombre d'heures donné à chaque parcelle, avec indication de la prise qui fournira l'eau à chacune d'elles. De sorte que chaque prise est ouverte et reçoit l'eau pendant les 46 heures consécutives, et les arrosants en jouissent chacun pendant une fraction de ces 46 heures proportionnée à la superficie de sa terre.

Ce système, diamétralement opposé aux anciens usages, nécessita de grands travaux à l'effet d'exhausser le niveau du plafond du canal au moyen de seuils en pierre placés en travers à chaque prise ; il fallut aussi établir des prises d'eau, avec des vannes barrant le canal dans toute sa largeur, etc...

Cet exhaussement produisit un refoulement des eaux qui filtrèrent à travers les berges du canal, endommagèrent les terres voisines, et le volume d'eau disponible fut diminué de manière que, dès le premier essai en 1859, des plaintes s'élevèrent sur l'impossibilité d'arroser un certain nombre de terres, et le Syndicat, dans sa séance du 4 juillet 1859, M. Just présent, dut reconnaître que ces plaintes étaient fondées, et qu'il fallait procéder immédiatement à diverses modifications nécessaires au succès de l'arrosage.

On comprend aisément combien il était difficile de ménager et de faire arriver à chaque prise la quantité d'eau nécessaire pour l'arrosage de sa zone, lorsqu'on considère que cet arrosage simultané devait s'effectuer en même temps sur une longueur de quatre kilomètres. Il fallait que la première prise, la plus rapprochée de l'écluse, laissât couler dans le canal un volume d'eau suffisant à alimenter tout l'arrosage inférieur ; la deuxième prise devait, à son tour, ne retenir que l'eau indispensable à l'arrosage de sa zone, et successivement, les 15 prises devaient, tout en conservant l'eau dévolue à leur arrosage particulier, laisser échapper un volume d'eau tel qu'il en arrivât à la Burlière en suffisance pour l'arrosage de ce dernier quartier.

Le calcul du volume d'eau nécessaire à chaque prise, et de celui qui devait s'en échapper pour les arrosages inférieurs, n'était pas difficile à marquer sur le papier, mais il était matériellement impossible de le fixer pratiquement d'une manière invariable, parce que le volume d'eau dans le canal varie d'une année à l'autre (de 180 à 142 litres, rapport de M. Hoslin), et même dans le courant du même été, et qu'on ne peut garantir les vannes d'un coup de main fait de nuit et de jour, par des malveillants intéressés.

On enleva la plupart des seuils afin de parer aux inconvénients de la surélévation du niveau de l'eau ; on essaya divers changements dans les prises ; et le

LES CONSACS. .

14 novembre 1859, le Directeur du Syndicat était amené à exposer à ses collègues que la mise en vigueur du Règlement, depuis le mois de mai précédent, avait donné lieu à de sérieuses observations *et démontré que la pratique doit toujours être prise en plus grande considération que la théorie.*

On reconnaissait que l'eau n'arrivait pas aux terres inférieures; on délibéra d'opérer des changements dans les prises d'eau, de remplacer les seuils en pierre par des seuils mobiles en bois, etc...; il fallut faire un nouveau projet de Règlement (31 janvier 1860).

Dans ce Règlement, les zones ou éclusées, qui étaient au nombre de 15 dans le Règlement de 1857, furent réduites à sept.

La durée de l'arrosage fut circonscrite de la mi-avril à la mi-septembre, et elle fut portée à 56 heures par semaine, dont 2 h. 42 m. pour la première zone (Cybelle), avec la totalité des eaux du canal, et 53 h. 18 m. pour chacune des six autres zones; précédemment il n'était accordé que 46 h. par semaine pendant 28 semaines, tandis qu'on ne conserva que 23 semaines.

Nonobstant ces modifications et améliorations, le Syndicat ne cessa pas d'être occupé à rendre convenablement praticable ce nouveau système d'arrosage qui, après maints essais successifs, donna si peu de satisfaction, que le Syndicat crut devoir demander, le 9 mai 1863, de nouvelles modifications dans l'emplacement des prises d'eau, et la division de l'arrosage en deux parties distinctes, ainsi que cela a été déjà exposé.

Enfin les réclamations incessantes au sujet des vices de l'arrosage du Plan, et sur les difficultés croissantes de faire concorder les jours d'arrosage dans les trois sections de Brignoles, de Camps et de la Celle, concordance reconnue d'une nécessité fondamentale par toutes les autorités compétentes, finirent par lasser tout le monde; des variations se produisirent dans les avis des Ingénieurs, et M. le Préfet donna le coup de grâce en disant, dans sa lettre du 31 mai 1866, que cette concordance dans les jours d'arrosage, devant amener la modification des anciens Règlements et usages locaux, l'affaire échappait à sa compétence.

Voilà donc l'exécution des Règlements d'arrosage du Val-de-Camps (2ᵉ section), renvoyée aux kalendes grecques, et par suite, la Commune de Brignoles, et tous autres intéressés, en droit de réclamer le rétablissement des jours juridics dans l'arrosage par le Canal du Plan.

Nous l'avons déjà reconnu, un Règlement d'arrosage était nécessaire, il était réclamé par nombre d'intéressés; mais aucun d'eux n'entendait faire table rase des anciens usages ni les remplacer par l'essai d'une nouveauté inexpérimentée, qui nécessiterait un bouleversement dans l'état des lieux au moyen de travaux très-coûteux, et un budget annuel et permanent de dépenses à payer par les arrosants.

Ils croyaient certainement qu'un bon Règlement d'heures d'arrosage, *pro modo jugerum* pouvait être fait par un homme de l'art, et être rendu obligatoire

Les Consacs.

par l'Autorité compétente, sans avoir à subir les idées théoriques d'Ingénieurs de tous les degrés, et surtout sans être dépossédés de leur droit de nommer leurs Syndics, auxquels ils n'auraient pas donné mission de s'immiscer dans les arrosages de la Celle et de Camps, ni de toucher à ceux de la Burlière et du Petit-Paradis.

Le but, ou objectif, de placer sous la direction souveraine d'un seul Syndicat les arrosages de Brignoles, Camps et la Celle, paraît avoir échoué, mais il est resté une règlementation de l'arrosage des Consacs qui, sans être irréprochable, vaut infiniment mieux que l'arbitraire individuel précédemment existant, et qui semble permettre une irrigation à peu près convenable, hors pour les quartiers du Petit-Paradis et de la Burlière, dont nous allons nous occuper.

Que fera le Syndicat nommé le 2 août 1867 ?

Se contentera-t-il de veiller à l'observation du Règlement des eaux du Plan ?

Ou voudra-t-il poursuivre la chimère d'une règlementation uniforme dans les trois sections ?

C'est ce que le temps et les circonstances feront connaître.

D'ailleurs, si on met à exécution la délibération prise par le Syndicat le 20 mars 1870, et approuvée par le Préfet le 14 juillet suivant, le rôle du Syndicat déjà existant sera transformé en Conseil de surveillance générale, et sa mission sera restreinte à la conservation des travaux faits pour l'ensemble de l'arrosage, au vote du budget général, et à la présentation de l'aygalier, si on le conserve.

Les Syndics particuliers de chaque prise seront chargés de l'exécution du Règlement d'arrosage dans leurs quartiers respectifs, et, puisque les dépenses de chaque circonscription de prise seront payées par ses arrosants, les Syndics de prise pourront adopter toutes les modifications matérielles qu'ils jugeront préférables, d'accord avec les arrosants de leur prise, sans que le Syndicat général ait droit de s'y opposer, tant que la prise sur le canal ne sera pas touchée.

Ce système, vraie décentralisation fédérative, laisserait probablement aux arrosants la faculté de choisir eux-mêmes les Syndics de prise, ce qui ne serait pas un mal.

Reste à subir l'épreuve de l'expérience.

Dernière réflexion : actuellement l'eau du canal de l'ancien Moulin Commun, dérivée par l'écluse du pont de la Celle, est prise, du samedi matin au lundi à midi, par les arrosants inférieurs à cette écluse, de sorte que les moulins sont privés de cette eau les samedi, dimanche et lundi de chaque semaine, conformément au Règlement de M. Just; mais ils en sont encor privés les mercredis et veilles de fête (anciens jours juridics) par les arrosants supérieurs, qui absorbent l'eau de la source de Landrieu, non comprise dans ce Règlement. — Cet état des choses viole les conditions mises à l'acceptation du Règlement et du

LES CONSACS.

changement des jours d'arrosage, par la Commune de Brignoles et par les usiniers.

Ce qu'il reste à dire sur les arrosages de la Burlière et du Petit-Paradis, ainsi que sur les procès intentés contre le Syndicat en 1859 et 1860, achèvera de mettre en relief les droits de la Commune et des particuliers.

2ᵐᵉ Section. — LA BURLIÈRE.

Nous avons déjà vu que la *Burlière*, appartenant à M. de Vins, sous la dénomination de *Pré-Rond*, était comprise dans les biens que la ville fut obligée d'acheter en 1589.

La Communauté souleva bientôt des difficultés et des procès à l'effet de faire annuler cet achat, et ce ne fut qu'après huit ans, et par acte du 1ᵉʳ mars 1597, « rière loys Thannaron et Jehan Fornery, notaires de Brignolle, qu'une transaction et accords furent faits entre Messieurs François et Gaspard de Vins, frères, barons de Forcalqueiret et de St. André, fils et héritiers de feu Hubert de Vins, d'une part, et les Consuls, Communauté, manans et habitants de Brignolle, de l'autre, pour terminer tous les procès et différents existants entr'eux. »

L'acte de vente, fait le 5 mai 1589, y est annulé, et une nouvelle vente est faite, par laquelle les sieurs de Vins « *cèdent et transportent sans aucune reten-* « *tion expresse ni tacite, ains par cession irrévocable, aux dits sieurs* Consuls « et Communauté de Brignolle, les dits procureurs stipulants pour toute la « Communauté, à sçavoir tous et chacuns les biens, droits, nom, actions, rai- « sons et propriétés que les susdits sieurs de Vins ont joui, tenu et possédé en « la dite ville de Brignolle et son terroir en quoi que puissent consister, maisons, « fours, mollins, paroyrs, jeu du paulme, preds, jardins, terres, vignes, « fossés et autres lieux, circonstances et dépendances, avec tous arrosages « d'eaux, entrées, issues, tant que le tout contient et comme le tout est dési- « gné et confronté, à ce que de hors en avant la dite Communauté, manants et « habitants de Brignolle en fassent et disposent ainsin que bon leur semblera « les tenir et posséder, engager et vendre, et autrement en ordonner à leur « plaisir.......... »

Vente
de la Burlière

« Et les dits barons les ont mis en leur lieu et place.... moyennant le prix « et somme de vingt mille écus de soixante souls pièce, en déduction des quels « les dits sieurs de Vins se tiennent payés satisfaits et contents de la somme de « treize mille écus, que le dit feu sieur de Vins, son père, avait reçus par la « sus dite transaction cassée et annullée, et des quels 13,000 écus les sieurs de « Vins, ses hoirs et succésseurs ne pourront point faire demande à la Commu- « nauté, manants et habitants de Brignolle. A la quelle somme de 13,000 écus

LA BURLIÈRE.

« sont compris 5.000 écus cédés au dit feu sieur de Vins par la susdite transac-
« tion cassée contre Me Jehan Codoneau de la ville d'Aix..... Et les sept mille
« écus restants les dits sieurs Consuls, Députés et Procureurs susdits, ont pro-
« mis et promettent au nom de la de Communauté payer aux dits sieurs de Vins
« du jourd'hui en huit années, avec intérêt à 4 pour cent..... etc... »

Immédiatement après cette acquisition définitive, la ville vend aux enchères
tous les biens ayant appartenu à M. de Vins : le *Pred Rond* fut morcelé en 28
lots, dont l'adjudication eut lieu du 4 au 20 mars 1597, et produisit une somme
totale de 22,690 livres, avec la mention que les Consuls leur en passent acte
avec les mêmes droits et facultés que les tenait feu Monseigneur de Vins.

De sorte que les acquéreurs, substitués aux droits de M. de Vins, purent
arroser à leur gré, sans entrave de jour ni d'heures, ainsi que pouvait le faire
M. de Vins, de son vivant propriétaire et des moulins et de la Burlière.

Cette entière liberté d'arrosage dura onze ans, jusqu'en 1608, où la ville,
propriétaire des moulins, obtint des acquéreurs du *Pré-Rond* l'abandon de leur
droit rigoureux de prendre l'eau en tout temps, même au détriment des moulins,
moyennant qu'elle ferait conduire à la Burlière les eaux des égoûts de la ville,
comme il appert de la délibération du 22 septembre 1608, disant : le Conseil délibère de prendre les moyens de faire aller au Pré-Rond les égoûts de l'aqueduc
qui vient de la ville, *afin que l'arrosage de ce pred ne trouble plus le fossé du
moulin.*

Depuis lors jusqu'en 1859, les propriétaires de la Burlière ont joui d'une prise
d'eau constamment ouverte, de façon que, lorsque les moulins marchaient, les
arrosants ne recevaient que l'eau qui leur arrivait naturellement, et, pendant les
jours juridics, ils avaient le droit de fermer la prise des moulins, afin de faire
monter toute l'eau dans leur canal d'arrosage. Une porte établie à côté de celle
du moulin à tan, demeurait ouverte jour et nuit, afin de donner accès à la vanne
de la prise du moulin, comme chacun a pu le voir jusqu'en 1859.

Le 2 avril 1786, les arrosants de la Burlière présentèrent au Conseil de la
ville la demande de les faire jouir de l'arrosage de leurs biens, qu'ils disent *avoir
acheté de la Communauté,* lequel arrosage leur serait contesté par les propriétaires des moulins à farine, avec lesquels ils sont en procès, et à les relever,
garantir, etc.....

Le Conseil délibéra de faire des recherches, de consulter et de faire un mémoire sur cette affaire ; ce mémoire fut présenté, le 18 juin suivant, et le Conseil
décida que la Communauté devait prendre fait et cause pour les arrosants.

En 1820, lorsqu'on proposa à tous les usagers des eaux dérivées par l'écluse
du Plan de contribuer aux frais des réparations à faire dans la rivière au-dessus
de cette écluse, les Syndics de la Burlière vinrent observer, dans une réunion
tenue le 1er mai 1820, que : « d'après les accords existants entre leurs auteurs

La Burlière.

« et la Commune de Brignoles, les eaux doivent arriver à leurs terres sans
« qu'ils soient tenus à aucun frais, parceque la Commune, ayant voulu opérer
« des ouvrages pour amener l'eau de la rivière à ses moulins et autres engins,
« traita avec les propriétaires de la Burlière et convint avec eux que, au lieu de
« prendre l'eau à l'écluse du Pigeonnier, établie dans le lit de la rivière vers le
« milieu du Pré-de-Pâques, la Commune la leur amènerait par des canaux supé-
« rieurs faits à ses frais *(il s'agit du canal dit du Petit-Paradis fait en 1621)*,
« au moyen desquels les moulins et autres engins seraient alimentés. D'après
« ces accords l'écluse du Pigeonnier fut abandonnée et détruite, et dès lors la
« Commune se trouva seule chargée et obligée de faire arriver aux terres de la
« Burlière l'eau nécessaire pour les arroser. »

Cette déclaration écrite et signée fut débattue dans cette assemblée, tenue à
l'Hôtel-de-Ville, sous la présidence de M. le Maire, et les Syndics des arrosants
des Consacs, du Petit-Paradis et de St-Jean, les Syndics des propriétaires des
Moulins Bessons, ainsi que M. Grisolle, oncle de Madame de Calvi, ayant tous
un intérêt opposé, trouvèrent juste et consentirent à exonérer de tous les frais
les arrosants de la Burlière.

Et cependant, le Règlement de 1859, ne tenant aucun compte des droits des
propriétaires de la Burlière, a fait fermer la prise de ce quartier, ne la faisant
ouvrir que les jours de samedi et de dimanche, pendant cinq mois de l'année, et
ne lui donnant qu'un volume d'eau insuffisant.

De plus, l'aqueduc qui portait à la Burlière les égoûts de la ville en passant
sous la rue des Augustins, a été annulé par la suppression des récipients placés
à côté de la fontaine de la Poissonnerie et au bas de la montée du Saint-Esprit,
ainsi que par le nivellement du bas de la rue des Augustins où l'aqueduc a été
détruit en partie, et c'est à peine si les égoûts venant par la rue Raynouard arrivent à leur destination.

Aussi les propriétaires de la Burlière ont réclamé à plusieurs reprises, et leurs
demandes n'ont été rejetées que pour l'unique motif que le propriétaire du moulin de Calvi refuse d'y consentir. (Rapport de l'Ingénieur hydraulique du 20
octobre 1863.)

L'enquête de septembre 1863 donne l'explication de cette fin de non-recevoir :
l'ancien Directeur du Syndicat, en même temps chargé d'affaires de M. de Calvi,
y consigna que « lors du premier Règlement, M. de Calvi n'a consenti à donner
« 56 heures d'eau à l'irrigation, au lieu de 47 heures environ qui étaient le
« terme moyen des arrosages, qu'à condition que la prise de la Burlière, qui
« existait sans titre et sans autorisation, ne nuirait plus journellement à son
« moulin. »

Le nouveau Directeur répond : (Enquête de décembre 1864) « cette réserve
« de M. de Calvi a été et est inconnue à tous les intéressés, et si une convention
« existe à cet égard, il est nécessaire qu'elle soit portée à la connaissance des par-
« ties intéressées, qui auront à l'approuver ou à en discuter la valeur légale. »

LA BURLIÈRE.

D'après l'exposé ci-dessus, on ne peut nier que la Burlière n'eût conservé par la transaction entre M. de Vins et la Communauté en 1597, la faculté d'avoir sa prise constamment ouverte et d'arroser à volonté.

Si, onze ans plus tard en 1608, les acquéreurs ont transigé avec la Communauté et ont consenti à ne fermer la prise des moulins que pendant les jours juridics; si en 1621, lorsque la Commune, ayant établi l'écluse du Plan, crut devoir se débarrasser de l'écluse du Pigeonnier, et, par un canal allant des Moulins Bessons aux moulins de Vins, fit arriver à ces derniers les eaux de fuite des premiers, les arrosants de la Burlière ne consentirent à ce changement qu'en chargeant la Communauté de faire arriver à leur prise l'eau nécessaire à l'irrigation de leurs terres.

Il est évident que ces propriétaires ont conservé le double droit d'avoir leur prise constamment ouverte, et d'y recevoir l'eau nécessaire, comme cela a été pratiqué pendant 250 ans.

Peut-on dire aujourd'hui que cette prise existait sans titre et sans autorisation ?

Quant à la condition de réserve attribuée à M. de Calvi, une convention écrite, si elle existait, n'aurait aucune valeur à moins d'avoir été consentie par tous les intéressés.

De l'ensemble de ces faits et de ces actes, il semblerait ressortir deux conséquences graves :

1° Les propriétaires de la Burlière, recevant en principe l'eau par l'écluse du Pigeonnier, et ayant imposé à la Commune l'obligation de leur donner l'eau nécessaire pour arroser leurs terres, comme condition de la démolition de cette écluse, auraient sur l'eau du Canal du Plan un privilége qui primerait et les arrosages des Consacs et les droits du Moulin Besson ; il faut qu'ils reçoivent l'eau nécessaire, et la Commune devrait la leur garantir ;

2° La Commune, alors propriétaire du moulin de Calvi, ainsi que du paroir et moulin à huile y attenant, ayant en 1621 changé l'état des lieux et limité à l'eau sortant du Moulin Besson les faculté et jouissance de ces moulins et paroir, les acquéreurs de ces usines ne sauraient prétendre à plus que ce dont la Commune a usé et joui elle-même jusqu'en 1792, pendant 170 ans, et devraient supporter les charges et servitudes, que la Commune avait établies elle-même et avait supportées pendant sa possession.

3ᵐᵉ *Section*. — LE PETIT-PARADIS.

Le Petit-Paradis faisait encor partie des biens de M. de Vins, vendus à la Communauté de Brignoles par l'acte de 1589; mais la ville fut obligée de le revendre de suite après ce premier acte.

M. de la Valette, Gouverneur de Provence, avait envoyé à Brignoles M. de la Cassagne pour exiger mille écus à-compte de la cote de la ville pour les impositions du pays; celui-ci se présenta aux Consuls le 2 février 1590, et leur signifia qu'il avait ordre de les faire constituer prisonniers dès le lendemain, ainsi que tous les membres du Conseil de la ville, si les mille écus ne lui étaient pas payés de suite.

Dans cette extrémité, le Conseil, assemblé immédiatement, résolut de faire une cotisation sur tous les particuliers de la ville pour avoir cette somme, dont il leur serait fait intérêt; et, afin de se procurer les moyens de rembourser au plus tôt, on décida de vendre les prés du Petit-Paradis et celui appelé de Galles; on en fit plusieurs lots qui furent adjugés aux enchères.

Les délibérations des 11 mai, 20 septembre, 30 octobre 1546, ainsi que celles des 31 mai, 15 août et 28 décembre 1647, dans lesquelles est relaté tout ce qui a trait à la concession d'eau faite par la ville à M. de Vins pour l'arrosage du Petit-Paradis, ont déjà été transcrites à leurs dates respectives dans l'article *Rivière de Carami*, etc., page 120 et suivantes; il suffira donc de rappeler ici qu'à cette époque, c'est-à-dire 43 ans avant la vente de ces terres à la ville par M. de Vins, celui-ci en avait reçu une concession d'eau, dont le volume n'était pas fixé; que cette concession était faite pour l'arrosage du Petit-Paradis seulement, et non point à autres fins;

Que l'eau serait prise au-dessus du Moulin Besson, au moyen d'un espassier en pierres de taille;

Qu'elle serait rendue à sa destination par un canal de deux pans et demi de largeur, passant le long des murailles des maisons des particuliers joignant le jardin de la ville contigu au moulin;

Que cet arrosage n'aurait lieu que les jours juridics;

Et enfin, que toute infraction à ces conditions annulerait la concession, après quelque laps de temps que ce fût.

Les particuliers acquéreurs des prés ou terres du Petit-Paradis, et leurs successeurs, ont joui de cet arrosage jusqu'en 1859, mais avec de plus larges concessions que n'en avait M. de Vins; la vanne de leur prise était établie à un niveau qui permettait à l'eau de la marre du moulin de verser constamment dans leur canal d'arrosage, et le meunier plaçait une petite planche au-dessus lorsqu'il avait besoin d'une plus grande charge d'eau pour forcer les rouets.

De sorte que, lorsqu'un propriétaire désirait arroser, à d'autres jours que ceux dits juridics, s'il n'avait pas assez d'eau dans le canal, il allait enlever la petite vanne ou planche placée par le meunier.

PETIT-PARADIS.

Les jours juridics, la vanne était enlevée, et l'eau allait en abondance au Petit-Paradis.

Actuellement la vanne de la prise est en fer et dépasse le niveau de la prise ordinaire de l'eau de la marre, de sorte qu'il n'en coule plus par-dessus ; de plus, une prise circulaire a été placée au bas du canal, servant en même temps de déversoir ; elle est fermée par un tampon en bois, de façon que le Petit-Paradis ne peut avoir de l'eau que les jours juridics, au moyen du relèvement d'une coulisse pratiquée sur la vanne en fer de la prise, et à son extrémité inférieure. D'où il résulte que le volume d'eau est bien moindre que celui dont les arrosants jouissaient avant 1859, et que la vase de la marre est entraînée par le courant et engorge rapidement le canal d'arrosage qui a une pente très-faible.

L'arrêté de M. le Préfet du 10 mars 1854 avait-il autorité pour donner au Syndicat le pouvoir légal d'annuler cette concession et ce mode de jouissance deux fois séculaire ? La réponse ne semble pas douteuse.

Les attributions conférées à l'Autorité administrative en matière de règlement d'arrosage ne lui ont jamais permis de déposséder les particuliers de leurs droits résultant d'un titre régulier, et il est hors de doute que, si les arrosants du Petit-Paradis et de la Burlière avaient fait valoir leurs titres devant qui de droit, le Règlement qui change leurs prises d'eau ainsi que les heures et jours de leurs arrosages et la manière dont ils jouissaient, n'aurait pas été approuvé ou aurait été annulé.

Procès MERCADIER.

Ceci nous amène à l'action intentée au Syndicat par les propriétaires se disant les représentants de Mercadier.

Arrosage
du quartier
de Cybelle.

Le quartier arrosable dit de *Cybelle* comprend :

1o Des terres situées sur la rive droite du Canal du Plan, d'une contenance totale de 4 hectares 39 ares 10 centiares, possédées par seize propriétaires ;

2o Des terres comprises entre le canal et la rivière de Caramy, de nord et de midi, et allant de l'écluse à la rivière de la Celle, de l'ouest à l'est ; leur superficie est de 9 hectares 71 ares 60 centiares, divisée entre 29 propriétaires.

Vers l'extrémité Est de cette deuxième partie se trouve, à quelques pas de Caramy, une vieille bâtisse connue sous le nom de *Bastide des Quatre-Paysans* ; elle est sur l'emplacement de l'ancien paroir Mercadier, et probablement un de ses débris.

Le terrain compris entre cette construction et la rivière de la Celle présente une déclivité prononcée vers la rivière de Caramy, où l'eau de fuite du paroir allait se jeter par un canal obliquant de sud-ouest à nord-est.

Procès MERCADIER.

L'eau, qui arrivait au paroir par un canal profond, dont on peut encor voir la prise marquée par deux pierres taillées placées contre la rive droite de Caramy, un peu au-dessus des débris de l'enrochement de l'ancienne écluse épars dans le lit de la rivière, à 250 mètres environ du paroir, ne pouvait guères parvenir que sur la petite moitié de l'espace compris entre le Canal du Plan, la rivière de Caramy, le paroir et la rivière de la Celle.

Cet espace, de forme très-irrégulière à cause des sinuosités des cours d'eau, est d'une superficie de 4 hectares 40 ares 60 centiares, et figure sur le plan cadastral, à la section B, numéros 1792 à 1801 inclusivement; il est possédé par onze propriétaires, et il est compris dans les terres déjà portées dans la 2e partie du quartier de Cybelle, ci-dessus.

Notons en passant que le canal actuel n'existait pas du temps de Mercadier; qu'il a été fait par la ville après l'année 1530, ainsi qu'il sera expliqué, dans l'article suivant, au sujet du procès de Messieurs Blachas frères; et que les terres voisines de ce canal ne pouvaient pas s'arroser par l'eau du paroir, leur niveau étant supérieur.

Par acte du 31 mars 1527, « notaire Émeric Blancard à Brignolle, Pascal Mercadier vendit à l'Université de Brignolle : *l'écluse de son paroir sise dans le terroir de la même ville de Brignolle, au lieu vulgairement appelé al Gau de Sanct Johan, touchant l'écluse du martinet, sur le ruisseau traversier, limitée par ses confronts, ensemble avec le béal du même paroir depuis la dite écluse jusqu'au dit paroir, ensemble avec les droits et appartenances des dits béal et écluse, au prix de*........ (Voir l'acte aux **Pièces Justificatives**, n° 3.)

« Sous les reserves et accords suivants :

« 1° Le dit Mercadier se reserve pour lui et ses futurs succésseurs l'usage de l'écluse et du béal, ainsi que l'eau passant dans le dit béal, pour faire mouvoir un paroir actuellement existant au dit lieu de *Gau de St. Jean;*

« 2° Que la dite Université de Brignolle soit tenue de completter à ses frais l'écluse du dit paroir jusqu'à la rive du dit Carami vers le nord, etc.....;

« 3° Le dit Mercadier, vendeur, est convenu par pacte exprès « que lui, ni « les siens, ne pourra détourner l'eau du dit béal, *pour arroser son pré contigu* « *aux dits paroir et béal,* si ce n'est le jour de samedi après vêpres, ainsi que « les autres jours de veilles solennelles, et l'eau sera remise dans le même béal « du dit paroir le jour suivant à vêpres. »

De sorte, que les seuls représentants réels de Mercadier sont les propriétaires du pré contigu à l'ancien béal et paroir.

Or, l'espace décrit ci-dessus, compris entre le paroir, la rivière de la Celle, celle de Caramy et le Canal du Plan, excède évidemment de beaucoup l'étendue occupée jadis par ce pré, qui ne saurait être que le quart ou le tiers de ce tène-

Procès Mercadier.

ment, car il y avait encor là, touchant le paroir, un martinet avec son écluse et
son béal, dont le propriétaire possédait aussi un pré ou terre arrosant par l'eau
de l'écluse et béal de son martinet.

Nous avons vu que le tout était possédé par onze propriétaires, et les demandeurs au procès, se disant tous représentants de Mercadier, sont au nombre de
trente-six!

Tous les arrosants du quartier de Cybelle, même ceux dont les terres sont
sur la rive droite du Canal du Plan, loin du paroir et à un niveau bien plus élevé,
ont prétendu représenter l'ancien possesseur d'un pré qui n'avait certainement
pas un hectare de superficie.

Ils ont été bien inspirés en ne donnant pas suite au jugement du 5 août 1859,
car il leur eût été bien difficile de faire accepter par l'expert-vérificateur leur prétention d'être tous les représentants de Mercadier, et leur droit de jouir du privilége que celui-ci s'était réservé.

Je dis le privilége, parce que, en limitant l'arrosage du pré Mercadier aux
jours juridics, l'acte lui laisse toute l'eau de son béal pendant la durée des dits
jours.

Dans l'acte du 31 mars 1527, le seul but de la ville était d'acquérir l'eau du
béal et de l'écluse du paroir Mercadier, ainsi que l'explique le dit acte, pour la
conduire à ses moulins (ou dans l'intérêt de ses moulins); la réserve qu'en fit
Mercadier pour son paroir, fut une source de contestations. Dès 1534, l'acquéreur
de ce paroir, M. Boyssière, exigea une indemnité pour laisser la ville faire d'autres canaux. Le 20 septembre 1551, le Conseil délibéra de laisser un espassier
sur le béal nouvellement construit, près le paroir de Boyssières, afin d'arroser
les terres joignantes, comme elles l'ont habitué, les samedis et veilles des jours
de fête. — Fol° 107.

Enfin, le 19 mai 1618, la ville acheta de M. Vachères, successeur de Boys-
syère, ses droits sur l'eau de Caramy, moyennant cent livres de pension viagère
et perpétuelle, lui réservant l'arrosage de ses terres aux jours juridics. —
Fol° 220. V°.

D'autre part, les propriétaires du martinet prétendaient que le décours de l'eau,
depuis le martinet, leur appartenait; ils s'opposèrent aussi à ce que la ville fît
d'autres canaux et une autre écluse; ils présentèrent leur requête au Conseil le
8 septembre 1550, et, quoique les droits de la ville fussent affirmés par ses avocats, on proposa de transiger, afin d'éviter un procès. — Le 19 mai 1551, le
Conseil décida de passer acte de transaction portant que la Communauté achète
les droits des opposants sur l'écluse du martinet et sur l'eau de Caramie, moyennant deux cents florins, en leur réservant seulement l'usage de l'eau pour arroser leurs terres du dit martinet et non autrement. — Fol° 47.

Ces délibérations établissent plus clairement les droits d'arrosage des acquéreurs des terres et prés ayant appartenu à Mercadier et aux possesseurs du

Procès MERCADIER.

martinet qui touchait son paroir. La ville, en achetant leurs droits sur l'eau de leurs béaulx et sur celle de Caramy, réserve à leurs terres l'arrosage aux jours juridics, comme elles l'ont habitué.

Ils ont abusé de ce privilége en déviant un volume d'eau plus considérable que ne le demandait l'irrigation de leurs terres, et en laissant aller cette eau à la rivière au lieu de la remettre dans le canal, comme l'acte les y oblige, et comme le veut le simple bon sens. Il fallait mettre un terme à ces abus.

Mais leurs torts ne donnaient ni à M. le Préfet ni au Syndicat le droit de méconnaître leur titre, et de passer outre sans examen préalable.

Procès BLACHAS frères.

Presque en même temps, Messieurs Blachas frères revendiquaient la propriété des francs-bords du canal sur le confront de leur terre, et ils citaient le Syndicat devant le Tribunal, au sujet de ses œuvres sur ces francs-bords ; ils réclamaient aussi contre l'empiètement commis sur leur fonds pour l'établissement d'un chemin public.

Par son jugement du 28 mars 1859, le Tribunal civil de Brignoles, se fondant sur ce que, depuis plus de 30 ans, Messieurs Blachas ont constamment fait actes de maîtres sur ces francs-bords, sans que les arrosants aient jamais rien fait de leur côté (c'était le principal argument des demandeurs), déclara :

« Que les francs-bords du Canal du Plan, en regard des terres de Blachas frères, au territoire de la Celle, sont leur propriété, et que ces francs-bords ne sont soumis en faveur des ayants droit à ce canal qu'à une servitude de curage.

« Dit que le chemin rural n° 26, emplacé au midi de ces francs-bords, et qui aboutit à l'écluse du Plan, est propriété communale, sans qu'aucun des ayants droit à ce chemin ait, comme usager de ce chemin, le droit de passage sur l'allée du domaine de *Garé*, situé au midi de ce chemin.

« Concède acte, etc..... »

Or, lorsque la Communauté de Brignoles eut résolu de construire l'écluse du Plan, elle dût faire un canal aboutissant à cette écluse à l'effet de recevoir les eaux qui seraient dérivées, et, comme ce canal devait être établi sur le terroir de la Celle, il lui fallut obtenir du Prieur le droit de prendre, sur son terroir, et d'acheter l'emplacement nécessaire au dit canal.

En conséquence, un acte fut fait le 27 octobre 1530, « R° M° Michel Jujardy, notaire à Brignoles, par le quel Messire Antoine Bouchard, en qualité de procureur fondé du Révérendissime Seigneur Claude d'Aussonville, Évêque de Sisteron et Prieur de la Celle, donna, à titre d'accapte et emphytéose perpétuelle, à

Procès BLACHAS frères.

l'Université de Brignoles le droit et le terrain nécessaire pour faire, dans le sus dit terroir de la Celle et au-dessus de l'écluse du martinet, un béal de la largeur d'une cane, ou soit de huit pans, pour conduire l'eau de la rivière de Caramie aux moulins de la dite Université, avec le passage nécessaire pour aller chercher et suivre cette eau, et avec la faculté de curer le dit béal et de jetter cette terre hors le béal et sur ses rives, etc..... »

« Dedit ad novum accaptum et imphitéosim perpetuam Universitati ville Bri-
« nonie et singularibus personis ejusdem...... licentiam et locum ac spacium
« faciendi in predicto territorio de artecella et supra la resclauso del martinet
« unum bedalle latitudinis unius cane sive octo palmorum pro ducendo et condu-
« cendo aquam riperie Caramie apud molendina dicte Universitatis jam constructa
« vel.......... cum passagio necessario eumdo et querendo dictam aquam et
« facultate curandi dictum bedalem et terram ejusdem bedalis projiciendo et
« gitando extra dictum bedalem in ripis dicti bedalis...... et cum potestate in
« dicta riperia Caramie faciendi unam et plures resclausam seu resclausas... »
(Voir l'acte aux Pièces Justificatives, n° 4.)

La Ville
est propriétaire
du
Canal du Plan.

De sorte que la ville est propriétaire du canal, ayant acheté de divers particuliers de la Celle le terrain nécessaire pour le creuser de huit pans de largeur; les francs-bords sont la propriété des riverains; mais la ville de Brignoles et ses habitants ont le droit de passer sur ces francs-bords, qui sont de plus assujétis à recevoir le curage du canal.

Le jugement du 28 mars 1859, en disant que ces francs-bords ne sont soumis qu'à une servitude de curage, n'a pas dépossédé les arrosants du droit de passer sur ces francs-bords.

Procès DEBLIEU.

Un troisième procès fut fait peu après au Syndicat, par M. Deblieu, dont la terre avait été inondée par suite de l'exhaussement du niveau du plafond du canal, et des œuvres pratiquées sur ses francs-bords pour l'exécution du Règlement d'arrosage.

Cette affaire fut portée devant le Tribunal civil de Brignoles qui, par jugement du 15 février 1860, rejetta le déclinatoire du Préfet du Var du 17 décembre précédent; déclara l'autorité judiciaire compétente, et renvoya le demandeur devant le Juge de Paix.

Le 27 du même mois de février, le Syndicat fut d'avis de persister dans le déclinatoire.

Le 10 octobre 1860, M. Deblieu adressa à M. le Préfet un mémoire, auquel le Syndicat répondit le 8 février 1861 et, le 16 mars suivant, un arrêté préfectoral

Procès DEBLIEU.

ordonna une expertise pour constater et évaluer les dommages causés à la propriété Deblieu par le Syndicat.

Sur le rapport des experts nommés par les parties, le Conseil de Préfecture, par arrêté du 6 juillet 1861, condamna le Syndicat à payer à Deblieu la somme de 480 fr. à titre d'indemnité, et à exécuter les travaux indiqués par les experts.

Or, les experts, dans leur rapport du 15 mai 1861, attribuent l'inondation de la terre Deblieu à l'exhaussement du plafond du canal et à l'affaiblissement du franc-bord, suite des œuvres ordonnées par le Syndicat; il ajoute que, en donnant à ce franc-bord l'épaisseur de celui de la rive opposée, et en établissant un fossé d'écoulement le long du talus du franc-bord, on ferait disparaître la cause du dommage.

Ce rapport finit en conseillant de concéder les francs-bords aux riverains, à la charge par eux de les entretenir et de se garantir comme bon leur semblera.

Les experts ont pensé que les francs-bords appartiennent au propriétaire du canal; mais si ces francs-bords appartenaient aux riverains, et si la ville n'était propriétaire que du canal, avec droit de curage et de passage sur les francs-bords, ainsi qu'il en est pour la partie de ce canal supérieure à la rivière de la Celle, les riverains auraient-ils la charge d'entretenir ces francs-bords et de se garantir comme ils pourraient?

Dans tous les cas, le Syndicat avait-il le droit de toucher à ces bords, et celui de relever le niveau du canal?

Deux réflexions sur cette question :

Le Syndicat avait-il le droit de toucher au Canal du Plan, et à ses francs-bords?

1° L'arrêté du Préfet du 10 mars 1854, par son article premier, soumet les ruisseaux du Val-de-Camps et de la Celle, le Canal du Plan, leurs dérivations, leurs bras de décharge, etc..., à des dispositions règlementaires détaillées dans 43 articles.

Ce Règlement est imprimé et il a été rédigé par l'administration des ponts et chaussées, comme modèle ou base des conditions à imposer aux associations syndicales.

Il est évidemment destiné à être appliqué aux cours d'eau publique; il est permis de douter que M. le Préfet pût en ordonner l'application à un canal, propriété privée de la Commune de Brignoles.

Le Canal du Plan est une propriété privée.

Le 2° article porte : « Le curage à vieux fonds et vieux bords, le faucarde-
« ment, et, s'il y a lieu, les élargissements ou rectifications partielles, et *répa-*
« *rations* des cours d'eau et fossés ci-dessus désignés, seront exécutés par les
« propriétaires intéressés, réunis en association syndicale, sous le contrôle et la
« surveillance de l'Administration. »

Procès Deblieu.

Les articles suivants règlent la formation d'un Syndicat, dont le Préfet se réserve de nommer les membres, et dont les attributions sont définies dans l'article 9, qui dit : « Le Syndicat a pour mission d'adresser au Préfet des propo-« sitions pour tout ce qui concerne la nomination et le traitement des agents « chargés de la rédaction des projets, de l'exécution, de la surveillance des tra-« vaux, et de la police des cours d'eau ;

« *De préparer les Règlements d'arrosage ou de provoquer la modification des* « *Règlements existants ;*

« De faire rédiger les projets, de les discuter, etc...... »

« Art. 10. — Il sera fait tous les *ans,* dans le courant du mois d'*octobre,* « un curage à vieux fonds et vieux bords des cours d'eau et fossés désignés dans « l'article 1er. »

« Art. 29. — Les dépenses du curage et du faucardement, sauf les droits et « servitudes contraires, seront supportées par les propriétaires *intéressés, cha-* « *cun en proportion des avantages qu'il en retirera.* »

(L'imprimé portait : par les propriétaires des barrages et par les propriétaires de terrains riverains, dans les proportions déterminées comme il suit :)

Nota. — Tous les mots soulignés sont écrits à la main.

L'ensemble du Règlement donne au Préfet la haute main en toutes choses, et même l'initiative dans beaucoup de cas ; on comprend, en le lisant, que le corps des ingénieurs a voulu rendre son intervention indispensable ; ce Règlement vise, d'ailleurs, les rivières et cours d'eau publique, plutôt qu'un canal privé.

Les quatre articles reproduits contiennent tout ce qu'il importait de connaître pour se faire une opinion sur les droits qui sont attribués au Syndicat par le Préfet, auteur, ou plutôt ordonnateur de la mise à exécution du Règlement.

Et d'abord, il ordonne le curage, élargissement, etc., des cours d'eau, par le Syndicat : le mot *réparations* a été ajouté ; et il fait supporter les dépenses de ces curages aux propriétaires intéressés , *sauf droits et servitudes contraires.*

Nous avons déjà vu que la Communauté de Brignoles, qui avait concédé l'arrosage, avait toujours voulu exécuter elle-même et payer les curages du canal et les réparations de l'écluse, et avait imposé cette charge aux acquéreurs de ses moulins, exonérant ainsi les arrosants de ces charges et dépenses, afin de proclamer qu'elle demeurait propriétaire de l'eau et des canaux, dont elle avait concédé l'usage aux arrosants, se réservant la police des canaux et de leurs bords.

Cet état des choses semble constituer *des droits et des servitudes contraires* aux prescriptions du Règlement, et M. le Maire a eu raison, dans ses observations au registre de l'enquête de septembre 1863, de réclamer et de protester contre les empiètements du Syndicat sur les droits de la Commune, et de revendiquer pour elle seule le curage et la police du canal, l'entretien de l'écluse et la disposition des eaux.

Procès DEBLIEU.

Il est d'ailleurs à remarquer que le Syndicat, qui avait obtenu des attributions exagérées, n'a fait curer qu'une seule fois le canal, et il en a fait supporter les frais aux arrosants; qu'il ne s'est servi de l'article 2e que pour couper les berges, établir ses prises et relever le plafond du canal selon les idées de M. Just; et que la Commune a toujours continué de faire curer, chaque année, par les fermiers de ses moulins, et de réparer elle-même à ses frais l'écluse du Plan.

2° Le Syndicat, confiant dans les connaissances hydrauliques et les systèmes de M. Just, avait approuvé tous ses plans et projets; l'expérience lui démontra les dangers et les inconvénients d'une innovation qui faisait table rase des anciens usages locaux, changeait l'état des lieux, et obligeait à intervenir jusques par contrainte, dans l'arrosage des terroirs de la Celle et de Camps, sans égard aux droits des Communes et des particuliers.

Les réclamations ne tardèrent pas à éclater, mais il fallait ou renoncer à l'exécution des projets déjà approuvés et mis à exécution, ou faire condamner les réclamants; l'amour-propre était engagé, et ce ne fut qu'après des jugements contraires et devant les oppositions énergiques des intéressés, que l'action du Syndicat fut paralysée, surtout lorsque l'Autorité administrative eut décliné son appui : l'absence d'ingénieur civil peut aussi avoir contribué à cette atonie.

Je me permets de penser que le Préfet n'avait pas entendu, et ne pouvait pas, donner au Syndicat la faculté de se substituer à la Commune dans l'exercice de ses droits de propriétaire des canaux et de l'écluse, et que, si le Directeur du Syndicat avait été choisi parmi les notables habitants non intéressés, comme le porte l'article 3 du Règlement, au lieu d'établir, par une disposition intercalée pour la circonstance, *le Maire Directeur de droit*, il est très-présumable que le Maire, non Directeur, aurait fait opposition à tout ce qui, dans les règlements et projets de travaux proposés par l'Ingénieur civil, attaquait ces droits ou ceux des arrosants de la Burlière, du Petit-Paradis, etc.....

M. le Préfet ne pouvait pas autoriser le Syndicat à toucher une propriété privée de la Commune.

Dans le rapport accompagnant son premier projet de Règlement du 24 décembre 1856, M. Just tend à prouver qu'il y aura avantage pour les usiniers et pour les arrosants à substituer 46 heures d'eau par semaine à l'arrosage des anciens jours juridics; il disserte longuement sur la nécessité de donner un litre d'eau continue par seconde et par hectare, au lieu des trois quarts de litre que M. Camme regardait comme le maximum accordable; et enfin il présente son système d'arrosage simultané comme le plus facile et le plus avantageux.

Ces questions, d'un principe théorique fort controversable, me semblent oiseuses lorsqu'il s'agit de règlementer un volume d'eau plus que suffisant pour en donner un litre aux terres déjà arrosables, et qu'il n'est pas possible d'étendre cet arrosage à d'autres terres. Le Syndicat a été amené à subir cette discussion et à émettre son avis; il n'a pas voulu se roidir contre toute la hiérarchie des Ingénieurs, et il a consenti à laisser faire M. Just. Je crois que là est la vraie cause de ses erreurs; il n'avait pas la mission de favoriser les idées ou les intérêts d'aucun de ces messieurs, mais seulement de distribuer équitablement l'eau disponible entre tous les arrosants, de la manière la plus simple et la moins coûteuse, en respectant les droits antérieurement acquis par voies légales.

37

Quartier de SAINT-JEAN.

Le quartier de St-Jean est situé sur la rive gauche de Caramy, en face de celui du Canal du Plan, qui est sur la rive droite.

Nous avons déjà vu, au commencement de l'article : *Rivière de Carami et Moulins,* que les Souverains, comtes de Provence, avaient fait donation à l'abbaye de St-Victor des terres composant ce quartier, avec cours d'eau, pêcherie, moulins, chapelle, etc.....;

Que ces donations, faites en 1056, confirmées successivement en 1167, 1202 et 1292, par les princes successeurs du premier donateur, ont précédé de plus de deux siècles la donation des Moulins Bessons faite aux Dames de Nazareth par Charles IIe en 1293, moulins achetés par la Communauté de Brignoles en 1499 et 1501.

De sorte que le quartier de St-Jean arrosait avec l'eau de Caramy, par un canal et un barrage particulier, lorsqu'il devint la propriété de St-Victor, et cela 240 ans avant que le Roi eût donné les Moulins Bessons au Monastère de Nazareth, près de 500 ans avant que la Communauté achetât ces mêmes moulins, et 600 ans avant que la ville fît construire l'écluse du Plan.

Cependant, nous avons encor vu que le Monastère de Nazareth, deux ans après sa prise de possession des Moulins Bessons, dénia au Prieur de St-Jean et à son frère, le droit de dériver l'eau de Carami pour leurs moulins et l'arrosage de leurs terres, et que ce différend se termina par un acte de transaction du 24 août 1295, par lequel les deux tiers de l'eau de la rivière sont attribués au Monastère de Nazareth pour ses moulins et l'arrosage de ses terres, et le tiers restant aux frères Pignol, représentant le Monastère de la Celle, avec le droit de dériver leur eau, soit au *Gué Amélius* où ils la prenaient déjà, soit plus haut vers St-Benoît, et de la conduire par un seul canal pour faire mouvoir leurs moulins et pour arroser leurs terres dans les limites désignées, c'est-à-dire, à partir du Gué Amélius jusqu'au pré de Catelle, etc.....

L'acte se termine par cette dernière clause : « à ces conditions, le Prieur du « Monastère s'est fortement engagé, au nom des sœurs de Ste. Marie de Naza- « reth, à respecter tous les droits que la présente transaction donne aux frères « Pignol et à leurs successeurs. »

Le Gué Amélius et l'Iscle de Calvin

Le *Gué Amélius* de 1295 n'est pas un autre lieu que l'*Iscle de Calvin,* où la ville fît construire son écluse en 1621.

Les délibérations du Conseil n'indiquent pas la nature des arrangements qui furent pris à cette occasion par la Communauté avec les arrosants du quartier de St-Jean, mais le devis des ouvrages à faire pour cette écluse porte : « qu'une « muraille sera faite de chaque côté de l'écluse pour le maintien et conservation « des terres ;

« Que cette muraille se prolongera de 12 cannes du côté du quartier de St. « Jean, et de 3 cannes de l'autre côté ;

Quartier de SAINT-JEAN.

« Qu'il sera fait deux martellières de pierres de taille , accompagnées de deux
« cannes de muraille de côté aux dites deux martellières ; et que les entrepre-
« neurs seront tenus de vouter d'une canne de côté chacune martellière. »

D'où ressort que la Communauté a fait faire à ses frais , non-seulement l'é-
cluse , mais la prise d'eau de St-Jean, ainsi que la voûte qui existe encore des
deux côtés de la rivière , sur le canal de la ville et sur celui de St-Jean.

La ville n'aurait pas gratifié le quartier de St-Jean d'une écluse plus solide et
plus haute que le barrage qui dérivait déjà son eau ; elle n'aurait pas fait gratuitement une prise en pierres de taille pour son canal, si elle n'avait pas été tenue
de ces travaux en compensation de l'abandon que le quartier de St-Jean lui faisait
de son barrage existant depuis longtemps sur ce point, qui était le plus favorable
à une dérivation de l'eau de Carami.

L'écluse du Plan
est établie
sur l'ancien
barrage
du quartier de
St-Jean.

Un fait certain et incontestable , c'est que le quartier de St-Jean a constamment joui de sa part d'eau sans que la ville lui ait demandé aucune indemnité
pour frais d'entretien ou de réparations de l'écluse du Plan.

Nous avons déjà vu que la délibération du 18 mars 1628, sept ans après la
construction de l'écluse, ordonne de la faire réparer, afin de faire venir l'eau
aux moulins de la Communauté *et au quartier de St. Jehan.*

Tant que la ville a possédé les moulins , elle a fait curer son canal et réparé
l'écluse du Plan à ses frais ; le curage était même mis en adjudication pour une
ou plusieurs années ; plus tard la ville trouva plus avantageux d'imposer ce curage
aux fermiers de ses moulins et en fit une condition des baux, condition qui s'est
perpétuée jusqu'à nos jours et existe encore.

Lorsque la ville fut obligée d'aliéner ses moulins en 1641 et en 1720, elle ne
manqua pas d'obliger les futurs acquéreurs à entretenir cette écluse, parce qu'elle
savait que cette obligation pesait sur elle, comme condition de l'abandon de
l'ancien barrage à elle fait par les propriétaires du quartier de St-Jean. — Le
titre contenant ces accords ne se trouve pas dans les archives de la Commune, il
doit être dans les minutes du notaire , alors secrétaire du Conseil , qui avait le
privilége de faire tous les actes dans lesquels la Communauté était partie ; mais ,
à défaut de cette pièce , nous avons un témoignage authentique du souvenir
exact, que la tradition avait conservé , de cette obligation qui n'a jamais été
contredite par la ville :

En 1759, alors que les moulins de la ville étaient possédés par des particuliers,
les arrosants du quartier de St-Jean, à l'occasion des démarches faites auprès du
Contrôleur-Général de la Province par Messieurs Lebrun frères, à l'effet d'avoir
une prise continue pour leur moulin à soye , établi au quartier de St-Jean , tinrent un comparant aux Syndics des propriétaires des moulins, dans lequel ils
demandaient quelle était la quantité d'eau que les moulins de la ville avaient le
droit de prendre dans Caramy, et si cette eau était suffisante, en temps de
sécheresse, pour les faire travailler ? Requérants les dits Syndics de déclarer la
vérité des faits relatifs à ces deux objets.

Quartier de Saint-Jean.

M. Pierre-Henri-Anne de Gantés, chevalier de St-Louis et ancien officier des galères, et M. Jean-Augustin Moutton, avocat en la Cour, Syndics des propriétaires des moulins de la ville, firent la réponse suivante :

« Nous soussignés, Sindics des sieurs propriétaires des moulins de cette ville
« de Brignolle, répondant au comparant ci dessus, attestons en faveur de la
« vérité que, par une transaction passée entre la Communauté, pour lors pro-
« priétaire des dits moulins, et les Dames Religieuses de l'abbaye de la Celle,
« alors propriétaires du quartier arrosable de Saint Jean, il fût convenu que la
« dite Communauté aurait l'usage de l'écluse construite sur la rivière de Carami
« par les dittes Dames, en étant chargée de l'entretien, et qu'il lui serait
« permis de placer une prise opposée à celle des dittes Dames, d'une manière à
« donner à la Communauté les deux tiers de l'eau, en façon que les Dames de la
« Celle n'en auraient plus que le tiers restant pour les arrosages, ce qui subsiste
« actuellement ; en deuxième lieu que les deux tiers de l'eau de Carami, jointe
« à celle du canal venant de la Val de Camps, n'est pas suffisante au temps de
« sécheresse pendant l'été pour faire moudre à fil le moulin que nous possédons
« dans l'enceinte de cette ville, en manière que nous sommes obligés de faire
« travailler le dit moulin par éclusées, et encore arrive-t-il quelquefois que,
« malgré toute notre attention et celle de nos préposés, les farines sont brulées
« et gâtées par l'insuffisance de l'eau. — Telle étant la vérité que nous serions
« en cas d'attester à serment. — A Brignolle, le 15 janvier mille sept cent cin-
« quante neuf.

« Signé sur l'original : GANTÉS, Sindic.

MOUTTON, Sindic. »

Cette déclaration affirme le fait d'une convention ou transaction, faite à l'occasion de l'établissement de l'écluse du Plan, par laquelle la ville se serait obligée, non-seulement à faire à ses frais la nouvelle écluse et les prises de gauche et de droite, mais encore à l'entretenir perpétuellement, sans que les arrosants de St-Jean eussent à y contribuer.

L'écluse du Plan est à la charge de la ville.

Aussi, lorsque les acquéreurs des Moulins Bessons furent au cas, en 1810, de réparer en plein l'écluse du Plan, ils n'hésitèrent pas à le faire sans appeler les arrosants de St-Jean à y contribuer, et ils ne le demandèrent qu'aux moulins de Vins, parce que, dirent-ils, ces moulins avaient appartenu à la Commune, en même temps que les Moulins Bessons, et qu'ils devaient, par suite, contribuer à l'entretien de l'écluse, qui est une charge attachée à tous ces moulins, charge constamment remplie par la Commune. — La plupart de ces acquéreurs étaient des vieillards qui avaient pu voir l'ancien état des choses, et recueillir les traditions du siècle précédent ; traditions et actes, dont notre génération dédaigne malheureusement trop de s'instruire.

Les terres arrosables de St-Jean sont celles qui faisaient partie du Prieuré, et sont effectivement comprises entre le Gué Amélius ou écluse du Plan, et la

Quartier de SAINT-JEAN.

terre non arrosable, pré naturel autrefois appartenant à Catelle, et possédée aujourd'hui par les représentants de l'hoirie Lion et Molinard.

Cet arrosage est divisé en deux parties distinctes et indépendantes, ayant chacune sa prise particulière sur la rivière de Carami.

La partie, dite le *petit arrosage,* a sa prise pratiquée dans la charpente de l'écluse, et ses terres sont à un niveau inférieur au grand canal; l'autre partie, dite le *grand arrosage,* reçoit son eau par la prise en pierres de taille construite par la ville en 1621.

Chacune de ces parties a son Règlement d'arrosage et ses Syndics.

En réparant l'écluse en 1810, les propriétaires des Moulins Bessons firent constater, par un procès-verbal inséré dans les registres de la justice de paix, la capacité de la prise du *petit arrosage,* afin qu'on puisse y recourir en cas de besoin. Il serait oiseux de nous étendre sur la règlementation de ce *petit arrosage;* les intéressés en sont satisfaits et ils ne demandent qu'à en jouir sans trouble.

Quant à l'autre partie, dite le *grand arrosage,* nous dirons d'abord que M. Bosc, géomètre en chef du cadastre, dans son rapport adressé au Préfet du Var en 1845, dit que le jaugeage de la rivière de Caramy, fait par lui le 26 septembre 1843, au-dessus de l'écluse du Plan, a donné un débit de 654 litres; le même jour, il a trouvé que le débit du canal du Plan était de 148 litres; il n'a pu jauger le canal de St-Jean qui était vuide, la vanne de la prise étant baissée.

Le jaugeage, fait par M. Just le 23 août 1855, ne donne que 278 litres d'eau à la rivière au-dessus de l'écluse; le Canal du Plan en dériverait 180 litres, et les deux arrosages de St-Jean recevraient ensemble 53 litres.

Il est évident que l'un des deux ingénieurs a fait erreur sur le jaugeage de la rivière; M. Hoslin, ingénieur hydraulique du département, dans son rapport du 12 avril 1860, dit que le débit du Canal du Plan n'est pas de 180 litres, comme on le croyait, mais qu'il était, l'année précédente 1859, de 147 litres 1/4 environ, chiffre conforme à celui de M. Bosc.

Dans tous les cas, et en admettant les chiffres ci-dessus, sur 278 litres, débit de la rivière, le Canal du Plan recevrait 148 litres et l'arrosage de St Jean 53, de sorte que le premier serait loin de prendre les deux tiers de l'eau de la rivière, étant admis qu'elle ne débite que 278 litres, et St Jean prendrait encor moins le tiers auquel il a droit.

Le 17 mars 1683, le Conseil général de la ville donna ordre de poursuivre un particulier nommé Étienne Goujon, qui avait planté des pieux au-dessus de l'écluse pour détourner l'eau; et, sur ce que les arrosants du quartier de St-Jean étaient accusés de creuser le lit de la rivière afin d'en dériver un plus fort volume d'eau, il chargea les Consuls de faire mettre un seuil en pierre à la prise de St-Jean, pour éviter toute sorte d'abus. — *Fol*° 1019. *V*°.

Quartier de SAINT-JEAN.

En 1806, les Syndics du *grand arrosage* de St Jean firent remplacer les anciennes pierres de taille, portant la martellière de la prise de leur canal sur la rivière, par les deux pierres de taille neuves qui existent actuellement.

Dans son rapport du 17 janvier 1860, au sujet de la pétition d'un sieur Blacas, propriétaire limitrophe du *petit arrosage* de St Jean, M. Bailly, ingénieur hydraulique du département, dit :

« M. le Maire énonce que ces deux canaux (des deux arrosages de St-Jean)
« débitent ensemble 53 litres d'eau par seconde lors des plus grandes séche-
« resses ; qu'ils n'arrosent que 24 hectares 36 ares 10 centiares ; qu'ainsi le
« volume de leurs eaux est bien supérieur aux besoins des usagers ; que l'excé-
« dant pourrait être affecté à de nouvelles irrigations moyennant des travaux
« peu considérables, dont les intéressés payeraient volontiers la dépense. »

« M. le Maire propose, pour arriver à ce résultat, la formation d'un Syn-
« dicat où les usagers actuels ne seraient représentés *qu'en très-faible minorité.*»

« Nous ne pouvons donner notre avis sur la proposition de M. le Maire, sans
« avoir vérifié les faits sur lesquels elle est basée, nous procèderons à cette véri-
« fication l'été prochain. »

On voit que M. Bailly élude poliment de répondre à la proposition de M. le Maire, qui avait paru singulière : exclure les arrosants actuels de St-Jean d'un Syndicat chargé de règlementer leurs eaux et leurs arrosages, alors que la loi, d'accord avec le sens commun, veut que dans une Association syndicale, le Syndicat ne soit composé que des usagers des eaux, ou soit, des plus intéressés au bien de la société!

Aussi l'Ingénieur ne vint pas vérifier les faits ; d'autre part, M. Just, instiga-teur du projet, qui avait fait quelques études sur la superficie des terres aux-quelles l'eau de St-Jean pourrait être amenée, et sur les travaux nécessaires pour l'y faire parvenir, trouva que cinq à six hectares à peine pourraient devenir arrosables ; qu'en fixant, conformément à l'estimation de M. Bosc, à deux mille cinq cents francs par hectare la rétribution de ceux qui consentiraient à devenir arrosables à ce prix, on obtiendrait au maximum quinze mille francs ; que les dépenses pour les nouveaux canaux, l'indemnité à payer aux propriétaires du canal actuel, les frais de procédure, etc..., ne promettaient qu'un déficit aux entrepreneurs de l'opération. Le projet fut abandonné.

Cet épisode semblait oublié pour longtemps, lorsque, le 23 janvier 1865, un projet de délibération fut soumis au Syndicat par le successeur de M. Just, pour demander de nouveau la règlementation des eaux de St-Jean, afin, disait-il, d'augmenter le volume d'eau du Canal du Plan qui est insuffisant à l'arrosage.

Ce motif n'est pas plus sérieux que le précédent, et il faut espérer que Ingé-nieur et Syndicat modèreront leur zèle, et penseront qu'il leur suffit de bien administrer les arrosages que M. le Préfet leur a confiés.

Quartier de SAINT-JEAN.

D'ailleurs, la Commune de Brignoles, représentant les Dames de Nazareth, sait qu'elle a pris l'engagement, dans la transaction de 1295, *de respecter les droits donnés aux frères Pignol et à leurs successeurs.*

Le grand arrosage de St-Jean, organisé depuis des siècles en Association Syndicale, a ses Syndics régulièrement nommés par le choix des arrosants, avec sanction de l'Autorité compétente ; et son dernier Règlement, fait à la date du 17 novembre 1758, en exécution de la sentence du Lieutenant de la Sénéchaussée de Brignoles du 10 octobre précédent, et homologué par sentence du Sénéchal en date du 9 janvier 1759, a été et est exactement suivi à la satisfaction de tous les intéressés.

Ce Règlement est déposé dans les archives de la ville, inséré dans le registre E. F., nᵒ 100, *Rapports des Experts, Folᵒ* 988.

L'eau de Carami est, en outre, déviée par quatre barrages inférieurs, pour servir à l'arrosage de quelques terres du terroir de Brignoles :

Terre de M. ROUGON (en face du Vabre).

Le plus rapproché de la ville est celui que M. Rougon, médecin, fut autorisé à établir par arrêté du Préfet du Var du 7 juin 1853.

Le 24 août 1852, M. Rougon, Louis-Laurent, présenta la demande d'être autorisé à dériver, à l'aide d'un barrage, les eaux de la rivière de Caramy, pour arroser la terre qu'il possédait dans le terroir de Brignoles, au quartier du chemin de Vins.

Les enquêtes légales furent ouvertes à la Mairie de Brignoles, et plusieurs oppositions y furent consignées, notamment celle de M. Victor Mélan. (Considérant de l'arrêté du Préfet.)

Il paraît que ces oppositions ne parurent pas suffisantes, puisque par arrêté du 7 juin 1853, M. le Préfet du Var autorisa M. Rougon à dériver de Caramy l'eau nécessaire à la mise en jeu d'une roue hydraulique destinée à élever l'eau pour l'irrigation de la propriété qu'il possède au quartier du chemin de Vins, sur la rive gauche de la dite rivière, à condition que :

« Le barrage sera établi à huit mètres environ en aval du confluent du canal de la Burlière ; il se composera d'une partie fixe et d'une partie mobile ;

« Le barrage ne pourra être mis en place que du 15 mars au 15 septembre ;

Terre de M. Rougon (en face du Vabre).

« Le permissionnaire ne pourra pas prendre à la rivière, aux époques des plus basses eaux, plus de dix litres d'eau par seconde pour l'irrigation de sa propriété ;

« Il sera tenu d'effectuer le curage à vif fond, du bief de la prise, dans toute l'étendue du remoux, toutes les fois que la nécessité s'en fera sentir, ou qu'il en sera requis par l'Autorité administrative, etc..., etc.....

« Art. 9. — Les droits des tiers sont et demeurent expressément réservés. »

Comment se fait-il que les moulins de Vins (usines Mélan et de Calvi et moulin d'huile) n'aient pas protesté contre un barrage, dont le remoux vient jusqu'à la sortie de leurs immeubles dans le cours de toute l'année, hors le moment des plus basses eaux ?

Les propriétaires de ces moulins crurent de leur intérêt de payer cinq mille livres à M. Louis Billet, possesseur d'un martinet à cuivre au quartier du Canadel, afin qu'il renonçât à rétablir son écluse emportée par une grande crue d'eau. (Acte du 4 mars 1756, notaire Goujon.)

Cette écluse était cependant de beaucoup inférieure.

Terre de M. Lieutaud (en-dessous du Vabre).

Le deuxième barrage est celui qui a été fait, dans le temps, par M. Lieutaud, pour faire mouvoir une roue hydraulique à l'effet de dévier de l'eau pour arroser une partie de la terre qu'il possédait sur la rive droite de Caramy, immédiatement au-dessous du ruisseau de Tombarel.

Nous avons déjà dit que, par exploit du 31 janvier 1784, les propriétaires des moulins de la ville signifièrent à M. Lieutaud de démolir et enlever l'écluse qu'il avait fait construire.

M. Lieutaud adressa aux Consuls une requête, afin qu'ils vinssent prendre fait et cause pour lui dans l'instance, etc.....

Le Conseil général de la ville fut saisi de cette affaire le 16 mai 1784, mais il ne fut rien délibéré, parce que l'assemblée se trouva réduite à moins de vingt membres par la retraite des intéressés.

Rien n'indique qu'il ait été donné suite à ce procès, et les choses sont restées en leur état précédent.

Barrage pour l'arrosage et le paroir MÉLAN (chemin de Vins).

Le troisième arrosage est situé à quatre ou cinq cents mètres en aval du précédent ; l'eau est dérivée au moyen d'un barrage et entre dans un canal qui la porte à un engin , paroir à drap jusqu'à ces dernières années et converti actuellement en moulin à farine, touchant le chemin de Vins, sur la rive gauche de la rivière.

Une partie de la terre contigue au canal est arrosée par l'eau déviée.

Je n'ai rencontré aucun document sur l'époque de l'établissement de ce barrage.

Arrosage au quartier de SAINT-CHRISTOPHE.

Le 30 décembre 1854, Messieurs Boyer et Ébrard frères demandèrent l'autorisation de dévier de la rivière de Caramy l'eau nécessaire à la mise en mouvement et à l'alimentation d'une noria, qu'ils se proposaient d'établir pour l'arrosage d'une partie des terres, qu'ils possédaient le long de ce cours d'eau , dans le terroir de la Commune de Brignoles , au quartier de St-Christophe.

Cette autorisation leur fut accordée par arrêté du Préfet du Var, en date du 9 juillet 1855, avec la condition , écrite à l'article 5 de cet arrêté, que, pendant les mois de juillet, août et septembre, les permissionnaires ne pourront élever plus de 16 litres 33 centil. d'eau par seconde.

D'après la tradition locale, les Templiers auraient été les possesseurs de cette terre qui , après l'abolition de cet ordre , serait devenue le domaine de l'ordre de St-Jean de Jérusalem , héritier des biens des Templiers. Ce domaine , avant 1790, relevait en effet de la commanderie de Beaulieu.

Mais cette tradition n'a pas conservé le souvenir de la possession plus ancienne de ce domaine par l'abbaye de St-Victor, à qui donation en avait été faite par deux seigneurs , suivant acte de mai 1025 (1), cent ans avant la fondation de l'ordre du Temple de Salomon.

N'ayant pas eu occasion de faire des recherches dans les archives de l'ordre de Malte, j'ignore de quelle manière cette terre a passé des mains des abbés de St-Victor dans celles des chevaliers du Temple.

(1) Mai 1025, Ego Galdrada et Josfredus et mulier sua scocia nomine, facimus donationem Sancto Victori, aliquid de alode nostro, quem habemus in comitatu aquensi, intra terminos de villa que vocatur Bruniola, id est Ecclesiam que fundata est in honore Dei et Sancti Christofori martyris , in valle que vocatur Signola ; illa terra que habet Galdrada et Josfredus, donamus Deo et Sancta Maria et Sancti Johannis et Sancti Christofori. — Et habet consortes , de uno latus , Pertiga Aqua (*L'Eau de la Perte*) et terra que fuit de Madazano, et de ultra, aqua Caramie que est contra Signola , et terra que habet Domna Galdrada et Domnus Geosfredus, et postea a finem in terminum de Cabacia. . . . .

Facta donatio ista in mense maio, regnante Rodulfo, Rege Alamannorum sive Provincie — (*Cart.* n° 281.)

NOTA. — Ce Geoffroy fut comte de Provence, et Galdrada était sa belle-mère.

EAUX DE TOMBAREL

M. le chanoine Magloire Giraud, dans sa Notice sur les Cours d'Eau du Var, dit : « *Le Tombarel*, ruisseau qui coule sur le territoire de Brignoles, et « se jette dans la rivière de Caramie au hameau de Tombarel. »

Les habitants de Brignoles seront certainement étonnés d'apprendre qu'il a pu exister sur ce point un hameau dont il ne reste aucune trace, ni même un souvenir dans les traditions locales.

Ce ruisseau est formé par l'eau de plusieurs petites sources, qui naissent dans son lit et dans le vallon de Tombarel, situé à trois kilomètres de la ville, du côté de l'Est : la plus abondante jaillit à cinq ou six cents mètres en amont du pont dit de Tombarel, sous lequel l'eau traverse la route nationale de Brignoles à Flassans.

Ces petites sources ne donnent en été qu'un faible volume d'eau, auquel se joignent celle de la source dite de *Pélicon*, naissant sous la maison de campagne de ce nom, et celle appartenant à la terre de Tombarel, à l'Est du vallon, dont le propriétaire a fait construire des fontaines et des bassins dans son fonds ; après les pluies d'automne, les eaux venant de la Pourraque grossissent énormément le ruisseau qui devient assez considérable pendant quelques mois.

Toutes ces eaux réunies forment le ruisseau de Tombarel, le *Rivum de Tombarello* qui, sortant de dessous le pont déjà mentionné, va se jeter dans Caramy à l'extrémité inférieure de la terre dite *le Vabre*, à quelques mètres à l'ouest du chemin de St-Christophe. — Nous avons déjà vu, dans l'article *Source du Vabre*, que ce *Rivus de Tombarello* était une des délimitations de cette terre.

En-dessous du pont, dans le terrain vague d'où partent les chemins ruraux des quartiers du *Pin* et de *la Perte*, l'eau de Tombarel forme comme un petit bassin qui sert d'abreuvoir public. — Le 6 février 1485, le Conseil de la ville, ayant appris qu'un voisin, nommé Jacques Blancard cherchait à *occuper le relarg qui est à Tombarel pour l'abreuvage des troupeaux*, ordonna d'écrire que la ville ne permettait pas cette occupation. — *Fol* 305. V°.

Le pont de Tombarel s'étant écroulé en 1749, la ville le fit reconstruire, et le 30 août de la même année, le Conseil délibéra d'envoyer les états de la dépense, s'élevant à 1461 fr. 19 s. 6 d. à Messieurs les Procureurs du Pays, afin d'en recevoir le remboursement de la Province. — *Fol* 977.

En 1724, sur la demande d'un propriétaire du quartier, le Juge Royal de Brignoles ordonna qu'il fut fait un Règlement des eaux *qui viennent du pont de Tombarel pour l'arrosage des prés qu'on est en coutume d'arroser de cette eau.*

Ces prés ou terres appartenaient alors à six particuliers, auxquels les experts nommés attribuèrent l'eau, *pro modo jugerum,* pour tous les jours de la semaine, de la manière suivante :

M. Bremond,	pour	4000	cannes de terre...	50	heures d'eau.
La D^lle Monnier,	—	1388	—	... 21	—
M. Joseph Maille,	—	840	—	... 10	—
M. Bouissony,	—	1400	...	. . 21	—
Hoirs Légier,	—	1261	—	... 18	—
Joseph Roubaud,	—	3430	—	... 48	—

Superficie totale.... 12319 cannes......... 168 heures de la semaine.

Pour les détails de ce Règlement d'arrosage, on pourra consulter l'original déposé aux archives de la ville, série F. F. Registre n° 97, *Fol°* 227 — ou la copie, que M. Goujon en a faite dans son registre 4e, série J. J. des archives communales, registre n° 15, *Fol°* 607. *V°.*

EAUX DE LA POURRAQUE

En remontant le vallon de Tombarel, on arrive à celui de la Pourraque, qui n'en est que la continuation.

Une première source jaillit à gauche, au pied du coteau, à l'exposition du midi ; elle est enfermée dans une bâtisse toiturée d'où l'eau sort de sous la porte, et va se jeter dans un bassin construit en face, après avoir traversé le ravin sur un petit pont-aqueduc.

Quelques cents mètres plus haut, une deuxième source naît à droite, au contour du *Collet-Rouge*, dans un bassin creusé et bâti, d'où l'eau s'échappe en se dirigeant vers le vallon de la Pourraque pour arroser une petite langue de terre et se jeter dans le ravin.

Enfin une troisième source jaillit un peu plus haut, en face de la ferme dite l'*Hôpital*, et arrose le terrain contigu.

Les eaux de ces trois sources sont entièrement absorbées, en été, par l'arrosage des parcelles de terre qui les avoisinent, et ce n'est qu'après les pluies d'hiver qu'elles deviennent abondantes pour aller grossir le volume des eaux de Tombarel.

Le 15 juillet 1726, les experts nommés par le Juge Royal de Brignoles opérèrent la distribution de ces eaux entre les trois propriétaires, alors possesseurs de terres susceptibles d'en être arrosées :

73 heures d'eau par semaine furent attribuées à M. Rochas, pour 4272 cannes de terre.

| 52 — | — | à M. Moutton, avocat, — 3035 | — |
| 43 — | — | à M. Louis de Clappiers, — 2424 | — |

168 heures   9734 cannes.

La minute de ce Règlement est dans les archives de la ville, registres des *Rapports des Experts*, série F. F., n° 97, *Fol°* 367. — M. Goujon en a fait une copie dans son 5e registre, section J. J., n° 16, *Fol°* 782.

Sources de Font-d'Aynaud et de Font-Lade

La font d'Aynaud ou d'Eyraud, *Fons de Auranno* (1), est située entre la route de Brignoles à Flassans et celle de Brignoles à Cabasse, à 200 mètres environ au sud de cette dernière ; elle naît dans le fonds de la terre connue sous le nom de *Bastide Rouge*, et appartient au propriétaire de cette terre, possédée pendant longtemps par la famille de Gantés, ainsi que le porte la transaction du 22 août 1665, notaire Garnier.

Cependant, plusieurs propriétaires ont sur cette eau des droits d'arrosage, qui ont été réglés par un rapport rédigé en acte public par Me Louis Garnier, notaire à Brignoles, en date du 19 septembre 1665.

D'après cet acte, la totalité des terres arrosables par l'eau de la Font-d'Aynaud serait de 35 soucheirades un tiers, possédées à cette époque par quatre propriétaires auxquels il fut attribué, savoir :

A M. de Gantés,	pour 31 soucheirades 1/3 —	151 heures par semaine.	
A MM. Bellon et Debergue, —	1 —	2/9 — 5	—
A M. Desparra,	— 2 —	3/4 — 12	—
	35	11/36	168 heures.

Cet acte a été copié par Me Goujon, dans son 4e registre, série J. J., n° 15 de l'inventaire, *Fol°* 648.

La source de Font-Lade jaillit touchant la route de Brignoles à Cabasse, à quelques centaines de mètres plus bas que la Font-d'Aynaud ; elle forme un bassin qui sert de puisage et d'abreuvoir ; elle arrose les prairies du domaine de Font-Lade, se joint aux eaux de la *Font d'Aynaud*, avec lesquelles elle forme un ruisseau qui va se jeter dans Caramy, après avoir traversé les prés de la Perte, qui n'arrosent qu'avec ces eaux réunies.

Font-Lade.

(1) M. Magloire Giraud dit : Font d'Eyraud, source qui coule sur le territoire de Brignoles, Fons de Auranno, 1015. (*Cart.* de St-Victor, n° 399.)

Ce n° 399 porte : 1015, Ego Waldrama nomine, de salute anime mee sollicita, faciat donationem . . . . . . et ad Sanctum Petrum Condamina que est in *Pertica* ipsa tota, ... et ipsa Condamina que est superius, usque ad Fontem Auranno.

Nous avons vu à l'article : Arrosage de St-Christophe (*Cart.* n° 281), que l'*Aqua Pertica* ne pouvait être que l'eau de la *Perte ;* or, la terre Condamina *supérieure* à celle située *in Pertica*, ne peut être autre que les terres montant du vallon de la Perte jusqu'à la source d'Aynaud ou Eyraud, *Fons de Auranno*.

Je me permets de penser que M. Giraud fait erreur lorsque, citant le *Cart.* n° 281, qui indique comme confront la *Pertica Aqua*, il dit : « *Pertica, Rivulus*, petit ruisseau qui coule sur le terri-« toire du hameau de *Pericas*, canton et commune de Brignoles, et se jette dans la rivière de « Caramie. »

Les mots *Pertica Aqua* n'impliquent pas l'existence d'un hameau du nom de *Pericas*, et je préfère m'en tenir aux noms de *Eau et quartier de la Perte*, dénominations actuelles qui nous ont été transmises par la tradition locale.

Source de la Tour des Portaniers

Cette source, assez abondante, est située très-près de la ville, au nord-ouest, sur un plateau qu'elle arrose, et elle fournit en outre une très-belle eau à la terre dite la Viguière, qui en est arrosée en partie.

Le 20 juillet 1699, deux experts commis par le Juge Royal de Brignoles firent le Règlement des eaux de cette source entre vingt-un propriétaires, pour leur arrosage pendant les 168 heures de la semaine. L'original de ce Règlement est déposé dans les archives de la Sénéchaussée, et copie en a été faite par M. Goujon, dans son 7ᵉ registre, série J. J., nᵒ 18, Folᵒ 1388.

Vers 1865, le propriétaire du sol, sur lequel naît la source, fit pratiquer des tranchées et des aqueducs souterrains qui devièrent les eaux de manière que les propriétaires arrosants en furent totalement privés.

Depuis lors, des fouilles faites dans les terres supérieures ont donné au propriétaire de la Viguière une eau aussi abondante que celle dont il jouissait précédemment.

L'auteur de ce bouleversement, privé lui aussi de son ancien arrosage, a fait un puits avec des tranchées de retenue, et a réussi à faire couler un joli ruisseau d'eau au milieu de sa terre. Il faut espérer que les voisins inférieurs pourront un jour reprendre l'usage de cette eau pour l'irrigation de leurs terres.

Source de la Crozette

A l'ouest du coteau de *la Tour*, et dans une terre appelée la Crozette, naît une source dont l'eau, très-abondante en hiver, suffit à peine en été pour arroser quelques parcelles de terre situées entre la source et le coteau.

La maison de campagne dite Belle-Font, placée au sud et à un niveau inférieur, jouit d'une fontaine alimentée par une nappe d'eau souterraine venant de la Crozette.

Un acte du onzième siècle donne pour confront à une terre la source de Bonne-Val, *Fons Bonne Valle;* cette source ne serait-elle pas celle de la Crozette, qui est réellement dans le quartier appelé encor aujourd'hui de Bonaval ?

La source dite de la *Tour des Portaniers*, ne pourrait-elle pas être aussi l'antique *Fons de Bonne Valle*, dont celle de la Crozette ne serait qu'une branche séparée ?

La gorge ou plateau, figurant sur le plan cadastral sous le nom de *Bonaval*, se prolonge jusqu'à la Viguière, et les appellations Tour de Portanier, Crozette, Belle-Font, relativement très-modernes, ne sont que les noms d'un propriétaire ou le fait d'avoir une fontaine qui n'existe guère que depuis soixante ans.

Sources du Vert et de la Charité

La source ou *Font du Vert*, appelée du *Verne* dans un ancien écrit en langue vulgaire, n'a pas de propriétaire en nom personnel ; c'est un cours d'eau publique affectée à l'arrosage des terres environnantes. L'eau naît dans le fossé ou canal qui longe le coteau dit de la Charité, à quelques cents mètres à l'ouest du hameau des Gaëtans.

Les anciens règlements d'arrosage s'étant perdus, des difficultés s'élevaient souvent entre les propriétaires du quartier ; quelques-uns d'eux demandèrent un nouveau Règlement au Tribunal civil de Brignoles qui, par son jugement du 23 juillet 1847, nomma trois experts chargés d'effectuer ce Règlement.

Par un second jugement, en date du 4 juin 1850, le Tribunal régla l'arrosage par les eaux de la Font du Vert, conformément au tableau annexé au dit jugement. — Ce tableau distribue l'eau entre quarante-quatre propriétaires y nommés, avec désignation de la contenance cadastrale de chaque parcelle, pendant les 168 heures de la semaine.

La contenance totale de toutes les terres comprises dans ce Règlement est de 43 hectares 84 ares 83 centiares.

Ce jugement a été enregistré le 14 juin 1850, et signifié à tous les arrosants, qui en ont reçu chacun une expédition imprimée.

Un peu plus haut, vers le nord-ouest, naît la source dite de la Charité, dont l'eau s'écoule par le ruisseau ou canal, dans lequel jaillit la source du Vert.

Le 8 juin 1861, les arrosants avec l'eau de la source de la Charité furent réunis devant le Juge de Paix, à l'effet de se constituer en Association Syndicale et procéder à un Règlement d'arrosage.

Deux Syndics furent nommés, et on pria M. Clair Jaubert d'opérer le Règlement et répartition de l'eau entre toutes les parcelles arrosables d'après leur contenance cadastrale.

M. Jaubert, après s'être assuré que la superficie totale des terres à arroser était de 6 hectares 24 ares 55 centiares, divisées entre 35 propriétaires distincts, dressa un Règlement donnant à chacun d'eux le nombre d'heures afférant à sa terre proportionnellement à sa superficie ; ce Règlement, daté du 25 juillet 1861, fut enregistré le 6 août suivant, imprimé et distribué à tous les intéressés, qui le suivent depuis lors.

D'autres sources existent dans le terroir de Brignoles ; elles sont propriétés privées à l'usage exclusif de leurs possesseurs, il n'y a pas lieu de les mentionner.

Post-Scriptum sur Douzon

ÉTABLISSEMENT D'UNE DEUXIÈME FONTAINE PUBLIQUE.

Le 1er août 1875, il fut exposé au Conseil municipal que les habitants du quartier voisin de la fontaine dite de Douzon réclamaient vivement sur l'état de cette fontaine qui ne coule plus. M. le Maire a fait visiter le puits creusé sur la Place St-Pierre en 1865, au fond duquel naît l'eau qui alimente cette fontaine ; cette eau a complètement tari, de sorte que les habitants sont obligés d'aller en puiser au Portail du Luc ou au boulevard St-Louis : il y aurait donc lieu d'utiliser les eaux de la source Douzon qui est très-rapprochée ; mais il faudrait faire une conduite dont l'emplacement présente des difficultés.

Le Conseil décide de nommer une Commission chargée d'examiner les lieux et d'étudier le moyen le plus propice d'amener l'eau de Douzon à la dite fontaine.

Le 8 du même mois d'août, la Commission, nommée dans la précédente séance au sujet de l'eau de la source Douzon, expose que :

« Après avoir fait appeler M. Dominique Brun, fontainier de la ville, elle est allée visiter les lieux ; elle a reconnu que le niveau de l'eau, dans le bassin de la source, n'a pas varié depuis 1864 et 1866.

« S'étant ensuite portée dans le jardin de Madame veuve Fabre, que traverse l'ancienne conduite de la ville, elle a fait sonder cette conduite pour s'assurer si elle n'était pas obstruée dans la partie qui traverse les constructions de l'ancien hôtel Ste-Anne, possédées aujourd'hui par M. Vert.

« M. le Maire a fait découvrir la conduite dans le jardin, et une saignée pratiquée sur un bourneau a donné un volume d'environ trois deniers d'eau, qui a coulé pendant une demi-journée ; les sondages opérés dans la conduite ont rencontré quelques racines et des embarras qui nécessiteraient une revue complète et des réparations sur presque toute sa longueur, environ 25 mètres ; il y aurait de plus à conduire l'eau au point le plus convenable de la rue, lequel étant subordonné au niveau de l'eau ne peut être fixé qu'après un nivellement exact.

« La Commission pense que la conduite doit être refaite à neuf dans toute la traversée du jardin Fabre, afin d'obvier aux déperditions d'eau qui résulteraient du mauvais état de l'ancienne conduite, et aussi afin de n'avoir pas à revenir bientôt à de nouvelles fouilles.

« Elle serait d'avis de ne pas toucher à la fontaine actuellement existante, et de construire une autre fontaine au point le plus convenable : par ce moyen, l'eau de la source Douzon alimenterait seule cette nouvelle fontaine, et la fontaine existante, alimentée par l'eau des fouilles opérées en 1865, sur la Place St-Pierre, aux frais de Messieurs Dupui, continuerait de couler comme elle l'a fait jusqu'à ce jour ; de façon que toute confusion serait évitée par cette séparation entre les eaux de Douzon et celles de St-Pierre, et qu'il ne pourra plus surgir aucun prétexte pour élever des prétentions sur l'eau et la conduite venant de Douzon.

« La Commission estime que la dépense totale n'atteindra pas trois cents francs. »

Diverses observations ont été faites sur ces conclusions, ainsi qu'au sujet du droit de Madame veuve Fabre, à un tuyau d'eau concédé à son jardin, en indemnité de la servitude du passage de la conduite, et encore au sujet des droits des arrosants du quartier du Curnier, sur les versures de la fontaine à établir.

Des explications ont répondu à ces objections, et il a été démontré que, le 21 octobre 1652, le Conseil de la ville délibéra de porter l'eau de la source Douzon à la rue de Vitry, dénommée Douzon depuis 1850 ; et, comme il fallait pour cela faire passer la conduite à travers le jardin de M. Jean Moutton, représenté aujourd'hui par Madame veuve Fabre, il fut fait, le 4 novembre suivant, rière Me Ballardy, notaire à Brignoles, entre les Consuls de la ville, Blaise Amic, adjudicataire des travaux à exécuter, et le dit M. Moutton, tous présents et acceptants, un acte dans lequel il est dit :

« Les griffons et barquieu (de la fontaine) seront de la hauteur que le niveau
« de l'eau le permettra, et la dite eau le préfachier conduira, par un canal de
« maçonnerie cimenté par-dessus, tout au long de la muraille, afin que l'eau
« s'en retourne au canal ancien des arrosages des propriétés qui arrosent de la
« dite eau. »

Et plus bas :

« Le dit Moutton a permis le passage du canal de la dite fontaine long la mu-
« raille entre son jardin et celui du dit Bruni, moyennant que lui sera permis
« faire un petit griffon et robinet de la grosseur du petit doigt, et retournera
« dans le même canal de l'arrosage. »

Après en avoir délibéré, le Conseil a décidé, d'un avis unanime : « que l'ancienne conduite sera réparée et refaite partout où il sera nécessaire, et continuée jusqu'au point qui sera ultérieurement désigné pour une deuxième fontaine publique dans la rue Douzon, et qu'à cette fin, M. le Maire fera niveler la conduite pour être établie avec une pente régulière jusqu'au lieu qu'il jugera le plus propice pour la fontaine dont s'agit ;

Faire une deuxième fontaine dans la rue Douzon.

« Que les conditions établies dans l'acte précité du 4 novembre 1652 seront maintenues et observées ;

« Et il a voté un crédit supplémentaire de trois cents francs à l'article des dépenses : *Entretien des aqueducs et fontaines.* »

Du 22 au 29 août 1875, cette nouvelle conduite a été faite en bourneaux en poterie se soudant à l'ancienne conduite, à sa sortie de la bâtisse contenant actuellement un four, dans le jardin Fabre ; elle traverse ce jardin de l'est à l'ouest, à deux mètres au sud de l'ancienne conduite, qui a été détruite dans cette partie ; elle traverse ensuite obliquement la rue Douzon par un tuyau de plomb, et elle continue, en poterie, contre l'hôtel et remise de M. Fabre (ci-devant Piffard) jusqu'à deux ou trois mètres de la porte de la dite remise ; là une borne-fontaine, avec tuyau en cuivre jaune, a été construite contre la muraille, sans cuvette, l'eau tombant sur le trottoir arrangé convenablement avec du ciment.

Cette fontaine a débité moins d'un denier d'eau jusqu'aux pluies d'automne, où cette eau a pu représenter deux petits deniers.

Il est probable que la contre-pente signalée par M. Lanty, ou quelque obstacle dans la conduite, empêche de jouir de toute l'eau de la source.

Pièce Justificative n° 1

VIDIMUS OU ACTE NOUVEAU (26 Avril 1499), CONTENANT :

*1° Un acte de donation du 12 novembre 1293, par le Roi Charles II°,
au Monastère de Sainte-Marie de Nazareth, d'Aix, des Moulins dits
Bessons, eaux, canaux, etc . . ;*

*2° Acte de transaction du 14 août 1295, entre le Monastère de Nazareth
et le Prieur de Saint-Jean, au sujet de l'eau de Caramie.*

(L'original sur parchemin aux Archives de Brignoles, série D. D., n° 1.)

In nomine Domini Nostri Jesu Christi amen. Anno Incarnationis ejusdem
Domini millesimo quadringentesimo nonagesimo nono et die vicesima sextâ
mensis aprilis. Regnante christianissimo principe et domino nostro domino Ludovico Dei gratiâ Francorum Rege comitatuum que Provincie et Forcalquerii comite
feliciter et longevé , amen. Ex hujus veri et publici instrumenti tenore universis
et singulis presentibus et futuris manifestum existat, quod adversus oblivionis
dispendium de scripture remedio prudentium cautela providit, in injuriam namque memorie frequens oblivio ex longinquitate sepè fit temporis. Quod res clara
presentibus , reddatur obscura futuris , dum interdum decisa res pullulantur
suscitantur que sopita sepulta que resurgunt. Idcirco existentes et personaliter
constituti , in presentiâ et audientiâ nobilis et egregii viri Domini Rostanhi de
Castronovo jurium baccalaurei curie que Regie ville Brinonie vice judicis, pro
tribunale sedentis more majorum ante portam Capelle Beate Marie de Cortinis
Ecclesie Sancti Salvatoris dicte ville, super quemdam bancum lapideum, quem
locum pro actu infrà scripto peragendo specialiter sibi elegit, nobiles sapientes
que viri Reymondus Pugeti et magister Bertrandus Botini, notarius, Sindici
moderni universitatis jam dicte de Brinonia , sindicario et vice ac nomine dicte
universitatis et particularium ejusdem , presentaverunt et exhibuerunt quoddam
dominicale privilegium patens, sigillo magno Regali impendenti cum cerâ rubea,
filis cirici rubei et crocci coloris annexum et munitum , ab illustrissimo principe
bone memorie, Carolo secundo, Dei gratiâ Jerusalem et Sicilie Rege comitatuum
que Provincie et Forcalquerii comite elargitum, donatione certorum bonorum
immobilium pro suorum peccaminum redemptione , in se continentem devotis
Sororibus Beate Marie de Nazareth de Aquis, factam, prout, latius in eodem
Dominicali privilegio noscitur contineri , necnon quoddam instrumentum publicum , manu quondam honorabilis viri magistri Petri Bonety notarii publici factum et signatum , ut in eo legitur, non suspecta, non vitiata , rasa seu cancellata

vel in aliquâ sui parte abolita, petentes et instantissime requirentes ad futurorum rei memeriam ob viarum pericula aquarum que inundationes, translationes ac mutationes que quamdoque fiunt et ne etiam vetustate labentur seu pereant, volentes que ac cupientes dictis periculis occurrere in futurum, petierunt dicti nobiles Reymondus Pugeti et magister Bertrandus Botini Sindici nominibus quibus suprà, ipsum privilegium Dominicale et instrumentum auctoritate et licentiâ jam dicti domini vice judicis in ipsius testium que subscriptorum presentiâ legi et publicari de verbo ad verbum facere fideliter et distincte et de eorum tenore idoneum assumi instrumentum aliud consimile et idoneum seu *vidimus* cui possit fides plenissima perpetuo valitura adhiberi in judicio et extrà, ut de contentorum in eisdem presentis actu et lectionis ac publicationis ejusdem ubique pateat et sit notum, ne jura ipsius universitatis pereant et semper clara sint, nunc et in posterum tuta remaneant et in eisdem dubium non sit.

Et prefatus dominus vice judex, visis prenominatis Dominicali privilegio et instrumento, eidem occulariter et in ejus presentiâ exhibitis et presentatis per antefatos dominos sindicos ipsius universitatis, nominibus quibus suprà presentantium requisitione admissâ, tanquam juri consona et ratione sustulta privilegium ipsum et instrumentum prout suprà presentata et per dictum dominum vice judicem fideliter inspecta eadem que reperta non cancellata non vitiata, non rasa, non abolita, nec in aliqua sui parte suspecta. Sedens pro tribunali prout suprà jussit et ordinavit dictum privilegium Dominicale et instrumentum legi et publicari per me Joannem de Carolis notarium publicum infrà scriptum in presentiâ ipsius domini vicejudicis testium que subscriptorum ad hoc specialiter rogatorum et vocatorum, ac de ejus Dominicalis privilegii et instrumenti tenore inde instrumentum seu vidimus recté assumi veluti in dictis Dominicali privilegio et instrumento jacet, ità et taliter quod eamdem vim obtineat quam dicta originalia in quocumque judicio seu extrà, ut semper clareat veritas contentorum in eo.

Cujusquidem precepti vigore ego prenominatus notarius in dicti domini vice judicis testium que suscriptorum presentiâ, predicta Dominicale privilegium et instrumentum per antefatos dominos sindicos suprà nominatos parte universitatis de Brinonia et particularium ejusdem exhibita et presentata prout suprà, non abrasa, non cancellata, non vitiata, abolita ve, nec in aliquâ parte suspecta, legi et publicavi que erant per omnia tenoris sequentis. Et primo sequitur tenor Dominicalis privilegii ut ecce.

CAROLUS SECUNDUS, Dei gratiâ Rex Jerusalem et Sicilie, ducatus Apulie et princeps Capue, Provincie et Forcalquerii comes, universis presens privilegium inspecturis, tam presentibus quam futuris. Et si ad cunctos ditioni nostre subjectos libenter liberalitatis nostre dexteram extendamus, eo tamen ergà venerabiles Dei domos illam libentius pandimus, quo plus est Deo placendi quam homini, plus de spiritualibus quam temporalibus cogitandi. Hâc itaque consideratione commoti, Monasterio Sororum Beate Marie de Nazareth de Aquis devotarum nostrarum, bona omnia infrà scripta sita in castro Brinonie et pertinenciis ejus, que quondam magister Reymondus manescalcus et familiaris noster habitator Brinonie tenuit quoad vixit ex concessione olim sibi de illis ad vitam suam per excellentiam nostrorum facta, *damus, donamus, tradimus* et ex causâ donationis pro animabus clare memorie parentum nostrorum , ac nostrorum remissione peccaminum *concedimus in perpetuum ex certâ scientiâ ac de liberalitate mera et gratiâ speciali transferentes in dictum Monasterium omne jus , actionem realem et personalem , utilem ac directam seu mixtam quod et quam curia nostra habet in illis,* ac investientes religiosum virum fratrem Berengarium de Tarascono ordinis prœdicatorum , priorem dicti Monasterii, nomine ipsius Monasterii per nostrum annulum de premissis.

Bona verò predicta sunt hec , videlicet : Terra seu Condamina dicti castri de Brinonia dicta Liborc , que confrontantur ab unâ parte cum aquâ que vocatur Caramia , ex aliis duabus partibus cum aquâ bedalis molendinorum portalis Barralerii, et cum prato Bertrandi Gaufridi et cum horto Hugonis Rimbaldi, et cum terrâ Ecclesie Sancti Martini , et cum bedali molendini Pugeti.

Item *molendina que dicuntur molendina portalis Barralerii , et confrontata ab unâ parte et ab aliâ parte cum horto Esparronis militis, et ab aliâ parte cum camino publico.*

Item domus que fuit quondam Lombardo , que confrontatur ab unâ parte cum Ecclesiâ Sancti Salvatoris et cum Capella Beate Marie et cum domo Bertrandi Ralle , et cum domo Bertrandi Olivarii , et cum domo Berengarii Malimert, et cum domo Bertrandi de Bastida , et cum domo Delphine , et cum domo magistri Petri Macellarii , et cum carreria publica , quequidem domus dicta quondam Lombardi , vocatur curia vetus. In cujus Rei fidem perpetuam que memoriam et Monasterii predicti cautellam presens privilegium ex inde fieri et pendenti magestatis nostre sigillo jussimus communiri. Actum et datum Aquis anno Domini millesimo ducentesimo nonagesimo tertio , die duodecimo mensis novembris , septime indictionis , regnorum nostrorum anno nono.

Reservata in cancellaria tenor instrumenti exhibiti ut suprà sequitur et est talis :

Anno Domini millesimo ducentesimo nonagesimo quinto mense augusti die decima quarta , noverint universi : quod cum questio et controversia verteretur inter venerabilem et religiosum virum fratrem Berengarium Alphanti priorem Sororum Beate Marie de Nazareth civitatis Aquensis , nomine et vice ipsius Monasterii ex parte unâ , et discretos viros magistrum Jacobum Pignoli, canonicum Aquensem et priorem Ecclesie Sancti Joannis de Artecella , nomine suo proprio et dicte Ecclesie, et Hugone Pignoli, fratres de Brinonia ex alterâ, super eo quod predicti fratres magister Jacobus et Hugo petebant seu petere intendebant jus aque ducende ex flumine Caramie , fluente per territorium Brinonie , scilicet per bedale et fossatum usque ad molendinum quoddam seu domum molendini que est juxtà Ecclesiam seu subtus Ecclesiam Sancti Joannis territorii Brinonie in possessionibus ipsius Ecclesie nec non ad quoddam alium molendinum dictorum fratrum magistri Jacobi et Hugonis situm in territorio Brinonie loco vulgariter appellato Dalvengelberta, asserentes etiam dicti magistri Jacobus et Hugo esse in possessione et quasi et fuisse antiquo et longissimo tempore per se et predecessores suos illos à quibus causam habuerunt accipiendi aquam ex dicto flumine Caramie et ducendi ad predicta molendina pacifice et quiete, scilicet à Gado dicti fluminis Caramie vocato Gado Amelii super versus Ecclesiam Sancti Benedicti.

Et ex adverso predictus Prior, nomine Monasterii predicti inficiens predicta, dicebat dictos magistrum Jacobum et Hugonem non habere vel habere posse nec habere debere jus accipiendi aquam in dicto flumine, seu advertendi dictum flumen vel partem ipsius ad predicta molendina superiùs designata, seu ad aliqua loca seu territoria, nec habere jus ducendi dictam aquam per bedale seu fossatum aliquod ex flumine jam dicto vel in aliquâ parte ipsius, addens quod si aliquo tempore possessiones dictorum molendinorum acceperint aquam ex dicto flumine in dicto Gado Amelii, vel in aliis locis superioribus dicti fluminis, quod non asserebat, hoc fecerunt clandestine et latenter, et Curia Majore provincie absente, ignorante et nesciente, in minus prejudicium predicta fiebant ratione molendinorum et possessionum, que et quas Curia habebat in dicto flumine et in territorio Brinonie, que molendina et possessiones nunc pertinent ad Monasterium memoratum ex donatione Serenissimi Domini nostri Domini Caroli secundi, Jerusalem, et Sicilie Regis illustris.

Asserens etiam dictus Prior prœdictos magistrum Jacobum et Hugonem non esse, non fuisse in possessione vel quasi accipiendi, advertendi seu ducendi, aliquam aquam ex dicto flumine et si, aliquo tempore, accepissent advertissent seu duxissent ipsi vel predecessores sui tanto tempore et spatio temporis steterunt et negligentes fuerunt in predicta aqua accipienda, advertenda et ducenda ex flumine *publico* predicto, quod exclusi sunt ipsi fratres magistri Jacobus et Hugo ab omni jure et possessione eisdem competente, vel que eis competere poterant aliquibus rationibus seu causis. Et quesitum fuit jus Curie Provincie et per consequens Monasterii quod habet causam à Curiâ predictâ, seu Domino nostro Rege.

Tandem dicte partes volentes parcere propriis laboribus et expensis, et litis eventum dubium evitare, predictus namque frater Berengarius Alphanti Prior Sororum predictarum, nomine et vice dictarum Sororum et Monasterii memorati, et pro ipsis Sororibus et monasterio ex unâ parte; nec non et predictus magister Jacobus suo nomine proprio et nomine dicte Ecclesie et Hugo Pignoli, ex alterâ; super prœdictis questionibus et controversiis et dependentibus ab eisdem, in simul transigentes pro utilitate dicti Monasterii et jam dicte Ecclesie Sancti Joannis, tanquam de questionibus et rebus dubiis ad meliora recipientes ad infrà scriptam concordiam pervenerunt. Videlicet quod pro bono pacis et concordie dictus magister Jacobus et Hugo in simul et quilibet eorum in solidum supponunt et supposuerunt seignorie et dominio directo dicti Prioris stipulantis et recipientis nomine dictarum Sororum et Monasterii, molendinum cum paratorio et possessiones quod et quas dicti magistri Jacobus et Hugo fratres habent, tenent, et possident in territorio Brinonie, in loco appellato Dalvengelberta superius designato, quod molendinum et possessiones contigue ipso molendino confrontantur ab unâ parte cum flumine Caramie et ab aliâ parte cum prato Petri Emerici et ab aliâ parte cum ferragine Sancti Johannis. Et de ipsis molendino et possessionibus unâ cum dicto fratre suo solenniter recognitionem jam dicto priori recipienti nominibus quibus suprà solenniter facere promiserunt, semper et quandocumque per predictum priorem vel aliam personam legitimam pro dicto Monasterio fuerint requisiti, in quâ recognitione confitebuntur per se et successores suos perpetuo tenere et possidere dictum molendinum et paratorium et possessiones predictas sub dominio et seignoria Monasterii predicti, ad censum sex decim denariorum coronatorum solvendorum nomine census predicto Monasterio, omni anno et singulis annis in festo Nativitatis Domini.— Quam recognitionem tàm dictorum molendini possessionum et paratorii, quàm census predicti faciant fratres predicti et ex ipsà recognitione ipsi et successores sui teneantur et obligentur prefato Monasterio et obligati existent et etiam molendinum et paratorium et possessiones ipse prefato Monasterio subjecte et submisse sint et intelligantur de cetero et quod ipsi magistri Jacobus et Hugo et successores sui ac etiam molendinum et paratorium et possessiones predicte teneantur et teneri intelligantur dicto Monasterio et pro ipso juxtà formam juris et consuetudinem Provincie.

Item voluerunt dictus magister Jacobus et Hugo Pignoli et convenerunt et promisserunt predicto Priori stipulanti et recipienti nomine dicti Monasterii, quod ipse Prior nomine dicti Monasterii et causam habentes ab eo vel ab ipso Monasterio *possint ducere aquam et duci facere ad molendina dicti Monasterii sita juxtà villam Brinonie* sine impedimento aliquo dictorum magistri Jacobi et Hugoni. Ità tamen quod ipsi Priori et aliis qui pro tempore fuerint pro dicto Monasterio quotiescumque et quamdòcumque eis placuerit liceat accipere et habere aquam ex flumine prœdicto tempore hyemali, et alio tempore quo erit abundantia aque in dicto flumine sufficiens ad molendina dicti Monasterii et possessiones ipsius que et quas dictum Monasterium habet, vel in posterum aliquo titulo vel jure à quàcumque personâ in dicto territorio Brinonie ad voluntatem dicti Prioris et aliorum qui pro tempore fuerint pro dicto Monasterio vel ab ipso causam habue·· rint, scilicet ad sufficientiam et necessariam quamtitatem ad dicta molendina et possessiones dicti Monasterii omni dolo et fraude cessantibus. Hoc etiam sano intellectu, quod dictus Prior et alii qui pro tempore fuerint pro dicto Monasterio dictam aquam modo et forma quibus suprà accipere possint, si cum in dicto flumine aqua abundabit, quod etiam dictis magistro Jacobo et Hugoni alia pars aque sufficiat ad unum molentem tantum in domo molendini Ecclesiœ Sancti Joannis predicti et ad alium molentem in domo molendini dictorum fratrum magistri Jacobi et Hugonis, ad que molendina ducatur aqua et duci debeat tantum per unum bedale quod nunc est vel alio tempore fieret in dicto loco vel propinquo. Ità quod ex currente aquà et cadente de molendino superiori dicte Ecclesie directo cursu et eodem bedali decurrat ad molendina dictorum fratrum magistri Jacobi et Hugonis et ab ipso molendino decurrat ad paratorium ipsorum situm juxta molendinum predictum, et sic de eadem aqua bedalis presenti molant et molere debeant molendina dicte Ecclesie et dictorum magistri Jacobi et Hugonis et paratorium eorumdem.

« Si verò aqua dicti fluminis tempore estivo vel alio siccitate, defectu aque,
« aliquo tempore vel modo intercedente in dicto flumine, vel quod non abun-
« daret quod sufficeret ad molendina et possessiones dicti Monasterii et ad molen-
« dina dicte Ecclesie Sancti Johannis et dictorum magistri Jacobi et Hugonis,
« modo et formá quibus suprà expressum est, quod tunc dictus Prior nomine
« dicti Monasterii, seu illi qui pro dicto Monasterio pro tempore erunt vel ab eo
« causam habebunt, possint et eis liceat in quàcumque parte dicti fluminis acci-
« pere et habere et recipere et ducere ex dicto flumine duas partes totius aque

« fluminis predicti Caramie fluentis seu stantis in flumine predicto, quas duas
« partes aque ex predicto flumine accipere possint et ducere seu duci facere
« pacificé et quiété ad molendina et possessiones dicti Monasterii ad eorum
« omnimodam voluntatem sine contradictione et impedimento dictorum magistri
« Jacobi et Hugonis et cujus libet eorum. Aliâ tamen parte tertiâ aque fluminis
« predicti residua, juste facta divisione ipsius aque remanente, dictis magistro
« Jacobi Priori dicte Ecclesie Sancti Johannis pro molendina dicte Ecclesie et
« etiam tam ipsi quam dicto Hugoni pro molendino ipsorum et possessionibus
« circumstantibus et adjacentibus superiùs confrontatis, ipsi molendino predic-
« torum magistris Jacobi et Hugonis modo et forma et conditionibus suprà dictis,
« ità tamen quod dictam tertiam partem totius aque fluminis predicti seu fluentis
« vel existentis in dicto tempore siccitatis vel deffectus aque ut suprà, dicti ma-
« gistri Jacobus et Hugo accipere possint pacificé et quiété sine contradictione et
« impedimento dicti Monasterii seu dicti Prioris vel aliorum qui pro tempore
« fuerint pro dicto Monasterio. Ita tamen quod ipsa tertia pars aque accipiatur
« tempore predicto infrà confines superius designatos, scilicet à dicto Gado
« Amelii usque ad pratum Catelli de Brinonia olim de Artecella, » tali forma
et conditione apposita in presenti transactione, quod per perceptionem dicte
tertie partis non fiat nec immitatur aliquid in dicto flumine concavando vel resclausam faciendo, vel palles ponendo, vel modo alio operando, vel construendo,
ex quo vel quibus alveolus dicti fluminis seu mater ipsius vel cursus impediatur
seu ductus dictarum duarum partium resarvatarum et concessarum dicto Monasterio ex presenti transactione in aliqua minuetur, artetur, impediatur vel
quoquo modo in aliquo deterioretur seu cursus fluminis et matris liberé et expe-
dité remaneat, sine aliquâ resclausâ, palibus, concavationibus vel aliis quibuscumque impedimentis faciendis per dictum magistrum Jacobum et Hugonem vel
aliquem eorum, nisi in eo solum modo quod fecerint et facient necessario, bona
fide et omni dolo et fraude cessantibus, pro dicta tertia parte aque recipienda,
habenda, et ducenda modo et forma quibus suprà ; in quo casu scilicet accipiendi
tertiam partem aque predicte, dicti magister Jacobus et Hugo possint facere in
dicto flumine ea duntaxat que necessaria fuerunt ad accipiendam habendam et
ducendam dictam tertiam partem, et sine quibus dicta tertia pars capi, haberi,
seu duci ex dicto flumine non possit, et vice versà predictus Prior, nomine et
vice dicti Monasterii suprà dictas submissiones dictorum molendini, paratorii et
possessionum et alia premissa per dictos magistrum Jacobum et Hugonem, ex
causâ transactionis presentis recipientes, promisit, voluit et concessit, et ex
causâ predicte transactionis, jam dictis magistro Jacobo et Hugoni Pignoli, solemniter stipulantibus et recipientibus quod ipsi Hugo et magister Jacobus et successores eorum, et qui de cetero causam ab eis habebunt possint licité, libéré et
quiété, accipere aquam ex dicto flumine, et ex eo ipsam aquam ducere ad molendina eorum superius designata, per fossatum seu bedale quod modo habent seu
habebunt in dicto loco vel propinquo ut suprà dictum expressum pro ipsâ aquâ
adducendâ ad molendina prefata, quam aquam duntaxat ex conventione habita
inter partes accipiant et accipere possint à Gado Amelii super usque ad pratum
Catelli de Brinoniâ, olim habitatoris Artacelle, ubicumque dictam aquam accipere voluerint et in quibuscumque locis à dicto Gado usque ad pratum predictum,
in loco ubi eam modo dicti magistri Jacubus et Hugo accipiunt vel alibi infrà

confines predictos. Ita tamen quod verbum *usque* semper in hâc parte exclusivé intelligatur de prato predicto ad molendina predicta. Hoc acta et tali conditione adjecta quod tempore abundatie aque in dicto flumine ut supra expressum est dicta aqua accipiatur habeatur et ducatur per dictum Monasterium et illos qui pro tempore pro dicto Monasterio fuerint juxtà formam supra in presenti transactione tradita, ac etiam per dictos magistrum Jacobum et Hugonem, modo, forma, conditionibus suprà expressis.

Actum Brinonie anté Ecclesiam Sancti Salvatoris, in presentiâ domini Guydonis de Tabia procuratoris Regii, domini Joannis Bermundi juris periti, domini Petri Arnaudi sacerdotis, fratris Raybaudi Sallensis, Petri Pontevès de Bessa.═ Et ego Petrus Bonneti notarius publicus ab illustrissimo domino Carolo Rege Jerusalem et Sicilie et Provincie et Forcalquerii comite constitutus, cui commisse sunt Cartularia et protocola Hugonis de Sabaudiâ quondam notarii exequenda et exercenda per litteras magnifici viri domini Ricardi de Cambacessa militis, Provincie et Forcalquerii senescallis, hanc cartam scripsi et de Cartulariis seu protocolis dicti quondam notarii sicut in ipsius Cartulariis seu protocolis jacebat, ad requisitionem domini Prioris Monasterii Dominarum de Aquis extraxi et in publicam formam redegi et meo signo signavi. ══ De quibus premissis et pro-ut suprà actis, prefati nobiles Raymondus Pugeti et magister Bertrandus Botini Sindicario vice et nomine quibus suprà petierunt et rogaverunt per me notarium super et infrà scriptum fieri publicum instrumentum. Actum Brinonie ante Capellam Beate Marie de Cortinis et in carreria publica, presentibus venerabilibus et discretis viris dominis Amedeo Orne curato Ecclesie Sancti Salvatoris, Honorato Cabassoni clerico diacono ipsius Ecclesie, et magistro Olivario de Monte alias Limosin, textore, testibus ad premissa vocatis et rogatis, et me Joanne de Carolis notario publico qui premissa scripsi, etc......

Anno quo suprà et die vicesima nona jam dicti mensis aprilis constituti ante dicti domini Sindici nominibus quibus supra coram prefato domino vicejudice dicentes et asserentes dictum instrumentum seu *vidimus* factum et extractum fuisse de originali instrumento per me notarium super et infrà scriptum pro ut plené constat, mandato et jussu prelibati domini vicejudicis et ut plena fides adhibeatur eidem instrumento seu vidimus talis qualis adhibetur seu adhiberi posset originali jam dicto; prefatum dominum vice judicem proptereà cum summa instantia requisiverunt in presentia honorabilium virorum magistrorum Joannis Emerici et Petri Reyssoni notariorum incolarum dicte ville Brinonie, ac testium infrà scriptorum proptereà adhibitorum ut ipsum exemplar seu vidimus publicari facere et cum ipso originali inspicientibus et auscultantibus et audientibus dictis notariis in originali predicto, et si concordare inveniatur eidem exemplo seu vidimus authoritatem suam judicariam interponat pariter que decretum. Et prefatus dominus vice judex prout suprà sedens predicta requisitione admissa ut pote juri consona et rationi consentanea dictum exemplum seu vidimus publicari jussit per me notarium suprà et infrà scriptum et cum dicto originali instrumento inspici et auscultari per notarios supra nominatos et in audientia testium suscriptorum et factum extitit ut est dictum. Publicato que dicto exemplo seu vidimus per me dictum notarium super et infrà scriptum et predictis notariis dictum exemplar ascultantibus seu originale instrumentum per inscriptum jam dictus dominus vicejudex prout suprà sedens dictum exemplum seu vidimus cum eodem originali instrumento concordare invenit et audivit. Dicto instrumento publico seu vidimus suam autoritatem judiciarium interposuit pariter et decretum jubens precipiens et decernens dicto exemplo publico seu vidimus sicuti originali predicto debere deinceps fidem plenissimam adhiberi; de quibus omnibus universis et singulis supra dictis prefati nobiles Raymondus Pugeti et Bertrandus Botini Sindici, nominibus quibus suprà, petierunt eis fieri publicum instrumentum per me notarium super et infrà scriptum. — Actum Brinonie videlicet ante Ecclesiam Sancti Salvatoris presentibus ibidem nobilibus sapientibus et discretis viris Andreá Pugeti, Joanne Rebelli mercatore, magistro Stephano de Brinonia notario, Guillelmo de Brinonia, Anthonio Barbarussi cardatore, et magistro Honorato Amici pellipario, testibus ad premissa vocatis, requisitis et rogatis.

Et me Joanne de Carolis de Brinonia Aquensis diœcesis, ubique terrarum apostolica et in comitatibus Provincie et Forcalquerii terris que illis adjacentibus notario constituto, qui presens instrumentum seu vidimus mandato, jussu, et authoritate prescripti domini vice judicis fideliter et distincté in duobus pergamenis annexis et filo albo sutis, manu meá propriá transcripsi et exemplavi, et quia exemplum ipsum publicum seu vidimus concordare inveni cum originali jam dicto, hoc presens publicum instrumentum seu vidimus ad requisitionem et summam et instantiam dictorum nobilium virorum Reymondi Pugeti et magistri Bertrandi Botini consindicorum modernorum ipsius universitatis de Brinonia vice et nomine quibus supra et ut in eodem instrumento jacet, nil addito nil que remoto quod sensum mutet, ideò que signo meo autentiquo anté posito quo in meis utor publicis documentis signavi in fidem omnium prœmissorum.   *(Signum.)*

Ego vero Joannes Emerici ville Arearum, nunc ville premisse habitator, publicus in comitatibus Provincie et Forcalquerii, regia et ubique terrarum apostolica authoritatibus notarius constitutus, qui lectionem et publicationem privilegii dominicalis et instrumenti transactionis superius insertorum et decreti interpositione per supra nominatum dominum vice judicem facta una cum predictis magistris Joanne de Carolis et Petro Reyssone notariis collegis meis ac testibus predictis interfui, et ea omnia presentibus dictis domino vice judice et testibus una cum predictis meis collegis recitavi et in executionem decreti ejusdem domini vicejudicis ad requisitionem predictorum dominorum Sindicorum, hoc instrumentum publicum seu transumptum manu ejusdem de Carolis college scriptum et fieri jussum in duobus pergaminis simul junctis et sutis filo albo scripsi et signo meo autentico anteposito signavi in fidem et testimonium premissorum.   (JOANNES EMERICI, *cum signo.)*

Ego vero Petrus Reyssoni clericus civitatis Toloni, nunc vero incola et habitator ville Brinonie, publicus apostolica ubique terrarum authoritate notarius constitutus, qui lectionem et publicationem dominicalis privilegii et instrumenti transactionis superius insertorum ac decreti interpositioni per memoratum dominum vice judicem facte, una cum prenominatis magistris Joanne de Carolis et Joanne Emerici notariis collegis meis ac testibus predictis interfui et ea omnia presentibus supra nominatis domino vice judice et testibus una cum predictis meis collegis recitavi et in executionem decreti ejusdem domini vice judicis ad requisitionem predictorum dominorum Sindicorum hoc instrumentum publicum sive transumptum manu ejusdem domini magistri Joannis de Carolis college scriptum et fieri jussum in duobus pergaminis simul junctis et sutis filo albo subscripsi et signo meo autentico subtus posito signavi in fidem et testimonium premissorum.   (REYSSONI, *cum signo.)*

Pièce Justificative nº 2.

ACTE DU 31 DECEMBRE 1501, PAR RAISSONY, NOTAIRE

Échange d'un paroir cédé à la Commune par Jean Clavier et Raymond Amic, contre un pré cédé par la Commune aux dits sieurs.

(L'original sur parchemin aux Archives de Brignoles, série D. D. nº 3.)

In nomine Domini nostri Jhesu Xristi amen. Anno de la Nativitate ejusdem : Domini millesimo quingentesimo primo et die ultima mensis decembris regnante illustrissimo et Xristianissimo principe et domino nostro domino Ludovico Dei gratia Francorum Rege, comitatus unique Provincie et Forcalquerii comite feliciter et longeve existante amen. Ex hujus veri et publici instrumenti tenore universis et singulis tam presentibus quam successive futuris evidenter pateat et sit notum QUOD NOBILES et circunspectes viri Johannes Claverii et dominus Raymundus Amici jurium baccalarius ville Brinonie bona fide gratis et sponte pro se et eorum heredibus et imposterum juris et rey successoribus quibuscumque titulo vere permutationis permutarunt tradiderunt et comissierunt seu quasi universitati et singularibus personis dicte ville Brinonie pro evidente comodo et utilitate dicte ville et covis rey publice presentibus ibidem nobilibus et circunspectis et honorabilibus viris domino Rostagno de Castronovo jurium baccalario et magistro Anthonio Maximini notario Sindicis magistro Bertrando Botini notario Raymundo Pugeti domino Raynaudo Portanerii jurisperito Johanne Rebolli Johanne Lebar magistris Rostagno Hugonis Emerico Rigordi Blasio Garini Johanne Jagnus de Charboneris et Johanne Albani consiliariis universitatis prefacte ville Brinonie et nomine predicte universitatis et particularium universorum rey publice stipulantes solemniter et recipientes videlicet partem quam habent ipsi Claverii et Amici in quoddam paratorio tixatorio orto surchis fossatis et aqueductis sitis in territorio predicte ville videlicet in burgo de interacquis confrontantem cum alia parte universitatis predicte quam dicta universitas habuit à magistro Jacobo de Collonia pannitensore et cum camino publico regio quo itur

Aquis et cum calqueria nobilis Anthonii de Ventitra androna in medio et cum stabulo heredorum magistri Anthonii Belloni et cum orto heredorum magistri Petri Amici et cum stabulo Bernardi de Bilhetis et cum suis aliis confrontationibus istis verioribus si qui sint totam cum omnibus juribus et pertinensiis suis et cum honoribus et oneribus ac censu et servitio consuetis ET VICE VERSA dicti domini Sindici et Consiliarii supra nominati congregati in camera nova domus nobilis viri Johannis de Castronovo pro Consilio tenendo ad sonum pulsate campane ut us et moris mandato tamen quippe et jussu nobilis viri domini Frumsii Desplingar vice bajuli et vice capitanei Curie Regie dicte ville Brinonie qui omnes insimul unanimiter et concorditer nemine ipsorum discrepante cum licentia et auctoritate supranominati domini vice bajuli et vice capitanei bona fide gratis et sponte per se et eorum successores in dicto honorabili Consilio et nomine dicte universitatis et omnium particularium ville predicte Brinonie titulo vere permutationis et ex causa supradicta dederunt tradiderunt et concesserunt seu quasi supranominatis nobilibus et circunspectis viris Johanni Claverii et domino Raymundo Amici jurium baccalario ibidem presentibus et per se et suis stipulantibus solemniter et recipientibus videlicet secus molendinum Commune predicte universitatis confrontatum cum bedale dicti molendini et cum prato et terra nobilis pontii langerii et cum via publica et cum aliis suis confrontationibus verioribus si qui sint ac cum omnibus juribus et pertinenciis suis francum ab omni jugo et onere servitutis et hoc cum pactis et conventionibus infra scriptis.

PRIMO namque fuit actum et in pactum deductum inter prenominatas partes contrahentes solemni et valida stipulatione hinc inde interveniente valatum et firmatum quod dicta universitas solvere teneatur et debeat totum trezenum dicte medietatis paratorii orti surcharum et bedalium excepto tamen quod si aliquod bedale teneretur sub majori dominio dicti nobilis Johannis Claverii ad illud dicta universitas non teneatur sed tantum quidem ad alia trezena ratione medietatis predictorum orti et surcharum et ita promiserunt supranominati domini Sindici et Consiliarii nomine dicte universitatis.

ITEM ulterius fuit dictum et in pactum deductum inter jam dictas partes contrahentes solemni et valida stipulatione hinc inde interveniente vallatum et firmatum quod ex quo posset lis sive questio in futurum nasci prout acthenus orta fuerat inter universitatem predictam et superdictos nobiles Claverii et Amici permutantes et hoc occasione et ex causa sumendi et intercipiendi aquam à fluvio Caramie et in loco vulgo dicto al prat del Priorat de la Cella versus fontem Crozum ubi et ex quo fluvio prethendit universitas predicta jus et causam habens uti assueverunt dicti domini Sindici et Consiliarii ob causam partis molendini vulgo dicti lo molin Barralier ut supra inter predictas partes permutati nunc paratorium existens prout dicebant constare transactio inhita inter dominos tunc molendinorum de dicto Barralerii et de dona saccra quondam tunc existens subtus Ecclesiam Sancti Johannis et in decursu bedalis martineti dictorum Claverii et Amici permutantium prethendentibus ipsi Claverii et Amici nulta lege seu facultate eidem universitati imposterum licere aquam à dicto rivo Caramie et de superdictis oppificiis martineti et loci molendini dicte donne saccre ut pote jure seu consuetudine cujus inhite memoria ut dixerunt in contrarium non existit.

VOLENTES tamen et admodum cupientes partes predicte amicabiliter etiam obsequiose ut convenit filios in matrem versari de predicta controversia et diceptatione convenerunt pepigerunt et pactum expressum fecerunt interveniente stipulatione solemni hinc inde ad conservationem et non ad ruinam reciproce jngeniorum predictorum quod constructa cluza sive resclausa in dicto fluvio Caramie et in loco superius expressato parte universitatis predicte colligantur hinc inde duo probi viri neutri partium suspecti scilicet ab utraque parte duo periti in arte aque ducende et demesurande qui aquam ipsam dividant et proportionent pro necessitate mutua jngeniorum predictorum. Ita quod uni per alterum non officiatur quinymo *unumquodque* illorum in esse suo conservetur declarantes partes predicte unam alteram prejudicium non aufferre sed potius eque ac fraternaliter invicem agere ad judicium et cognitionem predictorum eligendorum expertorum et ita promiserunt predicte partes contrahentes.

ITEM finaliter fuit actum et in pactum deductum inter predictas partes contrahentes solemni et valida stipulatione hinc inde interveniente vallatum et firmatum quod universitas predicta teneatur et debeat recognoscere vallata que apparebunt teneri sub dominio dicti nobilis Johannis Claverii permutantis et aliter prout dixit constare instrumento publico in notam sumpto manu discreti viri magistri Honorati Riperti notarii publici dicte ville sub anno et die in eodem contentis et ita facere promiserunt supranominati domini Sindici et Consiliarii.

DANTES cedentes et mandantes dicte partes prenominate earum quelibet dictis nominibus et cum licentia et auctoritate predictis sibi ad invicem et vicissim una altere et altera altere solemnibus stipulationibus hinc inde per ipsas partes susnominate omnia jura omnes que actiones et rationes reales et personales mixtas utiles et directas rey que persequutorias atque prethorias civiles etiam et anormales petitorias et possessorias et omnes alias universas et singulas que et quas dicte partes permutantes et altera ipsorum habent habebant et vise sunt habere aut habere petierunt qualitercumque in rebus et possessionibus aut proprietatibus suis superius permutatis et juribus suis ita quod quelibet dictarum partium uti agere petere deffendere ac etiam experiri utiliter et directe et demum omnia alia universa et singula dicere et facere que dici et fieri possunt et debent per verum dominium et procuratorium in sua causa propia datum et legitime constitutum dominos et procuratores et invicem constituentes quisque in parte et possessione sua et in rebus superius permutatis.

CONSTITUENTES que se dicte partes permutantes et earum utraque tenere et possidere una ab altera et altera ab alia et precario nomine ut supra perquemlibet ipsarum permutantes donec et quousque quelibet ipsarum partium de re per ipsam permutata possessionem capta et adhepta fuerit carporalem nullius persone judicis vel prethoris sententia inde aliquathenas requisita seu etiam spectata.

PROMITTENTES inde dicte partes videlicet una alteri et altera alteri solemnibus stipulationibus hinc inde per ipsas partes intervenientibus quibus supra nominibus ac cum licentia et auctoritate predictis teneri de omni et qualibet evictione universali totali et particulari ab omni et qualibet persona aliquid in proprietatibus supra scituatis quonfrontatis et permutatis per utramque ipsarum partium petentibus inquietantibus seu molestantibus qualitercumque.

Hanc autem permutationem sive scambium et omnia alia universa et singula supra et infra scripta promiserunt partes predicte videlicet una alteri et altera alteri ad invicem et vicissim solemnibus stipulationibus hinc inde intervenientibus quibus supra nominibus et cum licentia et auctoritate predictis firma rata et grata et valida habere tenere et perpetuo observare et numquam contrafacere in aliquo dicere vel venire per se vel aliam interpositam aut interponendam personam caute vel expresse directe vel per oblicum in judicio vel extra aliqua juris aut facti subtilitate seu ingenio.

Et insuper permutantes jam dicte partes dictis nominibus et cum licentia et auctoritate predictis sibi ad invicem et vicissim solemnibus stipulationibus hinc inde intervenientibus videlicet una alteri et altera alteri reddere restituere omnes expensas dempina gravamina et interesse que et quas una pars culpa seu themeritate alterius partis sive altera alterius predicta supra per eas promissa non observantis aut contra facientis vel venientes facere vel substituere opporteret in judicio seu extra.

De quibus quidem expensis dampnis gravaminibus et interesse dicte partes videlicet una alteri dictis nominibus cum licentia et auctoritate quibus supra credere constare promiserunt soli verbo simplici tantum alterius partis et suorum successorum sine juramento testibus cum omni alia probatione quacumque sub expressa ypotheca et obligatione omnium bonorum dicte universitatis et dictorum nobilium et circunspecti virorum Johannis Claverii et domini Raymundi Amici mobilium et immobilium presentium et futurorum.

Pro quibus omnibus universis et singulis premissis firmius tenendis acte deinde complendis et inviolabiliter observandis et per non dicendo faciendo vel veniendo contra dicte partes et earum utraque quathenus agitur quibus supra nominibus ac cum licentia et auctoritate quibus supra sibi ad invicem et vicissim solemnibus stipulationibus hinc inde intervenientibus obligarunt yppothecarunt supposuerunt et submiserunt omnia earum et predicte universitatis bona mobilia et im-- mobilia res quoque jura presentia et futura fora viribus cohertionibus compulsionibus stillis statutis rigoribus ac meris examinibus omnium et singularum Curiarum secularium ubilibet infra comictatus Provincie et Forcalquerii constitutarum Camere que Regie rationum civitatis Aquensis et ordinarie et archiepiscopalis dicte civitatis et cujuslibet earumdem ad qua seu quas recursum fuerit pro premissis et hoc instrumentum publicum ostendi contingerit seu predicti pro firmitatis obtempte et inviolabili observantia omnium et singulorum et supermissorum ita videlicet quod una Curia dictarum Curiarum electa judicio que cepto in eadem ipsa si quidem *umessa* ad aliam seu alias earumdem jre et reddere possint dicte partes suique possint et habere regcessum nullum sibi vel suis propter ellectionem hujusmodi prejudicium generando.

Renunciantes propterea susnominate partes sindici et expresse et utraque earum dictis nominibus et cum licentia et auctoritate jam dictis exceptioni presentis permutationis et scambii ac et pactorum et conventionum per et inter prenominatas partes contrahentes non factarum non accessarum et non celebratarum in modum supermissum et ex causa ac de causis supradictis spey que future celebrationis et concessionis earumdem et omni alii exceptioni doli mali vi que metus fraudis lezionis et deceptionis actione que in factum et quondictioni indebite sive causa justa vel ex injusta causa nec non prethensioni et allegationi in oppositum rey non sit geste et non sit celebrate contrarius a lite que plus aut minus fuisse dicte q. scriptum et econtra recitatum a principio et omni juri jurati deceptos omni que jure et factis ignorantie errori calculi privilegio earum seu petitioni et oblatione libelli et per pactum cuicumque alteri judiciarie solemnitate et juri dicenti quod ubi dolus seu fraus incidit in contractu talis quontractus rescindatur et juri dicenti confessionem factam extra judicium non valere et generaliter omni et cuicumque juri canonico et civili divino et humano scripto et non scripto novo et veteri usui et consuetudini privilegio gratie et rescripto impetratis et impetrandis quibus mediantibus contra premissa vel predictorum aliquid partes ipse aut altera ipsarum facere dicere vel venire posset juri que dicenti generale que jurium renunciatione non valeat nisi spresserit specialitas ita que tantum valeat hec generalitas jurium renunciatio quantum si omnes et singuli· utrius que juris essent hic particulariter speciffcati.

Predicta quoque omnia universa et singula superius dicta et expressa vera fore et esse dixerunt et asseruerunt superloqute partes simul et ut vera ea omnia actendere tenere et complere contra que ea non facere dicere vel venire promiserunt et convenerunt jam dicte partes sibi ipsis ad invicem et vicissim solemnibus stipulationibus hinc inde intervenientibus quibus supra nominibus ac cum licentia et auctoritate predictis et super Sancta Dei Evangelia manu cujuscumque dictarum partium corporaliter et sponte tacta juraverunt.

Quibus supermissis omnibus per supra nominatum dominum vice bajulem et vice capitanem auditis et intellectis idem dominus vice bajulus et vice capitaneus suam interposuit auctoritatem pariter et decretum de quibus omnibus universis et singulis supra dictis quelibet dictarum partium petierunt sibi fieri publicum instrumentum et publica instrumenta per me notarium publicum subscriptum quod seu que possint et valeant corrigi reffci meliorari et evadere dictiones et clausulas juris necessarias addendo et superfluas si que fuerint resequendo ipsa que reducere in judicio vel non producere ante vel post lites quontestationes semel et plures quousque in judicio et extra obtineat plene redire ad sensum dictamen consilium et intellectum unius vel plurium in jure peritorum facti tamen principalis substantia in aliquo non mutata.

Acta fuerunt hec omnia supradicta ubi supra videlicet in camera nova domus nobilis viri Johannis de Castronovo presentibus ibidem venerabilibus et discretis viris domino Petro Ambardi presbiteri loci de careribus et magistro Michaele Gratiani notario civitatis Massalie ad premissa vocatis specialiter et rogatis. —

Et me Petro Rayssony clerico civitatis Tholoni nunc incolla et habitatore ville Brinonie publico ubique terrarum aplicato et in comitatibus Provincie et Forcalquerii Regio auctoritatibus notario constituto ac predicti honorabilis Consilii scriba qui rogatus de premissis omnibus notam sumpsi ex qua quidem nota hoc presens publicum instrumentum per fidelem et michi notum extrahi et scribi seu vigori licentie michi benigne concesse et post decentem collationem hic me manu propria me suscribens ipsum signo meo publico et autentico hic ante posito signavi in fidem et testimonium omnium diversorum et singulorum premissorum pro parte dicte universitatis Brinonie.   P. Raissony, cum signo.

Pièce Justificative n° 3.

ACTE DU 31 MARS 1527, NOTAIRE ÉMÉRIC BLANCARD.

Vente à la Commune de Brignoles, par Pascal Mercadier, d'une écluse, béal et eau.

. In nomine Domini nostri Jesu Christi, amen. Anno à Nativitate ejusdem millesimo quingentesimo vicesimo septimo et die ultima mensis martii, regnante christianissimo et illustrissimo principe et domino nostro, domino Francisco, Dei gratiâ Francorum Rege comitatuum que Provincie et Forcalquerii comite in domino prospere et longevé, amen.— Ex hujus veri et publici instrumenti tenore universis et singulis tam presentibus quam successive futuris evidenter pateat et sit notum pariter et manifestum quod apud villam Brinonie et in camera superiori Sancti Spiritus ubi Consilium ejusdem loci consuetum est teneri, constitutus personaliter discretus juvenis Pastalius Mercaderii de Brinonia, Aquensis diocesis, coram nobili et egregio viro domino Avergono veteris juris licentiato, judice curie ordinarie ejusdem ville Brinonie, dicens et exponens se ipsum habere quoddam paratorium pannorum unà cum bedali et resclausa ejusdem, sitis in territorio ejusdem ville Brinonie loco vulgariter dicto al Gau de Sanct Jehan tenent la resclausa del martinet.— Et cum universitas ville Brinonie seu Sindici et Consiliarii ejusdem infra nominati, intendant et vellint emere decursum aque bedalis et resclause paratoris ejusdem, exponentes suprà designati, ratione et ex causa molendinorum ejusdem universitatis, cum sit causa pia et opus publicum ad fines conducendi aquam in eodem molendino pro dicto bedali, cum pacto, in casu quo in eodem bedali non haberet aquam seu non veniret nisi pro dicto ejus paratorio, quod ipse possit eamdem aquam retinere pro dicto ejus paratorio ad fines parandi; et cum premissa cedant in utilitatem ejusdem exponentis, sit que minor etatis annorum viginti quinque, major vero viginti, ut dicit et prout ex aspectu sue persone luculenteo apparet, nullumque habens curatorem nec habere curantem quoad actum infrascriptum petit et requirit sibi impartiri licentiam vendendi decursum dicte aque et resclause ac bedalis dicti paratoris, sibi priùs retenta aqua pro suo dicto paratorio, cum cedat in utilitatem ejusdem et super premissis et circa premissa officium vestri egregii domini judicis supra designati humiliter implorando ; tunc supra dictus dominus judex, judicialiter sedens supra quoddam bancum fusteum pro Tribunali sibi electum, ordinavit vocari amicos et affines et consanguineos et eosdem interrogari, eorum mediis juramentis, si premissa exposita cedant in utilitatem ejusdem exponentis, an ne ; et vocatis discretis viris Jacobo Blancardi ejus advunculo et magistro Anthonio Leotaudi, alias Pascal, cardatore, ejus patrino, qui, eorum medis juramentis ad et super Sancta Dei Evangelia, in manibus ejusdem domini judicis prestitis, dicerunt premissa exposita cedere in utilitatem ejusdem exponentis.

Egregius tunc dominus judex supranominatus, adhuc ubi suprà, more majorum suorum pro tribunali judicialiter sedens, actenta animi declaratione dictorum avunculi et patrini, licentiam et auctoritatem impartitus fuit dicto Mercaderii exponenti vendendi decursum aque juxta exposita, retenta sibi ipsi aquam pro ejus paratorio ad fines parandi; et ibidem, incontinenter, anno et die predictis, dictus Pastasius Mercaderii filius condam magistri Anthonii ejusdem ville Brinonie, Aquensis diocesis, actenta licentia sibi per dictum dominum judicem impartita bona fide ac sine dolo et fraude, gratus scienter et ejus certa scientia, non cohactus nec deceptus ab aliquo ve circumactus aut dolose inductus sed de sua bona, franca, libera et spontanea voluntate motu que suo proprio ac sano et deliberato proposito, per se et suos heredes ac imposterum juris et rey successores quoscumque, cum licentia ejusdem domini judicis ac in presentia dictorum Jacobi Blancardi et Anthonii Leotaudi, avunculi et patrini, ipse vero Mercaderii minor annorum viginti quinque, major vigenti, prout ex aspectu sue persone loculenter apparet, renuntiando prius beneficio minoris etatis et restitutionis in integrum, cum duplici juramento, et ita viva voce juravit, vendidit, et titulo pure, firme, simplicis, rate que et irrevocabilis venditionnis, traddidit seu quasi et concessit pure, libere et absolute sine contractione quacumque universitati Brinonie seu nobilibus egregiis vel honorabilibus viris magistris Raynaudo de Colonia, Anthonio de Brinonia, regiis notariis, Nicholao Albani, cardatori, Sindicis ejusdem universitatis, dominis Raymundo Borgarelli, Pastalio Botini, jurium licentiatorum, Jacobo Belloni, Anthonio Garini, mercatoribus, Guilhermo Faucherii, sabaterio, Johanni Orle, alias Sortre, Petro Torgati, Georgio Barralerii, fusteriis, Johanni Amici, Bertrando Amici, laboratoribus, Stephano Belloni, apothecario, et magistro Johanni Rigordi, tuncturaris, Consiliariis ejusdem universitatis Brinonie, ibidem presentibus et nomine ejusdem universitatis Brinonie ementibus, stipulantibus solempniter et recipientibus, videlicet: *Resclausam sui paratoris sitam in territorio ejusdem ville Brinonie, loco dicto vulgariter al Gau de Sanct Johan tenent la resclauso del martinet, sobre le real traversier, cum suis confrontacionibus confrontatam, una cum bedali ejusdem paratoris de dicta resclausa* donec dictum paratorium, una cum juribus et pertinentiis dictorum bedalis et resclause eundo et redeundo de longe in longum dictorum bedalis et resclause, precio videlicet et nomine precii florenorum centum monete nunc currentis in presenti patria provincie, ipsorum florenorum quolibet in sui valore pro solidis sex decim provincialibus computato, quos quidem florenos centum, monete et valoris premissorum, jam dictus Pastasius Mercaderii, venditor, gratis et sponte per se et suos, ut suprà, cum licentia, auctoritate presentia et decreto quibus supra, ab eadem universitate de Brinonia habuisse et recepisse confessus fuit et quos habuit et realiter cum effectu recepit à nobili Anthonio Garini, thesaurario ejusdem universitatis Brinonie, in solidis sive Grans Blancs, reali numeratione precedenti in presentia dicti domini judicis, mey que notarii publici et testium infrascriptorum.

De quibus florenis centum, monete et valoris premissorum dictus Pastasius Mercaderii, venditor, gratis per se et suos, ut suprà, cum licentia, auctoritate et decreto predictis, eamdem universitatem de Brinonia et suos predictos quitiavit, liberavit penitus perpetuo et absolvit, stipulatione qua supra mediante, per aquilianam stipulationem precedentem et acceptilationem inde legitime subsequ-

·tam , cum pacto expresso solempni et valida stipulatione inter easdem partes contrahentes firmato, vallato et corroborato de nil ulterius à dictis emptoribus sive à dicta universitate Brinonie petendo pretextu dictorum florenorum centum quoquomodo.

Renuncians inde jam dictus Pastasius Mercaderii , venditor, gratis per se et suos ut supra actum licentia , auctoritate ac decreto quibus supra, exceptioni presentis vere venditionis non facte et non cellebrate dictorum que florenorum centum monete et valoris premissorum per eum non habitorum et non receptorum à dicta universitate Brinonie in modum premissum et ex causa superius declarata spey que future cellebrationis habitionis et receptionis eorumdem et omni alii exceptioni doli , mali , vis , metus , fori , fraudis actioni infactum et conditioni indebiti sine causa justa vel ex injusta causa, ita quod non possit dicere, obicere (sic pro objicere) prethendere seu etiam allegare in judicio vel extra rem seu rey veritatem aliter se habere vel processisse quod hoc in presenti publico instrumento dignoscitur per omnia contineri.

Cum reservationibus tamen et pactis infra sequentibus. Et primo dictus Pascasius Mercaderii venditor, de pacto expresso inter predictas partes contrahentes solempni et valida stipulatione firmato et corroborato, *reservavit* sibi ipsi et suis heredibus et imposterum juris et rey successoribus quibuscumque usum resclause ac bedalis et aque decurrentis in eodem bedali pro uno paratorio molendo dumtaxat in loco in quo est situatum et constructum dictum paratorium , videlicet au Gau de Sanct Johan , et nunc constructum.

Item pariter reservavit sibi ipsi juris et rey successoribus prout supra , jam dictus Pastasius Mercaderii , venditor, in pactum expressum inter predictos contrahentes solempni et valida stipulatione firmatum et corroboratum quod dicta universitas Brinonie teneatur et debeat et ita promisserunt dicti domini Sindici et Consiliarii supranomihati nomine premisse universitatis Brinonie complere resclausam dicti paratoris bene et decenter usque ad ripam dicte Caramie versus aquilionem, suis propriis sumptibus et expensis.

Item equidem reservavit sibi ipsi juris et rey successoribus quibus supra in pactum ipse Mercaderii venditor, expressum solemni et valida stipulatione ut supra firmatum, valatum et corroboratum, quod reparationes in futurum fiende predictis deductis, fiat tam in bedali quam resclausa, videlicet dicta universitas pro duabus partibus et ipse Mercaderii pro tercia parte.

Item etiam retinuit sibi ipsi et successoribus jam dictis, in pactum habitum et conventum dictus Mercaderii vendictor inter dictas partes contrahentes solempni et valida stipulatione firmatum et corroboratum quod ipse Mercaderii venditor *non possit nec valeat , au sui non possint nec valeant admovere aquam dicti bedalis pro aderando ejus pratum contiguum dictorum paratoris et bedalis , nisi die sabati post vesperas aut alias vigilias solempnes et die sequenti ad vesperas dictam aquam revertet in eodem bedali ejusdem paratoris.*

Item etiam reservavit sibi ipsi ac heredibus juris et rey successoribus quibuscumque prout supra , in pactum habitum et conventum , dictus Mercaderii venditor inter dictas partes contrahentes solempni et valida stipulatione firmatum , valatum et corroboratum quod casu quo in dicto bedali non veniret aqua nisi pro

dicto ejus paratorio, solum et dumtaxat quod dicta universitas Brinonie non possit minus que valeat sibi nec successoribus suis quibuscumque admovere, sive
non la ly puesco levar.

Item fuit de pacto habito et convento inter predictas partes contrahentes
solempni et valida stipulatione firmato et corroborato, quod dicta universitas
Brinonie possit et valeat relargare valatum seu bedale ejusdem paratoris a dicto
paratorio usque ad resclausam. Si vero nunc plus valeant jam dicta bedale, resclausa sive decursus aque superius vendicta et pariter designata cum juribus et
pertinenciis suis univertiis (sic) valebunt ve imposterum precio supradicto
etiamsi ultra dimidiam justi precii summa excedat, prelibatam totam illam majo-
rem valentiam quecumque sit vel imposterum fuerit, jam dictus Mercaderii,
vendictor, gratis per se et suos, ut supra, eidem universitati Brinonie stipulatione premissa mediante dedit sive donavit tam pro precio predicto quam etiam
donatione simplici rate que et irrevocabili habite (sic) inter vivos.

Dans, cedens et mandans Pascasius Mercaderii vendictor, gratis per se et suos,
ut supra, ac cum auctoritate, licentia et decreto quibus supra prout cum pactis,
conventu et reservationibus jam dictis, predicte universitati Brinonie stipulatione
qua supra mediante, videlicet omnia jura omnes que actiones et rationes reales
et personales, meras mixtas, utiles et directas rey que persecuthorias atque prethorias, civilles et anormalas et omnes alias universas et singulas que et quas
dictus Pastasius Mercaderii, vendictor, habet, habebat et habere potest et debet
in et super jam dictas resclausa et bedali superius vendictis et designatis, juribus
que et pertinenciis suis universis, ita videlicet quod dictis juribus, actionibus et
rationibus supra datis, cessis atque remissis possit jam dicta universitas Brinonie
libere et pure uti, gere (sic pro gerere) petere deffendere et etiam experiri utiliter
et directe, litem et lites contestari, de calumpnia jurare, ponere, confiteri,
negare excipere et replicare; testes, instrumenta producere et publicas senten-
tias audire, subire et appellare, appellationes que prosequi et finire, componere,
compromittere, transigere et pacisci et demum ac generaliter omnia alia universa
et singula dicere et facere que dici et fieri possunt ac debent per veram et legitimam dominam et procuratorem in causa sua propria datum et legitime constitutum et que ipse met Mercaderii venditor dicere et facere poterat seu potuisset
ante venditionem, donationem, jurium cessionem et remissionem presentes
ipsam que universitatem Brinonie, stipulatione premissa interveniente, jam dictus Mercaderii vendictor gratis per se et suos ut supra, cum licentia et auctoritate ac decreto premissis in predicta resclausa et bedali superius venditis et
designatis et jurium suorum predictorum dominam et procuratricem solempniter
constituit ut in propriam suam causam datum et etiam legitime constitutum,
constituens que se jam dictus Pascasius Mercaderii, vendictor, pro se et suos ut
supra cum licentia, auctoritate et decreto premissis a modo in anthea ipsas resclausam et bedale supra venditas et designatas cum juribus et pertinenciis suis
predictis tenere et possidere nomine ipsius universitatis Brinonie ac precario,
donec et quousque univercitas ipsa Brinonie emptrix, mediante stipulatione premissa, possessionem predicte resclause et bedalis ac jurium suorum predictorum
ingressa fuerit corporalem. De qua ingredienda possessione seu quasi, prefatus
Pastasius Mercaderii, venditor, per se et suos ut supra, eidem universitati Brinonie, stipulatione premissa mediante, licentiam tribuit et omnimodo potestatem

nulla sui judicis vel prethoris licentia aliquanthus requisita vel etiam obtenta èt animes transferendi dominium et proprietatem jam dicte resclause et bedalis superius venditorum et designatorum in dictam universitatem Brinonie, emptricem, per venditionem jam dictam.

Retinuit sibi jam dictus venditor per se et suos ut supra, cum licentia, auctoritate et decreto premissis, usumfructum earumdem resclause et bedalis et jurium suorum predictorum per hodiernam diem tantum, ita quod idem sit usum fructum retinere quod est seu esse potest rem tradere.

Prescriptas autem resclausam et bedale superius venditas et pariter designatas cum juribus et pertinenciis suis premissis, promisit, ac cum pactis, conventionibus et reservationibus jam dictis, solempniter et convenit jam dictus Pascasius Mercaderii, venditor, per se et suos ut supra, cum licentia, auctoritate et decreto premissis, jam dictis emptoribus presentibus et nomine jam dicte univercitatis Brinonie stipulantibus solempniter et recipientibus, salvare, deffendere pariter et tuheri in jure de jure et extra jus ac litis occasione ab omnibus singulis evincentibus et contra dicentibus personis aliquid pectentibus seu etiam petere volentibus quomodo licet in eisdem resclausa et bedali et de omni evictione universali et particulari ipsarum resclause et bedalis superius venditarum et designatarum et jurium suorum predictorum.

Supra nominatus Mercaderii, venditor, per se suos ut supra, cum licentia auctoritate et decreto premissis ; jam dicte universitati Brinonie emptrici stipulatione premissa mediante, promisit solempniter et convenit efficaciter se teneri et se offerre defensorem ubilibet pro evictione predicta ubi et quamdo moveri contigerit per quempiam et causam ac omnis evictionis et deffentionis hujus modi in se gratis suscipere pro ipsa univercitate Brinonie et suis, cum bonis procuratoribus et paritis suis propriis sumptibus et expensis ; nec non in omni et quocumque judicio persistere usque in finem litis et si quod evictum foret ab ipsa universitate Brinonie emptrice vel à suis de prescriptis resclausa et bedali superius venditis et pariter designatis, sive foret in solidum vel in parte, totum id evictum quodcumque sit vel imposterum fuerit, prenominatus Mercaderii venditor per se et suos ut supra, cum licentia, auctoritate et decreto jam dictis, eidem univercitati Brinonie emptrici, stipulatione premissa mediante, reddere et restituere integre, bona fide, promisit solempniter et convenit in pace sive lite, molestia et contradictione quacumque cum omnibus sumptibus, dampnis, disturbiis, gravaminibus, interesse et expensis quos, quas, que et quod predictam universitatem Brinonie emptricem pati, facere, incurrere vel substituere opporteret in curia vel extra litigando aut alias quovis modo ratione evictionis premisse ac pro firmitate, obtentu et inviolabili observancia omnium et singulorum premissorum ; de quibus quidem sumptibus, dampnis, disturbiis, gravaminibus, interesse et expensis credere et stare promisit solempniter et convenit prenominatus Mercaderii venditor per se et suos ut supra solis ipsius universitatis Brinonie sive Sindicorum et Consiliariorum ejusdem, verbis simplicibus tantum, sine juratis testibus et omni alia probatione quacumque.

Has autem venditionem, donationem, cessionem et jurium remissionem, ac retentiones et reservationes predictas omnia que alia universa et singula in presenti publico instrumento contenta et descripta promiserunt solempniter et

convenerunt partes jam dicte contrahentes una videlicet alteri et altera alteri
gratis et sponte per se et suos ut supra, ac cum licentia auctoritate, decreto et
nominibus quibus supra ratas, gratas et firmas, rata que grata et firma habere,
tenere, actendere, complere et inviolabiliter observare et contra in aliquo numquam facere, dicere vel venire de jure aut de facto, directe aut per oblicum per
se vel aliam interpositam seu etiam interponendam personam, aliqua occasione,
ratione, titulo sive causa.

Pro quibus omnibus universis et singulis premissis melius, tutius et firmius
actendendis, tenendis, complendis et inviolabiliter observandis, cum pactis et
reservationibus supra dictis, supranominate partes contrahentes gratis per se
et suos ut supra, cum licentia, auctoritate, decreto ac nomine quibus supra,
obligaverunt, ypothecaverunt, supposuerunt et submiserunt, scilicet predictus
Pastasius Mercaderii, venditor, se ipsum realem et personaliter, videlicet personam et omnia ejus bona quecumque mobilia et immobilia presentia et futura et
predicti domini Sindici et Consiliarii universitatis predicte Brinonie bona tantum
dicte universitatis presentia et futura Brinonie, viribus, cohertionibus, compulsionibus, censuriis meriis que examinibus et stillis curiarum infrascriptarum et
cujuslibet ipsarum in solidum, videlicet curie, camere regie rationum et ordinarie
civitatis Massilie et demum generaliter omnium aliarum et singularium curiarum
tam spiritualium quam temporalium infracomitatus Provincie et Forcalquerii
ubilicet constitutarum et cujuslibet earundem, in quibus curiis vel earum altera
hoc instrumentum publicum hostendi contingerit seu perduci.

Super quibus omnibus et singulis premissis, renunciarunt supra dicte partes
contrahentes, gratis per se et suos ut supra scienter et expresse omni juri juvanti
deceptos omni que juris et facti ignorantie et omni errori, calculi fori que ejusdem
et cujuslibet ipsarum privilegio et juribus ac legibus dicentibus venditionem posse
rescindi aut justum pretium debere suppleri ubi receptis ultra dimidiam justi
precii intervenerit et donationem ob causam ingratitudinis posse revocari juri
que dicenti cedentem jura nichilominus agere posse contra debitorem antequam
ille cui cessa sunt jura insinuaverit debitori vel partem debiti acceperit aut cum
eo litem fuerit legitime contestatus induciis viginti dierum et quatuor mensium
feriisque messium et vindemiarum et omni alii exceptioni, deffentioni et juri
canonico et civilli quo seu quibus mediantibus contra premissa vel aliquid premissarum, possent facere vel venire aut se juvare in aliquo quomodo licet seu
tuheri.

Et ita premissa omnia universa et singula supra in presenti publico instrumento contenta et descripta promiserunt solempniter et convenerunt predicte
partes contrahentes gratis et sponte per se et suos, cum licentia, auctoritate,
decreto ac nominibus quibus supra, ostendere, tenere, complere et inviolabiliter
observare, contra que in aliquo numquam facere, dicere vel venire de jure vel
de facto, tacite vel expresse, directe vel per oblicum, per se vel per alium aut
aliam interpositam seu interponendam, nam ad et super Sancta Dey Evangelia
corporaliter tacta jurarunt una pars post aliam et singularum singulis corporaliter tactis et tacta.

Super quibus omnibus premissis et singulis, tam quam rite et legitime gestis,
dictus dominus judex supra nominatus interposuit auctoritatem suam judiciariam
pariter et decretum.

DE QUIBUS omnibus premissis supranominate partes, videlicet jam dicti domini Sindici et Consiliarii, nomine jam dicte universitatis Brinonie supranominati et ipse Mercadeo ratione reservationis petierunt eis fieri publicum et publica instrumentum et instrumenta per me notarium publicum subscriptum tot et quod habere voluerint.

ACTA fuerunt premissa omnia et publice recitata in predicto loco Brinonie videlicet in camera superioris domus Sancti Spiritus ubi Consilium ejusdem ville consuetum est teneri, presentibus ibidem venerabili, nobili, egregio, discreto et honorabilibus viris domino Petro Robiollis jurisconsulto civitatis Tholoni, domino Johanne Romani, presbitero de Sedena, habitatoribus dicte ville Brinonie et magistro Anthonio Clementis, notario de Manoasca, testibus ad premissa vocatis specialiter et rogatis.

Et me Emerico Blancardi, notario publico ville Brinonie, Aquensis diocesis, etc.....

Grossatum est instrumentum parte Mercaderii, grossatum est instrumentum parte universitatis Brinonie.

———•◦⊕◦•———

Pièce Justificative n° 4.

ACTE DU 27 OCTOBRE 1530, NOTAIRE MICHEL JUJARDY,
A BRIGNOLES.

La Communauté de Brignoles achète du Prieur de la Celle le droit et le terrain pour faire un béal dans le terroir de la Celle, afin de prendre l'eau à la rivière de Caramy, et la conduire aux moulins de la ville.

(L'original sur parchemin aux Archives de Brignoles, série D. D. n° 4.)

In nomine Domini Nostri J. C. amen. Anno Incarnationis ejusdem Domini millesimo quingentesimo trigesimo, et die vigesima septima mensis octobris, regnante christianissimo principe et domino nostro domino Francisco, Dei gratiâ Francorum Rege, comtatum que Provincie et Forcalquerii comite feliciter et longevò existente, amen.

Ex tenore hujus veri presentis publici instrumenti, omnibus universis et singulis, tam presentibus quam successivè futuris, evidenter pateat et sit notum, quod venerabilis vir dominus Anthonius Bochardi, aliàs Spagneti, presbiter, procurator Reverendi in Christo patris et domini Glaudi de Assumvilla, Dei gratiâ Episcopi Sistaricenas, et prioris de Artecella, cupiens conditionem dicti Reverandi domini et predicti sui prioratûs de Artecellâ facere et reddere meliorem, pro evidenti utilitate et comodo ejusdem Reverandi domini et prioratûs jam predicti, gratis et sponte nomine ejusdem et suorum in dicto prioratu successorum, dedit ad novum accaptum et imphiteosim perpetuam universitati ville de Brignonie et singularibus personis ejusdem, nobilibus viris Raymundo Pugeti comdomino de Castuelso, ac magistro Raynaudo de Collonia, regio notario dicte ville, procuratoribus ad infrà scripta, specialiter, prout dixerunt, per Consilium dicte ville députatis, me que notario publico infrà scripto ibidem presentibus, et nomine dicte universitatis et singularum personarum ejusdem stipulantibus, solemniter recipientibus que, licentiam et locum ac spacium faciendi in predicto territorio de Artecella et suprà la resclauso del martinet unum bedalle latitudinis unius cane sive octo palmorum pro ducendo et conducendo aquam riperie Caramie apud molendina dicte universitatis jam constructa aut in futurum construenda et nunc acquisita aut in futurum acquirenda et alia quecumque ingenia aque dicte universitatis, cum passagio necessario eundo et querendo dictam aquam et facultate curandi dictum bedalem et terram ejusdem bedalis projiciendo et gitando extrà dictum bedale in ripis dicti bedalis satisfacto tamen de omnibus damnis et interesse particularibus personis qui occasione dicti bedalis damna patiarentur in faciendo aut curando dictum bedalem infrà eorum proprietates, quibus non intendet damnum sine satisfactione illius inferri et cum potestate in dictâ riperiâ Caramie faciendi unam et plures resclausam sur resclausas salvo tamen in omnibus predictis beneplacito predicti Reverandi domini ipsi soli et non alteri successori.

Pro accapito et nomine accapiti duarum pardicum, quidquidem accapitum dictus dominus Anthonius Bochardi procurator predicti Reverandi domini confessus fuit habuisse et realiter recepisse à dictâ universitate de Brignonia et per manus jam dictorum nobilis Raymundi Pugeti et Raynaudi de Collonia ibidem presentium ut suprà stipulantium, de quo eamdem universitatem et suos et bona sua presentia et futura quittiavit et liberavit cum pacto solemni et valido de nil ulteriùs petendo.

Ad censum seu servitium unius sivateri annone mensure dicte ville Brignonie annis singulis et perpetuis temporibus solvendum eidem Reverando domino et suis successoribus quibuscumque in quotque festo beati Michaëlis Archangeli.

Dans cedans remitens et désamparans dictus dominus Anthonius Bochardi procurator predicti Reverandi domini eidem universitati de Brignonia, stipulatione qua suprà interveniente, omnia jura omnes que actiones et rationes reales et personales, meras cunctas utiles et directas rei que *precentarias* atque pretsorias que et quas dictus Reverandus dominus Cistaricenis Episcopus et Prior de Artecella habet et habebat in et super dicto bedalli superiùs ad accapitum et imphitheosim dato, juribus que et pertinensis ejusdem ità ut dictis juribus actionibus et rationibus suprà datis cessis acque remissis possit dicta universitas et singulares persone ejusdem possint que sui ex nunc in anteà et ex causis premissis liberé uti, agere, petere, deffendere ac etiam experiri utiliter et directé lictem et lictes contestari de columpma jurare, ponere et confiteri, negare, excipere et replicare, dictum que bedalle suprà ad accapitum datum vendere, alienare vel promutare, Pignori que seu hypotheccœ obligare aut quovis titulo alienare quibuscumque voluerint, exceptis tamen militibus sacris locis et personnis religiosis ac aliis quibuscumque à jure prohibitis et vetitis.

ATQUE non liceat dicte universitati de Brignonia neque suis in et super dicto bedalli seu aliquâ ejus parte imponere aliquod super censum seu aliquam aliam malam vel novam servitutem, et salvo et semper retento eidem Reverando domino et suis successoribus suo majori directo dominio et seignoriâ quod et quam habet in laudinis interponendis et *trezenis* percipiendis totius quoties dictum bedalle vendi seu alienari contingerit de personnâ in personam, in totidum vel in partem, ac annuo censu seu servitio predicto, constituens que se idem dominus Spagneti procurator predictus dictum bedalle à nunc in anthea tenere et possidere nomine et precario dicte universitatis de Brignonia donec et quousque dicta universitas ingressa fuerit possessionem corporalem de quâ ingrediendâ possessione, seu quasi dictus dominus Spagneti, quo suprà nomine, eidem universitati stipulatione predictâ interveniente licentiam tribuit et unummodo potestatem nulla sui aut alienis persone nomine requisita seu obtenta et annuit transferendi dominium et proprietatem ejusdem bedalis in eamdem universitatem et suos per hodiernam diem tantùm, quâ die elaxâ dicti usufructus consolidentur in proprietati. Prescriptum autem bedalle suprà ad accapitum datum cum juribus et appertinensis suis promisit et solemniter convenit dictus dominus Spagneti nomine predicto eidem universitati de Brignonia stipulatione predicta interveniente salvare deffendere et tueri ab omnibus et singulis personnis obvicentibus et contradicentibus seu aliquid petentibus aut in futurum petere volentibus quomodocumque in eodem.

ET de omni evictione et controversiâ universali et particulari juris et facti promisit se efficaciter teneri et se offerre deffensam ubique pro evictione predictâ.

ET CAUSAM ac onus questionis seu evictionis hujusmodi in se gratis suscipere cum bonis procuratoribus et peritis ejusdem Reverandi domini propiis sumptibus et expensis et totum id evictum quodcumque sit reddere restituere ac exbursare promisit : unà cum omnibus sumptibus *dampinis* disturbis gravaminibus interesse et expensis in judicio vel extrà sustinendis promissorum occatione.

ET QUIBUS quidem sumptibus dampinis disturbis gravaminibus interesse et expensis credere et stare promisit solo et simplici verbo ejusdem universitatis et singularum personarum ejusdem sine sacramento, testibus, et omni aliâ probatione quàcumque.

HAS autem accapiti dationem et omnia alia universa et singula in hoc presenti publico instrumento contenta et pariter descripta promisit dictus dominus Spagneti actendere complere ac firmiter et inviolabiliter observare et contrà numquam facere dicere vel venire de jure vel de facto tacito vel expresso directé aut per oblicum.

SUB expresso hypothécâ et obligatione omnium bonorum dicti Reverandi domini prioris de Arthecellâ et sui prioratûs mobilium et immobilium pro se que manentium presentium et futurorum quorumcumque.

ILLA obligando et submittendo viribus et rigoribus omnium et singularum curiarum spiritualium et temporalium infrà comitatus Provincie et Forcalquerii constitutarum et cujuslibet earum in quâ seu quibus hoc presens publicum instrumentum hostendi contingerit seu alias quommodas exhiberi super quibus omnibus universis et singulis premissis et premissoris quotquibus renuntiat dictus dominus Spagneti procurator in nomine quo suprà omni juri juvanti deceptos omni que juris et facti ignorantis et omni errori valenti ac alitio fuisse dictum, acque scriptum, et è contra juri que dicenti accapiti dationem rescindi posse aut justum pretium sive servitium supleri debere in dictis vigenti dierum et quatuor mensium feris que messium vindemiarum et omnibus aliis juribus canonicis et civilibus quibus modiantibus contra premissa vel aliquid premissorum facere dicere vel venire possent aut se modo aliquod juvare deffendere vel thueri quibus non uti promisit sub virtute juramenti infrà scripti et ita predicta omnia attendere complere et inviolabiliter observare et contra non venire promisit dictus dominus Spagneti nomine quo suprà et indé ad Sancta Dei Evangelia juravit in animam predicti Reverandi domi sui principalis de quibus omnibus universis et singulis premissis dicti nobiles Raymundus Pugeti et Reynaudus de Collonia procuratorio nomine dicte universitatis petierunt sibi et dicte universitati fieri unum et plura publicum et publica instrumentum et instrumenta et tot quot habere voluerunt ad dictamen et Consilium omniscumque sapientis facti tamen principalis substantia in aliquo non mutata seu in omnibus semper observatâ, Acta et publicata fuerunt omnia premissa in loco de Arthecella et in domo claustrali predicti Reverandi domini et in *quoquma* antiquà presentibus ibidem probis viris Petro Olivari alias Robin Supriano Barberi et Honorato André dicti loci testibus ad premissa vocatis specialiter et rogatis, et me Michaëllo Isnardi regio notario G. m. de premissis.

Quibus sic per actis ibidem in momenti predicti nobiles Raymundus Pugeti et Raynaudus de Collonia procuratores predicte universitatis de Brignonia bona eorum fide gratis et sponté per se et eorum heredes juris et rei in posterum successores quoscumque confessi fuerunt et publicé recognoverunt se et dictam universitatem de Brignonia tenere et possidere ac in futurum tenere et possidere velle predictum bedalle cum juribus et apertinensis suis sub majori directo dominio et seignorià predicti Reverendi domini prioris de Arthecellâ et suorum successorum ad censum seu servitium unius civatere annone mensura dicte ville Brignonie solvendum ad Reverando domino et suis in dicto prioratû successoribus, perpetuis temporibus in quotque festo beati Michaëllis Archangeli et promisserunt dictum bedalle meliorare et non détériorare nec illum vendere alienare vel transferre in manibus vel locis à jure prohibitis et vectitis nec non aliquod super censum vel novam servitutem in eodem imponere et pariter *trezenum* eidem solvere toties quotiens in futurum per eamdem universitatem vendi seu alienari contingerit de personnâ in personam in totidum vel in parte similem que recognotionem de eodem bedalli facere toties quotiens parte dicti Reverandi domini vel suorum successorum dicta universitas requisita fuerit.

Sub expressa hypotheca et obligatione ejusdem bedalis illum obligando omnibus curiis temporalibus et spiritualibus hujus patrie Provincie ac sub omni et quaqua juris et facti renuntiatione ad hec necessaria pariter et opportuna.

Et ita predicta omnia actendere complere inviolabiliter observare promiserunt predicti Pugeti et de Collonia et etiam dictus dominus Spagneti nomine dicti Reverandi domini et supra Sancta Dei Evangelia jurarum etiam in animabus singularum personnarum dicte universitatis de Brignonia de quibus omnibus premissis dicte partes contractantes et quelibet ipsarum petierunt sibi et suis fieri unum et plura publicum et publica instrumentum et instrumenta et tot quot habere voluerunt per me notarium publicum suprà et infra scriptum.

ACTA et publicata fuerunt omnia premissa ubi suprà et presentibus quibus suprà testibus ad premissa vocatis specialiter et rogatis et me predicto Michaëlli Isnardi regio notario qui...

TANDEM vero anno incarnationis Domini millesimo quingentesimo trigesimo primo et die vigesimâ secunda mensis septembris, regnante predicto christianissimo principe et domino nostro domino Francisco Dei gratiâ Francorum Rege comtatum que Provincie et Forcalquerii comite feliciter et longevé existente amen.

EX TENORE hujus veri presentis publici instrumenti omnibus universis et singulis tam presentibus quàm successivè futuris evidenter pateat et sit notum quod cum die vigesima septima mensis octobris proxime decursi venerabilis vir dominus Anthonius Bochardi alias Spagneti presbiter et procurator Domini *in Christo* quondam Reverandi patris domini Glaudi de Assumvilla Episcopi Cistaricenis prioris castri de Artecella pro evidenti utillitate dicti quomdam Reverandi domini et sue Ecclesie ac beneficii dederit ad accapitum et imphitheosim perpetuam universitati ville Brignonie et singularibus personis ejusdem licentiam faciendi in predicto territorio de Artecella et supra la resclauso del martinet unum bedalle latitudinis unius cane sive octo palmorum cum facultate faciendi unam resclausam vel plures ac cum cunctis pactis et conditionibus et ad servitium seu censum unius civateri annone constantem laptius nota per me notarium publicum suprà et infrà scriptum sumpta.

HINC igitur fuit et est quod Venerandus Pater dominus Johannes Manesi vicarius et generalis procurator Reverandissimi domini Augustini de Trivulsis cardinalis moderni prioris predicti castri de Arthecella certificatus de predictâ accapiti datione ac de censu seu servitio ad Reverando domino retento et de omnibus in dicta nota contentis per lecturam ejusdem notis per me notarium publicum suprà et infrà scriptum sumpta.

ET IDEÒ pro evidenti quomodo et utillitate ejusdem Reverandissimi Cardinalis moderni domini et dicte sue Ecclesie et suorum successorum gratis et sponté per se et suos in dicto prioratû successoribus dictam accapiti dationem et omnia in eadem contenta ratificavit approbavit amologavit et confirmavit et in quamtum opus est de novo dedit contulit et concessit eidem universitati ville Brignonie et singulis personis et particularibus ejusdem nobilibus viris Honorato Pugeti domino de Thoramina bajulo et capitano dicte ville, magistro Petro Martini consindico et magistro Stephano Billoni thesaurario ejusdem ville me que notario publico suprà et infrà scripto presentibus et stipulantibus nomine ejusdem universitatis de Brignonia et singularum personarum ejusdem et suorum successorum quorumcumque.

HAS AUTEM accapiti dationes ratificationes et omnia in presenti publico instrumento contenta pariter et descripta promisit predictus Venerandus dominus Johannes Maluesi vicarius generalis et procurator jam dicti Reverandissimi domini Cardinalis et prioris de Arthecella habere tenere complere et inviolabiliter observare et contrà numquàm facere dicere vel venire de jure vel de facto taciter vel expresse directe aut per oblicum per se aut interpositam personam sub expressa hypotheca et obligatione omnium et quorumcumque bonorum tam mobilium quàm immobilium dicti Reverandissimi domini Cardinalis et sui prioratûs de Artecella ubicumque existantium presentium et futurorum illa obligando et

submittendo viribus et rigoribus omnium et singularum curiarum infrà presentem comitatum Provincie et Forcalquerii constitutarum in quâ seu quibus hoc
presens publicum instrumentum ostendi contingerit seu aliis quomodis exhiberi
suprà quibus omnibus universis et singulis premissis et premissoribus quot libet
renuntiavit dictus dominus Manesi vicarius nomine quo suprà omni juri juvanti
deceptos omni que juris et facti ignorantis et omni Errori Valenti juri que dicenti
hujusmodi accapiti dationem et ratificationem rescindi posse aut justum pretium suppleri debere in dictis viginti dierum et quatuor mensium feris que messium et vindimiarum et demum ac generaliter omnibus aliis juribus canonicis et
civilibus ac privilegis quibus modiantibus contra premissa vel aliquid premissorum facere dicere vel venire posset quibus non uti promisit sub virtute juramenti infrà scripti quod juramentum extendi voluit et effectum porrigere ad
omnes et singulas clausulas in hoc presenti publico instrumento contentas.

ET ità predicta omnia attendere et complere et inviolabiliter observare et
contra non venire promisit dictus dominus Manuesi vicarius et procurator generalis nomine quo suprà et indé ad Sancta Dei Evangelia juravit in animam dicti
Reverandissimi domini Cardinalis sui principalis de quibus omnibus universis et
singulis premissis dicti nobiles Honoratus Pugeti et Petrus Martini et Stephanus
Belloni nomine quo suprà petierunt sibi fieri publicum et publica instrumentum
et instrumenta et tot quot habere voluerint ad dictamen et Consilium cujuslibet
sapientis facti tamen principalis substantia et in aliquo non mutata sed in omnibus semper observata et hoc per me notarium publicum suprà et infrà
scriptum.

ACTA et publicata fuerunt omnia premissa in dicto loco de Artecella et in domo
claustrali Reverandissimi domini presentibus ibidem nobilibus viris M. Pelegrino et Francisco de albis patre et filio regis secretaris civitatis Aquensis
Hugueto Stephani de Sefarista Thoma de Lia de Auriollo testibus ad premissa
vocatis specialiter et rogatis.

<hr>

Pièce Justificative nº 5.

SENTENCE DU 13 AOUT 1554

Rétablissant le Prieur de la Celle dans la possession des eaux de
FRANCOS, avec défense à la Communauté de Brignoles de les dériver,
sous peine de deux mille livres.

« Supplique de Messire Marcel Sirman, Cardinal de Ste Croix, Prieur et seigneur temporel du lieu et chateau de la Celle, disant être, par lui et ses prédécesseurs, il est en possession depuis cinquante, trente, vingt, dix, cinq ans et
jour, et par tout le dit temps, et de temps qu'il n'est de mémoire d'homme,

jouissance, état et saisine, d'avoir dans son dit terroir et Prieuré une fontaine
appelée la fontaine de *Francos*, à la quelle se assemblent plusieurs autres fontaines
courant parmi et au travers du dit terroir par certain ruisseau fait par ses prédé -
cesseurs dans son dit terroir pour en faire à son plaisir, et la dériver où bon lui
semble, et en arroser ses prés appelés *de las Caprinas*, et autres possessions
tant siennes que de ses sujets, manants et habitants du dit lieu de la Celle, en
possession, jouissance, état et saisine que nul y peut faire fossés par ses prés et
terres et ses autres possessions sans son congé et licence ; que nul y peut sortir
et mettre la dite eau hors de son terroir, ni y faire et bâtir ponts pour icelles
eaux divertir sans aussi son congé et licence.

« Et, ce nonobstant, les Consuls et Communauté de Brignolle, dans an et
jour de ce nouvel défaut, et de leur propre et privée autorité, auraient diverti
l'eau de la d^e fontaine de son méal naturel et fait passer par autres fossés, qu'ils
ont nouvellement faits, par les prés, vignes, possessions, tant du dit suppliant
que de ses sujets, et icelle eau ont voulu mettre et jetter hors de son terroir par
certains ponts et ponceaux faits et édifiés dans son dit terroir, au grand dommage
du dit suppliant, etc.......

« En faisant les quels troubles, auraient usé les dits Consuls d'une grande
violence en y menant nombre réprouvé de gens armés d'arbalettes, armes offen-
sives, et menaçants le dit suppliant, ses procureurs et entremetteurs de les battre et menotter, et de faire des ponts de corps morts si on leur faisait aucune
résistance.......

« demande de se transporter sur les lieux contentieux pour faire droit aux
parties, etc.......

« Teneur de la sentance par nous donnée entre Messire Marcel Sirman, Cardinal de Ste Croix, Prieur et seigneur temporel du lieu de la Celle, demandeur
et requérant exécution de certains lettres royaux, afin d'être procédé sur le premier chef possessoire de statut de querelle pour les troubles et empêchements
prétendus à lui faits et ordonnés par la Communauté de la ville de Brignolle à la
dérivation des eaux de certaines fontaines du terroir du dit lieu de la Celle, par
moyen d'un pont et fossé nouvellement faits au dit terroir, d'une part ;

« Et les Consuls et Communauté de la d^e ville de Brignolle, déffendeurs à
l'exécution des dites lettres, d'autre part ;

« Vu les dites lettres Royaulx donnés à Aix le seizième juillet dernier passé....
requêtes, informations et enquêtes..... productions diverses..... Acte du 13
avril dernier, signé TANNARON notaire ;

« Dicton d'arrêt contenant entr'autres choses que maitre Pierre Caynemeau
a donné licence et faculté à la d° Communauté de Brignolle de mener, conduire
et faire passer, comme passait lors du dit acte, par le dit terroir du dit Prieur
de la Celle, les eaux provenants des fontaines vira la bastide de Pierre Bonnet,
par fossés lors faits de son consentement, aux moulins de la d° Communauté,
avec ce que payera les intérêts des particuliers du dit lieu de la Celle par eux
soufferts pour raison des dits fossés et conduites des dites eaux, suivant l'édit
du Roi sur ce fait pour prévenir par le dit M° GUERIN, notaire ;

« La délibération faite au Conseil de la d° ville de Brignolle du 19 mai 1550 ;

« Procès verbal fait par Mᵉ Rolland, Conseiller du Roi et Commissaire Député pour le fait de certaine instruction oculaire y mentionnée du 24 juillet du dit an 1550, signé JUJARDY;

« Extrait de l'édit du Roi par le quel est permis à chacun ayant droit de moulins de conduire les eaux et faire fossés, levées et resclauses par les propriétés des dits voisins et où sera convenable, en payant l'intérêt des parties et fonds et propriétés des quels se fairont les dites levées et fossés, et signé FABRE.

« Les contredits des dites parties et tout ce qu'elles ont fourni par devant nous par inventaire,   Le tout considéré,

« Nous Jean Augustin de Foresta, Conseiller du Roi au Parlement de Provence, et Commissaire Député en cette partie, sans avoir égard aux attentats proposés par le dit seigneur Cardinal, et en ce que concerne la dérivation des eaux du dit terroir de la Celle au dit terroir de Brignolle et moulins de la dᵉ Communauté; avons dit et déclaré, disons et déclarons, pour avoir lieu du dit premier chef posséssoire de statut de querelle, et le dit Prieur et seigneur de la Celle avoir été troublé et empêché par la dᵉ Communauté de Brignolle à la privation conduite et jouissance des dites eaux, le quel, pour ce regard, avons ressaisi et ressaisissons en la dite jouissance et faculté de prendre, conduire et dériver les dites eaux pour l'arrosement de ses prés et possessions et des particuliers du dit lieu de la Celle où bon lui semblera, et ôtant tout empêchement mis et donné par la dite Communauté à la quelle pour cette cause faisons inhibitions et défenses de conduire et mener d'ors en avant les dites eaux au dit terroir de Brignolle et susdits moulins sur la peine de deux mille livres au Roi appliquées à des dommages et intérêts des parties.

« Et, à ces fins, sera l'entrée du dit fossé contentieux auprès du pré de Honoré Calvin et au chemin, terrain du dit lieu de la Celle de Maitre Jaume Boyssière, fermée et bouchée en l'état que l'avons trouvé et remis lorsque avons été sur le dit lieu.

Condamnons icelle Communauté aux dommages et intérêts du dit Prieur et seigneur de la Celle pour la prise et levée des dites eaux depuis le dernier octobre passé en çà, la liquidation à nous reservée.

« Et, quand aux dits pont et fossé prétendus nouvellement être faits par la dᵉ Communauté, disons et déclarons n'y avoir lieu de passer outre à l'exécution du dit premier chef de statut de querelle, du quel en avons absous et relaxé la dᵉ Communauté de Brignolle, et ce sans préjudice du droit des particuliers du dit lieu de la Celle et autres, en fonds et propriétés des quels le dit fossé a été creusé et parifié, et sauf aux dites parties de poursuivre l'an posséssoire et segond chef du dit statut de querelle par devant la Cour à la St Remy prochain, comme verront être à faire, les dépens compensés et pour cause. — Signé A. FORESTA.

« Au lieu de Tourves et au logis du Dauphin, du consentement des parties au dit lieu présents, Messieurs : Jean Baptiste Sirman et Maitre Pierre Templier, procureur du dit seigneur Cardinal, et Maitre Honorat Laurenty et Honoré Ballardy, Consuls de la Communauté de Brignolle; les quels Consuls, avec l'assistance de Maitre Guilleaume Chaine, ont appelé de la sentence requérant acte.— Le 13 août 1551. »

Pièce Justificative n° 6.

ACTE DE FONDATION par le duc D'ÉPERNON (18 MAI 1596).

« Par acte du 18 mai 1596, notaire Thanaron, Louis, à Brignolle, M. Jean Louis de La Valette, duc d'Épernon, Pair et Colonnel de France, Gouverneur et Lieutenant Général pour Sa Majesté en Saintonge et Angoumois, fait la donation et fondation qui suit :

« Il donne deux cents livres à l'Hôtel Dieu de Brignolle ; plus mille écus aux Frères du Couvent de St François de la dite ville, à condition : que la somme de mille écus sera employée à réédiffier l'Église et le Couvent de St François, *(que le Duc avait fait démolir)* et qu'ils seront comptés au fur et mesure que cette réédiffication s'effectuera ;

« Qu'une grande Messe du St Esprit sera chantée chaque samedi de l'an, en action de graces des bienfaits qu'il a plu à Dieu d'accorder au dit sieur pendant toute sa vie, et pour le repos de son ame ;

« Qu'une Messe haute du St Esprit sera célébrée chaque année le jour de la veille de la Noël à l'Hôtel Dieu, et par les dits Frères de St François, en actions de graces de ce que, à semblable jour, Dieu a garanti miraculeusement le dit seigneur et plusieurs de sa suite, du détestable attentat fait et exécuté à son logis, pendant qu'il était à table, au moyen d'un artifice de poudre à canon ; d'autant mieux que, si cet attentat avait réussi, de grands malheurs seraient arrivés par suite de la vengeance des gens de guerre contre les habitants de Brignolle, quoiqu'ils soient innocents de ce crime, qui a été commis par un habitant du Val ;

« Et que les armoiries du Duc seront gravées sur la maitresse porte du dit Couvent ou de la dite Église de St François. »

Nomenclature des Biens de M. de Vins, achetés par la Ville et revendus par elle, ainsi qu'il suit :

Mars 1593. — Le pré du Petit-Paradis, en sept lots délivrés à sept adjudicataires, au prix total de 1313 écus de soixante sous pièce.

Le pré dit de Galle, tenant la rivière et la Burlière, 505 écus.

La Muscatelle, quartier de Caramiette, 240 écus.

Suite des Biens ayant appartenu à M. de Vins, vendus aux enchères :

1593.— Une terre au Bourg (vers le pont Notre-Dame), 600 écus.

Autre terre, joignant la précédente, 55 écus 1/2.

La terre dite Aulhier.

La terre Buone, 455 écus.

Le plantier, vigne à Tombarel, en 6 lots — ensemble 2518 écus.

Le jardin touchant le Tricot, 115 écus.

L'aire, près et devant la Porte de St. Augustin, 29 écus.

Jardin près le Bastion Notre-Dame, 40 écus, plus deux jardins attenants allants jusqu'au béal.

Mars 1597. — Un pré à St. Pierre, 611 écus.

Le jardin et tripot, 430 écus.

Le jardin joignant la Burlière, 711 écus.

Les hautins, touchant les fossés de la ville, 700 écus.

Le four de la rue des Augustins et ses appartenances, 555 écus.

Le four et maison, Place de la Paroisse, 500 écus.

Le Jeu de Paume et jardin joignant, avec les droits et facultés qu'avait M. de Vins, près la Place Carami, 400 écus.

La terre du Vabre, en deux lots — ensemble 5,516 écus.

La Teullière, 1,010 écus.

Le Pré Rond ou Burlière

1	souchcirade	à Balthazard Fauchier, orfèvre............	1.500 livres.
1	—	à Honoré Lieutaud.........	1.530 —
1	—	à Honoré Bosc............. ;....................	600 —
1	—	à Toussaint Isseautier, cordonnier...................	1.545 —
2	—	à Claude Gavoty, bourgeois.....................	
1	—	à Catherine Amigue	900 —
1	—	à Melchior Moutton, apothicaire...................	660 —
1	—	à Jean Sarrazin, maître cordonnier................	690 —
1	—	à Jean Jean, dit Bombarellet......................	840 —
1	—	à Antoine Chabert................................	915 —
1	—	à Jean Bremond, marchand.....................	618 —
1	—	à Jean Baptiste Crozet.........................	765 —
1	—	à Jean Auriol, tisseur à drap	810 —
3	—	à Pierre Crestian, marchand.	1.597 —

Suite des Biens ayant appartenu à M. de Vins, vendus aux enchères

1 soucheirade à Honoré Rigord. .... 615 livres.

1 — à Jacques Ayméric..................... .... 750 —

1 — à Jacques Aubin , contre la rivière.................. 1.597 —

1 — à Jean Braquet , docteur en médecine.............. 690 —

2 corchoades jardin du Pré Rond à Jean Sarrazin................ 84 —

1 — — à Antoine Chabert , notaire.. 36 —

2 soucheirades pré , à Antoine Part , marchand...................... 1.515 —

1 corchoade jardin , à Jacques Goujon , cordonnier .. .. 37 —

1 — — à Louis Braquet , avocat..................... 45 —

1 — — à Melchior Moutton..... .... 31 —

Jardin joignant le Pré Rond , à Pierre Orne , marchand............ 420 —

1 soucheirade pré , à Simon Abel , marchand....................... 1.230 —

Un petit jardin à la Burlière , à Gaspard Chomon.................... 90 —

Jardin joignant le Pré Rond , à Pierre Orcin........'................. 750 —

1598. — Pré à la Burlière , à Jean Crozet , marchand.............. 600 —

1605. — Les aires du Pré de Pâques, en divers lots (48 charges de bled de rente).

<hr />

Pièce Justificative nº 7.

ACTE DU 5 JANVIER 1609, NOTAIRE FOUSSENQUI.

Vente aux Pénitents Blancs par Hᵈᵉ Clavière, d'une canne de terrain long la Chapelle au nord, pour y faire un corridor, etc...

SURVERS DE LA FONTAINE DES PÉNITENTS.

« L'an seize cent neuf et le cinquième jour du mois de janvier après midi , à tous présents et à venir soit chose notoire , claire, patente et manifeste que , personnellement établie en présence de moi notaire royal soussigné et des témoins après nommés , demoiselle Honorade Clavière, femme d'Honoré Rogier, écuyer, de cette ville de Brignolle, la quelle, de sa bonne foi pour elle et les siens à l'avenir, a vendu et vend par ces présentes à titre de vente valable et irrévocable en héritage perpétuel , à Messieurs les Frères Pénitents de la Chapelle Royale de Ste. Catherine de cette ville de Brignolle, bien qu'ils soient absents , Mᵉ Honoré Paul , avocat au siége de cette ville , gouverneur moderne de la compagnie des dits Frères Pénitents , assisté de François Trichaud, Melchior Mondon , et Toussaint Billet, Régidous de la dᵉ confraternité, et encore de Michel Blanc et Balthasard Fauchier, autres frères de la dᵉ compagnie , ici présents et stipulants pour la dite compagnie acceptants , et suivant le pouvoir à eux donné par Messieurs les Frères de la dᵉ confraternité par délibération entre eux faite , comme ils ont dit, du quatrième du présent mois , c'est à sçavoir : *certain usage et passage* que prendront dans son jardin , long de la dᵉ Chapelle , que prendront l'entrée du dit passage de devant le levant , tout auprès la grande porte , et ira le dit passage jusques à l'endroit d'un fénestrage nouvellement fait , et aura le dit passage six cannes et demi de long la dᵉ muraille et une canne de large pour faire une fausse porte au bout du dit passage , pour entrer dans la dᵉ Chapelle , sans que pour ce les dits Frères Pénitents puissent empêcher l'eau qui découle d'un trou sortant de la dᵉ Chapelle , ains la dᵉ eau aura toujours son cours pour l'arrosage du dit jardin , et icelle dite eau ses successeurs en jouiront ainsi qu'est de coutume , et de tout comme en a joui suivant les transactions sur ce faites , et fairont les dits Frères Pénitents en sorte que pour raison de la dᵉ eau la dᵉ Clavière n'aie occasion s'en plaindre , et fairont les dits Frères Pénitents conduire et dévier la dᵉ eau jusques au bout du dit couroir à ses propres coûts et dépens , et, en cas qu'aucun des dits Frères donnât aucun empêchement à la conduite de la dᵉ eau dans le dit couroir, seront tenus la remettre en état à ses dépens comme dit est, et en fairont les dits Frères Pénitents du d. usage et passage comme touchera à la dᵉ confraternité. — Cette vente, cession et remission et transport a été faite moyennant et pour le prix et somme comme sera connu et liquidé le dit passage valoir par Jacques Courran et Toussaint Isseautier, experts à ce commis et députés par les dites parties, la quelle, tant qu'il y aura à prendre l'espace valloir, les d. Frères Pénitents ont promis payer à la dᵉ dˡˡᵉ Clavière ou aux siens dans deux ans prochains, à peine de tous dépens, etc.....

« Suivent les stipulations de garantie réciproque, suivant l'usage de l'époque.

« Signé le notaire GUILLEAUME FOUSSENQUI. »

— « Le 7 janvier, les experts nommés rapportent au notaire que le dit passage a été estimé par eux valoir neuf écus vallant vingt-sept livres — le dit passage a été payé par Laurent Fauchier à ce député, par acte reçu par Mᵉ Foussenqui, dont les écritures sont au pouvoir de Mᵉ Honoré Clavier, notaire. »

ERRATA

Page 128, dernière parenthèse, lisez : **1746,** au lieu de **1846.**

Page 388, aux dernières lignes, lisez : *dix* ou HUIT fois, au lieu de *dix* ou VINGT fois

TABLE DES MATIÈRES

**∗∗

FIN DE LA TABLE DES MATIÈRES.